ENCYKLOPÆDIE

DER

WEIBLICHEN HANDARBEITEN

VON

THÉRÈSE DE DILLMONT

Die ENCYKLOPÄDIE DER WEIBLICHEN HANDARBEITEN
*erscheint in deutscher, französischer, englischer
und italienischer Sprache*

BIBLIOTHEK D·M·C

ENCYKLOPÆDIE
der weiblichen
HANDARBEITEN

VON

THÉRÈSE DE DILLMONT

Neue vermehrte und verbesserte Ausgabe

VERLAG VON TH. DE DILLMONT
MÜLHAUSEN (Elsass)

Originalgetreuer Nachdruck
der deutschen Ausgabe
von 1908

Bechtermünz Verlag im
Weltbild Verlag GmbH, Augsburg 1996
Umschlaggestaltung: Georg Grabolus, Augsburg
Gesamtherstellung: Bercker Graphischer Betrieb GmbH, Kevelaer
Printed in Germany
ISBN 3-86047-423-5

Vorwort.

Ein Werk, das sämtliche unter dem Namen Weibliche Handarbeiten verstandene Fertigkeiten umfasst, sie erklärt und im Bilde veranschaulicht, war bis jetzt nicht vorhanden. Dieser Mangel, den wir im Laufe der Jahre selbst empfunden haben, veranlasste uns, die durch unausgesetzte Tätigkeit auf dem Handarbeitsgebiete erworbenen Kenntnisse in dieser Encyklopädie niederzulegen. Dadurch wollten wir den Frauen und Mädchen, die sich mit solchen Arbeiten von Berufs wegen oder aus Liebhaberei befassen, ein Handbuch bieten, mit dessen Hilfe sie sich selbständig in allen Nadelarbeiten unterrichten können.

Es bedurfte nicht geringer Mühe und umfangreicher Arbeiten, um dieses Werk dem gewollten Zwecke entsprechend zu gestalten. Jedes, selbst das unbedeutendste Muster wurde vollständig neu angefertigt; nichts ist älteren Veröffentlichungen entnommen worden. Auf diese Weise erzielten wir Abbildungen, die an Klarheit der Darstellung und Vollkommenheit der Ausführung nichts zu wünschen übrig liessen. Auch ist den theoretischen Auseinandersetzungen eine grosse Anzahl ganz neuer Vorlagen beigegeben worden, die zum Teil mit

Rücksicht auf diese Veröffentlichung eigens entworfen, zum Teil aber nach anerkannt stilgerechten Kunstgegenständen angefertigt wurden.

Bei oberflächlicher Betrachtung scheint die praktische Ausführung einzelner Arbeiten mit bedeutenden Schwierigkeiten verbunden zu sein; eine aufmerksame Beachtung unserer Erklärungen lehrt aber bald, dass die Muster sich im allgemeinen mit einer überraschenden Leichtigkeit ausführen lassen.

Wenn wir in der Lage waren, eine so grosse Menge schöner Zeichnungen in diesem Handbuche vereinigen zu können, so verdanken wir dies dem Umstande, dass uns gewisse Privatsammlungen in uneigennütziger Weise zur Verfügung gestellt wurden. Wir schöpften reichlich und allseitig daraus. Auch an dieser Stelle bezeugen wir den wohlwollenden Besitzern dieser kunstvollen Schätze unsere aufrichtige Dankbarkeit.

Um den Leserinnen die Wahl der Farben und Zutaten zu erleichtern, die oft viele Schwierigkeiten bereitet, haben wir jedem Muster die notwendigen Angaben beigefügt. Wir glauben aber noch bemerken zu müssen, dass die Ausführung der in diesem Werke enthaltenen Muster bedeutend erleichtert und jede Arbeit vollkommener wird, wenn man die verschiedenen Artikel in Baumwolle, Leinen und Seide gebraucht, die die Marke D.M.C tragen. Eine lange Erfahrung hat uns gelehrt, dass die Garne dieser Marke am zweckentsprechendsten sind. Sie erfreuen sich deshalb auch des Rufes, das gediegenste Erzeugnis dieser Art auf dem Weltmarkte zu sein.

Möge diese Encyklopädie der weiblichen Handarbeiten sich die Gunst der Frauenwelt, für die sie bestimmt ist, in reichem Masse erwerben; das wird der schönste Lohn sein für die Mühen und Sorgen, die wir darauf verwandt haben.

THÉRÈSE DE DILLMONT.

Anmerkung des Verlegers.

Der von der Verfasserin am Schlusse ihres Vorwortes ausgesprochene Wunsch ist vollständig in Erfüllung gegangen; die Encyklopädie der weiblichen Handarbeiten ist ein Lieblingsbuch der Frauenwelt geworden, und ihr Erfolg hat alle Erwartungen übertroffen.

Das Werk hat zahlreiche Auflagen erlebt; es ist in die verschiedensten Sprachen übersetzt und in Hunderttausenden von Exemplaren verkauft worden. Auf der Weltausstellung in Chicago wurde es unter die 40 Werke der Frauenliteratur aufgenommen, die als die geeignetsten für die weibliche Erziehung anerkannt worden sind.

Ermuntert durch diese Erfolge, hat sich der Verleger die Aufgabe gestellt, die Encyklopädie noch zu vervollkommnen. Bei Gelegenheit neuer Auflagen ist eine gründliche Umarbeitung des Buches vorgenommen worden; die verschiedenen Kapitel wurden verbessert und vervollständigt, die Zahl der Abbildungen bedeutend vermehrt und noch 17 Tafeln in Farbendruck beigefügt, um das Werk anziehender zu machen und jeglichen Ansprüchen gerecht zu werden.

Also umgearbeitet und in schönerem Gewande erscheint diese neue Ausgabe der Encyklopädie der weiblichen Handarbeiten; sie darf darum auf einen immer wachsenden Erfolg mit Sicherheit rechnen.

TAFEL I

Plattstichstickerei auf Sammet

auszuführen mit Persische Seide D.M.C (Soie de Perse).

Streifen mit Vor-, Stepp-, Knopfloch-Stichen und Kreuznaht.

Die Handnäherei.

Die Handnäherei. — Viele Frauen werden, wenn sie, die Encyklopädie der Handarbeiten aufschlagend, die Ueberschrift des ersten Abschnittes gewahren, ausrufen: Wozu denn die Erklärung all der längst bekannten Sticharten zu einer Zeit, wo die Maschine die so langsam fördernde Handnäherei verdrängt hat!

Diesen Einwendungen erlauben wir uns zu entgegnen, dass von allen weiblichen Handarbeiten keine so gründlich gelehrt und gelernt werden muss, als eben das Nähen, welches die Grundlage aller anderen Stich- und Stickarten ist.

Die Hand, welche sich mit den verschiedenen Sticharten der Näherei vertraut gemacht hat, wird auch leicht alle Schwierigkeiten überwinden, die sich ihr bei den verschiedenen Arten von Kunststickereien entgegenstellen.

Hat das Schicksal die Leserin in die glückliche Lage versetzt, dass sie fremder Hand die Herstellung ihres Bedarfes überlassen kann, so wird sie, selbst des Nähens kundig, die Arbeit schätzen können; ist ihre Stellung eine bescheidene, so geniesst sie hinwieder den Vorteil, sich selbst Dauerhaftes zu schaffen.

Haltung. — Bevor nun auf die Erklärung der verschiedenen Sticharten übergegangen wird, sei die Aufmerksamkeit

Jener, die sich in diesem Buch Rat holen, auf einige Vorteile gelenkt.

Welcher Art die Arbeit auch sei, man achte sorgsamst auf gerade Haltung des Oberkörpers. Langjährige Erfahrung ermächtigt uns zu behaupten, dass es keine Näherei, Stickerei oder Strickerei gibt, die eine schiefe oder gar krumme Haltung des Oberkörpers bedingt. Um solche Fehler zu vermeiden, müssen Stuhl und Tisch im richtigen Höhenverhältnis sein; die Hände hingegen haben die Arbeit genügend zu heben, dass der Kopf in gerader Lage bleibt oder sich höchstens leicht nach vorne neigt. Niemals aber hefte man den Stoff an das Knie, es ist ebenso unschön als ungesund. Zum Festhalten der Arbeit diene ein Nähstein oder ein Nähkissen.

Nadeln. — Zum Nähen gehören Nähnadeln, welche man nur von der besten Sorte nehme. Um sich von der Güte einer Nadel zu überzeugen, versuche man sie zu brechen. Ist ein ziemlich starker Widerstand fühlbar und der Bruch hernach rein, so ist der Stahl gut; krümmt sie sich, ohne zu brechen, oder bricht sie ohne besonderen Widerstand, so ist der Stahl schlecht.

Niemals verwende man krumme Nadeln, es entstehen damit unregelmässige Stiche. Ferner ist darauf zu achten, dass das Oehr, ob länglich oder rund, glatt ausgeschliffen sei, damit der Nähfaden weder durchschnitten noch aufgerauht wird.

Zu Weisszeug verwendet man kurze oder halblange, zu Kleidern lange Nadeln. Ein Vorrat aller vier Sorten von N° 5 bis 12 ist angezeigt. Die Nadel muss immer etwas stärker als der Faden sein, um diesem einen leichten Durchzug durch den Stoff zu bereiten.

Um das Rosten der Nadeln zu verhüten, streue man in die Päckchen etwas Federweiss. Zeitweises Bestäuben der Finger mit jenem Pulver verhindert das Schwarzwerden der Nadel beim Nähen. Durch den Gebrauch geschwärzte Nadeln erhalten ihren ursprünglichen Glanz wieder, wenn man sie durch ein mit Stahlpulver gefülltes Kissen zieht.

Scheere. — Ein wichtiges Hilfsmittel bei jeder Näharbeit ist die Scheere. Man schaffe sich eine grössere zum Zuschneiden an, die eine stumpfe und eine spitze Klinge hat; letztere ist immer nach unten zu kehren; die zweite Scheere kann kleiner sein, beide Klingen spitz. Die Ringe der Scheeren müssen weit und rund sein; enge ermüden und entstellen bei längerem Gebrauch die Hand. Diese Scheeren werden auch bei allen Arten von Kunsthandarbeiten, die in den folgenden Abschnitten beschrieben sind, gebraucht.

Fingerhut. — Stahlfingerhüte sind am empfehlenswertesten; beinerne brechen leicht; silberne haben meist zu seichte Vertiefungen, um der Nadel genügenden Halt zu bieten.

Der Fingerhut muss leicht, oben abgerundet, ohne aufgeworfenen Randring sein.

Nähfaden. — Der Faden zur Weissnäherei soll nie länger als 50 cm. sein; jener zum Vorheften ist länger zu nehmen. Auch ist es besser, den Faden mit der Scheere zu schneiden, als zu reissen, wodurch er geschwächt wird.

Fadeneinknüpfen (Abb. 1). — Ist der Faden ziemlich kurz, will man ihn aber noch nicht durch einen neuen ersetzen, so kann man ihn durch eine Masche an das Oehr befestigen, indem man den Faden ziemlich nahe an der Nadel um den Zeigefinger legt, ihn innen am Finger kreuzt, die gekreuzten Fäden mit dem Daumen festhält, die Nadel unter dem Faden beim Nagel des Zeigefingers durch- und herausführt und die Schlinge über beide Fäden zuschürzt.

ABB. 1. FADENEINKNÜPFEN.

Zu Beginn befestigt man den Arbeitsfaden mittelst eines kleinen Knotens, der fast ganz unsichtbar bleiben muss.

Es ist auch nicht gleichgültig, welches Ende des Fadens man zuspitzt, um es in das Oehr einzuschieben; es ist stets jenes Ende zu nehmen, welches beim Abschneiden des Fadens der Spule zugekehrt war, da sich das entgegengesetzte Ende aufrauht, wenn man es, wie dies beim Zuspitzen meist der Fall ist, von links nach rechts dreht.

Fadensorten. — Zum Vorheften genügt leicht gezwirnter Faden, wie Heftgarn D.M.C (Coton à bâtir).

Zum Handnähen ist Elsässer Nähgarn D.M.C (Fil d'Alsace), auf Spulen und Knäueln, und Alsa D.M.C (*) auf Spulen zu verwenden.

Stellung der Hände mit dem Nähstein (Abb. 2). — Der Stoff, an ein Kissen, auch Nähstein genannt, befestigt, wird mit der linken Hand gehalten; dieselbe darf weder auf dem Tisch noch auf dem Kissen aufliegen. Der Daumen und der Zeigefinger der rechten Hand fassen die Nadel in deren halber Länge; der Mittelfinger, durch den Fingerhut geschützt, drückt die Nadel genügend durch das Zeug, dass die beiden ersten Finger sie leicht an ihrem Ausgangspunkte fassen und sie samt dem Faden aus dem Stoff ziehen können. Der Nähfaden kommt dann zwischen dem vierten und fünften Finger zu liegen und bildet um den letzten

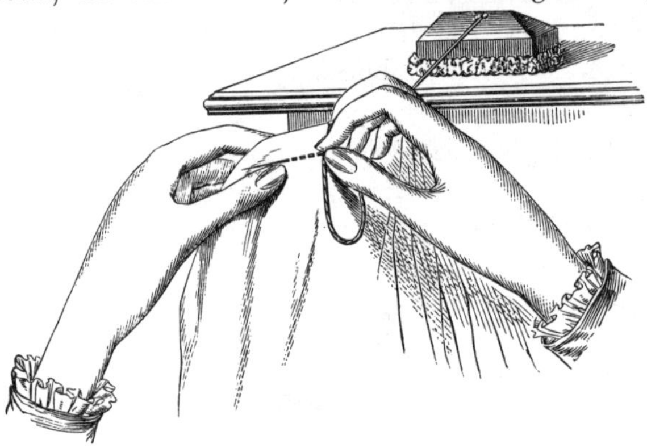

Abb. 2. Stellung der Hände mit dem Nähstein.

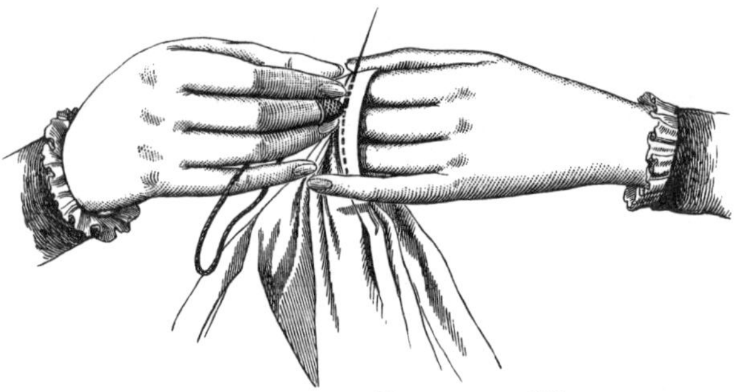

Abb. 3. Stellung der Hände ohne Nähstein.

(*) Siehe am Schluss des letzten Kapitels die Tabelle der Nummern und das Farbenverzeichnis der Baumwoll-, Leinen- und Seiden-Artikel, Marke D.M.C — Die eingeklammerten französischen Benennungen befinden sich auf den Etiketten der D.M.C-Artikel.

eine Schlinge, die allmählich nachgezogen wird, um das Verknoten zu verhindern.

Stellung der Hände ohne Nähstein (Abb. 3). — Wenn es unmöglich ist, die Näherei an den Nähstein zu befestigen, so nehme man die Arbeit nur zwischen Daumen und Zeigefinger und lasse sie frei über die andern Finger gleiten. Ist jedoch ein festerer Halt durchaus erforderlich, so ziehe man das Zeug, ohne es zu spannen, zwischen den vierten und fünften Finger; auf diese Weise wird die Arbeit weder eingehalten noch ausgezogen.

Sticharten. — Es gibt vier Sticharten, welche die verschieden benannten Nähte ergeben; sie sind: 1) der Vorstich, 2) der Rück- oder Hinterstich, 3) der Saumstich, 4) der Ueberwindlingstich.

1) **Vorstich** (Abb. 4). — Der Vorstich ist der erste und einfachste aller Stiche. Es wird die Nadel stets in wagerechter Richtung gerade unter zwei bis vier Fäden, dann wieder über so viele geschoben. Wenn es das Gewebe gestattet, so werden mehrere aufeinanderfolgende Stiche gemacht, bevor die Nadel mit dem Faden ausgezogen wird. Dieser Stich wird zu einfachen Nähten, zur Vereinigung leichter Gewebe, zu gelegten Säumen und zum Ziehen gelegter Falten verwendet.

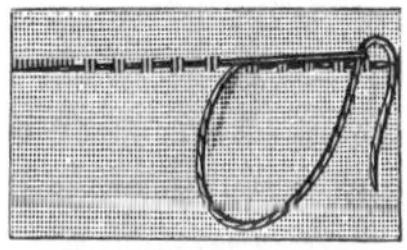

Abb. 4. Vorstich.

2) **Rück- oder Hinterstich** (Abb. 5). — Man führt die Nadel in den Stoff ein, sticht sie sechs Fäden weiter wieder heraus, dann legt man den Faden von links nach rechts, führt die Nadel zwei Fäden hinter dem Ausgangspunkt ein, um sie sechs Fäden weiter vor demselben wieder herauszuziehen. Diese Stichart wird meistens, sowie der Steppstich, mit der Maschine gemacht, die sie gleicher und schneller anfertigt als die Hand.

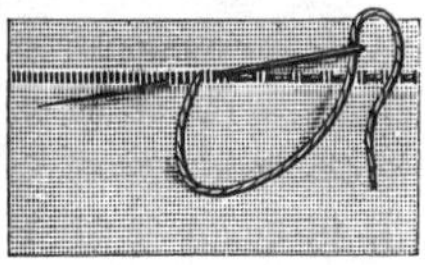

Abb. 5. Rück- oder Hinterstich.

Steppstich (Abb. 6). — Ganz eng aneinander gereihte Hinterstiche ergeben den Steppstich. Man führt hiebei die Nadel immer wieder genau an dem Punkte ein, bei welchem sie beim vorhergehenden Stiche herausgekommen ist, und um ebenso viele Fäden wieder weiter, als sie übergangen. Dieser Stich erfordert, um schön ausgeführt zu sein, eine grosse Regelmässigkeit, die nur erreicht werden kann, wenn die Fäden gezählt werden. Um die Steppnaht ganz fadengerade zu machen, ziehe man einen Faden des Gewebes aus und ersetze ihn durch die Steppstiche. Muss eine schräge Linie oder sehr dichter Stoff gesteppt werden, so ziehe man vorerst einen Heftfaden in abstechender Farbe ein.

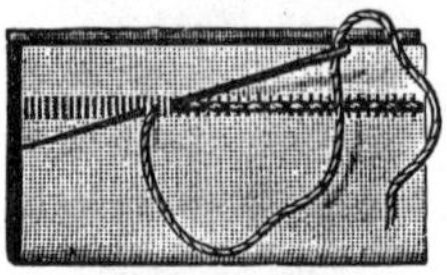

Abb. 6. Steppstich.

Steppsaum (Abb. 7). — Der oben beschriebene Stich ist für diese Saumart anzuwenden. Man bereite zuerst den Einbug des Saumes, ziehe dann, zwei bis drei Fäden über demselben, einen Faden für die Stichlinie aus; die Nadel muss durch die dreifache Stofflage dringen. Jene Seite, auf welcher die Arbeit ausgeführt wird, bleibt die Rechtseite.

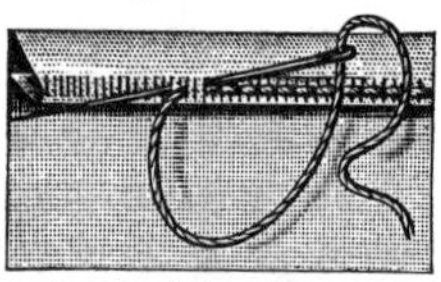

Abb. 7. Steppsaum.

3) **Saumstich** (Abb. 8). — Ein schöner Saum erfordert einen fadengeraden Stoffschnitt. Gewebe mit starker Appretur, wie Leinwand und Perkal, müssen erst etwas ausgerieben werden, dann wird ein erster, höchstens 2 mm. breiter Einbug nach der ganzen Länge des Stückes gemacht; darauf vom Anfang an wieder ein zweiter, gleich breiter Einbug, so dass der Stoffschnitt zwischen zwei Stofflagen eingeschlossen ist.

Schmale Säume sind nicht vorzuheften, nur breite, deren erster Einbug aber auch nicht breiter sein darf als nötig ist, um das Ausspringen der Fäden zu verhüten.

Der Saumstich wird auf folgende Weise ausgeführt: Man führt die Nadel einen Faden tiefer als der Saum liegt ein, stellt sie ein wenig schräge, um sie durch den Einbug zwei Fäden oberhalb des Saumes hinauszuführen. Die folgenden Stiche werden zwei bis drei Fäden weiter in derselben Weise gemacht, eine streng gerade Linie einhaltend.

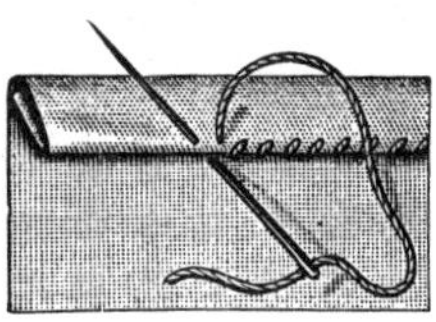

Abb. 8. Saumstich.

Man hat hie und da die Gewohnheit, im zweiten Einbug einen Faden auszuziehen, um den Saum gerade vorzubiegen;

es wird aber von dieser Erleichterung abgeraten, besonders bei Hemden. Das durch den festen Bug ohnehin geschwächte Gewebe nützt sich durch das Entziehen der Querfäden noch rascher ab. Schafwollstoffe, die den Bug nicht annehmen, können durch zwei bis drei Heftstiche vorgelegt werden.

Die Saumstiche werden auch für die sogenannten Rollsäume verwendet. Um letztere zu machen, darf die Nadel nur durch die untere und die Zwischenstofflage geführt werden, damit die Stichnaht auf der Aussenseite nicht sichtbar wird.

Säume mit Zierstichen (Abb. 9 und 10). — Für Wäschegegenstände, wo der Saum nicht nur als Randbefestigung, sondern zugleich als Verzierung dienen soll, wird derselbe entweder mit bunten Garnen überstickt oder in Durchbruch-

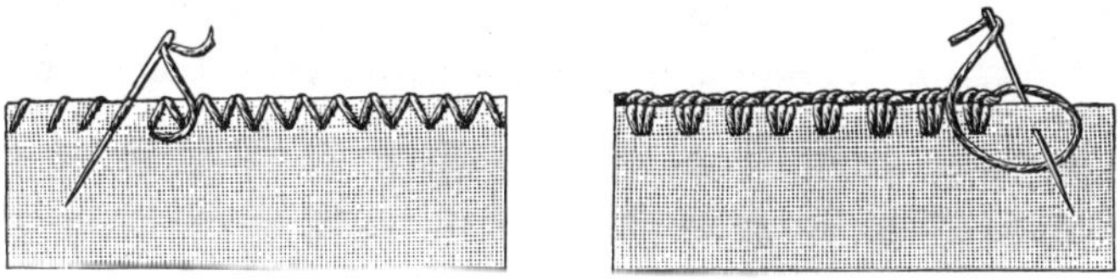

Abb. 9 und 10. Säume mit Zierstichen.

arbeit ausgeführt. Wir geben mit den Abbildungen 9 und 10 zwei Säume mit Zierstichen; Muster für Hohlsäume sind im Abschnitt « Die Durchbrucharbeit » zu finden.

Ehe man zur Herstellung der Zierstiche schreitet, ist der Stoffrand sauber einzubiegen und zu säumen (Abb. 8). Zur Ausführung der Stickerei werden meist zarte, bunte Farben gewählt, die dem Saume einen freundlichen Abschluss geben. Als Material dient für kräftige Stoffe, Stickgarn D.M.C (Coton à broder), Perlgarn D.M.C (Coton perlé), Flaches Leinengarn D.M.C (Lin floche); für Batistgewebe ist Spezialgarn D.M.C (Mouliné spécial), Persische Stickseide D.M.C (Soie de Perse) und Flache Stickseide D.M.C (Soie moulinée) (*) empfehlenswert.

Bei Abbildung 9 legt man die flache Saumseite nach oben und, von links nähend, — die Nadel dicht unter dem Saume von hinten nach vorne durchführend — steche man um sechs

(*) Siehe am Schluss des letzten Kapitels die Tabelle der Nummern und das Farbenverzeichnis der Baumwoll-, Leinen- und Seiden-Artikel, Marke D.M.C — Die eingeklammerten französischen Benennungen befinden sich auf den Etiketten der D.M.C-Artikel.

Fäden weiter nach rechts, abermals von hinten nach vorne durch den Stoff, und so fort, so dass der Arbeitsfaden stets in schräger Linksrichtung über den Saum greift. Zurückgehend arbeite man von rechts nach links und führe die Nadel in die Lücken der ersten Reihe; so bildet sich an beiden Seiten des Saumes die gleiche Linienzeichnung.

Abbildung 10 beginne man gleichfalls auf der flachen Seite links oben und schürze mit der gegen den Körper gerichteten Nadel je drei Knopflochstiche (siehe auch die Abbildungen 36 und 37) in einem Zwischenraum; acht Fäden weiter rechts folgen auf demselben Fadenlaufe wieder drei Knopflochschlingen usw.; die fächerförmige Stichstellung ergibt sich von selbst.

Flache Uebernaht (Abb. 11). — Zwei Stoffteile, ob nun fadengerade oder schief geschnitten, werden mit den Schnittkanten genau aufeinander gelegt und ungefähr 1 bis 2 cm. tief mit 2 cm. langen Stichen geheftet, um dann mittelst Maschine oder mit der Hand mit Hinterstichen genau nach dem vorgezogenen Faden genäht zu werden.

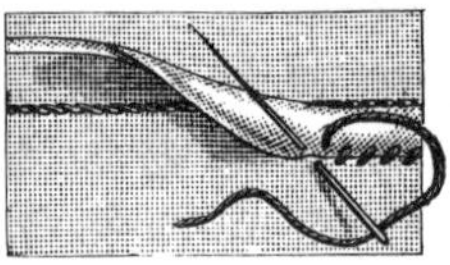

Abb. 11. Flache Uebernaht.

Ist diese erste Naht vollendet, so wird die Hälfte des inneren Einbuges — welcher beim Nähen der linken Hand zunächst lag — weggeschnitten, der breitere Stoffrand wie zum Saume umgebogen und wie dieser mit Saumstichen niedergenäht.

Noch während des Arbeitens muss der Zeigefinger der linken Hand die Naht von unten glätten, damit sie, vollendet, ganz flach liege und die Stiche auf der Rechtseite nicht durch Stoffüberfluss gedeckt seien. Jenen Leserinnen, die im Nähen noch nicht hinlängliche Fertigkeit besitzen, wird angeraten, vor Beginn des Säumens die Naht auf der Rechtseite des Gegenstandes mit dem Scheerengriff oder dem Fingerhut glatt zu drücken.

Runde Uebernaht. — Die erste Naht wird wie zur gewöhnlichen Uebernaht vorbereitet und ausgeführt, dann wird die innere Stofflage bis auf vier Fäden breit weggeschnitten. Der äussere Stoffrand, welcher breiter geblieben, wird vom Daumen der linken Hand so weit eingerollt, dass sich der Stoffschnitt im Röllchen ganz verbirgt. Der Nähfaden wird eingeführt, vier bis fünf Saumstiche gemacht, dann wieder ein Stückchen Saum gerollt, einige Stiche gemacht usw.

Diese Naht bildet auf der Kehrseite eine Art Röllchen oder Schnürchen, welches wie aufgesetzt aussieht.

Faden einnähen (Abb. 12). — Beim Weissnähen dürfen am Fadenende keine Knoten gemacht werden. Zum Säumen wird das Fadenende, nachdem die Nadel eingeführt ist, unter den Einbug geschoben. Ist bei einer Hinterstichnaht der Nähfaden aufgebraucht, so wird das Ende des verarbeiteten mit jenem des neuen zusammengenommen, beide nach links gelegt und einige Stiche mit dem neuen darüber genäht, so dass sich beide Enden zwischen den Stichen durchschlängeln.

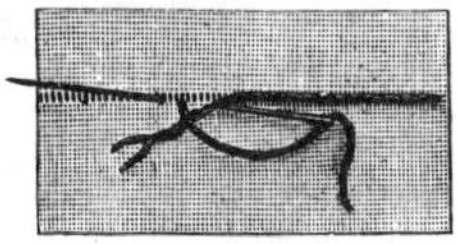

Abb. 12.
Faden einnähen.

4) **Ueberwindlingstich für Wäschegegenstände** (Abb. 13). Der Ueberwindlingstich dient zur Verbindung zweier Webekanten. Da bei Nähten, welche mit diesem Stiche hergestellt sind, häufig die eine Stoffseite mehr angespannt wird als die andere, so ist es ratsam, den Gegenstand vorzuheften oder die Kanten in kleineren Zwischenräumen durch Stecknadeln zu verbinden.

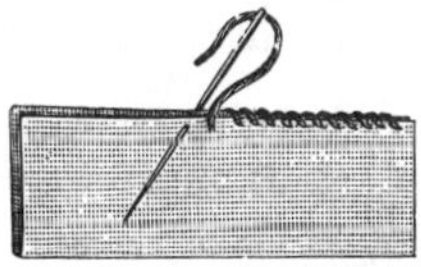

Abb. 13. Ueberwindlingstich für Wäschegegenstände.

Der erste Stich ist von rechts nach links rückwärts unter dem ersten Kantenfaden ein- und durch beide Stofflagen durchzuführen, der nächste in einer Entfernung von zwei bis höchstens drei Fäden zu machen.

Der Nähfaden darf nicht allzu stramm angezogen werden, damit die Webekanten nicht auf-, sondern nebeneinander liegen, wenn die Naht vollendet ist und durch den Fingerhut geglättet wird.

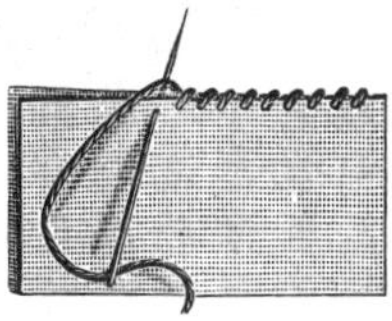

Abb. 14.
Ueberwindlingstich für Kleider-Konfektion.

Ueberwindlingstich für Kleider-Konfektion (Abb. 14). — Zu Kleidernähten wird der Ueberwindlingstich ebenfalls von rechts nach links gemacht, wobei die Nadel jedoch zuerst durch die vordere Stoffkante zu führen ist; auch diese Naht soll vorgeheftet werden und während des Nähens nur zwischen dem Daumen und dem Zeigefinger liegen, um das Einhalten des einen oder anderen Teiles zu verhindern.

Stossnähte (Abb. 15 und 16). — Nachdem die Webekanten wie für die beiden vorhergehenden Nähte vorbereitet worden sind, führt man den Nähfaden von unten nach aufwärts, zwei Fäden tief unter der Kante, zuerst links, dann rechts ein, ebenfalls von unten nach oben, dann wieder links und so fort, zwischen jedem Stich nur zwei Fäden lassend. Auf diese Weise kreuzt sich der Nähfaden zwischen den beiden Webekanten und ergibt vom Anfange an eine ganz flache Naht. Diese Verbindungsart finden wir an den meisten alten gestickten Leinengegenständen, wo die Breite des Gewebes unzulänglich war.

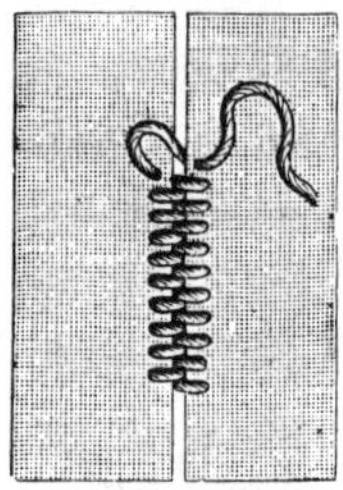

Abb. 15.
Stossnaht.

Zur Verbindung von Bettüchern dient eine ähnliche Stichart, Abb. 16, bei welcher die Stiche anstatt ganz gerade wie bei Abbildung 15, etwas schräge gestellt sind.

Abb. 16.
Stossnaht.

Durchbrochene Verbindungsnähte (Abb. 17, 18, 19). — Die Ziernähte, Abb. 17 und 18, dienen dem gleichen Zwecke wie die Stossnähte, Abb. 15 und 16, und finden wie jene vorzugsweise bei Tisch- und Bettwäsche zur Verbindung schmaler Gewebe Anwendung. Man näht mit kräftigem Faden, Leinen-Spitzengarn D.M.C (Lin pour dentelles), von oben nach unten derart, dass die Stoffkanten parallel laufen. Von der linken zur rechten Seite führe man den Nähfaden zwei Fäden tief von oben durch die Kante und oberhalb des Fadens wieder heraus, lege von links nach rechts eine nach unten gerichtete Fadenschlinge, in welche die Nadel nach Abbildung 17 eingreift, und ziehe sodann die Schlinge zu einem Knoten zusammen. Hierauf steche man drei Fäden tiefer auf der linken Kante ein, bilde die Schlinge von rechts nach links und schürze den Knoten wie oben, und so fort, im steten Wechsel der Seiten. Die Entfernung

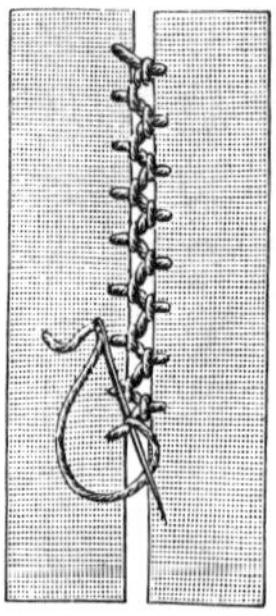

Abb. 17.
Durchbrochene Verbindungsnaht aus Schlingknoten.

der Knoten der rechten Seite beträgt sechs Fäden; die auf der linken Seite befindlichen sind ebensoweit voneinander entfernt und erscheinen gegen erstere versetzt.

Die Verbindungsnaht, Abb. 18, besteht aus nebeneinanderliegenden einfachen Schlingenstichen, die in Gruppen von drei und drei abwechselnd rechts und links in die Kanten versetzt eingreifen. Jeder erste und dritte Stich einer Gruppe fasst über zwei, jeder mittlere Stich über vier Fäden in den Rand ein; die Entfernung der Stichgruppen beträgt fünf Fäden. Zur Verzierung zweifarbiger Batist- oder Leinenwäsche gibt die durchbrochene Verbindungsnaht, Abb. 19, einen reizenden Streifenabschluss, der beliebig ein- oder mehrfach herzustellen ist. Farbiges Batist- oder Leinenband in entsprechender Breite, oder ein doppelter, saumartig gefalteter Stoffstreif von gerader Fadenlage bildet den Einsatz, an welchen die anders farbigen oder weissen Stoffkanten oder Säume nahe herantreten. Die Verbindung dieser drei Stoffteile bewerkstelligt eine durchbrochene Naht aus Spitzenstich-Stäbchen, für welche Elsässer Nähgarn D.M.C (Fil d'Alsace), Alsa D.M.C und Leinen-Spitzengarn D.M.C (Lin pour dentelles) (*) zu verwenden sind. Um eine recht gleichmässige Entfernung der Zwischenräume zu erzielen, empfiehlt es sich, Einsatz und Säume geradlinig und parallel auf Wachstuch aufzuheften. Man arbeitet von links nach rechts und greift stets von dem Saum in den Zwischensatz. Die Nadel wird mit dem Körper zugekehrter Spitze zwei Fäden tief von oben durch das Band geführt, wobei der Arbeitsfaden links von der Nadel bleibt; zurückgehend fasse man mit der Nadelspitze den links liegen-

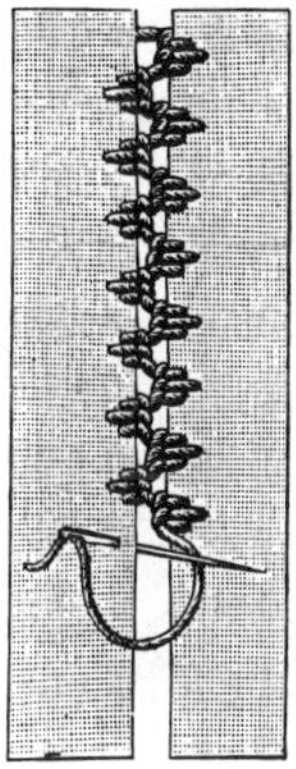

Abb. 18.
Durchbrochene Verbindungsnaht aus Languettenstich-Gruppen.

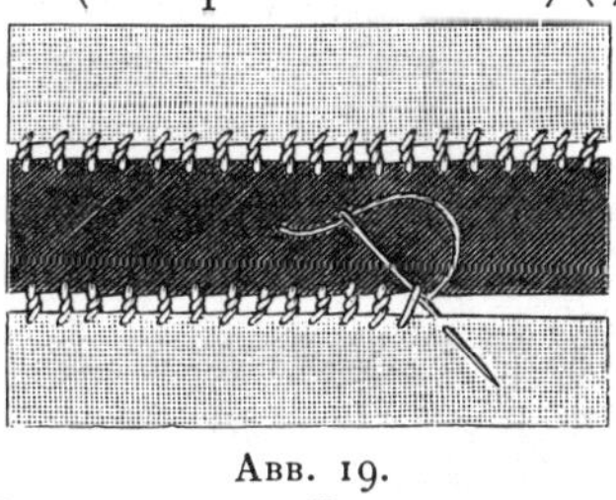

Abb. 19.
Durchbrochene Verbindungsnaht aus Gitterstäbchen.

(*) Siehe am Schluss des letzten Kapitels die Tabelle der Nummern und das Farbenverzeichnis der Baumwoll-, Leinen- und Seiden-Artikel, Marke D.M.C — Die eingeklammerten französischen Benennungen befinden sich auf den Etiketten der D.M.C-Artikel.

den Faden und steche drei Fäden rechts vom Ausgangspunkte im unteren Saume wieder heraus. Es ist auf gleichmässiges Einhalten der Zwischenräume, sowie darauf zu achten, dass die Nadel senkrecht eingestochen wird, da die Stäbchen sonst leicht schief stehen; die gegenüberliegende Seite wird ebenso gearbeitet.

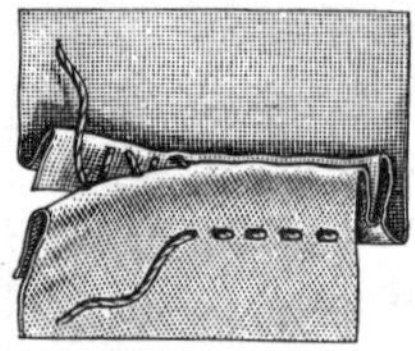
Abb. 20. Französische Doppelnaht.

Französische Doppelnaht (Abb. 20). Stoffe, die sich leicht ausfasern, verbindet man durch die sogenannte französische Naht. Man legt zwei Stoffteile, die beiden Kehrseiten gegeneinander, die Schnittkanten gleichlaufend aufeinander, und verbindet sie einige Millimeter tiefer durch Vorstiche. Ist diese erste Naht vollendet, dann wendet man die Teile so, dass die beiden Rechtseiten derselben nach innen liegen, biegt sie genau an der Nahtkante um, den Schnitt so zwischen zwei Stofflagen einschliessend, und vollendet die Naht durch eine zweite Vorstichreihe. An der Aussenseite dürfen keine Fasern sichtbar sein. Diese Naht wird meistens beim Kleidermachen für leichte Stoffe, bei welchen eine andere Einfassung nicht gut anbringlich ist, verwendet.

Abb. 21.

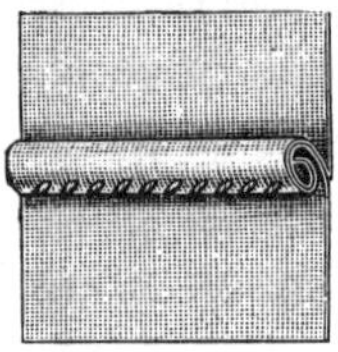
Abb. 22.

Gesäumte Doppelnähte.

Gesäumte Doppelnähte (Abb. 21 und 22). — Die Schnittkanten von zwei Stoffteilen erhalten zuerst einen einfachen Einbug, werden dann aufeinander gelegt, so dass die dem Zeigefinger zugekehrte Seite etwas höher liegt als jene gegen den Daumen. Die Nadel wird, anstatt von unten nach oben, zuerst in den oberen Stoff, dann etwas schief in den untern geschoben. Diese Naht wird beim Kleidermachen zur Befestigung des Unterfutters benützt.

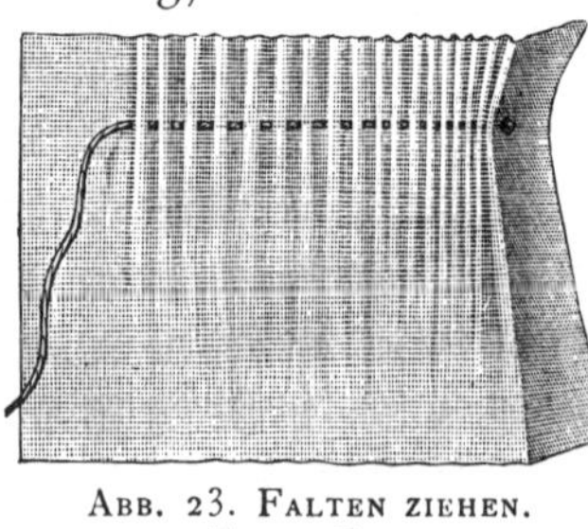
Abb. 23. Falten ziehen. Erster Zug.

Eine zweite Art Doppelnaht zeigt Abbildung 22, bei welcher zwei Stoffkanten, gleichlaufend genommen, wie der gewöhnliche Saum eingebogen und wie dieser mit Saumstichen genäht werden, nur mit dem Unterschied, dass die Nadel hier durch eine sechsfache Stofflage zu dringen hat.

Falten ziehen. Erster Zug (Abb. 23). — Falten werden bei der Anfertigung von Wäsche, Kleidern und vielen andern Gegenständen gezogen. Sie entstehen durch eine Reihe gleichmässiger Vorstiche. Man hebt drei bis vier Fäden des Gewebes auf die Nadel, lässt dann wieder ebenso viele darunter, und statt den Stoff mit dem Daumen anzuspannen, wird er durch denselben auf die Nadel geschoben, wodurch sich eben das Gefältel bildet.

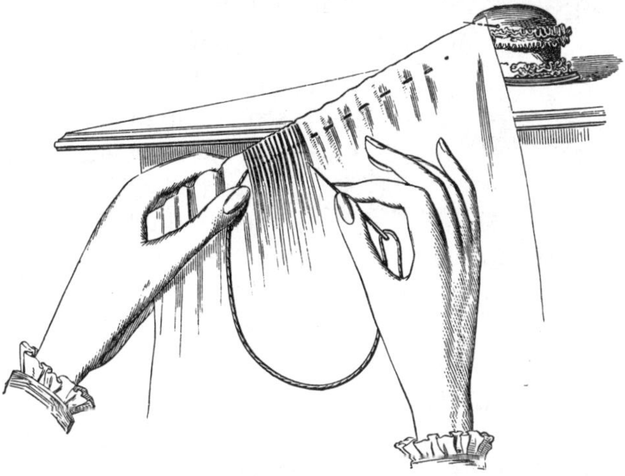

ABB. 24. FALTEN STREIFEN.

Die Nadel nimmt fünf bis sechs Stiche auf, bevor sie mit dem Nähfaden herausgezogen wird.

Falten streifen (Abb. 24). — Wenn der Faden durch den zu fältelnden Stoff gezogen ist, so legt man die Arbeit über den Zeigefinger der linken Hand und hält sie mit dem Daumen fest, nimmt hierauf eine mittelgrosse Nadel in die rechte Hand und streift mit derselben in senkrechter Richtung eine jede Falte durch, um sie zu gleichen.

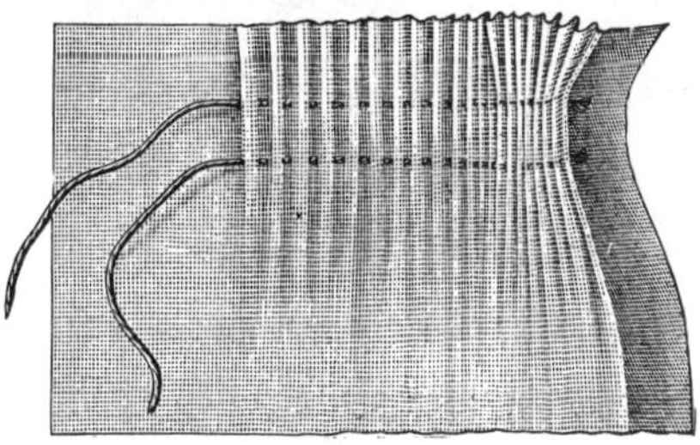

ABB. 25. FALTEN ZIEHEN.
Zweiter Zug.

Während des Streifens lässt man eine Falte nach der andern unter den Daumen gleiten, welcher dieselben festhält, während die andern Finger den Stoff von unten stützen.

Zweiter Zug (Abb. 25). — Hat man das Streifen der Falten beendet, so zieht man einen zweiten Faden 1 bis 2 cm. unterhalb des ersten ein, je nach der Art des Gewebes und des Gegenstandes. Dieser zweite Faden dient nunmehr zur Befestigung der vorgerichteten Falten, von welchen wieder fünf bis sechs sogleich auf die Nadel gebracht werden.

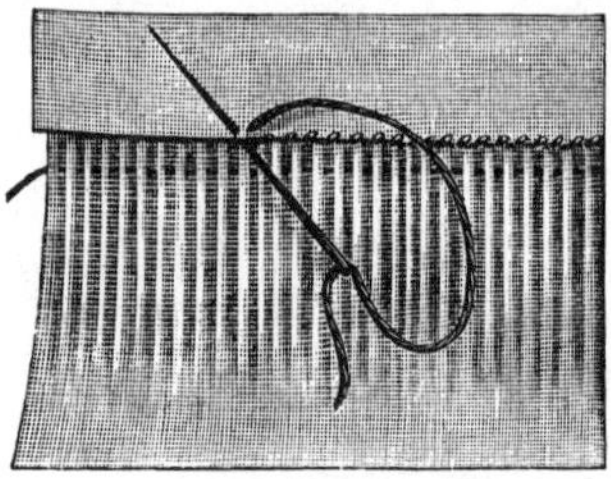

Abb. 26.
Falten annähen.

Falten annähen (Abb. 26). — Um einen Besatz auf Falten zu nähen, schiebt man sie, bis zur Hälfte des Raumes zwischen beiden Zügen, unter denselben. Vor dem Annähen müssen die Falten gleichmässig unter dem Besatze verteilt werden. Sodann werden sie, jede einzeln, durch einen Saumstich an den Besatz angenäht, wobei die Nadel nur durch die obersten Fäden der kleinen Falten geführt werden darf.

Reihenfalten-Verzierung « **Smock** » (Abb. 27 und 28). Aus dem Bestreben, die dichtgedrängten Falten schwerer Woll- und Leinenstoffe zu festigen und zugleich zu schmücken, ist die eigenartige Technik der Reihenfalten-Verzierung hervorgegangen, die wir an den Gewändern, Schürzen, Hemden usw. der ungarischen Nationaltrachten bewundern. Auch in der altenglischen Volkstracht war diese Art der Wäscheverzierung im Gebrauch, und wir sehen dieselbe bis auf den heutigen Tag angewandt, hauptsächlich zum Schmucke von Kinderkleidchen, Schürzen und dergl. mit lose ausspringenden Reihenfalten, unter dem weitverbreiteten Namen « Smock ». Bei grosser Mannigfaltigkeit der Musterungen ist jedoch ihre Ausführung fast durchweg die gleiche, so dass man die verschiedensten Muster nach einer Methode zu arbeiten vermag. Die Vorbereitung der Arbeit geschieht wie bei Abbildungen 23—25

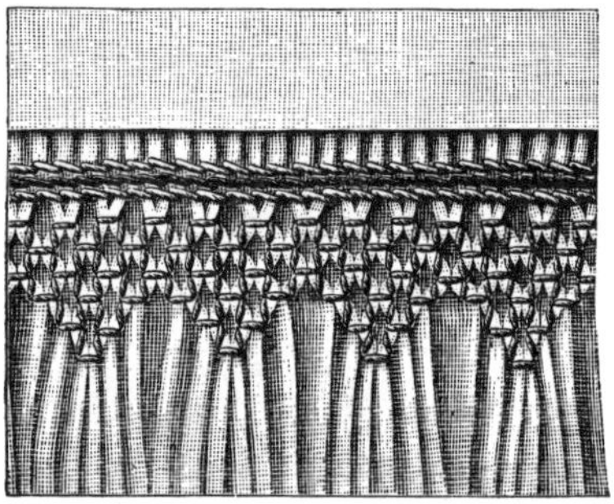

Abb. 27.
Reihenfalten-Verzierung « Smock ».

in entsprechender Breite. Als Material dienen starke, farbige Fäden: Stickgarn D.M.C (Coton à broder), Perlgarn D.M.C (Coton perlé) und Flaches Leinengarn D.M.C (Lin floche). Dem ersten Zuge der Falten, der die Grenze für die drei oberen Abschlusslinien gibt, schliessen sich in knapp 1 cm. Abstand ein zweiter und in gleicher Entfernung von diesem ein dritter Zug an usw. Diese gelten nur als Hilfsfäden für je zwei Reihen des eigentlichen Musters und sind nach Vollendung der Arbeit zu entfernen. Man arbeite die oberen Touren von links nach rechts; an der untersten der drei Reihen beginnend, führe man den Faden über zwei Reihenfalten vor, unter einer Falte zurück, wieder zwei Falten vor und eine Falte zurück, wobei die Nadel stets oberhalb des letzten Stiches herauskommen muss; die Stiche erhalten dadurch eine etwas schräge Stellung.

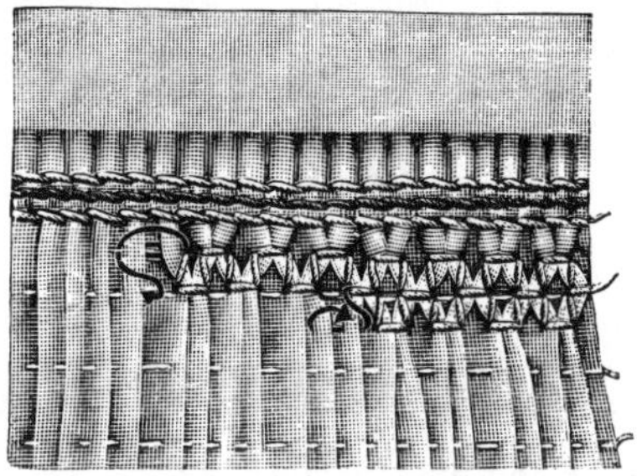

Abb. 28.
Ausführung zur Reihenfalten-Verzierung «Smock», Abb. 27.

Es folgt nun das eigentliche «Smock» von rechts nach links; am ersten Hilfsfaden führe man die Nadel unter zwei Reihenfalten durch, mit einem Hinterstich über dieselben Falten zurück und wieder vor. Alsdann schiebe man die Nadel in halber Höhe des ersten Zwischenraumes durch zwei Falten vor, deren eine bereits durch den ersten Stich gebunden war, während die zweite Falte neu hinzukommt; hierauf folgt wieder ein Hinterstich, dann greift der Stich zur ersten Linie zurück und um zwei Falten vor usw. Der Faden wird stets auf der Oberseite des Stoffes weiter geleitet, die zweite Reihe schliesst dicht an die erste Reihe an, die dritte an die zweite, und durch das Aneinanderschliessen formen sich kleine, zellenartige Figuren zu einem vollständig elastischen Gitterwerk. Bei der zweiten und allen folgenden Reihen ist zu beachten, dass der Arbeitsfaden am Berührungspunkt mit der vorher-

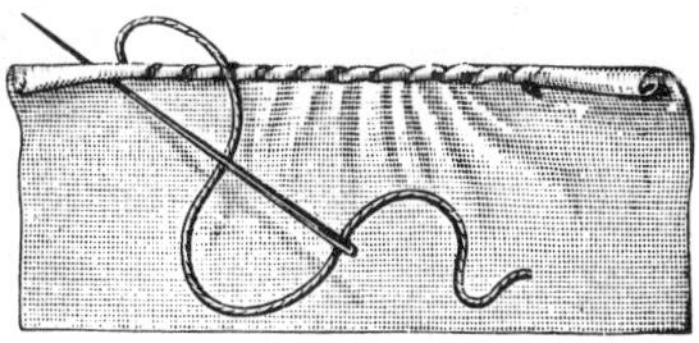

Abb. 29. Rollsaum.

gehenden Reihe einfach durchgeführt wird und der Hinterstich fortfällt; von der letzten glatten Reihe aus sind die zackenförmigen Ausläufer des Musters durch Abzählen der Falten möglichst im Zusammenhange zu arbeiten.

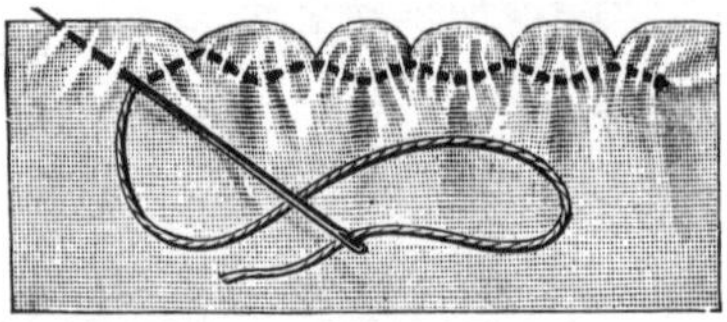

Abb. 30. Bogensaum.

Rollsaum (Abb. 29). — Anstatt einfach gezogener Falten werden bei leichten Geweben häufig die Rollsäume verwendet. Man rollt hiezu die Stoffkante mit dem Daumen auf dem Zeigefinger wie zu einem Schnürchen und hebt dieses Röllchen gleich auf die Nadel, die immer beim Daumen in den Stoff und beim Zeigefinger aus demselben geführt wird. Der Faden wird erst nach mehreren Stichen angezogen. In dem mit der linken Hand auf die Nadel beförderten Stoff entstehen von selbst die Falten.

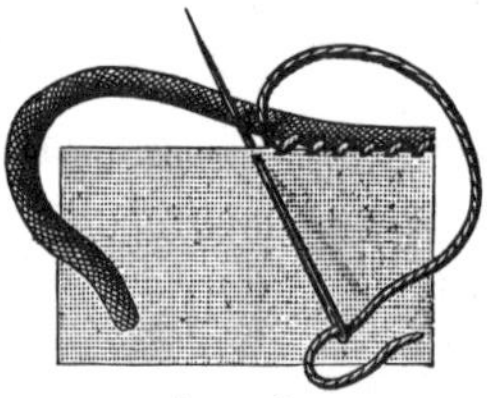

Abb. 31.
Schnur annähen.

Bogensaum (Abb. 30). — Um den Saum zugleich als Zierde mancher feinen Arbeit verwerten zu können, werden, nachdem die Schnittkanten 2 bis 3 cm. tief nach innen eingebogen sind, Vorstiche nach auf- und abwärts gemacht, wie es in Abbildung 30 dargestellt ist. Wird hierauf der Faden angezogen, so entstehen kleine Bogen im Stoffe, besonders bei Batist und Perkal.

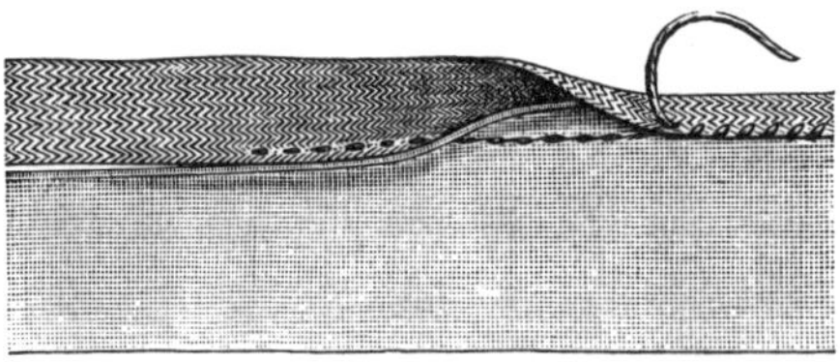

Abb. 32. Anstoss-Borten annähen.

Schnur annähen (Abb. 31). — Zum Annähen der Schnüre ist kräftiger Zwirn erforderlich. Die Schnüre dürfen nicht gespannt, müssen im Gegenteil eingehalten werden, da sie in der ersten Wäsche immer mehr eingehen als das Zeug. Man nähe dieselben mit Saumstichen an die Kante des Einbuges an und achte darauf, dass das Geflecht der Schnur immer gerade läuft, damit sie sich nicht drehe.

Anstoss-Borten annähen (Abb. 32). — Dieselben werden zuerst durch Hinterstiche auf der Rechtseite des Gegenstandes, ganz nahe am Rande, befestigt; dann wird die Arbeit nach der Kehrseite gedreht, die halbe Breite der Borte umgelegt und mit Saumstichen niedergenäht.

Gleich den Schnüren müssen die Borten sehr stark während des Nähens eingehalten werden. Rascher als die Hand stellt die Maschine die erste Naht fertig; doch ist die Arbeit der ersteren in diesem Falle vorzuziehen, da die Maschine das allmähliche und regelmässige Nachrücken der Borte nicht gestattet. Auch kann die Borte zur Hälfte umgebogen, der zu schützende Stoff in den Einbug gelegt und mittelst Steppnaht wieder genäht werden.

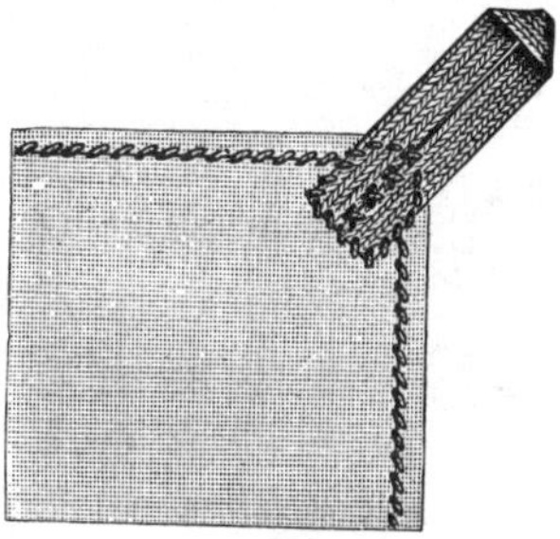

Abb. 33. Bandschlinge an Hauswäsche.

Bandschlingen an Hauswäsche (Abb. 33 und 34). — An grober Hauswäsche werden dieselben gewöhnlich an der Ecke befestigt. Die Enden eines Bandstückes von 15 bis 16 cm. Länge werden gleich genommen, eingebogen und so auf das Zeug nach drei Seiten mit Saumstichen genäht, dass sich oben ein dreieckiger Umschlag bildet. In der Mitte werden die beiden Kanten durch einige Kreuzstiche verbunden, dann befestigt man die Saumkante, welche auf dem Bande von aussen aufliegt, mittelst Steppstichen.

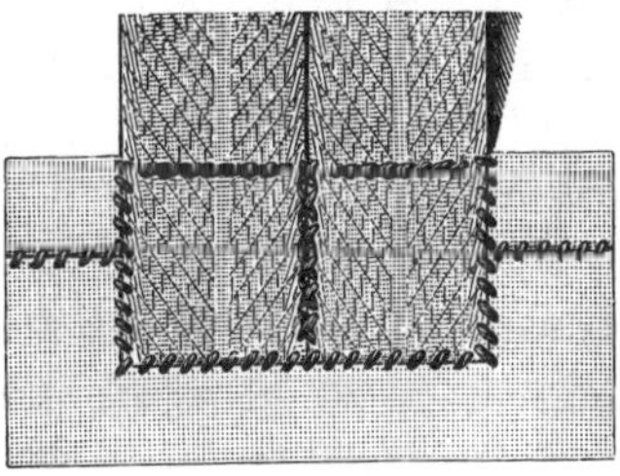

Abb. 34. Bandschlinge an Hauswäsche.

Abbildung 34 erklärt das Annähen einer Bandschlinge in der Mitte des Zeugstückes. Man kann auch die Mitte des Zeugrandes nehmen und die beiden Enden eines 16 cm. langen Bandes, jedes einzeln, nach beiden Seiten, auf dieselbe Weise wie in Abbildung 33, befestigen.

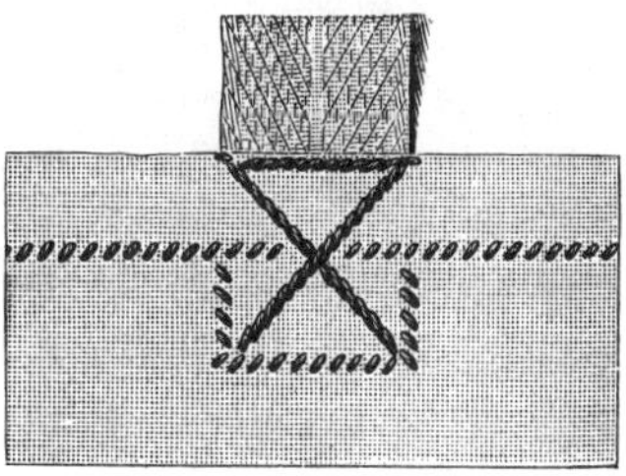

Abb. 35. Bandschlinge an feiner Wäsche.

Bandschlinge an feiner Wäsche (Abb. 35). — Bänder und Bandschlingen an feiner Leibwäsche werden ebenfalls auf der

Kehrseite des Objektes mit Heftstichen befestigt, dann werden auf der Rechtseite zwei Linien Steppstiche gekreuzt, hierauf wird die Stoffkante mit Saum- oder auch Steppstichen an dem Band befestigt.

Knopfloch für Wäsche (Abb. 36). — Ein Knopfloch erfordert einen Einschnitt in den Stoff, der Grösse des Knopfes entsprechend. Bevor derselbe gemacht wird, werden zwei gerade Reihen sich deckender Vorstiche nach beiden Seiten gezogen, durch zwei, höchstens drei Fäden von einander getrennt. Zwischen diesen beiden Stichreihen wird der Einschnitt ausgeführt.

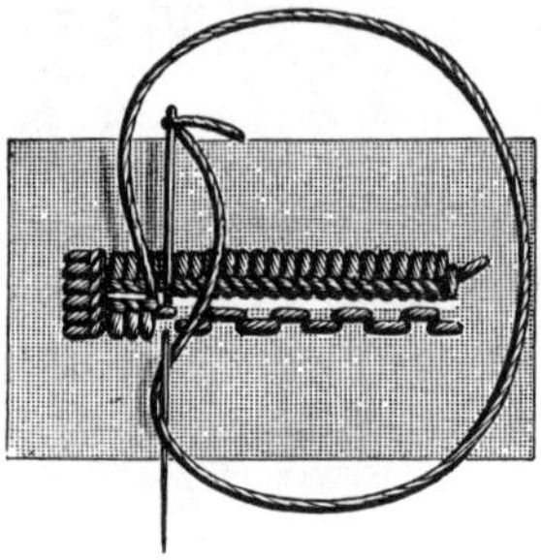

ABB. 36.
KNOPFLOCH FÜR WÄSCHE.

Man arbeitet von links nach rechts, indem man die Nadel unter die Schnittkante bringt, um sie zwei bis drei Fäden tiefer unter den vorgezogenen wieder herauszuführen, schlingt den Faden von rechts nach links unter die Nadelspitze und zieht die Nadel samt Faden so an, dass die Schlinge einen Knoten an dem Einschnitt bildet.

Ist die erste Seite vollendet, so werden einige Längsfäden nach der Breite des Einschnitts gespannt, welche ebenfalls mit Knopflochstichen zu überarbeiten sind. Die zweite Seite ist wie die erste auszuführen; am Schluss sind die Querstiche zu wiederholen.

Als Material dienen drellierte Fadensorten, wie : Elsässer Nähgarn D.M.C (Fil d'Alsace) und Alsa D.M.C. (*)

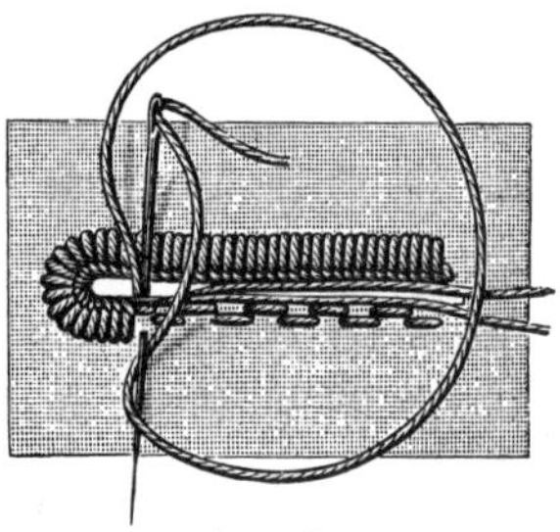

ABB. 37.
KNOPFLOCH FÜR KLEIDER.

Knopfloch für Kleider (Abb. 37). Dasselbe wird gleich dem Wäsche-Knopfloch vorbereitet; ist dasselbe jedoch in Stoffen zu machen, die sich leicht ausfasern, so müssen die Schnittkanten sofort mit aufgelöstem Gummi leicht bestrichen werden; dann legt man starken Nähfaden oder feine Schnürchen ein, über welche die Stiche gemacht werden, lässt dieselben am Ende des

(*) Siehe am Schluss des letzten Kapitels die Tabelle der Nummern und das Farbenverzeichnis der Baumwoll-, Leinen- und Seiden-Artikel, Marke D.M.C — Die eingeklammerten französischen Benennungen befinden sich auf den Etiketten der D.M.C-Artikel.

Schnittes strahlenförmig weitergehen, zieht, wenn alle Stiche angebracht sind, den starken Faden ein wenig nach und schliesst das Knopfloch mit einigen nach der Quere gestellten Stichen, wie beim gewöhnlichen Knopfloch. Der eingelegte Faden verhindert das Ausdehnen der Schnittkanten. Zur Herstellung dieser Knopflöcher verwende man stark drellierte Fadensorten. Als verwendbares Material empfehlen wir ganz besonders Alsa D.M.C ; dieser Artikel wird in reicher Farbenauswahl erzeugt.

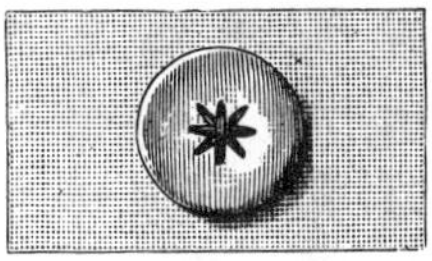

Abb. 38. Annähen von Leinenknöpfen.

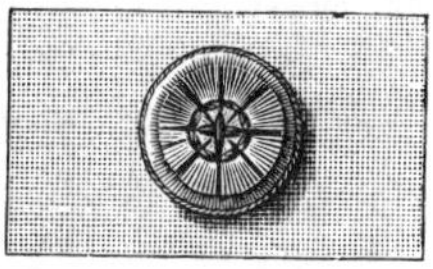

Abb. 39. Annähen von Zwirnknöpfen.

Knöpfe annähen (Abb. 38 und 39). — Um Leinenknöpfe an Wäsche zu befestigen, macht man zuerst an der Stelle wo sie sitzen sollen, einige Stiche, führt dann die Nadel von unten mitten durch den Knopf, von da aus werden vier Stiche sternförmig ausgeführt oder man umgibt, wie bei dem überspönnenen Knopf, Abb. 39, die ersten Stiche mit einem Kreise von Steppstichen. Hierauf wird die Nadel zwischen Stoff und Knopf gebracht, der Faden fünf bis sechs mal um die Stiche gewunden und auf der Kehrseite vernäht.

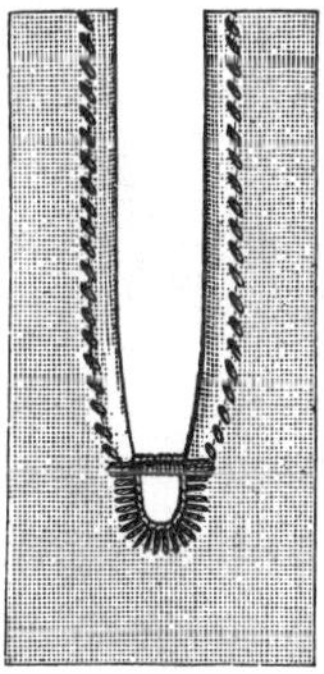

Abb. 40. Schlitzeneinfassung mit Säumen.

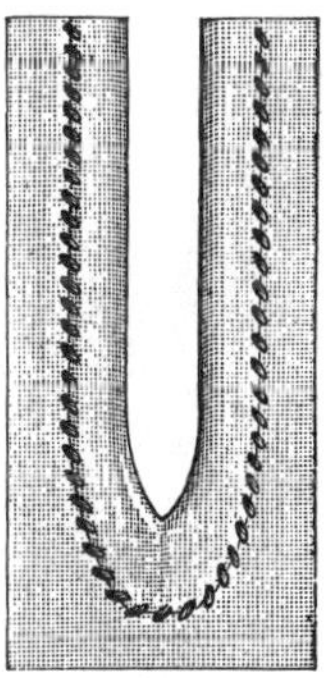

Abb. 41. Schlitzeneinfassung mit schmalem schrägen Stoffbesatz.

Schlitze einfassen (Abb. 40, 41, 42, 43). — Nichts reisst schneller ein als die Schlitze, seien dieselben gesäumt oder nur eingefasst. Um dieses zu verhüten, macht man in der Tiefe des Einschnittes einen kleinen Halbkreis aus Knopfloch-Stichen, und oberhalb derselben spannt man mehrere Fäden, welche beide Seiten verbinden und ebenfalls zu überschlingen sind.

Abbildung 40 zeigt solch einen gesäumten Schlitz, Abbildung 41 einen Schlitz mit schmalem schrägen, Abbildung 42 einen mit breitem geraden Stoffbesatz.

Bei Leibwäsche-Gegenständen stossen die Webekanten oft nach aussen zu aneinander, so zwar, dass eine Einfassung des

Stoffes nicht erforderlich ist; man nimmt ein kleines Viereck Stoff, näht es, nachdem der Schnitt umgebogen, mit Ueberwindlingstichen an zwei Seiten an, macht den Einbug auf den beiden andern Seiten und näht dieselben mit Saumstichen wieder genau auf die erste Naht darauf, wie es in Abbildung 43 ersichtlich ist.

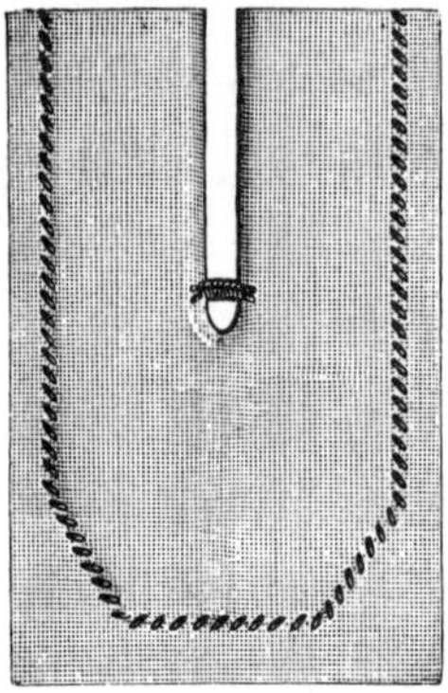

Abb. 42. Schlitzeneinfassung mit breitem geraden Stoffbesatz.

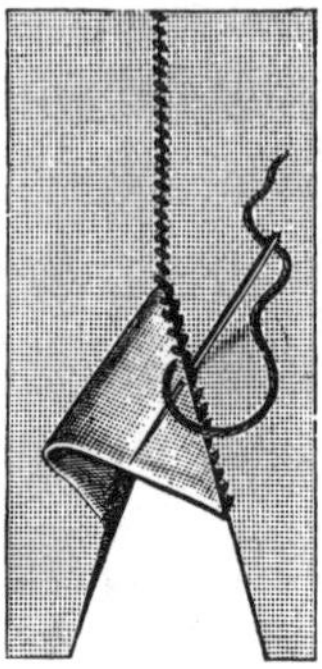

Abb. 43. Schlitzeneinfassung mit eingesetztem Stoffzwickel.

Rundschnur einnähen (Abb. 44). — Rundschnur oder Passepoil wird jene Schnur genannt, welche, in schräg geschnittene Streifen geheftet, als Abschluss so mancher Gegenstände benützt wird. Die hiezu zu verwendenden 2 bis 3 cm. breiten Streifen müssen sehr gleich und ganz schräge geschnitten werden. Man vereint sie mit Vorstichen, legt dann die Schnur ein, biegt den Stoff 5 mm. darüber und heftet sie mit halblangen Stichen ein. Dann wird der Streifen auf den Gegenstand so aufgeheftet, dass die Schnur gegen den Körper, die Schnittkanten aber nach aussen zu liegen kommen und mit Hinterstichen knapp am ersten Heftfaden festgenäht. Hierauf wird die Arbeit gewendet, der Streifen wie zu einem Saum eingebogen und mit Saumstichen angenäht.

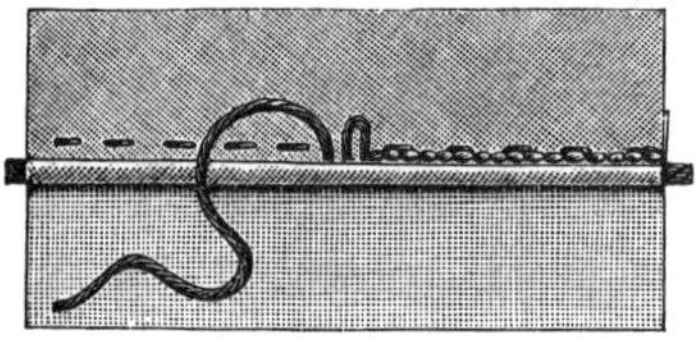

Abb. 44. Rundschnur einnähen.

Ueberkreuzen der Nähte (Abb. 45). — Anstatt manche Nähte zu säumen, werden die Schnittkanten nur leicht übernäht. Man arbeitet von links nach rechts, indem man mit der Nadel von rechts nach links abwechselnd einmal den oberen, einmal den unteren Stoff erfasst.

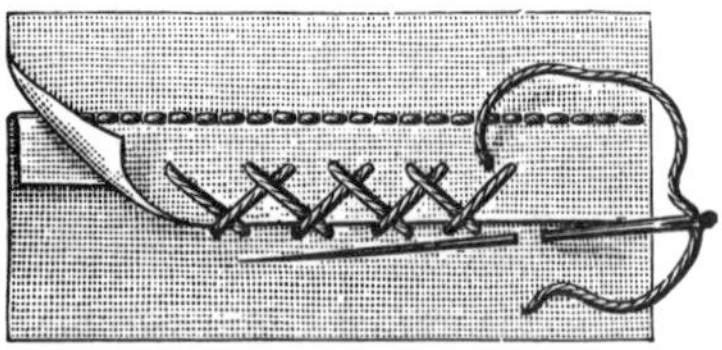

Abb. 45. Ueberkreuzen der Nähte.

Wird diese Einfassung auf dem Unterfutter ausgeführt, so darf die Nadel nie in den Oberstoff dringen, die Stiche dürfen daher auf der Rechtseite nicht sichtbar sein. Dieser Stichart, « Kreuznaht » genannt, werden wir noch häufig bei den verschiedenen Stickereitechniken begegnen.

Zierstiche für Wäschegegenstände (Abb. 46, 47, 48, 49). — Glatte Stoffstreifen und Stoffblenden werden häufig mit weissen oder bunten Zierstichen ausgestattet, welche die glatte Stofffläche wohltuend unterbrechen. Als verwendbares Material empfehlen wir : Perlgarn D.M.C (Coton perlé) und Leinen-Spitzengarn D.M.C (Lin pour dentelles). (*)

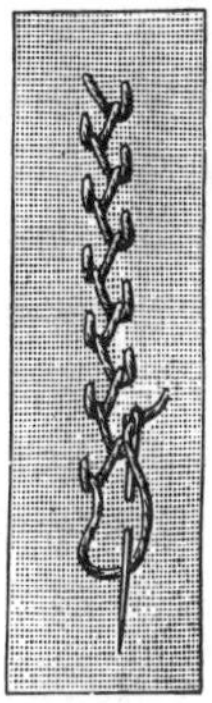

Abb. 46. Einfacher Fischgrätenstich.

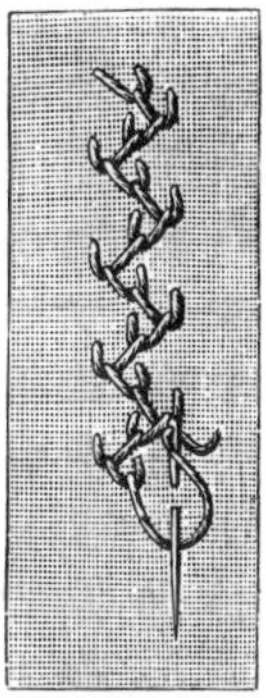

Abb. 47. Zweifacher Fischgrätenstich.

Abbildung 46 zeigt die einfachste Ausführung des « Fischgrätenstich » genannten Schlingenstiches. Derselbe wird von oben nach unten gearbeitet und nimmt eine beliebige, doch stets gleich bleibende Breite ein. Von links nach rechts spanne man lose den Faden, greife von oben senkrecht über drei Fäden durch den Stoff und durch die Fadenschlinge, wende sich dann zum linken Rande und arbeite dort einen gleich langen Schlingenstich, dessen Anfang auf derselben Höhe mit dem Ende der vorigen Schlinge steht, und so führe man stets je eine Schlinge auf der rechten, eine auf der linken Seite aus, wodurch die astartige Verzweigung des Börtchens sich bildet. Die letzte Schlinge ist mit kurzem Stich zu befestigen, da die Arbeit sonst sich lockert.

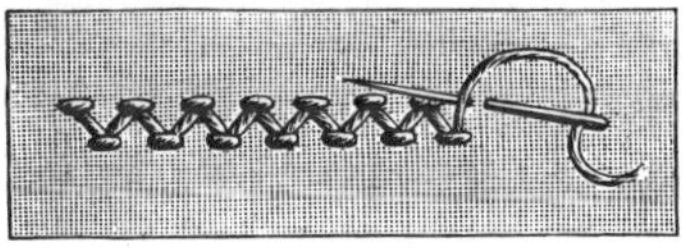

Abb. 48. Zackenlinien mit Steppstich-Begrenzung.

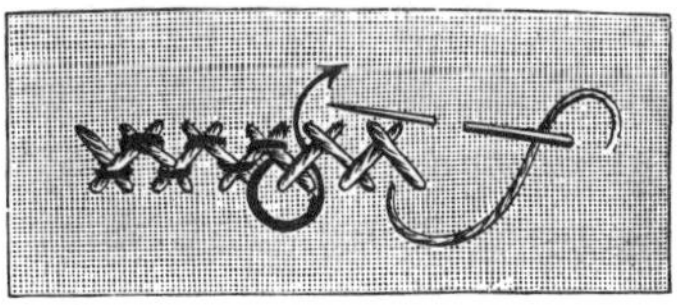

Abb. 49. Kreuznaht mit Ueberfangstichen.

Abbildung 47 besteht in einer Erweiterung der vorher be-

(*) Siehe am Schluss des letzten Kapitels die Tabelle der Nummern und das Farbenverzeichnis der Baumwoll-, Leinen- und Seiden-Artikel, Marke D.M.C — Die eingeklammerten französischen Benennungen befinden sich auf den Etiketten der D.M.C-Artikel.

schriebenen Ziernaht; sie wird im Uebrigen ebenso ausgeführt wie jene. Es wechseln nacheinander je zwei Schlingenstiche nach rechts mit je zwei nach links gerichteten Schlingenstichen.

Einen besonders einfachen, rasch fördernden Zierstich bringen wir mit Abbildung 48. Links beginnend, geht man mit einem Querstich über vier Fäden vor und zwei Fäden zurück — also bis zur Mitte des Stiches — spannt den Arbeitsfaden schräg nach rechts abwärts über vier Fäden, greift zwei Fäden nach links zurück, vier Fäden mit einem Querstich vor, zwei Fäden zurück, in dieselbe Lücke wie beim vorletzten Stich, spannt den Schrägstich nach rechts aufwärts usw.

Die Grundlage zum Zierstich, Abb. 49, ist der sogenannte Hexenstich oder die Kreuznaht, Abb. 45. Man spanne den Faden von links schräg über acht Webefäden, fasse in horizontaler Richtung vier Fäden durch den Stoff zurück, greife schräg nach unten um acht Fäden vor, horizontal um vier Fäden zurück, und so weiter, abwechselnd oben und unten um zwei Stiche breit vor, um einen Stich breit zurückgreifend. Mit abstechender Farbe wird die Kreuznaht noch durchzogen, wobei der neue Faden stets den Kreuzungspunkt der Fäden deckt, unter der schrägen Spannung durchschlüpft und nur auf der Oberseite des Stoffes bleibt.

Bordüre im Kettenstich.

Die Näh- und Stickmaschine
Das Nähen und Sticken auf der Maschine.

Die Nähmaschine. — Um die Mitte des 18. Jahrhunderts wurden die ersten Versuche zur Herstellung einer Nähmaschine gemacht.

Im Jahre 1755 nahm der Engländer F. Weisenthal ein Patent auf einen Apparat, welcher mit einer zweispitzigen Nähnadel versehen war, die in der Mitte durchlöchert, den Stoff durchstach, ohne gewendet werden zu müssen. Von 1755 bis 1846 verfolgten Thomas Saint, J. Duncan, J. A. Dodge, B. Thimonnier und Walter Hunt mit Ausdauer das Studium zur Vervollkommnung der Nähmaschine. Sie nahmen verschiedene Patente und trugen auch viel zur Lösung dieses schwierigen Problems bei, ohne aber grosse praktische Resultate zu erzielen. Erst gegen 1850 wurde nach zahlreichen Versuchen durch Elias Howe und J. M. Singer die neue Maschine ein brauchbares Werkzeug, und seit der Zeit ist sie allmählich im praktischen Leben zur Verwendung gekommen. Seitdem haben zahlreiche Vervollkommnungen die einfache Maschine abgeändert und daraus ein fast vollkommenes Werkzeug gemacht, das man heute nicht mehr missen möchte.

Es ist hier nicht unsere Aufgabe, die zahlreichen, oft unbedeutenden Einzelheiten zu beschreiben, durch die sich die verschiedenen Systeme unterscheiden. Wir begnügen uns damit, eine kurze, allgemein gehaltene Beschreibung der Maschine und ihrer Hilfsapparate zu geben. Jede Maschine besteht aus zwei Hauptteilen. Der obere Teil enthält die Stütze der Nähnadel und den Mechanismus der die Nadel senkrecht bewegt; der untere Teil zeigt das Schiffchen und die Art seiner Bewegung. Der Faden, welcher sich von der Spule abrollt, geht quer durch die Nähnadel, nachdem er eine passende Spannung vermittelst eines kleinen, sehr wichtigen Apparates, « Fadenspanner » genannt, erhalten hat. Die Nähnadel führt bei ihrer Bewegung nach abwärts den Faden quer durch den Stoff dem Schiffchen gegenüber, wo dann durch eine kleine senkrechte Bewegung eine Schlinge entsteht, durch die das Schiffchen mit seinem Faden geht. Die aufsteigende Nähnadel bildet den Stich, während ein Haken den Stoff vorrücken lässt und zugleich die Länge des Stiches bestimmt.

Diese Maschinen arbeiteten nur mit einem einzigen Faden und ohne Schiffchen und bildeten so den Kettenstich, Abb. 50, dessen grosser Fehler ist, dass er sich zu leicht auflöst, sobald ein Stich reisst. Die Maschine ohne Schiffchen wird kaum noch gebraucht, ausgenommen um gewisse Arbeiten, speziell Stickereien und provisorische Nähte zu machen, bei denen es vorteilhaft ist, sie schnell wieder auflösen zu können.

Die modernen Maschinen arbeiten mit zwei Fäden; sie sind mit einem Schiffchen versehen, das einen Faden enthält, welcher, mit demjenigen der Nähnadel verbunden, den sogenannten Doppel-Steppstich, Abb. 51, ergibt.

Man unterscheidet zwei Arten von Schiffchen: das lange Schiffchen und das Ringschiffchen. Das lange enthält eine kleine verlängerte Spule, auf welcher der Faden aufgerollt ist; durch eine fortwährende Hin- und Herbewegung geht das Schiffchen durch die von der oberen Nadel unterhalb des Stoffes gebildete Fadenschlinge, wodurch sich jedesmal der Stich bildet. Dieses längliche Schiffchen ist noch vielfach in Gebrauch; man zieht aber jetzt allgemein das Ringschiffchen vor, welches aus einer kreisförmigen Spule von ziemlich grossem

Umfange besteht und so eine grössere Menge Faden aufzunehmen vermag. Dieses Schiffchen ist auf einer Axe befestigt, welche nur eine rotierende Bewegung des Schiffchens gestattet, wodurch eine bedeutend regelmässigere Spannung des inneren Fadens ermöglicht wird.

Hilfsapparate. — Mit der allmählichen Verbesserung der Nähmaschine suchte man auch die Brauchbarkeit derselben zu heben und man schuf verschiedene Hilfsapparate, bestimmt gewisse Vorarbeiten zu erleichtern. Diese Apparate werden an der Nähmaschine an Stelle des Pressfusses befestigt. Die am häufigsten verwendeten Hilfsapparate sind :

Der **Säumer,** der dazu dient, die Stoffe mechanisch zu falten. Man hat unveränderliche Säumer für breite und schmale Säume und verstellbare Säumer, bei welchen, durch Verschiebung der Massplatte, jede verschiedene Breite hergestellt werden kann.

Der **Bandeinfasser,** mit dessen Hilfe ein Gewebe durch ein Band eingefasst wird. Man führt das Einfassungsband in die beiden Schnecken des Apparates und den Stoff dazwischen hinein bis dicht an das Band und näht, stets darauf achtend, dass Stoff und Band nicht verschoben werden.

Der **Litzenaufnäher** erleichtert das Aufsteppen einer flach liegenden Litze auf einen Stoff. Man leitet die Litze durch den Apparat, näht sie nun genau der Zeichnung folgend auf, wobei der Stoff durch stetes Drehen in die richtige Lage zu bringen ist, so dass die zu benähende Linie stets gerade vor die Nadel zu liegen kommt.

Mit Hilfe des **Kräuslers** kann man ohne Vorrichten einen Stoff krausen und auf ein Band oder auf einen Schrägstreifen nähen. Der zum Krausen bestimmte Stoff wird unter den Apparat gelegt, der andere wird in die horizontale Spalte des Apparates gebracht, dann beginnt man mit dem Nähen.

Triebkraft. — Es gibt noch Apparate für bestimmte Industriezwecke die aber im gewöhnlichen Leben weniger benützt werden.

Die Nähmaschinen können mit der Hand, mit dem Fusse oder mittelst einer mechanischen Kraft bewegt werden, ohne dass es nötig ist, die Nähwerkzeuge der Maschine zu ändern. Die Maschine mit Handbetrieb ist kaum mehr in Gebrauch, weil Maschinen mit Fussbetrieb sich viel praktischer erwiesen haben, da sie der Arbeiterin die Verfügbarkeit über ihre Hände frei lassen.

Die Maschinennäherei. — Ohne einen vollständigen Lehrgang über Maschinennähen zu bringen, erachten wir es doch für nötig, unsern Leserinnen einige Hinweise und praktische Ratschläge zu geben, denn häufig sucht man die Ursache einer tadelhaften Arbeit in der fehlerhaften Konstruktion der Maschine und in dem schlechten Material, während die Ursache des Misslingens nur dem Mangel an Erfahrung oder der Nichtbeachtung einer technischen Vorschrift zuzuschreiben ist.

Die Stiche. — Wie bereits erwähnt, können auf der Maschine zwei verschiedene Sticharten ausgeführt werden: der Kettenstich, Abb. 50, und der Steppstich, Abb. 51.

Der Kettenstich (Abb. 50). — Der Kettenstich wird wenig zum Nähen verwendet, weil er sich zu leicht auflöst; man benützt ihn mehr für gewisse Stickereien und Ziernähte.

Abb. 50.
Der Kettenstich.

Auf der oberen Seite des Stoffes gleicht der Kettenstich dem Steppstiche, während die untere Seite des Stoffes den eigentlichen Kettenstich zeigt. Soll daher mit diesem Stiche eine Stickerei oder eine Ziernaht ausgeführt werden, so muss man die Zeichnung auf der Kehrseite des Gegenstandes auftragen und auch daselbst die Näherei ausführen. Der Kettenstich ist sehr dehnbar, was besondern Vorteil für das Nähen gewisser Stoffe, die selbst sehr elastisch sind, bietet.

Der Steppstich (Abb. 51). — Der Steppstich, welcher auf den Maschinen, die mit zwei Fäden arbeiten, ausgeführt wird, ist doppelseitig, d. h. in der Wirkung auf beiden Seiten des Stoffes gleich; er wird bei der Kleiderkonfektion und Weissnäherei verwendet und dient auch in letzter Zeit für Maschinenstickereien.

Abb. 51.
Der Steppstich.

Bei einigen Maschinenarten muss der Steppstich mit zwei Fäden von verschiedener Stärke ausgeführt werden; der feinere davon wird auf die Spule des Schiffchens gerollt; bei anderen Maschinenarten müssen beide Fäden von gleicher Stärke sein.

Um eine schöne und dauerhafte Naht zu machen braucht man:

Eine in gutem Zustande erhaltene Maschine;
Gute Zutaten;
Die richtige Spannung der Fäden.

Instandhaltung der Maschine. — Eine gut gebaute und sorgsam behandelte Maschine muss leicht und ohne Lärm gehen; eine Maschine, die schwer und lärmend geht, ermüdet die Arbeiterin und nützt sich schneller ab. Es ist also sehr wichtig, sie stets richtig und ordentlich im Stande zu halten. Zu diesem Zweck muss man sie regelmässig in all den Teilen, die der Reibung unterworfen sind und an welchen besondere Oellöcher angebracht sind, ölen.

Die Qualität des Oeles ist auch sehr wichtig; man wird gut tun, dazu besonderes Maschinenöl, welches man in jeder Drogenhandlung bekommt, zu nehmen. Die stillstehende Maschine muss man gut vor Staub schützen.

Beim Nähen der Stoffe entwickelt sich aus der Appretur und den Stoffasern ein feiner Staub, der nach und nach in die Bestandteile der Maschine eindringt und den leichten Betrieb derselben verhindert. Auch kommt es vor, dass sich nach einer langen Unterbrechung das Oel verdickt; in diesen Fällen arbeitet die Maschine schwer, und man muss sogleich eine vollständige Reinigung vornehmen. Man tropft ein wenig Terpentin in die Oellöcher, lässt dann die Maschine einen Augenblick gehen, reinigt sodann das Treibwerk mit Terpentin oder Petroleum, wischt die Maschine ab und ölt sie schliesslich wieder mit dem Maschinenöle ein.

Nadeln. — Ehe man eine Arbeit beginnt, muss man sich immer vergewissern, ob die Nadel gut geschliffen ist und keine Rostflecken hat; die vorrätigen Nadeln sollen stets ein wenig eingefettet sein, um das Einrosten zu verhindern. Selbstverständlich muss die Stärke der Nadeln zu den Stoffen und dem Nähfaden passen.

Fadensorten. — Zur Maschinennäherei braucht man gewöhnlich auf Spulen gewickeltes Garn, am häufigsten 6 fach gezwirnten oder 3 fach gedrehten Faden. Der 6 fach gezwirnte Faden besteht aus sechs Einzelfäden, zu zwei und zwei drelliert und sodann im ganzen durch Gegendrehung vereinigt; 3 fach gedrehtes Garn wird aus drei Einzelfäden mit einmaliger Drehung gebildet. 6 fach gezwirnte Garne sind 3 fach gedrehten vorzuziehen, wenn es sich um die Herstellung von recht schönen und soliden Nähten handelt. Dem Aeussern nach unterscheidet man noch die nicht glacierten und die glacierten Fäden; die ersteren werden am häufigsten gebraucht; sie sind geschmeidig und passen sich besser allen Arten der Näherei an; die glacierten Fäden sind härter und dienen zum Nähen stark appretierter Stoffe. Wir können zur Maschinennäherei die Maschinengarne der Marke D.M.C empfehlen. Als farbigen Nähfaden verwende man Alsa D.M.C, ein Baumwollzwirn mit Seidenglanz, welcher in einer reichen Auswahl von waschechten Farben erzeugt wird und als Ersatz für Nähseide dient.

Für die Maschinen mit zwei Fäden nehme man immer die gleiche Fadenqualität für Spule und Schiffchen.

Bei Stickereien und Spitzenarbeiten richtet sich die Wahl des Fadens nach der auszuführenden Technik. Retors d'Alsace D.M.C und Alsa D.M.C, in Weiss und Naturfarben, sind für alle Arbeiten im Stopfstich und für Durchbrucharbeiten zu empfehlen; Stickgarn D.M.C (Coton à broder) auf Spulen, Persische Seide D.M.C (Soie de Perse) zu einem Faden gespalten, sowie Alsa D.M.C und Retors d'Alsace D.M.C, in Farben, für Plattsticharbeiten, Knötchentechnik usw. Die hier erwähnten Fadensorten sind bei gewöhnlichen, einseitigen Arbeiten nur als Oberfaden — also für die Spule — zu nehmen; als Unterfaden — für das Schiffchen — dient Maschinengarn D.M.C (Fil pour machines) N° 150; für doppelseitige Stickereien ist das gleiche Material für Spule und Schiffchen zu verwenden.

Spannung des Fadens (Abb. 52 und 53). — Um das Reissen des Fadens zu verhindern und eine schöne Naht herzustellen, ist die richtige Spannung des Fadens sehr wichtig. Mittels einer Schraube, die sich an der Seite der Maschine befindet, wird die Spannung reguliert. Bei einer Steppstichnaht müssen sich die beiden Fäden in der Mitte der beiden Stoffe begegnen (Abb. 51); in diesem Falle hat die Naht ein schönes Aussehen und ist nebenbei auch elastisch und dauerhaft. Wenn der Faden der Spule zu straff (Abb. 52) oder zu wenig gespannt ist (Abb. 53), erhält man unregelmässige Stiche und wenig dauerhafte Nähte.

Bei einer richtigen Spannung des Fadens kann man fast immer das so unangenehme Reissen desselben vermeiden, welches man sehr oft der schlechten Qualität des Fadens zuschreibt, während es von einer fehlerhaften Regulierung der Spannung herrührt.

Abb. 52.
Zu straffe Spannung des Spulenfadens.

Abb. 53.
Zu lose Spannung des Spulenfadens.

Die Maschinenstickerei und die Maschinenstopferei. — Die modernen Ringschiffmaschinen können durch Auswechseln und Ausschalten einzelner Maschinenbestandteile zum Sticken und Stopfen eingerichtet werden. Es ist nicht unsere Aufgabe hier die Ausführung der verschiedenen Techniken zu lehren, denn bei Ankauf einer Maschine werden dem Käufer alle notwendigen Handgriffe und Stiche bereitwilligst gezeigt. Wir geben daher hier nur kurze Anleitungen, welche unsern Leserinnen ein allgemeines Bild dieser künstlerischen Maschinenarbeit geben sollen und verweisen später in den verschiedenen Kapiteln auf die Ausführung der Arbeiten mit der Nähmaschine.

Das Umgestalten der Maschine für Stickereizwecke. — Um die Nähmaschine für Stickereizwecke brauchbar zu machen, muss der Pressfuss entfernt, der Transporteur ausser Betrieb gesetzt und die Stickplatte eingesetzt werden.

So umgestaltet, können auf der Maschine die verschiedenartigsten Stickerei- und Spitzentechniken ausgeführt werden; der Stich — Steppstich — bleibt immer derselbe, nur die Stichlänge und Stichrichtung wechselt.

Die verschiedenen Stickerei- und Spitzentechniken. — Es können so ziemlich alle Stickerei- und Spitzenarbeiten auf der Nähmaschine hergestellt werden. Besonders dankbar sind alle Arten von Stopfstichstickereien auf Tüll und Netz-Canavas und die Durchbrucharbeiten auf Leinen, ferner die verschiedenen Arten von Weiss- und Plattstickereien, Knötchentechnik usw. Es gibt Stickereien die nur einseitig und solche die doppelseitig ausgeführt werden, die Ausführung selbst bleibt die gleiche für beide Fälle, das Resultat hängt nur von der Wahl des Unterfadens ab.

Mit Ausnahme von schmalen Hohlsäumen, sollen alle Arbeiten im Rahmen gespannt ausgeführt werden. Dieser Rahmen — Stickreifen genannt — hat mit dem Schweizer-Rahmen grosse Aehnlichkeit, siehe Abb. 91; er besteht wie dieser aus zwei ineinander passenden Holzreifen, zwischen welchen das zu bestickende Stoffstück stramm eingeklemmt wird.

Hygiene. — Man hat schon viel über die Nachteile gesprochen und geschrieben, welche aus dem Gebrauche der Nähmaschine mit dem Fussbetriebe entstehen sollen. Die einen haben diese Gefahren übertrieben, die andern den damit verbundenen körperlichen Anstrengungen nicht genügend Rechnung tragen wollen. Was uns anbetrifft, so glauben wir, dass es mit dieser Uebung wie mit so vielen andern ist; wenn man sie nicht übertreibt so ist sie keinesfalls der Gesundheit schädlich, sondern eher eine heilsame Bewegung; wenn man aber seine Kräfte überanstrengt und sich dabei übermässig ermüdet, so kann man auf die Dauer ernstliche Nachteile davontragen. Zwei bis drei Stunden tägliche Arbeitszeit kann einer kräftigen, gesunden Person nicht schaden. In den Ateliers dagegen, wo ganze Tage gearbeitet wird, wäre es wünschenswert, eine mechanische Kraft als Treibkraft für die Maschinen heranzuziehen.

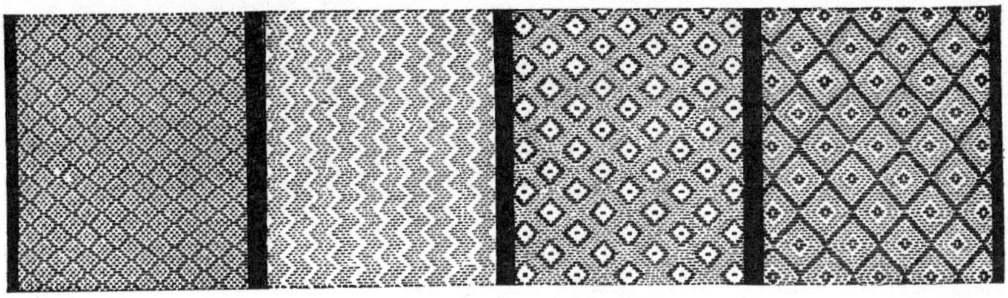

Muster von Damast- und Atlasstopfe.

Das Ausbessern.

Das Ausbessern der Wäsche und Kleider ist zwar eine wenig lohnende, aber dennoch sehr notwendige Kenntnis, die keiner Frauenhand fremd sein sollte. Die Kunst, Schäden, die durch die Benützung oder durch Unvorsichtigkeit entstanden sind, möglichst zu verbergen, ist gewiss eben so hoch anzuschlagen als die tadellose Ausführung neuer Gegenstände. Unter Ausbessern versteht man sowohl das Ergänzen geschwächter oder ganz fehlender Fäden eines Gewebes durch neue Fäden als auch das Ersetzen grösserer schadhafter Stellen durch neuen Stoff. Die erste Art nennt man das Stopfen, die zweite das Einsetzen.

Das Stopfen. — Wenn ein Teil der Fäden nach einer Richtung durchgerissen ist oder dieselben teilweise gänzlich mangeln, so können sie durch eine Stopfe ersetzt werden; in diesem Falle müssen aber die nächsten angrenzenden Stoffteile noch gut erhalten sein. Ist jedoch eine grössere Fläche der Fäden schwach, so muss diese herausgeschnitten werden.

Nadeln. — Zum Stopfen verwendet man die « Stopfnadeln », eine besondere Art von langen Nadeln mit tiefem Oehr, die in verschiedenen Stärken erhältlich sind.

Fadensorten. — Bei mancher Stoffart kann man die Schussfäden zum Stopfen verwenden; sind sie aber solcher Art, dass sie sich zum Einziehen nicht eignen, so wähle man unter den fremden Fäden einen dem Gewebe möglichst ähnlichen.

Man verwendet für die meisten Stopfarbeiten Füll- und Stopfgarn D.M.C (Coton à repriser oder Coton mouliné doublé). Coton à repriser D.M.C wird in 18 Stärken, von N° 8 bis 100 laufend, in Weiss und Naturfarben erzeugt, farbig jedoch nur in N° 25. Coton mouliné doublé D.M.C ist in 10 Stärkenummern, 1 bis 10, in Weiss und Naturfarben erhältlich. Zum Ausbessern der kräftigeren Hauswäsche ist die Verwendung naturfarbenen Garnes angezeigt, da sie, vermöge ihres Zweckes, nie so blendend weiss sein kann als andere Leinengegenstände. Diese Garne, aus lose verbundenen Fäden bestehend, eignen sich vortrefflich zu allen Stopfarbeiten. Durch Trennen eines oder mehrerer Fäden lässt sich, in Ermangelung des richtigen Fadens, jede Stärke willkürlich bilden.

Zum Ausbessern von Damastwäsche sind diese Baumwollfäden weniger passend. Hierzu eignet sich am besten Flaches Leinengarn D.M.C (Lin floche) N° 25 bis 150. Ferner wird für Batist und andere ganz feine, klare Gewebe, Coton à broder surfin D.M.C N° 100 empfohlen.

Stopfarten. — Man teilt das Stopfen in vier verschiedene Arten ein: 1) die Leinwandstopfe, 2) die Atlasstopfe, auch Köperstopfe genannt, 3) die Damaststopfe, und 4) die verlorene oder unsichtbare Stopfe.

1) **Leinenstopfe** (Abb. 54, 55, 56). — Alle Stopfarten sind auf der Kehrseite des auszubessernden Gegenstandes zu machen. Zuerst sind die Längenfäden einzuziehen. Die Stiche dürfen nicht stramm angezogen werden; sie müssen beim Wenden eine kleine Schlinge bilden, damit der noch ungewaschene Faden nach dem Waschen den Stoff nicht einzieht.

Die Längen- (Ketten-) Fäden werden so gespannt, dass man die Nadel ungefähr einen Zentimeter ausserhalb der schadhaften Stelle in den Stoff einführt, dann Vorstiche über zwei, höchstens drei Fäden des Gewebes macht, den Nähfaden über die freie Stelle wirft, wenn der Stoff ganz entfernt ist, und dieselben Stiche auf der gegenüberliegenden Seite zwischen den mit den ersten gleichlaufenden Fäden wiederholt. Beim Zurückgehen nimmt die Nadel die übergangenen Fäden des Stoffes auf und übergeht dagegen die zuerst aufgenommenen.

Die Querfäden werden in derselben Weise eingezogen; es

TAFEL II

WEISSTICKEREI AUF BATIST

auszuführen mit flachem Stickgarn D.M.C, Spezial-Qualität
(Coton floche spécial).

darf jedoch nur immer ein Faden der zuerst über den Ausschnitt gespannten aufgenommen und übergangen werden. Die Fäden müssen nach beiden Seiten so dicht gezogen werden, dass die vollendete Stopfe einen dem Gewebe gleich dichten

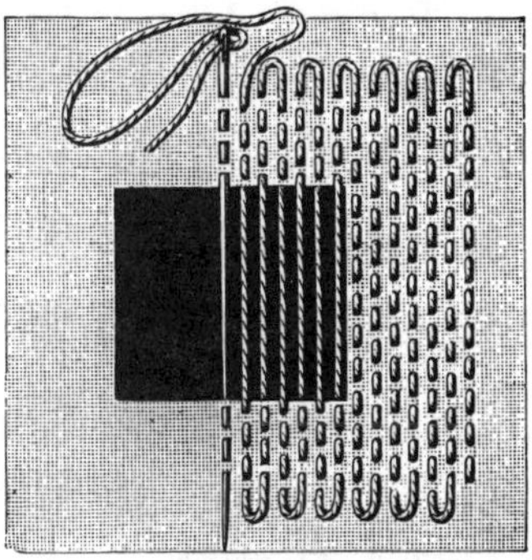

Abb. 54. Gerade Leinenstopfe. Einziehen der Kettenfäden.

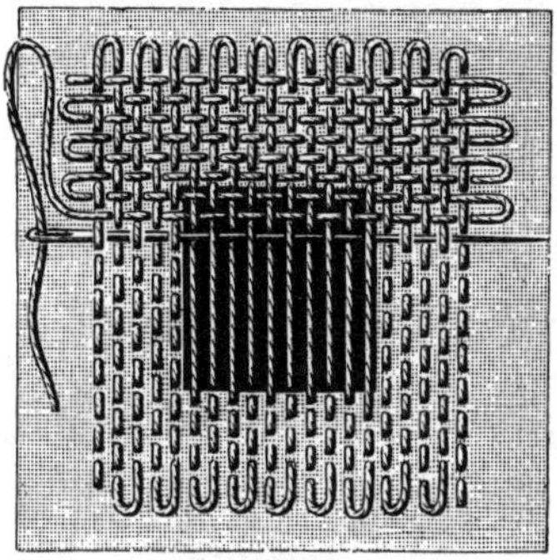

Abb. 55. Gerade Leinenstopfe. Einziehen der Schussfäden.

Grund ergibt. In den Abbildungen sind die Fäden nur der Deutlichkeit der Darstellung wegen entfernter angegeben. Zuweilen findet man die Stopfe an einer Ecke begonnen, wodurch eine Art schrägen Gewebes in dem ursprünglich geraden entsteht. Es wird aber nicht zur Anwendung dieser Stopfart ge-

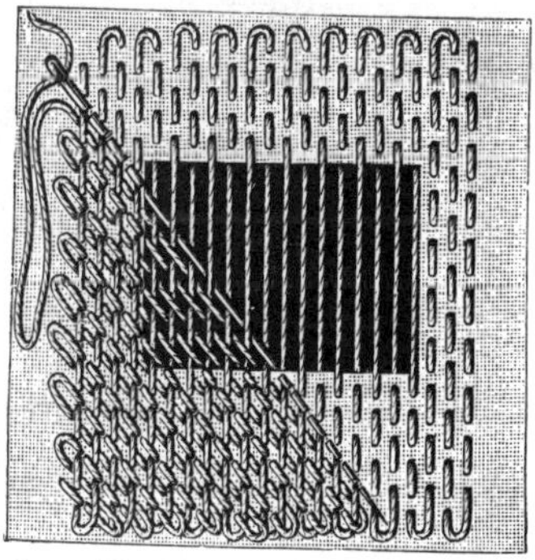

Abb. 56. Schräge Leinenstopfe.

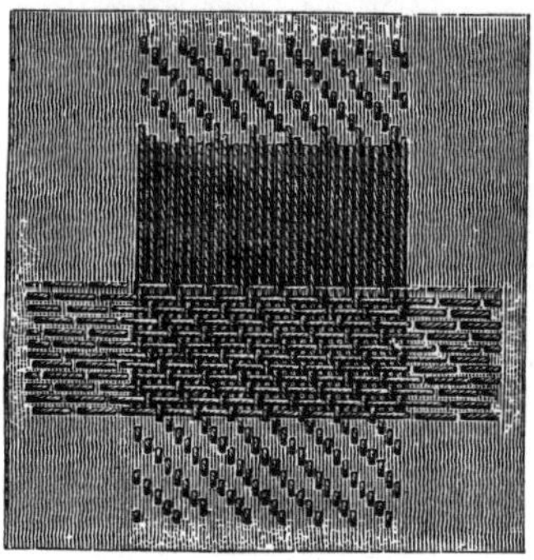

Abb. 57. Atlasstopfe.

raten, da sie immer sichtbarer bleiben wird als eine gerade, in der Richtung der Stoffäden ausgeführte.

Leinenstopfe auf der Maschine. — Für einfache Hauswäsche ist das Stopfen auf der Maschine sehr zu empfehlen.

Zum Stopfen von Löchern in lose geschlagenem Leinen oder Perkal nimmt man Retors d'Alsace D.M.C N° 100 oder

Stickgarn D.M.C (Coton à broder) N° 120, auf Spulen; für grobes Leinen und Piquéstoffe dienen Retors d'Alsace D.M.C N° 80 und Stickgarn D.M.C (Coton à broder) N° 100; Retors d'Alsace D.M.C N° 60 und Stickgarn D.M.C (Coton à broder) N° 80 werden zu grobem Damast und Barchent verwendet.

Die Stopfe selbst ist in wagerechter und senkrechter Richtung auszuführen, genau so wie bei Handarbeit.

2) **Atlasstopfe** (Abb. 57). — Diese wird zum Ausbessern geköperter, das heisst mit schrägen oder kreuzgearbeiteten Fäden gewobener Stoffe verwendet. Es gibt verschiedenartig geköperte Stoffe, doch können nicht alle Webearten angeführt werden. Mit Hilfe der Abbildung 57 und der Erläuterung derselben ist es jedoch ermöglicht, jedes Gewebe nachzubilden.

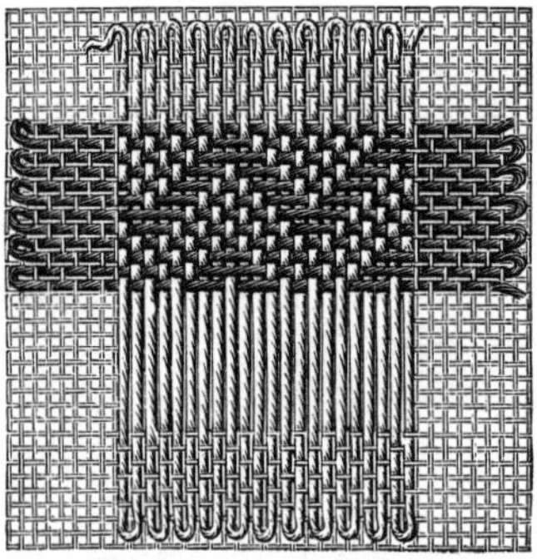

Abb. 58. Damaststopfe mit dichtdeckendem Grund. Kehrseite.

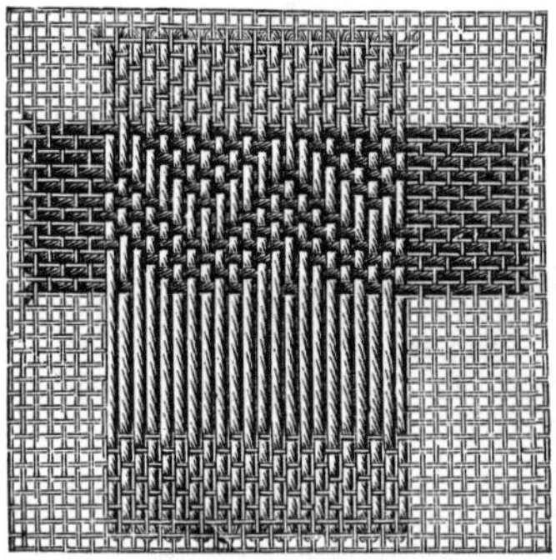

Abb. 59. Damaststopfe mit dichtdeckendem Grund. Rechtseite.

Nachdem die Kettenfäden gespannt sind, werden drei Fäden übergangen, einer wird aufgehoben. Bei den folgenden Reihen wird immer um einen Faden nach derselben Seite vorgerückt. Oder man übergeht einen Faden des Stoffes und nimmt zwei auf; auch hier rückt man in den folgenden Reihen um einen Faden nach derselben Seite vor.

Die Reihenfolge des Uebergehens und Wechselns der Fäden richtet sich nach dem jeweilig auszubessernden Stoffe.

3) **Damaststopfe** (Abb. 58, 59, 60, 61, 62, 63). — Die Damaststopfe wird ebenso wie die Atlasstopfe vorbereitet, nur entsteht durch das wechselnde Aufnehmen und Uebergehen der Fäden die Musterung des ursprünglichen Gewebes.

Abbildung 58 veranschaulicht die Stopfe auf der Kehrseite, Abbildung 59 auf der rechten Seite; mit Abbildung 60 wird ein fertiges Damastmuster gebracht. Bei farbigen Geweben wird die Kette meistens hell, der Schuss hingegen in der Originalfarbe eingearbeitet.

Abb. 60. Damaststopfe mit dichtdeckendem Grund.

Abbildungen 61 und 62 veranschaulichen zwei Stopfproben nach alter Klosterart ausgeführt, bei welchen zuerst Kette und Schuss mit ziemlich feinem Faden eingezogen sind und dann auf dieser Unterlage die Musterung des Stoffes mit stärkerem oder farbigem Faden eingearbeitet erscheint. Abbildung 63, ebenfalls zweifarbig ausgeführt, lehrt das Einstopfen eines Würfelmusters.

4) **Verlorene Stopfe** (Abb. 64). — Diese Art Stopfe wird bei Rissen, welche die Vereinigung beider Stoffteile erlauben,

Abb. 61. Damaststopfe über genähtem Grund.

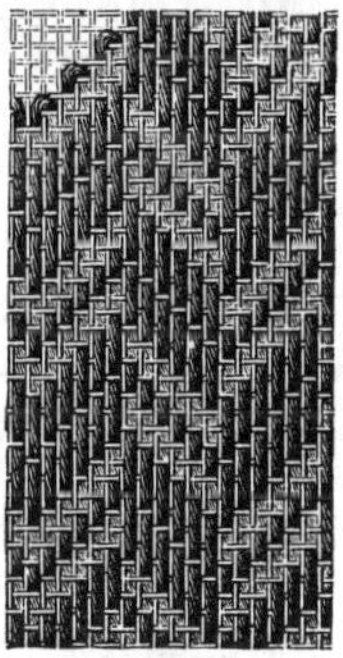

Abb. 62. Damaststopfe über genähtem Grund.

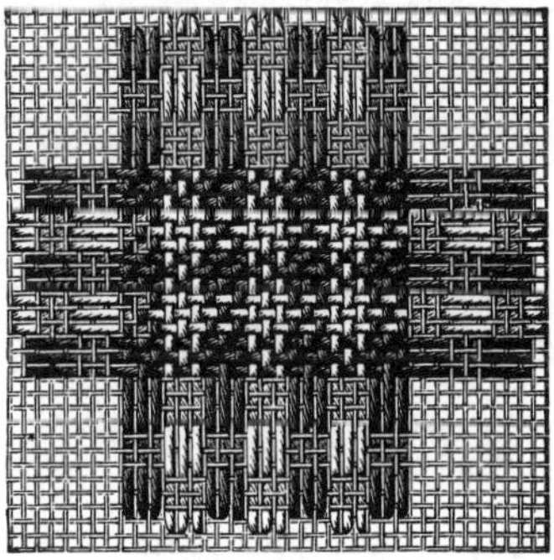

Abb. 63. Damaststopfe in zwei Farben ausgeführt.

angewendet. Die gerissenen Fäden dürfen nicht glatt weggeschnitten werden, da sie die Kette ersetzen. Die schadhafte Stelle ist auf Wachstuch, die Kehrseite des Stoffes nach oben zu heften. Die Kanten werden nur durch hin- und zurückgehende kleine Vorstiche verbunden.

Verlorene Stopfe auf der Maschine. — Zuerst müssen die beiden zu verbindenden Stoffteile auf Pauspapier geheftet sein, dann werden die gegenüberstehenden Stoffränder durch eine in dichten Zackenlinien ausgeführte Steppnaht verbunden.

Als Arbeitsfaden dient für farbige Stoffe Alsa D.M.C oder Retors d'Alsace D.M.C N° 50, auf Spulen.

Unsichtbare Stopfe in Tuch (Abb. 65). — Tuch unsichtbar zu stopfen ist eine, trotz ihrer grossen Nützlichkeit, fast ungekannte Kunst. Es ist eine mühsame, doch sehr leicht fassliche Arbeit.

Man nimmt dazu eine möglichst feine Nadel und, statt Seide oder andern Faden, Haare, die stärker sind als die Stoffäden. Rote und weisse Haare sind am stärksten; dass dieselben vorerst ganz entfettet werden müssen ist selbstverständlich.

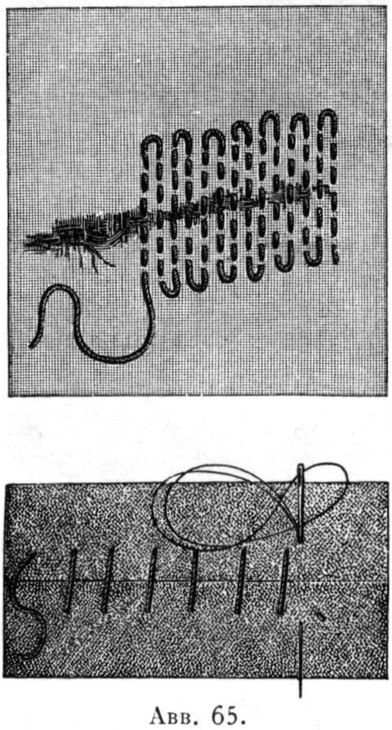

Abb. 65.
Unsichtbare Stopfe in Tuch.

Man schneidet das Tuch auf der rechten Seite mit einem Rasiermesser fadengerade, so dass das Haarige des Tuches den Schnitt und die Naht bedeckt. Die Scheere raubt zu viele der feinen Härchen des Stoffes, wodurch die Stopfe sichtbarer wird, als wenn der Schnitt mit dem Messer vollführt wird. Wenn der Schnitt rein und gerade ist, setzt man den anzustopfenden, ebenfalls gerade geschnittenen Teil mittelst grösserer Ueberwindlingstiche ein oder an. Da nimmt man die Nadel mit dem an seiner Wurzel eingefädelten Haar und führt sie 2 bis 3 mm. ausserhalb des Schnittrandes ein. Auf keiner Seite des Tuches dürfen weder die Nadel noch das Haar sichtbar sein; die Stiche müssen sich in der Dichte des Stoffes verlieren, und zwar so, dass das Haar wie zwischen zwei Stofflagen verbunden ist.

Beim zurückführen des Fadens muss die Nadel genau wieder in dieselbe Oeffnung eingeführt werden, aus der sie herausgekommen ist. Die Stiche selbst sind im Tuch ein wenig schräge zu stellen, und das Haar darf nicht zu stramm angezogen werden.

Wenn die Stopfe vollendet ist, so legt man den Gegenstand

auf ein reines, hartes, unüberzogenes Brett, ein feuchtes Tuch auf die Kehrseite der Stopfe und glättet mit heissem Eisen.

Bei sorgfältiger Ausführung wird das schärfste Auge den neueingesetzten Stoffteil nicht entdecken können.

Das Fleckeinsetzen. — Wie früher erwähnt, wird der Teil eines Gegenstandes, welcher zum Stopfen zu schadhaft ist, aus demselben herausgeschnitten und durch neuen Stoff ersetzt.

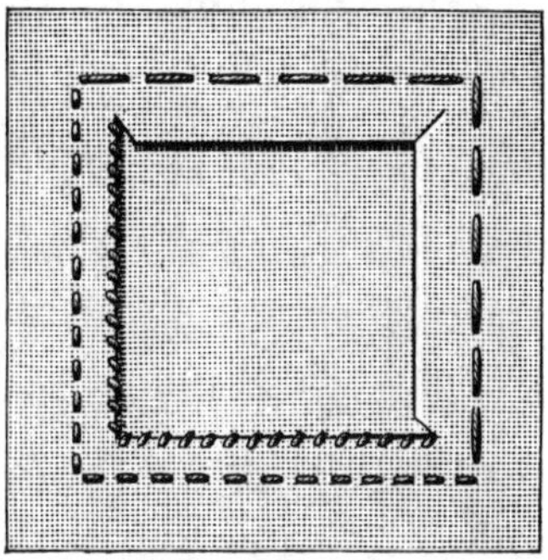

Abb. 66.
Fleck mit Uebernaht.

Bei gebrauchter Wäsche muss dieser neue Teil von einem leichteren Gewebe sein, als solches ursprünglich verwendet worden ist.

Das neue Stoffstück muss genau nach der Form und in der Fadenlage des ausgeschnittenen genommen werden, jedoch um so viel grösser, als für die Nahteinschläge erforderlich ist. Solche neue Stoffteile fügt man entweder mit einer Uebernaht oder mit Ueberwindlingstichen in den Ausschnitt ein.

Fleck mit Uebernaht (Abb. 66). — Das neue Stück wird an Stelle des alten so eingeheftet, dass es über die Schnittkanten des auszubessernden Objektes ein wenig hinausragt. Die Hinterstiche sind auf dem auszubessernden Gegenstande zu machen, wodurch die Ausführung der Ecken erleichtert ist. Der Saum wird auf dem neuen Fleck ausgeführt.

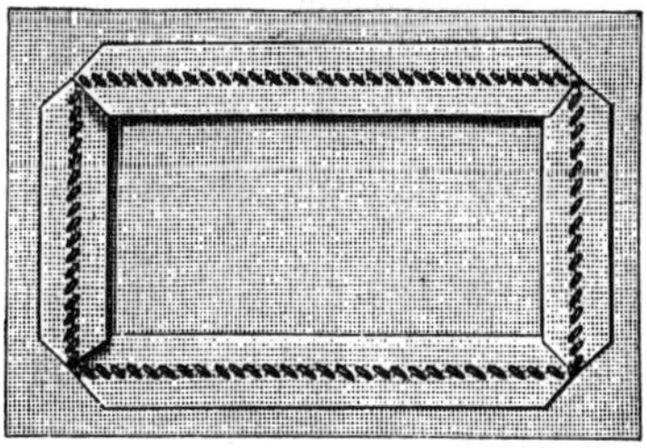

Abb. 67.
Fleck mit Ueberwindlingnaht.

Beim Einsetzen neuer Stücke dürfen sich keine Falten an den Ecken bilden; durch einen kleinen Einschnitt in jeder Ecke der Schnittkanten werden sie leicht beseitigt. Die Hinterstiche sind soweit über die Ecken hinaus zu arbeiten, dass der letzte und der erste Stich in jeder Ecke einen rechten Winkel bilden.

Fleck mit Ueberwindlingnaht (Abb. 67). — Wenn neue Stücke mit Ueberwindlingnaht eingesetzt werden, so sind zuerst die Schnittkanten beider Teile umzubiegen und dann das neue Stück einzunähen. Die Kanten schützt man vor dem Ausfasern, indem man sie mit losen Schlingstichen, siehe Abb. 69, oder mit einer Kreuznaht, siehe Abb. 45, einfasst oder auch, indem man beide Schnittkanten vorerst säumt und dann erst die Verbindungsstiche ausführt.

Eingezogener Stoffteil (Abb. 68). — Man nimmt ein viereckiges Stück des Originalstoffes, schneidet es um 5 bis 6 cm. grösser nach jeder Seite als der ausgeschnittene oder schadhafte Teil ist, zieht die Fäden des zugegebenen Stoffes nach allen vier Seiten aus und heftet dann das in der Mitte gebliebene Stück über den Ausschnitt auf.

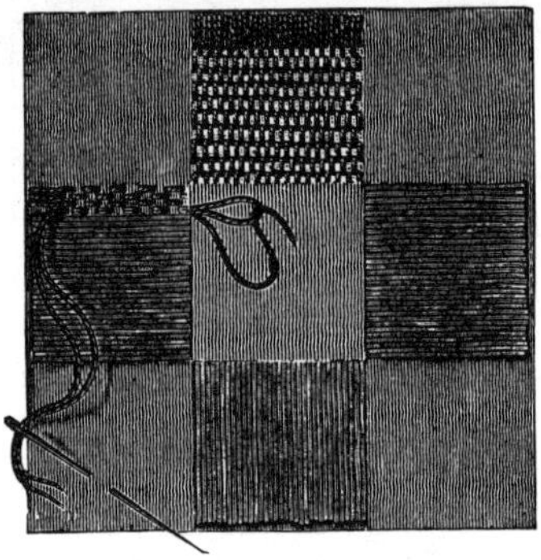

Abb. 68.
Eingezogener Stoffteil.

Sodann wird ein Seidenfaden mit beiden Enden in eine möglichst feine Nadel eingefädelt, die genau in der Ecke bei den ausgezogenen Fäden in den Grundstoff eingeführt und, nachdem einige Vorstiche nach aussen zu gemacht worden sind, wieder herausgezogen wird, ohne jedoch die durch den Seidenfaden gebildete Schlinge ganz nachzuziehen. In diese Seidenschlinge wird der erste der blosgelegten Fäden eingehängt und der Seidenfaden samt diesem durchgezogen. Dasselbe Vorgehen wird mit allen folgenden Fäden wiederholt, indem man abwechselnd die Stoffäden aufnimmt und übergeht, was besonders an der Schnittkante genau durchgeführt sein muss. Bei dünnen Geweben müssen die Fäden abwechselnd höher und tiefer eingezogen werden, damit die doppelte Fadenlage weniger auffällig ist.

Streifen in Weisstickerei : Englische Stickerei in Platt- und Knötchenstich.

Die Weisstickerei.

Wir wollen die Bezeichnung « Weisstickerei » für diesen Zweig der weiblichen Handarbeiten beibehalten, obwohl sie ihre Richtigkeit einigermassen dadurch eingebüsst hat, dass die Stickereien jetzt nicht mehr nur in Weiss, sondern auch in all den beliebten bunten Farben ausgeführt werden.

Die eigentliche Weisstickerei, so zu sagen, ein Vasall der Wäsche- und Putzgegenstände, gliedert sich in mehrere Abteilungen. Man unterscheidet Schlingerei und Hochstickerei für Buchstaben, Einsätze und Plein; mit letzterer wird auch die Schweizer à-jour Arbeit häufig in Verbindung gebracht. Ferner gehören dahin durchbrochene Arbeiten mit languettierten oder kordonnierten Rändern, wie Madeira-, Renaissance- und Richelieu-, sowie die besonders reich wirkenden Venetianer-Stickereien. Die der dänischen Hausindustrie entnommene, unter dem Namen « Hedebo » bekannte Weisstickerei, welche ebenfalls zum Teil durchbrochen erscheint, und endlich auch die früher so häufig für Kleideraufputz verwendete Piquéstickerei sind sehr wirkungsvolle Techniken und können mit Berechtigung in dem Kapitel der eigentlichen Weisstickerei Aufnahme finden.

Vorrichten. — Die Weisstickerei kann man entweder ohne Unterlage, oder auf einer solchen von Wachsleinwand, oder auch im Stickrahmen, der sogenannten Trommel, ausführen.

Ersteres ist jedoch nur sehr geübten Stickerinnen gestattet, denn ungeübte ziehen den Stoff beim Sticken leicht ein.

Wenn man ohne Unterlage arbeitet, so legt man die zu bestickende Stelle ganz glatt über den Zeigefinger und hält dabei den Stoff so, dass die Fäden gerade liegen, da er, wenn schräg gehalten, leicht verzogen wird. Die drei nächsten Finger haben die Arbeit festzuhalten, der Daumen liegt auf der Arbeit unterhalb der nach der Stickerin zugekehrten Linien der Musterung. Die Stickerei ist so zu halten, dass die äussere weiteste Linie einer in zwei Linien gezeichneten Figur nach der Stickenden gekehrt ist.

Das Vorzeichnen. — Die Vorzeichnungen zu Weissstickereien sind meistens fertig gedruckt zu bekommen; will man solche jedoch eigenhändig herstellen, so finden die Leserinnen im letzten Abschnitt dieses Buches mehrere Arten zur Uebertragung der Zeichnungen auf Stoffe angeführt.

Fadensorten. — Die verschiedenen Arten von Weissstickereien bedingen die Verwendung von mannigfachem Stickmaterial; zu empfehlen sind besonders die unter der Marke D.M.C (*) erhältlichen Artikel. Die Garne der Marke D.M.C sind hauptsächlich desshalb allgemein bevorzugt, weil sie einen gleichmässig schönen und kräftigen Faden aufweisen und in einer ausserordentlich grossen Farbenauswahl zu haben sind.

Zu den Hochstickereien wähle man Stickgarn D.M.C (Coton à broder) und Stickgarn D.M.C, Spezial-Qualität (Coton à broder, qualité spéciale), oder auch in gewissen Fällen Flaches Stickgarn D.M.C, Spezial-Qualität (Floche spécial). Letzteres Garn ist weniger gezwirnt als ersteres, liefert aber ebenfalls, trotzdem die Stickerei schneller vor sich geht, eine schöne regelmässige Arbeit.

Für jene Stickereien, die meistens zur Ausschmückung der Leibwäsche und Kindergarderobe dienen und bei welchen häufig farbige Garne verwendet werden, empfehlen wir die farbigen Stickgarne D.M.C (Cotons à broder), welche in einer grossen Anzahl Schattierungen erzeugt werden. Diese Stickgarne sind auch in Weiss für alle jene Stickereien zu empfehlen, bei

(*) Siehe am Schluss des letzten Kapitels die Tabelle der Nummern und das Farbenverzeichnis der Baumwoll-, Leinen- und Seiden-Artikel, Marke D.M.C — Die eingeklammerten französischen Benennungen befinden sich auf den Etiketten der D.M.C-Artikel.

denen ausser der Hochstickerei auch Zierstiche angebracht werden, wie dies insbesondere bei Buchstaben und Monogrammen der Fall ist. Zum Zeichnen der groben Haus- und Küchenwäsche wählt man meist schneller förderndes Material, wie Flaches Leinengarn D.M.C (Lin floche) oder Zeichengarn D.M.C (Coton à marquer).

Für die unter dem Namen « Schweizer à-jour Stickereien » bekannten Muster ist ein besonders fein gesponnener Faden, Coton à broder surfin D.M.C, zu der Hochstickerei, und Elsässer Nähgarn D.M.C (Fil d'Alsace) oder Leinen-Spitzengarn D.M.C (Lin pour dentelles) zu den Spitzenstichen zu wählen.

Zum Unterlegen aller Art Hochstickerei nimmt man offenes Stopfgarn D.M.C (Coton à repriser), in der Farbe der Stickerei.

Die Techniken aus Musterfiguren mit Languettenstich-Einrandung und geschlungenen, frei liegenden Verbindungsstäbchen, wie Renaissance-, Richelieu- und Venetianer-Stickerei, verlangen gemischtes Stickmaterial. Stickgarn D.M.C (Coton à broder) dient für die Languettenstich-Einrandung und Elsässer Nähgarn D.M.C (Fil d'Alsace) für die Stäbchenverbindung und die etwaigen Zierstiche.

Für Madeira-Stickereien wird eigens ein bläulich getöntes Stickgarn, « Madeira », erzeugt, welches der fertigen Arbeit genau das Ansehen der Originalstickereien verleiht.

Zur Imitation von Hedebo-Stickereien empfehlen wir Flaches Leinengarn D.M.C (Lin floche), für die Hochstickerei, und Leinen-Spitzengarn D.M.C (Lin pour dentelles) zu der Ausführung der durchbrochenen Partien. Piqué-Stickereien lassen sich sowohl in Leinen wie in Baumwolle ausführen, und zwar ist für die Füllstiche offenes Garn, Stopfgarn D.M.C (Coton à repriser), Spezialgarn D.M.C (Mouliné spécial) oder Flaches Leinengarn (Lin floche), zu verwenden, für die Konturen jedoch stark drelliertes Garn, wie Knüpfgarn D.M.C (Fil à pointer) und Leinen-Spitzengarn D.M.C (Lin pour dentelles).

Vorziehen und Unterlegen. — Das genaue Vorziehen der Musterung ist beim Sticken von grosser Wichtigkeit, denn die Linien der Zeichnung sind häufig nur desshalb mangelhaft nachgearbeitet, weil das Vorziehen oberflächlich geschehen ist.

Man verwendet dann gewöhnlich etwas stärkeres Garn als

zum Sticken. Der Faden wird sowohl beim Vorziehen als auch beim Sticken mit einigen Vorstichen angelegt, niemals wird ein Knoten gemacht. Den zu befestigenden Faden zieht man entweder durch die vorgezogenen Stiche oder durch den fertigen Teil der Musterfigur. Die vorgezeichneten Linien zieht man mit ziemlich kurzen Vorstichen nach; den Raum zwischen zwei Linien unterlegt man hierauf, d. h. man füllt ihn, hin- und zurückgehend, mit losen Vorstichen so weit aus, dass die Stickerei rund ausfällt. Das Vorziehen und Unterlegen ist durch die Abbildungen 81 bis 85 erklärt.

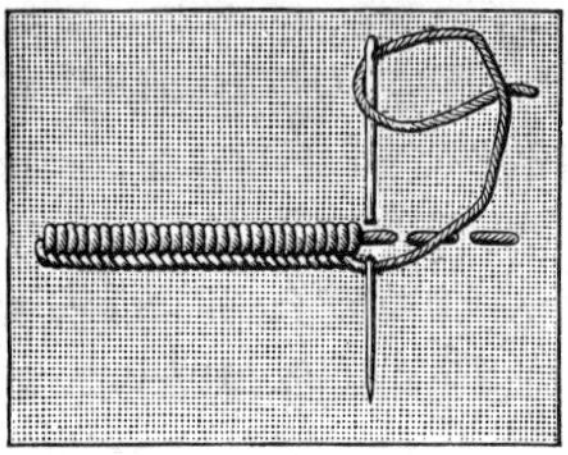

Abb. 69. Der Languetten- oder Schlingenstich.

Beim Schlingen ist der neu anzulegende Faden zwischen dem letzten und dem vorletzten Stich einzuführen; die folgenden Schlingenstiche sind über beide Fadenenden zu schürzen.

Die Hochstickerei. — Unter Hochstickerei versteht man das Uebersticken von stark unterlegten Formen mit geradem oder auch schrägem Plattstich, welcher quer zu den Stichen der vorgestochenen Unterlage auszuführen ist.

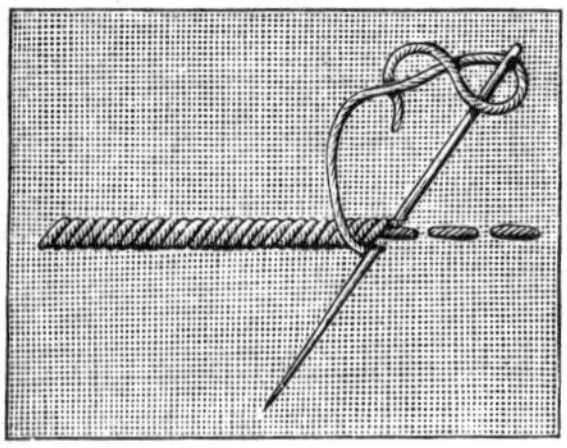

Abb. 70. Der steile Stielstich.

Der Languetten- oder Schlingenstich (Abb. 69). — Man arbeitet denselben von links nach rechts. Den Arbeitsfaden hält man mit dem Daumen der linken Hand unterhalb des vorgezogenen Fadens fest; die Nadel führt man oberhalb des vorgezogenen Fadens in den Stoff ein und unterhalb desselben, aber über dem Arbeitsfaden, wieder heraus und zieht letzteren an, ohne den Stoff zusammenzuziehen.

Die folgenden Stiche werden in gleicher Weise ausgeführt. Sie müssen gleichmässig und dicht nebeneinander gestellt sein.

Der steile Stielstich (Abb. 70). — Man führt den steilen Stielstich von links nach rechts aus. Die Nadel wird stets oberhalb des vorgezogenen Fadens hinein- und unterhalb desselben herausgeführt. Bei feinen Zeichnungen wird nur so viel vom Stoff gefasst, als der Einlagfaden deckt.

Der Schnurstich (Abb. 71). — Der Schnurstich wird von links nach rechts über eine in Vorstichen markierte Linie gearbeitet, und um demselben ein reliefartiges Aussehen zu verleihen, wird noch ein starker, runder Faden beim Arbeiten eingelegt. Die Nadel wird unter dem vorgezogenen Faden herausgeführt, und man arbeitet, nach aufwärts stechend, dicht aneinander gereihte senkrechte Stiche. Dieser Stich findet hauptsächlich in der Buchstabenstickerei Anwendung.

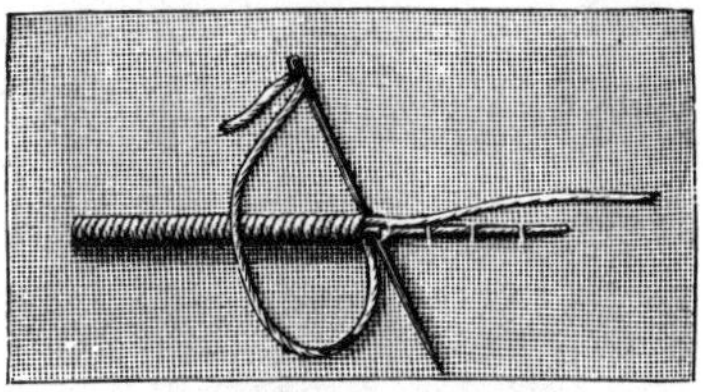

Abb. 71.
Der Schnurstich.

Der schräge Stielstich (Abb. 72). — Dieser wird ohne Vorziehen ausgeführt und zwar in der Weise, dass man die Nadel von rechts nach links schräg unter einen bis zwei wagerechte und vier bis sechs senkrechte Fäden führt, so zwar, dass der letzte Stich bis zur Hälfte des vorletzten zurückgreift. Diese Art Stielstich kommt meist bei den feinen Linien der Buchstaben und Zahlen und bei Leinenstickereien in Anwendung.

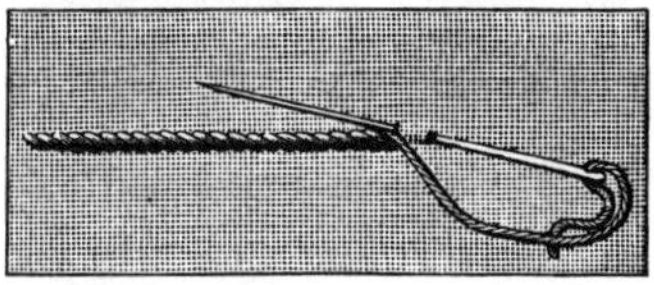

Abb. 72.
Der schräge Stielstich.

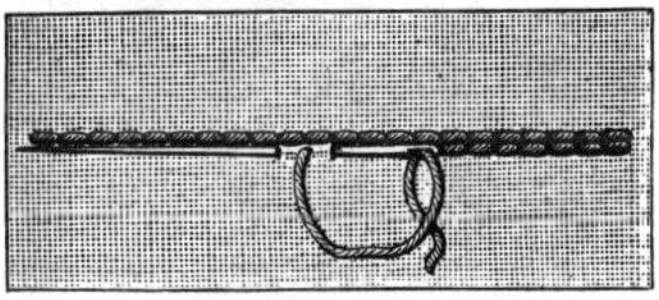

Abb. 73. Der Steppstich.

Der Steppstich (Abb. 73). — Er besteht nur aus ziemlich kleinen, dicht aneinander gereihten gewöhnlichen Steppstichen, die von rechts nach links ausgeführt werden. Man verwendet diese Stichart vorzugsweise zum Füllen von Buchstaben, Blättern und Blumen. Verstreut angebrachte Steppstiche nennt man « Sandstich ».

Der Kreuzsteppstich (Abb. 74 und 75). — Eigentlich kann diese Stichart nur bei sehr klaren Geweben zur Verwendung kommen. Sie bildet auf der Kehrseite eine dichte Kreuznaht und gleichzeitig eine Art Untergrund, welcher der Figur einen matten Ton verleiht.

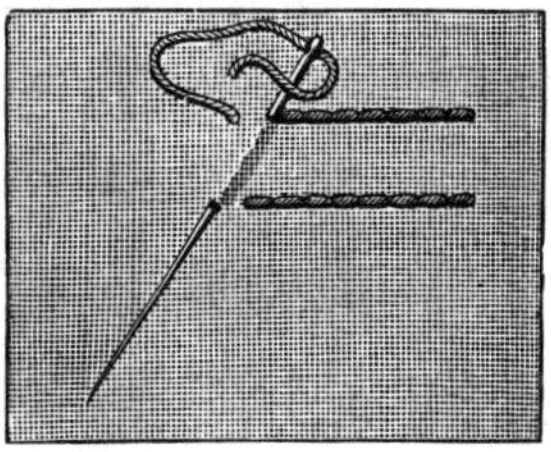

Abb. 74.
Der Kreuzsteppstich.
Rechtseite.

Zur Ausführung dieses Stiches führt man die Nadel wie zum gewöhnlichen Steppstich in den Stoff ein, hierauf unter dem Stoff in schräger Richtung nach der entgegengesetzten gleichlaufenden Linie der Musterung und dort an der betreffenden Stelle heraus. Nun wird die Nadel wieder wie zum gewöhnlichen Steppstich in den Stoff ein- und in schräger Richtung ebenfalls unter dem Stoff nach der ersten Linie und an der für den nächsten Stich geeigneten Stelle herausgeführt. Abbildung 75 zeigt sowohl die kreuzweise Lage der Fäden auf der Kehrseite als auch, wie dieser Stich, falls er als Füllstich verwendet wird, auf der Rechtseite ausgeführt werden kann. Wir kommen später noch, in den Abschnitten « Die Durchbrucharbeit » und « Die Spitzenstickereien », auf diesen Stich zu sprechen.

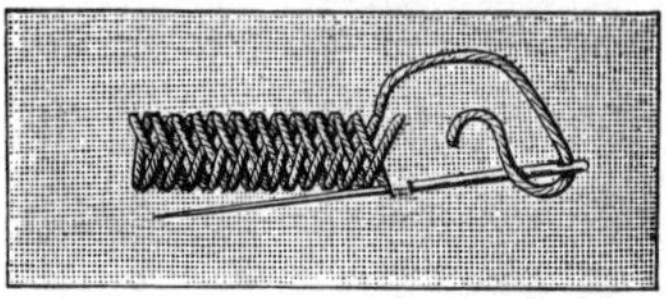

Abb. 75.
Der Kreuzsteppstich. Kehrseite.

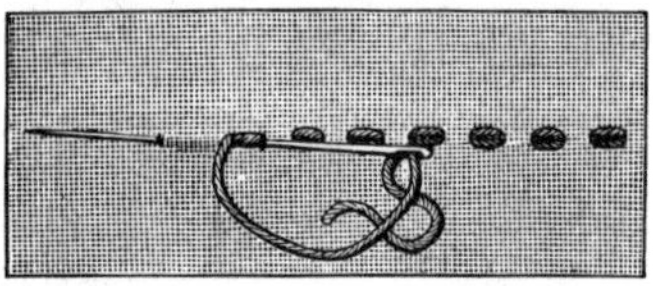

Abb. 76.
Der einfache Knötchenstich.

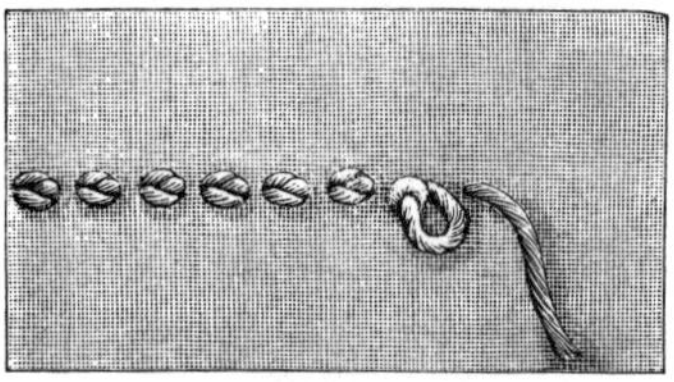

Abb. 77.
Der Kettenknötchenstich.

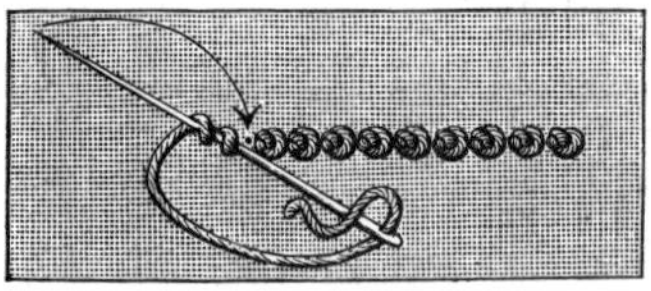

Abb. 78.
Der gewundene Knötchenstich.

Der einfache Knötchenstich (Abb. 76). — Er entsteht durch zwei nebeneinander und über die gleichen Stoffäden ausgeführte Steppstiche.

Der Kettenknötchenstich (Abb. 77). — Der Kettenknötchenstich besteht aus einzeln gearbeiteten Kettenstichen, die eine dem gewundenen Knötchenstich ähnliche Wirkung hervorrufen; er dient gleich diesem zur Füllung kleiner Flächen. Nachdem man den Faden an passender Stelle auf die Arbeitsseite des Stoffes heraufgeführt hat, sticht man die Nadel an der gleichen Stelle in den Stoff zurück, um sie in kleiner Entfernung abermals an die Oberfläche zu bringen, und zwar in der Weise, dass der Arbeitsfaden eine kleine Schlinge bildet, welche unter die Nadel zu liegen kommt; dieselbe wird durch einen Steppstich festgehalten und der Kettenknötchenstich ist hiermit vollendet.

Der gewundene Knötchenstich (Abb. 78.) — Um diesen Stich auszuführen, hält man den vorerst befestigten Faden in einiger Entfernung von der Stelle, wo er aus dem Stoff herausgeführt wurde, mit dem Daumen fest, umwindet die Nadel zweimal mit dem Faden, dreht dann die Nadel, der Richtung des Pfeils folgend, von links nach rechts so herum, dass die Spitze an die auf der Abbildung mit einem Punkt bezeichnete Stelle trifft; an dieser Stelle wird die Nadel in den Stoff geführt und bei dem für den nächsten Stich bestimmten Punkt wieder herausgebracht.

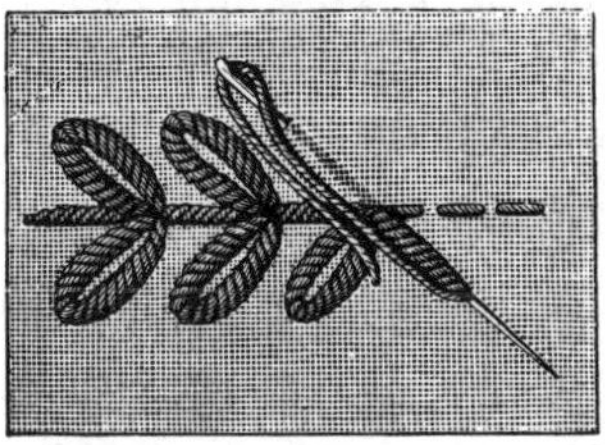

Abb. 79.
Der Wickelstich.

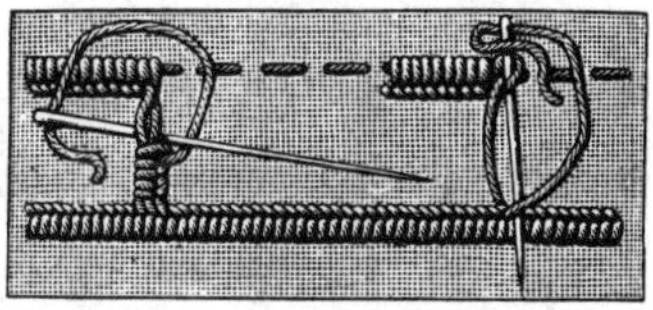

Abb. 80.
Stäbchenleiter.

Der Wickelstich (Abb. 79). — Der Wickelstich eignet sich zur Ausführung solcher Figuren welche erhaben erscheinen

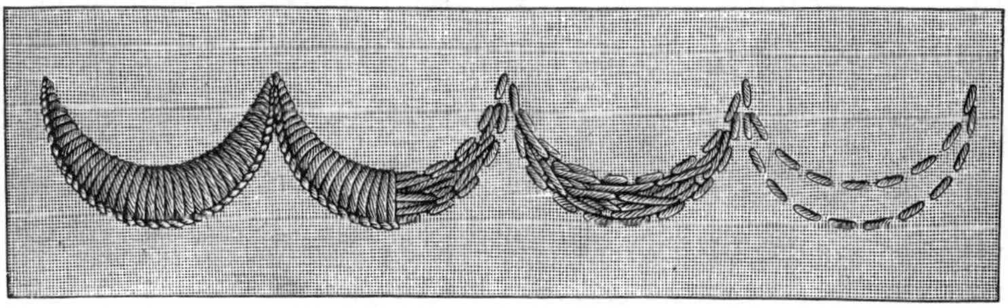

Abb. 81. Runde geschlungene Bogen.

und rasch ausgeführt werden sollen. Die Abbildung zeigt fünf fertige Blättchen, beim sechsten wird die Ausführung des Stiches gelehrt. Man windet dazu den Faden um die Spitze der durch den Stoff geführten Nadel so viele Male, als es die Länge des Stiches erfordert, hält dann die Fadenwindungen mit dem Daumen fest, zieht die Nadel und den restlichen Teil des Fadens durch den gewickelten Faden, sticht hierauf die Nadel an der Stelle, wo sie zuerst durch den Stoff geführt wurde, wieder hinein und zieht sie an der für den nächsten Stich bezeichneten Stelle heraus.

Stäbchenleiter (Abb. 80). — Zur Ausführung einer Stäbchenleiter zieht man erst die Randlinien vor, dann vollendet man die Schlingenstiche nach einer Seite. Auf der zweiten Seite führt man sie bis zu jenem Punkt, wo ein Stäbchen angebracht werden soll. Hier wird der Faden nach der zuerst vollendeten Stichreihe geführt, und die Nadel von unten nach oben durch die Stichschlinge geschoben; dann werden noch zwei Fäden gespannt. Beim dritten Faden führt man die Nadel um eine Stichschlinge weiter heraus. Alle drei Fäden werden hierauf mit dichten Schlingenstichen übernäht, ohne jedoch den Unterstoff mitzufassen, der, wenn die Arbeit vollendet ist, zwischen den wagerechten Schlingenstichreihen weggeschnitten wird.

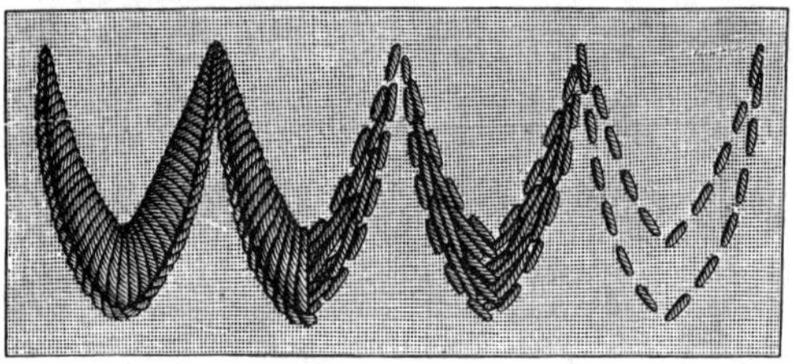

Abb. 82. Grosse, spitze geschlungene Bogen.

Einfache geschlungene Bogen (Abb. 81, 82, 83). — Das Vorziehen, Unterlegen und Schlingen dieser Bogen ist in der vorher erwähnten Weise auszuführen. Dabei hat man zu beachten, dass die Schlingenstiche von den Einschnitten an, wo sie ganz kurz sind, nach der Mitte zu gleichmässig länger werden. Bei Abbildungen 82 und 83 sind die bis zur Spitze reichenden Stiche nach der inneren Bogenlinie sehr knapp aneinander zu stellen, nach aussen hingegen etwas weiter auseinander zu machen, damit die Spitzen der Bogen deutlich gezeichnet werden.

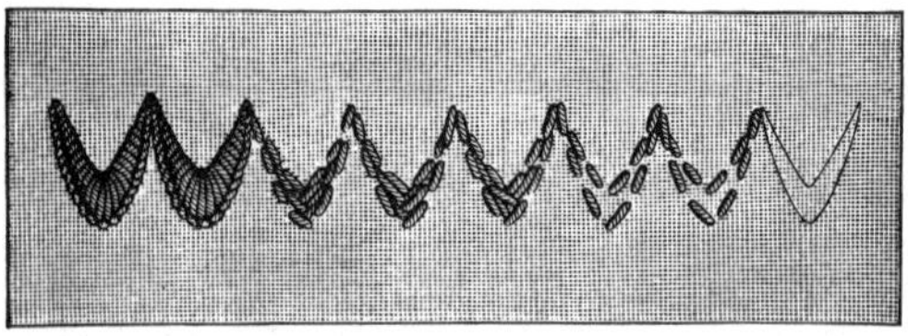

Abb. 83. Kleine, spitze geschlungene Bogen.

Geschlungene Rosenbogen (Abb. 84 und 85). — Grosse geschlungene Bogen, deren äussere Linie in kleine Zacken eingeteilt ist, werden Rosenbogen genannt. Abbildung 84 zeigt Rosenbogen mit runden Zacken, Abbildung 85 solche mit spitzen Zacken, die oben durch einen kleinen Querstab verbunden erscheinen.

Bindlöcher (Abb. 86, 87, 88). — Das Bindloch wird vorerst mit kleinen Vorstichen eingefasst, der Stoff innerhalb der Stiche mit einer feinen, scharfen Scheere herausgeschnitten und mit geraden dichten Ueberlegstichen übernäht. Wenn eine

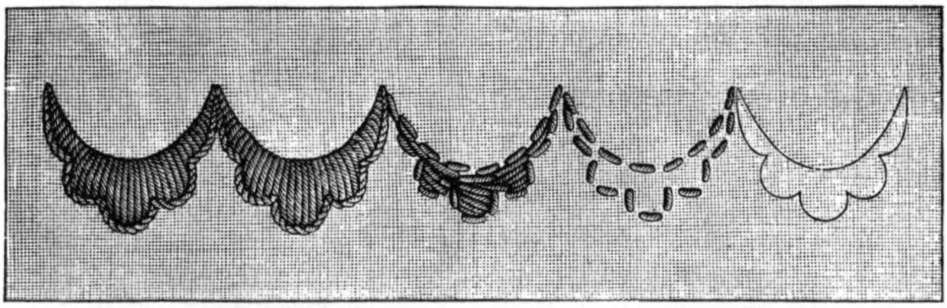

Abb. 84. Runde geschlungene Rosenbogen.

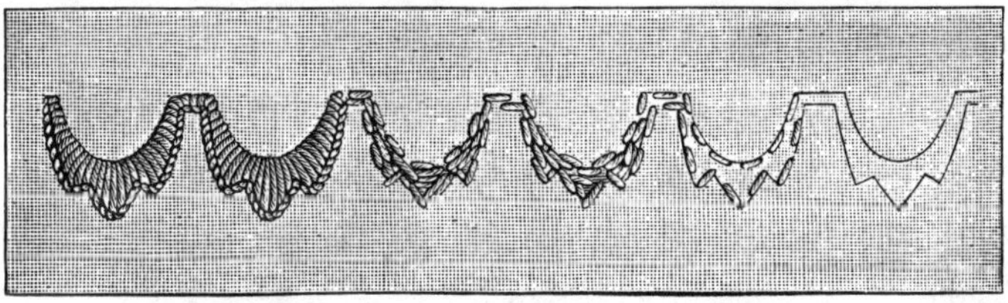

Abb. 85. Spitze geschlungene Rosenbogen.

längere Reihe aneinanderstossender Bindlöcher zu arbeiten ist, so zieht man die Hälfte eines solchen vor und führt den Faden da, wo sich die Linien berühren, in den Ring des nächsten Bindloches. In der zweiten Reihe kreuzen sich dann die Vorziehfäden. Die Ueberlegstiche sind ebenfalls abwechselnd nach oben und unten zu arbeiten. Die in den Abbildungen 87 und 88

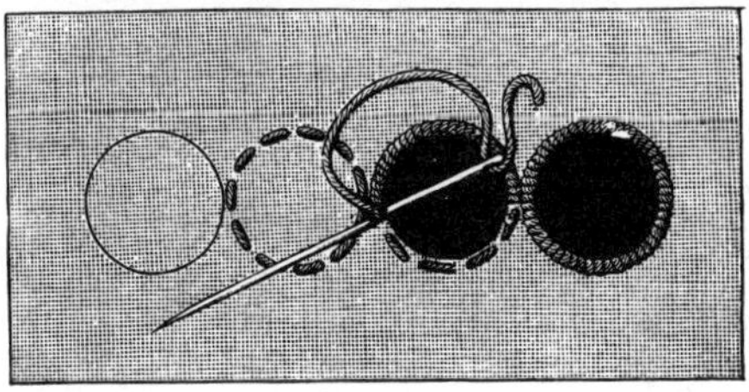

Abb. 86. Kordonnierte Bindlöcher.

dargestellten Schattenbindlöcher werden nach einer Seite schmal, nach der anderen breiter, entweder mit Languettenstichen allein, oder mit solchen nur zum Teil oder auch ganz kordonniert ausgeführt.

Sechs Blätter in Hochstickerei (Abb. 89). — Diese Art Plattstich kommt vorwiegend bei Herstellung von Blüten,

Blättern, Muschen, Initialen und Monogrammen in Anwendung.

Das Innere der vorgezogenen Konturen wird mit dichten,

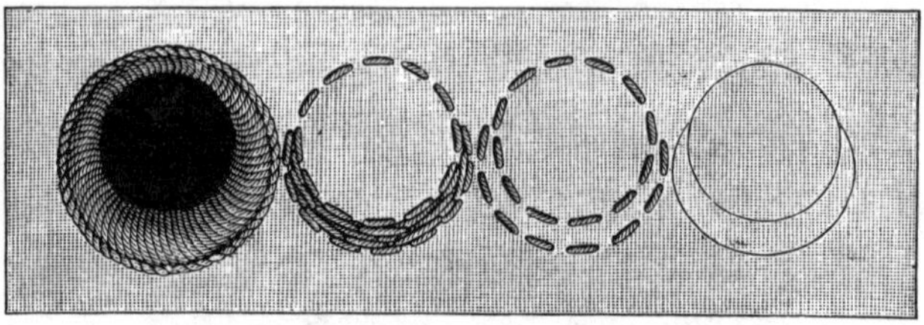

Abb. 87. Geschlungene Schattenbindlöcher.

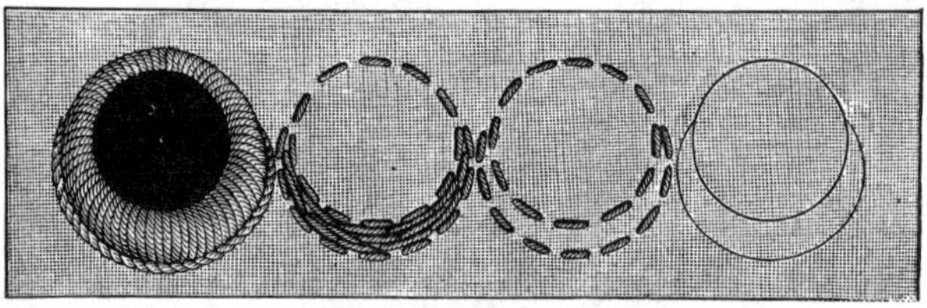

Abb. 88. Halb kordonnierte, halb geschlungene Schattenbindlöcher.

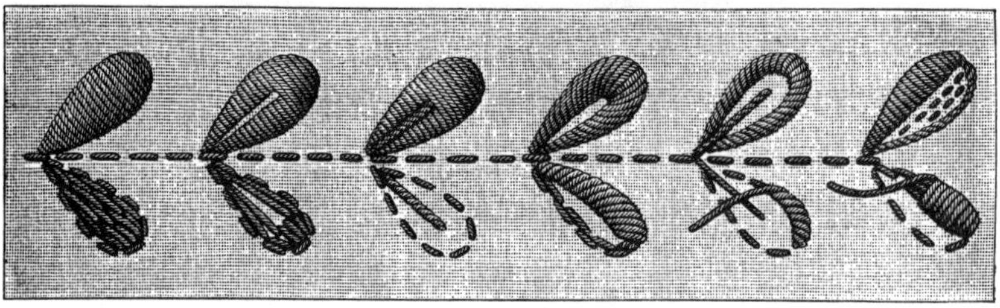

A B C D E F

Abb. 89. Sechs Blätter in Hochstickerei.

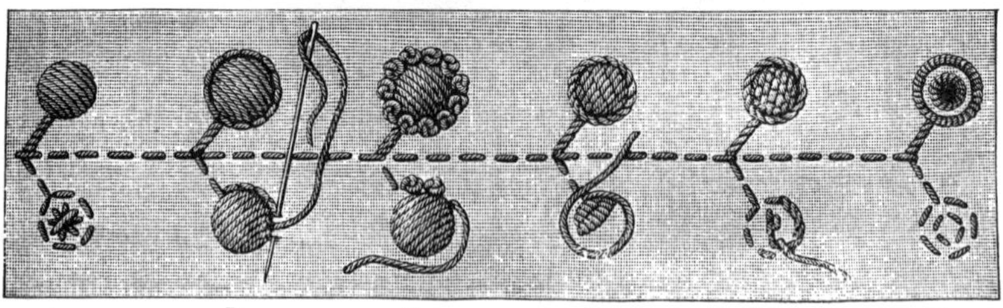

A B C D E F

Abb. 90. Sechs Muschen in Hochstickerei.

längeren Stichen, A, unterlegt; dann, stets an der Spitze eines Blattes beginnend und von rechts nach links hin arbeitend, wird die ganze Fläche mit dicht liegenden Querstichen bedeckt. B veranschaulicht ein geteiltes Blatt mit geradem Plattstich, C ein solches mit kordonnierter Ader, D ein geteiltes Blatt mit schräg gestelltem, breitem Plattstich, E ein Blatt mit kordonnierter Ader und schmaler Einfassung von schräg gestelltem Plattstich, F ein Blatt, das zur einen Hälfte mit geradem Plattstich, zur andern mit Steppstich und geradem Stielstich ausgeführt ist.

Sechs Muschen in Hochstickerei (Abb. 90). — Hübsch ausgestattete Muschen und Bindlöcher tragen wesentlich zur Verschönerung der Weisstickerei bei. Die Abbildung bringt

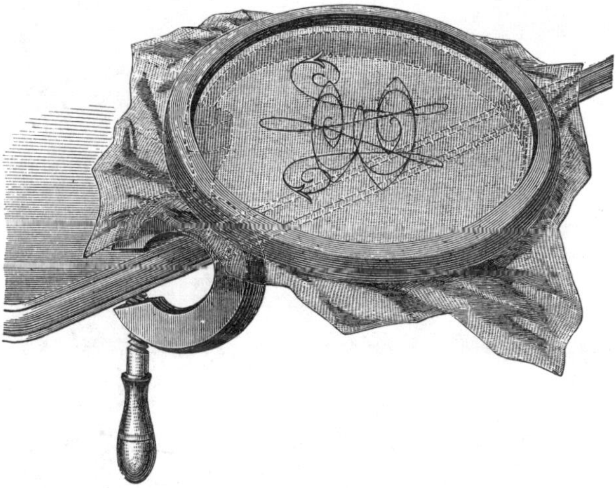

Abb. 91. Runder Stickrahmen, « Schweizerrahmen ».

verschiedene Ausführungen solcher Muschen zur Ansicht und zwar mit A eine Musche im geraden Plattstich, mit B eine im geraden Plattstich und mit Steppsticheinfassung, mit C eine im geraden Plattstich und mit gewundenem Knötchenstich als Einfassung, mit D eine Musche mit Wickelstichfüllung und Stielsticheinfassung, mit E eine mit Steppstichfüllung und Stielsticheinfassung und mit F eine mit kleinem Bindloch und kordonnierter Einfassung ausgeführt.

Stickrahmen (Abb. 91 und 92). — Buchstaben, Monogramme, Kronen bedürfen einer ganz besonderen Sorgfalt in der Ausführung, wenn die Zeichnung scharf und deutlich ausgeprägt werden soll. Dies lässt sich am leichtesten erreichen, wenn die Arbeit im Stickrahmen hergestellt wird.

Der runde Schweizerrahmen, auch Sticktrommel genannt, wird am häufigsten verwendet. Er besteht aus zwei Holzreifen; der innere ist an einer Stütze befestigt, in deren unterem Teil eine Schraube aus Holz eingelassen ist, die den Zweck hat, den Rahmen am Tisch zu befestigen. Der zweite Reifen ist frei. Das zum Besticken bestimmte Stück wird über den inneren Rahmen so gelegt, dass die Zeichnung die Mitte des Kreises einnimmt; dann schiebt man den zweiten Reifen über die Arbeit, so dass sie zwischen den beiden Reifen fest einge-

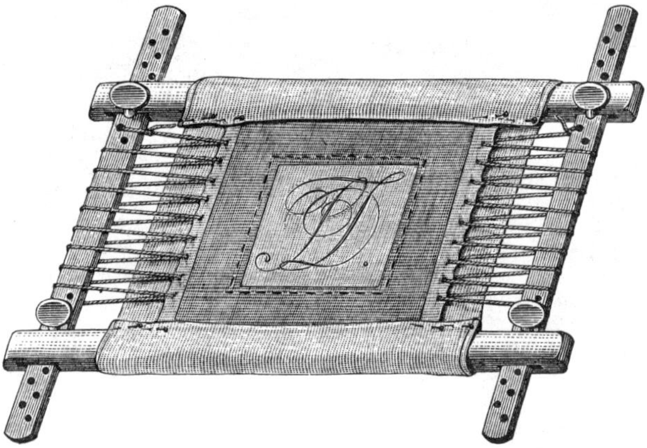

Abb. 92. Gewöhnlicher Stickrahmen.

klemmt und ganz ausgespannt ist. Die Sticktrommel ist jedoch nur bei Anfertigung von Taschentüchern und sonstigen kleineren Objekten von Vorteil; grosse, stoffreiche Gegenstände sind im gewöhnlichen Stickrahmen einzuspannen. Man näht ein Stück kräftigen Zeuges, allenfalls Drillich, in den Rahmen ein, spannt es gleichmässig und möglichst stramm aus, schneidet dann in der Mitte eine Oeffnung, so gross als sie die Zeichnung erfordert, heraus und heftet die Arbeit ein, nachdem man sie zuerst mit Stecknadeln fadengerade eingeteilt hat. Der freie Stoff wird nach der Oberfläche des Rahmens gelegt und mit einigen Stichen oder mittelst Stecknadeln dort festgehalten, damit er die Hand unter dem Rahmen nicht in ihren Bewegungen stört und nicht unnützer Weise verknittert wird.

Buchstaben und Monogramme in Hochstickerei. — Im praktischen Leben findet die Weisstickerei am meisten beim Zeichnen der Wäsche Verwendung. Die Buchstaben können in einfacher Art, durch Unterlegen und entgegengesetztes Uebersticken der Unterlage ausgeführt werden; sie lassen aber auch durch Anbringung der verschiedenen Zierstiche eine reichere Ausstattung zu.

Zur Stickerei von Buchstaben und Monogrammen empfehlen wir besonders die Verwendung von Stickgarn D.M.C, Spezial-Qualität (Coton à broder, qualité spéciale) und Flaches Stickgarn D.M.C, Spezial-Qualität (Coton floche à broder, qualité spéciale).

Abb. 93.
Buchstabe X.

Abb. 94.
Buchstabe B.

Abb. 95.
Buchstabe C.

Hochstickerei auf der Maschine. — Will man Buchstaben und Monogramme in Hochstickerei auf der Maschine ausführen, so nimmt man als Oberfaden Stickgarn D.M.C (Coton à broder) auf Spulen, in den Nummern 80 bis 120, und als Unterfaden Nähmaschinengarn D.M.C (Fil pour machines) N° 150.

Abb. 96.
Buchstabe P.

Buchstabe X (Abb. 93). — Der besonders kleine, einfach gehaltene Buchstabe X ist in ungeteiltem Plattstich über erhabene Unterlage gearbeitet.

Buchstabe B (Abb. 94). — Obschon nicht bedeutend grösser als der vorhergehende Buchstabe, kann dieser ohne Beeinträchtigung der Form in Stiel- und Plattstich, die Balken können auch in zwei Reihen feinem Steppstich ausgeführt werden.

Abb. 97.
Vignette mit Monogramm H B und Adelskrone.

Buchstabe C (Abb. 95). — Gotische Buchstaben in der Grösse unserer Vorlage gestatten die Ausführung in gespaltener Stickmanier, wie das nebenstehende Beispiel beweist. Die breiten Stäbe sind zur Hälfte in erhabenem

Plattstich und zur Hälfte im Steppstich gehalten, die feinen Linien im Stielstich.

Abb. 98. Buchstabe O.

Buchstabe P (Abb. 96). — Der hier gegebene italienische Buchstabe P, in erhabenem Plattstich gearbeitet, eignet sich zur Ausführung in zwei Farben; die hellere dient für die Hauptlinien des Buchstabens, die dunkle für die Ranken.

Vignette mit Monogramm H B und Adelskrone (Abb. 97). — Wir geben hier ein Beispiel, wie die Bänder zur Verzierung und Ausstattung von Monogrammen, Schildern, Widmungen und Jahreszahlen auszuführen sind. Die dazu gehörigen Buchstaben und Ziffern wirken am besten in einfacher Hochstickerei, wie auf der Vorlage ersichtlich.

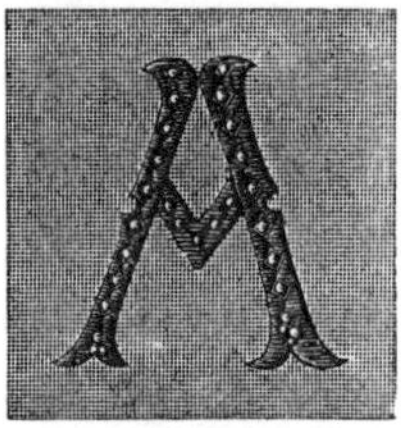

Abb. 99. Buchstabe A.

Abb. 100. Buchstabe D.

Abb. 101. Monogramm F V.

Buchstabe O (Abb. 98). — Hier ist besondere Sorgfalt auf die genaue Wiedergabe der Spitzblättchen zu verwenden. Ist man mit der Hauptlinie bis zum Ansatz eines Blättchens gekommen, so wird der Faden an dessen Spitze geführt und, mit ganz kleinen Stichen beginnend, wieder zum Hauptstab des Buchstabens zurückgegangen, wo die Stiche genau zusammentreffen müssen.

Abb. 102. Buchstabe E.

Buchstabe A (Abb. 99). — Der Stab ist in gespaltenem Plattstich so gearbeitet, dass sich im Spalt kleine, freie Quadrate bilden, in welche Knötchen eingefüllt werden. Hier können zwei Farben genommen werden, wenn überhaupt der Buchstabe farbig ausgeführt wird.

Buchstabe D (Abb. 100). — Bei diesem Buchstaben, der durchweg Stielstich-Umrandung aufzuweisen hat, erscheinen die breiten Stäbe mit Flachstichdreiecken verziert und die Zwischenräume mit Sandstich gefüllt.

Monogramm F V (Abb. 101). — Zu Meister Holbeins Zeiten war es Sitte der Maler und Teppichweber, ihre Erzeugnisse nur mit Initialen, selten mit ganzen Namen zu versehen, und nach solch einer alten Teppich-Zeichnung ist auch das hier dargestellte Monogramm entworfen worden. Die Ausführung wurde, den steifen Buchstaben entsprechend, in geradem Plattstich ausgeführt, die Schattenlinien durch Schnurstiche markiert.

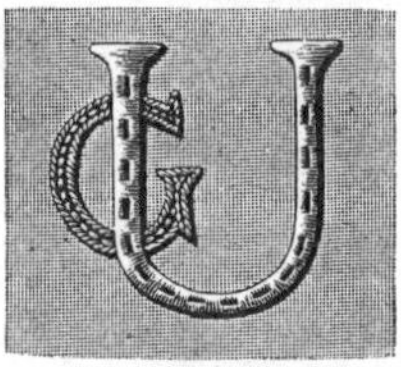

Abb. 103. Monogramm U G.

Buchstabe E (Abb. 102). — Diese Darstellung veranschaulicht den Buchstaben E in einfacher Schilderschrift auf einer reichen Schnörkelunterlage in abstechender Farbe. Die Ausführung dieser Initialen ist durchweg in erhabenem Plattstich gehalten.

Abb. 104. Buchstabe J.

Abb. 105. Buchstabe R.

Monogramm U G (Abb. 103). — Gleichen Ursprungs wie das Monogramm Abbildung 101, lehrt das jetzt gebrachte eine reichere Ausführungsart. Buchstabe U zeigt das Mustern des glatten Stabes durch eine zeitweilige geteilte Stickweise des Plattstiches, während bei G die Aussenlinien in Stielstich gearbeitet und die Balken mit Steppstichen gefüllt erscheinen.

Abb. 106. Buchstabe K.

Abb. 107. Buchstabe J.

Buchstabe J (Abb. 104). Hier ist der Buchstabe in schweizer Stickart ausgeführt. Nachdem die Kontur mit festem Schnurstich hergestellt ist, wird der Stoft im Zwischenraum weggeschnitten, und die beiden Kanten werden mit dem Spitzenstich, Abb. 886, verbunden. Die Tupfen sind schön, rund und voll zu sticken.

Abb. 108. Buchstabe N.

Buchstabe R (Abb. 105). — Auch dieser Buchstabe ist wie der vorhergehende im Innern durchbrochen gehalten. Man beginnt mit dem Spitzenstich (siehe das Kapitel « Die Nadelspitzen », Abb. 890 bis 924), kordonniert sodann die Konturen und schneidet nach Vollendung der Stickerei den Stoff unterhalb des Gitterstiches weg.

Abb. 109. Buchstabe M.

Buchstabe K (Abb. 106). — Dieser Buchstabe gehört in Anbetracht seiner Verzierung in die Klasse der Manuskript-Initialen. Der Grund ist hier unbestickt; die quadratische Einfassung kann auch durch irgend einen Zierstich ersetzt werden oder ganz wegfallen, und die Verzierungen können frei um den Buchstaben stehen. In der Ausführung wechseln Platt- und Stielstich mit einander ab.

Buchstabe J (Abb. 107). — Hier sind Buchstabe und Ornamente anstatt vollgestickt nur in feiner Schnurstickerei ausgeführt. Der Buchstabe und die Umrandungslinie sind kräftiger als die Ornamente gehalten. Auf weissem Leinen ausgeführt können die Steppstiche auch in abstechender Farbe gemacht, Naturfarben oder Gris-Amadou 386, das Uebrige muss jedoch in Weiss gestickt werden.

Abb. 110. Buchstabe J.

Buchstabe N (Abb. 108). — Unsere Vorlage zeigt, wie man die einfachsten Buchstaben doch sehr reich gestalten kann, indem man den Untergrund in fein gemusterter Stickerei ausführt. Obschon ziemlich mühsam, so raten wir doch, die Füllung mit kleinen Bindlöchern anzubringen; denn je mehr durchbrochen der Grund ist, um so reicher wird sich der gestickte Buchstabe abheben.

Buchstabe M (Abb. 109). — Dieser Buchstabe mit Ornamenten im Holbein-Stile eignet sich besonders dazu, ganz weiss oder in heller Farbe auf dunklem Grund ausgeführt zu werden. In der Originalarbeit ist der im erhabenen Plattstich gearbeitete Buchstabe in hellem Rosa, Rouge-Géranium 353, die Blumen und der Rand sind dunkelrot, Rouge-Cardinal 347, der mit Steppstichen bedeckte Grund ist wieder blau, Bleu-Indigo 322 (*), ausgeführt.

Abb. 111. Buchstabe R.

Buchstabe J (Abb. 110). — Buchstaben dieser Art sind früher meistens in kirchlichen Werken und nur auf Pergament gezeichnet worden; wollen wir sie neu benennen, so können wir sie als Missale-Schrift bezeichnen. Da der Buchstabe hauptsächlich durch die Schönheit der Zeichnung wirkt, so ist die Ausführung sehr einfach gehalten. Der Buchstabe und die Zierblättchen sind in erhabenem Plattstich, die Stiele in schrägem Stielstich gearbeitet.

Abb. 112. Buchstabe O.

Buchstabe R (Abb. 111). — Sind die Aussenlinien der Buchstaben kordonniert, so arbeitet man die Füllung, welche ebenfalls aus dicht aneinander gestellten kordonnierten Schrägstreifen besteht. Kleine vierteilige Sternchen in erhabenem Plattstich bedecken den Grund.

Buchstabe O (Abb. 112). — In diesen Buchstaben sind die dunkel gehaltenen Konturen in Schnurstich und die Ornamente in erhabenem Plattstich gearbeitet, die hell erscheinende Füllung ist in versetztem Flachstich ausgeführt, siehe die Abbildungen 274 und 276, welcher, flach gestickt, sich doch kräftig und deutlich

(*) Diese Nummern bezeichnen eine Farbe aus den Farbenkarten der die Marke D.M.C tragenden Artikel. Diese Farbenkarten liegen in allen Kurzwaren- und Handarbeitsgeschäften auf.

ABB. 113. KOMBINIERBARES ALPHABET. Aeussere Buchstaben, A bis H.

ABB. 114. KOMBINIERBARES ALPHABET. Aeussere Buchstaben, J bis Q.

ABB. 115. KOMBINIERBARES ALPHABET. Aeussere Buchstaben, R bis Y.

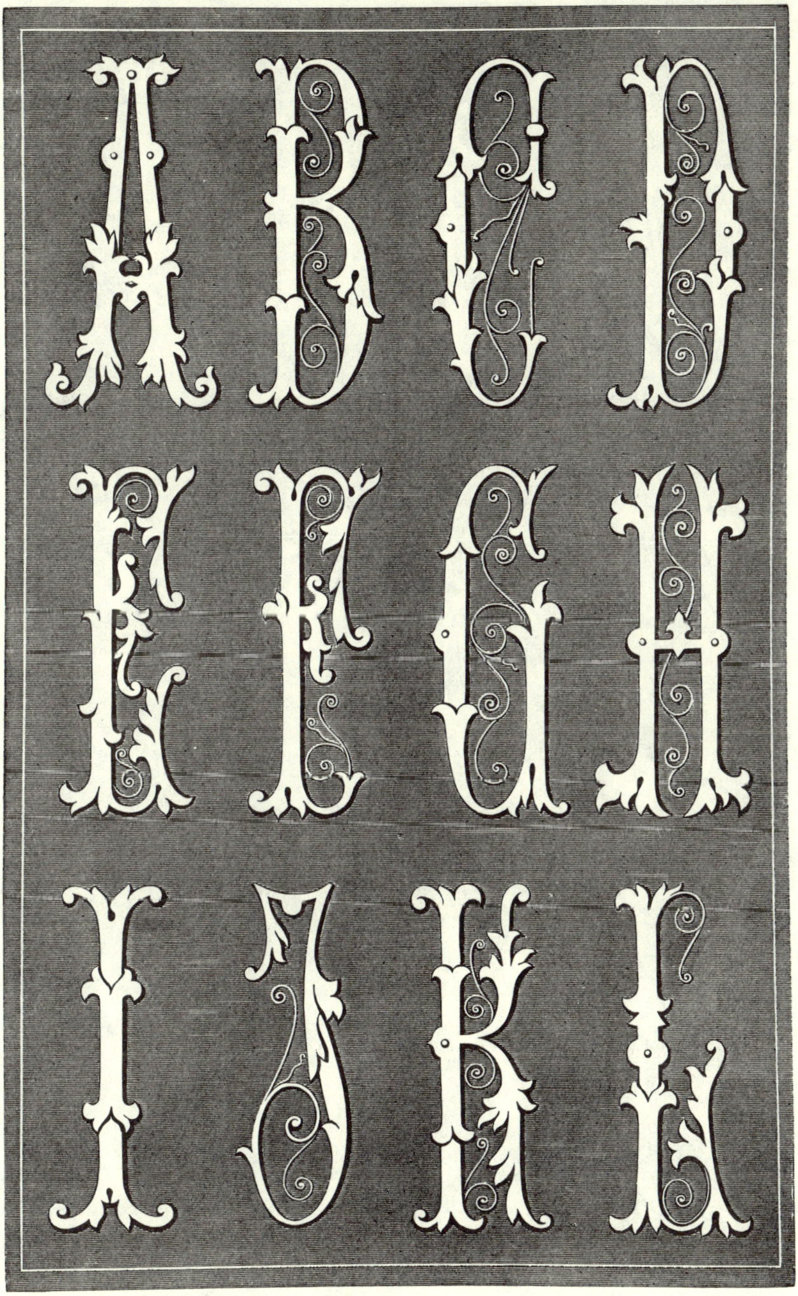

Abb. 116. Kombinierbares Alphabet. Innere Buchstaben, A bis L.

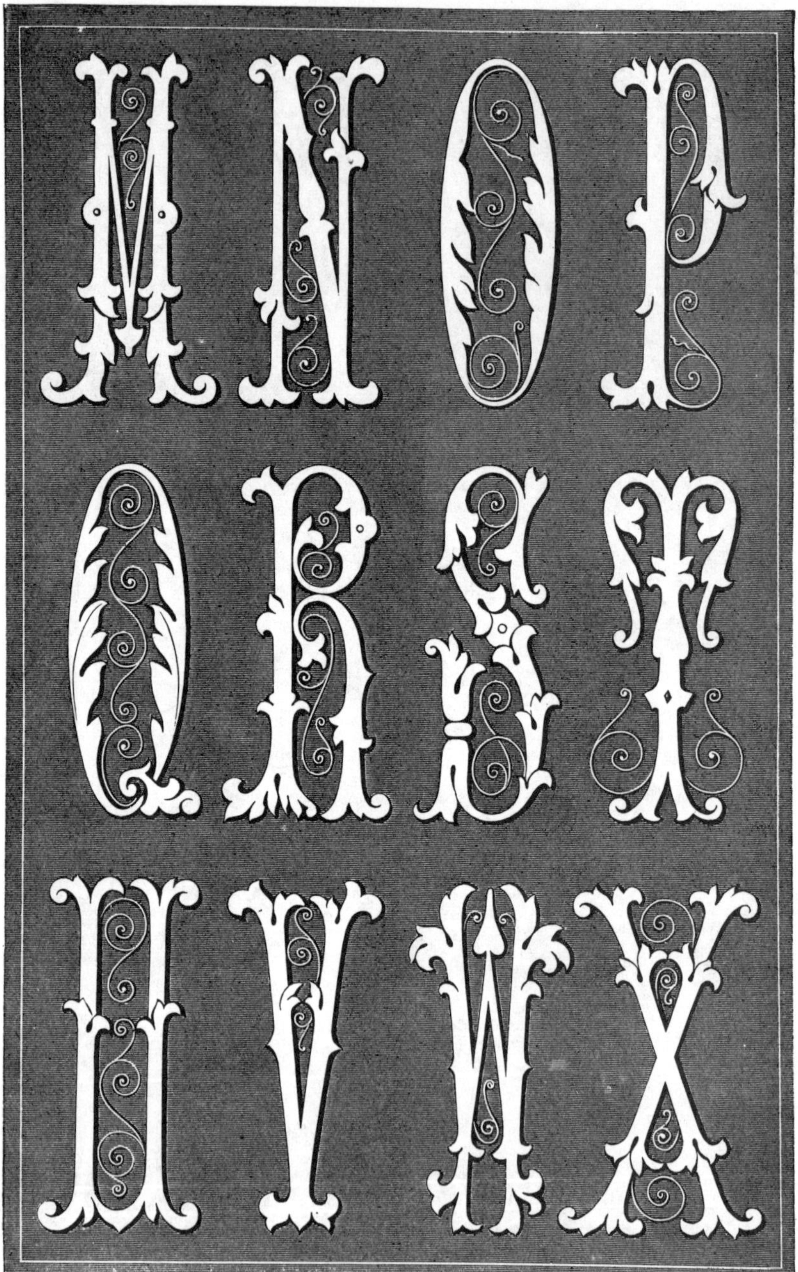

Abb. 117. Kombinierbares Alphabet. Innere Buchstaben, M bis X.

Abb. 118. Kombinierbares Alphabet. Letzte innere und äussere Buchstaben.

von den Ornamenten und dem Grunde unterscheidet. Letzterer ist mit dicht gestellten Sandstichen vollständig überdeckt.

Kombinierbare Alphabete (Abb. 113, 114, 115, 116, 117, 118). — Die Zusammenstellung der Monogramme ist häufig mit solchen Schwierigkeiten verbunden, dass, wenn nicht ein gediegener Zeichner zur Hand ist, nicht selten wieder zu den gewöhnlichen gotischen Buchstaben gegriffen und die Verzierung der Wäsche durch Monogramme aufgegeben wird.

Mit der Wiedergabe dieser Alphabete hoffen wir einem vielseitigen Wunsche entgegengekommen zu sein. Sämtliche Buchstaben der beiden Alphabete können ineinandergefügt werden, gleichviel welche zu Paaren gewählt werden.

Die drei ersten Tafeln, Abb. 113, 114, 115, bringen grosse, breite Buchstaben, in welche die langgezogenen, Abb. 116, 117, 118, eingefügt werden. Bei der Verschlingung ist darauf zu achten, dass der schmale Buchstabe abwechselnd über und unter dem breiten laufe, wie dies aus den Abbildungen 119, 120, 121, 122 deutlich zu ersehen ist.

Monogramm mit den Buchstaben A und D (Abb. 119). — A hebt sich von D durch die gleichmässige Verwendung von Blau, Bleu grand-teint 797 und 799, zur Flachstickerei, und von Türkisch-Rot, Rouge-Turc 321, zur Einfassung im Stielstich vorteilhaft ab. D ist im Gegensatz zu A ganz nach der Quere gestreift gearbeitet, weiss und blau, und blau und rot.

Monogramm mit den Buchstaben V und S (Abb. 120). — Die Flachstickerei ist in beiden Buchstaben einheitlich grau

Abb. 119. Monogramm mit den Buchstaben A und D aus den kombinierbaren Alphabeten gebildet.
Fadensorten: Stickgarn D.M.C N° 100. — Farben: Bleu grand-teint 797 und 799, Rouge-Turc 321 und Weiss. (*)

Abb. 120. Monogramm mit den Buchstaben V und S aus den kombinierbaren Alphabeten gebildet.
Fadensorten: Stickgarn D.M.C N° 100. — Farben: Gris-Cendre 318 und Noir grand-teint 310. (*)

Abb. 121. Monogramm mit den Buchstaben R und C aus den kombinierbaren Alphabeten gebildet.
Fadensorten: Stickgarn D.M.C N° 120. — Farben: Weiss und Rouge-Cardinal 347. (*)

Abb. 122. Monogramm mit den Buchstaben G und E aus den kombinierbaren Alphabeten gebildet.
Fadensorten: Stickgarn D.M.C N° 120, in Weiss und Rouge-Turc 321; Coton surfin D.M.C N° 100, in Naturfarben.

(*) Siehe am Schluss des letzten Kapitels die Tabelle der Nummern und das Farbenverzeichnis der Baumwoll-, Leinen- und Seiden-Artikel, Marke D.M.C.

gehalten; zu den Umrandungen, aus kleinen Stielstichen bestehend, ist Schwarz verwendet.

Monogramm mit den Buchstaben R und C aus den kombinierbaren Alphabeten gebildet (Abb. 121). — Weiss und Rot wechseln in diesen beiden in der Ausführung verschieden gehaltenen Buchstaben ab. Buchstabe R ist erhaben gestickt und umrandet; C, ohne Umrandung gearbeitet, zeigt im mittleren Balken schräge Stielstich-Linien mit Sandstich-Füllung.

Abb. 123.
Adelskrone.

Monogramm mit den Buchstaben G und E aus den kombinierbaren Alphabeten gebildet (Abb. 122). — Die Flachstickerei und die Steppstiche am E und die kordonnierten Ränder des G sind ganz weiss mit Stickgarn D.M.C (Coton à broder), ausgeführt. Die inneren Partien des G sind mit dem getönten offenen Stickgarn D.M.C (Coton à broder surfin), gestickt.

Abb. 124.
Französische Freiherrnkrone.

Kronen in Hochstickerei. — Wir zeigen nun die Ausführung verschiedener Kronen, bei denen ebenfalls durch richtige Anwendung und glückliche Verteilung verschiedener Stiche, die schönsten Wirkungen hervorgebracht werden.

Abb. 125. Grafenkrone.

Adelskrone (Abb. 123). — Hier ist die Arbeit ganz einfarbig ausgeführt; die grossen Kugeln sind möglichst dicht zu unterlegen, damit sie recht voll und perlartig erscheinen. Die Füllung im Kronenbügel zeigt dichtgestellte Steppstiche.

Abb. 126. Fürstenkrone.

Französische Freiherrnkrone (Abb. 124). — Die Ausführung ist hier in zwei Farben gehalten und in erhabenem Plattstich gearbeitet.

Grafenkrone (Abb. 125). — Nur in einer Farbe ausgeführt, zeigt diese Krone erhabenen Plattstich in Verbindung mit Schnurstich. Der Raum unter den Kugeln ist hier durch Gitterstiche klarer gemacht.

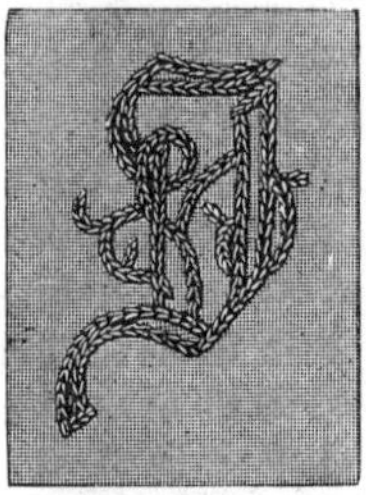

Abb. 127. Buchstabe J.

Fürstenkrone (Abb. 126). — Wir bringen mit dieser Abbildung eine rein heraldisch gezeichnete Fürstenkrone, wie solche in allen Ländern gleich getragen werden. Die den Hermelin bedeutenden Zungen können in Farbe, schwarz oder weiss gestickt, und der Grund, auf dem sie ruhen, kann anstatt glatt, wie in der Abbildung, auch mit feinen Steppstichen bedeckt werden.

Abb. 128. Buchstabe G.

Buchstaben und Monogramme in verschiedener Ausführung. — Will man die Buchstaben oder Monogramme in rascher und doch gefälliger Ausführungsweise anfertigen, so kann man entweder die Konturlinien mit feinem Ketten- oder Stielstich einfassen, oder man arbeitet die Buchstaben in Kreuznaht. Das Soutachieren der Konturen und Verzierungen gibt auch eine sehr kräftige Wirkung; wir fügen nur für diese Ausführungsweise ein ganzes Alphabet bei. Für gröbere Hauswäsche, bei welcher sich das feine Sticken nicht lohnen würde, sowie für grössere Decken, Behänge mit Sprüchen und dergleichen sind die zuletzt angeführten Arbeitsarten besonders empfehlenswert.

Abb. 129. Monogramm G W.

Buchstabe J (Abb. 127). — Eine rasch fördernde Stickweise ist die, Buchstaben, wie in obenstehender Abbildung, ganz in feinem Kettenstich auszuführen, siehe die Abbildungen 229, 254 und 255. Je feiner das Garn und je zarter die Stiche, desto schöner werden sich derartig farbig gestickte Buchstaben vom weissen Grunde abheben.

Buchstabe G (Abb. 128). — Mit diesem Buchstaben geben wir ein Beispiel, um grösser angelegte Lettern in Phantasie-Stichen auszuführen. Nachdem die Kontur durch eine doppelte Stielstichreihe fertig gestellt ist, wird der Zwischenraum mit kleinen Spinnen im Stopfstich, siehe die Abbildungen 673 und 674, aus Elsässer Nähgarn D.M.C (Fil d'Alsace) ausgefüllt.

Monogramm G W (Abb. 129). — Obschon nur in einfachen Linien gehalten, sehen diese Buchstaben, wenn entsprechend ausgeführt, doch sehr schön aus. Einfacher Kettenstich, Abb. 229, oder Kettenstich mit Ueberfangstichen, Abb. 230, in nicht allzu feinem Garn sind gleich günstig zur Herstellung derartiger Monogramme.

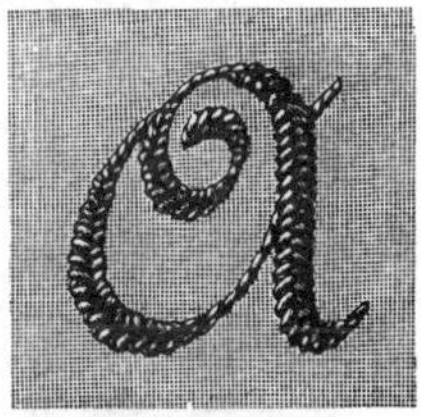

Abb. 130.
Buchstabe A.

Buchstabe A (Abb. 130). — Der in Rundschrift dargestellte Buchstabe ist ganz in der schnell fördernden Kreuznaht-Technik, Abb. 75, ausgeführt, und zwar mit farbigem Garn.

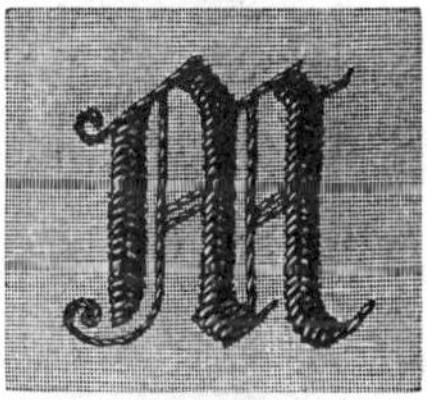

Abb. 131.
Buchstabe M.

Buchstabe M (Abb. 131). — Diese Initiale M, in neugotischer Schrift, ist wie der vorhergehende Buchstabe mit Kreuznaht überarbeitet, nur sind hier die als einzelne Linien gedachten Stäbe in Stielstich ausgeführt.

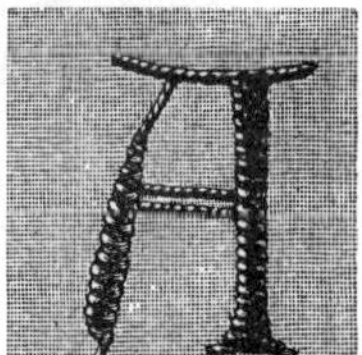

Abb. 132.
Buchstabe A.

Buchstabe A (Abb. 132). — Eine sehr wirkungsvolle Ausführung zeigt der aus dem Altgotischen entlehnte Buchstabe A. Die einzelnen Stielstichlinien und die in Kreuznaht gehaltenen Balken sind hell, während die kleinen, über die Fadenkreuzungen gearbeiteten Steppstiche in dunkler Farbe ausgeführt werden.

Buchstabe A (Abb. 133). — Ausser den verschiedenen bis jetzt angeführten Stickarten, die ebenfalls bei diesen grossen Buchstaben angebracht werden können, lässt sich auch mit Soutache-Bändchen Wirkungsvolles erzielen. Die Kontur des Buchstabens ist in weisser Soutache hergestellt; der innere Raum ist mit feinen Tüllstichen, Abb. 890, aus Elsässer Nähgarn D.M.C (Fil d'Alsace) gefüllt. Das arabische Ornament ist ebenfalls mit Soutache, jedoch in abstechender Farbe ausgenäht.

Alphabet in Litzen ausgeführt (Abb. 134, 135, 136, 137, 138, 139). — Dieses Alphabet, eine der besten Zusammenstellungen dieser Art, ist einem im Jahre 1562 zu Venedig erschienenen Werke entnommen, welches von Giovan' Antonio Tagliente, Sekretär und Kalligraph der Republik, herausgegeben wurde. Die Buchstaben des Alphabetes eignen sich weniger für die Ausführung in Hochstickerei, erscheinen hin-

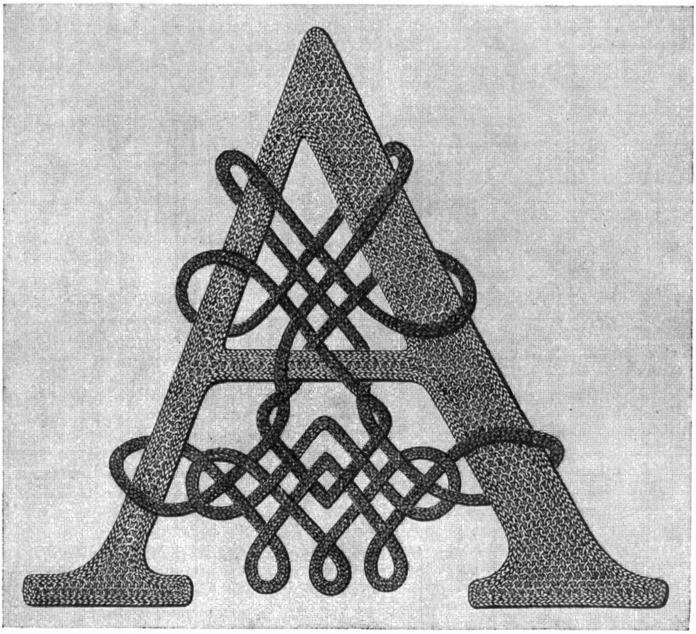

Abb. 133. Buchstabe A.

gegen zur Herstellung mit Litzen D.M.C, extra feine Qualität (Lacet superfin) (*) ganz besonders geschaffen.

Das Annähen und Verschlingen der Litzen ist in den Abbildungen 136 und 137 erklärt, das Schlingen der Verbindungsstäbchen und das Sticken der kleinen Blätter und Ranken, welche die Buchstaben vervollständigen, in Abbildung 138, während in Abbildung 139 der vollendete Buchstabe A veranschaulicht ist.

(*) Siehe am Schluss des letzten Kapitels die Tabelle der Nummern und das Farbenverzeichnis der Baumwoll-, Leinen- und Seiden-Artikel, Marke D.M.C. — Die eingeklammerten französischen Benennungen befinden sich auf den Etiketten der D.M.C-Artikel.

ABB. 134. ALPHABET IN LITZEN AUSGEFÜHRT. Buchstaben A bis N.

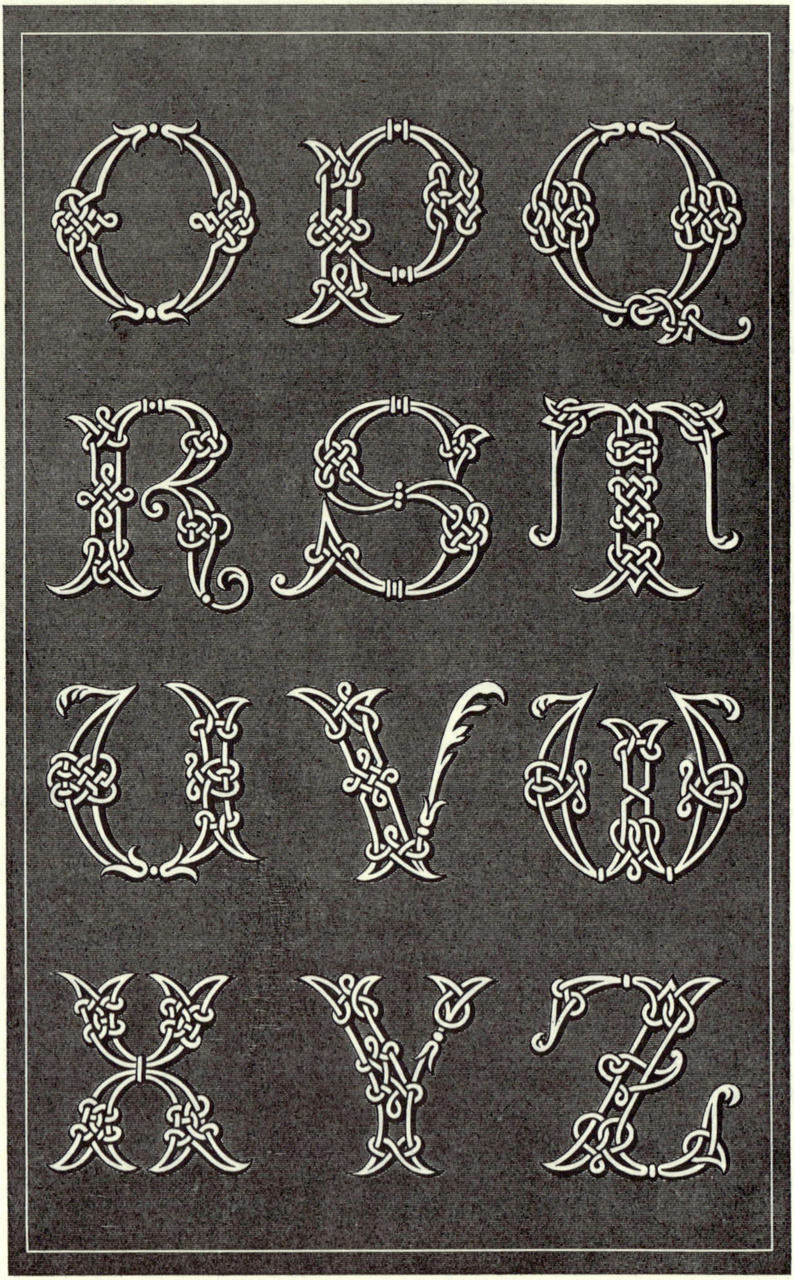

Abb. 135. Alphabet in Litzen ausgeführt. Buchstaben O bis Z.

Zum Niedernähen der Bändchen ist ein drellierter Faden, wie Elsässer Nähgarn D.M.C (Fil d'Alsace), und für die Flachstickerei Stickgarn D.M.C (Coton à broder) (*) zu verwenden.

Schmaler Einsatz im Plattstich mit durchbrochener Ziernaht (Abb. 140 und 141). — Zuerst sind die Blätter in geradem Plattstich zu arbeiten, sodann die Stiele in steilem Stielstich, dann werden die den Durchbruch begrenzenden Stäbchen in Schnurstich, Abb. 71, über einen Faden Unter-

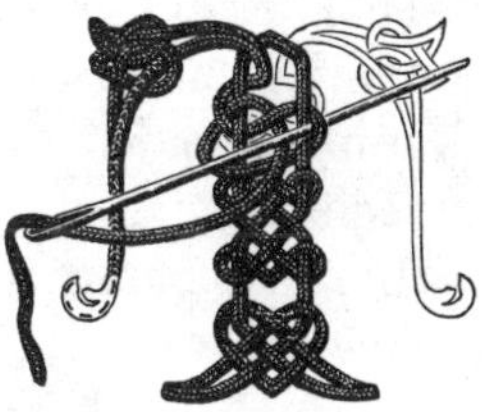

Abb. 136.
Buchstabe T in Litzen ausgeführt.
Das Verschlingen der Litzen.

Abb. 137.
Buchstabe M in Litzen ausgeführt.
Das Niedernähen der Litzen.

Abb. 138.
Buchstabe W in Litzen ausgeführt.
Das Schlingen der Stäbchen und Sticken der Blätter.

Abb. 139.
Buchstabe A in Litzen ausgeführt.
Vollendet.

lage dicht kordonniert und zuletzt die durchbrochene Ziernaht eingearbeitet.

Diese Ziernaht, für welche kein Ausziehen der Stoffäden erforderlich ist, entsteht durch ein regelmässiges Zusammenziehen bestimmter Stoffteile. Wie auf Abbildung 141 ersichtlich, umfasst die Breite des Durchbruches sechs Stoffäden. Nachdem man den Arbeitsfaden befestigt hat, umfasst man sechs senk-

(*) Siehe am Schluss des letzten Kapitels die Tabelle der Nummern und das Farbenverzeichnis der Baumwoll-, Leinen- und Seiden-Artikel, Marke D.M.C — Die eingeklammerten französischen Benennungen befinden sich auf den Etiketten der D.M.C-Artikel.

rechte Stoffäden zweimal mit einem Steppstich, und zwar so, dass der Faden links von den beiden Stichen herauskommt. Hierauf zählt man sechs wagerechte Fäden nach aufwärts und drei senkrechte nach rechts, sticht die Nadel hier hinein und beim letzten Ausgangspunkte des Arbeitsfadens heraus, fügt dem gewonnenen schrägen Stiche auf der Arbeitsseite einen zweiten bei und bringt die Nadel sechs senkrechte Fäden, nach links zählend, wieder heraus. Nachdem diese sechs Fäden abermals mit zwei Steppstichen zusammengefasst sind, führt man den Arbeitsfaden über sechs wagerechte und drei senkrechte Stoffäden schräg nach rechts abwärts, arbeitet einen zweiten Schrägstich und beginnt wieder mit dem erstbeschriebenen Doppelstich. Durch gleichmässig festes Anziehen des Arbeitsfadens werden die Lücken des Durchbruches gebildet.

Abb. 140.
Schmaler Einsatz im Plattstich mit durchbrochener Ziernaht.
Fadensorten: Stickgarn D.M.C oder Flaches Stickgarn D.M.C, in Weiss.

Bordüre im Platt- und Sandstich mit durchbrochener Spinnenfüllung (Abb. 142). — Trotz der grossen Feinheit der Zeichnung ist die Ausführung dieser reizenden Bordüre, welche sich besonders zur Ausstattung von Taschentüchern eignet, keineswegs schwierig. Die kleineren sechsblätterigen Blüten erscheinen in geradem Plattstich, die grösseren fünfblätterigen Blüten in schräg gestelltem Plattstich mit Mittelrippe gearbeitet. Die Blätter sind mit steilem Stielstich begrenzt und mit einer Reihe Sandstich gefüllt. In der grossen Blütendolde ist ebenfalls Sandstich als Füllung angewendet. Der im Innern der Blütendolde befindliche Kreis ist kordonniert und mit einer genähten Spitze verziert; der Stoffgrund unterhalb desselben wird weggeschnitten. Die Herstellung dieser Spinnen ist im Kapitel «Die Nadelspitzen» zu finden. Ausserdem kommen in der Bordüre, wie auf der Abbildung ersichtlich, noch zahlreiche kleine kordonnierte Bindlöcher vor. Zur Aus-

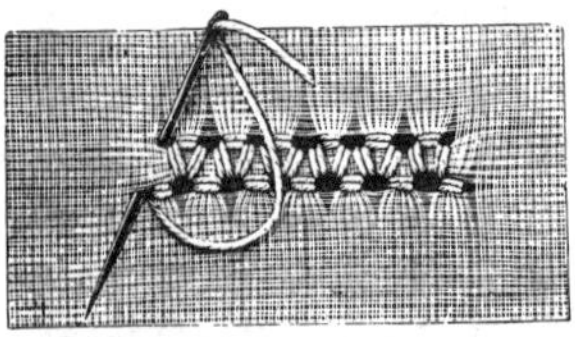

Abb. 141.
Ausführung der durchbrochenen Ziernaht.

führung der Weisstickerei empfehlen wir Stickgarn D.M.C, Spezial-Qualität (Coton à broder, qualité spéciale), N° 80, für die Spinnen Elsässer Nähgarn D.M.C (Fil d'Alsace) N° 120, in Weiss.

Blumenzweig in Hochstickerei mit Durchbruch « Schweizer à-jour Stickerei » (Abb. 143). — Dieser Blumenzweig mit seinen erhabenen Blättern in Hochstickerei und den durchbrochenen Füllmustern gehört der sogenannten Schweizerstickerei an. Man beginnt mit der Herstellung der durchbrochenen Grundmuster, Abb. 772 und 774; nach Vollendung der Gitterstiche werden die kordonnierten Bindlöcher ausgeführt, und zuletzt kommt die Hochstickerei. Als Material dient für die Spitzenstiche Elsässer Nähgarn D.M.C (Fil d'Alsace) N° 150 und Flaches Stickgarn D.M.C, Spezial-Qualität (Floche spécial), N° 35 zum unterlegen und N° 70 zum übersticken.

Abb. 142. Bordüre im Platt- und Sandstich mit durchbrochener Spinnenfüllung. Fadensorten: Stickgarn D.M.C, Spezial-Qualität, N° 80 und Elsässer Nähgarn D.M.C N° 120, in Weiss.

Streifen in Madeira-Stickerei (Abb. 144, 145, 146). — Die ganz durchbrochen gearbeiteten Stickmuster wurden einst als englische Stickereien bezeichnet; heute ist diese Benennung so ziemlich in Vergessenheit geraten, um dem Namen Madeira-Stickerei Platz zu machen. Die von der also benannten Insel stammenden Arbeiten zeichnen sich durch tadellose Sauberkeit der Ausführung aus. Die Bogen in Abbildungen 144 und 146 sind am Rande mit zur Hälfte geschlungenen Schattenbindlöchern ausgestattet, während dieselben in Abbildung 145 mit kleinen geschlungenen Bogen abschliessen.

Der Stoff ist stets bei allen Bindlöchern ganz unter die Stiche eingearbeitet, so dass sich auch auf der Kehrseite niemals ein Fäserchen lösen kann. Die hier gebotenen drei Muster eignen sich hauptsächlich zur Ausstattung von Leib- und Bettwäsche.

Durchbrochen gemusterte Weisstickereien auf der Maschine. — Um durchbrochen gemusterte Weisstickereien, wie Madeira-Stickerei, Renaissance-Stickerei, Richelieu-Stickerei und Venetianer-Stickerei auf der Maschine auszuführen, müssen

ABB. 143.
BLUMENZWEIG IN HOCHSTICKEREI MIT DURCHBRUCH « SCHWEIZER A-JOUR STICKEREI ».
FADENSORTEN: Flaches Stickgarn D.M.C, Spezial-Qualität, N° 35 und 70, und Elsässer Nähgarn D.M.C N° 150, in Weiss.

die Umrisse der auszuschneidenden Figuren über einen stark drellierten Faden kordonniert werden.

Als Einlagefaden nimmt man hier Häkelgarn D.M.C, Spezial-Qualität, in den Nummern 30 bis 50 und, zum übersticken desselben, Stickgarn D.M.C (Coton à broder) auf Spulen, in den Nummern 80 bis 120, oder Retors d'Alsace D.M.C

ABB. 144. STREIFEN IN MADEIRA-STICKEREI.
FADENSORTEN: Madeira-Stickgarn D.M.C.

ABB. 145. STREIFEN IN MADEIRA-STICKEREI.
FADENSORTEN: Madeira-Stickgarn D.M.C.

N° 30 bis 60 als Oberfaden, mit Nähmaschinengarn D.M.C (Fil pour machines) N° 150 als Unterfaden.

Streifen in Renaissance-Stickerei (Abb. 147 und 148). — Renaissance-Stickereien nennt man, besonders in Frankreich, jene Stickmuster, deren Figuren nach allen Seiten mit Languettenstichen begrenzt und wieder untereinander mit glatten geschlungenen Stäbchen verbunden sind, wie dies in den

Abb. 146. Streifen in Madeira-Stickerei.
Fadensorten: Madeira-Stickgarn D.M.C.

Abb. 147. Streifen in Renaissance-Stickerei.
Fadensorten: Stickgarn D.M.C, Flaches Stickgarn D.M.C, Spezial-Qualität, oder Stickgarn D.M.C, Spezial-Qualität, in Weiss oder Naturfarben.

beiden Abbildungen dargestellt ist. Bei Abbildung 148 ist auch der Aussenrand mit Pikots verziert, deren Erklärung in dem Abschnitt « Die Nadelspitzen » unter Abbildung 870 zu finden ist.

Streifen in Richelieu-Stickerei (Abb. 149). — Reicher in

Abb. 148. Streifen in Renaissance-Stickerei.
Fadensorten: Stickgarn D.M.C, Flaches Stickgarn D.M.C, Spezial-Qualität, oder Stickgarn D.M.C, Spezial-Qualität, in Weiss oder Naturfarben.

Abb. 149. Streifen in Richelieu-Stickerei.
Fadensorten: Stickgarn D.M.C, Flaches Stickgarn D.M.C, Spezial-Qualität, oder Stickgarn D.M.C, Spezial-Qualität, in Weiss oder Naturfarben.

der Ausführung als die Renaissance-Stickerei erscheinen die Richelieu-Stickereien, bei denen die Verbindungsstäbchen mit

Pikots versehen sind. Diese Arten durchbrochener, spitzenartiger Weisstickereien werden zur Verzierung von Tisch- und Bettwäsche vielfach verwendet.

Einzelfigur in Venetianer-Stickerei (Abb. 150). — Zur Venetianer-Stickerei liefern meistens jene Zeichnungen die Vorlagen, nach welchen die kunstvollen Nadelspitzen mit erhaben geschlungenen Rändern hergestellt wurden. Im echten Point de Venise müssen alle Teile mit der Nadel angefertigt werden, in der Nachahmung derselben ersetzt der Stoff den genähten Grund

Abb. 150. Einzelfigur in Venetianer-Stickerei.

der Spitze; doch bleibt dieser Stoffgrund nur selten unbedeckt, er wird gewöhnlich mit kleinen Streumustern aus Damast- und Spitzenstichen verziert. Die Verbindungsstäbchen können mit oder ohne Pikots gemacht werden. Die verschiedenen Ausführungen der Pikots sind in dem Abschnitt « Die Nadelspitzen » bei den Abbildungen 866 bis 871 zu finden. Der Raum zwischen zwei Doppellinien — bestimmt für erhabene Konturen — ist mit einem mehrfach genommenen Faden Füll- und Stopfgarn D.M.C (Coton à repriser) zu unterlegen; denn je runder, je voller die Unterlage ist, desto schöner fällt die Stickerei aus, die, wenn vollendet, einer kräftigen aufgelegten Schnur gleichen soll.

Die Unterlegfäden werden mit losen Stichen aufgenäht; da, wo die Zeichnung der Bogen breiter wird, legt man noch einige Fäden zu, wo sie wieder schmäler wird, schneidet man sie allmählich wieder ab, siehe Abb. 150. Dies geschieht darum, damit die Stickerei überall gleich voll und rund wird.

Nachdem sämtliche Konturen mit Languettenstichen überstickt sind, wird der Stoff unterhalb der Verbindungsstäbchen weggeschnitten.

Einsatz in Venotianer-Stickerei (Abb. 151). — Mit Abbildung 151 bringen wir einen Einsatz in Venetianer-Stickerei, der zur Ausstattung von Tisch- und Bettwäsche besonders geeignet erscheint. Als Grundstoff verwendet man lose geschlagenes, feines Leinen, welches jedoch noch ein Zählen der Fäden zulässt. Füll- und Stopfgarn D.M.C (Coton à repriser) dient zum unterlegen der Konturen, die Languettenstiche ver-

Abb. 151. Einsatz in Venetianer-Stickerei.
Fadensorten: Stickgarn D.M.C, Spezial-Qualität, Füll- und Stopfgarn D.M.C und Elsässer Nähgarn D.M.C, in Weiss.

ABB. 152.
BORDÜRE IN DÄNISCHER WEISSTICKEREI « HEDEBO ».
FADENSORTEN : Flaches Leinengarn D.M.C und Leinen-Spitzengarn D.M.C.

langen leicht drelliertes Garn, Stickgarn D.M.C, Spezial-Qualität (Coton à broder, qualité spéciale). Elsässer Nähgarn D.M.C (Fil d'Alsace) wird zu den Verbindungsstäbchen und Füllstichen verwendet.

Abb. 153. Bordüre in Piqué-Stickerei.

Fadensorten: Knüpfgarn D.M.C oder Häkelgarn D.M.C, Füll- und Stopfgarn D.M.C oder Spezialgarn D.M.C, und Elsässer Nähgarn D.M.C, in Naturfarben.

Die Erklärung zu den verschiedenen Füllstichen ist im Abschnitt « Die Spitzenstickereien » zu finden.

Bordüre in dänischer Weisstickerei « Hedebo » (Abb. 152). Die Hedebo-Stickereien sind im allgemeinen wenig bekannt. Das dänische Bauernvolk benutzte sie ausschliesslich zu eigenem

Bedarfe und wandte sie zur Ausstattung seiner Haus- und Leibwäsche an. Diese Stickereien werden auf grobem Leinen ausgeführt, meistens in Plattstich mit einzelnen Partien in Durchbrucharbeit.

Unsere Abbildung veranschaulicht eine reich angelegte Bordüre, welche als Abschluss eines Handtuches diente. Man arbeitet zuerst die kleinen, durchbrochenen Vierecke — ohne Vorzeichnung nach gezählten Fäden — welche dicht aneinander gereiht die ganzen Streifen in Felder teilen. Sodann ist die übrige Mustervorzeichnung aufzutragen, und die durchbrochenen Füllstiche sind einzuarbeiten. Wir verweisen hier auf die verschiedenen Spitzenstiche, Abb. 802 bis 817, im Abschnitt « Die Spitzenstickereien ». Zuletzt erst werden alle anderen Musterpartien unterlegt und mit Flachstich überstickt. Eine einfache, kleine Hohlnaht grenzt das Muster an allen Seiten ab.

Bordüre in Piqué-Stickerei (Abb. 153). — Unter der Bezeichnung Piqué-Stickerei versteht man grösser angelegte, mit verschiedenen Füllstichen ausgefüllte Musterfiguren auf grobem Stoffgrunde, deren Konturen aufgenähte Schnürchen bezeichnen. Bei unserer Bordüre, Abb. 153, welcher glatter Barchent als Grundstoff dient, sind die als Füllung verwendeten Damaststiche — siehe auch die Abbildungen 794 bis 801 — mit Spezialgarn D.M.C (Mouliné spécial) N° 25, in Naturfarben, eingestickt.

Die die Konturen markierende Schnürchen sind gehäkelte Luftmaschenketten, aus Knüpfgarn D.M.C (Fil à pointer) N° 20 und 30, in Naturfarben, hergestellt und mit Elsässer Nähgarn D.M.C (Fil d'Alsace) N° 100 niedergenäht.

Handarbeitsvorlagen. — Ausser den hier beschriebenen Arbeiten findet man eine grosse Anzahl von Vorlagen für Weissstickerei in folgenden Musterbüchern der Bibliothek D.M.C : *Alphabete und Monogramme, Alphabete für die Stickerin* und *Sammlung verschiedener Handarbeiten.* (*)

(*) Siehe am Schluss der Encyklopädie das Verzeichnis der Musterbücher welche die Bibliothek D.M.C bilden.

TAFEL III

Flachstickerei auf Congresstoff
auszuführen mit Perlgarn D.M.C (Coton perlé).

Bordüre in doppelseitigem Kreuzstich. Ausgespartes Muster.

Die Buntstickerei auf Leinen.

Schon seit Jahrhunderten wird in den verschiedensten Ländern die bunte Leinenstickerei als Hausindustrie bei der Landbevölkerung gepflegt. Die mannigfaltigsten Arten derselben sind entstanden; alle aber zeigen uns charakteristische Merkmale der Gegenden, aus denen die Arbeiten stammen.

An den italienischen, griechischen und spanischen Stickereien des 15.—17. Jahrhunderts tritt die rote Farbe besonders hervor; orientalische Arbeiten sind sehr bunt gehalten, mit geschmackvoller Beimischung von Metallfäden. Erzeugnisse der slavischen, ungarischen und schwedischen Hausindustrie sind ebenfalls mit bunten Farben ausgeführt, wobei besonders rote, blaue und gelbe Farbe den Hauptton bilden.

Gerade in unserer Zeit finden diese Stickereien grossen Anklang; sie werden von der Damenwelt der Mannigfaltigkeit der Sticharten und Musterungen halber, sowie der leicht fasslichen Herstellung wegen besonders bevorzugt.

Hinsichtlich der Technik lassen sich die Buntstickereien auf Leinen in zwei Arten teilen: erstens in solche, bei denen auf Grund einer gezeichneten oder gestickten Vorlage die

Musterung nach gezählten Fäden gearbeitet wird (*), und zweitens in solche, bei denen die Musterung zuerst auf den zu bestickenden Stoff aufgezeichnet wird und dann die Stiche frei den vorgezeichneten Konturen eingearbeitet werden.

Stoffe. — Die meisten der alten Leinenstickereien, besonders jene italienischer Herkunft, sind auf ganz feinem Leinengrunde hergestellt. Auf solchem Stoffe zu arbeiten erfordert gleichviel Geduld und Zeit; selten nur wird man in unsern Tagen die zu solchen Arbeiten notwendige Ausdauer finden. Es hat daher die Industrie, dem Zeitgeist Rechnung tragend, Gewebe aus kräftigen, runden, leicht zählbaren Fäden hergestellt, worauf die Stickmuster unmittelbar und mühelos übertragen werden können. Diese Stoffe sind weiss, ungebleicht und gelbgetönt erhältlich.

In neuerer Zeit werden auch farbige Leinen- und Baumwollgewebe hergestellt. Dieselben erfreuen sich grosser Beliebtheit als Grundstoff für schnell fördernde Stickereien im Stiel- und Flachstich, wie solche bei Kissenbezügen, Decken und Vorhängen zur Verwendung gelangen.

Vorrichten. — Kleinere Gegenstände in Leinenstickerei, die mit kurzen, einfachen Stichen ausgeführt sind, können frei in der Hand gearbeitet werden; Stickereien, bei denen etwas kompliziertere Sticharten, grösser angelegte Flächenmuster, Füllstiche mit gespannten und überstochenen Fäden und dergleichen vorkommen, müssen in einen Rahmen gespannt werden, um ein Verziehen des Grundstoffes zu verhindern. Das Einspannen der Stickereien geschieht folgendermassen: Zuerst hat man an zwei gegenüberliegenden Seiten der einzuspannenden Arbeit ein Gurtenband oder einen gerade geschnittenen Stoffstreifen mit Hinterstichen anzunähen, sodann werden die zwei noch freien Stoffseiten umgebogen, ungefähr $^1/_2$ cm. breit, und hierauf mit Ueberwindlingstichen an die Gurtenbänder des Stickrahmens genäht, wobei diese lose, der Stoff hingegen stramm zu halten ist. Nachdem der Stoff an allen vier Seiten angenäht ist, wird er im Rahmen fest und

(*) Siehe am Schluss des letzten Kapitels das Verzeichnis der Albums der Bibliothek D.M.C, welche sich auf die Stickerei nach gezählten Fäden beziehen.

gleichmässig ausgespannt und an den breiten Seiten noch durch eine in die durch die Gurtenbänder gezogene Schnur an den Schienen befestigt.

Leinenstickereien nach gezählten Fäden. Das Einteilen des Stickgrundes (Abb. 154). — Bevor man die Stickerei beginnt, hat man den Stoff genau auszuzählen und einzuteilen. Man nimmt hierzu einen für zwei Stoffseiten genügend langen Faden, zieht denselben ungefähr zehn bis zwölf Fäden innerhalb der Kante über und unter je fünf oder zehn Doppelfäden, oder je zehn oder zwanzig einfache Fäden ein. Diese Zählung ist nach der Länge und Breite durchzuführen. In der Abbildung 154 ist sie für zehn Stiche eingerichtet. Nachdem die äusseren Fäden gezogen sind, rechnet man die Mitte aus und zieht ebenfalls einen Faden nach der Länge und Breite ein. Die sich kreuzenden Fäden geben den Mittelpunkt im Innern an. Hat man ausserdem eine Eckenlösung vor, so zieht man noch einen Faden von der Ecke des äusseren Randes in streng diagonaler Richtung gegen die Mitte zu ein. Die Sticheinteilung ist bis zur Vollendung der Arbeit zu belassen; sie erleichtert das Nachsticken der Muster, besonders wenn Ecken und Mittelstücke erst neu gebildet werden müssen.

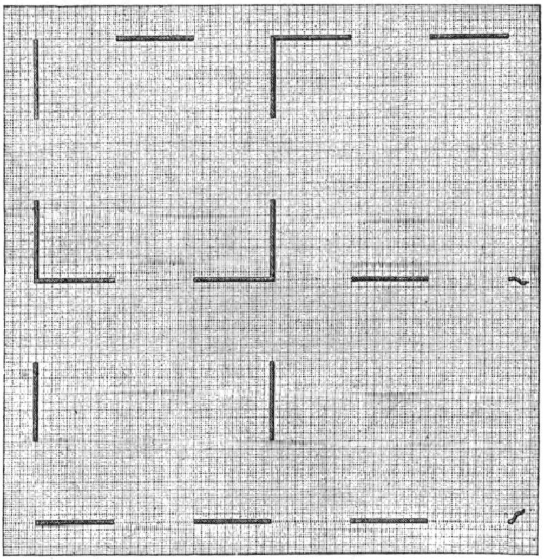

Abb. 154. Das Einteilen des Stickgrundes.

Die Stickgarne. — Durch die Verwendung der meisten Leinenstickereien unterliegen dieselben häufigem Reinigen; es ist somit vorteilhaft, sie mit Stickmaterial anzufertigen, das durch das Reinigen keinerlei Schaden erleidet.

In erster Linie sind die Baumwoll-, Leinen- und Seidengarne der Marke D.M.C zu empfehlen.

Für Kreuz-, Kästchen- und Strichstich wählt man für stark appretierte Stoffe drellierte Fäden wie Stickgarn D.M.C (Coton à broder), Stickgarn D.M.C, Spezial-Qualität (Coton à broder, qualité spéciale), und Perlgarn D.M.C (Coton perlé). (*)

Für alle Arbeiten auf weichen Leinen- oder Baumwollstoffen, die im Kreuz-, Flecht-, Zopf- und auch im Flachstich bestickt werden, sind offene Stickfäden zu bevorzugen. Wir empfehlen hier besonders Spezialgarn D.M.C (Mouliné spécial), Flaches Leinengarn D.M.C (Lin floche), Persische Seide D.M.C (Soie de Perse) und Flache Stickseide D.M.C (Soie moulinée). Diese Artikel, die in sechs einzelne Fäden geteilt werden können, bieten den Vorteil, dass man sich dieselben, je nach dem zu bestickenden Gewebe, in der richtigen Stärke zusammensetzen kann.

Die Stiche. — Der einfache Kreuzstich, wie er in Abbildung 155 dargestellt ist, wird wohl heute vorwiegend für Leinenstickereien angewendet, doch ist er nicht so edel, nicht so reich in der Wirkung, als der doppelseitige und der italienische Kreuzstich, als der griechische Stich und als so mancher andere, welche stets unsere Bewunderung und unser Staunen erregen, wenn wir sie an den schönen, mustergiltigen Schöpfungen betrachten, die unter der Nadel kunstsinniger Frauen entstanden sind. Neben dem Kreuzstich in seinen verschiedenen Arten sind auch der doppelseitige Strichstich und der Kästchenstich sehr beliebt.

In neuerer Zeit wird auch die Flachstichstickerei sehr gepflegt; da die Flachstiche immer über eine grössere Anzahl von Stoffäden greifen, so wird die Herstellung der Arbeit dadurch bedeutend beschleunigt, weshalb diese Stichart — mit welcher jede Art Kreuzstichmuster ausgeführt werden kann — für Phantasiearbeiten besonders bevorzugt wird.

Wie aus dem nachfolgenden hervorgehen wird, ist ein Muster selten in einer einzigen Stichart gehalten. Man sieht Kreuzstich in Verbindung mit Flach- und Strichstich, Gobelinstich, Zopfstich, Sternchenstich usw. Die Mannigfaltigkeit der Sticharten einer Stickerei trägt wesentlich zur Erhöhung der Schönheit des Musters bei.

(*) Siehe am Schluss des letzten Kapitels die Tabelle der Nummern und das Farbenverzeichnis der Baumwoll-, Leinen- und Seiden-Artikel, Marke D.M.C — Die eingeklammerten französischen Benennungen befinden sich auf den Etiketten der D.M.C-Artikel.

Der einfache Kreuzstich über Straminunterlage (Abb. 155). — Der Stich, der am häufigsten zur Ausführung von Leinenstickerei benutzt wird, ist der einfache Kreuzstich, welcher bekannterweise aus zwei schrägen Stichen, die quer übereinandergelegt ein regelrechtes Kreuz bilden, besteht.

Gestattet der Grundstoff das Zählen der Gewebefäden, so wird der Kreuzstich direkt auf demselben ausgeführt; bei Stoffen, die das Zählen der Fäden nicht erlauben, bedient man sich eines Hilfskanavas, welcher nach Vollendung der Stickerei Faden für Faden entfernt werden muss.

In Abbildung 155 ist die Art der Ausführung des einfachen Kreuzstiches über Stramin oder Congresstoff-Unterlage angegeben.

Nachdem der Hilfsstoff auf den Grundstoff fadengerade und so weit ausserhalb der Schnittkante aufgeheftet ist, dass die Fäden, wenn überstickt, zum Ausziehen noch leicht fasslich sind, werden die sich begegnenden Stiche jedesmal genau in dieselbe Oeffnung ein- und wieder herausgeführt, durch welche der vorhergehende Stich seinen Weg genommen hat.

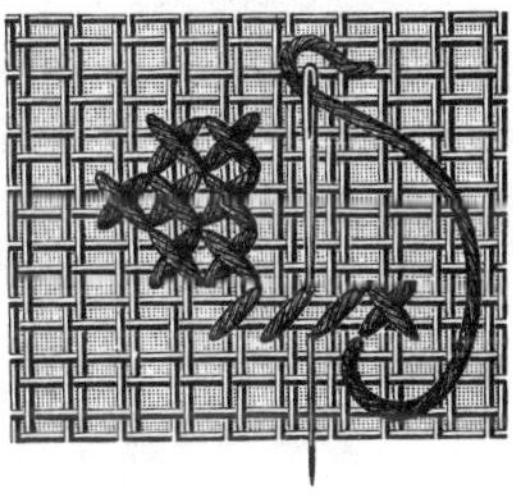

Abb. 155.
Der einfache Kreuzstich über Straminunterlage.

Der doppelseitige Kreuzstich (Abb. 156, 157, 158, 159, 160). — Sollen grössere Flächen mit doppelseitigem Kreuzstich ausgefüllt werden — wie dies am häufigsten bei den sogenannten « ausgesparten » Mustern vorkommt — so ist derselbe in vier wagerechten Stichreihen auszuführen.

Von links nach rechts beginnend, wird der Arbeitsfaden, ohne Knoten, in den Stoff durch einige kleine Vorstiche in der Richtung des ersten Stiches befestigt, dann an geeigneter Stelle für den ersten Stich herausgeführt.

Man übergeht dann nach rechts vier Fäden nach der Höhe und vier nach der Breite, führt die Nadel unter ebenso vielen Fäden nach rechts unten durch und so fort bis zum Ende der Reihe. Beim letzten Stich wird der Arbeitsfaden bis zur Mitte des Kreuzes von unten zurück- und hier herausgeführt, von da wird ein Stich nach rechts gemacht, der Faden wieder zurück zur Mitte geführt und der vierte Teil des Kreuzes nach links hinzugefügt; häufig werden diese Hilfsstiche durch einen langen Querstich überdeckt. (Siehe die Abbildungen 157 und 158.) Die nun rückgehenden, von rechts nach links führenden Stiche decken auf beiden Seiten die ersten Stiche. Nach dem letzten Kreuz wird der Faden wieder nach rechts zurückgeführt und die dritte Reihe begonnen, die den Unterstich zu den Zwischenkreuzstichen bildet.

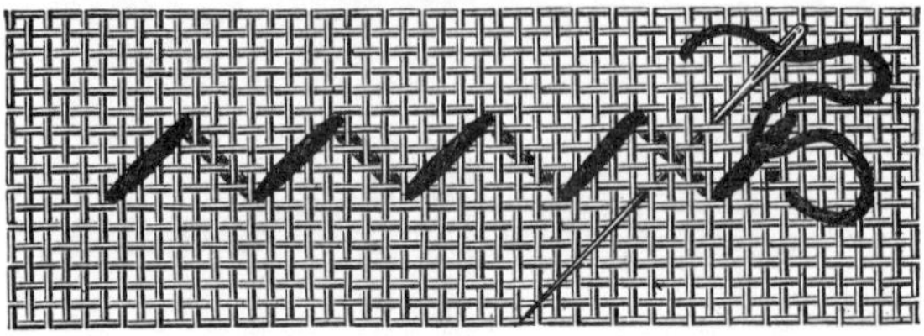

Abb. 156. Der doppelseitige Kreuzstich in Reihen gearbeitet.
Vollendete erste Unterstichreihe mit Hilfsstich zum Beginn der ersten Ueberstichreihe.

Um die vierte rückgehende Reihe auszuführen ist wieder ein Hilfsstich erforderlich, durch welchen der Faden auf der Rückseite und auf der oberen Seite doppelt zu liegen kommt. Das Weiterführen des Fadens zu einer nächsten Reihe ist in Abbildung 158 zu ersehen.

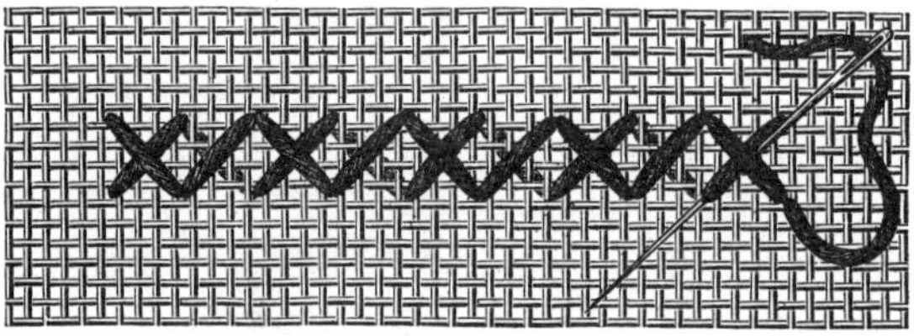

Abb. 157. Der doppelseitige Kreuzstich in Reihen gearbeitet.
Vollendete erste, zweite und dritte Reihe, Hilfsstich zum Beginn der vierten Reihe.

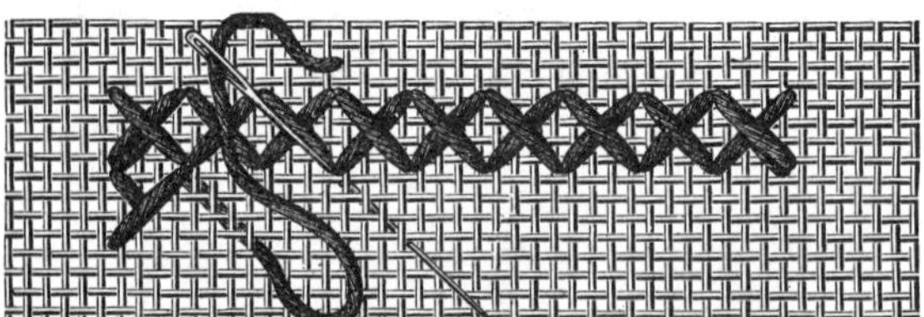

Abb. 158. Der doppelseitige Kreuzstich in Reihen gearbeitet.
Vier vollendete Stichreihen nebst Beginn der ersten Stiche einer folgenden Reihe.

Muster, die viele einzelne Stiche erfordern oder sich nur in kurzen gebrochenen Linien bewegen, können auf die vorhergehende Weise nicht ausgeführt werden, weil zumeist jedes Kreuz gleich vollendet werden muss. Die bildliche Erklärung zur Ausführung von einzeln stehenden Kreuzstichen geben die Abbildungen 159 und 160. In der Abbildung 159 ist erklärt mit

A das Einführen des Fadens nebst Stellung der Nadel zum ersten Stich; mit B der vollendete erste halbe Stich nebst einem Hilfsstich nach rechts, der Auszug des Fadens nach rechts unten und die Stellung der Nadel zum dritten, das Kreuz vollendenden Stich; mit C der mit B begonnene Stich vollendet und die Stellung der Nadel zu einem weiteren Stiche nach rechts; mit D ein vollendetes und ein nach abwärts begonnenes Kreuz; mit Abbildung 160 E die Lage der Fäden nach links; mit F ein Hilfsstich nach rechts; mit G Hilfs-

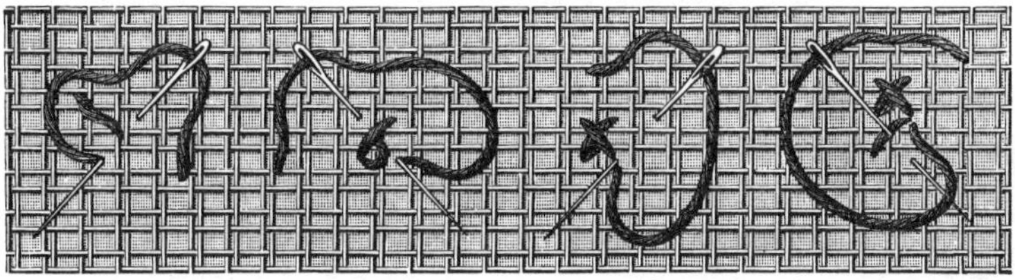

Abb. 159. Der doppelseitige Kreuzstich in einzelnen Stichen gearbeitet.

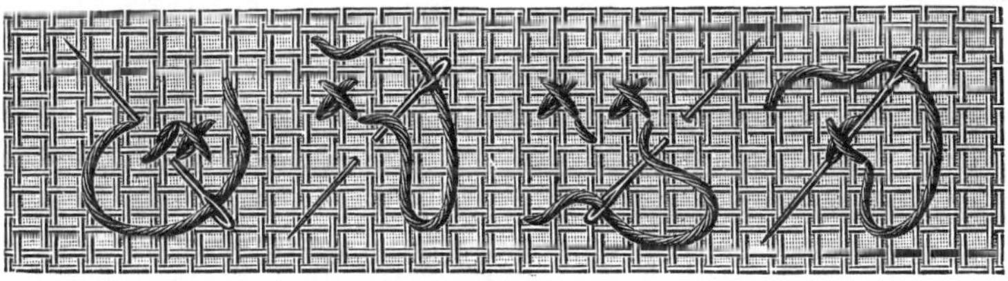

Abb. 160. Der doppelseitige Kreuzstich in einzelnen Stichen gearbeitet.

stiche zwischen einzelstehenden Kreuzen; mit H ein zweiter Hilfsstich und zugleich Schlusstich an einem Kreuz.

Nur durch Uebung und genaues Berechnen vor dem Beginn eines jeden Kreuzes kann man es dahin bringen, überflüssige Hilfsstiche, welche die Arbeit verunzieren würden, allmählich zu vermeiden.

Der doppelseitige italienische Kreuzstich (Abb. 161, 162, 163, 164). — Gleichmässige Kreuzstiche auf beiden Seiten der Stickerei, durch senkrechte und wagerechte Stiche von einander getrennt, ergeben den doppelseitigen italienischen Kreuzstich. Die Ueber- und Unterstiche sind, wie beim einfachen Kreuzstich, stets in gleicher Richtung zu halten. Wie

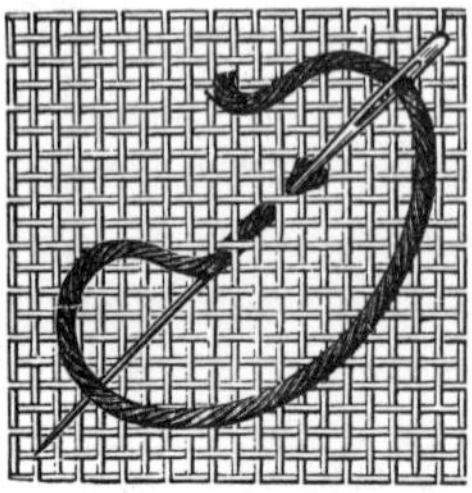

Abb. 161.
Der doppelseitige italienische Kreuzstich.
Einziehen des Fadens und erster Unterstich.

beim doppelseitigen, in vier Reihen gearbeiteten Kreuzstich, wird in hin- und zurückgehenden Reihen gearbeitet. In Abbildung 161 ist das Einziehen des Fadens nebst Nadelstellung von rechts nach links zum ersten Stich, in Abbildung 162 die Nadelstellung von links nach rechts, zugleich die Kreuzung der Stiche nach unten und der Zwischenstich nach links, in Abbildung 163 die Nadelstellung zum unteren Querstich, der hiermit doppelseitig ausfällt, in Abbildung 164 die rückgehende Reihe über die erste, in welcher das Kreuz nach oben und der Zwischenstich nach unten ergänzt werden, ersichtlich.

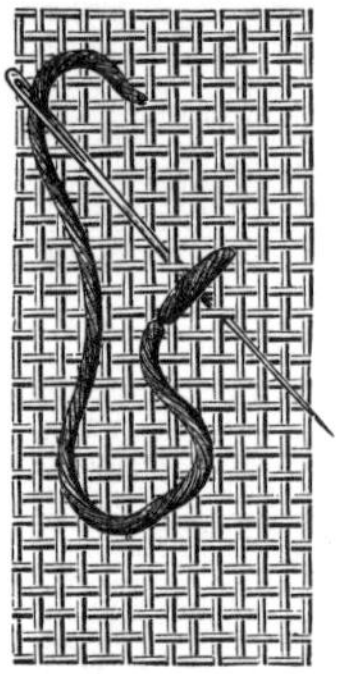

Abb. 162. Der doppelseitige italienische Kreuzstich.
Unterstich, senkrechter Einfassungsstich und Nadelstellung zum dritten Stich.

Abb. 164.
Der doppelseitige italienische Kreuzstich.
Vollendung der halben Kreuze durch die zweite Stichreihe.

In der nächsten Stichreihe ergibt der Querstich der zweiten Reihe den Abschlussstich der ersten. Zum gänzlichen Abschluss führt man die Nadel von links nach rechts wagerecht zurück, um den Abschlussstich oberhalb des Kreuzes zu machen, und dann erst zum Zwischenstich, wie er in Abbildung 164 angegeben ist.

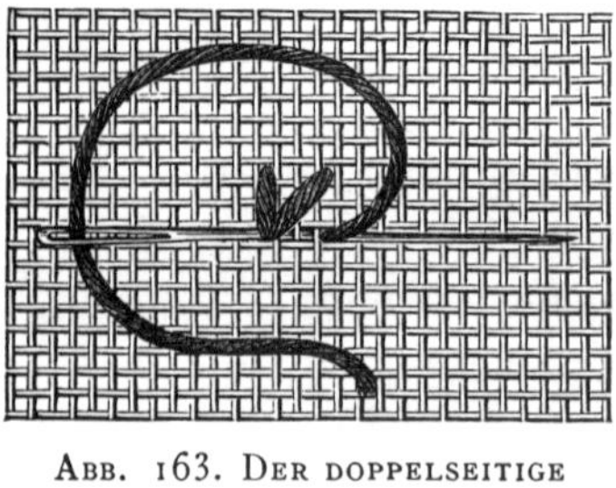

Abb. 163. Der doppelseitige italienische Kreuzstich.
Wagerechter Einfassungsstich der Kreuzstiche nach unten.

Wenn dünnere Gewebe verarbeitet werden, zieht man den Stich stramm an, wodurch mit diesem Kreuzstich eine schöne gitterartige Wirkung erzielt wird.

Der doppelseitige montenegrinische Kreuzstich (Abb. 165, 166, 167). — Dem Lande der schwarzen Berge und seinen Nachbarländern der Herzegowina und Bosnien, verdanken wir diesen doppelseitigen Stickstich, der bis jetzt in den wenigsten Handarbeitsbüchern beschrieben wurde.

Die Rechtseite zeigt Kreuzstiche mit doppeltem Unterfaden, die wieder durch senkrechte Querstiche getrennt sind; die Kehrseite hingegen besteht aus regelrechten, ebenfalls durch

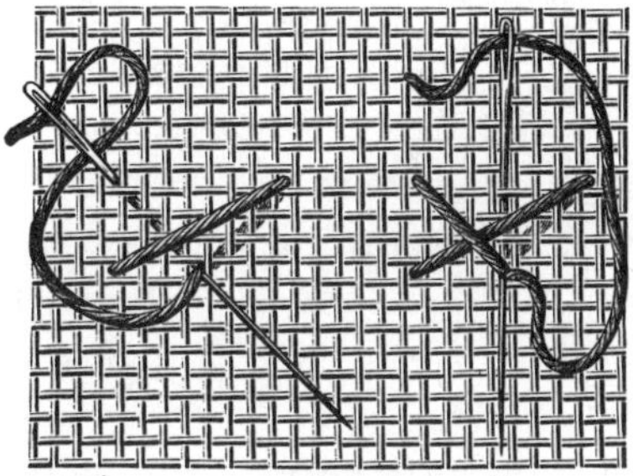
A Abb. 165. B

Der doppelseitige montenegrinische Kreuzstich.

A. Erster Stich nebst Nadelstellung zum zweiten. B. Vollendeter zweiter Stich nebst Nadelstellung zum Querstich.

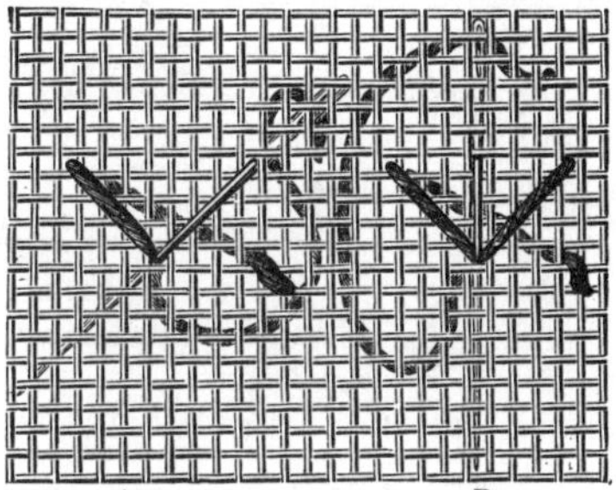
A Abb. 166. B

Der doppelseitige montenegrinische Kreuzstich.

Kehrseite der in Abbildung 165 dargestellten Stiche.

senkrechte Querstiche getrennten Kreuzstichen. Um den schönen Stich zur vollen Geltung zu bringen, hat man ziemlich kräftiges Material zu wählen, damit der hier in der vergrösserten Abbildung stark sichtbare Querstich mehr verschwinde.

Man beginnt, wie in Abbildung 165 ersichtlich, mit einem langen Stich von links nach rechts über vier wagerechte und acht senkrechte Fäden, führt die Nadel von rechts nach links unter vier Fäden zurück und heraus, vollendet das Kreuz, indem man den ersten Faden überdeckt und die Nadel wieder unter dem vollendeten Kreuzstich zurückführt.

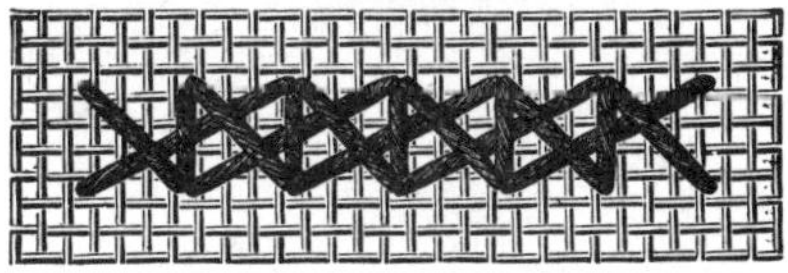
Abb. 167.

Der doppelseitige montenegrinische Kreuzstich.

Vollendete Stichreihe.

Dies sind die zwei ersten Stiche; der dritte Stich ergibt den senkrechten Querfaden nach beiden Seiten.

Der stets gleich vom ersten Stich sich wiederholende Vorgang bewirkt, wie schon erwähnt, auf der Rückseite durch

Querstiche getrennte Kreuzstiche, die der Arbeit einen eigenartigen Reiz verleihen.

Der slavische Zopfstich (Abb. 168, 169, 170, 171, 172, 173, 174, 175). — Diese Stichart hat auf den ersten Blick viel Aehnlichkeit mit dem montenegrinischen Stich, sie ist jedoch leichter auszuführen und ausserdem fast ebenso fördernd als der einfache Kreuzstich.

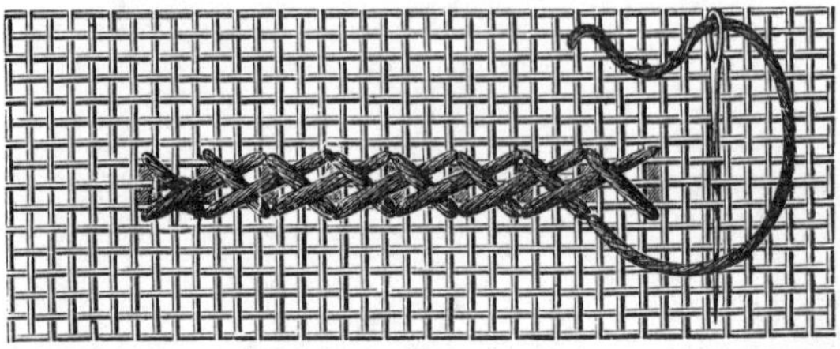

Abb. 168. Der slavische Zopfstich in geraden Reihen gearbeitet.

Gewöhnlich wird der Zopfstich über drei Fäden nach der Höhe und sechs Fäden nach der Breite gearbeitet, siehe Abbildung 168; um jedoch Stichreihen abrunden zu können, muss über eine, nach beiden Richtungen gerade Fadenzahl gearbeitet werden.

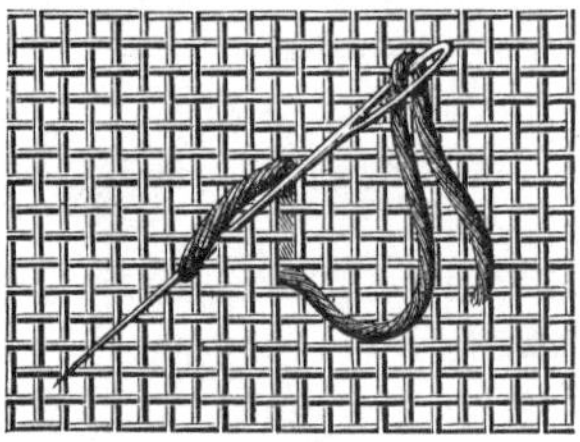

Abb. 169. Der slavische Zopfstich mit Einrandung. Erster Einfassungsstich links und halber Rückstich.

Nachdem der Faden wie zu einem gewöhnlichen Kreuzstich über vier Stoffäden gelegt ist, wird die Nadel senkrecht unter vier Fäden durchgeführt; hierauf, wie in Abbildung 169 angegeben, schräg über zwei wagerechte und zwei senkrechte Fäden und unter eben so viele zum Ausgangspunkt des ersten Stiches geführt. Der erste Stich bildet gleichzeitig den linksseitigen Einfassungsstich. Nun wird der Zopfstich über weitere vier Fäden gemacht; der fünfte Stich geht nur über fünf und drei Fäden, Abb. 170, so dass die Nadel unter drei durch- und vor vier Fäden herausgezogen wird. In Abbildung 171 ist die Stellung der Nadel zum oberen Einfassungsstich angezeigt, während in Abbildung 172 das Zurückgehen der Nadel unter dem Zopfstich, um den halben Stich

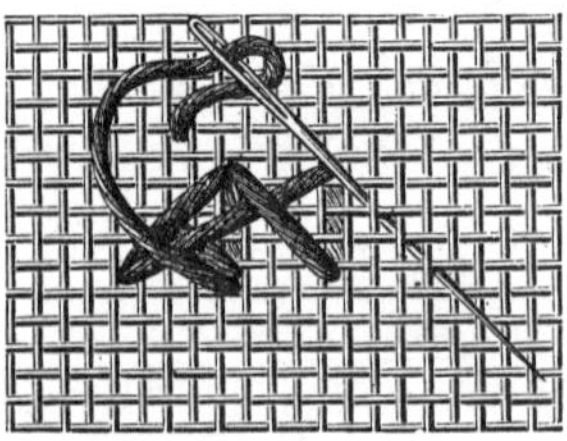

Abb. 170. Der slavische Zopfstich mit Einrandung. Stellung der Nadel zum Querstich rechts.

rechts über zwei Fäden herstellen zu können, dargestellt ist. Der vollendete halbe Stich, die Stellung der Nadel zum senkrechten Einfassungsstich, sowie die Fortsetzung des Zopfstiches sind in Abbildung 173 deutlich zu erkennen; in Abbildung 174 ist eine fertige, nach allen Seiten durch Stiche eingefasste Beere zu sehen.

Der Zopfstich kann auch in diagonalen Reihen — wie

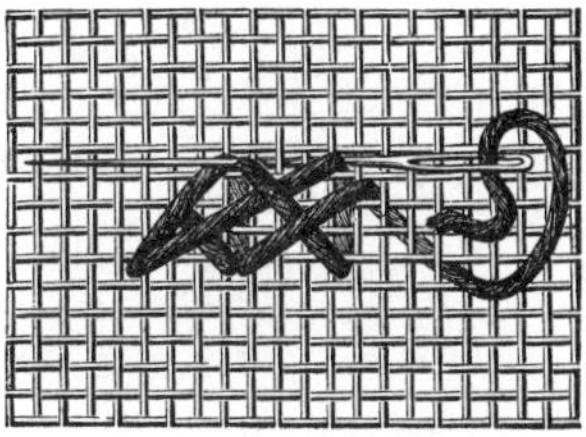

ABB. 171.
DER SLAVISCHE ZOPFSTICH MIT EINRANDUNG.
Einfassungsstich nach oben.

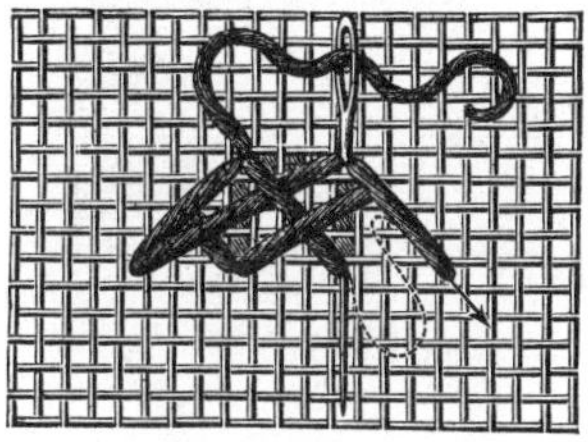

ABB. 172.
DER SLAVISCHE ZOPFSTICH MIT EINRANDUNG.
Stellung der Nadel und Richtung der nächsten Stiche.

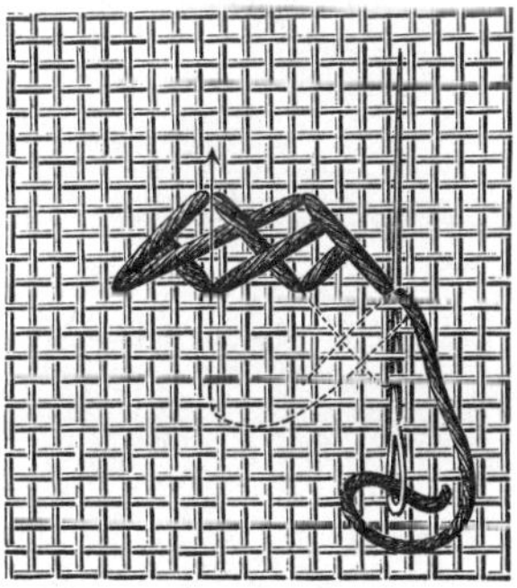

ABB. 173.
DER SLAVISCHE ZOPFSTICH MIT EINRANDUNG.
Fortsetzung der Stiche in der unteren Reihe.

ABB. 174.
DER SLAVISCHE ZOPFSTICH MIT EINRANDUNG.
Vollendete, nach allen Seiten geränderte Beere.

solche bei gebrochenen Bandlinien und Blattstielen vorkommen — gearbeitet werden. Mit Abbildung 175 ist solch eine schräge Zopfstichreihe, deren Stiche über je zwei Fadenkreuzungen greifen, dargestellt.

Der algerische Flechtstich (Abb. 176). — Hier rückt man nach der Breite stets um einen oder zwei Fäden vor, so dass man am besten bei Beginn der Reihen eine ungerade Zahl der senkrechten Fäden nimmt. Kräftiges, gut füllendes Material ist auch hier zu wählen; ferner können, wie beim griechischen Kreuzstich, die Reihen alle nach einer Seite oder auch die langen mit den langen und die kurzen mit den kurzen Fäden anschliessend hergestellt werden, nur muss die ganze Ausführung einheitlich bleiben.

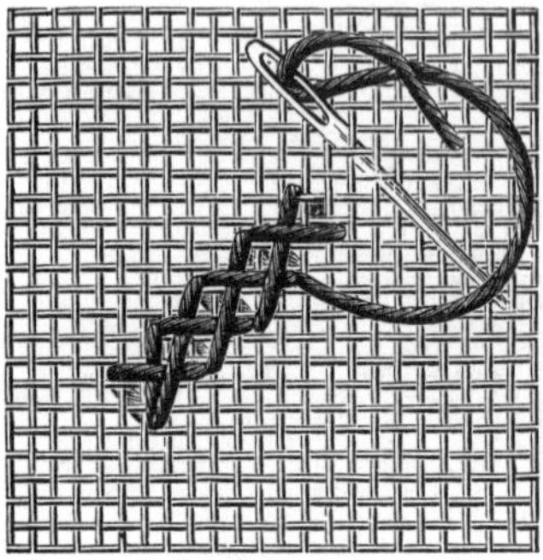

Abb. 175.
Der slavische Zopfstich in schrägen Reihen gearbeitet.

Der doppelseitige spanische Flechtstich (Abb. 177 und 178). — Aussergewöhnlich fördernd und wirkungsvoll ist diese Stickweise; sie ist zur Ausführung von Arbeiten zu empfehlen, die man schnell zu vollenden wünscht.

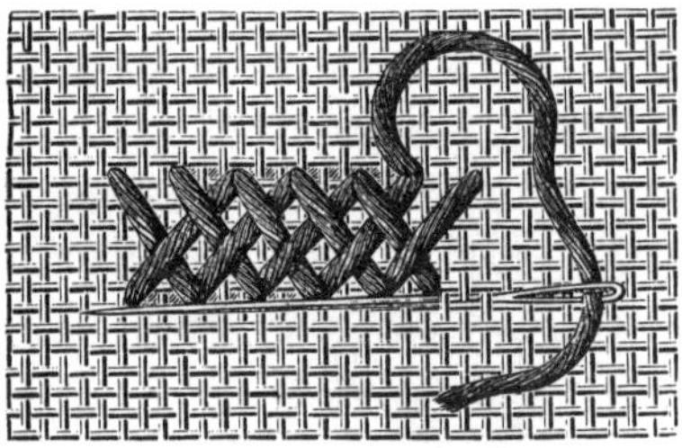

Abb. 176. Der algerische Flechtstich.

In zwei Reihen hin- und zurückgehend auszuführen, eignet sich der doppelseitige spanische Stich zur Ausführung jeder für Kreuzstich eingerichteten Zeichnung. Die durch die langen Stiche entstandenen Lücken sind mit kürzeren Stichen auszufüllen. Der Stich selbst besteht aus über fünf und drei Stoffäden greifenden Schrägstichen, die stets um drei Fäden weitergerückt

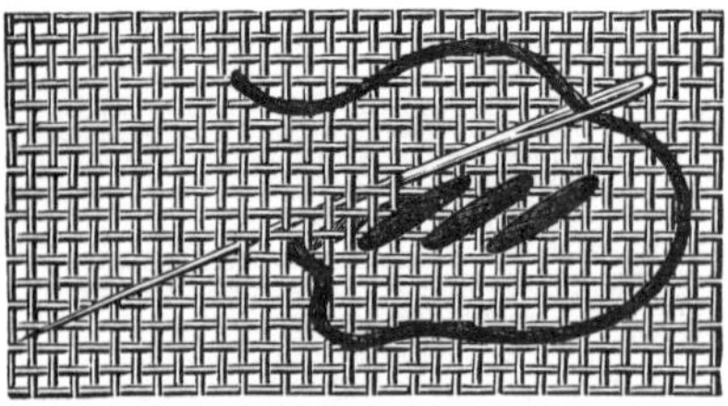

Abb. 177.
Der spanische Flechtstich.
Erste Stichreihe.

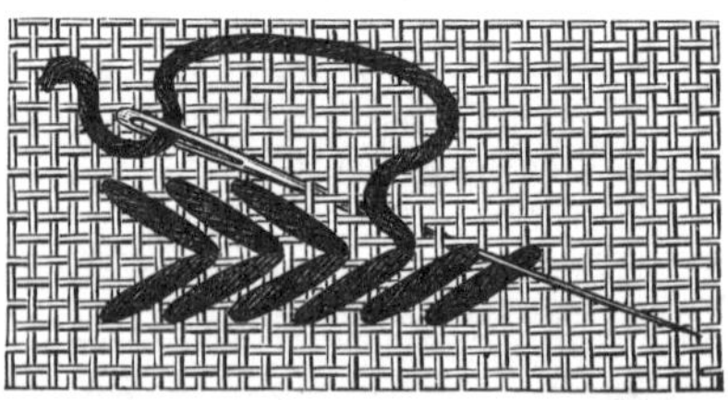

Abb. 178.
Der spanische Flechtstich.
Zweite Stichreihe.

werden und die sich nach beiden Seiten gleichen, wie es in den Abbildungen 177 und 178 dargestellt ist.

Zur Nachahmung von orientalischen Teppichen dient eine

ähnliche Stichart, bei der jedoch die einzelnen Stiche dicht aneinander anschliessen. (Siehe den Tricotstich, Abb. 375.)

Der doppelseitige deutsche Kästchenstich (Abb. 179 und 180). — Der Kästchenstich (Holbeinstich), die doppelseitigen Strichstiche und Umfassungsstiche sind alle nach den hier gegebenen Abbildungen auszuführen.

Die Ausführung dieses Stiches ist nicht schwer; dennoch bedarf es bei mancher Anfängerin fortgesetzter Uebung, um sich nicht plötzlich ausweglos in der Zeichnung zu finden.

In Abbildung 179 ist die erste Stichreihe erklärt, in welcher stufenweise ebenso viele Fäden verdeckt als unterlegt werden; in Abbildung 180 hingegen die zweite rückführende Stichreihe,

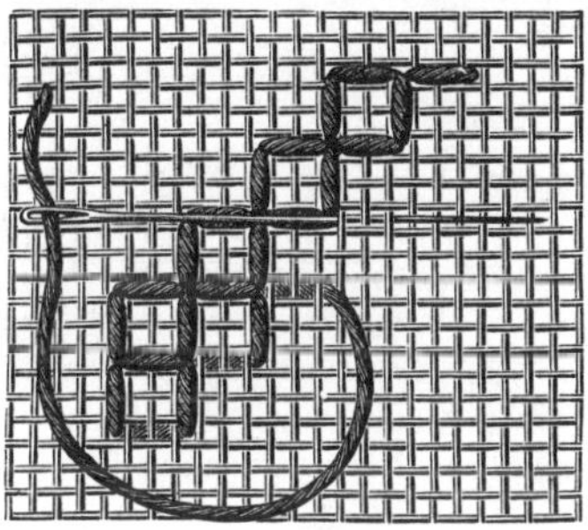

Abb. 179.
Der doppelseitige deutsche Kästchenstich.
Erste Stichreihe.

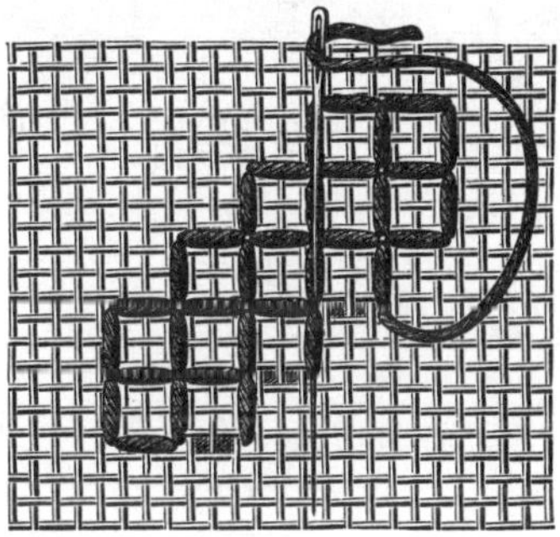

Abb. 180.
Der doppelseitige deutsche Kästchenstich.
Zweite Stichreihe.

durch welche die in der ersten Reihe unbedeckt gebliebenen Grundfäden ebenfalls überlegt werden.

Es wird daher empfohlen, vor Beginn einer neuen, in diese Stichart einschlägigen Arbeit, den Fadenlauf zu verfolgen und genau zu prüfen nach welcher Seite die Nadel weiter zu führen ist, um die Verbindung mit den vorhergegangenen Stichen wieder herzustellen, ohne dass nach unten doppelte oder schräge Stiche entstehen. Wird der Faden, um gebrochene Ecken zu bilden, nach der Quere über ein Kreuzviereck gelegt, wie dies häufig der Fall ist, so ist dieselbe Methode des Ueber- und Unterstechens — wie sie in den Abbildungen 179 und 180 erklärt ist — beizubehalten.

Der doppelseitige türkische Dreieckstich (Abb. 181, 182, 183, 184, 185). — Neben doppelseitigem Flachstich findet sich auf türkischen Stickereien häufig eine Stichart, die anscheinend kompliziert, aber im Grunde äusserst leicht ausführbar und mit dem deutschen Kästchenstich verwandt ist.

Die Stiche haben immer eine diagonale Richtung, eine Reihe

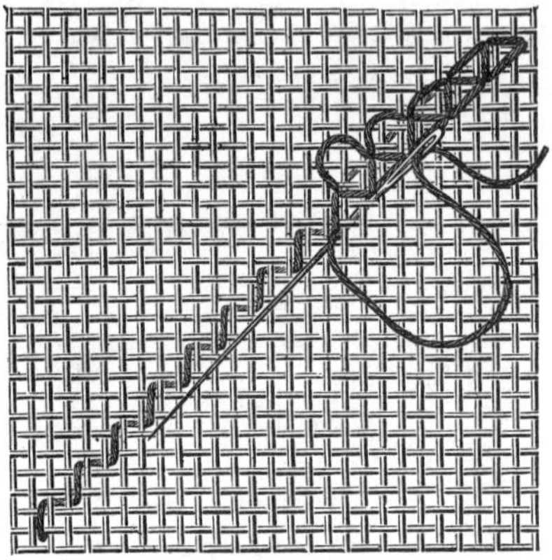

Abb. 181. Der doppelseitige türkische Dreieckstich in schrägen Linien.
Eine hin- u. zurückgehende Stichreihe, den halben Stickstich bildend.

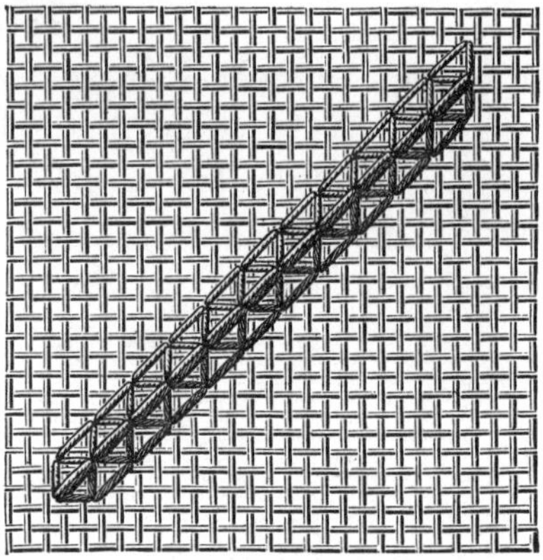

Abb. 182. Der doppelseitige türkische Dreieckstich in schrägen Linien.
Zwei hin- u. zurückgehende Stichreihen, den vollendeten Stickstich bildend.

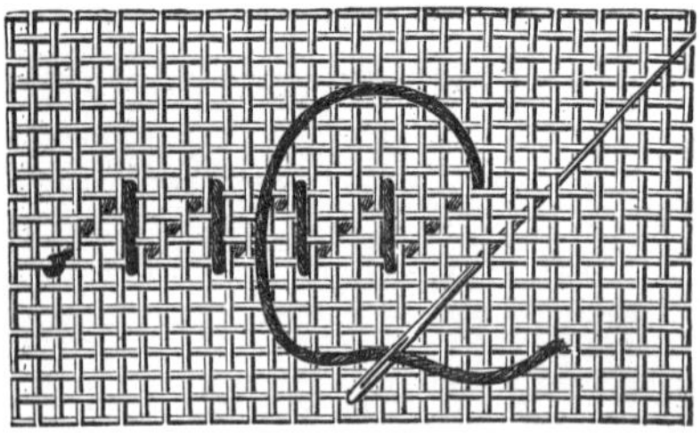

Abb. 183. Der türkische Dreieckstich in geraden Linien.
Erste hingehende Reihe.

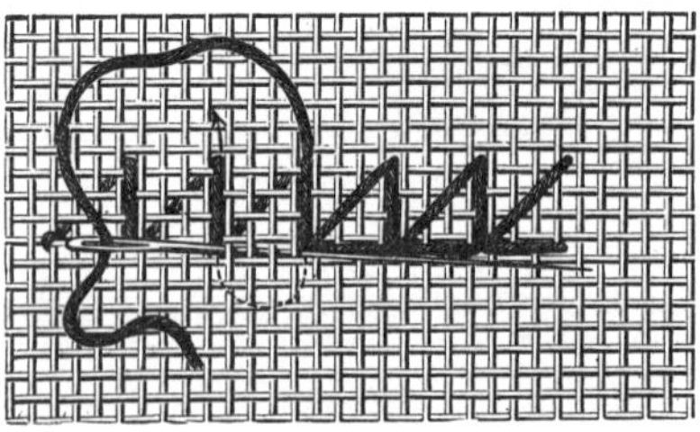

Abb. 184. Türkischer Dreieckstich in geraden Linien gearbeitet.
Erste rückgehende Reihe.

ist in zwei hin- und zurückführenden Gängen herzustellen.

Man führt den Faden in dem ersten Gang, wie es in Abbildung 181 ersichtlich ist, fortwährend über zwei wagerechte und zwei senkrechte Stoffäden weiter.

Im zweiten rückgehenden Gang ist die Nadel unter dem auf der Oberfläche des Stickgrundes liegenden Stiche durch-

und herauszuführen, dann ist ein schräger Hinterstich nach aufwärts über zwei senkrechte und zwei wagerechte Fäden zu machen, der Faden über die zwei senkrechten Fäden zu legen, die Nadel hinter diesen ein- und zurückgehend unter den zwei senkrechten und zwei wagerechten Fäden zum oberen senkrechten Stiche zurück- und herauszuführen, um sie noch einmal beim unteren senkrechten Stiche ein-, unter demselben durch- und wieder herauszuziehen; hierauf folgt wieder der schräge Hinterstich nach oben.

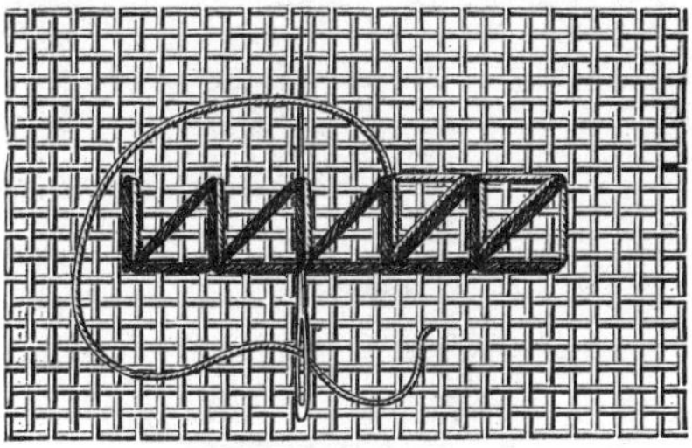

Abb. 185. Der türkische Dreieckstich in geraden Linien.
Zwei hin- und eine zurückgehende Reihe vollendet.
Beginn der vierten Stichreihe.

Es laufen in jeder Oeffnung vier Stickfäden zusammen. Abbildung 182 erklärt zwei solcher Stichreihen, in abstechenden Farben aneinander gerückt.

In derselben Stichart, wenn in geraden Reihen gestellt, können auch alle Kreuzstichmuster ausgeführt werden.

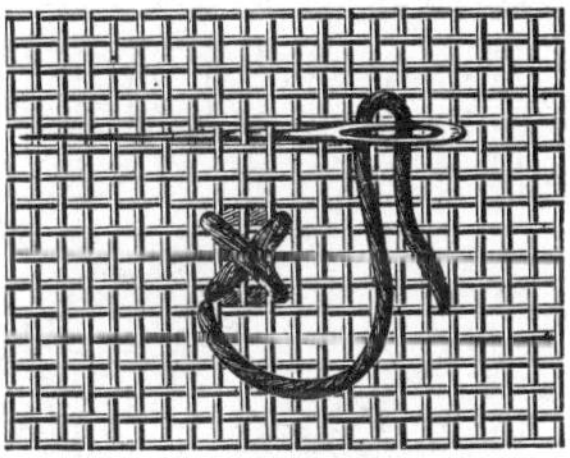

Abb. 186.
Ziernaht mit wertloser Kehrseite.
Vollendeter mittlerer Kreuzstich und Stich nach oben.

Der dunkle Ton in Abbildung 185 zeigt die erste hin- und zurückgehende Stichreihe an — siehe auch die Abbildungen 183 und 184 — der helle die zweite; je zwei hin- und zurückgehende Stichreihen sind zur Wiedergabe einer Kreuzreihe erforderlich.

Ziernaht mit wertloser Kehrseite (Abb. 186, 187, 188, 189, 190). — Mit einem gewöhnlichen Kreuzstiche beginnend, macht man einen zweiten Stich oberhalb des ersten, Abb. 186, dann die Nadel wieder zur oberen Linie des ersten Kreuzstiches führend, Abb. 187, wird neben diesem ein

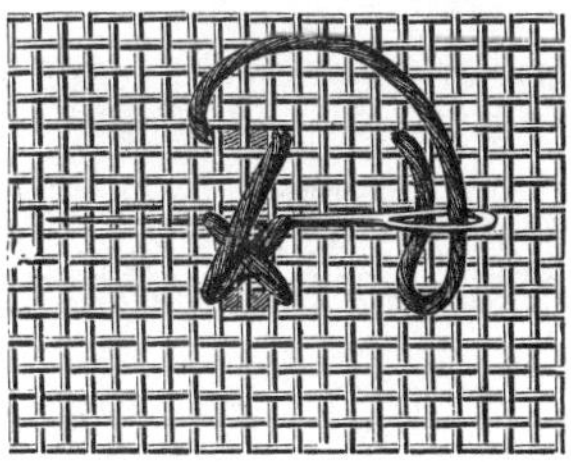

Abb. 187.
Ziernaht mit wertloser Kehrseite.
Vollendeter Stich nach oben und Nadelstellung zum nächsten Kreuzstich.

zweiter Kreuzstich gemacht, Abb. 188, dem wieder ein Stich nach unten folgt.

Die übergreifenden langen Stiche nach oben und unten laufen über sechs Fäden. Die weitere Stichfolge, sowie die Lage des Arbeitsfadens sind aus Abbildung 189 zu ersehen.

Abb. 188.
Ziernaht mit wertloser Kehrseite.
Vollendeter zweiter Kreuzstich und Nadelstellung zum unteren Stich.

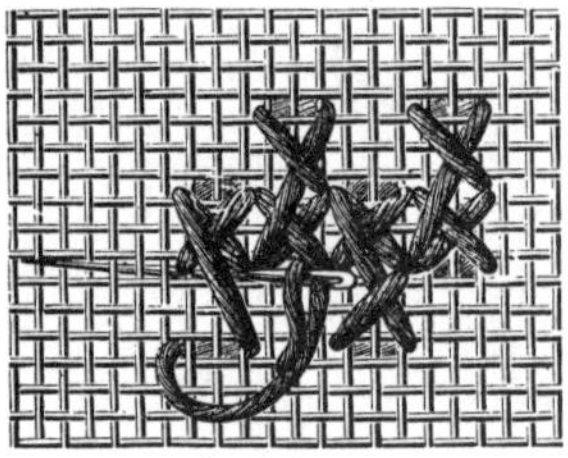

Abb. 189.
Ziernaht mit wertloser Kehrseite.
Serie vollendeter Stiche und Nadelstellung zum nächsten Kreuzstich.

Abbildung 190 zeigt naturgross diese Ziernaht auf mittelstarkem Leinen mit Spezialgarn D.M.C (Mouliné spécial) gearbeitet. (*)

Doppelseitige Ziernaht mit Kehrseite im Kästchenstich (Abb. 191, 192, 193, 194, 195, 196, 197). — In Abbildung 196 ist ein Zwischenstich gebracht, welcher ebenfalls doppelseitig den so gearbeiteten Stickstichen würdig zur Seite steht. Abbildung 191 zeigt den ersten Stich über neun wagerechte und drei senkrechte Fäden, nebst dem Uebergang des Fadens von links nach rechts unter drei senkrechte und drei wagerechte Fäden, sowie den zweiten Stich nach links über sechs senkrechte Fäden und den Beginn des dritten Stiches. Abbildung 192 veranschaulicht den vollendeten zweiten Stich, nebst der Lage des dritten Stiches; Abbildung 193 den vollendeten dritten und den hin- und rückführenden vierten Stich; Abbildung 194 den fünften unteren wagerechten Stich über sechs senkrechte Fäden, sowie das Zurückführen des Fadens unter drei Fäden; Abbildung 195 den vollendeten elften Stich nebst

Abb. 190.
Ziernaht mit wertloser Kehrseite.

(*) Siehe am Schluss des letzten Kapitels die Tabelle der Nummern und das Farbenverzeichnis der Baumwoll-, Leinen- und Seiden-Artikel, Marke D.M.C — Die eingeklammerten französischen Benennungen befinden sich auf den Etiketten der D.M.C-Artikel.

Weiterführung des zwölften Stiches. In Abbildung 196 ist eine längere Kette der Verbindungsnaht, sowie die Wiederholung

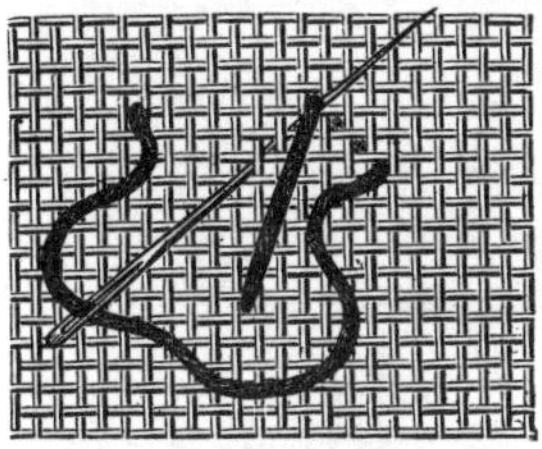

ABB. 191. DOPPELSEITIGE ZIERNAHT MIT KEHRSEITE IM KÄSTCHENSTICH. Erster Stich nebst Nadelstellung zum zweiten Stich.

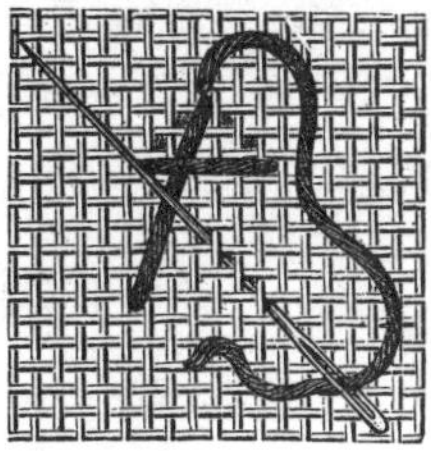

ABB. 192. DOPPELSEITIGE ZIERNAHT MIT KEHRSEITE IM KÄSTCHENSTICH. Vollendeter zweiter Stich nebst Nadelstellung zum dritten Stich.

ABB. 193. DOPPELSEITIGE ZIERNAHT MIT KEHRSEITE IM KÄSTCHENSTICH. Vollendeter dritter Stich nebst Nadelstellung zum vierten Stich.

des ersten Stiches zur Ansicht gebracht, während Abbildung 197 die Rückseite als einfaches, zu jeder Stichart stimmendes Börtchen im Kästchenstich darstellt. Dieser Zwischensatz, in allen Stoffarten ausführbar, erfordert stets eine durch drei teilbare Fadenzahl. Man kann ihn über sechs oder wie in unserer Vorlage über neun oder auch über zwölf Fäden ausführen, jedoch niemals über acht, zehn oder vierzehn Fäden.

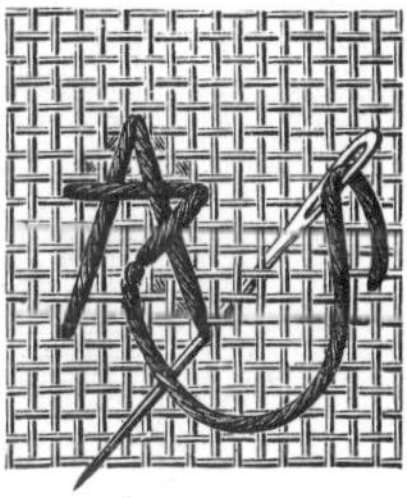

ABB. 194. DOPPELSEITIGE ZIERNAHT MIT KEHRSEITE IM KÄSTCHENSTICH. Vollendeter vierter Stich nebst Nadelstellung zum fünften Stich.

Ziernaht mit Languettenstich (Abb. 198). — Nachdem die Nadel an geeigneter Stelle herausgezogen worden ist, wird nach aufwärts ein Schlingenstich nach sechs und über vier Stoffäden gemacht und ziemlich fest angezogen; ein anderer nach abwärts gerichteter Stich wird dem ersten so gegenübergestellt, dass beide Stiche in derselben Oeffnung zusammentreffen. Es werden auf diese Weise zweimal je fünf Stiche neben- und übereinandergestellt, sechs Stoff-

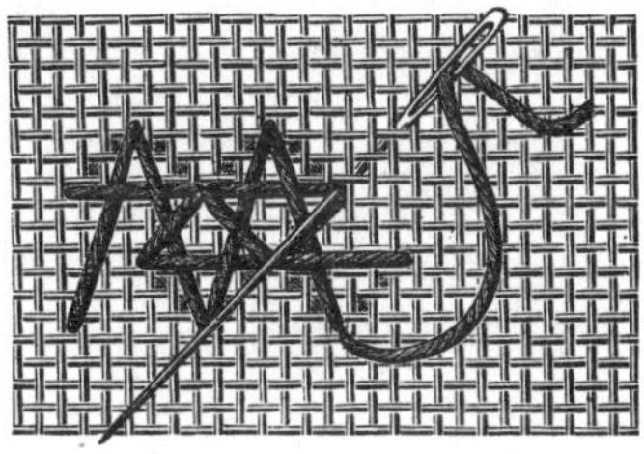

ABB. 195. DOPPELSEITIGE ZIERNAHT MIT KEHRSEITE IM KÄSTCHENSTICH. Vollendeter elfter Stich nebst Nadelstellung zum zwölften Stich.

fäden übergangen und hierauf wird die nächste Stichgruppe begonnen.

Verschiedene Ziersäume (Abb. 199, 200, 201, 202). — Farbige Stickereien werden nicht nur mit Hohlsäumen und

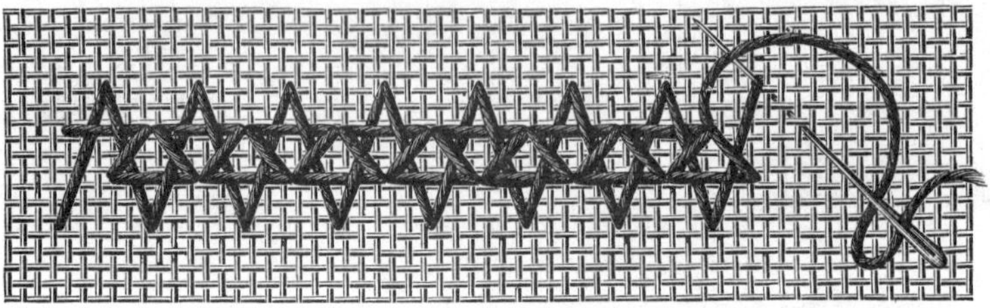

Abb. 196. Doppelseitige Ziernaht mit Kehrseite im Kästchenstich. Rechtseite.

Durchbruchbordüren abgeschlossen, sondern häufig kann ein schmaler Saum oder selbst die Webekante mit Zierstichen

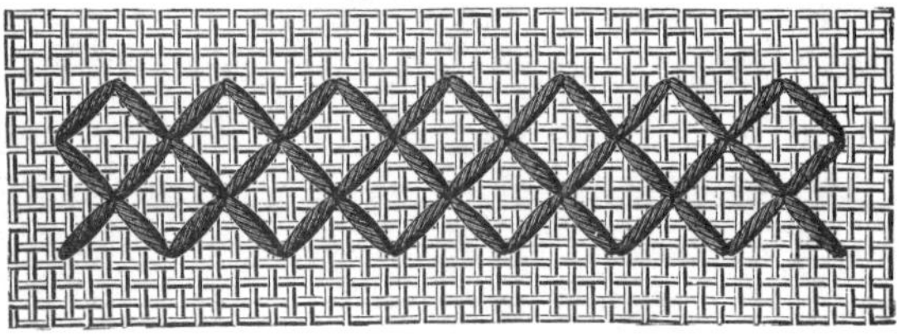

Abb. 197. Doppelseitige Ziernaht mit Kehrseite im Kästchenstich. Kehrseite.

versehen werden und so gleichzeitig den äusseren Abschluss der Arbeit bilden.

Um nun die beiden in den Abbildungen 199 und 200 dargestellten Ziersäume an geschnittenen Kanten anzubringen, ist

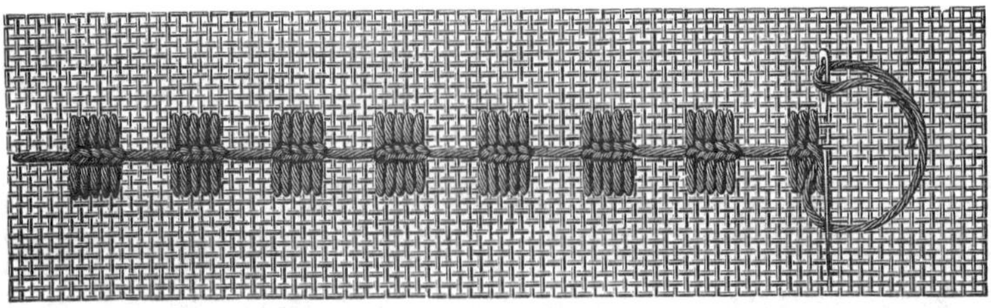

Abb. 198. Ziernaht mit Languettenstich.

in feinen Geweben ein Rollsaum, in kräftigeren ein schmaler, gewöhnlicher, eingebogener Saum vorzurichten.

Ueber diesen Saum werden dann die Languettenstiche eingestochen, entweder Gruppen von drei Einzelstichen mit je zwei Zwischenfäden durch je vier Stoffäden getrennt, wie bei Abbildung 199, oder wie bei Abbildung 200 je drei kurze und

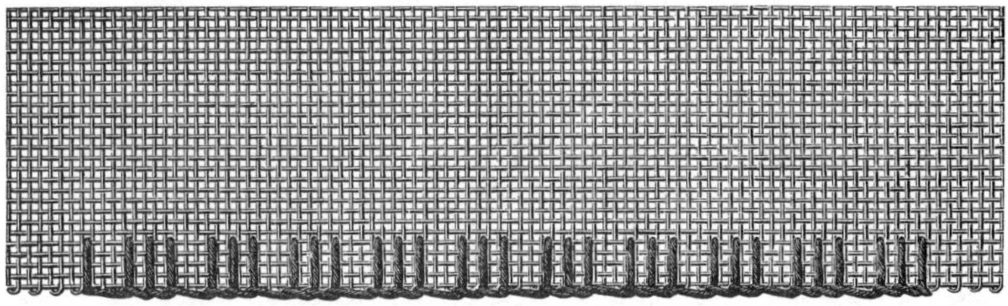

ABB. 199. STOFFKANTE MIT EINFACHEN LANGUETTENSTICHEN GEZIERT.

ein langer Doppelstich mit gleichmässigen, vier Stoffäden breiten Zwischenräumen.

Ein anderer Ziersaum, besonders zum Abschluss feiner Arbeiten geeignet, ist der Schnurrollsaum, Abb. 201 und 202.

ABB. 200. STOFFKANTE MIT DOPPELTEN LANGUETTENSTICHEN GEZIERT.

Die Leinwand wird ungefähr einen Zentimeter breit zu einem festen Röllchen eingerollt; der Nähfaden wird, wenn eingestochen, nach aussen gebracht und, nachdem neun Stoffäden gezählt sind, werden neun Stiche knapp aneinandergestellt, nur

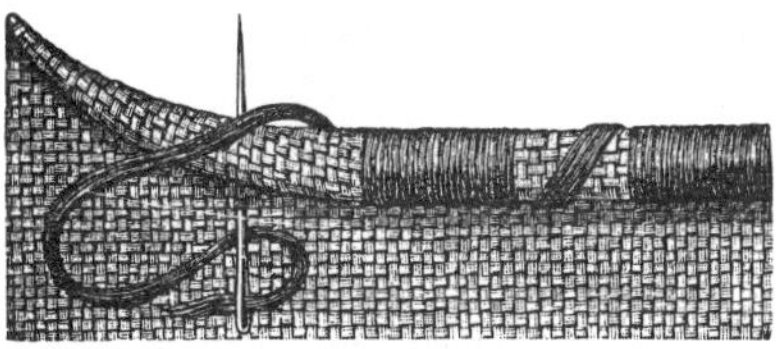

ABB. 201. SCHNURROLLSAUM.
Vergrösserte Darstellung.

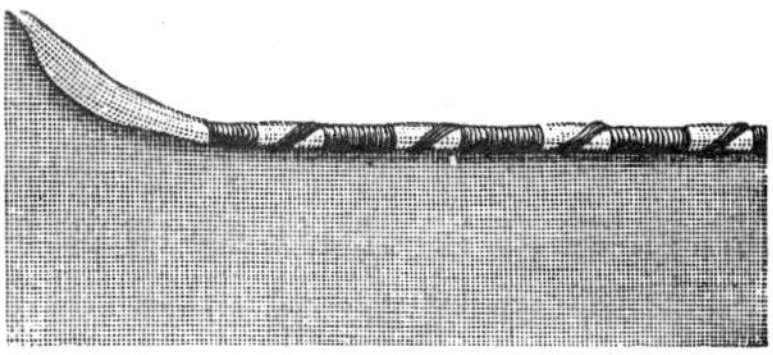

ABB. 202. SCHNURROLLSAUM.
Originalgrösse.

durch je einen Stoffaden getrennt. Jeder einzelne Stich ist fest anzuziehen, und alle müssen in gerader Linie angebracht sein.

Wer noch unsicher in der Ausführung solcher Arbeiten ist,

wird wohl daran tun, einen Faden des Stoffes auszuziehen, um alle Stiche in die entstandene Rinne einzustechen.

Der Stoff muss durch die neun Stiche ganz gedeckt sein; mit offenem Faden, wie Spezialgarn D.M.C (Mouliné spécial), Flaches Leinengarn D.M.C (Lin floche), Persische Seide D.M.C

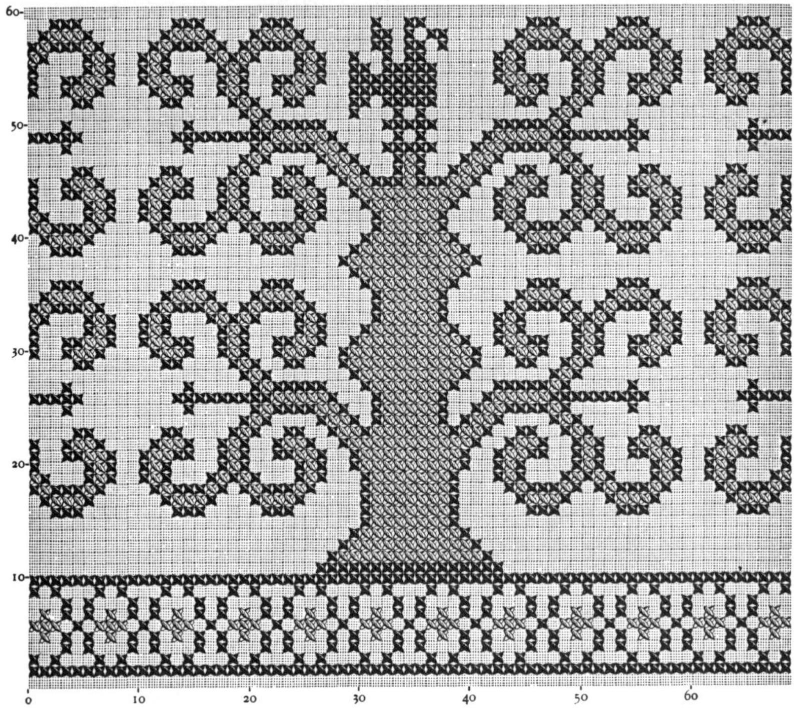

Abb. 203. Gotische Randborte im Kreuzstich.

Fadensorten: Stickgarn D.M.C, Perlgarn D.M.C oder Flaches Leinengarn D.M.C.

Farben- und Zeichenerklärung: ✖ Bleu grand-teint 797 oder Brun-Rouille 3310, ▧ Bleu grand-teint 799 oder Brun-Rouille 3313. (*)

(Soie de Perse) und Flache Stickseide D.M.C (Soie moulinée) ist das Röllchen am leichtesten schön herzustellen.

Gotische Randborte im Kreuzstich (Abb. 203). — Einem Besuche des Nationalmuseums in München verdanken wir das schöne Muster echt altdeutschen Charakters.

(*) Diese Nummern bezeichnen Farben aus den Farbenkarten der die Marke D.M.C tragenden Artikel. Diese Farbenkarten liegen in allen Kurzwaren- und Handarbeitsgeschäften auf.

Viel Kostbares lag in selten betretenen Räumen aufgestapelt, darunter auch das Original zu unserer Vorlage, an der wohl noch die Kontur, die Art der Arbeit aber kaum erkenntlich war.

Die einfache und doch so gefällige Formenbildung empfiehlt das Muster zur Uebertragung auf Tischteppiche, Bettdecken und Vorhänge, wo es, versehen mit einem Fransenabschluss, wie solche unter den Knüpfarbeiten uns in dem Abschnitte « Die Ausstattung der Arbeiten » vorkommen, von einfacher und doch reicher Wirkung ist.

Das Stickmuster kann entweder ganz einfarbig oder auch in zwei Tönen einer Farbe gehalten sein, wie aus Abbildung 203 ersichtlich, wo die Konturen dunkel und die Füllungen hell gehalten erscheinen.

Chinesische Bordüre im Kreuzstich (Abb. 204). — Auf einer grossen chinesischen Wanddekoration fanden wir eine

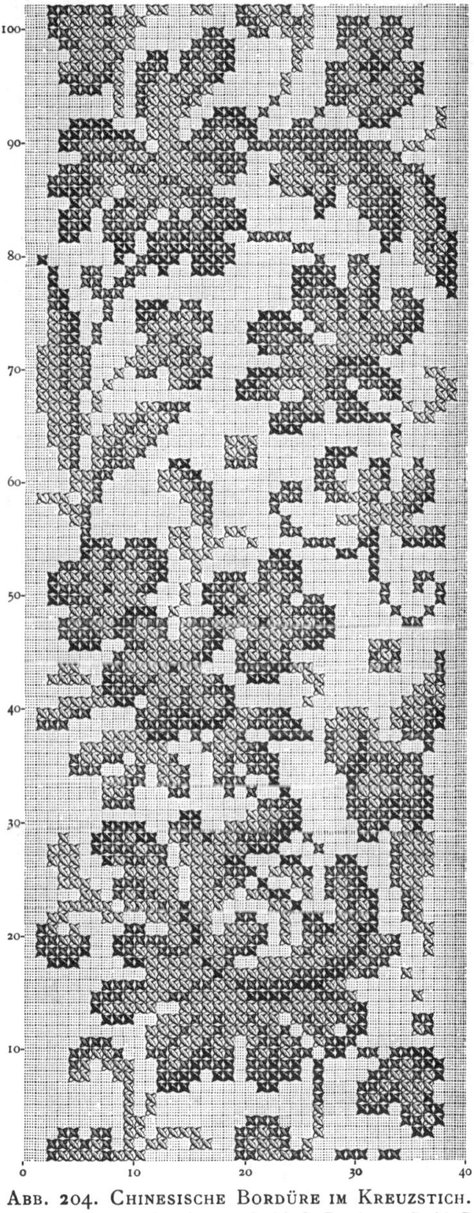

Abb. 204. Chinesische Bordüre im Kreuzstich.
Fadensorten : Stickgarn D.M.C, Perlgarn D.M.C oder Flaches Leinengarn D.M.C.
Farben- und Zeichenerklärung : Bleu-Indigo 312 oder Bleu solide 824, Bleu-Indigo 334 oder Bleu solide 826, Bleu d'Azur 3325 oder Bleu solide 827.

einzige Figur gestickt, nämlich einen Mandarin mit reich verziertem Kleid. Hals und Aermel wiesen schön gemusterte Plattstickerei in schmäleren und breiteren Streifen auf. Einen dieser Streifen finden die Leserinnen in Abbildung 204 für den Kreuzstich eingerichtet. Um die in Abbildung 204 gebrachte Musterung nachzusticken, wird die Verwendung von drei scharf zu unterscheidenden blauen Tönen empfohlen. Als dankbare Verzierung von Schutzdecken aller Art eignet sich leicht getönter Congresstoff als Grund und als Abschluss der Arbeit eine zierliche Klöppelspitze.

Streugrund und Randborte. Albanesische Stickerei in Kreuz- und Strichstich (Abb. 205 und 206). — Beide Vorlagen, albanesischen Originalstickereien entnommen, auf grob-

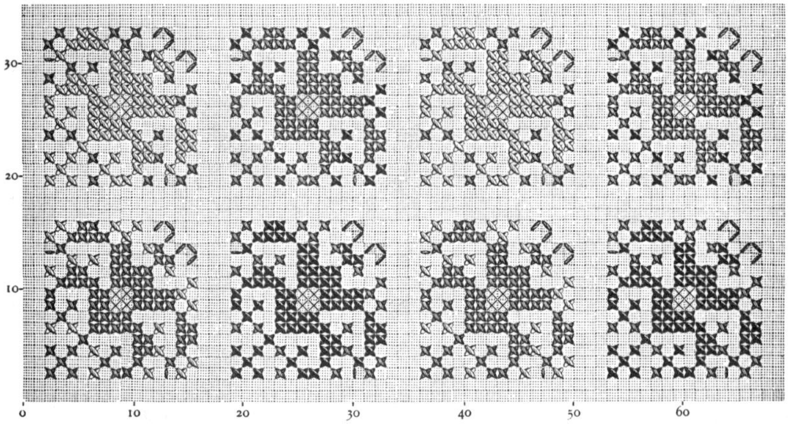

Abb. 205. Streugrund. Albanesische Stickerei in Kreuz- und Strichstich.

Fadensorten: Perlgarn D.M.C oder Flaches Leinengarn D.M.C.

Farben- und Zeichenerklärung: ✖ Bleu grand-teint 798, ✖ Rouge-Cardinal 347, ⊠ Vert-Mousse 470, ⊠ Jaune-Safran 725. (*)

fädigem Leinenstoff ausgeführt, sind wegen ihrer harmonischen Farbenzusammenstellung zu empfehlen. Sattes Rot herrscht vor, neben tiefem Blau und mattem Grün, denen sich einzelne Stiche in Hellgelb und in Altgold hinzugesellen.

Im Streumuster wechseln die Farben in den schrägen Reihen. Jede zweite Reihe ist mit vorherrschend rotem Faden

(*) Siehe am Schluss des letzten Kapitels die Tabelle der Nummern und das Farbenverzeichnis der Baumwoll-, Leinen- und Seiden-Artikel, Marke D.M.C.

und nur mit einzelnen blauen und grünen Zierstichen gestickt; in den Zwischenreihen hingegen ist je eine Figur blau und rot und je eine grün und rot hergestellt; alle aber weisen vier hellgelbe Stiche als Mittelpunkt der Figur auf.

In der zum Streumuster passenden Abschlussborte findet man Altgold nur zum Stiel und Kelch der in Rot gestickten, den Mittelstern umgebenden Eckblumen verwendet.

Abb. 206. Randborte. Albanesische Stickerei in Kreuz- und Strichstich.
Fadensorten: Perlgarn D.M.C oder Flaches Leinengarn D.M.C.
Farben- und Zeichenerklärung: ✖ Bleu grand-teint 798, ✖ Rouge-Cardinal 347, ✖ Vert-Mousse 470, ✖ Jaune-vieil-Or 728, ✖ Jaune-Safran 725.

Die breite, aus regelrecht viereckigen Figuren bestehende Borte ist von einer schmalen Borte, aus dicht gedrängten Figuren des Streugrundes bestehend, durch eine dichte Verbindungsnaht getrennt.

Nach beiden Seiten derselben zieht sich eine Reihe gelber Strichstiche hin.

Das dichte Band, welches hier in Kreuzstichen angegeben, kann auch in senkrechten Flachstichen über die entsprechende Anzahl Stoffäden ausgeführt werden.

Diese beiden Muster eignen sich vorzüglich zur Ausstattung von Tischdecken; die Bordüre mit Bäumchen-

Abb. 207. Griechische Bordüre im Kreuzstich.
Fadensorten: Spezialgarn D.M.C oder Flaches Leinengarn D.M.C und Stickgold D.M.C N° 40.
Farben- und Zeichenerklärung: Noir grand-teint 310, Rouge-Géranium 349 und Bleu-Indigo 312, Rouge-Géranium 352, Jaune-Rouille 308, Bleu d'Azur 3325, Stickgold oder Gold-Chiné, Grün und Gold. (*)

abschluss, Abb. 206, ziert den Aussenrand, und die Mitte der Decke ist mit dem Streumuster, Abb. 205, zu füllen.

Griechische Bordüre im Kreuzstich (Abb. 207). — Zur Ausführung dieses, aus einfachen Figuren gebildeten Musters, ist der griechische Stich, Abb. 168, ganz besonders geeignet. Sämtliche hier dunkel erscheinende Umrandungen sind in

(*) Siehe am Schluss des letzten Kapitels die Tabelle der Nummern und das Farbenverzeichnis der Baumwoll-, Leinen- und Seiden-Artikel, Marke D.M.C.

schwarzer Farbe, Noir grand-teint 310, gehalten; die abgestuften Blätter sind bis zum Stiel, der sich auch durch den Wechsel der Stichlage erkennen lässt, teils hellrot, teils dunkelrot ausgefüllt, und zwar so, dass sich im Verlauf der Arbeit je zwei helle und zwei dunkle Blätter gegenüberstehen. Der Querstab zwischen den Blättern leuchtet in unserem Original in lebhaftem Gelb, während die zwischen den Blättern liegende Figur in Blau ausgeführt ist.

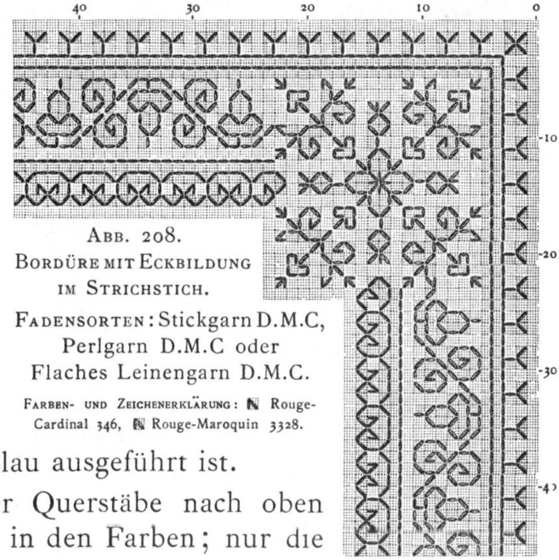

Abb. 208.
Bordüre mit Eckbildung im Strichstich.
Fadensorten: Stickgarn D.M.C, Perlgarn D.M.C oder Flaches Leinengarn D.M.C.
Farben- und Zeichenerklärung: Rouge-Cardinal 346, Rouge-Maroquin 3328.

Die Füllung der Querstäbe nach oben und unten wechselt in den Farben; nur die Doppelkreuze sind überall gleich in mattem Goldfaden gehalten, der auch durch Gold-Chiné D.M.C (Chiné d'or) ersetzt werden kann.

Abb. 209.
Bordüre mit Eckbildung im Strichstich.
Fadensorten: Stickgarn D.M.C, Perlgarn D.M.C oder Flaches Leinengarn D.M.C.
Farben- und Zeichenerklärung: Brun-Caroubier 355, Brun-Caroubier 357.

Sämtliche schlangenförmige, äussere Abschlussfiguren sind in zwei hellblauen Tönen gearbeitet, und zwar so, dass die äussere Reihe mit dem dunkleren Ton vollendet, die leere Fläche mit dem helleren ausgefüllt wird.

Die als Verbindung der Schlangenfigur dienenden kleineren Teile sind schwarz oder dunkelrot gerändert, während Hellrot und Gelb in der Füllung abwechseln.

Dunkelblau und Dunkelrot sind in unserer Abbildung nur mit einer, und zwar der mittleren Kreuztype dargestellt.

Diese ruhige Musterung ist ganz besonders zur Ausstattung von Wäsche und Kleidungsstücken zu empfehlen. In diesem Falle ist die Stickerei, um sie besser handhaben zu können, auf schmalem Streifen aus Leinen oder Congresstoff auszuführen.

Bordüren mit Eckbildung im Strichstich (Abb. 208 und 209). — Die angegebenen Muster sind einfache Vorlagen zum doppelseitigen Kästchenstich in Verbindung mit dem Strichstich, so genannt, wenn der Stich, anstatt regelmässige Kästchen zu bilden, zur Herstellung gerader Reihen oder zu Verzierungen in gebrochenen Linien verwendet wird. Diese Art Stickerei wird zur Verzierung von Kragen und Schürzen, Deckchen und Serviettchen verwendet.

Wir erinnern hier an den früher, Seite 93, erteilten Rat, bei Beginn einer Arbeit einen Stichplan zu entwerfen, um überflüssige, somit unschöne Stichlagen zu vermeiden. Sollen diese Muster in zwei Farben gehalten werden, so nimmt man die hellen für den breiten Mittelstreifen, die dunklen für die beiden schmalen Randbordüren.

Bordüre im Strichstich (Abb. 210). — Die Arbeit selbst, die der hier erscheinenden Zeichnung zur Vorlage diente, ist zweifellos italienischer Herkunft; doch dürften die Embleme des englischen Wappens zur Zusammenstellung der Musterung die Anregung gegeben haben, da das Kleeblatt, die Rose und die Distel ganz deutlich zu erkennen sind.

Die einst in schönster Purpurfarbe ausgefertigte Stickerei hat im Laufe der Zeiten von der intensiven Farbe viel verloren, so dass sie heute bei oberflächlicher Betrachtung kaum mehr eine Spur vom Rot erkennen lässt, das einen gelben Ton, ähnlich dem Jaune-Rouille 308 oder dem Brun-Rouille 3314 der D.M.C Karte, angenommen hat. Trotz des Verblühtseins dieser letzteren Farbe können wir den Leserinnen die Verwertung derselben auf weissem Grunde wärmstens empfehlen, da mit dieser Farbe einer neuen Arbeit am meisten der Charakter des Alten, der milde, weiche Ton, zu eigen gemacht werden kann. Als Randbordüre für Serviertisch- und Büffetdecken ist dieses Muster in Verbindung mit Durchbrucharbeit sehr zu empfehlen.

Grundmuster mit Schrägstreifen im Steppstich (Abb. 211). Dieses Muster ist nicht im doppelseitigen Strichstich, sondern im Steppstich ausgeführt. Die Zeichnung, die sich an die vorhergehenden anreiht, eignet sich ihres schrägen Laufes halber blos zum Besticken grösserer Gegenstände, wie Kissen und Wandschoner, und nur zur Darstellung in einer einzigen Farbe. Ganz mühelos kann man auch das Muster zu einem anderen

Abb. 210. Bordüre im Strichstich.
Fadensorten: Stickgarn D.M.C, Perlgarn D.M.C oder Flaches Leinengarn D.M.C, in Jaune-Rouille 308 oder Brun-Rouille 3314. (*)

umgestalten, indem man die Bäumchen an der oberen Seite des Stabes ansetzt, sei es nun in derselben Lage wie die vorhandenen oder in entgegengesetzter, aufwärtsstrebender Lage.

Grundmuster in Kreuz-, Sternchen- und Strichstich (Abb. 212). — Kreuz-, Stern- und Strichstich sind hier vereint. Die mittelst dieser Sticharten entstehenden Figuren bilden in wechselnder Lage ein Streumuster, das zu allem verwendbar ist, was nur mit Stickerei ausgeführt werden kann.

(*) Siehe am Schluss des letzten Kapitels die Tabelle der Nummern und das Farbenverzeichnis der Baumwoll-, Leinen- und Seiden-Artikel, Marke D.M.C.

Die Musterung wird mit einfarbigem Faden, die Sternchen werden mit Goldfaden ausgearbeitet.

Als Grundmuster gearbeitet, kann die Stickerei für Kissen und Deckchen verwendet und entweder mit einer schmalen Bordüre oder auch mit einem bunten Stoffstreifen abgeschlossen werden. Bei Eisdeckchen genügt je eine in die Ecke gestellte Einzelfigur.

Abb. 211. Grundmuster mit Schrägstreifen im Steppstich.
Fadensorten: Stickgarn D.M.C, Perlgarn D.M.C oder Flaches Leinengarn D.M.C, in Rouge-Maroquin 3329 oder Lilas-Gris 314. (*)

Breite Bordüre. Walachische Stickerei in Kreuz-, Strich- und Kästchenstich (Abb. 213). — Eine walachische Arbeit auf grobkörnigem Leinen in barocken Formen und Farben

(*) Siehe am Schluss des letzten Kapitels die Tabelle der Nummern und das Farbenverzeichnis der Baumwoll-, Leinen- und Seiden-Artikel, Marke D.M.C.

liegt diesem reizenden Muster zu Grunde. Die dem Auge des Landbewohners so gefälligen harten, grellen Farben sind hier durch satte, fast vergilbt aussehende, ersetzt worden.

Die Einfassung im Strich- und Kästchenstich ist hier in Dunkelrot, Rouge-Cardinal 346, und Grün, Vert-Jaune 734;

Abb. 212. Grundmuster in Kreuz-, Sternchen- und Strichstich.

Fadensorten: Perlgarn D.M.C, Stickgarn D.M.C oder Flaches Leinengarn D.M.C und Gold-Chiné D.M.C.

Farben- und Zeichenerklärung: ✕ Rouge-Grenat 326 oder Bleu ancien 930, ✳ Gold-Chiné D.M.C, Blau und Gold oder Rot und Gold.

die Füllung im Kreuzstich, in Bleu-Indigo 311, Rouge-Grenat 309, Vert-Jaune 734 und Jaune-vieil-Or 680; Farbenverteilung laut Typenmuster.

Das Muster ist hier mit Kreuzstichfüllung gebracht, eine

auch für Ungeübte leicht ausführbare Technik; für Personen, die dieses Muster in reicherer Ausstattung wünschen, empfehlen

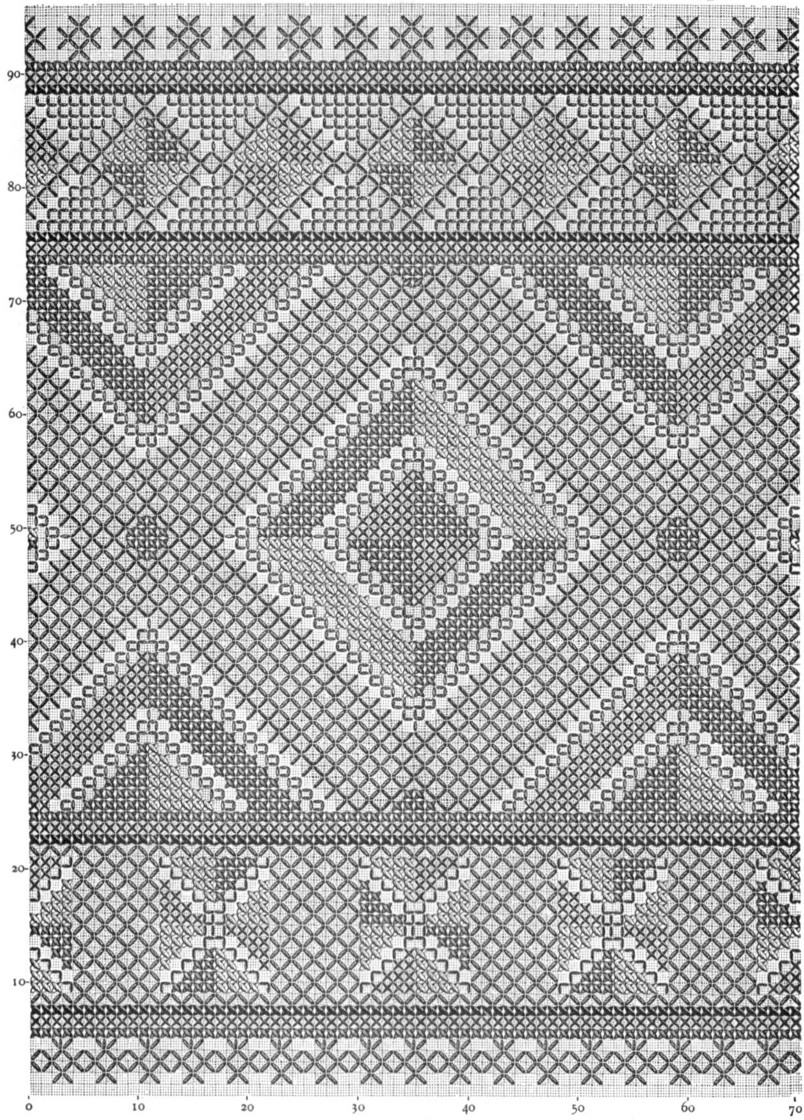

Abb. 213. Breite Borte. Walachische Stickerei in Kreuz-, Strich- und Kästchenstich.

Fadensorten: Spezialgarn D.M.C oder Flaches Leinengarn D.M.C.

Farben- und Zeichenerklärung: Bleu-Indigo 311, Rouge-Grenat 309, Jaune-vieil-Or 680, Vert-Jaune 734, Rouge-Cardinal 346.

wir die Füllung im halben spanischen Flechtstiche auszuführen. Der Stich ist nach Abbildung 177, jedoch nur über 4 und 2 Fäden zu führen und immer nur in hingehenden Reihen zu arbeiten, die Richtung der Reihen richtet sich nach den zu füllenden Formen.

Für dieses Muster sind die bunten Stoffe — rot oder braun — in Streifen gewebt zu verwenden. Diese gestickten Streifen werden dann Vorhängen, Decken oder Lambrequins aus Tuch oder Plüsch angesetzt und durch eine bunte Franse oder Borte in Phantasie-Arbeit abgeschlossen.

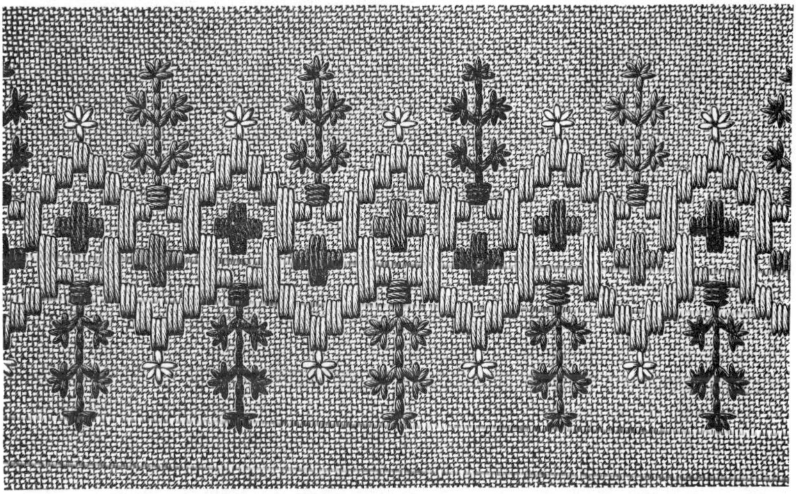

Abb. 214. Bordüre. Italienisches Flachstich-Muster.
Fadensorten: Persische Seide D.M.C oder Flache Stickseide D.M.C, in Jaune d'or 1318, Jaune-Maïs 1069, Vert-Mousse 1129, Bleu-Indigo 1011 und Rouge-Cramoisi 1185; Spezialgarn D.M.C oder Flaches Leinengarn D.M.C, in Jaune-vieil-Or 680, Jaune-Maïs 579, Vert-Mousse 470, Bleu-Indigo 334 und Rouge-Grenat 326. (*)

Bordüre. Italienisches Flachstich-Muster (Abb. 214). Der Hauptreiz der italienischen Flachstich-Muster liegt in der glücklichen, frischen Farbenzusammenstellung der einzelnen Figuren der Zeichnung. Bei unserer Bordüre, Abb. 214, zeigt das Zackenband aus senkrechten Flachstichen in abgestuften

(*) Siehe am Schluss des letzten Kapitels die Tabelle der Nummern und das Farbenverzeichnis der Baumwoll-, Leinen- und Seiden-Artikel, Marke D.M.C.

Gruppen ein leuchtendes Goldgelb; die daran stossenden kleineren Blüten, aus einzelnen Flachstichen von verschiedener Lage zusammengesetzt, sind elfenbeinweiss, während die grösseren Bäumchenfiguren mit dem kleinen Kreuz abwechselnd in Rot, Grün und Blau gestickt erscheinen.

Auf Congress- oder Leinenbörtchen gestickt und mit gehäkeltem Pikotrand abgeschlossen, eignet sich dieses Streifenmuster ganz besonders zur Verzierung von Wäsche und Kinderkleidchen.

Abb. 215. Bordüre mit Bäumchenabschluss. Slavische Stickerei in Flach-, Strich- und Kästchenstich.

Fadensorten: Persische Seide D.M.C oder Flache Stickseide D.M.C, in Jaune-Paille 1262 und Jaune-vieil-Or 1168; Flaches Leinengarn D.M.C oder Spezialgarn D.M.C, in Jaune-Crème 712 und Jaune d'or 782. (*)

Bordüre mit Bäumchenabschluss. Slavische Stickerei in Flach-, Strich- und Kästchenstich (Abb. 215). — Wir bringen hier mit einer mährischen Manschettenstickerei ein schönes Beispiel der slavischen Hausindustrie-Arbeiten und zeigen zugleich die glückliche Verbindung der verschiedenen, oben angeführten Sticharten. Wie auf der Abbildung zu ersehen, ist die Arbeit auf grobfädigem Leinen nach gezählten Fäden ausgeführt; als Stickmaterial dient offene Seide, hier Persische Seide D.M.C (Soie de Perse), Crème und Gelb. An

(*) Siehe am Schluss des letzten Kapitels die Tabelle der Nummern und das Farbenverzeichnis der Baumwoll-, Leinen- und Seiden-Artikel, Marke D.M.C.

TAFEL IV

Flachstickerei auf Leinen
auszuführen mit Spezialgarn D.M.C (Mouliné spécial).

Stelle der Seide kann auch Spezialgarn D.M.C (Mouliné spécial) oder Flaches Leinengarn D.M.C (Lin floche) verwendet werden.

Soll dieses Muster zum Schmucke von Kleidungsstücken angebracht werden, so empfiehlt es sich, die Arbeit gleich auf dem Stoffe selbst über Hilfskanavas auszuführen, nicht, wie bisher empfohlen, auf Streifengeweben.

Deckenmuster mit türkischem Dreieckstich und Flachstickerei (Abb. 216). — Dieses Muster, welches sich für Tassen-

Abb. 216. Deckenmuster mit türkischem Dreieckstich und Flachstickerei.
Fadensorten: Gold-Chiné D.M.C, in Rot und Gold, Blau und Gold, Naturfarbe und Gold, Grün und Gold.

und Eisdeckchen, Nadelkissen und Schutzdeckchen eignet, ist die getreue Nachbildung eines türkischen Shawls mit Goldstickerei. Die diagonalen Linien sind alle mit roten und blauen Buntgoldfäden gestickt. Jedes Feld zählt nach innen neun Stiche im türkischen Dreieckstich, Abb. 182; diesen folgt ein zehnter, vor den sich aber wieder der erste des zweiten Feldes stellt. Werden zwei Sorten Buntgoldfaden verwendet, so ergibt sich, dass das eine Feld nach allen Seiten, z. B. blau, das andere hingegen rot gerändert ist.

Der Stengel, der sich zwischen den beiden Blättern durchzieht und mit einer mit der Spitze angesetzten Raute endet, ist oberhalb des fünften der neun Stiche zu beginnen. Zum Stengel sind fünf Stiche erforderlich, so zwar, dass nach innen ebenfalls fünf gerade Fadenlagen kommen, die wieder nach oben die Spitze bilden, worauf die Raute sitzt.

ABB. 217. DECKE IN MAROKKANISCHER STICKEREI.
FADENSORTEN: Perlgarn D.M.C, Stickgarn D.M.C, Spezialgarn D.M.C oder Flaches Leinengarn D.M.C, in Rouge-Maroquin 3327, Rouge-Cardinal 347 oder Rose-Géranium 891. (*)

Diese Stichpartien und ebenso jene, die die halben Felder ausfüllen, erfordern neun Stiche, von denen der erste über drei Fäden, der zweite über fünf, der dritte über sieben, der

(*) Siehe am Schluss des letzten Kapitels die Tabelle der Nummern und das Farbenverzeichnis der Baumwoll-, Leinen- und Seiden-Artikel, Marke D.M.C.

vierte über neun und der fünfte über elf Stoffäden geht; hierauf werden die Stiche wieder auf die gleiche Weise allmählich kürzer gemacht.

Für die Blätter wird grüner Buntgoldfaden genommen. Der erste Stich geht über drei Fäden, dann wird bis zum neunten Stich nur nach einer Seite stets ein Faden aufgenommen;

Abb. 218. Marokkanische Stickerei.
Vierter Teil einer Figur in Abbildung 217.

nach dem neunten Stich wird auf der entgegengesetzten Seite wieder je ein Faden ausgelassen, dann folgen noch vier Stiche über drei Fäden und einige quergestellte Stiche.

Roter Buntgoldfaden ist durchweg für das äussere Abschlussbändchen zu verwenden.

Decke in marokkanischer Stickerei (Abb. 217, 218, 219, 220). — Die so benannte Arbeit gehört der Stichart nach sowohl in die Klasse der Stopf- als in jene der Damaststicharbeiten.

Man übergeht stets fünf Stoffäden und hebt den sechsten auf. In der folgenden Reihe ist der dritte der fünf übergangenen Fäden aufzuheben und das Wechseln so fortzusetzen, wenn die Zeichnung es nicht anders verlangt, wie in einzelnen Partien der Abbildungen 219 und 220, wo manchmal sieben und acht Fäden überlegt sind, und in den Randbordüren, wo durch die Musterung selbst eine ziemliche Willkür in der Stichordnung bedingt ist.

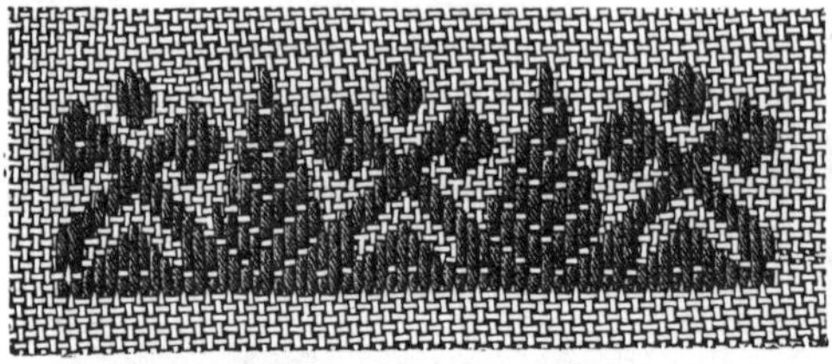

Abb. 219. Marokkanische Stickerei.
Randborte zu Abbildung 217.

Abbildung 218 stellt den vierten Teil der grossen Felder, aus denen die in Abbildung 217 im Ganzen erscheinende Decke besteht, dar, während in den Abbildungen 219 und 220 Abschlussbordüren für dieselbe gegeben sind.

Abb. 220. Marokkanische Stickerei.
Andere Randborte zu Abbildung 217.

Zu dieser hübschen Arbeit können alle Arten von Leinen- und Congresstoffen verwendet werden; die Fadensorten sind dann entsprechend zu wählen. Perlgarn D.M.C (Coton perlé) dient als Stickmaterial für grobfädige Stoffe; Spezialgarn D.M.C (Mouliné spécial) und Flaches Leinengarn D.M.C (Lin floche) für feinfädige Stoffe.

Bordüre in persischer Leinenstickerei (Abb. 221, 222, 223, 224). — Auf farbenprächtigen persischen Decken-Stickereien, die nach gezählten Fäden gearbeitet sind, findet man häufig die Konturen der Ornamente in dunkler Farbe ausgeführt und den Grund und die Formen des Musters in besonderer Weise mit verschiedenfarbigem Material vollkommen bestickt, so dass der Grundstoff vollständig bedeckt ist, die

Abb. 221. Bordüre in persischer Leinenstickerei.
Fadensorten: Persische Seide D.M.C oder Flache Stickseide D.M.C, in Noir 1187, Bleu-Indigo 1010, Jaune Maïs 1069, Gris verdâtre 1178, Jaune-vieil-Or 1168, Brun-Havane 1081, Violet-Scabieuse 1230, Vert-Bronze 1094 und Brun-Cannelle 1152; Spezialgarn D.M.C oder Flaches Leinengarn D.M.C, in Noir grand-teint 310, Bleu-Indigo 334, Jaune-Crème 711, Vert-Pistache 369, Jaune-vieil-Or 680, Brun-Cachou 435, Brun-Caroubier 357, Vert-Jaune 732 und Rouge-Aurore 361. (*)

Stickerei selbst jedoch einem Gewebe nicht unähnlich erscheint. Von solchen Stickereien, die hauptsächlich durch Farbeneffekte wirken und durch ihre stilvolle Schönheit reichlich für die allerdings mühsame Ausführungsweise entschädigen, ist Abbildung 221 ein Beispiel.

(*) Siehe am Schluss des letzten Kapitels die Tabelle der Nummern und das Farbenverzeichnis der Baumwoll-, Leinen- und Seiden-Artikel, Marke D.M.C.

Bei Herstellung dieser Bordüre arbeitet man zuerst alle Konturen des Musters im Kästchenstich und Strichstich mit schwarzer Seide. Dann beginnt man Formen und Grund im persischen Stich zu sticken. Abbildung 222 zeigt die Ausführung dieses Stiches, welcher reihenweise in einer hin- und zurückgehenden Tour gearbeitet wird. Man beginnt mit einem Stich über fünf Stoffäden, führt den Faden unter einem Stoffaden durch und wieder über fünf Fäden. So wird, dem Fadenlauf des Stoffes folgend, mit Vorstichen die erste Tour ausgeführt. In der zweiten Tour vollendet man die Reihe, indem man, wie auf der Abbildung zu sehen ist, auf derselben Linie zurückkehrend, die Vorstiche über fünf Fäden und unter einem Faden durch, versetzt anbringt. Nun rückt man um einen Faden weiter, beginnt die nächste Reihe, arbeitet diese in zwei Touren, wie beschrieben, und bedeckt, indem man Reihe an Reihe fügt, den Grundstoff. Bei der in Rede stehenden Bordüre sind die Formen teils in senkrechter, teils in wagerechter Richtung mit persischem Stich ausgefüllt, während der Grund durchweg wagerecht gestickt ist.

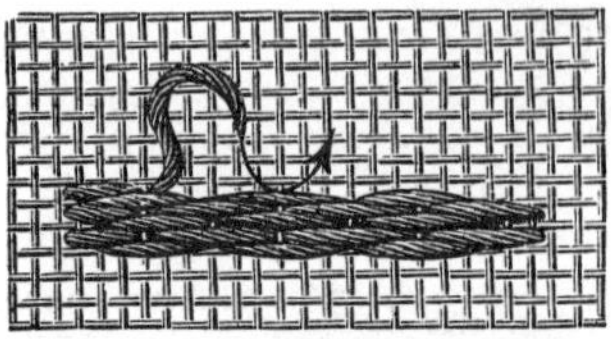

Abb. 222.
Füllstich zur Bordüre in persischer Leinenstickerei Abbildung 221.

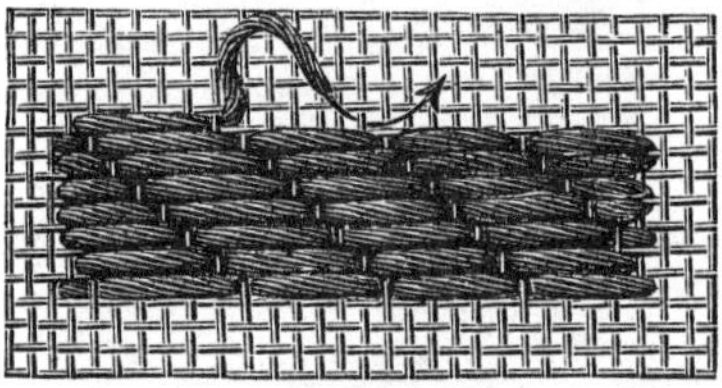

Abb. 223.
Verwendbarer Füllstich zur Bordüre in persischer Leinenstickerei Abbildung 221.

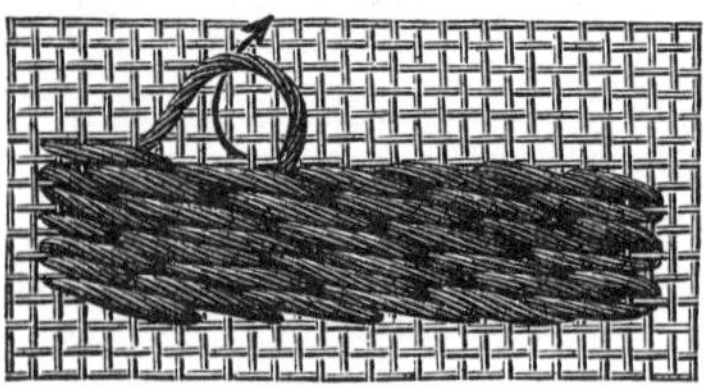

Abb. 224.
Verwendbarer Füllstich zur Bordüre in persischer Leinenstickerei Abbildung 221.

Was die Farbenverteilung anbelangt, so dient Vert-Bronze 1094 und Brun-Cannelle 1152 zur Füllung der grossen Figuren der Bordüre, in deren Mittelfigur Gris verdâtre 1178 und Jaune-vieil-Or 1168 wechselt. Die vier kleinen Vierecke in den grossen Zwischenfiguren zeigen Gris verdâtre 1178 und Brun-Havane 1081, die anschliessenden hellen Dreiecke Jaune-Maïs 1069, die freistehenden Blättchen Violet-Scabieuse 1230. Bleu-Indigo 1010 wurde zur Grundfüllung der breiten Mittelbordüre verwendet, Jaune-vieil-Or 1168 für die schmalen Randborten; die kleinen Zierfiguren in denselben erscheinen abwechselnd in Violet-Scabieuse 1230, Gris verdâtre 1178 und Vert-Bronze 1094.

Diese Art dichte Bordüre mit nur zum Teil ausgefülltem Grundmuster dient zur Herstellung von Decken, Wandschonern, Kissen und dergleichen.

Die Abbildungen 223 und 224 veranschaulichen noch zwei Füllstiche, die sich zur Ausführung ähnlicher Musterungen eignen. Der Füllstich, Abb. 223, aus wagerechten Stichen bestehend, wird gearbeitet, indem man, die Nadel immer über fünf Fäden führend, einen Stoffaden auffasst und bei jeder

Abb. 225. Bordüre in ungarischer Flachstickerei mit Durchbruch.
Fadensorten: Perlgarn D.M.C oder Flaches Leinengarn D.M.C, in Weiss. (*)

folgenden Reihe die Stiche um einen Stoffaden nach rechts rückt, so dass die fertige Musterung dann schräg gestreift erscheint.

Abbildung 224 zeigt eine den Grundstoff vollständig deckende Musterung, deren Stiche ineinandergreifen. Ebenfalls in wagerechten Reihen arbeitend, macht man einen Schrägstich über sechs senkrechte und einen wagerechten Webefaden nach links

(*) Siehe am Schluss des letzten Kapitels die Tabelle der Nummern und das Farbenverzeichnis der Baumwoll-, Leinen- und Seiden-Artikel, Marke D.M.C.

aufwärts, führt die Nadel unter zwei senkrechten und einem wagerechten Faden nach rechts abwärts zurück, worauf wieder der erstbeschriebene Schrägstich wiederholt wird.

Bordüre in ungarischer Flachstickerei mit Durchbruch (Abb. 225). — Unsere Bordüre dient im Original einer aus Ungarn stammenden Leinendecke als unterer Abschluss; sie erscheint hier mit weissem Leinengarn auf ungebleichtem Leinen gestickt. Der einfache Durchbruchstich, siehe Ab-

Abb. 226. Bordüre. Bulgarisches Flachstichmuster.
Fadensorten: Perlgarn D.M.C, Spezialgarn D.M.C, Flaches Leinengarn D.M.C, in Rouge-Cardinal 304, Bleu solide 826, Vert-Scarabée 3347 und Brun-Rouille 3314. (*)

bildungen 740 bis 743, im Schrägreifen gearbeitet, teilt den Streifen in Vierecke und Dreiecke. Letztere erscheinen mit einem Halbstern und einem Streifenmuster mit ausgesparten Vierecken im Flachstich gefüllt.

(*) Siehe am Schluss des letzten Kapitels die Tabelle der Nummern und das Farbenverzeichnis der Baumwoll-, Leinen- und Seiden-Artikel, Marke D.M.C.

Das Innere der Vierecke ziert ein einteiliger Stern aus Flachstichen mit Ausläufern aus doppelten Steppstichen; ausserhalb der Sternfigur werden noch acht kleine Flachstich-Würfel regelmässig verteilt.

Den oberen und den unteren Abschluss der Bordüre bildet eine schmale Hohlnaht, die aus dem Abschnitte «Die Durchbrucharbeit» zu wählen ist.

In Weiss auf Weiss gestickt dienen diese Arbeiten zur Ausstattung von Bettwäsche; auf ungebleichtem oder getöntem Stoffe ausgeführt, nimmt man sie zu Tischwäsche.

Bordüre. Bulgarisches Flachstichmuster (Abb. 226). — Mit Abbildung 226 veranschaulichen wir eine Bordüre, wie solche, in Webearbeit hergestellt, von der Bevölkerung Bulgariens zum Schmucke ihrer Taschen und Schürzen verwendet werden.

Diese Musterart eignet sich in der Stickerei besonders für den versetzten Flachstich und dient zur Ausstattung von Taschen und Kissen.

Unsere Bordüre ist in vier Farben gehalten; der dunkelste Ton zeigt Dunkelblau an, der mittlere Rot, der helle Grün und der hellste Gelb. Die Bordüre ist ganz im senkrechten Flachstich über vier Stoffäden Höhe ausgeführt, wie aus der Darstellung deutlich zu ersehen ist.

Leinenstickereien nach Vorzeichnung. — Stickereien, bei welchen die Stiche unabhängig von der Textur des Grundstoffes ausgeführt werden, verlangen das Aufpausen der Konturen und der etwaigen Trillstiche der Zeichnung auf den Stoff. Die Stiche werden dann der Vorzeichnung folgend frei eingearbeitet.

Je nach der Beschaffenheit des Musters werden entweder nur die Konturen gestickt oder die Formen gefüllt oder auch beides vereint. Im ersteren Falle, wo es sich nur um die Herstellung von Linienzeichnung handelt, können diese Linien mit verschiedenen Sticharten ausgeführt werden, die dann einer aufgenähten Schnur oder Litze gleichen. An Stelle der mühsam gestickten Konturen kann man auch geknüpfte oder gehäkelte Schnüre, geflochtene und gewebte Bändchen verwenden.

Bei vollständig zu bestickenden Musterfiguren kommen am

häufigsten der Plattstich, die verschiedenen Arten von Kreuznaht, der romanische und der Grätenstich zur Verwendung.

Grösser angelegte Muster mit Konturierung und Füllstichen können mit mehreren verschiedenen Sticharten ausgeführt werden, wie aus den folgenden Abbildungen hervorgehen wird.

Eine besondere Gruppe bilden noch die Maltastickereien, bei denen die Musterung aus einzelnen Quästchen gebildet wird.

Fadensorten. — Zur Ausführung des Stielstiches, des Kettenstiches und ähnlicher Sticharten wähle man drellierte Fadensorten wie Perlgarn D.M.C (Coton perlé), Stickgarn D.M.C (Coton à broder), Stickgarn D.M.C, Spezial-Qualität (Coton à broder, qualité spéciale), sowie auch in einzelnen Fällen, wie zum Beispiel beim Schnurstich, Häkelgarn D.M.C (Cordonnet 6 fils) oder Knüpfgarn D.M.C (Fil à pointer).

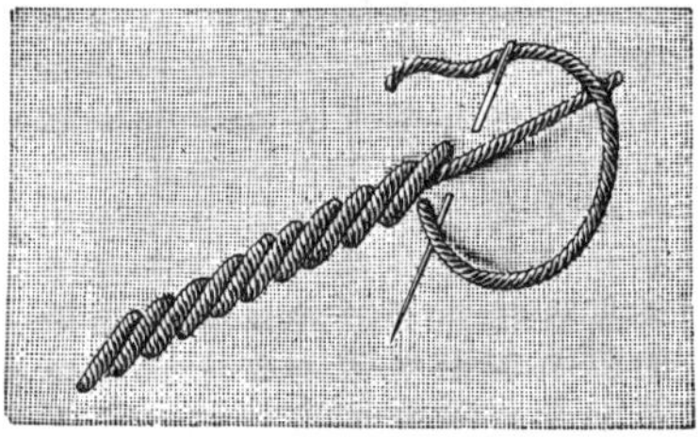

Abb. 227.
Erhaben gearbeiteter Stielstich.

Für Plattstich, Kreuznaht und andere Füllstiche eignet sich wieder besser offenes Stickmaterial, Spezialgarn D.M.C (Mouliné spécial), Füll- und Stopfgarn D.M.C (Coton à repriser), Flaches Leinengarn D.M.C (Lin floche), Persische Seide D.M.C (Soie de Perse) oder Flache Stickseide D.M.C (Soie moulinée).

Zu einigen besonders reichen Stickereien können auch Metallfäden, Gold- und Silber-Gespinste D.M.C (Or fin und Argent fin) und Gold-Chiné D.M.C (Chiné d'or) herangezogen werden.

Die Stiche. — Der am häufigsten angewendete Stich ist der Plattstich, welcher, wie bei der Weisstickerei ausgeführt wird, jedoch ohne erhabene Unterlage, wodurch die Stickerei bedeutend flacher ausfällt.

In dem vorhergehenden Kapitel ist auch die Ausführung des steilen und schrägen Stielstiches, Abb. 70 und 72, und der Kreuznaht, Abb. 74 und 75, gelehrt worden; hier bringen wir noch verschiedene neue Sticharten, die sowohl zur Umrandung als auch zur Füllung von Figuren verwendet werden können.

Der erhabene Stielstich (Abb. 227 und 228). — Ueber sehr kräftigen Faden oder feinere Schnur als Einlage, z. B. über Perlgarn D.M.C (Coton perlé) N° 3 (*) oder Häkelgarn D.M.C (Cordonnet 6 fils) N° 1, führt man, den Linien der Musterung folgend, breitere Stielstiche, nach Abbildung 70, aus. Je nach dem zur Stickerei verwendeten Stoff nimmt man entweder den Faden, der zur Einlage diente, auch zum Sticken oder feineren.

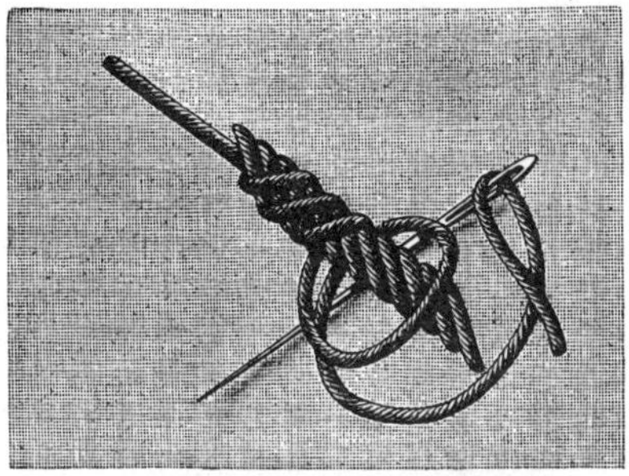
Abb. 228. Andere Art eines erhaben gearbeiteten Stielstiches.

Derselbe Stich kann auch mit einer zweiten Lage verziert werden, Abb. 228; man wechselt gewöhnlich hier die Farben.

Der einfache Kettenstich (Abb. 229). — Nachdem der Faden an geeigneter Stelle herausgezogen worden ist, führt man die Nadel an den Fadenausgang zurück und sticht sie drei bis vier Fäden tiefer wieder heraus. Die Fadenschlinge, die durch den ersten Stich gebildet wurde, ist mit dem Daumen der linken Hand festzuhalten und die Nadel beim Herausstechen durch diese Schlinge zu führen, so dass der Arbeitsfaden unter die Nadel zu liegen kommt. Hierauf zieht man die Schlinge zu und führt die Nadel wieder genau an der Ausgangsstelle unter den Stoff zurück, drei bis vier Fäden tiefer wieder herauf, durch die Fadenschlinge durch usw. Dieser Stich wird an Stelle des Stielstiches zur Ausführung kleiner Linienmuster oder zur Konturierung von Füllstich- und Plattstichmustern verwendet.

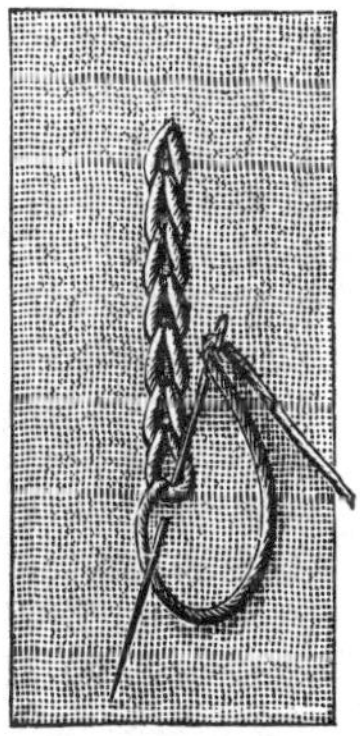
Abb. 229. Der einfache Kettenstich.

Wir werden im folgenden noch öfter auf diese Stichart zurückkommen.

Der Kettenstich mit Ueberfangstichen (Abb. 230). — Nachdem der Kettenstich vollendet ist, wird über jeden Doppelstich

(*) Siehe am Schluss des letzten Kapitels die Tabelle der Nummern und das Farbenverzeichnis der Baumwoll-, Leinen- und Seiden-Artikel, Marke D.M.C — Die eingeklammerten französischen Benennungen befinden sich auf den Etiketten der D.M.C-Artikel.

ein Ueberfangstich in abstechender Farbe ausgeführt, siehe die Abbildung 230. Der fertige Stich gleicht dann einer runden Schnur.

Der Grätenstich (Abb. 231). — Dieser Füllstich ist mit dem in Abbildung 46 gebrachten Zierstich sehr nahe verwandt. Auch er besteht aus einzelnen Schlingstichen, von denen einer abwechselnd nach rechts und nach links gestellt wird, nur werden hier die Aussenstiche bedeutend länger gemacht, wodurch die Innenstiche so untereinander gerückt erscheinen, dass sie eine senkrechte Linie bilden.

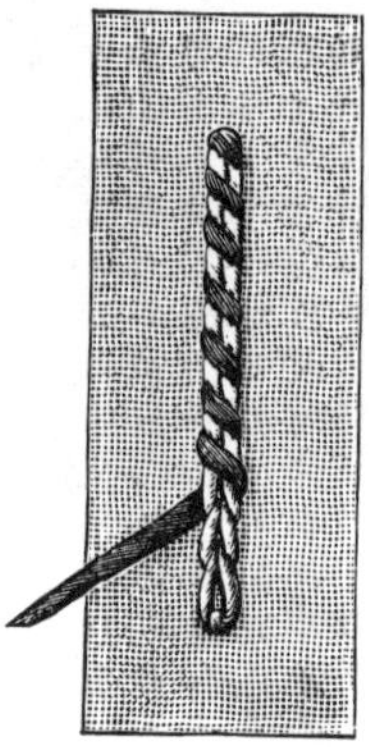

Abb. 230. Der Kettenstich mit Ueberfangstichen.

In der Leinenstickerei wird diese Stichart am häufigsten zur Füllung von Blättern verwendet, wozu sie sich durch die mittlere natürliche Rippenbildung besonders eignet.

Der altdeutsche Knüpfstich (Abb. 232). Diese Stichart finden wir häufig sowohl an älterer kirchlicher Leinenwäsche als auch an Gegenständen des Hausrates.

Im Gegensatz zu den meisten anderen Stichen wird dieser nach aufwärts geführt; die Nadel geht wagerecht unter dem Stoff durch, der Faden wird fest angezogen, dann, ihn von links nach rechts legend, unter dem ersten Stich durchgezogen und der Knoten zugeschürzt.

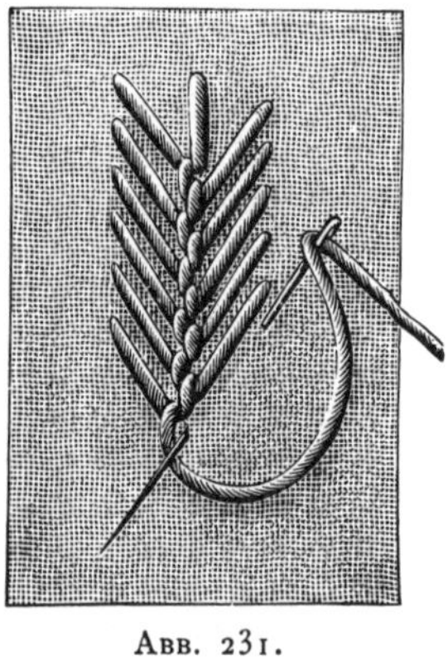

Abb. 231. Der Grätenstich.

Wir geben weiter eine schöne Vorlage, welche die Verwertung der verschiedenen Leinenstiche ermöglicht.

Der Zopfstich (Abb. 233). — Dieser Stich, dem nach gezählten Fäden gearbeiteten griechischen Stiche, Abb. 207, und dem montenegrinischen Stiche, Abb. 167, ähnlich, jedoch ohne den senkrechten Querstich, kann auf jedem Gewebe, zu jeder Zeichnung, die sich in weiteren Linien bewegt, benützt werden. Auch kann man ihn mit beliebigem Faden ausführen, mit feinem oder starkem, und können die Stiche ganz gedrängt oder länger gezogen sein.

Man führt die Nadel von rechts nach links unter drei bis sechs Fäden durch, hierauf von links nach rechts und über sechs bis acht Fäden nach abwärts gehend, wieder von rechts nach links ein; dann wird sie, aufwärts gehend, in der Hälfte des unter dem ersten Stiche gebliebenen Stoffes wieder durchgeführt.

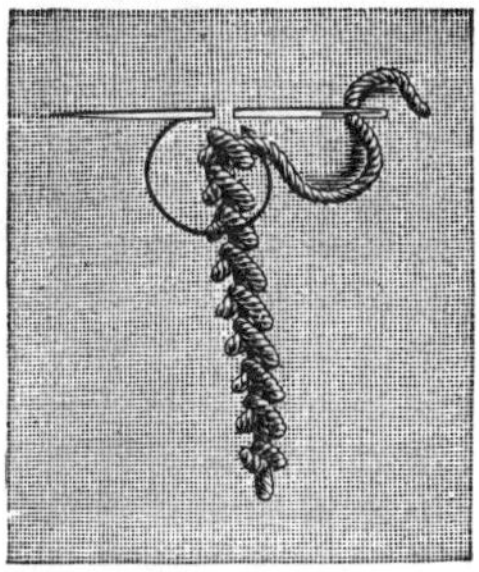
Abb. 232. Altdeutscher Knüpfstich.

Der vierte und die folgenden Stiche sind dann stets nur um drei oder vier Fäden weiter zu rücken.

Der romanische Stich (Abb. 234). Der romanische Stich ist eine der einfachsten und zugleich wirksamsten unter den verschiedenen Sticharten; er wird sowohl für breit angelegte Konturlinien als auch für die Füllung der Musterung selbst verwendet, wie zum Beispiel bei Abbildung 245. Man führt die Nadel je nach dem zur Verwendung kommenden Material zwei bis drei Fäden links vor der Zeichnung heraus und rechts hinter eben so vielen Stoffäden ein, unter diesen etwas schräge durch und ein wenig nur von der beizubehaltenden mittleren Linie heraus.

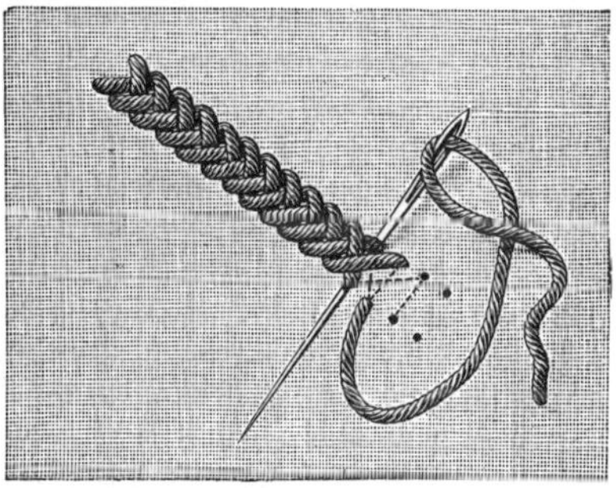
Abb. 233. Der Zopfstich.

Ist der nun vor der Nadel liegende Arbeitsfaden angezogen, so führt man einen Stich über denselben aus, indem man die Nadel wieder gerade neben der gezeichneten Linie ein-, und gleich weiter nach links zum nächsten Stich gehen lässt.

Drei schmale Bordüren in verschiedenen Sticharten (Abb. 235, 236, 237). — Als Beispiele für die einfachen Bordüren in Linienzeichnung, wie solche zur Ausstattung von kleinen Deckchen, Schürzen und Kinderkleidchen dienen, bringen wir drei Vorlagen. Abbildung 235 zeigt eine schmale Randbordüre im einfachen Stielstich, zweifarbig gehalten. Mit den Abbildungen 236 und 237 ist ein Muster

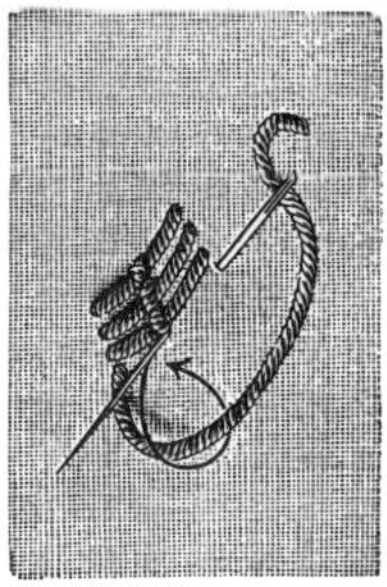
Abb. 234. Der romanische Stich.

in Kettenstich veranschaulicht, und zwar ist Abbildung 236 zweifarbig im einfachen Kettenstich, Abbildung 237 im Kettenstich mit Ueberfangstichen und in drei Farben ausgeführt.

Streublume im geraden Plattstich (Abb. 238). — Mit dieser Streublume bringen wir ein Beispiel der ungarischen National-Stickereien, die, von den Bäuerinnen angefertigt, zum Schmucke ihrer Kleidung und Wohnräume dienen.

Als Grundstoff dient feines Leinen, die Blumen erscheinen in leuchtendem Rot gestickt, mit einzelnen dunkelgelben Blättchen.

Die Stichlage ist auf der Abbildung genau zu ersehen, weshalb keine weiteren Erklärungen nötig sind.

Diese Art Streublumen, durch eine verbindende Schlangenlinie zu einer breiten Bordüre gestaltet, oder als Eckfiguren verwendet, dienen hauptsächlich zum Schmucke von Haus- und Tischwäsche, sowie für Kissen, Schürzen und dergleichen.

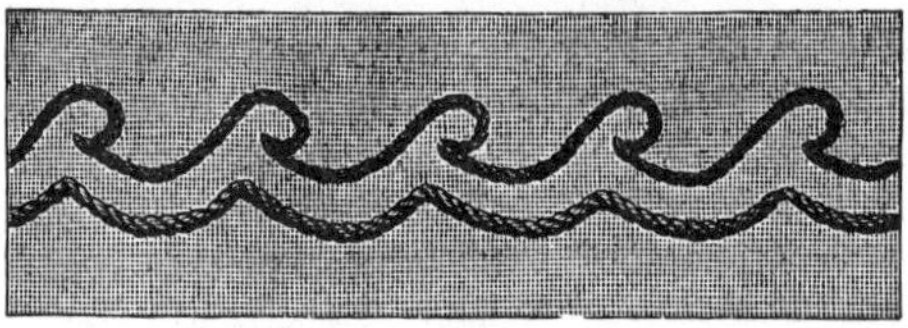

Abb. 235. Bordüre im Stielstich.
Fadensorten: Perlgarn D.M.C, Stickgarn D.M.C oder Flaches Leinengarn D.M.C, in Rouge-Turc 321 und Noir grand-teint 310.

Abb. 236.
Bordüre im einfachen Kettenstich.
Fadensorten: Perlgarn D.M.C, Stickgarn D.M.C oder Flaches Leinengarn D.M.C, in Brun-Caroubier 303 und Bleu-Bluet 792.

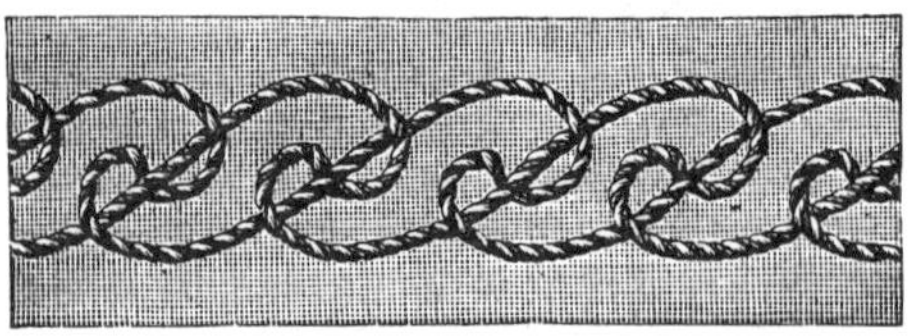

Abb. 237. Bordüre im Kettenstich mit Ueberfangstichen.
Fadensorten: Perlgarn D.M.C, Stickgarn D.M.C oder Flaches Leinengarn D.M.C, in Brun-Caroubier 303, Bleu-Bluet 792 und Brun-Rouille 3314.

Bordüre mit Bäumchenfigur in Platt-, Stiel- und Kettenstich (Abb. 239). — Nach einer mährischen Stickerei gezeichnet und in den charakteristischen fünf Farben: Rot, Schwarz, Gelb, Blau und Crème ausgeführt, bietet das Muster ein gutes Beispiel mährischen Hausfleisses. Dunkelblaue Leinwand dient als Grundstoff, auf dem die Zeichnung so zu übertragen ist, dass die wagerechten Streifen der Bordüre und die Mittellinie der Figur genau dem Fadenlaufe der Leinwand folgen. Am besten stickt man zuerst die im Inneren der Blüten angegebenen kordonnierten Bindlöcher, mit gelbem Garn und arbeitet hierauf den geraden Plattstich, der bei den Blümchen der Figur und bei dem Apfel rot, bei den oberen Blättern crème angegeben ist, während die Blümchen der Bordüre abwechselnd blau mit

Abb. 238. Streublume im geraden Plattstich.
Fadensorten: Stickgarn D.M.C, Perlgarn D.M.C oder Flaches Leinengarn D.M.C, in Rouge-Ecarlate 815 und Jaune-Safran 725. (*)

Schwarz im Inneren und rot mit Blau erscheinen, die Blätter dagegen der Reihe nach einmal gelb und einmal crème gestickt sind. Die beiden kleinen Blätter an der Hauptfigur sind ebenfalls crème. Nach Vollendung des Plattstiches führt man die formenfüllenden Muster aus, im Inneren des Apfels von oben nach unten zu in Schwarz, Gelb und Crème und um den Kern

(*) Siehe am Schluss des letzten Kapitels die Tabelle der Nummern und das Farbenverzeichnis der Baumwoll-, Leinen- und Seiden-Artikel, Marke D.M.C.

herum von oben nach unten in Blau, Crème, Rot und Gelb. Die Muster der Blattadern erscheinen in derselben Reihenfolge blau, gelb, schwarz, gelb und rot; die herzförmige Figur schwarz und crème. Diese Figur umgibt roter Stielstich, während alle Stiele des Bäumchens und der Bordüre in Gelb ausgeführt sind. Gelb sind weiter die Adern der crèmefarbenen Blätter, die Umrandung des Inneren der

Abb. 239.
Bordüre mit Bäumchenfigur in Platt-, Stiel- und Kettenstich.
Fadensorten: Perlgarn D.M.C, in Noir grand-teint 310, Rouge-Ecarlate 498, Jaune d'Or 783, Bleu-Indigo 322 und Jaune-Maïs 579.

Blümchen in der Bordüre und die Umrandung der Muster in den grossen Blättern. Die gelben Blätter der Bordüre haben Adern aus blauem Stielstich. Den innersten Kern des Apfels umrandet eine schwarze Kettenstichlinie, während die Bindlöcher der Blümchen mit drei Reihen schwarzer Kettenstiche umgeben sind. In Kettenstich sind endlich noch die geraden

Linien der Bordüre, oben zwei Reihen blau und schwarz und unten drei blau, schwarz und gelb gestickt. Die Ausführung des Kettenstiches erklärt Abbildung 229, Seite 123.

Bordüre in serbisch-kroatischer Stickerei (Abb. 240). — Dieses Muster, entnommen den Schürzen und Taschen, welche sich die Bevölkerung Kroatiens zum eigenen Gebrauch anfertigt, ist hier in Perlgarn und Gold hergestellt. Jede Karo-Einfassung besteht aus zwei verschiedenfarbigen Stielstichreihen, die durch einen aufgenähten Goldfaden getrennt sind. Die inneren Zierfiguren, ebenfalls aus aufgenähtem Goldfaden angefertigt, erscheinen durch einzelne bunte Knötchenstiche gefüllt; zuletzt werden noch die Goldflitter in die leeren Streifen zwischen den einzelnen Figuren aufgenäht.

Abb. 240.
Bordüre in serbisch-kroatischer Stickerei.
Fadensorten: Perlgarn D.M.C N° 12, in Bleu-Indigo 311, Rouge-Cardinal 347 und Vert-Pistache 319; Stickgold D.M.C N° 20. (*)

In breiteren oder schmäleren Streifen, mit Zackenabschluss oder als Einsatz gearbeitet, finden dergleichen Stickereien als Besatz für leichte Sommerkleidung ihre passendste Verwendung.

Bordüre im Mossul-Stich (Abb. 241). — Eine andere, persischen Originalen nachgebildete Stichart, welche mit dem doppelseitigen Steppstich, Abb. 75, grosse Aehnlichkeit hat, bietet Gelegenheit, weitere Abwechslung in der Ausführungsweise der Arbeiten zu bringen.

Der Stich wird hier, wie es an dem oberen Blatt der Abbildung ersichtlich ist, nach der Breite der Zeichnung, also von aussen nach innen geführt.

Solche Art gestickter Blätter und Blumen ist vorerst mit kurzen Stielstichen oder feinen Schnürchen einzufassen.

Die in leichten Linien sich bewegende Zeichnung eignet

(*) Siehe am Schluss des letzten Kapitels die Tabelle der Nummern und das Farbenverzeichnis der Baumwoll-, Leinen- und Seiden-Artikel, Marke D.M.C.

sich zu vielseitiger Verwendung. Die angeführten Farben sind wie folgt zu verteilen: hell und dunkel Grün für die siebenmal gespaltenen Blätter, Rot für die Blume und Gelb für den Knoten; Violett für die kleineren dreimal gespaltenen Blätter; Schwarz für die Umrandung.

Streublume im Mossul-Stich (Abb. 242). — Hier ist die Stichausführung genau nach den bei Abbildung 75 gegebenen Erläuterungen vorzunehmen. Die Stiche erscheinen weniger dicht als bei Abbildung 241 gestellt, so dass der Grundstoff dazwischen durchschimmert.

Als Stickmaterial dient Gold-Chiné D.M.C (Chiné d'or); Rot und Gold und Schwarz und Gold für die achtblättrige Blume, Blau und Gold für die dreiteiligen Knospen, Grün und Gold für die spitzen Blättchen ohne Umrandung, und Naturfarben und Gold für das Innere der Blumen und Knospen.

Zur Umrandung der Hauptformen wurde Gold-Cordonnet D.M.C (Cordonnet d'or) verwendet, das unsichtbar mit Ueberfangstichen befestigt wird.

Diese Art Streublumen eignet sich ganz besonders zu grösseren Grundmustern, wie solche für Wandbehänge, Stuhlkissen und Schutzdecken verwendet werden.

Abb. 241. Bordüre im Mossul-Stich.

Fadensorten: Perlgarn D.M.C oder Flaches Leinengarn D.M.C, in Noir grand-teint 310, Vert-Mousse 469 und 471, Rouge-Cardinal 347, Jaune-vieil-Or 680 und Violet-Mauve 315.

Bordüre in versetztem Flach- und Stielstich (Abb. 243 und 244). — Diese Bordüre vereinigt die Merkmale der serbischen Stickereien, welche in bunter Seide auf naturfarbenem Leinen ausgeführt erscheinen und zur Ausstattung grosser Kopftücher dienen. Die Formen werden mit einem eigenartigen, versetzten Plattstich ausgeführt, dessen Ausführung Abbildung 244 erläutert. Umrandung und Ranken sind im Stielstich gehalten. Die auf der Abbildung am dunkelsten erscheinende Farbe ist schwarz, die hellste weiss. Die Blumen zeigen abwechselnd grüne oder rote Blätter. Blau, Gelb, Rot und Grün sind in den andern Teilen der Zeichnung regelmässig verteilt.

Auch diese Art Streublumen ist gleich der vorhergehenden für Grundmuster zu verwenden.

Abb. 242. Streublume im Mossul-Stich.
Fadensorten: Gold-Chiné D.M.C, in Schwarz und Gold, Grün und Gold, Rot und Gold, Blau und Gold, Naturfarben und Gold und Gold-Cordonnet D.M.C.

Bordüre im romanischen Stich (Abb. 245). — Die Vorlage, der dieses eigentümliche Nelkengebilde entnommen wurde, ist in leuchtender, heller, roter Farbe auf steifem, durch die Zeit gelblich getönten Drillich gehalten.

Die neue Arbeit ist in getreuer Wiedergabe der Stiche mit Perlgarn D.M.C (Coton perlé) in Rose grand-teint 3350 hergestellt. Der mit Abbildung 234 beschriebene romanische

Stich findet an allen breit zu haltenden Linien Anwendung und läuft im gewöhnlichen Flachstich aus, wo er, wie bei den Schnörkeln der Stengel und den Blatteinschnitten der Nelken, nicht mehr anzubringen ist.

Durch stetes Aneinanderreihen der Sträusse erzielt man eine reiche Borte, die auf jedem Gewebe, auf jeder Grundfarbe

Abb. 243. Bordüre in versetztem Flach- und Stielstich.
Fadensorten: Persische Seide D.M.C oder Flache Stickseide D.M.C, in Noir 1187, Vert-Myrthe 1138, Jaune-Orange 1115, Bleu-Indigo 1010, Rouge-Cuivre 1133 und Jaune-Maïs 1069; Spezialgarn D.M.C oder Flaches Leinengarn D.M.C, in Noir grand-teint 310, Vert-Pistache 367, Jaune-Safran 725, Bleu d'Azur 3325, Brun-Caroubier 357 und Jaune-Crème 712.

und mit jedem Faden sich äusserst gefällig gestaltet. Die einzelnen Figuren können ferner auch Fuss an Fuss gestellt werden und so eine reiche Musterung für Möbelstreifen ergeben.

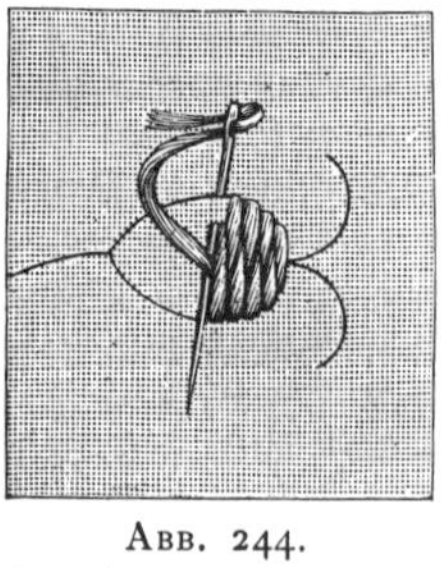

Abb. 244. Ausführung des versetzten Flachstiches.

Tierfigur. Mittelalterliche Stickerei im Bilderstich (Abb. 246 und 247). — Zur Zeit des Mittelalters wurde besonders in Süddeutschland und in der Schweiz eine Art Stickerei gepflegt, die in Bezug auf die dargestellten Formen « Bilderstich » benannt wurde. Fast durchweg waren es Heiligenbilder und die den Heiligen traditionell zugeteilten Tierfiguren, die in dieser dichten Stichart zur Ausführung gelangten.

Solche Stickereien, die meist im gleichen oder wenig abstechenden Farbentone des Grundstoffes gehalten wurden, erzielten ihre Hauptwirkung, wenn sie zur Ausstattung von gespannten Vorhängen Verwendung fanden.

Abb. 245. Bordüre im romanischen Stich.
Fadensorten: Perlgarn D.M.C, Spezialgarn D.M.C oder Flaches Leinengarn D.M.C, in Rose grand-teint 3350. (*)

Zeichnungen im romanischen Stile, die in reichen Ornamentumrahmungen einzelne Tiergestalten zeigen, eignen sich sehr gut zur Anwendung des Bilderstiches; Tischdecken oder auch Wandbehänge können wirkungsvoll mit demselben verziert werden.

(*) Siehe am Schluss des letzten Kapitels die Tabelle der Nummern und das Farbenverzeichnis der Baumwoll-, Leinen- und Seiden-Artikel, Marke D.M.C.

Wir bringen hier in einer Tierfigur, die im Bilderstich gestickt ist, ein gutes Beispiel dieser alten Arbeitsart. Der Stich wird mit ziemlich dickem Material ausgeführt. Man überspannt, wohl auf die richtige Stichlage achtend, den Arbeitsfaden über die ganze Breite der Fläche von einer Kon-

ABB. 246. TIERFIGUR. MITTELALTERLICHE STICKEREI IM BILDERSTICH.
FADENSORTEN: Flaches Leinengarn D.M.C oder Spezialgarn D.M.C, in Weiss und Naturfarben. (*)

tur zur andern und überstickt ihn, wie ersichtlich, zurückgehend mit langen Stichen, wobei man auf der Kehrseite mit kurzen Stichen vorgeht und am Anfang und am Ende ein Stückchen von der Kontur entfernt bleibt. Hierauf spannt man von Kontur zu Kontur wieder einen langen Stich knapp neben dem anderen, überstickt ihn wieder und bedeckt in der

(*) Siehe am Schluss des letzten Kapitels die Tabelle der Nummern und das Farbenverzeichnis der Baumwoll-, Leinen- und Seiden-Artikel, Marke D.M.C.

Weise die Fläche, indem man stets die für die Schattierung notwendige Stichlage genau einhält. (Siehe Abb. 247.) Bei kleineren Formen werden auch, der Zeichnung entsprechend, die Stiche bedeutend kleiner gearbeitet. Der gespannte Faden wird hier mit nur einem und verhältnismässig kurzen Stiche in der Mitte schräg überfangen. Bei Ausführung der hier dargestellten Tierfigur, welche auf naturfarbenem Leinen mit Spezialgarn D.M.C (Mouliné spécial) gearbeitet ist, achte man genau auf die angegebene Stichlage, da die Licht- und Schatteneffekte der Stickerei allein durch Lage, Richtung und Länge der Stiche hervorgerufen werden.

Bordüre mit Umrandung in Knüpf- und Zopfstich und Füllstichen (Abb. 248). — Durch dichten, altdeutschen Knüpfstich, Abb. 232, in naturfarbenem Garn entsteht eine Rundschnur, welche die geraden Reihen kräftig hervortreten lässt, während der mit weichem, blauem Garn gearbeitete Zopfstich, Abb. 233, eine flachere Umrandung der äusseren Figuren dieses Streifens bildet.

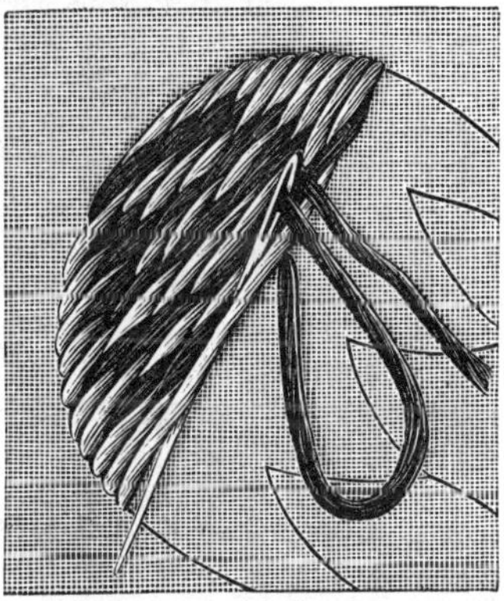

Abb. 247.
Ausführung des Bilderstiches.

Hochrote Stickbaumwolle, Spezialgarn D.M.C (Mouliné spécial), ist für die Gobelinstiche, welche den mittleren der drei Zwischenräume füllen, und weisses Leinen-Spitzengarn für das Grundmuster innerhalb des blauen Zopfstiches. Anstatt Zopf- und Knüpfstich können auch gewebte Bändchen angebracht werden.

Diese Art Buntstickerei findet hauptsächlich bei Toilettengegenständen Verwendung.

Bändchen-Stickereien. — Die hier folgenden zwei Stickereivorlagen gehören zu jenen Mustern, bei denen in einzelnen Teilen die Stickerei durch aufgenähte Bändchen ersetzt wird.

Bei der Bordüre, Abb. 249, erscheinen die Konturen, bei dem Sträusschen, Abb. 251, hingegen die Blüten und Aehren mit Bändchen hergestellt.

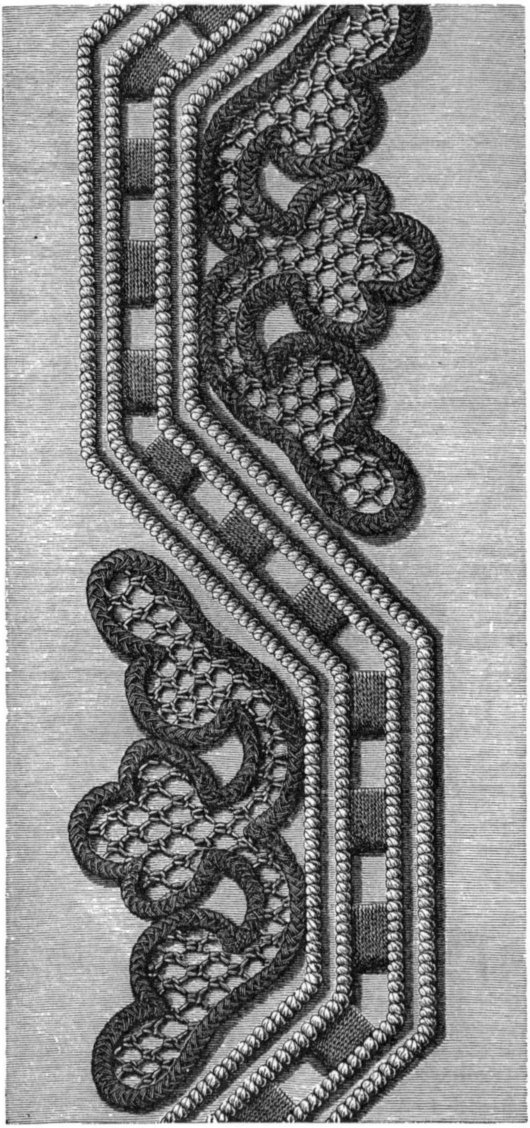

Abb. 248. Bordüre mit Umrandung in Knüpf- und Zopfstich und Füllstichen.

Fadensorten — Zum altdeutschen Knüpfstich: Häkelgarn D.M.C N° 2, in Naturfarben. — Zum Zopfstich: Spezialgarn D.M.C N° 25, in Bleu-Indigo 312. Zu den Gobelinstichen: Spezialgarn D.M.C N° 25, in Rouge-Maroquin 3327. — Zu den Spitzenstichen: Leinen-Spitzengarn D.M.C N° 20, in Weiss.

Bordüre. Konturen aus Bändchen und Füllung mit Zierstichen (Abb. 249 und 250). Nach der Vorzeichnung werden sämtliche Konturen mit roten Bändchen benäht.

Dieses Aufnähen hat möglichst unsichtbar — mit kleinen Hinterstichen in der Mitte des Bändchens — zu geschehen. Wo die Zeichnung Rundungen aufweist, muss das Bändchen, wie es in Abbildung 250 dargestellt ist, am weiteren äusseren Rande mit feinem Garn, Retors d'Alsace D.M.C N° 50, angenäht und am inneren eingezogen werden, dass die Weite des Bändchens auf das von der Zeichnung beanspruchte Mass verringert wird. Nachdem sämtliche Konturen vollendet sind, werden die Zierstiche mit Stickgarn D.M.C, Spezial-Qualität (Coton à broder, qualité spéciale), N° 20 eingearbeitet, und zwar sind die Blumen und Blätter mit Grätenstichen, Abb. 231, die Stiele mit Kreuznaht, Abb. 75, zu füllen. Das Innere der Blumen ziert eine Spinne im Stopfstich. Derartige Stickereien, in bunten Farben ge-

Abb. 249. Bordüre.
Konturen aus Bändchen und Füllung mit Zierstichen.
Fadensorten: Retors d'Alsace D.M.C N° 50 und Stickgarn D.M.C, Spezial-Qualität, N° 20, in Rouge-Maroquin 3327. (*)

halten, finden für Tischwäsche, Paradehandtücher, Gartendecken und dergleichen die meiste Verwendung.

Sträusschen in Bändchenstickerei (Abb. 251). — In unserer Vorlage ist die Plattstickerei der Blumen und Aehren grösstenteils durch aufgenähte Bändchen ersetzt. Naturfarbene und hellgelbe Bändchen sind für die Aehren, blaue für die Kornblumen und weisse für die grossen Feldkamillen genommen, während die unten angege-

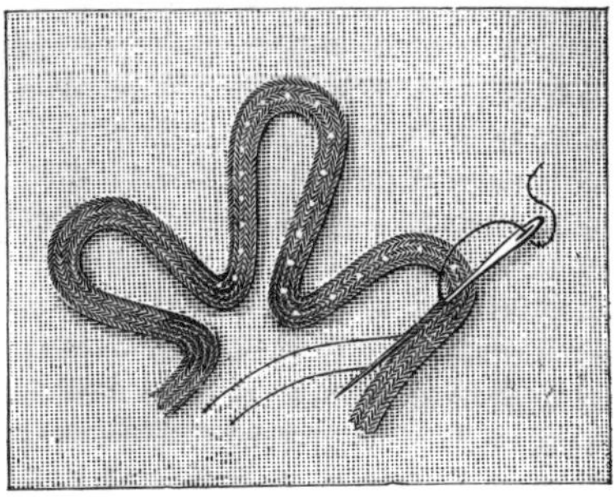

Abb. 250.
Das Bilden der Rundungen.

(*) Siehe am Schluss des letzten Kapitels die Tabelle der Nummern und das Farbenverzeichnis der Baumwoll-, Leinen- und Seiden-Artikel, Marke D.M.C.

benen grünen Farben für die graugrünen Kornblumenstiele und Blätter und für das in der Natur frischgrüne Blattwerk der anderen

ABB. 251. STRÄUSSCHEN IN BÄNDCHENSTICKEREI.
FADENSORTEN: Stickgarn D.M.C N° 35, in Naturfarbe, Jaune-Orange 444, Bleu-Indigo 311, Gris-Tilleul 391, Vert-Réséda 750, Vert-Pistache 319, 320 und 369, Rouge-Maroquin 3328. (*)

Blumen verteilt sind. Im hellsten Grün sind nur die Maiglöckchen gearbeitet, in Rot die das Sträusschen bindende Schleife.

(*) Siehe am Schluss des letzten Kapitels die Tabelle der Nummern und das Farbenverzeichnis der Baumwoll-, Leinen- und Seiden-Artikel, Marke D.M.C.

Die Art der Ausführung solcher Musterungen ist ganz mühelos. Man zieht das Börtchen mittelst Sticknadel an der Blattwurzel von oben nach unten, befestigt es auf der Kehrseite mit wenigen Stichen und bringt dann den Arbeitsfaden, der mit den Börtchen stets gleichfarbig sein muss, bei der Blattspitze wieder heraus, legt das Börtchen ebenfalls bis zum Blattende und befestigt es hier, ähnlich wie die Goldfäden beim Sprengen, mit einem Stich etwas breiter als das Bändchen, legt dann dasselbe um und wieder zum Anfang zurück, befestigt es hier wieder mit einem Stich usw.

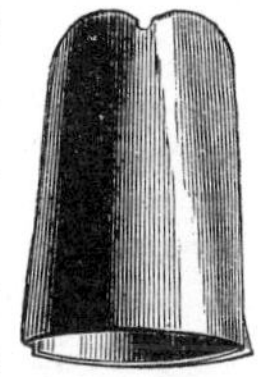

Abb. 252. Fingerhut zum Tambourieren.

Um die verschiedenen Blumenarten deutlicher zu kennzeichnen, verwendet man verschieden breite Bändchen; auch kann man durch dichteres und weiteres Ueberlegen der Bändchen den Blüten eine naturgetreuere Gestaltung geben. Abbildung 251 zeigt die schmalen, die Aehren bildenden Börtchen übereinandergelegt, während sie in den weissen Blumen nach unten auseinander stehen.

Wir erwähnen noch, dass die die Zweige verbindende Bandschleife mit Hellrot, Rouge-Maroquin 3328, im Plattstich gearbeitet ist. Knötchenstich, Stielstich und Flachstich ver-

Abb. 253. Tambourier-Nadel.

vollständigen die ebenso verwendbare als interessante Arbeit, welche sich zur Verzierung aller Art Phantasiegegenstände, die unsere Wohnräume schmücken, besonders eignet.

Tambourier-Arbeit (Abb. 252, 253, 254, 255). — An Stelle des genähten Kettenstiches tritt bei grösseren, abschattierten Stickereien, die Tambourier-Arbeit, bei welcher der Kettenstich mit Hilfe einer besonderen Häkelnadel, der «Tambourier-Nadel», hergestellt wird, siehe Abbildung 253.

Der Stoff, auf dem eine Tambourier-Arbeit ausgeführt wird, muss unbedingt in einen Rahmen gespannt werden.

Die Maschen, die man mit Hilfe der Tambourier-Nadel bildet, ergeben einen feinen Kettenstich.

Um diese Maschen leichter gleichmässig herstellen zu können, bedient man sich eines Fingerhutes, Abb. 252, der an den Zeigefinger der rechten Hand gesteckt wird. Dieser Schutz für den Finger ist aus einem Stückchen Messingblech angefertigt, das nur zusammengerollt, nicht gelötet ist, damit es sich jeder Hand anpassen kann. An der oberen Rundung ist ein seichter Ausschnitt zu bemerken, in den die Tambourier-Nadel wäh-

Abb. 254. Abwärtsgehende Bewegung und Fangen des Fadens unter dem Stoff.

rend des Arbeitens eingelegt wird. Die nach innen gekehrte Seite, wo sich die beiden Enden berühren, ist etwas kürzer als die äussere.

Der Faden wird durch die Nadel von unten nach der Oberfläche des Stoffes gebracht, der Arbeitsfaden selbst wird unten mit der linken Hand gehalten und um das Häkchen gelegt, wenn es nach abwärts gedreht wird.

Beim Auf- und Abwärtsführen läuft die Nadel immer im Einschnitt des Fingerhutes, mit welchem wieder, bei den nach aufwärts gerichteten Bewegungen, der Stoff hinunter gedrückt wird, um das Nachgeben desselben zu verhindern. (Abb. 254 und 255.)

Auch hier bedarf es einiger Uebung, um die auf- und abwärtsgehenden Bewegungen, sowie das rechtzeitige Be-

Abb. 255. Das Herausziehen des Fadens mit dem Häkchen.

nützen des Fingerhutes sich zu eigen zu machen. Wenn man übrigens sich merkt, dass die beiden Bewegungen, die Nadel nach oben zu bringen und den Stoff mit dem Fingerhut nach abwärts zu drücken, gleichzeitig ausgeführt werden müssen, so wird man es binnen kurzem zu grosser Fertigkeit bringen und manche schöne Arbeit in dieser Technik herstellen können.

Für Tambourier-Häkelei kann man nur stark gezwirntes

Garn verwenden und stark gezwirnte Metallfäden, damit sie durch das Häkchen nicht gespalten werden können. Unter den verschiedenen D.M.C Fabrikaten sind Elsässer Nähgarn (Fil d'Alsace), Alsa, Stickgold (Or fin), Sticksilber (Argent fin) und Gold-Chiné (Chiné d'or) die geeignetsten Fadensorten.

Abb. 256. Blumenzweig. Türkische Tambourier-Arbeit.
Fadensorten: Stickgold und Sticksilber D.M.C N° 40, Gold-Chiné D.M.C, in Schwarz und Gold, Rot und Gold, Blau und Gold und Grün und Gold. (*)

Blumenzweig. Türkische Tambourier-Arbeit (Abb. 256, 257, 258). — Unsere Vorlage, ein Aehrenzweig, ist die getreue

(*) Siehe am Schluss des letzten Kapitels die Tabelle der Nummern und das Farbenverzeichnis der Baumwoll-, Leinen- und Seiden-Artikel, Marke D.M.C.

Nachbildung einer modernen türkischen Schleierstickerei mit Gold- und Silberfäden in Tambourier-Arbeit ausgeführt.

Die Erläuterungen zur Ausführung der Tambourier-Arbeit sind mit den Abbildungen 254 und 255 gegeben; wir haben nur noch hinzuzufügen, dass bei sämtlichen Musterfiguren zuerst die Konturen und sodann die etwaigen Rippen einzuarbeiten sind. Die Füllung der Formen geschieht zuletzt.

Abb. 257.
Ausführung der Aehren.

Abbildung 257 zeigt in der Ausführung einen Teil einer Aehre; die Aussenlinien sind vollendet und die Füllung ist begonnen.

Bei Abbildung 258 ist ein Doppelblatt ersichtlich; das rechtsliegende ist zur Hälfte vollendet, in der zweiten Hälfte ist die Anbringung der Füllung gelehrt. Die die Füllung bildenden zwei Reihen Kettenstiche sind in Zackenlinien, genau den Aussenkonturen folgend, zu arbeiten. An dem linken Blatt wiederholen wir die Ausführung der Konturen und der Mittelrippe.

Abb. 258.
Ausführung der gezackten Blätter.

Die grossen Blätter zeigen Konturen in Gold und Rippen in Silber bei grüner und blauer Füllung, die kleinen Blätter haben schwarze und grüne Füllung, während sämtliche Aehren mit Silber eingefasst und abwechselnd in Rot und Schwarz gehalten erscheinen.

Diese Art Kettenstickerei, in Metallfäden ausgeführt, ist ganz besonders für Putz- und Toilettengegenstände geeignet. Schmale Bordüren können als Abschlusstreifen für Schleier,

Häubchen, Kragen und Maschen dienen; grössere freie Muster für Kleiderplastrons, Fächer, Kopfhüllen usw.

Malta-Stickerei. — Auf der Insel Malta werden von den Bewohnern für ihren eigenen Bedarf Stickereien angefertigt, bei denen die Musterung aus einzelnen Quästchen gebildet wird. Die Herstellung dieser Quästchen ist verschieden; es gibt

Abb. 259.
Grundmuster mit Randbordüre. Stickerei im einfachen Malta-Stich.
Fadensorten: Spezialgarn D.M.C, Elsässer Strick- und Häkelgarn D.M.C oder Flaches Leinengarn D.M.C, in Bleu ancien 931, Vert doré 580, Jaune d'or 781 und Jaune-Maïs 579.

einen einfachen und einen doppelten Maltastich. Wir bringen im Nachfolgenden für jede Art Sticherklärung und Muster.

Grundmuster mit Randbordüre. Stickerei im einfachen Malta-Stich (Abb. 259, 260, 261). — Von leichter und angenehmer Ausführungsweise ist die Malta-Stickerei mit den herabhängenden Quästchen, besonders für dekorative Zwecke

TAFEL V

BUNTSTICKEREI AUF LEINEN, NACH VORZEICHNUNG
auszuführen mit flachem Leinengarn D.M.C (Lin floche).

zur Ausstattung von Gardinen, Wanddecken und Behängen aller Art sehr geeignet. Der Grundstoff muss sehr kräftig und widerstandsfähig sein; rot oder gelblich getönte Stoffe sind naturfarbenen vorzuziehen; die Mustervorzeichnung — für jeden einzelnen Stich gilt ein Querstich — ist aufzutragen und die Stickerei ist von dem unteren Rande an zu beginnen. Der Stich, der mit dem Quästchenstich, siehe die Abbildungen 376 bis 378, viel Aehnlichkeit hat, greift je nach der Stärke des Materials über vier bis sechs Webefäden. Die Richtung des oberen Querstiches, welcher die Fadenbüschel festhält, ist immer wagerecht. Als Stickfaden dient Elsässer Strick- und

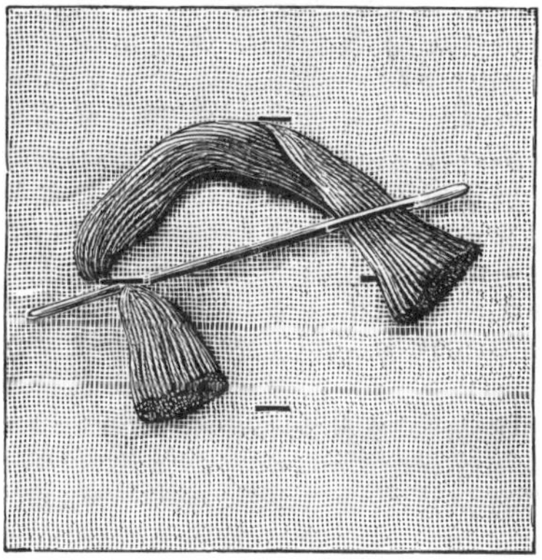

Abb. 260.
Der einfache Malta-Stich, auch Quästchenstich genannt.
Ausführung des Stiches.

Abb. 261.
Der einfache Malta-Stich, auch Quästchenstich genannt.
Vier vollendete Quästchen.

Häkelgarn D.M.C (Alsatia), Spezialgarn D.M.C (Mouliné spécial) oder Flaches Leinengarn D.M.C (Lin floche) (*) sechs- bis zwölffach genommen. Die Nadel mit dem Arbeitsfaden wird durch den Mittelpunkt des für den Stich vorgezeichneten Stiches unter zwei bis drei Fäden nach links geführt; das Ende des Arbeitsfadens bleibt 1 bis 2 cm. lang auf der Rechtseite liegen. Der Faden wird nun oberhalb des Stiches nach rechts geführt und wieder unter zwei bis drei Webefäden rechts vor dem ersten Stiche ein- und bei der Eintritt-

(*) Siehe am Schluss des letzten Kapitels die Tabelle der Nummern und das Farbenverzeichnis der Baumwoll-, Leinen- und Seiden-Artikel, Marke D.M.C — Die eingeklammerten französischen Benennungen befinden sich auf den Etiketten der D.M.C-Artikel.

stelle des ersten Stiches wieder herausgeführt, worauf der Faden in der Länge des stehengebliebenen ersten Fadenendes abzuschneiden ist.

Bei Abbildung 259 ist die kleine Zackenbordüre in Grün

Abb. 262.
Der doppelte Malta-Stich.
Das Einziehen des ersten Büschels.

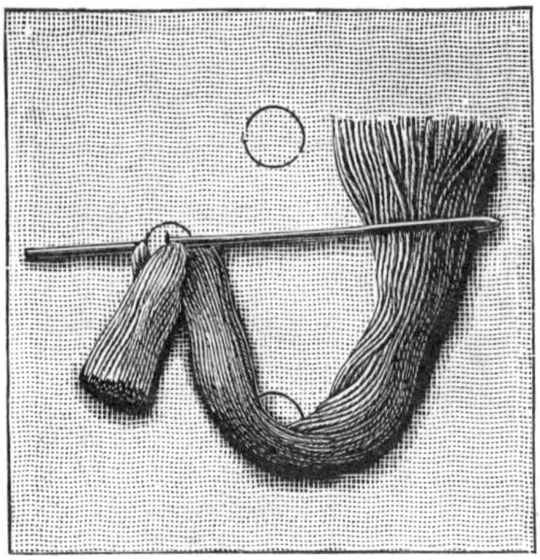

Abb. 263.
Der doppelte Malta-Stich.
Rückführender Stich zum Bilden der Schlinge.

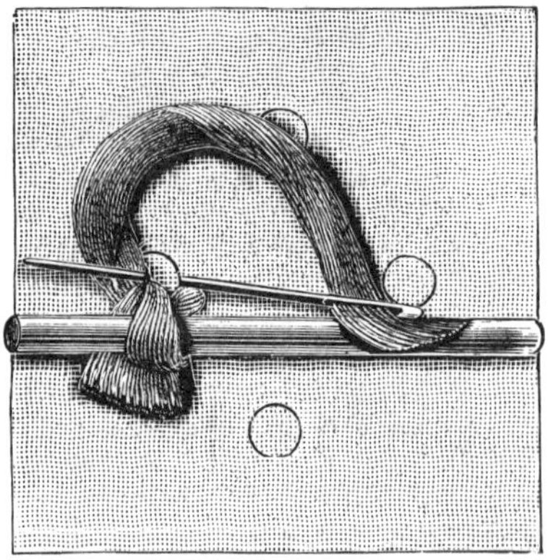

Abb. 264.
Der doppelte Malta-Stich.
Schlusstich nach oben.

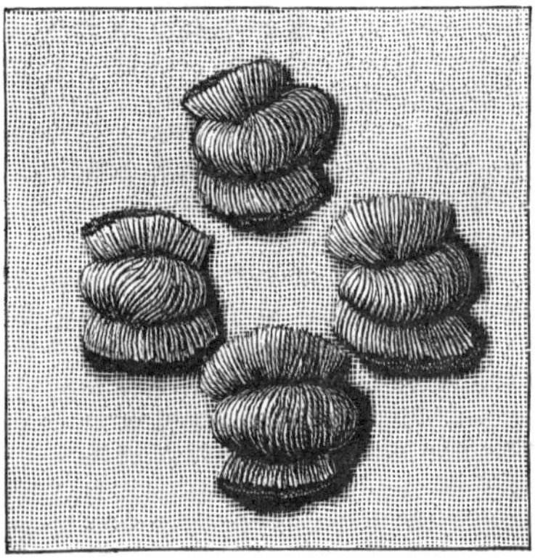

Abb. 265.
Der doppelte Malta-Stich.
Vier vollendete Quästchen.

und Crème ausgeführt, die daran stossende gerade Abschlussreihe in Gelb und Blau. In dem Grundmuster dient Blau zur Quadrierung des Grundes, Gelb und Grün für die Lilien und Crème und Grün für die kleinen, die Lücken füllenden Vierecke.

Unsere erklärenden Abbildungen 260 und 261 zeigen sowohl die Ausführung des Stiches wie auch einige fertige Quästchen.

Bordüre. Stickerei im doppelten Malta-Stich (Abb. 262, 263, 264, 265, 266). — Mit einem reichen Fadensträhn von Spezialgarn D.M.C (Mouliné spécial) versehen, wird die Nadel von rechts nach links, Abb. 262, unter zwei bis drei senkrechte Fäden durchgeführt; dabei bleibt ein 1 bis 2 cm. langes Büschel auf der Oberfläche liegen. Nun führt man die Nadel zurück und wieder unter zwei Fäden vor dem ersten Stiche durch; der Arbeitsfaden kommt hier unter dem ersten Büschel zu liegen und muss ziemlich stramm angezogen werden.

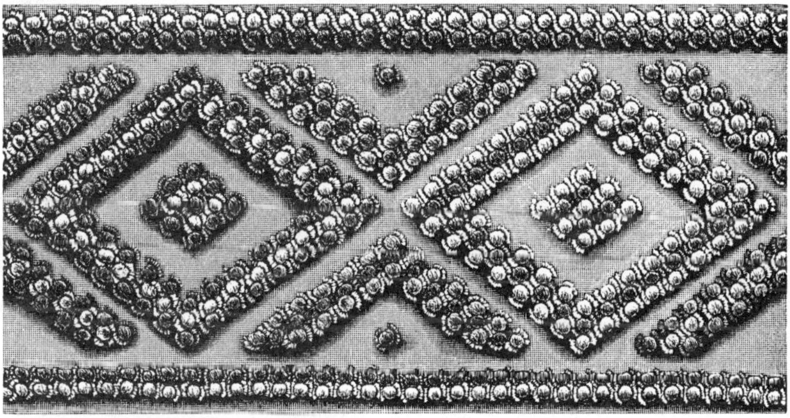

Abb. 266. Bordüre. Stickerei im doppelten Malta-Stich.
Fadensorten: Spezialgarn D.M.C, Elsässer Strick- und Häkelgarn D.M.C oder Flaches Leinengarn D.M.C, in Jaune d'or 781, Vert-Scarabée 3346, Bleu-Indigo 312 und Rouge-Cardinal 347. (*)

Nun nimmt die Nadel noch einmal denselben Weg, den sie beim ersten Stiche gegangen ist, und es bleibt so viel vom Fadensträhn hängen als nötig, um eine mit dem erstgebliebenen Büschel gleich lange Schlinge zu erhalten. Hierauf wiederholt man noch einmal den zweiten Stich, indem man aber diesmal den Arbeitsfaden oberhalb der Schlinge zurückführt. Schliesslich wird der Fadensträhn in gleicher Länge mit dem ersten Büschel und der Schlinge abgeschnitten. Um

(*) Siehe am Schluss des letzten Kapitels die Tabelle der Nummern und das Farbenverzeichnis der Baumwoll-, Leinen- und Seiden-Artikel, Marke D.M.C.

gleichmässig grosse Quästchen zu erlangen, empfiehlt es sich, die mittlere Fadenschlinge über eine kleine Walze aus Holz oder Bein zu legen, siehe Abb. 264.

Unsere Darstellung, Abb. 266, veranschaulicht den Teil eines Vorhanges aus Congresstoff mit Spezialgarn D.M.C (Mouliné spécial) gestickt, und zwar werden die Farben folgendermassen verteilt: Gelb und Grün dienen für die geraden Abschlussreihen; dieselben Farben sind auch für die grossen Mittelfiguren zu verwenden; für die Dreiecke und die kleinen Rauten in den Mittelfiguren werden Rot und Blau genommen.

Handarbeitsvorlagen. — Ausser den hier beschriebenen Arbeiten findet man eine grosse Anzahl von Vorlagen für Buntstickerei auf Leinen in folgenden Musterbüchern der Bibliothek D.M.C: *Albums für Kreuzstich-Stickerei I, II, III, Kreuzstich · Neue Muster I, II, III, Alphabete für die Stickerin, Vorlagen für Stickereien I, II, III, IV, V, Sammlung verschiedener Handarbeiten, Koptische Stickereien I, II.* (*)

(*) Siehe am Schluss der Encyklopädie das Verzeichnis der Musterbücher welche die Bibliothek D.M.C bilden.

Bordüre. Plattstichstickerei im Stile Louis XVI.

Die Buntstickerei auf Seide und Sammet.

Betrachtet man schwere, reiche Seidenstoffe, farbensatten Sammet, Plüsch mit den spielenden Lichteffekten, kostbare golddurchwirkte Gewebe, so ist man geneigt zu glauben, diese Stoffe seien alle prächtig genug, um weiteren Schmuck entbehren zu können, und doch hat seit jeher sowohl weltliche als kirchliche Prunkliebe den Wert dieser Gewebe durch kostbare Stickereien noch erhöht.

In diesem Abschnitt vereinigen wir die bekanntesten jener Techniken, die auf Seiden- und Sammetgeweben mit buntfarbigem Material ausgeführt werden. Der Ausführung nach schliessen sich diese Stickereien an jene Buntstickereien auf Leinen an, die nach Vorzeichnung ausgeführt werden.

Wir bringen zuerst die am meisten verbreitete Plattstichstickerei und beginnen mit dem unschattierten Plattstiche, dem der doppelseitige chinesische, der schattierte Plattstich und die feine Nadelmalerei folgen. Diesen reihen sich die Knötchentechnik und die Tambourier-Arbeit an, und den Schluss bildet die arabische Technik.

Wenn wir auch diese Arbeitsarten unter der Bezeichnung « Buntstickerei auf Seide und Sammet » bringen, so soll damit nicht gesagt sein, dass sich diese Sticharten den modernen

Stickereigeweben aus Baumwolle oder Leinen nicht anpassen liessen; selbstverständlich muss dann das Stickmaterial im Einklang mit dem Grundstoffe gewählt werden. Einzelne der hier vorkommenden Sticharten dürften schon aus den vorhergehenden Kapiteln bekannt sein; wir werden nicht ermangeln, in diesem Falle auf die betreffende Abbildung hinzuweisen.

Stoffe. — Die Vorlagen, die wir in Nachfolgendem bringen, sind alle auf Seide oder Sammet ausgeführt.

Am vorteilhaftesten erweisen sich für diese Art Buntstickerei schwere Seidenstoffe wie Atlas und Rips, auch kurz geschorene Sammete. Dünne Seidengewebe, die sich beim Sticken leicht verziehen, benutze man nicht. Auch Plüsch ist weniger zu empfehlen, da die einzelnen Stiche sich in dem langen Vlies leicht verlieren würden und daher immer ein Unterlegen der Formen erwünscht wäre. Zu besonders kostbaren Stickereien für kirchliche Zwecke werden mitunter auch Gold- und Silberbrokat herangezogen, doch sind diese spröden Metallstoffe für die empfindlichen seidenen Stickfäden durchaus nicht vorteilhaft. In diesem Falle würden wir empfehlen, die Stickerei auf Leinengrund auszuführen, die fertigen Figuren auszuschneiden und sodann auf Brokat aufzunähen. (Siehe das Kapitel « Die Aufnäharbeit ».)

Fadensorten. — Je nach der Ausführungsweise und der Feinheit der Zeichnung ist das Stickmaterial zu wählen. Unschattierte Plattstichstickerei, die chinesischen Plattstichstickereien und zarten Nadelmalereien verlangen feine offene Fäden, wie Persische Seide D.M.C (Soie de Perse) oder Flache Stickseide D.M.C (Soie mouline), (*) welche beliebig geteilt werden können. Die Knötchentechnik und die Tambourier-Arbeit bedingen wieder stark drellierte Fäden.

Bei der Verwendung von Baumwoll- und Leinengeweben wähle man an Stelle der offenen Seide Spezialgarn D.M.C (Mouliné spécial) und Flaches Leinengarn D.M.C (Lin floche), und als drellierte Fäden Stickgarn D.M.C (Coton à broder), Perlgarn D.M.C (Coton perlé) und Alsa D.M.C. Für Tam-

(*) Siehe am Schluss des letzten Kapitels die Tabelle der Nummern und das Farbenverzeichnis der Baumwoll-, Leinen- und Seiden-Artikel, Marke D.M.C — Die eingeklammerten französischen Benennungen befinden sich auf den Etiketten der D.M.C-Artikel.

bourier-Arbeit und Knötchentechnik wäre Häkelgarn D.M.C, Spezial-Qualität (Cordonnet spécial), Elsässer Nähgarn D.M.C (Fil d'Alsace) und Leinen-Spitzengarn D.M.C (Lin pour dentelles) zu wählen.

Geräte und Vorrichten (Abb. 267). — Das einzige notwendige Gerät für diese Art Stickereien ist ein starker, widerstandsfähiger Rahmen, wie solcher in Abbildung 267 dargestellt ist. Die Walzen müssen kreisrund genommen werden, damit bei grossen Arbeiten, welche das Einrollen des Stoffes be-

Abb. 267. Stickrahmen mit aufgespannter Arbeit.

dingen, sich die Kanten des Holzes nicht in den aufgerollten Stoff einpressen. Zuerst muss eine Unterlage für den Grundstoff an die in dem Rahmen eingefügten Gurtenbänder genäht werden. An den den Schienen zugekehrten Seiten des Unterstoffes ist eine kräftige Schnur oder ein Streifen starker Leinwand anzunähen. Dann erst wird der Rahmen ausgespannt und mit Schnüren, welche durch die schon vorher angebrachte Schnur oder durch den Stoffstreifen durchgezogen werden, der Stoff noch strammer gerichtet. Der eigentliche Stickgrund wird hierauf auf die Unterlage mit Saumstichen geheftet und so stark als nur irgend möglich gedehnt, um das Bilden von Falten nach Vollendung der Arbeit und nach dem Ausspannen aus dem Rahmen zu verhüten. Hierauf wird die Zeichnung auf den Stoff übertragen.

ABB. 268. BORDÜRE IN UNSCHATTIERTER PLATTSTICHSTICKEREI.
FADENSORTEN: Persische Seide D.M.C oder Flache Stickseide D.M.C, in Bleu-Indigo 1009, 1010, 1011 und 1012, oder Flaches Leinengarn D.M.C, in Bleu-Indigo 334, 322, 312 und 311. (*)

Arbeiten, welche zu umfangreich sind, um in dem Rahmen aufgezeichnet zu werden, müssen vor dem Einspannen aufgezeichnet werden. In diesem Falle ist der Stoff partienweise auf einem Zeichenbrett mit Reissnägeln stramm zu befestigen, und nur der aufgespannte Teil der Arbeit ist sodann aufzubausen und nachzuziehen. Die Anleitung zum Uebertragen der Zeichnung ist im letzten Abschnitte zu finden.

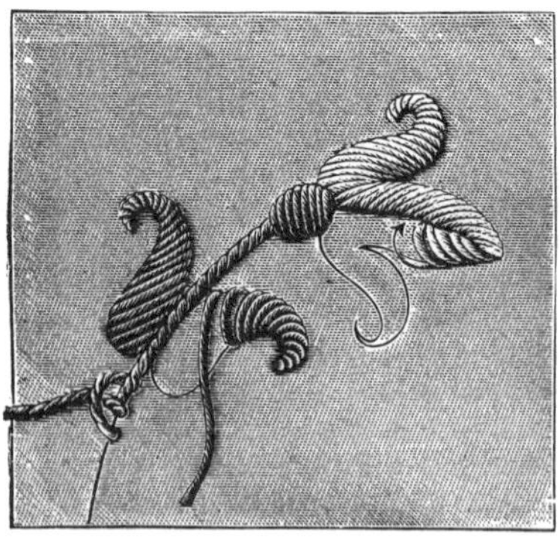

ABB. 269. AUSFÜHRUNG DER UNSCHATTIERTEN PLATTSTICHSTICKEREI ZUR BORDÜRE ABBILDUNG 268.

Bevor man zur Ausführung der Stickerei schreitet, versehe man sich mit einer Farbenskizze,

(*) Diese Nummern bezeichnen Farben aus den Farbenkarten der die Marke D.M.C tragenden Artikel. Diese Farbenkarten liegen in allen Kurzwaren- und Handarbeitsgeschäften auf.

auf welcher man genau die Abstufung der einzelnen Töne verfolgen kann. Nach dieser Skizze hat man dann die Einteilung der Farben und der Stichlage vorzunehmen.

Plattstichstickereien auf der Maschine. — Alle Arten von Plattstichstickereien lassen sich auf der Maschine herstellen.

Bei Arbeiten mit wertloser Kehrseite nimmt man als Oberfaden Persische Seide D.M.C (Soie de Perse), zu einem Faden gespalten, Stickgarn D.M.C (Coton à broder) N° 80 oder Retors d'Alsace D.M.C N° 30 und 50, mit Nähmaschinengarn D.M.C (Fil pour machines) N° 150 als Unterfaden. Bei doppelseitigen Stickereien dient Persische Seide D.M.C (Soie de Perse), Stickgarn D.M.C (Coton à broder) und Retors d'Alsace D.M.C auch als Unterfaden.

Bordüre in unschattierter Plattstichstickerei (Abb. 268 und 269). — Dieses Muster ist im unschattierten Plattstich und

ABB. 270. BORDÜRE IN CHINESISCHER, EINFACHER PLATTSTICHSTICKEREI.
FADENSORTEN: Persische Seide D.M.C oder Flache Stickseide D.M.C, in Vert-Réséda 1020, 1024, Vert-Lierre 1416, 1182, 1184, Vert-Jaune 1276, Rose ancien 1002, 1004, 1006, 1008 und Bleu-Paon 1221.

Stielstich gearbeitet. Jede Form ist an der Spitze zu beginnen. Bei geteilten Blättern wird zuerst eine Seite vollendet und dann erst die zweite gestickt, wobei man sehr darauf zu achten hat, dass die Teilung eine klare Linie bildet. Die Stichlage ist bei den Blättern meist schräg zu halten, wie auf den Abbildungen 268 und 269 zu ersehen ist.

Muss bei einer Form die Stichlage unter der Arbeit nach und nach verändert werden, um gewisse Rundungen sticken zu können, so ist es angezeigt, sich hierbei kleiner Hilfsstiche zu bedienen, die von der äusseren Kontur bis etwa in die Mitte der Form reichen und stets von dem folgenden normalen Stiche zum Teil verdeckt werden; dadurch wird, ohne aufzufallen, verhindert, dass auf der inneren Seite der Rundung die Stiche übereinander zu liegen kommen. Runde Punkte arbeitet man aus der Mitte, zuerst eine Hälfte, dann die andere, wodurch die runde Form leichter hergestellt wird.

Bei der Bordüre, Abb. 268, ist zwar nur eine Farbe, Bleu-Indigo, vorhanden; diese ist aber in einer Reihe von Tönen vertreten. Der Stielstich, dessen Ausführung Abbildung 269 wiederholt, ist mit dem dunkelsten Tone gestickt; die Blätter

Abb. 271. Blumenstück in chinesischer, einfacher Plattstichstickerei. Fadensorten: Persische Seide D.M.C oder Flache Stickseide D.M.C, in Rouge ancien 1035, 1037, 1040, Gris verdâtre 1177, 1179, 1180, Vert-Réséda 1018, 1021, 1024, Vert-Scarabée 1199, 1223, Vert doré 1261, 1145 und Blanc-Neige 1219.

und Blütenformen sind heller und in dreierlei Schattierungen ausgeführt.

Bordüre in chinesischer, einfacher Plattstichstickerei (Abb. 270). — Sämtliche Formen sind mit einfachem Plattstich zu bedecken; die Stichlage ist auf der Abbildung deutlich ersichtlich. Bezüglich der Farbenverteilung bleibt zu erwähnen, dass die grossen Blüten in vier Rosa ausgeführt sind; in den Blättern erscheinen nebst Dunkelblau und Gelb noch fünf Grün gleichmässig verteilt.

Blumenstück in chinesischer, einfacher Plattstichstickerei (Abb. 271). — Die Ausführung ist die gleiche wie bei der Bordüre Abbildung 270. Die Chrysanthemen sind in drei Rot gestickt, desgleichen die runden, fünfteiligen Blüten; die grossen, glockenförmigen Blüten hingegen erscheinen blaugrün mit rotem Kelche. Die fünfteiligen, spitzen Blätter zeigen resedagrüne Schattierung mit blaugrüner Spitze. Resedagrün, Blaugrün, Moosgrün und Gelb werden in den übrigen Blättern und Stielen gleichmässig verteilt. Die nach unten zu stehen kommenden hellen Ranken sind weiss zu sticken.

Ein einzelnes Blumenstück kann zur Verzierung von Nadel-

Abb. 272. Bordüre in chinesischer, gleichseitiger Plattstichstickerei.
Fadensorten: Persische Seide D.M.C oder Flache Stickseide D.M.C, in Bleu-Indigo 1009, 1010, 1011, 1012 und Blanc azuré 1186;
Spezialgarn D.M.C oder Flaches Leinengarn D.M.C, in Bleu-Indigo 334, 322, 312, 311 und Weiss. (*)

kissen, Mappen und Sachets dienen, vier in den Ecken angebrachte Motive eignen sich zur Ausstattung von Sofakissen, Schutz- und Tischdeckchen.

Bordüre in chinesischer, gleichseitiger Plattstichstickerei (Abb. 272). — Bevor wir zu der schattierten Plattstichstickerei übergehen, bringen wir eine jener chinesischen Flachstickereien, bei welcher die charakteristischen Ornamente in eigenartiger Weise vollkommen gleichseitig gestickt erscheinen. Unser Beispiel, Abb. 272, wurde auf dunklem, dichtem Grundstoffe ausgeführt; es eignen sich jedoch ganz besonders helle,

(*) Siehe am Schluss des letzten Kapitels die Tabelle der Nummern und das Farbenverzeichnis der Baumwoll-, Leinen- und Seiden-Artikel, Marke D.M.C.

durchscheinende Stoffe als Grund für diese, keine Kehrseite aufweisende Stickart. Die Ausführung, welche keineswegs sehr schwierig ist, erfordert eine nur etwas gesteigerte Aufmerksamkeit. Man arbeitet den Plattstich und vermeidet nur allzuplötzliche Veränderungen in der Stichlage und jedwedes Zurückstechen oder Weitergehen auf der unteren Seite des Stoffes. Jede Form wird für sich gearbeitet, der Faden innerhalb der

Abb. 273. Bordüre in schattierter Plattstichstickerei.
Fadensorten: Persische Seide D.M.C oder Flache Stickseide D.M.C, in Rouge-Cerise 1059, 1060, 1210, 1061, 1062, 1063, Bleu-Indigo 1009, 1010, 1011, 1012, 1013, Vert-Bronze 1092, 1093, 1094, 1095, 1096, 1097 und Vert-Lierre 1314, 1181, 1182, 1183, 1184;
Spezialgarn D.M.C oder Flaches Leinengarn D.M.C, in Rose tendre 776, 3326, Rouge-Grenat 335, 309, 326, 3367, Bleu ancien 930, 931, 932, 933, Vert-Mousse 469, 470, 471, 472, 773 und Vert doré 580, 581, 582, 583. (*)

Vorzeichnung eingenäht und vorsichtig in der Stickerei vernäht.

Die Bordüre, Abb. 272, ist mit flacher Stickseide D.M.C (Soie moulinée), zu einem Faden gespalten, in fünf Tönen Blau, Bleu-Indigo, gestickt; einzelne hellere Formen sind in Weiss ausgeführt.

(*) Siehe am Schluss des letzten Kapitels die Tabelle der Nummern und das Farbenverzeichnis der Baumwoll-, Leinen- und Seiden-Artikel, Marke D.M.C.

Für kleinere Toilettengegenstände, bei denen auch häufig die Kehrseite sichtbar ist, wie Schärpen, Krawatten, Fächer usw. eignet sich diese doppelseitige Plattstichstickerei ganz vorzüglich.

Bordüre in schattierter Plattstichstickerei (Abb. 273 und 274). — Die schattierte Plattstichstickerei erlaubt die Ausführung der kompliziertesten Ornamente, sowohl stark stilisierter als auch mehr naturalistischer Art.

Obige Bordüre ist im ineinandergreifenden Plattstich gearbeitet. Die Ausführung erklärt Abbildung 274. Man stickt stets, mit dem lichtesten Tone beginnend und genau auf die Kontur achtend, einen kleinen Teil der Form in Plattstich, meist in der Richtung der Form, wobei in der Fläche selbst die Stiche ungleich lang auszuführen sind. Hierauf arbeitet man wieder eine Reihe ungleich langer Stiche, in die Stiche der ersten Schattierung hineingreifend, so dass sich die Töne mischen, und fügt so einen Farbenton nach dem andern ein, bis die Form gefüllt ist und eine schön verteilte Schattierung aufweist.

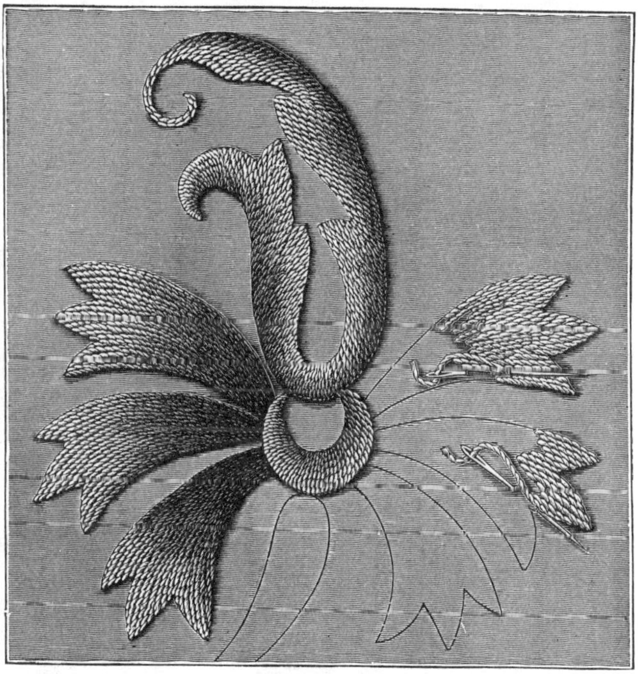

Abb. 274. Ausführung der schattierten Plattstichstickerei zur Bordüre Abbildung 273.

Stets ist darauf zu achten, dass die in der Abbildung ersichtliche Anordnung der Farbentöne und der Stichlage eingehalten wird. Die Stiele und Ranken der Bordüre werden in Stielstich gearbeitet. Die Farbenverteilung ist folgende: Rot ist für die grossen Blüten zu verwenden; der Blumenkelch erscheint blau, während Grün und Braun zu den Blättern und Ranken abwechselnd zu nehmen sind.

Blütenzweig in japanischer Nadelmalerei (Abb. 275 und 276). — Die Nadelmalerei repräsentiert die höchste Aus-

Abb. 275. Blütenzweig in japanischer Nadelmalerei.
Fadensorten: Persische Seide D.M.C oder Flache Stickseide D.M.C, in Bleu-Acier 1105, 1106, 1107, Bleu-Indigo 1011, 1012, Vert doré 1144, 1145, 1146, Brun-Cachou 1014, Brun-Rouille 1155, Rouge ancien 1036, 1038 und Blanc azuré 1186; Spezialgarn D.M.C oder Flaches Leinengarn D.M.C, in Gris-Bleu 594, 593, 592, Bleu-Indigo 334, 322, Vert doré 582, 581, 580, Brun-Cachou 437, Brun-Rouille 3314, Rouge-Géranium 352, 349 und Jaune-Crème 712. (*)

(*) Siehe am Schluss des letzten Kapitels die Tabelle der Nummern und das Farbenverzeichnis der Baumwoll-, Leinen- und Seiden-Artikel, Marke D.M.C.

bildung der schattierten Plattstickerei. Mit dieser Technik ist es möglich, Ornamente, naturalistische Blumen, Schmetterlinge und dergleichen in feinster Weise mit allen Farben und Tönen so in Stickerei auszuführen, dass sie an Schönheit derartigen gemalten Vorlagen in keiner Weise nachstehen.

Der Blütenzweig, Abb. 275, erscheint hier mit zwei Einzelfäden der flachen Stickseide D.M.C (Soie moulinée), teils mit einfachen und teils mit ineinandergreifenden Stichen gearbeitet. Man beginnt stets mit dem hellsten Tone, der hier meist weiss ist, und fügt, wie schon erwähnt, die dunkleren Töne an, indem man stets die Nadel aus dem schon gestickten Teil herausführt und in den noch unbedeckten Teil der Form hinuntersticht, wobei man das Einhalten der richtigen Stichlage wohl beachten muss. Beim Einschattieren der einzelnen Blätter ist anzuempfehlen, mit dem Sticken, wie auf der Abbildung 276 zu sehen, in der Mitte zu beginnen und von hier aus erst nach einer, dann nach der anderen Seite zu arbeiten. Die Staubfäden der Blumen sind in Knötchenstich gearbeitet, welchen Abbildung 78 lehrt. Die grosse Mittelblume ist in Rot gehalten; die grosse aufstrebende Blume in Weiss und Grün mit blauen und roten Kelchblättern. Die Knospen zeigen blaue und gelbe Blumenblätter; die Stiele sind durchweg blaugrün, sämtliche Blätter in Moosgrün gearbeitet. Bezüglich der Verwendung dieses Musters verweisen wir auf Abbildung 271.

Abb. 276. Ausführung einer Blüte zum Blütenzweig Abbildung 275.

Feldblumenstrauss in Nadelmalerei (Abb. 277). — Diese reizende Vorlage, die sich besonders zur Ausstattung von Sachets eignet, ist mit Persische Seide D.M.C (Soie de Perse), zu zwei Fäden gespalten, ausgeführt. Die Mohnblume erscheint lila, die Nelken sind in Rot gestickt, die Blätter in mattem Resedagrün und die Kornähren strohgelb mit frischgrünen Grashalmen.

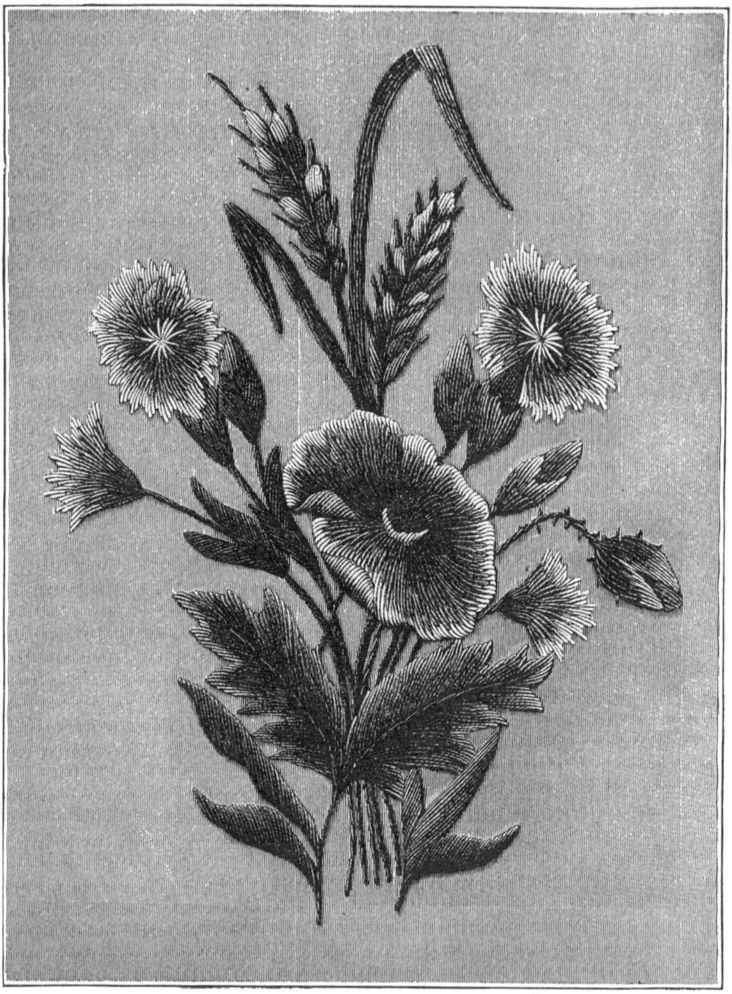

ABB. 277. FELDBLUMENSTRAUSS IN NADELMALEREI.

FADENSORTEN: Persische Seide D.M.C oder Flache Stickseide D.M.C, in Violet-Scabieuse 1201, 1230, 1202, 1203, Rose ancien 1001, 1002, 1003, 1004, 1005, 1006, Vert-Réséda 1206, 1207, 1425, 1018, 1019, 1020, 1021, 1022, 1023, 1024, 1025, Brun-Rouille 1154, 1229, 1155, Vert-Lierre 1314, 1181, 1182, 1183, 1184, Vert-Bronze 1093, 1096, Blanc-Crème 1220;
Spezialgarn D.M.C oder Flaches Leinengarn D.M.C, in Violet-Mauve 377, 316, 376, 315, Rose tendre 3326, Rouge-Grenat 335, 309, 326, 3367, Gris-Tilleul 393, 392, Vert-Réséda 750, 751, Jaune-Safran 727, 726, 725, Vert doré 583, 582, 581, 580, Vert-Jaune 731, 730, Jaune-Crème 712. (*)

(*) Siehe am Schluss des letzten Kapitels die Tabelle der Nummern und das Farbenverzeichnis der Baumwoll-, Leinen- und Seiden-Artikel, Marke D.M.C.

Schmetterling in Nadelmalerei (Abb. 278). — Hier ist als Arbeitsfaden für die Nadelmalerei nur ein Faden der flachen Stickseide D.M.C (Soie mouline̕e) genommen, was eine noch feinere Abtönung der Farben erlaubt. Die vorderen Flügel des Schmetterlings sind grösstenteils in Blau, vom hellsten bis zum dunkelsten abgetönt, gestickt und mit einem weissen, am vorderen Rande schwarz überstochenen Streifen, einem dunkelroten Punkte nahe dem Körper und kleinen, dreieckigen, Rosa mit Weiss begrenzten Flecken verziert. Die Hinterflügel erscheinen vom hellsten Rosa bis zum feurigen Rot abschattiert; sie sind mit einem schwarzen Bande, weissen

ABB. 278. SCHMETTERLING IN NADELMALEREI.
FADENSORTEN: Persische Seide D.M.C oder Flache Stickseide D.M.C, in Bleu-Indigo 1009, 1010, 1011, 1012, 1013, Rouge-Cerise 1059, 1060, 1210, 1439, 1061, 1321, 1062, 1063, Vert-Lierre 1314, 1182, 1184, Noir 1187 und Blanc azuré 1186.

Punkten auf dem roten Teile und grünen Halbmonden nahe dem Rande geschmückt.

Der Körper des Schmetterlings ist weiss und mit schwarzen Querbändern versehen; die Füsse sind weiss, die Augen schwarz, der Saugrüssel rot und die Fühler weiss mit Schwarz überstochen.

Blumenstück in Knötchentechnik (Abb. 279 und 280). — Hauptsächlich, wenn auch nicht ausschliesslich, sind es Stickereien aus China und Japan, welche den Knötchenstich, der sich ausserordentlich zur Abtönung der Farben eignet, häufig aufweisen.

Die Ausführung des Stiches ist bereits bei der Weisstickerei erklärt worden. (Siehe Seite 45, Abb. 78.) In unserer Vorlage

ABB. 279. BLUMENSTÜCK IN KNÖTCHENTECHNIK.
FADENSORTEN: Alsa D.M.C, in Bleu grand-teint 799, 798, 797, Vert doré 583, 581, Brun-Cachou 435, Vert-Fauve 692, 691, Rose tendre 3326, Rouge-Grenat 335, 358, Vert-Pistache 319 und Stickgold D.M.C N° 20. (*)

ABB. 280.
AUSFÜHRUNG EINES BLATTES ZUM BLUMENSTÜCK ABBILDUNG 279.

sind sämtliche Formen mit Goldschnürchen, Stickgold D.M.C (Or fin à broder) N° 20, welche mit Ueberfangstichen aus gelbgrüner Seide befestigt sind, umrandet. Erst nachdem die Umrandung vollendet ist, füllt man die Formen mit Knötchenstichen, die man am besten stets nach der gleichen Richtung arbeitet. Um die Schattierung wirkungsvoll ausführen zu

(*) Siehe am Schluss des letzten Kapitels die Tabelle der Nummern und das Farbenverzeichnis der Baumwoll-, Leinen- und Seiden-Artikel, Marke D.M.C.

können, bildet man dort, wo die beiden Farbentöne zusammenstossen, in einer Knötchenreihe stets abwechselnd ein helleres und ein dunkleres Knötchen, siehe Abbildung 280.

Orangegelb wird zu den grossen Früchten verwendet, Rosa zu der fünfteiligen Blüte, während Moosgrün und Blau in den Blättern und Ranken gleichmässig verteilt erscheinen.

Abb. 281. Blumenstrauss in Tambourier-Arbeit.
Fadensorten: Alsa D.M.C, in Rouge-Géranium 353, 352, 351, 350, 349, Vert-Pistache 320, 367, 319, Vert-Fauve 692, 691, Bleu-Indigo 334, 312, Rouge-Framboise 3686, 3684, Violet-Scabieuse 396.

Stickereien dieser Art empfehlen wir zur Ausstattung von Gegenständen, wo die Stickerei auf festem Untergrunde montiert wird.

Grainiertechnik auf der Maschine. — Zur Nachbildung der chinesischen Knötchenstickerei dient auf der Maschine die

«Grainiertechnik», eine Art Sandstich in spiralenförmiger Anordnung. Als Oberfaden verwendet man Alsa D.M.C, Retors d'Alsace D.M.C oder Persische Seide D.M.C (Soie de Perse), zu einem Faden gespalten, mit Nähmaschinengarn D.M.C (Fil pour machines) N° 150 als Unterfaden.

Blumenstrauss in Tambourier-Arbeit (Abb. 281). — Aus dem Orient stammen die schönsten, mit der Hand ausgeführten Tambourier-Arbeiten, unter denen die türkischen, persischen und indischen an erster Stelle stehen. Auf gelbem Seidenstoff ist die gefällig stilisierte Zeichnung in Rot, Grün, Braun, Blau, Violett, in vielen Schattierungen gearbeitet. Die Farben erscheinen hier gleichmässig verteilt, so dass sich keine hervordrängt. Man achte jedoch genau auf die in der Abbildung ersichtliche Linienführung der tambourierten Reihen und beginne stets an den Aussenkonturen; denn nur so ist es möglich, die einzelnen Formen der Vorzeichnung genau darzustellen.

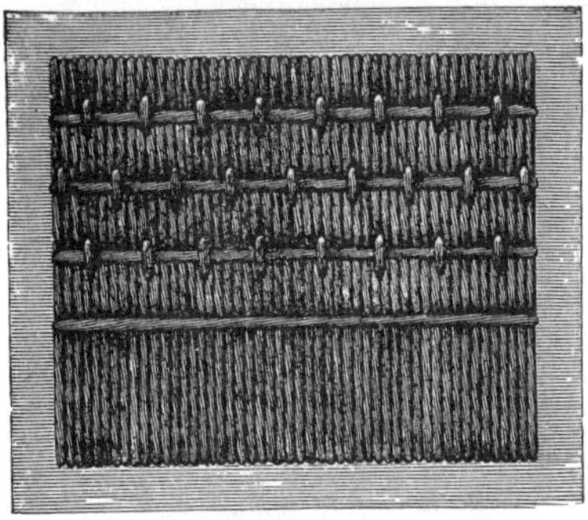

Abb. 282.
Orientalischer Stickstich.

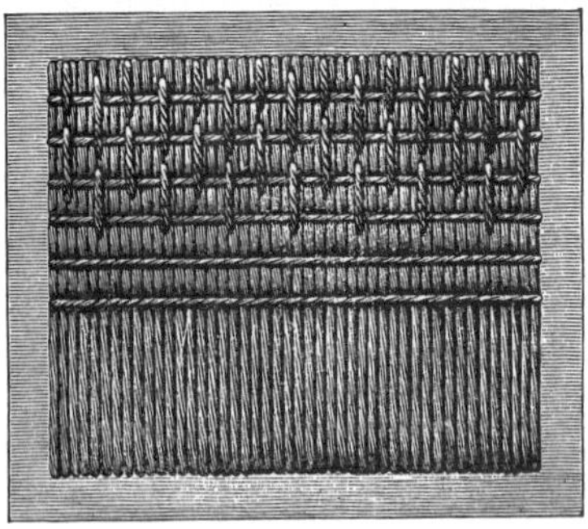

Abb. 283.
Orientalischer Stickstich.

Betreffs der Farbenverteilung können wir nur flüchtige Angaben machen. Die Blätter erscheinen braun und grün schattiert mit roten Rippen und blauen Ranken. In den Blumen sind Blau, Rot und Violett abwechselnd verteilt. Die Ausführung der Tambourier-Arbeit ist bereits im Abschnitte «Die Buntstickerei auf Leinen», Seite 139, eingehend erklärt worden. Diese durch die Stichart besonders elastischen Stickereien werden hauptsächlich zum Kleideraufputz für Plastrons, Kragen und Manschetten usw. herangezogen.

Orientalische Stickstiche (Abb. 282, 283, 284). — Die folgenden drei Stickstiche erscheinen hier unter der Bezeichnung

« Orientalische Stickstiche » ; denn alle drei sind auf Arbeiten asiatischer Herkunft zu finden, und es ist nur allzu wahrscheinlich, dass sie aus dem fernen Osten, der Wiege der meisten Nadelkünste, ihren Weg nach dem Westen genommen haben.

Diese Sticharten sind nur für grössere Formen als Füllstiche zu verwenden. Werden die einzelnen Formen des zu stickenden Musters einfarbig mit einem dieser Stiche gefüllt und durch abstechende Kontur begrenzt, so nennt man diese Art « Arabische Technik » ; wenn jedoch die einzelnen Teile der Vorlage regelrecht abschattiert erscheinen und durch keinerlei Kontur abgeschlossen werden, so bezeichnet man diese Methode als « Renaissance-Stickerei ».

Abb. 284.
Orientalischer Stickstich.

Die Längsfäden sind zuerst zu ziehen. Ist das Material weich, schmiegsam, so kann man, um Stickfaden zu sparen, den nächsten Stich gleich neben dem ersten herausführen ; ist das Material aber spröde, so muss die Nadel wieder unter dem Stoff zurückgeführt werden, und zwar so, dass alle Stiche von oben nach unten ausgeführt werden.

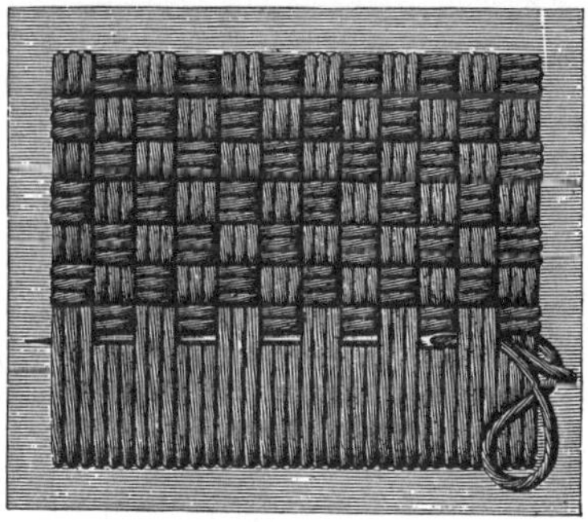

Abb. 285.
Der Flechtstich.

Wenn alle Längsfäden über eine Fläche gespannt sind, so werden die Querfäden in regelmässiger Entfernung darüber gelegt und mit Ueberlegstichen zwischen je sechs Längsfäden festgehalten. In der folgenden Reihe sind die Ueberlegstiche versetzt zu stellen, siehe Abbildung 282.

Die beiden folgenden Abbildungen weisen denselben Untergrund auf wie Abbildung 282. Die wagerecht gespannten Fäden sind in Abbildung 283 näher aneinander gerückt als in Abbildung 282; die Ueberlegstiche greifen über zwei wagerechte Fäden.

In Abbildung 284 erscheinen die zweitgelegten Fäden in schräger Richtung gespannt, ebenso die versetzten Ueberlegstiche, welche abermals über zwei Fäden greifen.

Der Flechtstich (Abb. 285). — Ueber vorgerichtete Längsfäden führt man ein Flechtwerk mit drei aneinandergereihten Fäden aus. Um die Flechtwürfel genau und regelmässig zu gestalten, muss der Faden immer von rechts nach links durchgezogen werden.

Der Mosaikstich (Abb. 286). — Diese Stichart, an antiken Nadelkunstwerken häufig den aufgelegten gewebten Stoff ersetzend, bedingt dieselbe Vorarbeit wie die vorhergehenden Muster. Die Stiche, die das Grundmuster über die Längsfäden bilden, müssen einzeln gemacht werden, damit sie sich wölben, statt wie beim Flechtstich glatt zu liegen.

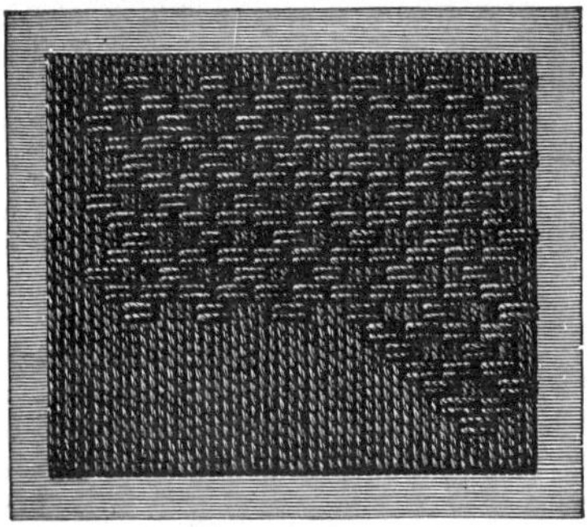

Abb. 286.
Der Mosaikstich.

Bordüre in arabischer Technik (Abb. 287). — Zwei Arten des orientalischen Stickstiches, Abb. 283 und 284, und der Flechtstich, Abb. 285, sind bei dieser, nach einer kaukasischen Decke entworfenen Stickerei erfolgreich angewendet. Das Ornament, auf dunkelblauem Sammetgrunde gestickt, erscheint mit bunter Seide, flacher Stickseide D.M.C (Soie moulinée), ausgefüllt und mit Gold- und Silberschnürchen überstochen.

Die Füllstiche sind nach den Abbildungen 283 und 284 stets mit einem halben Faden Seide angelegt, mit Gold, Stickgold D.M.C (Or fin à broder) N° 40, überspannt, das mit Querstichen aus Silber, Sticksilber D.M.C (Argent fin à broder) N° 40, niedergehalten wird; der Flechtstich ist nur in Seide ausgeführt. Die Verteilung der Stiche ist auf der Abbildung 287 deutlich ersichtlich.

In der kleinen Bordüre finden wir die grossen Blätter hellgrün, die kleinen rostrot gestickt, während die begrenzenden

Streifen in rosa Seide ausgeführt sind. Jenes schmale Band der breiten Bordüre, das sich durch dieselbe windet, ist hellgrün, das zweite, in sich selbst zurückkehrende Band rostrot, das innerhalb desselben befindliche kleine Blatt dunkelgrün, und die abwärts strebenden Blätter hellgrün. Rosa erscheinen

Abb. 287. Bordüre in arabischer Technik.
Fadensorten: Persische Seide D.M.C oder Flache Stickseide D.M.C, in Vert-Scarabée 1223, Vert-Bronze 1094, Brun-Fauve 1270, 1123, Vert-Olive 1222, Blanc-Neige 1219, Gold-Cordonnet D.M.C, Gold- und Silber-Gespinste D.M.C N° 20 und 40. (*)

die aufwärts strebenden Blätter, die kleine Form über diesen hellgrün, während das Kelchblatt unter den rosa Blättern mit

(*) Siehe am Schluss des letzten Kapitels die Tabelle der Nummern und das Farbenverzeichnis der Baumwoll-, Leinen- und Seiden-Artikel, Marke D.M.C.

weisser Seide gestickt ist und auf einer kleinen, länglichen Form, welche dunkelgrün erscheint, ruht.

Nachdem sämtliche Figuren mit den Stichen gefüllt sind, arbeitet man das Goldgitter, das vom roten Bande umschlossen erscheint, mit Gold-Cordonnet D.M.C (Cordonnet d'or) und bildet die auf dem Gitter aufliegenden Verzierungen mit Silberschnüren, welche aus Sticksilber D.M.C (Argent fin à broder) N° 20 mit Hilfe des Schnurrädchens (siehe « Die Ausstattung der Arbeiten », Abb. 1026) hergestellt sind. Die Ansätze an den geraden Streifen sind mit Goldschnur ausgeführt. Schliesslich umrandet man alle Formen noch mit Gold-Cordonnet D.M.C (Cordonnet d'or), welches man mit unsichtbaren Stichen aufnäht. Das unsichtbare Aufnähen der Goldschnur ist im folgenden Kapitel mit Abbildung 292 gelehrt.

Der Zackenmusterung halber erscheint diese reiche Stickerei zur Ausstattung von Lambrequins wie geschaffen.

Handarbeitsvorlagen. — Ausser den hier beschriebenen Arbeiten findet man eine grosse Anzahl von Vorlagen für Buntstickerei auf Seide und Sammet in folgenden Musterbüchern der Bibliothek D.M.C : *Vorlagen für Plattsticharbeit* und *Vorlagen für Stickereien I u. II.* (*)

(*) Siehe am Schluss der Encyklopädie das Verzeichnis der Musterbücher welche die Bibliothek D.M.C bilden.

Bordüre. Stechen und Sprengen mit Kantillen und Flitterstickerei.

Die Goldstickerei.

Vergleicht man die verschiedenen Stickereiarten miteinander im Hinblick auf die Wirkung, die sie hervorbringen, so muss man unstreitig jener Technik den ersten Platz zuweisen, die mit Gold- und Silberfäden ausgeführt wird und die man mit dem Namen « Goldstickerei » bezeichnet.

Im 17. und zu Anfang des 18. Jahrhunderts blühte diese Technik ganz besonders in Spanien, Italien, Frankreich und Deutschland; sie fand hauptsächlich bei den aus dieser Zeit stammenden kirchlichen Paramenten und Dekorationsstücken Verwendung.

Seit Ende des 18. Jahrhunderts wurde die Kunst, mit Gold zu sticken, fast nur noch von den hierzu herangezogenen Fachleuten betrieben. Aeusserst selten nur wurde sie im Privatkreise ausgeübt; denn Jeder scheute es, sich in einer Technik zu versuchen, zu deren vollständigem Erlernen nach damaligen Begriffen eine Lehrzeit von neun Jahren erforderlich war.

Seitdem die Mode die meisten Nippsachen mit Monogrammen und sinnigen Widmungen ausgestattet hat, nimmt die Neigung, mit eigener Hand die Goldfäden in Leder, Sammet und anderen Stoffen einzusticken, auch in jenen Kreisen wieder zu, in denen die Handarbeit nur als Liebhaberei gepflegt wird.

Die Hauptwirkung der Gold- und Silberstickerei beruht auf der wechselnden Anordnung der verschiedenen Sticharten bei den mehr oder minder erhaben gehaltenen Formen. In neuerer Zeit bedient man sich, ausser den bekannten Gold- und Silberschnürchen, noch des Buntgoldfadens, Chiné d'or, welcher in fünf verschiedenen Farben vorhanden ist, bei dem nebst der Wirkung des Goldes noch jene der Farben zur Geltung kommt.

Stoffe. — Die Goldstickerei erfordert als Stickgrund nur schwere, widerstandsfähige Stoffe; am besten eignen sich hierzu Seide, Sammet und Brokat, aber auch Tuch und Leder können je nach der Bestimmung der Arbeit verwendet werden.

Fadensorten. — Zur Ausführung der Gold- und Silberstickerei empfehlen wir in erster Linie Echtes Stickgold und Sticksilber D.M.C (Or und Argent fins) in den Nummern 20, 30 und 40; sollen die Konturen einzelner Formen kräftiger hervortreten, so ist Gold-Cordonnet D.M.C (Cordonnet d'or) zu nehmen. Gold-Chiné D.M.C (Chiné d'or), Buntgoldfaden, in fünf Farben erhältlich, wird da angewendet, wo ausser der Wirkung des Goldes noch Farbeneffekte erwünscht sind. Zur Nachahmung der türkischen Goldstickereien, die halb in Gold,

Abb. 288. Die Goldspindel. Verkleinerte Ansicht.

halb in Seide gehalten sind, dient Türkische Goldschnur D.M.C (Ganse turque) N° 6 und 12. Zum Niedernähen der Metallfäden dient Alsa D.M.C, in Jaune d'or 782 oder Gris-Cendre 762, für alle unsichtbar sein sollenden Befestigungsstiche, und Alsa D.M.C in bunten Farben wird dann verwendet, wenn die Musterung abstechende Ueberfangsstiche verlangt.

Geräte. — Das erste und notwendigste Hilfsmittel für die Goldstickerei ist ein sehr kräftiger, widerstandsfähiger Stickrahmen; zur Ausführung einzelner Sticharten benötigt man ausserdem eine Spindel zum Aufspulen des Metallfadens und eine kleine Ahle zum Vorbohren der Stichöffnungen in dem Grundstoffe.

Ferner ist es ratsam, sich auch eine kleine Materialtafel zum Aufbewahren von Kantillen und Flitter anzuschaffen.

Die Goldspindel (Abb. 288). — Die Spindel, auch Bretsche genannt, ist aus hartem Holz gearbeitet und ungefähr 23 cm.

lang. Sie dient zum Aufwinden des Metallfadens. Der Holzstab, sowie die Gabel sind mit doppeltlaufendem Perlgarn D.M.C (Coton perlé) in hellgelber Farbe zu umwinden. Der Goldfaden ist dann an die Schlinge zu knüpfen und um den unter der Gabel befindlichen runden Stab zu winden. Der Stickfaden ist ein- oder mehrfach, meistens zweifach auf die Spindel zu winden. Beim Arbeiten legt man den Goldfaden über die Unterlage hin und zurück und näht ihn mit ein oder zwei Stichen fest. Hier kommt auch die Ahle zur Verwendung.

Wenn sich der Metallfaden zu steif, zu spröde zum Sticken zeigen sollte, so lege man die vollgewundene Spindel an einen ziemlich heissen Ort. z. B. in ein Backrohr. In der hohen Temperatur wird er weicher und geschmeidiger; er ist daher leichter zu verarbeiten.

Die Ahle (Abb. 289). — Die Ahle besteht aus einem Messingheft mit eingeschraubter Nähnadel. Im Inneren der Ahle befindet sich eine Vertiefung, in welche die entsprechend starke Nadel mit dem Oehr nach abwärts eingefügt und mit der vorhandenen Schraube festgehalten wird. Bevor beim Arbeiten die Stick- oder Nähnadel mit dem Arbeitsfaden von unten nach aufwärts durch den Stoff geführt wird, bohrt man von oben mit der Ahle ein Loch vor an der Stelle, an welcher die Nadel an die Oberfläche gebracht werden soll. Bei weichen Stoffen ist das Vorstechen unnötig, bei Brokatstoffen, bei Plüsch und Leder, wo jeder unsicher geführte Stich Spuren hinterlässt, die die Arbeit entstellen würden, ist es unumgänglich notwendig, der Nadel den Weg zu bahnen.

Abb. 289. Die Ahle. Natürliche Grösse.

Materialtafel. — Aus einem dünnen Brett oder aus einem sehr dicken Pappendeckel schneidet man so viele Felder aus, als Goldsorten zur Verarbeitung kommen sollen, da nicht nur gedrehter Goldfaden, sondern auch Perlen, Flitter, glänzende und matte Kantillen usw. in der mannigfachsten Weise angebracht werden können. Für die Kantillen allein sind oft mehrere Felder erforderlich. Es werden eben nach der Zeichnung längere oder kürzere Stückchen geschnitten, und jede Längensorte wird getrennt gehalten, um sie nicht während des Stickens erst auslesen zu müssen. Der Boden der einzelnen Felder soll mit rauhem Tuch bedeckt werden, um das Auffassen der Perlen, Flitter und Kantillenstückchen zu erleichtern.

Vorrichten. — Welcher Art die Goldstickerei auch sein mag und auf was für Stoff sie auch immer ausgeführt wird, stets muss zuerst ein Unterstoff in den Rahmen genäht werden. Der Oberstoff ist auf demselben festzunähen, wie schon bei der Buntstickerei auf Seide und Sammet erklärt. Auf den straff ausgespannten Oberstoff wird sodann die Zeichnung übertragen. Die Ausführung von flach gehaltenen Goldstickereien — Goldstickerei ohne Unterlage — kann hierauf ohne Weiteres begonnen werden. Bei erhaben zu stickenden Figuren müssen jedoch die Formen eine gestickte Baumwollunterlage erhalten, die in der im Abschnitte « Die Weisstickerei » gelehrten Art herzustellen ist. Als Material für die Unterlage empfehlen wir weiches, flaches Garn, Spezialgarn D.M.C (Mouliné spécial), gold- oder silberfarben.

An Stelle der gestickten Unterlage können auch Karton- oder Lederauflagen treten. Da aber das Ausschneiden der Musterfiguren viele Mühe und Sorgfalt erfordert, so empfehlen wir unsern Leserinnen mehr das Untersticken der Formen, das ihnen gewiss schneller von statten geht.

Die verschiedenen Techniken. — Bezüglich der Herstellungsweise unterscheidet man bei der Goldstickerei folgende Haupttechniken: 1. Anlegetechnik, 2. Kordeltechnik, 3. Stechen, 4. Sprengen, 5. Phantasiestickerei mit Kantille und Flitter.

1. **Anlegetechnik.** — Die Anlegetechnik besteht in einfachem Aufnähen der Goldfäden oder Schnüre, welche entweder unsichtbar oder sichtbar mit Ueberfangstichen in gleicher oder abstechender Farbe festgehalten werden.

2. **Kordeltechnik.** — Kordeltechnik ist bezüglich der Ausführung mit der Anlegetechnik verwandt, unterscheidet sich jedoch von ersterer dadurch, dass sämtliche Formen über gespannte Schnureinlagen — Kordeln — angelegt werden. Zu bemerken ist, dass sowohl bei der Anlage-, als auch bei der Kordeltechnik der Metallfaden nur auf der Arbeitsseite geführt

wird, wodurch der Verbrauch des Materials verhältnismässig ein geringer ist.

3. **Stechen.** — Werden die Musterfiguren mit geraden oder schrägen Plattstichen bedeckt, so nennt man diese Technik — die einzige, bei welcher der Goldfaden auch auf die Kehrseite geführt wird — das Stechen.

Die ersten drei Arten der Goldstickerei können sowohl mit vorgestickter Unterlage ausgeführt werden, als auch ohne dieselbe.

4. **Sprengen.** — Diese Technik verlangt für die nachzubildenden Figuren des Musters immer eine dichte, steife Unterlage. Beim Sprengen wird der Goldfaden über die Formen hin- und zurückgeführt und nach jedem Legen mit ein oder zwei Stichen festgehalten. Bei dieser Technik kommt die Spindel in Anwendung.

5. **Phantasiestickereien mit Kantille und Flitter** werden jene Arbeiten genannt, bei denen die Musterfiguren durch verschiedenartiges Aufnähen von Kantillen, Flitter, Folien, bunten Steinen usw. gebildet werden. Einzelne Figuren in Kantille- oder Flitterstickerei sind meistens im Vereine mit den anderen Techniken der Goldstickerei anzutreffen; wir geben die Erklärungen dieser Stiche nebst bildlichen Darstellungen daher auch stets bei der Vorlage, die mit dem betreffenden neuen Zierstich ausgestattet ist.

Bordüre in Goldstickerei. Anlegetechnik und Flitterstickerei (Abb. 290, 291, 292). — Nach einem aus dem 18. Jahrhundert stammenden Originale gestickt, weist die Bordüre alle charakteristischen Eigenschaften jener Goldstickereien auf, bei denen die Musterung hauptsächlich durch Aufnähen von Schnüren hergestellt werden und deren Ausführungsweise dementsprechend die einfachste genannt werden kann. Sehr wichtig für diese Art der Goldstickerei ist die Wahl der Zeichnung. Diese soll, um in der Ausführung wenig Schwierigkeiten zu verursachen, hauptsächlich aus Linien bestehen, welche ununterbrochen fortlaufend die Figuren bilden, wie das bei der Bordüre, Abb. 290, der Fall ist, damit die Stickerin die Goldschnur, den Linien folgend, durch die ganze Länge des Musters auf der Arbeitsseite des Stoffes leiten kann, wodurch das häufige, lästige Durchziehen der dicken Schnur durch den Stoff vermieden wird. Man beginnt mit dem Aufnähen — Anlegen — der Goldschnur, Gold-Cordonnet D.M.C (Cordonnet d'or), indem man, wie auf Abbildung 291 ersichtlich, in jede Windung der Schnur sticht, dann dieselbe so zudreht, dass der Stich nicht mehr sichtbar ist. Das am Anfange und Ende der Bordüre notwendige Durchziehen der Schnur durch den Stoff geschieht mit Hilfe einer spitzen, dicken Sticknadel.

Abb. 290. Bordüre in Goldstickerei, Anlegetechnik und Flitterstickerei.
Fadensorten: Gold-Cordonnet D.M.C und Alsa D.M.C, in Jaune d'or 782 und Rouge-Cardinal 346. (*)
Flitter, Kantille und rote Steine laut Abbildung.

Nach Vollendung des Schnuraufnähens werden die einzelnen Goldflitter, wie auf Abbildung 291 gezeigt ist, mit kleinen Stück-

(*) Diese Nummern bezeichnen Farben aus den Farbenkarten der die Marke D.M.C tragenden Artikel. Diese Farbenkarten liegen in allen Kurzwaren- und Handarbeitsgeschäften auf.

chen Goldkantille befestigt, indem man stets an passender Stelle die Nadel nach oben bringt, einen Flitter und ein Stückchen Kantille anfädelt und den Arbeitsfaden beim Abwärtsstechen wieder durch das Loch des Flitters führt. In dem mittleren Teile der Bordüre erscheinen die Blattformen mit geschobenen Flittern verziert, wozu auf Abbildung 292 die Ausführung dargestellt ist. Man befestigt hierbei den ersten Flitter der Reihe, indem man den Faden von oben durch das Loch des Flitters in den Stoff führt. Hierauf bringt man die Nadel auf der richtigen Seite knapp neben dem Flitter heraus, fädelt einen zweiten Flitter und dann ein kleines Stückchen Kantille auf den Faden und sticht wieder in das Loch des ersten Flitters, wobei der zweite Flitter zur Hälfte über den ersten geschoben wird. Nun wieder knapp neben dem zweiten Flitter heraufstechend, führt man die Nadel, nachdem man Flitter und Kantille aufgefädelt hat, so durch das Loch des zweiten Flitters, dass das zweite Stückchen Kantille an das erste sich anschliesst und mit diesem eine Linie bildet und so fort. Die roten Steine, welche mit zwei Löchern versehen sind, werden mit Steppstichen aufgenäht.

Abb. 291. Aufnähen einzelner Flitter mittelst Kantille und Aufnähen der Steine. Zur Bordüre Abb. 290.

Abb. 292. Aufnähen der Schnur und Ader aus geschobenen Flittern. Zur Bordüre Abbildung 290.

Diese breite Bordüre dient zur Verzierung von Messgewändern und anderen kirchlichen Paramenten.

Schmetterling in Gold- und Silberstickerei. Anlegetechnik (Abb. 293). — Der nur wenig stilisierte Schmetterling ist einer reizvollen chinesischen Goldstickerei entnommen, die ein ziemlich naturalistisches Ornament, durchweg in Legetechnik gearbeitet, aufweist, wobei als charakteristisch die feine Farbenwirkung zu bemerken ist, die durch die Ueberfangstiche aus verschiedenfarbigem Garn hervorgerufen wird.

Für die Ausführung der Anlegearbeit, welche teils mit doppelt fortlaufendem, teils mit einem hin- und zurückführenden Metallfaden gearbeitet erscheint, verweisen wir auf die bei den Abbildungen 296 und 304 gegebenen Erläuterungen.

Körper, Fühler und Füsse sind mit Ueberfangsstichen aus braunem Garn, die Augen mit Schwarz über Gold, Stickgold D.M.C (Or fin) N° 20, gearbeitet. Die beiden grösseren Teile der vorderen Flügel sind mit Gold gelegt und rot überstochen, der kleine Teil des rechten Flügels mit Orange über Gold, während ein Teil des linken vorderen Flügels mit Grün über Silber, Sticksilber D.M.C (Argent fin) N° 20, gearbeitet ist.

Abb. 293. Schmetterling in Gold- und Silberstickerei. Anlegetechnik.
Fadensorten: Stickgold und Sticksilber D.M.C N° 20; Alsa D.M.C, in Violet-Scabieuse 397, Bleu-Indigo 322, Vert-Pistache 319, Brun-Marron 405, Noir grand-teint 310, Rouge-Cardinal 347, Jaune-Mandarine 740. (*)

Der linke Hinterflügel ist mit Silber und grünem Garn, der rechte mit Gold und orangefarbenem Garn gestickt. Die schwanzartigen Fortsätze der Flügel erscheinen in Gold und Silber mit Violett überstochen. Die Punkte in den goldenen Flügeln sind aus Silber mit Grün, in den silbernen Flügeln aus Gold mit Orange hergestellt. Bei der Ausführung des Schmetterlings achte man genau auf die in der Abbildung angegebene Linienführung der gelegten Goldfäden.

(*) Siehe am Schluss des letzten Kapitels die Tabelle der Nummern und das Farbenverzeichnis der Baumwoll-, Leinen- und Seiden-Artikel, Marke D.M.C.

TAFEL VI

Goldstickerei, Anlegetechnik

auszuführen mit echtem Stickgold D.M.C (Or fin à broder).

Schmetterlinge dieser Art sind als Vervollständigung grosser Dekorationsstücke häufig anzutreffen; einzeln verwendet man sie zur Ausstattung von kleinen Mappen, Sachets, Fächern, Zigarrentaschen, Kissen usw.

Bordüre in Gold- und Silberstickerei. Gestochene Arbeit (Abb. 294, 295, 296). — Eine kunstvolle Stickerei aus dem 17. Jahrhundert diente uns als Vorbild für obige Bordüre, an der wir « das Stechen » erklären und in seiner Anwendung zeigen.

Die Stecharbeit ist, wie schon erwähnt, in Plattstich mit Metallfaden — meist über Unterlage — ausgeführt. Bei unserer Vorlage sind die erhabenen Blütenformen und Blätter mit Baumwolle unterlegt, wie Abbildung 295 erklärt. Man modelliert

Abb. 294. Bordüre in Gold- und Silberstickerei. Gestochene Arbeit.
Fadensorten: Stickgold und Sticksilber D.M.C N° 20, Spezialgarn D.M.C und Alsa D.M.C, in Jaune d'or 782 und Gris-Cendre 762.

zuerst jede Form, indem man einen Faden Spezialgarn D.M.C (Mouliné spécial) N° 14, mit Ueberfangstichen aufheftet, hierbei Faden neben Faden legt und zwei oder drei immer schmäler werdende Schichten aufbaut, wohl darauf achtend, dass die Vorzeichnung genau eingehalten wird. Etwaige Unebenheiten in der Modellierung werden mit zwei Fäden Spezialgarn D.M.C (Mouliné spécial) ausgeglichen, schmale Teile der Zeichnung nur mit diesem Material unterlegt, und schliesslich wird die Form wieder mit zwei Fäden Spezialgarn D.M.C (Mouliné spécial) in Weisstickereimanier vollkommen überstickt. Hierbei wählt man eine Stichlage, welche der Richtung der Stichlage der Stecharbeit entgegengesetzt ist, siehe Abbildung 295. Ueber dieser so geschaffenen Unterlage führt man die Stecharbeit, wie auf Abbildung 296 ersichtlich, mit dem betreffenden Gold- oder Silberfaden nach Art der Plattstickerei aus. Stets bedient man sich hierbei einer dicken Nadel, um den Stoff möglichst zu schonen, und verfährt im Uebrigen mit dem Metallfaden wie mit jedem beliebigen Woll- oder Seidenfaden.

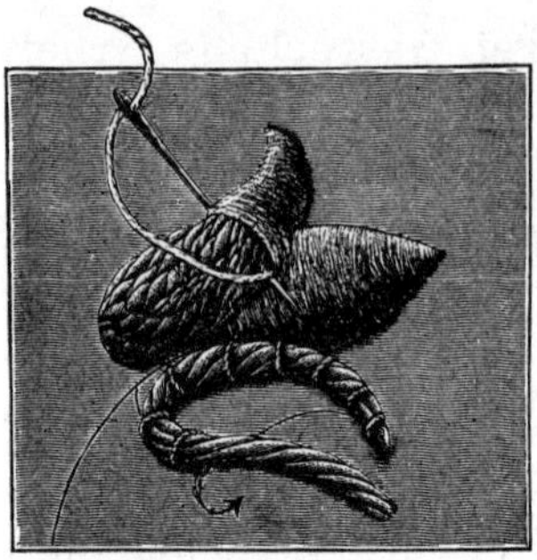

Abb. 295.
Unterlegen der Formen mittelst Stickerei.
Zur Bordüre Abbildung 294.

Bei der Bordüre Abbildung 294 sind die kleinen Blätter, die Blütenknospen und die Balken der Wellenlinie mit Silberfaden, Sticksilber D.M.C (Argent fin) N° 20, die grossen Blätter und die Kelchblätter mit Goldfaden, Stickgold D.M.C (Or fin) N° 20, gestochen. Wie ersichtlich, ist hier durchweg die schräge Stichlage einzuhalten. Die die Bordüre begrenzenden Streifen dagegen erscheinen in Stecharbeit mit gerader Stichlage in Stickgold D.M.C (Or fin) gearbeitet. Um die gerade Linie leichter beibehalten zu können, bedient man sich bei Ausführung der Streifen keiner gestickten Unterlage, sondern einer solchen aus steifem Karton.

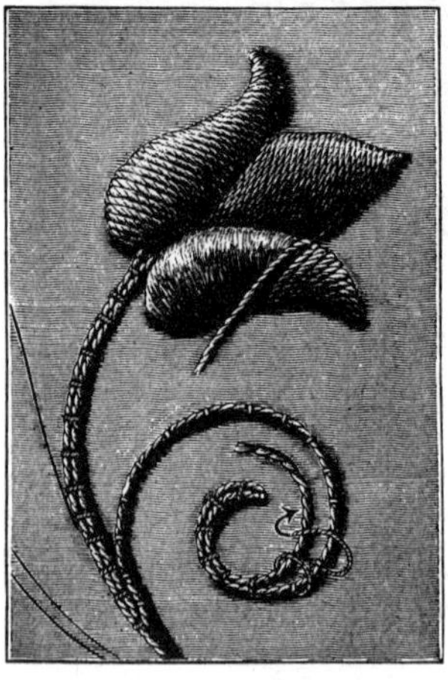

Abb. 296.
Uebersticken der unterlegten Formen und Anlegen der Ranken.
Zur Bordüre Abbildung 294.

Der Stengel und die Ranken sind mit Goldfaden, Stickgold D.M.C (Or fin) N° 20, gelegt, und zwar laufen hier zwei Fäden nebeneinander, die mit Ueberfangstichen in Alsa D.M.C N° 40, in Jaune d'or 782 niedergehalten werden. Kommt bei Ausführung der Hauptlinie eine Abzweigung, z. B. eine Ranke vor, so arbeitet man, dieser folgend, mit nur einem Faden bis zu ihrem Ende, wendet hier den Faden und leitet ihn so zurück, dass nun die Ranke mit doppeltem Faden gearbeitet erscheint, siehe auch Abbildung 296. Die Ueberfangstiche der rückgehenden Reihe sind dort anzubringen, wo der einzelne, hingehende Faden befestigt wurde.

Bordüre in Buntgoldstickerei. Gestochene Arbeit (Abb. 297). — Die Ringe ausgenommen, sind sämtliche Formen dieses feingegliederten Musters mit Buntgoldfaden, Gold-Chiné D.M.C (Chiné d'or), gestochen. Bei dieser, nach einer alten Stickerei aus dem Ende des 17. Jahrhunderts gezeichneten Bordüre sind alle fünf Farben des Buntgoldes, Gold-Chiné D.M.C (Chiné d'or), vertreten: Blau, Grün, Rot, Schwarz und Naturfarbe. Die grossen, gefiederten Blattformen sind der Reihe nach abwechselnd grün oder blau gehalten, die doldenförmigen Blüten durchweg naturfarben gestickt, während die die Blüten umgebenden

Abb. 297. Bordüre in Buntgoldstickerei. Gestochene Arbeit.
Fadensorten: Gold-Chiné D.M.C, naturfarben, schwarz, rot, grün und blau, Spezialgarn D.M.C N° 25 und Alsa D.M.C, in Jaune d'or 782 und Goldkantille. (*)

Blattformen in roter Farbe ausgeführt sind. Die Begrenzungslinien sind mit Schwarzgold und, wie alle übrigen Formen, schräg gestochen. Alle fünf Farben sind auf die übrigen kleinen Formen gleichmässig verteilt, und zwar so, dass nie zwei nebeneinander stehende Formen die gleiche Farbe haben.

Die Stecharbeit ist ohne Unterlage ausgeführt; sämtliche Ringe der Zeichnung hingegen sind in Kantillenstickerei über Baumwollunterlage ausgeführt, siehe Abbildung 305.

Die ohne Unterlage ausgeführte Arbeit ist bedeutend

(*) Siehe am Schluss des letzten Kapitels die Tabelle der Nummern und das Farbenverzeichnis der Baumwoll-, Leinen- und Seiden-Artikel, Marke D.M.C.

schmiegsamer als die vorhergehenden, eignet sich daher ganz vorzüglich zur Ausstattung von Toilettengegenständen.

Streublume in Gold- und Silberstickerei. Kordeltechnik und Sprengarbeit (Abb. 298, 299, 300, 301, 302). — Bei dieser Figur sind zwei Techniken der Goldstickerei angewendet, die verhältnismässig wenig Stickgold oder -silber verbrauchen, also ein Sparen mit dem immerhin kostbaren Material zulassen, ohne der Wirkung der Stickerei Abbruch zu tun. Sowohl bei der Sprengarbeit wie bei der Kordeltechnik läuft nämlich, wie

Abb. 298. Streublume in Gold- und Silberstickerei. Kordeltechnik und Sprengarbeit.
Fadensorten: Stickgold und Sticksilber D.M.C N° 20, 30 und 40, Alsa D.M.C in Gris-Cendre 762 und Jaune d'or 782 und Knüpfgarn D.M.C N° 15, in Naturfarben.

bereits bemerkt, der die Formen bedeckende Metallfaden nur auf der Arbeitsseite der Stickerei. Bei der hier dargestellten Einzelfigur sind die schmalen Blätter mit zwei Fäden Silberschnürchen, Sticksilber D.M.C (Argent fin) N° 30, gesprengt. Abbildung 299 veranschaulicht die Ausführung. Die Sprengtechnik verlangt stets eine steife Unterlage aus Kartonpapier, die man folgendermassen herstellt. Man überträgt die betreffenden Teile der Zeichnung auf starkes, weisses Kartonpapier, schneidet die Formen mit dem «Schneidemesser» aus und klebt sie mit Kleister auf den Stoff. Soll mit Gold gesprengt werden, so färbt man den Karton gelb. Lange Streifen aus Karton müssen mit Heftstichen befestigt werden, während kleine Formen, wie die erwähnten Blätter nur an den Spitzen mit Stichen in den Karton, wie die Abbildungen 299 und 300 zeigen, festgehalten werden. Der doppelt genommene Metallfaden, in unserem Falle Silber, wird hierauf auf die Spindel gewickelt, ein Faden Alsa gewachst und in eine entsprechend starke Nadel gefädelt. Nachdem Silberfäden und Alsa nahe der Blattspitze befestigt sind, beginnt man zu sprengen, indem man die Silberfäden quer über den Karton legt und ihn hier mit einem Ueberfangstich, den man stramm anzieht, befestigt. Hierauf leitet man (stets mit Hilfe der Spindel) das Silber wieder zurück, führt den Ueberfangstich aus und fährt fort so zu arbeiten, wie Abbildung 299 zeigt. Die feinsten Spitzen der Blätter werden gestochen, wie gleichfalls auf Abbildung 299 zu sehen ist. Dort, wo die Blätter am Stengel, den hier, wie die Ranken, ein Silberschnürchen bildet, sitzen, führt man die vollendeten Stiche erst aus, nachdem der Stengel aufgenäht ist, um den Uebergang der Sprengarbeit zum Schnürchen besser zu verdecken. Die Blätter der Blumen sind ebenfalls in Sprengtechnik über gelb gefärbten Karton mit nur einem Goldfaden, Stickgold D.M.C (Or fin) N° 40, ausgeführt, siehe Abbildung 300.

Abb. 299. Sprengen mit doppeltem Silberfaden über Kartonunterlage, Stechen der Blattspitze.
Zur Streublume Abbildung 298.

Abb. 300. Sprengen mit einfachem Goldfaden über Kartonunterlage.
Zur Streublume Abbildung 298.

Die dicken Stengel der Blüten und die geteilten Blätter erscheinen bei der in Rede stehenden Figur mit Silber, Sticksilber D.M.C (Argent fin) N° 20, das verschlungene Band mit Gold, Stickgold D.M.C (Or fin) N° 20, in Kordeltechnik ausgeführt. Die Metallfäden werden bei dieser Technik über eine

Schnuranlage (Kordel) gelegt. Die Herstellung dieser notwendigen Kordelunterlage erklärt Abbildung 301. Mit stark gewachstem und infolgedessen steifem Faden, Knüpfgarn D.M.C (Fil à pointer) N° 15, werden in kleinen Zwischenräumen quer über die Form laufende Stiche ausgeführt. Nach Vollendung der Anlage führt man den doppelt genommenen Metallfaden über zwei Kordelfäden der Unterlage, arbeitet über die beiden Fäden, wie Abbildung 302 zeigt, einen Ueberfangstich mit Alsa D.M.C, zieht den Stich sehr fest an, führt die Fäden wieder über zwei Schnüre der Anlage und so fort, bis zum Ende der Form. In der nächsten Reihe werden die Ueberfangstiche versetzt angebracht. Um die Formen schön einhalten zu können, ist es notwendig, die erste gelegte Reihe stets in der Mitte der Form, gleich weit von beiden Konturen entfernt zu leiten, siehe auch Abbildung 302. Bei Ausführung breiterer Formen in Kordeltechnik lässt dieselbe durch das verschieden verteilte Anbringen der Ueberfangstiche die Bildung schöner Musterungen zu.

Abb. 301.
Anlegen der Kordelschnüre.
Zur Streublume
Abbildung 298.

Abb. 302.
Anlegen der doppelten Silberfäden über Kordelunterlage.
Zur Streublume
Abbildung 298.

Einzeln verwendet man solche Streublumen zur Ausstattung von Briefbeschwerern und Mappen usw. als Streumuster für kirchliche Paramente, Banner, Wanddekorationen usw.

Bordüre mit aufstrebendem Grundmuster in Gold- und Silberstickerei. Anlege- und Kordeltechnik mit Sprengarbeit und Kantillenstickerei (Abb. 303, 304, 305). — In wirkungsvollster Weise erscheinen hier sämtliche Techniken der Goldstickerei angewendet, von denen die Ausführung des Anlegens und Sprengens, sowie die der Kordeltechnik bei den früher beschriebenen Mustern bereits erklärt sind. Neu ist hier das Anlegen doppelter Metallfäden ohne Unterlage und die Kantillenstickerei, auch Bouillonstickerei genannt. Das Detail, Abb. 304, zeigt das Legen der Metallfäden, hier Silberfäden, die zu zweien mit Ueberfangstichen, der äusseren Kontur

ABB. 303. BORDÜRE MIT AUFSTREBENDEM GRUNDMUSTER IN GOLD- UND SILBERSTICKEREI.
ANLEGE- UND KORDELTECHNIK MIT SPRENGARBEIT UND KANTILLENSTICKEREI.
FADENSORTEN : Stickgold und Sticksilber D.M.C N° 20, Stickgold D.M.C N° 30,
Gold-Cordonnet D.M.C, Gold- und Silberkantille matt;
Spezialgarn D.M.C N° 25, Alsa D.M.C, in Jaune d'or 782 und Gris-Cendre 762
und Knüpfgarn D.M.C N° 15, in Naturfarben.

folgend, aufgenäht werden. Hierbei ist, um die Spitze des Blattes wirklich spitz gestalten zu können, daselbst der innere Faden früher zu wenden und nur der äussere Faden bis zur Spitze zu leiten, um dort gleichfalls gewendet und später wieder mit dem inneren Faden vereinigt zu werden. In der Weise füllt man nach innen zu, Reihe neben Reihe legend, die Form, wobei man die Ueberfangstiche versetzt anbringt. Hat man grosse Flächen in dieser so leicht ausführbaren Technik zu legen, so kann man mit den Ueberfangstichen reizvolle Musterungen bilden.

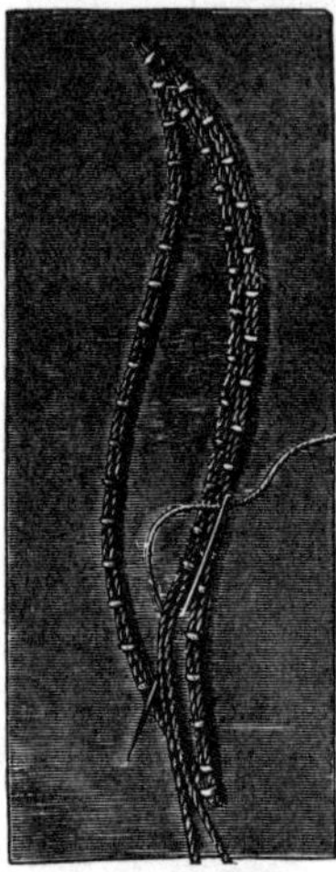

Abb. 304. Blatt in Anlegetechnik mit doppeltem Silberfaden und versetzten Ueberfangstichen ohne Unterlage. Zum Grundmuster Abbildung 303.

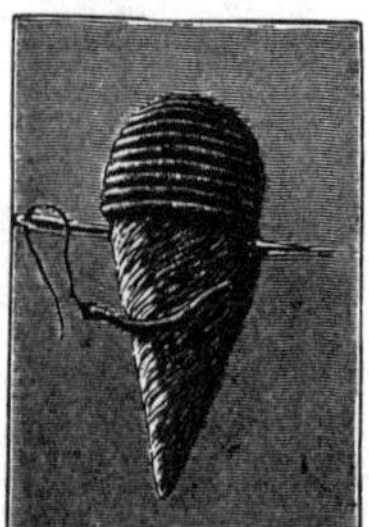

Abb. 305. Aufnähen von Goldkantille über gestickte Unterlage. Zur Bordüre mit Grundmuster Abbildung 303.

Ungleich schwieriger in der Ausführung ist die Kantillenstickerei, die stets über Unterlage gearbeitet wird. Am besten unterlegt man die zu stickende Form mit Baumwolle in der Weise wie in Abbildung 295 gelehrt wurde. Hierauf fädelt man einen Faden, Alsa D.M.C, in eine Nadel und sticht knapp neben der Form herauf. Von der Kantille schneidet man nun ein entsprechend langes Stück, fädelt dasselbe auf den Faden und sticht die Nadel auf der anderen Seite der Form durch den Stoff hinunter, wie es Abbildung 305 erklärt. Bei richtiger Länge des Kantillenstückchens reicht dieses nun von Kontur zu Kontur und schliesst sich im Bogen an die Unterlage an. In dieser Weise bedeckt man die ganze Form. Es ist nicht leicht, stets die notwendige Länge der Kantille zu treffen, doch wird dies der Stickerin nach einiger Uebung wohl gelingen. Bei unserer Vorlage, Abb. 303, sind an den Bordüren die Voluten mit Gold, Stickgold D.M.C (Or fin) N° 30, in Kordeltechnik gearbeitet, die äusseren Blumenblätter erscheinen mit Stickgold D.M.C (Or fin) N° 30 mit einem Faden gesprengt. Das mittlere Blumenblatt zeigt Kantillenstickerei in Gold; die beiden kleinen

Blätter sind mit Silberkantille in schräger Richtung überstickt. Die grossen Blätter des Grundmusters wurden mit Sticksilber D.M.C (Argent fin) N° 20, die Voluten mit Stickgold D.M.C (Or fin) N° 20 gelegt, die kleinen Blätter mit einem Faden, Stickgold D.M.C (Or fin) N° 30 gesprengt. Die tropfenförmigen Formen des Grundmusters und die kleinen Punkte neben der oberen Bordüre sind mit Silberkantille gestickt. Alle übrigen Linien, Voluten und Ringe zeigen mit Alsa D.M.C aufgenähte Goldschnüre, Gold-Cordonnet D.M.C (Cordonnet d'or).

Es empfiehlt sich, zuerst die gelegten Formen, dann die gesprengten und die für Kordeltechnik bestimmten Formen zu

Abb. 306. Grundmuster. Phantasiestickerei in Gold mit geklöppelten Börtchen und Folien.
Fadensorten: Stickgold D.M.C N° 40 und Goldfolien laut Abbildung, Alsa D.M.C, in Jaune d'or 782. (*)

sticken, hierauf die Schnüre anzunähen und zuletzt erst mit der Kantillenstickerei das Muster zu vollenden, damit letztere nicht während der Arbeit beschädigt werden kann.

Die Bordüre mit Grundmuster ist hauptsächlich für kirchliche Gegenstände zu empfehlen; die kleine Bordüre allein kann zur

(*) Siehe am Schluss des letzten Kapitels die Tabelle der Nummern und das Farbenverzeichnis der Baumwoll-, Leinen- und Seiden-Artikel, Marke D.M.C.

Verzierung von allerlei Toilettengegenständen und Phantasiearbeiten genommen werden.

Grundmuster. Phantasiestickerei in Gold mit geklöppelten Börtchen und Folien (Abb. 306). — Man beginnt am besten mit dem Aufnähen der Folien, welche man an den beiden spitzen Enden mit je einem Stiche mit Alsa **D.M.C** befestigt. Die zum Annähen notwendigen Löcher sind gewöhnlich nicht vorhanden und müssen mit einer Nadel erst gebohrt werden. Um eine regelmässige Anordnung der Flitter um den Mittelpunkt des Sternchens zu erzielen, ist es notwendig, zuerst die beiden senkrecht stehenden Flitter, dann die wagerechten und hierauf erst die diagonalen aufzunähen. Das runde Perlflitterchen in der Mitte des Sternchens wird zum Schlusse eingesetzt und gleichfalls an zwei Stellen befestigt. Nachdem man so alle Sternchen ausgeführt hat, näht man die aus Stickgold D.M.C (Or fin) N° 40 geklöppelten Börtchen mit Ueberfangstichen fest, die möglichst versteckt anzubringen sind.

Die Herstellung des geklöppelten Börtchens ist unter « Klöppelspitzen » mit Abbildung 997 erklärt; siehe auch Abbildung 1040.

Der schnellfördernden Herstellungsweise halber eignet sich dieses Grundmuster für Sophakissen, Schutzdeckchen, Kleidergarnituren und für andere Arbeiten, zu denen man eben nicht viel Zeit verwenden möchte.

Bordüre in Aufnäharbeit mit Schnurumrandung und Zierstichen.

Die Aufnäharbeit.

Unter Aufnäharbeit versteht man die Technik, bei welcher die Musterung aus aufgenähten Stoffteilen in abstechender Farbe gebildet wird. Schon im Mittelalter, bevor man noch das zur Plattstickerei nötige bunte Stickmaterial kannte, war es Sitte, durch Auflegen von verschiedenfarbigen Stoffen, die in mannigfaltige Formen ausgeschnitten wurden, den Grundstoff in recht wirkungsvoller Weise zu mustern.

Die Auflagen werden in verschiedener Weise teils durch Schnürchen, teils durch Zierstiche auf dem Grundstoffe befestigt und häufig noch mit Metallfäden, Flitter und Kantillen reicher gestaltet. Eine Abart dieser Technik, jedoch noch in diesen Abschnitt gehörend, ist die Bändchenstickerei, bei der die Musterfiguren, wie schon aus dem Namen hervorgeht, statt durch Auflegen von Stoffen, durch Auflegen von Bändchen in verschiedenen Breiten hergestellt sind.

Stoffe. — Aufnäharbeiten können in Seide, Sammet, Brokat, Plüsch, Leinen und Leder ausgeführt werden; die aufgelegten Stoffe ersetzen die Stickerei, müssen daher stets abstechend vom Grundstoff gewählt werden.

Auch kann man, um die Wirkung der Arbeit zu erhöhen, zu einem Stücke verschiedene Stoffgattungen verwenden, wie aus den hier dargestellten Vorlagen zu ersehen ist.

Fadensorten und Zutaten. — Die Aufnäharbeit bedingt stets eine Umrandung; am häufigsten verwendet man dazu

Schnürchen, doch ist auch eine gestickte Einfassung der Auflage sehr zu empfehlen.

Bezüglich der Umrandung mit Schnürchen verweisen wir auf das Schnurrädchen, Abb. 1026, welches es jedermann ermöglicht, aus beliebig gewähltem Faden selbst die erforderlichen Schnüre anzufertigen. Am besten eignet sich hierzu Perlgarn D.M.C (Coton perlé) oder Flaches Leinengarn D.M.C (Lin floche); auch Gold- und Silberfäden, Stickgold und Sticksilber D.M.C (Or und Argent fins) (*) können benutzt werden.

Zum Annähen und Ueberstechen der Schnürchen verwendet man Alsa D.M.C und zu den etwaigen Zierstichen offene Seide, Persische Seide D.M.C (Soie de Perse) oder Flache Stickseide D.M.C (Soie mouliné). Für gestickte Konturen ist ebenfalls nur offene Seide zu gebrauchen.

Vorrichten. — Der aufzulegende Stoft muss, bevor er verarbeitet wird, mit einer Unterlage von Seidenpapier versehen werden. Hierzu nimmt man Weizenstärkpappe (jede andere Ingredienz saugt zu viel feuchten Stoff ein), streicht sie mit einem Pinsel auf das Papier und entfernt sorgfältig alle kleinen härteren Teile oder Knöllchen, die sich zuweilen in der Pappe befinden. Die Pappe darf nur so viel Feuchtigkeit haben als nötig ist um Papier und Stoff zu verbinden; letzterer darf niemals feuchte Stellen aufweisen.

Sobald das Papier regelmässig mit Pappe überzogen ist, legt man den Stoff darüber und streicht ihn mit einem feinen Tuche nach allen Seiten hin glatt; Luft darf sich nirgends zwischen Papier und Stoff befinden. Hierauf legt man mehrere Lagen Papier auf ein ebenes Brett, breitet den unterlegten Stoff darauf aus, glättet ihn nochmals sorgfältig und legt wieder einige Lagen Papier und ein Brett darüber, das man mit Steinen oder Eisenstücken beschwert. Unter dieser Beschwerung bleibt der Stoff bis er ganz trocken geworden ist. Auf diese Weise gelingt es, jedes Gewebe für Auflegarbeiten brauchbar zu machen; selbst Plüsch und Sammet gehen schadlos aus der Pressung hervor.

(*) Siehe am Schluss des letzten Kapitels die Tabelle der Nummern und das Farbenverzeichnis der Baumwoll-, Leinen- und Seiden-Artikel, Marke D.M.C — Die eingeklammerten französischen Benennungen befinden sich auf den Etiketten der D.M.C-Artikel.

Nun überträgt man die ganze Zeichnung auf den Grundstoff, auf den die Figuren aufgeklebt werden sollen; auf den mit Papier unterlegten Stoff zeichnet man nur die betreffenden Figuren und schneidet diese den Linien entlang mit scharfer Scheere aus. An den Schnittkanten dürfen sich niemals Fasern bilden.

Der eingespannte Grundstoff ist dann mit dem Rahmen in der Weise auf ein Brett oder auf einen Tisch zu legen, dass ersterer flach aufliegt. Dann sind die mittlerweile vorgerichteten ausgeschnittenen Teile einzeln auf der Kehrseite mit Pappe zu bestreichen und genau auf die entsprechend vorgezeichnete Figur des Grundstoffes aufzulegen. Dieses hat besonders bei grossen Arbeiten möglichst rasch zu geschehen, damit sämtliche

Abb. 307. Bordüre in Aufnäharbeit mit Schnurumrandung.
Fadensorten: Perlgarn D.M.C N° 8 oder Flaches Leinengarn D.M.C N° 16, in Brun-Cachou 437,
Gold-Chiné D.M.C, blau und gold, und Alsa D.M.C, in Jaune d'or 782. (*)

aufgelegten Teile wieder zugleich mit einem Brett überlegt und nochmals beschwert werden können.

Erst wenn die Pappe vollständig getrocknet ist, kann das Brett entfernt und die Nadelarbeit begonnen werden.

Bevor die aufgeklebten Formen ihre Umrandung erhalten, werden sie erst mit kleinen Stichen, die später durch die Einfassung wieder zugedeckt werden, am Grundstoffe festgenäht.

Das Umranden der Auflagen. — Bei Schnürchenumrandungen werden die Rundschnüre entweder unsichtbar ange-

(*) Diese Nummern bezeichnen Farben aus den Farbenkarten der die Marke D.M.C tragenden Artikel. Diese Farbenkarten liegen in allen Kurzwaren- und Handarbeitsgeschäften auf.

Abb. 308. Bordüre mit Grundmuster in Aufnäharbeit mit Schnurumrandung und Zierstichen.

Fadensorten: Perlgarn D.M.C N° 5 oder Flaches Leinengarn D.M.C N° 8, in Jaune-Mandarine 746, Noir grand-teint 310, Vert-Perruche 906 und Jaune-Orange 444; Persische Seide D.M.C oder Flache Stickseide D.M.C, in Jaune-Orange 1113 und Vert doré 1146 und Stickgold D.M.C N° 20.

näht, indem man bei jedem Stiche dieselben ein wenig aufdreht, um die Nadel und den Faden zwischen der Drehung durchzuführen, siehe Abb. 292, oder sichtbar; in diesem Falle kann man die Schnur einfach überstechen. In beiden Fällen muss sie so weit auf dem aufgelegten Stoffe liegen, dass dessen Schnittkante ganz gedeckt und das Ausfransen verhindert wird.

Eine Auflegarbeit, bei der sich die Fasern unter den Schnürchen hervorstehlen, ist eben eine mangelhafte.

Wenn Flachstickerei zum Einrändern verwendet wird, so sind die Stiche knapp an der Schnittkante heraus und 1 bis 2 mm. über den aufgelegten Stoff hinein zu führen.

Bordüre in Aufnäharbeit mit Schnurumrandung (Abb. 307). — Aus Spanien stammen die schönen, eigenartigen Muster, bei welchen der aufgelegte Stoff und der Grundstoft die gleichen Zeichnungen bilden, von denen die Bordüre, Abb. 307, ein Beispiel gibt. Hier ist der Grund blauer Seidenstoff; aufgelegt erscheint gelbbrauner Sammet mit goldfarbener, gedrehter Schnur umrandet. Diese Schnur wird in gewöhnlicher Weise mit unsichtbaren Stichen in der Drehung befestigt. Knapp neben derselben näht man, um einen passenden Uebergang zum blauen Grundstoffe zu erzielen, eine aus blauem Buntgoldfaden, Gold-Chiné D.M.C (Chiné d'or), gedrehte Schnur mit Ueberfangstichen aus gelbem Faden.

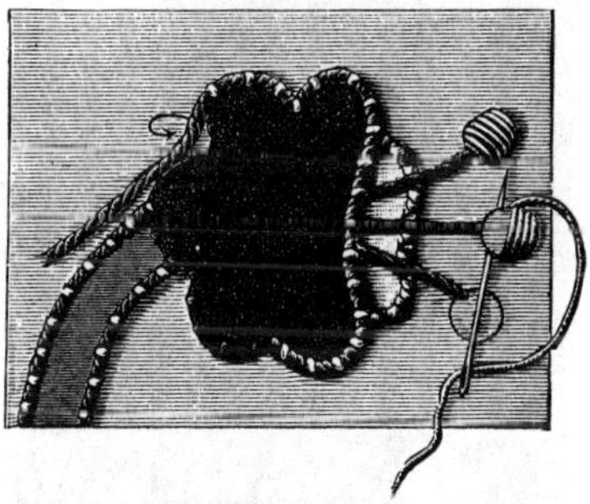

Abb. 309. Ausführung einer Blüte zur Bordüre mit Grundmuster Abbildung 308.

Die altgoldgelben Schnürchen sind aus zwei doppelten Fäden, Perlgarn D.M.C (Coton perlé) N° 8 oder flachem Leinengarn D.M.C (Lin floche) N° 16, hergestellt, erst nach rechts dann nach links gedreht; die Buntgoldschnürchen, aus Gold-Chiné D.M.C (Chiné d'or) (*) blau und gold, aus drei einfachen Fäden bestehend, verlangen dieselbe Drehung.

(*) Siehe am Schluss des letzten Kapitels die Tabelle der Nummern und das Farbenverzeichnis der Baumwoll-, Leinen- und Seiden-Artikel, Marke D.M.C — Die eingeklammerten französischen Benennungen befinden sich auf den Etiketten der D.M.C-Artikel.

Abb. 310. Bordüre in Aufnäharbeit mit Schnurumrandung und Zierstichen.

Fadensorten: Flaches Leinengarn D.M.C N° 8 oder Perlgarn D.M.C N° 5, in Jaune-Maïs 579 und Vert-Jaune 734; Persische Seide D.M.C, in Jaune-Maïs 1069, Vert-Jaune 1278 und Rouge-Cramoisi 1185; Stickgold D.M.C N° 20.

Dieses Muster eignet sich vorzüglich zur Ausstattung von kleineren Möbelstücken wie Stühle und Tabourets, für Wanddecken, Behänge usw.

Abb. 311. Aufnähen der Schnüre und der losen Fäden, Ziersticheln in Gold zur Bordüre Abbildung 310.

Bordüre mit Grundmuster in Aufnäharbeit mit Schnurumrandung und Zierstichen (Abb. 308 und 309). — Elfenbeinweisser Atlas bildet den Grund. In der Bordüre sind die schmalen Randstreifen und die Blattformen aus granatrotem Sammet, der Kelch der Knospe aus weissem Atlas,

Abb. 312. Bordüre in Aufnäharbeit mit Umrandung im Plattstich.

Fadensorten: Flache Stickseide D.M.C oder Persische Seide D.M.C, in Vert-Myrthe 1140 und Rouge-Cramoisi 1185.

Abb. 313. Ausführung der Umrandung im Plattstich zur Bordüre Abbildung 312.

und die Knospe und der kreuzförmige Stiel aus graugrünem Seidenstoff geschnitten. Sämtliche Formen erscheinen mit Schnürchen umrandet, die durchweg mit Ueberfangstichen aus gelbem Faden befestigt werden. Schwarze Schnüre umgeben den roten Sammet, elfenbeinweisse den weissen Atlas, während die Formen aus grünem Seidenstoff mit grünen Schnürchen eingefasst sind.

Beim Grundmuster weisen sämtliche Blütenformen aus granatrotem Sammet und weissem Atlas Blütenstiele und stark stilisierte olivenförmige Blattformen aus graugrünem Seidenstoffe auf.

Nachdem sämtliche Formen befestigt worden sind, führt man — vor der Schnurumrandung — nach Abbildung 308 die verzierende Kreuznaht mit Goldschnürchen, Stickgold D.M.C (Or fin) N° 20 aus, und zwar in dem Inneren der Blattformen, in den vierblättrigen Blüten über den weissen Atlas und auf dem die Blüten verbindenden Querstabe aus grünem Seiden-

Abb. 314. Grundmuster in Aufnäharbeit mit Umrandung im Steppstich.
Fadensorten: Perlgarn D.M.C N° 8, in Vert-Scarabée 3347. (*)

stoffe. Hierauf umrandet man die Formen mit Schnürchen, die man mit gelben Ueberfangstichen festhält, und stickt zuletzt die Stiele der Staubfäden mit Stielstich in grüner Seide und die stilisierten Staubgefässe in Plattstich mit gelber Seide.

(*) Siehe am Schluss des letzten Kapitels die Tabelle der Nummern und das Farbenverzeichnis der Baumwoll-, Leinen- und Seiden-Artikel, Marke D.M.C.

Hierzu Abbildung 309. Durchweg erscheinen auch beim Grundmuster die Formen aus rotem Sammet mit schwarzen, die grünen Formen mit grünen und die weissen mit weissen Schnürchen umrandet.

Sämtliche Schnürchen verlangen zwei einfache Fäden Perlgarn D.M.C (Coton perlé) N° 5, mit der ersten Drehung nach rechts, der zweiten nach links.

Grundmuster und Bordüre vereint, dienen zur Ausstattung von Decken und Behängen aller Art; es kann auch die Bordüre allein verwendet und an glatten Stoff angesetzt werden.

Bordüre in Aufnäharbeit mit Schnurumrandung und Zierstichen (Abb. 310 und 311). — Wirkungsvoll hebt sich hier das stilvolle Ornament aus goldgelbem, rotem und weissem Atlas vom schwarzen Sammetgrunde ab. Teils goldgelbe, teils weisse Schnüre, unsichtbar angenäht, umfassen die Formen und bilden die Ranken.

Abb. 315. Ausführung der Umrandung im Steppstich zum Grundmuster Abbildung 314.

Knapp neben den Schnüren ist um sämtliche Formen ein ganzer Faden Persische Seide D.M.C (Soie de Perse), mit Ueberfangstichen aufgenäht, wodurch sich die Formen noch besser vom Grunde abheben. (Siehe Abb. 311.)

An ihrer breitesten Stelle haben die goldgelben Stengel kleine Adern mit gelber Seide in schrägem Plattstich gestickt. Die Blattformen aus rotem Atlas sind mit Adern aus roter Seide verziert und ausser der Kontur in reizvoller Weise mit Zierstichen in Stickgold D.M.C (Or fin) N° 20, umgeben, die in dem den Grund bildenden schwarzen Sammet ausgeführt sind.

Die Schnürchen sind aus drei einfachen Fäden flachem Leinengarn D.M.C (Lin floche) N° 8, gedreht, die erste Drehung nach rechts, die zweite nach links.

Ihre Verwendung findet diese reiche Aufnäharbeit bei der Verzierung von kirchlichen Paramenten und sonstigen Dekorationsarbeiten; für grössere Gegenstände wäre die Bordüre getrennt zu arbeiten und die vollendete Arbeit dann dem Hauptstoff aufzusetzen.

Bordüre in Aufnäharbeit mit Umrandung im Plattstich (Abb. 312 und 313). — Hier sind die Konturen der aufgelegten Stoffe anstatt mit Schnüren eingefasst, im Plattstich eingestickt.

Nachdem die Formen festgenäht sind, führt man die Plattstichumrandung aus, siehe Abb. 313. Zu beachten ist, dass die die Kontur bildende Plattstichlinie stets die gleiche Breite

ABB. 316. DECKENMUSTER IN BÄNDCHENSTICKEREI.
FADENSORTEN: Litzen D.M.C, extra feine Qualität, N° 1 1/2, 8, 16 und 28, Elsässer Nähgarn D.M.C N° 150 und Perlgarn D.M.C N° 3, in Naturfarben. (*)

behält. Der Stab ist mit grüner, die Blätter sind mit roter Seide, Persischer Seide D.M.C (Soie de Perse) oder flacher Stickseide D.M.C (Soie mouliné̃e), eingestickt. Zuletzt arbeitet man mit roter Seide die Blattadern in schrägem Plattstich über vorgestochener Unterlage.

Diese reizvolle, schmale Bordüre eignet sich ganz besonders für Schreibmappen, Handschuhkassetten, Zeitungsbehälter, Notenständer usw.

(*) Siehe am Schluss des letzten Kapitels die Tabelle der Nummern und das Farbenverzeichnis der Baumwoll-, Leinen- und Seiden-Artikel, Marke D.M.C.

Grundmuster in Aufnäharbeit mit Umrandung im Steppstich (Abb. 314 und 315). — Das Leder, das in der Kunststickerei nur selten verwendet wird, erscheint hier in sehr wirkungsvoller Weise auf grünem Sammet aufgenäht, womit wir zugleich eine neue Art der Aufnäharbeit veranschaulichen. Auf feines dänisches Leder, von hellbrauner Farbe, überträgt man die Zeichnung und schneidet die Formen aus, wobei man das Messer oder die Scheere in kleiner Entfernung von der Kontur und ausserhalb derselben führt. Nun wird die Zeichnung auf den Sammet aufgebaust und die Lederformen werden aufgeklebt. Hierauf näht man mit Steppstichen aus Perlgarn

Abb. 317. Teil der Bordüre des Deckenmusters Abbildung 316.
Zur Hälfte verkleinert.

D.M.C (Coton perlé) N° 8, in Vert-Scarabée 3347, den gezeichneten Konturen folgend, die Formen fest, wie es Abbildung 315 veranschaulicht, und die Arbeit ist vollendet.

Die Verbindung von Leder und Sammet bestimmt schon einigermassen die Verwendung dieses Musters für Möbelbezüge; wird ganz feines dänisches Leder verarbeitet, so kann man die Stickerei auch für Sachets und Mappen benutzen.

Deckenmuster in Bändchenstickerei (Abb. 316 und 317). An unserer Vorlage, einer Decke aus blassrotem Leinen, die nach einer alten Satteldecke aus dem 18. Jahrhundert entworfen wurde, sind sämtliche Formen der Musterung mit Bändchen, Litzen D.M.C, extra feine Qualität (Lacets superfins), naturfarben, in vier verschiedenen Breiten übernäht. Nachdem die Zeichnung auf den Stoff übertragen worden ist, werden die breiteren Bändchen in der Mitte mit Vorstichen an die betreffenden Teile der Zeichnung geheftet; bei schmäleren Bändchen unterbleibt das Vorheften. Sämtliche Bändchen werden hierauf mit Saumstichen, mit Elsässer Nähgarn D.M.C (Fil d'Alsace) N° 150, möglichst unsichtbar aufgenäht. Bei Rundungen ist zuerst der äussere Rand des Bändchens festzunähen, während der innere eingezogen und dann erst der Form entsprechend befestigt wird. (Siehe auch Abb. 250.) Sollte die Zeichnung das Legen scharfer Ecken erfordern, so sind die Bändchen an der erforderlichen Stelle umzubiegen und mit kleinen Stichen festzunähen. Die Innenflächen der Figuren sind auf unserem gegebenen Muster durch Aufnähen schmaler Bändchen in Vierecke geteilt und mit kleinen Sternchen aus Kettenstich gefüllt. Die Blätter und Blumen zeigen abwechselnd Flachstich- und Knötchenstichfüllung. Als Material hierzu dient Perlgarn D.M.C (Coton perlé) N° 3, in Naturfarben.

Ein Stück der Arbeit in halber Grösse zeigt Abbildung 317, auf welchem sowohl die ornamentale Randbordüre als auch die angesetzten Blütensträusse zu ersehen sind.

Bordüre. Irismuster im Perlstich.

Die Straminstickerei.

Die Straminstickerei gehört zu den ältesten und angenehmsten weiblichen Handarbeiten; sie ist zu allen Zeiten von der Frauenwelt mit Vorliebe gepflegt worden.

Gegenwärtig vereinigt man unter der Bezeichnung « Tapisserie oder Straminstickerei » alle jene Techniken, bei denen die Stiche, die den ganzen Grundstoff zu bedecken haben, nach gezählten Fäden gearbeitet werden. Es gehören hierher alle Arten der Straminstickerei im Kreuz-, Perl-, Gobelin- und Flachstich, die bekannten Flammenstich-Muster, sowie auch die Knüpf- und Trikotstiche, die zur Nachbildung von orientalischen Teppichen dienen.

Wir beginnen diesen Abschnitt mit der Erklärung der einzelnen Sticharten, lassen einfache und zusammengesetzte Grundmuster und Bordüren folgen und schliessen mit Teppichvorlagen. (*)

Stoffe. — Der zu Tapisserie-Arbeiten verwendete Grundstoff heisst « Stramin oder Kanavas ». Derselbe ist einfädig oder doppelfädig und in den verschiedensten Stärken erhältlich. Je nach der Stichart ist der eine dem andern vorzuziehen; es können aber fast alle Sticharten auf beiden Stramingattungen ausgeführt werden.

(*) Siche am Schluss des Buches das Verzeichnis der Musterbücher der Bibliothek D.M.C, enthaltend zahlreiche Vorlagen für alle Arten von Handarbeiten.

Für Knüpfteppiche wird auch häufig grobfädiges Leinen genommen, das sich der weichen Webefäden halber besser für diese Technik eignet, als die steifen Fäden des Stramins.

Vorrichten. — Straminarbeiten können sowohl im Rahmen als auch in der Hand ausgeführt werden; im letzteren Falle beschwere man die Enden des Stramins mit Bleistücken oder Steinen, damit er nicht verzogen werden kann.

Bevor man eine Arbeit beginnt, muss man den Grundstoff genau auszählen. Die Anleitung zum Auszählen und Einteilen des Stickgrundes ist im Abschnitte «Die Buntstickerei auf Leinen», Seite 83, zu finden.

Nadeln. — Die Nadeln, die man zur Straminstickerei verwendet, sind ziemlich stark und lang, mit stumpfer Spitze und besonders langem Oehr, letzteres des starken, flachen Stickfadens halber. Unter der Bezeichnung «Stramin-Nadeln» sind dieselben in jedem Stickereigeschäfte vorrätig.

Fadensorten. — Schafwolle und Seide waren bis jetzt so ziemlich die einzigen Zutaten, die auf Stramin verarbeitet wurden. Für Teppiche nahm man sogar sehr dickfädige Wolle, damit sie ihre Bestimmung, das Eindringen der Kälte zu verhindern, erfüllen. Die grossen Fortschritte aber, welche in den letzten Jahren in der Fabrikation der Baumwollgarne gemacht wurden, bewirkten, dass diese Garne jetzt schon sehr häufig als Material für Tapisserie-Arbeiten verwendet werden. Seide — nur für kostbare Luxusarbeiten bestimmt — ist für Gegenstände, die einer beständigen, starken Benutzung ausgesetzt sind, nicht zu empfehlen; ihre natürliche, zarte Beschaffenheit bietet zu geringe Widerstandsfähigkeit. Schafwolle wird leicht durch Motten zerstört, während Baumwolle nicht nur billiger als die beiden ersten Stickfäden und fast ebenso glänzend als diese ist, sondern noch den Vorteil hat, dass sie, wenn sie jemals beschmutzt wird, durch einfache Reinigungsmittel die ursprünglichen, schönen Farben wieder erlangt.

Ganz besonders sind es zwei neue Arten von Baumwollgarnen, die sich vorzüglich für jede Art Straminstickerei eignen; es sind dies Spezialgarn D.M.C (Mouliné spécial) und Perlgarn D.M.C (Coton perlé), welche Artikel sich auch durch ihre Weichheit und ihren Glanz auszeichnen.

Ersteres, ein flaches, offenes Garn, in den Nummern 14 und 25 erhältlich, tritt an Stelle der Schafwolle und der minderwertigen offenen Seide, wenn es sich um die Herstellung von glatten, glänzenden Flächenmustern handelt.

Mit Perlgarn D.M.C (Coton perlé) N° 1, 3, 5 und 8 erzielt man erhaben und perlartig wirkende Stickereien; dieses Garn ist besonders da zu empfehlen, wo in Folge der Stichart mehrere Fäden übereinander zu liegen kommen.

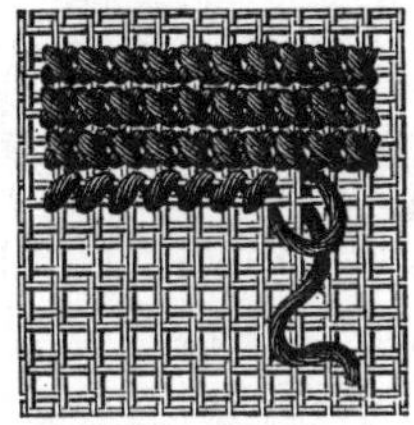

Abb. 318.
Der Kreuzstich.

Ausserdem wären als Tapisserie-Stickmaterial noch zu nennen: Flaches Leinengarn D.M.C (Lin floche) und Stickgarn D.M.C (Coton à broder).

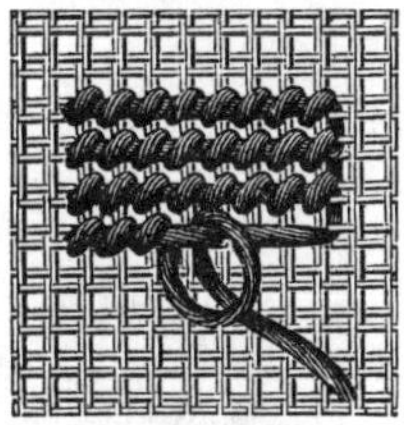

Abb. 319.
Der halbe Kreuzstich.

Für besonders kostbare Stickereien wählt man auch Seide; für Flach- und Flammenstich-Muster offene Seide, Persische Seide D.M.C (Soie de Perse) oder Flache Stickseide D.M.C (Soie moulinée). (*)

In jedem Falle ist das Stickmaterial so zu wählen, dass die Stiche den Stramin gut decken, so dass das Stoffgitter zwischen den Fäden nicht durchschimmert.

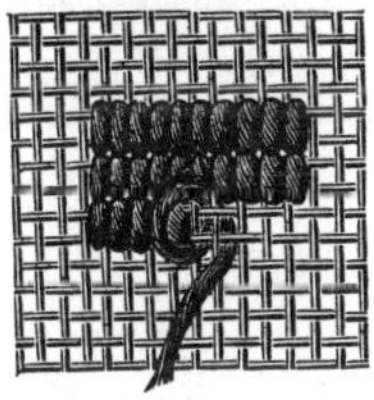

Abb. 320.
Der gerade Gobelinstich.

Der Kreuzstich (Abb. 318). — Der Kreuzstich ist der Grundstich aller andern Sticharten und zugleich der am häufigsten angewendete. Er wird in zwei Reihen ausgeführt. In der ersten Reihe wird der Faden von links nach rechts schräg über einen Doppelfaden, dann senkrecht unter einen solchen geführt. In der zweiten Reihe werden dieselben Stiche von rechts nach links gerichtet; hierdurch entsteht der Kreuzstich.

Der halbe Kreuzstich (Abb. 319). — Wenn das Garn zu grobfädig oder der Stramin zu fein ist, um zwei Stiche übereinander zu stellen, so legt man den Faden über die ganze

(*) Siehe am Schluss des letzten Kapitels die Tabelle der Nummern und das Farbenverzeichnis der Baumwoll-, Leinen- und Seiden-Artikel, Marke D.M.C — Die eingeklammerten französischen Benennungen befinden sich auf den Etiketten der D.M.C-Artikel.

Länge der Stichreihe zurück und führt darüber, von links nach rechts, die unteren Stiche des Kreuzstiches aus.

In derselben Weise überstickt man gewöhnlich auch die gekauften, vorgezogenen Arbeiten.

Der gerade Gobelinstich (Abb. 320). — Wie schon aus dem Charakter dieses Stiches leicht ersichtlich, wird derselbe nur in wagerechten Reihen gearbeitet. Die Stiche greifen in der Höhe stets über zwei Stoffäden und werden durch je einen Zwischenfaden getrennt.

Der schräge Gobelinstich (Abb. 321 und 322). — Dieser Stich wird über zwei wagerechte und einen senkrechten Faden ausgeführt. Arbeitet man im Rahmen, so kann man die nächste Reihe zurückgehend sticken; wird jedoch ohne Rahmen

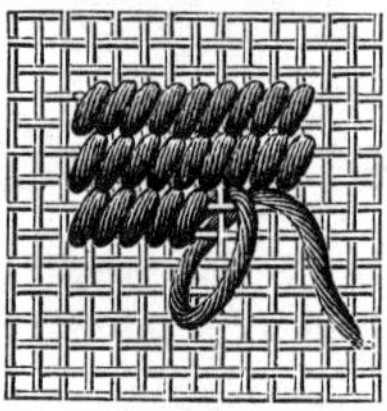

Abb. 321. Der schräge Gobelinstich über ungeteilten Stramin.

Abb. 322. Der schräge Gobelinstich über geteilten Stramin.

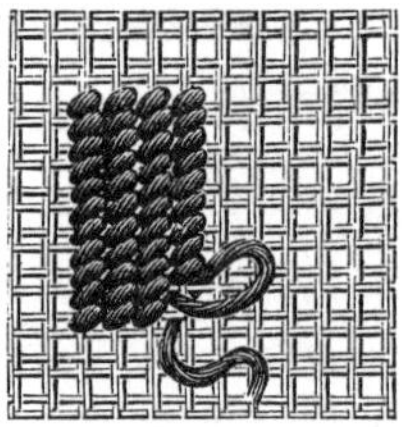

Abb. 323. Der Ripsstich über geteilten Stramin.

gearbeitet, so muss man den zu bestickenden Gegenstand umdrehen und die Nadel hinter dem zuletzt ausgeführten Stiche herausbringen. Zum gleichen Gobelinstich, über geteilten Stramin ausgeführt, nimmt man eine ziemlich starke Nadel, die die Straminfäden leicht auseinanderrückt.

Der gerade und auch der schräge Gobelinstich eignen sich ganz besonders zur Herstellung von alten Tapisserie-Mustern, die alsdann in dieser Ausführung den echten Gobelins ziemlich ähnlich erscheinen.

Der Ripsstich (Abb. 323). — Im Gegensatz zum Gobelinstich wird diese Stichart — eine Nachahmung des Ripsstoffes — über zwei senkrechte und einen wagerechten Faden in senkrechten Reihen ausgeführt.

Der Perlstich (Abb. 324). — Zum Perlstich macht man die erste Stichreihe des Kreuzstiches und zwar über nur eine Fadenkreuzung. Die Abbildung zeigt die von rechts nach links gehende Reihe, bei welcher der Faden unter zwei senkrechten Fäden weiter geführt wird.

Der Perlstich wird zumeist im Verein mit dem Kreuzstich gearbeitet, um Figuren oder Blumen in zarten Linien und mit vielen Schattierungen zu sticken, wozu der Kreuzstich zu derb ist.

Der breite Gobelinstich (Abb. 325). — Dieser Stich wird über zwei senkrechte und drei wagerechte Fäden gearbeitet. Der dem ersten folgende Stich wird nach oben um einen Faden weiter heraus, nach unten zwischen den beiden senkrechten Fäden hineingeführt.

Der ineinandergreifende Gobelinstich (Abb. 326). — Zum Füllen grösserer Flächen dient der ineinandergreifende Gobe-

Abb. 324.
Der Perlstich.

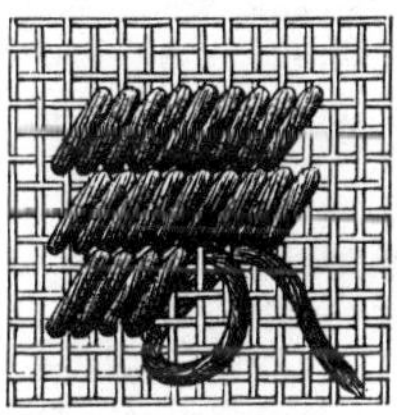

Abb. 325.
Der breite Gobelinstich.

Abb. 326.
Der ineinandergreifende Gobelinstich.

linstich, der über fünf wagerechte und einen senkrechten Stoffaden nach rechts aufwärts greift; ein Stoffaden bleibt als Zwischenraum. Die zweite Reihe beginnt nur vier Stoffäden tiefer, die Stiche umfassen daher auch den letzten wagerechten Stoffaden der vollendeten Reihe, wodurch das Ineinandergreifen der Stiche hervorgebracht wird.

Der längliche Kreuzstich (Abb. 327). — Die Stichreihen werden entweder über zwei wagerechte und einen senkrechten Doppelfaden oder über vier wagerechte und zwei senkrechte einfache Fäden ausgeführt. Dieser Füllstich ist besonders zum Uebersticken grösserer Flächen sehr beliebt, weil er, über doppelte Fadenreihen greifend, noch einmal so schnell füllt als der gewöhnliche, in Abbildung 318 gebrachte Kreuzstich.

Einen hübschen Füllstich erzielt man durch regelmässiges Versetzen der länglichen Kreuzchen.

Der längliche Kreuzstich mit Ueberfangstich (Abb. 328). Die Kreuzstiche sind wie bei Abbildung 327 zu bilden, d. h. über vier Fäden Höhe und zwei Fäden Breite, der Ueberfangstich wird sodann von rechts nach links in halber Höhe des Kreuzstiches über zwei Stoffäden ausgeführt.

Der versetzte Doppelstich (Abb. 329). — Ueber jedes zweite Fadenkreuz wird ein gewöhnlicher Kreuzstich gemacht. Diesen

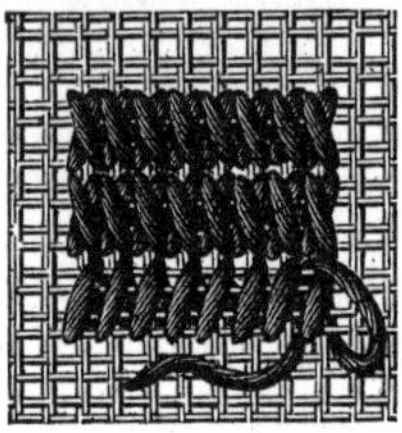

Abb. 327.
Der längliche Kreuzstich.

Abb. 328.
Der längliche Kreuzstich mit Ueberfangstich.

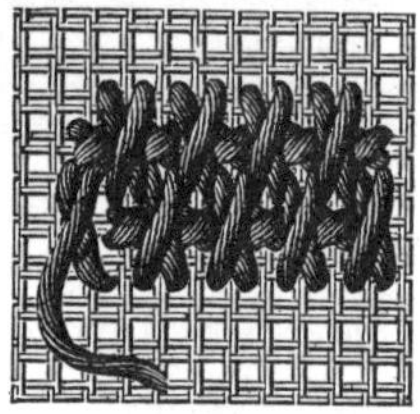

Abb. 329.
Der versetzte Doppelstich.

Abb. 330.
Der Reisstich.

Abb. 331.
Der versetzte Stich.

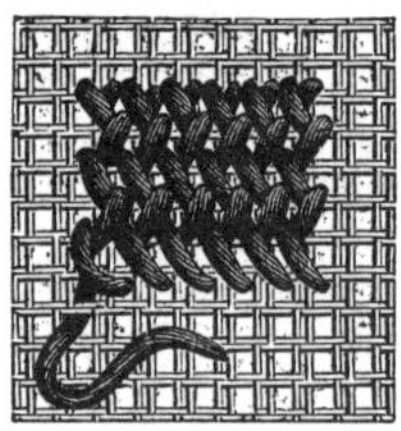

Abb. 332.
Der Flechtstich.

Kreuzstichen werden längliche Kreuzstiche über einen Breitefaden und drei doppelte Höhefäden so zwischen gesetzt, dass die ersten Stiche in der Mitte der zweiten liegen. In den übereinander folgenden Reihen stehen sonach die dreifachen Stiche unter den einfachen, die einfachen unter den dreifachen Stichen.

Der Reisstich (Abb. 330). — Es wird zuerst der ganze auszufüllende Grund mit grossen Kreuzstichen über vier Fäden nach der Höhe und Breite überarbeitet, dann werden die Kreuzstiche mit den sogenannten Reisstichen übernäht. Es sind dies vier Stiche, welche über die ersten Fäden nach rechts und links über je zwei Straminfäden gemacht werden und sich im Kreuzungsraum des Stramins begegnen. Sie bilden über den ersten Kreuzstichen wieder ein schräggestelltes Kreuz. Für den Unterstich ist stärkerer Faden als zum Ueberstich zu nehmen und dieser wieder in einer Farbe, die sich deutlich vom Grunde abhebt.

Der versetzte Stich (Abb. 331). — Dieser Stich besteht aus schräg und gerade stehenden Kreuzstichen. Man beginnt von links nach rechts und führt den Faden schräg über vier senkrechte Fäden und zwischen zwei wagerechten von oben nach unten durch, dann wieder schräg über vier Fäden nach aufwärts, unter zwei wagerechte nach abwärts, über vier senkrechte usw. In der zweiten zurückgehenden Reihe überkreuzt der Faden die halben Kreuze, wozu der Arbeitsfaden nunmehr unter den senkrechten Fäden abwechselnd oben und unten

Abb. 333.
Der Blattstich.

Abb. 334.
Der Stengelstich.

Abb. 335.
Der Grätenstich.

durchgeführt wird. Die dritte und vierte Stichreihe wird, wie aus der Abbildung ersichtlich, über die zwei ersten Reihen und mit entgegengesetzter Fadenlage gearbeitet. Man verwendet Goldfäden zur zweiten Stichlage und, wenn die Arbeiten in Baumwolle ausgeführt werden, echtes Stickgold D.M.C (Or fin) oder Gold-Chiné D.M.C (Chiné d'or).

Der Flechtstich (Abb. 332). — Dieser Stich kann nach aufwärts und abwärts nur bei grösster Aufmerksamkeit gemacht werden, sonst ist es ratsamer, den Faden nach jeder Reihe zum Anfange zurückzuführen. Man legt den Faden von links nach rechts über zwei wagerechte und vier senkrechte Fäden nach abwärts, dann unter zwei senkrechte Fäden nach links und wieder von links nach rechts über vier senkrechte und zwei wagerechte Fäden nach aufwärts.

Der Blattstich (Abb. 333). — Hier werden die Stiche in getrennten Reihen ausgeführt und zwar über zwei Doppelfäden nach der Breite und nach der Höhe. Der Faden geht unter den mittleren Fäden wagerecht durch, greift nach rechts aufwärts schräg über zwei Doppelfäden. Der nächste Doppelstich ist jedesmal zwei Fäden tiefer zu beginnen.

Der Stengelstich (Abb. 334). — Der Faden ist schräg über zwei Doppelfäden nach der Höhe und Breite und unter einem Doppelfaden wieder in die Reihe des Ausganges der Stiche zu führen. Die zweite Stichreihe ist in entgegengesetzter Richtung auszuführen; Steppstiche liegen zwischen den langen Stichen.

Der Grätenstich (Abb. 335). — Dem vorhergehenden Stiche in der Wirkung ähnlich, unterscheidet er sich doch von diesem wesentlich in der Ausführung. Der über drei senkrechte und drei wagerechte Fäden nach abwärts geführte Arbeitsfaden wird mit einem Rückstich über die letzte Straminkreuzung

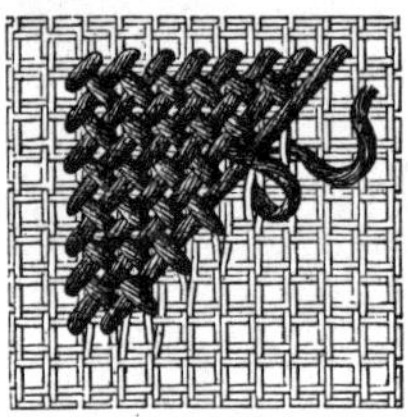

Abb. 336.
Der schräge Webstich.

Abb. 337.
Der Kaschmirstich.

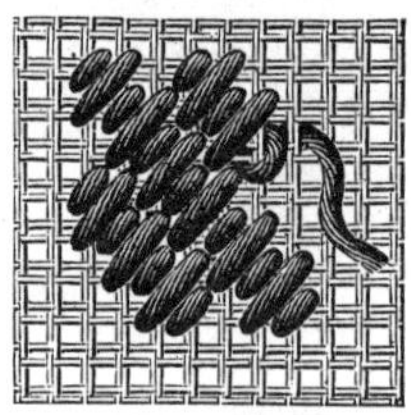

Abb. 338.
Der Florentiner Stich.

festgehalten. Diese Rückstiche laufen abwechselnd je nach der Lage der langen Stiche nach rechts oder links.

Der schräge Webstich (Abb. 336). — Ueber einen schräg gespannten Faden sind Ueberlegstiche zu führen, die bei geteiltem Stramin zwischen den Kreuzfäden aus- und eingeführt werden. In den folgenden Reihen sind die Stiche stets zu wechseln, damit sie sich wie die Fäden der geköperten Stoffe verbinden.

Der Kaschmirstich (Abb. 337). — Durch einen Schrägstich über ein Straminkreuz und zwei Schrägstiche über zwei Fäden nach der Höhe und Breite, wird das Gewebe, nach welchem der Stich benannt ist, nachgeahmt.

Der Florentiner Stich (Abb. 338). — Der Florentiner Stich ergibt sich, wenn man den Faden fortlaufend schräg über einen und über zwei Doppelfäden des Stramins führt.

Der Mosaikstich (Abb. 339). — Die erste Reihe dieser Stichart besteht aus einem kurzen und einem längeren Schrägstiche; in der zweiten zurückgehenden Reihe sind nur die die erste Reihe ergänzenden kurzen Stiche auszuführen. Die dritte Reihe ist wieder gleich der ersten zu arbeiten.

Der ungarische Stich (Abb. 340). — Wir bringen diesen Stich, der grösseren Deutlichkeit halber, in zwei Farben; doch ist er — als Füllmuster verwendet — einfarbig auszuführen. Er wird in unterbrochenen Reihen gearbeitet und zwar so, dass immer eine Reihe in die andere zurückgreifend, diese ergänzt und dadurch der Grundstoff vollkommen bedeckt wird. Man arbeitet einen senkrechten Stich über zwei Fäden, daneben einen senkrechten Stich über vier Fäden, der den

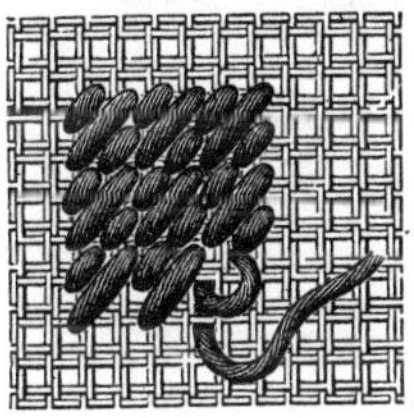

Abb. 339.
Der Mosaikstich.

Abb. 340.
Der ungarische Stich.

Abb. 341.
Der Renaissance-Stich.

ersten nach oben und unten um je einen Faden überragt und wieder einen kurzen, senkrechten Stich über zwei Stoffäden in gleicher Höhe mit dem ersten, kurzen Stiche. Nun werden in der Breite zwei Stoffäden übergangen und so, wie eben beschrieben, der nächste Würfel ausgeführt. In der folgenden Reihe erscheinen die Würfel versetzt, und die einzelnen Stichreihen schliessen sich dicht aneinander an.

Der Renaissance-Stich (Abb. 341). — Der Renaissance-Stich eignet sich besonders gut für die Wiedergabe von grösser angelegten Typenmustern. Man arbeitet einen wagerechten Stich über zwei Doppelfäden und überfängt diesen mit einem senkrechten, über einen Doppelfaden reichenden Stich an seinem Ausgangspunkte und mit einem zweiten, gleichen Stiche in seiner halben Länge. Anschliessend an den wagerechten

Stich führt man dicht darunter einen zweiten wagerechten Stich über zwei Doppelfäden aus und überfängt ihn abermals mit zwei kurzen, senkrechten Stichen.

Zwei wagerechte Stiche mit vier Ueberfangstichen entsprechen einer Stickereitype. Die Abbildung zeigt diesen hübschen und leicht ausführbaren Stich in zwei abstechenden Farben gearbeitet, durch welche die zu einer Type gehörige Stichgruppe genauer gekennzeichnet wird.

Der gebundene Stich (Abb. 342). — Man führt den Faden über einen senkrechten und drei wagerechte Doppelfäden und zwischen dem ersten und zweiten in senkrechter Richtung durch, macht einen Schrägstich über die mittlere Straminkreuzung und bringt den Faden wieder, unten einen Doppelfaden weiter, rechts heraus. In den folgenden Reihen greifen die Stiche über zwei Fäden von unten und über einen der

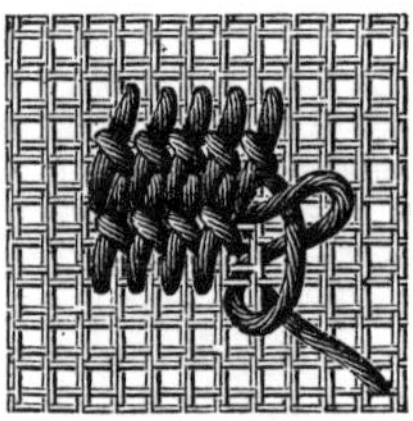

Abb. 342.
Der gebundene Stich.

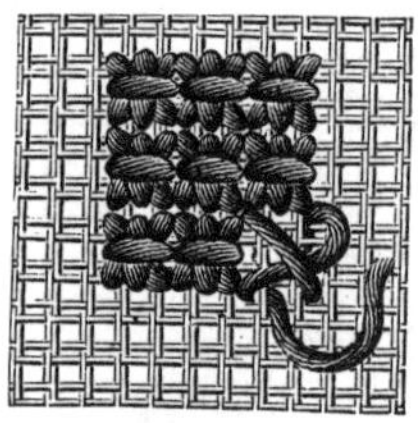

Abb. 343.
Der Smyrna-Kreuzstich.

Abb. 344.
Der Sternchenstich.

ersten Reihe, so dass die Stiche der zweiten Reihe zwischen jenen der ersten liegen.

Der Smyrna-Kreuzstich (Abb. 343). — Ein einfacher Kreuzstich wird über vier Fäden nach der Breite und vier Fäden nach der Höhe ausgeführt. Ueber diesen arbeitet man einen zweiten gerade stehenden Stich, ebenfalls über vier Fäden nach der Höhe und vier Fäden nach der Breite.

Der gleiche Stich lässt sich auch über sechs bis acht Fäden machen. Werden mehr als vier Fäden überstickt, so müssen die Stiche, der Zahl der überstickten Straminfäden entsprechend, vermehrt werden.

Der Sternchenstich (Abb. 344). — Jedes Sternchen besteht aus acht Stichen die einem gemeinsamen Mittelpunkte zustreben. Man beginnt mit einem schrägen Stiche über zwei Fadenkreuzungen von rechts nach links abwärts, wobei man den Faden in die als Mittelpunkt dienende Webelücke führt, sticht unter zwei Fäden senkrecht nach aufwärts, arbeitet auf der Rechtseite zum Mittelpunkt zurückkehrend, einen ebenfalls gleichseitigen, nach links aufwärts weisenden Stich über zwei Fadenkreuzungen, worauf man mit einem wagerechten Stich nach links die sich so bildende Sternchenfigur fortsetzt. Um Gleichmässigkeit zu erzielen, erscheint es geraten, auch diesen Stich reihenweise zu arbeiten. Die Sternchenstiche sind häufig bei Spitzenstickereien anzutreffen,

Abb. 345.
Der Rokokostich.
Erste linkseitige Stiche.

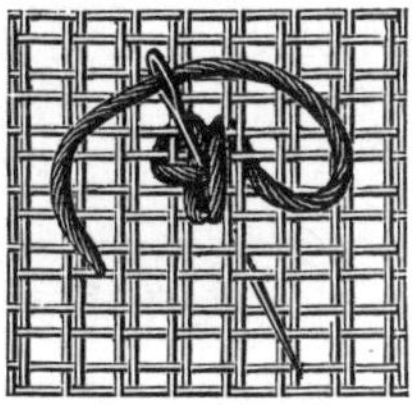

Abb. 346.
Der Rokokostich.
Rechtseitige Stiche.

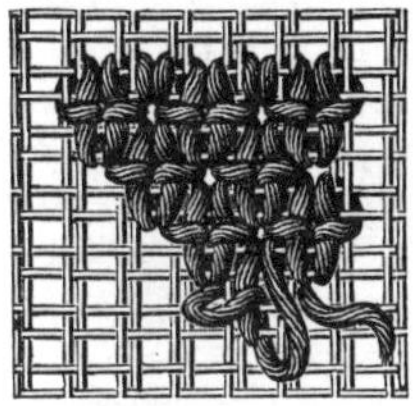

Abb. 347.
Vollendete Rokokostiche.

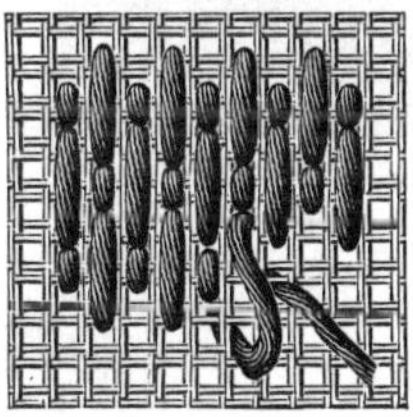

Abb. 348.
Der Pariser Stich.

Abb. 349.
Der griechische Stich.

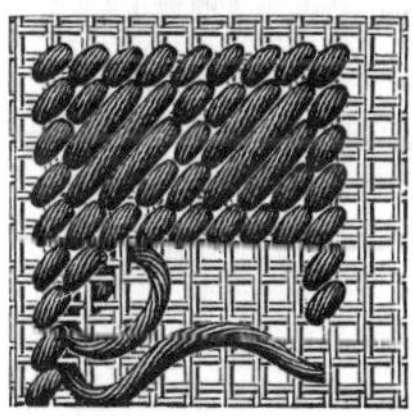

Abb. 350.
Der schottische Stich.

wo sie einzeln oder versetzt gestellt als Grundmuster verwertet werden. Siehe die Grundmuster Abbildungen 809, 812 und 813.

Der Rokokostich (Abb. 345, 346, 347). — Der Faden ist, nachdem er eingeführt wurde, über vier einfache oder zwei Doppelfäden zu legen, die Nadel nach links zu wenden, unter einem Doppelfaden durchzuführen und, wie es in der Abbildung 345 ersichtlich ist, über den zuerst gezogenen Faden gehend, neben diesem unter der Hälfte der wagerechten Fäden von oben nach unten zu bringen. Dann wird nach rechts derselbe Stich wie links gemacht, Abb. 346, um die Nadel zu dem um einen Doppelfaden tiefer liegenden nächsten Stiche zu führen, Abb. 347. Der Rokokostich wird in schrägen Reihen gearbeitet.

Der Pariser Stich (Abb. 348). — Dieses, aus einem langen Stich über drei Fäden und einem kurzen über einen Faden bestehende Grundmuster eignet sich besonders zum Ausfüllen von Seidenstramin oder Leinengeweben, wenn man den Grundstoff mit der Arbeit nicht ganz bedeckt haben will.

Der griechische Stich (Abb. 349). — Der unter dieser Benennung eingeführte Stickstich ist, wie der gewöhnliche Kreuzstich, über vier Fäden nach der Höhe und vier Fäden nach der Breite zu beginnen, der darauffolgende Deckstich wird gleich über acht Fäden nach der Breite geführt.

In den folgenden Reihen können entweder die langen oder die kurzen Stiche an die vorhergehende Reihe angefügt werden,

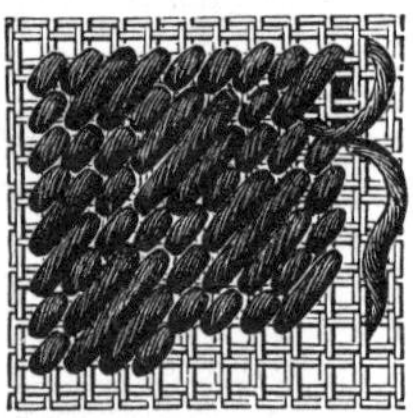

Abb. 351.
Der maurische Stich.

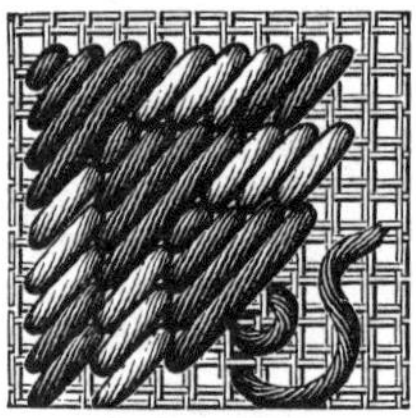

Abb. 352.
Der Orientstich.

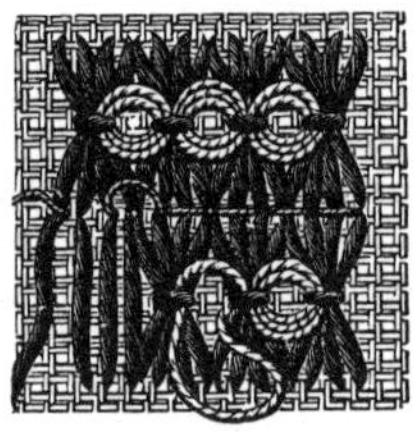

Abb. 353.
Der Muschelstich.

nur muss die Sticheinrichtung gleichmässig in der ganzen Arbeit beibehalten werden. Derselbe Stich wird in vielen von Slaven bewohnten Gegenden zur Verzierung der Leinengewänder angewendet, wo man ihn meistens so gearbeitet antrifft, dass die kurzen Stiche an die langen stossen. Zu diesem Stiche ist besonders kräftiger Faden zu nehmen, der den Stickgrund vollständig deckt.

Der schottische Stich (Abb. 350). — Würfel aus schrägen Stichen über ein, zwei, drei, zwei und einen Doppelfaden, nur durch halbe Kreuzstichreihen voneinander getrennt, bilden den also benannten Stich.

Der maurische Stich (Abb. 351). — Anstatt wie beim vorhergehenden Muster die durch die längeren Stiche gebildeten Würfel von allen Seiten einzufassen, werden sie hier aneinander geschlossen, so dass sie sich stufenartig aufbauen. Halbe Kreuzstiche über einen Doppelfaden begrenzen die Würfel an den Seiten.

Der Orientstich (Abb. 352). — Schräg gestellte Stiche über einen, zwei, drei und vier Doppelfäden bilden Dreiecke. Der erste Stich des zweiten Dreieckes kommt unter und in die

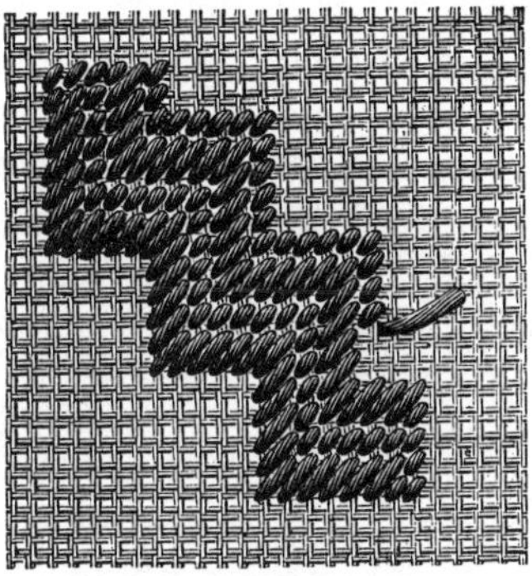

Abb. 354. Der Jacquardstich.

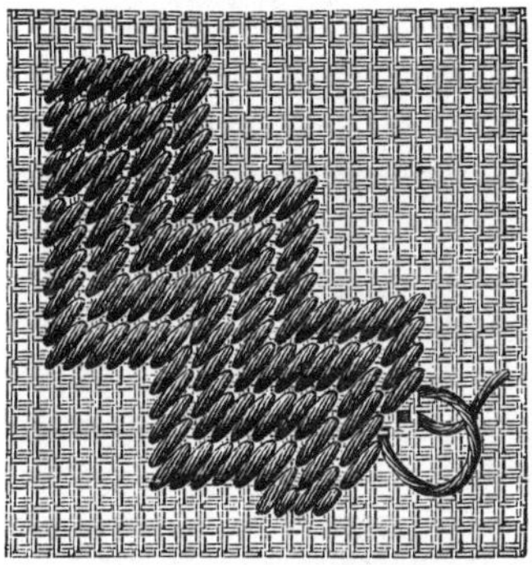

Abb. 355. Der byzantinische Stich.

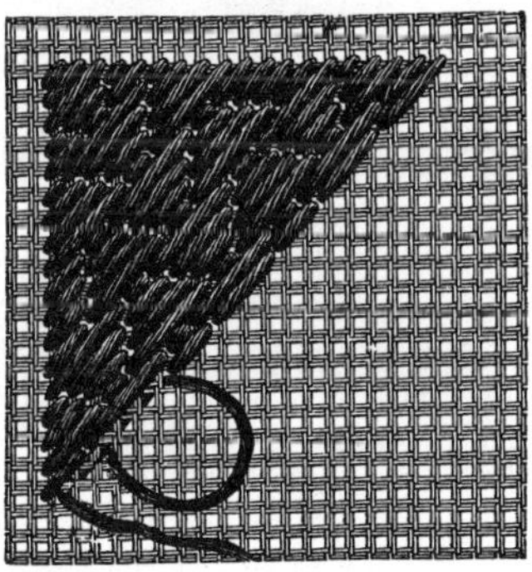

Abb. 356. Der Mailänder Stich.

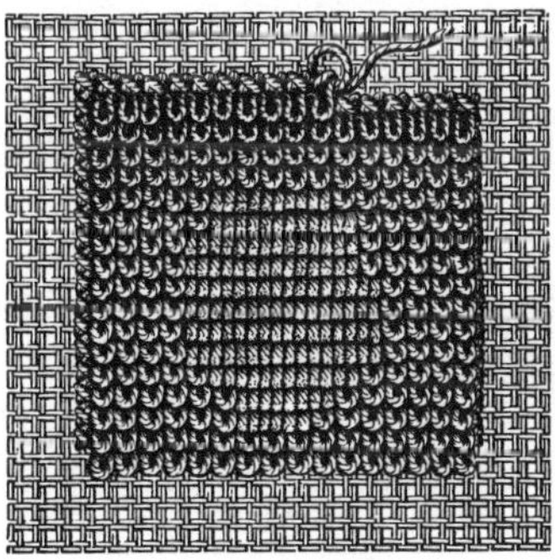

Abb. 357. Der Plüschstich.

Mitte der vorhergehenden. Gobelinstiche füllen die durch die Dreiecke leer gelassenen Stellen an den Rändern aus.

Der Muschelstich (Abb. 353). — Der Faden wird nach auf- und abwärts über sechs Doppelfäden nach der Höhe und unter einem nach der Breite geführt. Wenn der vierte Faden gespannt ist, wird die Nadel zwischen dem zweiten und dritten wagerechten und rechts vom dritten überlegten Längsfaden herausgeführt. Die vier gespannten Fäden sind nun mit einem

Hinterstiche über einen Doppelfaden des Kanavas zu binden. In diese Hinterstiche wird dann ein Faden in abstechender Farbe zweimal eingezogen und so kleine, runde Muscheln gebildet. Wagerechte Steppstiche über zwei Doppelfäden verdecken den Grund zwischen den langen Stichreihen.

Abb. 358.
Grundmuster aus Zackenreihen im schrägen Flachstich.

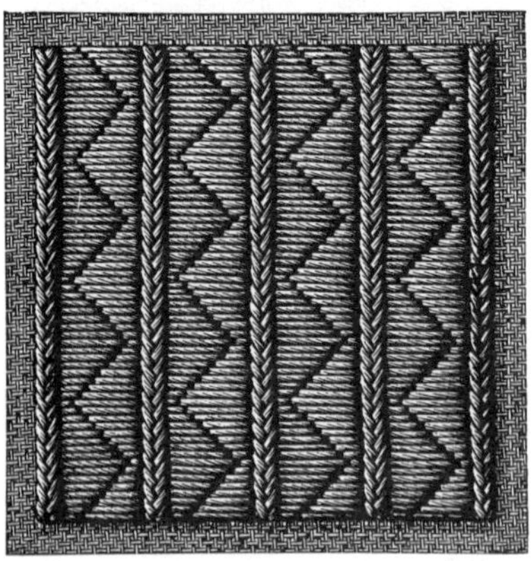

Abb. 359.
Grundmuster aus senkrechten Streifen in Flach- und Zopfstich.

Der Jacquardstich (Abb. 354). — Um grosse Flächen auszufüllen, eignen sich auch grösser angelegte, gut deckende Sticharten, wie der Jacquardstich und die folgenden Vorlagen. Die erste Stichreihe besteht aus sechs Schrägstichen nach der Höhe und Breite über je zwei Doppelfäden, die zweite in gleich vielen Stichen über einen Doppelfaden.

Der byzantinische Stich (Abb. 355). — Dieselbe Stichanzahl wie beim vorhergehenden Muster wird hier gleichmässig über zwei senkrechte und zwei wagerechte Fäden fortgesetzt.

Der Mailänder Stich (Abb. 356). — In der ersten Reihe läuft der Hinterstich in nach abwärts ausgeführter Reihe abwechselnd über eine und vier schräge Straminkreuzungen, in der zweiten nach aufwärts zu arbeitenden Reihe über drei und zwei, in der dritten, wieder nach abwärts führenden Reihe abermals über drei und zwei, in der vierten wieder nach aufwärts gerichteten Reihe wieder über eine und vier Straminkreuzungen. Die folgenden langen Stiche sind unter die letzten kurzen, die kurzen auf die Mitte des nächsten langen Stiches zu stellen.

Der Plüschstich (Abb. 357). — Dieser Stich, durch den häufig die aus dem Orient stammenden Teppiche nachgeahmt werden können, besteht aus Schlingen, welche durch einen Kreuzstich festgehalten werden. Man arbeitet diese Schlingen am besten über einen schmalen Holzstab oder über ein breites Fischbein, wodurch das Gleichhalten sämtlicher Schlingen bedeutend erleichtert wird.

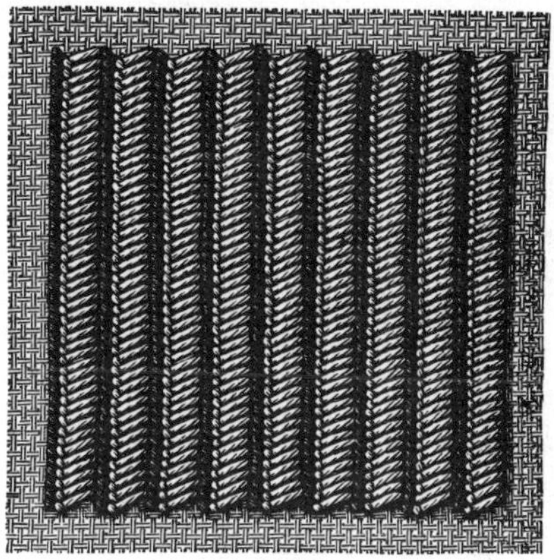

Abb. 360.
Grundmuster aus senkrechten Streifen in Gräten- und Perlstich.

Eine weitere Abwechslung in dieser Stichart entsteht durch das Durchschneiden der Schlingen, die dann eine sammetartige, warme Fläche zeigen.

In der Abbildung erscheinen nur die mittleren Fäden durchschnitten, denn beide, geschlossene und offene, können an einer Arbeit angebracht werden. Es erhöht die Doppelgestaltung desselben Stiches sogar noch den Reiz mancher Zeichnung. So sind z. B. die äusseren Streifen von Abbildungen 382 und 383 mit offenem Plüschstich, das Innere des Musters hingegen mit ungeschnittenem auszuführen.

Abb. 361.
Grundmuster aus Schrägstreifen in Flach- und Perlstich.

Muster für Grundfüllung. Anschliessend an die verschiedenen Sticherklärungen bringen wir im Folgenden Grundmuster aus eben diesen Stichen gebildet, die zur Füllung grösserer Flächen sich besonders eignen.

Am häufigsten werden solche Füllungen nur einfarbig hergestellt; aber auch zwei Töne einer Farbe können verwendet werden, je nach dem Muster, zu welchem das Grundmuster als Füllung dienen soll.

Als Stickmaterial können offene oder gedrehte Fäden zur Verwendung gelangen; beide Arten eignen sich gleich gut zu diesem Zwecke.

Abb. 362.
Grundmuster aus Vierecken im Flachstich.

Wir empfehlen besonders für grössere Arbeiten, die viel Stickmaterial verlangen, Spezialgarn D.M.C (Mouliné spécial), Flaches Leinengarn D.M.C (Lin floche), Perlgarn D.M.C (Coton perlé) und Persische Seide D.M.C (Soie de Perse).

Grundmuster aus Zackenreihen im schrägen Flachstich (Abb. 358). — Die Musterung besteht aus sechs Stoffäden breiten Zackenreihen, welche mit zwei Stoffäden breiten regelmässig abwechseln. Die Eckstiche mitgerechnet zählt jede senkrechte und jede wagerechte Gruppe neun Stiche, die alle schräg zu stellen sind.

Soll dieses Muster in zwei Farben gehalten werden, so ist die helle für die breiten, die dunkle für die schmalen Reihen zu wählen.

Abb. 363.
Grundmuster aus senkrechten Streifen in Stengel- und Zopfstich.

Grundmuster aus senkrechten Streifen in Flach- und Zopfstich (Abb. 359). — Die Streifen aus wagerechten Flachstichen, welche zwölf Stoffäden breit sind, bilden durch Teilung der Flachstiche senkrechte Zackenreihen. Der kleinste Stich greift über zwei, der längste über zehn Stoffäden. Die Zopfstichreihen verlangen in der Breite drei Stoffäden, während in der Höhe die Stiche stets nur um zwei Fäden weiter vorgerückt werden.

Grundmuster aus senkrechten Streifen in Gräten- und Perlstich (Abb. 360). — Die hellen Streifen bilden eine Reihe halber Grätenstiche über vier Fäden Breite und zwei Fäden Höhe.

Die die Grätenstich-Streifen unterbrechenden dunklen Linien sind im Perlstich über einen Stoffaden gestickt.

Grundmuster aus Schrägstreifen in Flach- und Perlstich (Abb. 361). — Zuerst sind die dunklen Zackenreihen im Perlstich über einen Stoffaden zu arbeiten; dann werden die hellen Füllungen im schrägen Flachstich ausgeführt; der kleinste Stich greift hier über zwei, der längste über sechs Stoffäden.

Grundmuster aus Vierecken im Flachstich (Abb. 362). — Jedes Viereck verlangt neun schräge Flachstiche, von denen der erste und der letzte über je einen Stoffaden, der

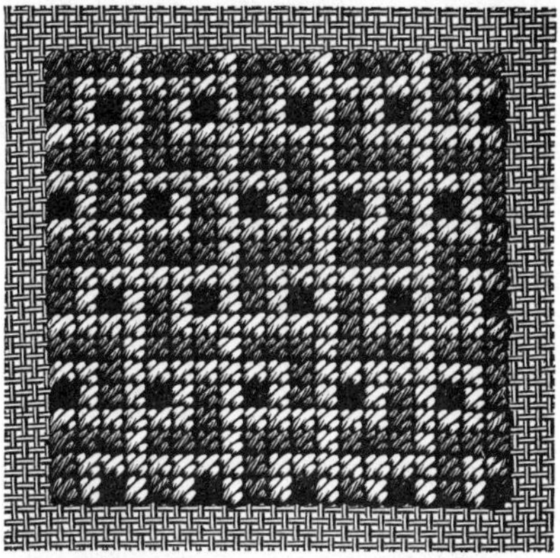

Abb. 364. Grundmuster im Mosaikstich. Fadensorten: Perlgarn D.M.C, Spezialgarn D.M.C oder Flaches Leinengarn D.M.C, in Vert doré 580, Rouge-Grenat 326 und Gris-Noisette 422. (*)

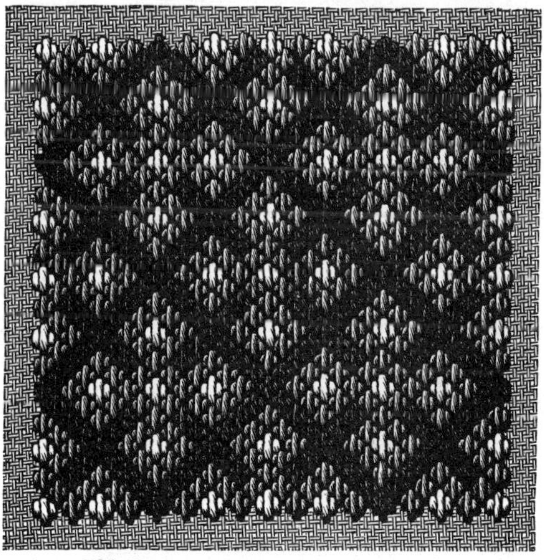

Abb. 365. Grundmuster im ungarischen Stich. Fadensorten: Perlgarn D.M.C, Spezialgarn D.M.C oder Flaches Leinengarn D.M.C, in Vert-Perruche 906, Brun-Caroubier 356 und Jaune-Crème 712, oder Persische Seide D.M.C, in Vert-Scarabée 1200, Rouge-Cuivre 1134 und Jaune-Maïs 1069. (*)

(*) Diese Nummern bezeichnen Farben aus den Farbenkarten der die Marke D.M.C tragenden Artikel. Diese Farbenkarten liegen in allen Kurzwaren- und Handarbeitsgeschäften auf.

mittlere über fünf Stoffäden greift. Die Farbenverteilung ist auf der Abbildung deutlich ersichtlich.

Grundmuster aus senkrechten Streifen in Stengel- und Zopfstich (Abb. 363). — Der Blattstich erscheint hier über acht Fäden Breite und drei Fäden Höhe ausgeführt. Der Zopfstich verlangt drei Fäden Breite zu zwei Fäden Höhe.

Bezüglich der Farbenwahl ist es ratsam, die breiten Streifen hell und die schmalen dunkel zu halten.

Grundmuster im Mosaikstich (Abb. 364). — Für kleine Gegenstände, wie solche häufig von Kindern angefertigt werden, ist dies einfache Grundmuster sehr zu empfehlen.

Dasselbe ist im Mosaikstich, Abb. 339, ausgeführt; die Dreiecke sind grün, die dunklen Würfel rot und der Grund hellgrau gehalten.

Grundmuster im ungarischen Stich (Abb. 365). — Dieses Muster ist ganz mit dem ungarischen Stiche ausgeführt, den wir mit Abbildung 340 erklärt haben.

Bezüglich der Farbenverteilung ist zu erwähnen, dass die vierteiligen verschlungenen Figuren mit Grün und Elfenbeinweiss, die Grundfüllungen

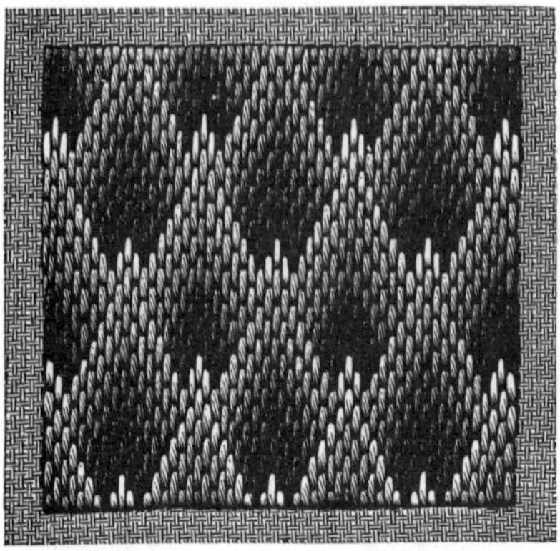

Abb. 366. Grundmuster im Flammenstich.
Fadensorten: Spezialgarn D.M.C oder Flaches Leinengarn D.M.C, in Noir grand-teint 310, Jaune-Crème 712, Brun-Caroubier 758, 357, 356, 303, 355, Vert doré 580, 581, 582, 583, 584;
Persische Seide D.M.C, in Noir 1187, Blanc-Crème 1220, Rouge-Cuivre 1132, 1227, 1133, 1134, 1135, Vert-Olive 1434, 1195, 1196, 1197, 1198.

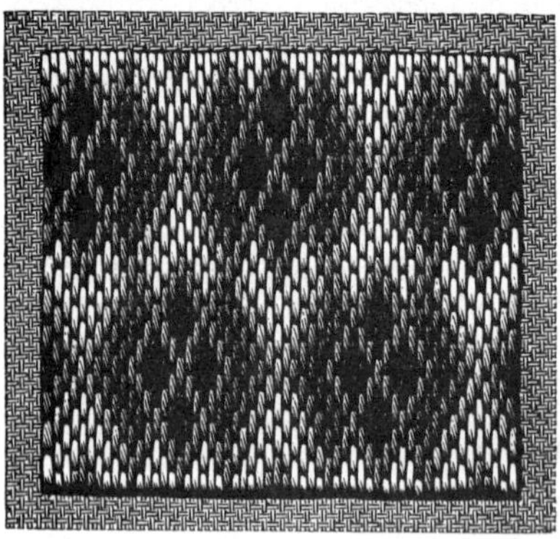

Abb. 367. Grundmuster im Flammenstich.
Fadensorten: Spezialgarn D.M.C oder Flaches Leinengarn D.M.C, in Rouge-Maroquin 3328, Noir grand-teint 310, Vert-Mousse 471, 469 und 856 und Jaune-Maïs 579;
Persische Seide D.M.C, in Rouge-Cramoisi 1185, Noir 1187, Vert doré 1385, 1144, 1146 und Blanc-Crème 1220.

aber mit Rotbraun gearbeitet werden.

Grundmuster im Flammenstich. — Flachstichmuster, bei denen die einzelnen Figuren mit einer Farbe, aber in vielen Schattierungen regelmässig abgetönt gestickt erscheinen, sind unter den Namen «Flammenstich» oder «Wasserstich» allgemein bekannt.

Die folgenden Muster, die sich durch grossen Farbenreichtum auszeichnen, sollen die bunten Gewebe für Bezüge und Hüllen aller Art ersetzen. (*)

Als Stickmaterial werden nur offene Fäden gewählt, wie Persische Seide D.M.C (Soie de Perse), Flache Stickseide D.M.C (Soie moulinée), Spezialgarn D.M.C (Mouliné spécial) oder Flaches Leinengarn D.M.C (Lin floche).

Grundmuster im Flammenstich (Abb. 366). — Die spitz auslaufenden Figuren beginnen unten mit fünf senkrechten Flachstichen in Schwarz über je vier Stoffäden, denen sich nach oben zu fünf immer heller und breiter werdende Reihen anschliessen, welche abwechselnd in Rot und Grün

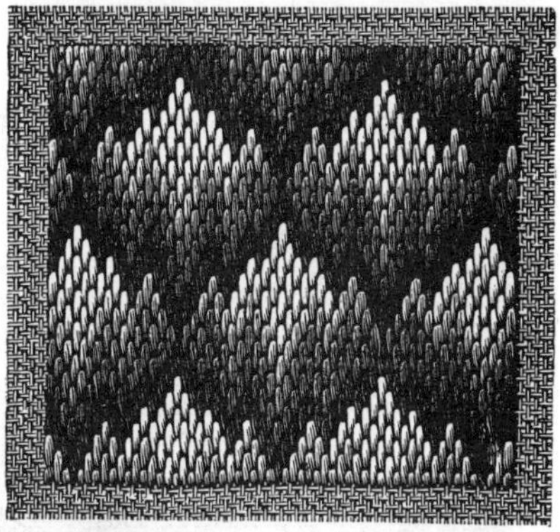

Abb. 368. Grundmuster im Flammenstich. Fadensorten: Persische Seide D.M.C, in Noir 1187, Bleu-Acier 1103, 1104, 1105, 1106 und Brun-Amadou 1048, 1049, 1050, 1051; Spezialgarn D.M.C, Flaches Leinengarn D.M.C, in Noir grand-teint 310, Gris-Bleu 591, 592, 593, 594 und Brun-Cachou 434, 435, 436, 437.

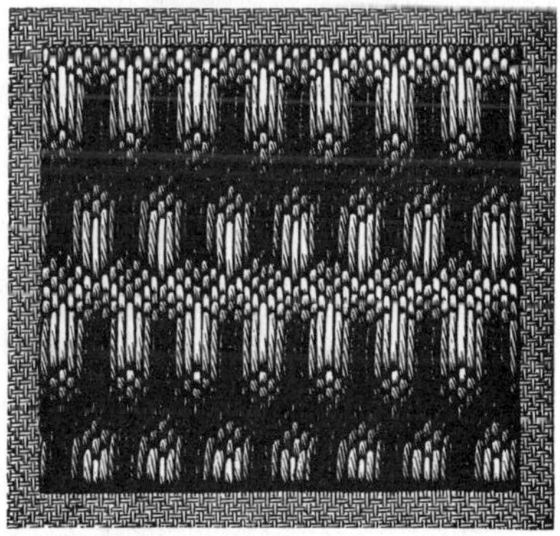

Abb. 369. Grundmuster im Flammenstich. Fadensorten: Persische Seide D.M.C, in Noir 1187, Vert-Myrthe 1140, 1228, 1138, 1137 und Rouge-Framboise 1150, 1148, 1437; Spezialgarn D.M.C, Flaches Leinengarn D.M.C, in Noir grand-teint 310, Vert-Pistache 319, 320, 368, 369 und Rouge-Framboise 3686, 3687, 3688.

(*) Siehe am Schluss des Buches das Verzeichnis der Musterbücher der Bibliothek D.M.C, enthaltend zahlreiche Vorlagen für alle Arten von Handarbeiten.

gestickt erscheinen und oben mit einer Spitze aus drei Flachstichen in Weiss endigen.

Grundmuster im Flammenstich (Abb. 367). — Die schrägen Linien, welche den Grund in Felder teilen und welche

Abb. 370. Grundmuster. Mittelalterliche Stickerei im versetzten Flachstich.
Fadensorten: Perlgarn D.M.C, Spezialgarn D.M.C oder
Flaches Leinengarn D.M.C, in Violet-Mauve 316, Bleu ancien 930, Vert doré 582, Jaune-Rouille 365 und Rouge-Géranium 350;
Persische Seide D.M.C, in Violet-Scabieuse 1202, Bleu de Delft 1246, Vert doré 1145, Jaune-Maïs 1072 und Rouge ancien 1038. (*)

(*) Siehe am Schluss des letzten Kapitels die Tabelle der Nummern und das Farbenverzeichnis der Baumwoll-, Leinen- und Seiden-Artikel, Marke D.M.C.

die vier schwarzen Rauten einfassen, sind mit Rot und die daran anstossenden Dreiecke mit drei Grün gestickt; die Grundfüllung ist elfenbeinweiss. Die Stiche, welche alle senkrecht zu stehen kommen, greifen über je vier Stoffäden.

Grundmuster im Flammenstich (Abb. 368). — Die dunklen Linien, die den Grund in Felder teilen, sind schwarz; die Füllung, aus senkrechtem Flachstich über je vier Stoffäden, ist abwechselnd in Braun und Blau gehalten und verlangt je vier Farbentöne.

Grundmuster im Flammenstich (Abb. 369). — Die schwarze Mittellinie verlangt abwechselnd einen senkrechten Stich über acht Stoffäden und drei senkrechte Stiche über zwei Stoffäden, daran anstossend werden nach oben zu vier Reihen grün, nach unten zu drei Reihen rosa angesetzt. Die hellsten Töne treffen dann in der Mitte zusammen.

Abb. 371.
Ausführung einer Bäumchenfigur zum Grundmuster Abbildung 370.

Grundmuster. Mittelalterliche Stickerei im versetzten Flachstich (Abb. 370 und 371). — Die doppelten Vogelgestalten und die steifen Bäumchenfiguren lassen deutlich den deutschen Ursprung dieser Stickerei erkennen; es ist dies eines der ältesten Muster, schon aus dem vierzehnten Jahrhundert stammend, mit feiner Seide auf ungeteiltem Kanavas gestickt.

Die Ausführung dieses Musters besteht in versetzt gestellten, senkrechten Flachstichen über vier Fäden Höhe, welche stets in wagerechten Reihen zu arbeiten sind, wie es Abbildung 371 deutlich zeigt. Zuerst sind die kleinen Zwischenbäumchen mit Vert doré 582 und die Vögel mit Violet-Mauve 316 zu sticken; sodann arbeitet man die dunklen Bäumchen mit Bleu ancien 930, geht hierauf zur Füllung der hellen Achtecke mit Jaune-Rouille 365 über und bedeckt zuletzt den noch freien Stickgrund mit Rouge-Géranium 350.

Modernes Grundmuster im halben Kreuzstich (Abb. 372). Der uns hier zur Verfügung stehende Raum gestattet uns leider nicht, diesem Kapitel über Straminstickerei die von uns gewünschte Ausdehnung zu geben. Gerne hätten wir unseren Leserinnen mehrere moderne Tapisseriemuster in der Art

Abb. 372. Modernes Grundmuster im halben Kreuzstich.

Fadensorten: Perlgarn D.M.C oder Spezialgarn D.M.C, in Jaune-Rouille 365 und Gris verdâtre 597, oder in Jaune-Mandarine 745 und Rouge-Grenat 358.

von Abbildungen 372 und 373 vorgeführt. Die stilisierten Blumen und Ranken eignen sich ganz besonders für die Straminstickerei im halben Kreuzstich und im Perlstich. Wir haben daher eine Anzahl solcher Muster mit anderen Stickereivorlagen in besondere Albums vereinigt. (*)

Bordüre im Perlstich (Abb. 373). — Diese Bordüre, aus aufgeblühten Kornraden und halboffenen Knospen zusammengesetzt, ist ganz im Perlstich, Abb. 324, hergestellt mit Perlgarn D.M.C (Coton perlé) N° 1, daher ist die Ausführung besonders einfach.

Die Blumenblätter zeigen dunkelrosa Umrandung und hellrosa Füllung, in Rouge-Framboise 3685 und 3688; die

Abb. 373. Bordüre im Perlstich.
Fadensorten: Perlgarn D.M.C, Spezialgarn D.M.C oder Flaches Leinengarn D.M.C, in Rouge-Framboise 3685, 3688, Vert-Mousse 469 und Brun-Cachou 738.

Kelchblätter und Stiele erscheinen in mattem Grün, Vert-Mousse 469 gestickt; zur Grundfüllung ist ein mattgelber Ton, Brun-Cachou 738 verwendet. Dieses Blumenmuster eignet sich vorzüglich für Wanddecken und Vorhänge aller Art.

Zur Verzierung von Tischdecken ist die Ausführung im Kreuzstich auf gelblichem Leinen zu empfehlen, wo alsdann der Stoffgrund unbestickt bleibt.

(*) Siehe am Schluss des Buches das Verzeichnis der Musterbücher der Bibliothek D.M.C, enthaltend zahlreiche Vorlagen für alle Arten von Handarbeiten.

Gestickte Nachbildung von orientalischen Teppichen. Wir bringen im Folgenden verschiedene Sticharten, die hauptsächlich zum Nacharbeiten der orientalischen Teppiche dienen.

Der Kettenstich und der osmanische oder Trikotstich werden da angewendet, wo es sich um das Kopieren von Sumakteppichen handelt, während der Quästchen- und der Smyrna-Knüpfstich zum Nacharbeiten der Knüpfteppiche benutzt werden.

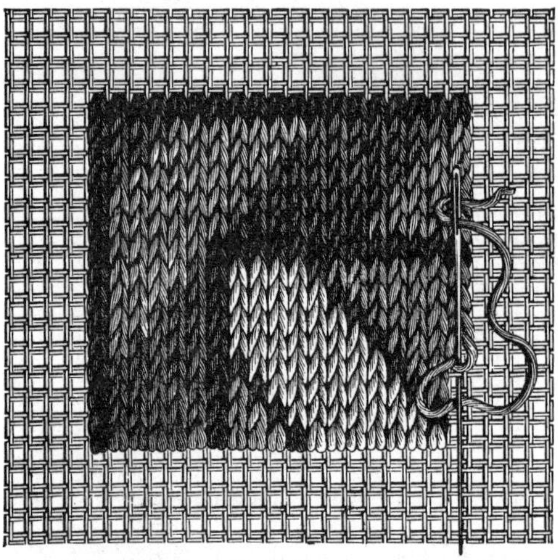

Abb. 374. Der Kettenstich.

Abb. 375. Der osmanische oder Trikotstich.

Der Kettenstich (Abb. 374). — In manchem Museum findet man höchst interessante Stickereien, wie Wanddecken und Windschirme, mit Figuren in Kettenstich ausgeführt.

Mehrfarbige Muster gewinnen ausserordentlich, wenn sie in dieser Stickart auf Stoff übertragen werden, die einzelnen Farben verschmelzen besser ineinander; die Form des Stiches selbst trägt dazu bei, die Abstufungen der Töne zu mildern.

Wie schon aus den bei Abbildung 229 gegebenen Erklärungen hervorgeht, kann der Kettenstich nicht, gleich anderen Sticharten, in hin- und zurückgehenden Reihen gearbeitet werden; auch kann man nicht alle Stiche einer Farbe vollenden, wie dies gewöhnlich beim Kreuzstich der Fall ist. Man beginnt jede Reihe einzeln und stets von derselben Seite, um sie sogleich ganz zu vollenden. Für jede Farbe nimmt man eine besondere Nadel, da der Faden häufig gewechselt werden muss.

Der osmanische oder Trikotstich (Abb. 375). — Dieser, den orientalischen Sumakteppichen nachgebildete Stich eignet sich ganz besonders zur Ausführung von solchen Mustern, die ein reiches Farbenarrangement verlangen oder erlauben. Die Ausführung des Stiches, der mit dem spanischen Flechtstich, Abb. 177 und 178, viel Aehnlichkeit hat, erfolgt in zwei Reihen. Man arbeitet eine Reihe schräger Stiche über vier senkrechte und einen wagerechten Stoffaden und rückt hierbei bei jedem Stiche um zwei senkrechte Stoffäden weiter. Die zweite Reihe wird in entgegengesetzter Richtung gestickt und vollendet den Stich. Das Ausführen des osmanischen Stiches nach Typenmuster erfordert grosse Aufmerksamkeit, da stets nur jener halbe Teil des Stiches, wo sich im spitzen Winkel die Stiche der beiden Arbeitsreihen treffen, für eine Type gilt. Notwendig ist ferner bei farbenreichen Stickereien dieser Art die verschiedenfarbigen Stiche abwechselnd mit mehreren, mit verschiedenfarbigem Arbeitsfaden versehenen Nadeln zu arbeiten. Das gleiche gilt auch von dem vorherbeschriebenen Kettenstiche.

Abb. 376.
Einzelner offener Quästchenstich.

Abb. 377.
Einzelner vollendeter Quästchenstich.

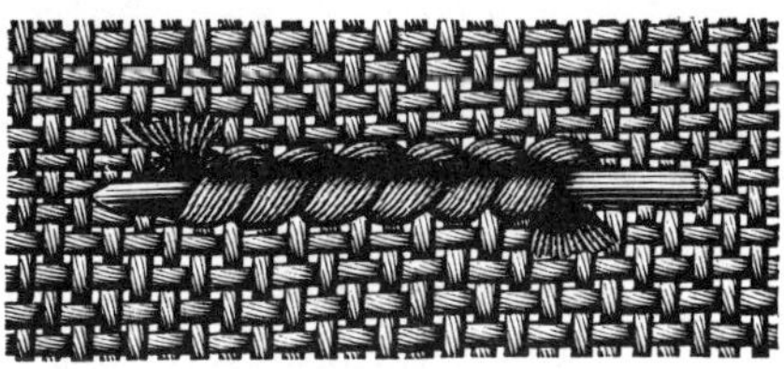

Abb. 378.
Quästchenstiche über eine Walze geschürzt.

Der Quästchenstich (Abb. 376, 377, 378). — Knüpfteppiche mit kurz geschorenem Vlies werden am besten mit dem Quästchenstich nachgearbeitet, der mit dem einfachen Malta-Stich, Abb. 260 und 261, viel Aehnlichkeit hat. Auch hier sind es zwei Fadenenden, oben durch einen Querstich festgehalten, die je eine Sticktype darstellen.

Um Material zu sparen und zugleich die mühsame Arbeit des Scheerens zu vereinfachen, werden sämtliche Stiche über eine Walze geschürzt, die an einem Ende auch mit einem Messer versehen sein kann. Nach Vollendung einer Reihe wird die Walze durch die Schlingen gezogen; das etwa vorhandene Messer schneidet dann diese gleichzeitig auf. In Abbildung 376

Abb. 379. Bordüre im Quästchenstich.

Fadensorten: Flaches Leinengarn D.M.C, Spezialgarn D.M.C oder Elsässer Strick- und Häkelgarn D.M.C, in Rouge-Cardinal 347, Rouge-Géranium 352, Bleu d'Azur 3325, Bleu-Indigo 322, Vert doré 580, Jaune-Crème 712, Jaune-Mandarine 741, Violet-Scabieuse 396 und Vert-Scarabée 3348. (*)

ist ein einzelner Quästchenstich in der Ausführung, in Abbildung 377 ein vollendeter Stich bedeutend vergrössert dargestellt, während Abbildung 378 eine Reihe von Stichen über eine Walze geschürzt veranschaulicht.

Jeder Stich verlangt in der Breite zwei Stoffäden, und je zwei Stoffäden bleiben zwischen den einzelnen Reihen frei.

(*) Siehe am Schluss des letzten Kapitels die Tabelle der Nummern und das Farbenverzeichnis der Baumwoll-, Leinen- und Seiden-Artikel, Marke D.M.C.

TAFEL VII

TAPISSERIEARBEIT IM HALBEN KREUZSTICH AUF STRAMIN

auszuführen mit Perlgarn D.M.C (Coton perlé).

Bordüre im Quästchenstich (Abb. 379). — Unsere Bordüre, nach einer persischen Stickerei des 17. Jahrhunderts entworfen, ist im Quästchenstich gestickt.

Die Höhe der kleinen Quästchen beträgt bei diesem Muster

Abb. 380. Ausführung des Smyrna-Knüpfstiches.

5 mm. Als Material dient Flaches Leinengarn D.M.C (Lin floche), dreifach genommen.

Die Abwechselnd rot und crème umrandeten Palmetten sind mit zwei Tönen blau und rot gefüllt, mit gelbem Mittel-

Abb. 381. Bordüre im Smyrna-Knüpfstich.
Fadensorten: Spezialgarn D.M.C, Flaches Leinengarn D.M.C oder Elsässer Strick- und Häkelgarn D.M.C, in Jaune-Rouille 308, Bleu grand-teint 799, Brun-Cachou 437, Brun-Rouille 3310, Noir grand-teint 310.

punkt. Die daranstossenden Zackenblätter verlangen zwei Töne: Grün und ein helles Rot. Grün erscheinen auch die Ver-

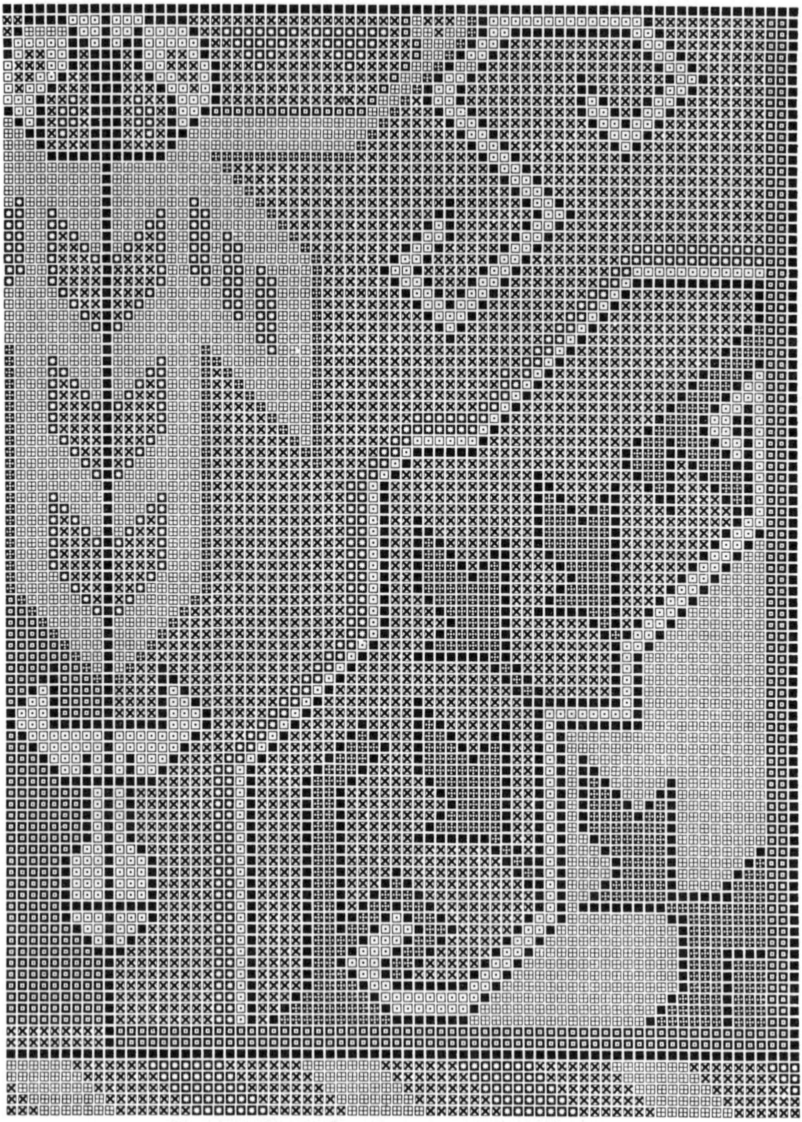

ABB. 382. VIERTER TEIL EINES GRUNDMUSTERS ZU TEPPICHEN.

FADENSORTEN: Spezialgarn D.M.C, Perlgarn D.M.C, Flaches Leinengarn D.M.C oder Persische Seide D.M.C.

Farben- und Zeichenerklärung — Für Baumwoll- und Leinengarne: ■ Noir grand-teint 310, ▪ Rouge-Grenat 358, ▪ Rouge-Géranium 350, ▫ Bleu solide 824, ⊞ Bleu solide 813, ▫ Vert-Scarabée 3347, ⊡ Gris-Noisette 422.

Für Seide: ■ Noir 1187, ▪ Rose ancien 1008, ▪ Rouge-Cuivre 1134, ▫ Bleu-Indigo 1013, ⊞ Bleu-Indigo 1011, ▫ Vert-Myrthe 1139, ⊡ Brun-Loutre 1042.

bindungslinien zwischen den Palmetten und säulenförmigen Zwischenfiguren; letztere sind dunkelblau umrandet mit roter und gelber Füllung. Die Randbordüren — innen mit grüner, aussen mit gelber Kontur — sind rot und crème gefüllt; der Grund zeigt Violett.

Der Smyrna-Knüpfstich (Abb. 380). — Jene gewebten, orientalischen Teppiche, die sich durch besonders langes Vlies auszeichnen, können mit dem sogenannten Smyrna-Knüpfstich in schöner Weise nachgebildet werden. Man arbeitet diesen Knüpfstich, der gleich dem doppelten Malta-Stich, Abb. 262 bis 265,

Abb. 383. Bordüre zum Teppichmuster Abb. 382.
Farben- und Zeichenerklärung für neu hinzutretende Typen. — Für Baumwoll- und Leinengarne: ▣ Vert Scarabée 3345, ▤ Brun-Rouille 3313. Für Seide: ▣ Vert-Myrthe 1041, ▤ Brun-Rouille 1156.

aus vier Stichen besteht, auf grobfädigem Leinenstoff nach gezählten Fäden in wagerechter Reihe. Jeder, als kleines Quästchen erscheinende Knüpfstich, reicht über vier Stoffäden, und vier Fäden werden stets in der Höhe zwischen den Reihen freigelassen. Die Ausführung desselben ist mit Abbildung 380 erklärt. Nach ihrer Vollendung wird jede Stichreihe sogleich geschoren. Etwaige noch vorkommende Unebenheiten des Vlieses sind nach Vollendung der Arbeit wegzuscheeren, so dass keinerlei Unregelmässigkeiten in der Höhe der Reihen und der Fadenbüschel zu bemerken sind.

Bordüre im Smyrna-Knüpfstich (Abb. 381). — Diese Bordüre, die sich als Randverzierung für Bettvorlagen besonders empfiehlt, ist im Smyrna-Knüpfstich, Abb. 380, in fünf Farben gearbeitet.

Die hellste Farbe ist Jaune-Rouille 308, die zweithelle Bleu grand-teint 799, die mittlere Brun-Cachou 437, die dunkle Brun-Rouille 3310 und die dunkelste Noir grand-teint 310. Als Material ist Spezialgarn D.M.C (Mouliné spécial) N° 14, dreifach, oder Elsässer Strick- und Häkelgarn D.M.C (Alsatia) N° 30, zehnfach genommen, zu empfehlen; die Höhe der einzelnen Fadenbüschel beträgt 1 $^1/_2$ cm.

Vierter Teil eines Teppichmusters nebst dazu passender Borte (Abb. 382 und 383). — Der Raum dieses Buches erlaubt uns nicht, mehr als den vierten Teil des schönen, in tiefen, satten Farben gehaltenen Teppichmusters zu bringen.

Am Original sind die vier, ein Feld bildenden Teile durch eine Reihe schwarzer Stiche getrennt. Die Farben wechseln in diesen Teilen so ab, dass das nach dem Typenmuster rot zu füllende Feld, auf der linken Seite und dann über dem ersteren stehend, blau auszuarbeiten ist, während das linke obere Feld wieder der Vorlage gleich zu halten ist.

Die rot, blau und grün eingeteilte schmale Umrandungsborte wird nach der breiten Borte, Abb. 383, welche den äusseren Abschluss des Teppichs bildet, noch einmal wiederholt. Bei dieser breiten Randzeichnung ist das Wechseln der Grundfarben sehr anzuempfehlen.

Handarbeitsvorlagen. — Ausser den hier beschriebenen Arbeiten findet man eine grosse Anzahl von Vorlagen für Straminstickerei in folgenden Musterbüchern der Bibliothek D.M.C: *Vorlagen für Stickereien I u. II, Koptische Stickereien II u. III* und *Sammlung verschiedener Handarbeiten.* (*)

(*) Siehe am Schluss der Encyklopädie das Verzeichnis der Musterbücher, welche die Bibliothek D.M.C bilden.

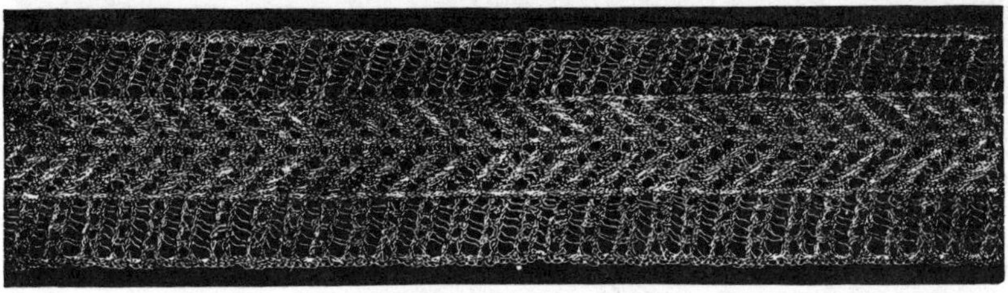

Gestrickter Zwischensatz mit durchbrochener Musterung.

Das Stricken.

Eine der ältesten weiblichen Handarbeiten ist das Stricken. Diese Kunst ist vollständig ausgebildet; denn es lassen sich weder neue Stiche, noch neue Muster erfinden. Wir können demnach auch hier nichts Neues bringen, wohl aber aus den schönen alten, vorhandenen Vorlagen das Beste auswählen. Die Leserinnen mögen das Gebotene nach eigenem Ermessen verwerten. (*)

Früher diente das Stricken fast ausschliesslich zur Herstellung von Strümpfen, und auch heute noch werden, trotz der Maschinen, viele Strümpfe mit der Hand gestrickt. Nach und nach aber begann man eine Unzahl anderer Nutz- und Ziergegenstände, wie Jäckchen und Tücher, Decken für Wiegen, Wagen und Betten, Handschuhe, Kragenschoner und Auto-Shawls, sowie Spitzen und Einsätze für Leib- und Bettwäsche, für Vorhänge und Gardinen u. dgl. m. auf diese Weise herzustellen und grosse Mannigfaltigkeit in der Musterung zu erzielen.

Ist das Stricken einerseits eine nützliche Beschäftigung, so gewährt es andererseits den angenehmen Vorteil, dass es von geübten Strickerinnen auch bei der Unterhaltung und beim Lesen ausgeführt werden kann.

Die Strickerei besteht aus Schlingen, auch Maschen genannt, die mittelst Fadens und zweier Nadeln gebildet werden.

(*) Siehe am Schluss des Buches das Verzeichnis der Musterbücher der Bibliothek D.M.C, enthaltend zahlreiche Vorlagen für alle Arten von Handarbeiten.

Zur Ausführung kreis- oder cylinderförmiger Gegenstände nimmt man 4, auch 5 Nadeln, damit sich die Arbeit besser handhaben lässt.

Die Schlingen, welche durch die Strickerei gebildet werden, verbinden sich unmittelbar und ergeben daher eine sehr dehnbare Arbeit, die sich besonders für wärmende, anschmiegende Gegenstände eignet.

Nadeln. — Die zur Strickerei zu gebrauchenden Nadeln aus Stahl, Holz oder Bein sind der Dicke des zur Verwendung kommenden Fadens entsprechend zu wählen.

Fadensorten. — Im allgemeinen eignet sich wenig gedrehter Faden besser zum Stricken als festgedrehter. Blicken wir auf

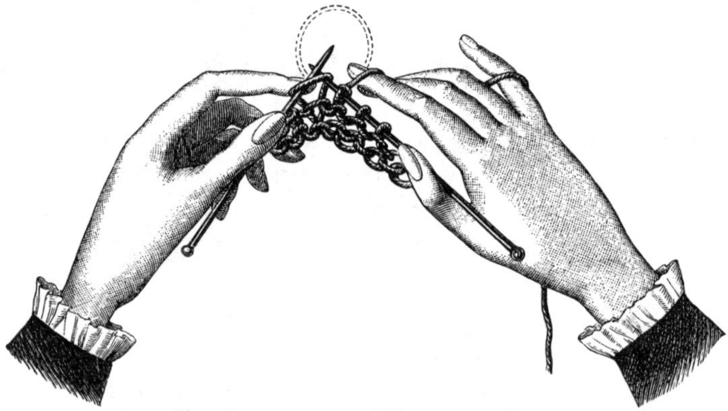

Abb. 384. Stellung der Hände beim Stricken.

die grosse Verwendbarkeit der Strickarbeit und die Verschiedenheit der Musterungen, so können wir fast alle unter der Marke D.M.C im Handel erscheinenden Garne empfehlen.

Da wo die Strickerei ein festes Stoffgewebe ersetzen soll, wie bei Unterkleidern, bei Strümpfen und Handschuhen, wählt man wenig drellierte, seidenartige Fäden, wie Strickgarn D.M.C (Coton à tricoter) (*), Glockenstrickgarn D.M.C (Retors pour mercerie), Elsässer Strick- und Häkelgarn D.M.C (Alsatia), Perlgarn D.M.C (Coton perlé) oder Offenes Häkelgarn D.M.C

(*) Siehe am Schluss des letzten Kapitels die Tabelle der Nummern und das Farbenverzeichnis der Baumwoll-, Leinen- und Seiden-Artikel, Marke D.M.C — Die eingeklammerten französischen Benennungen befinden sich auf den Etiketten der D.M.C-Artikel.

(Crochet floche). Ganz besonders empfehlen wir Perlgarn D.M.C (Coton perlé) und Offenes Häkelgarn D.M.C (Crochet floche). Perlgarn D.M.C (Coton perlé) ist in Knäueln zu 50 Gramm in den Nummern 3, 5 und 8, die letzte Nummer auch zwei- und dreifach geliefert. Offenes Häkelgarn D.M.C (Crochet floche), ein 6 fach leicht drelliertes Garn, ist in Knäueln zu 20 Gramm erhältlich.

Sowohl für Decken und Bezüge, als auch für gröbere Spitzenarbeiten erscheinen uns nebst den oben angeführten Garnen auch Leinen-Strickgarn D.M.C (Lin à tricoter), Flammperlgarn D.M.C (Coton perlé ombré) und Knüpfgarn D.M.C (Fil à pointer) als passendes Material.

Klare Spitzenmuster endlich verlangen — damit die durch-

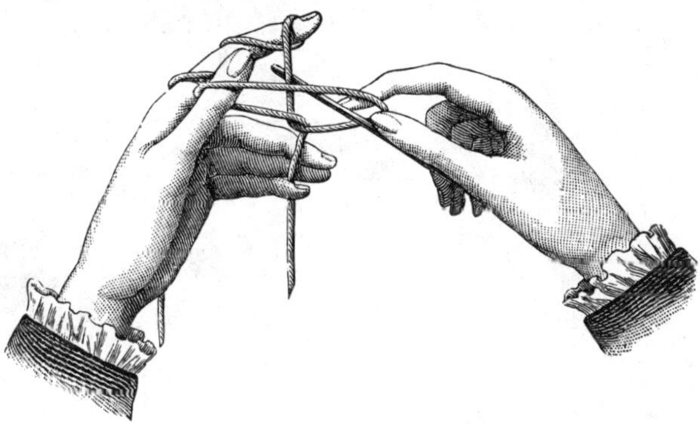

Abb. 385. Der einfache Kreuzanschlag mit einfachem Faden.

brochene Zeichnung zu voller Geltung kommt — stark drellierten Faden, der unter Elsässer Nähgarn D.M.C (Fil d'Alsace), Häkelgarn D.M.C (Cordonnet 6 fils), Häkelgarn D.M.C, Spezial-Qualität (Cordonnet spécial), Leinen-Strickgarn D.M.C (Lin à tricoter), Leinen-Spitzengarn D.M.C (Lin pour dentelles) oder Elsässer Strick- und Häkelgarn D.M.C (Alsatia) zu wählen ist.

Stellung der Hände beim Stricken (Abb. 384). — In Frankreich, England und in Italien wird der Arbeitsfaden über die rechte Hand gelegt, und zwar schlingt man ihn einmal um den kleinen Finger, führt ihn sodann unter dem vierten und Mittelfinger durch über den Zeigefinger, der dicht an die Strickerei zu stehen kommt.

Der Daumen und der Mittelfinger haben allein die Arbeit zu halten. Die linke Hand verhält sich ziemlich passiv; sie schiebt blos die auf der linken Nadel befindlichen Maschen, eine nach der andern, gegen die rechte Nadel zu, vor. Durch eine kleine Bewegung mit dem Daumen bildet man mit der rechten Nadel die Maschen, siehe Abb. 384.

Die deutsche Art, den Faden auf die Hand zu winden, ist so allgemein bekannt, dass von einer bildlichen Darstellung abgesehen wurde. Der Faden wird über die linke Hand gelegt und zwischen dem fünften und vierten Finger von aussen nach dem Innern der Hand, zwischen dem dritten und zweiten Finger heraus und zweimal um letzteren herum laufen gelassen. Die Arbeit selbst ist mit dem Daumen, dem Mittel- und vierten Finger der linken Hand so zu halten, dass das eine

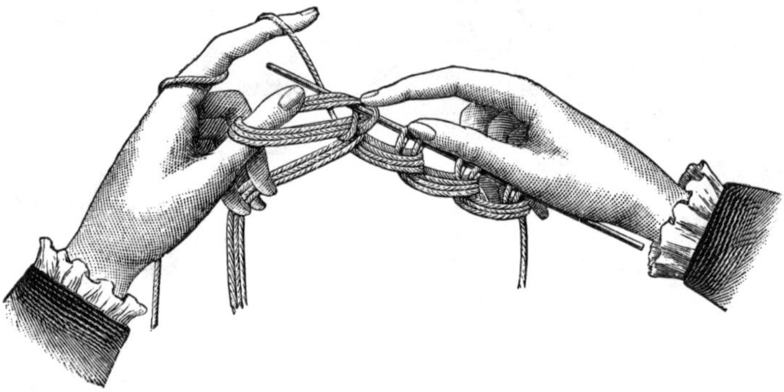

Abb. 386. Der doppelte Kreuzanschlag mit dreifachem Faden.

Ende jener Nadel, von welcher die Maschen abgestrickt werden, zwischen den Spitzen des Daumens und des Mittelfingers ein wenig hervorragt.

Die Enden der in Tätigkeit begriffenen Nadeln dürfen nur so viel als unumgänglich notwendig, das ist 1 bis 1 $^1/_2$ cm., hervorgeschoben werden, weil sich sonst die Maschen leicht verziehen und ungleich lang werden. Während des Strickens vermeide man heftige Bewegungen der Arme, die bei anhaltender Arbeit auf die Nerven abspannend einwirken.

Maschen anschlagen. — Man nennt « Maschen anlegen » oder « anschlagen » das Bilden der Grundmaschen, auf welchen die Arbeit dann ausgeführt wird.

Es gibt 4 Arten, die Maschen anzuschlagen; diese sind:

1) Der Kreuzanschlag auf viererlei Weise,

2) Das Aufstricken,

3) Das Aufschleifen auf zweierlei Weise und

4) Der Oehrchenanschlag.

1) a. **Der einfache Kreuzanschlag mit einfachem Faden** (Abb. 385). — Der Faden wird über den linken Daumen gelegt, ein langes Fadenende, der anzuschlagenden Maschenzahl entsprechend, bleibt gegen die innere Handfläche zu liegen. Die Nadel wird von unten nach oben in die über dem Daumen liegende Schlinge, dann von rechts nach links unter jenem Teil des Fadens geführt, der zwischen dem Zeigefinger und dem Daumen liegt. Dann wird der Faden durch die über dem Daumen liegende Schlinge geführt, der Daumen aus derselben gezogen und die Schlinge über die Nadel gelegt. Bei den folgenden Maschen wird der Faden so über den Daumen gelegt, dass das Ende aussen bleibt; die Nadel wird unter den vorne liegenden Faden gebracht und die Masche wie oben vollendet.

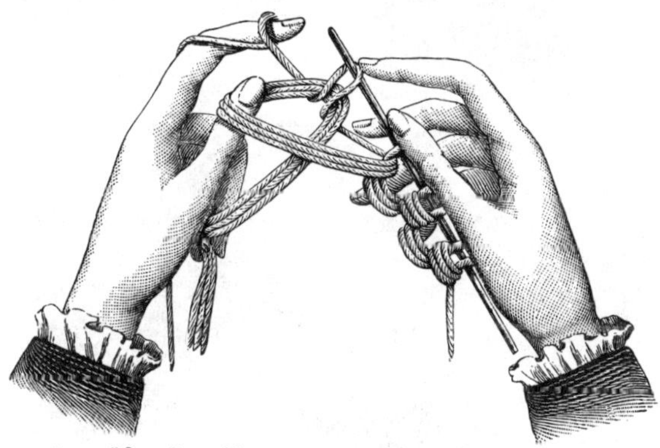

Abb. 387. Der Kreuzanschlag als Doppelkette.

Diese Maschen werden gewöhnlich über zwei Nadeln angelegt; eine derselben ist vor dem Abstricken zu entfernen, so dass lose, leicht abzuhebende Maschen bleiben.

1) b. **Der einfache Kreuzanschlag mit dreifachem Faden.** — Es ist dieselbe Art Anschlag wie die vorhergehende, nur wird der Anschlagfaden dreifach zusammengelegt, dann mit der Nadel durch die durch das Wenden entstandene Schlinge gezogen. Hierauf lässt man den einfachen Faden über die Hand laufen, den dreifachen über den Daumen, wie bei Abbildung 385, und bildet dann auch dieselben Maschen wie vorher.

Durch diesen dreifachen Faden entsteht unter den Maschen eine breite Kette.

1) c. **Der doppelte Kreuzanschlag mit dreifachem Faden** (Abb. 386). — Dieser Anschlag kann mit einfachem oder dreifachem Faden ausgeführt werden. Die Abbildung lehrt ihn auf letztere Art.

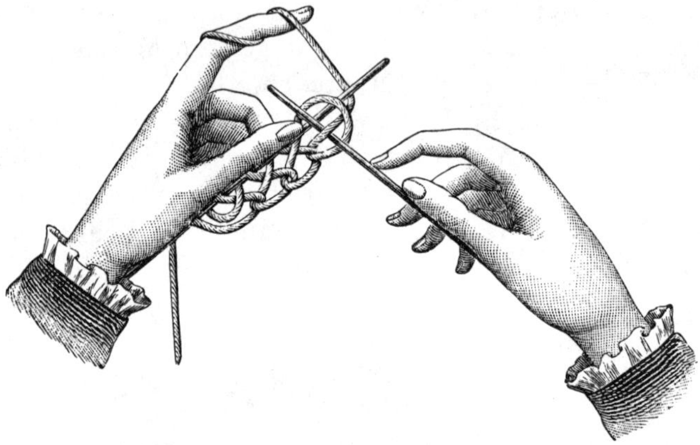

Abb. 388. Das Aufstricken der Anschlagmaschen.

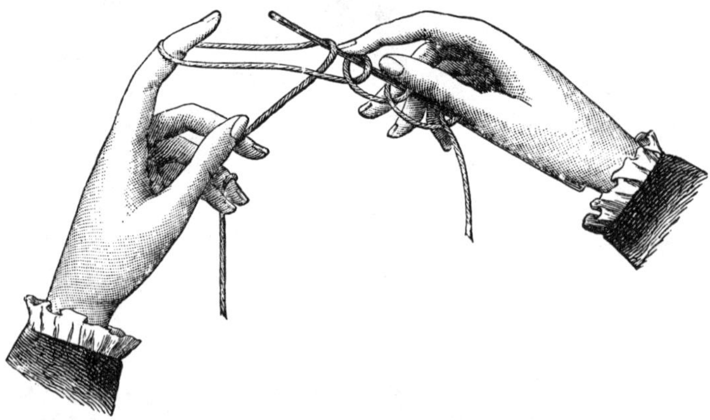

Abb. 389. Das Aufschleifen der einfachen Anschlagmaschen.

Die erste Masche ist wie oben zu machen, nur wird der Daumen nicht aus der Fadenschlinge gezogen, sondern die Nadel nochmals durch dieselbe geführt, der rückwärts liegende Faden erfasst, eine zweite Masche auf die Nadel geschoben und dann erst der Daumen aus der Schlinge gezogen.

Auf diese Weise werden zwei dicht aneinander liegende Maschen gebildet.

1) d. **Der Kreuzanschlag als Doppelkette** (Abb. 387). Die erste Masche ist wie bei den vorhergehenden Anschlägen auszuführen; zur zweiten Masche wird das dreifache Faden-

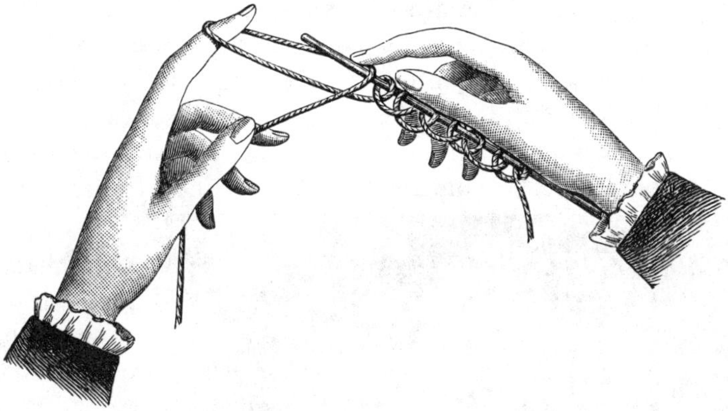

ABB. 390. DAS AUFSCHLEIFEN DER DOPPELTEN ANSCHLAGMASCHEN.

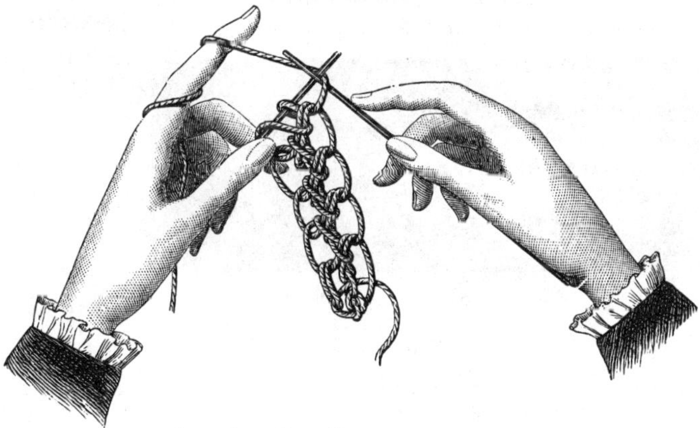

ABB. 391. DER OEHRCHENANSCHLAG.

ende nach dem Innern der Hand zu genommen, so dass es zwischen dem Daumen und Zeigefinger liegt und die Masche wie sonst vollendet.

2) **Das Aufstricken der Anschlagmaschen** (Abb. 388). Es wird eine Masche des einfachen Kreuzanschlages gemacht; dann wird der Faden und die Nadel in die linke, eine zweite Nadel in die rechte Hand genommen, letztere durch die Schlinge

auf der linkseitigen Nadel geführt, der Faden unter die rechte Nadel gelegt und als Schlinge durch die der linken Nadel gezogen. Dann wird die so gebildete Masche auf die linke Nadel gelegt, wo dann zwei Schlingen liegen; die Nadel wird wieder in die letztgebildete Masche gebracht, abermals eine Schlinge wie oben gebildet, diese auf die Nadel gelegt usw.

Diese Art Anschlag ist bei Gegenständen anzuwenden, die mit Doppelrändchen begonnen werden, weil sich diese Maschen bequemer als alle anderen, festeren, auffassen lassen. Wo jedoch der Anschlag gleich als Kante dient, ist diese Anschlagart nicht zu empfehlen, denn die Maschen bleiben immer zu lose.

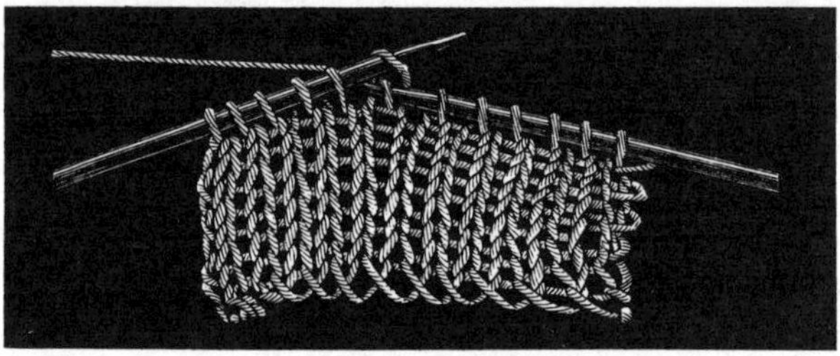

Abb. 392. Glatte oder rechte Maschen.

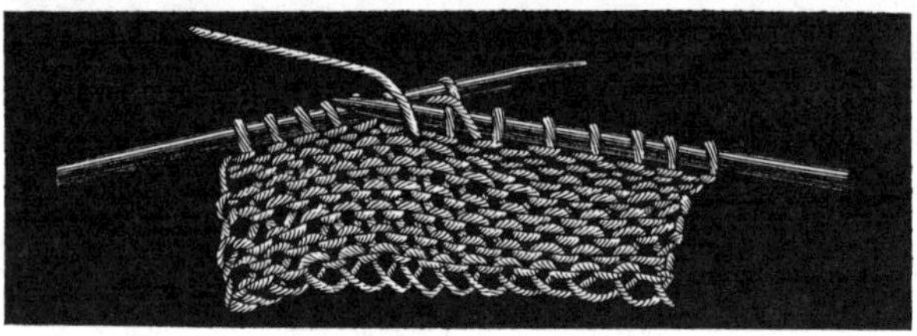

Abb. 393. Verkehrte oder linke Maschen.

3) a. **Das Aufschleifen der einfachen Anschlagmaschen** (Abb. 389). — Man beginnt mit einer gewöhnlichen Schlinge über die Nadel, legt den Faden, wie beim Stricken, über die linke Hand, windet ihn jedoch nur einmal über den Zeigefinger, führt dann die Nadel von unten nach oben unter jenen Faden, der nach aussen auf dem Zeigefinger liegt, zieht diesen dann aus der Schlinge, legt diese Schlinge rechts auf die Nadel, den Faden wieder auf den Zeigefinger usw.

3) b. **Das Aufschleifen der doppelten Anschlagmaschen** (Abb. 390). — Die erste Schlinge wird wie bei der vorhergehenden Anschlagart gebildet, der Faden in entgegengesetzter Richtung über den Zeigefinger gelegt, so dass die Kreuzung des Arbeitsfadens nach innen gegen die Strickerin zu liegen kommt, die Nadel unter den nach einwärts liegenden Faden von unten nach oben gebracht und der Faden selbst als Schlinge über

die Nadel gehängt. Es wird so weiter gearbeitet, dass die Nadel das eine Mal unter dem vorderen, das andere Mal unter dem hinteren Faden geführt wird.

Diese Anschlagweise ist hauptsächlich beim Musterstricken anzuwenden, wo häufig mehrere Maschen dicht nebeneinander aufzunehmen sind.

4) **Der Oehrchenanschlag** (Abb. 391). — Zwei Maschen sind mit dem einfachen Kreuzanschlag anzulegen, dann wird die Arbeit gewendet, der Faden über die rechte Nadel gelegt, in die erste Masche von rechts nach links gestochen und diese auf die rechte Nadel gehoben. Die zweite Masche wird glatt abgestrickt und die aufgehobene darüber gezogen. Man wendet die Arbeit wieder und fährt fort, diese Maschen zu machen, bis der Gegenstand die erforderliche Länge erreicht hat.

Abb. 394. Glatt verdrehte Maschen.

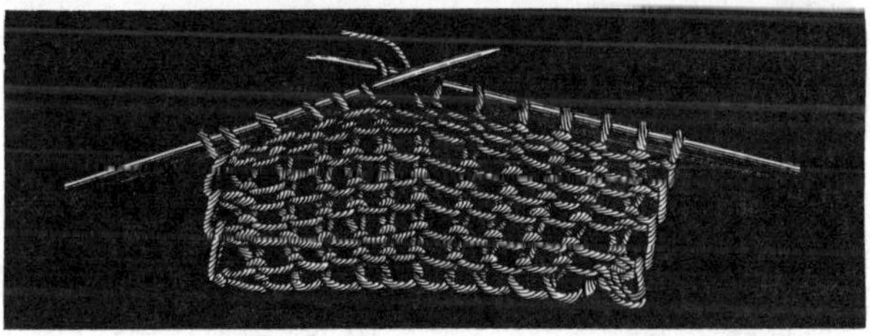

Abb. 395. Verkehrt verdrehte Maschen.

Die durch das Auflegen des Fadens an den Rändern entstandenen Oehrchen werden nach vollendetem Anschlag von einer Seite auf die Nadel gehoben und dann als Maschen abgestrickt.

Ein äusserst zartes, durchbrochenes Rändchen entsteht auf folgende Weise: Bei der ersten über den Anschlag auszuführenden Maschenreihe des Anschlages nach Abbildung 391 wird abwechselnd der Faden über die Nadel gelegt und die zwei nächsten Maschen werden zusammen abgestrickt.

Maschen. — Durch die vielen Fadenverschlingungen entstehen in der Strickerei auch verschiedene Maschen, deren Beschreibung und Abbildung hier folgen.

Glatte oder rechte Maschen (Abb. 392). — Die glatte Masche, auch rechte Masche genannt, ist die leichteste; es ist auch die erste, welche den Kindern gelehrt wird.

Die glatte Masche entsteht auf folgende Art: Die Nadel in der rechten Hand wird von unten nach oben unter das vordere Glied der nächstliegenden Masche der linken Nadel geführt, der Faden von rechts nach links unter die Nadel gelegt, mit derselben durch die Masche gezogen und diese von der linken Nadel fallen gelassen.

Die rechte oder glatte Masche dient zur Herstellung solcher Gegenstände, die ganz eben und gleichmässig sein müssen. Auf der Kehrseite bietet sie ein anderes Aussehen, als auf jener, wo gearbeitet wird.

Die vollendeten Maschenreihen einer mit rechten Maschen ausgeführten Fläche bilden senkrechte, flechtenartige Streifen.

Verkehrte oder linke Maschen (Abb. 393). — Die Kehrseite einer Strickerei kann auch absichtlich ausgeführt werden. Die verkehrt gestrickte Masche heisst verkehrte, zuweilen auch linke oder krause Masche.

Um sie zu bilden, wird der Faden auf die linke Nadel gelegt, die rechte Nadel von oben herab hinter dem Faden in die Masche der linken Nadel geführt, der Faden von unten nach aufwärts auf die rechte Nadel gelegt, durch die Masche gezogen und die Masche von der linken Nadel fallen gelassen.

Die verkehrte Masche wird beim Musterstricken und zum Markieren gewisser Teile in glatten Flächen, z. B. zum Nähtchen im Strumpf, angewendet.

Diese Maschen bilden wagerechte Reihen.

Glatt verdrehte Maschen (Abb. 394). — Die glatt verdrehte Masche entsteht, indem man die Nadel von rechts nach links unter das hintere Maschenglied führt, wobei der Faden hinter der Nadel liegen bleibt, dann den Faden von rechts nach links über die Nadel legt und durch die Masche zieht.

Bei der glatt verdrehten Masche liegen die Glieder gekreuzt, anstatt nebeneinander, wie es bei der einfachen, glatten Masche der Fall ist.

Verkehrt verdrehte Maschen (Abb. 395). — Die verkehrt verdrehte Masche entsteht, indem die Nadel unter das hintere

Maschenglied von unten nach aufwärts geführt und die Masche wie eine einfache, verkehrte abgestrickt wird. Die verkehrt verdrehte Masche kommt nur im Musterstricken auf der Kehrseite von durchbrochenen Arbeiten zur Anwendung.

Hohlmaschen (Abb. 396). — Diese bilden Löcher in den fest gestrickten Flächen und werden meistens beim Musterstricken angewendet oder auch, um eine vorhandene Maschenzahl zu vermehren.

Hohlmaschen entstehen, indem der Faden über die Nadel gelegt und die so entstandene Schlinge bei der nächsten Reihe als Masche abgestrickt wird.

Durch je eine Hohlmasche wird die Zahl der Maschen um eine vermehrt, daher sind bei Arbeiten, wo nicht aufzunehmen ist, ebenso viele Maschen abzunehmen, als Hohlmaschen ausgeführt wurden.

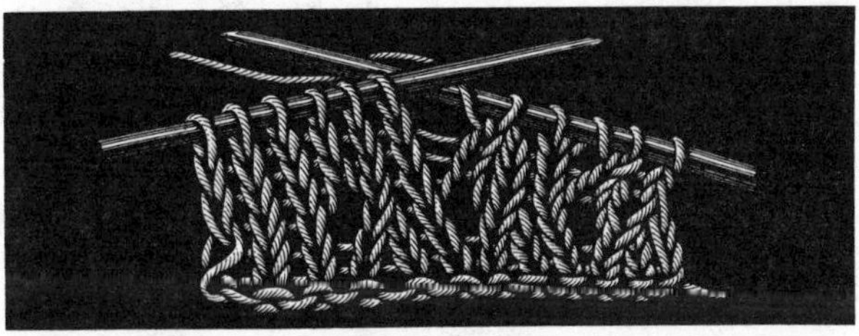

Abb. 396. Hohlmaschen.

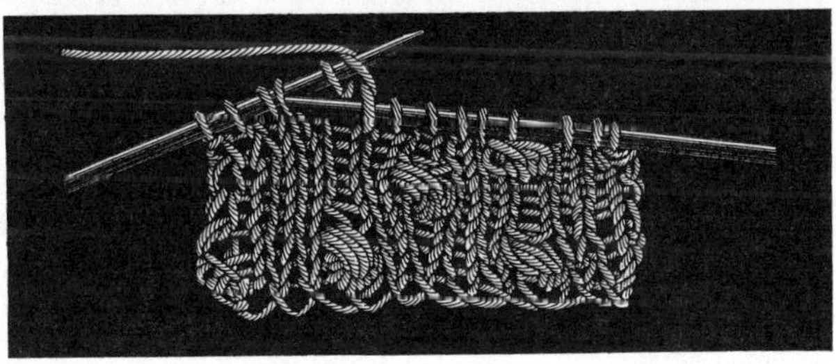

Abb. 397. Knöpfchenmaschen.

Diese Hohlmaschen, welche bei Beschreibungen mit dem Wort « umschlagen » angegeben werden, können nur in Verbindung mit anderen Maschen gearbeitet werden.

Knöpfchenmaschen (Abb. 397). — Diese Knötchen bildenden Maschen können ebenfalls nur in Verbindung mit anderen Maschen ausgeführt werden.

Man strickt eine glatte Masche, lässt sie aber auf der linken Nadel; die mit der rechten Nadel gebildete Masche wird auf die linke Nadel zurückgelegt, dann glatt abgestrickt. Es werden noch 4 bis 5 gleiche Maschen aus derselben Masche der linken

Nadel gebildet, so dass 4 bis 5 Schlingen auf der rechten Nadel liegen; dann wird die Masche von der linken Nadel herabgelassen, und es werden die 4 ersten Schlingen über die letzte gehoben.

Kettenmaschen. — Die Kettenmaschen werden am Rande solcher Arbeiten angewendet, die streifenweise ausgeführt werden. Sie bilden eine Kette, welche den Kanten der Strickerei mehr Festigkeit und Gleichheit gibt; auch werden sie zum Zweck des leichteren Auffassens der Endmaschen gemacht.

Diese Kettenmaschen können auf zwei Arten gemacht werden, und zwar indem man die Maschen einer Nadel ganz abstrickt, die Arbeit wendet, in die erste Masche so hineinsticht, als sollte eine verdrehte Masche gestrickt werden und hierauf die Masche von der linken Nadel abhebt. Der Arbeitsfaden muss hinter der Nadel liegen. Oder man strickt die Maschen einer Nadel bis zur letzten ab, legt den Faden über die linke Nadel, als sollte die Masche links abgestrickt werden, hebt die Masche mit der rechten Nadel ab, wendet die Arbeit und strickt die erste Masche glatt ab.

Maschenbenennungen. — Aus diesen verschiedenen Maschenarten werden dann noch andere gebildet, die hauptsächlich beim Musterstricken gebräuchlich sind. Es folgen demnach hier die verschiedenen Benennungen, die bei Erklärungen der Strickmuster üblich sind.

Hohlmasche oder **Umschlag,** unter Abbildung 396 erklärt, heisst: den Arbeitsfaden einmal um die rechte Nadel legen.

Doppelhohlmasche oder **zweimal umschlagen** heisst: den Faden zweimal um die rechte Nadel legen.

Glatt abnehmen: Zwei Maschen werden zusammengefasst und glatt abgestrickt, wie eine einzige Masche. Es ist dies anzuwenden, wenn sich die zusammengestrickten Maschen nach rechts neigen müssen.

Verkehrt abnehmen: Zwei Maschen zusammenfassen und verkehrt abstricken; dies geschieht, um die zusammengestrickten Maschen sichtbar zu machen, oder bei Arbeiten in Streifen auf der Kehrseite, wenn das Abnehmen auf der Rechtseite nach rechts liegen soll.

Glatt verdreht abnehmen: Zwei Maschen zusammenfassen und glatt verdreht abstricken. Es ist dort anzuwenden, wo sich die Maschen nach links neigen müssen.

Verkehrt verdreht abnehmen: Zwei Maschen von rückwärts abfassen und verkehrt verdreht abstricken. Anzuwenden, wenn bei Arbeiten in Streifen auf der Kehrseite abzunehmen ist und das Abnehmen auf der rechten Seite sich nach links neigen soll.

Abheben: Eine Masche von der linken Nadel auf die rechte gleiten lassen, ohne sie abzustricken.

Ueberziehen: Eine Masche von der linken Nadel abheben, die nächste glatt stricken, die abgehobene mit der linken Nadel fassen und über die abgestrickte heben. Es können auf solche Art zwei, auch drei Maschen über die glatt gestrickte Masche gehoben werden.

Abketten oder Abschliessen der Strickerei: Die Maschen werden, um deren Auflösen zu verhindern, wie folgt abgeschlossen:

Zwei Maschen sind glatt abzustricken, die erste wird über die zweite gehoben, die nächste Masche wieder abgestrickt und die hintere darüber gehoben usw.

Die abgeschlossenen Maschen, auch abgekettete genannt, dürfen weder zu lose noch zu fest ausgeführt werden; ihre Dehnbarkeit muss immer im Verhältnis zur vollendeten Strickerei sein.

Fadensorten zu Strümpfen. — Zur Anfertigung von Strümpfen empfehlen wir: Strickgarn D.M.C (Coton à tricoter), Glockenstrickgarn D.M.C (Retors pour mercerie), Leinen-Strickgarn D.M.C (Lin à tricoter), sowie die seidenglänzenden Garne Elsässer Strick- und Häkelgarn D.M.C (Alsatia) und Glockenstrickgarn D.M.C, Spezial-Qualität (*). Alle diese Artikel sind von ganz vorzüglicher Qualität, sehr dauerhaft in der Farbe und stets in grosser Farbenauswahl erhältlich. Ausserdem gibt es noch eine Art Beilagegarn, Beistrickgarn D.M.C (Coton à feutrer), das zur Verstärkung der Ferse und der Strumpfspitze dient, und das man miteinzustricken nie versäumen soll.

(*) Siehe am Schluss des letzten Kapitels die Tabelle der Nummern und das Farbenverzeichnis der Baumwoll-, Leinen- und Seiden-Artikel, Marke D.M.C — Die eingeklammerten französischen Benennungen befinden sich auf den Etiketten der D.M.C-Artikel.

Das Einteilen eines Strumpfes. — Der Strumpf besteht aus fünf Teilen, und zwar aus: 1) dem Rande, 2) dem Knieteile, 3) dem Wadenteile, 4) der Ferse, 5) der Strumpfspitze.

1) **Der Rand** kann mit durchbrochenem Muster oder mit doppeltem, gezähntem Rande gearbeitet werden, Abb. 398 und 399.

2) und 3) **Der Knie-** und **Wadenteil,** bis zur Ferse reichend, ist meistens glatt mit einem Nähtchen gestrickt; nur Kinderstrümpfe werden gemustert gearbeitet.

4) **Die Ferse** wird in hin- und zurückgehenden glatten und verkehrten Gängen gestrickt und am Ende nach der Fussform durch Abnehmen eingebogen.

5) **Die Strumpfspitze** wird wieder glatt gestrickt. Von der Ferse an werden die überzähligen Maschen abgenommen, dann wird ein Teil ohne Nähtchen bis zum Abnehmen für die Spitze ganz gleich fortgestrickt.

Um nun diesen verschiedenen Teilen ohne Vorlage die entsprechende Länge und Breite zu geben, beobachte man Folgendes:

Der Zierrand eines Strumpfes ist beim Bemessen der Arbeit niemals mitzurechnen. Nachdem er vollendet, wird am Anfange jener Nadel, welche die erste des Ganges ist, ein Nähtchen aus einer oder zwei verkehrten Maschen gemacht, häufig auch aus einem schmalen, verkehrten Muster bestehend, das als Richtschnur für die Mitte des Strumpfes gilt.

Für gewöhnliche kurze Strümpfe wird vom Rande an so viel gestrickt, dass der Strumpf, wenn er doppelt gelegt wird, einen rechten Winkel bildet.

Für Kniestrümpfe hingegen wird um die Hälfte mehr gestrickt, mithin ein- und einhalbmal die Weite des Strumpfes.

Von da an beginnt der Wadenteil. Die zweite Masche nach dem Nähtchen wird über die dritte gezogen und die dritt- und zweitvorletzte werden vor dem Nähtchen glatt abgenommen. Das Abnehmen wiederholt sich anfangs drei- oder viermal nach je 12 Gängen, dann nach je 8 Gängen, und wird solange fortgesetzt, bis dieser Teil ein- und einhalbmal so lang ist, als der Knieteil breit und um den vierten Teil enger als dieser.

Der untere Teil der Wade, der Knöchelumfang, wird dann

ohne Abnehmen so lang, als die Hälfte der Breite des Knieteiles beträgt, gestrickt.

Um die Ferse zu machen, zählt man die Maschenzahl auf den vier Nadeln zusammen, das Nähtchen ungerechnet, verteilt dann auf je eine Nadel rechts und links vom Nähtchen je zwei Maschen mehr, als der vierte Teil der ganzen Zahl beträgt. Soll die Ferse gut sitzen, so muss sie ebenso hoch als breit sein.

Um Fersen und Strumpfspitzen mehr Festigkeit zu geben, legt man, wie bereits oben gesagt, dem Faden, der zur Herstellung des Strumpfes verwendet wird, einen zweiten feinen Faden, Beistrickgarn D.M.C (Coton à feutrer), bei.

Für den Vorfuss oder den Ristteil muss von der Ferse an so viel abgenommen werden, dass auf jeder Nadel zwei Maschen

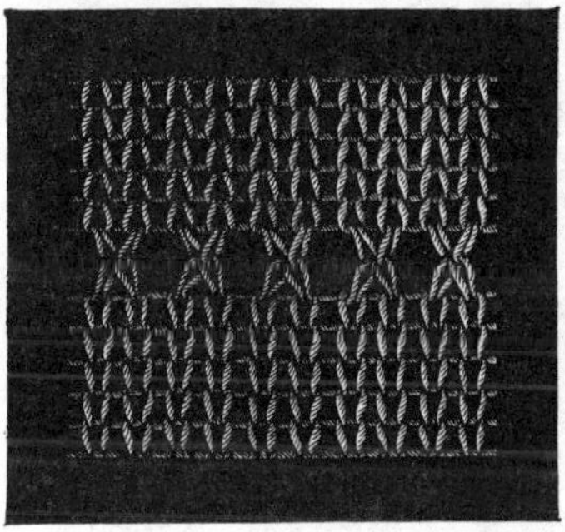

Abb. 398.
Gezähnter Strumpfrand.
Offen.

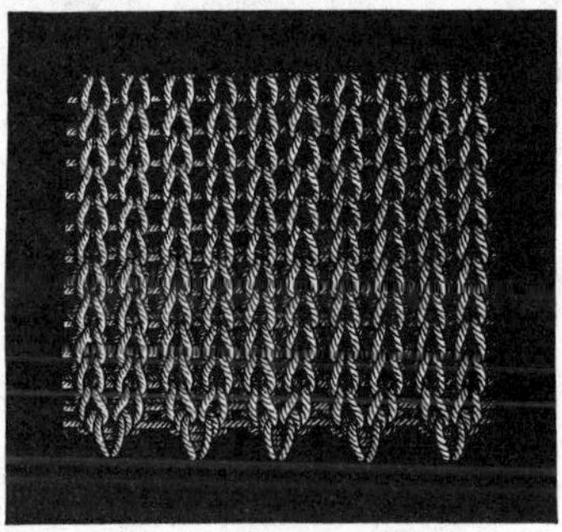

Abb. 399.
Gezähnter Strumpfrand.
Geschlossen.

weniger verteilt sind, als am Knöchelteil waren. Dann wird ebenso breit als der Knöchelteil glatt gestrickt bis zum Beginn des Abnehmens für die Spitze.

Die Strumpfspitze muss den vierten Teil der ganzen Vorfusslänge messen.

Trotz dieser genauen und verlässlichen Einteilung raten wir noch, auch die Gänge zu zählen, um vollkommene Regelmässigkeit der Arbeit zu erzielen.

Die Zahl der Anschlagmaschen für Strümpfe wird durch die Stärke des verwendeten Garnes bedingt.

Gezähnter Strumpfrand (Abb. 398 und 399). — Der einfachste, zugleich dauerhafteste Strumpfrand ist der gezähnte Strumpfrand, auch Mäusezähnchen genannt. Es werden nach dem Anschlage, je nach der verwendeten Garnnummer, 6 bis 10 glatte Gänge gestrickt, dann ein Gang, in welchem eine Hohlmasche aufgenommen und eine glatte Masche abgenommen wird. Nach diesem Gange wird wieder die vorherige Anzahl glatter Gänge gemacht.

Ist die zweite Reihenzahl der ersten gleich, so werden die Anschlagmaschen mittelst einer Hilfsstricknadel gefasst und glatt aufgehoben, diese Nadel nach innen und der äusseren Nadel gegenüber gelegt und die Maschen beider Nadeln je zwei und zwei zusammen abgestrickt.

Es ist dabei wohl darauf zu achten, dass erstens alle Anschlagmaschen aufgefasst werden, dass zweitens stets die Maschen

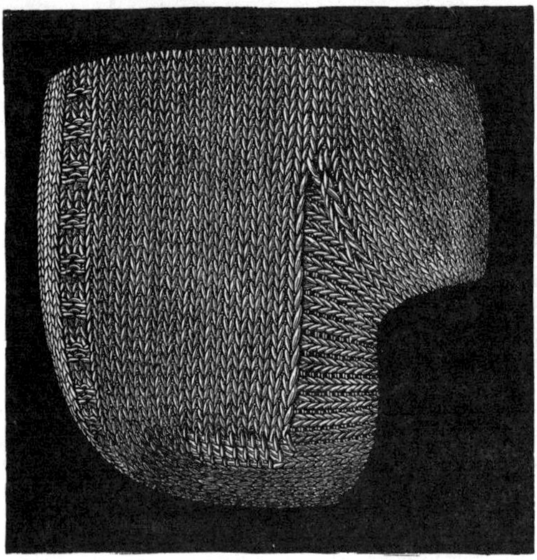

Abb. 400. Gewöhnliche Ferse.

einer Linie verbunden werden, da sich sonst die den Rand bildenden Zähnchen verziehen.

Gewöhnliche Ferse (Abb. 400). — Diese Art, die Ferse zu machen und zu schliessen, ist die einfachste unter allen, darum auch am häufigsten angewendet. Sie kann mit und ohne Randnähtchen hergestellt werden.

Nachdem die Maschen in vier Teile geteilt, zwei mehr für je eine Nadel zur Ferse als für die des Ristteiles, so werden je nach dem Strickfaden 15 bis 20 Randnähtchen (wenn solche gemacht werden) gestrickt. Für diese Randnähtchen sind auf der Kehrseite die ersten 3 Maschen der rechten Nadel und die letzten 3 Maschen der linken Nadel glatt abzustricken.

Ist die gewünschte Höhe erreicht, so strickt man auf der rechten Seite die rechtseitige Nadel ganz ab, von der linkseitigen jedoch nur den dritten Teil der darauf ruhenden Maschen. Haben wir z. B. 24 Maschen, so sind 8 davon abzustricken, die nächste Masche abzuheben, wieder eine abzustricken, die vorletzte über die letzte zu ziehen, dann noch zwei Maschen glatt abzustricken; hierauf wird die Arbeit gewendet. Die erste Masche ist nun abzuheben, dann wird auf der Kehrseite verkehrt weiter gestrickt bis über die 8 Maschen der zweiten Nadel; die neunte und zehnte Masche werden verkehrt abgenommen, noch zwei Maschen verkehrt gestrickt und die Arbeit wieder nach der rechten Seite gewendet.

Durch das stete Abnehmen nach 8 Maschen bildet sich ein Zöpfchen an beiden Seiten der Ferse.

Es ist unerlässlich bei allen Fersen, die auf ähnliche Weise abgeschlossen werden, das Abnehmen stets auf der Rechtseite zu beginnen, um auf der Kehrseite damit zu enden und beim Wenden der Arbeit gleich glatt weiter stricken zu können.

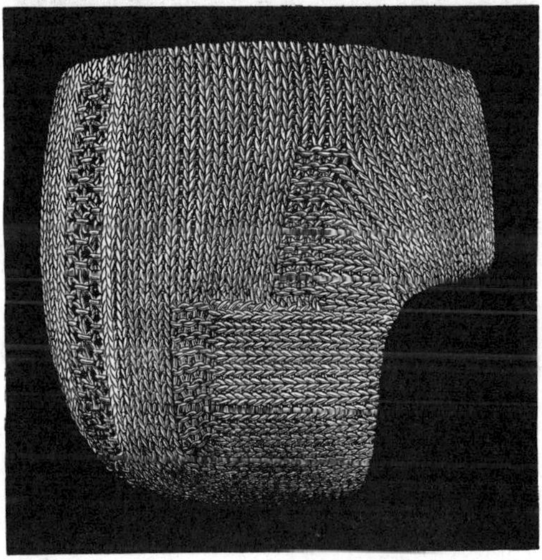

Abb. 401. Stufenferse.

Wenn die Maschen der zwei Fersennadeln bis zum Aussennähtchen vollendet sind, so werden die linken Randmaschen desselben mit einer Hilfsnadel aufgehoben, dann auf die linke Fersennadel aufgestrickt, hierauf die zwei Nadeln des Ristteiles gestrickt, die Schlingen der zweiten, rechten Fersenseite aufgehoben und zur vierten Nadel, also rechten Fersennadel, gestrickt.

Im folgenden Gang werden die dritt- und viertvorletzte Masche der ersten Nadel abgenommen, die letzten zwei Maschen glatt abgestrickt, die zwei ersten Maschen der vierten Nadel glatt abgestrickt, die dritte abgehoben, die vierte abgestrickt und die erstere über die letztere gezogen.

Nun folgen zwei glatte Gänge; hierauf werden die Abnahmen mit je zwei glatten Zwischengängen fortgesetzt, bis auf den beiden Fersennadeln die gleiche Maschenzahl wie auf den Ristnadeln erreicht ist.

Stufenferse (Abb. 401). — Nachdem die Teilung der Maschen erfolgt ist, werden 12 bis 14 Nähtchen gemacht; nach diesen sind auf der linken Fersennadel so viele Maschen zu stricken, als Nähtchen an der Seite sind; nun wird die Arbeit gewendet und wieder ein Nähtchen gemacht wie unten. Auf der zweiten Seite sind gleichviel Maschen wie auf der ersten Nadel abzustricken, dann wird bis zur selben Nähtchenzahl wie im ersten Teil fortgestrickt.

Ist die notwendige Anzahl Nähtchen erreicht, so sind auf beiden Seiten die abgeketteten Maschen aufzufassen, die letzte Masche des zweiten Teiles mit der ersten des unteren Teiles abzunehmen, zwei weitere Maschen zu stricken, die Arbeit zu wenden, die erste Masche abzuheben und bis zur zweiten Seite zu stricken, wo wie bei der ersten vorzugehen ist.

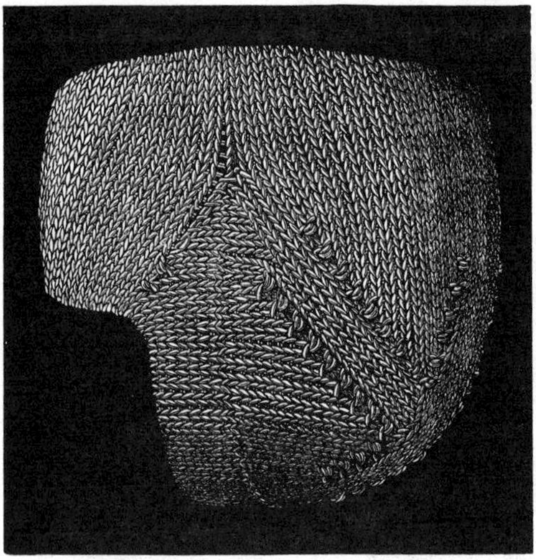

Abb. 402. Glattgestrickte Ferse.

Sind alle Maschen bis zur letzten abgenommen, so werden auch die abgehobenen Maschen des ersten Teiles aufgenommen; die Abnahme des Ristteiles ist wie gewöhnlich vorzunehmen.

Diese Fersenform, nicht langwieriger als andere auszuführen, sitzt sehr gut am Fuss, nützt sich daher auch wenig ab.

Glattgestrickte Ferse (Abb. 402). — Jenen Frauen und Mädchen, die eine Abneigung gegen das Verkehrtstricken haben, wird diese und die folgende Art, die Ferse herzustellen, eine willkommene Neuerung sein.

Die Maschen der ersten Nadel nach dem Nähtchen sind abzustricken, dann auf zwei Hilfsnadeln je 8 Maschen mehr aufzuschleifen, als bei der Teilung der Maschen auf eine

Nadel entfielen; die vierte Nadel ist dann an die dritte anzuschliessen und glatt abzustricken. Hierauf folgen:

1. Gang — Ganz glatt.

2. Gang — Die 1. und 2., die 9. und 10. Masche der ersten Hilfsnadel, sowie die zehnt- und neuntvorletzte und die vorletzte und letzte Masche der zweiten Hilfsnadel abnehmen.

3., 5., 7., 10., 11., 13., 14., 16., 17., 19. und 20. Gang — Ganz glatt.

4. Gang — Die 1. und 2., die 7. und 8. Masche der 1. Hilfsnadel und die acht- und siebentvorletzte, die vorletzte und letzte Masche der zweiten Hilfsnadel abnehmen.

6. Gang — Die 1. und 2., die 5. und 6. Masche der 1. Hilfsnadel, die sechst- und fünftvorletzte, die vorletzte und letzte Masche der zweiten Hilfsnadel abnehmen.

8. Gang — Die 1. und 2., die 3. und 4. Masche der ersten Hilfsnadel, die viert- und drittvorletzte, die vorletzte und letzte Masche der zweiten Hilfsnadel abnehmen.

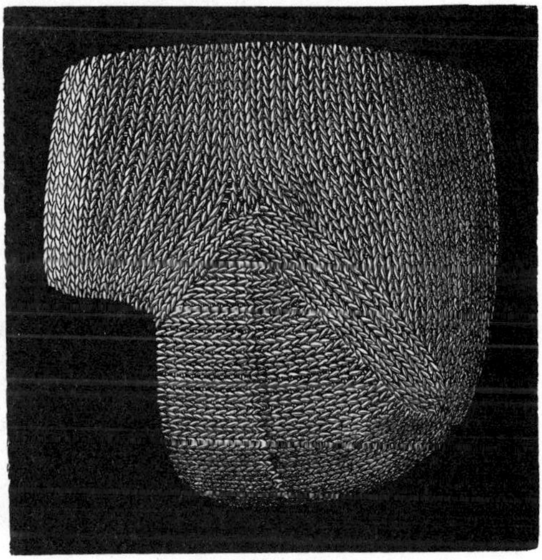

Abb. 403. Andere glattgestrickte Ferse.

9. Gang — Nach den beiden letzten Abnahmen sind verkehrt abzunehmen: die viert- und drittvorletzten Maschen der 1. und 3. Nadel, und die 3. und 4. Masche zu Anfang der 2. und 4. Nadel.

12., 15. und 18. Gang — Abnehmen, gleich wie im 9. Gang.

21. Gang — Zu Anfang jeder Nadel 2 Maschen glatt abstricken, die 2 nächsten Maschen verkehrt abnehmen, ferner die viert- und drittvorletzte Masche jeder Nadel verkehrt abnehmen, die 2 letzten Maschen glatt abstricken.

Das Abnehmen wird nun fortgesetzt mit zwei glatten Zwischengängen, bis die verkehrten Abnahmen sich begegnen; nach den beiden glatten Gängen wird über den beiden

Abnahmen noch ein verkehrtes Abnehmen gemacht. Dann werden vier Gänge glattgestrickt, die gebliebenen Maschen nach der Sohlenbreite auf zwei Nadeln verteilt und auf der Kehrseite zusammen abgemascht.

Nun sind die Schlingen der Hilfsmaschen aufzufassen. In den folgenden glatten Gängen werden die letzte und erste Masche der ersten und zweiten Nadel und die letzte und erste Masche der dritten und vierten Nadel zusammen abgenommen.

Die weiteren überzähligen Maschen sind verkehrt abzunehmen und je zwei glatte Gänge darüber zu stricken.

Andere glattgestrickte Ferse (Abb. 403). — Es wird hier wie bei der vorhergehenden Ferse ein Hilfsanschlag gemacht.

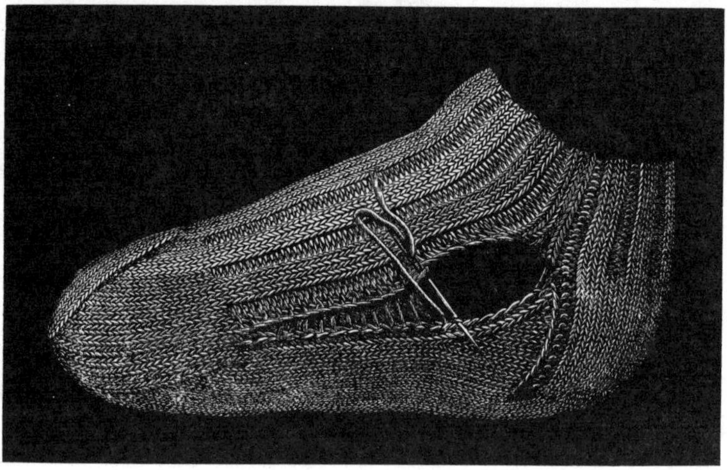

Abb. 404. Sparvorfuss.

Angenommen die Maschenzahl beträgt 20 für jede Nadel, so sind 28 Maschen auf jede der beiden Hilfsnadeln aufzuschleifen. Hierauf werden die 4. und 3. Masche am Ende der 1. und 3. Nadel, dann die 3. und 4. Masche der 2. und 4. Nadel abgenommen, so dass zwischen beiden Abnahmen 4 glatte Maschen liegen.

Es wird nun weiter gleich abgenommen, mit je zwei glatten Gängen nach jeder Abnahme, bis nur noch 6 Maschen auf jeder Nadel liegen.

Dann werden noch die zwei Anfangs- und Endmaschen einer jeden Nadel abgenommen und ein glatter Gang darüber gestrickt; die übrig bleibenden Maschen werden auf der Kehrseite zugenäht.

Die Hilfsmaschen sind sodann aufzufassen und der Vorfuss ist zu beginnen.

Sparvorfuss (Abb. 404). — Ferse, Sohle und Strumpfspitze sind am meisten der Abnutzung unterworfen, während der Ristteil mehr geschont bleibt. Die Südländer haben diesen Uebelstand ins Auge gefasst und fertigen den Vorfuss ihrer Strümpfe und Socken in zwei Teilen an. Hierdurch wird nicht nur Zeit und Material gespart, sondern auch das Wiedereinstricken der schadhaft gewesenen Partien wesentlich erleichtert.

Abb. 405. Strumpfspitze.

Nachdem die Ferse nach einer der vorher beschriebenen Weisen vollendet ist, wird das Stricken nur mit den zwei oberen Nadeln fortgesetzt, bis der Oberteil die bis zur Spitze erforderliche Länge hat. Dann wird der Unterteil ebenfalls getrennt gestrickt.

Abb. 406. Strumpfspitze.

Die Randmaschen sind an beiden Teilen abzuheben; der Maschenkette folgt ein Nähtchen von einer, höchstens zwei Maschen und am Sohlenteil neben dem Nähtchen das Abnehmen. Letzterer Teil wird bis zum Beginn der Strumpfspitze gestrickt. Wenn beide Teile, Rist- und Sohlenteil, die gleiche Anzahl Gänge haben, so werden die Nadeln verbunden und das Käppchen vollendet.

Die an beiden Seiten offen gebliebenen Schlitze sind mit der Nadel durch die Schlingen der Randmaschen zu verbinden;

man hat dabei darauf zu achten, dass stets die gleichlaufenden Schlingen gefasst werden.

Ist nun der untere Teil des Vorfusses abgenützt, so löst man die Stiche an der Seite, fügt einen neu gestrickten Teil an den ursprünglichen und näht die Schlitze wieder zu.

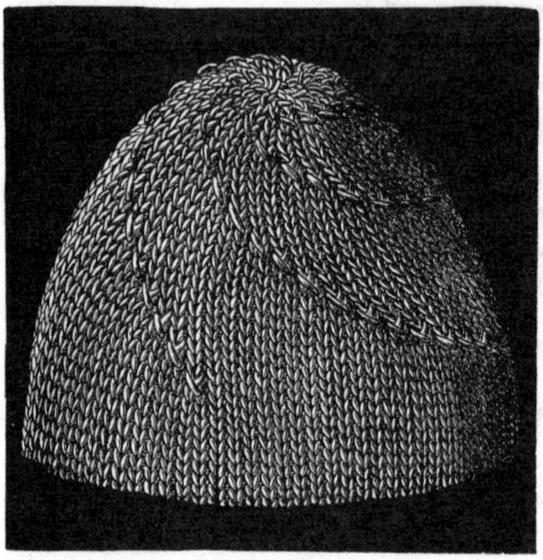

Abb. 407. Strumpfspitze.

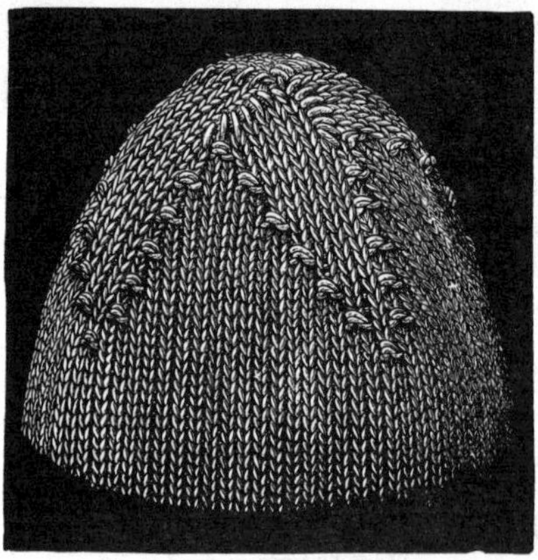

Abb. 408. Strumpfspitze.

Strumpfspitze (Abb. 405). Auch bei den Beschreibungen dieses Strumpfteiles bringen wir zuerst die einfachste und landläufigste Art, ihn auszuführen.

Zuerst sind jedesmal die Maschen in vier gleichen Teilen auf die Nadeln zu verteilen. Von den vier letzten Maschen der ersten und dritten Nadel werden die zwei vorletzten Maschen abgenommen und die zwei letzten Maschen glatt abgestrickt; die zwei ersten Maschen der zweiten und vierten Nadel sind ebenfalls glatt abzustricken, die dritte und vierte Masche durch Ueberziehen abzunehmen.

Ueber jede der vier Abnahmen sind zwei glatte Gänge, nach den späteren Abnahmen ist nur einer zu stricken. Wenn nur noch vier Maschen auf jeder Nadel liegen, so werden diese nach der Sohlenbreite auf zwei Nadeln vereint und auf der Innenseite zusammengestrickt.

Strumpfspitze (Abb. 406). — Hier müssen die Maschen vor Beginn des Abnehmens zu 8, 10 oder 12 eingeteilt werden.

Angenommen, sie seien durch 10 teilbar, so sind 8 Maschen glatt zu stricken, die neunte und zehnte hingegen abzunehmen.

Dann folgen wieder 8 glatte Maschen, wieder eine Abnahme und so fort um die ganze Rundung.

Nach dem Gang mit Abnahmen folgen ebenso viele glatte Gänge als Maschen zwischen den Abnahmen liegen.

Bei jeder folgenden Abnahme hat eine Masche weniger zwischen den abgenommenen zu bleiben, so zwar, dass beim zweiten Abnehmen 7 Zwischenpausen bleiben und 7 glatte Gänge gestrickt werden, beim dritten Abnehmen 6 Zwischenmaschen bleiben und 6 glatte Gänge darüber gestrickt werden, beim vierten Abnehmen 5 Zwischenmaschen bleiben und 5 glatte Gänge darüber usw.

Die übrig bleibenden Maschen werden dann bis auf 4 im

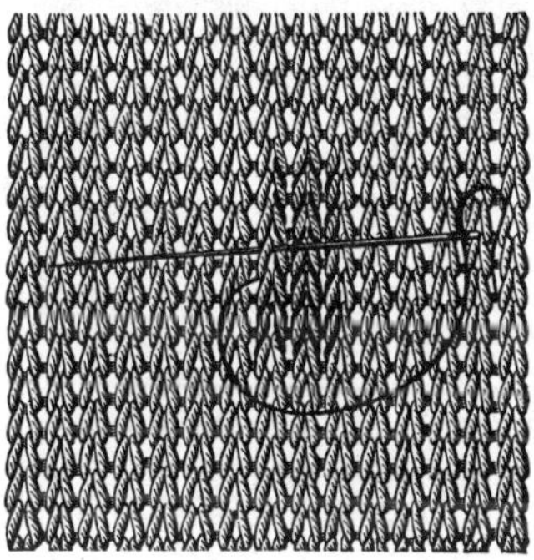

Abb. 409.
Uebernähen der Strickerei.
In senkrechten Reihen.

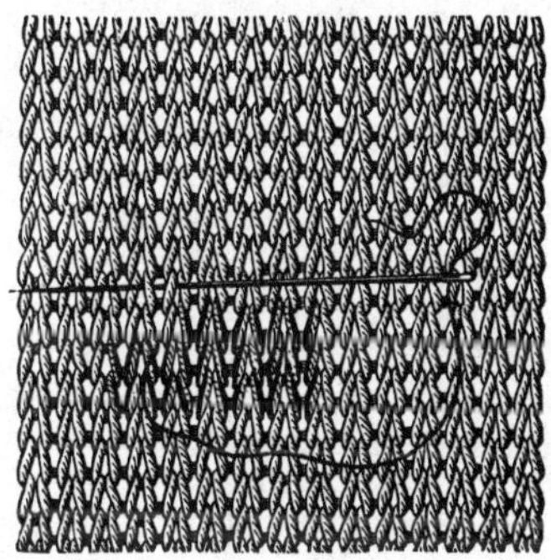

Abb. 410.
Uebernähen der Strickerei.
In wagerechten Reihen.

Kreise abgenommen, die nach dem Innern des Strumpfes gebracht und vernäht werden.

Strumpfspitze (Abb. 407). — Das Abnehmen beginnt hier mit den beiden ersten Maschen einer jeden Nadel, und zwar ist die erste Masche abzuheben, die zweite abzustricken, die erste Masche über die zweite zu ziehen.

Ueber jeden Gang mit Abnahmen ist ein glatter Gang zu stricken.

In den folgenden Gängen werden im zweiten die 3. und 4. Masche, im dritten die 5. und 6. Masche, im vierten die 7. und 8. Masche abgenommen, so dass zum Schluss das Abnehmen eine Art Schneckenwindung bildet. Der Abschluss wird den andern gleich hergestellt.

Strumpfspitze (Abb. 408). — Mit dieser Vorlage wird ein anderer, nicht minder praktischer Strumpfabschluss gebracht.

Im ersten Gang werden die beiden ersten Maschen jeder Nadel verkehrt abgenommen.

Der 2. und 3., der 5. und 6., der 8. und 9., der 11. und 12., der 14. und 15., der 17. und 18. Gang werden glatt gestrickt.

4. Gang — Die 1. Masche einer jeden Nadel glatt abstricken; die 2. und 3. Masche und die beiden letzten verkehrt abnehmen.

7. Gang — Die beiden ersten Maschen einer jeden Nadel glatt abstricken, die 3. und 4. Masche und die beiden letzten verkehrt abnehmen.

Es wird nun zu Anfang der Nadel vor jeder Abnahme eine glatte Masche mehr gestrickt.

Wenn sich die beiden Nähtchen vereinen, wird die letzte Masche einer jeden Nadel über die erste Masche der nächsten gezogen; die Zwischenmaschen sind glatt zu stricken; das Abnehmen ist bis auf die letzten Maschen gleich fortzusetzen.

Abb. 411.
Klarlegen der Maschen.

Ausbessern der Strickerei. — Schadhafte Strickereien sind grösstenteils mit der Nähnadel und mit Faden auszubessern, indem man die mit den Stricknadeln entstandenen Maschen nachbildet. Ist das Garn noch nicht durchgerissen, eine baldige Auflösung desselben jedoch zu gewärtigen, so kann ihm eine längere Dauer durch Uebernähen der dünnen Maschen mit neuem Faden gesichert werden.

Fadensorten. — Der Stopffaden muss stets etwas feiner als der ursprüngliche Faden sein. Füll- und Stopfgarn D.M.C (Coton à repriser) und Spezialgarn D.M.C (Mouliné spécial) sind das beste Material zu dieser Arbeit; denn sollte der Faden in entsprechender Stärke nicht im Hause vorhanden sein, so können die weichen, lose aneinander liegenden Fäden getrennt werden, um einen stärkeren oder feineren Faden je nach Bedarf zu bilden.

Uebernähen der Strickerei (Abb. 409 und 410). — Das einfache Uebernähen kann auf zweierlei Arten geschehen.

In Abbildung 409 ist der Faden zwischen zwei wagerechten Maschengliedern herausgeführt, dann ein senkrechtes nach aufwärts übergehend bei demselben ein- und zwischen den beiden nächsten wagerechten Gliedern wieder herausgezogen usw. Die zweite Schlingenreihe wird zurückgehend gearbeitet, indem man zwei Fäden nach links auf die Nadel nimmt, einen nach rechts abwärts übergeht, den übergangenen Faden auf die Nadel nimmt usw.

Nach der zweiten Stopfart, Abb. 410, übergeht man, wenn die Nadel herausgeführt ist, einen Faden nach rechts und einen Faden nach aufwärts, nimmt die beiden nächstliegenden Fäden auf, übergeht zwei wagerechte Fäden nach abwärts, einen Faden nach rechts und sticht beim ersten Ausgang der Nadel wieder hinein, nimmt zwei Fäden nach links auf, übergeht einen nach rechts und zwei wagerechte nach aufwärts usw. Bei der nächsten Reihe nimmt man die Arbeit so zur Hand, dass die vollendete Reihe nach aufwärts liegt, übergeht einen wagerechten Faden nach abwärts, führt die Nadel zwischen zwei auseinander liegenden Fäden heraus und übergeht wieder zwei wagerechte Fäden nach abwärts, nimmt zwei Fäden nach links auf die Nadel, übergeht zwei Fäden nach aufwärts und einen nach rechts, nimmt nach links zwei Fäden auf die Nadel usw.

Klarlegen der Maschen (Abb. 411). — Ist das Garn der Strickerei ganz durchgerissen, so müssen neue Maschen gebildet und die Fäden so weit aufgelöst werden, als sie schadhaft sind.

Diese schadhaften Fäden sind abzuschneiden und die wagerechten Maschen klar zu legen. An den senkrechten Seiten werden die Fäden so weggeschnitten, dass die senkrechten Maschen frei liegen und dass eine viereckige Lücke entsteht, in deren Winkeln zwei bis vier Maschen aufgelöst werden, welche dann, auf die Kehrseite des Gegenstandes gebracht, daselbst mit einigen Stichen befestigt werden.

Es ist die Benutzung des Stopfholzes bei derlei Stopfarbeiten zu empfehlen; es verhindert etwaiges zu strammes Anziehen der Fäden.

Stopfen glatter Maschen mit wagerecht gespannten Fäden (Abb. 412 und 413). — Man spannt auf der Kehrseite der Arbeit jeder zu ergänzenden Reihe entlang einen Faden in wagerechter Richtung, ein bis zwei Maschen der Strickerei mitfassend. Sind diese Grundfäden gespannt, so wird die Nadel von der Kehrseite auf die Rechtseite bei jener Masche herausgeführt, die dem linkseitigen ganzen Teile zunächst liegt.

Dann abwärts gehend, den zunächstliegenden wagerechten

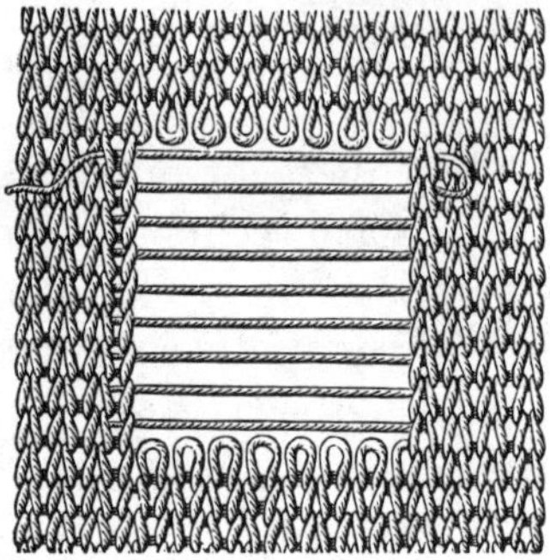

Abb. 412.
Stopfen glatter Maschen mit wagerecht gespannten Fäden.
Das Spannen der Fäden.

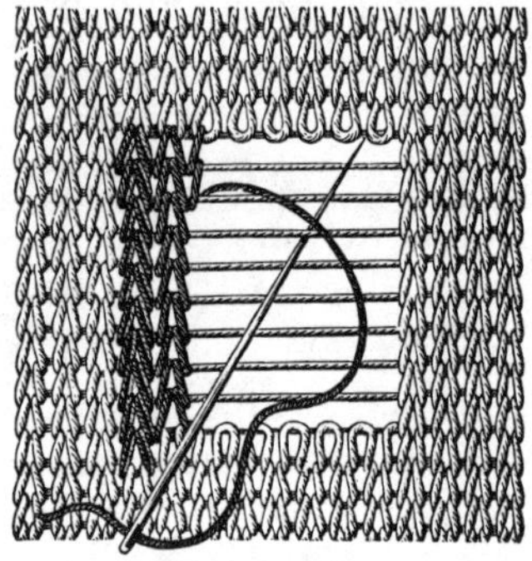

Abb. 413.
Stopfen glatter Maschen mit wagerecht gespannten Fäden.
Abwärts gehende Stichreihe.

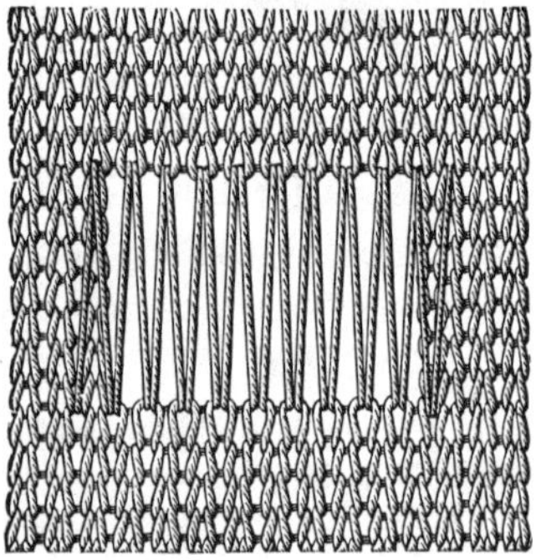

Abb. 414.
Stopfen glatter Maschen mit schräg gespannten Fäden.
Das Spannen der Fäden.

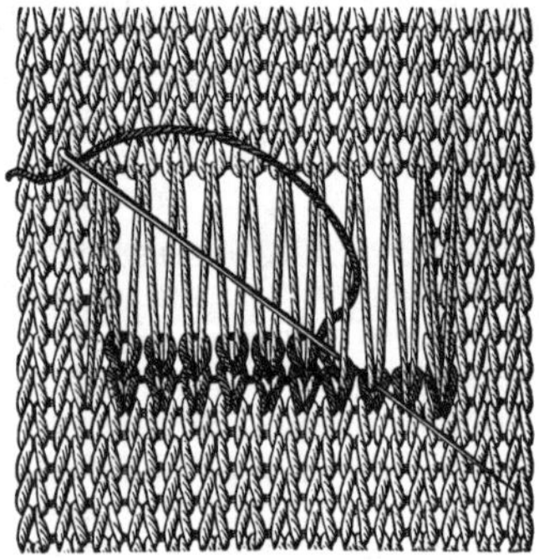

Abb. 415.
Stopfen glatter Maschen mit schräg gespannten Fäden.
Das Uebernähen der Fäden.

Faden derart von unten nach oben fassen, dass der Arbeitsfaden links von der Nadel liegt und so alle wagerechten Fäden gleich übernähen.

Ist der letzte Faden übernäht, so wird die Nadel von oben nach unten in die zunächstliegende untere Masche gebracht, um bei derselben Masche, bei der sie links eingeführt, rechts wieder herausgeführt zu werden.

Die zweite aufwärts gehende Reihe verlangt den Faden ebenfalls links von der Nadel liegend (Abb. 413).

Nachdem alle wagerechten Fäden übernäht sind, wird die Nadel in jene Masche geführt, bei der sie herausgeführt wurde, um bei der nächsten Masche rechts wieder herausgeleitet zu werden.

Stopfen glatter Maschen mit schräg gespannten Fäden (Abb. 414 und 415). — Wie aus der Abbildung ersichtlich, sind zu beiden Seiten des Ausschnittes einige Maschen und auch die anderen freien Maschen aufgefasst. Die neu ge-

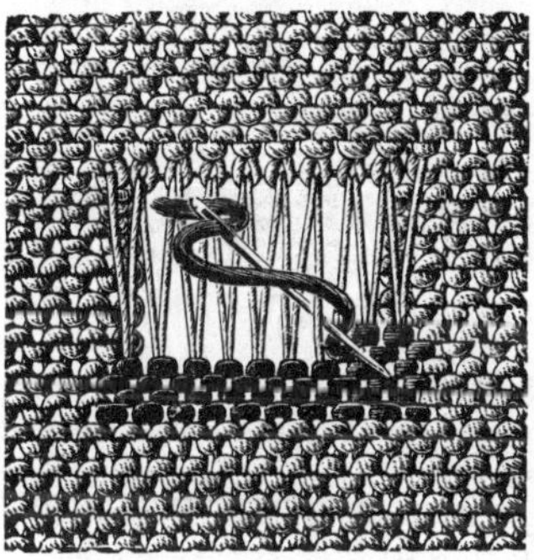

Abb. 416.
Stopfen verkehrter Maschen mit schräg gespannten Fäden.

Abb. 417.
Stopfen eines Streifenmusters mit schräg gespannten Fäden.

spannten Fäden müssen nach der Länge und nach der Zahl mit den ausgehobenen übereinstimmen.

Auf der Rechtseite wird ein Faden angebracht, etwas feiner als der ursprüngliche war, mit welchem einige Maschen, gleichlaufend mit der zu ergänzenden Reihe, übernäht werden.

Hierauf wird die Nadel von unten nach oben in die erste klar liegende Masche, unter beide Fäden, welche aus einer Masche laufen, und dann in dieselbe Masche zwischen den schiefliegenden Fäden von oben nach unten geführt; die nächste Masche ist von unten nach oben zu erfassen und die Nadel unter die senkrechten Fäden dieser Masche zu führen usw.

Die neu gebildete Schlinge muss der Grösse einer gestrickten Masche entsprechen.

Zu Ende einer Reihe werden, wie zu deren Anfang, einige Maschen übernäht.

Die zurückgehenden Reihen werden gleich den hingehenden ausgeführt, nur ist dabei die Arbeit zu drehen.

Stopfen verkehrter Maschen mit schräg gespannten Fäden (Abb. 416). — Das Stopfen von verkehrten Maschen geschieht nur über schräg gespannte Fäden in wagerechten Stichreihen. Jeder Stich kommt wagerecht über zwei Längsfäden zu liegen, der nächstfolgende Stich greift immer einen Faden zurück und einen Faden vor, so dass die zwei aus einer Arbeitsreihe entstandenen Querstiche versetzt übereinander zu stehen kommen. (Siehe Abb. 416.)

Stopfen eines Streifenmusters mit schräg gespannten Fäden (Abb. 417). — Bei gemusterten Gegenständen sollen

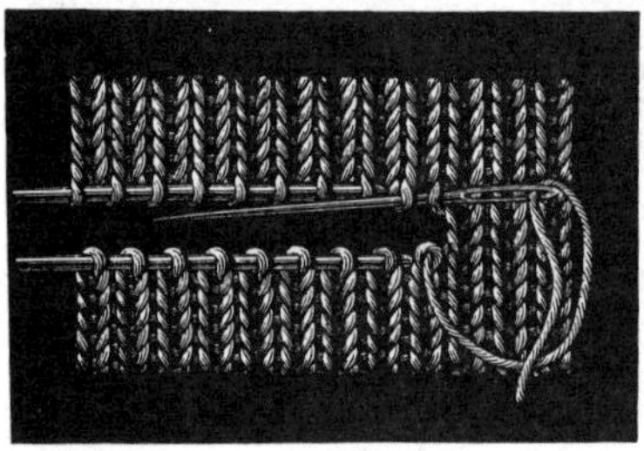

Abb. 418.
Anmaschen der glatten Strickerei.

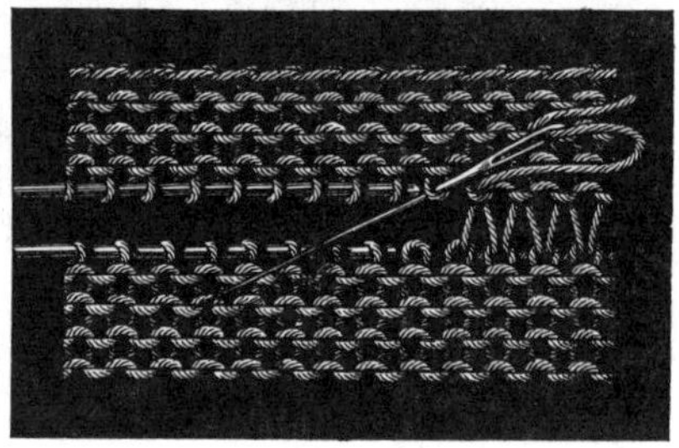

Abb. 419.
Anmaschen der verkehrten Strickerei.

die schadhaften Stellen so ausgebessert werden, dass sich die Musterung ununterbrochen fortsetzt. Als Beispiel nahmen wir das bekannte Streifenmuster aus 2 glatten und 2 verkehrten Maschen, welches am häufigsten bei Kinderstrümpfen anzutreffen ist.

Die Fäden, über welche die Ersatzmaschen genäht werden, sind ebenfalls wieder schräg zu spannen, und das Bilden der glatten und verkehrten Maschen ist nach den unter den Abbildungen 415 bis 416 gegebenen Erklärungen auszuführen. Den Uebergang von glatten zu verkehrten Maschen lehrt Abbildung 417.

Anmaschen der glatten Strickerei (Abb. 418). — Ist ein Teil einer Strickerei durch neue zu ersetzen, so werden die

Maschen des neuen Stückes mit jenen des alten mit der Nähnadel und dem Faden der Strickerei verbunden.

Beim Anmaschen müssen die Maschen zuerst klar gelegt und auf Stricknadeln gefasst werden, um das Auflösen zu verhüten. Die zu verbindenden Maschen müssen genau gegenüberstehen; dann führt man die Nadel in die äusserste, freiliegende Masche des oberen Teiles von unten hinauf, hebt die Masche von der Stricknadel ab, führt die Nadel von oben herab in die genau gegenüberliegende untere Masche, fasst zugleich die danebenliegende von unten nach oben und zieht den Faden nur so weit heraus, dass die mit demselben zu bildende Masche den übrigen Maschen gleicht. Hierauf führt man die Nähnadel von oben herab in jene Masche, welche früher gefasst worden war, fasst die danebenstehende von unten nach oben, zieht den Faden an, fasst wieder die beiden unteren usw.

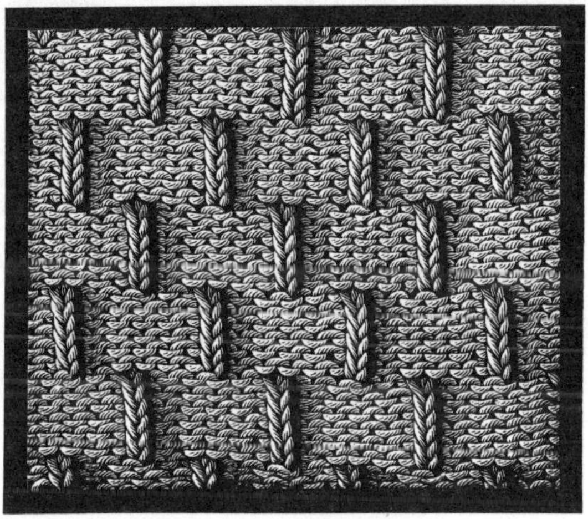

Abb. 420. Piquémuster.

Anmaschen der verkehrten Strickerei (Abb. 419). — Flächen, die aus einer glatten und mehreren verkehrten Reihen bestehen, werden wie folgt angemascht: Der Gegenstand ist so zur Hand zu nehmen, dass die zu ergänzende, verkehrte Kette an den oberen Teil anschliesst, dann wird die Nadel in die erste Masche des oberen Teiles von oben durchgeführt; die beiden Maschen des unteren Teiles werden wie bei der glatten Strickerei verbunden; dann wird die Nadel wieder durch die erste Masche des oberen Teiles von unten hinauf und in die danebenstehende Masche von oben herab geführt. Die unteren Maschen werden wieder wie bei der glatten Strickerei verbunden. Es entsteht hierdurch zwischen den beiden Streifen verkehrter Maschen ein glatter Gang.

Piquémuster (Abb. 420). — Dieses und die nächstfolgenden Muster, für Decken, Unterröcke, Leibchen u. a. m. verwendbar, gestatten je nach dem Gegenstande, der durch sie entstehen soll, die Verarbeitung aller Fadenstärken der D.M.C Garne. Wir empfehlen hier besonders Strickgarn D.M.C (Coton à tricoter), Glockenstrickgarn D.M.C (Retors pour mercerie), Elsässer Strick- und Häkelgarn D.M.C (Alsatia), Perlgarn D.M.C (Coton perlé), Offenes Häkelgarn D.M.C (Crochet floche) und Leinen-Strickgarn D.M.C (Lin à tricoter). (*)

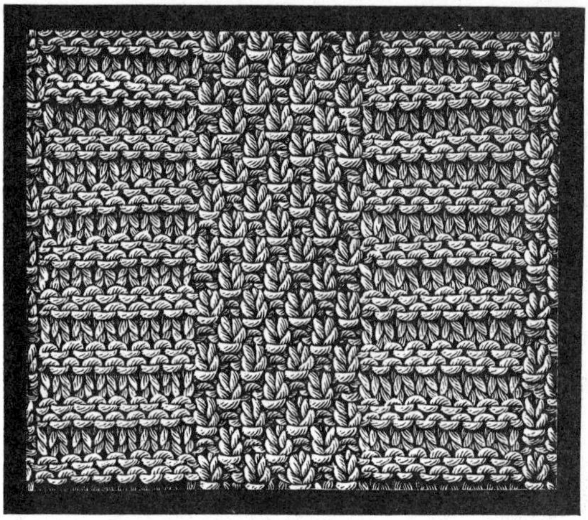
Abb. 421. Piquémuster.

Die Maschenzahl muss durch 6 teilbar sein.

1.—6. Gang — 5 verkehrt, 1 glatt verdreht.

7.—12. Gang — 2 verkehrt, 1 glatt verdreht, 3 verkehrt. Vom 1. Gang an wiederholen.

Piquémuster (Abb. 421). — Die Maschenzahl muss durch 14 teilbar sein.

1. und 2. Gang — 7 verkehrt, 1 glatt, 1 verkehrt, 1 glatt, 1 verkehrt, 1 glatt, 1 verkehrt, 1 glatt.

3. und 4. Gang — 7 glatt, 1 verkehrt, 1 glatt, 1 verkehrt, 1 glatt, 1 verkehrt, 1 glatt, 1 verkehrt.

Hierauf vom ersten Gang an wieder beginnen.

Gestrickter Streifen für Decken, Piquémuster (Abb. 422). Dieser Streifen erscheint besonders zum Zusammensetzen grösserer Decken geeignet. In diesem Falle werden die Streifen abwechselnd in zweierlei Farben ausgeführt und dann durch

(*) Siehe am Schluss des letzten Kapitels die Tabelle der Nummern und das Farbenverzeichnis der Baumwoll-, Leinen- und Seiden-Artikel, Marke D.M.C — Die eingeklammerten französischen Benennungen befinden sich auf den Etiketten der D.M.C-Artikel.

einen Häkelstich mit abstechender Farbe verbunden. Wir machen hier unsere Leserinnen darauf aufmerksam, dass die dunkelgefärbten Garne stets um eine, auch zwei Nummern feiner zu nehmen sind als hellgefärbte, denn die dunklen Farbentöne sättigen und schwellen die Garne mehr an als die hellen Töne.

Die Maschenzahl muss durch 28 teilbar sein.

1. Nadel — Rechtseite: 1 Masche abheben, 2 glatt, umschlagen, 2 glatt, 1 verkehrt, 1 glatt, 2 verkehrt, 5 glatt, 2 verkehrt, 1 glatt, 1 verkehrt, 1 glatt, 1 verkehrt, 1 glatt, 1 verkehrt, 1 glatt, 1 verkehrt, 1 glatt, umschlagen, 3 glatt.

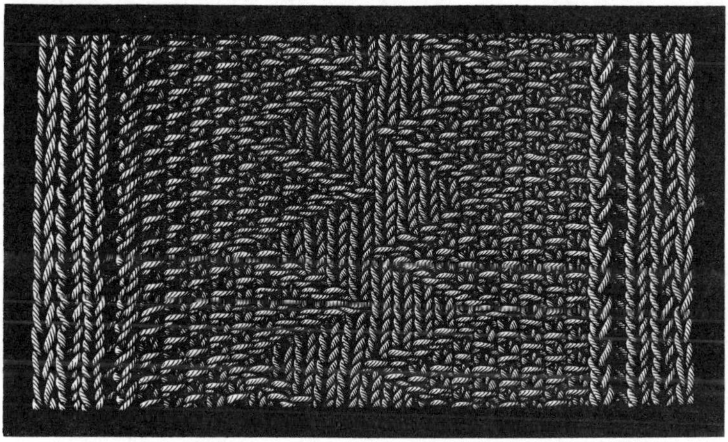

Abb. 422. Gestrickter Streifen für Decken, Piquémuster.
Fadensorten: Strickgarn D.M.C N° 6 bis 12 oder Glockenstrickgarn D.M.C N° 6 bis 15, in Weiss und Bleu-Indigo 334 oder Naturfarben und Rouge-Maroquin 3328. (*)

2. Nadel — Kehrseite: 1 Masche abheben, 2 verkehrt, verkehrt abnehmen, 1 verkehrt, 1 glatt, 1 verkehrt, 1 glatt, 1 verkehrt, 1 glatt, 1 verkehrt, 2 glatt, 5 verkehrt, 2 glatt, 1 verkehrt, 1 glatt, 1 verkehrt, 1 glatt, verkehrt abnehmen, 3 verkehrt.

3. Nadel — Rechtseite: 1 Masche abheben, 2 glatt, umschlagen, 2 glatt, 1 verkehrt, 1 glatt, 1 verkehrt, 1 glatt, 2 ver-

(*) Diese Nummern bezeichnen Farben aus den Farbenkarten der die Marke D.M.C tragenden Artikel. Diese Farbenkarten liegen in allen Kurzwaren- und Handarbeitsgeschäften auf.

kehrt, 5 glatt, 2 verkehrt, 1 glatt, 1 verkehrt, 1 glatt, 1 verkehrt, 1 glatt, 1 verkehrt, 1 glatt, umschlagen, 3 glatt.

4. Nadel — Kehrseite: 1 Masche abheben, 2 verkehrt, verkehrt abnehmen, 1 verkehrt, 1 glatt, 1 verkehrt, 1 glatt, 1 verkehrt, 2 glatt, 5 verkehrt, 2 glatt, 1 verkehrt, 1 glatt, 1 verkehrt, 1 glatt, 1 verkehrt, 1 glatt, verkehrt abnehmen, 3 verkehrt.

5. Nadel — Rechtseite: 1 Masche abheben, 2 glatt, umschlagen, 2 glatt, 1 verkehrt, 1 glatt, 1 verkehrt, 1 glatt, 1 verkehrt, 1 glatt, 2 verkehrt, 5 glatt, 2 verkehrt, 1 glatt, 1 verkehrt, 1 glatt, 1 verkehrt, 1 glatt, umschlagen, 3 glatt.

6. Nadel — Kehrseite: 1 Masche abheben, 2 verkehrt, verkehrt abnehmen, 1 verkehrt, 1 glatt, 1 verkehrt, 2 glatt, 5 verkehrt, 2 glatt, 1 verkehrt, 1 glatt, 1 verkehrt, 1 glatt, 1 verkehrt, 1 glatt, 1 verkehrt, 1 glatt, verkehrt abnehmen, 3 verkehrt.

Die 7. Nadel ist gleich der 5. = die 8. Nadel gleich der 4. = die 9. Nadel gleich der 3. = die 10. Nadel gleich der 2. zu stricken. Von der ersten Nadel an wiederholen.

Die Verbindung der einzeln gestrickten Streifen ist durch Häkelstiche herzustellen, wie solche im nächsten Abschnitt gelehrt werden.

Gestricktes Quadrat, Piquémuster (Abb. 423). — Auf 4 Nadeln sind je 2 Maschen anzuschlagen.

Nach jedem * sind die Maschen dreimal zu wiederholen.

1. Gang — Umschlagen, 1 glatt, umschlagen, 1 glatt *.

2. Gang — Umschlagen, 3 glatt, umschlagen, 1 glatt *.

3. Gang — Umschlagen, 1 verkehrt, 3 glatt, 1 verkehrt, umschlagen, 1 glatt *.

4. Gang — Umschlagen, 2 verkehrt, 3 glatt, 2 verkehrt, umschlagen, 1 glatt *.

5. Gang — Umschlagen, 3 verkehrt, 3 glatt, 3 verkehrt, umschlagen, 1 glatt *.

6. Gang — Umschlagen, 4 verkehrt, 3 glatt, 4 verkehrt, umschlagen, 1 glatt *.

7. Gang — Umschlagen, 5 verkehrt, 3 glatt, 5 verkehrt, umschlagen, 1 glatt *.

8. Gang — Umschlagen, 2 glatt, 4 verkehrt, 3 glatt, 4 verkehrt, 2 glatt, umschlagen, 1 glatt *.

9. Gang — Umschlagen, 4 glatt, 3 verkehrt, 3 glatt, 3 verkehrt, 4 glatt, umschlagen, 1 glatt *.

Abb. 423. Gestricktes Quadrat, Piquémuster.

Fadensorten: Strickgarn D.M.C N° 6, 8 oder 10, Elsässer Strick- und Häkelgarn D.M.C N° 15 oder 20, oder Leinen-Strickgarn D.M.C N° 4, 6 oder 8, in Weiss oder Naturfarben. (*)

10. Gang — Umschlagen, 6 glatt, 2 verkehrt, 3 glatt, 2 verkehrt, 6 glatt, umschlagen, 1 glatt *.

11. Gang — Umschlagen, 8 glatt, 1 verkehrt, 3 glatt, 1 verkehrt, 8 glatt, umschlagen, 1 glatt *.

(*) Siehe am Schluss des letzten Kapitels die Tabelle der Nummern und das Farbenverzeichnis der Baumwoll-, Leinen- und Seiden-Artikel, Marke D.M.C.

12. Gang — Umschlagen, 1 glatt, 2 Maschen verschränken (d. h. die zweite Masche zuerst glatt abstricken, dann die erste), 5 glatt, 2 verkehrt, 3 glatt, 2 verkehrt, 5 glatt, 2 Maschen verschränken, 1 glatt, umschlagen, 1 glatt *.

13. Gang — Umschlagen, 1 verkehrt, 7 glatt, 3 verkehrt, 3 glatt, 3 verkehrt, 7 glatt, 1 verkehrt, umschlagen, 1 glatt *.

14. Gang — Umschlagen, 2 verkehrt, 1 glatt, 2 Maschen verschränken, 3 glatt, 4 verkehrt, 3 glatt, 4 verkehrt, 3 glatt, 2 Maschen verschränken, 1 glatt, 2 verkehrt, umschlagen, 1 glatt *.

15. Gang — Umschlagen, 3 verkehrt, 5 glatt, 5 verkehrt, 3 glatt, 5 verkehrt, 5 glatt, 3 verkehrt, umschlagen, 1 glatt *.

16. Gang — Umschlagen, 4 verkehrt, 1 glatt, 2 Maschen verschränken, 3 glatt, 4 verkehrt, 3 glatt, 4 verkehrt, 3 glatt, 2 Maschen verschränken, 1 glatt, 4 verkehrt, umschlagen, 1 glatt *.

17. Gang — Umschlagen, 5 verkehrt, 7 glatt, 3 verkehrt, 3 glatt, 3 verkehrt, 7 glatt, 5 verkehrt, umschlagen, 1 glatt *.

18. Gang — Umschlagen, 2 glatt, 4 verkehrt, 1 glatt, 2 Maschen verschränken, 5 glatt, 2 verkehrt, 3 glatt, 2 verkehrt, 5 glatt, 2 Maschen verschränken, 1 glatt, 4 verkehrt, 2 glatt, umschlagen, 1 glatt *.

19. Gang — Umschlagen, 4 glatt, 3 verkehrt, 9 glatt, 1 verkehrt, 3 glatt, 1 verkehrt, 9 glatt, 3 verkehrt, 4 glatt, umschlagen, 1 glatt *.

20. Gang — Umschlagen, 6 glatt, 2 verkehrt, 1 glatt, 2 Maschen verschränken, 5 glatt, 2 verkehrt, 3 glatt, 2 verkehrt, 5 glatt, 2 Maschen verschränken, 1 glatt, 2 verkehrt, 6 glatt, umschlagen, 1 glatt *.

21. Gang — Umschlagen, 8 glatt, 1 verkehrt, 7 glatt, 3 verkehrt, 3 glatt, 3 verkehrt, 7 glatt, 1 verkehrt, 8 glatt, umschlagen, 1 glatt *.

22. Gang — Umschlagen, 1 glatt, 2 Maschen verschränken, 5 glatt, 2 verkehrt, 1 glatt, 2 Maschen verschränken, 3 glatt, 4 verkehrt, 3 glatt, 4 verkehrt, 3 glatt, 2 Maschen verschränken, 1 glatt, 2 verkehrt, 5 glatt, 2 Maschen verschränken, 1 glatt, umschlagen, 1 glatt *.

23. Gang — Umschlagen, 1 verkehrt, 7 glatt, 3 verkehrt, 5 glatt, 5 verkehrt, 3 glatt, 5 verkehrt, 5 glatt, 3 verkehrt, 7 glatt, 1 verkehrt, umschlagen, 1 glatt *.

24. Gang — Umschlagen, 2 verkehrt, 1 glatt, 2 Maschen verschränken, 3 glatt, 4 verkehrt, 1 glatt, 2 Maschen verschränken, 3 glatt, 4 verkehrt, 3 glatt, 4 verkehrt, 3 glatt, 2 Maschen verschränken, 1 glatt, 4 verkehrt, 3 glatt, 2 Maschen verschränken, 1 glatt, 2 verkehrt, umschlagen, 1 glatt *.

25. Gang — Umschlagen, 3 verkehrt, 5 glatt, 5 verkehrt, 7 glatt, 3 verkehrt, 3 glatt, 3 verkehrt, 7 glatt, 5 verkehrt, 5 glatt, 3 verkehrt, umschlagen, 1 glatt *.

26. Gang — Umschlagen, 4 verkehrt, 1 glatt, 2 Maschen verschränken, 3 glatt, 4 verkehrt, 1 glatt, 2 Maschen verschränken, 5 glatt, 2 verkehrt, 3 glatt, 2 verkehrt, 5 glatt, 2 Maschen verschränken, 1 glatt, 4 verkehrt, 3 glatt, 2 Maschen verschränken, 1 glatt, 4 verkehrt, umschlagen, 1 glatt *.

27. Gang — Umschlagen, 5 verkehrt, 7 glatt, 3 verkehrt, 9 glatt, 1 verkehrt, 3 glatt, 1 verkehrt, 9 glatt, 3 verkehrt, 7 glatt, 5 verkehrt, umschlagen, 1 glatt *.

Den Abschluss des Quadrates bilden drei verkehrte Gänge, dann abketten.

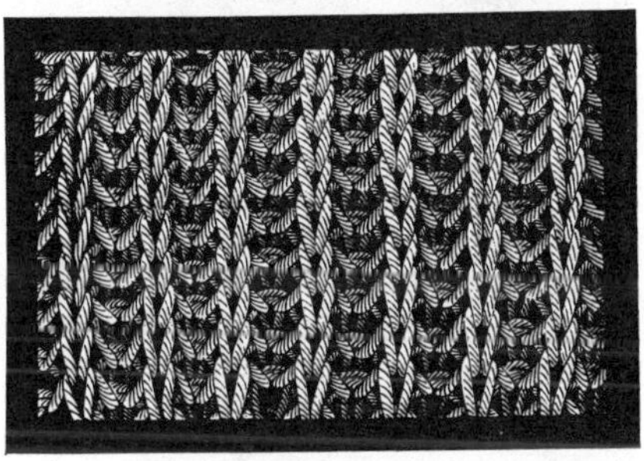

Abb. 424.
Einfaches Patentmuster.

Einfaches Patentmuster (Abb. 424). — Ihrer Dehnbarkeit wegen gehört diese Strickarbeit zu den beliebtesten; sie eignet sich besonders zur Anfertigung von Kleidungsgegenständen wie Kragenschoner und Auto-Shawls. Die Musterung entsteht durch das Abheben der Maschen.

Die einfache Patentstrickerei erfordert zwei Gänge.

Eine durch 2 teilbare Maschenzahl anschlagen.

1. Nadel — Den Faden auf die Nadel legen, diese in die nächste Masche so hineinführen, wie zur Bildung einer verkehrten Masche, und die Masche so von der linken Nadel auf die rechte heben; die nächste Masche glatt stricken usw.

2. Nadel — Den Faden um die Nadel legen, die einzeln stehende Masche wie oben abheben, die abgehobene Masche mit dem darüberliegenden Faden glatt und zugleich abstricken.

Ist die Strickerei eine cylinderförmige, so müssen bei

diesem Muster die beiden Maschen, die zusammen zu stricken sind, abwechselnd bei einem Gang glatt, beim andern verkehrt zusammen gestrickt werden.

Doppeltes Patentmuster (Abb. 425). — Eine durch 2 teilbare Maschenzahl anschlagen.

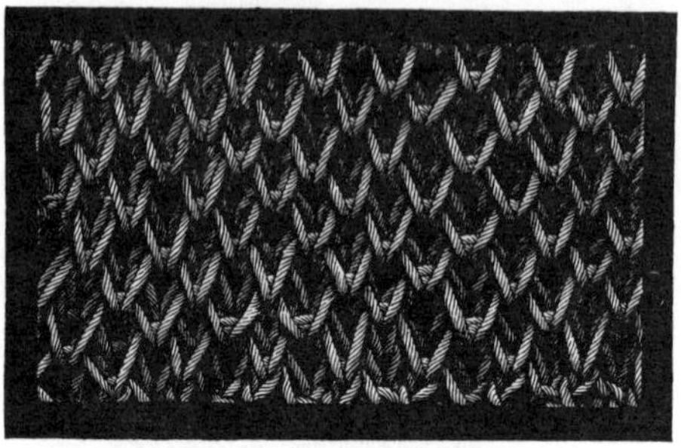

Abb. 425.
Doppeltes Patentmuster.

1. Nadel — Umschlagen, 1 abheben wie oben beschrieben, 1 glatt.

2. Nadel — 1 verkehrt, den Umschlag abheben, 1 verkehrt.

3. Nadel — Verkehrt abnehmen, umschlagen, 1 abheben.

4. Nadel — Den Umschlag abheben, 2 verkehrt.

5. Nadel — Umschlagen, 1 abheben, verkehrt abnehmen. Von der zweiten Nadel an wiederholen.

Tunesische Stiche. — Dieselben eignen sich ganz besonders zur Anfertigung solcher Gegenstände, welche mit Stickereiverzierung ausgestattet werden sollen, da die leicht zählbaren Maschen kleine Quadrate bilden, welche einen regelrechten Stickgrund ergeben. Beide Muster sind auf der Kehrseite zu beginnen.

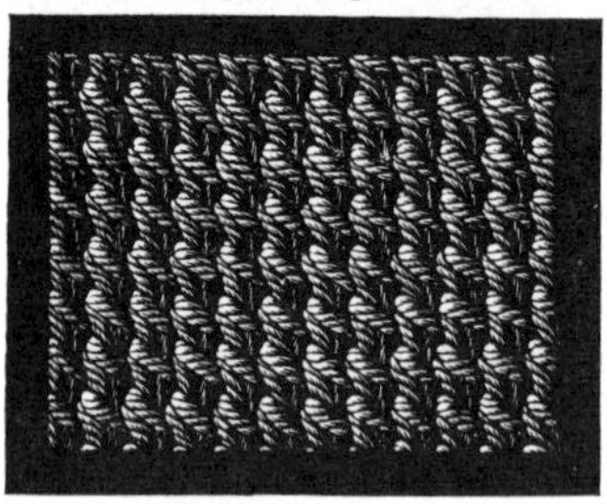

Abb. 426.
Tunesischer Stich mit schräger Maschenstellung.

Tunesischer Stich mit schräger Maschenstellung (Abb. 426). 1. Nadel — Umschlagen, 1 abheben.

2. Nadel — Glatt verdreht abnehmen.

Tunesischer Stich mit wagerechter Maschenstellung (Abb. 427). — 1. Nadel — 1 abheben, umschlagen.

2. Nadel — Glatt verdreht abnehmen.

Knöpfchenmuster in zwei Farben (Abb. 428). — Der gestrickte Grund besteht aus glatten und verkehrten Maschen, dem einzelne Maschen mit abstechendem Garn eingearbeitet wurden, welche die Knöpfchen ergeben.

Eine durch 4 teilbare Maschenzahl anschlagen.

1., 3., 5. und 7. Gang — Mit dem naturfarbenen Faden: 1 glatt, 1 verkehrt, 1 glatt, 1 verkehrt.

2. Gang — Mit dem naturfarbenen Faden: 1 verkehrt — mit dem roten Faden: 1 glatt — mit dem naturfarbenen Faden: 1 verkehrt, 1 glatt.

4. und 8. Gang — Mit dem naturfarbenen Faden: 1 verkehrt, 1 glatt, 1 verkehrt, 1 glatt.

6. Gang — Mit dem naturfarbenen Faden: 1 verkehrt, 1 glatt, 1 verkehrt — mit dem roten Faden: 1 glatt.

Vom ersten Gang an wiederholen.

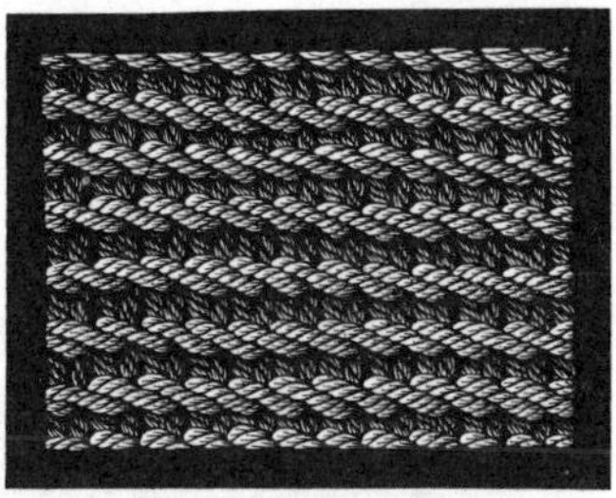

Abb. 427.
Tunesischer Stich mit wagerechter Maschenstellung.

Muster mit gekreuzten Maschen (Abb. 429). — Wenige Strickmuster eignen sich so gut wie die mit gekreuzten Maschen, um mit anderen, z. B. mit glatt gestrickten Streifen, zu Bettdecken verwendet zu werden.

Abb. 428.
Knöpfchenmuster in zwei Farben.
Fadensorten: Knüpfgarn D.M.C N° 30, in Naturfarben, und Spezialgarn D.M.C N° 25, in Rouge-Turc 321. (*)

Maschen kreuzen oder, wie es in der Beschreibung zu Abbildung 423 heisst, verschränken nennt man das Abstricken erst der links-, dann der rechtsliegenden Masche.

Werden zwei oder mehrere Maschen mit einander gekreuzt, ohne dass sie durch mehrere Reihen abgehoben werden, so entstehen die sogenannten Zöpfchen oder geflochtenen Muster, wie das hier beschriebene.

(*) Siehe am Schluss des letzten Kapitels die Tabelle der Nummern und das Farbenverzeichnis der Baumwoll-, Leinen- und Seiden-Artikel, Marke D.M.C.

Eine durch 6 teilbare Maschenzahl anschlagen.

1.—4. Gang — 2 verkehrt, 4 glatt.

5. Gang — 2 Maschen verkehrt, 2 Maschen auf eine Hilfsnadel heben, die Nadel nach innen legen, die nächsten 2 Maschen und dann die 2 abgehobenen glatt abstricken.

Abb. 429. Muster mit gekreuzten Maschen.

6. Gang — 2 verkehrt, 4 glatt.

Nun wiederholt man vom ersten Gang.

Es lassen sich auch doppelt gewundene Zöpfchen stricken, indem die Maschen abwechselnd in entgegengesetzter Richtung gekreuzt werden.

Türkischer Stich (Abb. 430). — 1. Nadel — Umschlagen, überziehen, umschlagen, überziehen usw.

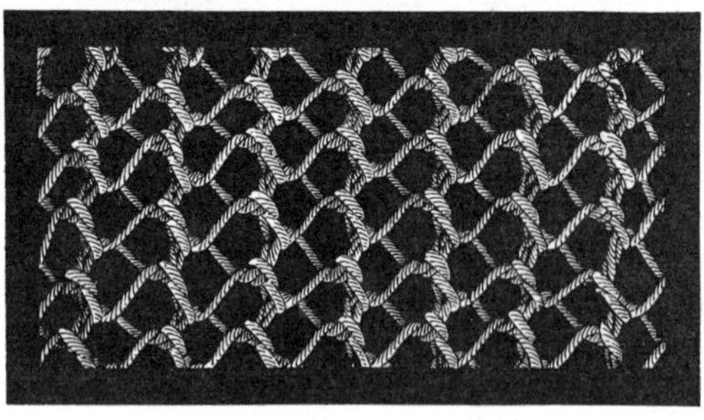

Abb. 430. Türkischer Stich.

2. Nadel — Umschlagen, überziehen, umschlagen, überziehen usw.

Durchbrochenes Grundmuster mit zweierlei Faden (Abb. 431). — Solche Muster empfehlen sich besonders für Tücher, durchbrochene Strümpfe und Vorhänge. Die angeführten Garnsorten eignen sich vorwiegend zu dem zuletzt angegebenen Zwecke. Um dieses und das folgende Muster zur vollen Geltung zu bringen, sind starke Stricknadeln unerlässlich.

Diese und die folgenden Beschreibungen sind für geschlossene runde Arbeiten eingeteilt.

Eine durch 8 teilbare Maschenzahl anschlagen.

1. und 2. Gang — Mit dem starken Faden : verkehrt.

3. Gang — 1 verkehrt, zweimal umschlagen, 7 verkehrt.

4. Gang — Mit feinem Faden : 1 abheben, den doppelten Umschlag fallen lassen, 1 abheben, umschlagen, glatt abnehmen, umschlagen, glatt abnehmen, umschlagen, glatt abnehmen.

5. Gang — Die zwei abgehobenen Maschen abheben (starker Faden), 6 glatt, die zwei abgehobenen Maschen abheben, 6 glatt usw.

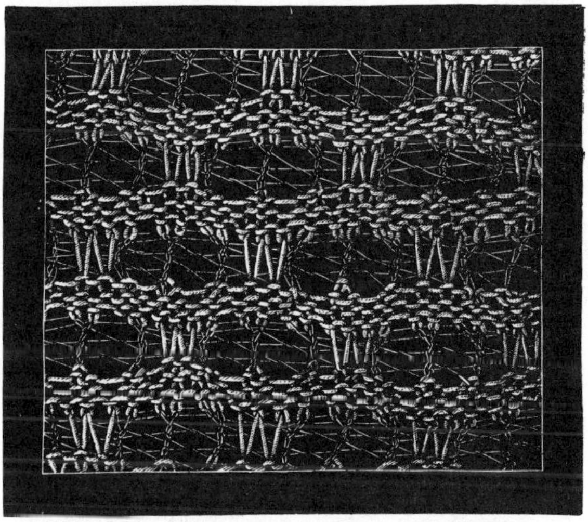

Abb. 431. Durchbrochenes Grundmuster mit zweierlei Faden.

Fadensorten : Elsässer Strick- und Häkelgarn D.M.C N° 15 und Häkelgarn D.M.C N° 60 oder 80, in Weiss oder Naturfarben. (*)

6. Gang — 2 Maschen abheben, dreimal wiederholen : umschlagen, glatt abnehmen.

7. Gang: gleich dem 5., 8. Gang: gleich dem 6., 9. Gang : gleich dem 7.

10. Gang — Mit starkem Faden : glatt.

11. und 12. Gang — Verkehrt.

Beim 13. Gang ist darauf zu achten, dass der doppelte Umschlag zwischen jene Maschen kommt, die aus den beiden Maschen des zweiten Umschlages und des zweiten Glattabnehmens des 8. Ganges entstanden sind.

Durchbrochenes Grundmuster mit zweierlei Faden (Abb. 432). — Eine durch 4 teilbare Maschenzahl anschlagen.

1. und 2. Gang — Mit starkem Faden : ganz verkehrt.

3., 5., 7., 9. und 14. Gang — Mit feinem Faden: ganz glatt.

4. Gang — Umschlagen, überziehen, 2 glatt.

(*) Siehe am Schluss des letzten Kapitels die Tabelle der Nummern und das Farbenverzeichnis der Baumwoll-, Leinen- und Seiden-Artikel, Marke D.M.C.

6. Gang — 1 glatt, umschlagen, überziehen, 1 glatt.

8. Gang — 2 glatt, umschlagen, überziehen.

10. und 11. Gang — Mit starkem Faden: ganz verkehrt.

12. Gang — Ganz glatt.

13. Gang — Mit feinem Faden: umschlagen, glatt abnehmen. Hierauf vom Anfang an wiederholen.

Durchbrochenes Grundmuster mit überzogenen Maschen (Abb. 433). — Die Maschenzahl durch 9 teilbar.

1. Gang — Umschlagen, 1 abheben, glatt abnehmen, die abgehobene Masche überziehen, umschlagen, 1 glatt, zweimal umschlagen, 4 glatt, zweimal umschlagen, 1 glatt.

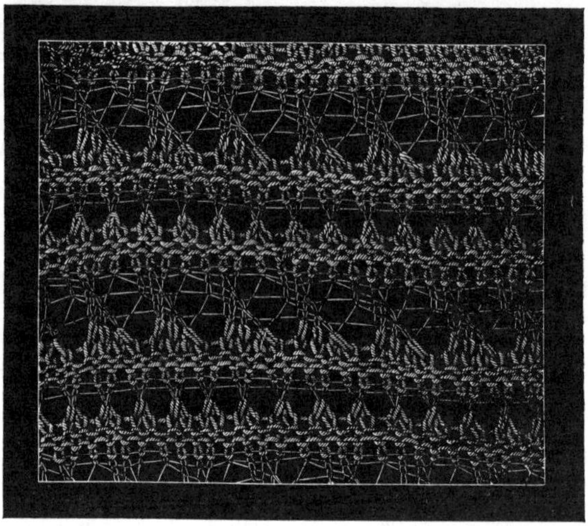

Abb. 432. Durchbrochenes Grundmuster mit zweierlei Faden.
Fadensorten: Elsässer Strick- und Häkelgarn D.M.C N° 15 und Häkelgarn D.M.C N° 60 oder 80, in Weiss oder Naturfarben. (*)

2. Gang — 3 glatt, die nächste Masche abheben, den doppelten Umschlag fallen lassen, 4 glatt = die Arbeit wenden, 4 verkehrt = die Arbeit wenden, 4 glatt, den doppelten Umschlag fallen lassen, die nächste Masche abheben.

3. Gang — Umschlagen, 1 abheben, glatt abnehmen, die abgehobene Masche überziehen, umschlagen, die abgehobene Masche fallen lassen, zuerst und vor den andern Maschen die Masche stricken, welche dem 2. doppelten Umschlag folgt, dann die 4 nächsten Maschen glatt, zuletzt die fallengelassene Masche aufheben und glatt abstricken auf der rechten Seite der Arbeit.

4. und 6. Gang — Ganz glatt.

(*) Siehe am Schluss des letzten Kapitels die Tabelle der Nummern und das Farbenverzeichnis der Baumwoll-, Leinen- und Seiden-Artikel, Marke D.M.C.

5. Gang — Umschlagen, 1 abheben, glatt abnehmen, die abgehobene Masche überziehen, umschlagen, 6 glatt.

Vom Anfang an wiederholen.

Durchbrochenes Grundmuster (Abb. 434). — Die Maschenzahl durch 14 teilbar.

1. und 3. Gang — Umschlagen, glatt abnehmen, 9 glatt, überziehen, umschlagen, 1 glatt verdreht.

2., 4., 6., 8., 10., 12. und 14. Gang — 13 glatt, 1 glatt verdreht.

5. Gang — Umschlagen, glatt abnehmen, 2 glatt, glatt abnehmen, umschlagen, 1 glatt, umschlagen, überziehen, 2 glatt überziehen, umschlagen, 1 glatt verdreht.

Abb. 433. Durchbrochenes Grundmuster mit überzogenen Maschen.

7. Gang — Umschlagen, glatt abnehmen, 1 glatt, glatt abnehmen, umschlagen, 3 glatt, umschlagen, überziehen, 1 glatt, überziehen, umschlagen, 1 glatt verdreht.

9. Gang — Umschlagen, zweimal glatt abnehmen, umschlagen, 5 glatt, umschlagen, zweimal überziehen, umschlagen, 1 glatt verdreht.

11. Gang — Umschlagen, glatt abnehmen, 2 glatt, umschlagen, überziehen, 1 glatt, glatt abnehmen, umschlagen, 2 glatt, überziehen, umschlagen, 1 glatt verdreht.

13. Gang — Umschlagen, glatt abnehmen, 3 glatt, umschlagen, 1 abheben, glatt abnehmen, die abgehobene Masche überziehen, umschlagen, 3 glatt, überziehen, umschlagen, 1 glatt verdreht.

Durchbrochenes Grundmuster (Abb. 435). — Dieses und das folgende Strickmuster empfehlen sich besonders zur Anfertigung von Kinderröckchen, Leibchen usw.

Dem Arbeitsfaden entsprechend sind Bein- oder Stahlnadeln zu nehmen, letztere für die feineren Nummern des Strickgarn D.M.C (Coton à tricoter) (*), von N° 16 aufwärts.

Abb. 434. Durchbrochenes Grundmuster.

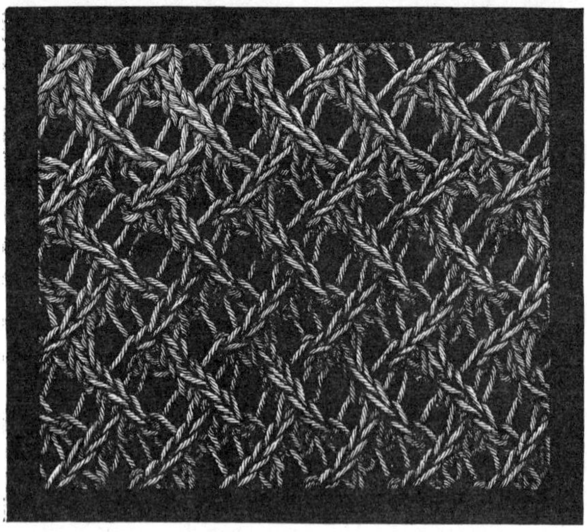

Abb. 435. Durchbrochenes Grundmuster.

Eine durch 4 teilbare Maschenzahl anschlagen.

1. Gang — Umschlagen, überziehen, 2 glatt.

2. Gang — 1 glatt, umschlagen, überziehen, 1 glatt.

3. Gang — 2 glatt, umschlagen, überziehen.

4. Gang — 3 glatt, *umschlagen, überziehen, 2 glatt **; wiederholen von * bis **, umschlagen, die letzte Masche über die erste der 3 glatten Maschen überziehen.

5. Gang — 1 glatt, glatt abnehmen, umschlagen, 1 glatt.

6. Gang — Glatt abnehmen, umschlagen, 2 glatt.

7. Gang — 1 abheben, * umschlagen, 2 glatt, glatt abnehmen; **

(*) Siehe am Schluss des letzten Kapitels die Tabelle der Nummern und das Farbenverzeichnis der Baumwoll-, Leinen- und Seiden-Artikel, Marke D.M.C — Die eingeklammerten französischen Benennungen befinden sich auf den Etiketten der D.M.C-Artikel.

wiederholen von * bis * *, das letzte Abnehmen mit der abgehobenen Masche der ersten Nadel machen.

8. Gang — Umschlagen, 2 glatt, glatt abnehmen.

Vom Anfang an wiederholen.

Durchbrochenes Grundmuster (Abb. 436). — Eine durch 3 teilbare Maschenzahl anschlagen.

1. Gang — Umschlagen, 1 Masche abfassen, die beiden nächsten Maschen glatt abstricken, die 1. Masche darüber ziehen.

2. und 4. Gang — Ganz glatt.

3. Gang — Gleich dem ersten, nur ist darauf zu achten, dass in diesem Gang jene Masche als erste zählt, die in dem ersten als dritte zählte.

Hierauf vom Anfang an wiederholen.

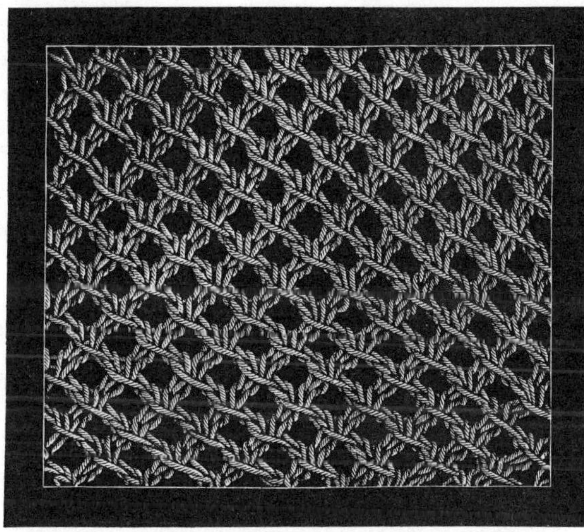

Abb. 436. Durchbrochenes Grundmuster.

Durchbrochenes Grundmuster (Abb. 437). — Eine durch 14 teilbare Maschenzahl anschlagen.

1. Gang — Umschlagen, 1 glatt, umschlagen, 2 glatt, 3 verkehrt, 3 zusammen verkehrt abnehmen, 3 verkehrt, 2 glatt.

2. Gang — 5 glatt, 7 verkehrt, 2 glatt.

3. Gang — Umschlagen, 3 glatt, umschlagen, 2 glatt, 2 verkehrt, 3 zusammen verkehrt abnehmen, 2 verkehrt, 2 glatt.

4. Gang — 7 glatt, 5 verkehrt, 2 glatt.

5. Gang — Umschlagen, 5 glatt, umschlagen, 2 glatt, 1 verkehrt, 3 zusammen verkehrt abnehmen, 1 verkehrt, 2 glatt.

6. Gang — 9 glatt, 3 verkehrt, 2 glatt.

7. Gang — Umschlagen, 7 glatt, umschlagen, 2 glatt, 3 zusammen verkehrt abnehmen, 2 glatt.

8. Gang — 11 glatt, 1 verkehrt, 2 glatt.

Von hier an wird das Muster vom Anfang an wiederholt, nur ist es in versetzter Folge zu stricken, daher kommen dort, wo die glatten Maschen waren, die verkehrten und da, wo die verkehrten waren, kommen die glatten Maschen zu stehen.

Gestrickte Spitze (Abb. 438). — Gestrickte Gegenstände schliesst man am besten mit einer gestrickten Spitze ab.

Man verwendet dazu stark gedrehtes Garn, damit sich die durchbrochene Musterung deutlich und klar abzeichnet.

9 Maschen anschlagen.

1. Nadel — 1 abheben, 2 glatt, umschlagen, glatt abnehmen, 2 glatt, zweimal umschlagen, 2 glatt.

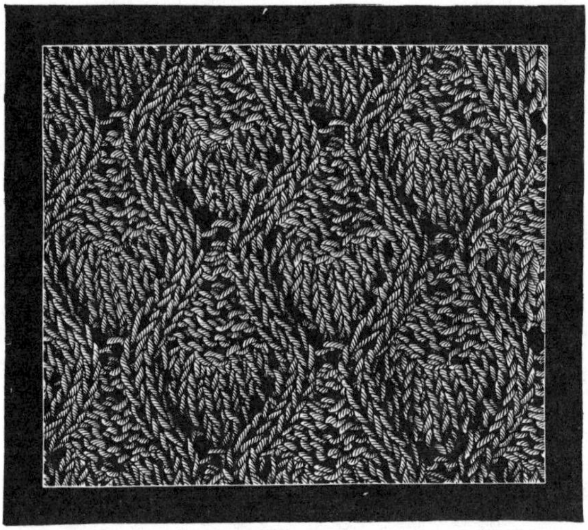

Abb. 437. Durchbrochenes Grundmuster.

2. Nadel — 1 abheben, 2 glatt, 1 verkehrt, 4 glatt, umschlagen, glatt abnehmen, 1 glatt.

3. Nadel — 1 abheben, 2 glatt, umschlagen, glatt abnehmen, 6 glatt.

4. Nadel — 2 Maschen abketten, 5 glatt, umschlagen, glatt abnehmen, 1 glatt.

Von der ersten Nadel an wiederholen.

Gestrickte Spitze (Abb. 439). — 10 Maschen anschlagen.

1. Nadel — 1 abheben, 2 glatt, umschlagen, glatt abnehmen, 1 glatt, zweimal umschlagen, glatt abnehmen, zweimal umschlagen, glatt abnehmen, 1 glatt.

2. Nadel — 1 abheben, 1 glatt, 1 verkehrt, 2 glatt, 1 verkehrt, 3 glatt, umschlagen, glatt abnehmen.

3. Nadel — 1 abheben, 2 glatt, umschlagen, glatt abnehmen, 3 glatt, zweimal umschlagen, glatt abnehmen, zweimal umschlagen, glatt abnehmen.

4. Nadel — 1 abheben, 1 glatt, 1 verkehrt, 2 glatt, 1 verkehrt, 5 glatt, umschlagen, glatt abnehmen, 1 glatt.

5. Nadel — 1 abheben, 2 glatt, umschlagen, glatt abnehmen, 5 glatt, zweimal umschlagen, glatt abnehmen, zweimal umschlagen, glatt abnehmen.

6. Nadel — 1 abheben, 1 glatt, 1 verkehrt, 2 glatt, 1 verkehrt, 7 glatt, umschlagen, glatt abnehmen, 1 glatt.

7. Nadel — 1 abheben, 2 glatt, umschlagen, glatt abnehmen, 11 glatt.

8. Nadel — 6 Maschen abketten, 6 glatt, umschlagen, glatt abnehmen, 1 glatt.

Vom Anfang an wiederholen.

Gestrickte Spitze (Abb. 440). — 13 Maschen anschlagen.

1. Nadel — 1 abheben, 1 verkehrt, verkehrt abnehmen, umschlagen, 9 glatt.

2. Nadel — 1 abheben, 8 glatt, umschlagen, 2 glatt, 1 glatt verdreht, 1 glatt.

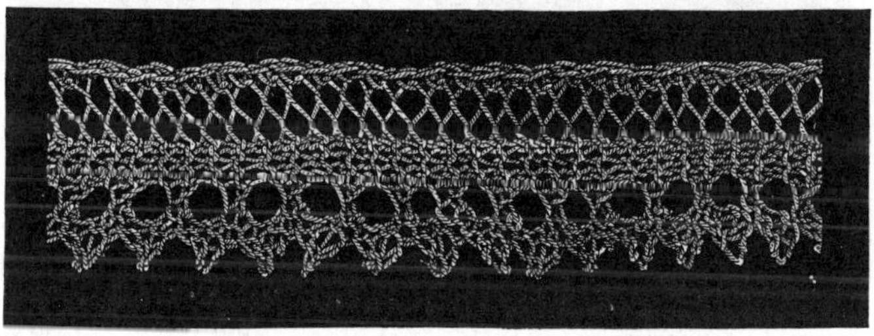

Abb. 438. Gestrickte Spitze.

Fadensorten: Leinen-Spitzengarn D.M.C N° 16 bis 70, Strickgarn D.M.C N° 30 bis 50, Häkelgarn D.M.C N° 30 bis 50, Elsässer Nähgarn D.M.C N° 30 bis 50 oder Leinen-Strickgarn D.M.C N° 25 bis 45, in Weiss oder Naturfarben. (*)

3. Nadel — 1 abheben, 2 verkehrt, umschlagen, verkehrt abnehmen, umschlagen, 9 glatt.

4. Nadel — 1 abheben, 8 glatt, umschlagen, glatt abnehmen, umschlagen, 2 glatt, 1 glatt verdreht, 1 glatt.

5. Nadel — 1 abheben, 2 verkehrt, umschlagen, verkehrt abnehmen, umschlagen, verkehrt abnehmen, umschlagen, 9 glatt.

6. Nadel — 1 abheben, 8 glatt, umschlagen, glatt abnehmen, umschlagen, glatt abnehmen, umschlagen, 2 glatt, 1 glatt verdreht, 1 glatt.

(*) Siehe am Schluss des letzten Kapitels die Tabelle der Nummern und das Farbenverzeichnis der Baumwoll-, Leinen- und Seiden-Artikel, Marke D.M.C.

7. Nadel — 1 abheben, 2 verkehrt, umschlagen, verkehrt abnehmen, umschlagen, verkehrt abnehmen, umschlagen, verkehrt abnehmen, umschlagen, 9 glatt.

8. Nadel — 1 abheben, 8 glatt, umschlagen, glatt abnehmen, umschlagen, glatt abnehmen, umschlagen, glatt abnehmen, umschlagen, 2 glatt, 1 glatt verdreht, 1 glatt.

9. Nadel — 1 abheben, 2 verkehrt, umschlagen, verkehrt abnehmen, umschlagen, verkehrt abnehmen, umschlagen, verkehrt abnehmen, umschlagen, verkehrt abnehmen, umschlagen, 9 glatt.

10. Nadel — 8 Maschen abketten, 10 glatt, 1 glatt verdreht, 1 glatt.

Vom Anfang an wiederholen.

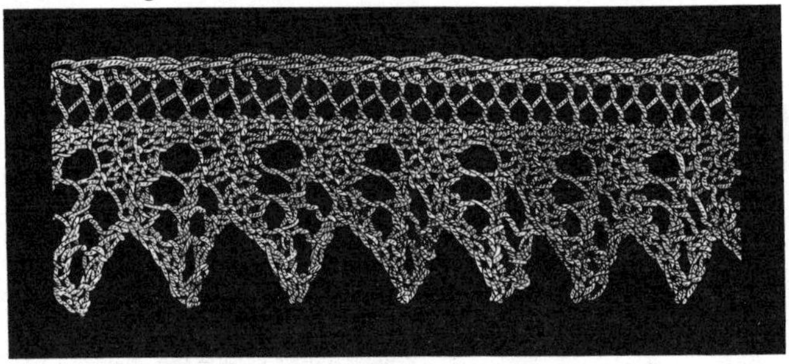

Abb. 439. Gestrickte Spitze.

Fadensorten: Leinen-Spitzengarn D.M.C N° 16 bis 70, Strickgarn D.M.C N° 20 bis 40, Elsässer Strick- und Häkelgarn D.M.C N° 15 bis 25, Elsässer Nähgarn D.M.C N° 30 bis 40 oder Leinen-Strickgarn D.M.C N° 20 bis 40, in Weiss oder Naturfarben. (*)

Gestrickter Einsatz (Abb. 441). — 24 Maschen anschlagen.

1. Nadel — 1 abheben, 2 glatt, umschlagen, glatt abnehmen, 1 glatt, 1 Knöpfchenmasche, 3 glatt, umschlagen, überziehen, glatt abnehmen, umschlagen, 3 glatt, 1 Knöpfchenmasche, 3 glatt, umschlagen, glatt abnehmen, 1 glatt.

2., 4., 8., 12. und 16. Nadel — 1 abheben, 2 glatt, umschlagen, glatt abnehmen, 14 verkehrt, 2 glatt, umschlagen, glatt abnehmen, 1 glatt.

3. Nadel — 1 abheben, 2 glatt, umschlagen, glatt abnehmen, 3 glatt, glatt abnehmen, umschlagen, 4 glatt, umschlagen, überziehen, 5 glatt, umschlagen, glatt abnehmen, 1 glatt.

(*) Siehe am Schluss des letzten Kapitels die Tabelle der Nummern und das Farbenverzeichnis der Baumwoll-, Leinen- und Seiden-Artikel, Marke D.M.C.

5. Nadel — 1 abheben, 2 glatt, umschlagen, glatt abnehmen, 2 glatt, glatt abnehmen, umschlagen, 1 glatt, glatt abnehmen, zweimal umschlagen, überziehen, 1 glatt, umschlagen, überziehen, 4 glatt, umschlagen, glatt abnehmen, 1 glatt.

6. und 14. Nadel — 1 abheben, 2 glatt, umschlagen, glatt abnehmen, 6 verkehrt, 1 glatt, 7 verkehrt, 2 glatt, umschlagen, glatt abnehmen, 1 glatt.

7. Nadel — 1 abheben, 2 glatt, umschlagen, glatt abnehmen, 1 glatt, glatt abnehmen, umschlagen, 8 glatt, umschlagen, überziehen, 3 glatt, umschlagen, glatt abnehmen, 1 glatt.

9. Nadel — 1 abheben, 2 glatt, umschlagen, zweimal glatt abnehmen, umschlagen, 1 glatt, glatt abnehmen, zweimal umschlagen, überziehen, glatt abnehmen, zweimal umschlagen, überziehen, 1 glatt, umschlagen, überziehen, 2 glatt, umschlagen, glatt abnehmen, 1 glatt.

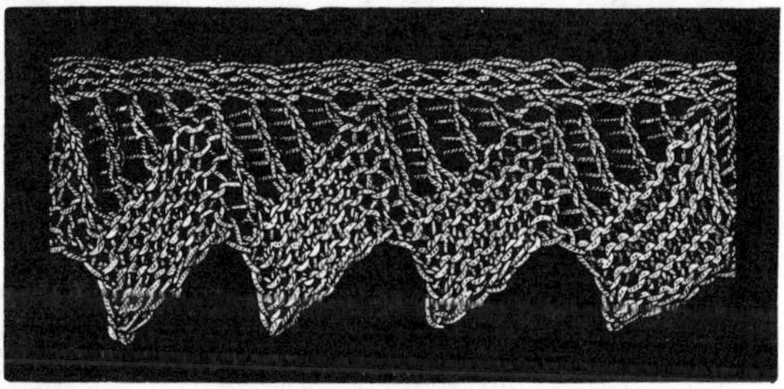

Abb. 440. Gestrickte Spitze.

Fadensorten: Leinen-Spitzengarn D.M.C N° 16 bis 70, Strickgarn D.M.C N° 20 bis 50, Glockenstrickgarn D.M.C, Spezial-Qualität, N° 15 bis 50, Elsässer Nähgarn D.M.C N° 30 bis 60 oder Leinen-Strickgarn D.M.C N° 16 bis 45, in Weiss oder Naturfarben.

10. Nadel — 1 abheben, 2 glatt, umschlagen, glatt abnehmen, 4 verkehrt, 1 glatt, 3 verkehrt, 1 glatt, 5 verkehrt, 2 glatt, umschlagen, glatt abnehmen, 1 glatt.

11. Nadel — 1 abheben, 2 glatt, umschlagen, glatt abnehmen, 2 glatt, umschlagen, überziehen, 6 glatt, glatt abnehmen, umschlagen, 4 glatt, umschlagen, glatt abnehmen, 1 glatt.

13. Nadel — 1 abheben, 2 glatt, umschlagen, glatt abnehmen, 3 glatt, umschlagen, überziehen, glatt abnehmen, zweimal umschlagen, überziehen, glatt abnehmen, umschlagen, 5 glatt, umschlagen, glatt abnehmen, 1 glatt.

15. Nadel — 1 abheben, 2 glatt, umschlagen, glatt abnehmen, 4 glatt, umschlagen, überziehen, 2 glatt, glatt abnehmen, umschlagen, 6 glatt, umschlagen, glatt abnehmen, 1 glatt.

Von der 1. Nadel an wiederholen.

Gestrickte Spitze mit Eckbildung (Abb. 442). — 11 Maschen anschlagen.

Die fortlaufende gerade Spitze ohne Eckbildung erfordert einen Mustersatz von 16 Nadeln.

1. Nadel — 1 abheben, 1 glatt verdreht, umschlagen, 1 glatt, umschlagen, überziehen, umschlagen, überziehen, umschlagen, überziehen, 2 glatt.

2., 4., 6., 8., 10., 12., 14. und 16. Nadel — Verkehrt.

3. Nadel — 1 abheben, 1 glatt verdreht, umschlagen, 3 glatt, umschlagen, überziehen, umschlagen, überziehen, umschlagen, überziehen, 1 glatt.

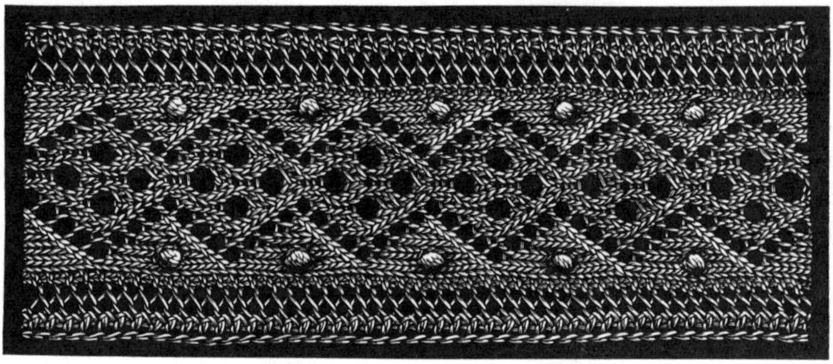

Abb. 441. Gestrickter Einsatz.

Fadensorten: Leinen-Spitzengarn D.M.C N° 16 bis 70, Strickgarn D.M.C N° 16 bis 50, Glockenstrickgarn D.M.C, Spezial-Qualität, N° 15 bis 50, Elsässer Nähgarn D.M.C N° 30 bis 100 oder Leinen-Strickgarn D.M.C N° 12 bis 45, in Weiss oder Naturfarben. (*)

5. Nadel — 1 abheben, 1 glatt verdreht, umschlagen, 5 glatt, umschlagen, überziehen, umschlagen, überziehen, 2 glatt.

7. Nadel — 1 abheben, 1 glatt verdreht, umschlagen, 7 glatt, umschlagen, überziehen, umschlagen, überziehen, 1 glatt.

9. Nadel — Ueberziehen, 1 glatt, umschlagen, überziehen, 3 glatt, glatt abnehmen, umschlagen, glatt abnehmen, umschlagen, 3 glatt.

11. Nadel — Ueberziehen, 1 glatt, umschlagen, überziehen, 1 glatt, glatt abnehmen, umschlagen, glatt abnehmen, umschlagen, glatt abnehmen, umschlagen, 2 glatt.

(*) Siehe am Schluss des letzten Kapitels die Tabelle der Nummern und das Farbenverzeichnis der Baumwoll-, Leinen- und Seiden-Artikel, Marke D.M.C.

13. Nadel — Ueberziehen, 1 glatt, umschlagen, 1 abheben, glatt abnehmen, die abgehobene Masche überziehen, umschlagen, glatt abnehmen, umschlagen, glatt abnehmen, umschlagen, 3 glatt.

15. Nadel — Ueberziehen, 2 glatt, glatt abnehmen, umschlagen, glatt abnehmen, umschlagen, glatt abnehmen, umschlagen, 2 glatt.

Vom Anfang an wiederholen.

Ist die gewünschte Länge erreicht, so beginnt man nach der 14. Nadel des Mustersatzes die Ecke, welche bei dieser Spitze 36 Nadeln verlangt.

Abb. 442. Gestrickte Spitze mit Eckbildung.

Fadensorten: Leinen-Spitzengarn D.M.C Nº 16 bis 70, Elsässer Nähgarn D.M.C Nº 30 bis 70, Häkelgarn D.M.C Nº 25 bis 70, Elsässer Strick- und Häkelgarn D.M.C Nº 25 bis 40 oder Leinen-Strickgarn D.M.C Nº 16 bis 45, in Weiss oder Naturfarben.

1. Nadel — Ueberziehen, 2 glatt, glatt abnehmen, umschlagen, glatt abnehmen, umschlagen, glatt abnehmen, umschlagen, 1 glatt, die nächste Masche auf einen Hilfsfaden ziehen.

2., 4., 6. und 8. Nadel — 1 abheben, 9 verkehrt.

3. Nadel — 1 abheben, 1 glatt verdreht, umschlagen, 1 glatt, umschlagen, überziehen, umschlagen, überziehen, umschlagen, überziehen, die nächste Masche auf den Hilfsfaden ziehen.

5. Nadel — 1 abheben, 1 glatt verdreht, umschlagen, 3 glatt, umschlagen, überziehen, umschlagen, überziehen, die nächste Masche auf den Hilfsfaden ziehen.

7. Nadel — 1 abheben, 1 glatt verdreht, umschlagen, 5 glatt, umschlagen, überziehen, die nächste Masche auf den Hilfsfaden ziehen.

9. Nadel — 1 abheben, 1 glatt verdreht, umschlagen, 7 glatt, die nächste Masche auf den Hilfsfaden ziehen.

10. Nadel — Umschlagen, 10 verkehrt.

11. Nadel — Ueberziehen, 1 glatt, umschlagen, überziehen, 3 glatt, glatt abnehmen, die nächste Masche (einen Umschlag) auf den Hilfsfaden ziehen.

12. Nadel — Umschlagen, 8 verkehrt.

13. Nadel — Ueberziehen, 1 glatt, umschlagen, überziehen, 1 glatt, glatt abnehmen, die nächste Masche (einen Umschlag) auf den Hilfsfaden ziehen.

14. Nadel — Umschlagen, 6 verkehrt.

15. Nadel — Ueberziehen, 1 glatt, umschlagen, 1 abheben, glatt abnehmen, die abgehobene Masche überziehen, die nächste Masche (einen Umschlag) auf den Hilfsfaden ziehen.

16. Nadel — Umschlagen, 4 verkehrt.

17. Nadel — Ueberziehen, 2 glatt, die nächste Masche (einen Umschlag) auf den Hilfsfaden ziehen.

18. Nadel — 1 abheben, 2 verkehrt.

19. Nadel — 1 abheben, 1 glatt verdreht, umschlagen, 1 abheben, die letzte Masche, welche auf den Hilfsfaden gezogen wurde, abfassen und glatt verdreht abstricken, die abgehobene Masche überziehen.

20. Nadel — 1 abheben, 3 verkehrt.

21. Nadel — 1 abheben, 1 glatt verdreht, umschlagen, 2 glatt, die nächste Masche abfassen und glatt verdreht abstricken.

22. Nadel — 1 abheben, 5 verkehrt.

23. Nadel — 1 abheben, 1 glatt verdreht, umschlagen, 4 glatt, die nächste Masche abfassen und glatt verdreht abstricken.

24. Nadel — 1 abheben, 7 verkehrt.

25. Nadel — 1 abheben, 1 glatt verdreht, umschlagen, 6 glatt, die nächste Masche abfassen und glatt verdreht abstricken.

26., 28., 30., 32. und 34. Nadel — 1 abheben, 9 verkehrt.

27. Nadel — Ueberziehen, 1 glatt, umschlagen, überziehen, 3 glatt, glatt abnehmen, umschlagen, die nächste Masche abfassen und glatt verdreht abstricken.

29. Nadel — Ueberziehen, 1 glatt, umschlagen, überziehen, 1 glatt, glatt abnehmen, umschlagen, glatt abnehmen, umschlagen, die nächste Masche abfassen und glatt verdreht abstricken.

31. Nadel — Ueberziehen, 1 glatt, umschlagen, 1 abheben, glatt abnehmen, die abgehobene Masche überziehen, umschlagen,

glatt abnehmen, umschlagen, glatt abnehmen, umschlagen, die nächste Masche abfassen und glatt verdreht abstricken.

33. Nadel — Ueberziehen, 2 glatt, glatt abnehmen, umschlagen, glatt abnehmen, umschlagen, glatt abnehmen, umschlagen, die nächste Masche abfassen und glatt verdreht abstricken.

35. Nadel — 1 abheben, 1 glatt verdreht, umschlagen, 1 glatt, umschlagen, überziehen, umschlagen, überziehen, umschlagen, überziehen, 1 glatt, die nächste und letzte Masche abfassen und glatt verdreht abstricken.

36. Nadel — 1 abheben, 11 verkehrt.

Hierauf ist der Mustersatz der Spitze von der 3. Nadel an fortzusetzen.

Deckenmuster aus gestrickten Sternen mit eingesetzten Stoffvierecken und Spitzenabschluss (Abb. 443). — Kleine, mit Hohlsaum ausgestattete Stoffvierecke aus Leinen verbinden die gestrickten Sterne zu einem Deckengrunde, dem als äusserer Abschluss eine breite gestrickte Spitze dient.

Man beginnt zuerst mit der Herstellung der Sterne.

Auf 4 Nadeln je 2 Maschen anschlagen, den Ring schliessen.

1. Gang — Achtmal abwechselnd: umschlagen, 1 glatt.

2., 4., 6., 8., 10., 12., 14., 16., 18., 20., 22. und 24. Gang — Ganz glatt.

Alle mit einem * am Schlusse bezeichneten Maschenangaben sind dreimal zu wiederholen.

3. Gang — Umschlagen, 3 glatt, umschlagen, 1 glatt verdreht *.

5. Gang — Umschlagen, 5 glatt, umschlagen, 1 glatt verdreht *.

7. Gang — Umschlagen, 7 glatt, umschlagen, 1 glatt verdreht *.

Alle mit einem * am Schluss bezeichneten Maschenangaben sind siebenmal zu wiederholen.

9. Gang — Umschlagen, überziehen, glatt abnehmen, umschlagen, 1 glatt *.

11. Gang — 1 glatt, umschlagen, glatt abnehmen, umschlagen, 2 glatt *.

13. Gang — 2 glatt, umschlagen, 1 glatt verdreht, umschlagen, 3 glatt *.

15. Gang — 3 glatt, umschlagen, 1 glatt verdreht, umschlagen, 4 glatt *.

17. Gang — 4 glatt, umschlagen, 1 glatt verdreht, umschlagen, 5 glatt *.

Abb. 443. Deckenmuster aus gestrickten Sternen mit eingesetzten Stoffvierecken und Spitzenabschluss.

Fadensorten: Leinen-Spitzengarn D.M.C N° 45, Elsässer Strick- und Häkelgarn D.M.C N° 40, Leinen-Strickgarn D.M.C N° 25, Elsässer Nähgarn D.M.C N° 40 oder Häkelgarn D.M.C N° 50, in Weiss. (*)

19. Gang — 5 glatt, umschlagen, 1 glatt verdreht, umschlagen, 6 glatt *.

21. Gang — 6 glatt, umschlagen, 1 glatt verdreht, umschlagen, 7 glatt *.

(*) Siehe am Schluss des letzten Kapitels die Tabelle der Nummern und das Farbenverzeichnis der Baumwoll-, Leinen- und Seiden-Artikel, Marke D.M.C.

23. Gang — 7 glatt, umschlagen, 1 glatt verdreht, umschlagen, 8 glatt *.

25. Gang — Ueberziehen, 5 glatt, umschlagen, 3 glatt, umschlagen, 5 glatt, glatt abnehmen, 1 verkehrt *.

26., 28., 30., 32., 34. und 36. Gang — 17 glatt, 1 verkehrt *.

27. Gang — Ueberziehen, 4 glatt, umschlagen, 5 glatt, umschlagen, 4 glatt, glatt abnehmen, 1 verkehrt *.

29. Gang — Ueberziehen, 3 glatt, umschlagen, 1 glatt, umschlagen, überziehen, 1 glatt, glatt abnehmen, umschlagen, 1 glatt, umschlagen, 3 glatt, glatt abnehmen, 1 verkehrt *.

31. Gang — Ueberziehen, 2 glatt, umschlagen, 3 glatt, umschlagen, 1 abheben, glatt abnehmen, die abgehobene Masche überziehen, umschlagen, 3 glatt, umschlagen, 2 glatt, glatt abnehmen, 1 verkehrt *.

33. Gang — Ueberziehen, 1 glatt, umschlagen, 11 glatt, umschlagen, 1 glatt, glatt abnehmen, 1 verkehrt *.

35. Gang — Ueberziehen, umschlagen, 1 glatt, umschlagen, überziehen, 1 glatt, glatt abnehmen, umschlagen, 1 glatt, umschlagen, überziehen, 1 glatt, glatt abnehmen, umschlagen, 1 glatt, umschlagen, glatt abnehmen, 1 verkehrt *.

37. Gang — 1 abheben, * umschlagen, 3 glatt, umschlagen, 1 abheben, glatt abnehmen, die abgehobene Masche überziehen, umschlagen, 3 glatt, umschlagen, 1 abheben, glatt abnehmen, die abgehobene Masche überziehen, umschlagen, 3 glatt, umschlagen, glatt abnehmen, die nächste Masche über das Abnehmen ziehen **. Siebenmal wiederholen von * bis **; nach der siebenten Wiederholung über das glatte Abnehmen die bei Beginn des Ganges abgehobene Masche überziehen.

38., 40. und 42. Gang — Ganz glatt.

39. Gang — Umschlagen, überziehen, 1 glatt, glatt abnehmen, umschlagen, 1 glatt, umschlagen, überziehen, 1 glatt, glatt abnehmen, umschlagen, 1 glatt, umschlagen, überziehen, 1 glatt, glatt abnehmen, umschlagen, 1 glatt *.

41. Gang — 1 glatt, umschlagen, 1 abheben, glatt abnehmen, die abgehobene Masche überziehen, umschlagen, 3 glatt, umschlagen, 1 abheben, glatt abnehmen, die abgehobene Masche überziehen, umschlagen, 3 glatt, umschlagen, 1 abheben, glatt abnehmen, die abgehobene Masche überziehen, umschlagen, 2 glatt *.

Als Abschluss werden noch 3 Gänge verkehrt gestrickt.

Ist die nötige Anzahl Sterne vollendet, so werden die Stoffvierecke umsäumt und Sterne und Vierecke mit Ueberwindlingstich verbunden.

Für die Randspitze sind 43 Maschen anzuschlagen.

1. Nadel — 2 Maschen abketten, umschlagen, 1 glatt verdreht, umschlagen, 1 glatt verdreht, umschlagen, 1 glatt, umschlagen, überziehen, 1 glatt, glatt abnehmen, umschlagen, 1 glatt, umschlagen, überziehen, 1 glatt, glatt abnehmen, umschlagen, 1 glatt, 1 glatt verdreht, 1 verkehrt, 1 glatt verdreht, umschlagen, 1 glatt, glatt abnehmen, 1 verkehrt, überziehen, 1 glatt, 1 verkehrt, 1 glatt, glatt abnehmen, 1 verkehrt, überziehen, 1 glatt, umschlagen, 1 glatt verdreht, 1 verkehrt, 1 glatt verdreht, umschlagen, glatt abnehmen, 2 glatt.

2. Nadel — 1 abheben, 2 glatt, 1 verkehrt, 1 verkehrt verdreht, 1 glatt, 1 verkehrt verdreht, 3 verkehrt, 1 glatt, 2 verkehrt, 1 glatt, 2 verkehrt, 1 glatt, 3 verkehrt, 1 verkehrt verdreht, 1 glatt, 1 verkehrt verdreht, 14 verkehrt, 1 verkehrt verdreht, 4 verkehrt.

3. Nadel — 2 Maschen abketten, umschlagen, 1 glatt verdreht, umschlagen, 1 glatt verdreht, umschlagen, 3 glatt, umschlagen, 1 abheben, glatt abnehmen, die abgehobene Masche überziehen, umschlagen, 3 glatt, umschlagen, 1 abheben, glatt abnehmen, die abgehobene Masche überziehen, umschlagen, glatt abnehmen, umschlagen, 1 glatt verdreht, 1 verkehrt, 1 glatt verdreht, umschlagen, 1 glatt, umschlagen, glatt abnehmen, 1 verkehrt, überziehen, 1 verkehrt, glatt abnehmen, 1 verkehrt, überziehen, umschlagen, 1 glatt, umschlagen, 1 glatt verdreht, 1 verkehrt, 1 glatt verdreht, umschlagen, glatt abnehmen, 2 glatt.

4. Nadel — 1 abheben, 2 glatt, 1 verkehrt, 1 verkehrt verdreht, 1 glatt, 1 verkehrt verdreht, 4 verkehrt, 1 glatt, 1 verkehrt, 1 glatt, 1 verkehrt, 1 glatt, 4 verkehrt, 1 verkehrt verdreht, 1 glatt, 1 verkehrt verdreht, 15 verkehrt, 1 verkehrt verdreht, 4 verkehrt.

5. Nadel — 2 Maschen abketten, umschlagen, 1 glatt verdreht, umschlagen, 1 glatt verdreht, umschlagen, 2 glatt, umschlagen, überziehen, glatt abnehmen, umschlagen, 2 glatt,

umschlagen, überziehen, glatt abnehmen, umschlagen, glatt abnehmen, umschlagen, 1 glatt, 1 glatt verdreht, 1 verkehrt, 1 glatt verdreht, umschlagen, 3 glatt, umschlagen, 1 abheben, glatt abnehmen, die abgehobene Masche überziehen, 1 verkehrt, 1 abheben, glatt abnehmen, die abgehobene Masche überziehen, umschlagen, 3 glatt, umschlagen, 1 glatt verdreht, 1 verkehrt, 1 glatt verdreht, umschlagen, glatt abnehmen, 2 glatt.

6. Nadel — 1 abheben, 2 glatt, 1 verkehrt, 1 verkehrt verdreht, 1 glatt, 1 verkehrt verdreht, 6 verkehrt, 1 glatt, 6 verkehrt, 1 verkehrt verdreht, 1 glatt, 1 verkehrt verdreht, 16 verkehrt, 1 verkehrt verdreht, 4 verkehrt.

7. Nadel — 2 Maschen abketten, umschlagen, 1 glatt verdreht, umschlagen, 1 glatt verdreht, umschlagen, 1 glatt, umschlagen, überziehen, 1 glatt, glatt abnehmen, umschlagen, 1 glatt, umschlagen, überziehen, 1 glatt, glatt abnehmen, umschlagen, glatt abnehmen, umschlagen, glatt abnehmen, umschlagen, 1 glatt verdreht, 1 verkehrt, 1 glatt verdreht, umschlagen, 5 glatt, umschlagen, 1 abheben, glatt abnehmen, die abgehobene Masche überziehen, umschlagen, 5 glatt, umschlagen, 1 glatt verdreht, 1 verkehrt, 1 glatt verdreht, umschlagen, glatt abnehmen, 2 glatt.

8. Nadel — 1 abheben, 2 glatt, 1 verkehrt, 1 verkehrt verdreht, 1 glatt, 1 verkehrt verdreht, 15 verkehrt, 1 verkehrt verdreht, 1 glatt, 1 verkehrt verdreht, 17 verkehrt, 1 verkehrt verdreht, 4 verkehrt.

9. Nadel — 2 Maschen abketten, umschlagen, 1 glatt verdreht, umschlagen, 1 glatt verdreht, umschlagen, 3 glatt, umschlagen, 1 abheben, glatt abnehmen, die abgehobene Masche überziehen, umschlagen, 3 glatt, umschlagen, 1 abheben, glatt abnehmen, die abgehobene Masche überziehen, umschlagen, glatt abnehmen, umschlagen, glatt abnehmen, umschlagen, 1 glatt, 1 glatt verdreht, 1 verkehrt, 1 glatt verdreht, umschlagen, 1 glatt, glatt abnehmen, 1 verkehrt, überziehen, 1 glatt, 1 verkehrt, 1 glatt, glatt abnehmen, 1 verkehrt, überziehen, 1 glatt, umschlagen, 1 glatt verdreht, 1 verkehrt, 1 glatt verdreht, umschlagen, glatt abnehmen, 2 glatt.

10. Nadel — 1 abheben, 2 glatt, 1 verkehrt, 1 verkehrt verdreht, 1 glatt, 1 verkehrt verdreht, 3 verkehrt, 1 glatt,

2 verkehrt, 1 glatt, 2 verkehrt, 1 glatt, 3 verkehrt, 1 verkehrt verdreht, 1 glatt, 1 verkehrt verdreht, 18 verkehrt, 1 verkehrt verdreht, 4 verkehrt.

11. Nadel — 2 Maschen abketten, umschlagen, 1 glatt verdreht, umschlagen, 1 glatt verdreht, umschlagen, 2 glatt, umschlagen, überziehen, glatt abnehmen, umschlagen, 2 glatt, umschlagen, überziehen, glatt abnehmen, umschlagen, glatt abnehmen, umschlagen, glatt abnehmen, umschlagen, glatt abnehmen, umschlagen, 1 glatt verdreht, 1 verkehrt, 1 glatt verdreht, umschlagen, 1 glatt, umschlagen, glatt abnehmen, 1 verkehrt, überziehen, 1 verkehrt, glatt abnehmen, 1 verkehrt, überziehen, umschlagen, 1 glatt, umschlagen, 1 glatt verdreht, 1 verkehrt, 1 glatt verdreht, umschlagen, glatt abnehmen, 2 glatt.

12. Nadel — 1 abheben, 2 glatt, 1 verkehrt, 1 verkehrt verdreht, 1 glatt, 1 verkehrt verdreht, 4 verkehrt, 1 glatt, 1 verkehrt, 1 glatt, 1 verkehrt, 1 glatt, 4 verkehrt, 1 verkehrt verdreht, 1 glatt, 1 verkehrt verdreht, 19 verkehrt, 1 verkehrt verdreht, 4 verkehrt.

13. Nadel — 2 Maschen abketten, umschlagen, 1 glatt verdreht, umschlagen, überziehen, umschlagen, überziehen, 1 glatt, glatt abnehmen, umschlagen, 1 glatt, umschlagen, überziehen, 1 glatt, glatt abnehmen, umschlagen, 1 glatt, umschlagen, überziehen, umschlagen, überziehen, umschlagen, überziehen, 1 glatt verdreht, 1 verkehrt, 1 glatt verdreht, umschlagen, 3 glatt, umschlagen, 1 abheben, glatt abnehmen, die abgehobene Masche überziehen, 1 verkehrt, 1 abheben, glatt abnehmen, die abgehobene Masche überziehen, umschlagen, 3 glatt, umschlagen, 1 glatt verdreht, 1 verkehrt, 1 glatt verdreht, umschlagen, glatt abnehmen, 2 glatt.

14. Nadel — 1 abheben, 2 glatt, 1 verkehrt, 1 verkehrt verdreht, 1 glatt, 1 verkehrt verdreht, 6 verkehrt, 1 glatt, 6 verkehrt, 1 verkehrt verdreht, 1 glatt, 1 verkehrt verdreht, 18 verkehrt, 1 verkehrt verdreht, 4 verkehrt.

15. Nadel — 2 Maschen abketten, umschlagen, 1 glatt verdreht, umschlagen, überziehen, umschlagen, 1 abheben, glatt abnehmen, die abgehobene Masche überziehen, umschlagen, 3 glatt, umschlagen, 1 abheben, glatt abnehmen, die abgehobene

Masche überziehen, umschlagen, 3 glatt, umschlagen, überziehen, umschlagen, überziehen, umschlagen, glatt abnehmen, 1 verkehrt, 1 glatt verdreht, umschlagen, 5 glatt, umschlagen, 1 abheben, glatt abnehmen, die abgehobene Masche überziehen, umschlagen, 5 glatt, umschlagen, 1 glatt verdreht, 1 verkehrt, 1 glatt verdreht, umschlagen, glatt abnehmen, 2 glatt.

16. Nadel — Gleich der 8. Nadel.

17. Nadel — 2 Maschen abketten, umschlagen, 1 glatt verdreht, umschlagen, überziehen, umschlagen, überziehen, glatt abnehmen, umschlagen, 2 glatt, umschlagen, überziehen, glatt abnehmen, umschlagen, 2 glatt, umschlagen, überziehen, umschlagen, überziehen, 1 glatt verdreht, 1 verkehrt, 1 glatt verdreht, umschlagen, 1 glatt, glatt abnehmen, 1 verkehrt, überziehen, 1 glatt, 1 verkehrt, 1 glatt, glatt abnehmen, 1 verkehrt, überziehen, 1 glatt, umschlagen, 1 glatt verdreht, 1 verkehrt, 1 glatt verdreht, umschlagen, glatt abnehmen, 2 glatt.

18. Nadel — 1 abheben, 2 glatt, 1 verkehrt, 1 verkehrt verdreht, 1 glatt, 1 verkehrt verdreht, 3 verkehrt, 1 glatt, 2 verkehrt, 1 glatt, 2 verkehrt, 1 glatt, 3 verkehrt, 1 verkehrt verdreht, 1 glatt, 1 verkehrt verdreht, 16 verkehrt, 1 verkehrt verdreht, 4 verkehrt.

19. Nadel — 2 Maschen abketten, umschlagen, 1 glatt verdreht, umschlagen, überziehen, umschlagen, überziehen, 1 glatt, glatt abnehmen, umschlagen, 1 glatt, umschlagen, überziehen, 1 glatt, glatt abnehmen, umschlagen, 1 glatt, umschlagen, überziehen, umschlagen, glatt abnehmen, 1 verkehrt, 1 glatt verdreht, umschlagen, 1 glatt, umschlagen, glatt abnehmen, 1 verkehrt, überziehen, 1 verkehrt, glatt abnehmen, 1 verkehrt, überziehen, umschlagen, 1 glatt, umschlagen, 1 glatt verdreht, 1 verkehrt, 1 glatt verdreht, umschlagen, glatt abnehmen, 2 glatt.

20. Nadel — Gleich der 4. Nadel.

21. Nadel — 2 Maschen abketten, umschlagen, 1 glatt verdreht, umschlagen, überziehen, umschlagen, 1 abheben, glatt abnehmen, die abgehobene Masche überziehen, umschlagen, 3 glatt, umschlagen, 1 abheben, glatt abnehmen, die abgehobene Masche überziehen, umschlagen, 3 glatt, umschlagen, überziehen, 1 glatt verdreht, 1 verkehrt, 1 glatt verdreht, umschlagen,

3 glatt, umschlagen, 1 abheben, glatt abnehmen, die abgehobene Masche überziehen, 1 verkehrt, 1 abheben, glatt abnehmen, die abgehobene Masche überziehen, umschlagen, 3 glatt, umschlagen, 1 glatt verdreht, 1 verkehrt, 1 glatt verdreht, umschlagen, glatt abnehmen, 2 glatt.

22. Nadel — 1 abheben, 2 glatt, 1 verkehrt, 1 verkehrt verdreht, 1 glatt, 1 verkehrt verdreht, 6 verkehrt, 1 glatt, 6 verkehrt, 1 verkehrt verdreht, 1 glatt, 1 verkehrt verdreht, 14 verkehrt, 1 verkehrt verdreht, 4 verkehrt.

23. Nadel — 2 Maschen abketten, umschlagen, 1 glatt verdreht, umschlagen, überziehen, umschlagen, überziehen, glatt abnehmen, umschlagen, 2 glatt, umschlagen, überziehen, glatt abnehmen, umschlagen, 2 glatt, umschlagen, glatt abnehmen, 1 verkehrt, 1 glatt verdreht, umschlagen, 5 glatt, umschlagen, 1 abheben, glatt abnehmen, die abgehobene Masche überziehen, umschlagen, 5 glatt, umschlagen, 1 glatt verdreht, 1 verkehrt, 1 glatt verdreht, umschlagen, glatt abnehmen, 2 glatt.

24. Nadel — 1 abheben, 2 glatt, 1 verkehrt, 1 verkehrt verdreht, 1 glatt, 1 verkehrt verdreht, 15 verkehrt, 1 verkehrt verdreht, 1 glatt, 1 verkehrt verdreht, 13 verkehrt, 1 verkehrt verdreht, 4 verkehrt.

Vom Anfang an wiederholen.

Die fertige Spitze ist dem Deckengrunde anzureihen, wobei sie in den Ecken entsprechend eingekraust wird. (Siehe auch im Abschnitt « Die Ausstattung der Arbeiten », Seite 732, die zwei letzten Absätze.)

Handarbeitsvorlagen. — Ausser den hier beschriebenen Arbeiten findet man eine grosse Anzahl von Vorlagen für Strickarbeiten in folgenden Musterbüchern der Bibliothek D.M.C: *Die Strickarbeit I und II* und *Sammlung verschiedener Handarbeiten*. (*)

(*) Siehe am Schluss der Encyklopädie das Verzeichnis der Musterbücher welche die Bibliothek D.M.C bilden.

Gehäkelte Spitze. — Dichte Blätter und Stäbchen mit Pikots.

Das Häkeln.

Das Häkeln ist nicht nur eine der leichtesten und angenehmsten Handarbeiten, sondern auch eine der dankbarsten, da die Gegenstände, die durch dasselbe angefertigt werden, vielfach zur Ausschmückung der Wohnräume und der Kleider dienen. Ausserdem ist es im vollsten Sinne des Wortes eine Gesellschaftsarbeit, nicht eintönig, nicht veraltet, immer Aufmerksamkeit erfordernd, ohne jedoch der Teilnahme an der Unterhaltung hinderlich zu sein.

Es dürften daher die zahlreichen Muster, die sämtlich für dieses Werk neu geschaffen wurden, bei unseren Leserinnen willkommene Aufnahme finden.

Wir waren bestrebt in vorliegendem Werke die verschiedenen Arten von Häkelmustern zu vereinigen. Wir bringen schmale, einfache Muster für Wäschebesatz, grösser angelegte Spitzen- und Einsatzmuster für Vorhänge und Stores, ferner Vorlagen für Kragen, Schutz- und Bettdecken usw.

Die Irische Häkelarbeit, die sich heutigestags ganz besonderer Beliebtheit erfreut, konnte Raummangels halber in vorliegendem Werke nicht Aufnahme finden, da die hierfür nötigen Erläuterungen zu umfangreich sind und auch zahlreiche erklärende Abbildungen verlangen.

Wir haben ein besonderes Album für Irische Spitzen herausgegeben; dasselbe enthält nebst dem erklärenden Text, welcher mit 100 Abbildungen ausgestattet ist, noch 7 Tafeln mit verschiedenen Mustervorlagen und den dazu gehörenden Bausen auf Glanzkattun.

Nadeln. — Den langen, starken, am Ende mit einem Häkchen versehenen Nadeln, welche zu dieser Arbeit benutzt werden, verdankt sie den Namen « Häkelei ».

Diese Nadeln können, zu dicken Garnen, aus Elfenbein oder Holz sein; zu feinen Fäden sind jedoch nur Stahlnadeln verwendbar.

Zum tunesischen Häkelstich sind nur die langen, gleichstarken, grifflosen Häkelnadeln tauglich.

Die Häkchen müssen gut ausgeschliffen und nicht zu spitz sein; der Rücken des Häkchens muss ein wenig abgerundet, und der Griff, wenn ein solcher aus Bein oder Holz an der Nadel ist, darf nicht schwer sein.

Fadensorten. — Die vielseitige Verwendbarkeit der Häkelarbeiten bedingt auch den Verbrauch von mannigfachem Material.

Kleine Spitzen und Einsätze für Wäsche-Garnituren werden in feinem, rundem Garn hergestellt; man wähle unter den feineren Nummern von Häkelgarn D.M.C (Cordonnet 6 fils), Häkelgarn D.M.C, Spezial-Qualität (Cordonnet spécial), Elsässer Nähgarn D.M.C (Fil d'Alsace), Perlgarn D.M.C (Coton perlé), Elsässer Strick- und Häkelgarn D.M.C (Alsatia), Leinen-Strick- und Häkelgarn D.M.C (Lin à tricoter et à crocheter) und Leinen-Spitzengarn D.M.C (Lin pour dentelles) (*), in Weiss oder Naturfarben, neben welchen auch oft Rot, Hellblau, Rosa, Violett und Gelb zur Verwendung gelangen.

Vorhänge- und Bettdecken-Garnituren verlangen kräftigeres Material, das genau der Farbe des etwa verwendeten Grundstoffes angepasst werden soll, also weiss, crème oder naturfarben sein muss. Als Garnsorten empfehlen wir Häkelgarn D.M.C (Cordonnet 6 fils) und Häkelgarn D.M.C, Spezial-Qualität (Cordonnet spécial), N° 3 bis 20, ferner Knüpfgarn D.M.C (Fil à pointer) N° 30, Elsässer Strick- und Häkelgarn

(*) Siehe am Schluss des letzten Kapitels die Tabelle der Nummern und das Farbenverzeichnis der Baumwoll-, Leinen- und Seiden-Artikel, Marke D.M.C — Die eingeklammerten französischen Benennungen befinden sich auf den Etiketten der D.M.C-Artikel.

TAFEL VIII

Aufnäharbeit auf Damastgrund

auszuführen mit Persische Seide D.M.C (Soie de Perse).

D.M.C (Alsatia) N° 15 und 20 und Perlgarn D.M.C (Coton perlé) N° 3 und 5.

Für grosse, bunt gehaltene Bett- und Reisedecken, die ehemals nur in Schafwolle hergestellt wurden, eignet sich vorzüglich Perlgarn D.M.C (Coton perlé) N° 1, ein weicher, leicht gedrehter Faden mit starkem Seidenglanz; Perlgarn D.M.C (Coton perlé), in den Nummern 3, 5, 8 und 12, und Elsässer Strick- und Häkelgarn D.M.C (Alsatia) N° 15 bis 25 werden für alle Phantasie-Arbeiten an Stelle von Seiden-Cordonnet verwendet.

Kragenschoner und Auto-Shawls verlangen zu ihrer Herstellung einen weichen, seidenartigen Faden, der ein warmes, elastisches Maschengewebe ergibt. Ganz besonders sind hier zu

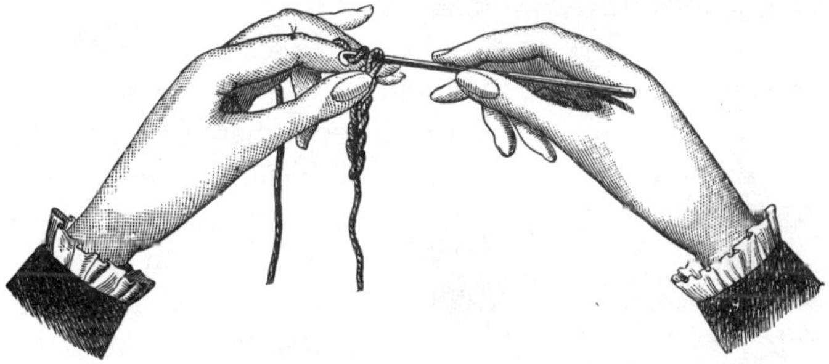

ABB. 114. STELLUNG DER HÄNDE BEIM HÄKELN UND LUFTMASCHEN.

empfehlen Offenes Häkelgarn D.M.C (Crochet floche), ein sechsteiliger Faden in Knäueln zu 20 Gramm, und Perlgarn D.M.C (Coton perlé) N° 3, 5 und 8.

Die Zeichen *. — Ebenso wie bei der Strickerei, kommen auch bei der Häkelei häufig Wiederholungen vor; die Stelle, an welcher die Musterung wieder zu beginnen ist, wird daher stets mit einem oder mehreren Sternchen (**) bezeichnet.

Abkürzungen. — Bei den nun folgenden Erklärungen haben wir folgende Abkürzungen eingeführt: Lftm. für Luftmaschen — Km. für Kettenmasche — f. M. für feste Masche — St. für Stäbchen — Pkt. für Pikot.

Stich- oder Maschenarten. — Es gibt eigentlich nur einen Häkelstich, weil die ganze Arbeit aus Schlingen besteht, die mit Hilfe des Häkchens entstehen und zu Maschen verbunden werden.

Doch lassen sich immerhin zwei Arten nachweisen: die « Deutsche Häkelei » und die « Victoria-Häkelei », auch « Tunesischer Häkelstich » oder « Strickhäkelei » genannt.

Bei der deutschen Häkelei unterscheidet man 7 verschiedene Maschenarten: 1) die Luftmasche, 2) die Kettenmasche, 3) die feste Masche, 4) die Stäbchenmasche, 5) die Wickelmasche, 6) die Büschelmasche, 7) die Doppelmasche.

Abb. 445. Kettenmaschen.

Die Reihen werden je nach der Maschenart hin- und zurückgehend oder auch nur nach einer Seite gearbeitet. Bei hin- und zurückgehenden Gängen wird die Arbeit am Ende eines jeden Ganges gewendet; auch müssen bei Beginn desselben, der Höhe der Maschenart entsprechend, eine oder mehrere Luftmaschen gemacht werden, um das Einziehen der Kanten zu verhüten. Wird hingegen nach einer Seite gearbeitet, so muss der Faden neu angelegt, wozu die Nadel in die Anfangsluftmasche der vorhergehenden Reihe geführt und der Faden als Schlinge durchgezogen wird, und es müssen, der Höhe der Maschen entsprechend, eine oder mehrere Luftmaschen gemacht werden.

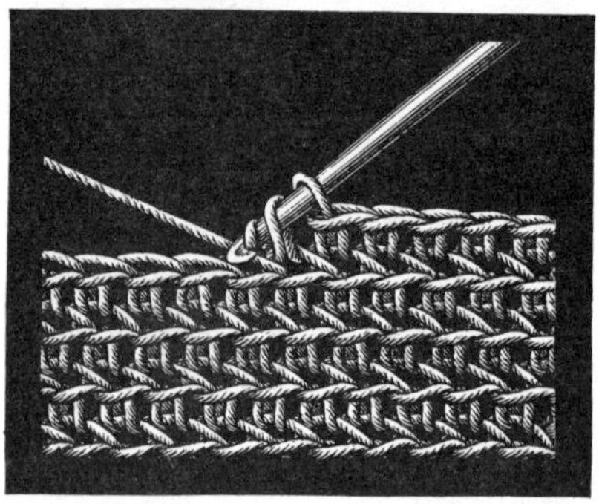

Abb. 446. Feste Maschen.

Am Ende eines Ganges wird der Faden abgeschnitten und durch die letzte Maschenschlinge gezogen; dies bildet den Abschluss einer jeden Häkelarbeit. Die hängenden Fadenenden werden am Anfange und am Schlusse einer jeden Reihe überhäkelt oder nach Vollendung der Arbeit vernäht oder auch, wenn Fadenbüschel den Abschluss bilden, gleich in und zu denselben verwendet.

Stellung der Hände beim Häkeln und 1) Luftmaschen (Abb. 444). — Der Faden wird, wie bei der deutschen Strickerei, zwischen dem vierten und fünften Finger der linken Hand geführt, geht unter dem vierten und dritten durch, um dann über den Zeigefinger zweimal gewunden zu werden, so dass der Faden nach aussen dem Daumen zugekehrt liegt; dann wird er von rechts nach links um den Daumen gelegt, so dass er um diesen eine Schlinge bildet. Das Ende des Fadens wird mit dem dritten und vierten Finger festgehalten.

Abb. 447. Der Rosenstich.

Die Häkelnadel, welche man genau so hält, wie die Feder beim Schreiben, nämlich zwischen Daumen und Zeigefinger der rechten Hand und auf den Mittelfinger gestützt, wird in die Schlinge beim Daumen der linken Hand eingeführt, der Faden, welcher vom Zeigefinger ausläuft, mit dem Häkchen erfasst, der Daumen aus der Schlinge gezogen und die Masche, die sich nun gebildet, nur so weit zugezogen, dass sich die Häkelnadel bequem durch die Schlinge bringen lässt. Das Fadenende halten dann der Daumen und der dritte Finger der linken Hand fest.

Abb. 448. Russischer Häkelstich.

Die zweite und die weiteren Maschen entstehen durch das Fangen des Fadens mit dem Häkchen und das Durchziehen desselben durch die Schlinge.

« Umschlag » heisst man die Bewegung, womit der Faden auf die Nadel gebracht wird.

Abb. 449. Gerippter Häkelstich.

2) **Kettenmaschen** (Abb. 445). — Man führt die Häkelnadel in die obere Schlinge einer Luftmasche oder einer Masche der vorhergehenden Reihe von vorn nach hinten ein,

erfasst den Faden mit dem Häkchen und zieht ihn durch beide Schlingen.

3) **Feste Maschen** (Abb. 446). — Die Nadel wird wie bei Abbildung 445 von vorn nach hinten durch die obere Schlinge einer Masche eingeführt, der Faden durch das Häkchen erfasst, durch die erste Schlinge gezogen, dann noch einmal der Faden erfasst und durch beide auf der Nadel ruhenden Schlingen gezogen.

ABB. 450. SCHRÄGER HÄKELSTICH.

ABB. 451.
SCHRÄGER RUSSISCHER HÄKELSTICH.

ABB. 452. DER DECKENSTICH.

Durch die verschiedenen Arten, die festen Maschen hin- und zurückgehend oder nur auf einer Seite zu arbeiten, entstehen die mannigfaltigsten Häkelstiche, welche in den nächsten Abbildungen dargestellt sind.

Der Rosenstich (Abb. 447). Diese Stichart besteht aus hin- und zurückgehenden Reihen von festen Maschen, bei denen die Nadel unter den beiden wagerechten, oberen Gliedern der vorhergehenden Reihe durchgeführt wird.

Der Rosenstich und der gerippte Häkelstich, Abb. 449, dienen hauptsächlich zur Anfertigung von Kinderjäckchen, Kragenschonern und Shawls.

Russischer Häkelstich (Abb. 448). — Dieser wird gleich dem vorhergehenden gearbeitet, jedoch nur auf einer Seite, so dass bei jeder Reihe der Faden jedesmal abgeschnitten werden muss.

Gerippter Häkelstich (Abb. 449). — Er besteht ebenfalls

aus hin- und zurückgehenden Reihen, bei denen nur die hinteren Maschenglieder aufzufassen sind.

Der Piquéstich. — Dieser wird nur auf einer Seite gearbeitet. Unter eins der senkrechten Glieder einer Masche wird die Nadel geführt und die feste Masche dann vollendet.

ABB. 453. DER KNÜPFHÄKELSTICH.

Dieser Stich ist dadurch, dass auf der hinteren Seite beide wagerechten Maschenschlingen eng aneinander liegen, von beiden Seiten sehr hübsch, eignet sich also für Gegenstände, die keine Kehrseite haben dürfen oder haben sollen, sowie für solche, die ungefüttert bleiben.

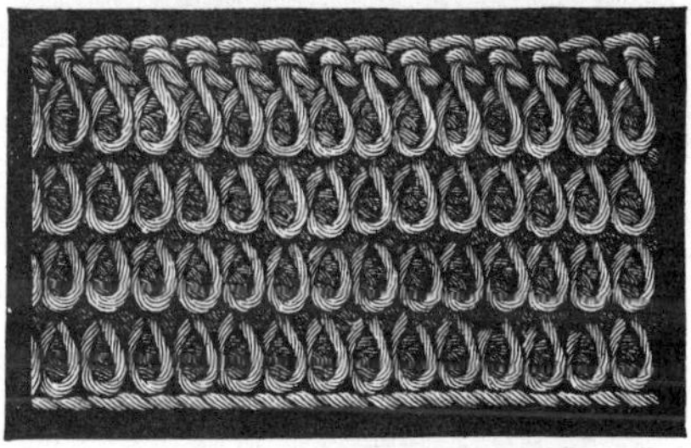

ABB. 454. DER SCHLINGENSTICH.

Wenn kräftiger Faden zum Häkeln verwendet wird, raten wir zur Benutzung eines recht groben Häkchens.

Schräger Häkelstich (Abb. 450). — Der schräge Häkelstich wird ebenfalls ganz auf der rechten Seite des Gegenstandes ausgeführt.

ABB. 455. FESTE MASCHEN ALS ANSCHLAG.

Man fasst das hintere Glied einer Masche der unteren Reihe auf, fängt den Faden mit dem Häkchen auf, ohne ihn um die Nadel zu legen und zieht die Schlinge durch, dann wird der Faden um das Häkchen gelegt und durch beide Schlingen gezogen.

Kreuzhäkelstich. — So wird der oben beschriebene Stich genannt, wenn beide Schlingen der vorhergehenden Reihe zusammengefasst werden.

Schräger russischer Häkelstich (Abb. 451). — Zu diesem Häkelstich ist die Nadel zwischen die beiden senkrechten und unter die beiden wagerechten Maschenglieder der vorhergehenden Reihe zu führen.

Der Deckenstich (Abb. 452). — Für Decken eignen sich besser weniger dicht gehaltene Stiche, als die soeben beschriebenen. Der hier abgebildete Stich ist wie folgt herzustellen: Den Faden auf die Nadel legen, diesen unter beide wagerechten Maschenglieder führen, den Faden mit dem Häkchen fassen, durch die beiden wagerechten Maschenglieder und durch den Umschlag ziehen, den Faden nochmals auf die Nadel legen und diese dann durch die zwei letzten Schlingen ziehen. Dieser Stich ist in hin- und zurückgehenden Reihen zu arbeiten.

Abb. 456. Halbe Stäbchen.

Der Knüpfhäkelstich (Abb. 453). — Dieselben Stiche, nur in hingehenden Reihen gearbeitet, ergeben den mit Abbildung 453 dargestellten Knüpfhäkelstich.

Abb. 457. Ganze Stäbchen.

Der Schlingenstich (Abb. 454). — Dieser Häkelstich, aus russischem oder aus Kettenstich bestehend, wird auf folgende Weise ausgeführt: Wenn die Nadel in ein Glied der unteren Masche gebracht ist, so legt man den Faden von oben nach unten über einen 1 cm. breiten Kartonstreifen oder auch über einen flachen Holzstab und vollendet dann die Masche wie gewöhnlich.

Man kann auch die Schlingen, ungefähr 2 cm. lang, mit dem Daumen und Mittelfinger der linken Hand festhalten. Dieses Verfahren ist aber weniger anzuempfehlen, weil man nicht leicht ganz regelmässig lange Schlingen erzielt.

Nach jeder Reihe mit Schlingen wird eine ohne solche gehäkelt. Die Kehrseite, auf welcher die Schlingen zu liegen kommen, gilt dann als rechte Seite der Arbeit. Will man diese pelzartige Häkelei recht voll und reich gestalten, so kann man zwei, auch drei Schlingen über den Finger oder den Holzstab legen und sie mit einer festen Masche schliessen; in diesem Fall kommt zwischen je zwei Büschel eine einfache feste Masche.

Zum Schlingenstich verwendet man gewöhnlich weichen, offenen Faden. Wird er an waschbaren Gegenständen angebracht, so sind Offenes Häkelgarn D.M.C (Crochet floche) und Spezialgarn D.M.C (Mouliné spécial) den anderen Garnsorten vorzuziehen.

Feste Maschen als Anschlag (Abb. 455). — Um einen doppelten Anschlag von festen Maschen zu machen, der auch sehr oft statt Mignardisebörtchen als Verbindung verwendet wird, fängt man mit zwei Luftmaschen an, führt die Nadel zwischen die Glieder der ersten Luftmasche, legt den Faden über die Nadel, zieht ihn als Schlinge durch die Masche, legt den Faden wieder auf die Nadel, zieht ihn durch beide Schlingen, führt dann die Nadel in das linke Glied der eben gehäkelten Masche, schlägt den Faden um, zieht die Nadel heraus, schlägt nochmals um und zieht dann die Nadel durch beide Schlingen usw.

Abb. 458. Doppelstäbchen.

Abb. 459. Dreifache Stäbchen.

4) **Die Stäbchen.** — Stäbchen nennt man kleine, aus Maschen gebildete Säulen. Man kann sie hin- und zurückgehend oder nur auf einer Seite arbeiten.

Man unterscheidet verschiedene Arten der Stäbchen, als: halbe oder kurze, einfache, doppelte, drei-, vierfache Stäbchen usw., sowie ineinandergreifende Stäbchen und Kreuzstäbchen. Häkelt man hin- und zurückgehende Reihen, so führen — wie schon erwähnt — eine oder mehrere Luftmaschen von einer

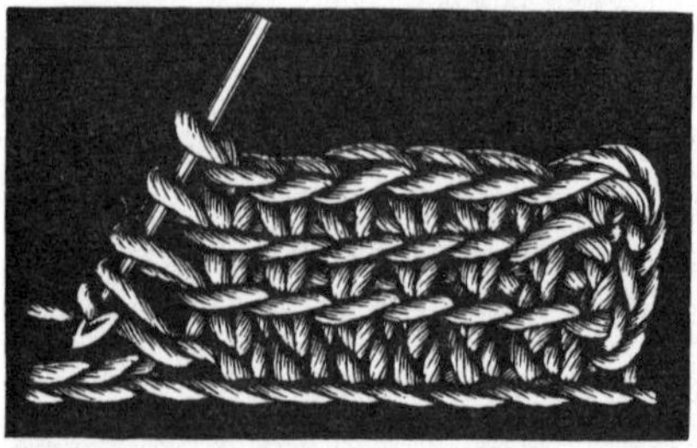

Abb. 460.
Ineinandergreifende Stäbchen.

Abb. 461.
Uebereinanderstehende Kreuzstäbchen.

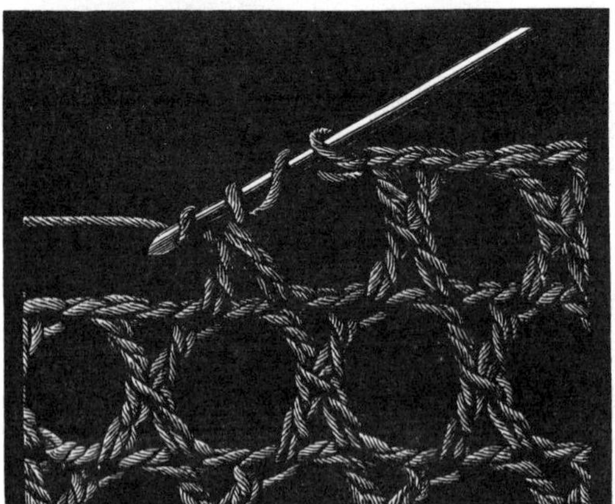

Abb. 462.
Versetzt gearbeitete Kreuzstäbchen.

Reihe zur andern; diese Luftmaschen ersetzen das erste Stäbchen zu Beginn jeder Reihe.

Halbe Stäbchen (Abb. 456). Der Faden wird von hinten nach vorn auf die Nadel gelegt, diese in eine Masche der unteren Reihe geführt, der Faden durchgezogen, der Faden noch einmal um die Nadel gelegt und durch die drei Schlingen — der Umschlag zählt stets als Schlinge — zurückgezogen.

Ganze Stäbchen (Abb. 457). — Bei einfachen Stäbchen wird, wie bei den halben, der Faden zuerst auf die Nadel gelegt, diese in eine Masche der unteren Reihe geführt, der Faden noch einmal auf die Nadel gelegt, als Schlinge durchgezogen, der Faden auf die Nadel gelegt, durch die nächsten zwei Schlingen gezogen, der Faden wieder auf die Nadel gelegt und durch die beiden letzten Schlingen gezogen.

Doppelstäbchen (Abb. 458). — Doppelstäbchen entstehen durch zweimaliges Umlegen des Fadens um die Nadel; die Masche wird wie oben ausgeführt, indem der Faden durch je zwei und zwei Schlingen geführt wird, bis das Stäbchen vollendet ist.

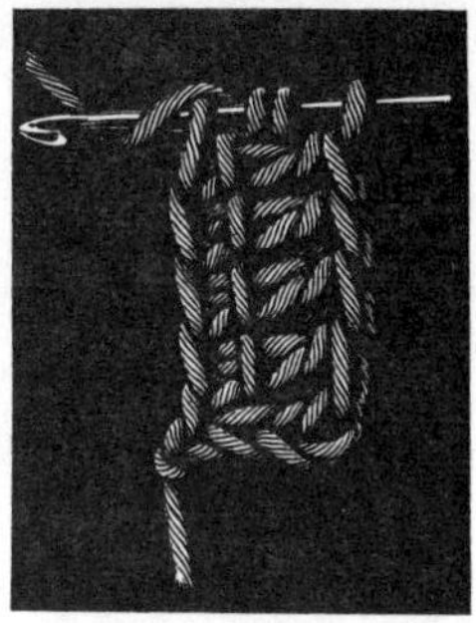

Abb. 463. Stäbchenmasche als Anschlag.

Drei- und vierfache Stäbchen (Abb. 459). — Zu dreifachen Stäbchen wird der Faden dreimal, zu vierfachen Stäbchen viermal um die Nadel geschlungen, dann werden sie, wie in Abbildung 459 dargestellt, vollendet.

Bei Stäbchen, die allmählich länger gemacht werden sollen, zieht man, um keinen merklichen Uebergang von einem zum andern zu erwirken, den Faden durch die drei letzten Schlingen des Stäbchens, so dass man eigentlich ein einfaches Stäbchen, ein ein und einhalbfaches, ein zweifaches, dann ein zwei und einhalbfaches Stäbchen vor einem ganzen dreifachen zu machen hat.

Abb. 464. Wickelmaschen.

Die Notwendigkeit dieser Teilung der Stäbchen macht sich besonders bei Blumen, Blättern und runden Bogen geltend.

Ineinandergreifende Stäbchen (Abb. 460). — Diese Stäbchen, die fest verbunden sind, werden in hin- und zurückgehenden Reihen gearbeitet, und an Stelle fester Maschenreihen verwendet.

Abb. 465. Wickelstäbchen.

Nach Bedarf arbeitet man ein beliebig hohes Stäbchen und hebt aus jedem der senkrechten, linksliegenden Glieder eine Schlinge auf; dann nimmt man aus der nächstliegenden Anschlagmasche ebenfalls eine Schlinge auf, schlägt den Faden um die Nadel und zieht ihn durch je zwei Schlingen.

Kreuzstäbchen (Abb. 461 und 462). — Diese bilden durchbrochene Reihen. Man kann sie sowohl als Abschluss von Spitzen, als auch zu Einsätzen an Kinder- und anderer Wäsche benutzen.

Nach einem Anschlag oder einer Reihe früherer Maschen mit 3 Luftmaschen — sie zählen als 1 Stäbchen — beginnen, dann 1 Masche der unteren Reihe übergehen, ein einfaches Stäbchen in die 2. Masche, 4 Luftmaschen, den Faden um die Nadel schlagen, die Nadel unter die Schlingen der beiden verbundenen Stäbchen führen und mit einem einfachen Stäbchen und einer Luftmasche schliessen.

Abb. 466. Büschelmaschen.

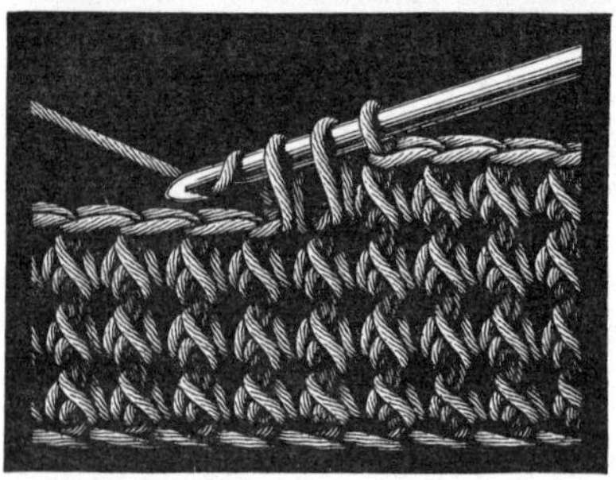

Abb. 467. Doppelmaschen.

Hierauf den Faden zweimal um die Nadel legen, diese in die 2. freie Masche der unteren Reihe führen, den Faden wieder um die Nadel legen und durchziehen, noch einmal umschlagen, die beiden nächsten Schlingen zusammenschürzen — 3 Schlingen bleiben nun auf der Nadel — umschlagen, in die 2. Masche der unteren Reihe stechen, den Faden umschlagen und durchziehen. Die 5 Schlingen auf der Nadel zu zwei und zwei zusammenschürzen, 1 Luftmasche, umschlagen, die Nadel zwischen die obersten Glieder der zusammengeschürzten Stäbchen führen, mit einem einfachen Stäbchen schliessen usw. Man kann diese Stäbchen auch höher machen, aber stets mit einer geraden Zahl von Umschlägen; die Breite muss dann der Höhe entsprechen.

Stäbchenmaschen als Anschlag (Abb. 463). — Um gleich einen breiteren Unterrand für eine Arbeit zu erzielen, kann man die Stäbchen als Anschlag verwenden; es werden dieselben in folgender Weise ausgeführt: 4 Luftmaschen, zweimal umschlagen, die Nadel in die 1. der 4 Luftmaschen führen, umschlagen, den Faden durch die Masche ziehen, * umschlagen, den Faden durch die beiden nächsten Schlingen ziehen. Von * an zweimal wiederholen.

** Zweimal umschlagen, die Nadel in das unterste linkseitige Glied der Stäbchenmasche führen, das Stäbchen schliessen wie oben. Von ** an wiederholen.

5) **Wickelmaschen und Wickelstäbchen** (Abb. 464 und 465). — Zu diesen Wickelmaschen wählt man eine Häkelnadel, die gegen den Griff zu stärker wird; im Verhältnis zum Garn muss sie feiner sein als bei anderen Arbeiten.

Abb. 468.
Reliefhäkelei mit geraden Stäbchen.

Man beginnt mit einem losen Anschlag, schlägt den Faden lose, doch gleichmässig einige Male um die Nadel, führt diese in eine Masche der unteren Reihe, legt den Faden auf die Nadel, zieht ihn durch die Masche und hierauf nach einem neuen Umschlag durch alle Schlingen.

Abb. 469.
Reliefhäkelei mit versetzten Stäbchen.

Die Wickelstäbchen werden wie die Wickelmaschen begonnen; nur legt man je nach der Höhe, die man den Stäbchen geben will, den Faden zehn bis zwölf mal um die Nadel, welche dann durch alle Schlingen, die letzte ausgenommen, gezogen wird. Ein neuer Umschlag zieht dann die beiden noch auf der Nadel befindlichen Schlingen ab.

Um das Durchziehen des Fadens durch die Schlingen zu erleichtern, werden diese mit dem Daumen und Mittelfinger der linken Hand festgehalten.

Die offenen Wickelmaschen eignen sich nur zu Arbeiten aus Baumwolle, Offenes Häkelgarn D.M.C (Crochet floche) oder

Spezialgarn D.M.C (Mouliné spécial), die Wickelstäbchen hingegen können mit beliebigem Garn ausgeführt werden.

6) **Büschelmaschen** (Abb. 466). — Diese Maschenart wird gewöhnlich in Verbindung mit festen Maschenreihen gearbeitet und zwar auf folgende Art: * Den Faden umschlagen, die Nadel in eine Masche der vorhergehenden Reihe führen, den Faden umschlagen, als Schlinge durchziehen, den Faden umschlagen, eine zweite Schlinge bilden, den Faden umschlagen, eine dritte Schlinge bilden, den Faden umschlagen, eine vierte Schlinge bilden, den Faden umschlagen, die Nadel durch acht auf der Nadel liegenden Schlingen ziehen, mit einem neuen Umschlag die beiden letzten Schlingen von der Nadel nehmen, eine Luftmasche, eine Masche der unteren Reihe übergehen. Von * an wiederholen.

Abb. 470. Reliefhäkelei mit versetzten Muschen aus Büschelstäbchen.

7) **Doppelmaschen** (Abb. 467). — Doppelmaschen werden gewöhnlich nur auf einer Seite gearbeitet; mit starkem, gedrehtem Garn, wie Strickgarn D.M.C (Coton à tricoter), in den Nummern 6 bis 12, Häkelgarn D.M.C (Cordonnet 6 fils), Häkelgarn D.M.C, Spezial-Qualität (Cordonnet spécial), in den Nummern 3 bis 10, Knüpfgarn D.M.C (Fil à pointer), in den Nummern 10 bis 30 oder Leinen-Strick- und Häkelgarn D.M.C (Lin à tricoter et à crocheter) N° 3 bis 12, sind sie am wirksamsten. Nach jedesmaligem Umlegen und Durchziehen des Fadens aus zwei nebeneinanderliegenden Maschen der unteren Reihe je eine Schlinge aufnehmen, so dass mit Einschluss der ersten Maschen-

schlinge drei Schlingen auf der Nadel sind, den Faden umschlagen, die Nadel durch alle drei Schlingen ziehen; dann eine Schlinge aus jener Masche aufnehmen, aus welcher die letzte Schlinge der ersten Masche aufgenommen wurde, eine Schlinge aus der nächsten Masche aufnehmen, den Faden umschlagen, die Nadel durch alle drei Schlingen ziehen.

Abb. 471. Reliefhäkelei mit versetzten Muschen aus Stäbchen.

Reliefhäkelei mit geraden Stäbchen (Abb. 468). — Die Reliefmaschen bedürfen immer einiger Reihen fester Maschen als Vorarbeit; auch müssen vor und nach jedem Stäbchen oder jeder Masche einige feste Maschen gemacht werden.

Abb. 472. Reliefhäkelei mit Muschen aus Büschelmaschen in schrägen Reihen.

Abb. 468 zeigt in der vierten Reihe der festen Maschen, für die das hinten liegende Maschenglied erfasst wurde, als vierte Masche ein Doppelstäbchen, welches an das einfache Glied der vierten festen Masche der ersten

Maschenreihe angeschlossen ist. Die Masche, welche unter das Stäbchen kommt, übergehen, 3 feste Maschen, 1 Doppelstäbchen usw.

Nach diesem Gang wird die Arbeit gewendet und ein glatter Gang gehäkelt. Bei dem nächsten, dem 6. Gange wird zuerst 1 feste Masche gemacht, als zweite Masche 1 Doppelstäbchen, das zwischen den Stäbchen in die zweite Masche der 3. Reihe kommt, 3 feste Maschen, 1 Stäbchen usw. Bei der 8. Reihe fester Maschen werden die Stäbchen gleich jener der 4. Reihe gestellt.

Reliefhäkelei mit versetzten Stäbchen (Abb. 469). — Es werden, wie bei Abbildung 468, zuerst drei hin- und zurückgehende Reihen fester Maschen gemacht. Die 4. Reihe wird mit 2 festen Maschen begonnen, dann * 1 Doppelstäbchen in das obere Glied der 1. Masche der ersten Reihe — die beiden letzten Schlingen des Stäbchens bleiben jedoch auf der Nadel — den Faden zweimal für das nächste Stäbchen umschlagen, die Nadel in die viertfolgende feste Masche einführen, den Faden umschlagen, durchziehen, das Stäbchen vollenden bis auf die drei letzten Schlingen, welche alle drei zusammen zugeschürzt werden.

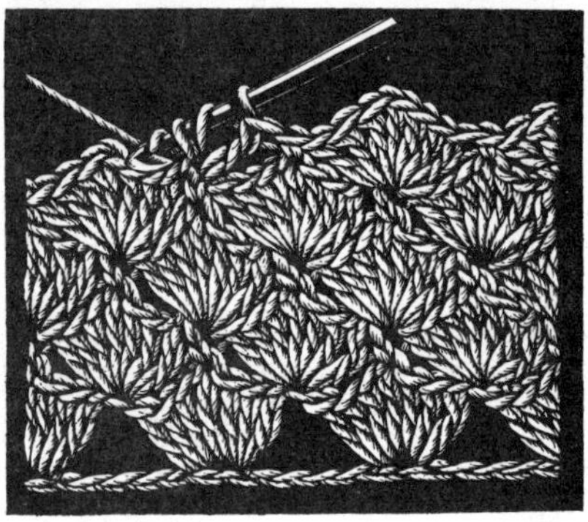

Abb. 473. Dichter Muschelstich.

Die Masche unter dem Stäbchen übergehen, noch 3 feste Maschen und von * an wiederholen; doch greift jetzt das 1. Stäbchen in die schon vom letzten Stäbchen erfasste Masche ein.

Nach dieser Reihe wird die Arbeit gewendet, eine Reihe fester Maschen gearbeitet, dann die Arbeit wieder nach rechts gewendet. Bei der nun einsetzenden zweiten Stäbchenreihe beginnt man mit einem Stäbchen und versetzt die nun den Kopf der Doppelstäbchen ergreifenden Stäbchen, wie es in der Abbildung ersichtlich ist.

Reliefhäkelei mit versetzten Muschen aus Büschelstäbchen (Abb. 470). — Nachdem, wie bei den vorherigen Häkelstichen, einige Reihen vorgearbeitet wurden, beginnt die

4. Reihe mit 3 festen Maschen; * 1 Schlinge durch die 4. Masche holen, in das Glied der 4. festen Masche der ersten Reihe 6 Stäbchen — deren letzte Schlinge auf der Nadel bleibt, so dass mit der Schlinge der festen Masche im ganzen acht Schlingen auf der Nadel sind — den Faden auf die Nadel legen, durch alle acht Schlingen ziehen; 3 feste Maschen; von * an wiederholen. Hierauf wieder 3 feste Reihen über die Reihen mit den Muschen; die nächsten Muschen werden wieder in der 4. Reihe gemacht und zwar versetzt.

Reliefhäkelei mit versetzten Muschen aus Stäbchen (Abb. 471). — Nach der dritten Reihe fester Maschen die Arbeit wenden, 3 feste Maschen, in die 4. Masche der 1. Reihe * 6 Stäbchen arbeiten, nach dem 6. Stäbchen die Nadel aus der Schlinge ziehen, sie in das Glied zwischen der 3. festen Masche und dem ersten Stäbchen führen, die freie Schlinge des letzten Stäbchens erfassen und sie durch die auf der Nadel befindliche Masche ziehen, 1 Luftmasche, die Masche unter dem Bällchen übergehen, 5 feste Maschen; von * an wiederholen. In den folgenden Reihen sind die Muschen zu versetzen.

Abb. 474. Perlpikots nach abwärts.

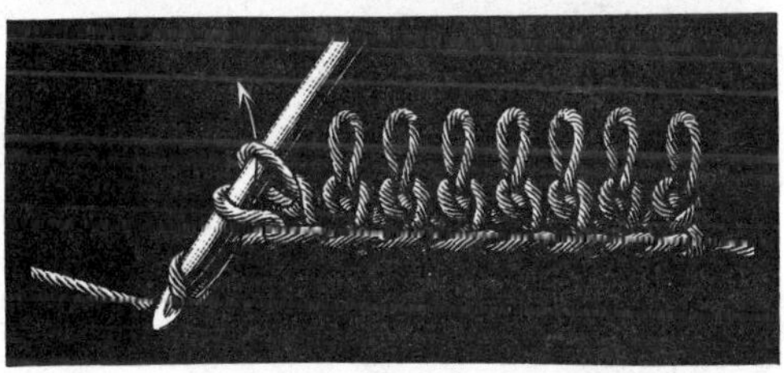

Abb. 475. Gehäkelte freie Spitzenpikots.

Reliefhäkelei mit Muschen aus Büschelmaschen in schrägen Reihen (Abb. 472). — Auf den vorgearbeiteten Reihen wird in die vierte untere Reihe nach 3 festen Maschen eine einfache Büschelmasche, Abb. 466, gehäkelt, dann 4 feste Maschen, 1 Büschelmasche usw. Die folgende Reihe glatt; bei der zweitfolgenden wird bei Beginn eine feste Masche mehr gearbeitet, die Büschel an die mittlere Reihe der zuerst überhäkelten befestigt, und zwar an die dem ersten Büschel zunächst liegende linkseitige Masche. Jedes der nächstfolgenden

Büschel kommt somit um eine Masche weiter zu liegen, als das der vorhergehenden Reihe, und bilden sie so schräge Linien über die Fläche.

Dichter Muschelstich (Abb. 473). — Dieser Stich, nur nach einer Seite zu bearbeiten, ist besonders bei Kinderkleidchen und Röckchen anwendbar, da er schnell fördert, und jede Reihe den Abschluss bilden kann.

Abb. 476. Gehäkelte Spitzenpikots an vorgearbeiteter Maschenreihe.

1. Reihe — Auf einem Anschlage von Luftmaschen oder schon vorhandenen Reihen anderer einfacher Maschenarten arbeitend, beginnt man mit 1 Luftmasche, 7 Stäbchen in die doppelten Glieder der ersten Masche, * 1 Luftmasche, 7 Stäbchen in die 5. Masche der vorhergehenden Reihe; von * an wiederholen.

Abb. 477. Pikots als Anschlag.

2. Reihe — ** 7 Stäbchen in die Luftmasche welche je 7 Stäbchen der vorhergehenden Reihe trennt, 1 feste Masche in das 4. der 7 Stäbchen der 1. Reihe; von ** an fortsetzen.

Bei den folgenden Gängen die 7 Stäbchen je in die festen Maschen häkeln.

Gehäkelte Pikots. — Als Abschlussrand der verschiedenen Arbeiten verwendet man häufig Pikots; so nennt man kleine Zäckchen, deren es dreierlei gibt: 1) Dichte Pikots, 2) Luftmaschenpikots und 3) Spitzenpikots.

Die dichten Pikots lassen sich in kleine, grosse und spitze Pikots, in runde und spitze Blättchenpikots einteilen.

Kleine runde Pikots. — Frei zu arbeiten: 3 Luftmaschen, zurückgehend je 1 feste Masche in die 2. und in die 1. Luftmasche.

Oder an einem vorgearbeiteten Rande: 1 Kettenmasche in den Rand, * 3 Luftmaschen, zurückgehend je eine feste Masche in die 2. und 1. Luftmasche, 1 oder 2 Maschen der unteren Reihe übergehen, 1 Kettenmasche und von * an wiederholen.

Grosse runde Pikots. — 5 Luftmaschen, 3 Maschen übergehen, je ein Stäbchen in die 2. und 1. Luftmasche.

Um sie gleich an die Arbeit zu befestigen, schliesst man das Pikot mit einer Kettenmasche an, nur mit dem Unterschiede dass man 3 bis 4 Maschen der unteren Reihe übergeht.

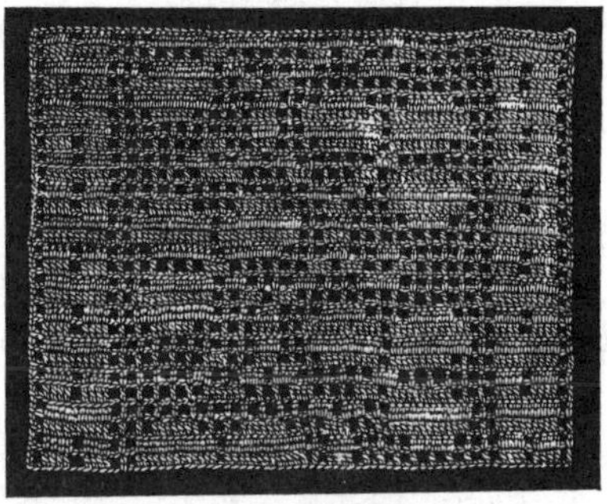

Abb. 478.
Einfarbiges Typenmuster durch Stäbchen und Luftmaschen kopiert.

Spitze Pikots. — 6 Luftmaschen anschlagen, zurückgehend die 6. Masche übergehen, dann 1 Kettenmasche, 1 feste Masche, 1 halbes Stäbchen, 1 einfaches Stäbchen, 1 Doppelstäbchen.

Blätterpikots. — * 4 Luftmaschen, in die erste derselben 3 einfache Stäbchen, 1 Kettenmasche in dieselbe Masche, in welche die Stäbchen gemacht wurden, 2 oder 3 Zwischenluftmaschen und von * an wiederholen. Wenn diese Stäbchen den Abschluss eines geraden Randes bilden, werden anstatt der Luftmaschen Kettenmaschen in denselben gemacht.

Abb. 479.
Mehrfarbiges Typenmuster durch Stäbchen kopiert.

Luftmaschenpikots. — Kleine Luftmaschenpikots erfordern: 5 Luftmaschen, in die erste derselben 1 feste Masche.

Grosse Luftmaschenpikots hingegen: 5 Luftmaschen, 1 Stäbchen in die erste derselben.

Wickelpikots. — Diese erfordern je 5 Luftmaschen und 1 Wickelstäbchen an die 5. Luftmasche angeschlossen, 5 Luftmaschen usw.

Perlpikots nach abwärts (Abb. 474). — 5 Luftmaschen, die Nadel aus der Schlinge ziehen, sie in die zweite der 5 Luftmaschen führen, die freigelassene Schlinge erfassen, durch die Masche ziehen usw.

Gehäkelte Spitzenpikots (Abb. 475 und 476). — Abbildung 475 erklärt Spitzenpikots mit Luftmaschen hergestellt = 2 Luftmaschen, in die erste derselben die Nadel führen, den Faden umschlagen, als Schlinge durchziehen, 2 Luftmaschen; * die Nadel aus beiden Schlingen herausziehen, sie zugleich in die zweite Schlinge und in die erste Luftmasche einführen, den Faden als Schlinge durchziehen, 2 Luftmaschen; von * an wiederholen.

Um grössere Regelmässigkeit der Schlingen zu erzielen und ihnen mehr Gehalt zu geben, ist es praktisch, dieselben über eine starke Stricknadel oder Netzwalze zu werfen.

Bei Abbildung 476 sind Spitzenpikots mit festen Maschen veranschaulicht; zu diesen ist zuerst eine Luftmaschenkette herzustellen, über welche gearbeitet wird: 1 feste Masche, die Schlinge dieser Masche so lang ziehen, als die Pikots hoch werden sollen, oder sie über einen runden Stab werfen, welcher in verhältnismässiger Stärke ist, die nun freie Nadel zwischen die wagerechten Glieder der eben gehäkelten Maschen führen, den Faden auf die Nadel legen, die Schlinge durchziehen, 1 feste Masche in die nächste Masche usw.

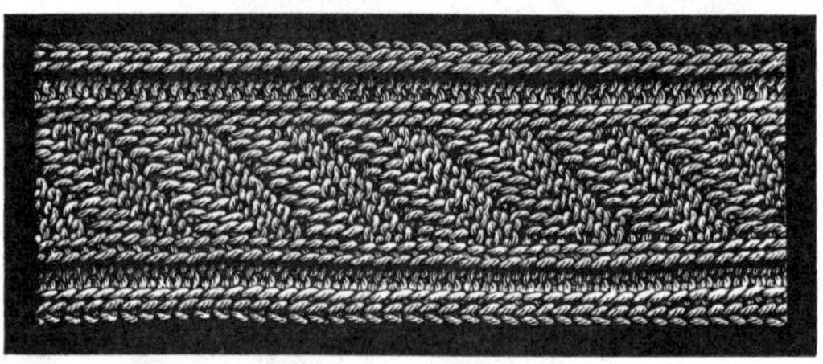

Abb. 480. Borte in einfarbiger bosnischer Häkelei.
Fadensorten: Häkelgarn D.M.C oder Häkelgarn D.M.C, Spezial-Qualität, N° 3 bis 20, Knüpfgarn D.M.C N° 30 oder Leinen-Strick- und Häkelgarn D.M.C N° 4 bis 12, in Weiss oder Naturfarben.

Pikots als Anschlag (Abb. 477). — 7 Luftmaschen, 1 feste Masche in die 4. Luftmasche, 1 dreifaches Stäbchen in die 1. Luftmasche, * 4 Luftmaschen, 1 feste Masche in die 1. der 4 Luftmaschen, 1 dreifaches Stäbchen in den zweiten, mittleren Umschlag des vorangehenden Stäbchens und zugleich das unter diesem liegende Maschenglied durchstechen, dann von * an wiederholen.

Häkelarbeit nach Typenmustern (Abb. 478 und 479). Typenmuster sind auch für Häkelarbeiten zu verwenden und auf sehr einfache und leichte Art nachzubilden. Fast jedes Stickmuster, das für die Anwendung einer einzigen Farbe gezeichnet ist, kann hierzu verwendet werden. Zur Ausführung derselben bedarf es nur einfacher Stäbchen und Luftmaschen, welche, übereinanderstehend, kleine Quadrate bilden und in hin- und zurückgehenden Reihen gearbeitet werden.

Jedes leere Quadrat erfordert 1 Stäbchen und 2 Luftmaschen, jedes volle Typenviereck 3 Stäbchen. Zu Beginn jeder Reihe ersetzen 3 Luftmaschen das 1. Stäbchen (siehe auch Seite 290 und 295), zu Ende jeder Reihe schliesst ein überzähliges Stäbchen das Muster ab. Wenn ein volles Typenviereck zwischen zwei leeren Vierecken steht, muss das erstere 4 Stäbchen zählen, weil sich das erste Stäbchen des nachfolgenden leeren Viereckes dem dritten Stäbchen des vollen Typenviereckes anschliesst. Somit müssen zwei nebeneinander stehende volle Vierecke 7 Stäbchen und drei nebeneinander stehende volle Vierecke 10 Stäbchen enthalten.

Abb. 481.

Borte in buntfarbiger bosnischer Häkelei.
Fadensorten : Perlgarn D.M.C oder Elsasser Strick- und Häkelgarn D.M.C, in Noir grand-teint 310, Rouge-Cardinal 304, Bleu grand-teint 800, Jaune d'or 781 und Vert-Scarabée 3346. (*)

Typenmuster können auch in verschiedenen Farben gehäkelt werden, sowohl mit Stäbchen nach einer Seite, als mit festen Maschen in hin- und zurückgehenden Reihen. Im ersten Falle müssen die Fäden am Ende eines jeden Ganges abgeschnitten werden. Werden nicht mehr als drei Farben verwendet, so können zwei Fäden unter den Maschen weiter laufen; bei grösserer Farbenanzahl müssen die überzähligen Fäden nach der Innenseite der Arbeit gelegt und nur bei Bedarf wieder nach vorne genommen werden; der aufgelassene Faden tritt dann wieder an die Stelle des früheren.

Nur bei Gegenständen, die eine Kehrseite haben, können

(*) Diese Nummern bezeichnen Farben aus den Farbenkarten der die Marke D.M.C tragenden Artikel. Diese Farbenkarten liegen in allen Kurzwaren- und Handarbeitsgeschäften auf.

die Fäden nach innen frei bleiben; wo dies nicht der Fall ist, müssen sie überhäkelt werden.

Bei farbiger Häkelei sind die Fäden dem Muster entsprechend zu wechseln; dabei ist auch zu beachten, dass jede Masche, die einer solchen in anderer Farbe vorangeht, nicht mit dem Faden, mit dem sie ausgeführt worden ist, geschlossen werden darf, sondern es sind die zwei letzten Schlingen mit dem Faden der folgenden Farbe zuzuschürzen.

Abb. 482. Gehäkeltes Quadrat.

Bosnische Häkelei. — Diese sehr feste und haltbare Häkelei, welche an Weberei erinnert, empfiehlt sich hauptsächlich für Gürtel, Manschetten und Kragen, Posamentierborten an Möbeln usw. Sie besteht nur aus Kettenmaschen und kann beliebig nur in einer Farbe oder auch bunt gearbeitet werden.

Abb. 483. Gehäkeltes Sechseck.

Die geeignetsten Fäden zur Ausführung sind für einfarbige Häkelei: Häkelgarn D.M.C (Cordonnet 6 fils), Häkelgarn D.M.C, Spezial-Qualität (Cordonnet spécial), Knüpfgarn D.M.C (Fil à pointer) und Leinen-Strick- und Häkelgarn D.M.C (Lin à tricoter et à crocheter); für bunte Musterungen: Perlgarn D.M.C (Coton perlé) und Elsässer Strick- und Häkelgarn D.M.C (Alsatia).

Borte in einfarbiger bosnischer Häkelei (Abb. 480). — Eine Luftmaschenkette bildet den Anschlag; das Muster entsteht dadurch, dass man die zur Ausführung erforderlichen

Kettenmaschen entweder in die vorderen oder in die hinteren Maschenglieder der vorhergehenden Reihe stellt.

1.—3. Gang: Kettenmaschen in die hinteren Maschenglieder.

4.—5. Gang: Kettenmaschen in die vorderen Maschenglieder.

6.—7. Gang: Kettenmaschen in die hinteren Maschenglieder.

8.—15. Gang: Abwechselnd 3 Kettenmaschen in drei hintere und 3 Kettenmaschen in drei vordere Maschenglieder. In jedem Gange wird der Mustersatz um eine Masche nach links gerückt, so dass sich Schrägstreifen bilden.

16.—17. Gang: Kettenmaschen in die hinteren Maschenglieder.

18.—19. Gang: Kettenmaschen in die vorderen Maschenglieder.

20. Gang: Kettenmaschen in die hinteren Maschenglieder.

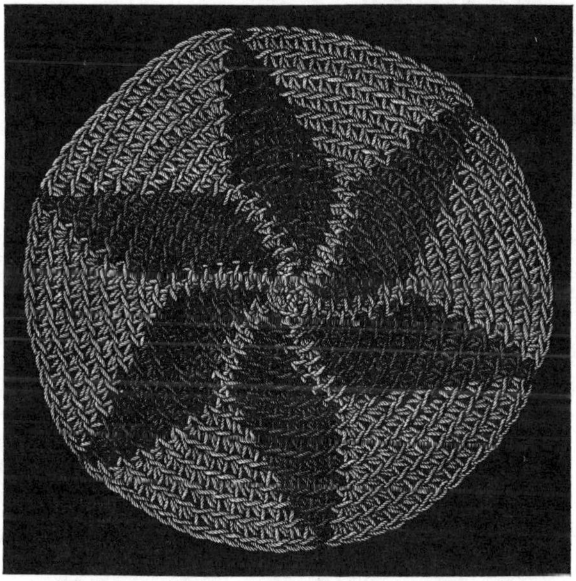

Abb. 484.
Farbiger Stern in hellen Grund eingearbeitet.

Borte in buntfarbiger bosnischer Häkelei (Abb. 481). — Hier entsteht die Musterung durch den Farbenwechsel; für die Kettenmaschen sind ausschliesslich die hinteren Maschenglieder zu durchstechen. Man legt der Arbeit ein Typenmuster in bunter Farbe zu Grunde. Eine eingehende Beschreibung der Ausführung mit den verschiedenen Fäden findet man bei « Häkelei nach Typenmustern », siehe Seite 306.

Gehäkeltes Quadrat (Abb. 482). — Ein Viereck beginnt man mit einem Anschlage von 4 Luftmaschen, die durch eine Kettenmasche in die erste Luftmasche zu einem Ring verbunden werden.

Dann folgen: 1 Luftmasche, 2 feste Maschen in die nächste Luftmasche, 3 feste Maschen in jede der drei folgenden Luftmaschen, 1 feste Masche in jene Masche, in welche die beiden ersten gearbeitet sind.

Abb. 485.
Einfacher tunesischer Häkelstich.

Die nächste Masche schleifen, d. h. die Nadel zwischen die wagerechten Glieder der ersten festen Masche der vorhergehenden Reihe führen und eine Kettenmasche machen, 1 Luftmasche, 2 feste Maschen in die Masche welche geschleift wurde. Nun arbeitet man bei jeder Reihe in die mittlere der 3 festen Maschen, welche die Ecke bilden, wieder 3 feste Maschen; die übrigen Maschen häkelt man einzeln ab.

Bei allen Reihen werden Beginn und Abschluss wie oben angegeben gearbeitet. Wird ein Quadrat in hin- und zurückgehenden Reihen gearbeitet, so ist der Gang in der Mitte einer geraden Reihe zu schliessen, die Arbeit zu wenden und in der entgegengesetzten Richtung des Ganges zu arbeiten.

Abb. 486.
Gerader tunesischer Flechthäkelstich.

Gehäkeltes Sechseck (Abb. 483). — Dieses wird mit 7 Luftmaschen begonnen; in die ersten 6 Luftmaschen 12 feste Maschen, dann schliessen, die Arbeit wenden, 1 feste Masche, 3 feste Maschen in die 2. Masche der unteren Reihe. Dasselbe fünfmal wiederholen, den Gang durch eine Kettenmasche schliessen, die Arbeit wenden, 1 feste Masche, 3 feste Maschen in die mittlere der 3 zuerst zugenommenen Maschen, 3 feste Maschen usw. Die sechseckigen Sterne können in beliebiger Grösse gearbeitet werden.

Farbiger Stern in hellen Grund eingearbeitet (Abb. 484). Es wird mit einem Anschlage von 3 Luftmaschen begonnen, der Ring geschlossen = 2 feste Maschen in jede der 3 Luftmaschen, dann 1 dunkle und 1 helle feste Masche in jede der 6 festen Maschen. Beim Wechseln der Fäden beachte man, was bei « Häkelarbeit nach Typenmustern », beim Zuschürzen der letzten Schlingen angegeben wurde, siehe Seite 306. Bei den folgenden Gängen werden die Maschen in abstechender Farbe immer um eine Masche vermehrt. Das regelmässige Aufnehmen, zwei Maschen in eine, geschieht in der Grundfarbe, bei der letzten Masche vor der nächsten Farbe. Man arbeitet so weiter, bis man in der abstechenden Farbe 8 Maschen zählt, dann werden sie wieder um je eine Masche in jedem Gange verringert — die erste abstechende Masche ist mit der Grundfarbe aufzunehmen — bis nur noch, wie zum Beginn, eine Masche in abstechender Farbe bleibt.

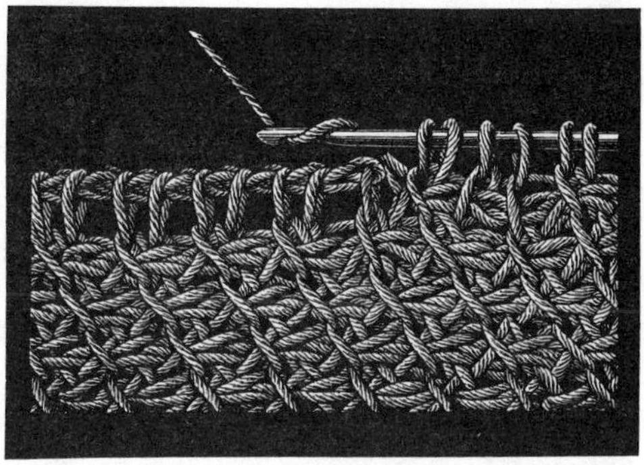

Abb. 487.
Schräger tunesischer Flechthäkelstich.

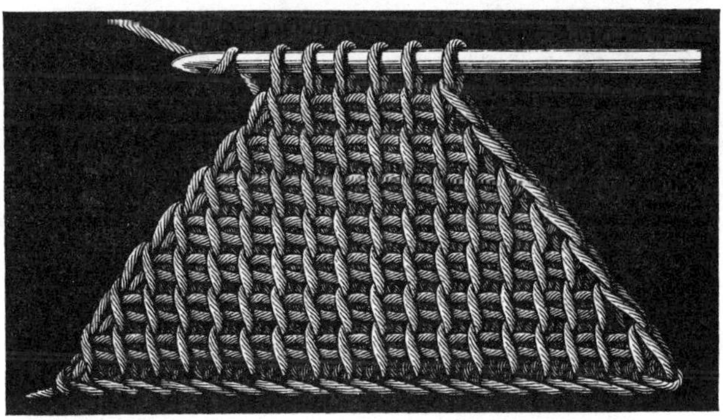

Abb. 488. Das Abnehmen im tunesischen Häkelstich.

Solche Sterne werden zur Anfertigung von Börsen, Haubenbödchen, Hauskappen und Lampentassen benutzt.

Tunesische Häkelei. — Die tunesische Häkelei wird auch Strickhäkelei genannt, weil, wie beim Stricken, alle Maschen einer Reihe auf eine Nadel gehoben werden.

Zur tunesischen Häkelei verwendet man lange, grifflose, bis zum Ende gleich starke Nadeln, deren unteres Ende mit einem Knöpfchen versehen ist. Arbeiten in dieser Häkelei können nur auf einer Seite ausgeführt werden; sie können dicht oder durchbrochen sein, doch ergeben sich nicht so mannigfache Muster, als bei der deutschen Häkelei.

Die tunesische Häkelei ist immer auf der Rechtseite der Arbeit auszuführen; sie ergibt weiche, elastische Maschengewebe, wie solche zur Herstellung von Kragenschonern, Shawls, Jäckchen, Schuhen usw. besonders gesucht sind.

Eine Luftmaschenkette bildet den Anfang, eine Reihe Kettenmaschen den Abschluss jeder Arbeit im tunesischen Stiche.

Abb. 489. Karo mit Muschen in abstechender Farbe.
Fadensorten: Perlgarn D.M.C N° 3, 5 oder 8, oder Elsässer Strick- und Häkelgarn D M.C N° 20 oder 25, in Gris-Cendre 415 und Rouge-Grenat 335, oder in Brun-Acajou 301 und Bleu grand-teint 820.

Einfacher tunesischer Häkelstich (Abb. 485). — Nach einem Anschlage von Luftmaschen, in der Breite die man einem Streifen geben will, beginnt die erste Reihe, die «Schlingenreihe». Die Nadel wird in die zweite Luftmasche geführt, eine Schlinge durchgezogen und so fort durch alle Luftmaschen; alle Schlingen bleiben auf der Nadel. Zu Anfang der zweiten Reihe, «Schlussreihe» genannt, ist die erste Schlinge für sich mit einem Umschlage abzuziehen, dann der Faden wieder auf die Nadel zu legen, durch zwei Schlingen zu ziehen, der Faden auf die Nadel zu legen, durch zwei Schlingen zu ziehen und so weiter bis zum Schluss je zwei und zwei Schlingen zusammenzuschürzen. Von jetzt an sind in den «Schlingenreihen» stets die senkrechten Maschenschlingen mit je einer Schlinge zu durchziehen.

Gerader tunesischer Flechthäkelstich (Abb. 486). — Man beginnt mit einer einfachen tunesischen Doppelreihe; in der zweiten Schlingenreihe wird dann die erste senkrechte Maschenschlinge übergangen, die zweite aufgefasst, die Nadel wieder zurückgeführt, die übergangene Maschenschlinge aufgefasst, so dass sich die beiden Schlingen kreuzen. Die Schlussreihe ist gleich der des einfachen tunesischen Stiches zu arbeiten.

Schräger tunesischer Flechthäkelstich (Abb. 487).—Dieser Stich wird wie der vorhergehende begonnen, in der zweiten Schlingenreihe aber die zweite Maschenschlinge zuerst, dann zurückgehend, die erste erfasst, die Schlussreihe ebenso wie beim gewöhnlichen tunesischen Häkelstiche vollendet. Beim Beginn der dritten Schlingenreihe muss jedoch die erste Schlinge wie gewöhnlich aufgenommen und dann die dritte mit der zweiten verschränkt werden, damit sich die schräge Linie über die ganze Arbeit zieht.

Durchbrochener tunesischer Häkelstich. — Die erste Schlingenreihe wird so gearbeitet, wie bei dem einfachen tunesischen Stich; bei der Schlussreihe hingegen werden 2 und 3, oder 3 und 4 Schlingen zusammengeschürzt und eine entsprechende Zahl Luftmaschen dazwischen gemacht. Diese Luftmaschen sind in den Schlingenreihen aufzunehmen, damit man keine Maschen verliert.

Das Auf- und Abnehmen im tunesischen Häkelstich (Abb. 488). — In Abbildung 488 ist das Abnehmen von zwei Seiten veranschaulicht, wodurch sich Zacken bilden. Es wird bei jedem Gange abgenommen, und zwar rechts bei Vollendung der zurückgehenden Reihe, indem man die beiden letzten Maschenschlingen zusammen abzieht, links, indem man die beiden letzten senkrechten Fadenschlingen der hingehenden Reihe zusammen abschliesst.

In derselben Weise nimmt man auch auf: rechts und links, nur mit dem Unterschiede, dass das Aufnehmen in der Schlingenreihe geschieht, indem man je zu Anfang und Ende in das wagerecht liegende Maschenglied eine Schlinge häkelt.

Karo mit Muschen in abstechender Farbe (Abb. 489). Werden solche Karos in grösserer Anzahl verbunden, so können auch in einem Gegenstande vier und sechs Farben angebracht und sehr geschmackvolle Zusammenstellungen erzielt werden.

Man beginnt mit einem Anschlage von 13 Lftm. und schliesst den Ring.

1. Gang — 1 f. M. in die 1. der 13 Lftm., 5 Lftm., 1 f. M. in die 4. Lftm., 5 Lftm., 1 f. M. in die 7. Lftm., 5 Lftm., 1 f. M. in die 10. Lftm., 5 Lftm., 1 f. M. in die 13. Lftm.

2. Gang — * 1 f. M. in die 1. f. M. des 1. Ganges, 1 f. M. in die 1. der 5 Lftm., 5 Lftm., 1 f. M. in die 5. Lftm. Von * an dreimal wiederholen. Bei der 3. Wiederholung nur bis zu den 5 Lftm. arbeiten, die letzte f. M. fällt weg.

3. Gang — 5 f. M. über die 3 f. M. und die Lftm. vor und nach diesen, 5 f. M. über die 3 f. M. und die Lftm. vor und nach diesen und so weiter aufnehmen, wie eben beschrieben.

Abb. 490. Deckenmuster in Streifen.
Fadensorten: Perlgarn D.M.C Nº 1 oder 3, in Naturfarben und Bleu d'Azur 3325, oder in Rouge-Géranium 352 und Rouge-Grenat 358, oder in Bleu solide 813 und Rouge-Framboise 3685.

4. Gang — Das Zunehmen setzt sich in diesem und allen folgenden Gängen gleichmässig fort. Nach der 3. f. M. ist ein Muschenpikot nach Abbildung 466 in abstechender Farbe auszuführen, welches sich aus jedem Dreieck aus f. M. wiederholt.

Zu diesen Muschen muss der Faden in anderer Farbe eingelegt und nach Vollendung derselben auf jedem Dreieck wieder abgeschnitten werden. Bei dem darauf folgenden Gange ohne Muschen werden Anfang und Ende des Fadens gekreuzt und überhäkelt. Dasselbe hat nach jedem der folgenden Muschengänge zu geschehen. Die Muschen wiederholen sich in jedem zweiten Gange, zwischen denselben sind je 3 f. M. zu häkeln. Das Zu- und Abnehmen und die Zahl der Muschen erklärt Abbildung 489. Ein kleiner ebenfalls abstechender Zackenabschluss kann zugleich als Verbindung der Vierecke dienen, wenn dieselben zu einer Decke verwendet werden.

Deckenmuster in Streifen (*) (Abb. 490). — Unsere für eine Wiegendecke bestimmte Vorlage ist aus Perlgarn D.M.C (Coton perlé) N° 1 in Hellblau, Bleu-Indigo 334, und Weiss hergestellt. Die Streifen und die Spitze sind weiss, während die Einfassung blau und weiss ist.

Für den ersten Streifen ist eine Luftmaschenkette mit 29 M. erforderlich; dann wird zurückzählend je eine Schlinge in die 4. und 5. Lftm. eingezogen, alle 3 Schlingen zugleich zugeschürzt, 2 Lftm., dann wieder je eine Schlinge in die 2 nächsten Lftm., alle 3 Schlingen zugeschürzt, 2 Lftm. usw. Jeden Gang mit 3 Lftm. beginnen, welche die Randpikots der Streifen ergeben.

Bei der nächsten Reihe wird die erste Schlinge über die 3 Anfangslftm. gemacht, die zweite Schlinge über die Lftm., welche der ersten Doppelm. folgt. Diese Doppelm. werden immer übergangen, nur die Lftm. sind aufzufassen.

Nach Beendigung des Streifens wird blaues Garn genommen und in jede Oese 1 f. M., welcher 3 Lftm. folgen, gemacht. Dieser blauen Reihe folgt eine weisse mit Büschelmaschen, Abb. 466, mit 2 Lftm. zwischen je 2 Büschel. Diesem Gange folgt wieder ein blauer mit 1 f. M. in jede Lftm. und 2 Lftm.

Diese 3 Gänge werden nur an den Seiten, die nach innen verbunden werden, gemacht; nach der äusseren Seite werden die letzten Gänge erst nach Vollendung der ganzen Decke angebracht.

Der zweite Streifen, mit dem ersten gleich breit zu halten, ist in tunesischem Häkelstich gearbeitet. Eine Reihe fester Maschen mit blauem Garn begrenzt ihn zunächst seitlich, der sich ein Gang aus abwechselnd 1 f. M. und 3 Lftm. anschliesst;

(*) Siehe am Schluss des Buches das Verzeichnis der Musterbücher der Bibliothek D.M.C, enthaltend zahlreiche Vorlagen für alle Arten von Handarbeiten.

diesem folgt eine Reihe Büschelmaschen mit weissem Garn, dann wieder eine Reihe fester Maschen mit 2 Zwischenlftm. mit blauem Garn.

Zum Verbinden wendet man die verkehrte Seite der Streifen nach aussen, führt die Nadel in je zwei sich genau gegenüber liegenden hinteren Schlingen der beiden letzten blauen Maschengänge ein, zieht eine Schlinge durch und schliesst sie wie eine Kettenmasche zu.

Aeusserer Rand — Nachdem die einzelnen Streifen, wie oben angegeben, zusammengefügt sind, wird der äussere Rand gehäkelt. Dieser erfordert 7 gerade Gänge und den Bogenabschluss.

1. Gang mit blauem Garn — 1 f. M. und 3 Lftm. in jede Oese an den langen Seiten der Streifen; an den kurzen Seiten: 1. f. M. und 3 Lftm., wobei je 2 Schlingen des Anschlag- oder Abschlussrandes zu übergehen sind.

2. Gang mit weissem Garn — 1 Büschelmasche, Abb. 466, in jede der durch die 3 Lftm. gebildeten Oese des 1. Ganges und 2 Lftm. An den Ecken aufnehmen und zwar 3 Büschel in eine Schlinge stellen.

3., 4. und 5. Gang mit blauem Garn — Gleich dem 1. Gange. An den Ecken aufnehmen: 1 f. M., 3 Lftm., 1 f. M. über dieselben unteren Lftm.

6. Gang mit weissem Garn — Gleich dem 2. Gange.

7. Gang mit blauem Garn — 1 St. in jede M. des vorhergehenden Ganges; in jede Eckmasche 3 St.

Spitze aus halben Rosetten — Jede Rosette mit Ausnahme der Eckrosetten wird über 13 St. der vorhergehenden Reihe geführt; zwischen den Rosetten müssen 3 St. liegen bleiben. Deshalb ist es das beste, die Eckrosetten zuerst zu vollenden, dann nach beiden Seiten hin die Maschen zu zählen, damit die etwa überzähligen Maschen in den Zwischenräumen der Zacken verteilt werden können.

Eckrosette — Den Faden auf der Kehrseite an die M. links von den drei aufgenommenen der unteren Stäbchenreihe anschliessen = 6 Lftm., 1 Km. in das 4. St. nach links, in das nächste St. ebenfalls 1 Km. = die Arbeit nach der rechten Seite wenden = * 1 Lftm., 1 St. über die 6 Lftm., siebenmal von * an wiederholen, im ganzen 8 St. = nach dem 8. St.: 1 Lftm., 1 St. der unteren Reihe übergehen, je 1 Km. in die 2 nächsten St. = die Arbeit nach der Kehrseite wenden = 2 Lftm., je 1 Büschelst. zwischen jedes St., im ganzen 9 Büschel; dann 2 Lftm., 2 St. der unteren Reihe übergehen, je 1 Km. in die 2 nächsten St. = die Arbeit nach der rechten Seite wenden = 2 Lftm., je 1 Büschel mit je 2 Zwischenlftm. über die 1., 2., 3. und 4. zwei Lftm. der früheren Reihe, je 2 Büschel über die 5., 6. und 7. Lftm., die letzten Büschel sind wieder einzeln zu stellen, 2 Lftm., 1 St. übergehen, an das 2. St. anschliessen. Den Faden abschneiden.

Gerade Rosette — Nachdem die Maschenzahl zwischen zwei Eckrosetten gleichmässig verteilt ist, werden auf der Kehrseite von der letzten Km. der Eckrosette nach rechts 11 St. der unteren Reihe gezählt, den Faden an das 11. St. anschlingen; * 5 Lftm., 2 St. der unteren Reihe nach links übergehen, 1 Km.

Abb. 491. Stahlnadel zur Guimpenhäkelei.

in das 3. St., 1 Km. in das nächste St. = die Arbeit nach der rechten Seite wenden = 1 Lftm., 1 St. über die 5 Lftm., letzteres fünfmal wiederholen; 2 Lftm., 1 Km. in das 2. St. der unteren Reihe, 1 Km. in das nächste St. = die Arbeit nach der Kehrseite wenden = je 2 Lftm. und 1 Büschel über die Lftm. der früheren Reihe, zwischen dem 3. und 4. St.: 2 Büschel durch 2 Lftm. getrennt, nach dem 8. Büschel: 2 Lftm., 1 St. übergehen, 2 Km. in die 2 nächsten St. = die Arbeit wenden = 2 Lftm., dreimal 1 Büschel und 2 Lftm. über je 2 Lftm. der vorhergehenden Reihe, je 2 Büschel, mit je 2 Lftm. dazwischen, über die 4., 5. und 6. Lftm., über die 3 letzten 2 Lftm. dieselben Büschel wie über die 3 ersten 2 Lftm., hierauf 2 Lftm., 1 St. übergehen und 11 Km. über die 11 nächsten St. Von * an wiederholen.

Zum Schluss wird ein Gang offener Pikots mit 5 Lftm. und 1 f. M. je über 2 Lftm. gemacht; nach dem letzten Büschel, an dem geraden Rande anschliessend, noch: 2 Lftm., 1 f. M. in die 2. der 3 frei gebliebenen St. und 2 Lftm. Im

Verlauf der Arbeit werden das erste und zweite Pkt. mit dem letzten und vorletzten Pkt. der nebeneinanderstehenden Rosetten durch Aneinanderschlingen bei der 3. Lftm. verbunden.

Die Guimpenhäkelei und Guimpennadel (Abb. 491). Zur Ausführung dieser Arbeit ist eine starke Metallnadel, in der Form einer grossen Haarnadel ähnlich, erforderlich. Die Guimpenhäkelei wird meistens mit anderer Häkelei verbunden; sie ist auch als Abschluss solcher Arbeiten zu gebrauchen, die mit Fransen versehen werden. Von den verschiedenen Arten der Guim penlehren wir nur die einfachsten.

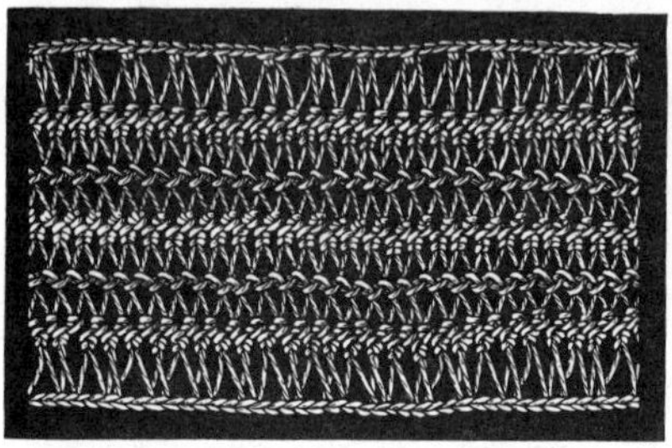

Abb. 492. Einsatz in Guimpenhäkelei.
Fadensorten: Knüpfgarn D.M.C N° 30, Häkelgarn D.M.C oder Häkelgarn D.M.C, Spezial-Qualität, N° 15, Perlgarn D.M.C N° 8 oder Leinen-Strick- und Häkelgarn D.M.C N° 16, in Weiss oder Naturfarben.

Fadensorten. — Wenn die Guimpenhäkelei zur Verzierung von Wäschegegenständen dienen soll, so ist sie aus Häkelgarn D.M.C (Cordonnet 6 fils) oder Leinen-Spitzengarn D.M.C (Lin pour dentelles) herzustellen; soll sie als Ersatz für Posamentierarbeiten dienen, so ist Elsässer Strick- und Häkelgarn D.M.C (Alsatia) oder Perlgarn D.M.C (Coton perlé) zu verwenden, und will man schliesslich weiche, offene Seide nachgeahmt haben, so wähle man Spezialgarn D.M.C (Mouliné spécial), Offenes Häkelgarn D.M.C (Crochet floche) oder Flaches Leinengarn D.M.C (Lin floche).

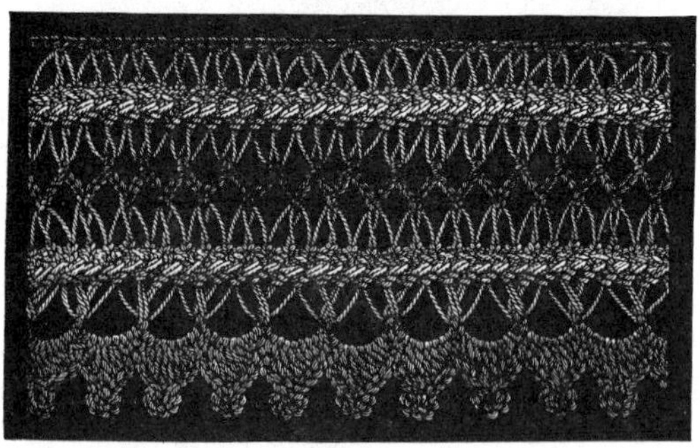

Abb. 493. Spitze in Guimpenhäkelei.
Fadensorten: Häkelgarn D.M.C N° 20, Perlgarn D.M.C N° 8 oder 12, oder Elsässer Strick- und Häkelgarn D.M.C N° 20, in Brun-Cachou 434 und Vert-Scarabée 3346 oder in Brun-Rouille 3314 und Violet-Scabieuse 327.

Maschenarten. — Man beginnt mit einer Luftmasche, zieht die Nadel aus der Schlinge, schiebt den linkseitigen Stab der

Gabel von unten nach aufwärts hinein und nimmt den Stab zwischen den Daumen und den Mittelfinger der linken Hand.

Der Arbeitsfaden muss der Arbeitenden zugekehrt sein, die Schlinge bis zur Mitte der Nadel reichen.

Dann wird der Faden von vorn um den rechten Stab der Gabel gelegt, die Häkelnadel in die über dem linken Stabe liegende Schlinge geführt, der Faden erfasst, durch die Schlinge gezogen, der Faden auf die Nadel gelegt, durch die Schlinge auf der Häkelnadel gezogen, der Faden von rückwärts um den linken Stab gelegt, die Gabel nach rechts gewendet — nun liegt der Faden auf dem rechtsstehenden Stabe — die Häkelnadel unterhalb des oberen Fadens in die Schlinge um den linksliegenden Stab geführt, der Faden auf die Nadel gelegt, durchgezogen, der Faden auf die Nadel gelegt, beide auf der Nadel liegenden Schlingen zugeschürzt. Ist die Gabel mit Schlingen bedeckt, so zieht man sie aus denselben heraus und schiebt sie vorsichtig von unten wieder in die zuletzt gehäkelten 4 bis 5 Schlingen ein. Bei doppelter Guimpe werden zwei feste Maschen nebeneinander gehäkelt, oder man kann auch in jede Schlinge eine feste Masche und zwei Stäbchen häkeln.

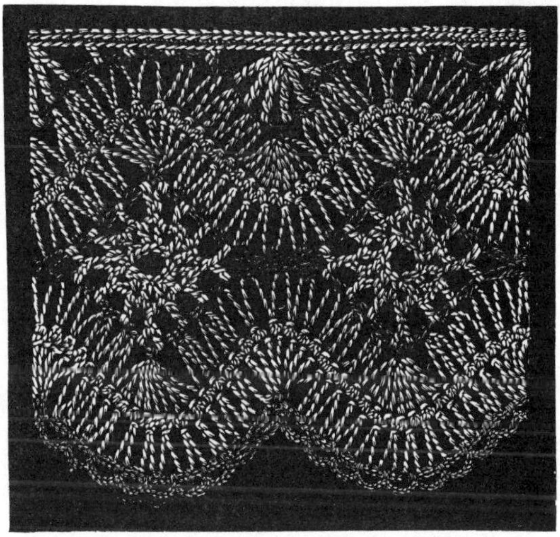

Abb. 494. Spitze in Guimpenhäkelei.
Fadensorten: Perlgarn D.M.C N° 3 bis 12 oder Elsässer Strick- und Häkelgarn D.M.C N° 20 und 25, in Jaune-Rouille 308 und Rouge-Turc 321, oder Bleu grand-teint 797 und Gris-Fumée 644.

Einsatz in Guimpenhäkelei (Abb. 492). — Zuerst werden drei Guimpenstreifen einzeln hergestellt mit je 2 festen Maschen in jede Schlinge. Dann werden die Schlingen zweier Reihen verbunden, indem man die linke Schlinge über die rechte, die rechte wieder über die folgende linke Schlinge zieht. Die letzten verbundenen Schlingen müssen durch einige Stiche befestigt werden.

Um den geraden Abschluss nach beiden Seiten herzustellen, werden je 2 Schlingen durch 1 feste Masche verbunden, dieser folgen 2 Luftmaschen, wieder 1 feste Masche usw.

Spitze in Guimpenhäkelei (Abb. 493). — Nachdem zwei Guimpen-Streifen mit 2 halben Stäbchen in jeder Schlinge vollendet sind, fügt man sie mit farbigem Faden zusammen, indem man 2 Schlingen rechts mit 1 festen Masche fasst, dann 2 Luftmaschen macht und wieder links 2 Schlingen mit 1 festen Masche fasst; man arbeitet nun so weiter, bis die Reihen vollendet sind.

Der Abschluss besteht aus kleinen Zacken, welche in 2 Gängen hergestellt werden.

1. Gang — 3 Schlingen durch 1 feste Masche verbinden, 5 Luftmaschen.

2. Gang — Ueber je 5 Luftmaschen: 1 feste Masche, 1 halbes Stäbchen, 3 Stäbchen, 1 Pikot aus 5 Luftmaschen, 3 Stäbchen, 1 halbes Stäbchen, 1 feste Masche.

Der obere Abschluss ist gleich jenem in Abbildung 492 auszuführen.

Spitze in Guimpenhäkelei (Abb. 494). — Diese Spitze in Perlgarn D.M.C (Coton perlé), zweifarbig ausgeführt, dient hauptsächlich als Randabschluss für Decken, Behänge und Lambrequins. Sie wird aus zwei Streifen Guimpenhäkelei gebildet, bei der jede Schlinge durch 1 f. M. gehalten ist.

Nachdem die Streifen vollendet, werden sie an den Schlingenseiten mit abstechendem Garn begrenzt und zugleich bogenförmig gestaltet: 4 Schlingen mit 1 f. M. zusammenfassen, * 3 Lftm., 2 Schlingen mit 1 f. M. zusammenfassen, 3 Lftm., 2 Schlingen mit 1 f. M. zusammenfassen, fünfmal 3 Lftm., und je 1 f. M. in eine Schlinge, 3 Lftm., 2 Schlingen mit 1 f. M. zusammenfassen, 3 Lftm., 2 Schlingen zusammenfassen, 3 Lftm., 8 Schlingen zusammenfassen und von * an fortsetzen.

Die zweite Schlingenseite ist genau ebenso aufzufassen. Man beginnt auf der Bogenhöhe mit 3 einzelnen Schlingen und hat darauf zu achten, dass die 5 einzelnen Schlingen stets über den 8 zusammengefassten zu stehen kommen.

Der zweite Streifen ist ebenfalls so eingerichtet und mit dem ersten durch die zwei obersten Lftm.-Bogen bei der 2. Lftm. zu verbinden. Die so entstandenen leeren Quadrate füllen kleine Rosetten aus hellem Garn, welche in zwei Gängen hergestellt werden.

1. Gang — * 1 Stäbchen über den zweiten freien Lftm.-Bogen nach der Verbindung der beiden Streifen, 3 Lftm., 1 St. über die nächsten unteren Lftm., 3 Lftm., 2 durch die letzten Schlingen verbundene St. über die 2 Lftm.-Bogen rechts und links im Einschnitt, 3 Lftm., 1 St. über die nächsten Lftm., 3 Lftm., 1 St. über die nächsten Lftm., 3 Lftm., 1 St. über die letzten Lftm. des ersten Streifens, 1 St. über die ersten Lftm. des zweiten Streifens, die beiden St. zusammen abschliessen, 3 Lftm. und von * einmal wiederholen, je 1 Km. in das 1. St. und die folgenden 2 Lftm.

Abb. 495. Spitze mit englischer Litze. Fadensorten: Leinen-Spitzengarn D.M.C N° 25 bis 70, Elsässer Nähgarn D.M.C N° 50 bis 70, oder Häkelgarn D.M.C N° 80 bis 100, in Weiss.

2. Gang — 3 Lftm., 1 St. über jeden Lftm.-Bogen des 1. Ganges, mit 1 Km. in die 3. Lftm. schliessen. Den Faden vernähen.

Oberer gerader Abschluss — 1. Gang, mit hellem Garn — in die ersten drei Lftm.-Bogen: 1 fünffaches St., 1 vierfaches St. und 1 dreifaches St., welche zusammen abgeschlossen werden, * 5 Lftm., 1 St. in den nächsten Bogen, 3 Lftm., 1 f. M. in den nächsten Bogen; 3 Lftm., 1 f. M. in den nächsten Bogen, 3 Lftm., 1 St. in den nächsten Bogen, 5 Lftm., in die 6 folgenden Bogen: 1 dreifaches St., 1 vierfaches St., 2 fünffache St., 1 vierfaches St. und 1 dreifaches St., welche zusammen abgeschlossen werden; von * an wiederholen.

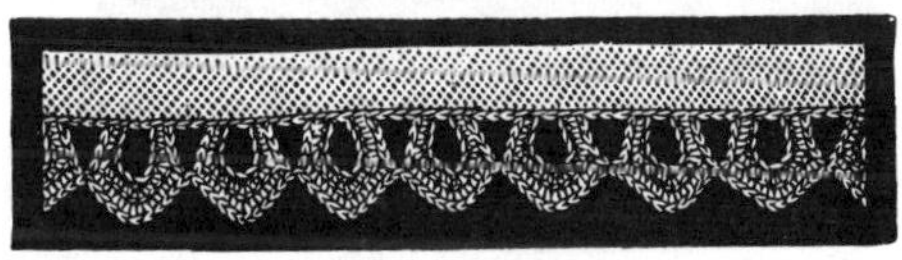

Abb. 496. Spitze mit dichter Litze. Fadensorten: Litzen D.M.C, extra feine Qualität, N° 14 und Elsässer Nähgarn D.M.C N° 30 bis 70, oder Häkelgarn D.M.C, Spezial-Qualität, N° 40 bis 100.

3. Gang — 1 f. M. in jede M. des vorhergehenden Ganges. Der untere Bogenabschluss, mit dunklem Garn zu arbeiten,

besteht aus einer Reihe kleiner Lftm.-Bogen aus je 4 Lftm. und 1 f. M. in den Bogen der unteren Reihe; in der Bogentiefe fallen die 4 Lftm. zwischen den f. M. fort.

Spitze mit englischer Litze (Abb. 495). — An ein kräftiges Bändchen wird zuerst eine Reihe Stäbchen mit je einer Luftmasche dazwischen gearbeitet. Ueber diese Stäbchen sind zu häkeln:

1. Gang — 1 St. in das 1. St. der vorgearbeiteten Reihe, * 5 Lftm., 1 St. in das schon erfasste St., 5 Lftm., 3 St. übergehen, 1 St. in das 4. St. der unteren Reihe und von * an wiederholen.

ABB. 497. SPITZE MIT POINT LACE BÄNDCHEN.
FADENSORTEN: Elsässer Nähgarn D.M.C N° 30 bis 50, Häkelgarn D.M.C oder Häkelgarn D.M.C, Spezial-Qualität, N° 80, in Weiss. (*)

ABB. 498. SCHMALE GUIPURE-SPITZE MIT POINT LACE BÄNDCHEN.
FADENSORTEN: Elsässer Nähgarn D.M.C N° 70 bis 90, Häkelgarn D.M.C oder Häkelgarn D.M.C, Spezial-Qualität, N° 80 bis 150, in Weiss. (*)

2. Gang — 1 St. in die 3. der 5 Lftm. zwischen 2 St., 3 Lftm., 1 St. in dieselbe Masche, 3 Lftm., nochmals 1 St. in die Masche, in welche die beiden ersten St. eingehängt sind, 3 Lftm., 1 f. M. in die 3. der 5 nächsten Lftm., 3 Lftm. usw.

Spitze mit dichter Litze (Abb. 496). — 1. Gang — 3 f. M. in die Litze, 13 Lftm., zurückgehend an die 1. f. M. anschliessen = * in jede der ersten 6 Lftm.: 1 f. M., in die 7. Lftm.: 3 f. M., dann noch 6 f. M. = 7 f. M. in die Litze, 13 Lftm. zurückgehend rechts an die 3. f. M. anschliessen und von * an wiederholen.

2. Gang — * 2 f. M. der ersten Zacke übergehen, 5 f. M. bis vor die mittlere der 3 aufgenommenen f. M., in diese 3 f. M. und 5 f. M. nach der zweiten Seite der Zacke. Von * an fortsetzen.

Um einen Einsatz herzustellen, wird der Faden nach der zweiten der drei ein Maschenglied erfassenden f. M. durch

(*) Siehe am Schluss des letzten Kapitels die Tabelle der Nummern und das Farbenverzeichnis der Baumwoll-, Leinen- und Seiden-Artikel, Marke D.M.C.

die gegenüberliegende gleiche Masche einer fertigen Zackenreihe geführt.

Spitze mit Point lace Bändchen (Abb. 497). — An die Litze: 1 f. M., dann 10 Lftm., zurückgehend 1 Km. in die 4. Lftm.; dieses bildet einen kleinen Ring. In diesen Ring arbeitet man nun: 1 f. M., 1 halbes St., 12 St., * 1 halbes St. und 1 f. M., 1 Km. in die 4. Lftm., 3 Lftm., 1 f. M. in das Bändchen und zwar so weit von der ersten entfernt, dass die Häkelmaschen in leichten Bogen sich der Litze anfügen. Dann folgen: 10 Lftm., 1 Km. in die 4. Lftm., in den Ring: 1 f. M., 1 halbes St., 2 St., die Nadel aus der Schlinge ziehen, zwischen den oberen Maschengliedern des 10. St. des ersten Ringes einführen, die freigelassene Schlinge fassen und nach vorn bringen, 10 St.; von * an wiederholen.

Als oberen Abschluss der Spitze häkelt man in den zweiten Rand der Litze eine Reihe Stäbchen, die je 1 Lftm. trennt.

Abb. 499. Spitze mit Medaillonbändchen.
Fadensorten: Elsässer Nähgarn D.M.C N° 50 bis 100, Häkelgarn D.M.C oder Häkelgarn D.M.C, Spezial-Qualität, N° 40 bis 80, in Weiss.

Schmale Guipure-Spitze mit Point lace Bändchen (Abb. 498). — Diese schmale Spitze, nach einer alten genähten Guipure-Arbeit gehäkelt, ist an jedem feineren Wäschegegenstande zu verwenden. Sie kann an eine Reihe vorgearbeiteter Stäbchen oder an einem Doppelanschlag, ebenso gut aber auch an irische Spitzenbändchen oder an Mignardise gearbeitet werden.

* 6 f. M. in das Bändchen, 11 Lftm., 6 Fadenstäbchen des Bändchens übergehen, 6 f. M. in das Bändchen, 8 Lftm., zurückgehend 1 Km. in die 9. der 11 Lftm., 12 Lftm., 1 Km. in die 3. der 11 Lftm., 8 Lftm., 1 Km. hinter der ersten der 6 f. M.

1. Bogen — In die 8 Lftm.: 7 f. M., 5 Lftm., zurückgehend an die 4. f. M. anschliessen = in die 5 Lftm.: 6 f. M. = noch 3 f. M. in die 8 Lftm.

2. Bogen — In die 12 Lftm.: 5 f. M., 5 Lftm., zurückgehend an die 3. f. M. anschliessen = 6 f. M. in die 5 Lftm. = in die 12 Lftm.: 5 f. M., 5 Lftm., zurückgehend an die 3.

f. M. anschliessen = 6 f. M. in die 5 Lftm. = in die 12 Lftm.: 5 f. M., 5 Lftm., zurückgehend an die 3. Lftm. anschliessen = 6 f. M. in die 5 Lftm. = 2 f. M. in die 12 Lftm.

Der dritte Bogen wird gleich dem ersten gearbeitet, woraut man von * an wiederholt.

Spitze mit Medaillonbändchen (Abb. 499). — Die senkrecht stehenden Medaillons sind vor Beginn der Spitze vom Bändchen abzuschneiden und im Verlauf der Arbeit einzeln anzufügen.

Man beginnt mit dem äusseren Pikotrand, 1 St. zwischen zwei wagerecht liegende Medaillons, 2 Lftm., 1 f. M. in das Medaillon, * 2 Lftm., 1 Wickelpkt. mit 5 Fadenlagen, 2 Lftm., 1 f. M. in das Medaillon, von * an noch einmal wiederholen, dann 2 Lftm. An der Spitze eines einzelnen Medaillons beginnend: ** 1 f. M., 2 Lftm., 1 Pkt., 2 Lftm., von ** an sechsmal wiederholen — das 4. Pkt. steht über der oberen Spitze des Medaillons — zum Schluss anschlingen an die 1. f. M., dann weitergehend 1 St. zwischen 2 wagerecht liegende Medaillons, 2 Lftm., 1 f. M. in das Medaillon, *** 2 Lftm., 1 Pkt., 2 Lftm., 1 f. M., von *** an noch einmal wiederholen, 2 Lftm. und dann von Anfang an fortsetzen.

Abb. 500. Spitze mit Medaillonbändchen.
Fadensorten: Häkelgarn D.M.C, Häkelgarn D.M.C, Spezial-Qualität, N° 40 bis 80, oder Elsässer Nähgarn D.M.C N° 50 bis 80, in Weiss.

Oberer Rand, 1. Gang — 1 Doppelst. zu Anfang eines Blättchens, * 4 Lftm., 1 St. ein Drittel vom Anfang, 4 Lftm., 1 St. zwei Drittel vom Anfang, 4 Lftm., 1 Doppelst. zu Ende des ersten und 1 Doppelst. zu Anfang des zweiten Blättchens, die letzten Schlingen dieser St. zusammenzuschürzen, von * an wiederholen.

2. Gang — 1 f. M. über die 4 Lftm., 3 Lftm., 1 Pkt., 7 Lftm., 1 Pkt., 3 Lftm., 1 f. M. über die nächsten 4 Lftm. usw.

3. Gang — 1 f. M. in die 4. der 7 Lftm., 5 Lftm., 1 f. M. usw.

4. Gang — 1 f. M. in jede M. der vorigen Reihe.

Spitze mit Medaillonbändchen (Abb. 500). — Man beginnt mit dem Bogenrande.

1. Gang — 1 St. gegen das Ende des 1. Medaillonblättchens, * 6 Lftm., 1 Pkt., 6 Lftm., 1 St. zu Anfang des 2. Blättchens, 6 Lftm., 1 Pkt., 6 Lftm., 1 St. gegen das Ende, 7 Lftm., 1 Pkt., 7 Lftm., 1 St. zu Anfang des 3. Blättchens, 6 Lftm., 1 Pkt., 6 Lftm., 1 St. gegen das Ende, 6 Lftm., 1 Pkt., 6 Lftm., 1 St. zu Anfang des 4. Blättchens, je 1 Doppelst. zu Ende des 4. und Anfang des 5. Blättchens, 1 einfaches St. gegen das Ende des 5. Blättchens, die letzten Schlingen dieser 4 St. zusammenzuschürzen. Von * an wiederholen.

2. Gang — Zwischen jedem St. und jedem Pkt., nach dem 1 Pkt. angefangen: ** 1 f. M., 3 Lftm., 1 Pkt., 7 Lftm., 1 Pkt., 3 Lftm.; von ** sechsmal wiederholen, dann noch 1 f. M. Im Einschnitt: 3 Lftm., 1 Pkt., 3 Lftm.

3. Gang — sechsmal: 1 St. in die 4. der 7 Lftm., 8 Lftm., im Einschnitt: 2 verbundene St. ohne Lftm.

4. Gang — 15 f. M. über jeden Bogen von 8 Lftm.

Innere Verbindung — 1. Gang — 1 f. M. über den Verbindungsstab zweier Zacken, 6 Lftm., 1 Pkt. — die Pkts. sind von nun an nach unten gerichtet zuzuschürzen — 7 Lftm., 1 Doppelst. zu Anfang des 1. Blättchens, 5 Lftm., 1 dreifaches St. gegen das Ende, 1 dreifaches St. zu Anfang des 2. Blättchens, die letzten Schlingen beider St. zugleich zuschürzen, 5 Lftm., 2 dreifache St. zu Ende des 2. und zu Anfang des 3. Blättchens, 5 Lftm., 2 dreifache St. zu Ende des 3. und Anfang des 4. Blättchens, 2 Lftm., 1 Pkt., 2 Lftm., 1 Km. in die ersten dreifachen St., 10 Lftm., 1 Km. in die letzten dreifachen St., 5 Lftm., 1 Doppelst. gegen das Ende des 4. Blättchens, 5 Lftm., 1 Km. über die 10 Lftm. oberhalb des Pkts., 5 Lftm., 1 Km. in das erste Doppelst., 12 Lftm., 1 Km. in das letzte Doppelst.. 7 Lftm., 1 Pkt., 6 Lftm. und von Anfang an wiederholen.

2. Gang — * 1 St. über die 6 Lftm. vor dem 1. Pikot, 6 Lftm., 1 St. über die 7 Lftm. nach dem 1. Pkt., 6 Lftm. **, 1 St. über die 12 mittleren Lftm., von ** bis * wiederholen, 6 Lftm. usw.

3. Gang — 1 f. M. in das Abschlussbändchen, 2 Lftm., 1 f. M. über den zuletzt gearbeiteten Lftm.-Bogen, 2 Lftm., 1 f. M. in das Bändchen und so fort die Arbeit mit dem Bändchen verbinden.

Spitze mit Mignardise (Abb. 501). — Dieses ebenso praktische als einfache Muster kann für Bettwäsche, Kinderkleidchen, einfache Leibwäsche usw. verwendet werden.

Abb. 501. Spitze mit Mignardise.
Fadensorten — Je nach der Stärke der Mignardise: Elsässer Nähgarn D.M.C Nº 30 bis 70 oder Häkelgarn D.M.C Nº 30 bis 80, in Weiss.

Die Pikots von 3 Reihen Mignardise werden zuerst von beiden Seiten mit je 1 f. M. und 1 Lftm. begrenzt.

Die beiden kleinen flechtartigen Zwischensätze bestehen aus: 1 St. über 1 Lftm., 3 Lftm., 2 Pkts. der Mignardise übergehen, 1 St. zwischen das 3. und 4. Pkt. usw.

Die nächste Reihe wird von der entgegengesetzten Seite angefangen und ebenso gearbeitet wie die erste, nur mit dem Unterschiede, dass nach der 2. Lftm. die Schlinge bei der 2. Lftm. der fertigen Reihe durchgezogen wird.

Für den Bogenabschluss sind zwei Gänge erforderlich.

1. Gang — 1 St. zwischen 2 Pkts., 3 Lftm., 2 Pkts. übergehen, 1 St., 3 Lftm. usw.

2. Gang — In die ersten 3 Lftm.: 1 St., * 3 Lftm., 1 St. in die nächsten 3 Lftm., 3 Lftm., 3 St. in die nächsten 3 Lftm., 7 Lftm., zurückgehend an das 1. der 3 St. anschliessen, 2 Lftm., an das vorhergehende einzelne St. anschliessen, 12 St. in die 7 Lftm., die 2 letzten Schlingen des letzten St. auf der Nadel

lassen und mit jenen des nächsten nach unten gehenden St. verbinden.

Von * an wiederholen.

Gehäkeltes Grundmuster (*) (Abb. 502). — Dieses und das folgende Grundmuster sind zur Herstellung von Geldbörsen und Arbeitstaschen besonders zu empfehlen.

Eine durch 8 teilbare Luftmaschenreihe als Anschlag.

1. Gang — * 4 f. M. über die ersten 4 Lftm., 1 Pkt., 4 f. M. über die folgenden 4 Lftm., 9 Lftm., der 1. f. M. anschliessen, darüber: 7 f. M., 3 durch 1 Km. verbundene Pikots und 7 f. M.; von * an fortsetzen.

2. Gang — 1 f. M. in jedes mittlere Pkt. mit 8 Zwischen-Luftmaschen.

In den folgenden Gängen sind die Bogen stets zu versetzen, die f. M. werden dabei immer übergangen.

Abb. 502. Gehäkeltes Grundmuster.
Fadensorten: Häkelgarn D.M.C oder Häkelgarn D.M.C, Spezial-Qualität, N° 20 bis 60, Elsässer Nähgarn D.M.C N° 30 bis 70, Elsässer Strick- und Häkelgarn D.M.C N° 20 bis 40 oder Perlgarn D.M.C N° 5 bis 12, in Weiss oder Naturfarben.

Gehäkeltes Grundmuster (Abb. 503). — Eine durch 13 teilbare Luftmaschenreihe als Anschlag.

1. Gang — 4 St. in die 1. Lftm., * 4 M. übergehen, 4 St. in die 5. Lftm., 5 Lftm., 3 M. übergehen, 1 f. M. in die 4. Lftm., 5 Lftm., 3 M. übergehen, 4 St. in die 4. Lftm., von * an wiederholen.

2. Gang — 4 St. in das 1. St. des vorhergehenden Ganges, ** 4 St. in das 8. St., 3 Lftm., je 1 Km. in die 3 Lftm. der

(*) Siehe am Schluss des Buches das Verzeichnis der Musterbücher der Bibliothek D.M.C, enthaltend zahlreiche Vorlagen für alle Arten von Handarbeiten.

zwei kleinen Bogen, 3 Lftm., 4 St. in das 1. St. der folgenden Gruppe und von ** an fortsetzen.

3. Gang — 4 St. in das 1. St. des zweiten Ganges, *** 4 St. in das 8. St., 5 Lftm., 1 Km. in die 2. Km. des zweiten Ganges, 3 Lftm., der 3. der 5 Lftm. anschliessen, 3 Lftm., 4 St. in das 1. St. der nächsten Gruppe; von *** an wiederholen.

In den nächsten 3 Gängen sind die Figuren zu versetzen, und zwar so, dass die Stäbchengruppen oberhalb der Spinnen und die Spinnen oberhalb der Stäbchengruppen zu stehen kommen.

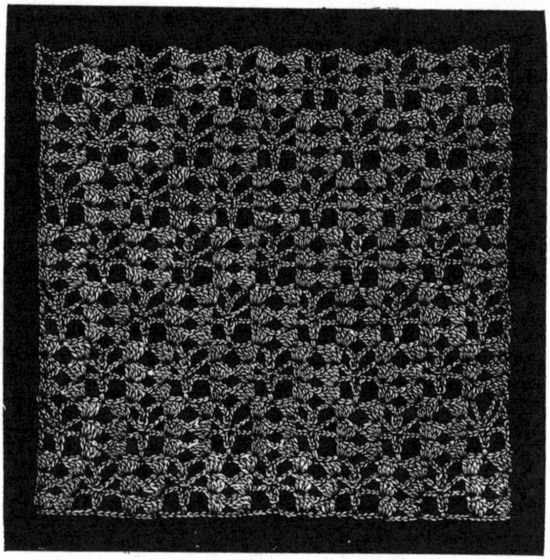

Abb. 503. Gehäkeltes Grundmuster.
Fadensorten: Häkelgarn D.M.C oder Häkelgarn D.M.C, Spezial-Qualität, N° 15 bis 50, Elsässer Nähgarn D.M.C N° 30 bis 50, Elsässer Strick- und Häkelgarn D.M.C N° 20 bis 40, oder Perlgarn D.M.C N° 5 bis 12, in Weiss oder Naturfarben. (*)

Gehäkeltes Grundmuster aus Sternen (Abb. 504). Aus Sternen zusammengesetzte Grundmuster eignen sich vorzüglich zu Kissenbezügen und Schutzdeckchen aller Art. Als letztere können sie als äusseren Abschluss einen schmalen Sammet- oder Plüschstreifen mit gehäkelter Kante erhalten.

Stern — 1. Gang — 20 Lftm., der 1. Lftm. anschliessen, 3 Lftm. (als 1. St.), je 1 St. in die 4 folgenden Lftm., je 2 St. in die 3 nächsten Lftm., 1 Pkt. aus 5 Lftm., 1 Pkt. aus 7 Lftm., 1 Pkt. aus 5 Lftm., 1 Km. in die 1. Lftm. des 1. Pkts., je 2 St. in die 3 folgenden Lftm., 5 St. in die 5 folgenden Lftm., 4 Lftm., 1 Pkt. aus 5 Lftm., 1 Pkt. aus 7 Lftm., 1 Pkt. aus 5 Lftm., 1 Km. in die 1. Lftm. des 1. Pkts., * 27 Lftm. der 7. Lftm. anschliessen, 2 Km. nach aufwärts

(*) Siehe am Schluss des letzten Kapitels die Tabelle der Nummern und das Farbenverzeichnis der Baumwoll-, Leinen- und Seiden-Artikel, Marke D.M.C.

gegen die Pkts.; den Bogen wie den vorhergehenden vollenden, 4 Lftm., 3 verbundene Pkts.; von * an zweimal wiederholen, 4 Lftm., dem ersten Bogen anschliessen.

2. Gang — Nach innen zu häkeln. — ** 5 Lftm., 1 f. M. in die Lftm. vor dem Bogen, 5 Lftm., 1 dreifaches Büschelst. mit 2 Umschlägen über die Lftm. zwischen dem Bogen,

Abb. 504. Gehäkeltes Grundmuster aus Sternen.
Fadensorten: Elsässer Nähgarn D.M.C N° 30 bis 50, Elsässer Strick- und Häkelgarn D.M.C N° 15 bis 25 oder Perlgarn D.M.C N° 5 bis 12, in Weiss oder Naturfarben.

5 Lftm., 1 f. M. in die Lftm. nach dem Bogen; von ** an dreimal wiederholen.

3. Gang — 1 f. M. in jede Lftm. und in die Büschelst. des 2. Ganges, die f. M. werden übergangen; den Faden abschneiden.

4. Gang — 1 St. vor und 1 St. nach dem Büschelst. über

die f. M. zu häkeln, 3 Lftm., 1 St. vor und 1 St. nach dem nächsten Büschelst., 3 Lftm., 2 St., 3 Lftm., 2 St., 3 Lftm.; dem 1. St. anschliessen.

5. Gang — 2 Km., 1 f. M. in die zweite der 3 ersten Lftm., 1 Lftm., 1 f. M. in die zweite der nächsten 3 Lftm., 1 Lftm., 1 f. M., 1 Lftm., 1 f. M., 1 Lftm., der ersten f. M. anschliessen; den Faden abschneiden.

Die einzelnen Sterne werden durch das Mittel- und Eckpikot mit einander verbunden.

Breite gehäkelte Blätterspitze (Abb. 505). — Es ist wohl kaum unter den in diesem Buche erscheinenden Spitzenvorlagen eine zweite, welche so angenehm zu arbeiten ist, wie die hier abgebildete. Die Blätter sind einzeln und mit etwas stärkerem Faden gearbeitet; jener für den netzartigen Grund ist um zwei Nummern feiner zu nehmen.

Man beginnt ein Blatt mit 8 Lftm., den Ring schliessen = 2 f. M. in den Ring.

Für den ersten Blatteil — 11 Lftm., 3 Lftm. übergehen, 1 halbes St. in die 8. Lftm., 1 Lftm., die 7. Lftm. übergehen, 1 St. in die 6. Lftm., 1 Lftm., 1 St. in die 4. Lftm., 1 Lftm., 1 St. in die 2. Lftm., 1 Lftm., 2 f. M. in den Ring.

2. Blatteil — 15 Lftm., 3 Lftm. übergehen, 1 halbes St., * 1 Lftm., 1 Lftm. übergehen, 1 St.; viermal von * an wiederholen, dann: 1 Lftm., 2 f. M. in den Ring.

3. Blatteil — 21 Lftm., 3 Lftm. übergehen, 1 halbes St., ** 1 Lftm., 1 Lftm. übergehen, 1 St.; siebenmal von ** an wiederholen, dann: 1 Lftm., 2 f. M. in den Ring.

4. Blatteil — gleich dem 2. Blatteile.

5. Blatteil — gleich dem 1. Blatteile.

Wenn die 5 Blatteile vollendet sind, so folgen den letzten 2 f. M. noch 2 Km. in die ersten beiden f. M. des Ringes; dann werden den Luftmaschen des ersten Blatteiles entlang gearbeitet: 2 f. M., 7 St., 2 St. in die 10. Lftm., nach der zweiten Seite: 7 St., 2 f. M., dann 2 Km. in die 2 f. M. des Ringes.

An den 2. Blatteil — 3 f. M., 10 St., 2 St. in die 14. Lftm., 10 St., 3 f. M., 2 Km. in die 2 f. M. des Ringes.

An den 3. Blatteil — 2 Km., 3 f. M., 14 St., 2 St. in die

20. Lftm., 14 St., 3 f. M., 2 Km., dann noch 2 Km. in die 2 f. M. des Ringes.

4. Blatteil — gleich dem 2. Blatteile.

5. Blatteil — gleich dem 1. Blatteile.

Hierauf wird der Stiel wie folgt gemacht — 14 Lftm., 1 Lftm. übergehen, 9 f. M. in die nächsten 9 Lftm., 6 Lftm., 1 Lftm. übergehen, 5 f. M. in die 5 Lftm., 4 f. M. in die frei gebliebenen Lftm., 2 Km. in den Ring, den Faden vernähen.

Wenn nun die erforderliche Anzahl Blätter vollendet ist, so werden sie mit dem feineren Faden zuerst von aussen, und

Abb. 505. Breite gehäkelte Blätterspitze.
Fadensorten: Perlgarn D.M.C Nº 5 und 8 oder Elsässer Strick- und Häkelgarn D.M.C Nº 20 und 25, in Vert doré 580 und Bleu-Indigo 334, oder in Violet-Scabieuse 395 und Brun-Rouille 3314.

zwar von links nach rechts verbunden; * man nimmt — den Stiel nach unten legend — den 2. rechtseitigen Blatteil und führt den Faden bei dem 14. Stäbchen ein = 2 f. M., 1 Pkt., 1 f. M. in dieselbe f. M., aus welcher das Pkt. gemacht wurde = es kommen bei allen Blättern die 3. f. M. vor dem Pkt. und die 1. f. M. nach demselben in ein und dieselbe untere Masche = 2 f. M., 1 Pkt., 3 f. M., 2 Lftm. = in das 8. St. des 3. Blatteiles: 1 f. M.; 2 f. M. in die folgenden M., ** 1 Pkt., 3 f. M.; von ** an sechsmal wiederholen, 2 Lftm. = 1 f. M.

in das 7. St. des 4. Blatteiles, 2 f. M. in die folgenden M., *** 1 Pkt., 3 f. M., von *** an viermal wiederholen = in das 5. St. des 5. Blatteiles: 1 f. M.; 4 f. M. in die folgenden M. ****.

Ein neues Blatt nehmen, von * bis ** wiederholen; hier anstatt eines einfachen Pikots 4 Lftm. machen, den Faden in die 2. f. M. zwischen dem vorletzten und letzten Pkt. des ersten Blattes einführen, 4 Lftm., das Pkt. schliessen; dann bis **** fortsetzen, die hier eingeschobene Maschenserie ersetzt das Pkt. das den ** folgt.

Ist nun die untere Verbindung hergestellt, so wird der netzartige Grund nach oben gearbeitet, indem man den Faden an das Ende des kürzeren Stieles anschliesst: * 2 Lftm., 1 f. M. in die 9. M. des ersten kleinen Blatteiles, 6 Lftm., 2 M. übergehen, 1 f. M. in die 3. M.; 6 Lftm., 1 f. M. in die 3. M., 1 Lftm., 1 f. M. in die 7. M. des 2. Blatteiles, 6 Lftm., 1 f. M. in die 3. M., 2 Lftm., 1 f. M. von unten aus gezählt in die 7. M. des 5. Blatteiles eines nächsten Blattes, 3 Lftm., 1 Km. in die Endmasche des langen Stieles, 3 Lftm., zurückgehend den Faden durch die 3. Lftm. der 6 letzten Lftm. des 1. Blattes durchziehen, 3 Lftm., zurückgehend wieder an die 3. Lftm. der zweiten 6 Lftm. am 1. Blatteil anschliessen; 6 Lftm., 1 f. M. in die mittlere der 3 zuletzt gearbeiteten Lftm., 6 Lftm., 1 f. M. in die erste M. des Stieles, 6 Lftm., 1 f. M. in die 5. f. M. des Stieles, 6 Lftm., 1. f. M. über die Lftm. zwischen zwei Stielen, 7 Lftm., 1 f. M. in die Endmasche des kleinen Stieles; dann von * an wiederholen.

Die nächsten Gänge, die in beliebiger Anzahl gemacht werden können, bestehen ebenfalls aus 6 Lftm. und 1 f. M. in den unteren Bogen. Die beiden letzten Abschlussreihen bestehen aus: 4 Lftm., 1 f. M. in jede Schlinge; im 2. Gange aus 1 f. M. in jede Masche der vorhergehenden Reihe.

Die Verbindung zwischen zwei Blätterreihen wird beim kleinen Stiel eines Blattes begonnen, indem man den Faden an das Ende anschliesst — * 3 Lftm., 1 f. M. in die 8. M. des ersten Blatteiles, 2 Lftm., an das mittlere 4. Pkt. des 3. Blatteiles der oberen Blätterreihe anschliessen, 2 Lftm., 3 f. M. in das 1. kleine Blatt der unteren Reihe, 1 Pkt., 3 f. M., 1 Pkt., 3 f. M.; 1 f. M. in die 7. M. des 2. Blattes der unteren

Reihe, dann noch 2 f. M., 1 Pkt., 3 f. M.; 3 f. M. in den fünften Blatteil des unteren Blattes — von links nach rechts gezählt die 8. M. zuerst erfassend — 4 Lftm., 1 Km. in den längeren Stiel, 5 Lftm., 1 Km. in das 2. Pkt. des 1. Blatteiles des vorhergehenden unteren Blattes, 5 Lftm., 1 Km. in das 4. Pkt. des 4. kleinen Blatteiles der oberen Reihe, 4 Lftm., 1 f. M. in die 4. f. M. des Stieles, 3 Lftm., 1 Km. in das 1. Pkt. nach links des 3. oberen Blatteiles, 3 Lftm., 1 f. M. in die 3. M. des Stieles, 3 Lftm., 1 Km. in das nächste Pkt. nach oben, 3 Lftm., 1 f. M. in die 2. M. des kleinen Stieles, 3 Lftm., 1 Km. in das nächste Pkt. nach oben, 3 Lftm., 1 f. M. in das Ende des Stieles, nun von * an wiederholen.

Will man, dass sich die Blätter vom Grunde besser abheben, so kann man Garn in zwei Farben verwenden, das hellere für die Blätter und das dunklere für den Netzgrund.

Gehäkelte Karo-Spitze (Abb. 506). — Nicht jedes Muster ist darnach angelegt wie dieses, um in jeder Fadenstärke gehäkelt werden und mit jeder eine gleich schöne Wirkung erzielen zu können. Wir führen die Zeichnung selbst nicht als eine neue Komposition vor; vielen Leserinnen dürfte sie sogar als Klöppelspitze bekannt sein; allein jenen, die das Klöppeln nicht zu ihren Lieblingsbeschäftigungen rechnen, wird die Uebertragung in Häkelei gewiss willkommen sein, um so mehr, als gerade, mit naturfarbenem Knüpfgarn D.M.C (Fil à pointer) angefertigt, dieses Muster eine ebenso hübsche als schnellfördernde Arbeit bietet. (*) Wo es sich jedoch um die Ausstattung feiner Wäsche und den Aufputz der Kleider handelt, werden selbstverständlich die feineren Nummern der angegebenen Garne zur Verwendung gelangen.

Zu den einzelnen Quadraten werden 5 Lftm. angeschlagen, daraus ein Ring gebildet. Dann folgen 12 Gänge.

1. Gang — * 5 Lftm., 1 f. M. in den Ring. Von * an dreimal wiederholen.

2. Gang — 1 Lftm., * 1 f. M. über die ersten 5 Lftm., 5 Lftm., 1 f. M. wieder über die ersten 5 Lftm. des 1. Ganges, 2 Lftm. Von * an über die nächsten 5 Lftm. dreimal wiederholen.

(*) Siehe am Schluss des Buches das Verzeichnis der Musterbücher der Bibliothek D.M.C, enthaltend zahlreiche Vorlagen für alle Arten von Handarbeiten.

3. Gang — Ueber die ersten 5 Lftm. des 2. Ganges * 1 f. M., 5 Lftm., 1 f. M. wieder über die 5 Lftm., 2 Lftm., 1 f. M. über die 2 Lftm., 2 Lftm. Von * an dreimal wiederholen.

Im 4. Gang und in den folgenden wird nun wie beim 3. Gang immer durch 2 Lftm. und 1 f. M. weiter aufgenommen, bis zwischen je 5 Lftm. 11 f. M. zu zählen sind.

12. Gang — 1 f. M. über die 5 Lftm., * 5 Lftm., 1 f. M. wieder über die 5 Lftm., ** 1 Pkt. aus 4 Lftm., 1 f. M.

Abb. 506. Gehäkelte Karo-Spitze.
Fadensorten: Häkelgarn D.M.C oder Häkelgarn D.M.C, Spezial-Qualität, N° 15 bis 100, Knüpfgarn D.M.C N° 30, Perlgarn D.M.C N° 5 bis 12, oder Leinen-Strick- und Häkelgarn D.M.C N° 20 bis 45, in Weiss oder Naturfarben.

zwischen der 1. und 2. f. M. des vorhergehenden Ganges, 2 Lftm., 1 f. M. zwischen den beiden nächsten f. M. Von ** an wiederholen, dann noch 1 Pkt., so dass sechs Pikots auf einer Seite sind; hierauf von * an dreimal wiederholen, zum Schluss den Gang mit 1 Kettenmasche schliessen.

Die schrägen Vierecke werden in diesem Pikotgange zusammengehäkelt. Nach der 12. f. M. kommen: 2 Lftm., die Nadel herausziehen, in die 3. Lftm. der 5 Eckmaschen eines vollendeten Karos einführen, die freigelassene Masche durchziehen, 2 Lftm., das Viereck vollenden.

Ganzer Verbindungsstern der Quadrate. — 10 Lftm., den Ring schliessen; * 4 Lftm., 1 Pkt., 4 Lftm., den Faden auf die Nadel legen, die beiden in den Ecken zusammenstehenden Pkts. durch je 1 St. erfassen, deren letzte Schlingen zusammen abgezogen werden; 4 Lftm., 1 Pkt., 3 Lftm., die Nadel herausziehen, in die 1. der 4 ersten Lftm. einführen, den Faden durchziehen, 2 f. M. in den Ring, 8 Lftm., 1 St. in das 3. Pkt. und 1 St. in das 4. Pkt. des Viereckes, dann zurückgehend in die 8 Lftm.: 8 Km., 2 f. M. in den Ring. Von * an dreimal wiederholen, den Faden abschneiden.

Oberer halber Verbindungsstern. — 9 Lftm., den Ring schliessen = 9 Lftm., 1 St. in das 1. Pkt. des Viereckes, 4 Lftm., 1 Pkt., 3 Lftm., den Faden durch die 1. der 9 Lftm. ziehen, 2 f. M. in den Ring = 8 Lftm., das 3. und 4. Pkt. des Viereckes durch je 1 St. erfassen, 8 Km. in die 8 Lftm., 2 f. M. in den Ring = 4 Lftm., 1 Pkt., 4 Lftm., je 1 St. in das erste und in das letzte Pkt. der Vierecke, deren letzte Schlingen zusammen abziehen, 4 Lftm., 1 Pkt., 3 Lftm., den Faden durch die 1. der 4 ersten Lftm. ziehen, 2 f. M. in den Ring = 8 Lftm., je 1 St. in das 3. und 4. Pkt., 8 Km., 2 f. M. in den Ring = 4 Lftm., 1 Pkt., 4 Lftm., 1 St. in das letzte Pkt., 8 Lftm., die Schlinge durch die 1. der 4 ersten Lftm. ziehen, den Faden vernähen.

Oberer Abschluss — * 1 f. M. in die oberen 5 Lftm. des Viereckes, 17 Lftm. bis zum Ring, 3 f. M. in den Ring, 17 Lftm. Von * an fortsetzen.

Als obersten Abschluss eine Reihe fester Maschen.

Unterer Abschluss — 1. Gang — * 1 St. in das 1. Pkt., 4 Lftm. Von * an fünfmal wiederholen. Ueber die 5 Lftm. an der Spitze: 1 Doppelst., 4 Lftm., 1 dreifaches St., 4 Lftm., 1 Doppelst. und dann wie auf der ersten Seite vollenden. Zwischen dem letzten und ersten Pkt. der Vierecke bleiben die Luftmaschen weg.

2. Gang — 2 f. M., 1 Pkt., 2 f. M. über je 4 Lftm.; auf der Zackenspitze 1 Pkt. über dem dreifachen St. Ueber die

letzten und ersten 4 Lftm. im Bogeneinschnitt kommen nur 4 f. M. ohne Pkt.

Gehäkelte Spitze mit Sternen (Abb. 507). — Man beginnt mit den Sternen, macht eine Kette mit 18 Lftm., schliesst den Ring, fasst ihn auf eine Walze, umwindet diese 6 bis 8 mal mit weichem Faden wie Füll- und Stopfgarn D.M.C (Coton à repriser) N° 25 und häkelt über den Einlagefaden und die Luftmaschenkette 30 f. M., worauf man die erste mit der letzten f. M. durch eine Km. verbindet.

1. Gang — * 13 Lftm., zurückgehend die letzte Lftm. übergehen, in die 12 Lftm.: 1 Km., 2 f. M., 2 halbe St., 2 St.,

Abb. 507. Gehäkelte Spitze mit Sternen.
Fadensorten: Elsässer Nähgarn D.M.C N° 30 bis 70, Knüpfgarn D.M.C N° 30 oder Leinen-Strick- und Häkelgarn D.M.C N° 20 bis 45, in Weiss, Naturfarben oder Jaune-Crème 712.

2 Doppelst., 3 dreifache St., 1 Km. in die 5. f. M. des Ringes. Von * an fünfmal wiederholen.

2. Gang — 5 Km. in die 1. Pyramide, * 3 Lftm., auf der verkehrten Seite 1 Km. in die 5. M. der 1. Pyramide auf der linken Seite, 17 Lftm., 1 Km. in die 5. M. der 2. Pyramide rechts. Von * an fünfmal wiederholen, dann Km. bis zur Spitze der 1. Pyramide.

3. Gang — * 1 f. M. in die Lftm. auf der Spitze der Pyramide, 9 Lftm., 1 f. M. in die 9. der 17 Lftm., 9 Lftm. Von * an fünfmal wiederholen.

4. Gang — 1 f. M. in jede M. der vorhergehenden Reihe.

5. Gang — * 6 f. M., 3 Lftm., 2 M. des vorigen Ganges übergehen. Von * an vierzehnmal wiederholen.

6. Gang — 1 f. M. in jede M. des vorigen Ganges. Nach jeder 7. f. M. ein Pikot, 19 Pkts. im ganzen. Es muss hierbei zweimal 1 f. M. unterhalb des Pkts. übergangen werden.

Beim Zusammensetzen der Sterne in dem Pikotgange muss darauf geachtet werden, dass 9 Pkts. nach aussen und 8 Pkts. nach innen zu liegen kommen. Das 10. Pkt. und das 19. Pkt. des fertigen Sternes dienen zur Verbindung.

Ist die erforderliche Anzahl von Sternen zusammengesetzt, so arbeitet man für den unteren Bogenabschluss 2 Gänge.

1. Gang — 1 St. zwischen dem 19. und 1. Pkt., * 7 Lftm. 1 St. zwischen den nächsten Pkts. Von * an achtmal wiederholen. Nach dem 10. St. keine Lftm., dann wieder 1 St. zwischen dem 19. und 1. Pkt. des nächsten Sternes usw.

2. Gang — über die 7 ersten Lftm.: 4 f. M., 3 halbe St., dann jede Masche erfassend: 3 St., 1 Pkt., 3 St., 1 Pkt. usw. nach dem 18. Pkt. noch 3 St., dann über die letzten 7 Lftm.: 3 halbe St., 4 f. M.

Für die kleinen Verbindungsbogen, nach den zwei St., die dem 1. Pkt. folgen: 7 Lftm., 1 Km. in die gegenüberliegende M. des vorhergehenden Bogens. Ueber die 7 Lftm.: 1 f. M., 1 halbes St., 3 St., 1 halbes St., 1 f. M.

Gerader oberer Abschluss mit Ringen und Stäbchen. — Man beginnt mit einem Ringe, wie jener in der Mitte des Sternes mit 28 f. M. über 16 Lftm. = 3 f. M., 10 Lftm., 1 f. M. übergehen, 3 f. M. = 10 Lftm., 1 f. M. übergehen, 3 f. M. = 5 Lftm., 1 Km. in das 12. Pkt. des 1. Sternes, 5 Lftm., 1 f. M. übergehen, 3 f. M. = 5 Lftm., 1 Km. in das 11. Pkt. des 1. Sternes, 5 Lftm., 1 f. M. übergehen, 3 f. M. = 5 Lftm., 1 Km. in das 18. Pkt. des 2. Sternes, 5 Lftm., 1 f. M. übergehen, 3 f. M. = 5 Lftm., 1 Km. in das 17. Pkt. des 2. Sternes, 5 Lftm., 1 f. M. übergehen, 3 f. M. = 10 Lftm., anschlingen an die 1. f. M. des Ringes, den Faden abschneiden und vernähen.

Gerader Abschlussrand — 1. Gang — * 1 siebenfaches St. zwischen dem 12. und 13. Pkt., 7 Lftm., 1 sechsfaches St. in dieselbe M., wo das siebenfache St. steht, 1 fünffaches St. zwischen dem 13. und 14. Pkt., 7 Lftm., 1 vierfaches St. in dieselbe M., 1 dreifaches St. zwischen dem 14. und 15. Pkt. **, 7 Lftm.; von ** bis *, also zurückgehend, wiederholen. Die beiden seitlichen langen Schlingen des Ringes werden mit je 1 St., die mittlere mit 1 f. M. aufgefasst, dazwischen sind je 7 Lftm. zu häkeln.

2. Gang — 1 Reihe f. M. vollendet den oberen Abschluss.

Gehäkelte Guipure-Spitze (Abb. 508). — Bevor wir zur Beschreibung dieses hübschen Häkelmusters übergehen, empfehlen wir, den naturfarbenen Garnen den Vorzug zu geben, da ihr Ton am meisten jenem der echten alten Spitzen entspricht.

Schräge grosse Figur in der Mitte — 5 Lftm., den Ring schliessen.

1. Gang — 5 Lftm., 1 Pkt., 2 Lftm., 1 St. in den Ring, 5 Lftm., 1 St. in den Ring, 2 Lftm., 1 Pkt., 2 Lftm., 1 St. in den Ring, 5 Lftm., 1 Km. in die 3. der ersten 5 Lftm.

2. Gang — 12 Lftm., * 1 St. in das 1. St. des 1. Ganges = 4 Lftm., 1 St. in die 3. der nächsten 5 Lftm. = 5 Lftm., 1 St. ebenfalls in die 3. Lftm. = 4 Lftm. **, 1 St. in das 2. St. des 1. Ganges, 9 Lftm. Von * bis ** wiederholen; die letzten 4 Lftm. mit 1 Km. an die 3. der 12 ersten Lftm. anschliessen.

3. Gang — 1 Lftm., 4 f. M. in die nächsten 4 Lftm., 3 f. M. in die 5. der 9 Lftm. des vorhergehenden Ganges = 12 f. M., 5 f. M. in die 3. der 5 Lftm. zwischen den 2. St. = 12 f. M., 3 f. M. in die 5. der unteren 9 Lftm. = 12 f. M., 5 f. M. in die 3. der 5 Lftm., 7 f. M.; den Gang mit 1 Km. schliessen.

4. Gang — 3 Lftm., je 1 St. in jede der 5 nächsten f. M., 3 St. in die 6. f. M., 1 St. in jede der 15 folgenden f. M., 5 St. in die 16. Masche, 15 St., 3 St. in die 16. Masche, 15 St., 5 St. in die 16. Masche, 9 St., an die 3. Lftm. anschliessen.

5. Gang — 1 Lftm., 6 f. M., 3 f. M. in die 7. f. M., * 18 f. M., 3 f. M. in die 19. M. Zweimal von * an wiederholen, 11 f. M., 1 Km.

6. Gang — 1 Lftm., dann 1 Pkt. und 3 f. M. in steter Wiederholung. — In die 2. der 3 f. M. des Zunehmens häkelt man: 2 f. M., 1 Pkt. und 2 f. M. An jeder Seite stehen 7 Pkts.,

die Pkts. an den Spitzen nicht mitgerechnet. Zum Schluss den Faden abschneiden.

Grosse Würfel zwischen den schrägen Figuren. — 14 Lftm. anschlagen, sechsmal hin und zurück 13 f. M. arbeiten; im ganzen 7 Gänge, den Anschlag mitgerechnet.

Nach der kurzen Seite und zwar an der Ecke: 1 Pkt., 3 f. M., * 9 Lftm., 1 Lftm. übergehen = zurückgehend in die folgenden 8 Lftm.: 1 f. M., 1 halbes St., 3 St., 1 halbes St. und 2 f. M. = 3 f. M. in den Würfel, 1 Pkt. = 3 f. M. **, 1 Pkt.,

Abb. 508. Gehäkelte Guipure-Spitze.
Fadensorten: Elsässer Nähgarn D.M.C N° 30 bis 100, Häkelgarn D.M.C N° 25 bis 100, Spitzenzwirn D.M.C, Spezial-Qualität, N° 30 bis 100, Leinen-Spitzengarn D.M.C N° 20 bis 70 oder Perlgarn D.M.C N° 5 bis 12, in Naturfarben oder in Jaune-Crème 711 und 712. (*)

3 f. M. ***. Von * bis *** zweimal wiederholen, dann einmal nur von * bis **.

2 Km. in das 1. Pkt., * 3 Lftm., 1 Pkt., 3 Lftm., 1 St. in die übergangene M. des Blättchens = 1 Lftm., 1 Pkt., 1 Lftm., 1 dreifaches St. in dieselbe M., anschlingen nach der Abbildung an das Pkt. der seitlichen Spitze der schrägen Figur, 1 Lftm., 1 Pkt., 1 Lftm., 1 St. in die M., wo die 2 ersten M. stehen =

(*) Siehe am Schluss des letzten Kapitels die Tabelle der Nummern und das Farbenverzeichnis der Baumwoll-, Leinen- und Seiden-Artikel, Marke D.M.C.

3 Lftm., 1 Pkt., 3 Lftm., 1 f. M. in das Eckpikot = 3 Lftm., 1 Pkt., 3 Lftm., 1 St. in das Blatt an der breiten Seite des Würfels = 3 Lftm., 1 St. in die M. des ersten St. = 3 Lftm., 1 St. wieder in die M. der beiden ersten St. = 3 Lftm., 1 Pkt., 3 Lftm., 1 f. M. in das Eckpikot; dann noch einmal von * an wiederholen, den Faden abschneiden.

Rand nach unten und oben — 6 Lftm., 1 sechsfaches St. in das 2. Pkt. der schrägen Figur = 6 Lftm., 1 dreifaches St. in das 4. Pkt. = auf die zweimaligen 6 Lftm.: einmal hin- und zurückgehend 13 f. M. Nach der 2. Reihe f. M. 1 fünffaches St. in das sechste Pkt., dann noch in 4 Reihen f. M. den kleinen Würfel vollenden.

Nach Beendigung der sechsten Reihe geht man unmittelbar zu den Blättern oberhalb der Raute über. ** 15 Lftm., 1 f. M. in die äusserste Masche der schrägen Figur = die Arbeit nach der verkehrten Seite wenden = den Lftm. entlang: *** 3 f. M., 1 halbes St., 4 St., 1 halbes St., 3 f. M. = die Arbeit nach der rechten Seite wenden = von der Spitze des Blattes zurückgehend: 1 Lftm., 1 f. M. in jede der unteren Masche des Blattes ****.

Für das 2. Blatt = 13 Lftm., dann von *** bis **** zurückarbeiten wie am 1. Blatte.

Das zweite Blatt ist wie das erste zu vollenden, doch so, dass man an der oberen Spitze desselben endet. Von hier aus geht man gleich zu dem nächsten kleinen Würfel über; man macht: 6 Lftm., 1 fünffaches St. in das 2. Pkt. nach den Blättern = 3 Lftm., 1 dreifaches St. in das 4. Pkt. nach den Blättern = 6 Lftm., 1 sechsfaches St. in das 6. Pkt. der schrägen Figur; die 2 letzten Schlingen des Stäbchens auf der Nadel lassen, 1 sechsfaches St. in das Pkt. zwischen je 3 Lftm. des mittleren grossen Würfels; die letzte Schlinge mit den zurückgebliebenen zuschürzen = 6 Lftm., 1 dreifaches St. in das Pkt. an der langen Seite des grossen Würfels = zurückgehend 2 Reihen mit 13 f. M.

Bei diesen Reihen müssen nach der letzten Masche die Lftm. zwischen den langen Stäbchen und die 3 letzten der 6 Lftm. mitgenommen werden, dass sie sich rechts seitlich an den kleinen Würfel legen. Nach der 2. Reihe: 1 sechsfaches

St. in das 1. St. am kleinen Blatt des mittleren Würfels = 4 Reihen fester Maschen zum Schluss des kleinen Würfels; von ** an wiederholen. Der obere Rand ist gleich diesem zu arbeiten.

Zackenabschluss. — In den ersten kleinen Würfel an der nach aussen stehenden Ecke: 1 Doppelst. in die 1. f. M., 2 Lftm., 1 Doppelst. in die 5. f. M., 2 Lftm., 1 Doppelst. in die 9. f. M., 2 Lftm., 1 Doppelstäbchen in die Eckmasche des Würfels = 2 Lftm., 1 f. M. in die äusserste M. des 1. langen Blattes, 9 Lftm. = 1 vierfaches St. in die M. zwischen den zwei Blättern, 2 Lftm., 1 vierfaches St. in dieselbe M., 2 Lftm., 1 vierfaches St. in dieselbe M. = 9 Lftm., 1 f. M. in die letzte M. des 2. langen Blattes = die Arbeit wenden = 1 Lftm., dann 1 f. M. in jede M., im ganzen 27 f. M. = die Arbeit wenden = 1 Lftm., 1 f. M., * 2 Lftm., 1 f. M. in die 2. f. M.; von * an zwölfmal wiederholen.

Die Arbeit wenden und die Zacken so weiter arbeiten; in die folgenden Reihen sind die f. M. über die Lftm. zu häkeln. Dabei bei jedem Gang und auf jeder Seite 1 M. abnehmen, die Arbeit nach jeder Reihe wenden; nach der letzten Reihe den Faden abschneiden.

Die Zacke von der 1. f. M. der 1. Reihe ringsum mit festen Maschen abgrenzen; 20 f. M. bis zur oberen Spitze, 40 f. M. im ganzen.

Der durchbrochene Rand der Zacken besteht durchaus aus Doppelstäbchen. — Nach den 40 Einfassungsmaschen: 2 Lftm., 1 Doppelst. in die 1. f. M. des kleinen Würfels = die Arbeit wenden = * 2 Lftm., 1 Doppelst. in die 2. f. M. der Randmaschen **, achtmal von * bis ** wiederholen.

2 Lftm., 1 Doppelst. in die nächste f. M. = noch viermal wiederholen; dann neunmal von * bis ** wiederholen = *** 2 Lftm., 1 Km. in das 4. St. des Würfels; 2 Lftm., 1 Km. in das 3. St. = die Arbeit wenden = auf der rechten Seite weiter arbeiten: **** je 2 Lftm. und 1 Doppelst. in das vorhergehende St. bis zum 8. St.; nach dem 8. St. ***** 10 Lftm., zurückgehend an das 7. St. anschliessen = über die 10 Lftm.: 16 f. M., nach der 16. M. die Schlinge durch das oberste Glied des 8. St. ziehen ****** = 2 Lftm., 1 Doppel-

stäbchen, 2 Lftm., 1 Doppelst., 10 Lftm., zurückgehend an das vorletzte St. anschliessen = über die 10 Lftm.: 6 f. M., 1 Pkt., 2 f. M., 1 Pkt., 2 f. M., 1 Pkt., 6 f. M., wie beim früheren Bogen anschliessen *******, 2 Lftm., 1 Doppelst., 2 Lftm., 1 Doppelst. Von ***** bis ******* einmal wiederholen, dann einmal von ***** bis ****** wiederholen, dann von **** bis ***** der ersten Seite des Randes wiederholen, jedoch um 1 Doppelst. weniger = 1 Doppelst. in die 4. f. M. des kleinen Würfels, 2 Lftm., 1 Doppelst. in die 8. f. M. des Würfels, 2 Lftm., 1 Doppelst. in die äusserste Eckmasche des Würfels, 2 Lftm., 1 f. M. in die letzte M. des Blattes; 9 Lftm., und so weiter wie oben beschrieben.

Verbindung der Zacken. — Bei der 2. Zacke werden, bei der 2. Stäbchenreihe angelangt, von **** der Beschreibung des durchbrochenen Randes an gearbeitet: 2 Lftm., 1 St. nach links in die soeben gearbeitete Zacke, die letzten Schlingen bleiben auf der Nadel, 1 St., nach rechts an die zuerst gearbeitete Zacke und an das 2. St. angeschlossen; die 4 Schlingen der beiden St. zugleich zuschürzen = 2 Lftm., 1 Doppelst. nach links, 1 Doppelst. nach rechts, die beiden St. zugleich zuschürzen = 7 Lftm., an das gegenüberliegende St. anschliessen, über die 7 Lftm.: 1 Km., 1 f. M., 1 halbes St., 2 St., 1 halbes St., 1 f. M. und 1 Km., 1 Doppelst. nach links = 2 Lftm., 1 Doppelst., 2 Lftm., 1 Doppelst., 10 Lftm., an das 6. St. der rechten Zacke anschliessen = zurückgehend: 4 f. M., 1 Pkt., 4 f. M., 1 Pkt., 4 f. M., 1 Pkt., 4 f. M., an das letzte St. anschliessen = dreimal 2 Lftm., 1 Doppelst., dann fortsetzen von ***** wie an der fertigen Zacke; zweimal bis ******* und einmal bis ****** wiederholen.

Oberer Abschluss. — Von rechts nach links zu arbeiten und in 5 Gängen.

1. Gang — * 3 Lftm., 1 Doppelst. in die 6. M. des kleinen Würfels = 1 Lftm., 1 Doppelst. in die 8. f. M. des Würfels = 3 Lftm., 1 Pkt. nach abwärts = 3 Lftm., 1 f. M. in die äusserste M. des langen Blattes = 3 Lftm., 1 Pkt. nach abwärts = 3 Lftm., 2 vierfache St. zwischen den beiden Blättern = 3 Lftm., 1 Pkt. nach abwärts = 3 Lftm., 1 f. M.

in die letzte M. des 2. Blattes, 3 Lftm., 1 Pkt. nach abwärts; von * an wiederholen.

2. Gang — 1 Reihe f. M. in jede M. des früheren Ganges.

3. Gang — 1 St., * 1 M. übergehen, 1 St., 1 M. übergehen, 1 St., 1 M. übergehen, 1 St. = die Arbeit wenden = je 1 f. M. in die 4 St. = wieder die Arbeit wenden = auf diese 4 M. wieder 4 f. M., 5 Lftm., 2 M. der unteren Reihe übergehen, 1 St. in die 3. M., von * an fortsetzen.

4. Gang — In jede der 4 f. M. je 1 St. durch 1 Lftm. getrennt, 2 Lftm. nach je 4 St. usw.

5. Gang — 1 f. M. in jede Masche des vorigen Ganges.

Gehäkelte Goldspitze. Nachbildung von Filigran Spitze (Abb. 509). — Man beginnt mit Buntgoldfaden, Gold-Chiné D.M.C (Chiné d'or), Grün und Gold, mit einer durch 38 teilbaren Luftmaschenkette.

1. und 2. Gang — mit Buntgoldfaden, Grün und Gold — 1 f. M. in jede Masche.

3. Gang — Mit Stickgold N° 40 — 1 St., 1 Lftm., 1 M. übergehen, 1 St., 1 Lftm. usw.

4. und 5. Gang — Mit Buntgoldfaden, Schwarz und Gold — 1 f. M. in jedes St. und 1 f. M. über jede Lftm.

6. Gang — Mit Buntgoldfaden, Naturfarben und Gold — * 14 Km., 8 Lftm., 1 M. übergehen, 1 vierfaches Kreuzst. unten durch 1 f. M., oben durch 3 Lftm. unterbrochen, 8 Lftm., 1 M. übergehen, 8 Km., 8 Lftm., 1 M. übergehen, 1 vierfaches Kreuzst., unten durch 1 f. M., oben durch 3 Lftm. unterbrochen, 8 Lftm., 1 M. übergehen, 6 Km.; von * an wiederholen.

Kleine Doppelbogen mit Buntgoldfaden, Rot und Gold — je 1 f. M. in die 11. und 12. Km., ** 1 f. M. in die nächste Km. und 1 f. M. in die 1. Lftm., die letzten Schlingen der beiden f. M. zusammen abschliessen; den Bogen entlang 19 f. M.; 2 durch die letzten Schlingen verbundene f. M. in die letzte Lftm. und in die zweitfolgende Km. ***, 4 f. M.; von ** bis *** einmal wiederholen; 2 f. M. = die Arbeit wenden = 2 f. M. übergehen, 19 f. M.; 2 durch die letzten Schlingen verbundene f. M. in die folgende und drittfolgende f. M., 2 f. M., 2 durch die letzten Schlingen verbundene f. M. in die folgende und drittfolgende f. M., 19 f. M., den Faden abschneiden und vernähen.

In der Folge ist bei jeder 2. Zacke der kleine Doppelbogen mit Buntgoldfaden, Grün und Gold, herzustellen.

Kleine Pyramide — Auf der Kehrseite zu beginnen mit Stickgold N° 40 — 1 Km. in die 12. f. M. des 1. Bogens, 3 Lftm., 1 vierfaches Kreuzst., oben durch 2 Lftm. getrennt, unten in die Ecken der Bogen gestellt, 3 Lftm., 1 Km. in die 8. f. M. des 2. Bogens = die Arbeit wenden, den Faden hängen lassen = mit Buntgoldfaden, Blau und Gold: die 1. Km. übergehen, 10 f. M. über die Lftm. und über das Kreuzst. = wenden = 1 M. übergehen, 9 f. M. = wenden = 1 M. übergehen, 8 f. M. = wenden = 1 M. übergehen, 7 f. M.

Abb. 509. Gehäkelte Goldspitze. Nachbildung von Filigran-Spitze.
Fadensorten: Stickgold D.M.C N° 40, Gold-Chiné D.M.C (Buntgoldfaden), in Schwarz und Gold, Grün und Gold, Blau und Gold, Rot und Gold und Naturfarben und Gold.

= wenden = 1 M. übergehen, 6 f. M. = wenden = 1 M. übergehen, 5 f. M. = wenden = 1 M. übergehen, 4 f. M. = wenden = 1 M. übergehen, 3 f. M. = wenden = 1 M. übergehen, 2 f. M. = wenden = 1 M. übergehen, 1 f. M., den Faden abschneiden und vernähen. Auf der rechten Seite weiter arbeiten mit Stickgold N° 40 — 1 Pkt. (aus 4 Lftm. und 1 f. M.), 1 f. M. in die Pyramide, 1 Pkt., 1 f. M. usw. Es kommen auf die beiden Längsseiten der Pyramide je 4 Pkts., und 1 Pkt. an der Spitze, den Faden abschneiden und vernähen. In der Folge ist bei jeder 2. Zacke das Pyramidchen mit Buntgoldfaden, Rot und Gold, zu arbeiten.

Grosser Bogen mit Buntgoldfaden, Grün und Gold: 1 Km. in die 11. f. M. des ersten Teiles des Doppelbogens, 19 Lftm.,

1 f. M. in das Pkt. an der Spitze der Pyramide, 19 Lftm.; je 1 Km. in die beiden ersten freien f. M. des zweiten Teiles des Doppelbogens = wenden = 19 f. M. über die Lftm., 1 f. M. in die mittlere f. M. und 19 f. M. über die Lftm., 1 Km. in die erste freie f. M. des unteren Bogens, den Faden abschneiden und vernähen. In der Folge ist bei jeder zweiten Zacke der grosse Bogen mit Buntgoldfaden, Blau und Gold, anzufertigen.

7. Gang — Mit Buntgoldfaden, Naturfarben und Gold, 9 f. M. über die Km. des 6. Ganges, 2 durch die letzte Schlinge verbundene f. M. in die 10. Km. und über die 1. f. M. des Doppelbogens. Den Doppelbogen entlang 8 f. M., über den grossen oberen Bogen 39 f. M., über die zweite Hälfte des Doppelbogens 8 f. M., 2 durch die letzten Schlingen verbundene f. M. in die letzte f. M. des Doppelbogens und in die 1. freie Km., 2 f. M. über die nächsten Km., vom Anfang an wiederholen.

Durchbrochener Rand mit Stickgold N° 40: 1 Km. in die 8. f. M., 2 Lftm., 1 St. in die 2. f. M. nach den verbundenen f. M., **** 2 Lftm., 1 St. in die 2. f. M., von **** an 25 mal wiederholen, 2 Lftm. der 2. f. M. nach den verbundenen f. M. im Einschnitte anschliessen; den Faden abschneiden, die Enden vernähen.

8. Gang — Mit Buntgoldfaden, Grün und Gold: 7 Km. über die Km., je 2 f. M. auf die Lftm. und 1 f. M. auf das St., vom Anfang an wiederholen.

9. Gang — Mit Stickgold N° 40: 2 Km. übergehen, 3 Km. über die nächsten Km., 2 Km. übergehen, 2 f. M. auf die f. M. des Bogens, ***** 1 Pkt. (aus 4 Lftm. und 1 f. M.), 4 f. M., von ***** an achtzehnmal wiederholen, 1 Pkt., 1 f. M.

Die einzelnen Zacken werden durch die 3 Pkts. im Einschnitte untereinander verbunden.

Gehäkelte Spitze mit Eckbildung. Nachbildung von Reticella (Abb. 510). — 1. Gang — Auf einer Luftmaschenkette häkelt man abwechselnd 1 St., 1 Lftm. = über die Ecke: 1 St., 2 Lftm., 1 Doppelst., 2 Lftm., 1 St., so dass die letzten 3 St. in einer Masche vereint sind.

2. Gang — 1 f. M. in jede M. der vorhergehenden Reihe; 3 f. M. in das mittlere St.

3. Gang — Von der 2. f. M. der 3 Eckm. an nach rechts gezählt — diese M. aber nicht mitzählen — je 1 f. M. in die 52., 51., 50. und 49. f. M. = 8 Lftm., 1 Lftm. übergehen, 1 f. M. in jede der 7 Lftm. — an der anderen Seite der 8 Lftm.

Abb. 510.
Gehäkelte Spitze mit Eckbildung.
Nachbildung von Reticella.
Fadensorten: Elsässer Nähgarn D.M.C N° 30, Knüpfgarn D.M.C N° 30, Häkelgarn D.M.C N° 15 bis 30 oder Spitzenzwirn D.M.C, Spezial-Qualität, N° 25 bis 50, in Weiss oder Naturfarben.

wieder 1 f. M. in jede M., 3 f. M. in die 8. M., 1 f. M. in jede der 7 ersten f. M. = je 1 f. M. in die nächsten 11 M. des 2. Ganges = dreimal: 4 Lftm. und 1 dreifaches St. in die 5. f. M. des 2. Ganges = 4 Lftm., 4 f. M. der unteren Reihe übergehen, 1 f. M. in die 5. f. M. = die Arbeit wenden = 7 f. M. über je 4 Lftm., im ganzen 28 f. M., 1 Km. in die 10. der 11 f. M. = die Arbeit wenden = die letzte der 28 f. M. übergehen; über die 27 M.: 3 f. M., 1 Pkt., 3 f. M., 11 Lftm., 1 Lftm. übergehen = in die übrigen 10 f. M., nach der anderen Seite des Anschlages: 4 f. M., 8 Lftm., an die 6 M. der ersten 11 f. M. dieses Ganges anschliessen.

Ueber die 8 Lftm.: 5 f. M., 3 Lftm., der 5. f. M. des 1. Blättchens dieses Ganges anschlingen, über die 3 Lftm.: 3 f. M.; über die übrigen M. der 8 Lftm.: 6 f. M.

Dem Blättchen entlang: 3 f. M., 1 Pkt., 3 f. M. = in die Spitze des Blättchens 3 f. M. = dann 3 f. M., 1 Pkt., 7 f. M. Auf die nächsten der 28 f. M. weiter arbeiten, 3 f. M., 1 Pkt., 4 f. M., * 11 Lftm., die 11. M. übergehen, 10 f. M. = nach der anderen Seite: 4 f. M., 6 Lftm., an die 4. f. M. der letzten 7 f. M. des 2. Blättchens anschlingen = über die 6 Lftm. 9 f. M.

Ueber das 3. Blättchen weiter häkeln: 3 f. M., 1 Pkt., 3 f. M., in die oberste M. 3 f. M. = je 1 f. M. in die nächsten 3 f. M., 1 Pkt., 7 f. M. ** = in die 28 f. M.: 4 f. M., 1 Pkt., 3 f. M. Von * bis ** wiederholen, dann wieder in die 28 M.: 3 f. M., 1 Pkt., 3 f. M., die 28 M. übergehen.

Weiter auf dem 2. Gange: *** 5 f. M., 8 Lftm. an die 4. f. M. der letzten 7 f. M. des 4. Blättchens anschlingen = 11 f. M. über die 8 Lftm.

Weiter auf dem 2. Gange: * 5 f. M., 8 Lftm., 1 Lftm übergehen, je 1 f. M. in jede Lftm. = nach der anderen Seite: 4 f. M., 3 Lftm., an die 6. M. der letzten 11 f. M. anschlingen, 3 f. M. über die 3 Lftm. = 3 f. M. in das Blattchen, 3 f. M. in dessen oberste M., 7 f. M. Von * an wiederholen und dabei den kleinen Querstab an das Blättchen rechts anschliessen.

Auf dem 2. Gange: 9 f. M., **** 4 Lftm., 1 dreifaches St. in die 2. der 3 Eckmaschen. Von **** an viermal wiederholen.

4 Lftm., 3 M. der vorhergehenden Reihe übergehen, an die 4. M. anschlingen = die Arbeit wenden = über je 4 Lftm. 6 f. M., 36 f. M. im ganzen, an die 8. der letzten 9 f. M. anschlingen = die Arbeit wenden = in die 36 f. M.: 3 f. M., 1 Pkt., 3 f. M., 11 Lftm., die 11. Masche übergehen, je 1 f. M. in die 10 Lftm. Nach der 2. Seite: 4 f. M., 8 Lftm., an die 4. der 9 f. M. anschlingen, darüber: 5 f. M., 3 Lftm., an die 4. f. M. des letzten fertigen Blättchens anschlingen, 3 f. M. über die 3 Lftm.; über die übrigen 8 Lftm.: 6 f. M.

In das Blättchen weiter: 3 f. M., 1 Pkt., 3 f. M., 3 f. M. in die oberste M., 3 f. M., 1 Pkt., 7 f. M.

Wieder in die 36 f. M.: ***** 3 f. M., 1 Pkt., 3 f. M., 11 Lftm., die 11. M. übergehen, 10 f. M. = nach der 2. Seite: 4 f. M., 6 Lftm., an die 4. f. M. der letzten 7 f. M. des letzten Blättchens anschliessen, 9 f. M. darüber.

In das Blättchen: 3 f. M., 1 Pkt., 3 f. M., 3 f. M. in die oberste M., 3 f. M., 1 Pkt., 7 f. M. ******. Von ***** bis ****** noch dreimal wiederholen = dann wieder in die 36 f. M.: 3 f. M., 1 Pkt., 3 f. M.

Weiter über die 2. Reihe: 4 f. M., 8 Lftm. der 4. der letzten 7 f. M. anschliessen, darüber 11 f. M. = 4 f. M., über die M. der 2. Reihe, 8 Lftm., die 8. M. übergehen, 7 f. M. Nach der 2. Seite: 4 f. M., 3 Lftm., an die 6. M. der letzten 11 f. M. anschlingen, 3 f. M. über die 3 Lftm. = in das Blättchen: 3 f. M. und 3 f. M. in die oberste M., 7 f. M.

Der Mustersatz beginnt nun wieder wie zu Anfang des Ganges mit 4 f. M., das erste Blättchen wird dem letzten auch durch 3 Lftm. und 3 f. M. über diese verbunden.

4. Gang — 1 f. M. in die mittlere f. M. des 1. Blättchens, * 7 Lftm., 1 f. M. in das 2. Blättchen, 7 Lftm., 1 dreifaches St. in die 5. der zwischen 2 Blättchen liegenden 9 f. M. = 7 Lftm., 1 f. M. in das 3. Blättchen, 7 Lftm., 1 dreifaches St. = 7 Lftm., 1 f. M. in das 4. Blättchen, 7 Lftm., 1 f. M. in das 5. Blättchen, 5 Lftm., 1 f. M. in das 1. Blättchen des Eckbogens. Von * an wiederholen, mit dem Unterschiede, dass an dem Eckbogen 4 dreifache St. anzubringen sind.

5. Gang — Ueber die ersten 7 Lftm. der vorhergehenden Reihe: 12 f. M. = * über die nächsten Lftm.: 12 f. M. = die Arbeit wenden, stets f. M. in hin- und zurückgehenden Reihen und je 1 M. abnehmen, bis nur mehr 1 M. bleibt. Der Pyramide entlang: 10 Km. Von * an dreimal wiederholen. 12 f. M. über die nächsten 7 Lftm., 6 f. M. über die 5 Lftm., 12 f. M. über die ersten 7 Lftm. des Eckbogens und von * an wiederholen.

An den Eckbogen kommen 7 Pyramiden = die Maschen sind einzuteilen wie folgt: * 1. Pyramide: 12 f. M. im 1. Zwischenraum von 7 Lftm., = 2. Pyramide: 10 f. M. im 2. Zwischenraum und 2 f. M. im 3. Zwischenraum =

3. Pyramide: 7 f. M. im 3. Zwischenraum und 5 f. M. im 4. Zwischenraum **, = 4. Pyramide: 6 f. M. im 4. Zwischenraum und 6 f. M. im 5. Zwischenraum. Von ** zu * noch einmal wiederholen. Hierauf 12 f. M. über die nächsten 7 Lftm. und 6. f. M. über die 5 Lftm.

6. Gang — * 1 f. M. in die 1. Pyramide, 5 Lftm., 1 durch 5 Lftm. geteiltes vierfaches Kreuzst. zwischen 2 Pyramiden, 5 Lftm. Von * an zweimal wiederholen = 1 f. M. in die 4. Pyramide, 4 Lftm., 1 f. M. in die 1. Pyramide der nächsten Spitzenzacke = 5 Lftm., 1 durch 5 Lftm. getrenntes vierfaches Kreuzst. zwischen 2 Pyramiden, 5 Lftm. usw.

7. Gang — 6 f. M. über die ersten 5 Lftm. der vorhergehenden Reihe, 6 f. M. über die nächsten Lftm. = 8 Lftm., zurückgehend, zwischen der 6. und 7. f. M. anschlingen = 4 f. M. über die 8 Lftm., dann 8 Lftm., zurück an die 1. f. M. anschlingen = 12 f. M. über die 8 Lftm.

In den begonnenen Bogen weiter: 3 f. M., 1 Pkt., 8 f. M. = über die nächsten 5 Lftm.: 6 f. M., 8 Lftm., der 4. der 8 f. M. des Bogens anschliessen = über die 8 Lftm.: 3 f. M., 1 Pkt., 8 f. M. = über die 2 nächsten 5 Lftm.-Bogen 12 f. M. = 8 Lftm., der 7. der 12 letzten f. M. anschliessen = über die 8 Lftm. 5 f. M., 8 Lftm., der 1. f. M. des vollendeten 3. Bogens anschliessen — über die 8 Lftm. 5 f. M., 3 Lftm., der 4. f. M. des 3. Bogens anschliessen = über die 3 Lftm. 2 f. M., 1 Pkt., 2 f. M. = auf dem begonnenen Bogen 3 f. M., 1 Pkt., 3 f. M., über den nächsten Bogen 6 f. M. = 8 Lftm., der 1. der 6 letzten f. M. anschliessen — über die 8 Lftm. 5 f. M., 1 Pkt., 3 f. M., 1 Pkt., 3 f. M., 1 Pkt., 5 f. M. = über den unteren Bogen 5 f. M. = über die 5 Lftm. des vorigen Ganges: 6 f. M., 8 Lftm., der 1. der 5 letzten M. des letzten Bogens anschliessen = über die 8 Lftm. 3 f. M., 1 Pkt., 8 f. M.

Ueber die 2 folgenden 5 Lftm. 12 f. M. = 8 Lftm., der 7. der 12 f. M. anschliessen, über die 8 Lftm. 5 f. M. = 8 Lftm., der 1. der 12 f. M. anschliessen, über die 8 Lftm. 5 f. M. = 3 Lftm., der 4. der 8 f. M. des letzten vollendeten Bogens anschliessen, über die 3 Lftm.: 2 f. M., 1 Pkt. und 2 f. M. = über die nächsten Lftm.: 3 f. M., 1 Pkt. und 3 f. M. = über die nächsten Lftm.: 3 f. M., 1 Pkt., 8 f. M., über die 5 Lftm.

der vorigen Reihe 6 f. M. = 8 Lftm., der 4. der 8 f. M. anschliessen; über die 8 Lftm.: 12 f. M. und 6 f. M. über die Luftmaschenverbindung zwischen 2 Zacken.

Die kleinen Bogen setzen sich über die Ecke gleichmässig fort, der überstehende mittlere Bogen wiederholt sich viermal.

Für den kleinen Verbindungsbogen zweier Spitzenzacken nach Vollendung der 12 f. M. des ersten kleinen Bogens: 8 Lftm., 1 Km. in die 1. f. M. des letzten Bogens der vorigen Spitzenzacke, über die 8 Lftm. 3 f. M., 1 Pkt., 3 f. M., 1 Pkt., 3 f. M., 1 Pkt., 3 f. M.

Gehäkelte Spitze. Nachbildung von Filet-Guipure (Abb. 511). -- Diese Art Spitzen und Einsätze findet am häufigsten bei der Ausstattung von Gardinen und Vorhängen Verwendung.

Die Häkelarbeit beruht auf quadratischer Einteilung und erinnert in den Musterungen an jene Stickereien auf Netzgrund, die unter dem Namen Filet-Guipure bekannt sind.

40 Lftm. anschlagen.

1. Gang — zurückgehend — 4 Lftm. übergehen, 6 St., 3 Lftm., 2 Anschlagm. übergehen, 1 f. M., 3 Lftm., 2 Anschlagm. übergehen, 1 St., 3 Lftm., 2 Anschlagm. übergehen, 1 f. M., 3 Lftm., 2 Anschlagm. übergehen, 13 St., 3 Lftm., 2 Anschlagm. übergehen, 1 f. M., 3 Lftm., 2 Anschlagm. übergehen, 1 St.

2. Gang — wenden — 8 Lftm., 13 St. in die 13 St., 5 Lftm., 1 St. in das einzelne St., 5 Lftm., 7 St. in die 7 letzten Maschen.

3. Gang — wenden — 9 Lftm., 4 Lftm. übergehen, 6 St., 3 Lftm., 2 St. übergehen, 1 f. M., 3 Lftm., 2 St. übergehen, 7 St., 3 Lftm., 2 Lftm. übergehen, 1 f. M., 3 Lftm., 2 Lftm. übergehen, 1 St., 3 Lftm., 2 St. übergehen, 1 f. M., 3 Lftm., 2 St. übergehen, 1 St., 3 Lftm., 2 St. übergehen, 1 f. M., 3 Lftm., 2 St. übergehen, 1 St., 3 Lftm., 2 Lftm. übergehen, 1 f. M., 3 Lftm., 2 Lftm. übergehen, 1 St.

4. Gang — wenden — 8 Lftm., 1 St. in das nächste St., 5 Lftm., 1 St. in das nächste St., 5 Lftm., 1 St. in das nächste St., 5 Lftm., 7 St. in die 7 St., 5 Lftm., 7 St. in die 7 letzten Maschen.

5. Gang — wenden — 9 Lftm., 4 Lftm. übergehen, 6 St.,

3 Lftm., 2 St. übergehen, 1 f. M., 3 Lftm., 2 St. übergehen, 1 St., 3 Lftm., 2 Lftm. übergehen, 1 f. M., 3 Lftm., 2 Lftm. übergehen, 1 St. in das 1. St., 3 Lftm., 1 f. M. in das 4. St., 3 Lftm., 2 St. übergehen, 7 St., 3 Lftm., 2 Lftm. übergehen, 1 f. M., 3 Lftm., 1 St. in das St., 3 Lftm., 2 Lftm. übergehen, 1 f. M., 3 Lftm., 1 St. in das St., 3 Lftm., 2 Lftm. übergehen, 1 f. M., 3 Lftm., 2 Lftm. übergehen, 1 St.

6. Gang — wenden — 8 Lftm., 1 St. in das nächste St., 5 Lftm., 1 St. in das nächste St., 5 Lftm., 7 St. in die 7 St., 5 Lftm., 1 St. in das nächste St., 5 Lftm., 1 St. in das nächste St., 5 Lftm., 7 St. in die 7 letzten St.

7. Gang — wenden — 9 Lftm., 4 Lftm. übergehen, 6 St., 3 Lftm., 2 St. übergehen, 1 f. M., 3 Lftm., 2 St. übergehen,

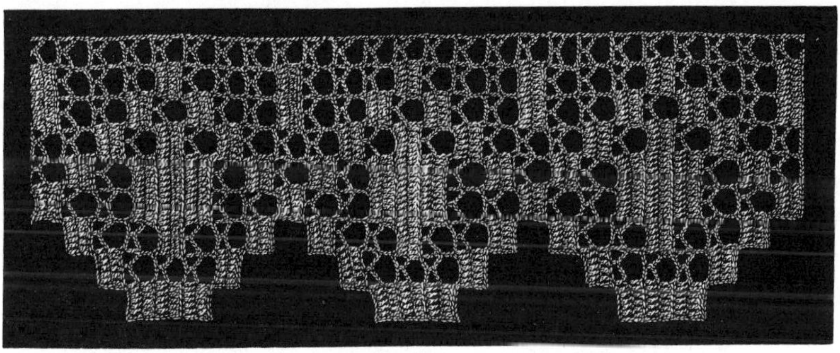

Abb. 511. Gehäkelte Spitze. Nachbildung von Filet-Guipure.
Fadensorten : Knüpfgarn D.M.C N° 30, Häkelgarn D.M.C N° 5 bis 25, Leinen-Strick- und Häkelgarn D.M.C N° 16 bis 40 oder Elsässer Strick- und Häkelgarn D.M.C N° 15 bis 40, in Weiss oder Naturfarben. (*)

1 St., 3 Lftm., 2 Lftm. übergehen, 1 f. M., 3 Lftm., 2 Lftm. übergehen, 13 St., 3 Lftm., 2 St. übergehen, 1 f. M., 3 Lftm., 2 St. übergehen, 7 St., 3 Lftm., 2 Lftm. übergehen, 1 f. M., 3 Lftm., 1 St. in das St., 3 Lftm., 2 Lftm. übergehen, 1 f. M., 3 Lftm., 2 Lftm. übergehen, 1 St.

8. Gang — wenden — 8 Lftm., 1 St. in das nächste St., 5 Lftm., 7 St. in die 7 St., 5 Lftm., 13 St. in die 13 St., 5 Lftm., 1 St. in das nächste St., 5 Lftm., 7 St. in die 7 letzten M.

9. Gang — wenden — 3 Lftm., 1 St. übergehen, 6 St.,

(*) Siehe am Schluss des letzten Kapitels die Tabelle der Nummern und das Farbenverzeichnis der Baumwoll-, Leinen- und Seiden-Artikel, Marke D.M.C.

3 Lftm., 2 Lftm. übergehen, 1 f. M., 3 Lftm., 2 Lftm. übergehen, 25 St., 3 Lftm., 2 St. übergehen, 1 f. M., 3 Lftm., 2 St. übergehen, 7 St., 3 Lftm., 2 Lftm. übergehen, 1 f. M., 3 Lftm., 2 Lftm. übergehen, 1 St.

10. Gang — wenden — 8 Lftm., 7 St. in die 7 nächsten St., 5 Lftm., 25 St. in die 25 St., 5 Lftm., 7 St. in die 7 letzten M.

11. Gang — wenden — 3 Lftm., 1 St. übergehen, 6 St., 3 Lftm., 2 Lftm. übergehen, 1 f. M., 3 Lftm., 1 St. in das 1. St., 3 Lftm., 2 St. übergehen, 1 f. M., 3 Lftm., 2 St. übergehen, 13 St., 3 Lftm., 2 St. übergehen, 1 f. M., 3 Lftm., 2 St. übergehen, 7 St., 3 Lftm., 2 St. übergehen, 1 f. M., 3 Lftm., 2 St. übergehen, 1 St., 3 Lftm., 2 Lftm. übergehen, 1 f. M., 3 Lftm., 2 Lftm. übergehen, 1 St.

12. Gang — wenden — 8 Lftm., 1 St. in das 1. St., 5 Lftm., 7 St. in die 7 St., 5 Lftm., 13 St., 5 Lftm., 1 St. in das nächste St., 5 Lftm., 7 St. in die 7 letzten M.

13. Gang — wenden — 7 Km. in die 7 St., 3 Lftm., 6 St. in die 6 folgenden M., 3 Lftm., 2 Lftm. übergehen, 1 f. M., 3 Lftm., 1 St. in das 1. St., 3 Lftm., 2 St. übergehen, 1 f. M., 3 Lftm., 2 St. übergehen, 1 St., 3 Lftm., 2 St. übergehen, 1 f. M., 3 Lftm., 2 St. übergehen, 7 St., 3 Lftm., 2 St. übergehen, 1 f. M., 3 Lftm., 2 St. übergehen, 1 St., 3 Lftm., 2 Lftm. übergehen, 1 f. M., 3 Lftm., 1 St. in das St., 3 Lftm., 2 Lftm. übergehen, 1 f. M., 3 Lftm., 2 Lftm. übergehen, 1 St.

14. Gang — wenden — 8 Lftm., 1 St. in das 1. St., 5 Lftm., 1 St. in das nächste St., 5 Lftm., 7 St. in die 7 St., 5 Lftm., 1 St. in das nächste St., 5 Lftm., 1 St. in das nächste St., 5 Lftm., 7 St. in die 7 letzten M.

15. Gang — wenden — 7 Km. in die 7 St., 3 Lftm., 6 St. in die 6 folgenden M., 3 Lftm., 2 Lftm. übergehen, 1 f. M., 3 Lftm., 2 Lftm. übergehen, 7 St., 3 Lftm., 2 St. übergehen, 1 f. M., 3 Lftm., 2 St. übergehen, 1 St., 3 Lftm., 2 Lftm. übergehen, 1 f. M., 3 Lftm., 1 St. in das St., 3 Lftm., 2 Lftm. übergehen, 1 f. M., 3 Lftm., 1 St. in das St., 3 Lftm., 2 Lftm. übergehen. 1 f. M., 3 Lftm., 2 Lftm. übergehen, 1 St.

16. Gang — wenden — 8 Lftm., 1 St. in das 1. St., 5 Lftm., 1 St. in das nächste St., 5 Lftm., 1 St. in das nächste St., 5 Lftm., 7 St. in die 7 St., 5 Lftm., 7 St. in die letzten 7 M.

TAFEL IX

SCHUTZDECKCHENECKE IN HÄKELARBEIT
auszuführen mit Häkelgarn D.M.C (Cordonnet 6 fils).

17. Gang — wenden — 7 Km. in die 7 St., 3 Lftm., 6 St. in die 6 folgenden M., 3 Lftm., 2 St. übergehen, 1 f. M., 3 Lftm., 2 St. übergehen, 1 St., 3 Lftm., 2 Lftm. übergehen, 1 f. M., 3 Lftm., 2 Lftm. übergehen, 13 St., 3 Lftm., 2 Lftm. übergehen, 1 f. M., 3 Lftm., 2 Lftm. übergehen, 1 St.

Vom 2. Gang an wiederholen.

Gehäkelter Einsatz. Nachbildung von Filet-Guipure (Abb. 512). — Eine Kette von 69 Lftm. anschlagen.

1. Gang — zurückgehend — 3 Lftm. übergehen, 12 St. über die Anschlagm., * 11 Lftm., 5 Lftm. übergehen, 1 St., 2 Lftm., 2 Lftm. übergehen, 1 St., 2 Lftm., 2 Lftm. übergehen, 1 St., von * an zweimal wiederholen, 11 Lftm., 5 Lftm. übergehen, 13 St.

2. Gang — wenden — 3 Lftm., 1 St. übergehen, 11 St. in das 2. bis 12. St. des vorhergehenden Ganges, das 13. St. und die ersten 2 Lftm. übergehen, ** in die 3. bis 9. Lftm. je 1 Km., 2 Lftm., 1 St. in das mittlere der 3 freien St. des vorhergehenden Ganges, 2 Lftm. ***; von ** bis *** zweimal wiederholen, 7 Km. über die 3. bis 9. der folgenden 11 Lftm., das 1. St. übergehen, 12 St. über die letzten Maschen des Ganges.

3. Gang — wenden — 3 Lftm., je 1 St. in das 2. bis 7. St., **** 11 Lftm., 1 St. in die 1. Km., 2 Lftm., 1 St. in die 4. Km., 2 Lftm., 1 St. in die 7. Km. *****; von **** bis ***** einmal wiederholen, 6 St. über die folgenden M., 2 Lftm., 1 St. in die drittfolgende Km., 2 Lftm., 1 St. in die drittfolgende Km., von **** bis ***** einmal wiederholen, 11 Lftm., 5 St. übergehen, 7 St. in die letzten M. des Ganges.

4. Gang — wenden — 3 Lftm., 1 St. übergehen, 5 St., von ** bis *** zweimal wiederholen, 7 St. in die 7 St., 2 Lftm., 1 St. in das folgende St., 2 Lftm., von ** bis *** einmal wiederholen, 7 Km. in die 3. bis 9. der folgenden 11 Lftm., 1 St. übergehen, 6 St.

5. Gang — wenden — 3 Lftm., von **** bis ***** zweimal wiederholen, 18 St. über die 18 folgenden M., 2 Lftm., 1 St. in die drittfolgende Km., 2 Lftm., 1 St. in die drittfolgende Km., von **** bis ***** einmal wiederholen, 8 Lftm., 1 dreifaches St. in die letzte M. des Ganges.

6. Gang — wenden — 1 Km. in das dreifache St., 6 Km. über die folgenden Lftm., 2 Lftm., 1 St. über das mittlere St., 2 Lftm., von ** bis *** einmal wiederholen, 19 St. in die 19 St., 2 Lftm., 1 St. in das mittlere St., 2 Lftm., von ** bis *** einmal wiederholen, 7 Km. in die 3. bis 9. Lftm.

7. Gang — wenden — 5 Lftm., 1 St. in die 4. Km., 2 Lftm., 1 St. in die 7. Km.; von **** bis ***** einmal wiederholen, 11 Lftm., 19 St. in die 19 St., von **** bis ***** zweimal wiederholen.

8. Gang — wenden — 5 Lftm., 1 St. in das mittlere St., 2 Lftm., von ** bis *** einmal wiederholen, 7 Km. in die

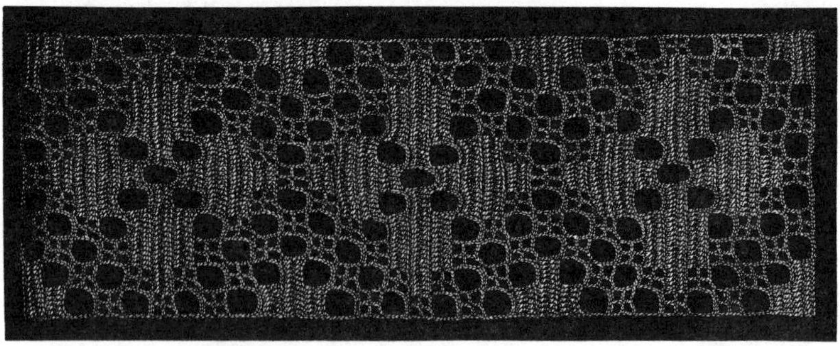

Abb. 512. Gehäkelter Einsatz. Nachbildung von Filet-Guipure.
Fadensorten: Häkelgarn D.M.C oder Häkelgarn D.M.C, Spezial-Qualität, N° 10 bis 50, Elsässer Strick- und Häkelgarn D.M.C N° 15 bis 40, oder Leinen-Strick- und Häkelgarn D.M.C N° 20 bis 45, in Weiss oder Naturfarben.

3. bis 9. Lftm., 1 St. übergehen, 17 St., von ** bis *** zweimal wiederholen, 1 St. in die 3. der 5 Lftm.

9. Gang — wenden — 3 Lftm., von **** bis ***** einmal wiederholen, 12 St. in die 12 folgenden M., 11 Lftm., 5 St. übergehen, 7 St., 11 Lftm., 5 St. übergehen, 13 St., 2 Lftm., 1 St. in die drittfolgende Km., 2 Lftm., 1 St. in die drittfolgende Km., 8 Lftm., 1 dreifaches St. in die letzte M.

10. Gang — wenden — 1 Km. in das dreifache St., 6 Km. über die Lftm., 2 Lftm., 1 St. in das mittlere St., 2 Lftm., 12 St. über die 12 ersten St., das 13. St. übergehen, 7 Km. in die 3. bis 9. Lftm., 1 St. übergehen, 5 St., 1 St. übergehen, 7 Km. in die 3. bis 9. Lftm., 1 St. übergehen, 12 St., 2 Lftm., 1 St. in das mittlere St., 2 Lftm., 7 Km. in die 3. bis 9. Lftm.

11. Gang — wenden — 5 Lftm., 1 St. in die 4. Km., 2 Lftm., 1 St. in die 7. Km., 24 St. über die folgenden M., 11 Lftm., 5 St. übergehen, 25 St., 2 Lftm., 1 St. in die drittfolgende Km., 2 Lftm., 1 St. in die letzte M. des Ganges.

12. Gang — wenden — 5 Lftm., 1 St. in das mittlere St., 2 Lftm., 24 St., 1 St. übergehen, 7 Km. in die 3. bis 9. Lftm., 1 St. übergehen, 24 St., 2 Lftm., 1 St. in das St., 2 Lftm., 1 St. in die 3. der 5 Lftm.

13. Gang — wenden — 3 Lftm., ****** 11 Lftm., 1 St. in das 1. St., 2 Lftm., 1 St. in das 4. St., 2 Lftm., 1 St. in das 7. St. *******, 12 St., 11 Lftm., 7 St. in die 7 Km., 11 Lftm., 5 St. übergehen, 13 St., 2 Lftm., 2 St. übergehen, 1 St., 2 Lftm., 2 St. übergehen, 1 St., 8 Lftm., 1 dreifaches St. in die letzte M.

14. Gang — wenden — 1 Km. in das dreifache St., 6 Km. in die Lftm., 2 Lftm., 1 St. in das mittlere St., 2 Lftm., 12 St. in die 12 St., das 13. St. übergehen, 7 Km. in die 3. bis 9. Lftm., 1 St. übergehen, 5 St., 1 St. übergehen, 7 Km. in die 3. bis 9. Lftm., 1 St. übergehen, 12 St., 2 Lftm., 1 St. in das mittlere St., 2 Lftm., 7 Km. in die 3. bis 9. Lftm.

15. Gang — wenden — 5 Lftm., 1 St. in die 4. Km., 2 Lftm., 1 St. in die 7. Km., von ****** bis ******* einmal wiederholen, 11 Lftm., 5 St. übergehen, 19 St. in die folgenden M., 11 Lftm., 1 St. in das 6. St., 2 Lftm., 2 M. übergehen, 1 St., 2 Lftm., 2 M. übergehen, 1 St., von **** bis ***** einmal wiederholen.

16. Gang — wenden — 5 Lftm., 1 St. in das mittlere St., 2 Lft., von ** bis *** einmal wiederholen, 7 Km. in die 3. bis 9. Lftm., 1 St. übergehen, 17 St., 1 St. übergehen, von ** bis *** zweimal wiederholen, 1 St. in die letzte M.

17. Gang — wenden — 3 Lftm., von **** bis ***** zweimal wiederholen, 18 St. in die St., 2 Lftm., 1 St. in die 4. Km., 2 Lftm., 1 St. in die 7. Km., von **** bis ***** einmal wiederholen, 8 Lftm., 1 dreifaches St. in die letzte M.

18. Gang — wenden — 1 Km. in das dreifache St., 6 Km. über die Lftm., 2 Lftm., 1 St. in das mittlere St., 2 Lftm., von ** bis *** einmal wiederholen, 19 St. in die 19 St.,

2 Lftm., 1 St. in das mittlere St., 2 Lftm., von ** bis *** einmal wiederholen, 7 Km. in die 3. bis 9. Lftm.

19. Gang — wenden — 3 Lftm., 6 St. in die 2. bis 7. Km., von **** bis ***** einmal wiederholen, und von ****** bis ******* einmal wiederholen, 6 St. in die unteren St., 2 Lftm., 1 St. in das 3. freie St., 2 Lftm., 1 St. in das 3. freie St., von **** bis ***** einmal wiederholen, 11 Lftm., 7 St. über die 7 Km.

20. Gang — wenden — 3 Lftm., 1 St. übergehen, 5 St., von ** bis *** zweimal wiederholen, 7 St. in die unteren St., 2 Lftm., 1 St. in das mittlere St., 2 Lftm., von ** bis *** einmal wiederholen, 7 Km. in die 3. bis 9. Lftm., 1 St. übergehen, 6 St.

21. Gang — wenden — 3 Lftm., 1 St. übergehen, 12 St. in die folgenden M., von **** bis ***** einmal wiederholen, von ****** bis ******* einmal wiederholen, und von **** bis ***** einmal wiederholen, 11 Lftm., 13 St. in die 7 Km. und 6 letzten St.

Vom 2. Gang an wiederholen.

Gehäkelte Schutzdecke (Abb. 513). — Dieses Muster empfiehlt sich nicht nur für Schutzdecken; die schöne, zarte Zeichnung gestattet auch, dasselbe zu Sofakissen zu verwenden. Durch Zusammensetzen mehrerer Quadrate erhält man Muster für Bettdecken, Vorhänge usw.

5 Lftm., den Ring schliessen.

1. Gang — 5 Lftm., * 1 St. in den Ring, 2 Lftm., von * an sechsmal wiederholen, 1 Km. in die 3. der 5 Lftm.

2. Gang — über je 2 Lftm. 4 f. M.

3. und 4. Gang — 1 f. M. in jede M. des vorhergehenden Ganges.

5. Gang — 10 Lftm., * 1 M. übergehen, 1 Doppelst. in die nächste M., 4 Lftm., von * an vierzehnmal wiederholen, 1 Km. in die 6. der 10 Lftm.

6. Gang — 1 f. M. in jede M. des 5. Ganges.

7. Gang — 2 f. M., * 1 Pkt., 5 f. M., von * an vierzehnmal wiederholen, dann noch 1 Pkt. und 3 f. M.; die 3. der 5 f. M. kommt stets über dem Doppelst. zu stehen.

8. Gang — 12 Lftm., 1 St. in die 3. f. M. nach dem Pkt.,

* 9 Lftm., 1 St. in die 3. der 5 folgenden f. M., von * an dreizehnmal wiederholen, 9 Lftm., 1 Km. in die 3. der 12 Lftm.

9. Gang — * über die ersten 9 Lftm.: 13 f. M., über die folgenden 9 Lftm.: 6 f. M., 9 Lftm., 1 Km. in die 7. der 13

Abb. 513. Gehäkelte Schutzdecke.
Fadensorten: Knüpfgarn D.M.C N° 30, Häkelgarn D.M.C oder Häkelgarn D.M.C, Spezial-Qualität, N° 5 bis 25, Leinen-Spitzengarn D.M.C N° 16 bis 30, in Weiss, Naturfarben oder Jaune-Maïs 579. (*)

f. M., über die 9 Lftm.: 15 f. M., über die unteren Lftm.: 7 f. M. Von * an siebenmal wiederholen.

10. Gang — 12 Km. die ersten Bogen entlang, 1 f. M. in die 7., 8. und 9. der 15 f. M., * 5 Lftm., 1 Pkt. nach abwärts

(*) Siehe am Schluss des letzten Kapitels die Tabelle der Nummern und das Farbenverzeichnis der Baumwoll-, Leinen- und Seiden-Artikel, Marke D.M.C.

gestellt, 5 Lftm., 1 Pkt. nach abwärts gestellt, 5 Lftm., 1 f. M. in die 7., 8. und 9. der nächsten 15 f. M., von * an sechsmal wiederholen, 5 Lftm., 1 Pkt., 5 Lftm., 1 Pkt., 5 Lftm.

11. Gang — 1 f. M. in jede M. und in jedes Pkt. des vorigen Ganges, im ganzen 160 M.

12. Gang — 4 Lftm., 1 St. in die 2. M., * 1 Lftm., 1 St. in die 2. M., von * an 77 mal wiederholen, 1 Lftm., 1 Km. in die 3. der 4 Lftm.

13. Gang — 1 Km. in die folgende Lftm., * 5 Lftm., 1 M. übergehen, 1 f. M., 1 St., 2 Doppelst., 3 M. der unteren Reihe übergehen, 1 Km. in die 4. M., von * an 39 mal wiederholen.

14. Gang — 4 Km. der ersten Zacke entlang, 1 f. M. in die Lftm. an der Spitze, * 5 Lftm., 1 f. M. in die nächste Zacke, von * an 38 mal wiederholen, 5 Lftm., 1 Km. in die erste Zacke.

15. Gang — 4 Lftm., 1 St. in die 2. M., * 1 Lftm., 1 St. in die 2. M., von * an 117 mal wiederholen, 1 Lftm., 1 Km. in die 3. der 4 Lftm.

16. Gang — 15 f. M., * 15 Lftm., anschliessen an die 7. Lftm. von rechts nach links gezählt, 2 f. M. in den Ring = 10 Lftm., anschliessen an die 4. f. M. nach rechts, 1 Lftm. übergehen, je 1 Km. in die 9., 8. und 7. Lftm., 6 Lftm., 1 M. übergehen, 1 Km., 1 f. M., 1 St., 3 Lftm., 1 St. in die 3. Lftm. vor den 3 Km., 1 f. M., 1 Km., 1 Lftm., 2 f. M. in den Ring = ** 6 Lftm., anschliessen nach rechts an die 2. der 3 Lftm., 7 Lftm., 1 M. übergehen, 1 Km., 1 f. M., 2 St., 3 Lftm., die 6. und 5. der 6 ersten Lftm. übergehen, 1 St., 1 f. M., 1 Km., 1 Lftm., 2 f. M. in den Ring *** = von ** bis *** viermal wiederholen = 6 Lftm., anschliessen nach rechts an die 2. der 3 Lftm., 6 Lftm., 1 M. übergehen, 1 Km., 1 f. M., 1 St., 3 Lftm., die 6. und 5. der letzten 6 Lftm. übergehen, 1 St., 1 f. M., 1 Km., 1 Lftm., 2 f. M. in den Ring = über die 6 Lftm.: 6 Km., 4 f. M. über die M. der unteren Reihe gestellt, 3 Lftm., anschlingen an die 2. der 3 letzten Lftm., über die Lftm. 3 Km., 11 f. M. über die M. des 15. Ganges. Von * an fünfzehnmal wiederholen; die 1. und 2. Zacke des folgenden Blattes sind mit der 7. und 6. Zacke des vollendeten Blattes und die 6. und 7. Zacke des 16. und letzten Blattes mit

der 2. und 1. Zacke des ersten Blattes durch 1 Km. zu verbinden. Den Faden abschneiden.

17. Gang — 1 Km. in die Spitze der 2. Zacke rechts von dem 1. Blatte, bis zur Spitze der 3. Zacke noch 13 Km., 1 Pkt. von 3 Lftm. an der Spitze der 3. Zacke, 14 Km., * 1 Pkt. an der Spitze der 4. Zacke, 14 Km., 1 Pkt. an der Spitze der 5. Zacke, 27 Km., 2 Lftm. an der Spitze der 3. Zacke des 2. Blattes = wenden = 1 dreifaches St. in das Pkt. der 5. Zacke des 1. Blattes gestellt = wenden = das Pkt. vollenden, 14 Km., 2 Lftm. über die 4. Zacke, 1 vierfaches St. in das Pkt. der 3. Zacke des 2. Blattes, das Pkt. vollenden, 14 Km., 1 Pkt. an der Spitze der 5. Zacke, 27 Km., 2 Lftm. über die 3. Zacke des 3. Blattes, 1 dreifaches St. in das Pkt. der 5. Zacke des 2. Blattes, das Pkt. vollenden, 14 Km., 1 Pkt. an der Spitze der 4. Zacke, 14 Km., 1 Pkt. an der Spitze der 5. Zacke, 27 Km., 2 Lftm. über die Spitze der 3. Zacke des 4. Blattes, 1 dreifaches St. in das Pkt. an der 5. Zacke des 3. Blattes, das Pkt. vollenden, 14 Km., 1 Pkt. über die Spitze der 4. Zacke, 14 Km., 2 Lftm., 1 vierfaches St. in das Pkt. der 4. Zacke des 4. Blattes **, das Pkt. vollenden, 27 Km., 2 Lftm., 1 dreifaches St. in das Pkt. der 5. Zacke des 4. Blattes, das Pkt. vollenden, 14 Km. ***. Von * bis *** zweimal wiederholen und einmal von * bis **, die 5. Zacke des 16. Blattes mit der 3. Zacke des 1. Blattes durch 1 dreifaches St. verbinden, 13 Km., den Faden abschneiden.

Eckblätter — 1 Km. in das Pkt. der 4. Zacke des 1. Blattes, 15 Lftm., anschlingen nach rechts an die 7. Lftm., 2 f. M. in den Ring = 9 Lftm., anschlingen an die 3. Zacke des unteren Blattes, über die 9 Lftm.: 3 Km., 7 Lftm., 1 M. übergehen, 1 Km., 1 f. M., 2 St., 3 Lftm., die 6. und 5. der 9 Lftm. übergehen, 1 St., 1 f. M., 1 Km., 1 Lftm., 2 f. M. in den Ring = * 6 Lftm., anschlingen an die 2. der 3 Lftm., 7 Lftm., 1 M. übergehen, 1 Km., 1 f. M., 2 St., 3 Lftm., die 6. und 5. Lftm. übergehen, 1 St., 1 f. M., 1 Km., 1 Lftm., 2 f. M. in den Ring, von * an viermal wiederholen = 6 Lftm., anschlingen an die 2. der 3 Lftm., 7 Lftm., 1 M. übergehen, 1 Km., 1 f. M., 2 St., 5 Lftm., anschlingen an das Pkt. der 5. Zacke des unteren Blattes, über die 5 Lftm., 3 Km., 1 Lftm., die 6. und 5. Lftm.

übergehen, 1 St., 1 f. **M.**, 1 Km., 1 Lftm., 2 f. **M.** in den Ring = über die 6 letzten Lftm. 6 Km., den Faden abschneiden.

1 Km. wieder in die 3. Zacke des ersten unteren Blattes, 10 Km. bis an die Spitze der 1. Zacke des Eckblattes, 2 Lftm., 1 dreifaches St. in das Pkt. der 5. Zacke des 16. Blattes, das Pkt. vollenden, 14 Km., 1 Pkt. an der Spitze der 2. Zacke, 14 Km., 1 Pkt. an der Spitze der 3. Zacke, 14 Km., 1 Pkt. an der Spitze der 4. Zacke, 14 Km., 1 Pkt. an der Spitze der 5. Zacke, 14 Km., 1 Pkt. an der Spitze der 6. Zacke, 14 Km., 2 Lftm., 1 dreifaches St. in das Pkt. der 3. Zacke des 2. Blattes, das Pkt. vollenden, 10 Km., den Faden abschneiden.

Dieselbe Figur in den anderen Ecken wiederholen.

18. Gang — * 1 f. **M.** in das Pkt. der 4. Zacke des 3. Blattes, 4 Lftm., 1 dreifaches St. in das Pkt. der 5. Zacke des 3. Blattes, 5 Lftm., 1 zweifaches St. in dasselbe Pkt., 3 Lftm., 1 dreifaches St. in das Pkt. der 3. Zacke des 4. Blattes, 5 Lftm., 1 dreifaches St. in das Pkt. der 4. Zacke des 4. Blattes, 8 Lftm., 1 zweifaches St. in dasselbe Pkt., 3 Lftm., 1 vierfaches St. in das Pkt. der 1. Zacke des Eckblattes, 6 Lftm., 1 dreifaches St. in dasselbe Pkt., 1 Lftm., 1 zweifaches St. in das Pkt. der 2. Zacke des Eckblattes, 6 Lftm., 1 zweifaches St. in dasselbe Pkt., 5 Lftm., 1 f. **M.** in das Pkt. der 3. Zacke des Eckblattes, 3 Lftm., 1 dreifaches St. in das Pkt. der 4. Zacke, 7 Lftm., 1 dreifaches St. in dasselbe Pkt., 7 Lftm., 1 dreifaches St. in dasselbe Pkt., 3 Lftm., 1 f. **M.** in das Pkt. der 5. Zacke des Eckblattes, 5 Lftm., 1 zweifaches St. in das Pkt. der 6. Zacke, 6 Lftm., 1 zweifaches St. in dasselbe Pkt., 1 Lftm., 1 dreifaches St. in das Pkt. der 7. Zacke, 6 Lftm., 1 vierfaches St. in dasselbe Pkt., 3 Lftm., 1 zweifaches St. in das Pkt. der 4. Zacke des 6. Blattes, 8 Lftm., 1 dreifaches St. in dasselbe Pkt., 5 Lftm., 1 dreifaches St. in das Pkt. der 5. Zacke des 6. Blattes, 3 Lftm., 1 zweifaches St. in das Pkt. der 3. Zacke des 7. Blattes, 5 Lftm., 1 dreifaches St. in dasselbe Pkt., 4 Lftm. Von * an dreimal wiederholen.

19. Gang — 1 f. **M.** in jede **M.** des vorigen Ganges, 3 f. **M.** in jede Eckmasche.

20. Gang — 2 Km. in die 2 ersten **M.**, 4 Lftm., * 1 **M.** übergehen, 1 St. in die zweite **M.**, 1 Lftm., von * an wieder-

holen; auf jeder Seite 68 St.; in die Eckmasche: 1 St., 2 Lftm., 1 Doppelst., 2 Lftm., 1 St. Diese St. sind bei den 68 St. nicht mitgezählt.

21. Gang — * 1 f. M. über die Lftm. vor dem Doppelst., 6 Lftm., 1 M. übergehen, 1 f. M., 2 St., 2 Doppelst., 1 f. M. über die 2 Lftm. nach dem Doppelst., 6 Lftm., 1 M. übergehen, 1 f. M., 2 St., 2 Doppelst., 2 St. der unteren Reihe übergehen, 1 f. M., ** 6 Lftm., 1 M. übergehen, 1 f. M., 2 St., 2 Doppelst., 3 St. der unteren Reihe übergehen, 1 f. M. ***. Von ** bis *** 21 mal an jeder Seite wiederholen, 6 Lftm., 1 M. übergehen, 1 f. M., 2 St., 2 Doppelst., 2 St. der unteren Reihe übergehen, 1 f. M. ****; und im ganzen dreimal von * bis ****.

22. Gang — In jede der kleinen Zacken 6 Km. bis zur Spitze hinauf, dann 1 Pkt. von 3 Lftm. und mit 6 Km. zum Fuss zurück.

Schutzdecke aus gehäkelten Karos (Abb. 514). — Dieses Muster, aus Motiven des Sibmacher-Albums zusammengestellt, kann mit jedem Garn und in jeder Farbe ausgeführt werden. Wie für Decken jeglicher Art, so lassen sich die Sterne auch für Vorhänge, Tischdecken-Abschlüsse und, schräg verbunden, für Spitzen verwenden. Unsere Vorlage ist mit naturfarbenem Leinen-Spitzengarn D.M.C (Lin pour dentelles) N° 25 gearbeitet.

1. Gang — 4 Lftm., den Ring schliessen.

2. Gang — 2 f. M. in jede Lftm., also im Ganzen 8 f. M., die letzte M. durch die 1 f. M. ziehen.

3. Gang — 6 Lftm., * 1 St. in die nächste f. M., 3 Lftm.; sechsmal von * an wiederholen; im ganzen mit den ersten 3 Lftm., 8 St., zum Schluss anschlingen an die 3. der 6 Lftm.

4. Gang — 5 f. M. über je 3 Lftm., 1 f. M. in jedes St.

5. Gang — 6 Lftm., 1 f. M. in die 3. der unteren f. M., * 3 Lftm., 1 St. über das untere St., 3 Lftm., 1 f. M. in die 3. M. des unteren Ganges; sechsmal von * an wiederholen, dann 3 Lftm., 1 Km. in die 3. der 6 Lftm.

6. Gang — 8 Lftm., * 1 f. M. über das St. der vorhergehenden Reihe, 7 Lftm.; sechsmal von * an wiederholen, dann anschlingen an die 1. der 8 Lftm.

7. Gang — 3 Lftm., 1 St. in die M. von der diese 3 Lftm.

ausgingen, 1 St. in jede Lftm.; in die f. M. der unteren Reihe 2 St.; im ganzen mit den 3 Lftm. 72 St. Zum Schluss anschlingen an die 3. Lftm.

8. Gang — * 8 Lftm., 1 f. M. zwischen den beiden in einer Masche stehenden St., also zwischen dem 9. und 10. St. =

ABB. 514. SCHUTZDECKE AUS GEHÄKELTEN KAROS.
FADENSORTEN : Elsässer Nähgarn D.M.C N° 30 bis 100, Häkelgarn D.M.C oder Häkelgarn D.M.C, Spezial-Qualität, N° 20 bis 50, oder Leinen-Spitzengarn D.M.C N° 25 bis 50, in Weiss oder Naturfarben. (*)

die Arbeit wenden = 12 f. M. über die 8 Lftm. = die Arbeit wieder nach der rechten Seite wenden = jede der 12 f. M. aufsammeln wie zum tunesischen Häkelstiche, mit dem nun in 10 Doppelgängen kleine Pyramiden gebildet werden. Es wird dabei in jedem Doppelgange einmal abgenommen, und zwar

(*) Siehe am Schluss des letzten Kapitels die Tabelle der Nummern und das Farbenverzeichnis der Baumwoll-, Leinen- und Seiden-Artikel, Marke D.M.C.

einmal rechts, einmal links; die 3 letzten Schlingen werden zusammen zugezogen, 1 Lftm., an der linken Seite der Pyramide 1 Km. in jede Reihe der tunesischen Häkelei, 1 Km. in die einzelne folgende f. **M.**; siebenmal von * an wiederholen.

9. Gang — Der Pyramide entlang: 3 f. **M.**, 1 Pkt., 3 f. **M.**, 1 Pkt., 3 f. **M.**, 1 Pkt., 1 f. **M.**, 3 f. **M.** in die oberste Lftm. Dasselbe an der zweiten Seite entgegengesetzt und dann an allen Pyramiden wiederholen. Nach Beendigung des 9. Ganges wird der Faden abgeschnitten.

10. Gang — Den Faden an die oberste M. einer Pyramide anschlingen; * 7 Lftm., den Faden fünfmal umschlagen, an das mittlere Pkt. der Pyramide, an welcher gearbeitet wird, anschliessen, die Nadel zweimal durch je 2 Umschläge zurückziehen, wieder zweimal umschlagen, an das mittlere gegenüberliegende Pkt. anschliessen, die Nadel zweimal durch je 2 Schlingen zurückziehen, das 3. Mal durch 3 Schlingen, die letzten wieder paarweise zuschürzen = 7 Lftm., 1 Doppelst., an den 3. Umschlag anschliessen, 7 Lftm., 1. f. M. in die nächste Pyramide = 7 Lftm., den Faden siebenmal umschlagen, an das nächste mittlere Pkt. anschliessen, die Nadel dreimal durch je 2 Schlingen zurückziehen, 1 dreifaches St. an das gegenüberliegende mittlere Pkt., dreimal paarweise zuziehen, dann beim 4. Umschlag durch 3 Schlingen ziehen, die letzten Schlingen wieder paarweise zuschürzen = 7 Lftm., 1 vierfaches St. an den 4. Umschlag anschliessen, 7 Lftm., 1 dreifaches St., wieder an den vierfachen Umschlag anschliessen, 7 Lftm., 1 f. **M.** in die nächste Pyramide; dreimal von * an wiederholen.

11. Gang — 1 f. **M.** in jede der unteren Lftm., f. **M.** und St. = in dem vierfachen Eckst. 2 f. **M.** aufnehmen, also im ganzen 3 f. **M.** häkeln, den Gang schliessen.

12. Gang — 1 Km. in die 1. f. **M.**, 5 Lftm., 1 St. in die 3. f. **M.**, 2 Lftm., 1 St. in die 3. f. **M.**, so fort bis zur Eckmasche, im ganzen 14 St., die ersten 3 Lftm. als St. mitgezählt, = in die Eckmasche noch 2 St. nach je 2 Lftm.; dann mit 2 Lftm. und 1 St. fortsetzen. Es müssen zwischen den Eckstäbchen 20 St. und 21 mal 2 Lftm. sein. Nach allen 4 Seiten muss die gleiche Anzahl St. vorhanden sein. Zum Schlusse anschlingen an die 3. der 5 Lftm.

13. Gang — 1 f. M. in jede der unteren Lftm. und St., im ganzen 62 f. M. an jeder Seite, ohne die 3 f. M., welche in jede Eckmasche gemacht werden.

14. Gang — 14 Km. über die unteren 14 f. M., * 1 Lftm., 24 f. M. in die 24 f. M. der vorhergehenden Reihe = 4 f. M. dieser Reihe müssen frei bleiben, die Eckmaschen nicht mitgezählt. Nach der 24. f. M. die Arbeit wenden = 1 Lftm., 2 M. übergehen, 22 f. M., wobei die beiden Schlingen der unteren Maschen gefasst werden = die Arbeit wenden = 1 Lftm., 21 f. M. = die Arbeit wenden = 1 Lftm., 20 f. M. und so weiter abnehmen bis auf 3 M.; den Faden dann abschneiden. Beim Abnehmen an der schrägen Seite wird einmal die vorletzte Masche, das andere Mal die erste übergangen; mit 1 Lftm. schliesst jeder Gang.

Den 2. Teil der Dreiecke fängt man von rechts nach links, an der 5. M. nach der Eckmasche an; wenn der Faden befestigt ist, 23 f. M. Die beiden Teile müssen durch 7 M. getrennt bleiben. Die Arbeit wenden = 1 Lftm., 22 f. M., die vorletzte M. übergehen = die Arbeit wenden = 1 Lftm., 1 M. übergehen, 21 f. M., 1 Lftm., dann den Faden dreimal um die Nadel legen, die Nadel in die 4. der 7 M. einführen; einmal durch 2 Schlingen zurückziehen, einmal umschlagen, die Nadel in die letzte M. der 3. gegenüberliegenden Reihe einführen; einmal durch 2 Schlingen ziehen, dann durch 3 Schlingen, hierauf zweimal durch 2 Schlingen = die Arbeit wenden = 20 f. M. usw. Bis zum Schlusse kommen 10 Querstäbchen, dann wird der Faden abgeschnitten. Für die 3 nächsten Seiten wird von * an dreimal wiederholt.

15. Gang — Nach dem letzten Dreiecke wird der Faden nicht mehr abgeschnitten, 5 Lftm., * 1 St. in dieselbe Masche, aus welcher die 5 Lftm. entstanden, 2 Lftm., 1 St. in die letzte f. M. der 1. Dreieckhälfte, 2 Lftm., 1 St. in die Mitte des 10. Verbindungsst., 2 Lftm., 1 St. in die 1. f. M. der 2. Dreieckhälfte, 2 Lftm., 1 St. in die 3. und letzte f. M. des Dreieckes, 2 Lftm., 1 St. in dieselbe M. des letzten St. = dann der Kante entlang: 10 St. mit je 2 Lftm. dazwischen, je 1 St. an einem Gang f. M. anschliessen = nach dem 10. St. 5 Lftm., 1 f. M. in die Eckmasche des 13. Ganges; 5 Lftm., wieder

11 St. mit je 2 Lftm. zwischen denselben = nach dem 11. St. 2 Lftm. Von * an dreimal wiederholen; an der letzten schrägen Seite nur 10 St., nach den letzten 2 Lftm. anschliessen an die 3. der ersten 5 Lftm.

16. Gang — Ueber je 2 Lftm. 3 f. M., über die 5 Lftm. 6 f. M.

17. Gang — Achtmal 7 Lftm. und 1 f. M. in die 6. f. M. der vorhergehenden Reihe = * für den 9. und 10. Bogen nur 5 Lftm. Die f. M. nach dem 9. Bogen muss genau über den aufgenommenen Eckmaschen des 13. Ganges gemacht werden = nach dem 10. Bogen 1 f. M., dann 13 Bogen mit 7 Lftm. und je 1 f. M. in die 6. f. M. der unteren Reihe; zweimal von * an wiederholen, nach dem 13. Bogen 2 kleinere Bogen, bis zum Schlusse des Ganges, dann noch 5 Bogen mit je 7 Lftm.

18. Gang — 7 f. M. in einen Bogen aus 7 Lftm., 5 Lftm., die Schlinge frei lassen, die Nadel in die 4. f. M. zurückführen und anschliessen = über die 5 Lftm.: 3 f. M., 1 Pkt., 3 f. M., und noch 3 f. M. in die 7 Lftm.

Ueber den 9. Bogen aus 5 Lftm.: 5 f. M. = über den 10. Bogen aus 5 Lftm.: 3 f. M. = zurückgehend 5 Lftm., die Nadel zurückführen, an die 3. f. M. des 9. Bogens anschliessen, das Pkt. wie bei den andern vollenden.

Für Decken, Schutztücher und dergl. verbindet man die Sterne bei den 13 Pkts. der geraden Reihe, das 14. Pkt. bleibt frei. Die vier freigebliebenen Zäckchen werden dann mittelst einer kleinen Sternfigur verbunden.

Gehäkelter Kragen (Abb. 515). — Es ist bisher sorgfältigst vermieden worden, irgend einen Gegenstand in die Beschreibungen einzureihen, der dem Wechsel der Mode unterliegen könnte; eine Ausnahme machen wir jedoch hinsichtlich dieses Kragens, dessen Form seit vielen Jahren der Liebe zur Putzänderung getrotzt hat und noch trotzen wird. Diese Arbeit kann nur in feinen Garnen hergestellt werden, denn nur so wird man eine täuschende Aehnlichkeit der Häkelei mit der Nähspitze erreichen, besonders wenn dazu naturfarbenes Garn, Spitzenzwirn D.M.C, Spezial-Qualität (Fil à dentelle, qualité spéciale), oder Leinen-Spitzengarn D.M.C (Lin pour dentelles) verarbeitet wird. Auch können nur die unter der Abbildung angeführten Garnnummern genommen werden; mit anderen würde man den genau berechneten Umfang des Kragens nicht zu Stande bringen. Zuerst sind die mit glattem Rande eingefassten Figuren, dann die einzelnen Verbindungen herzustellen.

Abb. 515. Gehäkelter Kragen.

Fadensorten: Leinen-Spitzengarn D.M.C N° 50, Spitzenzwirn D.M.C, Spezial-Qualität, N° 200, Elsässer Nähgarn D.M.C N° 100 oder Häkelgarn D.M.C, Spezial-Qualität, N° 120, in Weiss oder Naturfarben.

Wir beginnen mit der Beschreibung des Sternes mit den vier durchschnittenen Rosetten.

1. Gang — 5 Lftm., den Ring schliessen; 5 Lftm., * 1 St. in den Ring, 2 Lftm. = von * an sechsmal wiederholen, an die 3 Lftm. mit 1 Km. anschliessen.

2. Gang — 3 f. M. über je 2 Lftm.; 1 f. M. in jedes St.

3. Gang — 9 Lftm., * 1 St. in das nächste St. des ersten Ganges, 6 Lftm.; von * an sechsmal wiederholen. Im ganzen, die 3 ersten Lftm. mitgezählt, 8 St.; die Reihe mit einer Km. schliessen.

4. Gang — Kleines Blatt = * 10 Lftm., zurückarbeitend die 1. Lftm. übergehen, 1 f. M., 1 halbes St., 4 St., 1 halbes St., 1 f. M., 1 Km. = über die 6 Lftm. des 3. Ganges: ** 1 f. M., 1 halbes St., 1 St., 3 Doppelst., 1 St., 1 halbes St., 1 f. M. ***; noch einmal von ** zu *** wiederholen, und dreimal von * zu ***, dann dem 1. Blatt entlang bis zur 10. M., 10 Km.

5. Gang — Von der Blattspitze aus * 7 Lftm., 1 dreifaches St. in die 5. M. des kleinen Bogens des 4. Ganges, 7 Lftm., 1 dreifaches St. in den nächsten Bogen, 7 Lftm., 1 f. M. in die oberste M. des 2. Blattes. Von * an dreimal wiederholen.

6. Gang — * 3 f. M. in die Eckmasche; 1 f. M. in jede Lftm. und in jedes St. der vorhergehenden Reihe, 15 M. bis zum 2. St. = die Arbeit wenden = zurückarbeitend: 1 Lftm., 1 Doppelst. in die 4. f. M., 1 Lftm., 1 Doppelst., 1 Lftm., 1 Doppelst., 1 Lftm., 1 Doppelst., 1 Lftm., 1 Doppelst., 1 Lftm., an die 4. f. M. anschliessen = die Arbeit nach der rechten Seite wenden = 2 f. M. über jede Lftm., in jedes St. ebenfalls 1 f. M., ausserdem je 1 Pkt. über das 1., 2., 4. und 5. St. = 8 f. M. Von * an dreimal wiederholen.

7. Gang — 1 Km., 1 f. M. in die mittlere der 3 aufgenommenen Eckm., * 9 Lftm., 1 Doppelst. zwischen die ersten Pkts. des Halbkreises der früheren Reihe, 8 Lftm., 1 dreifaches St. über das 3. St. des Halbkreises, 8 Lftm., 1 Doppelst. zwischen das 3. und 4. Pkt. des Halbkreises, 9 Lftm.; 1 f. M. in die Eckmasche. Von * an dreimal wiederholen.

8. Gang — 19 f. M. über die Lftm. der 7. Reihe, 3 f. M. in die Eckmasche, 23 f. M. über die Lftm. und über die St. = die Arbeit wenden = zurückarbeitend: 2 Lftm., 1 Doppelst. in die 19. f. M. = 2 Lftm., noch 2 Doppelst. mit je 2 Lftm.

in dieselbe M., zum Schluss 2 Lftm., an die 5. f. M. anschliessen = die Arbeit wenden = über die Lftm.: * 1 f. M., 1 Pkt., 1 f. M. und 1 f. M. in das St.; von * an dreimal wiederholen, dann noch 4 f. M. in die Lftm. des 7. Ganges = die Arbeit wenden = 5 Lftm., 1 Doppelst. über das 1. St. des kleinen Halbkreises; noch dreimal 5 Lftm. und zweimal 1 Doppelst., in jedes der unteren St., nach den letzten 5 Lftm. an die 4. f. M. anschliessen = die Arbeit wenden.

Spitze Blätter — 8 Lftm., 1 Lftm. übergehen, zurückgehend an die 7 Lftm.: 1 Km., 1 f. M., 1 halbes St., 1 St., 1 ein und einhalbfaches St., 2 Doppelst., 1 f. M. über die 5 Lftm. Das nächste spitze Blättchen kommt zur Hälfte vor, zur Hälfte nach dem St. der früheren Reihe; im ganzen sind 7 spitze Blätter zu arbeiten. Nach dem 7. Blatt: 8 f. M. in die Lftm. des 7. Ganges = die Arbeit wenden = * 7 Lftm., 1 f. M. in die oberste M. des spitzen Blattes: siebenmal von * an wiederholen, nach dem achten 7 Lftm.: 1 f. M. in die 9. f. M. = die Arbeit wenden = den Faden bei der 1. f. M. wieder nach oben ziehen, 1 St. in jede Lftm., 1 Pkt. über das spitze Blatt = dann noch 4 St., 12 Lftm., an das 4. St. rechts vom 1. Pkt. anschliessen = über die 12 Lftm.: 5 f. M., 1 Pkt., 4 f. M., 1 Pkt., 4 f. M., 1 Pkt., 5 f. M., 4 St. über die Masche des vorhergehenden Ganges bis zum nächsten Pkt., 1 Pkt., 4 St. = 12 Lftm., diese an das dem vollendeten Bogen zunächst stehende St. anschliessen usw.

Im ganzen 7 Bogen, nach dem 7. werden noch 4 St. in die 2 letzten Lftm. gemacht; beim 4. St. werden 2 f. M. mitgefasst, diesen folgen dann die 3 Eckmaschen.

Im Einschnitt zwischen je zwei strahlenförmigen Bogen wird das erste Pkt. des begonnenen Bogens an das 3. Pkt. des letzten Bogens mittels einer Km. angeschlossen. Nachdem nach allen 4 Seiten die oben beschriebene Figur vollendet, wird der Faden abgeschnitten.

Einfassung der oberen Felder — Man beginnt den engeren Rand nach oben, von rechts nach links zählend, beim 3. kleinen Bogen mit * 1 f. M. in das mittlere Pkt., 5 Lftm., 1 Doppelst. in das 1. Pkt. des 4. Bogens, 5 Lftm., 1 dreifaches St. in das 2. Pkt. desselben Bogens, 5 Lftm., 1 Doppelst. in das

3. Pkt. desselben Bogens, 5 Lftm., 1 f. **M.** in das mittlere Pkt. des 5. Bogens, 10 Lftm., 1 f. **M.** in das mittlere Pkt. des 6. Bogens, 9 Lftm. **, 1 Doppelst. in das mittlere Pkt. des 7. Bogens und 1 Doppelst. in das mittlere Pkt. des 1. nächsten Bogens; die letzten Schlingen beider St. zusammen zuschürzen. Von ** bis *, also in umgekehrter Reihenfolge, einmal wiederholen.

Da die St. von nun an immer wieder dieselbe Stelle einnehmen, entfällt die weitere Angabe, an welchen Bogen sie anzuschliessen sind.

Zur zweiten etwas weiteren Randfläche: *** 10 Lftm., 1 St. in den 6. Bogen, 11 Lftm., 2 verbundene vierfache St. in das mittlere Pkt. des 7. und 1. Bogens, 11 Lftm., 1 St. in den 2. Bogen, 11 Lftm., 1 St. in den 3. Bogen, 8 Lftm., 1 zwei und einhalbfaches St., 8 Lftm., 1 drei und einhalbfaches St., 8 Lftm., 1 Doppelst., 8 Lftm., 1 f. M., 12 Lftm., 1 St., 14 Lftm. ****, 2 verbundene dreifache St. Von **** bis ***, also in umgekehrter Reihenfolge, einmal wiederholen.

Zum Schlusse eine Reihe f. M. ringsherum und 3 f. **M.** in jede Eckmasche. Der untere weitere Rand hat 91 M., der obere enge Rand 65 **M.** und die beiden Seitenränder 75 M., die 3 Eckmaschen ungerechnet.

Für den oberen Teil des Kragens sind 4 gleiche Felder erforderlich.

Gleicher Stern nach unten — Dieser Stern wird ganz gleich nach dem ersten gearbeitet, jedoch nur bis zum 7. Gang, welcher bis zur Hälfte auch noch genau nach der Beschreibung gemacht wird. In der zweiten Hälfte der Luftmaschenreihe wird in jedem Zwischenraum um 1 Lftm. weniger gemacht als in der ersten Hälfte.

8. Gang — Dieser wird in der ersten Hälfte ebenso mit 7 kleinen Zacken gearbeitet, wie der früher beschriebene. Ueber die zweite Hälfte, die nun um 4 Lftm. in jedem Viertel enger, werden die kleinen Räder gleich den andern mit 4 Pkts. gemacht; die folgende Luftmaschen- und Stäbcheneinfassung bleibt ebenfalls gleich, nur werden dann anstatt 7 nur 5 kleine Pyramiden und über diese wieder nur 5, anstatt 7 kleine Bogen gemacht.

Einfassung — Die obere weitere Hälfte ist genau nach der unteren weiteren Hälfte des ersten Sternes zu machen, das heisst vom 3. kleinen Bogen des ersten grossen Halbkreises bis zum 5. des zweiten.

Von hier aus folgen, um die Kante rund zu bilden = * 10 Lftm., 1 St. in den 6. Bogen, 17 Lftm., 2 verbundene dreifache St. in den 7. und 1. Bogen, 17 Lftm., 1 St. in den 2. der 5 Bogen, 17 Lftm., 1 St. in den 3. Bogen, 17 Lftm., 1 St. in den 4. Bogen, 18 Lftm. **, 2 verbundene dreifache St. in den 5. und 1. Bogen. Von ** bis * noch einmal wiederholen.

Eine Reihe f. M. in jede M. des früheren Ganges, in die 2 oberen Eckmaschen je 3 f. M.

Von den soeben beschriebenen Sternen mit rundem Abschluss sind 3 für einen Kragen herzustellen.

Der 2. Stern mit 8 Blättern beginnt ebenfalls mit 5 Lftm., den Ring schliessen.

1. Gang — 5 Lftm., * 1 St., 2 Lftm., von * an sechsmal wiederholen, an die 3. Lftm. der 5 Lftm. anschliessen.

2. Gang — 3 f. M. über je 2 Lftm., 1 f. M. in jedes St.

3. Gang — 3 Lftm., * 7 Lftm., die erste Lftm. übergehen = zurückarbeitend in die Lftm.: 1 Km., 1 f. M., 1 halbes St., 1 St., 1 Doppelst., 1 dreifaches St., 1 St., 1 St. über das St. des 2. Ganges, 7 Lftm.; von * an siebenmal wiederholen; bei der letzten Wiederholung entfällt das St., mit 1 Km. an die 3. der ersten 3 Lftm. anschliessen. Nach Schluss des 8. Blattes und entlang des 1. Blattes 7 Km.

4. Gang — 1 f. M. in die übergangene M. des Blattes, 5 Lftm., 1 dreifaches St. in das St. des 3. Ganges, 5 Lftm.; von * an siebenmal wiederholen.

5. Gang — 3 Lftm., 1 St. in jede M. des 4. Ganges, an die 3. der 3 Lftm. anschliessen; 96 St. im ganzen, die 3 Lftm. mitgerechnet.

6. Gang — * 10 Lftm., 1 f. M. in das St. über dem dreifachen St. des 4. Ganges, 10 Lftm., 1 f. M. in das St. über dem Blatt. Von * an siebenmal wiederholen.

7. Gang — * 15 f. M. über 10 Lftm., beim 2. Bogen 7 f. M.,

10 Lftm., der 8. f. M. des ersten Bogens anschliessen, darüber 15 f. M.; noch 8 f. M. in den unteren Bogen; von * an siebenmal wiederholen.

Den Faden, wenn der letzte Bogen beendet, abschneiden und vernähen.

In der Mitte bei einem der 8 Bogen wird der Faden wieder angeschlungen.

8. Gang — * 19 Lftm., 1 Lftm. übergehen, 1 f. M., 1 halbes St., 1 St., 1 ein und einhalbfaches St., 1 Doppelst., 1 zwei und einhalbfaches St., 1 dreifaches St., 1 drei und einhalbfaches St., 1 vierfaches St., 1 fünffaches St., 1 sechsfaches St., nach dem 3. Male durchziehen, 1 vierfaches St. im Einschnitt zwischen 2 Bogen, das sechsfache St. vollenden, 7 Lftm., 1 f. M. in den nächsten Bogen; siebenmal von * an wiederholen.

9. Gang — * 7 f. M. über die 7 Lftm., 1 f. M. in jede M. der Pyramide, 3 f. M. in die oberste M., 1 f. M. in jede M. der Pyramide, 4 f. M. über die 7 Lftm. an der zweiten Seite = die Arbeit wenden = 4 M. übergehen, 1 St., 1 Lftm., 1 M. übergehen, 1 St. in die 2. M., nach dem 6. St. keine M. zwischen den St. lassen, das 8., 9. und 10. St. kommen in die mittlere der 3 aufgenommenen M., nach der 2. Seite in umgekehrter Reihenfolge vollenden und an die 4. f. M. anschliessen. Im ganzen 17 St. = die Arbeit wenden = 1 f. M. über jede Lftm., 1 f. M. in jedes St. mit je 1 Pkt. nach jeder 3. f. M.

In die oberste f. M. an der Spitze 2 durch 1 Pkt. getrennte f. M., im ganzen sind 11 Pkts. zu machen.

Zum Schluss noch 3 f. M. über die 7 Lftm., dann siebenmal den ganzen Gang von * an wiederholen, den Faden abschneiden und vernähen.

Kleines Rad nach oben — Rechts = 9 Lftm. zu einem Ring schliessen; in den Ring 16 f. M., 4 Lftm., * 1 St., 1 Lftm.; von * an vierzehnmal wiederholen, mit 1 Km. in die 3. Lftm. schliessen. Im ganzen 16 St. = 1 f. M. in jede Lftm. und in jedes St., 1 Pkt. zwischen je 3 f. M.

Das 1. Pkt. wird an das 3. Pkt. einer Sternzacke von unten nach oben gezählt angeschlossen; dann dreimal 3 f. M. mit 2 Pkts.; nach den dritten 3 f. M. das Pkt. an das 3. Pkt. der nächsten Sternzacke anschliessen; die Figur vollenden, im ganzen 11 Pkts., dann das linkseitige kleine Rad ebenso wie das rechtseitige anschliessen.

Grösseres Rad nach unten — Rechts = 13 Lftm. schliessen, 21 f. M. in den Ring = darüber 4 Lftm., * 1 St., 1 Lftm., von * an 19 mal wiederholen, 1 Km. in die 3. Lftm. Im ganzen samt den Lftm. 21 St.; = 3 f. M., 1 Pkt., 3 f. M., 1 Pkt., 3 f. M., 1 Pkt., 3 f. M., 2 Lftm. an das 4. Pkt. der 8. Sternzacke anschliessen; das Pkt. vollenden = 3 f. M., 1 Pkt., 3 f. M., 2 Lftm. an das 2. Pkt. derselben Zacke anschliessen, das Pkt. vollenden = 3 f. M., 1 Pkt., 3 f. M., 2 Lftm. an das 10. Pkt. der 7. Zacke anschliessen, das Pkt. vollenden = 3 f. M., 1 Pkt., 3 f. M., 2 Lftm., an das 8. Pkt. der 7. Zacke anschliessen, das Pkt. vollenden = 3 f. M., 1 Pkt.; letzteres noch dreimal wiederholen. Im ganzen 14 Pkts. ringsherum, den Faden abschneiden und vernähen. Dasselbe Rad links wiederholen.

Einfassung der oberen Sterne — Den Faden rechts an die 1. Zacke vor dem kleinen Rad an das 6. Pkt. anschliessen. Von rechts nach links um den Stern arbeiten und zwar: * 12 Lftm., 1 f. M. in das 2. freie Pkt. des kleinen Rades, 9 Lftm., 1 Doppelst. in das 4. Pkt. des Rades = nach oben: 9 Lftm., 1 Doppelst. in das 6. Pkt. des Rades; 9 Lftm., 1 f. M. in das 6. Pkt. der 2. Sternzacke, 12 Lftm. **, 1 vierfaches St. in das 9. Pkt. der 2. Sternzacke, 2 Umschläge auf der Nadel lassen, noch zweimal umschlagen, an das 3. Pkt. der 3. Sternzacke anschliessen, das St. vollenden. Von ** bis *, also in umgekehrter Folge, noch einmal wiederholen.

1 f. M. in das 6. Pkt. der 4. Zacke, *** 14 Lftm., 1 sechsfaches St. in das 9. Pkt. der 4. Zacke, 2 Umschläge auf der Nadel behalten, noch viermal umschlagen, das St. an das 3. Pkt. der 5. Zacke anschliessen, das St. vollenden = 14 Lftm., 1 f. M. in das 6. Pkt. der 5. Zacke, 12 Lftm., 1 Doppelst. in das 2. Pkt. des unteren grossen Rädchens; 9 Lftm., 1 dreifaches St. in das 4. Pkt., 13 Lftm., 1 Doppelst. in das 6. Pkt., 14 Lftm., 1 f. M. in das 6. Pkt. der 6. Zacke, 16 Lftm. ****, 1 siebenfaches geteiltes St. in das 9. und 3. Pkt. der 6. und 7. Zacke. Bei diesem St. wird wie beim vorhergehenden

viermal durchgezogen, dann noch viermal zum 2. St. umgeschlagen, die 3 ersten Schlingen dann zuletzt abgehäkelt; von **** bis ***, also in umgekehrter Folge wiederholen, mit 1 Km. schliessen.

Eine Reihe fester Maschen schliesst ringsherum das Viereck ab, 3 f. M. in jede Eckmasche; 65 f. M. kommen auf den oberen kurzen Rand, 75 M. an beide Seitenränder und 91 M. an den unteren Rand, die 3 Eckmaschen nicht mitgerechnet.

Von den soeben beschriebenen Sternen sind 3 für den Kragen zu machen.

Derselbe Stern mit rundem Abschluss — Nachdem der Stern gleich dem oberen gehäkelt, werden nach einer Seite die grösseren Rädchen wie am oberen Feld abgeschlossen.

Die Luftmaschen- und Stäbchenumrandung beginnt bei der 1. Sternzacke nach dem ersten Rädchen — 1 f. M. in das 6. Pkt. der 1. Zacke = 16 Lftm., 2 fünffache, durch die letzten Schlingen verbundene St. in das 9. und 3. Pkt. der 1. und 2. Zacke = 16 Lftm., 1 f. M. in das 6. Pkt. der 2. Zacke = * 16 Lftm., 1 St. in das 2. freie Pkt. des Rädchens = 11 Lftm., 1 vierfaches St. in das 4. Pkt. = 10 Lftm., 1 St. in das 6. Pkt. = 16 Lftm., 1 f. M. in das 6. Pkt. der 3. Zacke = 17 Lftm., 2 verbundene sechsfache St. in das 10. und 2. Pkt. der 3. und 4. Zacke = 17 Lftm., 1 f. M. in das 6. Pkt. der 4. Zacke = 17 Lftm., 2 verbundene sechsfache St. in das 10. und 2. Pkt. der 4. und 5. Zacke = 17 Lftm., 1 f. M. in das 6. Pkt. der 5. Zacke = 19 Lftm. **, 2 verbundene siebenfache St. in das 10. und 2. Pkt. der 5. und 6. Zacke. Von ** bis *, also in umgekehrter Folge wiederholen. Eine Reihe fester Maschen vollendet den Stern.

Im ganzen sind 4 solcher Zackensterne mit rundem Abschluss zu machen.

Obere Verbindung der Sterne — Man beginnt an der Eckmasche der weiteren Seite des zweiten achtblätterigen Sternes mit 1 f. M., 6 Lftm., 3 f. M. übergehen, je 1 f. M. in die 3 nächsten f. M. = 4 Lftm., 2 M. übergehen, je 1 f. M. in die 3 nächsten f. M. Im ganzen 10 Schlingen mit je 4 Lftm., dann noch zweimal 3 Lftm. mit je 2 f. M.

Vom zweiten Feld ebenso viele M. frei lassen, als beim ersten Feld geblieben = 2 f. M., die Schlinge jedesmal durch die 2 letzten f. M. des Feldes ziehen = 1 Lftm., 1 Km. in die gegenüberliegenden Lftm., 1 Lftm., 2 M. übergehen, 2 f. M. in den Rand des zweiten Feldes, 1 Lftm., 1 Km. in die gegenüberliegenden Lftm., 1 Lftm., 2 M. übergehen, 3 f. M., 1 Lftm., 1 Km. in die gegenüberliegenden Lftm., 1 Lftm., 3 f. M. in den Rand, 5 Lftm., 1 Km. in die gegenüberliegenden Lftm., darüber 4 f. M., 2 Lftm., 2 M. übergehen, 3 f. M.

Nun werden die Luftmaschenstäbchen an jede der an dem ersten Feld gebildeten Schlinge angeschlossen = das oben beschriebene hatte 5 Lftm. = das 2. St.: 7 Lftm. und 6 f. M. darüber, 1 Lftm., 2 f. M. übergehen, 3 f. M. = das 3. St.: 9 Lftm. und 8 f. M. darüber, 1 Lftm., 2 f. M. übergehen, 3 f. M. = das 4. St.: 11 Lftm., 5 f. M., 1 Pkt., 5 f. M., 1 Lftm., 2 f. M. übergehen, 3 f. M. = das 5. St.: 13 Lftm., 4 f. M., 1 Pkt., 4 f. M., 1 Pkt., 4 f. M., 1 Lftm., 2 f. M. übergehen, 3 f. M. = das 6. St.: 16 Lftm., 5 f. M., 1 Pkt., 5 f. M., 1 Pkt., 5 f. M., 1 Lftm., 2 f. M. übergehen, 3 f. M. = das 7. St.: 19 Lftm., 5 f. M., 1 Pkt., 4 f. M., 1 Pkt., 4 f. M., 1 Pkt., 5 f. M., 1 Lftm., 2 f. M. übergehen, 3 f. M. = das 8. St.: 21 Lftm., 5 f. M., 1 Pkt., 5 f. M., 1 Pkt., 5 f. M., 1 Pkt., 5 f. M., 1 Lftm., 2 f. M. übergehen, 3 f. M. = das 9. St.: 26 Lftm., 5 f. M., 1 Pkt., 5 f. M., 1 Pkt., 5 f. M., 1 Pkt., 5 f. M., 1 Pkt., 5 f. M., 1 Lftm., 2 f. M. übergehen, 3 f. M. = das 10. und letzte St.: 28 Lftm., 32 f. M., 2 Lftm., 1 f. M., den Faden abschneiden.

Nachdem die 7 oberen Felder vollendet sind, werden die 7 abgerundeten Sterne, jeder einzeln, auf der Kehrseite der Arbeit, mit den oberen mittelst einer Reihe fester Maschen verbunden.

Unter dem ersten Feld mit den 4 Halbkreisen kommt der achtzackige Stern, unter dem nächsten achtzackigen Stern wieder der mit den 4 Halbkreisen usw.

Schmale Spitze nach aussen — Den Faden an die Eckmasche der linken Seite anschliessen = * 5 f. M., 1 Pkt., 5 f. M., 14 Lftm. an die 1. der ersten 5 f. M. anschliessen (bei jedem Bogen die Nadel aus der Schlinge ziehen, diese von hinten nach vorn ziehen) = über die 14 Lftm.: 5 f. M., 1 Pkt., 11 f. M., 1 Pkt., 5 f. M. = in die f. M. des Sternes: 5 f. M., 1 Pkt., 5 f. M. = dann wieder 14 Lftm., an die 1. f. M. zurück anschliessen = 5 f. M., 1 Pkt., 5 f. M., 14 Lftm. zurück an die 6. M. der 11 f. M. des Bogens anschliessen = 5 f. M., 1 Pkt., 5 f. M., 1 Pkt., 5 f. M., 1 Pkt., 5 f. M. = in den halbvollendeten Bogen kommen noch 5 f. M., 1 Pkt., 5 f. M. ** = über die f. M. des Randes: 4 f. M., 1 Pkt., 4 f. M., 12 Lftm., zurückgehend an die 1. f. M. der 4 f. M. anschliessen = über die 12 Lftm.: 4 f. M., 1 Pkt., 4 f. M., 1 Pkt., 4 f. M., 1 Pkt., 4 f. M. ***. Auf demselben Feld einmal von * bis *** wiederholen, dabei den kleinen Bogen über 10 f. M. arbeiten, dann einmal von * bis ** wiederholen.

Einfassung der abgerundeten Sterne — Die Maschenzahl des halbrunden Sternes beträgt 122 bis zum mittleren Stäbchen, somit müssen die Bogen folgende Maschenbreite haben: die einfachen Bogen gehen alle über 8 M., die dreifachen Bogen über 20 M.

Nach dem 4. und nach dem 5. dreifachen Bogen entfällt der einfache kleine Bogen; es wird gleich anstossend der 5. und 6. dreifache Bogen begonnen. Im ganzen kommen um jeden Stern 9 dreifache und 8 einfache Bogen.

Nach dem 8. einfachen Bogen sind über die 2 Lftm. der Verbindungsst. 3 f. M. zu machen.

Dann in die 32 f. M. des letzten Stäbchens: 8 f. M., 1 Pkt., 4 f. M., 12 Lftm., zurückgehend an die 5. der 8 M. anschliessen = über die 12 Lftm.: 5 f. M., 2 Lftm., die Schlinge durch das mittlere Pkt. des letzten einfachen Bogens ziehen, 2 Lftm., das Pkt. schliessen, 9 f. M., 1 Pkt., 5 f. M.

In das Verbindungsstäbchen: 4 f. M., 1 Pkt., 4 f. M., 12 Lftm., zurückgehend an die 1. f. M. anschliessen = 5 f. M., 1 Pkt., 4 f. M., 12 Lftm., an die 5. der 9 f. M. anschliessen, 5 f. M., 1 Pkt., 9 f. M., 1 Pkt., 5 f. M. = in den unteren Bogen: 5 f. M., 1 Pkt., 5 f. M. = in das Verbindungsstäbchen: 4 f. M., 1 Pkt., 4 f. M., 12 Lftm. an die 1. f. M. anschliessen, 5. f. M., 1 Pkt., 4 f. M., 12 Lftm. an die f. M. knapp neben dem aufgesetzten Bogen anschliessen = 5 f. M., 1 Pkt., 4 f. M., 12 Lftm. = zurückgehend an die 5. f. M. des Bogens der 2. Reihe anschliessen: 5 f. M., 1 Pkt., 5 f. M., 1 Pkt., 5 f. M., 1 Pkt., 5 f. M. = in jeden der 2 halbfertigen Bogen: 5 f. M., 1 Pkt., 5 f. M. Zum Schluss: 4 f. M., 3 f. M. in die 2 Lftm.: diese Spitze um alle runden Teile wiederholen.

Kleiner Verbindungsstern — 5 Lftm., den Ring schliessen.

1. Gang — 5 Lftm., 1 St. in den Ring, 2 Lftm., 1 St. usw. Im ganzen samt den ersten 3 Lftm.: 8 St.

2. Gang — 3 f. M. über je 2 Lftm., 1 f. M. in jedes St.

3. Gang — 8 Lftm., 1 St. über das untere St., 5 Lftm., 1 St. usw. Im ganzen 8 St.

4. Gang — * über die 5 Lftm.: 1 f. M., 1 halbes St., 1 St., 3 Doppelst., 1 St., 1 halbes St., 1 f. M. ** = 7 Lftm., 1 M. übergehen, 1 f. M., 1 St., 2 Doppelst., 1 St., 1 f. M. ***. Von * bis ** einmal wiederholen. Nachher die ganze Serie dreimal wiederholen. Dem Bogen entlang 5 Km.

5. Gang — 9 Lftm., * 1 f. M. in die oberste M. des kleinen Blattes, 7 Lftm., 1 St. in die mittlere M. des Bogens, 7 Lftm., 1 St. in den nächsten Bogen, 9 Lftm., 1 f. M. in das nächste Blatt, 9 Lftm., 1 St. in den Bogen, 7 Lftm. **, 1 St. in den nächsten Bogen, 7 Lftm. Von * bis ** einmal wiederholen, 1 Km. in die 3. der 9 Lftm.

6. Gang — 1 f. M. in jede M. der vorhergehenden Reihe, 3 f. M. in die Eckmaschen.

7. Gang — Nach den 3 Eckmaschen beginnend: * 4 f. M., 1 Pkt., 4 f. M., 10 Lftm., der 1. f. M. anschliessen, über die 10 Lftm.: 4 f. M., 1 Pkt., 3 f. M., 1 Pkt., 3 f. M., 1 Pkt., 4 f. M. **, von * bis ** zweimal wiederholen, 4 f. M. über die Ecke, 8 Lftm., der 1. f. M. anschliessen, darüber: 4 f. M., 1 Pkt., 3 f. M., 1 Pkt., 3 f. M., 1 Pkt., 4 f. M.; von * zu ** dreimal wiederholen; 4 f. M., 8 Lftm., der 1. f. M. anschliessen, darüber 4 f. M., 1 Pkt., 3 f. M., dem 2. Doppelbogen des 2. Feldes in der Mitte anschliessen, 3 f. M., 1 Pkt., 4 f. M.; von * bis ** dreimal wiederholen, bei dem 2. Pkt. des 3. Bogens angelangt: 6 Lftm., dem ersten Doppelbogen beim mittleren Pkt. anschliessen, darüber: 5 f. M., 1 Pkt.,

5 f. M., den unteren Bogen vollenden; 4 f. M., 8 Lftm., der 1. der 4 f. M. anschliessen, darüber: 4 f. M., 1 Pkt., 3 f. M., 2 Lftm., dem mittleren Pkt. des dreifachen Bogens oberhalb der Verbindungsst. anschliessen, das Pkt. vollenden, 3 f. M., 1 Pkt., 4 f. M., von * bis ** dreimal wiederholen, beim zweiten Bogen an den 9. Doppelbogen des ersten Feldes durch 1 St. aus 6 Lftm. und 5 f. M., 1 Pkt., 5 f. M. anschliessen; hierauf 4 f. M., 8 Lftm., der 1. f. M. anschliessen, darüber: 4 f. M., 1 Pkt., 3 f. M., 2 Lftm., dem 8. Doppelbogen des ersten Fadens anschliessen, 3 f. M., 1 Pkt., 4 f. M., den Faden abschneiden und vernähen.

Aufwärts stehende Spitze — Da die Abschlusspitze sich ganz aufrecht gegen den Hals stellen muss, so ist vor deren Beginn noch ein Gang Doppelst. über die festen Maschen zu machen. Bei jedem Würfel können 3 bis 4 Maschen abgenommen werden.

Ist dieser Stäbchengang vollendet, so wird der Faden abgeschnitten und rechts wieder abgeschlossen. Das 1. Stäbchen wird nach aussen mit vier f. M. überhäkelt, diesen folgen: * 21 f. M. in die Stäbchenreihe, wobei beide Schlingen der Stäbchen gefasst werden = die Arbeit wenden = 2 Lftm., 4 f. M. übergehen, 1 Doppelst. in die 5. Masche, 2 Lftm., 1 Doppelst., 2 Lftm., 1 Doppelst., 2 Lftm., 4 f. M. übergehen, der 5. f. M. anschliessen = die Arbeit wenden = 1 f. M, 1 Pkt., 1 f. M., 1 f. M. in das St., dasselbe noch dreimal wiederholen und 4 f. M. in die St. = die Arbeit wenden = 6 Lftm., 1 Doppelst. über das untere St.; noch dreimal 6 Lftm. und 2 Doppelst.; die vierten 6 Lftm. an die 4. f. M. anschliessen = die Arbeit wenden = 1 f. M. in die 6 Lftm., 8 Lftm., die 1. Lftm. übergehen, in die folgenden Lftm.: 1 f. M., 1 halbes St., 2 St., 1 ein und einhalbfaches St., 2 Doppelstäbchen, 1 f. M. in die 6 Lftm.

Die nächste Zacke wird über das St. gemacht; im ganzen 7 Zacken. Nach der 7. Zacke: 5 f. M. = wenden = dann 7 Lftm. und 1 f. M. in jede Zacke.

Die achten 7 Lftm. werden an die 5. f. M. der unteren Reihe angeschlossen = wenden = dann 2 Lftm., deren Schlinge durch die 2. f. M. von rückwärts nach vorn gezogen wird,

8 St., 1 Pkt., 4 St., 12 Lftm. über das Pkt. zurückführen und dem dritten St. anschliessen, darüber 5 f. M., 1 Pkt., 4 f. M., 1 Pkt., 4 f. M., 1 Pkt., 5 f. M., 5 St. über die Lftm. usw.

Es kommt über jede der unteren Zacken 1 Pkt., darüber ein Bogen, wie die früheren; über die 7. Zacke ist nur ein einzelnes Pkt. zu machen. Nach dem letzten Pkt. noch 8 St. in die letzten Lftm., 2 St. übergehen, mit festen Maschen, bis zu 27 an der Zahl, fortsetzen, dann von * an wieder beginnen.

Der erste und letzte Spitzenbogen zählt 6 kleine Bogen, die Zwischenbogen deren 5.

Bei den folgenden Spitzenbogen wird der erste und letzte Bogen durch das erste und letzte Pkt. der beiden Bogen verbunden.

Handarbeitsvorlagen. — Ausser den hier beschriebenen Arbeiten findet man eine grosse Anzahl von Vorlagen für Häkelarbeiten in folgenden Musterbüchern der Bibliothek D.M.C: *Die Häkelarbeit I, II, III, Sammlung verschiedener Handarbeiten* und *Irische Spitzen.* (*)

(*) Siehe am Schluss der Encyklopädie das Verzeichnis der Musterbücher welche die Bibliothek D.M.C bilden.

Frivolitäten-Borte. — Doppelknoten, einfache Pikots und Josefinenknoten.

Die Frivolitäten-Arbeit.

Diese zierliche Arbeit reiht sich durch die Schlingen- und Maschenart an die Häkelei an und dient zugleich als Vorübung für die Knüpfarbeit.

Durch die eigenartigen Verschlingungen des Arbeitfadens entstehen Knoten und Oehrchen — Pikots genannt — welche aneinander gereiht und zugeschürzt, Ringe und Bogen bilden; durch die wechselvolle Gruppierung derselben entstehen wieder die verschiedenen Muster.

Die echt französische Benennung dieser Arbeit ist so ziemlich in alle Sprachen übergegangen; in der italienischen wird sie jedoch als « occhi » bezeichnet, und in der Nähe des Libanon, wo sie zu den Hausindustriezweigen gehört, hat man ihr den dortigen Namen der Schiffchen « Makuk » beigelegt.

Ihrem Charakter nach ist die Frivolitäten-Arbeit mehr zu den Posamenterien als zu den Spitzenarbeiten zu rechnen, dient auch in erster Linie mehr für Besatz als für Spitzen-Verzierung.

Einfarbig gehalten und in Glanzgarn ausgeführt, werden solche Borten und Einzelfiguren zum Schmucke der Damen-Garderobe verwendet, mehrfarbig und aus grobfädigem Material

— Leinen- oder Baumwollgarn — angefertigt, dienen sie zur Ausstattung aller Art Phantasiegegenstände, als Besatz für Möbelbezüge, Vorhänge, Portièren usw.

Für Kinderkleidchen, Schürzen und dergleichen werden helle Farben und feineres Material bevorzugt.

Spitzen und Einsätze aus feinem Zwirn hergestellt ergeben reizende Garnituren für Leib- und Bettwäsche.

Das Schiffchen. — So unbedeutend das Werkzeug zur Anfertigung der Frivolitäten an und für sich ist, so wichtig ist es, dass es in einer richtigen Grösse gewählt wird.

Im verflossenen Jahrhundert, wo sich die Frauen mehr der Zier halber mit solchen Arbeiten beschäftigten, waren die Schiffchen oft reich mit Gold- und Silberfiligran-Verzierungen ausgestattet, so dass sie schon aus diesem Grunde bedeutend grösser waren, als wir sie gegenwärtig gebrauchen.

Zum Teil bedingte auch das damals verwendete Material, nämlich Seidenschnüre, einen grösseren Umfang der Schiffchen.

Für die Frivolitäten, die jetzt erzeugt werden, darf das Schiffchen nicht über 7 cm. lang und 2 cm. breit sein; die beiden Deckel oder Blätter müssen leicht gebogen sein, so dass sich die Spitzen derselben berühren und das zu schnelle Nachrücken oder Abspulen des Fadens hindern, besonders wenn mit zwei Schiffchen gearbeitet wird; schliesslich muss im Verbindungszapfen ein Loch gebohrt sein, in das der Faden eingezogen und eingeknüpft wird.

Beim Aufwinden ist darauf zu achten, dass die Fadenlagen an den Seiten nicht über die Kante der Blätter hinausdrängen; denn durch die häufige Berührung mit der Hand würde das Garn seine Frische verlieren.

Fadensorten. — Entsprechend der vielseitigen Verwendbarkeit der Frivolitäten-Arbeit gelangt auch das mannigfaltigste Material zur Anwendung. Um schön geformte Knoten und runde Pikots zu erzielen, dürfen keine weichen, offenen Garne, sondern nur stark drellierte Fadensorten verarbeitet werden.

In erster Linie dienen diese Arbeiten wohl zur Ausstattung von Leibwäsche und Kindergarderobe. Wir empfehlen als

Material Elsässer Nähgarn D.M.C (Fil d'Alsace) (*), in Knäueln, Häkelgarn D.M.C (Cordonnet 6 fils), Häkelgarn D.M.C, Spezial-Qualität (Cordonnet spécial), und Knüpfgarn D.M.C (Fil à pointer). Für Bettwäsche hingegen ist Leinen-Spitzengarn D.M.C (Lin pour dentelles) geeigneter.

Zu Posamenterien, für Kleider und Möbelgarnituren dient Perlgarn D.M.C (Coton perlé) oder Elsässer Strick- und Häkelgarn D.M.C (Alsatia).

Die Frivolitäten-Arbeiten treten häufig in Verbindung mit Häkelei auf; in diesem Falle ist zur Häkelarbeit das gleiche

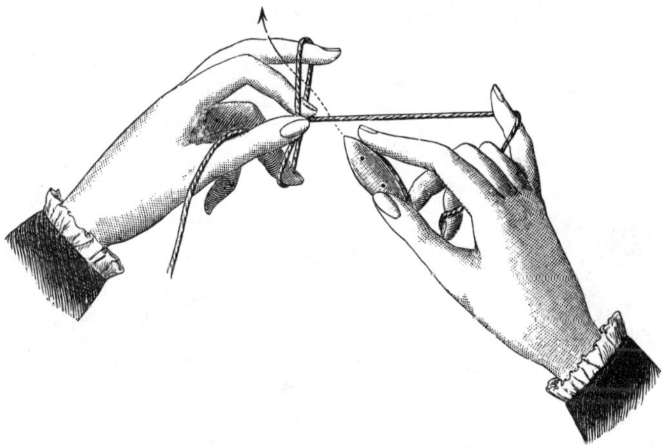

Abb. 516. Erste Stellung der Hände.

Material wie für die Frivolitäten zu wählen, nur um einige Stärkenummern feiner.

Frivolitäten-Knoten. Erste Stellung der Hände (Abb. 516). — Das Frivolitätenknüpfen ist, so schwierig es manchem scheinen mag, doch sehr leicht fasslich, wenn man gleich bei den ersten Versuchen sich stets vergegenwärtigt, dass die rechte Hand, sobald das Schiffchen durch die Schlinge geführt ist, den Faden stramm anzieht, dann ruhig in dieser Stellung verharrt, bis die linke Hand den Knoten fest zugeschürzt hat.

Nachdem genügend Garn auf das Schiffchen gewunden

(*) Siehe am Schluss des letzten Kapitels die Tabelle der Nummern und das Farbenverzeichnis der Baumwoll-, Leinen- und Seiden-Artikel, Marke D.M.C — Die eingeklammerten französischen Benennungen befinden sich auf den Etiketten der D.M.C-Artikel.

worden ist, wird das Fadenende zwischen dem Zeigefinger und dem Daumen festgehalten, das Schiffchen in die rechte Hand genommen, der Faden über die Aussenseite des dritten und vierten Fingers der linken Hand gelegt, nach vorn gebracht, hier mit dem ersten Faden gekreuzt und, wie es die Abbildung veranschaulicht, festgehalten. Der Faden, vom Schiffchen auslaufend, wird über den kleinen Finger der rechten Hand gespannt, das Schiffchen selbst mit Zeigefinger und Daumen in halber Länge gehalten.

Zweite und dritte Stellung der Hände (Abb. 517 und 518). Das Schiffchen wird unter dem Faden, nach der punktierten Linie von Abbildung 516, zwischen Zeige- und Mittelfinger durchgeführt und herausgezogen.

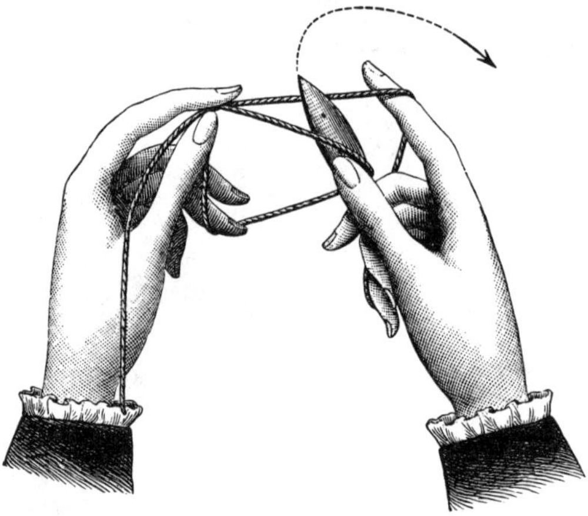

Abb. 517. Zweite Stellung der Hände.

Hier liegt nun die grösste Schwierigkeit für Anfängerinnen. Der Faden, vom Schiffchen auslaufend, wird ziemlich kurz genommen, höchstens 20 bis 25 cm. lang. Sobald er durchgezogen ist, legt man — blos bis zur erlangten Uebung — die rechte Hand ruhig vor sich auf den Tisch, den Faden dabei stramm spannend, ohne die linke Hand zu bewegen; hat die rechte Hand ihre passive Stellung eingenommen, so heben der dritte und vierte Finger der linken Hand, Abb. 518, dritte Stellung, die nach unten gekehrte Schlinge nach oben, schürzen sie zu, indem sie sich wieder so weit öffnen, als es notwendig ist, um den Faden auszuspannen.

Dies bildet den ersten Teil des Knotens, der in den meisten Fäden doppelt gemacht wird, wie wir es weiter unten erklären.

Der Faden in der rechten Hand darf niemals den Knoten bilden, sondern immer nur jener, welcher um die linke Hand läuft; denn sobald ersterer sich knüpft, ist es nicht mehr möglich, den Faden, welcher beweglich bleiben muss, durch die Knoten zurück- und nachzuziehen.

Vierte Stellung der Hände (Abb. 519). — Für den zweiten Teil des Knotens wird das Schiffchen von rückwärts nach vorn, zwischen Zeige- und Mittelfinger, unter dem ge-

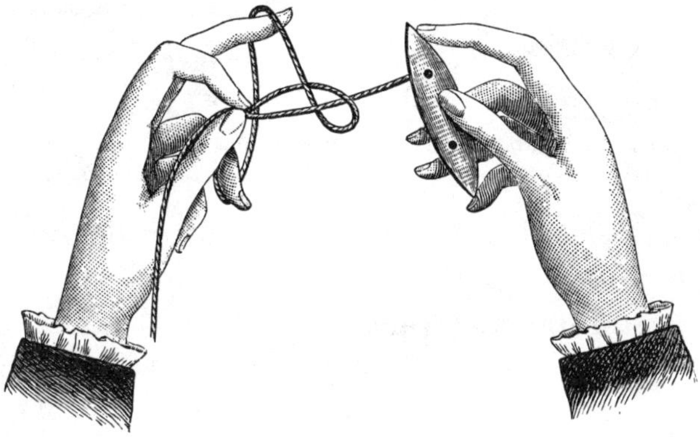

Abb. 518. Dritte Stellung der Hände.

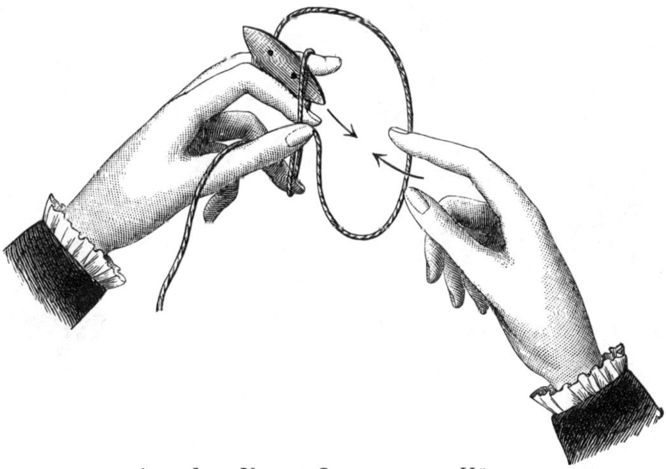

Abb. 519. Vierte Stellung der Hände.

spannten und zwischen dem aus dem Schiffchen laufenden Faden durchgeführt, der Faden mit der rechten Hand stramm angezogen, mit der linken Hand die Schlinge zugeschürzt und der Doppelknoten vollendet.

Pikots aus Josefinenknoten (Abb. 520 und 521). — Es werden auch Frivolitäten gemacht, bei denen nur der erste

Knoten gebildet wird, der gewöhnlich als Josefinenknoten bezeichnet ist.

Die einfachen Knoten können in beliebiger Anzahl gemacht werden: 4 bis 5 um das kleine Pikot herzustellen, wie es bei Abbildung 520 und am äusseren Rande der Kopfleiste dieses

Abb. 520. Kleines Pikot aus Josefinenknoten.

Abb. 521. Grosses Pikot aus Josefinenknoten.

Kapitels zu sehen ist, und 10 bis 12 Knoten für das grössere Pikot, wie es in Abbildung 521 dargestellt ist.

Fünfte Stellung der Hände (Abb. 522). — Sobald der erste Doppelknoten vollendet ist, nehmen die Hände wieder die mit Abbildung 516 erklärte Stellung ein. In Abbildung 522 wieder-

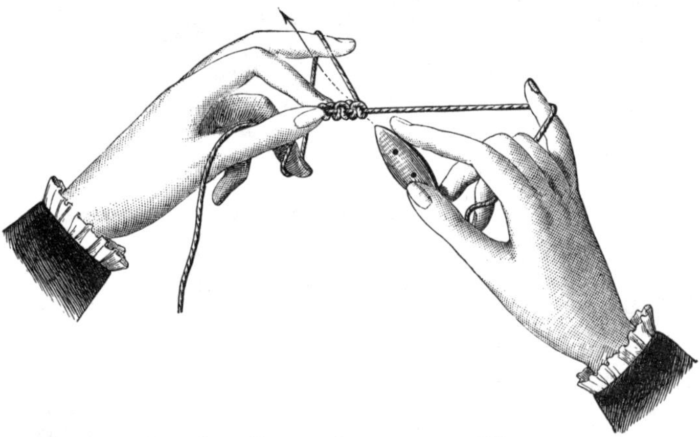

Abb. 522. Fünfte Stellung der Hände.

holt sich dieselbe; es sind gleichzeitig einige fertige Knoten dargestellt.

Stellung der Hände beim Bilden der Pikots (Abb. 523). Frivolitäten werden gleich Stickereien und Häkeleien mit Pikots oder Oehrchen verziert. Sie ergeben auch die Verbindung der einzelnen Bogen und ermöglichen so die Bildung der verschiedenartigsten Figuren. Abbildung 523 erklärt das Bilden der Pikots.

TAFEL X

Tapisseriearbeit im Perlstich auf Stramin

auszuführen mit flacher Stickseide D.M.C (Soie moulinée).

Offene und geschlossene Pikots (Abb. 524 und 525). — Nach einem Doppelknoten bleibt zwischen diesem und dem nächsten eine offene Fadenschlinge, siehe Abb. 524.

Der Knoten wird nach seiner Vollendung an den vorhergehenden gerückt, wo die Schlinge dann die runde Masche oder das Oehrchen bildet, wie es bei Abbildung 525 dargestellt ist.

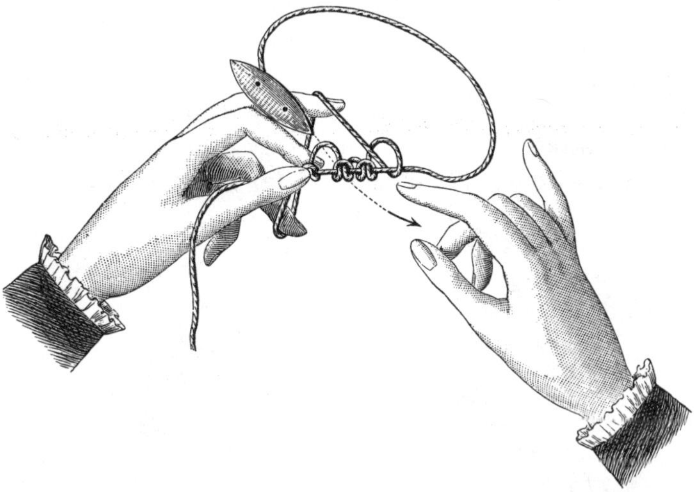

Abb. 523. Stellung der Hände beim Bilden der Pikots.

Bei Beschreibungen wird der auf das Pikot folgende Knoten stets zu den Knoten gerechnet. Wenn z. B. die Beschreibung zwei Doppelknoten, ein Pikot, drei Doppelknoten vorschreibt,

Abb. 524. Offenes Pikot.

Abb. 525. Geschlossenes Pikot.

so zählt man den Doppelknoten, hinter dem das Pikot liegt, zu der angeführten Knotenzahl.

Das Anschlingen an ein Pikot. — Um die einzelnen Figuren durch die Oehrchen zu verbinden, wird der um die linke Hand laufende Faden mittelst Häkchen von unten nach oben durch das Pikot gezogen, das Schiffchen durch die Schlinge geführt und diese hierauf zugeschürzt.

Das Arbeiten mit zwei Schiffchen (Abb. 526). — Man arbeitet mit zwei Schiffchen, wenn die Bogen nicht geschlossen werden, oder wenn der weiter laufende Faden nicht sichtbar sein darf, oder wenn mehrere Farben in Anwendung kommen.

Hier besonders müssen die Spitzen der Blätter der Schiffchen fest aneinander gepresst sein, damit der Faden, wie vorhin erwähnt, nicht selbständig ablaufen kann.

Es werden dann die Endfäden zweier Schiffchen zusammengeknüpft, der Faden des einen wird aussen über den dritten und vierten Finger der linken Hand und um letzteren gelegt, so dass das linke Schiffchen frei herabhängt.

Mit dem zweiten Schiffchen in der rechten Hand werden

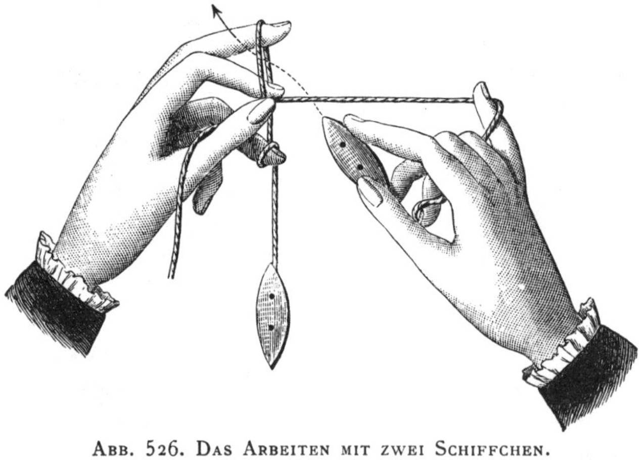

Abb. 526. Das Arbeiten mit zwei Schiffchen.

dieselben Bewegungen wie beim Arbeiten mit einem einzelnen Schiffchen ausgeführt.

Abkürzung. — Bei den hier folgenden Erklärungen haben wir für Doppelknoten die Abkürzung « Dplkt. » eingeführt.

Freie glatte Bogen (Abb. 527). — Mit einem Schiffchen zu arbeiten = 12 Dplkt., den Faden so weit anziehen, dass sich ein Halbkreis bildet. Der erste Knoten des nächsten Bogens ist knapp an den letzten Knoten des vorhergehenden Bogens anzuschliessen.

Verbundene glatte Bogen (Abb. 528). — Mit einem Schiffchen zu arbeiten = 4 Dplkt., 1 Pkt., * 8 Dplkt., 1 Pkt., 4 Dplkt. zu einem Halbkreis zuziehen = wieder 4 Dplkt., den Faden durch das 2. Pkt. des 1. Bogens bringen und von * an wiederholen.

Verbundene Bogen mit Pikots (Abb. 529). — Mit einem Schiffchen zu arbeiten = 4 Dplkt., 1 Pkt., * 3 Dplkt., 1 Pkt., 2 Dplkt., 1 Pkt., 2 Dplkt., 1 Pkt., 3 Dplkt., 1 Pkt., 4 Dplkt., den Faden anziehen, den Ring fest schliessen. Zwischen dem letzten Knoten des ersten Ringes und dem ersten Knoten des nächsten Ringes muss der freie Faden doppelt so lang bleiben, als Raum von der Mitte des Ringes bis zur Hälfte des letzten Pkts. ist. Hierauf wieder 4 Dplkt., an das 5. Pkt. des ersten Bogens anschliessen und die Knoten von * an wiederholen.

Abb. 527. Freie glatte Bogen.
Fadensorten: Elsässer Nähgarn D.M.C N° 30 bis 70, Knüpfgarn D.M.C N° 20 bis 30, oder Leinen-Spitzengarn D.M.C N° 16 bis 70, in Weiss oder Naturfarben. (*)

Abb. 528. Verbundene glatte Bogen.
Fadensorten: Elsässer Nähgarn D.M.C N° 30 bis 70, Häkelgarn D.M.C, Spezial-Qualität, N° 25 bis 60, oder Leinen-Spitzengarn D.M.C N° 16 bis 70, in Weiss oder Naturfarben. (*)

Abb. 529. Verbundene Bogen mit Pikots.
Fadensorten: Elsässer Nähgarn D.M.C N° 30 bis 70, Häkelgarn D.M.C N° 25 bis 60, oder Leinen-Spitzengarn D.M.C N° 16 bis 70, in Weiss oder Naturfarben. (*)

Borte aus Frivolitäten (Abb. 530). — Mit einem Schiffchen zu arbeiten.

Der erste Ring gleich jenem in Abbildung 529, dann bleibt eine Fadenlänge von 5 bis 10 mm., hierauf wird die Arbeit gewendet und ein zweiter dem ersten ganz gleicher Ring gemacht. Die Arbeit wenden und nach einer der ersten gleichkommenden Fadenlänge wird ein dritter Ring begonnen, welcher nach dem 4. Dplkt. an das 5. Pkt. des ersten Ringes

Abb. 530. Borte aus Frivolitäten.
Fadensorten: Elsässer Nähgarn D.M.C N° 30 bis 70, oder Leinen-Strick- und Häkelgarn D.M.C N° 12 bis 45, in Weiss oder Naturfarben. (*)

(*) Siehe am Schluss des letzten Kapitels die Tabelle der Nummern und das Farbenverzeichnis der Baumwoll-, Leinen- und Seiden-Artikel, Marke D.M.C.

anzuschliessen ist. Die Arbeit ist nach jedem vollendeten Ringe zu wenden, so dass die Ringe nach oben alle auf der rechten Seite, jene nach unten alle auf der verkehrten Seite gearbeitet erscheinen.

Soll diese Borte als Einsatz verwendet werden, so sind die Pikots zu überhäkeln, wie es in mehreren der folgenden Abbildungen erklärt wird.

Abb. 531. Borte aus Frivolitäten.
Fadensorten: Elsässer Nähgarn D.M.C N° 30 bis 70, oder Häkelgarn D.M.C, Spezial-Qualität, N° 30 bis 80, in Weiss oder Naturfarben.

Borte aus Frivolitäten (Abb. 531). — Mit zwei Schiffchen zu arbeiten; die beiden Fadenenden zusammenknüpfen. Der erste Ring ist mit einem Schiffchen, gleich jenem der Abbildungen 529 und 530 zu arbeiten, die Arbeit wenden; der zweite untere Ring ist mit dem zweiten Schiffchen dicht anschliessend an den ersten Ring auszuführen, der Faden, mit dem bisher gearbeitet wurde, um die linke Hand zu schlingen, das bis jetzt frei gebliebene Schiffchen in die rechte Hand zu nehmen, mit demselben 6 Dplkt. auszuführen, wenden und dann wieder mit nur einem Schiffchen weiter zu arbeiten. Die einzelnen Ringe sind beim Arbeiten durch das Seitenpikot zu verbinden.

Abb. 532. Spitzchen aus Frivolitäten und Häkelei.
Fadensorten — Zur Frivolitäten-Arbeit: Elsässer Nähgarn D.M.C oder Häkelgarn D.M.C N° 50. — Zur Häkelei: Elsässer Nähgarn D.M.C oder Häkelgarn D.M.C N° 80, in Weiss oder Naturfarben.

Spitzchen aus Frivolitäten und Häkelei (Abb. 532). — Mit einem Schiffchen zu arbeiten = 1 Dplkt., 1 Pkt., 2 Dplkt., 1 Pkt., 2 Dplkt., 1 Pkt., 2 Dplkt., 1 Pkt. doppelt so lang als die anderen, 2 Dplkt., 1 Pkt., 2 Dplkt., 1 Pkt., 2 Dplkt., 1 Pkt., 2 Dplkt., 1 langes Pkt., 1 Dplkt., den Ring schliessen, den Faden abschneiden und beide Fadenenden auf der Kehrseite vernähen.

Der nächste Ring ist gleich dem ersten herzustellen, nur wird er vor dem letzten Doppelknoten an den vorhergehenden Ring bei dem langen Pikot angeschlossen.

Ist die Kette aus Ringen lang genug, so werden die Pikots nach einer Seite durch Stäbchen, mit je 3 Luftmaschen dazwischen, aufgefasst. Ueber diese gehäkelte Reihe ist dann eine zweite auszuführen, bestehend aus 1 f. M. in das erste St., 2 Lftm., 1 Pkt., 2 Lftm., 1 f. M. in das nächste Stäbchen usw.

Abb. 533. Dreireihige Spitze aus Frivolitäten.

Fadensorten: Elsässer Nähgarn D.M.C N° 30 bis 70, oder Knüpfgarn D.M.C N° 20 bis 30, in Weiss oder Naturfarben. (*)

Als unterer Abschluss sind zu arbeiten: 1 f. M. in das erste Pkt., 3 Lftm., 1 f. M. in das zweite Pkt., 3 Lftm., 1 f. M. in das dritte Pkt., 3 Lftm., 1. f. M. in das erste Pkt. des nächsten Ringes usw. Eine Reihe fester Maschen bildet den dichten Abschluss nach oben.

Dreireihige Spitze aus Frivolitäten (Abb. 533). — Mit zwei Schiffchen zu arbeiten; die erste Reihe mit einem Schiffchen und gleich jener in Abbildung 528. Die zweite und dritte Reihe hingegen sind mit zwei Schiffchen zu arbeiten.

Abb. 534. Spitze aus Frivolitäten und Häkelei.

Fadensorten — Zu der Frivolitäten-Arbeit: Elsässer Nähgarn D.M.C N° 30, Elsässer Strick- und Häkelgarn D.M.C N° 20, Leinen-Strickgarn D.M.C N° 12 oder Perlgarn D.M.C N° 5, in Jaune-Crème 711 und Bleu solide 813 oder in Jaune-Maïs 579 und Rouge-Grenat 335. Zur Häkelei: Elsässer Nähgarn D.M.C N° 50, Leinen-Strickgarn D.M.C N° 25 oder Perlgarn D.M.C N° 8, in Jaune-Crème 711 oder in Jaune-Maïs 579. (*)

Der Faden des rechten Schiffchens ist durch das erste Pkt. zu führen und einzuknüpfen; dann wird aus dem zweiten Faden, der über die linke Hand zu nehmen ist, dieselbe Knotenzahl wie an der ersten Bogenreihe gemacht; ist dieselbe vollzählig, so ist der Faden wieder an das nächste Pkt. anzuschliessen. In der dritten Bogenreihe, der zweiten gleich zu arbeiten, werden noch 3 Pkt. zwischen den oberen 8 Dplkt. eingereiht.

(*) Diese Nummern bezeichnen Farben aus den Farbenkarten der die Marke D.M.C tragenden Artikel. Diese Farbenkarten liegen in allen Kurzwaren- und Handarbeitsgeschäften auf.

Spitze aus Frivolitäten und Häkelei (Abb. 534). — Mit zwei Schiffchen und in zwei Farben zu arbeiten.

Nachdem eine Ringkette in heller Farbe gleich jener des vorhergehenden Musters, Abb. 532, vollendet ist, werden die Fadenenden der beiden Schiffchen an das erste Pkt. nach dem langen befestigt, der helle Faden kommt in die rechte Hand, der dunkle ist über die linke zu legen und damit zu knüpfen: * 3 Dplkt., 1 Pkt., 3 Dplkt., den Faden der rechten Hand an das nächste Pikot anschliessen, 3 Dplkt., 1 Pkt., 3 Dplkt., den Faden der rechten Hand an jedes der zwei nächsten Pikots gesondert anschliessen und von * an wiederholen.

Die nächste Reihe ist ebenfalls mit zwei Schiffchen und in zwei Farben zu arbeiten; der helle Faden bleibt wieder für die rechte, der dunkle für die linke Hand bestimmt; die Fäden dem 1. dunklen Pkt. anschliessen = ** 4 Dplkt., 1 Pkt., 2 Dplkt., 1 Pkt., 2 Dplkt. = die Arbeit wenden = mit dem Schiffchen der rechten Hand allein arbeiten: 6 Dplkt., den Faden an die kleine Schlinge, welche sich über dem mittleren Pkt. der zweiten Reihe gebildet, anschliessen, 6 Dplkt., den Ring fest zuziehen = die Arbeit wenden = mit beiden Schiffchen: 2 Dplkt., 1 Pkt., 2 Dplkt., 1 Pkt., 4 Dplkt., den Faden an beide dunkle Pikots anschliessen und von * * an wiederholen.

Der untere gehäkelte Abschluss ist in zwei Reihen zu arbeiten.

1. Reihe — * 1 St. in das erste Pkt., 3 Lftm., 1 f. M. in das mittlere Pkt., 3 Lftm., 1 St. in das letzte Pkt. des Ringes, 1 Lftm.; von * an wiederholen.

2. Reihe — 1 St., 1 Lftm., 1 M. übergehen, 1 St., 1 Lftm. usw.

Spitze aus Frivolitäten und Häkelei (Abb. 535). — Mit zwei Schiffchen und in zwei Farben zu arbeiten. Mit einem Schiffchen und mit der hellen Farbe: 2 Dplkt., 1 kurzes Pkt., 2 Dplkt., 1 langes Pkt., * 2 Dplkt., 1 gewöhnliches Pkt., 2 Dplkt., 1 Pkt., 2 Dplkt., 1 Pkt., 2 Dplkt., 1 Pkt., 2 Dplkt., 1 Pkt., 2 Dplkt., 1 langes Pkt., 2 Dplkt., 1 kurzes Pkt., 2 Dplkt., den Ring schliessen und wenden.

Mit zwei Schiffchen, den dunklen Faden über die linke Hand, den hellen in die rechte: 3 Dplkt., 1 kurzes Pkt., 3 Dplkt., 1 langes Pkt., 2 Dplkt., wenden.

Mit einem Schiffchen, mit dem hellen Faden: 4 Dplkt., den Faden an das 9. Pkt. des grossen Ringes anschliessen, 4 Dplkt., 1 Pkt., 4 Dplkt., den Ring schliessen und wenden.

Mit zwei Schiffchen, den dunklen Faden über die linke Hand, den hellen in die rechte: 2 Dplkt., 1 langes Pkt., 3 Dplkt., 1 kurzes Pkt., 3 Dplkt., wenden.

Mit einem Schiffchen, mit hellem Faden: 2 Dplkt., den Faden an das freie Pkt. des kleinen Ringes anschlingen, 2 Dplkt., den Faden an das lange Pkt. des grossen Ringes anschlingen; von * an wiederholen.

Die dunklen Bogen sind beim Weiterarbeiten durch das kurze Pkt. zu verbinden.

Zum oberen gehäkelten Abschluss sind 2 Reihen erforderlich.

Abb. 535. Spitze aus Frivolitäten und Häkelei.

Fadensorten — Zur Frivolitäten-Arbeit: Elsässer Nähgarn D.M.C N° 30, Elsässer Strick- und Häkelgarn D.M.C N° 20, Leinen-Strickgarn D.M.C N° 25 oder Perlgarn D.M.C N° 5, in Vert doré 582 und Violet-Scabieuse 397 oder in Brun-Rouille 3314 und Rouge-Cardinal 346.

Zur Häkelei: Elsässer Nähgarn D.M.C N° 50, Elsässer Strick- und Häkelgarn D.M.C N° 30, Leinen-Strickgarn D.M.C N° 35 oder Perlgarn D.M.C N° 8, in Vert doré 582 oder in Brun-Rouille 3314. (*)

1. Reihe — * 1 f. M. in das 1. der 5 Pkt. des grossen Ringes, 4 Lftm., 1 f. M. in das 2. Pkt., 4 Lftm., 1 f. M. in das 3. Pkt., 4 Lftm., 1 f. M. in das 4. Pkt., 4 Lftm., 1 f. M. in das 5. Pkt.; von * an wiederholen.

2. Reihe — 2 f. M. über die ersten 4 Lftm. Ueber die zweiten und dritten 4 Lftm. je: 1 f. M., 1 halbes St., 2 St., 1 halbes St., 1 f. M. Ueber die vierten 4 Lftm. 2 f. M.

Der untere Abschluss wird auf folgende Art ausgeführt: 1 f. M. in ein langes Pkt., 5 Lftm., 1 f. M. in das nächste Pkt., 3 Lftm., 1 Doppelst. in das kurze Zwischenpikot (die zwei letzten Schlingen des Stäbchens bleiben auf der Nadel), noch 2 einfache Stäbchen in die erste untere Schlinge des Doppel-

(*) Siehe am Schluss des letzten Kapitels die Tabelle der Nummern und das Farbenverzeichnis der Baumwoll-, Leinen- und Seiden-Artikel, Marke D.M.C.

stäbchens, deren letzte Schlingen ebenfalls auf der Nadel bleiben, um nach dem 3. St. alle zugleich zugeschürzt zu werden, 3 Lftm. usw.

Der letzte Gang besteht aus: * 1 St. über 5 Lftm., 3 Lftm., 1 St., 1 Lftm., 1 St., 3 Lftm.; von * an wiederholen.

Spitze aus Frivolitäten und Häkelei (Abb. 536). — Mit zwei Schiffchen und in zwei Farben zu arbeiten und mit dem hellen Faden beginnen: 6 Dplkt., 1 Pkt., 6 Dplkt., den Ring zuziehen = die Arbeit wenden = knapp an dem Ringe einen zweiten ganz gleichen ausführen und dann die Arbeit wenden.

Abb. 536. Spitze aus Frivolitäten und Häkelei.

Fadensorten — Zur Frivolitäten-Arbeit: Leinen-Strickgarn D.M.C N° 25, Elsässer Strick- und Häkelgarn D.M.C N° 20 oder Perlgarn D.M.C N° 8, in Brun-Cachou 437 und Bleu grand-teint 799 oder in Gris-Cendre 415 und Rouge-Géranium 352.

Zur Häkelei: Elsässer Nähgarn D.M.C N° 70, Elsässer Strick- und Häkelgarn D.M.C N° 30, Leinen-Strickgarn D.M.C N° 35 oder Perlgarn D.M.C N° 12, in Brun-Cachou 437 oder in Gris-Cendre 415. (*)

Mit zwei Schiffchen, den dunklen Faden über die linke, den hellen in die rechte Hand: 6 Dplkt., 1 Pkt., 6 Dplkt., wenden. Mit einem Schiffchen mit hellem Faden: 6 Dplkt., den Faden an das Pkt. des gegenüberliegenden Ringes anschlingen, 6 Dplkt., den Ring schliessen und wenden; 6 Dplkt., 1 Pkt., 6 Dplkt., zum Ring schliessen und wenden.

Der nächste Halbkreis ist gleich dem ersten auszuführen, kommt aber in entgegengesetzter Richtung zu stehen.

Es werden drei Reihen solcher durch Ringe unterbrochene Halbkreise gemacht.

In der zweiten Reihe werden die Ringe an das Pkt. der

(*) Siehe am Schluss des letzten Kapitels die Tabelle der Nummern und das Farbenverzeichnis der Baumwoll-, Leinen- und Seiden-Artikel, Marke D.M.C.

schon früher verbundenen Ringe angeschlossen und auch die gegenüberliegenden Bogen durch das Pkt. verbunden.

Für den äusseren Bogenabschluss ist zuerst ein kleiner Ring mit hellem Faden zu machen: * 5 Dplkt., den Faden in das Pkt. zwischen zwei Ringen anschlingen, 5 Dplkt., schliessen und wenden.

Mit zwei Schiffchen, den dunklen Faden über die linke Hand: 4 Dplkt. und wenden.

Mit dem hellen Faden: 2 Dplkt., 1 Pkt., 2 Dplkt., 1 Pkt., 2 Dplkt., den Faden an das Pkt. des Halbkreises der 3. Reihe anschlingen, 2 Dplkt., hierauf noch 8 Pkt. mit 8 mal 2 Dplkt. dazwischen; den Ring schliessen und wenden.

Abb. 537. Borte mit Blätterabschluss aus Frivolitäten und Häkelei.

Fadensorten — Zur Frivolitäten-Arbeit: Häkelgarn D.M.C N° 30, Elsässer Strick- und Häkelgarn D.M.C N° 20, Leinen-Strickgarn D.M.C N° 25 oder Perlgarn D.M.C N° 5, in Jaune d'or 781 und Violet-Scabieuse 395 oder in Rose tendre 776 und Brun-Cachou 434.
Zur Häkelei: Elsässer Nähgarn D.M.C N° 50, Elsässer Strick- und Häkelgarn D.M.C N° 30, Häkelgarn D.M.C N° 50, Leinen-Strickgarn D.M.C N° 35 oder Perlgarn D.M.C N° 8, in Jaune d'or 781 oder in Rose tendre 776.

Mit zwei Schiffchen, den dunklen Faden über die linke Hand: 4 Dplkt., 1 langes Pkt., 2 Dplkt., 1 Pkt., 2 Dplkt., 1 Pkt., 2 Dplkt. und wenden.

Mit dem hellen Faden: 4 Dplkt., den Faden an das dritte Pikot des grossen Ringes anschlingen; 4 Dplkt., schliessen und wenden.

Mit zwei Schiffchen, den dunklen Faden über die linke Hand: 2 Dplkt., 6 Pkt. mit je 2 Dplkt. dazwischen, die Arbeit wenden.

Mit dem hellen Faden: 4 Dplkt., den Faden an das 3. Pkt. des grossen Ringes anschliessen, 4 Dplkt., den Ring schliessen und wenden.

Mit zwei Schiffchen, den dunklen Faden in die linke Hand, den hellen in die rechte: 2 Dplkt., 1 Pkt., 2 Dplkt., 1 Pkt., 2 Dplkt., 1 langes Pkt., 4 Dplkt., an das 6. Pkt. des grossen Ringes anschlingen.

4 Dplkt., die Arbeit wenden. Von * an wiederholen. Die einzelnen Zacken werden durch die langen Pikots verbunden. Ein gehäkelter Rand schliesst die Spitze nach oben ab.

1. Gang — 1 St. in das Verbindungspikot zweier kleiner Ringe, 9 Lftm., 1 f. M. in das Pkt. des Bogens, 9 Lftm. usw.

2. Gang — 1 St. in jede M.

Soll aus dieser Spitze ein Einsatz gebildet werden, so fällt der Bogenabschluss fort; an dessen Stelle tritt dann der gerade gehäkelte Rand.

Abb. 538. Borte aus Frivolitäten und Häkelei.

Fadensorten — Zur Frivolitäten-Arbeit: Häkelgarn D.M.C N° 40, Knüpfgarn D.M.C N° 30, Leinen-Strickgarn D.M.C N° 12 oder Perlgarn D.M.C N° 5, in Jaune-Maïs 579 oder in Jaune-Crème 711.

Zur Häkelei: Häkelgarn D.M.C, Spezial-Qualität, N° 60, Leinen-Strickgarn D.M.C N° 25 oder Elsässer Strick- und Häkelgarn D.M.C N° 20, in Jaune-Maïs 579 oder in Jaune-Crème 711. (*)

Abb. 539.
Einzelne Halbkreise der Frivolitäten-Arbeit.
Zur Borte Abbildung 538.

Borte mit Blätterabschluss aus Frivolitäten und Häkelei (Abb. 537). — Von den unter der Abbildung angeführten Garnnummern sind, wie angegeben, die stärkeren auf die Schiffchen zu winden und zwar die hellen auf das eine und die dunklen auf das andere.

Mit dem dunkel umwundenen Schiffchen beginnend, sind zu schürzen: * 4 Dplkt., 1 Pkt., 8 Dplkt., 1 Pkt., 4 Dplkt. zu einem Ring zuziehen und wenden.

Mit zwei Schiffchen, den hellen Faden auf die linke Hand legen, den dunklen in die rechte Hand nehmen: 4 Dplkt., 1 Pkt., 2 Dplkt., 1 Pkt., 2 Dplkt., 1 Pkt., 4 Dplkt., den Faden der rechten Hand an das Pkt. des ersten Ringes

(*) Siehe am Schluss des letzten Kapitels die Tabelle der Nummern und das Farbenverzeichnis der Baumwoll-, Leinen- und Seiden-Artikel, Marke D.M.C.

anschliessen, dann : 4 Dplkt., 1 Pkt., 2 Dplkt., 1 Pkt., 2 Dplkt., 1 Pkt., 4 Dplkt., wenden.

Mit einem Schiffchen und zwar mit dem dunklen Faden : 4 Dplkt., den Faden an das Pkt. des ersten Ringes anschliessen, 8 Dplkt., 1 Pkt., 4 Dplkt., den Ring schliessen ; ein kurzes Fadenende frei lassen, dann : 6 Dplkt., den Faden an das Pkt. des vorhergehenden Ringes anschliessen, 8 Dplkt., 1 Pkt., 6 Dplkt., den Ring schliessen; dann von * an stets wiederholen; der zweite Seitenring ist dem Mittelringe beim Seitenpikot anzuschliessen.

Sind zwei solcher Bogenreihen in genügender Länge vollendet, so werden sie durch Häkelei verbunden.

Zu dieser ist das feinere Garn zu nehmen und sind zu arbeiten:

1. Reihe — 1 f. M. in das erste Pkt., 5 Lftm., 1 f. M. in das mittlere Pkt., 5 Lftm., 1 f. M. in das dritte und erste Pkt. usw.

2. Reihe — Ueber je 5 Lftm. eine sechsfache Büschelmasche, Abb. 466, mit je 5 Lftm. dazwischen.

Bei derselben Reihe nach der zweiten Einsatzseite wird die dritte Lftm. an die dritte der ersten Reihe angeschlossen, so beide Teile verbindend.

Borte aus Frivolitäten und Häkelei (Abb. 538 und 539). Mit einem Schiffchen zu arbeiten. — Es werden zuerst zwei Reihen Halbkreise gemacht, mit 16 Dplkt. unterbrochen von 4 kurzen und 3 langen Pikots ; der Zwischenfaden muss eben so lang sein, als der Halbkreis breit ist.

Sind nun zwei Reihen solcher Bogen vollendet, so werden über den freien Faden zwischen den Knoten mit feinem Faden je 6 f. M. gehäkelt.

In der nächsten Reihe kommen über diese Reihe f. M. 1 f. M. in jede 3. f. M. durch je 5 Lftm. getrennt.

Von der andern Seite, d. h. bei der zweiten Bogenreihe, wird die 3. Lftm. durch die 3. des ersten Teiles gezogen und so beide Streifen verbunden.

Den äusseren Abschluss ergeben : 1 f. M. in das 1. kurze Pkt., 8 Lftm., * 1 St. in das 2. kurze Pkt., 7 Lftm., 1 St. in das 3. kurze Pkt., 8 Lftm., 1 f. M. in das 4. kurze Pkt., 1 f. M. in das gegenüberliegende Pkt., 3 Lftm., den Faden durch die 4. der letzten 8 Lftm. ziehen, 4 Lftm., von * an wiederholen.

Den letzten Gang bilden: 1 f. M. in jede Lftm. der 3 letzten der ersten 8 Lftm.; ** 1 Pkt. aus 5 Lftm., 4 f. M. in die 4 nächsten Lftm., 1 Pkt., 1 f. M. in dieselbe M., in welcher die 4. f. M. vor dem Pkt. liegt, 3 f. M., 1 Pkt., 3 f. M., die letzte und erste Lftm. übergehen, auf dem nächsten Bogen wieder 3 f. M. und dann von ** an fortsetzen.

Stern aus Frivolitäten (Abb. 540). — Mit zwei Schiffchen zu arbeiten und in zwei Farben.

Man beginnt mit einem Schiffchen mit hellem Faden, bildet einen Ring von 24 Dplkt. und 12 Pkts., von denen jedes zweite doppelt so lang sein muss als das vorhergehende, das ziemlich kurz geschürzt wurde; der Faden wird abgeschnitten und beide Enden auf der Kehrseite sorgfältig vernäht.

Abb. 540.
Stern aus Frivolitäten.
Fadensorten: Knüpfgarn D.M.C N° 30, Elsässer Strick- und Häkelgarn D.M.C N° 30, Leinen-Strickgarn D.M.C N° 25 oder Perlgarn D.M.C N° 8, in Weiss und Rose tendre 776 oder in Bleu-Indigo 311 und Brun-Rouille 3314. (*)

Für die nun folgenden 4 Reihen sind zwei Schiffchen erforderlich.

1. Reihe — Zwei Schiffchen mit hellem Faden; ein Fadenende an ein kurzes Pkt. des Ringes anschliessen: * 3 Dplkt., 1 kurzes Pkt., 2 Dplkt., 1 langes Pkt., 2 Dplkt., 1 langes Pkt., 2 Dplkt., 1 langes Pkt., 2 Dplkt., 1 kurzes Pkt., 3 Dplkt.; den Faden der rechten Hand an ein kurzes Pkt. des Mittelringes anschliessen, von * an noch fünfmal wiederholen, wobei die einzelnen Bogen durch das kurze Seitenpikot nach den drei ersten Dplkt. zu verbinden sind.

Beim sechsten Bogen wird anstatt des zweiten kurzen Pikots der Faden der linken Hand durch das erste Pikot des ersten Bogens gezogen, dann werden die 3 Dplkt. vollendet, die Fäden abgeschnitten, durch das Ringpikot gezogen und auf der Kehrseite vernäht.

(*) Siehe am Schluss des letzten Kapitels die Tabelle der Nummern und das Farbenverzeichnis der Baumwoll-, Leinen- und Seiden-Artikel, Marke D.M.C.

2. Reihe — Zwei Schiffchen mit hellem Faden; ein Fadenende an ein langes Pkt. anschliessen, hierauf * 4 Dplkt., ein kurzes Pkt., 4 Dplkt., den Faden der rechten Hand an das nächste Pkt. anschliessen; von * an 17 mal wiederholen.

3. Reihe — Zwei Schiffchen mit dunklem Faden; ein Fadenende an 1 Pkt. anschliessen: 4 Dplkt., den Faden der rechten Hand durch das Pkt. der unteren Reihe ziehen, 1 grosses Pkt., 4 Dplkt. usw. über den ganzen Kreis. Im ganzen 18 Bogen.

4. Reihe — Zwei Schiffchen mit dunklem Faden an ein Pikot der 2. Reihe anschliessen: * 2 Dplkt., 1 Pkt., 2 Dplkt., 1 Pkt., 2 Dplkt., 1 Pkt., 2 Dplkt., den Faden der rechten Hand wieder an das helle Pkt. der 2. Reihe anschliessen; von * an wiederholen.

Abb. 541. Stern aus Frivolitäten.
Fadensorten: Knüpfgarn D.M.C N° 30, Elsässer Strick- und Häkelgarn D.M.C N° 20, Leinen-Strickgarn D.M.C N° 12 oder Perlgarn D.M.C N° 5, in Jaune d'or 781 und Violet-Scabieuse 395 oder in Rouge-Géranium 352 und Brun-Cachou 434.

Stern aus Frivolitäten (Abb. 541). — Diese reizende Sternfigur dient zur Ausstattung von Nadelkissen, Sachets, Lampentassen usw., sie kann ein- oder mehrfarbig hergestellt werden. Mit zwei Schiffchen zu arbeiten.

1. Reihe — Der innere kleine Ring, aus 12 Dplkt. und 6 Pkt. bestehend, wird mit dem hellen Faden gearbeitet.

2. Reihe mit zwei Schiffchen — Den dunklen Faden über die linke Hand laufen lassen, den hellen in die rechte Hand nehmen. Das helle Fadenende an 1 Pkt. anschliessen: 2 Dplkt., 1 langes Pkt., 2 Dplkt., 1 langes Pkt., den Faden der rechten

Hand an das Pkt. des 1. Ringes anschliessen, 2 Dplkt., 1 langes Pkt., 2 Dplkt. u. s. f., im ganzen 12 Pkt. um den Ring.

Nach dem 6. Bogen die Fadenenden vernähen.

3. Reihe — Mit einem Schiffchen und hellem Faden: * 3 Dplkt., den Faden an ein Pkt. des 2. Ganges anschliessen, 3 Dplkt., den Ring zuziehen.

Eine Fadenlänge von 5 mm. frei lassen, die Arbeit wenden, 4 Dplkt., 1 Pkt., 4 Dplkt., den Ring zuziehen und wenden; wieder ein Fadenende von 5 mm. frei lassen und von * an elfmal wiederholen.

4. Reihe — Mit zwei Schiffchen, den dunklen Faden über die linke Hand, den hellen in die rechte: Das helle Fadenende an ein Pkt. der 12 Ringe der 3. Reihe anschliessen, * 3 Dplkt., 1 Pkt., 3 Dplkt.

Mit dem dunklen Schiffchen: 3 Dplkt., den Faden an das dunkle Pkt. anschliessen, 3 Dplkt., 1 Pkt., 3 Dplkt., 1 Pkt., 3 Dplkt., den Ring zuziehen. Knapp daran: 3 Dplkt., den Faden an das 2. Pkt. des ersten Ringes anschliessen, 3 Dplkt., 1 Pkt., 3 Dplkt., den Ring zuziehen.

Wieder knapp daran: 3 Dplkt., den Faden an das Pkt. des zweiten Ringes anschliessen, 3 Dplkt., 1 Pkt., 3 Dplkt., 1 Pkt., 3 Dplkt., den Ring zuziehen.

Mit zwei Schiffchen fortsetzen: 3 Dplkt., den Faden an das 2. Pkt. des dritten Ringes anschliessen, 3 Dplkt., den Faden der rechten Hand an das Pkt. des Ringes des 3. Ganges anschliessen. Von * an elfmal wiederholen, wobei die einzelnen Ringfiguren noch durch das freie Seitenpikot untereinander zu verbinden sind.

5. Reihe — Mit zwei Schiffchen, den hellen Faden in die linke Hand, den dunklen in die rechte: Den dunklen Faden an ein Pkt. zwischen 2 Ringen anschliessen, über den grösseren Ring * 2 Dplkt., 1 Pkt., 2 Dplkt., 1 Pkt., 2 Dplkt., den Faden an das nächste Pkt. anschliessen, 2 Dplkt., 1 Pkt., 2 Dplkt., 1 Pkt., 2 Dplkt., 1 Pkt., 2 Dplkt., 1 Pkt., 2 Dplkt., den Faden wieder an das nächste Pkt. anschliessen, 2 Dplkt., 1 Pkt., 2 Dplkt., 1 Pkt., 2 Dplkt., von * an elfmal wiederholen.

Deckenmuster aus Frivolitäten und Häkelei (Abb. 542). Achtzackige Sterne mit erhabener Mittelrosette, verbunden durch gehäkelte Figuren, bilden den Grund des Deckenmusters, das aussen von einer Zackenspitze begrenzt ist. Als Verbindung zwischen Grund und Spitze dient ein fester Bortenstreifen mit erhabenen Rändern aus Frivolitätenringen.

Achtzackiger Stern. — Einzelringe in Frivolitäten. Mit einem Schiffchen und starkem Garn: 1 Dplkt., 1 Pkt., 2 Dplkt., 1 Pkt., 2 Dplkt., 1 Pkt., 2 Dplkt., 1 Pkt., 2 Dplkt., 1 Pkt., 2 Dplkt., 1 Pkt., 2 Dplkt., 1 Pkt., 2 Dplkt., 1 Pkt., 1 Dplkt., zum Ring schliessen; den Faden abschneiden und vernähen.

Zuerst hat man den inneren Kreis aus 16 durch die Pikots mit einander verbundenen Ringen herzustellen und dann nach aussen zu noch je drei Ringe für jede Zacke anzuschliessen, wie auf der Vorlage ersichtlich.

Für die Rosette im Innern des Sternes hat man 11 Ringe wie folgt zu arbeiten. Mit einem Schiffchen: * 3 Dplkt., 1 Pkt., 3 Dplkt., 1 Pkt., 3 Dplkt., 1 Pkt., 3 Dplkt., zum Ring schliessen; von * an zehnmal wiederholen; zwischen den einzelnen Ringen bleibt ein Fadenende von 2 mm. frei.

Gehäkelte Spinnenverbindung. — Mit starkem Garn. Ueber den freien Faden vor dem ersten Ring 1 f. M., 1 f. M. über den Faden zwischen den ersten und zweiten Ring, 1 f. M. zwischen den zweiten und dritten Ring, 1 f. M. zwischen den dritten und vierten Ring, 1 f. M. zwischen den vierten und fünften und 1 f. M. zwischen den fünften und sechsten Ring, beide f. M. sind in die f. M. über das Fadenende vor dem ersten Ring zu arbeiten, 1 f. M. zwischen den sechsten und siebenten und 1 f. M. zwischen den siebenten und achten Ring, beide f. M. sind in die f. M. zwischen den ersten und zweiten Ring zu arbeiten, 1 f. M. zwischen den achten und neunten und 1 f. M. zwischen den neunten und zehnten Ring, beide f. M. sind in die f. M. zwischen den zweiten und dritten Ring zu arbeiten, 1 f. M. zwischen den zehnten und elften und 1 f. M. über das Fadenende nach dem elften Ring, beide f. M. sind in die f. M. zwischen den dritten und vierten Ring zu arbeiten, 1 Km. in die folgende f. M., 10 Lftm., dem freien Pkt. eines Ringes im Einschnitt zwischen zwei Zacken anschliessen, 1 Lftm. übergehen, 9 Km., 1 f. M. über die nächste f. M. der Rosette, * * 10 Lftm., dem freien Pkt. des zweitfolgenden

Ringes anschliessen, 1 Lftm. übergehen, 9 Km., 1 f. M. in die nächste f. M. der Rosette, von ** an sechsmal wiederholen, mit 1 Km. schliessen, den Faden abschneiden und vernähen.

Die Verbindung der einzelnen Sterne durch die 2 mittleren

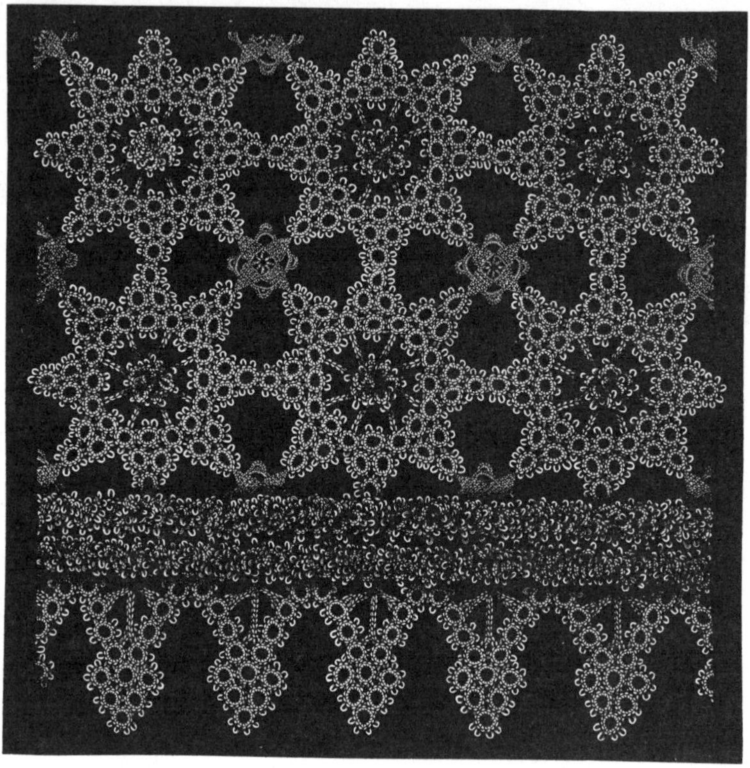

Abb. 542. Deckenmuster aus Frivolitäten und Häkelei.

Fadensorten — Zur Frivolitäten-Arbeit: Knüpfgarn D.M.C N° 30, Häkelgarn D.M.C N° 20, Leinen-Strickgarn D.M.C N° 12 oder Perlgarn D.M.C N° 5.
Zur Häkelei: Knüpfgarn D.M.C N° 30 und Elsässer Nähgarn D.M.C N° 40, Häkelgarn D.M.C N° 20 und 40, Leinen-Strickgarn D.M.C N° 12 und 25 oder Perlgarn D.M.C N° 5 und 8, in Weiss oder Naturfarben. (*)

Pkts. der Ringe an den Zackenspitzen ist nach der Abbildung herzustellen.

Gehäkelter Verbindungsstern. — Mit feinem Garn: 5 Lftm., zum Ring schliessen.

(*) Siehe am Schluss des letzten Kapitels die Tabelle der Nummern und das Farbenverzeichnis der Baumwoll-, Leinen- und Seiden-Artikel, Marke D.M.C.

1. Reihe — 5 Lftm., *** 1 St. in den Ring, 2 Lftm.; von *** an sechsmal wiederholen, 1 Km. in die 3. der 5 Lftm.

2. Reihe — 1 Lftm., 2 f. M. in die M. in welcher die Km. steht, 3 f. M. über die folgenden 2 Lftm., 1 f. M. in das St., 3 f. M. über die folgenden 2 Lftm., **** 3 f. M. in das nächste St., 3 f. M. über die folgenden 2 Lftm., 1 f. M. in das St., 3 f. M. über die 2 Lftm.; von **** an zweimal wiederholen, 1 Km. in die Lftm. und 1 Km. in die erste f. M.

3. Reihe — 9 f. M. = die Arbeit wenden = 1 M. übergehen, 8 f. M. = die Arbeit wenden = 1 M. übergehen, 7 f. M. = die Arbeit wenden = 1 M. übergehen, 6 f. M. = die Arbeit wenden = 1 M. übergehen, 5 f. M. = die Arbeit wenden = 1 M. übergehen, 4 f. M. = die Arbeit wenden = 1 M. übergehen, 3 f. M. = die Arbeit wenden = 1 M. übergehen, 2 f. M. = die Arbeit wenden = 1 M. übergehen, 1 f. M., eine freie Zacke des grossen Frivolitätensternes beim Ring an der Spitze, zwischen den mittleren Pikots anschliessen, den Faden abschneiden und vernähen.

Die anderen 3 Pyramidchen sind wie die erste zu häkeln; die Verbindungsbogen, welche nach der zweiten Reihe, also nach den 8 f. M. zu häkeln sind, bestehen aus 7 Lftm.; sie sind der gegenüberliegenden Pyramide in der gleichen Höhe anzuschliessen; über diese 7 Lftm.: 8 f. M., 6 Lftm. der 4. f. M. nach rechts anschliessen, über die 6 Lftm.: 8 f. M., 4 f. M. über die unteren 7 Lftm. und die begonnene Pyramide wie oben vollenden.

Die Abschlusspitze besteht ebenfalls aus Frivolitätenringen und zwar zählt jede Zacke deren vierzehn, die durch die Pikots verbunden sind. Siehe die Abbildung.

Die gehäkelten Verbindungsstäbchen sind mit starkem Garn zu arbeiten. Man beginnt auf der Kehrseite: ***** 1 f. M. in das dritte freie Pikot des ersten Ringes der Zacke von links nach rechts gezählt, 3 Lftm., 1 f. M. in das nächste Pkt., 20 Lftm. = die Arbeit wenden = dem ersten Pkt. des nächsten Ringes anschliessen, 1 Km. in die zweite Lftm., 2 Lftm., dem folgenden Pkt. anschliessen, 1 Km. in die zweite Lftm., 5 Km., 13 Lftm., dem freien Pkt. des zweitfolgenden Ringes anschliessen, 1 Km. in die zweite Lftm., 2 Lftm., dem freien

Pkt. des folgenden Ringes anschliessen, 1 Km. in die zweite Lftm., 11 Km., 7 Lftm., dem ersten freien Pkt. des zweitfolgenden Ringes anschliessen, 1 Km. in die zweite Lftm., 2 Lftm., dem nächsten Pkt. anschliessen, 1 Km. in die zweite Lftm., 5 Km., weiter noch 4 Km., 9 Lftm. = die Arbeit wenden = 1 f. M. in das zweite freie Pkt. des folgenden Ringes, 3 Lftm., 1 f. M. in das nächste Pkt., 2 Lftm., von ***** an wiederholen.

Die Borte, welche Spitze und Grundmuster verbindet, ist einzeln zu arbeiten und sodann an Spitze und Grundmuster anzunähen.

Für den dichten, mit starkem Garn gearbeiteten Streifen sind acht hin- und zurückgehende Reihen f. M. zu häkeln, wobei immer in das vordere Maschenglied zu stechen ist.

Die Pikoträndchen bestehen aus je einer Reihe kleiner Frivolitätenringe, die gleich denen der Rosette im Innern der grossen Sterne zu arbeiten sind; diese Reihen werden oben und unten an den dichten Streifen mittelst einer Reihe f. M. angesetzt, und zwar ist bei jeder f. M. das freie Fadenende zwischen je zwei Ringen mitzufassen.

Eine durch je zwei Lftm. unterbrochene Stäbchenreihe vollendet nach oben und unten diese Verbindungsborte.

Handarbeitsvorlagen. — Ausser den hier beschriebenen Arbeiten findet man eine Anzahl von Vorlagen für Frivolitäten-Arbeit in dem Album: *Sammlung verschiedener Handarbeiten* der Bibliothek D.M.C. (*)

(*) Siehe am Schluss der Encyklopädie das Verzeichnis der Musterbücher welche die Bibliothek D.M.C bilden.

Einsatz in Knüpfarbeit aus Knotenrippen, flachen Doppelknoten und Muschelknoten.

Die Knüpfarbeit.

Unter den Handarbeiten gibt es wohl keine, die der Knüpfarbeit das Vorrecht, weltbekannt zu sein, streitig machen könnte.

Während vieler Jahre in Vergessenheit geraten oder vielmehr aus der Mode gekommen, wurde sie vor einiger Zeit unter dem arabischen Namen « Macramé » als Neuheit angepriesen und willkommen geheissen.

Seither hat sich die ebenso schöne als nützliche Arbeit stets mehr und mehr verbreitet, weil sie schmucksinnigen Frauen vielfach Gelegenheit bietet, manchem Gegenstande, der sonst nur in grösster Einfachheit im Hause anzutreffen war, durch selbstgefertigte Franse ein reicheres Aussehen zu verleihen.

Zudem ist die Knüpfarbeit eine dauerhafte Verzierung, die gewöhnlich noch einmal so lange dem zerstörenden Einfluss der Zeit trotzt, als das Stück selbst, welches sie ausstattet.

Das Knüpfpolster, die Schrauben und Gerätschaften zur Knüpfarbeit (Abb. 543 und 544). — Das einzige, sozusagen unentbehrlichste Gerät zum Knüpfen ist ein längliches, fest gepolstertes Kissen, siehe Abb. 543. Es kann sowohl ohne Schrauben, als auch mit solchen — zum Befestigen am Tischrande — angefertigt sein. Ein solches Polster ist zu Knüpfarbeiten, die mit Pikotanschlag oder mit Pikotrand gemacht werden, unerlässlich.

Die an den kurzen Seiten des Kissens angebrachten Kopfstifte dienen zur Befestigung der Anfangs- und Einlagefäden.

Wenn jedoch lange Fransenreihen anzufertigen sind, so erweisen sich einfache Kopfschrauben, Abb. 544, zweckmässiger, als das in Abbildung 543 dargestellte Kissen; man kann längere Einlagefäden spannen und diese gleichzeitig mit mehr Schlingen überlegen.

Ausser Kissen und Schrauben sind kräftige Stecknadeln zum Stecken der Schlingen und Pikots, eine Häkelnadel zum Einziehen und Durchziehen der Fadensträhne, wenn solche in Stoff eingehängt werden, eine Scheere und schliesslich ein Metermass zum Vorrichten der Fäden erforderlich.

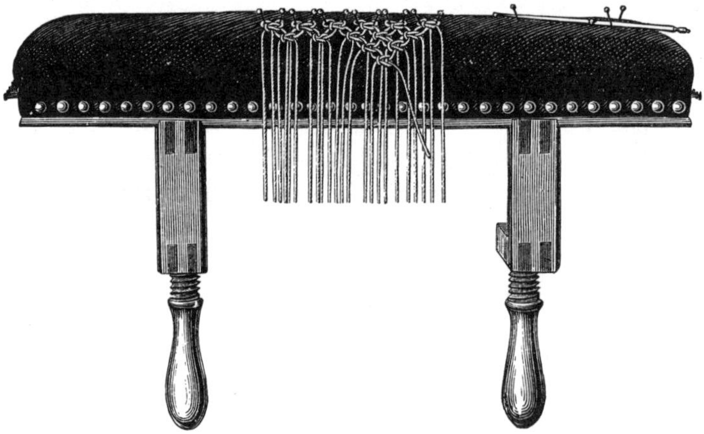

Abb. 543. Das Knüpfpolster.

Man kann den genannten Gerätschaften noch einen Metallkamm zum Gleichen der Fäden, ferner ein eisernes Lineal zum Festhalten der Fäden, wenn sie gekämmt sind und geschnitten werden, hinzufügen.

Die Länge der Fadensträhne ist vom Material abhängig; von steifem, grobem Material ist, da der Knoten mehr davon verbraucht, stets ein längeres Ende zu nehmen, als von feinem.

Wir geben daher bei allen Vorlagen die Länge des Fadens, sowie Gattung und Nummer desselben an. Diese Angaben ermöglichen es, die Fäden ohne vorhergehende Probearbeit zu richten.

Sie bieten den doppelten Vorteil, Zeit und Material zu sparen, da Versuche später selten oder niemals verwendet werden können. Wenn feinerer Faden als der bei der Abbildung angegebene gewählt wird, so ist er kürzer, wird hingegen stärkerer verwendet, so ist er im Verhältnis länger als nach unserer Angabe zu nehmen.

Fadensorten. — Die Knüpfarbeiten, welche aus einzelnen, verschieden gestalteten Knoten gebildet erscheinen, verlangen als Material einen besonders widerstandsfähigen Faden, der beim Arbeiten nicht leicht reisst. Diese Fäden sind naturgemäss stark gedreht; die damit ausgeführten Knoten werden rund und regelmässig, gleichen aufgereihten Perlen, was viel zur Schönheit und Klarheit der Muster beiträgt.

Ein zu wenig gedrehter, weicher, offener Faden würde beim Arbeiten leicht abreissen, sich auch aufrauhen und dadurch das Ansehen der Arbeit wesentlich beeinträchtigen.

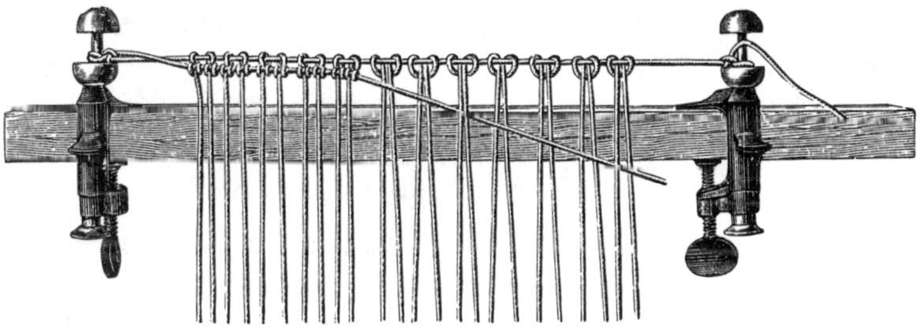

ABB. 544. SCHRAUBEN ZUR KNÜPFARBEIT.

Zur Herstellung von bunten Fransen und Borten, wie solche für Möbelgarnituren, Decken- und Lambrequin-Abschluss verwendet werden, nimmt man in den meisten Fällen Knüpfgarn D.M.C (Fil à pointer). An Stelle der Seide wird in letzter Zeit sehr häufig das so beliebte, glänzende Perlgarn D.M.C (Coton perlé), welches in mehr als 300 Farben und in den Nummern 1, 3, 5, 8 und 12 erzeugt wird, oder auch Elsässer Strick- und Häkelgarn D.M.C (Alsatia), verwendet.

Geknüpfte Garnituren für Tisch- und Hauswäsche müssen in der Farbe übereinstimmend mit dem Grundstoff sein; ist der Gegenstand bestickt, so können auch die Farben der Stickerei, aber bescheiden angebracht, mit eingearbeitet werden. Als Material dienen die stärkeren Nummern des Leinen-Strickgarn D.M.C (Lin à tricoter), des Häkelgarn D.M.C (Cordonnet 6 fils) und des Häkelgarn D.M.C, Spezial-Qualität (Cordonnet spécial).

Die Knotenbildung. — Anfängerinnen in der Knüpfarbeit wollen — wie bei den Frivolitäten — darauf bedacht sein, dass jene Hand, die nach der Beschreibung den Faden stramm zu ziehen hat, ausser dieser Bewegung keine weitere machen darf, bis die andere Hand den Knoten vollendet hat.

Der Knoten selbst besteht aus Schlingen, die über einen Einlagefaden, auch « Knotenträger » genannt, fest zugeschürzt werden.

Schlingen und Einlagefäden wechseln beständig die Rollen, denn bald wird mit dem einen, bald mit dem andern geknüpft.

Beschreibung der Muster. — Beim Knüpfen werden die Fäden nicht immer reihenweise, sondern häufig auch gruppenweise verarbeitet, daher ist die Beschreibung der Muster nicht wie beim Häkeln und Stricken durchgehends in Gängen oder Reihen, sondern mitunter auch in Gruppen oder Serien angegeben.

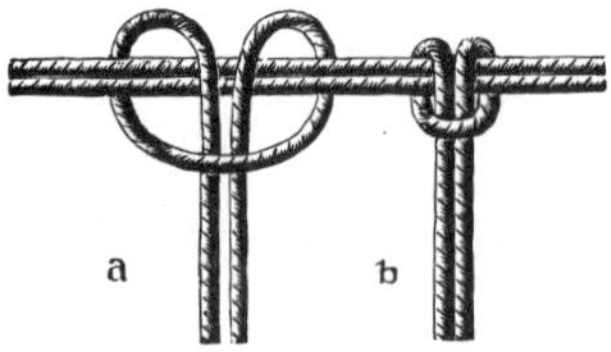

Abb. 545.
Das Anreihen der Knüpffäden.

Das Anreihen der Knüpffäden (Abb. 545). — Wenn nicht die aus dem Stoff auslaufenden Fäden zum Knüpfen verwendet werden, so müssen solche an einem Faden angereiht werden. Es sind die Fadensträhne in doppelter Länge bereit zu halten, da sie, die beiden Enden gleich genommen, in ihrer halben Länge durch die so entstandene Schlinge an den vorher gerichteten Einlagefaden geschürzt werden.

Das Ueberhängen und Zuziehen der Schlingen ist durch die Abbildung genügend erklärt, *a* zeigt einen offenen, *b* einen zugeschürzten Faden.

Das Anreihen der Knüpffäden an Stoffrand und Bilden des flachen Doppelknotens (Abb. 546). — Man nimmt eine Häkelnadel, bringt sie am Rande, von unten nach oben, durch den Stoff, erfasst damit den Faden an der durch das Zusammenlegen gebildeten Schlinge, zieht ihn dann nach unten zurück und führt die Fadenenden durch die Schlinge, *a;*

b zeigt zwei Doppelfäden ziemlich nahe aneinander im Stoffe eingezogen und mit diesem die erste Verschlingung zum flachen Doppelknoten ausgeführt, zu welchen die zu beiden Seiten aussen liegenden Fäden über die beiden in der Mitte liegenden, welche, durch den dritten und vierten Finger der linken Hand stramm gehalten, so geschlungen werden, dass der rechtseitige Faden unter, der linkseitige über die Mittelfäden zu liegen

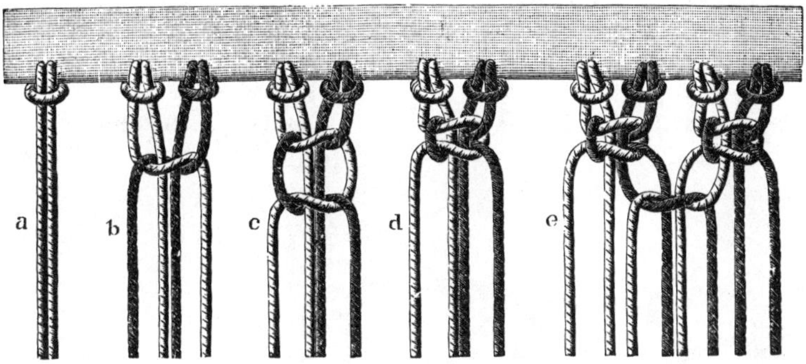

Abb. 546. Das Anreihen der Knüpffäden an Stoffrand und Bilden des flachen Doppelknotens.

kommt; *c* zeigt das Zurückwerfen der Fäden, wodurch der mit *d* vollendet gegebene Doppelknoten entsteht; *e* zeigt den festgeschürzten flachen Doppelknoten nebst dem Anfang eines dritten, zu welchem die zwei rechts und die zwei links liegenden Fäden der ersten Knoten genommen werden.

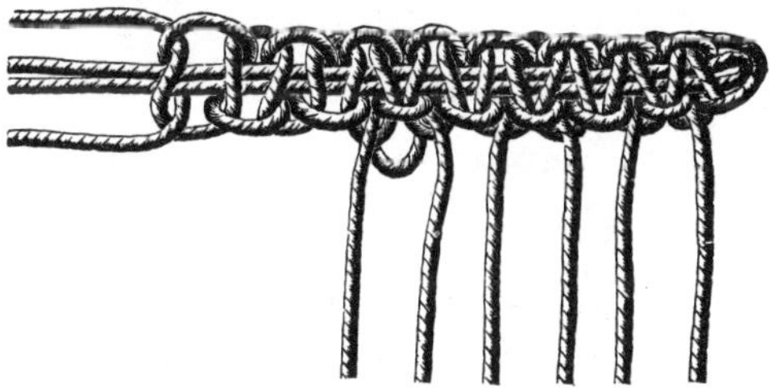

Abb. 547.
Das Anreihen an ein geknüpftes Börtchen.

Das Anreihen an ein geknüpftes Börtchen (Abb. 547). – Ueber einen doppelten Einlagefaden werden nach Abbildung 546 *d*, flache Doppelknoten geschürzt, die Knüpffäden sodann in die Knotenschlingen so eingezogen, dass der Fadenbügel nach der Kehrseite liegt.

Es empfiehlt sich, hier stets Doppelfäden einzuhängen, damit die unter dem Börtchen anzubringende Musterung nicht zu durchbrochen ausfällt.

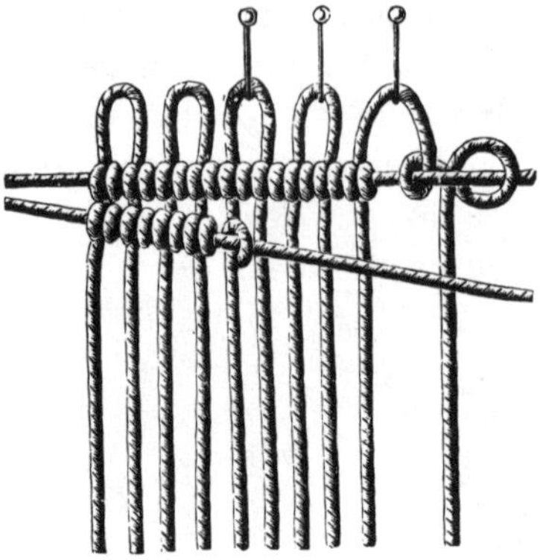

Abb. 548.
Das Anreihen mit runden Pikots.

Das Anreihen mit runden Pikots (Abb. 548). — Die Fadenlängen werden mit starken Stecknadeln, einen halben bis einen ganzen cm. von einander entfernt, am Kissen befestigt, der Einlagefaden auf der linken Seite an einen Kopfstift angeknüpft und mit der rechten Hand stramm und wagerecht gehalten. Die linke Hand führt die Knoten zur Schnur aus, indem sie jedes Ende der gesteckten Fäden zweimal über den Einlagefaden von unten nach oben, über denselben durchschlingt und nach links ziehend den Knoten zuschürzt.

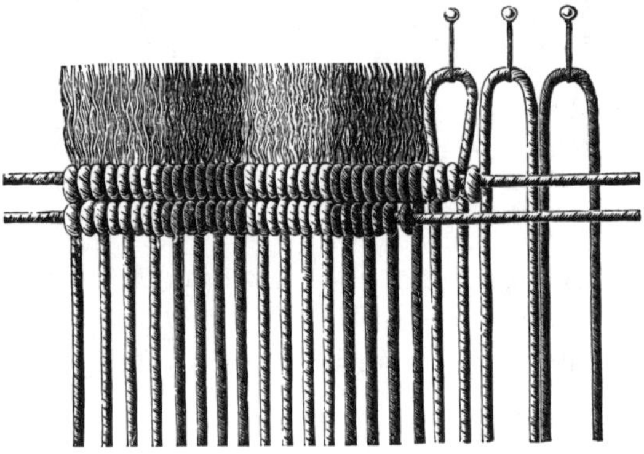

Abb. 549.
Das Anreihen mit Fransen nach oben.

Das Fadenende kommt jedesmal links vor dem zugeschürzten Knoten heraus, daher befindet sich nach Vollendung des zweiten Knotens das Fadenende inmitten des Doppelknotens.

Die zweite Knotenschnur ist gleich der ersten auszuführen und der Einlagefaden möglichst nahe an die erste Schnur zu halten, damit zwischen den Knotenschnüren die von oben herabgehenden Fäden nicht sichtbar bleiben.

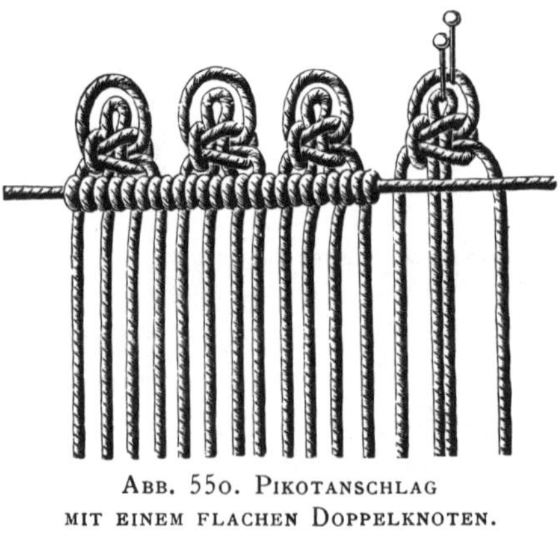

Abb. 550. Pikotanschlag mit einem flachen Doppelknoten.

Derartige Knotenreihen

oder Knotenrippen können in wagerechter, senkrechter und schräger Richtung geknüpft werden, wie aus den hier folgenden Beispielen hervorgehen wird.

Das Anreihen mit Fransen nach oben (Abb. 549). — Nach Vollendung des Pikotanschlages, Abb. 548, werden die Schlingen durchschnitten und die Fäden aufgedreht, wodurch ein plüschartiger Kopfrand entsteht.

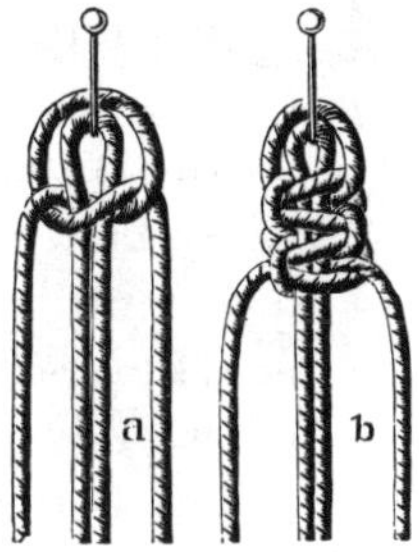

Abb. 551.

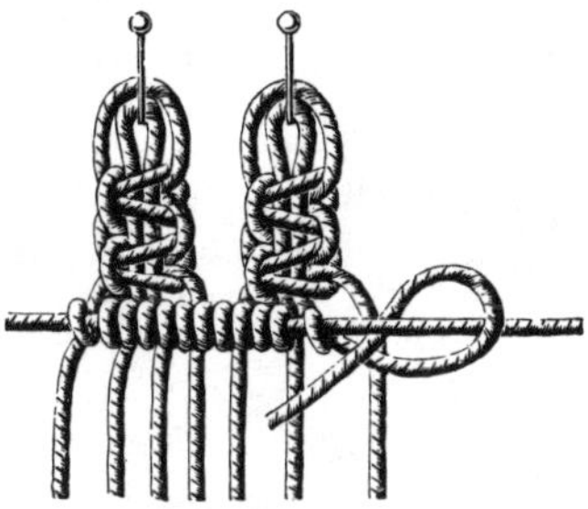

Abb. 552.

Pikotanschlag mit zwei flachen Doppelknoten.

Pikotanschlag mit einem flachen Doppelknoten (Abb. 550). — Zwei Doppelfäden werden knapp übereinander mit Stecknadeln befestigt, über den inneren wird mit dem äusseren Faden ein flacher Doppelknoten, Abb. 546 *b* und *c*, ausgeführt;

Abb. 553. Bogenanschlag mit Schlingenknoten.

die Enden werden dann über einen Einlagefaden zur Knotenschnur geschürzt.

Pikotanschlag mit zwei flachen Doppelknoten (Abb. 551 und 552). — In Abbildung 551 ist mit *a* der Beginn und mit *b* sind die vollendeten Doppelknoten dargestellt, während in Abbildung 552 zwei vollendete Pikots an einem Einlagefaden angereiht ersichtlich sind.

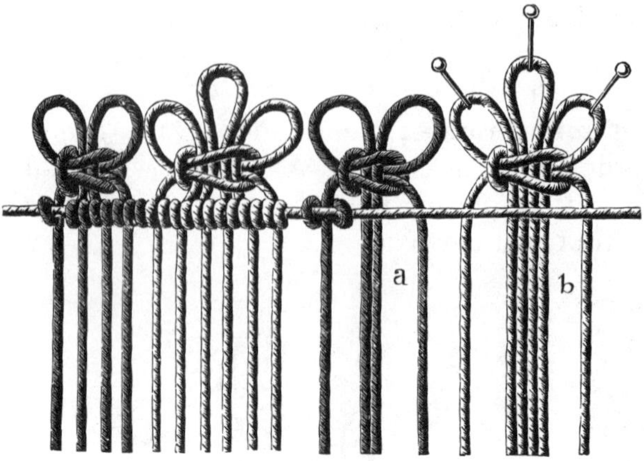

ABB. 554. SCHLINGENANSCHLAG.

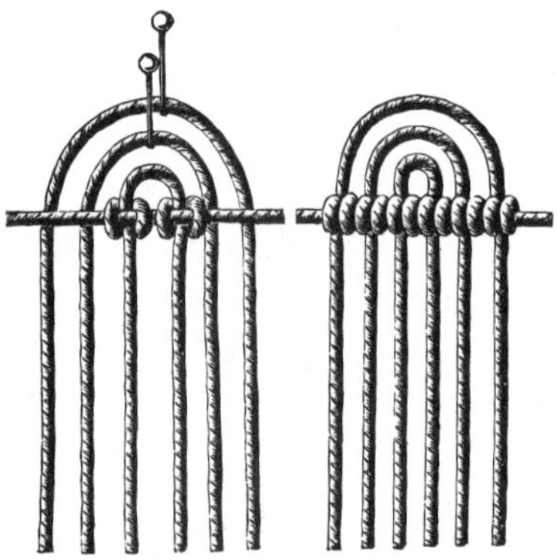

ABB. 555. BOGENANSCHLAG MIT DREIFACHEM FADEN.

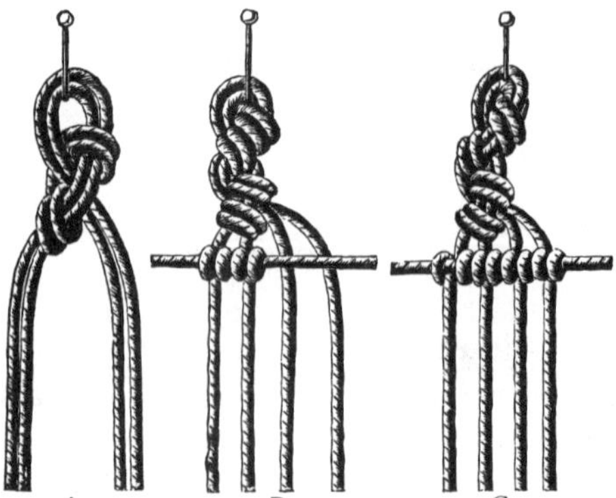

ABB. 556. ANSCHLAG MIT RIPPENPIKOTS.

Bogenanschlag mit Schlingenknoten (Abb. 553). Die für die Bogen bestimmten Fäden sind bedeutend länger zu richten als die unter demselben einzuknüpfenden. Die Schlingen sind nach aufwärts gedreht; mit dem linksliegenden Faden werden über den rechtsliegenden 12 einfache Schlingen, *a*, ausgeführt; dann werden zwei Doppelfäden unter dem Bogen angeschlungen und zuletzt noch die zwei Fäden aus diesem über den Einlagefaden *b* geschürzt.

Schlingenanschlag (Abb. 554.) — Zwei Fadenlängen werden auseinanderstehend an das Kissen gesteckt, *a*, und durch einen flachen Doppelknoten verbunden. Dann werden, knapp daran, 3 andere Schlingen gesteckt, deren 4 innere Fäden durch einen grossen Bindeknoten, *b*, gehalten werden. Flache Doppelknoten, die über mehr als zwei innere Fäden geschürzt werden, nennt man « grosse Bindeknoten », siehe Abb. 561.

Die Fadensträhne über einen Einlagefaden geschürzt, ergeben entweder eine einfache oder eine doppelte Knotenschnur, wie man sie zu machen eben beabsichtigt oder die Arbeit es erfordert.

Bogenanschlag mit dreifachem Faden (Abb. 555). — Die Fäden werden einzeln angeknüpft; zuerst der mittlere, dann der zweite rechts und links von demselben, schliesslich der dritte. Solche Schlingen können auch an den Längsseiten von Borten angebracht werden.

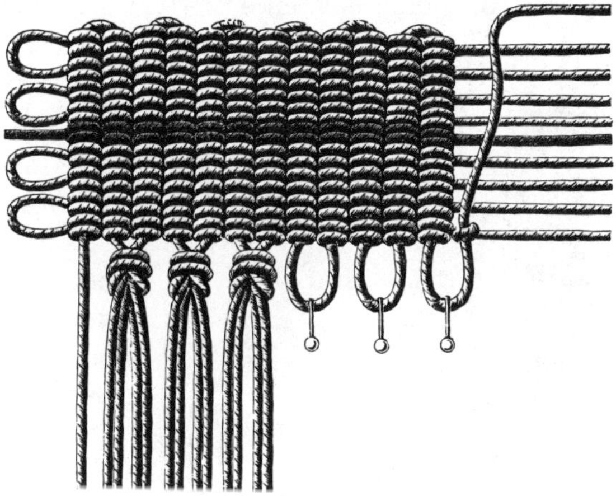
Abb. 557. Bortenanschlag.

Anschlag mit Rippenpikots (Abb. 556). — Mit einem Doppelfaden sind nach A zwei Knotenrippen zu machen, welche dann wie die vorhergehenden Schlingen durch Schnurknoten an den Einlagefaden befestigt werden.

Bortenanschlag (Abb. 557). — Dieser besteht aus einem breiten Rippenbande. Der Einlagefaden, über den die Rippen ausgeführt werden, bildet an einer Seite, und zwar an der später nach unten gekehrten, Oesen, welche mit Stecknadeln gehalten werden. In die so erhaltenen Oesen werden, wenn die Borten vollendet sind, die Fadenbüschel eingehängt.

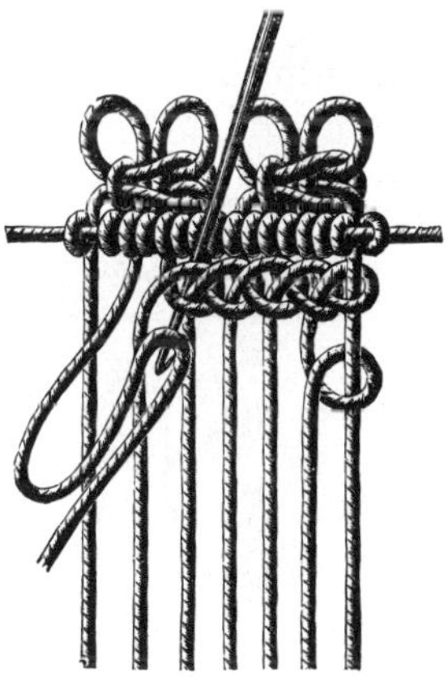
Abb. 558. Zopfknoten.

Zopfknoten (Abb. 558). — Diese Knotenart ist am häufigsten bei den slavischen Fransen anzutreffen und dient als gerader Abschluss an Stelle der sonst üblichen geraden Knotenschnüren.

Man beginnt die Reihe, wie in Abbildung 558 ersichtlich,

mit dem zweiten Faden rechts, indem man über den ersten eine Schlinge schürzt. Den dritten Faden führt man über den zweiten und zieht ihn dann mittelst einer Häkelnadel oberhalb der festgeschürzten Schlinge heraus.

Doppelknoten mit Halbknoten (Abb. 559). — Jene Doppelknoten, denen sich eine dritte, halbe Verschlingung anreiht, nennt man gewöhnlich « Doppelknoten mit Halbknoten ».

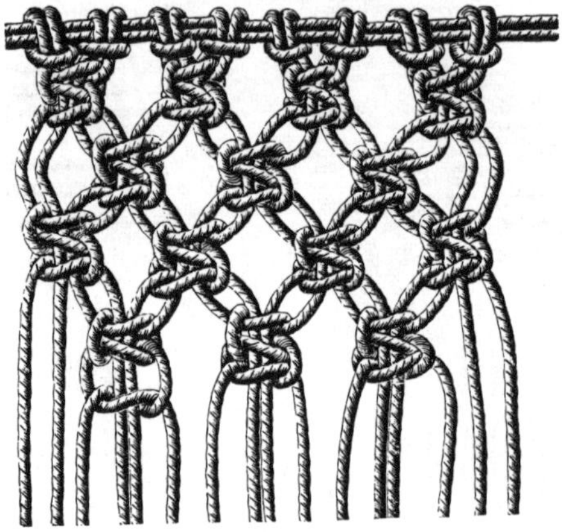

Abb. 559. Doppelknoten mit Halbknoten.

Kleiner einfacher Bindeknoten (Abb. 560). — Einfache Bindeknoten nennt man jene Knoten, die mehrere Fäden mittelst einer Schlinge vereinigen. Nach Vollendung der oberen doppelten Knotenschnur wird mit dem ersten Faden rechts über die nächsten zwei Fäden links ein Knoten geschlungen, indem man rechts eine Schlinge formt, den Faden links über die zwei, rechts unter die zwei Fäden in die Schlinge führt, diese fest zuschürzt und zugleich nach rückwärts schiebt, so dass nur der einfache Faden vorne bleibt.

Abb. 560. Kleiner einfacher Bindeknoten.

Grosser flacher Bindeknoten (Abb. 561). — Grosse flache Bindeknoten nennt man — wie schon erwähnt — Doppelknoten, die über mehr als zwei Einlagefäden ausgeführt sind. In der Abbildung zeigt die erste linkseitige Figur die erste Verschlingung zweier Knüpffäden über vier Einlagefäden, die zweite Figur die zweite Verschlingung über 4 Fäden, die dritte Figur, wie die Bindeknoten im Bedarfsfalle fortgesetzt werden können, und die vierte, letzte Figur das Abschliessen des Bindeknotens durch einen flachen Doppelknoten.

Flecht- oder Wellenknoten (Abb. 562). — Flechtknoten entstehen durch stete Wiederholung der ersten Verschlingung des flachen Doppelknotens, *a*. Der gewundene Flechtknoten, *b*,

Abb. 561. Grosser flacher Bindeknoten.

auch Wellenknoten oder Krausknoten genannt, entsteht durch das Drehen der Fäden von links nach rechts, nach Fertigstellung der einfachen Flechtknoten.

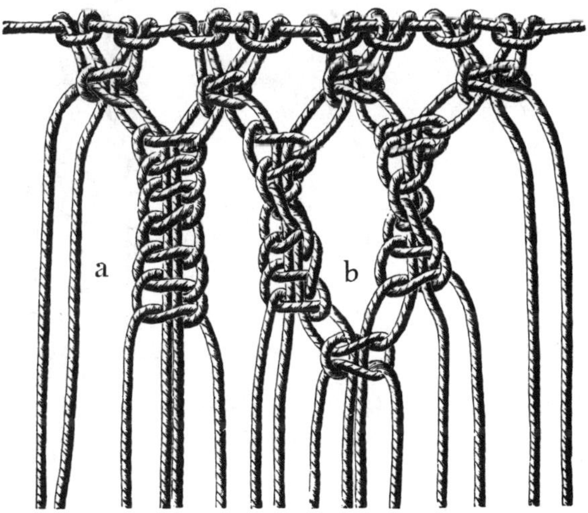

Abb. 562. Flecht- oder Wellenknoten.

Die wellenartigen Drehungen der Knoten sind dann mit einem flachen Doppelknoten zu verbinden.

Einfacher Andreasknoten (Abb. 563). — Zwei einfache Verschlingungen, *a*, nach welchen die Fäden rasch verdreht und fest zugezogen werden, ergeben den einfachen Andreasknoten.

Doppelter Andreasknoten (Abb. 564). — Drei einfache Verschlingungen, *a*, nach welchen die Fäden rasch gewechselt werden, bilden den doppelten Andreasknoten, *b*.

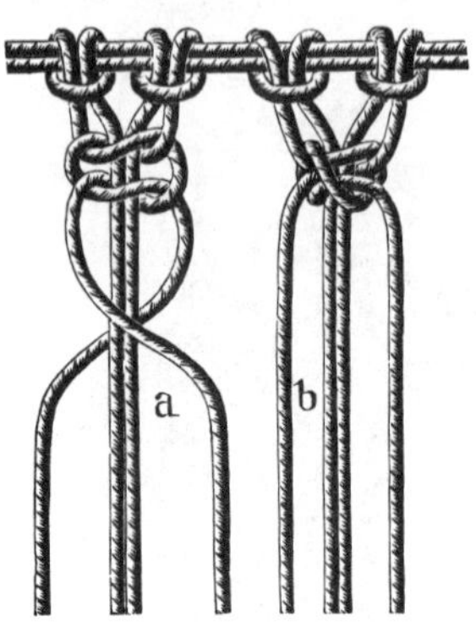

Abb. 563.
Einfacher Andreasknoten.

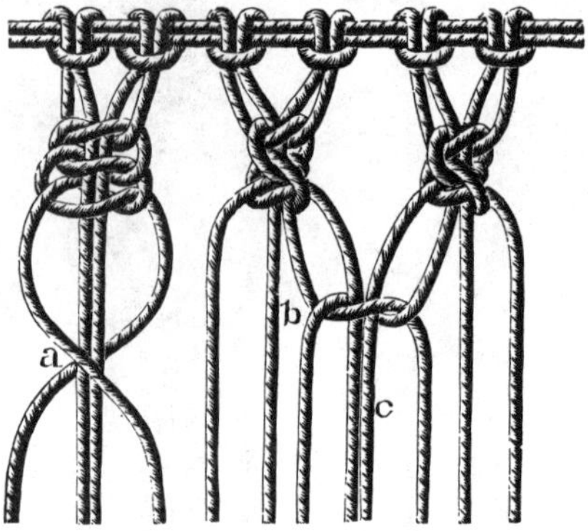

Abb. 564.
Doppelter Andreasknoten.

Für die folgenden Knoten werden die Fäden wie beim flachen Doppelknoten zusammengefasst, *c*.

Schlingenpikots (Abb. 565). — Diese entstehen entlang der Knotenreihen, indem man den folgenden Knoten so weit

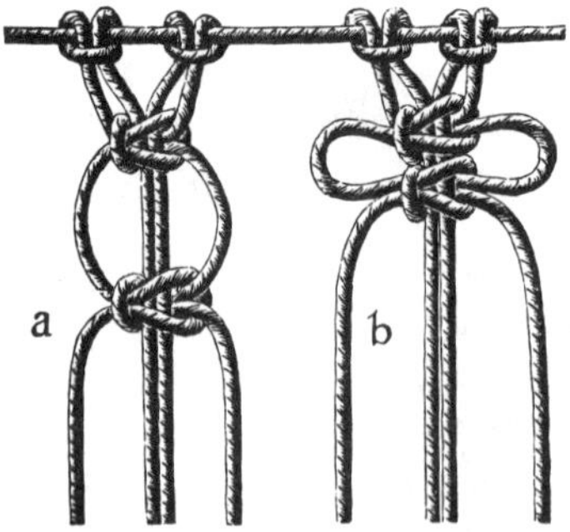

Abb. 565. Schlingenpikots.

Abb. 566. Knotenpikots.

vom vorhergehenden entfernt, dass die Zwischenschlinge ein Pikot bilden kann; *a* stellt ein noch offenes Schlingenpikot, *b* ein zugeschürztes dar.

Knotenpikots (Abb. 566). — Sie werden gebildet, indem nach einem oder mehreren flachen Doppelknoten in den nach aussen liegenden Fäden Knoten geschürzt werden, welche an die vorhergehenden ganz knapp anschliessen müssen. Um dies pünktlich auszuführen, schlingt man den Knoten über eine starke Stecknadel und führt ihn so an die bestimmte Stelle; *a* zeigt deutlich die Verschlingung, *b* die vollendeten Pikots.

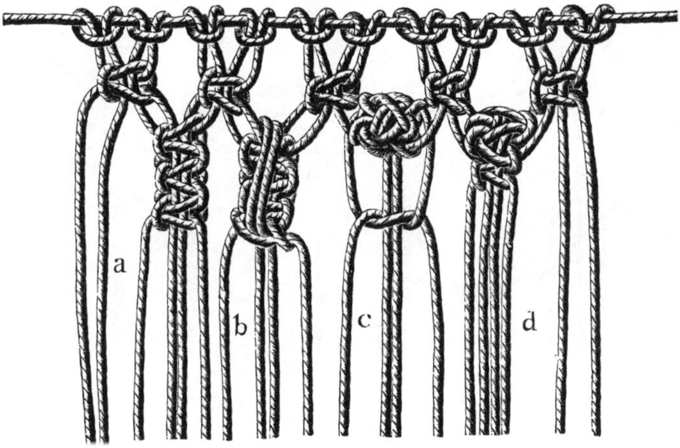

Abb. 567. Perlknoten.

Perlknoten (Abb. 567). — Der Perlknoten entsteht durch das Zurückschlagen der Fäden nach einer Reihe von Doppelknoten, *a* zeigt 3 aneinander geschürzte Doppelknoten; bei *b* sind die Einlagefäden über die Doppelknoten zurückgeschlagen, *c* zeigt die beiden Knüpffäden durch die beiderseitigen Seitenschlingen gezogen und den Beginn des den Perlknoten vollendenden flachen Doppelknotens, *d* den fertigen mit einem flachen Doppelknoten abgeschlossenen Perlknoten.

Abb. 568. Das Anreihen der Schlingen und senkrechte Schlingenknoten.

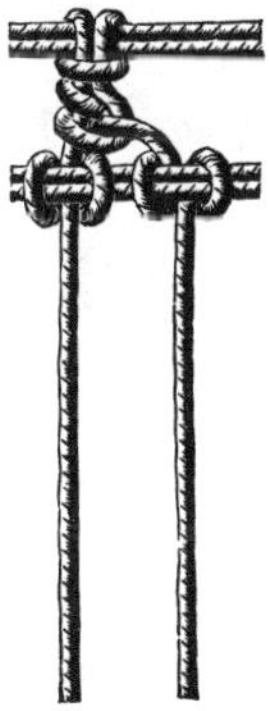

Abb. 569. Das Befestigen der Fäden an die Einlagefäden.

Knotenrippen nach rechts und nach links (Abb. 568, 569, 570, 571, 572, 573, 574, 575). — Nachdem man eine genügende Anzahl Fadensträhne angereiht hat, werden über den linksliegenden Faden mit dem rechtsliegenden zwei Languettenschlingen geschürzt, Abb. 568. Hierauf werden die Fäden an einem neuen Einlagefaden festgeknüpft, so dass jeder Faden einen doppelten Knoten bildet, Abb. 569.

Abb. 570.
Knotenrippe nach rechts.
Erster Knoten,
offen.

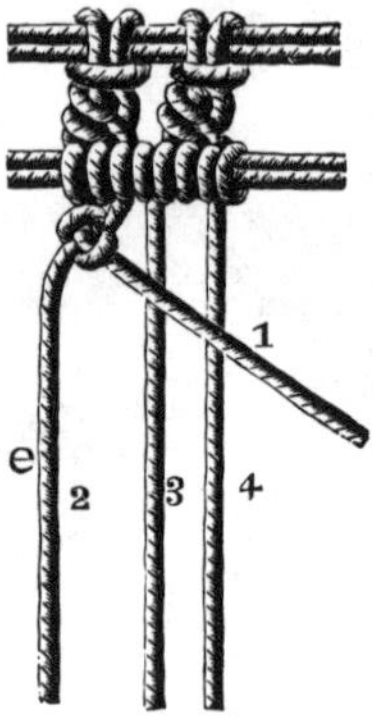

Abb. 571.
Knotenrippe nach rechts.
Erster Knoten,
geschlossen.

Abb. 572.
Knotenrippe nach rechts.
Die Fäden 3, 4, 1, über
Faden 2 zu schürzen.

Abb. 573.
Knotenrippe nach links.
Beginn der
ersten Knotenreihe.

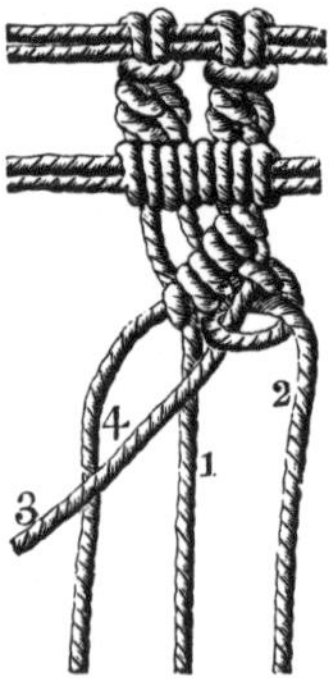

Abb. 574.
Knotenrippe nach links.
Beginn der
zweiten Knotenreihe.

Abb. 575.
Das Verbinden von zwei
Knotenrippen mittelst
eines flachen Knotens.

Nach dieser geraden Knotenschnur beginnt man die Knotenrippe von links nach rechts und zwar nimmt man hierzu 4 Fäden.

Der nach Abbildung 570 und 571 aussen links liegende Faden 1 wird von der rechten Hand in schräger Lage nach rechts und zwar als Einlagefaden, Knotenträger, über die anderen Fäden gehalten. Der Faden 2 wird zweimal von unten nach oben darüber geschürzt und, wie es Abbildung 571 zeigt, fest zugezogen.

In Abbildung 572 ist das weitere Ueberschlingen der Fäden 3 und 4, sowie der Beginn einer neuen Knotenrippe über Faden 2 mit den Fäden 3, 4, 1 ersichtlich.

Alle diese Knoten sind mit der linken Hand zuzuschürzen.

Abbildung 573 stellt den 4. Faden von rechts nach links gehalten dar; über diesen werden durch die rechte Hand die Fäden 3, 2, 1 geschürzt.

Bei Abbildung 574 sind die Knoten über den Faden 3, als Einlagefaden, mit den Fäden 2, 1, 4 zu schürzen.

Abb. 576. Einfache Kette.

Abb. 577. Doppelte Kette.

Abbildung 575 veranschaulicht zwei vollendete Doppelrippen, deren Einlagefäden durch einen flachen Knoten verbunden sind. Es empfiehlt sich hier, stets die gleichen Knotengruppen in der ganzen Länge der Arbeit zu vollenden, bevor man zur nächsten übergeht, da die Hand sich hierbei besser übt und die einzelnen Gruppen schneller und regelmässiger ausführen lernt.

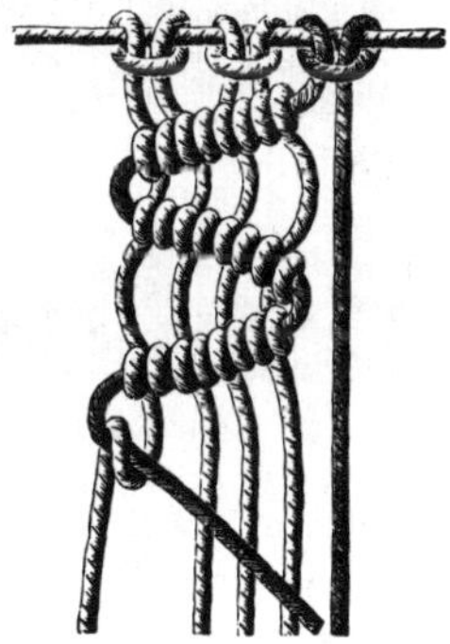

Abb. 578. Rippenbörtchen.

Einfache Kette (Abb. 576). — Die einfache Kette wird mit zwei einfachen Fäden ausgeführt und entsteht dadurch, dass, sobald der einfache Knoten geschürzt ist, das Ende des Fadens stramm angezogen und wieder mit dem andern Faden der Knoten darüber geschürzt wird.

Doppelte Kette (Abb. 577). — Die doppelte Kette erfordert dieselben Verschlingungen wie die einfache, nur wird sie mit zwei doppelten Fäden ausgeführt.

Rippenbörtchen (Abb. 578). — Hier läuft derselbe Einlagefaden hin und zurück; die 4 senkrecht hängenden Fäden bilden nach rechts und links laufende Rippenschnürchen.

Um den hin- und zurückgehenden Faden von den anderen deutlich hervorzuheben, erscheint er in dunklerem Ton als die eigentlichen Knüpffäden.

Dreifarbige Knüpffranse (*) (Abb. 579, 580, 581). — Länge der einfachen Fadensträhne für N° 3 des Perlgarn D.M.C (Coton perlé): 90 cm.

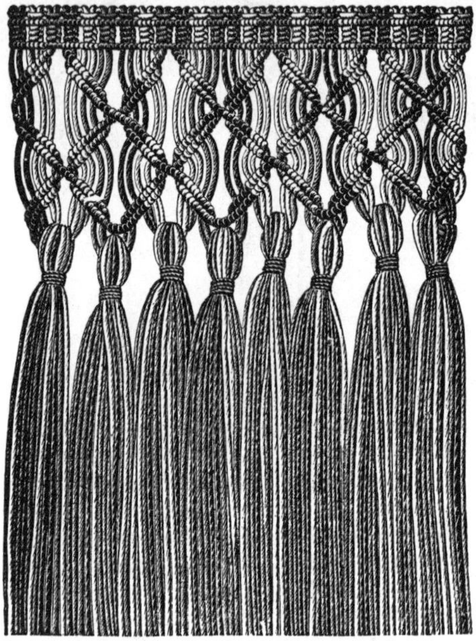

ABB. 579. DREIFARBIGE KNÜPFFRANSE.
FADENSORTEN: Knüpfgarn D.M.C N° 10 bis 30, Häkelgarn D.M.C N° 1 bis 30, Elsässer Strick- und Häkelgarn D.M.C N° 20 bis 25, Perlgarn D.M.C N° 1 bis 8, Leinen-Strick- und Häkelgarn D.M.C N° 3 bis 20, in Bleu-Indigo 311, Rouge-Turc 321 und Weiss.

1. Reihe — Anschlag nach Abbildung 545 mit je 1 Doppelfaden blau, 1 weiss, 1 rot u. s. f.

2. Reihe — Eine einfache Knotenschnur über einen neu hinzugekommenen Einlagefaden nach den Abbildungen 548, 549 und 550.

3. Reihe — 3 Languetten- oder Schlingenknoten, Abb. 568, mit je zwei und zwei Fäden.

4. Reihe — gleich der zweiten.

5. Reihe — Zweifache Knotenrippen nach rechts und links mit je 6 Fäden ausführen, wobei der 1. und 12. Faden als erste Einlagefäden dienen.

Bei der 2. Knotenreihe wird zum Schluss noch ein Doppelknoten mit dem Einlagefaden der 1. Reihe geschürzt.

Das Verbinden der Knotenrippen ist in Abbildung 580 erklärt, der Faden der linken Rippe wird nach rechts gespannt, mit dem

(*) Siehe am Schluss des Buches das Verzeichnis der Musterbücher der Bibliothek D.M.C, enthaltend zahlreiche Vorlagen für alle Arten von Handarbeiten.

Faden der rechten Rippe wird ein Doppelknoten darüber geschürzt. Die beiden Rippen sind möglichst nahe aneinander zu bringen.

Hierauf werden die Rippen in entgegengesetzter Richtung gearbeitet und zwar bleibt von links der 2. Faden über der rechten Gruppe liegen, der 11. Faden hingegen von rechts über der linken Gruppe.

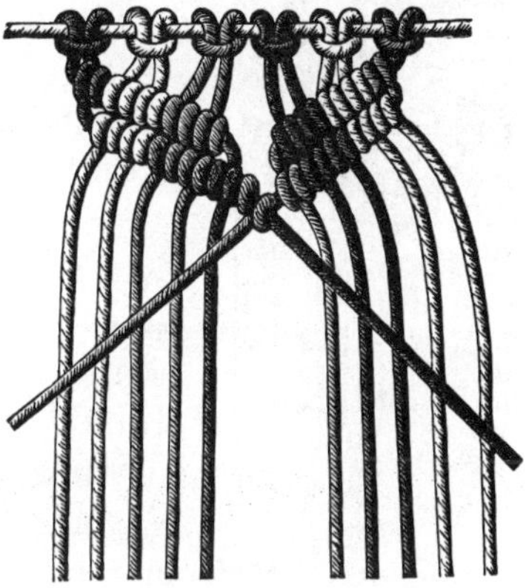

Abb. 580.
Das Verbinden der Rippen in Abbildung 579.

Ueber diese beiden Fäden werden nun wieder nach beiden Seiten in entgegengesetzter Richtung die Knotenrippen gemacht.

Es werden 3 Reihen Doppelrippen geknüpft, dann je 3 Fäden von rechts und 3 von links zusammen leicht verschlungen, ein 15 cm. langes und aus 9 Fäden bestehendes Büschel darüber gelegt, Abb. 581, *a,* dann bis zur Rippe gebracht und mit Faden in abstechender Farbe übernäht, *b.*

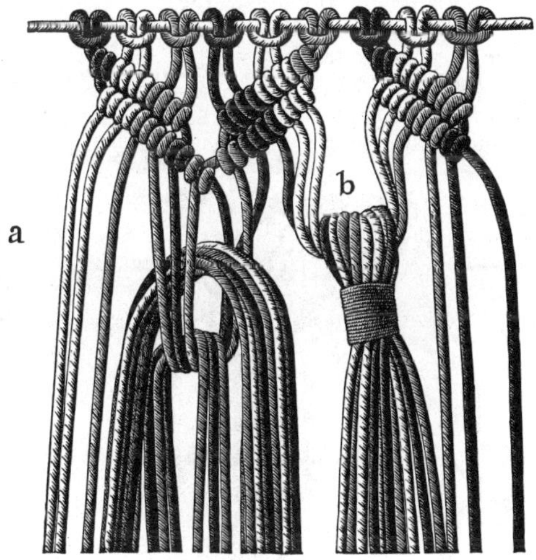

Abb. 581.
Das Einhängen der Büschel in Abbildung 579.

Die nächsten Büschel, die zwischen zwei Knotenrippen eingehängt werden, sind in gleicher Höhe wie die ersten zu binden, stossen jedoch nicht hart an die Knotenrippen an.

Zweifarbige Knüpffranse (Abb. 582 und 583). — Länge der einfachen Fadensträhne, die Franse mit inbegriffen, für N° 30 des Knüpfgarn D.M.C (Fil à pointer): 65 cm.

1. Reihe — Anschlag nach Abbildung 545, 1 Faden hell, 2 dunkel, 2 hell, 2 dunkel usw., mit einem hellen Faden schliessen.

2. Reihe — Eine doppelte Knotenschnur nach Abbildungen 548 oder 549.

Abb. 582.
Zweifarbige Knüpffranse.

Fadensorten: Knüpfgarn D.M.C, Häkelgarn D.M.C, Elsässer Strick- und Häkelgarn D.M.C, Elsässer Nähgarn D.M.C, Perlgarn D.M.C oder Leinen-Strick- und Häkelgarn D.M.C, in Gris-Cendre 415 und Rouge-Cardinal 346. (*)

3. Reihe — Jede Rippengruppe verlangt 4 Fäden, 2 helle und 2 dunkle. (Siehe die Numerierung der Fäden in Abbildung 583.) Zuerst sind alle linkseitigen Rippen über Faden 1 und 2 mit den Fäden 3 und 4 zu knüpfen.

Hierauf werden aus den zwischenliegenden 4 Fäden die Doppelrippen in entgegengesetzter Richtung gearbeitet; es wechseln somit eine linkseitige und eine rechtseitige dunkle Rippe regelmässig ab.

In der nächsten Reihe werden die hellen Verbindungsrippen aus den Einlagefäden der ersten Rippenreihe geknüpft, diesen folgt wieder eine Reihe dunkler Rippen usw., im ganzen 6 dunkle und 5 helle Rippenreihen.

Den unteren Abschluss bildet wieder eine doppelte wagerechte Knotenschnur.

Wenn dieses Knüpfmuster als Borte oder Einsatz verwendet wird, so sind die Fadenenden wie bei Abbildung 609 zu befestigen.

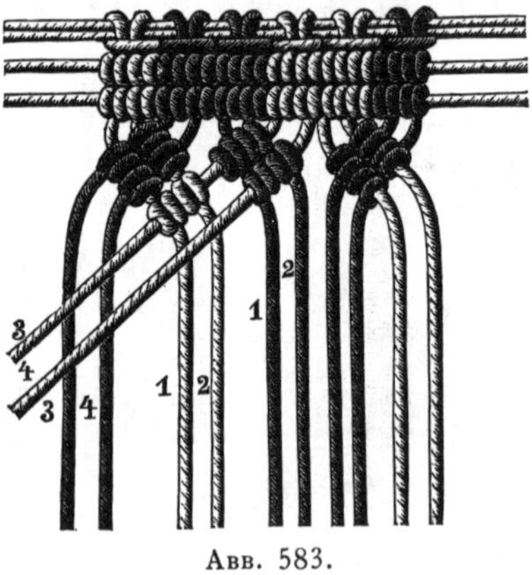

Abb. 583.
Kreuzung der Fäden in Abbildung 582.

Knüpffranse mit Mosaikbändchen (Abb. 584, 585, 586). Länge des einfachen Fadens für N° 30 des Knüpfgarn D.M.C (Fil à pointer): 90 cm.

1. Reihe — Anschlag nach Abbildung 545, mit einem naturfarbenen und einem braunen Doppelfaden; zu Anfang und zu Ende der Franse ist ein einfacher naturfarbener Faden einzuhängen, dem eine einfache Knotenrippe folgt.

(*) Diese Nummern bezeichnen Farben aus den Farbenkarten der die Marke D.M.C tragenden Artikel. Diese Farbenkarten liegen in allen Kurzwaren- und Handarbeitsgeschäften auf.

2., 3., 4. und 5. Reihe — Versetzte Knüpfknoten, wie solche die Abbildungen 585 und 586 darstellen.

Die Farben in der 3. und 5. Reihe erscheinen versetzt, so dass hier der dunkle Faden die Einfassung des Knotens ergibt.

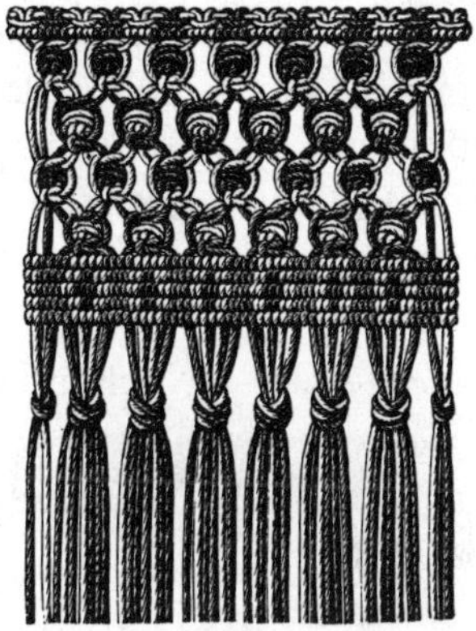

Abb. 584. Knüpffranse mit Mosaikbändchen.

Fadensorten: Knüpfgarn D.M.C, Häkelgarn D.M.C, Häkelgarn D.M.C, Spezial-Qualität, Elsasser Strick- und Häkelgarn D.M.C oder Perlgarn D.M.C, in Brun-Acajou 401, Rouge-Cardinal 347 und Naturfarben. (*)

6. Reihe — Ueber einen neuen Einlagefaden eine Knotenschnur.

7. Reihe — Einen zweiten Einlagefaden anlegen und zwischen je 2 hellen Knoten einen roten Faden einhängen; die Schlinge, mit welcher der Faden angeschürzt wird, ist als Knoten zu rechnen.

8. Reihe — Einen dritten Einlagefaden anlegen und mit jedem Faden, auch mit den einzelnen roten, einen ganzen Knoten schürzen.

9. Reihe — Einen vierten Einlagefaden anlegen; mit je einem roten Faden nur einen halben Knoten schürzen.

10. Reihe — Einen fünften Einlagefaden anlegen und eine Knotenschnur gleich jener der 6. Reihe ausführen. Die roten Fäden werden nach der Kehrseite gebracht und übergangen.

Die Fäden werden zu je 6, ungefähr 15 mm. unter der letzten Knotenschnur, einfach verknüpft.

Soll dieses Motiv als Grundmuster verwendet werden, so sind nach Vollendung des Mosaikbändchens die roten Fäden auszu-

Abb. 585. Offener Knüpfknoten zu Abbildung 584.

Abb. 586. Geschlossener Knüpfknoten zu Abbildung 584.

(*) Siehe am Schluss des letzten Kapitels die Tabelle der Nummern und das Farbenverzeichnis der Baumwoll-, Leinen- und Seiden-Artikel, Marke D.M.C.

schneiden; hierauf wird die Musterung mit vier Reihen versetzter Knüpfknoten fortgesetzt.

Einfarbige Knüpffranse (Abb. 587). — Länge der einfachen Fäden für N° 30 des Knüpfgarn D.M.C (Fil à pointer): 80 cm.

1. Reihe — Anschlag nach Abbildung 556, hierauf eine doppelte Knotenschnur.

2. Reihe — Gewundene Flechtknoten mit 4 einfachen Verschlingungen der Knüpffäden, Abb. 562.

3. Reihe — Eine doppelte Knotenschnur.

4. Reihe — Nach rechts und links eine zweifache Rippengruppe mit je 6 Fäden, unten durch einen Doppelknoten verbunden.

Abb. 587.
Einfarbige Knüpffranse.
Fadensorten: Häkelgarn D.M.C, Spezial-Qualität, Knüpfgarn D.M.C oder Perlgarn D.M.C, in Rouge-Géranium 352, Jaune d'Or 781 oder Violet-Scabieuse 396.

5. Reihe — Nach beiden Seiten mit je 2 Fäden zwei einfache Ketten, Abb. 576; die innere Kette zählt 4 Verschlingungen, die äussere 7.

6. Reihe — Dieselben Rippengruppen wie in der 4. Reihe, jedoch in entgegengesetzter Richtung und dann mit einer geraden Knotenschnur abschliessen.

Für die Quästchen werden je 6 Fäden genommen, dann Büschel in dieselben eingehängt und abgenäht.

Knüpffranse mit verkehrtem Grundmuster (Abb. 588, 589, 590, 591). — Länge des einfachen Fadens für N° 30 des Knüpfgarn D.M.C (Fil à pointer): 100 cm.

Nach dem bekannten Anfange laut Abbildung 545, mit 5 hellen und 5 dunklen Fäden nebst einfacher Knotenreihe, werden über den 1. Faden von links nach rechts die beiden nächsten Fäden geschürzt; dann werden über den nun links als erster liegenden Faden die vier nächsten Fäden geschürzt. Nun bleiben die beiden äussersten linken Fäden links hängen und über den 3. werden mit den 2 nächsten Fäden wieder 2 Doppelknoten geschürzt.

Von rechts nach links und nach unten zu sind die gleichen Gruppen zu bilden, nur mit dem Unterschiede, dass beim 3. Fadenwechsel in der Mitte 5 Doppelknoten, siehe Abb. 589, zusammen kommen.

Zwischen den Rippengruppen bilden je 2 helle und 2 dunkle Fäden einen flachen Doppelknoten.

Ist die 2. Knotenschnur vollendet, so wendet man die Arbeit, um sie auf der Kehrseite fortzusetzen.

Es werden gewöhnliche Doppelknoten, Abb. 590, in einer Reihe nach rechts, in der folgenden nach links geschürzt.

Nach 10 ganzen Reihen vermindert man die Knotenzahl nach rechts und links, damit sie in eine Zacke auslaufen.

Wenn die Arbeit vollendet ist, so wird sie wieder nach der rechten Seite gewendet, wo der Knoten die in Abbildung 591 ersichtliche Gestalt angenommen hat.

Die Zacken werden durch eine einfache Knotenreihe abgegrenzt, die Endfäden zu Fransenbüscheln vereinigt und mit einer Quaste verziert.

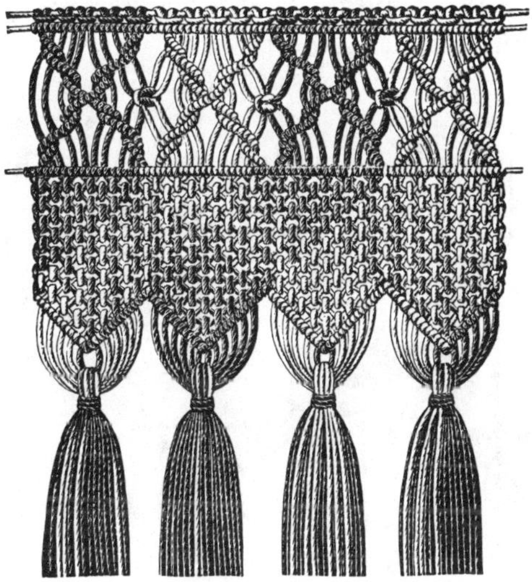

Abb. 588.
Knüpffranse mit verkehrtem Grundmuster.
Fadensorten: Knüpfgarn D.M.C N° 30, Häkelgarn D.M.C N° 5 bis 25, Perlgarn D.M.C N° 1 bis 8 oder Elsässer Nähgarn D.M.C N° 30 bis 50, in Bleu-Indigo 312 und Bleu d'Azur 3325. (*)

Breite Knüpffranse (Abb. 592 und 593). — Länge der Doppelfäden für Knüpfgarn D.M.C (Fil à pointer) N° 30: 150 cm., Länge der einfachen Fäden : 75 cm.

Der Anschlag beginnt nach Abbildung 549 mit 2 blauen Doppelfäden, 3 dunkelbraunen einfachen Fäden, 1 hell-

(*) Siehe am Schluss des letzten Kapitels die Tabelle der Nummern und das Farbenverzeichnis der Baumwoll-, Leinen- und Seiden-Artikel, Marke D.M.C.

braunen Doppelfaden, 3 dunkelbraunen einfachen Fäden, 4 blauen Doppelfäden usw., mit 2 dunkelblauen Doppelfäden schliessen.

Ueber jeden der 4 blauen Fäden ist je eine Rippe von den 3 dunkel- und 1 hellbraunen Faden zu knüpfen; bei der 2. Rippe ist der 4. der 4 blauen Fäden, bei der 3. Rippe sind der 4. und 3. blaue Faden, bei der 4. Rippe der 4., 3. und 2. blaue Faden noch mitzuschürzen.

In Abbildung 593 ist das stete Vermehren der Knoten deutlich dargestellt.

Wenn die gleiche Gruppe von rechts nach links vollendet

Abb. 589. Schlangenrippe zu Abbildung 588.

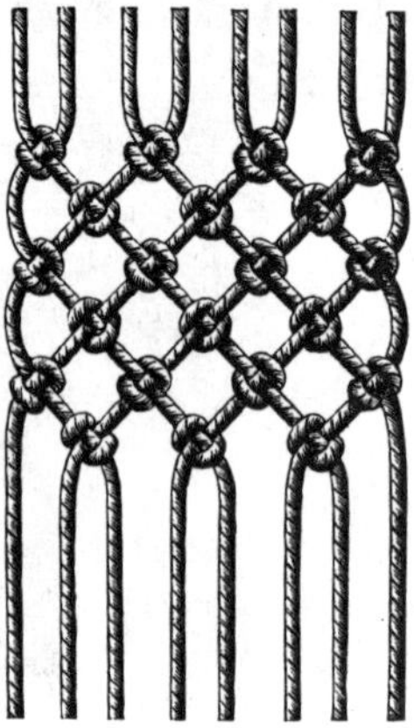

Abb. 590. Das Knüpfen der Fäden auf der Kehrseite in Abbildung 588.

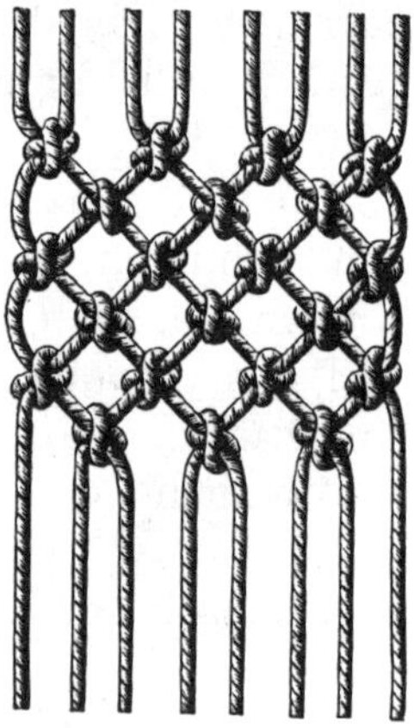

Abb. 591. Gestalt der Knoten auf der rechten Seite in Abbildung 588.

ist, so wird sie mit der ersten verbunden; dann werden die gleichen Gruppen in entgegengesetzter Richtung wieder über die blauen Fäden ausgeführt, so dass in dem nach unten sich bildenden Würfel die braunen Fäden wieder flach liegen.

Nach dem 5. Rippenwechsel wird von je 3 dunkel- und 1 hellbraunen Faden eine doppelte Kette mit 12 Knoten, siehe Abb. 577, und von 8 blauen Fäden eine Kette von 4 flachen Doppelknoten gemacht.

Zum Schluss werden alle Fäden einer Gruppe zu einem Büschel vereinigt, mit Ueberhangfäden noch bereichert und hierauf abgenäht.

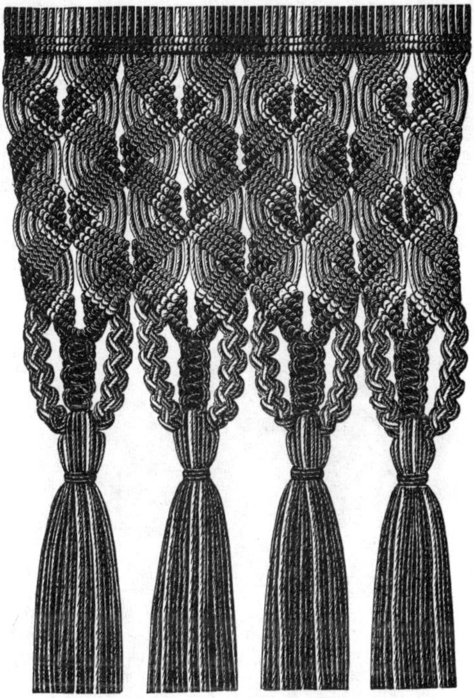

Abb. 592. Breite Knüpffranse.
Fadensorten: Häkelgarn D.M.C N° 3 bis 25, Perlgarn D.M.C N° 3 bis 5 oder Knüpfgarn D.M.C N° 30, in Brun-Caroubier 357 und 355 und Bleu grand-teint 796.

Breite Knüpffranse (Abb. 594). — Länge des einfachen Fadens für N° 30 des Knüpfgarn D.M.C (Fil à pointer): 100 cm.

Beim Anschlag sind die Fäden gleich doppelt zu nehmen, mit der hellsten Farbe beginnend und mit der dunkelsten endigend.

Die Ausführung dieser Knüpfarbeit ist eine so leichte, dass wir blos auf die Abbildungen 575 und 593 verweisen und noch anführen, dass die einzelnen Knotenrippen stets abwechselnd von rechts nach links und von links nach rechts geknüpft, ferner, dass über den von links ausgehenden Einlagefaden nur 3 Fäden, über jenen von rechts kommenden 4 Fäden geschürzt werden.

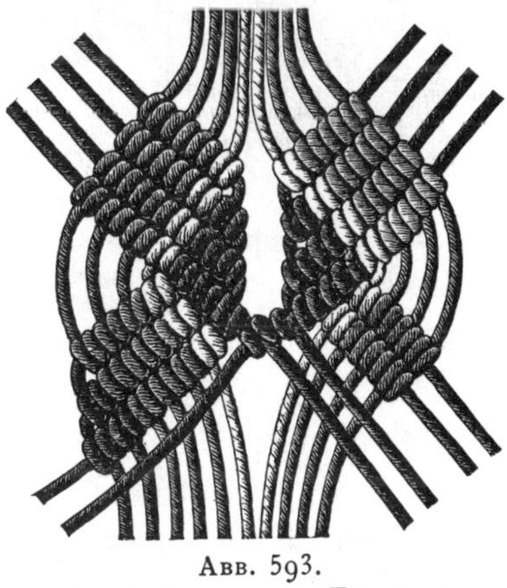

Abb. 593.
Der Wechsel der Fäden in Abbildung 592.

Breite Knüpffranse (Abb. 595 und 596). — Länge des Fadens für N° 30 des Knüpfgarn D.M.C (Fil à pointer): 140 cm.

Anschlag mit Pikots und doppelter Knotenschnur, nach Abb. 548, mit je 6 hellen und 6 dunklen Fäden, zum Beginne und zum Schlusse je 3 dunkle Fäden.

Hierauf Rippengruppen mit

je 6 Fäden, von rechts nach links gehend, bilden, denen wie oben eine doppelte Knotenschnur folgt.

Zur Musterung, mit hellen Fäden beginnend, eine Rippenfigur nach Abbildung 618, aber von links nach rechts, also in entgegengesetzter Richtung, welche durch 2 helle Knotenrippen über je 2 dunkle Fäden nach beiden Seiten abgeschlossen wird.

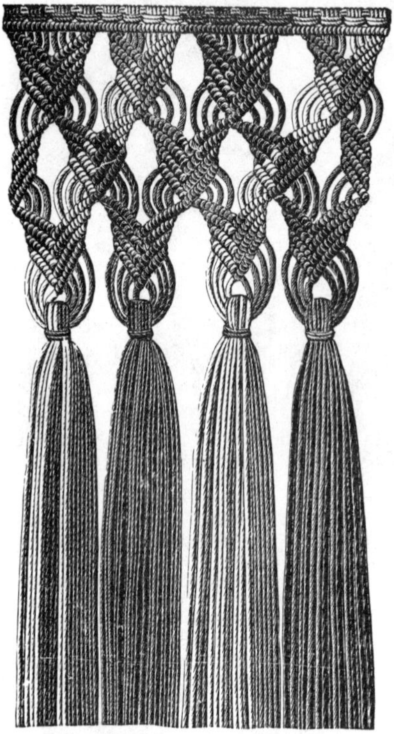

Abb. 594. Breite Knüpffranse.
Fadensorten: Knüpfgarn D.M.C N° 30, Elsässer Strick- und Häkelgarn D.M.C N° 20 oder Perlgarn D.M.C N° 3 bis 5, in Jaune-Crème 711, Jaune-Rouille 308 und Brun-Rouille 3314 und 3311.

Die dunklen Querrippen sind mit den zwei mittleren dunklen Fäden über sechs helle Fäden zu arbeiten; für das dunkle Feld aus neun kleinen Blättchen gibt Abbildung 596 die Erklärung.

Die hellen Felder, die gleichzeitig in der 3. Reihe die tief eingeschnittenen Zacken ergeben, sind zu beiden Seiten von einer Knotenreihe brauner Fäden eingerandet. Die Fadenenden werden in Büschel gesammelt, durch einen Einlagesträhn bereichert und abgenäht.

Breite Knüpffranse (Abb. 597 und 598). — Länge des einfachen Fadens für N° 30 des Knüpfgarn D.M.C (Fil à pointer): 170 cm.

Bei diesem Muster, einer der wirkungsvollsten und zugleich ganz mühelos auszuführenden Knüpfarbeit, enthalten wir uns ebenfalls, die Einzelheiten der Verschlingungen anzugeben, und begnügen uns mit einer vergrösserten Ausführung der rautenförmigen Figuren.

Für das Kreuzen der Fäden an den die Zacken abschliessenden Rippenbändchen geben die Abbildungen 561 und 570 bis 575 genügende Anhaltspunkte.

Die Quastenbüschel sind gleich den Knüpffiguren hell und dunkel zu halten.

Knüpffranse mit Schnurquästchen (Abb. 599). — Länge des einfachen Fadens für N° 3 des Perlgarn D.M.C (Coton perlé) : 90 cm.

Anschlag nach Abbildung 545, jedoch verkehrt, mit : * 1 zweifachen Doppelfaden dunkelrot, 3 zweifachen Doppelfäden naturfarben, 1 zweifachen Doppelfaden dunkelrot, 1 zweifachen Doppelfaden hellrot, 3 zweifachen Doppelfäden naturfarben, 1 zweifachen Doppelfaden hellrot. Von * an die Reihenfolge wiederholen.

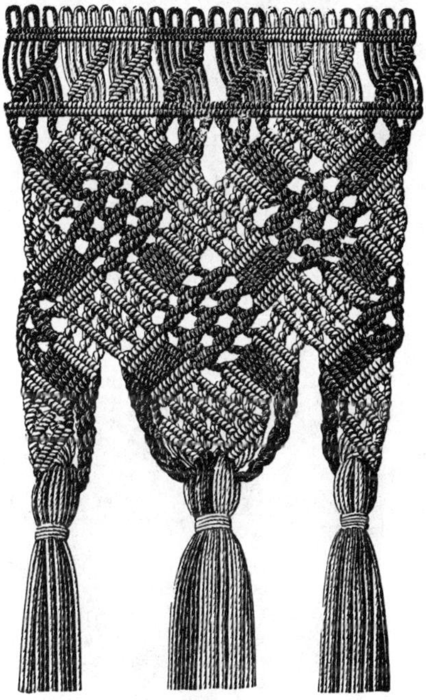

Abb. 595. Breite Knüpffranse.

Fadensorten : Knüpfgarn D.M.C N° 30, Elsässer Strick- und Häkelgarn D.M.C N° 20, Perlgarn D.M.C N° 3 bis 5 oder Leinen-Strickgarn D.M.C N° 3 bis 12, in Jaune-Crème 711 und Vert-Scarabée 3346. (*)

1. Reihe — Eine einfache Knotenschnur.

2. Reihe — Mit je 4 Fäden 5 Kettenknoten.

3. Reihe — Eine einfache Knotenschnur.

4. Reihe — Bindeknoten, Abb. 561, über 2 hell- und 2 dunkelrote Doppelfäden mit 2 naturfarbenen Doppelfäden, und flache Doppelknoten aus den 4 naturfarbenen Doppelfäden.

5. Reihe — Flache Doppelknoten über 2 naturfarbene Doppelfäden mit 1 naturfarbenen und 2 roten Doppelfäden.

6. Reihe — In der Mitte der Gruppen flache Doppelknoten mit den naturfarbenen Fäden.

7. Reihe — Gleich der 5. auszuführen.

Sodann je einen hell- und einen dunkelroten Fadensträhn zusammendrehen und abknüpfen. Man dreht die Fadensträhne

(*) Siehe am Schluss des letzten Kapitels die Tabelle der Nummern und das Farbenverzeichnis der Baumwoll-, Leinen- und Seiden-Artikel, Marke D.M.C.

gleichzeitig nach rechts, legt während des Drehens den rechtseitigen Strähn über den linkseitigen und setzt das doppelte Drehen fort, bis die Strähne einer stark drellierten Schnur gleichen, und schliesst sie unten mit einem einfachen Knoten ab. Die ausspringenden Fadenenden bilden ein kleines Quästchen.

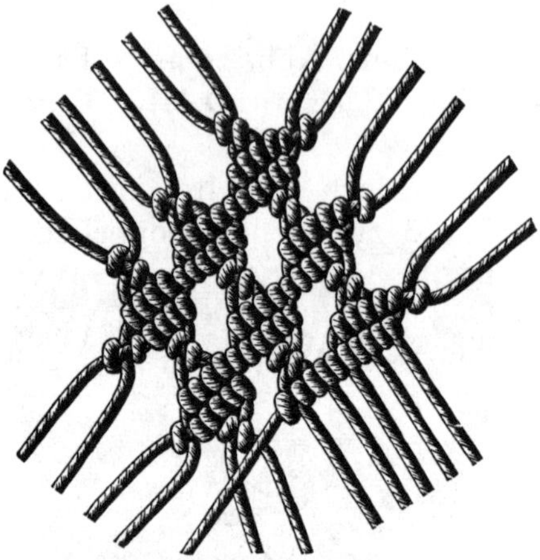

Abb. 596. Fadenwechsel zur inneren Figur in Abbildung 595.

Aus den naturfarbenen Strähnen sind über einen flachen Doppelknoten Quastenbüschel mit reichem Ueberhangsträhn zu bilden.

Knüpffranse mit drei Reihen Büschelquasten (Abb. 600). — Diese Franse, die besonders zur Ausstattung von Tischdecken, Sofabezügen, Vorhängen genommen wird und eine vortreffliche, äusserst schnell fördernde Arbeit ist, eignet sich zur Anfertigung in kräftigem Material. Länge der Doppelfäden für N° 1 des Perlgarn D.M.C (Coton perlé) : 140 cm.

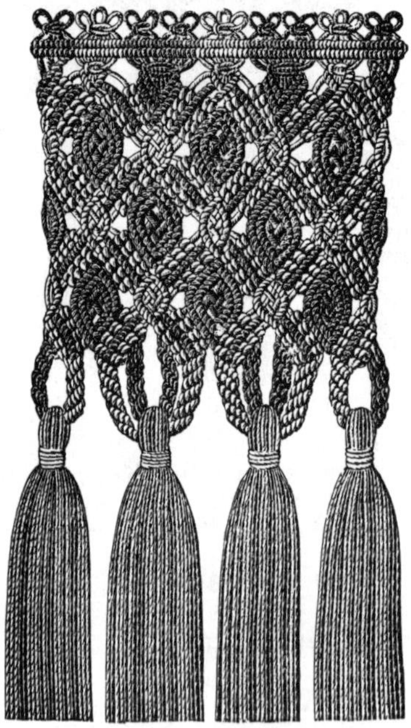

Abb. 597. Breite Knüpffranse.
Fadensorten : Knüpfgarn D.M.C, Elsässer Strick- und Häkelgarn D.M.C oder Perlgarn D.M.C, in Jaune-Rouille 308 und Bleu solide 813.

Die dabei zur Anwendung kommenden Knoten sind ganz einfacher Art, so dass wir nur auf die Abbildung 557 zum Anschlag und auf Abbildung 562 zur Musterung selbst verweisen.

Die zwischen den Knotenreihen angebrachten Quästchen sind frei herzustellen und an der durch den Nähfaden oben gebildeten Schlinge an die Knoten zu nähen.

Knüpffranse mit Eckbildung (*) (Abb. 601, 602, 603). Länge der Fäden für N° 30 des Knüpfgarn D.M.C (Fil à pointer) : 115 cm.

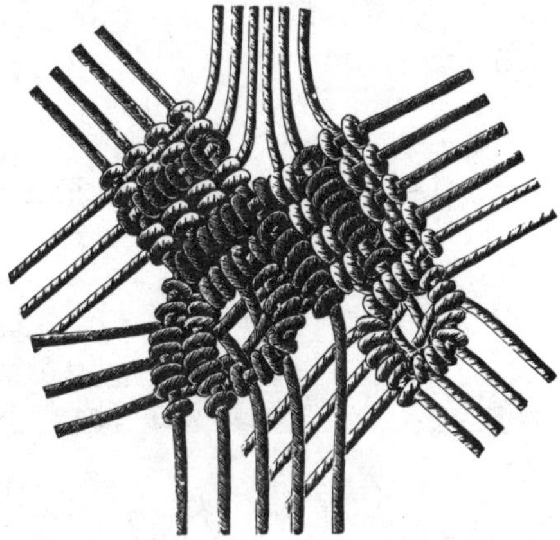

Abb. 598. Fadenwechsel in Abbildung 597.

Geknüpfte Fransen können nicht gleich anderen Arbeiten, wie gehäkelte, gestrickte, genetzte oder geklöppelte Spitzen, an den Ecken eingezogen werden, da es unmöglich ist, die Knoten so fest aneinander zu pressen, dass sich nach aussen die erforderliche Weite ergibt.

Abb. 599.
Knüpffranse mit Schnurquästchen.
Fadensorten: Knüpfgarn D.M.C N° 30, Elsässer Strick- und Häkelgarn D.M.C N° 25, Perlgarn D.M.C N° 3 bis 5 oder Leinen-Strickgarn D.M.C N° 3 bis 12, in Rouge-Géranium 352, Rouge-Cardinal 346 und Naturfarben.

Es ist daher, je nach dem Muster, eine bestimmte Anzahl Hilfsfäden einzuschlingen und zwar sind zu dem hier vorliegenden Muster, nach Abb. 602, die Einlagefäden 1, 2, 3, 4 und 5 in der 4. Knotenreihe aufzunehmen; 16 Fäden sind zu dem geknüpften Gittergrunde aus den 4 gekreuzten Gruppen zwischen den unteren viereckigen Feldern zu rechnen.

(*) Siehe am Schluss des Buches das Verzeichnis der Musterbücher der Bibliothek D.M.C, enthaltend zahlreiche Vorlagen für alle Arten von Handarbeiten.

Im Verbindungsknoten an der Ecke wird der 6. Hilfsfaden eingelegt, Abb. 603, über den die später zu arbeitende und nach rechts und links gehende Knotenschnur geknüpft wird.

Die weiteren Ergänzungsfäden sind der deutlicheren Darstellung wegen in Abbildung 603 dunkel bezeichnet.

An die beiden mittleren Fäden, die auch die Fortsetzung des Verbindungknotens sind, werden noch 7 Hilfsfäden ange-

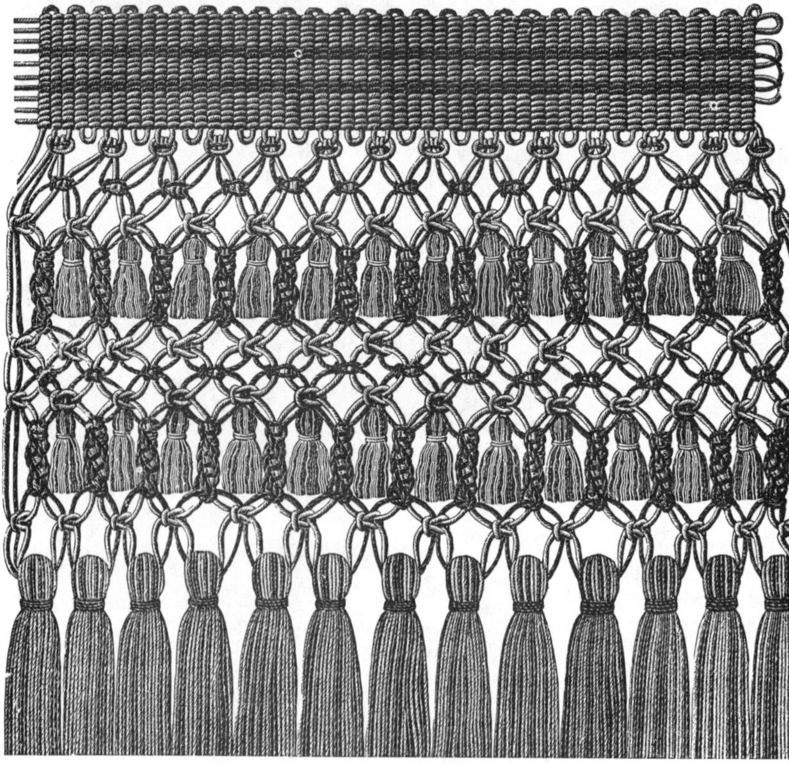

ABB. 600. KNÜPFFRANSE MIT DREI REIHEN BÜSCHELQUASTEN.
FADENSORTEN: Perlgarn D.M.C Nº 1 bis 5, Häkelgarn D.M.C, Spezial-Qualität, Nº 3 bis 30, Elsässer Strick- und Häkelgarn D.M.C Nº 20, Leinen-Strickgarn D.M.C Nº 3 bis 12 oder Knüpfgarn D.M.C Nº 30, in Bleu-Indigo 312 und Naturfarben.

schlungen, und zwar Faden 7 einfach, die Fäden 8 und 9 doppelt, Fäden 10, 11, 12 und 13 wieder einfach.

Auf diese Art verbinden die Ergänzungsfäden 7, 10, 11, 12 und 13 die beiden Einlagefäden, während 8 und 9 einzeln nach rechts und links angeschlungen sind.

Beide Knotenschnüre müssen knapp aneinander schliessen; der in Abbildung 603 bemerkbare Zwischenraum ist nur der deutlichen Darstellung des Fadenanschlages wegen gelassen worden.

Ein langer roter Doppelfaden wird an den obersten Fäden zwischen den beiden Knotenschnüren angeschlungen, welcher über alle 14 von den Knotenschnüren ausgehenden und nach innen laufenden Fäden geschürzt wird.

In die Mitte des Quadrates kommen 9 flache Doppelknoten, worauf der rote Faden von rechts und von links wieder bis an die untere Spitze des Feldes weiter geknüpft wird. Mit einer Knotenschnur, aus dem weissen Faden hergestellt, findet die Figur ihren Abschluss.

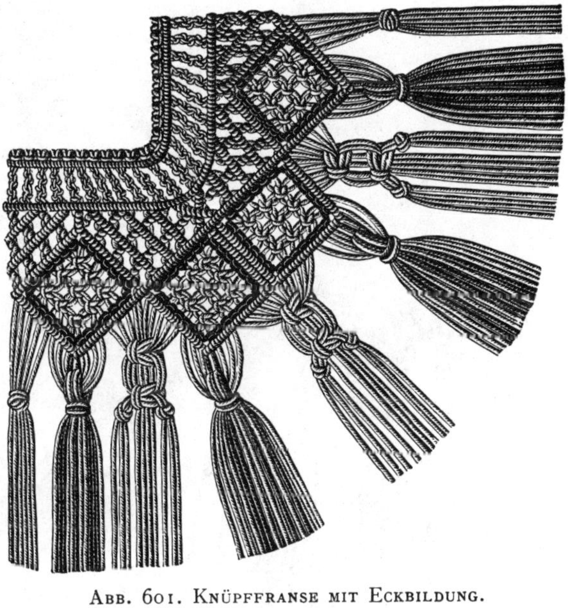

Abb. 601. Knüpffranse mit Eckbildung.
Fadensorten: Knüpfgarn D.M.C N° 30, Elsässer Strick- und Häkelgarn D.M.C N° 20, Perlgarn D.M.C N° 3 bis 5 oder Leinen-Strickgarn D.M.C N° 3 bis 12, in Jaune-Maïs 579 und Rouge-Grenat 309. (*)

Quasten und Knotenbüschel, zu welchen 10 Fäden aus dem Bogeneinschnitt genommen und mit welchen über 4 Fäden flache Doppelknoten gemacht werden, vollenden nach aussen dieses Fransenmuster. Zu den Knoten, welche die flachen Doppelknoten abschliessen, sind die aus diesen auslaufenden 3 Fäden zu nehmen.

(*) Siehe am Schluss des letzten Kapitels die Tabelle der Nummern und das Farbenverzeichnis der Baumwoll-, Leinen- und Seiden-Artikel, Marke D.M.C.

Grundmuster in Knüpfarbeit (Abb. 604, 605, 606). — Die Fäden sind in einer der anzufertigenden Arbeit entsprechenden Länge auf Knüpfschiffchen aufzuwinden, siehe Abb. 613.

Anschlag nach Abbildung 545 mit 2 blauen Fäden beginnend, abwechselnd 4 gelblichweisse und 4 blaue Doppelfäden, mit 2 blauen Doppelfäden schliessen; dem folgt eine doppelte Knotenschnur.

In der Mitte, mit 8 blauen Fäden beginnend, 2 flache

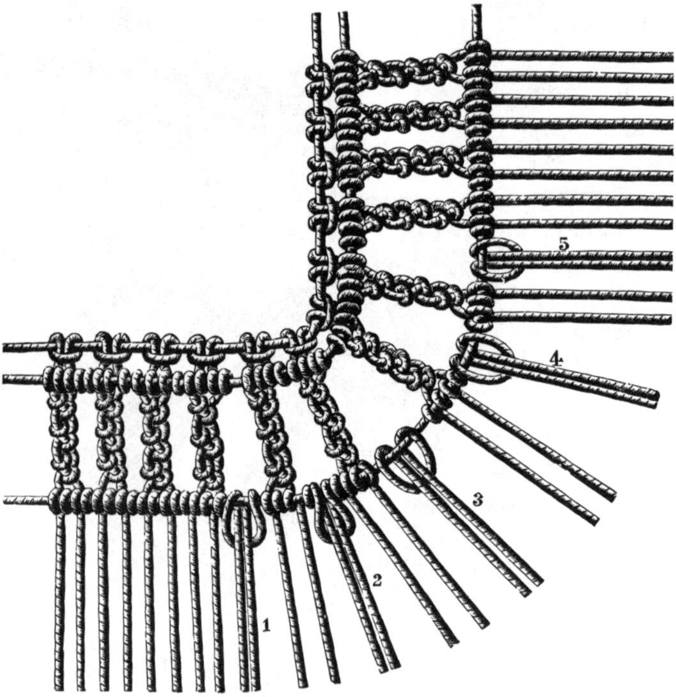

Abb. 602.
Das Aufnehmen der ersten Ergänzungsfäden in Abbildung 601.

Doppelknoten; über die 4 blauen Fäden von rechts mit den 4 blauen Fäden von links eine vierfache Muschelrippe, Abb. 605, die nach allen Seiten durch einen flachen Doppelknoten begrenzt wird.

Die Entstehung der hellen, gegitterten Figur ist in Abbildung 606 erklärt.

Die von dieser Figur auslaufenden Fäden ergeben die zwei

Franse in Knüpfarbeit

auszuführen mit Perlgarn D.M.C (Coton perlé).

gestreiften Muschelrippen, nach deren Vollendung sich sämtliche blaue Fäden wieder vereinigen. Diese Rippen zeigen am Aussenrande je vier einzelne, quer gearbeitete dunkle Doppelknoten und in der Mitte zwei helle Längsreihen von je vier Doppelknoten.

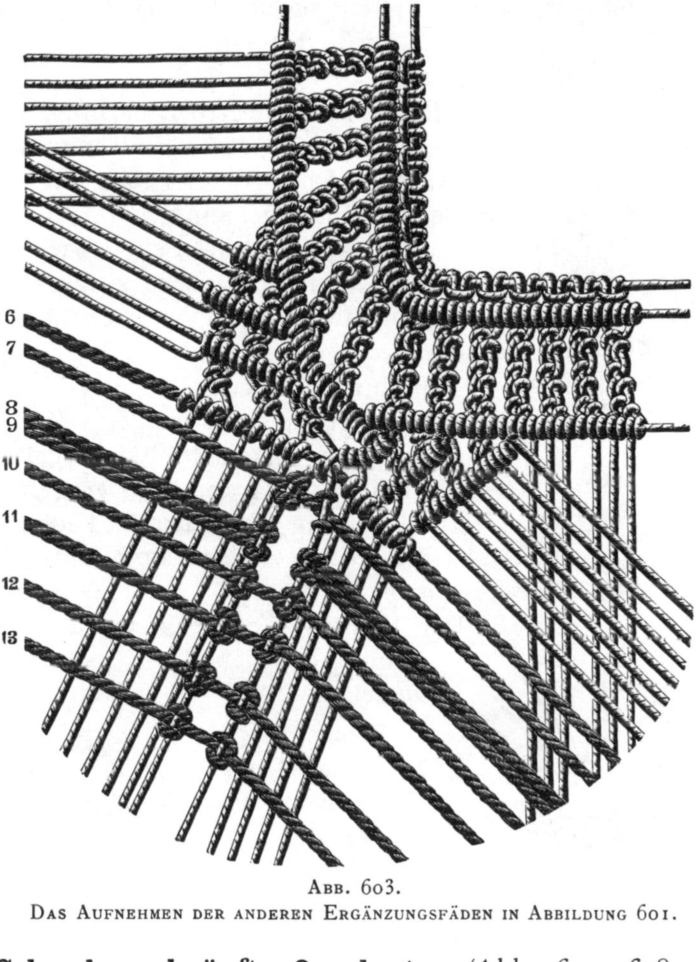

ABB. 603.
DAS AUFNEHMEN DER ANDEREN ERGÄNZUNGSFÄDEN IN ABBILDUNG 601.

Schmale, geknüpfte Querborten (Abb. 607, 608, 609, 610). — Länge der einfachen Fäden für N° 30 des Knüpfgarn D.M.C (Fil à pointer) : 50 cm.

Beide Borten werden mit dem gewöhnlichen Anschlage, Abb. 545, und mit einer einfachen Knotenschnur nach der vorher bestimmten Länge begonnen.

Abbildung 607 erfordert nach rechts und nach links eine dreifache Rippengruppe mit je 4 Fäden ausgeführt. Diese Gruppen sind durch eine Knotenschnur abgeschlossen, nach welcher die dreifache Rippengruppe entgegenlaufend wiederholt wird.

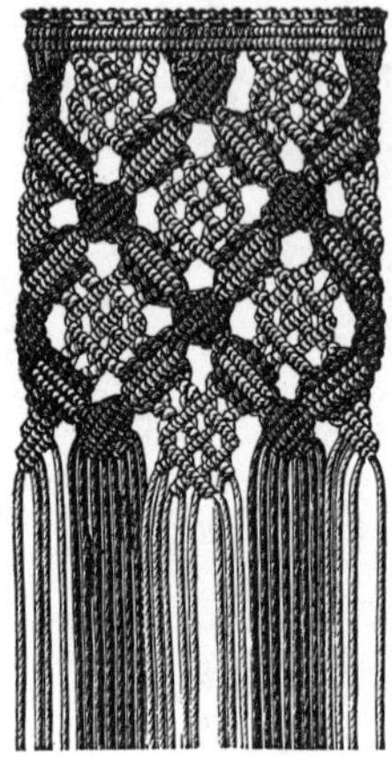

Abb. 604. Grundmuster in Knüpfarbeit. Fadensorten: Häkelgarn D.M.C, Knüpfgarn D.M.C, Elsässer Nähgarn D.M.C oder Elsässer Strick- und Häkelgarn D.M.C, in Jaune-Crème 712 und Bleu-Indigo 322.

Eine dritte Knotenschnur schliesst das Muster ab.

Hierauf wird die Arbeit nach der Kehrseite gewendet, ein neuer Einlagefaden angelegt, eine Knotenschnur über den neu angelegten Faden geknüpft, ein Knoten aus je 2 Fäden dicht an die Schnur gebracht, Abb. 609, *a,* die Enden kurz abgeschnitten, *b,* und der Knoten nach aufwärts gedrückt, *c.*

Abbildung 608 erfordert 8 Fäden für eine Rippengruppe. Es werden zuerst alle Gruppen von rechts nach links ausgeführt; dann werden die Gruppen in entgegengesetzter Richtung über den 5. Faden von links nach rechts zählend ausgeführt, siehe Abb. 610.

Der Abschluss ist gleich jenem in Abbildung 607 herzustellen.

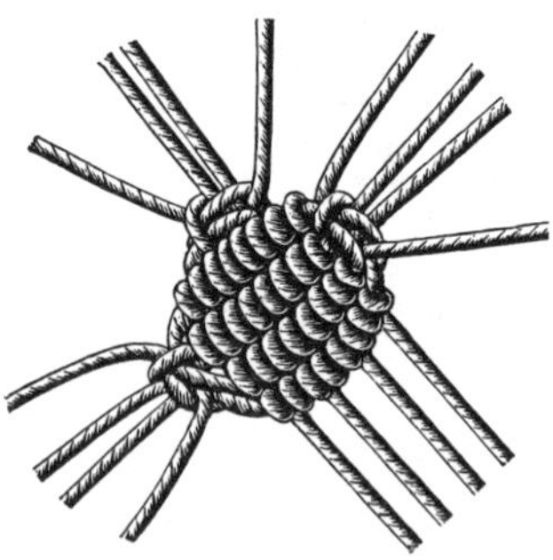

Abb. 605. Muschelrippe zu Abbildung 604.

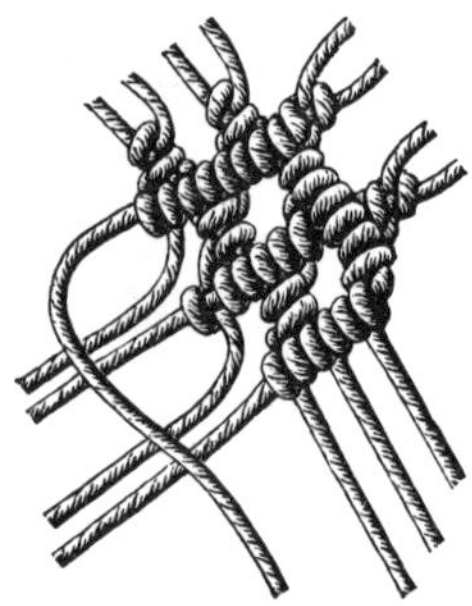

Abb. 606. Gitterfigur in Abbildung 604.

Breite, geknüpfte Querborte (Abb. 611). Länge des einfachen Fadens für N° 30 des Knüpfgarn D.M.C (Fil à pointer): 150 cm.

1. Reihe — Anschlag mit Doppelschlingen und einer wagerechten doppelten Knotenschnur.

Die Farben sind anzureihen: * 4 blaue Bogen, 4 naturfarbene, 5 rote, 4 naturfarbene; von * an wiederholen.

2. Reihe — Ein Rippenbändchen mit 2 Fäden und 7 Drehungen, Abb. 578 = * mit den 12 nächsten Fäden: 3 flache Doppelknoten, unter diesen 3 Doppelknoten 6 kleine Rippenbändchen mit sechsmaligem Fadenwechsel = nach dem dritten Wechsel das zweite Bändchen mit dem dritten, das vierte mit dem fünften verbinden = je 2 Rippenbändchen mit einem flachen Doppelknoten abschliessen.

Abb. 607. Schmale, geknüpfte Querborte.

Abb. 608. Schmale, geknüpfte Querborte.

Fadensorten: Knüpfgarn D.M.C, Perlgarn D.M.C, Elsässer Strick- und Häkelgarn D.M.C, Elsässer Nähgarn D.M.C oder Leinen-Strickgarn D.M.C, in Rouge-Cardinal 346, Brun-Rouille 3310, Bleu-Indigo 322 oder Jaune d'Or 781. (*)

Ueber die letzten blauen Fäden einen Wellenknoten, Abb. 562, *b* = über den 14. der naturfarbenen Fäden hin- und zurückgehend 7 Reihen Knotenrippen = über die beiden ersten roten Fäden Wellenknoten, dann wieder von * an beginnen.

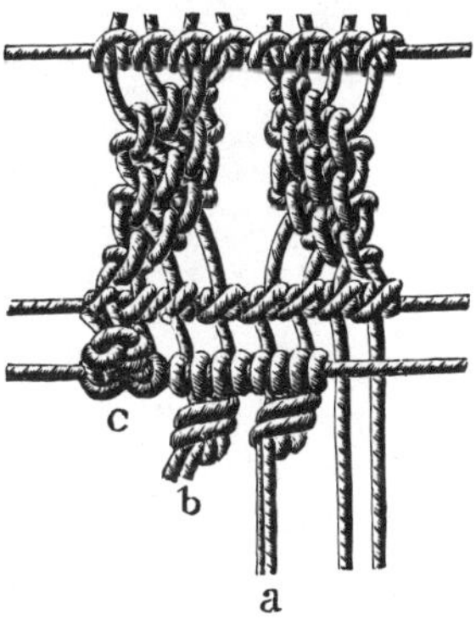

Abb. 609.
Das Abknüpfen der Fäden in Abbildungen 607 und 608.

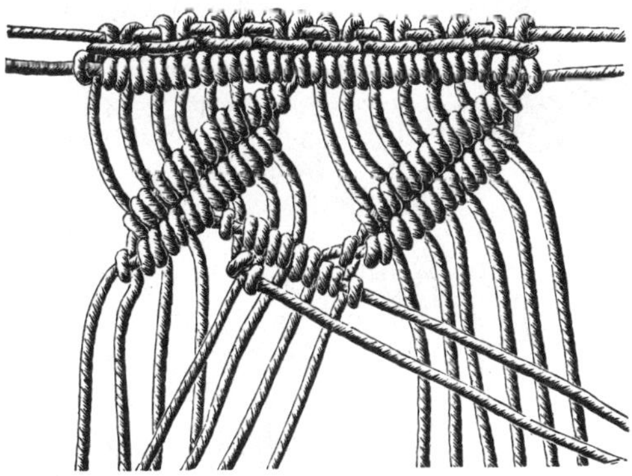

Abb. 610.
Das Versetzen der Rippengruppen in Abbildung 608.

(*) Siehe am Schluss des letzten Kapitels die Tabelle der Nummern und das Farbenverzeichnis der Baumwoll-, Leinen- und Seiden-Artikel, Marke D.M.C.

3. Reihe — Wieder 2 neue Einlagefäden anlegen und die wagerechte Knotenschnur ausführen.

4. Reihe — Mit den blauen Fäden: 5 grosse Muschelknoten, Abb. 616 und 617, 1 dreifache Knotenrippe nach links und nach rechts = zwischen den Rippen 9 grosse Muschelknoten = 1 dreifache Knotenrippe nach rechts und nach links, und nach unten mit 5 grossen Muschelknoten schliessen.

Mit den naturfarbenen Fäden: 3 flache Doppelknoten, 1 doppelte wagerechte Knotenrippe über den letzten naturfarbenen Faden = 3 Wellenknoten mit 12 Knoten = noch

ABB. 611. BREITE, GEKNÜPFTE QUERBORTE.

FADENSORTEN: Häkelgarn D.M.C oder Häkelgarn D.M.C, Spezial-Qualität, N° 10 bis 20, Elsässer Strick- und Häkelgarn D.M.C N° 20, Perlgarn D.M.C N° 3 bis 5 oder Leinen-Strickgarn D.M.C N° 3 bis 12, in Naturfarben, Rouge-Turc 321 und Bleu-Indigo 312.

1 doppelte Knotenrippe = den Einlagefaden an den umgelegten Faden der dreifachen blauen Knotenrippe anschliessen.

Mit den roten Fäden: 1 Muschelknoten über 12 Fäden, Abb. 616 und 617 = 1 doppelte halbkreisförmige Rippe unterhalb des Muschelknotens, 1 Rippenbändchen mit 7 Wendungen mit den äussersten roten Fäden, an den hellen Faden nach links anschliessen.

An das rechtsliegende Bändchen wird dann wieder der helle Faden der nächsten Figur angeschlungen.

Ueber je 6 der in der Mitte hängenden roten Fäden 4 flache

Doppelknoten mit 2 einfachen Fäden ausgeführt; hierauf werden alle Fäden unter einem Bindeknoten vereinigt = folgt ein flacher Doppelknoten an beiden Seiten über je 6 Fäden = mit den an den Seiten gebliebenen Fäden werden noch die Rippenbändchen mit drei Wendungen fortgesetzt. Ueber den ersten roten Faden des linkseitigen Bändchens wird mit allen freien Fäden 1 doppelte Querrippe geschürzt = unter diese 4 flache Doppelknoten, dann 1 einfache Querrippe = unter diese 10 Doppelknoten über je einen Faden = dann 1 doppelte Knotenschnur.

Hierauf wird der helle Streifen mit einer Reihe Doppelknoten, einer doppelten Querrippe und 3 Wellenbändchen fortgesetzt.

Zum Schluss ver-

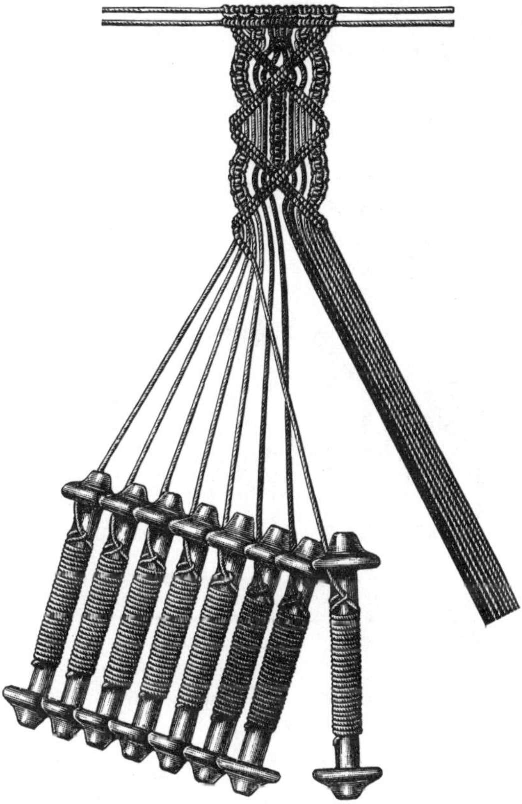

Abb. 612.
Geknüpfte Längsborte mit Knüpfschiffchen gearbeitet.
Fadensorten: Häkelgarn D.M.C, Knüpfgarn D.M.C, Elsässer Nähgarn D.M.C, Elsässer Strick- und Häkelgarn D.M.C oder Leinen-Strickgarn D.M.C, in Bleu solide 827 und Brun-Rouille 3313. (*)

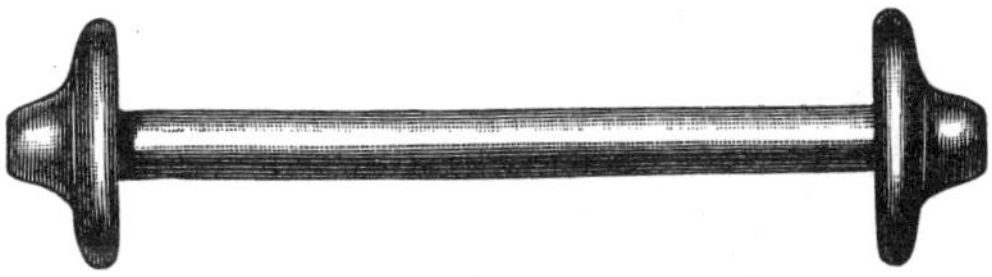

Abb. 613. Knüpfschiffchen.
Natürliche Grösse.

(*) Siehe am Schluss des letzten Kapitels die Tabelle der Nummern und das Farbenverzeichnis der Baumwoll-, Leinen- und Seiden-Artikel, Marke D.M.C.

binden sich 2 blaue und 2 naturfarbene Fäden, sowie 2 naturfarbene und 2 rote Fäden zu flachen Doppelknoten; die dazwischen liegenden Doppelknoten bleiben einfarbig.

Der untere Abschluss ist dem Anfange gleich; die Endfäden werden zu Pikots umgelegt und an der doppelten Knotenschnur festgenäht.

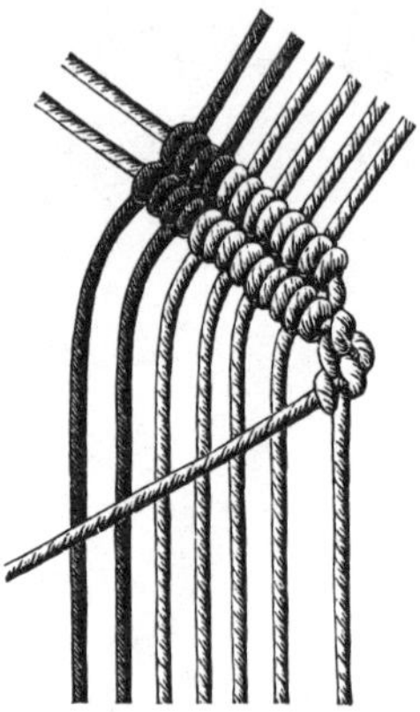

Abb. 614.
Das Wenden der Rippengruppen in Abbildung 612.

Geknüpfte Längsborte mit Knüpfschiffchen gearbeitet (Abb. 612, 613, 614). — 8 Doppelfäden vorrichten. Hier ist die Länge des Fadens auf eine längere fortlaufende Borte zu berechnen.

Man knüpft zu diesem Zwecke ein einzelnes Motiv und berechnet nach der dabei verbrauchten Fadenmenge die Länge der einzelnen Arbeitsfäden, denn nicht immer wird von allen Fäden das gleiche Quantum verbraucht.

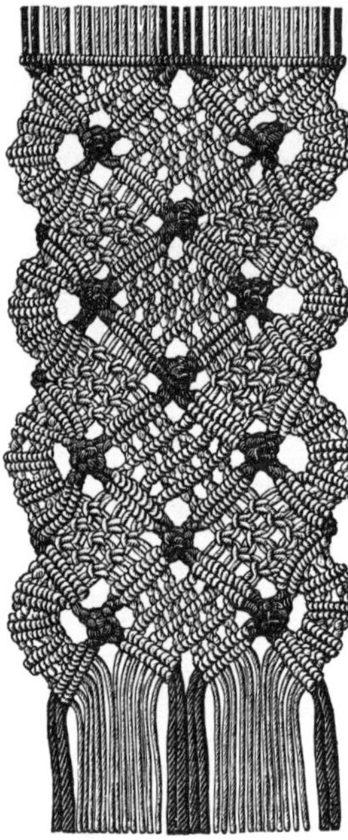

Abb. 615.
Geknüpfte Längsborte mit Muschelknoten.
Fadensorten: Häkelgarn D.M.C, Knüpfgarn D.M.C, Elsässer Strick- und Häkelgarn D.M.C oder Perlgarn D.M.C, in Vert doré 582 und Rouge-Cardinal 347. (*)

Bei unserer Bordüre, Abb. 612, zum Beispiel, sind die beiden inneren braunen Fäden, welche als Einlage für den Stab aus 6 Doppelknoten dienen, bedeutend kürzer als die äusseren zu nehmen mit welchen die flachen Doppelknoten geschürzt werden.

Um das häufige Anknüpfen zu vermeiden und um dem unbequemen Herabhängen langer Fäden auszuweichen, empfehlen wir die Benützung einer neuen Art Knüpfschiffchen, den

(*) Siehe am Schluss des letzten Kapitels die Tabelle der Nummern und das Farbenverzeichnis der Baumwoll-, Leinen- und Seiden-Artikel, Marke D.M.C.

Klöppeln, wie solche zur Spitzenerzeugung verwendet werden, sehr ähnlich.

Wird also ein längeres Fadenmass gebraucht, so kann der Faden auf dem Knüpfschiffchen, das auf jede Nähmaschine gesteckt werden kann, da es hohl gebohrt ist, aufgewunden werden. Der Faden wird mit dem bei der Klöppelarbeit üblichen Knoten befestigt. (Siehe das Kapitel : « Die Klöppelspitzen », Abb. 966).

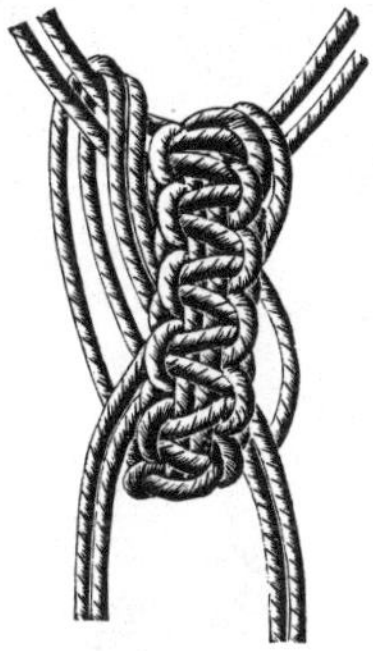

Abb. 616.
Offener Muschelknoten zu Abbildung 615.

Abb. 617.
Geschlossener Muschelknoten zu Abbildung 615.

Anschlag wie in Abbildung 545 mit 3 Fäden blau, 2 braun und 3 blau; hierauf folgt eine einfache Knotenschnur.

Mit je 4 Fäden einen flachen Doppelknoten, je 2 Fäden bleiben rechts und links frei.

Den 15., 14., 13., 12., 11., 10. und 9. Faden über den 16. Faden rechts schürzen. Dieselben Fäden noch einmal über den 15. Faden schürzen.

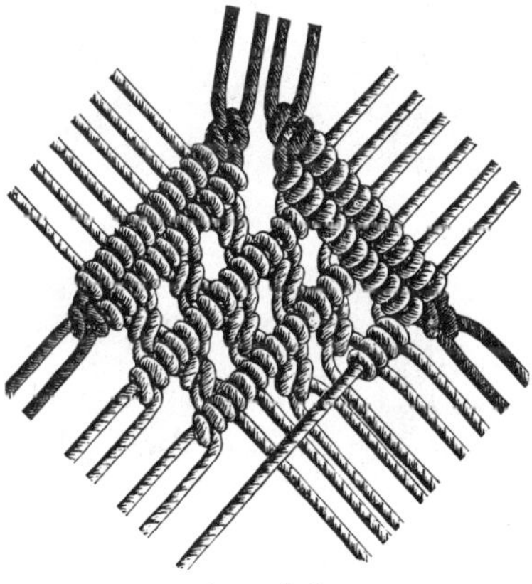

Abb. 618.
Wechsel der Fäden in Abbildung 615.

Links dieselbe Doppelrippe mit dem 2., 3., 4., 5., 6., 7. und 8. über den 1. und 2. Faden ausführen.

Als Verbindung die Einlagefäden der linken Rippe über die Einlagefäden der rechten Rippe schürzen. Dann zu beiden Seiten mit je 4 blauen Fäden, 4 flache Doppelknoten, Abb. 546, *d*, hierauf die Rippe laut Abbildung 614 bis zum äussersten Faden fortsetzen.

In der Mitte ergeben nun die mittleren 4 braunen Fäden 6 flache Doppelknoten, worauf die Rippengruppen wieder nach einwärts, Abb. 614, gewendet werden.

Geknüpfte Längsborte mit Muschelknoten (Abb. 615, 616, 617, 618). — Die Fäden auf Knüpfschiffchen winden.

Anschlag nach Abbildung 549 mit 1 dunklen Doppelfaden, 6 hellen Doppelfäden, 2 dunklen Doppelfäden, 6 hellen Doppelfäden, 1 dunklen Doppelfaden, denen eine einfache Knotenschnur folgt.

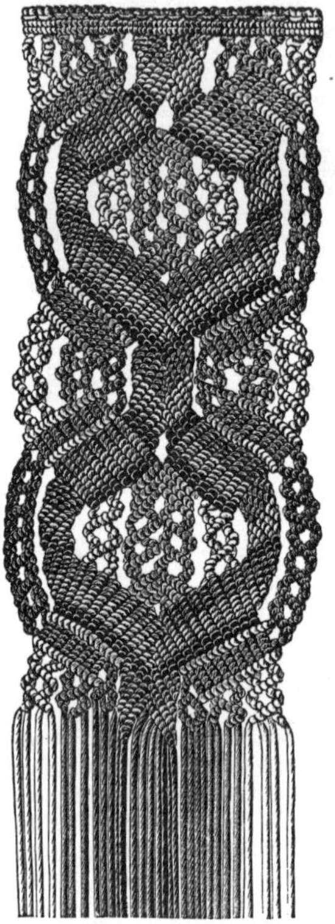

Abb. 619.
Geknüpfte Längsborte mit Kreuzrippenbändchen.
Fadensorten : Häkelgarn D.M.C, Knüpfgarn D.M.C, Elsässer Strick- und Häkelgarn D.M.C oder Perlgarn D.M.C, in Noir grand-teint 310, Vert-Scarabée 3346 und 3348, Brun-Cachou 435 und 437, Bleu-Indigo 334. (*)

Von links nach rechts einen Doppelknoten mit dem 2. dunklen Faden über den 1. dunklen und mit dem 2. hellen Faden über den 1. hellen.

Abb. 620.
Kreuzrippenbändchen von links nach rechts geschürzt zu Abbildung 619.

Von rechts nach links je einen Doppelknoten über den 4. hellen Faden mit dem 3., 2. und 1. hellen Faden.

Wieder von links nach rechts und über den 5. Faden einen Doppelknoten mit dem 6. Faden und einen Doppelknoten mit dem 3. Faden über den 4.

Abb. 621.
Kreuzrippenbändchen von rechts nach links geschürzt zu Abbildung 619.

Von rechts nach links: 5 Doppelknoten über den 8. Faden.

Von links nach rechts: Je einen Doppelknoten über den 9., über den 7. und über den 5. Faden.

(*) Siehe am Schluss des letzten Kapitels die Tabelle der Nummern und das Farbenverzeichnis der Baumwoll-, Leinen- und Seiden-Artikel, Marke D.M.C.

Von rechts nach links: 7 Doppelknoten über den 12. Faden.

Von links nach rechts wieder 3 einzelne Knoten.

Hierauf eine von beiden Seiten zusammenlaufende, doppelte Knotenrippe mit 6 hellen Fäden über die beiden dunklen Fäden. Siehe auch Abbildung 618.

In der Mitte dann mit 4 roten Fäden einen Muschelknoten aus 6 flachen Doppelknoten, wie derselbe in den Abbildungen 616 und 617 dargestellt ist. An der Seite als Randabschluss Bogen aus 3 Doppelrippen und zwischen jedem 2 einzelne Kettenknoten.

Unter den äusseren Muschelknoten entsteht ein schräges Feld aus 9 flachen Doppelknoten, während unter der mittleren Muschel die in Abbildung 618 erklärten, gekreuzten, einfachen Knotenrippen fortlaufen.

Geknüpfte Längsborte mit Kreuzrippenbändchen (Abb. 619, 620, 621). — Die Fäden auf Knüpfschiffchen aufwinden. Anschlag nach Abbildung 545 mit 2 Fäden hellblau, 2 Doppelfäden hellgrün, 2 Doppelfäden dunkelgrün, 1 Doppelfaden dunkelbraun, 1 einfachen Faden schwarz, 2 Doppelfäden hellbraun, 1 einfachen Faden schwarz, 1 Doppelfaden dunkelbraun, 2 Doppelfäden dunkelgrün, 2 Doppelfäden hellgrün, 2 Doppelfäden hellblau.

Eine doppelte Knotenschnur.

Link- und rechtseitige Gruppe — Kreuzrippenbändchen nach den Abbildungen 620 und 621 mit 4 blauen Fäden, mit 4 Wendungen nach aussen und 3 nach innen = dasselbe mit 4 hellgrünen Fäden mit 3 Wendungen nach aussen und 2 nach innen = dann mit den dunkelgrünen Fäden, mit 2 Wendungen nach aussen und 3 nach innen = über den ersten dunkelgrünen Faden je einen Doppelknoten mit den 4 hellgrünen und den 4 blauen Fäden.

Mit den 2 nächsten dunkelgrünen Fäden sind von rechts nach links und von links nach rechts Doppelknoten über die 4 hellgrünen und 4 blauen Fäden zu schürzen, wodurch 8 Querrippen entstehen. Hierauf sind die 8 Fäden wieder über den letzten dunkelgrünen Faden zu schürzen und dann ein

Kreuzrippenbändchen, Abb. 620 und 621, mit 14 Bogen nach aussen und 12 Bogen nach innen zu machen.

Mittlere Gruppe links — 1 Doppelknoten mit dem 1. dunkelbraunen Faden über den 2. = 1. Rippe aus 3 Doppelknoten mit 1 schwarzen und 2 dunkelbraunen Fäden über den 1. hellbraunen Faden = bei der 2. Rippe wird der 1. hellbraune Faden, bei der 3. Rippe werden die 2 hellbraunen Fäden über den schwarzen Faden geschürzt.

Rechts dieselbe Gruppe und zwar der linkseitigen entgegenlaufend ausführen.

Links — Doppelknoten über den 1. hellbraunen Faden von rechts, mit den von links ausgehenden 2 dunkelbraunen, 2 hellbraunen Fäden und mit dem 1. schwarzen Faden.

Rechts — Ueber den 1. von links ausgehenden dunkelbraunen Faden 1 dunkelbraunen, 2 hellbraune, 1 schwarzen Doppelknoten.

Links — Ueber den von rechts ausgehenden dunkelbraunen Faden den dunklen, die beiden hellbraunen und den schwarzen Faden schürzen.

Rechts — Ueber den dunkelbraunen die 2 hellbraunen und den schwarzen Faden schürzen.

Links — Dieselben Knoten wie rechts.

Rechts — Einen braunen und den schwarzen Faden über den 1. hellbraunen schürzen.

Links — Dieselben Knoten über den letzten Faden.

Rechts — Den schwarzen Faden über den letzten braunen schürzen.

Links — Mit den 2 dunkel- und den 2 hellbraunen und dem schwarzen Faden Doppelknoten über die 4 hellgrünen und die 4 blauen Fäden : 8 Rippen von je 5 Doppelknoten = 1 Doppelknoten mit dem 1. über den 2. dunkelbraunen Faden, 2 Doppelknoten mit dem 1. und 2. dunkelbraunen über den 1. hellbraunen Faden, 3 Doppelknoten mit 2 dunkel- und einem hellbraunen Faden, über den 2. hellbraunen Faden = 4 Doppelknoten mit den 2 dunkel- und den 2 hellbraunen Fäden über den schwarzen Faden.

Nun folgen noch 5 weitere Rippen, bei denen der nach

innen liegende letzte Faden zum Einlegen benutzt wird. Dieselben Gruppen sind auch von rechts nach links zu knüpfen.

Dann, in der Mitte links beginnend, die 4 hellgrünen Fäden über den 1. gleichfarbigen, von rechts nach links laufenden, Faden schürzen.

Rechts — 3 hellgrüne Fäden über den 1. von links ausgehenden Faden schürzen.

Dasselbe noch zweimal nach beiden Seiten wiederholen.

Die 3. Knotenrippe bildet zugleich die 1. Zacke eines dreifachen Kreuzrippenbändchens, welches dann auch rechts auszuführen ist; beide Bändchen schliessen mit einer dreifachen Rippengruppe ab, deren letzte rechtsliegende Rippe nur noch einen Doppelknoten zählt.

Die zu beiden Seiten noch auszuführenden hellblauen Bändchen zeigen nach innen 3 ganze, nach aussen einen ganzen und einen halben Bogen nach oben und unten.

Dann zu beiden Seiten über die 4 blauen und die 4 hellgrünen Fäden alle anderen braunen und schwarzen schürzen = in der Mitte dann abwechselnd von rechts und von links arbeiten, bis die schwarzen Fäden unten an der Spitze zusammenlaufen.

Die blau und hellgrün eingefasste Rippengruppe wird einwärts gedreht und mit einem 3 Bogen zählenden Rippenbändchen fortgesetzt.

Schmale, geknüpfte Längsborte mit Eckbildung (Abb. 622 und 623). — Bei in sich abgeschlossenen Borten mit Eckbildung werden die Knüpffäden in ihrer Mitte auf dem Kissen befestigt und an jeder Seite auf Knüpfschiffchen gewickelt. Die Borte wird nach beiden Seiten hin gearbeitet; wo sich dann die beiden Enden treffen, sind die Arbeitsfäden möglichst unsichtbar zu vernähen.

Für die Borte, Abb. 622, sind 8 helle und 8 dunkle Fäden erforderlich. Nachdem dieselben auf dem Kissen so befestigt sind, dass 4 dunkle Fäden rechts und links und 8 helle Fäden in der Mitte liegen, knüpft man für die Eckbildung die zwei aussen liegenden doppelten Knotenrippen und die erste innen liegende mit den hellen Fäden über die dunklen Einlagefäden, so dass, wenn diese Rippen vollendet sind, 6 dunkle Fäden in der Mitte liegen. Mit diesen 6 Fäden arbeitet man das dunkle, vierreihige Eckblatt; dem folgen die die Ecke nach aussen zu abschliessenden, bogenförmigen Rippenbändchen, nebst den zwei äusseren und der einen inneren doppelten, hellen Knotenrippe und die Ecke ist vollendet.

Abb. 622.
Schmale, geknüpfte Längsborte mit Eckbildung.
Fadensorten: Knüpfgarn D.M.C, Elsässer Strick- und Häkelgarn D.M.C oder Perlgarn D.M.C, in Gris-Cendre 318 und Rouge-Cardinal 347, oder in Vert doré 580 und Violet-Scabieuse 395.

Jetzt sind die Arbeitsfäden wieder so verteilt, dass je 4 dunkle nach aussen und die 8 hellen nach innen zu liegen kommen; mit den äusseren werden die kleinen dunklen Seitenblätter geknüpft, die inneren hellen Fäden werden durch einen Flechtknoten, Abb. 562, *a*, vereint, daran schliessen sich wieder helle doppelte Knotenrippen usw.

Die Herstellung der dunklen vierteiligen Blätterfigur, die zwischen die hellen Doppelrippen zu liegen kommt, erklärt deutlich Abbildung 623.

Abb. 623.
Rippenfigur zu Abbildung 622.

Rundes Deckchen in Knüpfarbeit (Abb. 624 und 625). — Fadenlänge der naturfarbenen langen Fäden 1 Meter und der kurzen Fäden 50 cm.; Fadenlänge der bunten Fäden 2 Meter und 4 Meter.

Von der Mitte aus arbeitend, beginnt man mit 8 naturfarbenen Fäden, von denen jeder 1 Meter misst, wie Abbildung 625 zeigt; man erhält ein kleines Quadrat, von welchem nach allen vier Richtungen je vier gleich lange Arbeitsfäden hängen müssen. Diese dienen als Einlagefäden für die doppelten Knotenrippen, zu deren Bildung man auf jeder Seite des Quadrates noch vier naturfarbene Fäden einlegt. Jede Rippe wird unten noch mit einem einzelnen Knoten abgeschlossen, während die neu hinzugekommenen Fäden, sobald sie die Rippen verlassen, zu einem Flachknoten verschlungen werden.

Nun werden die bunten Fäden, deren Länge 2 Meter betragen muss und die um die Mitte des Deckchens einen Kreis bilden, eingelegt und bei Beginn der Arbeit mit Stecknadeln

ABB. 624. RUNDES DECKCHEN IN KNÜPFARBEIT.

FADENSORTEN: Knüpfgarn D.M.C N° 30, Perlgarn D.M.C N° 3 oder Elsässer Strick- und Häkelgarn D.M.C N° 20, in Naturfarben, Rouge-Grenat 335 und 309 und Rose tendre 3326, oder in Jaune-Crème 711, Bleu d'Azur 3325 und Bleu-Indigo 334 und 312. (*)

auf dem Kissen befestigt. Die naturfarbenen Fäden dienen jetzt als Einlage für die bunten Fäden, welche Gruppen von je sechs Rippen bilden ; je zwei Gruppen verbinden stets drei einfache Ketten.

(*) Siehe am Schluss des letzten Kapitels die Tabelle der Nummern und das Farbenverzeichnis der Baumwoll-, Leinen- und Seiden-Artikel, Marke D.M.C.

Man beginnt bei einer Rippengruppe, legt zuerst zwei dunkle Fäden ein, deren Kette aus 5 Knoten besteht; hierauf zwei mittlere, deren Kette 6 Knoten zählt, und schliesslich zwei helle Fäden, mit denen zwischen den Rippengruppen eine einfache Kette aus 7 Knoten geschürzt wird.

Hat man abwechselnd Rippen und Ketten ringsum im Kreise ausgeführt und ist am Ausgangspunkte angelangt, so vernäht man die bunten Fäden sorgfältig und schneidet sie knapp ab.

Nun sind 32 naturfarbene, 1 Meter lange Fäden einzulegen. Je vier Fäden werden in ihrer halben Länge zu einem flachen Doppelknoten geschlungen und dieser wird auf dem Kissen unterhalb der roten Kette mit einer Stecknadel befestigt. Hierauf werden die so eingelegten Fäden mit den schon vorhandenen drei naturfarbenen Fäden zu Doppelrippen nach rechts und links verarbeitet.

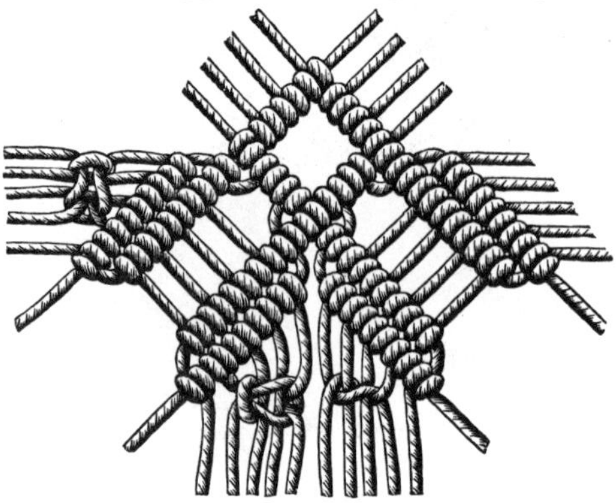

Abb. 625. Beginn der Mittelfigur in Abbildung 624.

Der Kreisform folgend, werden nun nach Abbildung 624 in 6 mm. Entfernung wieder je 2 schräge Doppelrippen ausgeführt, die, wie im Innern des Deckchens, mit einem flachen Knoten schliessen.

Hier beginnt nun der zweite Kreis aus den abschattierten roten Fäden, dessen Ausführung der des kleinen Kreises gleicht; doch bestehen hier die Rippengruppen aus 7 Rippen und die einzulegenden Fäden müssen eine Länge von 4 Metern haben.

Nach Vollendung des farbigen Kreises werden wieder 48, etwa 50 cm. lange naturfarbene Fäden eingelegt. Ausserhalb der roten einfachen Kette werden 3 Fäden zu einem flachen Doppelknoten verschlungen, der Arbeit eingefügt, um, wie oben, zur Bildung von Doppelrippen zu dienen. Bei Ausführung dieser Rippen wird bei jeder zweiten Gruppe noch ein Faden eingelegt und mit umschlungen, da aus der bunten Rippengruppe nur 7 Fäden hängen, während zweimal 4 Fäden zur weiteren Ausführung der Musterung nötig sind. Es folgt nun wieder eine Reihe Doppelrippen, worauf je 2 Gruppen so gewendet werden, dass Zacken entstehen, die im Innern einen flachen Knoten aufweisen.

Die Fäden werden nun sorgfältig vernäht, wobei man an jeder Zacke 6 Pikots bildet, und sodann knapp abgeschnitten.

Die fertige Arbeit findet passende Verwendung als Lampen- oder Vasenunterlage, als Auflage für kleine runde Tischchen und dergleichen.

Geknüpfte Borte mit Zackenabschluss (Abb. 626). — Länge der einfachen Fäden für N° 30 des Knüpfgarn D.M.C (Fil à pointer) : 175 cm.

Ganz eigenartige, spitzenähnliche Wirkung erzielt man mit geknüpften Zacken, bei denen die Fadenenden nicht wie üblich unten zu Quasten vereint, sondern wo die überzähligen, auszuscheidenden Fäden allmählich im Laufe der Arbeit überknüpft und ausgeschnitten werden.

Als Beispiel dieser, an Reticella-Spitzen erinnernden Muster, bringen wir mit Abbildung 626 eine schmale Borte mit Zackenabschluss.

Man beginnt mit einem Anschlage von runden Pikots, Abb. 548, und einer doppelten Knotenschnur, der eine Reihe einfacher Bindeknoten, Abb. 560, und wieder eine doppelte Knotenschnur folgt.

Nun beginnt erst die eigentliche Bordüre, deren Musterung aus zwei verschiedenen, abwechselnd nebeneinander gesetzten Figuren besteht.

Die kleinere Figur zählt 12 Fäden Breite, die grösseren Figuren zählen 22 Arbeitsfäden ; 10 Fäden werden rechts und links zur Herstellung des Musters benötigt, die beiden mittleren Fäden werden auf der Kehrseite vernäht. Zwischen den einzelnen Musterfiguren müssen immer 2 Fäden, wie oben angegeben, entfernt werden.

Alle diese Fäden sind jedoch, sobald die schmale Musterung vollendet ist, bei dem festen unteren Abschlussbörtchen, das genau dem oberen gleicht, wieder frisch einzuhängen, damit die Fadenzahl stets die gleiche bleibt.

Die kleine Figur der Bordüre ist mit den 2 inneren flachen Doppelknoten zu beginnen, für welche der 3. bis 6. und 7. bis 10. Faden genommen werden.

Hierauf wird über den 1. Faden nach rechts abwärts und über den 12. Faden nach links abwärts aus je 6 Fäden eine dreifache Knotenrippe geschürzt. Die beiden Seitenbogen, über 2 Einlagefäden ausgeführt, zählen je 12 Schlingknoten durch 2 Knotenpikots, Abb. 566, unterbrochen; der mittlere

Abb. 626. Geknüpfte Borte mit Zackenabschluss.
Fadensorten: Knüpfgarn D.M.C N° 30, Häkelgarn D.M.C N° 5 bis 20, Elsässer Strick- und Häkelgarn D.M.C N° 15, Perlgarn D.M.C N° 3 bis 8 oder Leinen-Strickgarn D.M.C N° 3 bis 12, in Weiss oder Naturfarben. (*)

Stab, über 4 Einlagefäden, besteht aus 4 flachen Doppelknoten, denen in der Mitte nach rechts und links ein Pikot einzuschieben ist.

Die dreifachen Knotenrippen sind sodann in entgegengesetzter Lage nochmals zu arbeiten und wieder mit 2 flachen Doppelknoten unten abzuschliessen.

(*) Siehe am Schluss des letzten Kapitels die Tabelle der Nummern und das Farbenverzeichnis der Baumwoll-, Leinen- und Seiden-Artikel, Marke D.M.C.

Die grosse Figur ist mit dem 1. Faden links zu beginnen; man schürzt über die 2 folgenden Fäden 7 Schlingknoten, denen zwischen dem 3. und 4. ein Knotenpikot, Abb. 566, eingeschoben wird = mit dem 4. Faden sind über die 3 folgenden Fäden 6 in der Mitte durch ein Knotenpikot unterbrochene Schlingknoten zu schürzen = mit dem 10. Faden schürzt man über den 8. und 9. Faden 3 Schlingknoten, 1 Pikot, 3 Schlingknoten und, nach links abwärts weiter arbeitend, über alle Einlagefäden 4 gewöhnliche Doppelknoten mit den aus dem zweiten Bogen auslaufenden 4 Fäden, mit dem 4. dieser Fäden ausserdem noch 1 Pikot und 2 Schlingknoten und, die Fäden vom ersten Bogen dazu nehmend, mit einem flachen Doppelknoten schliessen.

Das Fadenbüschel teilen und nach links einen Bogen aus 12 Schlingknoten, nach rechts einen aus 9 Schlingknoten, durch je 2 Pikots verziert, die unten wieder mit einem flachen Doppelknoten zusammen abgebunden werden.

Rechts die gleichen Knotenreihen in entgegengesetzter Folge wiederholen.

Es hängen nun in der Mitte 8 Arbeitsfäden herab, mit denen die vierteilige Sternfigur aus dreifachen Knotenrippen geknüpft wird, die unten wieder nach rechts und links mit dreifachen Bogen vollendet wird.

Zackenabschluss. — Für jede Zacke sind 39 Fäden zu nehmen; je 2 Fäden bleiben zwischen den Zacken, bilden ein kleines Rippenpikot aus 2 Doppelknoten und werden dann unsichtbar vernäht.

Die zur Zacke selbst gehörigen 39 Fäden werden in 9 Büschel geteilt und zwar zählt das 1., 5. und 9. Büschel je 5 Fäden, die übrigen nur 4 Fäden.

Man beginnt bei dem ersten Büschel links mit 2 flachen Doppelknoten über 3 Einlagefäden, diesen folgen rechts und links mit dem 1. und 2. und mit dem 4. und 5. Faden 2 Rippenbändchen aus je 8 Knoten, die unten wieder durch 2 flache Doppelknoten verbunden werden.

Mit den 2 folgenden Fadenbüscheln je 1 flachen Doppelknoten, denen eine Muschelrippe, Abb. 605, folgt. Mit den aus der Muschelrippe nach links hängenden Fäden 4 flache Doppelknoten bilden, sodann die 5 Fäden des ersten Büschel dazu nehmen, 1 flachen Doppelknoten über 7 Einlagefäden, 2 Fäden davon auf der Kehrseite knapp abschneiden, 1 flachen Doppelknoten über 5 Einlagefäden, 2 Fäden abschneiden,

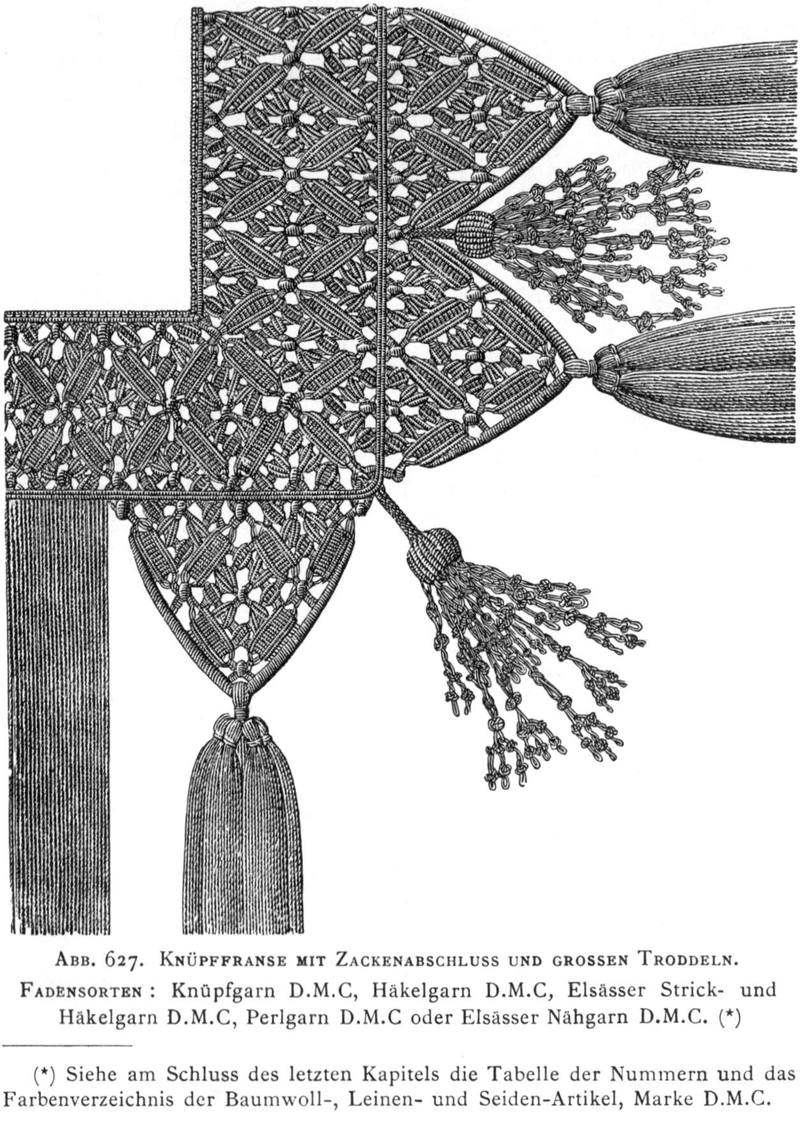

ABB. 627. KNÜPFFRANSE MIT ZACKENABSCHLUSS UND GROSSEN TRODDELN.
FADENSORTEN: Knüpfgarn D.M.C, Häkelgarn D.M.C, Elsässer Strick- und Häkelgarn D.M.C, Perlgarn D.M.C oder Elsässer Nähgarn D.M.C. (*)

(*) Siehe am Schluss des letzten Kapitels die Tabelle der Nummern und das Farbenverzeichnis der Baumwoll-, Leinen- und Seiden-Artikel, Marke D.M.C.

1 flachen Doppelknoten über 3 Einlagefäden und sodann noch eine Figur mit Rippenbändchen ansetzen.

Die 4 Fäden, über welche die Muschelrippe geschürzt wurde, werden zu einem Bogen verarbeitet, indem man mit dem 1. Faden links über die 3 Einlagefäden 9 Schlingknoten, 1 Pikot und 9 Schlingknoten ausführt.

Mit dem 4. Büschel wird ebenfalls ein Bogen aus 7 Schlingknoten, 1 Pikot und 7 Schlingknoten ausgeführt, und mit dem 5. mittleren Büschel die gleiche Figur wie mit dem ersten, jedoch nur mit 1 flachen Doppelknoten geschlossen.

Die rechte Hälfte der Zacke ist gleich der linken, nur in entgegengesetzter Richtung auszuführen. Ueber die mittleren drei Büschel 3 flache Doppelknoten (also über 11 Einlagefäden), 3 Fäden davon abschneiden, rechts und links die Fäden der grossen Bogen dazu nehmen, 3 flache Doppelknoten über 16 Einlagefäden; dieses nun 18 Fäden zählende Büschel so teilen, dass je 5 Fäden rechts und links und 8 Fäden in der Mitte bleiben.

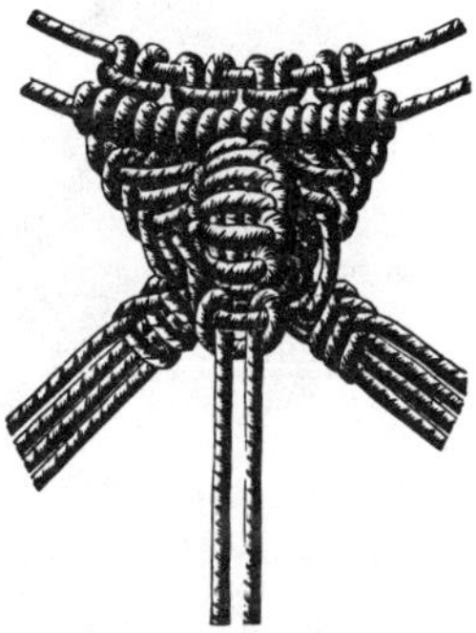

Abb. 628.
Das Anlegen des ersten Ergänzungsfadens in Abbildung 627.

An beiden Seiten die Figur aus Rippenbörtchen knüpfen, mit der äusseren Figur durch 3 flache Doppelknoten vereinen, und zugleich 5 Fäden ausschneiden und noch eine Rippenbörtchen-Figur anknüpfen.

Die 8 mittleren Fäden bilden einen Stab aus 14 Wellenknoten, teilen sich dann nach links und rechts, bilden hier die Stäbe aus 4 flachen Doppelknoten, denen in der Mitte nach beiden Seiten ein Pikot anzusetzen ist; diese 4 Fäden und die 5 Fäden der äusseren Figur mit 1 flachen Doppelknoten vereinen — 4 Fäden ausschneiden — mit den 5 bleibenden einen Bogen aus 5 Schlingknoten, 1 Pikot, 5 Schlingknoten.

Mit den aus dem linken Bogen auslaufenden Fäden über die 5 Fäden des rechten Bogens gewöhnliche Doppelknoten schürzen, hierauf rechts und links je 1 Knotenpikot aus 5 Fäden und sämtliche Fäden auf der Kehrseite vernähen.

Knüpffranse mit Zackenabschluss und grossen Troddeln (Abb. 627, 628, 629, 630, 631, 632, 633, 634). — Länge des einfachen Fadens für N° 30 des Knüpfgarn D.M.C (Fil à pointer) : 260 cm.

Dieses Muster, eines der schwierigsten unter den Knüpfarbeiten, erfordert grosse Genauigkeit, besonders aber richtiges Halten der Einlagefäden, damit die Rippengruppen in dicht gedrängten Knoten erscheinen, wodurch allein die einzelnen Figuren ihre richtige Form erhalten können.

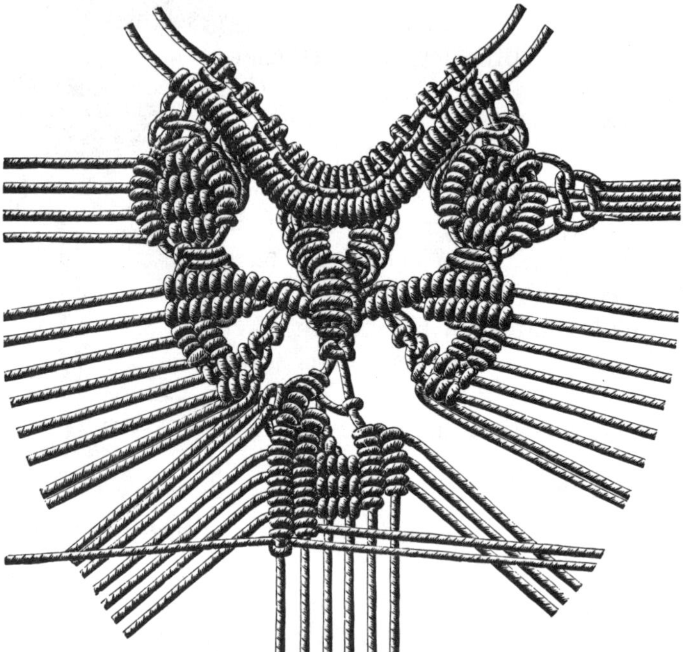

Abb. 629.
Das Anlegen der späteren Ergänzungsfäden in Abbildung 627.

Für jede Wiederholung des Musters ist ein Anschlag von 16 Doppelfäden erforderlich.

Die halben Sterne zu beiden Seiten der ganzen Sterne werden mit dem 15. und 16. Doppelfaden des ersten Musters begonnen, indem über 3 Fäden mit dem 4. Faden 3 Schlingknoten geschürzt werden, siehe Abb. 628.

Hierauf sind über 2 Einlagefäden von links und über 1 Faden

von rechts, also über 3 Fäden, mit dem 4. Faden 5 Schlingknoten zu schürzen und mit den freien Fäden 1 flacher Doppelknoten über die 4 Fäden, um die kleine, an der Anschlagkante ersichtliche Muschel zu bilden.

Zu beiden Seiten von dieser Muschel sind wieder 3 Schlingknoten über 3 Fäden zu schürzen.

Der 11., 12., 13. und 14. Doppelfaden nach links und der 3., 4., 5. und 6. Doppelfaden nach rechts ergeben die Rippengruppen zu beiden Seiten der Muschel und werden mit Schlingknoten begonnen und mit Schlingknoten abgeschlossen.

Ueber den 1. rechtseitigen Einlagefaden sind die 4 Fäden der linken Gruppe zu schürzen und über diese die beiden nächsten Fäden von rechts; über den 4. Faden von rechts sind wieder die 4 Fäden von links zu schürzen; mit dem 4. Faden 2 Schlingknoten über die 3 Fäden nach unten und an der Seite.

Abb. 630. Chinesischer Knoten und Doppelkette zu einem Ringknoten vorgerichtet.

Ueber die vier links und rechts von dem Muschelknoten auslaufenden Fäden je 2 vierfache Knotenrippen; nach der 2. Knotenreihe sind die beiden oberen Fäden zu kreuzen; mit dem nächsten Faden sind 2 Schlingknoten über den 4. Faden zu schürzen; hierauf ist die 3. und dann die 4. Knotenreihe zu vollenden.

Den zu beiden Seiten des halben Sternes befindlichen schiffchenförmigen Knotenfiguren dienen die aus den Muscheln ausgehenden Fäden zur Einlage.

Abb. 631. Ringknoten aus einfacher Kette gebildet.

Das Anschlingen des ersten Ergänzungsfadens in der Ecke ist in Abbildung 628 dargestellt; in Abbildung 629, jenes der 13 anderen Fäden, die auf dem 1. Einlagefaden angereiht werden und für das Schiffchen erforderlich sind.

Die Schlingknoten, durch welche die nächste Muschel gebildet wird, sind mit 2 doppelten Ergänzungsfäden und einem Faden der vorhergehenden Figur zu machen.

An den freien Fäden rechts und links werden ebenfalls 2 doppelte Ergänzungsfäden angeschürzt. Diese 4 Fäden ergeben wieder die Einlagefäden der folgenden Schiffchen nach links und rechts.

Dem 4. Schiffchen in der Diagonale dienen die aus der Muschel auslaufenden 4 Fäden für die zum Schluss anzuschürzenden 12 Hilfsfäden als Einlagefäden; für den unteren Muschelknoten sind noch 4 Doppelfäden einzuhängen.

Nach unten schliesst das Muster mit einem halben Stern und einer doppelten Knotenrippe ab; unter dieser werden grosse Zacken angesetzt, die aus 2 halben Sternen, 4 Schiffchen, 1 ganzen Stern und 2 Schiffchen bestehen.

Die aus den Knüpfknoten auslaufenden Fadenenden werden hierauf von oben herab zusammengefasst und mit kräftigem Faden übernäht, so eine dichte runde Abschlusschnur ergebend, die nach unten zu immer dicker wird; die herabhängenden Fadenenden dienen zur Quastenbildung.

Es wird nämlich der rest-

Abb. 632. Geknüpfte Beere.

Abb. 633. Unterer Teil der grossen Troddel zu Abbildung 627.

Abb. 634. Langes Anhängsel der grossen Troddel zu Abbildung 627.

liche Strähn in der Mitte durch einen Fadenbüschel überlegt, dann fest abgenäht. Die weiteren in Abbildung 627 ersichtlichen Quasten sind frei herzustellen und dann 6 bis 8 an der Zahl an die schon bestehende Fadenquaste anzunähen.

Zwischen jeder Zacke sind geknüpfte Troddeln anzubringen, zu denen zuerst nach Abbildung 632 eine Beere mit 21 Einlagefäden hergestellt wird.

Die beiden ersten Reihen dieser Beere sind mit 12 Einlagefäden = die 3. Reihe mit 15 = die 4., 5. und 6. Reihe mit 21 = die 7. Reihe mit 15 = die 8. und 9. Reihe wieder mit 12 Fäden zu knüpfen.

Die 21 Fäden werden dann gleich abgeschnitten, die Enden nach dem Innern der Beere gebracht, wo sie den hohlen Raum ausfüllen. Wenn sie nicht genügen, um die Beere recht voll und rund zu gestalten, nimmt man noch Watte zum Stopfen.

Schliesslich wird die Oeffnung durch einige Stiche geschlossen.

An diese Beere werden nun nach unten 5 grosse und 6 kleine Anhängsel oder Troddeln befestigt.

Die kleinen Anhängsel, Abb. 633, bestehen aus dem chinesischen Knoten, Abb. 630, dessen Fadenende zu einer Doppelkette verwendet wird, durch welche wieder ein Ringknoten gebildet wird. Wir verzichten hier darauf, die Handbewegungen, durch welche der chinesische Knoten gebildet wird, einzeln anzuführen; einige Versuche werden schneller zu einem Resultat führen.

Die Ringknoten ersetzen in der Knüpfarbeit die Perle der Posamenterie; um einen solchen zu bilden, werden 3 Fäden, wenn er von einer Doppelkette, und einen Faden, wenn er von einer einfachen Kette gebildet ist, weggeschnitten, die Enden sorgfältig im Knoten verborgen; mit dem übrig gebliebenen Faden stellt man eine Schlinge her, Abb. 631, und schliesslich befestigt man alle Enden durch einige unsichtbare Stiche.

In die durch den letzten Faden gebildete Schlinge hängt man 3 kleine Ringknoten, die durch eine kleine Kette gebildet werden und deren Fadenenden die Schlinge nach oben und unten ergeben.

Das kleine Anhängsel, wovon also für eine Troddel 6 zu machen sind, ist genau in Abbildung 633, das grosse, wovon 5 nötig sind, in Abbildung 634 dargestellt. Man beginnt mit einer einfachen, zum Ringknoten umgestalteten Kette, der man zwei chinesische Knoten mit grossen Ringknoten, unten mit drei kleinen Ringknoten verziert, einhängt.

Die Beere selbst wird nach oben durch eine gehäkelte oder durch eine geknüpfte Schnur, wie solche im Kapitel « Die Ausstattung der Arbeiten » dargestellt sind, siehe die Abbildungen 1032 bis 1039, zwischen den Zacken befestigt.

Handarbeitsvorlagen. — Ausser den hier beschriebenen Arbeiten findet man eine grosse Anzahl von Vorlagen für Knüpfarbeit in folgenden Musterbüchern der Bibliothek D.M.C : *Die Knüpfarbeit* und *Sammlung verschiedener Handarbeiten.* (*)

(*) Siehe am Schluss der Encyklopädie das Verzeichnis der Musterbücher welche die Bibliothek D.M.C bilden.

Einsatz. Netzstickerei mit Füllstichen und Umrandung in Stopfstich.

Die Netzarbeit.

Bei den meisten Handarbeiten lässt sich annähernd ihre Entstehungszeit nachweisen; beim Netzen fehlen uns jedoch fast gänzlich nähere Anhaltspunkte, denn es ist bei den ältesten Völkern fast ebenso bekannt gewesen, wie heute bei uns. War doch das Netz eines der ersten Hilfsmittel zur Beschaffung der zum menschlichen Lebensunterhalt erforderlichen tierischen Nahrung.

Das Netz, ursprünglich nur für den Fischfang und die Jagd verwendet, wurde nach und nach auch in feinen Maschen angefertigt. Diese feinmaschigen Netze wurden wieder als höchst geeigneter Grund für Stickereien befunden, so dass dar auf allmählich wahre Kunstwerke der Nadelarbeit entstanden.

Die Verwendungs- und Ausstattungsart blieb jedoch in den verschiedenen Gegenden, wo das Netzen und die Netzstickerei vervollkommnet wurden, immer eine eigenartige, grundverschiedene. So erkennt man persische Netze sofort an dem feinen, engen, in Seide ausgeführten Grunde und an der reichen Ausarbeitung mit Gold- und Silberfäden; die italienische Netzstickerei weist viele Muster auf, die jenen des punto tagliato ähnlich sind, und ausserdem eine reiche Abwechslung in der Maschengliederung des Grundnetzes, während man in Frankreich auf engem Netze steife, dicht ausgenähte Muster mit starkem Faden umrandete und diese Arbeit als Filet-Richelieu oder Filet de Cluny (*) bezeichnete.

Sei nun die Stickerei auf die eine oder die andere Art ausgeführt, sie ist immer schön und, was noch mehr wert ist, immer modern. In den Gegenden, wo sie zu den Hausindustriezweigen gehört, werden unablässig Einsätze und Spitzen in Netzstickerei erzeugt, die dazu bestimmt sind, sowohl Kleider- und Wäsche- als Wohnungsgegenstände zu zieren.

Die Beschreibung der Netzarbeiten zerfällt naturgemäss in zwei Teile: in den, der nur die Herstellung des Netzes behandelt, und in jenen, der das Besticken des Netzes erklärt.

An Stelle des von Hand hergestellten Netzgrundes wird in jüngster Zeit vielfach gewebter Netzstoff verwendet, welcher in verschiedenen Stärken und Farben hergestellt wird.

Für diejenigen unserer Leserinnen jedoch, die sich für ihre Arbeiten das Netz selbst anfertigen wollen, lassen wir hier die nötigen Angaben für dessen Herstellung folgen.

Abb. 635. Schütze aus Stahl. Verkleinerte Ansicht.

Abb. 636. Schütze aus Bein. Verkleinerte Ansicht.

Abb. 637. Netzwalze. Naturgrösse.

Gerätschaften zum Netzen (Abb. 635, 636, 637). — Das Netz selbst wird aus Schlingen gebildet, die wieder durch Knoten verbunden werden.

Zum Schürzen dieser Knoten sind verschiedene Werkzeuge erforderlich, und zwar vor allen andern ein Netzschütze, auch Netznadel genannt. Diese Schützen sind gewöhnlich aus Stahl, in den Stärken der Stricknadeln, mit dem Unterschiede jedoch, dass, wie in der Abbildung 635 ersichtlich, die Enden gespalten und flach gepresst sind, und dass unter diesen gegabelten Enden ein Loch gebohrt ist, um den Arbeitsfaden darin einfädeln und durch einen Knoten befestigen zu können.

(*) Siehe am Schluss des Buches das Verzeichnis der Musterbücher der Bibliothek D.M.C, enthaltend zahlreiche Vorlagen für alle Arten von Handarbeiten.

Für starken Faden gibt es Schützen aus Bein, Schildpatt und Buchsbaumholz, die aber, wie es in der Abbildung 636 zu sehen ist, nicht durchbohrt sind. Der Faden muss sehr stramm auf den Schützen gewunden werden und nur in der Menge, die der Weite der Masche entspricht, damit er sich leicht unter die Walze bringen und durch die Schlingen ziehen lässt.

Die Walze, Abb. 637, sei sie nun aus Bein, Holz oder Stahl, muss sehr glatt und gleichmässig gerundet sein, erstens, um gleiche Maschen zu ergeben, und zweitens, weil das Abstossen der Maschen bei Walzen, die beispielsweise nach aussen dicker sind als in der Mitte, sehr erschwert, manchmal, besonders bei einer Hand, die den Faden stramm anzieht, sogar unmöglich wird. Für lange, fransenartige Netzmaschen werden flache Stäbe verwendet.

Sowohl die Netznadel, als auch die Walze oder der Stab müssen in der Stärke dem Faden und der vorher bestimmten Maschenweite entsprechen.

Ausser den beiden angeführten Dingen gehört zum Netzen noch ein schweres Kissen, an welches die Grundschlinge und die an diese sich anreihende Arbeit zu befestigen ist.

Fadensorten. — Die Wahl des Fadens ist beim Netzen durchaus von der Bestimmung der Arbeit abhängig. Man netzt mit Baumwolle und Leinengarn, sowie mit Seidenfäden. Die spitzenartigen, einfarbig hellen Arbeiten werden in Baumwolle oder Leinen, die bunten in Seide oder in einem die Seide ersetzenden Garne hergestellt.

Als passende Artikel der unter der Marke D.M.C bekannten Fabrikate nennen wir: Leinen-Strick- und Häkelgarn D.M.C (Lin à tricoter et à crocheter), Leinen-Spitzengarn D.M.C (Lin pour dentelles), Elsässer Nähgarn D.M.C (Fil d'Alsace), Elsässer Strick- und Häkelgarn D.M.C (Alsatia), Häkelgarn D.M.C (Cordonnet 6 fils), Häkelgarn D.M.C, Spezial-Qualität (Cordonnet spécial), und Perlgarn D.M.C (Coton perlé).

Alle diese Fäden, von runder, gleichmässiger Drehung, verknüpfen sich nicht beim Verarbeiten, erleichtern daher wesentlich die Bildung der Knoten.

Die Maschenarten. — Die Netzmasche selbst bleibt stets dieselbe; es ist immer eine Schlinge, die durch einen Knoten an eine andere Schlinge geknüpft ist; alle Schlingen bilden ein viereckiges Feld, sei es nun quadratisch oder länglich.

Durch die verschiedenen Arten, wie der Faden um die Walze gelegt wird und wie die Schlingen untereinander verbunden werden, entstehen verschiedene Maschenarten, wovon die bedeutendsten sind: 1) Die einfache Masche; 2) Die doppelte Masche; 3) Die gezogene Masche; 4) Die geschleifte Masche.

1) **Einfache Masche. Erste Stellung der Hände** (Abb. 638). Den Anfang der Netzarbeit bildet eine 10 bis 20 cm. lange Schlinge aus sehr kräftigem Faden, die mit einer Stecknadel an

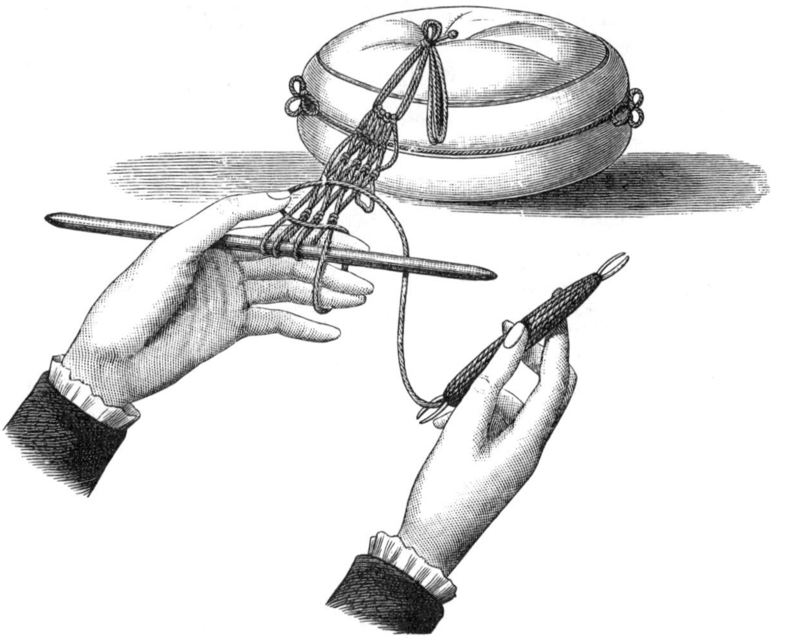

Abb. 638. Einfache Masche. Erste Stellung der Hände.

das vorerwähnte Kissen zu befestigen und an die der Arbeitsfaden anzuschliessen ist.

Dann nimmt man die Walze in die linke Hand, zwischen Daumen und Zeigefinger, die anderen Finger sind gestreckt zu halten. Den Arbeitsfaden legt man über die Walze und die innere Seite des zweiten, dritten und vierten Fingers nach abwärts, führt ihn hinter der Hand hinauf und legt ihn nach links, wo er mit dem Daumen festzuhalten ist.

Zweite und dritte Stellung der Hände (Abb. 639 und 640). Nun führt man den Faden hinter dem zweiten, dritten, vierten und fünften Finger herab und schiebt die Nadel durch die Schlinge auf den Fingern und hinter der Walze von unten durch jene Schlinge, an welche der Arbeitsfaden befestigt ist, wobei der obere Faden der von dem Daumen gehaltenen Schlinge hinter dem Schützen liegen bleibt; es entsteht dadurch eine zweite Schlinge, die man mit dem kleinen Finger der linken Hand zurückhält. Man zieht nun den von dem Schützen auslaufenden Faden nach und nach an und lässt dabei zunächst

Abb. 639. Zweite Stellung der Hände.

jene Schlinge los, welche vom Daumen gehalten wird, dann wird allmählich die Schlinge nachgezogen, die über dem zweiten, dritten und vierten Finger liegt, während die letzte Schlinge noch immer durch den kleinen Finger zurückgehalten wird. Schliesslich wird auch diese Schlinge eingezogen und vom kleinen Finger herabgelassen, dann der Knoten zugeschürzt, indem man den Faden stramm anzieht. Hiermit ist eine Masche vollendet. Die übrigen Maschen sind ebenso zu schürzen und bleiben sowohl zum Anschlag als zum Netzgrunde immer dieselben.

Nach Vollendung der erforderlichen Schlingenzahl zieht man die Walze aus den Schlingen, wendet die Arbeit und legt die Walze unterhalb der eben vollendeten Reihe wieder an.

Bei Ausführung der zweiten und der nächsten Reihen wird die Netznadel in die Masche der soeben vollendeten Reihe geführt und werden ebenso viele Knoten geschürzt, als Schlingen vorhanden sind. Diese Maschen bilden das schräge Netz. Nach jeder vollendeten Reihe hat man die Arbeit zu wenden, da stets von links nach rechts in hin- und zurückgehenden Reihen gearbeitet wird.

Abb. 640. Dritte Stellung der Hände.

2) **Doppelte Maschen.** — Diese werden durch zwei- oder dreimaliges Umwinden des Fadens um die Walze gebildet, so dass diese Maschen auch zwei- bis dreimal länger sind, als die anderen.

3) **Gezogene Maschen.** — Solche Maschen entstehen, wenn der Knoten nicht ganz dicht an die Walze angeschlossen wird.

4) **Geschleifte Maschen.** — Maschen schleifen heisst: Den Faden, wie bei der einfachen Masche, über die Walze und die Finger legen, die Netznadel ebenfalls in die anzu-

netzende Masche führen, doch bevor der Knoten zugeschürzt wird, den Netzstab aus der eben genetzten Masche ziehen und diese nur so lange als notwendig bilden, um sie mit der oberen Masche gleich lang zu gestalten.

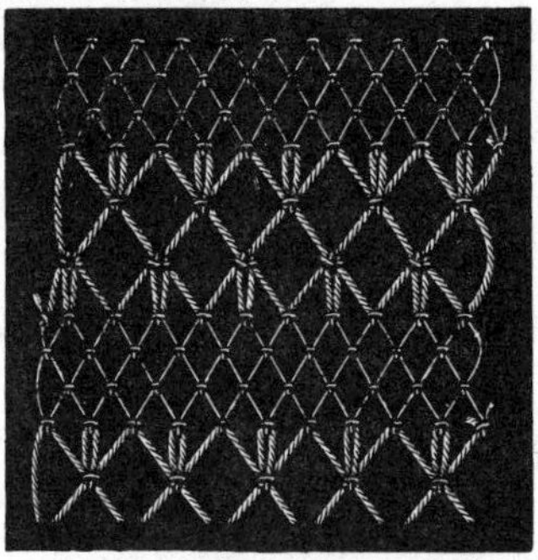

Abb. 641.
Muster durch Auf- und Abnehmen gebildet.

Muster durch Anwendung verschiedener Stäbe. — Im Netzen entstehen weniger abwechselnde Maschen- und Musterarten, als beim Stricken und Häkeln; doch sind immerhin noch genug Verschiedenheiten in der Maschenbildung zu verzeichnen, wie es durch die folgenden Abbildungen bewiesen wird. Man netzt abwechselnd eine Reihe über einen starken und eine Reihe über einen feinen Stab, oder auch mehrere Reihen über einen starken und ebenso viele über einen feinen Stab.

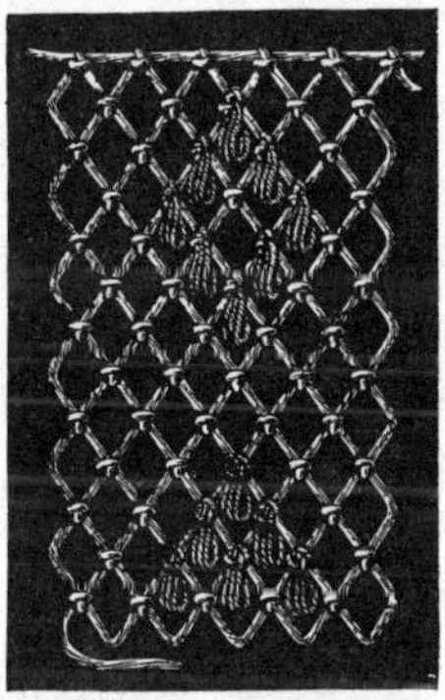

Abb. 642.
Muster mit losen Schlingenmuschen.

Die Stäbe sind dann in regelmässig wiederkehrender Reihenfolge zu wechseln.

Muster durch Auf- und Abnehmen gebildet (Abb. 641). — Solche Netzmuster entstehen, indem man die Maschen in regelmässiger Folge zusammennetzt und wieder ebenso viele Maschen aufnimmt, als abgenommen wurden, oder auch umgekehrt.

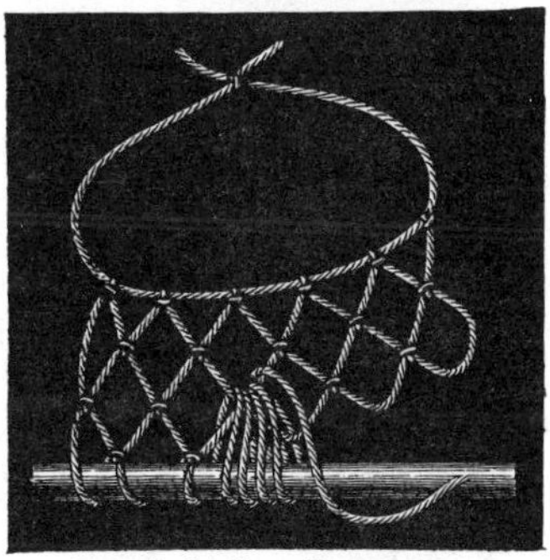

Abb. 643. Das Bilden der Schlingenmuschen.

Das Auf- und Abnehmen der Maschen kann entweder in ein und derselben Reihe oder auch nur bei bestimmten Reihen geschehen, wie es in der Abbildung 641 ersichtlich ist.

Zu diesem Muster ist der Faden in zweierlei Stärken zu verwenden.

Man beginnt mit feinem Faden und über feinem Stab mit 3 Reihen einfacher Maschen, setzt dann fort mit einer Reihe einfacher Maschen mit starkem Faden und über starkem Stabe; hierauf eine Reihe mit starkem Faden und über starkem Stabe, in welcher je 2 Maschen durch einen Knoten verbunden werden und eine Reihe mit starkem Faden und über starkem Stabe, in welcher wieder 2 Knoten in jede Schlinge geschürzt werden, so dass die vorherige Maschenzahl wieder vollzählig ist. Hierauf werden die 3 Reihen mit feinem Faden über feinem Stabe wiederholt.

Muster mit losen Schlingenmuschen (Abb. 642 und 643). Die Muschen aus losen Schlingen werden im Netz wie folgt gemacht:

1. Reihe. — Eine Masche, deren Knoten nicht an die Walze anschliessen darf; den Faden um die Walze legen und die Netznadel durch jene Masche führen, in welche der Knoten geschürzt wurde; dies wird drei- bis viermal wiederholt, doch so, dass die Schlingen der Länge der ersten Masche entsprechen. Hierauf schürzt man alle Schlingen mit einem Knoten zusammen, indem die Netznadel, anstatt in die Masche der vorhergehenden Reihe, von rechts nach links um die Schlingen geführt wird.

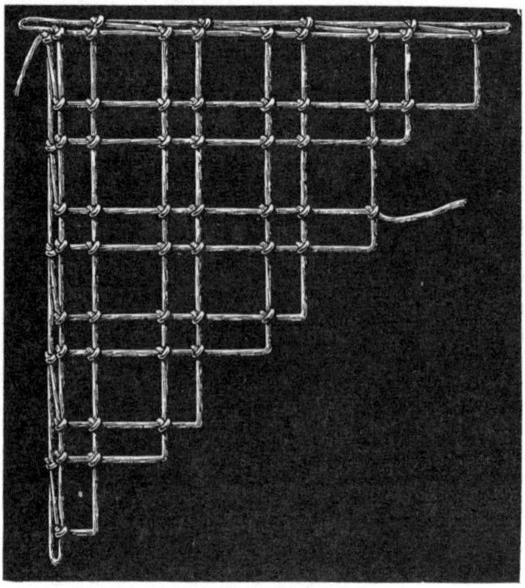

Abb. 644.
Netz mit einfachen, doppelten und langen Maschen.

2. Reihe. — Die Schlingenbüschel übergehen und einen Knoten in jede Netzschlinge schürzen. Es kann, wie aus der Zeichnung hervorgeht, so manches Muster auf diese Art in das Netz eingearbeitet werden.

Netz mit einfachen, doppelten und langen Maschen (Abb. 644). — Diese aus grossen und kleinen Quadraten entstehenden Musterungen werden meistens zu Netzstickereien verwendet. Wir bringen weiter zwei schöne, leicht ausführbare Arbeiten mit solchem Netz als Grund, siehe die Abbildungen 709 und 710. Das gerade Netzmuster, wie es in Abbildung 644 dargestellt ist, lässt sich auch für ein schräges Netz verwenden;

Flachstickerei auf Netzkanavas

auszuführen mit Persische Seide D.M.C (Soie de Perse).

hat man sich jedoch einmal mit der Einteilung des geraden Netzes vertraut gemacht, wird man diesen Grund auch häufiger als den schrägen ausführen.

Die ganze erste Reihe besteht abwechselnd aus einer doppelten und einer einfachen Masche; die zweite Reihe hingegen durchaus aus langen Maschen, die aber nur einmaliges Umlegen des Fadens um den Stab verlangen und so zu machen sind, dass beim Annetzen der doppelten Masche der Knoten an die Netznadel angerückt ist, beim Annetzen der einfachen Masche hingegen frei hängt, so dass, wie es in Abbildung 644 ersichtlich, alle Maschen der zweiten Reihe die gleiche Länge erreichen.

Abb. 645.
Kreisförmiges Netz mit langen und kurzen Maschen.

Bei der dritten Reihe, der ersten gleich, ist darauf zu achten, dass die einfachen Maschen zwischen die kleinen, und die doppelten Maschen zwischen die grossen Lücken fallen. In derselben Art kann man auch 4, 9 oder 16 kleine Maschen mit einer grossen Masche und entsprechend vielen länglichen Maschen wechseln lassen.

Abb. 646.
Kreisförmiges Netz durch Aufnehmen der Maschen gebildet.

Kreisförmiges Netz mit langen und kurzen Maschen (Abb. 645). Man schürzt über eine starke Walze oder einen breiteren flachen Stab 30 bis 31 Schlingen mit doppelt genommenem starken Faden, schliesst hierauf die innere Schlinge fest zu, so dass sie nur einen kleinen Ring bildet, und knüpft den Netzfaden ebenfalls daran fest.

Für die nächste Reihe, die auch mit starkem doppelten Faden zu arbeiten ist, knüpft man den Faden neu ein und führt die Reihe, in jede Schlinge der ersten Reihe einen

Knoten schürzend, über eine feine Walze aus; letztere ist auch für die späteren Reihen, die mit feinerem, einfachen Faden zu arbeiten sind, beizubehalten. Wenn nicht nach jedem Gange der Faden neu eingeknüpft werden soll, so hat man zu Anfang eines jeden eine Masche zu schleifen, siehe Seite 462.

Kreisförmiges Netz durch Aufnehmen der Maschen gebildet (Abb. 646). — Man schürzt 12 Maschen an die Einlageschlinge, knüpft letztere fest zu und arbeitet dann, bis das Netz die gewünschte Grösse erlangt hat, zuerst 1 Knoten in die 1. Masche, 2 Knoten in die 2. Masche und so weiter ringsherum. In den folgenden Reihen werden stets 2 Knoten in die aufgenommene Schlinge der vorhergehenden Reihe geschürzt.

Abb. 647.
Netz mit gebundenen Maschen im Viereck gearbeitet.
Begonnen.

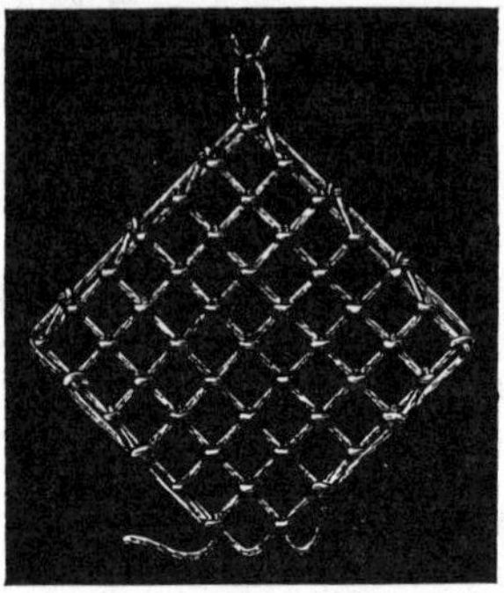

Abb. 648.
Netz mit gebundenen Maschen im Viereck gearbeitet.
Vollendet.

Netz mit gebundenen Maschen im Viereck gearbeitet (Abb. 647 u. 648). — Um Netze im Viereck zu arbeiten und die Maschen wagerecht gestellt zu erhalten, beginnt man mit einem Anschlage von 2 Schlingen und 3 Knoten. Bei jedem nun folgenden Gange sind in die letzte Schlinge der Schlingenreihe 2 Knoten zu schürzen, wodurch jede Reihe um eine Schlinge vermehrt wird.

Dieses Aufnehmen ist fortzusetzen, bis die Schlingenzahl um eine Schlinge mehr zählt, als das vorher berechnete Muster erfordert.

Nach dieser nun eine Masche mehr zählenden Reihe ist ein Gang ohne Auf- oder Abnehmen zu netzen, dann beginnt im nächsten Gange das Abnehmen, indem stets die beiden letzten Schlingen einer Reihe durch einen Knoten verbunden werden. Die letzten überbleibenden Schlingen sind zu streifen.

Netz im Viereck mit freien Schlingen von der Mitte aus gearbeitet (Abb. 649 und 650). — Man kann ausser nach der oben beschriebenen Weise, viereckige Netze auch von der Mitte aus beginnen.

Man stellt die erforderliche Anzahl Anschlagschlingen her, nimmt dann in jeder Reihe ab, indem man die letzte Schlinge einer jeden Reihe übergeht. Beim Wenden der Arbeit ist

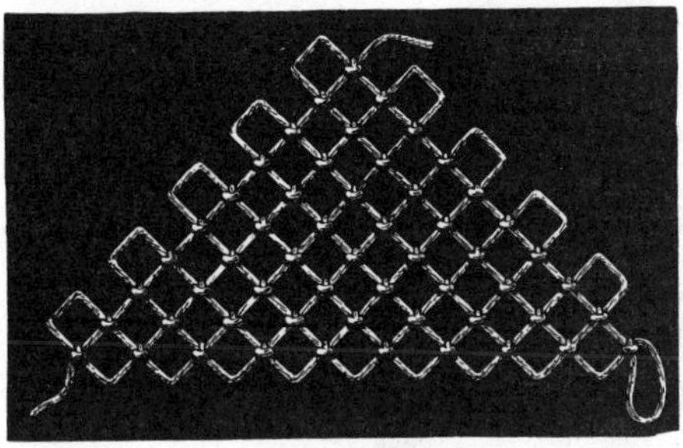

Abb. 649.
Netz im Viereck mit freien Schlingen von der Mitte aus gearbeitet.
Begonnen.

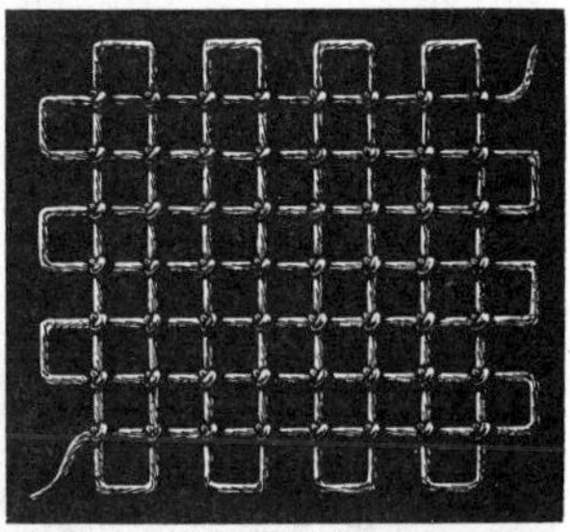

Abb. 650. Netz im Viereck mit freien Schlingen von der Mitte aus gearbeitet.
Vollendet.

daher der Knoten in die vorletzte Schlinge der vorhergehenden Reihe zu schürzen, Abb. 649.

Um die zweite Hälfte des Viereckes herzustellen, knüpft man den Faden an das Fadenende der ersten Reihe, die dann die Mitte des Vierecks bildet, worauf die weiteren Gänge wie auf der ersten Seite fortgesetzt und vollendet werden.

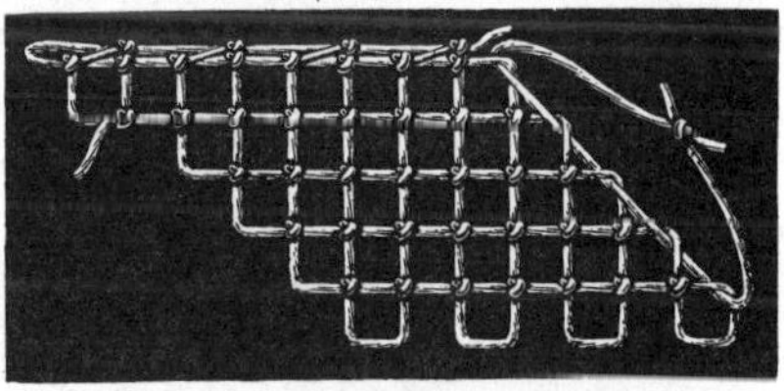

Abb. 651.
Gerades Netz in Streifen mit Schlingenabschluss.

Gerades Netz in Streifen mit Schlingenabschluss und mit gebundenem Abschlusse (Abb. 651 und 652). — Netzstreifen können auf zweierlei Arten begonnen und auch auf zweierlei Arten abgegrenzt werden.

Die einfachere Art gerade Netzstreifen herzustellen, besonders solche, die zum Annähen bestimmt sind, ist, die erforderliche Schlingenzahl vorzuarbeiten, dann regelmässig stets nach einer Seite auf- und nach der anderen Seite abzunehmen, sei es nun durch fallenlassen einer Schlinge, Abb. 651, oder durch zusammenfassen zweier Schlingen, Abb. 652. Es ist besonders auf das regelmässige Auf- und Abnehmen zu achten, da sonst die Löcherreihen unterbrochen werden und die Ausführung der Näh- oder Stickarbeit, wenn das Netz nicht überzählige Maschen aufweist, wenn nicht ganz unmöglich, so doch ungemein erschwert wird.

Ist das Netz vollendet, so sind die am Anfange desselben schiefliegenden Maschen wegzuschneiden, wodurch das Netz einen geraden Abschluss erhält.

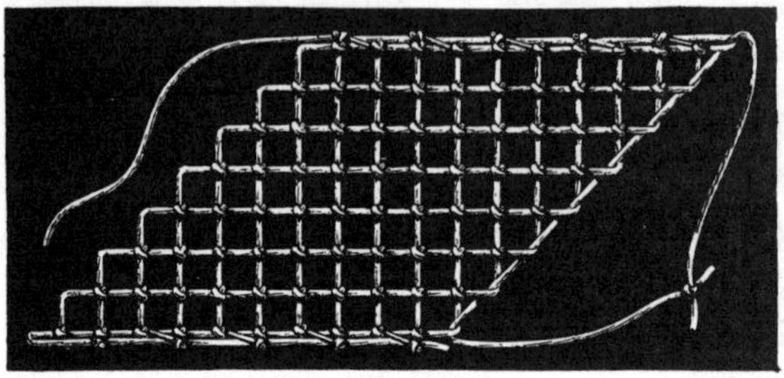

Abb. 652.
Gerades Netz in Streifen mit gebundenem Abschlusse.

Bei allen Netzarbeiten, die mit geradestehenden Maschen gemacht werden, und bei denen nach aussen Maschen stets auf- und abgenommen werden, ist genau darauf zu achten, dass die Seite, auf welcher das Aufnehmen ausgeführt wird, nicht kürzer wird, als die andere, ein Fehler, der leicht im Netzen vorkommt, weil der doppelte Knoten mehr von den Schlingen wegnimmt, als das Binden zweier Schlingen.

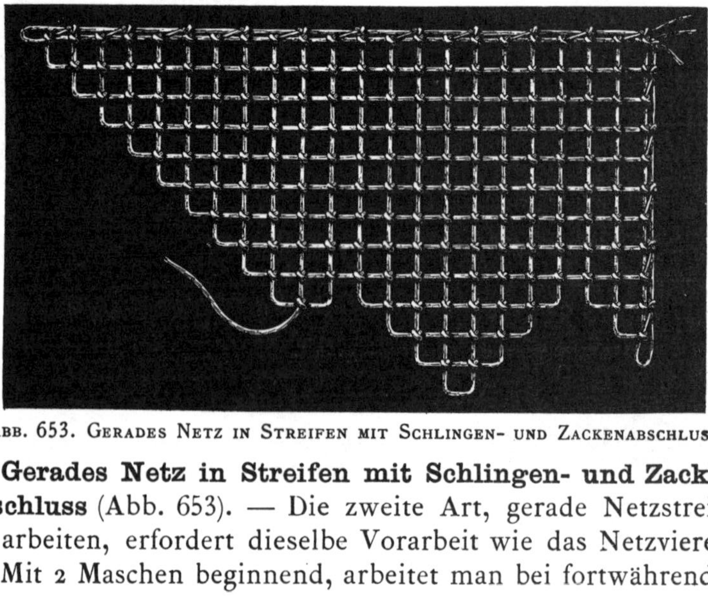

Abb. 653. Gerades Netz in Streifen mit Schlingen- und Zackenabschluss.

Gerades Netz in Streifen mit Schlingen- und Zackenabschluss (Abb. 653). — Die zweite Art, gerade Netzstreifen zu arbeiten, erfordert dieselbe Vorarbeit wie das Netzviereck.

Mit 2 Maschen beginnend, arbeitet man bei fortwährendem

Aufnehmen, bis 12 Schlingen erreicht sind. In der folgenden Reihe werden nur 9 Schlingen geschürzt, die 3 letzten Schlingen bleiben frei *. Die Arbeit wendend 1 Knoten in jede Schlinge, in der letzten Schlinge aufnehmen, d. h. 2 Knoten in diese schürzen, im ganzen also 10 Schlingen; wenden, 10 Schlingen, wenden, 11 Schlingen, in der letzten Schlinge ist aufzunehmen; wenden, wieder 11 Schlingen; wenden, 12 Schlingen, in der letzten Schlinge ist aufzunehmen; wenden, wieder 12 Schlingen; wenden, 13 Schlingen, in der letzten Schlinge ist aufzunehmen; wenden, 9 Schlingen, die letzten Schlingen bleiben frei. Nun wiederholen von *. Es entstehen Zacken, wie Abb. 653 sie zeigt.

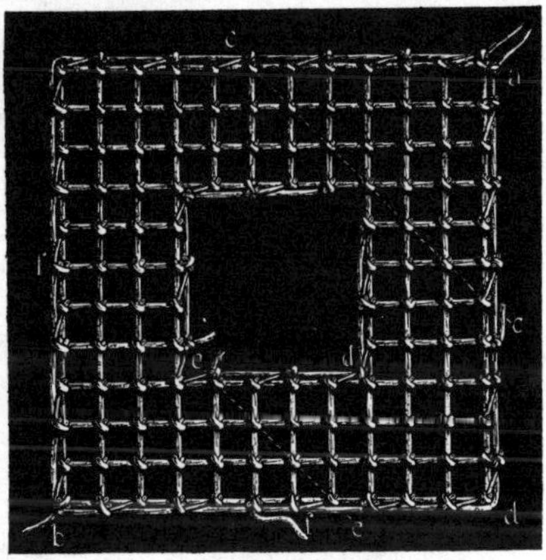

Abb. 654.
Genetzter viereckiger Rand.

Genetzter viereckiger Rand (Abb. 654). — Einfassungen zu Deckchen, Taschentüchern, Schutztüchern können durch gut berechnetes Auf- und Abnehmen so gearbeitet werden, dass sie in der Mitte einen freien Raum ergeben.

Wie beim gewöhnlichen viereckigen Netz mit 2 Maschen beginnend, *a*, ist bis zu 2 Maschen über der doppelten Schlingenanzahl, welche für die vorher bestimmte Musterung erforderlich ist, zu arbeiten.

Ist nun der Rand, wie in der Abbildung, 3 Löcher breit zu machen, so hat man bis zu 8 Schlingen aufzunehmen, *c*. Hierauf 4 Schlingen schürzen, die 4 letzten Schlingen der vorhergehenden Reihe übergehen; wenden, 5 Schlingen in der letzten Schlinge aufnehmen; wenden, 4 Schlingen, die beiden letzten Schlingen zusammenfassen; wenden, 5 Schlingen in der letzten Masche aufnehmen; wenden, 4 Schlingen, die beiden letzten Schlingen zusammenfassen und in der letzten Schlinge auch einmal aufnehmen; wenden, 4 Schlingen mit dem letzten Knoten, die beiden letzten Schlingen zusammenfassen; wenden, 5 Schlingen, in der letzten Schlinge aufnehmen; wenden, 4 Schlingen, mit dem letzten Knoten die beiden letzten

Schlingen zusammenfassen; wenden, 5 Schlingen in der letzten Schlinge aufnehmen, den Faden abschneiden.

Hierauf wird der Faden an die früher bei *c* freigelassenen 4 Schlingen am Aussenrande angeschlossen; 4 Schlingen, wenden, 5 Schlingen, in der letzten Schlinge aufnehmen; wenden, 4 Schlingen mit dem letzten Knoten, 2 Schlingen zusammenfassen; wenden, 5 Schlingen, in der letzten Schlinge aufnehmen; wenden, 4 Schlingen, bei der 4. Schlinge die beiden letzten Schlingen zusammenfassen und dann noch 1 Schlinge in dieselbe Masche einhängen; wenden, 4 Schlingen, die beiden letzten Schlingen mit einem Knoten zusammenfassen; wenden, 5 Schlingen in der letzten Schlinge aufnehmen; wenden, 4 Schlingen, die beiden letzten Schlingen mit einem Knoten zusammenfassen; wenden, 5 Schlingen, in der letzten Schlinge aufnehmen.

Abb. 655. Stahlrahmen zur Netzstickerei.

Nun wird der Faden abgeschnitten und am Aussenrande neu angeschlossen: 1 Masche schleifen, 6 Schlingen, welche jetzt die beiden Teile vereinigen, und zwar wird mit den Knoten zwischen der 3. und 4. Schlinge die letzte Masche des linkseitigen und die 1. Masche des rechtseitigen Streifens zusammen erfasst; zum Schlusse jeder Reihe nun 2 Schlingen zusammenfassen; wenden, 6 Schlingen; wenden, 5 Schlingen; wenden, 4 Schlingen; wenden, 3 Schlingen; wenden, 2 Schlingen und nun die beiden letzten Maschen schleifen.

Die Netzstickerei. — Die Netzstickerei, auch Filet-Guipure, Guipure de Cluny und Guipure Richelieu usw. genannt, besteht in der Kunst, Ornamente der verschiedensten Art auf genetzten Grund zu übertragen und mittelst mannigfaltiger Sticharten die Zeichnungen zur Geltung zu bringen.

Gerätschaften. Die Netzstickerei ist schon deshalb eine von den Frauen bevorzugte Arbeit, weil sie ausser Nadel und Scheere nur einen Stahlrahmen zum Einspannen des Netzes als Hilfsgerät erfordert.

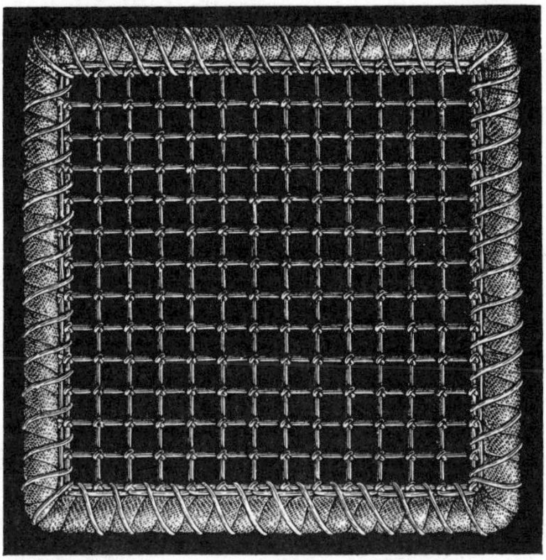

Abb. 656.
Das Einspannen des Netzes ohne Hilfsband.

Stahlrahmen zur Netzstickerei (Abb. 655). — Der Rahmen, in den das Netz gespannt wird, muss aus starkem Eisendraht sein, damit er sich während des Arbeitens nicht biegt. Die Form desselben kann entweder die eines Quadrates oder länglich viereckig sein, je nachdem Karos oder Spitzen gearbeitet werden; stets muss er rechtwinkling sein, damit das Netz genau gespannt werden kann.

Abb. 657.
Das Einspannen des Netzes mit Hilfsband.

Dieser Stahlrahmen ist vorerst mit Baumwolle, wie es in Abbildung 655 dargestellt ist, zu umwinden. Ist dies gleichmässig ringsherum geschehen, so wird diese erste Hülle mit dünnem Bande so überdeckt, wie es ebenfalls aus der Abbildung zu ersehen ist.

Das Band hat man sehr stramm anzuziehen und besonders

die Rahmenecken ziemlich dicht zu umwinden, damit beim nachherigen Einnähen des Netzes durch die festen Stiche die Hülle sich nicht vom Eisenstabe löse oder sich um denselben herumdrehe.

Die Bandenden sind durch einige Stiche zu befestigen.

Das Einspannen des Netzes ohne Hilfsband (Abb. 656). Ist das Netz in der Grösse genau zum Rahmen passend, so näht man es mit Ueberwindlingstichen in den Rahmen ein. Jedes Netzfeld oder Quadrat ist durch einen Stich festzuhalten, in den Ecken sind je nach Bedarf 3 und auch mehr Stiche zu machen.

Das Einspannen des Netzes mit Hilfsband (Abb. 657). Ist das Netz hingegen kleiner als der Rahmen, so ergänzt man das Fehlende daran durch Annähen eines gerade gewebten, festen Leinenbandes, welches dem Netze ringsum angenäht wird. Dieses Band ist sehr stark einzuhalten, damit es ringsherum Fältchen bildet. Das Einhalten des Bandes ermöglicht ein strammeres Ausspannen des Netzes, ohne es jedoch zu beschädigen, und ist besonders bei Netzen zu empfehlen, die nicht ganz genau nach allen Seiten gleich gearbeitet sind.

In Abbildung 657 ist sowohl die Art des Annähens des Bandes, als der Einbug desselben in den Ecken und das Einsetzen in den Rahmen dargestellt.

Nadeln. — Die Nadeln müssen lang und mit einer stumpfen Spitze versehen sein; sie sind unter dem Namen Filet-Guipure-Nadeln bekannt und in den Nummern 1 bis 6 erhältlich.

Fadensorten. — Das zur Netzstickerei verwendete Material soll in Uebereinstimmung mit dem Netzfaden gewählt werden. Die stärker gezwirnten Fadensorten werden dann für die Spitzenstiche und den Leinenstich, die offenen für den Stopfstich und die Umrandung genommen.

Als stark gezwirnte Sorten nennen wir: Leinen-Strick- und Häkelgarn D.M.C (Lin à tricoter et à crocheter) (*), Leinen-Spitzengarn D.M.C (Lin pour dentelles), Elsässer Strick- und Häkelgarn D.M.C (Alsatia) und Perlgarn D.M.C (Coton perlé);

(*) Siehe am Schluss des letzten Kapitels die Tabelle der Nummern und das Farbenverzeichnis der Baumwoll-, Leinen- und Seiden-Artikel, Marke D.M.C — Die eingeklammerten französischen Benennungen befinden sich auf den Etiketten der D.M.C-Artikel.

zu den offenen Fäden zählen: Spezialgarn D.M.C (Mouliné spécial), Flaches Leinengarn D.M.C (Lin floche), sowie Persische Stickseide D.M.C (Soie de Perse) und Flache Stickseide D.M.C (Soie moulinée).

Sticharten. — Die Sticharten, die zum Besticken der Netze verwendet werden, sind so mannigfaltig, und die Technik der Arbeit gestattet eine solche Fülle von selbsterdachten Abarten der bereits bekannten Stiche, dass wir hier nur einen Teil derselben bringen können. Unter diesen dürften jedoch manche den Leserinnen noch fremd sein.

Netzstickereien auf der Maschine. — Die verschiedenen Sticharten der Netzstickerei können auch mit Hilfe der Maschine ausgeführt werden.

Zu grobmaschigem Netzgrund nimmt man als Arbeitsfaden

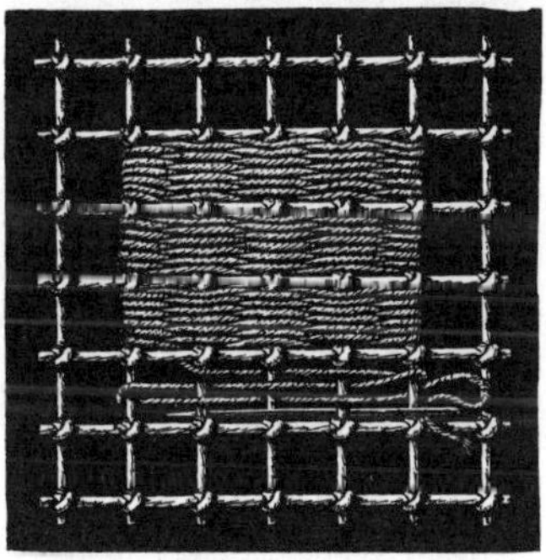

Abb. 658.
Gewöhnlicher Stopfstich.

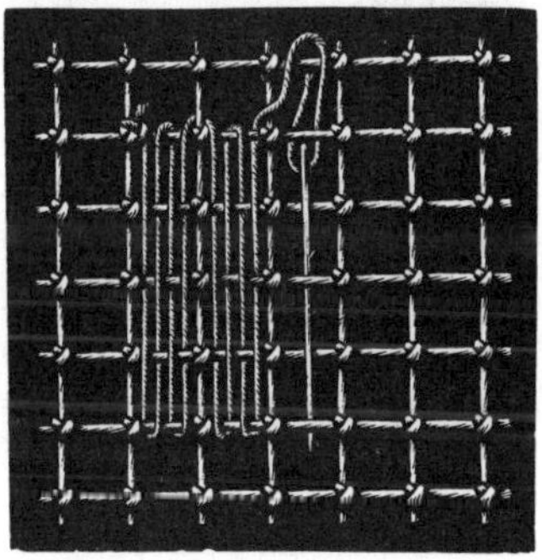

Abb. 659.
Der Leinenstich (Point de toile).
Erster Gang.

Alsa D.M.C, zu feinmaschigem Netzgrund Retors d'Alsace D.M.C.

Die gleiche Garnsorte und die gleiche Stärkenummer ist als Ober- und als Unterfaden zu verwenden.

Gewöhnlicher Stopfstich (Abb. 658). — Der einfachste aller Netzfüllstiche ist der Stopfstich, der dadurch entsteht, dass der Faden durch eine durch das Muster bestimmte Quadratenzahl so oft hin- und zurückgehend geführt wird, bis dieselben dicht ausgefüllt sind.

Dieser Stopfstich wird gewöhnlich zur Uebertragung der Typenmuster auf Netzgrund gewählt und eignet sich besonders zur Ausführung grosser Gegenstände, die bei ausgiebiger Wirkung doch nur geringen Zeitaufwand erfordern sollen.

Der Leinenstich (Point de toile) (Abb. 659, 660, 661). Den Leinenstich, gewöhnlich auch « Point de toile » genannt, finden wir am häufigsten in der antiken Netzstickerei angewendet. Es werden mit demselben der Untergrund der Blätter, die Blüten und die Ränder ausgeführt.

Man befestigt den Faden an einen Netzknoten, führt ihn hierauf zweimal unter und zweimal über die Netzfäden durch, so dass am Ende der Stichreihe jeder zweite Faden unter dem Netzfaden durch und wieder nach aufwärts in die rückgehende Reihe gebracht wird. Dies ist der erste Fadengang des Leinenstiches. Durch den zweiten Fadengang wird der Leinenstich vervollständigt. Es ist dabei ganz wie bei der Leinenstopfe,

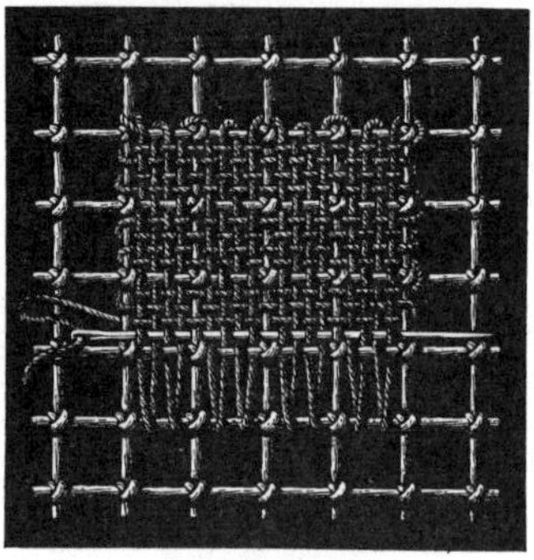

Abb. 660.
Der Leinenstich (Point de toile).
Zweiter Gang.

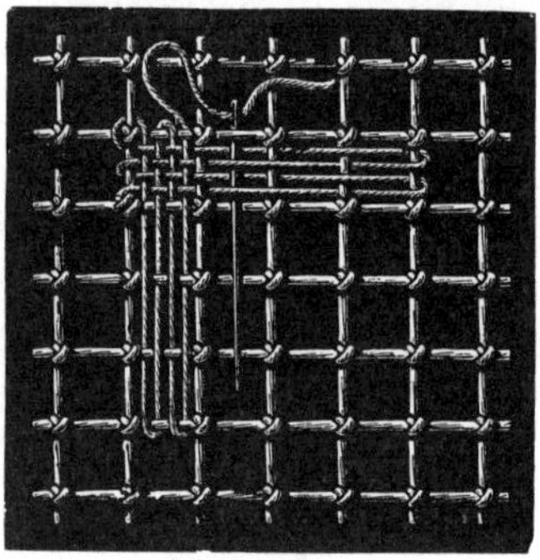

Abb. 661.
Der Leinenstich mit Eckenbildung.

Abb. 55, vorzugehen, nämlich stets ein Faden aufzufassen, der andere zu übergehen.

Der gleiche Leinenstich wird auch häufig so hergestellt, dass die Netzfäden nicht mit in den Leinengrund eingearbeitet, sondern im Gegenteil, beide Fadengänge über dieselben ausgeführt werden.

In diesem Falle ist in jedes Netzquadrat eine ungleiche Fadenzahl zu spannen, damit zum Schlusse regelmässig ein Faden aufgehoben und einer übergangen werden kann.

Wird eine gerade Fadenzahl gespannt, so kann sich zum Schlusse niemals die regelrechte Kreuzung der Fäden ergeben.

Wenn sich der Leinenstich über Ecken bewegt, so werden

die Fäden des ersten Fadenganges über die vorgeschriebene Maschenzahl gespannt.

Der erste Fadengang muss, besonders bei langen Streifen, sehr lose gehalten werden. Um ihn durchaus gleich zu gestalten, lege man an einem Ende eine ziemlich starke Bein- oder Holzwalze an und spanne die Fäden darüber. Im zweiten Gange kann man nach Fertigstellung einiger Quadrate die Hilfswalze entfernen; die Fäden, welche allmählich durch das Einstopfen jener der zweiten Reihe kürzer werden, haben schliesslich nur so viel Ausmass, um das Einziehen der letzten Quadrate zu gestatten.

Der Leinenstich, über Ecken gearbeitet, erfordert immer

Abb. 662. Der Schlingenstich. (Point d'esprit.) Erster und zweiter Fadengang.

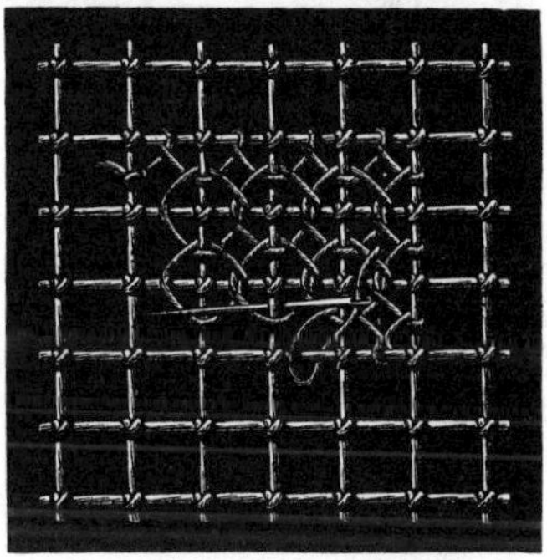

Abb. 663. Der Schlingenstich. (Point d'esprit.) Vollendete Stichreihen.

das Ineinandergreifen der Fadenreihen, wie es in Abbildung 661 dargestellt ist.

Durch den ersten Fadengang der zweiten Seite wird gleichzeitig der Grund des Eckquadrates vollendet; vom zweiten Eckquadrate aus sind die Fäden zur dritten Seite und von der dritten Ecke aus zur vierten zu spannen, wo sie gleichzeitig die zur ersten Ecke gespannten Fäden durchkreuzen.

Der Schlingenstich (Point d'esprit) (Abb. 662 und 663). Der unter der französischen Benennung « Point d'esprit » eingebürgerte Schlingenstich dient im Gegensatze zum Leinenstich meistens zum Füllen grösserer Grundflächen.

Der Faden ist an die Mitte eines senkrechten Fadenstäbchens zu befestigen, wie es in Abbildung 662 deutlich ersichtlich ist; hierauf werden lose Schlingen in jedes Quadrat eingeschlungen und zwar führt man den Faden von links nach rechts über ein senkrechtes und ein wagerechtes Stäbchen des Netzes, und die Nadel von oben nach unten unter dem Netzstäbchen und vor dem Arbeitsfaden durch. Die nun gebildete Schlinge muss bis zur halben Länge des Netzstäbchens reichen. Für die zweite zurückgehende Reihe, ebenfalls in Abbildung 662 dargestellt, wird zunächst ein Schlingenstich über ein senkrechtes Stäbchen gearbeitet, dann die Arbeit gewendet, eine Schlinge gemacht, wie beschrieben, hierauf die Nadel unter

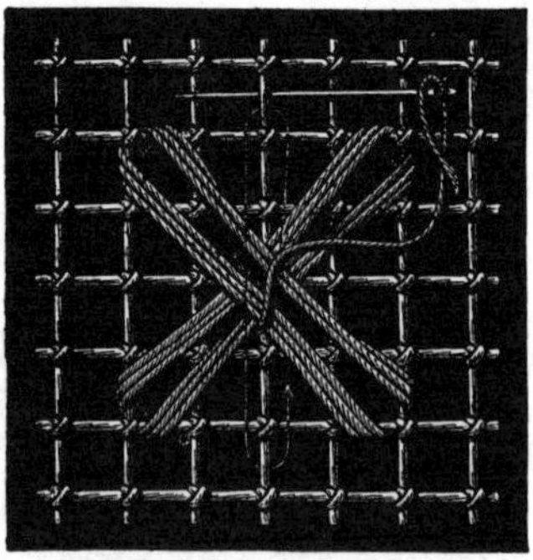

Abb. 664.
Stern aus losen Fäden.
Das Spannen der unteren Fäden.

Abb. 665.
Stern aus losen Fäden.
Das Spannen der oberen Fäden.

das Stäbchen unterhalb der Stichschlinge der ersten Reihe durchgezogen, wieder ein Schlingenstich gemacht usw.

Abbildung 663 veranschaulicht mehrere vollendete Reihen des Schlingenstiches. Die Schlingen der neuen, hingehenden Reihe müssen in die der vorhergehenden eingehängt werden, wodurch das Verschieben der Schlingen vermieden und die Schönheit und Genauigkeit des Grundes gesichert wird.

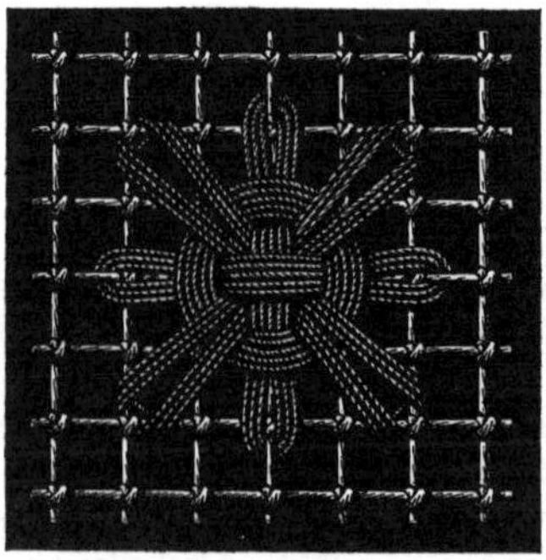

Abb. 666.
Stern aus losen Fäden.
Vollendet.

Stern aus losen Fäden (Abb. 664, 665, 666). — Eine häufig anzubringende und reich füllende Figur ist der aus gespannten Fäden hergestellte Stern.

Es sind zur Ausführung eines solchen Sternes immer 16 Netzquadrate erforderlich. Der Faden, an dem mittleren Knoten befestigt, wird, wie in der Abbildung 664 ersichtlich, in der Diagonale über 4 Felder dreimal von links nach rechts unter einem Netzknoten und dreimal von rechts nach links geführt. Dies bildet die unteren Strahlen.

Es sei gleich hier erwähnt, dass die Fäden flach nebeneinander liegen müssen, was bei geringem Aufwande von Sorgfalt während des Arbeitens leicht zu erreichen ist.

Für die oberen Strahlen ist der Faden wieder von der Mitte aus, der Richtung des Pfeiles in Abbildung 664 folgend, dreimal in senkrechter und dreimal in wagerechter Lage, über 4 Netzquadrate zu führen, Abb. 665. Nachdem die 3 wagerechten

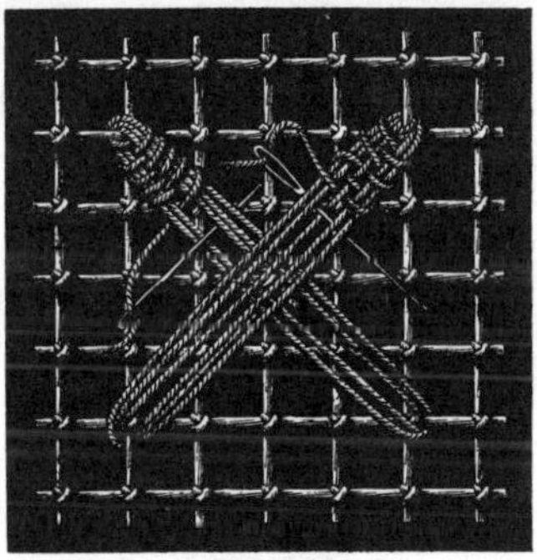

Abb. 667.
Blättchen in Stopfstich.
Begonnen.

Abb. 668.
Blättchen in Stopfstich.
Vollendet.

Fäden gespannt sind, wird die Nadel im Kreise nur unter den gespannten Fäden, nicht unter dem Netze durchgeführt.

Nach vier- bis fünfmaligem Umwinden der Strahlenfäden ergibt sich die in Abbildung 666 dargestellte Sternfigur.

Blättchen in Stopfstich (Abb. 667 und 668). — Blätter und besonders kleine Blüten werden mit dieser Stichart ausgeführt, die das Spannen von Fäden, wie es in der Abbildung 667 veranschaulicht ist, erfordert.

Solche Blätter sind entweder mit einem Nerv oder auch mit zweien oder dreien herzustellen.

Man führt die Nadel stets von der Mitte aus nach rechts und links ein und drückt jeden Stich mit der Nadel möglichst fest an den vorhergehenden, was am leichtesten durchzuführen ist, wenn die Arbeit so gehalten wird, dass die Stiche gegen den Körper zu gemacht werden.

Bei einem einmal geteilten Blatte läuft die Nadel, wie an dem in Abbildung 667 linkseitigen Blatte ersichtlich, nur in der Mitte der Fäden durch, während zu einem zwei- oder dreifach geteilten Blatte die Nadel entweder über und unter einem,

Abb. 669.
Spitzzäckchen in Stopfstich.

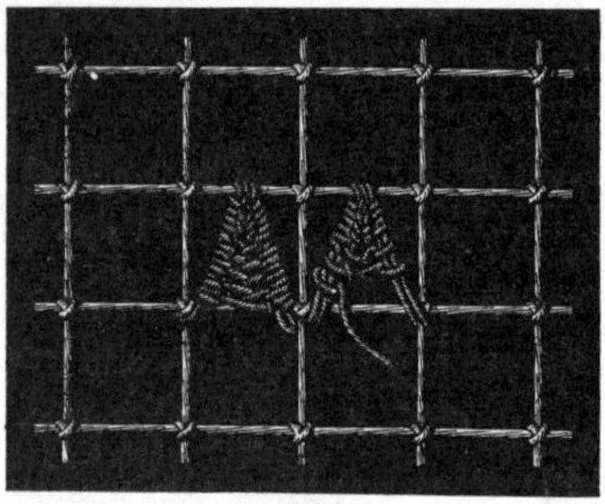

Abb. 670.
Spitzzäckchen in Languettenstich.

oder über und unter zwei Fäden geführt wird. (Siehe das rechtseitige Blatt in Abbildung 667.)

Bei Ausführung solcher Figuren hat man weiter noch darauf zu achten, dass die Stiche oben an der Blattspitze und

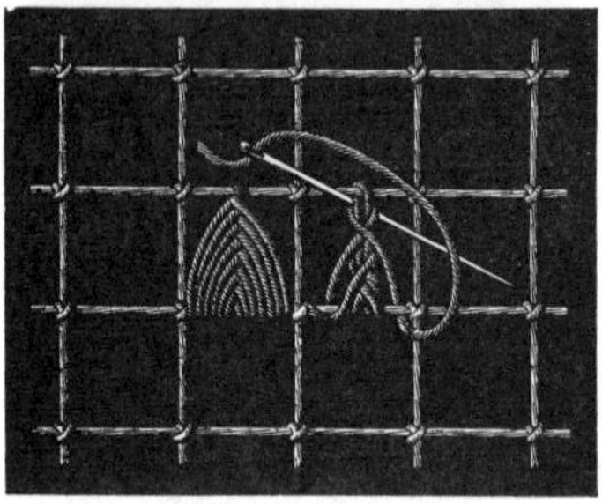

Abb. 671.
Spitzzäckchen mit gespannten Fäden.

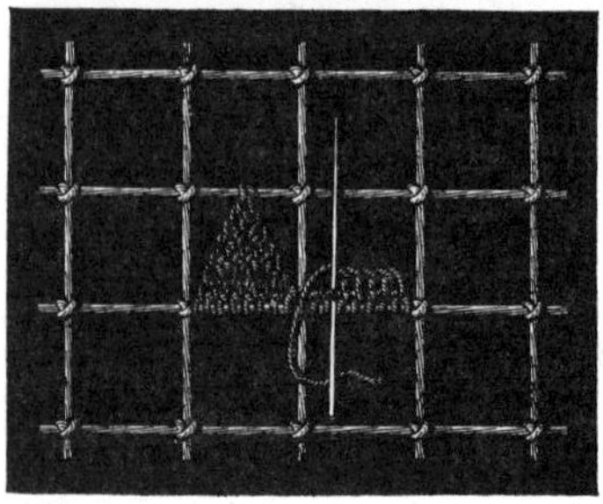

Abb. 672.
Spitzzäckchen in Venetianer Stich.

unten am Blattende strammer als in der Mitte angezogen werden, damit die Form deutlich heraustritt.

In Abbildung 668 sind vollendet dargestellt ein einnerviges und ein zweinerviges Blättchen.

Spitzzäckchen in Stopfstich (Abb. 669). — Die einfachste Art, die Zäckchen auszuführen, ist, den Faden, wie es in der

Abbildung ersichtlich, über ein Netzfeld hin und zurück zu spannen. Da das Zäckchen stets von oben begonnen wird, so kommen nach einer Seite 2 Einlagefäden, nach der anderen Seite 3 Einlagefäden zu liegen. Auch hier sind die Fadenlagen möglichst dicht aneinander zu drängen.

Spitzzäckchen in Languettenstich (Abb. 670). — Eine zweite Art, die kleinen Zacken in der Netzstickerei auszuführen, ist jene mit den doppelten Languettenstichen. Wie in der vorhergehenden Abbildung, sind Einlagefäden zu spannen, dann werden von der Spitze aus abwechselnd rechts und links 2 Languettenstiche über die gespannten Fäden gemacht, so dass der Arbeitsfaden nur nach jedem zweiten Stiche auf die gegenüberliegende Seite gebracht wird.

Spitzzäckchen mit gespannten Fäden (Abb. 671). — Für die dritte Art von Spitzzacken ist ein Faden von der Mitte

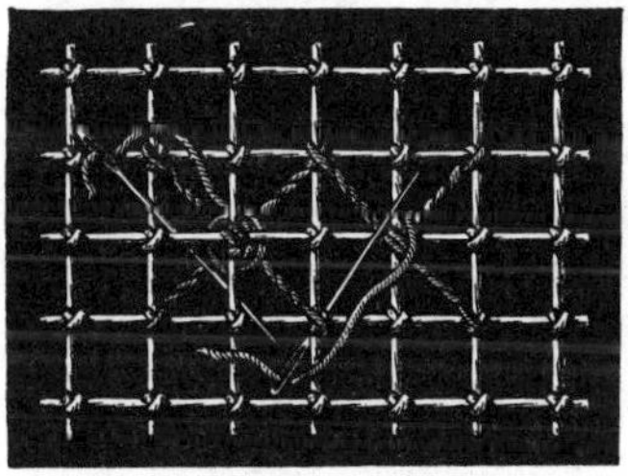

Abb. 673.
Das Spannen der Fäden zu Spinnen und Beginn derselben.

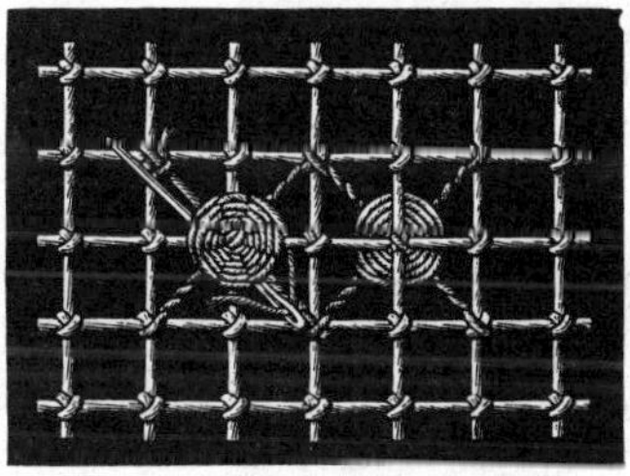

Abb. 674.
Spinnen in Stopfstich auf verschiedene Art ausgeführt.

eines wagerechten Netzstäbchens aus nach dem nächsten oberen Stäbchen zu führen, über dasselbe zu legen und wieder zurückzuführen. Hierauf wird die Nadel von links nach rechts unter dem gespannten Faden und unter der linkseitigen Stäbchenhälfte durchgezogen.

Dann wird die Nadel wieder von rechts nach links unter den mittleren Faden und unter die rechtseitige Stäbchenhälfte geführt usw. Der Arbeitsfaden wird ziemlich stramm angezogen, damit sich auf der Kehrseite eine gleichmässige, schnurähnliche Rippe bildet. Es sind so viele Fäden hin und zurück zu legen, bis der über die Mitte des Netzfeldes gespannte Faden ganz bedeckt ist.

Spitzzäckchen in Venetianer Stich (Abb. 672). — Es wird hier mit 7 bis 8 Schlingstichen über ein Netzstäbchen begonnen, dann in hin- und zurückgehenden Reihen weiter gearbeitet und jede Reihe, wie sich dies von selbst ergibt, um eine Schlinge vermindert; die zuletzt überbleibende Schlinge ist durch einen Stich an das obere Netzstäbchen zu befestigen. Der Faden wird auf der Kehrseite zurück und zum unteren Stäbchen gebracht und dann unter den Schlingstichen zum nächsten Netzquadrat geführt.

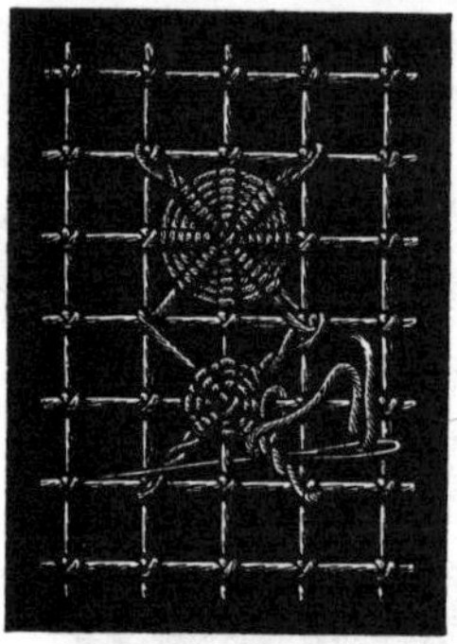

Abb. 675.
Gerippte Spinne.

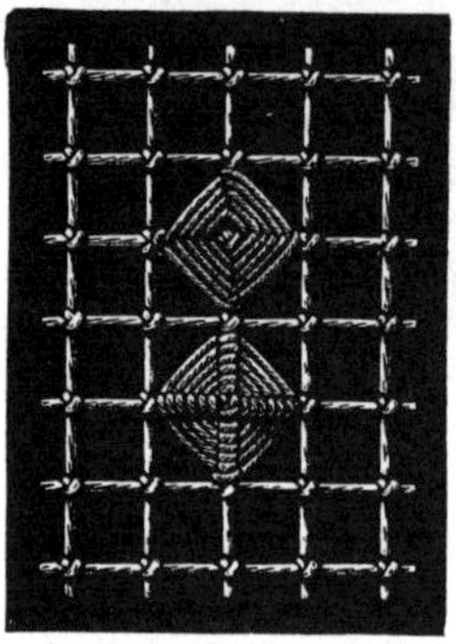

Abb. 676.
Gerippte Würfel.
Obere und untere Seite.

Das Spannen der Fäden zu Spinnen und Beginn derselben (Abb. 673). — Die Räder, auch Spinnen genannt, beginnt man, indem man den Faden an dem den Mittelpunkt von 4 Feldern bildenden Knoten anknüpft und von hier aus den Faden nach rechts und links, Abb. 673, Zeichnung rechts, über die leeren Netzfelder und den Knoten legt, zurückgehend aber, den einfachen Faden durch mehrmaliges Umwinden doppelt gestaltet. Dieses Umwinden hat so oft zu geschehen, als es notwendig ist, um beide Fäden so zu verbinden, dass sie nur einen vermuten lassen.

Wieder beim Mittelpunkte angelangt, führt man den Faden im Kreise, Abb. 673, Zeichnung links, so oft über die 4 gespannten Fäden und unter die Netzstäbchen durch, bis eine erbsengrosse Spinne entstanden ist.

Spinnen in Stopfstich auf verschiedene Art ausgeführt (Abb. 674). — Die Figur rechts in Abbildung 674 veranschaulicht eine vollendete Spinne wie oben beschrieben, während die Figur links eine Spinne darstellt, bei der die Fäden abwechselnd übergangen oder aufgehoben werden.

Beginnt man eine Spinne von der Ecke aus, oder ist sie

als Fortsetzung eines andern Stiches entstanden, so bleibt der erste Einlagefaden einfach. Nach Vollendung der Spinne wird die Nadel bei dem dem einfachen Faden gegenüberliegenden Stäbchen durch die Spinne zurückgeführt und zum Schluss auch dieser Faden wie die anderen umwunden.

Gerippte Spinne (Abb. 675). — Die gerippten Spinnen sind ebenfalls über 8 Fäden auszuführen. Um die in Abbildung 675 ersichtlichen Rippen der Spinnen zu bilden, wird ein Hinterstich über jedes gespannte Netzstäbchen gemacht.

Abb. 677. Spinnen mit Schlingeneinfassung.

Die Stiche sind so lange im Kreise fortzusetzen, bis die Netzstäbchen ganz bedeckt sind.

Gerippte Würfel (Abb. 676). — Dieselben Stiche können, wie in Abbildung 676 dargestellt ist, sowohl auf der Oberfläche der Stickerei, als auch umgekehrt und im Vierecke angebracht werden.

Abb. 678. Stern mit Schlingenstichen.

Spinnen mit Schlingeneinfassung (Abb. 677). — Spinnen in grossen Netzfeldern können auch durch doppelte Sticheinfassung reicher und spitzenartiger gestaltet werden. In der Abbildung ist mit der ersten Figur links deutlich erklärt, wie der Faden, unter der Spinne durchgehend, einmal über den einfachen Faden gewunden, dann mittelst acht Schlingen zum Ausgangspunkt zurückgeführt wird. Ferner deuten der Strich und der Pfeil an, wie die Schlingen aufzunehmen sind und der erste Kreis zu schliessen ist.

Die zweite Figur erklärt den Weg, welchen der den zweiten Ring bildende Faden durch die Schlingen und zwischen den Fäden zu nehmen hat. Ferner erklärt der weisse Strich den Gang des Fadens über den zweiten Ring.

Abb. 679. Bogen in Stopfstich.

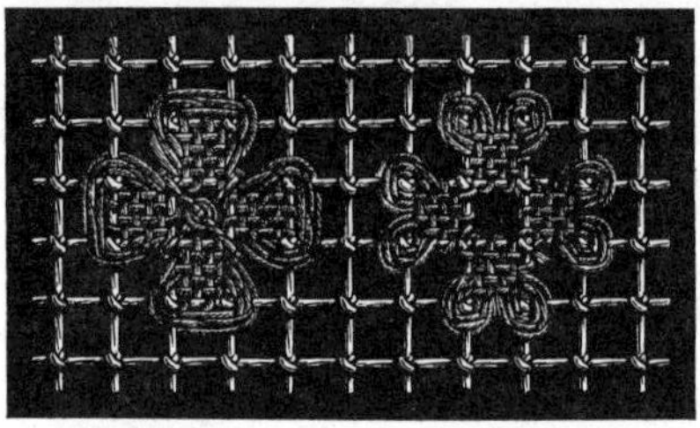

Abb. 680.
Leinenstich mit Stopfstichen verziert.

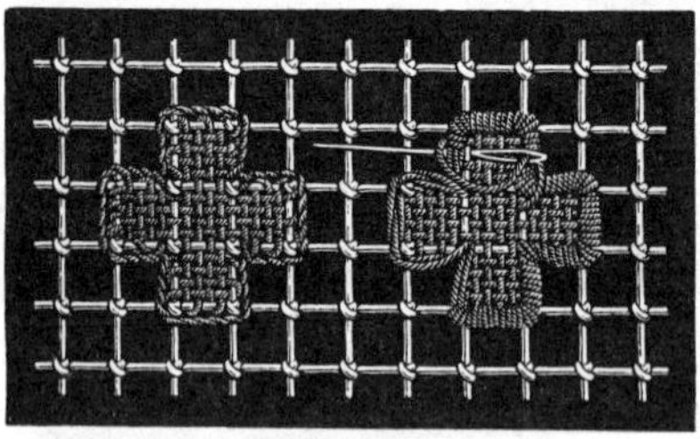

Abb. 681.
Leinenstich mit kordonnierter Einfassung.

Die dritte Figur stellt die vollendete Spinne dar.

Stern mit Schlingenstichen (Abb. 678). — Rasch herzustellen und dankbar in der Wirkung sind die Sternblumen in Abbildung 678.

Zwei Schlingenstiche an der äusseren Seite eines Netzstäbchens und einfaches Durchziehen beim anderen Netzstäbchen — innen am Stern — bilden längliche Dreiecke, welche stets beim Netzknoten zu beginnen sind.

Zwei solcher Dreiecke stehen sich in einem Netzquadrate gerade gegenüber.

Das Innere des Sternes ziert eine vierstrahlige Spinne.

Bogen in Stopfstich (Abb. 679). — Eine gefällige runde, und in der Netzstickerei dankbar wirkende Figur bilden die über einen Einlagefaden und 3 Netzquadrate hin- und zurückgehenden Stopfstiche. Der Verlauf der Arbeit ist aus der kleinen Figur links zu erkennen.

Leinenstich mit Stopfstichen verziert (Abb. 680). — Blumen und Blätter erhalten häufig weitere Umrandungen, als man sie sonst im Netze herstellen kann, durch die oben beschriebenen Einfassungsstiche.

Gewöhnlich wird der Leinenstich auf solche Art umrandet, nur werden die Stiche in geringerer Anzahl, als in Abbildung 679 angegeben, ausgeführt. Auch können die Fäden, wie es aus der Figur links in Abbildung 678 hervorgeht, nach drei Seiten und ohne Unterbrechung hin- und zurückgeführt werden.

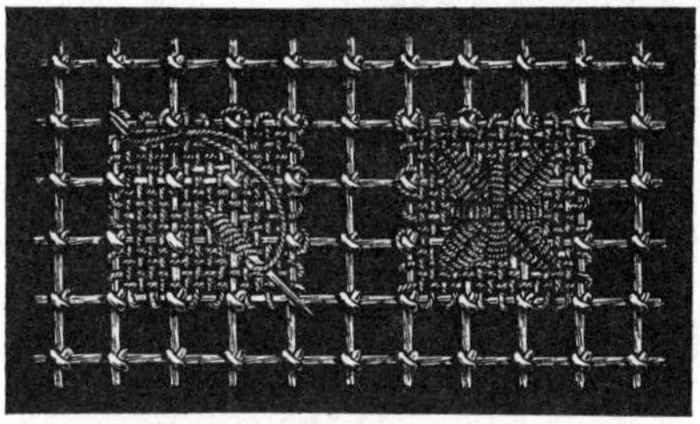

Abb. 682.
Blümchen in Wickelstich auf Leinengrund.

Leinenstich mit kordonnierter Einfassung (Abb. 681).—Ausserdem werden viele Netzfiguren entweder durch gedrehten Faden oder durch Kordonnieren begrenzt. In unserer Abbildung sind beide Arten dargestellt.

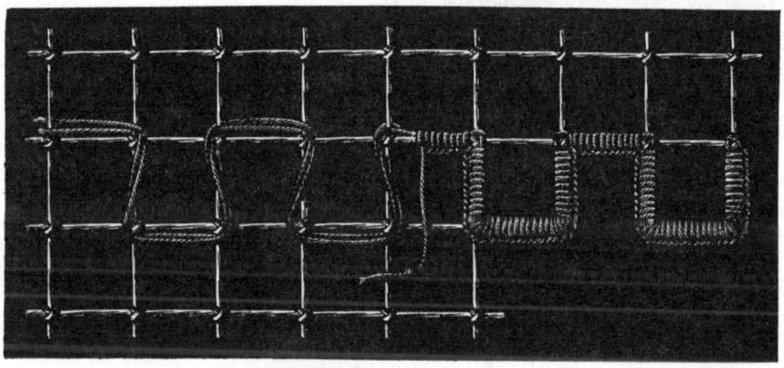

Abb. 683. Languettierte Netzkanten.

Will man die Einfassung nur mit gedrehtem Faden herstellen, so kann man den für die Leinenstiche verwendeten Faden beibehalten oder auch, wenn die Einfassung recht sichtbar sein soll, bedeutend stärkeren Faden nehmen.

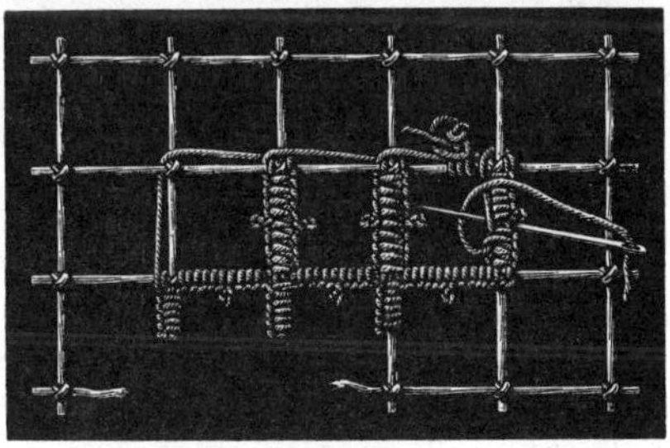

Abb. 684.
Punto tagliato in Netzstickerei.

Blümchen in Wickelstich auf Leinengrund (Abb. 682). — Der Wickelstich, der in Abbildung 79 erklärt ist, lässt sich auch in der Netzstickerei gut verwerten, da er das Bilden kleiner Ornamente auf vorgearbeitetem Leinengrunde gestattet.

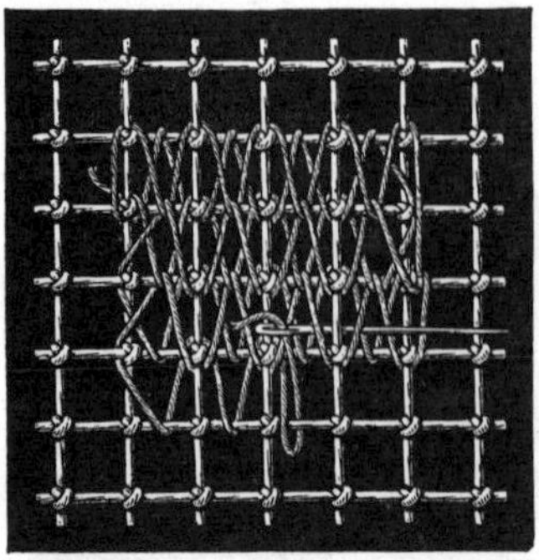

Abb. 685.
Doppelter Schlingenstich.

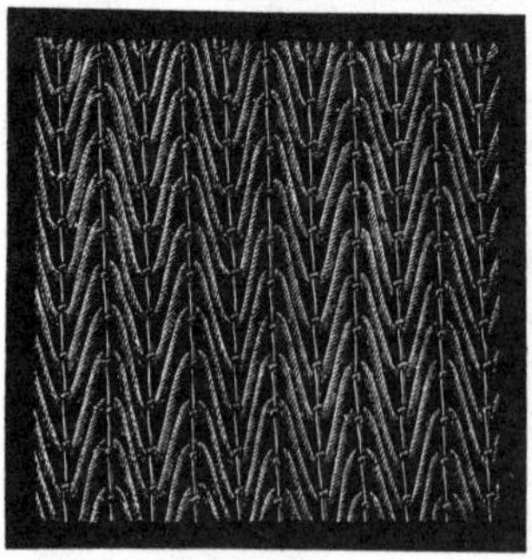

Abb. 686.
Wellenstich.

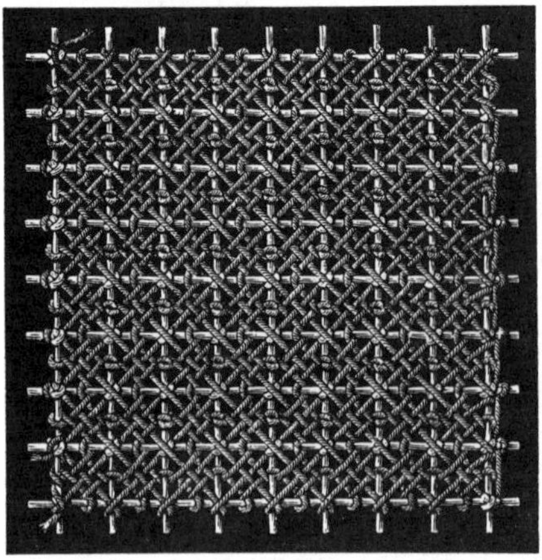

Abb. 687.
Durchkreuzter Schlingenstich.

Languettierte Netzkanten (Abb. 683). — Die in Bogen auslaufenden Netzarbeiten sind mit Schlingenstichen abzuschliessen; 2 bis 3 Fäden sind nebst dem Netzfaden den Schlingenstichen zu unterlegen. Die Netzstäbchen sind erst nach vollendetem Schlingen knapp wegzuschneiden.

Punto tagliato in Netzstickerei (Abb. 684). — Die italienische Benennung wird auch häufig durch die französische « Filet coupé » ersetzt. So wird nämlich jene Art der Netzstickerei genannt, bei der die Netzstäbchen nur bis zur halben Länge überschlungen werden, die andere Hälfte derselben aber weggeschnitten wird.

Die Zwischenstäbchen sind dann häufig mit doppelten Schlingreihen überdeckt und mit Knüpfpikots verziert.

Zu den doppelten Schlingreihen sind die Stiche weiter auseinander zu stellen, damit bei der rückgehenden Reihe die zweiten Stiche zwischen den ersten noch genügenden Raum finden. (Siehe auch im Kapitel Die « Nadelspitzen » die Abbildungen 869 und 872.)

Doppelter Schlingenstich (Abb. 685). — Man führt in der ersten Reihe den Faden über ein Stäbchen und hinter einem Knoten durch. In der zweiten Reihe ist dasselbe Verfahren beizubehalten, so dass sich in jedem Felde 4 Fäden kreuzen. In der 3. Reihe ist die Nadel unten wie in der 1. und 2. Reihe, nach oben hingegen unter 3 Fäden durchzuführen, und in der 4. Stichreihe ist der Faden in die Schlinge der fertigen Doppelreihe einzuhängen.

Wellenstich (Abb. 686). — Hier wird der Faden stets schräg über zwei Quadrate gelegt und dann wagerecht unter

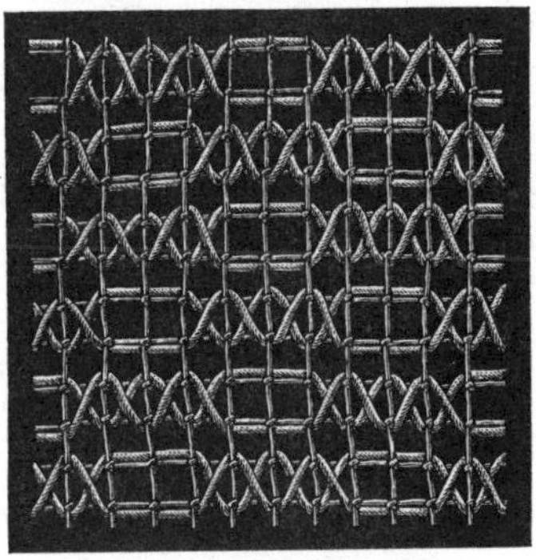

Abb. 688.
Füllstich in wagerechten Reihen auszuführen.

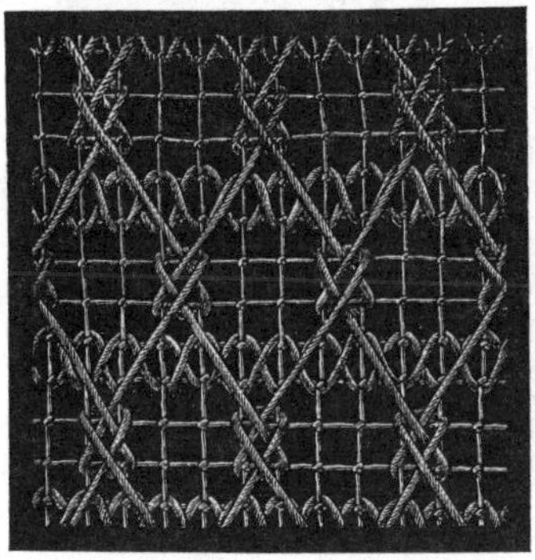

Abb. 689.
Füllstich mit verschrägten Stichen.

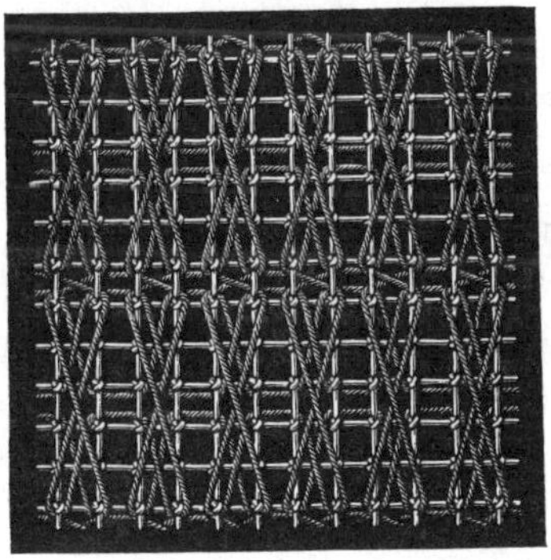

Abb. 690.
Doppelter Füllstich.

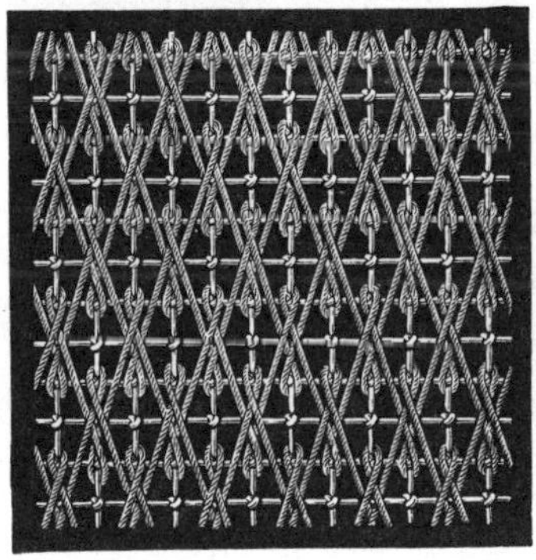

Abb. 691.
Füllstich mit russischem Stich.

dem Netzknoten durchgeführt, wodurch ein dichter, welliger Grund entsteht.

Durchkreuzter Schlingenstich (Abb. 687). — Das ganze auszufüllende Feld ist mit einfachem Schlingenstich (point d'esprit), Abb. 663, zu bedecken, dann sind quer über die Netzquadrate und den Schlingenstich Fäden zu spannen; die einen laufen alle über die Stiche und unter den Netzknoten, die anderen alle unter dem ersten und zweiten Faden des Schlingenstiches und über den ersten Kreuzungsfaden und den Netzknoten.

Es ist unerlässlich, dass das Legen und Spannen der Fäden systematisch und sehr gleichmässig geschieht.

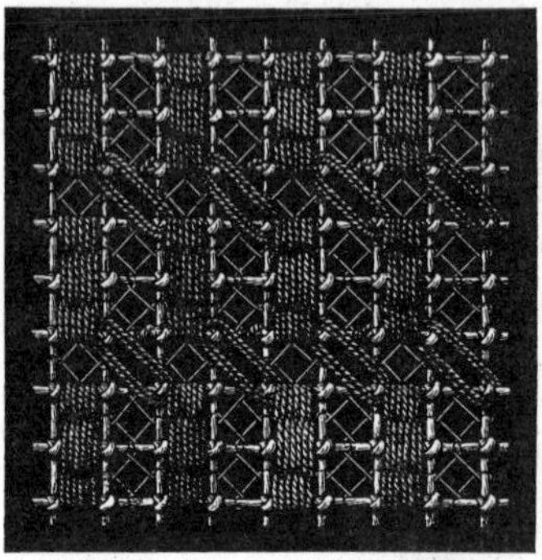

Abb. 692. Füllstich mit Stopf- und Schlingenstich.

Füllstich in wagerechten Reihen auszuführen (Abb. 688). Ueber 4 Netzquadrate wird ein halbes Kreuz gemacht, indem man abwechselnd den Faden oberhalb und unterhalb 3 Netzknoten und dann unter 3 Netzstäbchen durchzieht. In der zweiten Reihe ist der Faden mit dem der ersten Reihe zu kreuzen, wie es aus der Abbildung zu entnehmen ist.

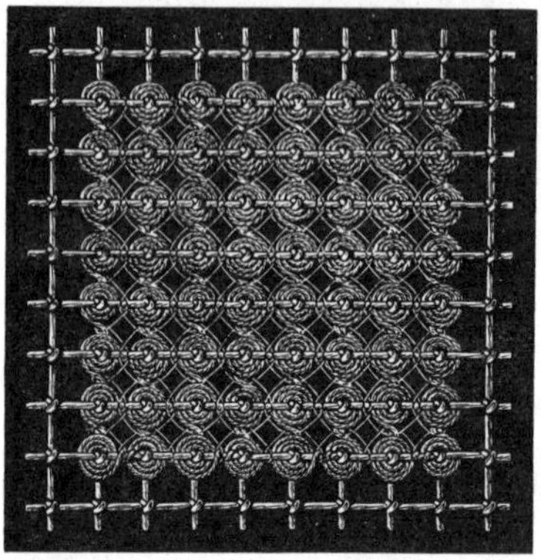

Abb. 693. Füllstich mit Spinnen und Schlingenstich.

Füllstich mit verschrägten Stichen (Abb. 689). — Nachdem über die ganze Fläche wagerechte Reihen von Kreuzen, wie oben beschrieben, und durch je 3 Reihen Quadrate getrennt, vollendet sind, wird der Faden von unten nach oben und von rechts nach links unter die beiden Stäbchen des dritten oberen leeren Feldes geführt, von hier wieder nach abwärts, wieder von links nach rechts unter die beiden Netzstäbchen des ersten Feldes, so dass 3 leere Netzquadrate die Felder trennen.

Die nächste Reihe Ueberlegstiche ist auf dieselbe Weise auszuführen, wodurch die langen Stiche in den mittleren Feldern sich begegnen und kreuzen.

Doppelter Füllstich (Abb. 690). — Der Faden wird zuerst hin- und dann zurückgehend über je 2 senkrechte und 3 wagerechte Netzstäbchen gelegt. Die Fäden zweier solcher

Gänge mit gekreuzten Fäden in jeder zweiten Viereckreihe laufen unter einem Netzquadrate neben einander. Ist das ganze Feld mit den Grundreihen ausgefüllt, so ist der Arbeitsfaden stets von rechts nach links unter jenen beiden senkrechten Netzstäbchen durchzuführen, über welchen die gekreuzten Fäden der Grundreihen liegen; dann 2 solcher Kreuze oder 5 Netzquadrate übergehend, führt man den Faden wieder an der gleichen Stelle wie unten unter 2 Netzstäbchen durch; die rückgehende Reihe kreuzt sich mit der ersten.

Die Grundreihen sind in wagerechter Richtung, die Ueberstiche in senkrechter herzustellen.

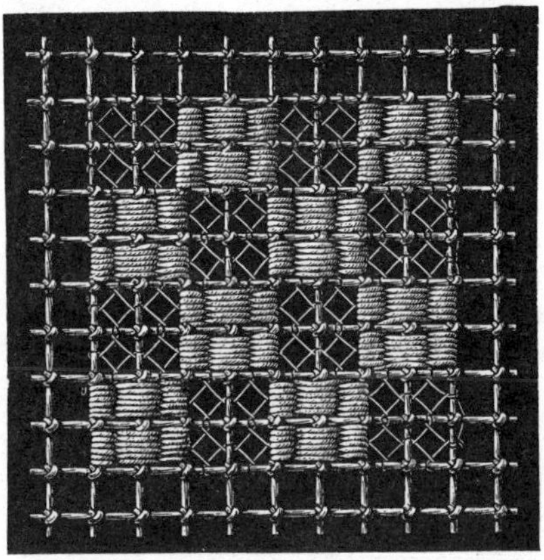

Abb. 694. Karrierter Füllstich mit Stopf- und Schlingenstich.

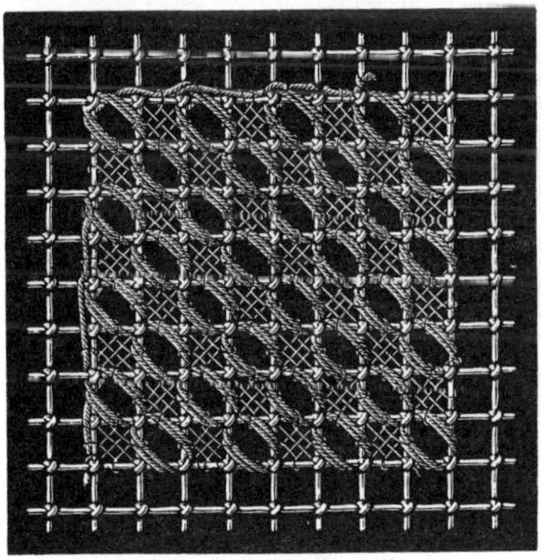

Abb. 695. Füllstich mit eingefassten Netzquadraten.

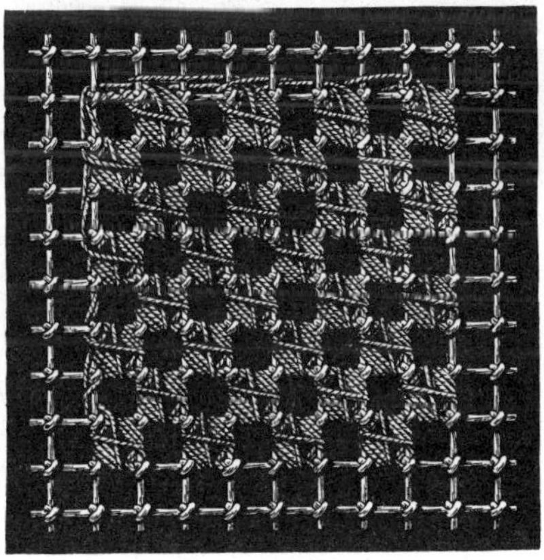

Abb. 696. Füllstich mit schräggestellten Kreuzstichen.

Füllstich mit russischem Stich (Abb. 691). — Von unten nach oben arbeitend, wird der Faden von rechts nach links unter ein Netzstäbchen, dann 4 Netzquadrate nach abwärts übergehend, unter das nächste senkrechte Stäbchen, wieder 4 Quadrate nach aufwärts übergehend, durchgeführt usw.

Die nächste Stichreihe, der ersten gleich, ist um 2 Stäbchen tiefer und um 1 Stäbchen vorrückend auszuführen, so dass sich 2 Schlingen an einer senkrechten Stäbchenreihe kreuzen und der Netzknoten zwischen diesen frei liegen bleibt.

Füllstiche mit zwei Garnnummern. — Hier beginnen nun die Sticharten, von denen wir am Anfange dieses Kapitels sagten, dass sie den Leserinnen neu sein dürften. Sie sind zum Teil den Sticharten nachgebildet, die wir an einem der schönsten alten Stücke in Netzstickerei gefunden haben.

Bei allen derartigen Mustern sind die mit dem starken

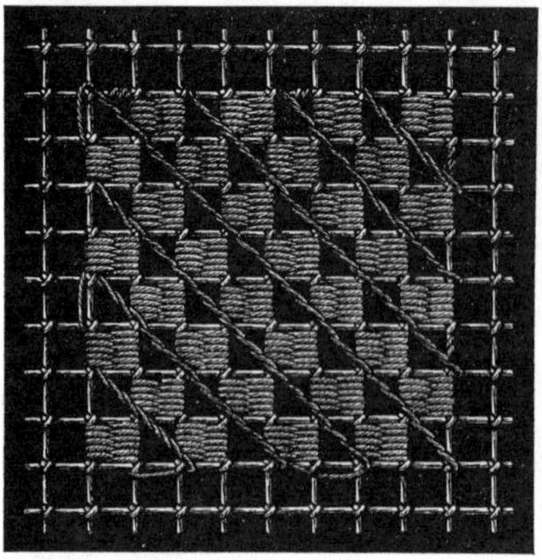

Abb. 697.
Füllstich mit Stopf- und Schnurstich.

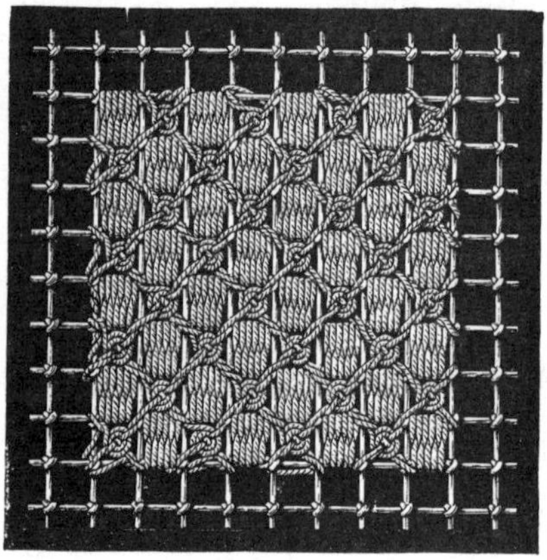

Abb. 698.
Füllstich mit vierstrahligen Spinnen und Stopfstich.

Faden zu arbeitenden Teile zuerst zu vollenden, jene mit feinem Faden hingegen sind zuletzt einzusticken.

Füllstich mit Stopf- und Schlingenstich (Abb. 692). Das stärkere Garn ist zum Stopfstich und zu den mandelförmigen Einfassungsstichen verwendet, mit dem zweiten Garn sind die Schlingenstiche (point d'esprit) ausgeführt.

Füllstich mit Spinnen und Schlingenstich (Abb. 693). Die zu bestickende Netzfläche ist zuerst mit Spinnen über 4 Fäden, zu welchen die stärkere Garnnummer genommen wird, auszufüllen; dann sind zwischen den Spinnen Schlingenstiche (point d'esprit) mit feinem Faden auszuführen, wie sie in Abbildung 663 dargestellt sind.

Karrierter Füllstich mit Stopf- und Schlingenstich (Abb. 694). — Stopfstiche über 4 Netzquadrate in wagerechter Richtung, mit starkem Faden ausgeführt, wechseln mit Schlingenstichen, zu welchen wieder feiner Faden verwendet wird, in ebenso vielen Quadraten ab.

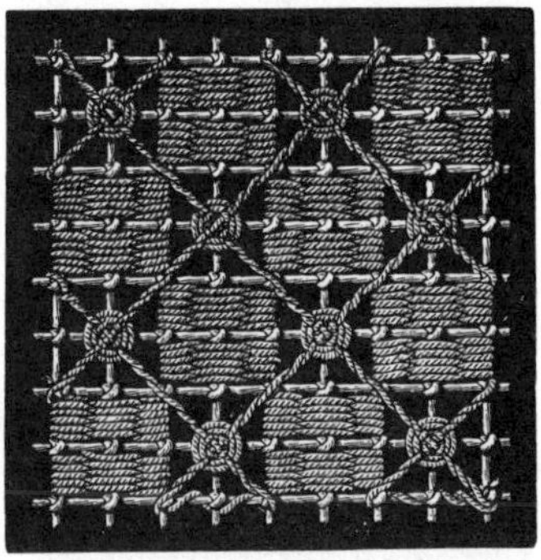

Abb. 699.
Füllstich mit achtstrahligen Spinnen und Stopfstich.

Füllstich mit eingefassten Netzquadraten (Abb. 695). — Man führt den starken Faden unter dem ersten Netzknoten von rechts nach links, dann in schräger Richtung unter dem nächsten Knoten von links nach rechts durch, hierauf unter dem dritten Knoten wieder von rechts nach links durch usw.

Dieses ist zweimal hin- und zurückgehend auszuführen, wodurch die Netzquadrate von beiden Seiten durch eine doppelte Fadenlage eingefasst sind.

Hierauf werden die zwischen den Fadenreihen liegenden Netzquadrate zuerst mit Schlingenstichen ausgefüllt, wozu, wie aus der Abbildung zu ersehen ist, wieder feines Garn genommen wird. Dieses dient auch für die geraden, den Schlingenstich durchkreuzenden Fäden, welche alle durch den Netzknoten geführt werden müssen; das Aufheben und Uebergehen der Schlingen ist auf der ganzen Fläche gleichmässig durchzuführen.

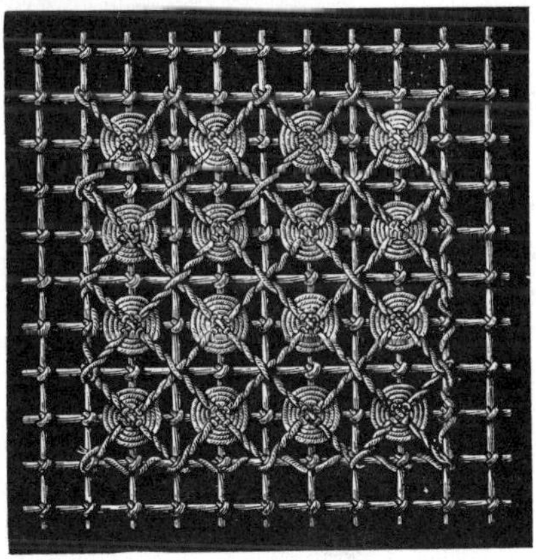

Abb. 700.
Füllstich aus achtstrahligen Spinnen.

Füllstich mit schräggestellten Kreuzstichen (Abb. 696). — Diese, der vorhergehenden sehr verwandte Stichart erfordert drei hin- und zurückgehende schräge Stichreihen, über welche dann ebenfalls in hin- und zurückgehender Reihe Fäden gekreuzt werden.

Man kann auch als erste Gänge jene mit den gekreuzten Fäden machen und dazu das feine Garn verwenden, um dann erst die dreifachen Fadenlagen mit starkem Garn darüber zu arbeiten.

Füllstich mit Stopf- und Schnurstich (Abb. 697). — Dichter als die bisher beschriebenen Muster gestalten sich jene, die vorwiegend mit Stopfstichen und verhältnismässig starkem Garn ausgeführt sind. Hier ist jedes zweite Netzquadrat so dicht als möglich ausgefüllt, die leergebliebenen Quadrate sind dagegen durch doppelte gedrehte Fäden in schrägen Reihen durchgeteilt.

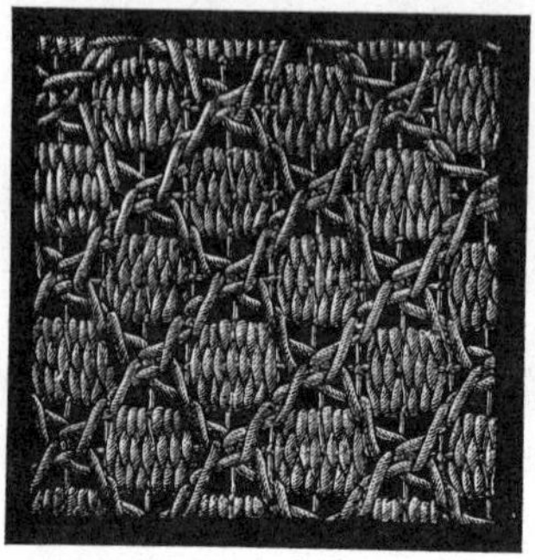

Abb. 701.
Füllstich mit Stopf- und Kreuzstich.

Füllstich mit vierstrahligen Spinnen und Stopfstich (Abb. 698). Gleichmässig und sehr dicht durchstopfte Netzfelder, wie Abbildung 698 sie darstellt, und die durch vierstrahlige Spinnen in jedem leeren Felde zu dichtem Muster gestaltet wurden, ergeben einen an alten Netzstickereien sehr häufig vorkommenden Grund.

Füllstich mit achtstrahligen Spinnen und Stopfstich (Abb. 699). — Weniger gedrängt, daher auch weniger zeitraubend ist die in Abbildung 699 erklärte Musterung, in welcher immer 4 Netzfelder in Stopfstich und 4 Felder, in deren Mitte eine Spinne angebracht ist, abwechseln.

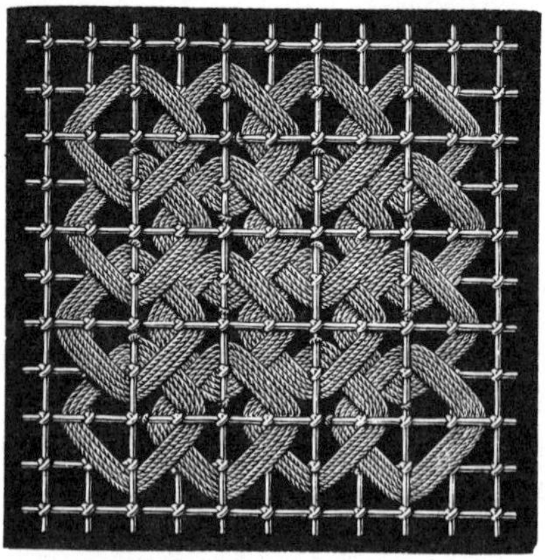

Abb. 702.
Füllstich aus geometrischen Figuren.

Füllstich aus achtstrahligen Spinnen (Abb. 700). Grössere Flächen können auch ganz mit Spinnen ausgestattet werden, welche nach Abbildung 700 herzustellen sind.

Füllstich mit Stopf- und Kreuzstich (Abb. 701). — Diese Vorlage gleicht den früheren durch die Stopfart; sie unterscheidet sich aber wesentlich davon durch die schrägen Kreuzstichreihen, wodurch die durchstopften vier Quadrate eingeschlossen werden. Alle Kreuzstichreihen einer Richtung werden zuerst vollendet; die Stiche der zweiten Reihe sind zwischen den beiden Fäden der ersten Reihe durchzuführen.

Füllstich aus geometrischen Figuren (Abb. 702). — Die Stichart, die wir mit dieser Abbildung bringen weicht von den anderen ganz ab; sie bewegt sich in den reinsten geometrischen Linien.

Man arbeitet in wagerechten Reihen und befestigt den Faden

Abb. 703. Genetzter Einsatz mit Stickerei in einfachem Stopfstich.
Fadensorten — Für das Netz: Leinen-Strickgarn D.M.C oder Elsässer Strick- und Häkelgarn D.M.C. Für die Stickerei: Flaches Leinengarn D.M.C oder Spezialgarn D.M.C, in Weiss oder Naturfarben.

an einem Netzknoten, zieht denselben dann nach Abbildung 702 in dem auf einer Ecke stehenden Vierecke unter 3 Netzstäbchen durch und wiederholt dies noch dreimal, jetzt natürlich auch unter dem vierten Netzstäbchen den Faden durchziehend.

Dann führt man den Arbeitsfaden noch einmal zu dem bereits umfassten wagerechten Netzstäbchen, legt ihn von oben um dasselbe, führt dabei die Nadel unter den Fäden über das unten links liegende senkrechte Netzstäbchen nach innen und beginnt von hier aus ein neues Viereck, zuerst das wagerechte

Netzstäbchen aufnehmend. Durch das stete Rückführen des Fadens zu dem Knoten, von welchem aus die nächste Figur gemacht werden muss, sind an je zwei Seiten 4 Fäden, an zwei anderen 5 Fäden zu zählen.

Abb. 704. Karo in Filet-Richelieu.

Fadensorten: Leinen-Spitzengarn D.M.C N° 35 und 6, in Weiss, oder Elsässer Strick- und Häkelgarn D.M.C N° 30 und Perlgarn D.M.C N° 3, in Naturfarbe. (*)

In der zweiten und in den folgenden Reihen ist die Nadel zweimal unter den zuerst gelegten Fäden hin- und herzuführen, damit im ganzen Felde alle Ecken gleichmässig überdeckt und verbunden sind.

Genetzter Einsatz mit Stickerei in einfachem Stopfstich (Abb. 703). — Die Liebhaberei, Haus- und Tischwäsche,

(*) Siehe am Schluss des letzten Kapitels die Tabelle der Nummern und das Farbenverzeichnis der Baumwoll-, Leinen- und Seiden-Artikel, Marke D.M.C.

auch Vorhänge mit Spitzen auszustatten, ist eine ziemlich allgemeine; es ist eine geschmackvolle Unterbrechung der glatten, eintönig weissen oder ungebleichten Stoffe.

Das hier gebrachte Muster und dessen Ausführung wird denen willkommen sein, die entweder nicht über genügende Zeit oder auch nicht über genügende Ausdauer verfügen, um feinere, mühsamere Arbeiten anfertigen zu können.

Das Herstellen des geraden Netzes wurde eingehend in den Abbildungen 648 und 652 bis 654, der Stopfstich in der Abbildung 658 erklärt.

Die Musterung im Innern des Einsatzes ist in wagerechten Stichreihen, die schmale Kante in senkrecht stehenden ausgeführt. An Stelle des handgenetzten Grundes kann auch Stoff, Netzkanavas, verwendet werden.

Karo in Filet-Richelieu (*) (Abb. 704 und 705). — Die Muster der französischen Netzstickerei, Filet-Richelieu genannt, unterscheiden sich von den anderen Netzstickereien durch die einfache Ausführung, sowie durch eigenartige, etwas steife Zeichnungen. Sie zeigen auf äusserst feinem Netzgrunde Blumen, Blätter und kleine Zweige, die oftmals aus einem schön geformten Gefäss sich emporranken.

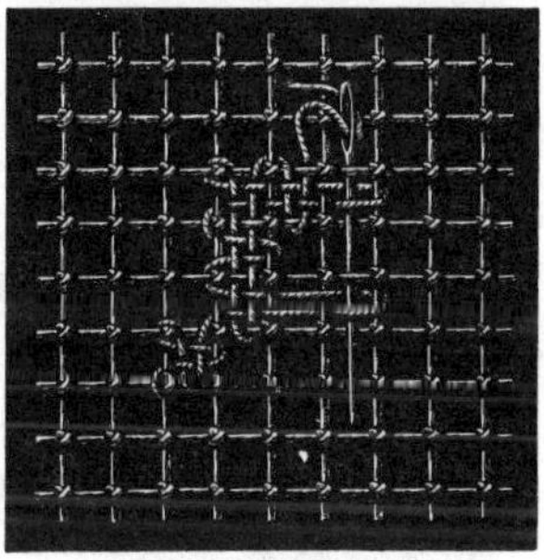

Abb. 705.
Figur im Leinenstich zu Abbildung 704.

Die Hauptfiguren sind aus Leinenstich hergestellt, der mit starkem Garn scharf eingefasst wird, so dass sich die einzelnen Formen sehr wirkungsvoll vom Netzgrund abheben: dasselbe starke Garn wird auch für die kleinen Zweige, Stiele und Ranken verwendet.

Der Netzgrund und der Leinenstich sind mit Leinen-Spitzengarn D.M.C (Lin pour dentelles) oder Elsässer Strick- und Häkelgarn D.M.C (Alsatia) in den feinen Nummern hergestellt, für die Einfassung eignen sich die stärkeren Nummern von Leinen-Spitzengarn D.M.C (Lin pour dentelles) und Perlgarn D.M.C (Coton perlé).

(*) Siehe am Schluss des Buches das Verzeichnis der Musterbücher der Bibliothek D.M.C, enthaltend zahlreiche Vorlagen für alle Arten von Handarbeiten.

Der Leinenstich verlangt hier nicht, wie bei Abbildungen 659 bis 661, vier Gänge, sondern nur zwei, siehe Abb. 705.

Nachdem der Faden an einem Netzknoten befestigt ist, führt man ihn einmal über die Netzfäden und einmal unter denselben durch, so dass am Ende der ersten Stichreihe der

Abb. 706. Grundmuster mit zwei Garnsorten.
Fadensorten: Knüpfgarn D.M.C N° 30 und Häkelgarn D.M.C N° 15, in Weiss und Naturfarben, oder Perlgarn D.M.C N° 5 und 8, in Brun-Acajou 771, Rouge-Cardinal 347 und Gold-Chiné D.M.C, in Blau und Gold.

zweite Faden unter dem Netzfaden durch und wieder nach aufwärts in die rückgehende Reihe gebracht wird.

Dies ist der erste Fadengang des Leinenstiches.

Durch den zweiten Fadengang wird der Leinenstich vervollständigt. Man hat dabei ganz so wie bei der Leinenstopfe zu verfahren, nämlich stets einen Faden aufzufassen, den anderen zu übergehen.

Die mit starkem Garne ausgeführten Einfassungsstiche und die übrigen Musterpartien sind aus der Abbildung deutlich zu ersehen und bedürfen daher keiner weiteren Erklärung.

Abb. 707. Grundmuster in bunter Netzstickerei.
Fadensorten — Für das Netz: Perlgarn D.M.C N° 8, in Brun-Cachou 434.
Für die Stickerei: Perlgarn D.M.C N° 8, in Gris-Cendre 415 und Gris-Tilleul 392, und Spezialgarn D.M.C N° 25, in Rouge-Géranium 350 und Jaune-vieil-Or 680. (*)

Grundmuster mit zwei Garnsorten (Abb. 706). — Dass die Anwendung mehrerer Fadenstärken und Fadensorten bei der Netzstickerei mit Erfolg durchgeführt werden kann, haben wir bei den vorhergehenden Füllsticherklärungen betont und bewiesen.

So recht augenscheinlich tritt es aber erst in einem

(*) Diese Nummern bezeichnen Farben aus den Farbenkarten der die Marke D.M.C tragenden Artikel. Diese Farbenkarten liegen in allen Kurzwaren- und Handarbeitsgeschäften auf.

grösseren Muster auf, wie vorteilhaft sich feines Material mit starkem paaren lässt.

Die in Stopfstich gearbeiteten Hauptlinien des Grundmusters, Abb. 706, erscheinen mit kräftigem, stark gedrehtem Garn, Knüpfgarn D.M.C (Fil à pointer), ausgeführt, während

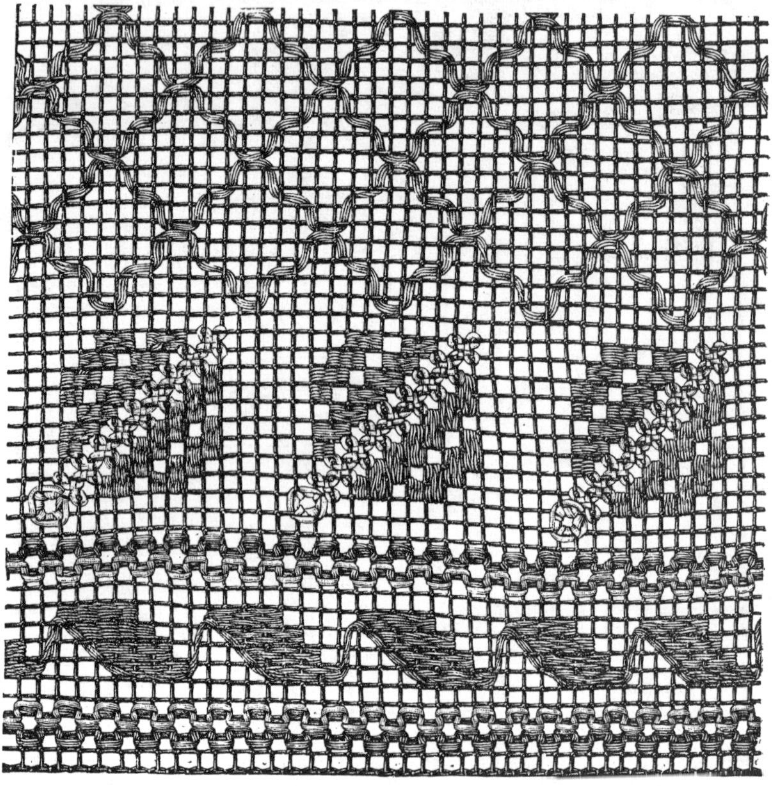

Abb. 708. Bordüre mit Grundmuster in persischer Netzstickerei.
Fadensorten: Elsässer Strick- und Häkelgarn D.M.C N° 30, in Rouge-Grenat 309 und Stickgold und Sticksilber D.M.C N° 40.

feinerer Faden, Häkelgarn D.M.C (Cordonnet 6 fils) N° 15, für die Füllung der Felder in Schlingenstich, für die kleinen Vierecke und Spinnen gewählt ist. Die Arbeit, die hier nachgebildet erscheint, ist in naturfarbenen Garnen angefertigt; doch ist die Verwendung von farbigem Faden nicht ausgeschlossen und wird derselbe, mit Goldfaden untermischt, zu einer schönen Nadelarbeit Gelegenheit geben. Man nehme Brun-

Acajou 771 für den genetzten Grund, Rouge-Cardinal 347 für den Stopfstich und Gold-Chiné D.M.C (Chiné d'or), Buntgoldfaden Blau und Gold, für den Schlingenstich und die übrigen Zierfiguren.

Grundmuster in bunter Netzstickerei (Abb. 707). — Diese an sich so einfache Musterung erhält einen eigenartigen Reiz

Abb. 709. Gesticktes Grundmuster auf gemustertem Netzgrunde.
Fadensorten: Leinen-Strickgarn D.M.C oder Elsässer Nähgarn D.M.C, in Weiss oder Naturfarben. (*)

durch die glückliche Verteilung der Farben und die Benutzung verschiedener Garnsorten.

Von dunkelbraunem Netze, zu dem Perlgarn D.M.C (Coton perlé) N° 8, Brun-Cachou 434, verwendet ist, heben sich die in mattem Grau, Gris-Cendre 415, gehaltenen Schlingenstiche und die die letzteren verbindenden, in sanftem Lindengrün, Gris-Tilleul 392, ausgeführten Stopfstiche bescheiden ab.

Die rosa Kreuzfiguren, in Rouge-Géranium 350, sowie die einzelnen Stopfstichquadrate sind durch lose verschlungene

(*) Siehe am Schluss des letzten Kapitels die Tabelle der Nummern und das Farbenverzeichnis der Baumwoll-, Leinen- und Seiden-Artikel, Marke D.M.C.

Fäden, Spezialgarn D.M.C (Coton mouliné spécial), in Jaune-vieil-Or 680, verbunden und eingefasst.

Bordüre mit Grundmuster in persischer Netzstickerei (Abb. 708). — Für den genetzten Grund ist Elsässer Strick- und Häkelgarn D.M.C (Alsatia) N° 30, in Rouge-Grenat 309, zu nehmen; die Stickerei erscheint in Stickgold und Sticksilber

Abb. 710. Gesticktes Grundmuster auf gemustertem Netzgrunde.
Fadensorten : Leinen-Spitzengarn D.M.C oder Elsässer Nähgarn D.M.C, in Weiss oder Naturfarben.

D.M.C (Or fin und Argent fin) N° 40 ausgeführt. Die Gold- und Silberfäden werden bei Ausführung dieser Stickerei dreifach genommen, was die Arbeit bedeutend fördert und die metallische Wirkung erhöht. Von den den schmalen Rand begrenzenden Zahnschnittlinien erscheinen die aussen befindlichen mit Gold, die inneren dagegen mit Silber gearbeitet.

Jede derselben ist in zwei Gängen, hin- und zurückgehend, ausgeführt. In dem ersten Gange führt man den Faden unter zwei senkrechte Netzstäbchen in wagerechter Richtung vor, dann über einen Netzknoten schräg nach aufwärts, unter zwei senkrechte Netzstäbchen vor, unter einen Netzknoten schräg abwärts zurück, wieder um zwei senkrechte Netzstäbchen vor und so fort, bis zum Ende des Randes.

In dem zweiten Gange ergänzt man die Zahnschnittlinie, indem man den Faden dort darüber führt, wo er in dem ersten Gange unten liegt und dort unten durchgeht, wo man früher darüber gearbeitet hat. Der Rand selbst erscheint mit Goldfäden ausgeführt und ist gleichfalls in zwei Gängen gearbeitet. In dem ersten Gange füllt man die einzelnen Formen in wagerechter Richtung mit Stopfstich, während die Verbindungsstäbchen nur durch Vorstiche bezeichnet werden, um in dem zweiten Gange, welcher die rhomboidartigen Formen auf einer Seite mit Vorstichen begrenzt, vollendet zu werden.

Abb. 711. Karo in Netzstickerei.
Fadensorten: Leinen-Spitzengarn D.M.C, Leinen-Strickgarn D.M.C oder Elsässer Nähgarn D.M.C, in Weiss oder Naturfarben.

An den Rand schliesst sich oben ein blattartiges Ornament, mit Gold- und Silberfäden gestickt, an.

Bei demselben ist der Stopfstich mit Gold, der die Blattader bildende Schlingenstich mit Silberfaden gearbeitet. Der hier angewendete Schlingenstich erscheint schräg gestellt, und zwar sind hierbei die einzelnen Schlingen nicht um die Netzstäbchen, sondern um die Netzknoten herumzuführen.

Am unteren Ende dieser Blattader befindet sich ein Abschlussknoten, der in Verbindung mit der Ader in folgender Weise ausgeführt wird: Das betreffende Netzviereck wird mit Vorstichen umgeben, die als Unterlage dienen. Der Arbeitsfaden wird sodann je einmal über jedes, das Viereck begrenzende Netzstäbchen und jeden Knoten geschlungen, worauf man die gewonnene Form mit Vorstichen umrandet.

Abb. 712. Karo in Netzstickerei.
Fadensorten: Leinen-Spitzengarn D.M.C, Leinen-Strickgarn D.M.C oder Elsässer Nähgarn D.M.C, in Weiss oder Naturfarben.

Das nach oben zu nun folgende, trotz seiner Einfachheit sehr wirkungsvolle Grundmuster, wird mit dem Goldfaden gebildet, den man mit Vorstichen stufenartig über je vier Vierecke auf- und abwärts führt.

Gesticktes Grundmuster auf gemustertem Netzgrunde (Abb. 709). — Das in Abbildung 644 gebrachte Netz mit kurzen, halblangen und langen Schlingen erscheint hier zu gefälligem Stickmuster verwertet. Um die einzelnen Schlingenstiche herzustellen, ist der Faden, welcher in der Mitte das Kreuz bildet, bis zur Hälfte des Netzstäbchens zu führen, dann sind die 4 Schlingen zu bilden, worauf der Faden wieder zum Knoten zurückzubringen und das erste Stäbchen zum Kreuz zu spannen ist.

Hierauf ist dreimal über den gespannten Einlagefaden und die beiden Netzstäbchen hin- und zurückzugehen, dann erst werden die Stiche in und über drei Netzfelder geführt. Der gespannte Stab wird nun bis zu seiner Mitte umwickelt, zur anderen Ecke gespannt usw.

In der letzten Reihe der Abbildung ist links unten das Anfangen der Figur, dann weiter die fernere Entwickelung derselben und rechts die Vollendung des Grundmusters enthalten.

Gesticktes Grundmuster auf gemustertem Netzgrunde (Abb. 710). — Hier besteht das Grundnetz aus je neun kleinen und einer grossen Netzmasche mit je drei länglichen Maschen als Verbindung. Diesen Grundmustern auf unserer Darstellung grössere und kleinere Sternfiguren.

Abb. 713. Spitze in Netzstickerei.
Fadensorten: Leinen-Strickgarn D.M.C oder Elsässer Nähgarn D.M.C, in Weiss oder Naturfarben.

Die grösseren Figuren bildet gewöhnlicher Stopfstich in stufenweiser Anordnung, der einen Mittelstern aus gespannten und umwickelten Fäden umschliesst.

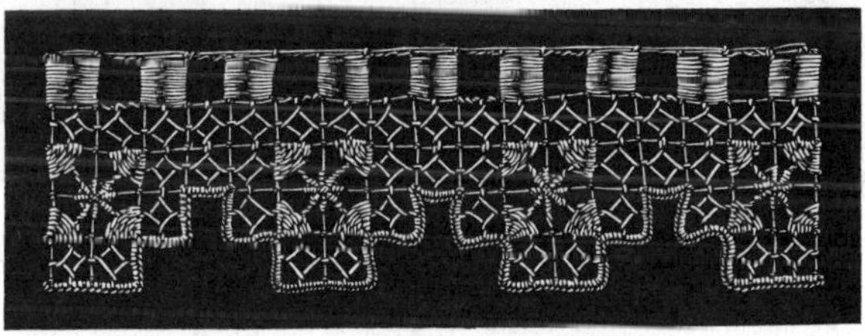

Abb. 714. Spitze in Netzstickerei.
Fadensorten: Leinen-Strickgarn D.M.C oder Elsässer Nähgarn D.M.C, in Weiss oder Naturfarben.

Für die kleinen Sternfiguren gruppieren sich je vier Dreiecke, die mit Hilfe eines diagonal gespannten Fadens im gewöhnlichen Stopfstiche ausgeführt werden, um eine den Mittelpunkt bildende Spinne.

Zwei Karos in Netzstickerei (Abb. 711 und 712). — Auf gleichmässig genetztem Grunde zeigen die beiden Karos hübsche und sehr leicht ausführbare Musterungen. Durch einfaches nebeneinandersetzen derselben erhält man einen schönen Einsatz; noch bessere Verwendung finden die Karos jedoch, wenn man dieselben mit einer entsprechenden Anzahl von Stoff-Karos zusammensetzt und in dieser Weise eine Decke bildet, der man als äusseren Abschluss eine genetzte Spitze anfügt. Als Material ist hier für den Netzgrund und für die Stickerei weisses Leinen-Spitzengarn D.M.C (Lin pour dentelles) in gleicher Stärke zu verwenden.

Nach Abbildungen 659 bis 661 beginnt man mit dem Leinenstich und führt dann gleich den angrenzenden Schlingenstich aus. Hierauf arbeitet man die auf dem Leinengrunde ruhenden schmalen Blätter in Stopfstich, von der Mitte ausgehend und wieder dahin zurückkehrend, wodurch die Blattstiele entstehen. Den Mittelpunkt bildet eine kleine Spinne. Nun vollendet man in der Mitte den noch fehlenden Leinenstich über die Blattstiele, die, wie in der Abbildung 667 ersichtlich, mit Stopfstich überquert werden, und arbeitet gleich in Verbindung mit dem Leinenstiche den Schlingenstich.

Das mit Abbildung 712 dargestellte Karo erfordert vorerst

ABB. 715. EINSATZ IN NETZSTICKEREI.
FADENSORTEN : Leinen-Strickgarn D.M.C oder Elsässer Nähgarn D.M.C, in Weiss oder Naturfarben.

auch die Vollendung des Leinen- und Schlingenstiches, worauf der die Blattformen andeutende Stopfstich in sechs Reihen ausgeführt wird; sodann sind die Stiele der vier Blätter zu arbeiten, während der das Mittelkreuz gleichfalls sechsmal umgebende Stopfstich zuletzt fertig gemacht wird.

Zwei Spitzen in Netzstickerei (Abb. 713 und 714). — Bei beiden mit geringer Mühe herstellbaren Spitzen wird der Netzgrund entweder gleich mit dem Zackenabschlusse oder als entsprechend breiter Streifen in der zu Beginn des Kapitels erklärten Weise gleichmässig hergestellt; hierauf wird das Muster ausgenäht und nach Vollendung desselben der Zackenrand languettiert. Führt man die Spitzen auf einem geraden

Streifen Netzgrund aus, so werden nach Herstellung der languettierten Zacken die überflüssigen Netzvierecke weggeschnitten.

Die Musterung der mit Abbildung 713 dargestellten Spitze zeigt einen Stern in dichtem Schlingenstich, Abb. 678, auf point d'esprit Grund; den Mittelpunkt deutet eine Spinne an.

Abb. 716. Karo in durchbrochener Netzstickerei.

Fadensorten: Leinen-Spitzengarn D.M.C oder Elsässer Nähgarn D.M.C, in Weiss oder Naturfarben.

Die vollendeten Sterne umrandet der Arbeitsfaden noch viermal in gewöhnlichem Stopfstich, wodurch sich dieselben noch bestimmter vom Grunde abheben.

Bei Abbildung 714 endet die Zacke mit zwei Vierecken; man arbeitet das auf der Abbildung ersichtliche Muster in gewöhnlichem point d'esprit, Stopfstich und dichtem Schlingenstich. Die Mitte der die Zacke füllenden Sternfigur bildet eine Rippenspinne.

Einsatz in Netzstickerei (Abb. 715). — Zwei Streufiguren, die von einer in Leinen- und Schlingenstich ausgeführten Umrahmung umgeben sind und abwechselnd nebeneinander gesetzt erscheinen, bilden die Musterung des Einsatzes.

Die Mitte der Sterne ist durch eine Rippenspinne angedeutet; die einzelnen Teile bestehen aus Dreiecken in dichtem Schlingenstich, die entweder ganz oder teilweise vierfädiger gewöhnlicher Stopfstich umrandet. Um die Mitte ist gleichfalls der Arbeitsfaden in gewöhnlichem Stopfstich viermal herumgeleitet und bildet ein auf der Spitze stehendes Viereck.

Karo in durchbrochener Netzstickerei (Abb. 716). — Zeichnungen, welche die Verteilung der verschiedensten

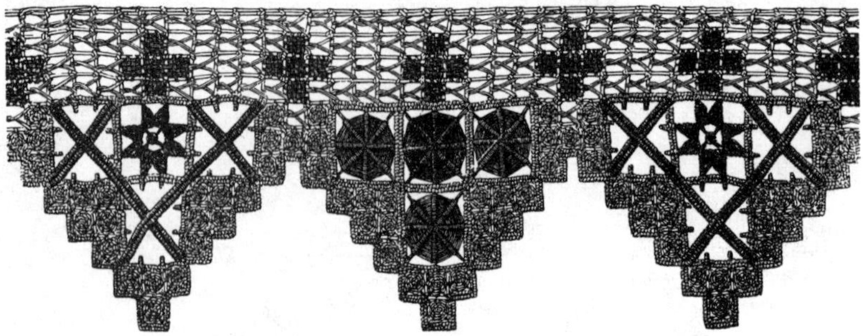

Abb. 717. Spitze in durchbrochener Netzstickerei.
Fadensorten — Für das Netz und für die Stickerei: Perlgarn D.M.C N° 8 oder Elsässer Strick- und Häkelgarn D.M.C N° 20, in Weiss, Jaune-Maïs 579, Violet-Scabieuse 397 und Vert doré 582.

Sticharten gestatten, sind wohl immer die dankbarsten für die Netzstickerei.

Auf einem mit ziemlich feinem Faden genetzten Grunde sind am Rande — der Leinenstich ist mit stärkerem Garne gemacht — die losen Ueberfangsfüllstiche, dann die gerippten Spinnen, Abb. 675, die geschlungenen Stäbchen mit Pikots, Abb. 684, in der Mitte der dichte Spinnengrund, Abb. 700, und die langen Rippenstäbchen, Abb. 668, ausgeführt.

Spitze in durchbrochener Netzstickerei (Abb. 717). — Die Spitze erscheint im Original in matten Farben hergestellt.

Das helle, weisse Netz ist nach oben mit lose eingeschlungenem, hellgelbem Faden überlegt; dieselbe Farbe ist auch für die nach aussen je ein Netzquadrat ganz ausfüllenden Spinnen und die diese begrenzenden Languettenstiche verwendet, während für die mittlere der drei oberen Rippenspinnen und für die Sternfigur Violett, Violet-Scabieuse 397, für die drei übrigen Rippenspinnen und die langen Rippenstäbchen Dunkelgrün, Vert doré 582, gewählt wurde. Die in Leinenstich gearbeiteten Kreuzfiguren zeigen abwechselnd Violett und Grün.

Stickereien auf Netzkanavas. (*) — Nebst dem eigentlichen gewebten Netzstoff gibt es im Handel den sogenannten Netzkanavas, der dem ersteren ziemlich ähnlich ist, jedoch meist aus Leinen angefertigt wird.

Dieser Netz- oder Filetkanavas wird in mehreren Stärken in Naturfarben, Weiss und Farbig angefertigt, auf denen Stickereien in verschiedenen Techniken ausgeführt werden.

Interessant ist die Nachbildung von punto tagliato, einer Arbeit auf grobfädigem Filetkanavas; hier ersetzt der Kanavas den ausgezogenen Leinengrund. Auf den feinmaschigen, bunten Filetkanavas hat sich eine eigenartige Flachstichtechnik entwickelt, die, hauptsächlich in Italien und Spanien gepflegt, unter dem Namen « Sizilianische Flachstickerei » bekannt ist.

Gross angelegte Musterungen werden mit verschiedenartigem Stopfstiche gefüllt und durch abstechende Umrandung abgeschlossen.

Stoffe. — Die modernen Arten von Netzkanavas werden in verschiedenen Stärken gewebt, sowohl in schmalen Streifen wie auch in breiten Stücken. Hinsichtlich der Farben werden Weiss und Naturfarben für die hellen Stopfsticharbeiten, farbige Stoffe für die Flachstichmuster und bunten Phantasiearbeiten verwendet.

Fadensorten. — Der weiche Stoff verlangt als Stickmaterial auch einen weichen offenen Faden, der unter Spezialgarn D.M.C (Mouliné spécial), flachem Leinengarn D.M.C (Lin floche) oder unter flacher Stickseide D.M.C (Soie moulinée) und Persischer Stickseide D.M.C (Soie de Perse) zu suchen ist.

(*) Siehe am Schluss des Buches das Verzeichnis der Musterbücher der Bibliothek D.M.C, enthaltend zahlreiche Vorlagen für alle Arten von Handarbeiten.

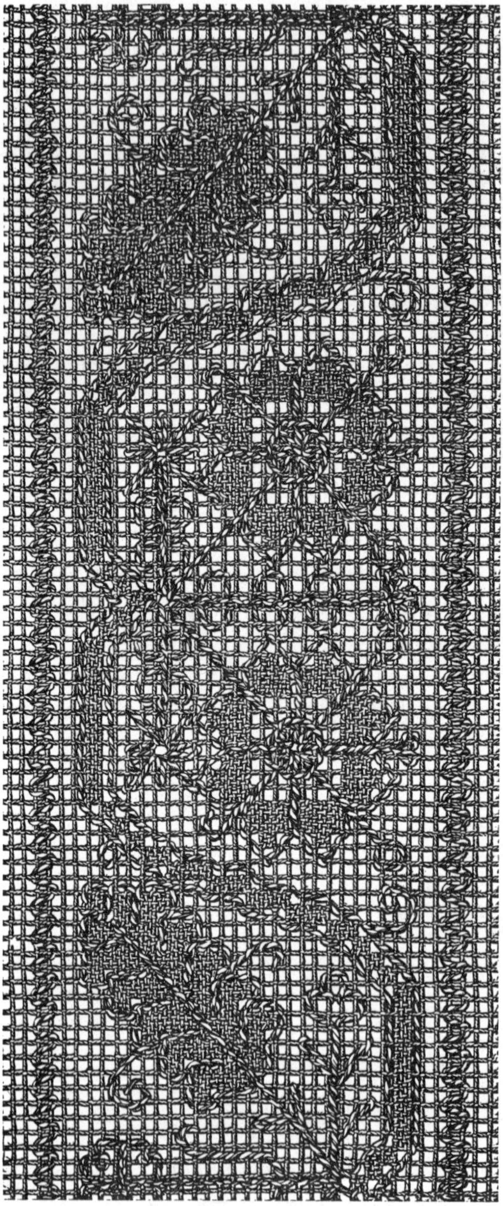

Abb. 718. Einsatz. Nachbildung von Filet-Richelieu auf Netzkanavas.

Fadensorten: Gold-Chiné D.M.C, Naturfarben und Gold, und Türkische Goldschnur D.M.C N° 12.

Ausnahmsweise kann für Umrandungen stärker gedrehter Faden, Leinen-Spitzengarn D.M.C (Lin pour dentelles) oder Knüpfgarn D.M.C (Fil à pointer), sowie Metallfäden, Stickgold und Sticksilber D.M.C (Or fin und Argent fin), Türkische Goldschnur D.M.C (Ganse turque) und Gold-Chiné D.M.C (Chiné d'or) herangezogen werden.

Netzkanavas-Stickereien auf der Maschine. — Desgleichen wie die Netzstickereien können auch die Netzkanavas-Stickereien mit Hilfe der Maschine ausgeführt werden.

Zum Ausfüllen der Musterteile mit Stopfstich nimmt man als Ober- und Unterfaden Retors d'Alsace D.M.C; Alsa D.M.C wird zur Herstellung der gestickten Konturen verwendet.

Will man eine Grundfüllung aus Wikkelstäbchen nacharbeiten, so dient als Oberfaden Retors d'Alsace D.M.C mit Nähmaschinengarn D.M.C (Fil pour machines) N° 150 als Unterfaden.

Einsatz. Nachbildung von Filet-Richelieu auf Netzkanavas (Abb. 718). — Dieser Einsatz ist auf feinfädigem, grossmaschigem Netzkanavas hergestellt; die Ausführung des

Abb. 719.
Bordüre. Stickerei auf Netzkanavas. Nachbildung von punto tagliato.
Fadensorten: Perlgarn D.M.C oder Flaches Leinengarn D.M.C, in Jaune-Maïs 579 und Brun-Rouille 3313.

Leinenstiches und die Einfassung ist die gleiche wie beim Karo Abbildung 704. Als Stickmaterial dient für den Leinenstich Buntgoldfaden, Gold-Chiné D.M.C (Chiné d'or), Naturfarben und Gold, für die Umrandung Türkische Goldschnur D.M.C (Ganse turque) N° 12.

Bordüre. Stickerei auf Netzkanavas. Nachbildung von punto tagliato (Abb. 719 und 720). — Dieses Muster vereinigt die schöne, gediegene Wirkung der punto tagliato Arbeiten mit einer besonders schnell fördernden Arbeitsweise. Der grobfädige Kanavas ergibt den Gittergrund, der bei den echten punto tagliato Arbeiten erst durch das mühsame Ausziehen der Stoffäden gewonnen wird.

Das Einstopfen der Musterung, sowie das Bilden des Gittergrundes vollzieht sich genau nach den bei der Durchbrucharbeit gegebenen Angaben. Abbildung 720 zeigt das Einstopfen der Musterfiguren in zwei hin- und zurückgehenden wagerechten Reihen, sowie das Umwickeln der Fadenstäbchen mit je zwei Stichen, welches in schrägen Reihen ausgeführt wird.

Als Stickmaterial dient Perlgarn D.M.C (Coton perlé), dunkelbraun für den Gittergrund, gelblichweiss für die Musterung.

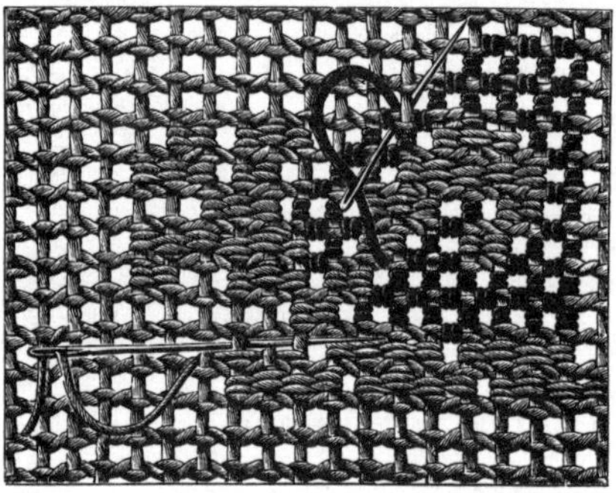

Abb. 720. Durchstopfen der Musterfiguren und Bilden des Gittergrundes zur Bordüre Abbildung 719.

Bordüre. Sizilianische Flachstickerei auf Netzkanavas (Abb. 721). — Auf bronzefarbenem Netzkanavas ist die hier dargestellte Bordüre in den schönsten Farben gearbeitet und erscheint in hohem Grade nachahmungswert, da die Ausführung im einfachen Platt- und Strichstich eine sehr leichte zu nennen ist, und weil das Muster eine sehr reiche, wirkungsvolle Fadenanordnung zulässt.

Betrachtet man jedoch den Charakter der Zeichnung selbst genauer, so wird man finden, dass viele Kreuzstichmuster nach geringer Umgestaltung in ähnlicher Weise ausgeführt werden können. In der Tat lassen sich auch fast alle stark stilisierten Blumenmuster für Kreuzstich so einrichten, dass sie passende Vorlagen für Flachstickerei auf Netzgrund ergeben.

Die Stickerei selbst ist nach gezählten Fäden, nicht nach Vorzeichnung zu arbeiten. Beim Wechseln der Farben sind die beiden Arbeitsfäden durch Weberknoten zu verbinden.

Die meisten Netzkanavas-Arbeiten sind bestimmt, entweder ohne Unterlage verwendet oder gegen das Licht gehängt zu werden, so dass Sprungstiche auf der Kehrseite äusserst störend wirken, sobald der gestickte Gegenstand gegen das Licht gehalten wird. Derartige Sprung- oder Uebergangsstiche wären nun beim häufigen Wechsel der Schattierungen unvermeidlich, wenn der Faden von einer Farbenstufe zur anderen nicht angeknüpft würde.

Abb. 721. Bordüre. Sizilianische Flachstickerei auf Netzkanavas.
Fadensorten: Persische Stickseide D.M.C, in Blanc-Crème 1220, Brun-Rouille 1156, Jaune-vieil-Or 1259, Lilas ancien 1076 und 1078, Bleu-Indigo 1012, Vert-Scarabée 1223 und Rose ancien 1003 und 1006, oder Spezialgarn D.M.C N° 25, in Jaune-Crème 712, Bronze-Jaune 765, Jaune-vieil-Or 729, Violet-Scabieuse 756 und 396, Bleu-Indigo 311, Vert-Scarabée 3345, Rouge-Maroquin 3329 und Rouge-Cardinal 347.

Der Weberknoten wird derartig zugeschürzt, dass, wenn er in die Stofföffnung hineingezogen, so ziemlich unter die Mitte der rechtseitigen Stiche zu liegen kommt. Wird nun auf diese

Abb. 722. Bordure. Stickerei auf Netzkanavas. Stopfarbeit mit Umrandung.
Fadensorten: Persische Stickseide D.M.C, in Brun-Loutre 1209 und Perlgarn D.M.C N° 5, oder Flaches Leinengarn D.M.C N° 8, in Rouge-Géranium 817.

Weise mit mehreren Farben gearbeitet, so werden ebensoviele Nadeln eingefädelt, als Schattierungen zur Verwendung kommen.

Die hier in Rede stehende Bordüre ist mit Persischer Stickseide D.M.C (Soie de Perse) gestickt. In der Mitte der Hauptfiguren befinden sich zwei grüne und zwei altgoldfarbene kleine Vierecke, von einem dunkelroten Bande umschlossen, dem vier dunkelblau geschnörkelte Leisten folgen. Die Nelken zeigen durchweg grüne Stiele und Kelche, sind abwechselnd hellila und hellrosa gehalten; die kleinen Seitenausläufer sind rostbraun nach aussen, weiss im Inneren.

Diese ganze Musterpartie umschliessen oben und unten und rechts und links gerade Leisten, die dunkelrosa und altgoldfarben erscheinen; die sich daran schliessenden auf- und abwärts greifenden Schnörkel zeigen Grün, Dunkelrosa, Dunkellila und Dunkelblau.

Abb. 723.
Stopfstich mit Umrandung zur Bordüre Abbildung 722.

An den durchschnittenen Randfiguren der Bordüre wiederholen sich die Farben der Mittelfigur; doch ist dabei zu beachten, dass in der Mitte des Streifens vier hellila Nelken, an den Aussenrändern die hellrosa Blüten zu stehen kommen.

Dicht anschliessend an den mittleren breiten Streifen kommt eine Zackenlinie in Strichstich in Dunkelrosa und Altgoldfarben; bei den daranstossenden Abschlussbäumchen wechseln alle Farben der Bordüre regelmässig ab.

Bordüre. Stickerei auf Netzkanavas. Stopfarbeit mit Umrandung (Abb. 722 und 723). — Besonders beliebt sind

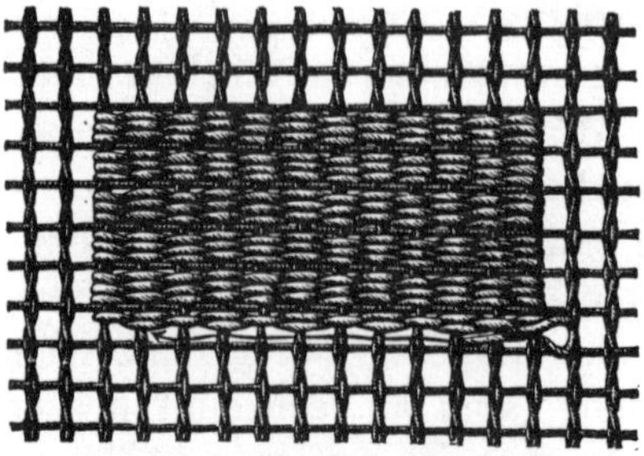

Abb. 724. Einfacher Stopfstich mit feinem Garn.

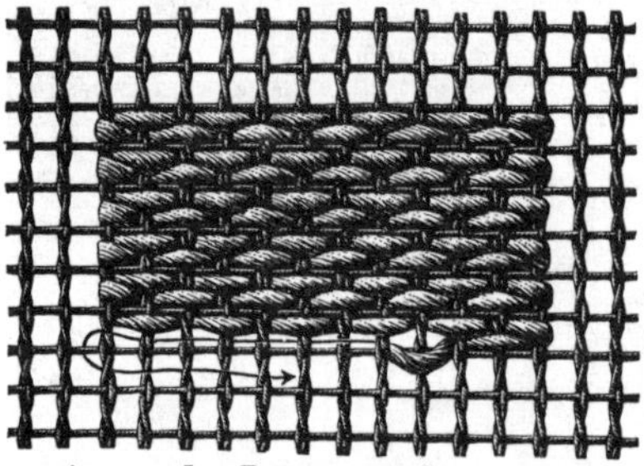

Abb. 725. Einfacher Stopfstich mit starkem Garn.

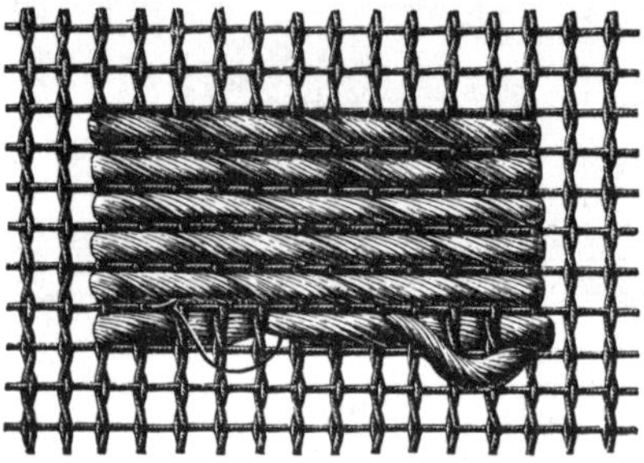

Abb. 726. Verschrägter Stopfstich.

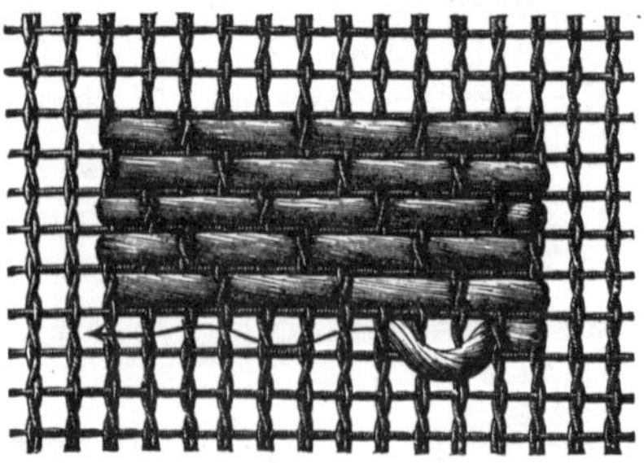

Abb. 727. Stopfstich mit Streifenmusterung.

jene Stopfarbeiten auf Filetkanavas, bei welchen die vorgezeichneten Musterfiguren mit verschiedenartigen Stichen gefüllt und durch abstehende Umrandung begrenzt werden.

Die Bordüre in Abbildung 722 veranschaulicht solch eine Musterung, deren Herstellung durch Abbildung 723 deutlich erklärt wird.

Wie an dieser Ausführung zu ersehen ist, wird der Stopfstich durch je eine hin- und zurückgehende Reihe wagerechter Vorstiche gebildet; die Umrandung besteht aus zwei Reihen sich deckender und ergänzender Vorstiche, die dicht neben dem Stopfstiche ausgeführt, diesen gleich einer Schnur abschliessen.

Der Grundstoff ist dunkelblau; als Stickmaterial dient für die Füllung geteilte Seide, Flache Stickseide D.M.C (Soie moulinée) oder Persische Stickseide D.M.C (Soie de Perse), in Brun-Loutre 1209, für die Umrandung Perlgarn D.M.C (Coton perlé) N° 5 oder Flaches Leinengarn D.M.C (Lin floche) N° 8, in Rouge-Géranium 817. Die Seide kann auch durch Spezialgarn D.M.C (Mouliné spécial) ersetzt werden.

Verschiedene Arten von Stopfstich (Abb. 724, 725, 726,

TAFEL XIII

Tapisseriearbeit im Flammenstich auf Stramin

auszuführen mit Spezialgarn D.M.C (Mouliné spécial).

727). — Als verwendbare Stiche zu Abbildung 722 bringen wir noch mit den Abbildungen 724, 725, 726 und 727 verschiedene, alle der Gattung der Stopfarbeit angehörigen Stiche, welche an Stelle des oben dargestellten, zur Ausführung der Bordüre herangezogen werden können. Abbildung 724 zeigt den Stopfstich mit feinem Garn ausgeführt, bei dem der Faden gewöhnlich fünf- bis sechsmal durch die Stofflücke geführt werden muss. Wo es jedoch dem persönlichen Geschmacke mehr zusagt, das Muster

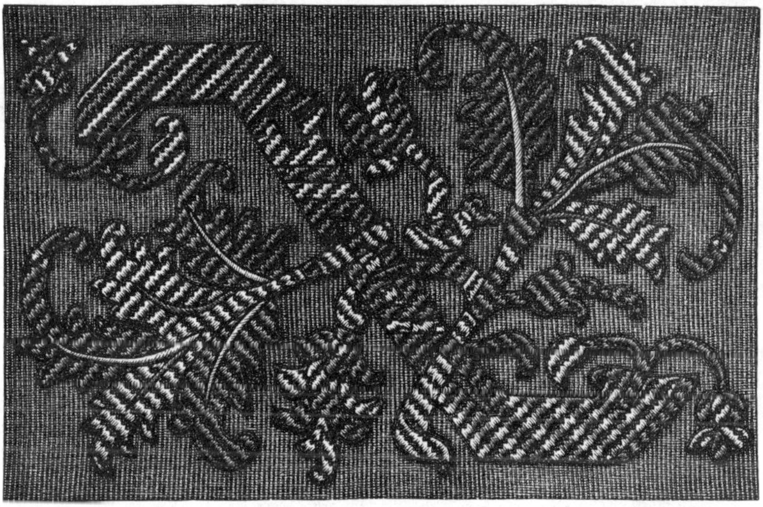

Abb. 728. Kissenstickerei auf Netzkanavas. Füllstiche mit Umrandung.
Fadensorten: Persische Stickseide D.M.C, in Jaune-Maïs 1069 und Brun-Rouille 1229 oder Spezialgarn D.M.C, in Jaune-Maïs 579 und Jaune-vieil-Or 680, und Perlgarn D.M.C N° 5 oder Flaches Leinengarn D.M.C N° 8, in Bleu solide 825.

mit stärkerem Faden herzustellen, braucht der Faden nur ein- oder zweimal eingezogen zu werden, wie Abbildung 725 zeigt.

Anstatt aber regelmässig den zweiten Faden aufzuheben, können auch drei oder mehr Fäden übersprungen und über ebensoviele die rückgehenden Stiche gemacht werden, siehe Abb. 726, wobei die Stiche verschrägt werden. Abbildung 727 endlich lehrt den Stopfstich mit einmaligem Durchziehen, wobei stets zwei Fadenstäbchen übersprungen und erst das dritte aufgenommen wird. Durch das regelmässige Versetzen der Stiche ergeben sich die Schrägstreifen der Musterung.

Kissenstickerei auf Netzkanavas. Füllstich mit Umrandung (Abb. 728 und 729). — Die altitalienische Kissenstickerei,

Abb. 728 und 729, die bedeutend interessanter in der Ausführung ist, zeigt einen gemusterten Zierstich in zwei Farben gehalten, der ebenfalls wieder mit zwei sich deckenden und ergänzenden Vorstichreihen umrändert wird, wie es mit Abbildung 729 deutlich erklärt ist.

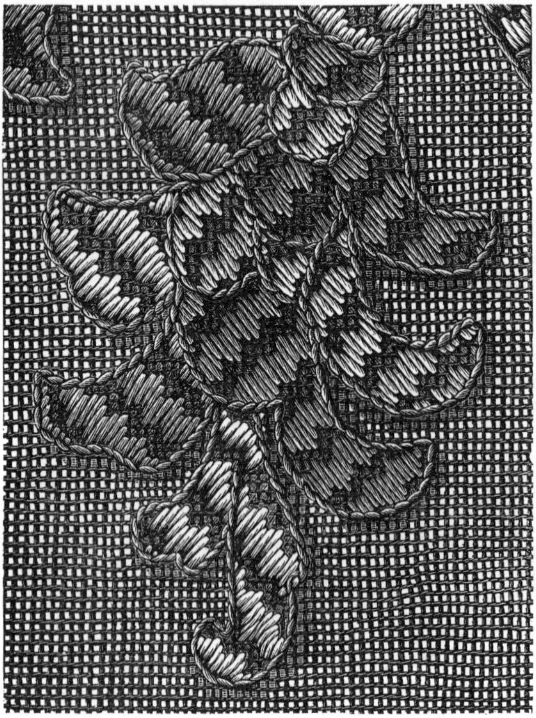

Abb. 729. Füllstich in Zackenlinien mit Umrandung zur Kissenstickerei Abbildung 728.

Einzelne Blattadern und Stiele erscheinen in Flachstich mit wechselnder Stichlage gestickt.

Als Grundstoff dient dunkelroter Netzkanavas, der Füllstich ist in zwei Tönen gelb ausgeführt, während die Umrandung ein intensives Blau zeigt. Das gleiche Blau, später zum Unterfüttern der Stickerei verwendet und durch roten Gitterstoff durchschimmernd, verbreitet einen leisen violetten Schein über die ganze Stickerei.

Handarbeitsvorlagen. — Ausser den hier beschriebenen Arbeiten findet man eine grosse Anzahl von Vorlagen für Netzarbeit in folgenden Musterbüchern der Bibliothek D.M.C : *Die Netzarbeit, Muster französischer Netzstickerei, Die Stickerei auf Netzkanavas I u. II* und *Sammlung verschiedener Handarbeiten.* (*)

(*) Siehe am Schluss der Encyklopädie das Verzeichnis der Musterbücher welche die Bibliothek D.M.C bilden.

BORDÜRE IN DOPPELDURCHBRUCHARBEIT MIT GESTICKTEN STERNEN.

Die Durchbrucharbeit.

Unter Durchbrucharbeit versteht man alle jene Arten von Handarbeiten, zu deren Bildung das Ausziehen von Fäden aus einem Gewebe erforderlich ist. Durch das verschiedenartige Uebernähen der einfachen Stoffäden entstehen die mannigfaltigsten Muster, die sowohl als selbständige Arbeit Verwendung finden, als auch in Verbindung mit Kreuz- oder Flachstichstickereien gebracht werden können.

Die einfachste Art der Durchbruchmuster sind die Hohlsäume; diesen schliessen sich die breiteren Durchbruchborten und Grundmuster an. Die schwierigeren Techniken sind: der italienische Gitterstäbchen-Durchbruch, die mexikanischen, dänischen und norwegischen Nationalarbeiten, und als vollkommenste Gattung kann der griechische Durchbruch gelten, welcher als Uebergang der Durchbrucharbeiten zu den Nadelspitzen zu betrachten ist.

Hinsichtlich der Ausführungsweise unterscheidet man zwei Arten von Durchbrucharbeiten; die eine, durch das Entfernen von nur einer Fadenlage entstehend, heisst der einfache Durchbruch, der italienische punto tirato; die andere, durch das Ausziehen von Schuss- und Kettenfäden gebildet, wird Doppeldurchbruch, der italienische punto tagliato, genannt.

Fadensorten. — Zu Durchbrucharbeiten in kräftigen Stoffen eignen sich am besten: Leinen-Strickgarn D.M.C (Lin à tricoter), Leinen-Spitzengarn D.M.C (Lin pour dentelles), Knüpfgarn D.M.C (Fil à pointer), Häkelgarn D.M.C (Cordonnet 6 fils), Häkelgarn D.M.C, Spezial-Qualität, und Elsässer Strick- und Häkelgarn D.M.C (Alsatia). Zu Arbeiten in feineren Geweben: Leinen-Spitzengarn D.M.C (Lin pour dentelles), Flaches Leinengarn D.M.C (Lin floche), Alsa D.M.C, Häkelgarn D.M.C (Cordonnet 6 fils) und Elsässer Nähgarn D.M.C (Fil d'Alsace), in den feineren Nummern.

Die Durchbrucharbeit kann auch bunten Musterungen angepasst werden, in welchem Falle sowohl Stickgarn D.M.C (Coton à broder), Perlgarn D.M.C (Coton perlé), Spezialgarn D.M.C (Mouliné spécial), Elsässer Strick- und Häkelgarn D.M.C (Alsatia) als auch Flaches Leinengarn D.M.C (Lin floche) zur Verwendung gelangen können.

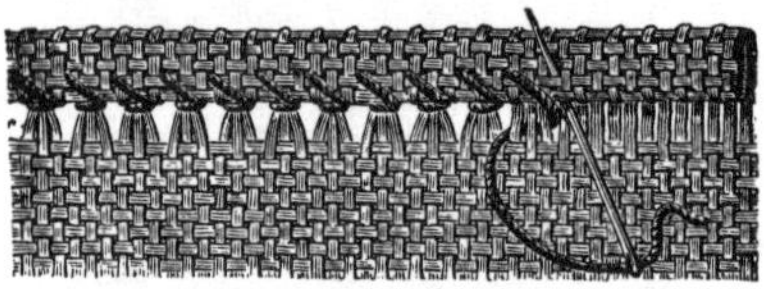

Abb. 730. Einfacher Hohlsaum.

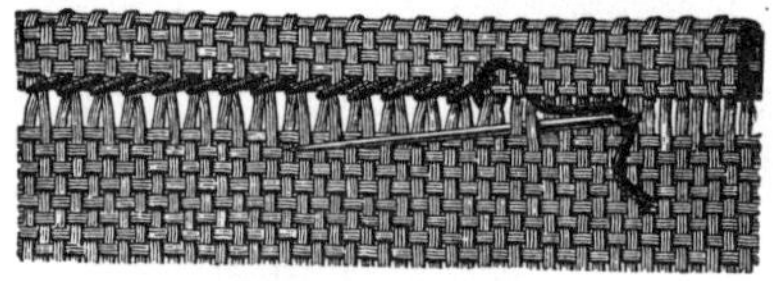

Abb. 731.
Anderer einfacher Hohlsaum.

Der einfache Durchbruch (punto tirato) (*). — Dieser entsteht, wie oben erwähnt, durch das Entfernen der Fäden nach einer Richtung; die Grundlage dieser Arbeit bilden die sogenannten Gitter- oder Hohlsäume. Die einfacheren dieser Säume werden dort verwendet, wo eine reichere Verzierung als die des einfachen Saumes, Abb. 8, wünschenswert erscheint.

Um das Nacharbeiten der Muster zu erleichtern geben wir bei jedem einzelnen die genaue Zahl der zu entfernenden Stofffäden an.

Einfacher Durchbruch auf der Maschine. — Bei einfachen Durchbrucharbeiten wird die schneller fördernde Maschinenarbeit der Handarbeit häufig vorgezogen.

Schmale Hohlsäume können ausgeführt werden ohne den

(*) Siehe am Schluss des Buches das Verzeichnis der Musterbücher der Bibliothek D.M.C, enthaltend zahlreiche Vorlagen für alle Arten von Handarbeiten.

Stoff in den Stickreifen zu spannen, nur darf man nicht vergessen, dass bei dieser Technik der Unterfaden, für welchen man ausnahmslos Nähmaschinengarn D.M.C (Fil pour machines) N° 150 verwendet, straffer angezogen sein muss.

Als Oberfaden verwendet man die feineren Nummern von Retors d'Alsace D.M.C, und zu farbig gehaltener Saumverzierung Alsa D.M.C.

Einfacher Hohlsaum (Abb. 730). — Es werden zuerst unterhalb des Saumeinschlages, je nach dem Gewebe, 2 bis 4 Fäden ausgezogen und der Saum dann oberhalb der entstandenen Rinne geheftet. Der Nähfaden wird am linken Ende des Saumes befestigt, dann sind von rechts nach links 3 bis 4 der freien Fäden auf die Nadel zu nehmen; unmittelbar oberhalb der umnähten Fäden wird die Nadel 2 bis 3 Fäden hoch in den Einschlag gestochen und der Faden dann herausgezogen. Derselbe Stich wird auch zum Befestigen des Randes bei Stofffransen verwendet. (Siehe das Kapitel « Die Ausstattung der Arbeiten », Abb. 1041 bis 1044).

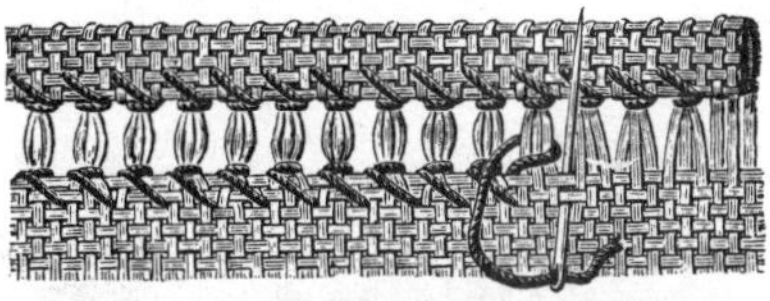

Abb. 732. Leiterstichsaum.

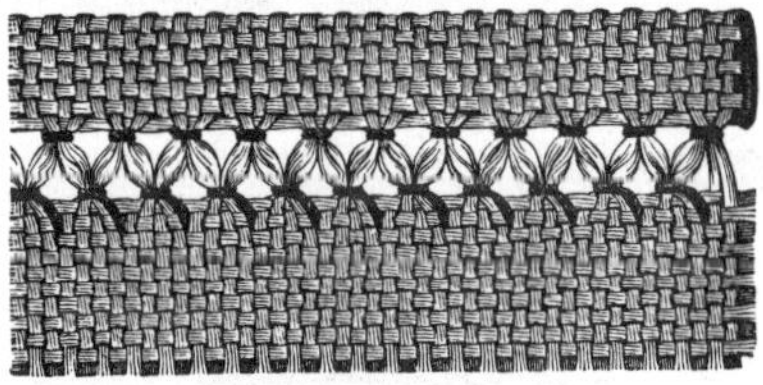

Abb. 733. Zäckchenhohlsaum.

Anderer einfacher Hohlsaum (Abb. 731). — Dieser wird wie der erste vorbereitet und ebenso von links nach rechts gearbeitet, nur mit dem Unterschiede, dass, nachdem 2 bis 3 senkrecht stehende Fäden von rechts nach links umnäht wurden, die Nadel eine gleiche Anzahl senkrechter Fäden übergeht und von oben nach unten eingeführt wird, so dass sie an der untersten Kante des Saumes herauskommt. Diese Stiche, auch für die rechte Seite verwendbar, bilden eine Art Schnürchen am Saume.

Leiterstichsaum (Abb. 732). — Die Naht am Saume wird zuerst wie bei Abbildung 730 erklärt, vollendet, dann werden noch einige Fäden entfernt, so dass im ganzen 5 bis 7 ausgezogen sind. Die Arbeit ist hierauf zu wenden und die untere Naht, wie Abbildung 732 veranschaulicht, auszuführen.

Bei der zweiten Stichreihe müssen dieselben Fadenbüschel gefasst werden, die bei der ersten genommen wurden, damit sich senkrechte Stäbchen bilden.

Zäckchenhohlsaum (Abb. 733). — Die obere Naht wird ebenfalls mit dem Saumstiche nach Abbildung 730 gemacht, wobei man stets eine gerade Anzahl Fäden zusammenzuziehen hat. Bei der zweiten Naht wird je die Hälfte von zwei nebeneinanderliegenden Stäbchen zusammengefasst, wodurch sich eine Zackenlinie bildet.

Antiker Hohlsaum (Abb. 734 und 735). — An alten, kunstvoll ausgenähten Leinenarbeiten findet man häufig zwei Hohlsaumarten angebracht, die in modernen Handarbeitsbüchern selten vorkommen. Die hier gegebenen Abbildungen bringen dieselben vergrössert zur Ansicht. Unter der für einen schmalen Saum erforderlichen Stoffbreite wird ein Faden ausgezogen — in sehr feinen Geweben unterbleibt es — dann der Stoffrand eingerollt und nicht gelegt. Der Nähfaden wird links unter dem Rollsaume befestigt, die Stiche sind von links nach rechts auszuführen.

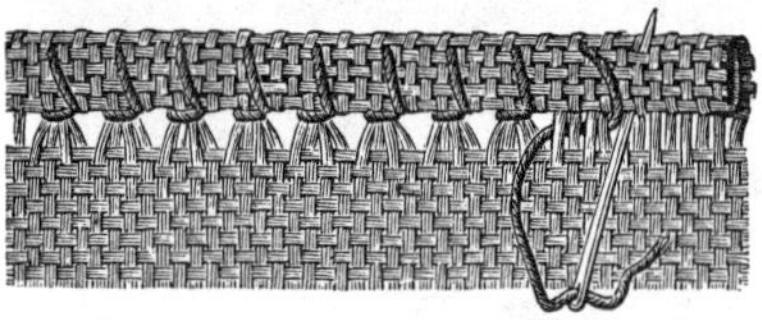

Abb. 734. Antiker Hohlsaum. Kehrseite.

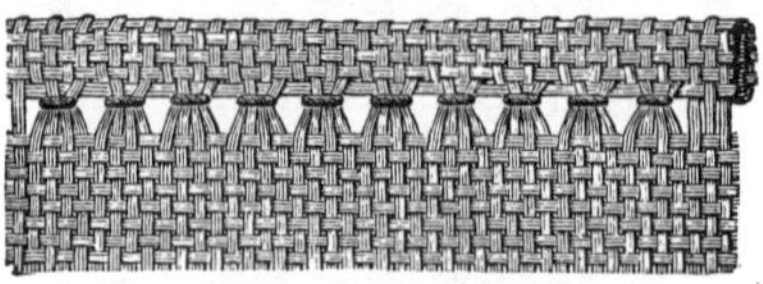

Abb. 735. Antiker Hohlsaum. Rechtseite.

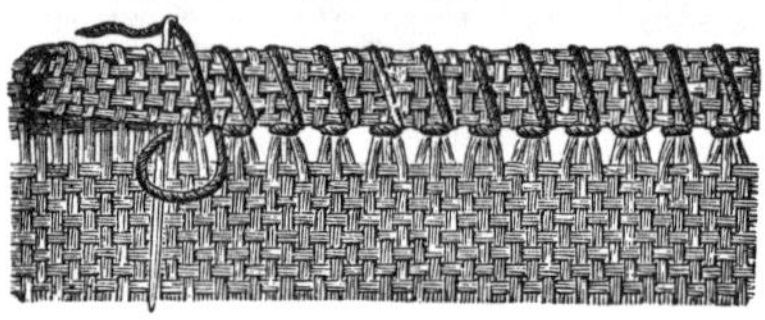

Abb. 736. Anderer antiker Hohlsaum. Kehrseite.

Die Nadel geht nun von rechts nach links unter 4 Fäden durch, von denen 2 nach und 2 vor dem oberen Stiche liegen. Der Nähfaden wird um das Stäbchen gelegt, die Nadel um so viele Fäden durch die obere Stofflage weiter geführt, als sie unten gefasst hat, so dass der Stich stets mitten aus dem Fadenbüschel herausläuft. Abbildung 735 gibt den Saum auf der rechten Seite.

Anderer antiker Hohlsaum (Abb. 736 und 737). — Abbildung 736 zeigt eine zweite Art; hier wird der Rollsaum wie oben vorbereitet, die Stiche hingegen werden von rechts nach links ausgeführt und zwar wird der Faden um das Röllchen geführt, so dass er, wie es in Abbildung 737 gezeigt, auf beiden Seiten des Saumes sichtbar ist. Die Nadel kommt nicht in den Stoff, sie wird gleich von aussen wieder nach innen zwischen zwei Fadenbüscheln zurückgeführt.

Doppelreihiger Ziersaum (Abb. 738 und 739). — Nachdem einer der früher angeführten Säume vollendet ist, zieht man um einen Faden tiefer, als in der ersten Stichreihe zusammengeschürzt wurden, einen zweiten Faden aus. Es werden dann in der zweiten Rinne dieselben senkrecht laufenden Fäden wie in der ersten Rinne mit dem durch Abbildung 738 erklärten Stiche übernäht. Auf der rechten Seite erscheint der senkrechte Stich in gerader Lage, Abb. 739.

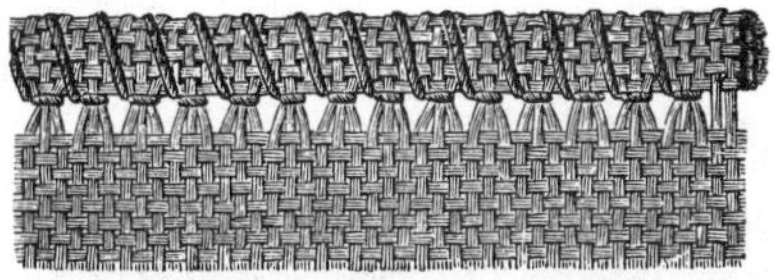

Abb. 737. Anderer antiker Hohlsaum. Rechtseite.

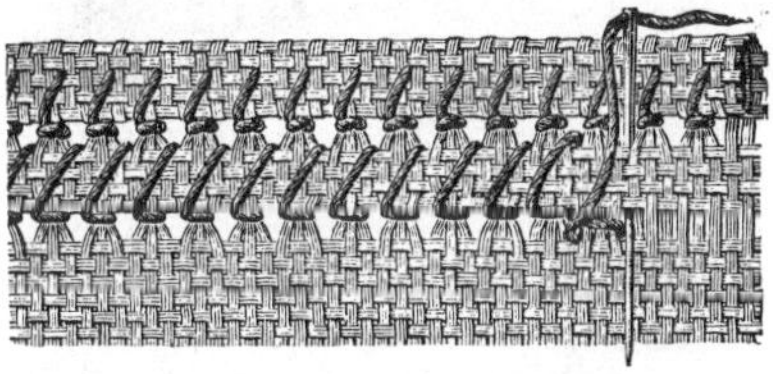

Abb. 738. Doppelreihiger Ziersaum. Kehrseite.

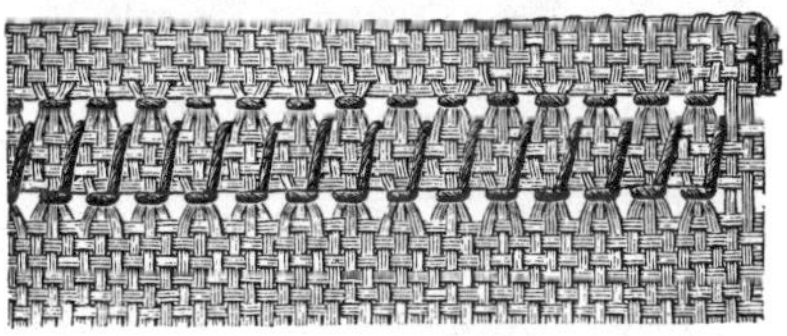

Abb. 739. Doppelreihiger Ziersaum. Rechtseite.

Kästchendurchbruch. — Bevor wir zu den eigentlichen Durchbruchbordüren übergehen, bringen wir noch eine bei Durchbrucharbeiten und Leinenstickereien sehr häufig vorkommende Ziernaht, den sogenannten Kästchendurchbruchstich.

Diese Stichart kann ihrer durchbrochenen Wirkung halber zu den Durchbrucharbeiten gerechnet werden, obwohl sie meist ohne Entfernen von Webefäden gemacht wird. Sie bildet nie selbständige Musterungen, sondern dient entweder als Abschluss für breitere Säume oder in Verbindung mit Flachstichmustern zur Teilung grösserer Flächen.

Man findet den Kästchendurchbruch sowohl an altitalienischen und altdeutschen, wie auch an den ungarischen und slavischen Leinenstickereien; er kann in geraden und schrägen Reihen gearbeitet werden und besteht in ersterem Falle nur aus einem Gange, während die schrägen Reihen zwei Gänge verlangen.

Die Stiche sind entweder über 3 oder 4 Stoffäden auszuführen; der Arbeitsfaden wird fest angezogen, damit sich im Gewebe durch Zusammenschieben der Stoffäden kleine Lücken bilden.

Kästchendurchbruch in gerader Reihe gearbeitet (Abb. 740 und 741). — Die Stichreihen werden von rechts nach links gearbeitet. Man beginnt mit einem senkrechten Stiche von unten nach oben über 4 Fäden, führt die Nadel schräg nach links abwärts, bildet einen wagerechten Stich über 4 Fäden nach rechts, der nun mit dem senkrechten Stiche unten zusammentrifft, führt die Nadel über 4 Fäden schräg nach links aufwärts, bildet auf der rechten Seite einen zweiten wagerechten Stich nach rechts, der mit dem senkrechten Stiche oben zusammentrifft. Hierauf führt man die Nadel wieder nach links schräg unter 4 Fäden durch nach abwärts und wiederholt den ersten senkrechten Stich.

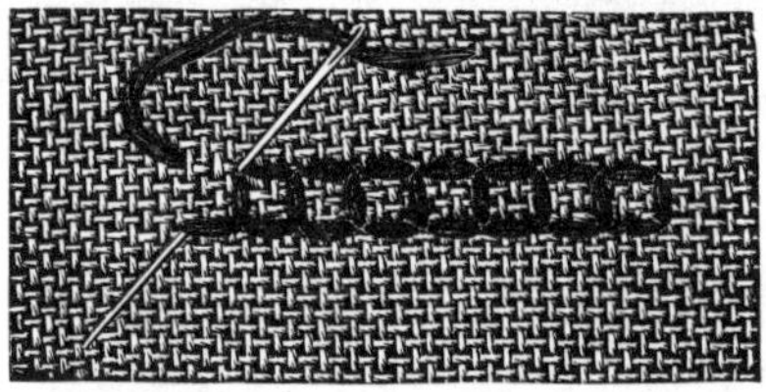

Abb. 740. Kästchendurchbruch in gerader Reihe gearbeitet. Rechtseite.

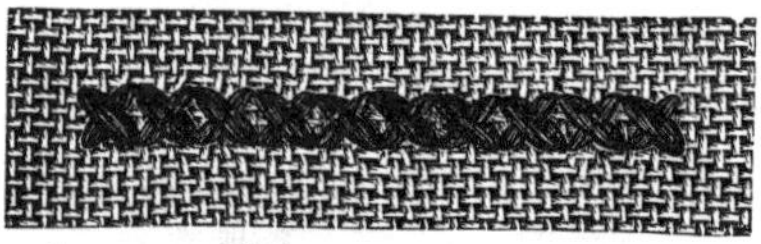

Abb. 741. Kästchendurchbruch in gerader Reihe gearbeitet. Kehrseite.

Kästchendurchbruch in schräger Reihe und in Zakkenreihen gearbeitet (Abb. 742 und 743). — Ebenfalls von rechts nach links arbeitend, beginnt man mit einem wagerechten Stiche über 4 Fäden, führt die Nadel auf der Kehrseite schräg unter 4 Fäden nach links abwärts, bildet einen senkrechten Stich, der oben mit dem wagerechten Stiche zusammentrifft, führt die Nadel abermals unter 4 Fäden schräg nach links abwärts, macht einen wagerechten Stich nach rechts usw. Es entsteht so eine regelrechte Zackenlinie. Die zweite Reihe ist gleich der ersten zu arbeiten, aber mit einem wagerechten Stiche zu beginnen und dicht an die erste Reihe zu setzen, dass sich nun kleine Kästchen bilden. Auf der Kehrseite ergibt dieser Stich zwei einfache und eine doppelte Reihe schräger Strichstiche.

Bei vielen Stickereien findet man die Kehrseite des in schräger Reihe gearbeiteten Kästchendurchbruches als rechte Seite verwendet; die Ausführung ist dann so zu ändern, dass man auf der rechten Seite die Schrägstiche arbeitet und auf der Kehrseite mit wagerechten und senkrechten Stichen zu den Schrägstichen übergeht.

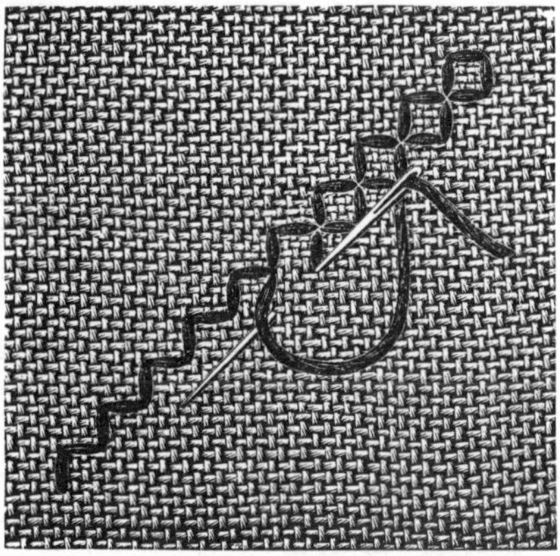

Abb. 742. Kästchendurchbruch in schräger Reihe gearbeitet.

Abbildung 743 zeigt diesen Löcherdurchbruch in Zackenreihen gearbeitet und erklärt, dass beim Wenden der Reihen Kreuzstiche statt Schrägstiche gemacht werden.

Einfacher dreireihiger Durchbruch (Abb. 744). — Diese und die folgenden Vorlagen können sowohl an Säumen als zwischen gestickten Streifen oder auch statt solcher angebracht werden.

Das Muster, Abb. 744, ist besonders da anwendbar, wo viel Wirkung mit möglichst geringer Mühe erzielt werden soll.

Der in Abbildung 730 erklärte Saumstich wird im einfachen Stoff sechsmal gemacht; das 1. und 6. Mal als Abschlussnaht,

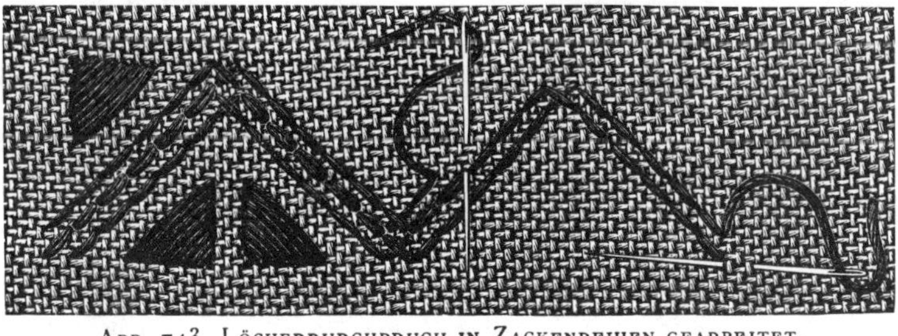

Abb. 743. Löcherdurchbruch in Zackenreihen gearbeitet.

das 2. und 5. Mal nach dem Ausziehen von je 6 Stoffäden, das 3. und 4. Mal nach dem Ausziehen von 8 Stoffäden. Die Fadenstäbchen müssen alle eine gerade Fadenzahl haben. Der obere und untere Durchbruch wird nach Abbildung 733 gebildet, der mittlere nach Abbildung 732.

Die Fäden der senkrecht stehenden mittleren Stäbchen

werden dann in gleiche Teile geteilt und verschränkt. Nachdem der Faden an der ersten Hälfte des ersten Stäbchens angeschlungen worden ist, wird die Nadel unter die erste Hälfte des zweiten Stäbchens eingeführt, das Oehr der Nadel mit einer zweiten Bewegung von rechts nach links gedreht, der zweite Teil des ersten Stäbchens wieder von oben erfasst und unter und zugleich vor die ersten Fäden des zweiten Stäb-

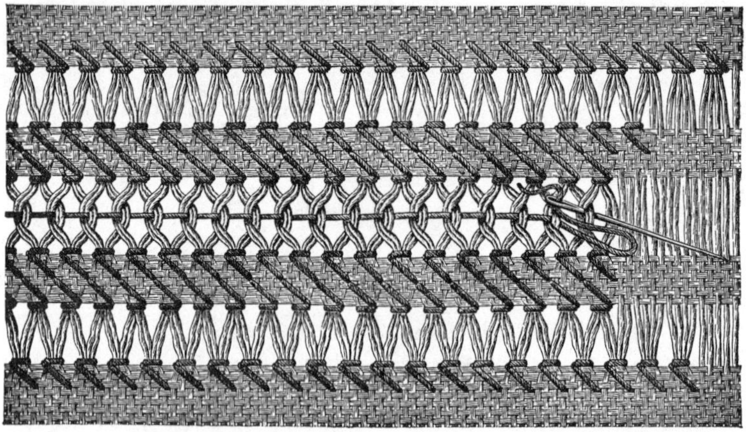

Abb. 744. Einfacher dreireihiger Durchbruch.

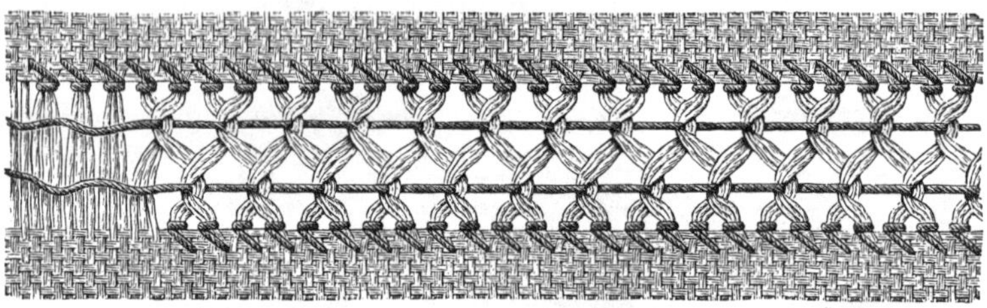

Abb. 745. Doppeltdurchzogener Durchbruch.

chens gebracht, indem man die Nadel wieder in der Mitte des zweiten Stäbchens nach aussen führt. Der Nähfaden darf nicht zu stramm angezogen werden.

Doppeltdurchzogener Durchbruch (Abb. 745). — Nachdem 12 Fäden ausgezogen sind, kann man zwischen zwei Schlussnähten über je 3 freie Stoffäden, nach Abb. 730, die ganzen Fadenbüschel auf obige Art zweimal durchziehen.

Dreifachdurchzogener Durchbruch (Abb. 746). — 25 Fäden ausziehen. Schräge Ueberwindlingstiche über 6 Fäden begrenzen die Durchbruchkanten; in der Mitte werden zuerst die Fäden mit dem bei Abbildung 744 erklärten Stiche verschränkt; hierauf wird ober- und unterhalb des mittleren Fadens zuerst je ein Faden gerade zwischen den Fäden durchgezogen, dann wird ein zweiter Faden über den ersten mit Ueberwindlingstichen gelegt, so dass die Fadenstäbchen zwischen zwei Nähfäden eingeschlossen sind.

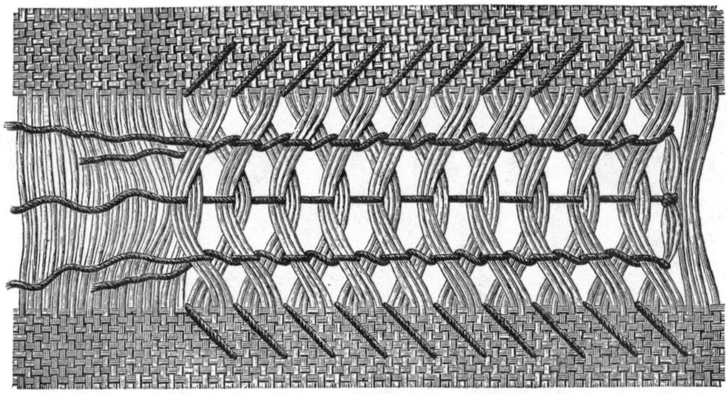

Abb. 746. Dreifachdurchzogener Durchbruch.

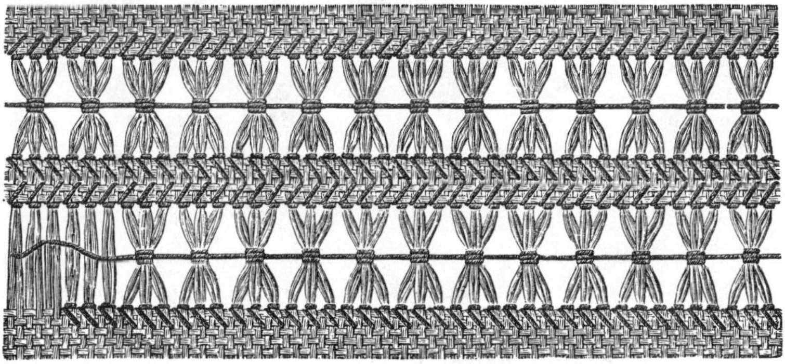

Abb. 747. Zweireihiger Büscheldurchbruch.

Zweireihiger Büscheldurchbruch (Abb. 747). — Zweimal je 12 Fäden ausziehen, zwischen denselben bleiben 4 Fäden stehen. Randstiche über je 2 Fäden, nach Abb. 730. Nachdem der Faden befestigt ist, wird er dreimal um je 3 Fadenbüschel geschlungen; beim dritten Mal wird die Nadel unten durch die zwei ersten Stiche geführt, damit der Nähfaden befestigt ist. Der Faden darf nur lose eingezogen werden.

Durchbruch mit Stopfstich (Abb. 748). — 14 Fäden ausziehen. Der Nähfaden wird in ein Fadenbüschel eingelegt; jedes einzelne zählt 10 Fäden, welche hin- und zurückgehend bis zu ihrer halben Länge mit Stopfstichen zu bedecken sind. Eine bedeutende Erleichterung der Arbeit verschafft man sich, wenn man das Oehr der Nadel stets vorausführt und die Spitze gegen den Fingerhut kehrt.

Um zum nächsten Stopfstäbchen überzugehen, sticht man unter das zuerst vollendete zurück und führt dann den Faden

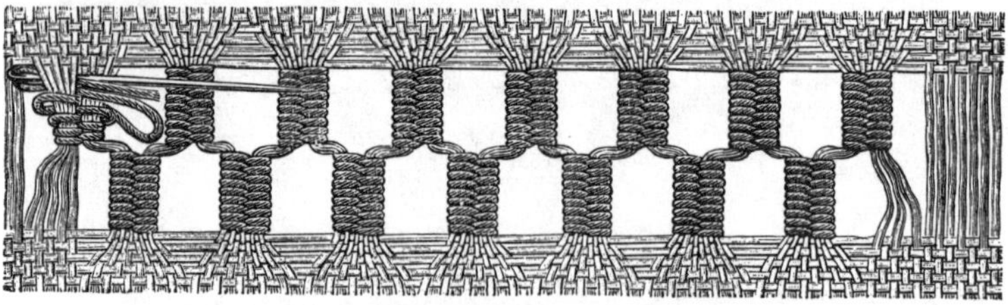

Abb. 748. Durchbruch mit Stopfstich.

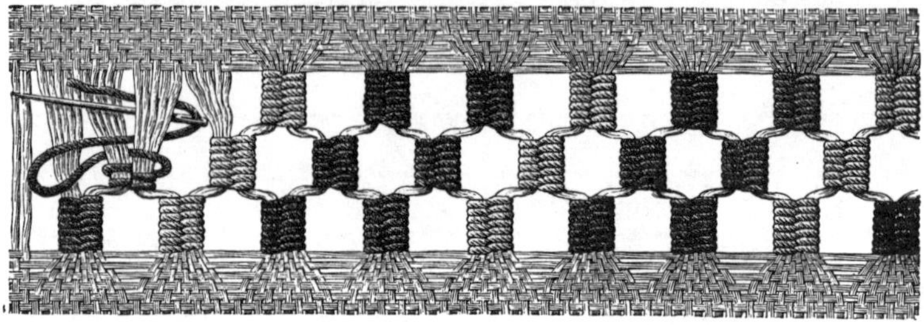

Abb. 749. Durchbruch mit Stopfstich in drei Farben.

unter den Stoffäden zum zweiten Stäbchen. Die Ausführung des Stopfstiches ist in dem Kapitel « Die Netzarbeit » mit den Abbildungen 667 und 668 erklärt.

Durchbruch mit Stopfstich in drei Farben (Abb. 749). Dieses Muster wird in derselben Weise wie Abbildung 748 ausgeführt, nur müssen 18 Fäden ausgezogen werden. Je 3 schräglaufende Stopfstäbchen, aus je 10 Stoffäden bestehend, werden dann mit einer Farbe angefertigt.

Durchbruch aus Einzelbüscheln im Stopfstich (Abb. 750). Nachdem 20 Fäden für den Durchbruch ausgezogen sind, werden an beiden Seiten über je 4 senkrechte und 4 wagerechte Fäden die Einfassungsstiche nach Abbildung 740 gemacht.

Die jetzt senkrecht stehenden Fadenstäbchen werden nun je 3 und 3 in der Mitte mit 10 bis 12 Stopfstichen verbunden. Der Faden muss nach jedem Stäbchen vernäht und abgeschnitten werden.

Durchbruch mit schräggestellten Stopfstich-Büscheln (Abb. 751). — Es werden, bevor man die 15 Fäden für die Rinnen auszieht, die beiden Reihen Einfassungsstiche je 2 Fäden von der Rinne entfernt gemacht. Man beginnt, von links nach rechts arbeitend, mit einem senkrechten Stiche von unten

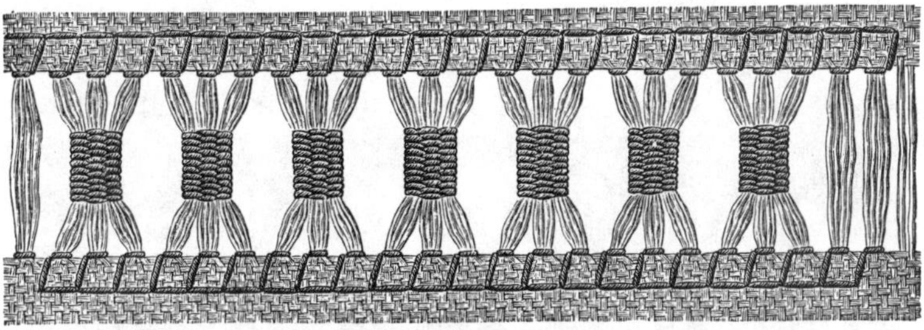

Abb. 750. Durchbruch aus Einzelbüscheln im Stopfstich.

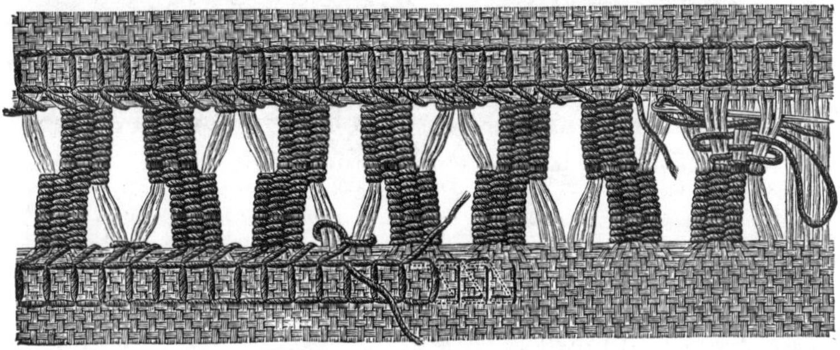

Abb. 751. Durchbruch mit schräggestellten Stopfstich-Büscheln.

nach oben über vier wagerechte Fäden, führt die Nadel 3 senkrechte Fäden entfernt in wagerechter Richtung nach aussen und dann zum ersten Stiche wieder wagerecht zurück, um hierauf mit einem auf der Rückseite schrägen Stiche, 3 senkrechte Fäden vom Ausgangspunkte des ersten Stiches entfernt, die Nadel nach aussen zu führen, worauf ein Hinterstich nach links, dem oberen wagerechten Stiche entsprechend, den Stich zuschliesst. Hierauf wird der Stopfstich über 9 Stoffäden oder 3 Fadenbüschel gearbeitet.

In der halben Länge der Stäbchen werden einmal rechts, einmal links 3 Fäden ausgelassen, auf der anderen Seite dagegen ebensoviele dazugenommen, so dass sich stets 2 Stopfstich- und 2 Stoffädenstäbchen gegenüberstehen.

Die einzelnen Büschel werden zuletzt mit Ueberwindlingstichen übernäht; dabei verbindet man je 2 Fadenbüschel mit einem verschlungenen Stiche, wie solcher in der Abbildung deutlich veranschaulicht ist.

Durchbruch mit Stopf- und Wickelstich (Abb. 752). — Für die Fadenrinne 20 Fäden ausziehen. Nach beiden Seiten sind die Kanten mit Ueberwindlingstichen über 3 Fäden einzufassen. Hierauf wird, von den ersten Stichen aus-

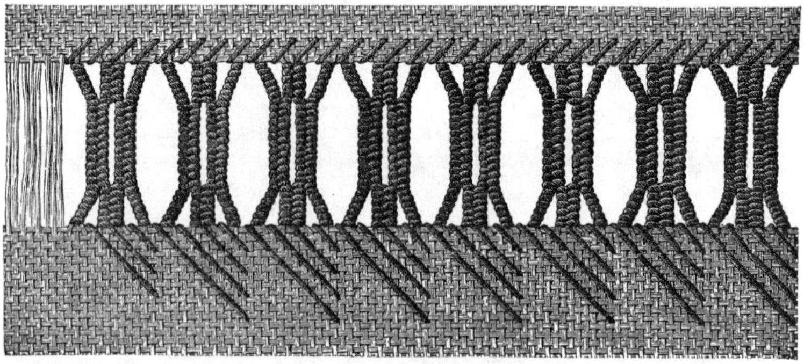

Abb. 752. Durchbruch mit Stopf- und Wickelstich.

gehend, ein schräger Stich über 3, einer über 6 und einer über 9 Fäden gemacht, so dass alle 3 Stiche in dieselbe Fadenrinne münden.

Zur Herstellung des Durchbruches wird ein Fadenstäbchen sechsmal ganz knapp mit dem Faden umwunden, dieser dann zur Kante und zwischen das zweite und dritte Büschel gebracht, diese beiden werden mit 6 hin- und zurückgehenden Stopfstichen verbunden, dann das erste und zweite Büschel durch 12 hin- und zurückgehende Stiche vereint und der Rest des ersten Büschels mit 6 Wickelstichen wieder umwunden.

Die zweite Hälfte der Durchbruchfigur wird dann gleich der ersten, aber in entgegengesetzter Richtung über das zweite, dritte und vierte Büschel ausgeführt.

Durchbruch mit Stopfstich in vier Farben (Abb. 753). Für die Fadenrinne 28 Fäden ausziehen. Die äusseren Figuren werden über 6 Stäbchen zu je 3 Fäden ausgeführt und zwar abwechselnd in einem hellen und einem dunkleren Tone einer Farbe. Die mittlere Figur verbindet je 3 Büschel von je zwei Figuren der ersten Reihen. Sie wird entweder in ganz ab-

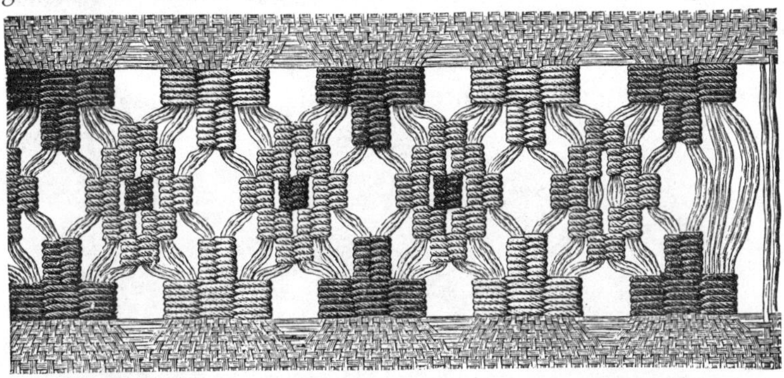

Abb. 753. Durchbruch mit Stopfstich in vier Farben.

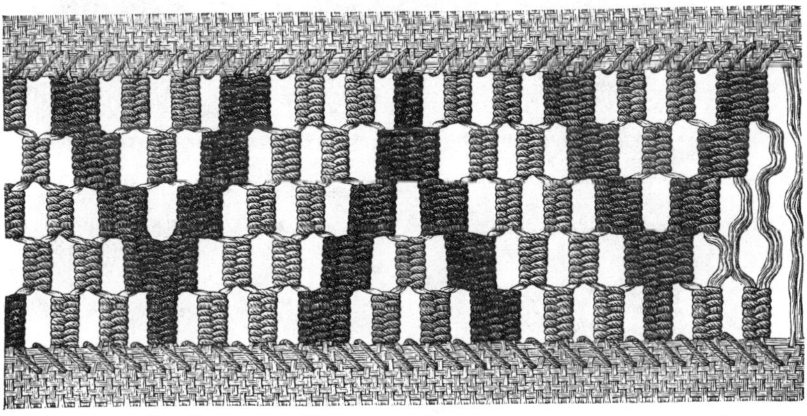

Abb. 754. Persischer Durchbruch mit einfachen und zweifachen Stopfstich-Stäbchen.

stechender Farbe oder in einem helleren Tone der zuerst benützten ausgeführt. Der kleine Stern in der Mitte ist in Dunkelrot oder Schwarz auszuführen.

Persischer Durchbruch mit einfachen und zweifachen Stopfstich-Stäbchen (Abb. 754). — Für die Fadenrinne sind 30 Fäden auszuziehen.

In Abbildung 754 ist ein Mustersatz über 20 Büschel zu je 3 Fäden ganz im Stopfstich und in zwei Farben auszuführen.

Persischer Durchbruch mit Viereck-Musterung im Stopfstich (Abb. 755). — Für Abbildung 755 sind 32 Fäden auszuziehen und zur Stopfarbeit ebenfalls 3 Farben oder 3 Töne einer Farbe zu nehmen. Jede Figur erfordert 22 Fadenbüschel zu je 3 Stoffäden.

Durchbruch mit Spinnen (Abb. 756). — Die Kanten werden zu beiden Seiten mit der unter Abbildung 45 erklärten Naht über-

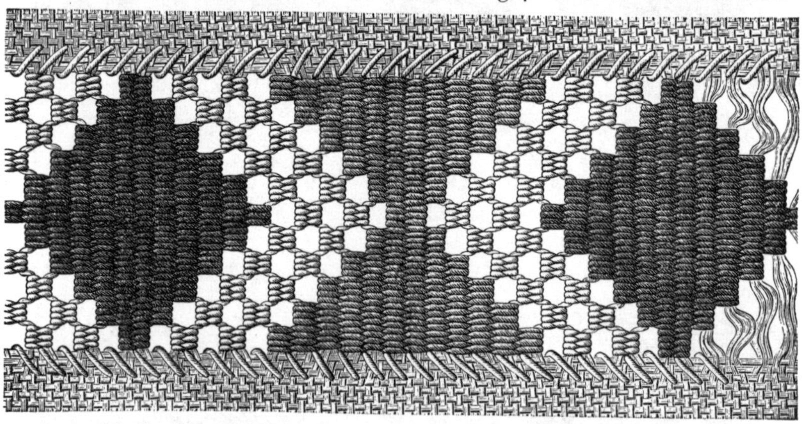

Abb. 755. Persischer Durchbruch mit Viereck-Musterung im Stopfstich.

Abb. 756. Durchbruch mit Spinnen.

kreuzt. In der Mitte werden über je 4 Fadenbüschel Spinnen ausgeführt. Der Faden, von einer Spinne auslaufend, geht abwechselnd über und unter einem Büschel durch, wird dann einige Male unter und über die Büschel geführt, dann an der Stelle, wo er eingezogen wurde, unter der Spinne zu den nächsten 4 Fadensträhnen weitergeführt. Wegen der Ausführung der Spinnen siehe das Kapitel « Die Netzarbeit », Abbildungen 673 und 674.

Dreireihiger Durchbruch mit Spinnen (Abb. 757). — Es werden 5 Fäden für die schmalen, 22 für die breite Rinne ausgezogen. Für jedes Fadenstäbchen sind 4 Fäden zu nehmen. Die Zwischenleistchen sind nach beiden Seiten gleichzeitig zu überkreuzen. Die punktierte Linie zeigt den Lauf des Fadens

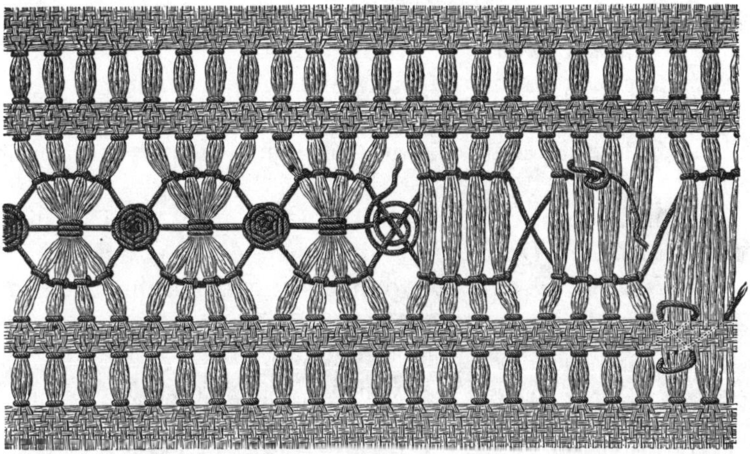

Abb. 757. Dreireihiger Durchbruch mit Spinnen.

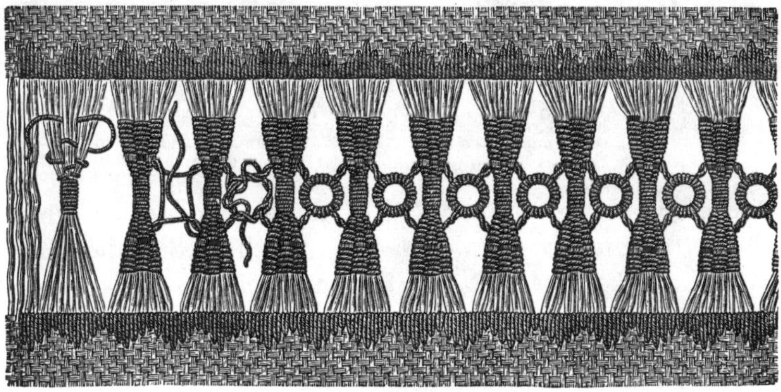

Abb. 758. Durchbruch mit Ringen.

auf der Kehrseite an. Hierauf werden die einzelnen Büschel der Mittelrinne durch geknotete Hinterstiche, wie sie in der Abbildung erklärt sind, verbunden; schliesslich werden noch je 4 Büschel durch 3 Stiche vereinigt und eine Spinne wird über die in der Mitte des Durchbruches sich kreuzenden 5 Fäden hergestellt.

Durchbruch mit Ringen (Abb. 758). — Es sind für den Durchbruch 28 Fäden auszuziehen. Die Kanten sind von beiden Seiten zuerst mit doppelseitigen geraden Stichen einzufassen. Ueber die Mitte von 9 Stoffäden wird der Nähfaden acht- bis neunmal herumgelegt, dann die Fadenbüschel in drei Teile geteilt und der Stopfstich so weit zu beiden Seiten der ersten Stiche fortgesetzt, dass die Stoffäden bis auf 5 mm. gedeckt sind. Sind je 2 gegenüberliegende Stäbchen vollendet, so werden dieselben durch 4 Schlingenstiche verbunden; der einfache Faden wird dreimal umwunden und mit dichten Kordonnetstichen übernäht.

Durchbruch mit Wickelstich (Abb. 759). — Für diesen etwas mühsamen Durchbruch sind 24 Fäden auszuziehen. Die Abschlusskante besteht aus doppelseitigen Flachstichen über

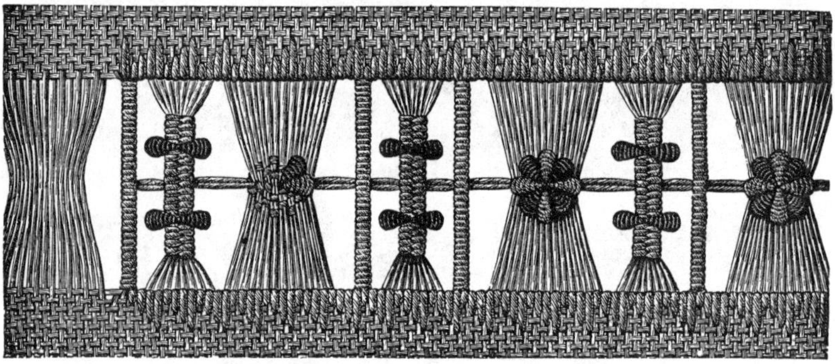

Abb. 759. Durchbruch mit Wickelstich.

2, 3, 4 und 5 Fäden. Für die Mittelfiguren sind zu berechnen: 4 Fäden für die fest umwundenen Stäbchen, 8 Fäden für die mit Wickelpikots verzierten Stopfstäbchen, 16 Fäden für die Unterlage der in zwei Farben gearbeiteten Wickelrosette, deren Ausführung im Abschnitt « Die Weisstickerei », Abb. 79, erklärt ist.

Als Grund für die Rosette wird eine lose Spinne über die Fäden gemacht. Die Pikots sind in einer vom Stäbchen abstechenden Farbe zu halten; ebenso ist die Rosette zweifarbig auszuführen. Die verbindenden Schlingen werden von einer Figur zur andern während des Uebernähens derselben gemacht, und zwar wird der Faden stets in den fertigen Teil zurückgeführt.

Das Ausschneiden und Vernähen der Fäden in Ecken (Abb. 760, 761, 762, 763). — Sind Gittersäume oder Durchbruchbordüren über Ecken zu führen, so müssen die Fäden nach beiden Seiten ungefähr 1 cm. breit vor der eigentlichen Saumkante durchschnitten und gelöst werden, wie dies aus

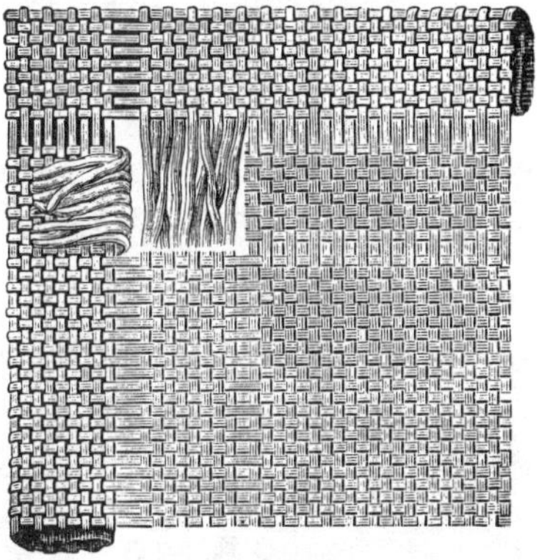

Abb. 760. Das Abschneiden der Fäden in einer Ecke.

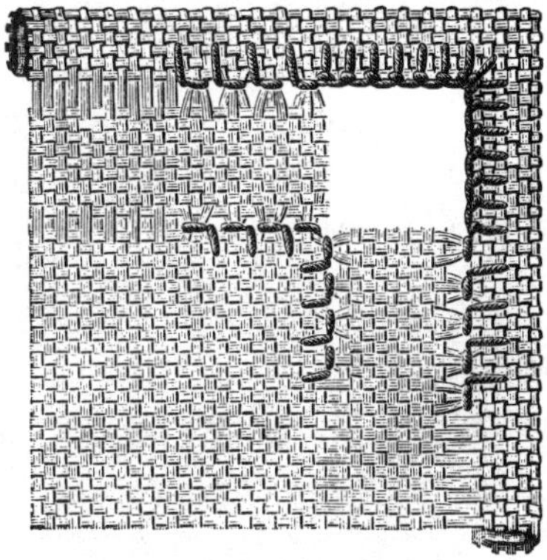

Abb. 761. Das Ueberschlingen der Fäden in einer Ecke.

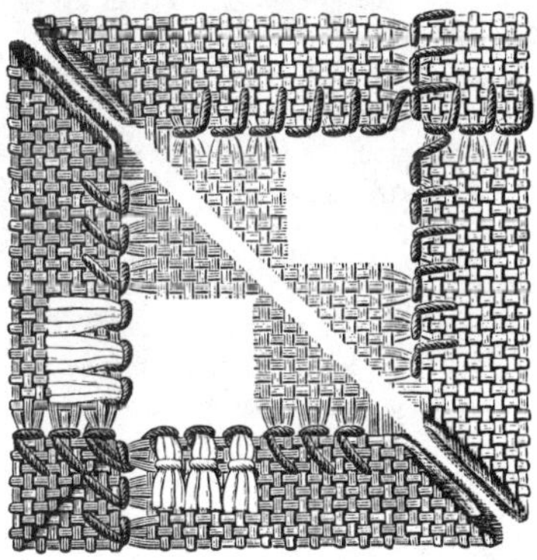

Abb. 762. Das Umlegen und Vernähen der geschnittenen Fäden. Recht- und Kehrseite.

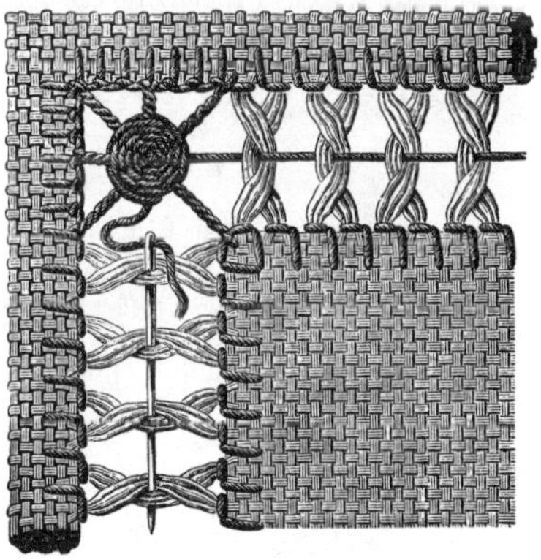

Abb. 763. Das Ausfüllen einer durch Entziehen der Fäden frei gewordenen Ecke.

Abbildung 760 ersichtlich ist. Die losen Fäden können im Einbug eingeschoben und die Kante mit Knopflochstichen nach Abbildung 761 übernäht werden.

Sollen hingegen die eigentlichen Hohlsaumstiche ununterbrochen weiter gehen, wie dies der obere Teil von Abbildung 762 veranschaulicht, so müssen die losen Fäden nach der Kehrseite der Arbeit gebracht und, wie es der untere Teil der Abbildung 762 zeigt, mit einigen Stichen festgehalten werden.

In Abbildung 763 ist das Ausfüllen einer Ecke, die durch das Ausschneiden der Fäden frei geworden ist, ersichtlich. Nachdem die Fäden der ersten Rinne verschränkt worden sind, ist der Arbeitsfaden für die Spinne genau gegenüber am Saume zu befestigen und der gespannte Faden bis zur Mitte zu überwinden. Hierauf sind die andern 6 Strahlen zu spannen und zu überwinden, worauf man nach Vollendung der Spinne in der folgenden Rinne die ersten Fadenbüschel verschränkt und dadurch den 8. Faden spannt.

Eckbildung bei mehrreihiger Durchbrucharbeit (Abb. 764 und 765). — Bei mehrreihigen Durchbruchbordüren kann

Abb. 764.
Eckbildung der Durchbruchbordüre
Abbildung 757.

Abb. 765.
Eckbildung der Durchbruchbordüre
Abbildung 747.

die Eckbildung verschieden ausgeführt werden; entweder werden sämtliche Fäden bis zur Saumkante entfernt, oder man schneidet dieselben für jede Eckbildung einzeln aus.

Im Nachstehenden zeigen wir an Abbildung 764 die in Abbildung 757 dargestellte dreireihige Bordüre, bei der die Fäden nur bis zu jeder festen Stoffleiste entfernt wurden.

Die kleinen Ecken werden durch vierstrahlige, die grosse durch eine verzierte, zwölfstrahlige Spinne gefüllt. (Siehe auch im Abschnitt « Die Netzarbeit » die Abbildungen 673 und 674.)

Abbildung 765 lehrt für den in Abbildung 747 erklärten Durchbruch die etwas mühsamere Art Eckfüllung, bei der alle

Fäden bis zur Saumkante entfernt werden. Aus den freien Stoffäden des mittleren Stoffstreifens bildet man Stäbchen im Stopfstich, siehe die Abbildungen 667 und 668, und in die leeren Felder setzt man achtstrahlige Spinnen ein.

Russische Durchbrucharbeiten « Myreschka » und « Prutik ». — In Klein-Russland begegnet man von Alters her einer allgemein verbreiteten, als Hausindustrie gepflegten Durchbrucharbeit, die ausser der besonderen Stichart noch die Eigentümlichkeit besitzt, dass nur wagerecht laufende Webefäden in bestimmten Zwischenräumen aus dem Stoffe entfernt

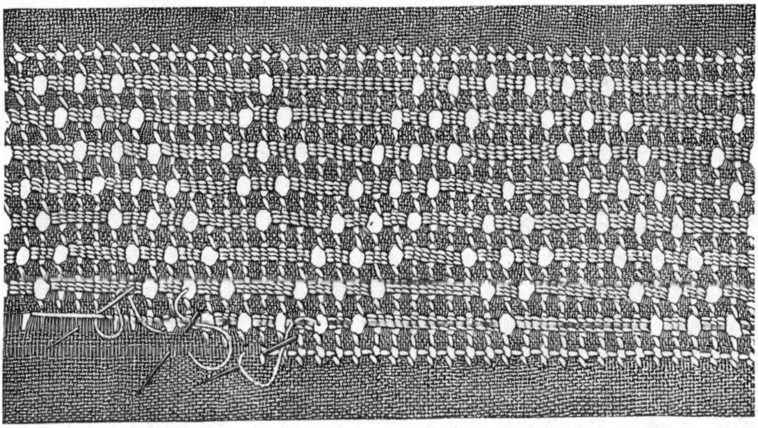

ABB. 766. BORDÜRE IN KLEINRUSSISCHER DURCHBRUCHARBEIT « MYRESCHKA ».
FADENSORTEN : Leinen-Strickgarn D.M.C, Elsässer Strick- und Häkelgarn D.M.C, Elsässer Nähgarn D.M.C oder Häkelgarn D.M.C, in Weiss oder Naturfarben. (*)

und die freien Fäden zugleich mit den stehengebliebenen Stoffleisten überarbeitet werden. Man unterscheidet betreffs der Ausführung zwei Arten dieser Durchbrucharbeit, von denen die eine mit dem Namen Myreschka, die andere mit Prutik bezeichnet wird ; erstere weist durchweg den charakteristischen Stopfstich auf, während bei der zweiten ausser demselben noch umwickelte Stäbchen vorhanden sind.

Um tadellos schöne Arbeiten zu erlangen, gilt als Hauptregel für beide Ausführungsarten, dass die Stoffäden nur für die zu arbeitende Reihe entfernt werden dürfen und erst

(*) Siehe am Schluss des letzten Kapitels die Tabelle der Nummern und das Farbenverzeichnis der Baumwoll-, Leinen- und Seiden-Artikel, Marke D.M.C.

nach Vollendung dieser Reihe das Ausziehen der Fäden für die nächstfolgende bewerkstelligt werden kann.

Bordüre in kleinrussischer Durchbrucharbeit « Myreschka » (Abb. 766). — Für Anfang- und Schlussreihe werden je 2 wagerechte Fäden aus dem Leinengewebe gezogen, während man für die Musterung selbst immer nach vier stehenbleibenden je fünf Stoffäden für jede durchbrochene Reihe entfernt. Sämtliche, die Musterung bildenden Arbeitsreihen werden von rechts nach links gearbeitet, nur die Anfangsreihe wird in entgegengesetzter Richtung ausgeführt.

Nach Entfernung der schon oben erwähnten zwei Fäden

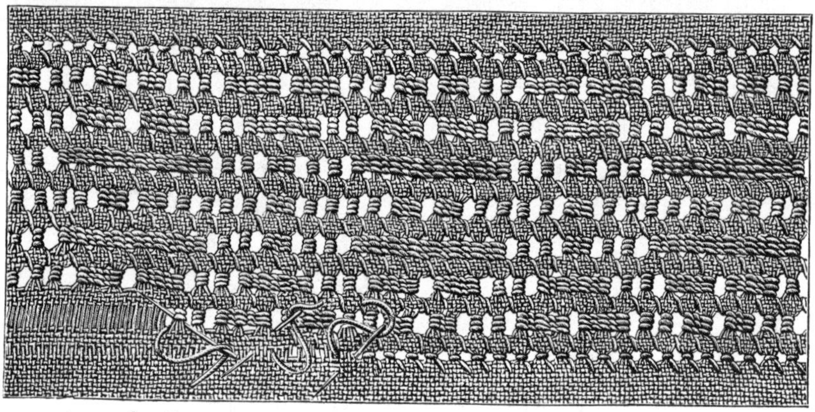

Abb. 767. Bordüre in kleinrussischer Durchbrucharbeit « Prutik ».
Fadensorten : Leinen-Strickgarn D.M.C, Elsässer Strick- und Häkelgarn D.M.C, Elsässer Nähgarn D.M.C oder Häkelgarn D.M.C, in Weiss oder Naturfarben. (*)

aus dem Grundstoffe, wird der obere Rand mit dem in Abbildung 730 erklärten Stiche gesichert.

Nach Vollendung der Reihe sind nach Uebergehung von vier Stoffäden fünf Stoffäden aus dem Gewebe zu entfernen.

Die vier Zwischenfäden werden gleichzeitig mit der Ausführung des Stopfstiches in der folgenden ersten Musterreihe überstickt und auch zum Weitergehen von einer Gruppe zur andern benützt. Rechts beginnend, überfängt man den festen Stoffstreifen zwischen jedem Fadenbüschel mit einem senk-

(*) Siehe am Schluss des letzten Kapitels die Tabelle der Nummern und das Farbenverzeichnis der Baumwoll-, Leinen- und Seiden-Artikel, Marke D.M.C.

rechten Stiche so lange, bis man an die linke Seite einer auszuführenden Figur gelangt. Sodann wird der durch das Ausziehen der Webefäden entstandene Zwischenraum mit einer Art Stopfstich überdeckt, indem man zurückgehend den Arbeitsfaden über die vorgeschriebene Anzahl loser Webefäden spannt und denselben wieder hingehend zwischen jedem Fadenbüschel mit einem kleinen senkrechten Stiche überfängt, wie in Abbildung 761 ersichtlich ist.

Ist die Höhe des Zwischenraumes durch dreimaliges Spannen und Ueberstechen des Arbeitfadens ausgefüllt, so geht man mit einem Schrägstiche auf der Kehrseite wieder zum Ueberstechen der festen Stoffleiste und weiter zur nächsten Figur über.

Die nächsten Reihen werden ebenso gearbeitet, wie die erste, unter genauer Berücksichtigung der Musterfiguren.

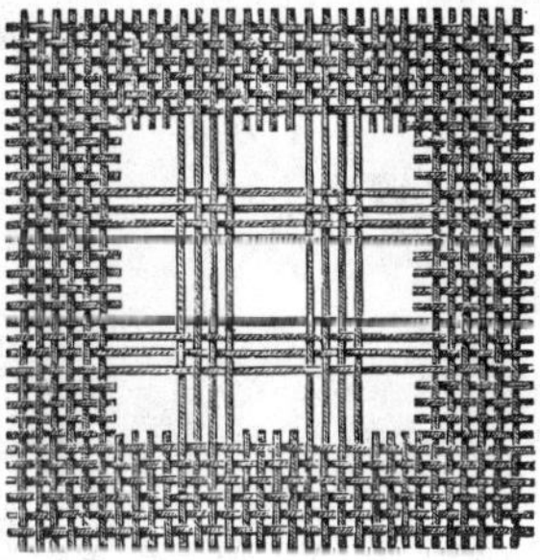

Abb. 768.
Ausschneiden der Fäden bei festbleibenden Stoffkanten.

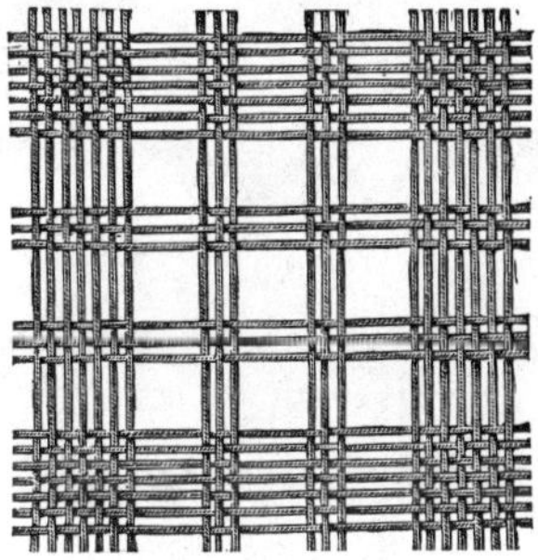

Abb. 769.
Ausziehen der Fäden nach zwei Seiten ohne Rücksicht auf die Kanten.

Die Schlussreihe gleicht der Anfangsreihe, nur wird sie wie die Musterreihen von rechts nach links gearbeitet.

Bordüre in kleinrussischer Durchbrucharbeit « Prutik » (Abb. 767). — Ganz ähnlich dem Myreschka-Durchbruch ist auch die Ausführung der Prutikarbeit, nur zeigt dieselbe einen durch umwickelte Fadenstäbchen gitterartig durchbrochenen Grund, von dem sich die in Stopfarbeit ausgeführten Musterfiguren kräftiger abheben.

Die Arbeitsweise ist die gleiche wie bei der Myreschka-Durchbrucharbeit; die in letzterer nicht vorkommenden Stäbchen werden durch dreimaliges Umwickeln der senkrecht laufenden freien Webefäden gebildet (siehe auch die Abbildung).

Der Doppeldurchbruch (punto tagliato). — Die Stofffäden werden zum Doppeldurchbruch nach der Länge und Breite in grösserer oder kleinerer Anzahl, je nach dem auszuführenden Muster, ausgezogen. Jene Fäden, welche zwischen den ausgeschnittenen übrig bleiben, dienen dann verschiedenen Sticharten zur Einlage.

Zu allen Doppeldurchbrucharbeiten sind solche Stoffe zu wählen, deren Schuss- und Kettenfäden gleich stark und gleich entfernt gestellt sind, damit die nach dem Ausziehen der Fäden entstandenen Lücken stets ein genaues Viereck bilden.

Der Doppeldurchbruch auf der Maschine. — Gleich der einfachen Durchbrucharbeit kann auch die Doppeldurchbrucharbeit mit Hilfe der Maschine hergestellt werden. Wir

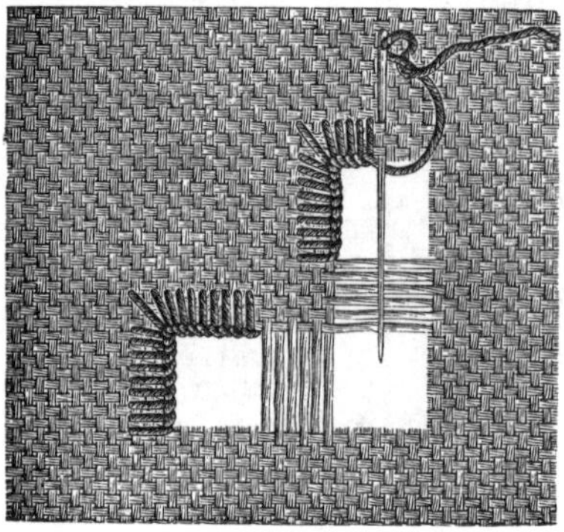

ABB. 770.
UEBERSCHLINGEN DER SCHNITTKANTEN.

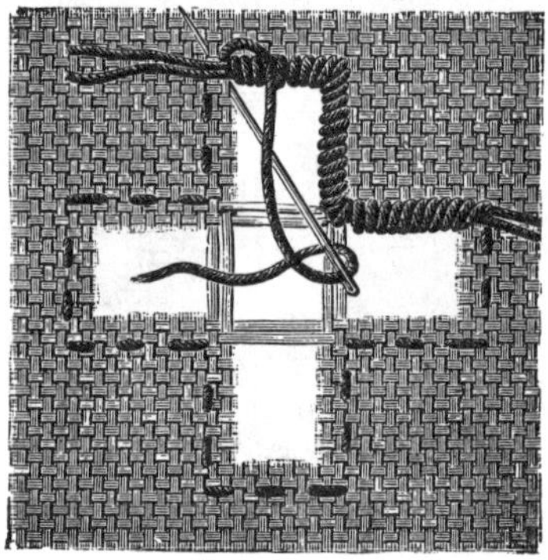

ABB. 771.
UEBERSCHNÜREN DER SCHNITTKANTEN.

verweisen unsere Leserinnen auf die auf Seite 516 gebrachten Erklärungen.

Ausschneiden der Fäden bei festbleibenden Stoffkanten (Abb. 768). — Viele Doppeldurchbruchmuster findet man in der Mitte einer Stofffläche eingesetzt. In solchen Fällen sind die auszuschneidenden Fäden einige Millimeter innerhalb der Abschlusskante abzuschneiden und dann erst zu lösen, damit nach Aussen ein Rand des Gewebes ungelichtet erhalten bleibe. Bei vielen Musterungen müssen ebenso viele Fäden zum Uebernähen bleiben, als entfernt wurden. Abbildung 768 zeigt ein Gitter von 4 ausgezogenen und 4 stehengebliebenen Fäden.

Ausziehen der Fäden nach zwei Seiten ohne Rücksicht auf die Kanten (Abb. 769). — Die Abbildung 769 zeigt das Ausziehen der Fäden ohne Rücksicht auf die Stoffkanten und zwar mit je 4 ausgezogenen und 3 bleibenden Fäden. Diese Abweichung ist dann gestattet, wenn das betreffende Muster stark durchbrochen wirken soll.

Ueberschlingen der Schnittkanten (Abb. 770). — In sehr feinen, festgeschlagenen Leinengeweben genügt das einfache Ausschneiden der Fäden; werden aber kräftigere Stoffe zur Arbeit verwendet und schliessen die Muster stufenförmig ab, so müssen die Schnittkanten mit Knopflochstichen, Abb. 36 und 37, oder mit Schlingenstichen, Abb. 69, übernäht werden.

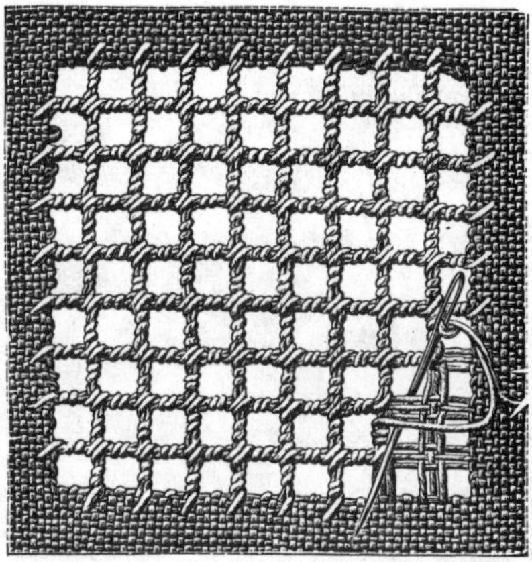
Abb. 772. Erstes Durchbruchmuster. Stäbchengrund.

Ueberschnüren der Schnittkanten (Abb. 771). — Beinahe noch vorteilhafter als das Ueberschlingen ist das Ueberschnüren der Kanten. Man zählt die auszuschneidenden Fäden, zieht einen Einlagefaden genau nach dem Muster ein und schneidet dann erst die Fäden durch, wenigstens 2 Fäden hinter der vorgezogenen Linie. Alsdann ist über einen oder zwei eingelegte Fäden der Ausschnitt zu kordonnieren.

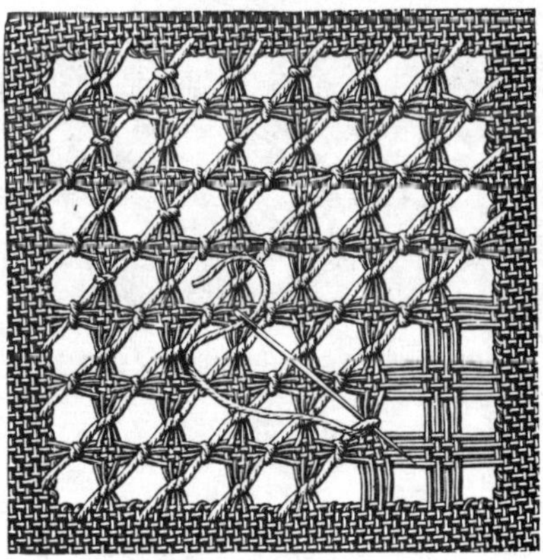
Abb. 773. Zweites Durchbruchmuster mit einmal abgebundenen Fadenbüscheln.

Grundmuster in Durchbrucharbeit. — Im folgenden geben wir Vorlagen für Grundmuster, die entweder selbständig als Karos oder Bordenmusterung dienen können, oder auch bei grösser angelegten Mustern zur Füllung einzelner Figuren zu verwenden sind.

Erstes Durchbruchmuster. Stäbchengrund (Abb. 772). In der Höhe und in der Breite je 3 Stoffäden ausziehen, mit 3 Fäden Zwischenraum.

Der durch das Ausziehen der Fäden gegitterte Grund wird in schrägen Reihen durch Umwickeln zu einem Stäbchengrunde umgestaltet. Auf der Arbeitseite wird jedes Stoffkreuz mit einem Schrägstiche überfangen, während über die Fadenstäbchen je nach der betreffenden Lage zwei senkrechte oder zwei wagerechte Stiche auszuführen sind, wie es auf der Darstellung ersichtlich ist.

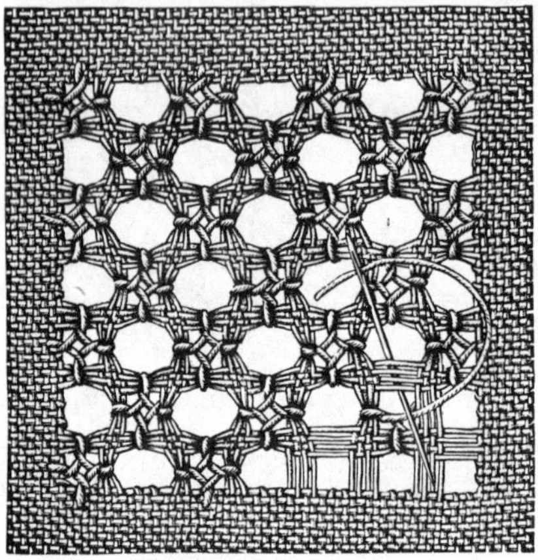

Abb. 774. Drittes Durchbruchmuster mit Point d'esprit-Füllung.

Zweites Durchbruchmuster mit einmal abgebundenen Fadenbüscheln (Abb. 773). — In der Höhe und in der Breite 4 Stoffäden ausziehen mit 4 Fäden Zwischenraum.

Dieses Muster ist ebenfalls in schrägen Reihen zu arbeiten und entsteht durch das Abbinden von 4 losen Stofffäden mittelst einer Fadenschlinge, die durch die Nadelstellung auf der Abbildung genügend erklärt wird.

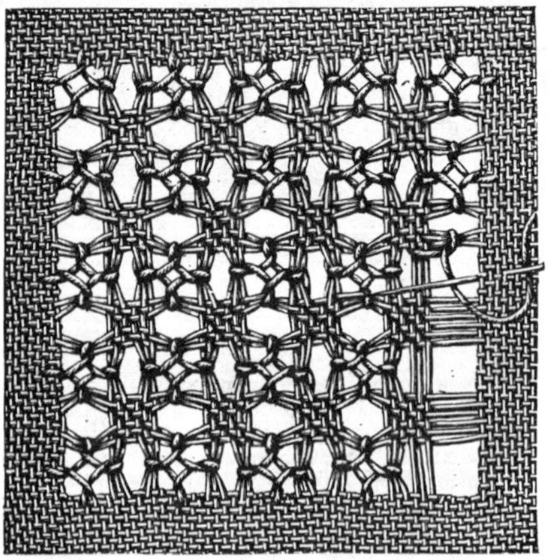

Abb. 775. Viertes Durchbruchmuster mit Point d'esprit-Füllung.

Drittes Durchbruchmuster mit Point d'esprit-Füllung (Abb. 774). — In der Höhe und in der Breite je 4 Stoffäden ausziehen mit 4 Fäden Zwischenraum.

Einzelne Point d'esprit-Stiche (siehe im Kapitel « Die Netzarbeit » die Abbildungen 662 und 663), welche immer über die 4 losen Stoffäden greifen, füllen jede zweite Stofflücke. Die Stiche werden, wie auf der Abbildung zu ersehen, zusammenhängend und in schrägen Reihen gearbeitet.

Viertes Durchbruchmuster mit Point d'esprit-Füllung (Abb. 775). — In der Höhe und in der Breite je 6 Stoffäden ausziehen mit 6 Fäden Zwischenraum.

Hier erscheint jede Stofflücke mit Point d'esprit gefüllt. Die Stiche greifen aber nicht über 6, sondern nur über 3 Stofffäden; auch sind die Stiche nicht in schrägen, sondern in senkrechten Reihen auszuführen, wobei eben jede Stofflücke gefüllt wird. Dadurch entstehen zwischen den festen Stoffvierecken ovale Lücken.

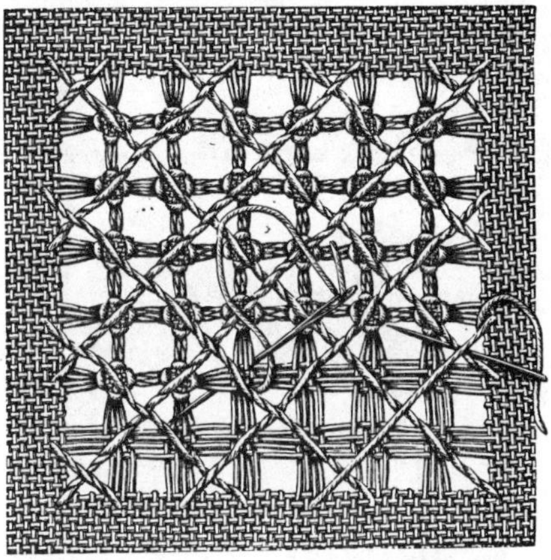

Abb. 776. Fünftes Durchbruchmuster mit eingenähten Fadenkreuzen.

Fünftes Durchbruchmuster mit eingenähten Fadenkreuzen (Abb. 776). — In der Höhe und in der Breite je 4 Stoffäden ausziehen mit 4 Fäden Zwischenraum.

Man beginnt mit dem Spannen der diagonalen Fäden, die durch Umwickeln noch gefestigt werden.

Auf der Abbildung sind bereits alle von rechts nach links und ein Teil der von links nach rechts laufenden Fäden gespannt und umwickelt, sowie die Ausführung des Spannens und Annähens ersichtlich.

Abb. 777. Sechstes Durchbruchmuster mit einmal abgebundenen Fadenbüscheln und Spinnenfüllung.

Nachdem alle diagonalen Fäden gespannt sind, werden die kleinen Stoffvierecke mit Kästchenstich, der in wagerechter Reihe auszuführen ist, umrändert.

Sechstes Durchbruchmuster mit einmal abgebundenen Fadenbüscheln und Spinnenfüllung (Abb. 777). — In der

Höhe und in der Breite je 9 Stoffäden ausziehen mit 9 Fäden Zwischenraum.

Die freien Fadenbüschel werden in wagerechten und senkrechten Reihen mit einer einfachen Fadenschlinge, welche bei Abbildung 773 erklärt wurde, abgebunden, sodann sind diagonale Fäden von links nach rechts zu spannen, wobei der Arbeitsfaden in den Stoffvierecken unter den mittleren 3 Fäden durchgeführt wird. Beim Spannen der Fäden von rechts nach links werden die 3 losen Arbeitsfäden an ihren Kreuzungspunkten durch eine Fadenschlinge, welche der Arbeitsfaden bildet, verbunden und so zu einer achtstrahligen Spinne gestaltet.

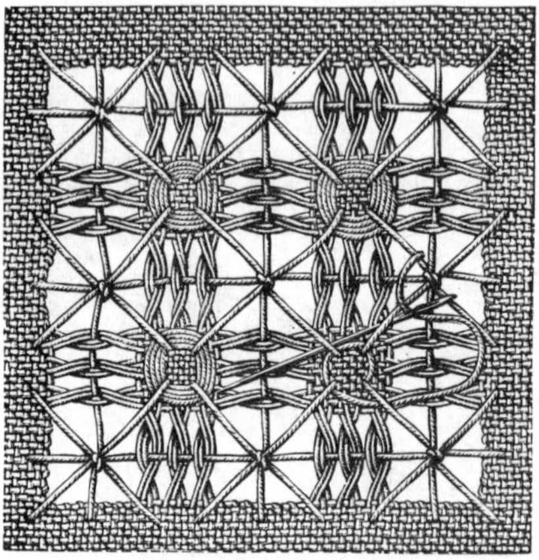

Abb. 778. Siebentes Durchbruchmuster mit dreiteiligen, verschränkten Fadenbüscheln, Spinnenfüllung und eingezogenen Kreisen.

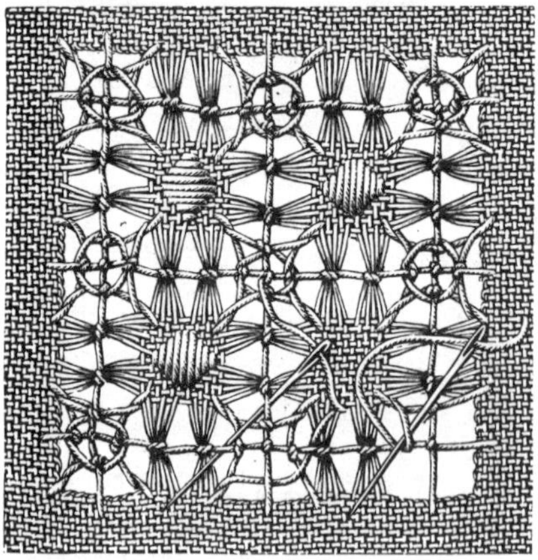

Abb. 779. Achtes Durchbruchmuster mit zweiteiligen, abgebundenen Fadenbüscheln, Point d'esprit-Spinnenfüllung und Rauten im Flachstich.

Siebentes Durchbruchmuster mit dreiteiligen, verschränkten Fadenbüscheln, Spinnenfüllung und eingezogenen Kreisen (Abb. 778). — In der Höhe und in der Breite je 12 Stoffäden ausziehen mit 12 Fäden Zwischenraum.

Die losen Stoffäden werden in drei Gruppen zu je 4 Fäden gesondert, jede Gruppe abermals geteilt, die Fäden verschränkt und durch einen eingezogenen Faden gesichert.

Nachdem die Stoffäden in senkrechter und wagerechter Richtung verschränkt sind, werden noch in diagonaler Richtung Fäden eingezogen, welche in den Stoffvierecken unter den mittleren 4 Stoffäden durchgeführt werden und mit denen gleichzeitig in den Stofflücken an den Kreuzungspunkten Spinnen zu bilden sind.

Die Stoffvierecke erhalten durch viermaliges Durchziehen eines Fadens unter den diagonal gespannten Fäden eine kleine kreisförmige Verzierung.

Achtes Durchbruchmuster mit zweiteiligen, abgebundenen Fadenbüscheln, Point d'esprit-Spinnenfüllung und Rauten im Flachstich (Abb. 779). — In der Höhe und in der Breite je 12 Stoffäden ausziehen mit 12 Fäden Zwischenraum.

Die losen Stoffäden sind sowohl in senkrechter als in wagerechter Richtung in 2 Gruppen zu je 6 Fäden einzuteilen

Abb. 780. Bordüre in Durchbrucharbeit mit Flachstickerei.
Fadensorten: Leinen-Spitzengarn D.M.C und Spezialgarn D.M.C, in Weiss. (*)

und mittelst einfacher Fadenschlinge abzubinden. Die Stofflücken füllt schräggestellter Point d'esprit, welcher wieder mit dem Fadenkreuze mittelst Schlingknoten verbunden wird. Die Herstellung dieser Point d'esprit-Spinne lehren die Nadelstellungen an der Abbildung.

Rauten aus Flachstichen abwechselnd in senkrechter und wagerechter Stichlage füllen die Stoffflächen.

Bordüre in Durchbrucharbeit mit Flachstickerei (Abb. 780). — Als Verbindung für Spitzen und Einsätze in Klöppelarbeit oder für Streifen in Buntstickerei sieht man häufig

(*) Siehe am Schluss des letzten Kapitels die Tabelle der Nummern und das Farbenverzeichnis der Baumwoll-, Leinen- und Seiden-Artikel, Marke D.M.C.

schmale Bordüren in Durchbrucharbeit und Flachstickerei in der Art, wie das von uns gebrachte Muster, Abb. 780. Dasselbe, auf grobfädigem Leinen ausgeführt, wird oben und unten durch eine wagerechte Reihe Kästchendurchbruch, über 3 Stofffäden, Abb. 740 und 741, begrenzt; Kästchendurchbruch in

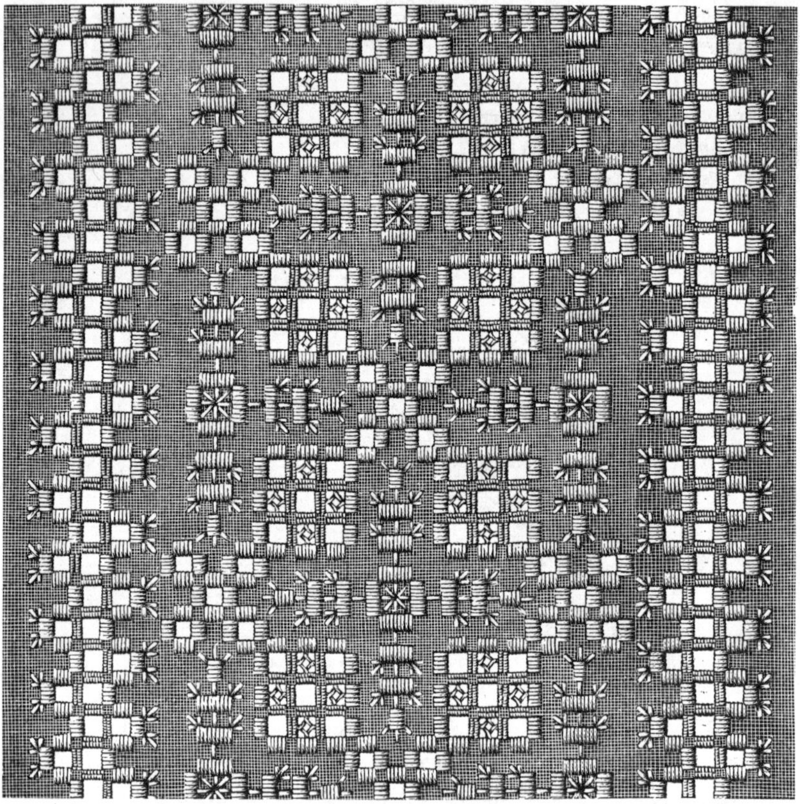

Abb. 781. Bordüre, norwegischer Durchbruch, « Hardanger Arbeit ».
Fadensorten: Perlgarn D.M.C N° 5, Leinen-Spitzengarn D.M.C N° 25, in Weiss. (*)

schrägen Reihen, Abb. 742, teilt auch den Mittelstreifen in Vierecke und Dreiecke ein.

Die Dreiecke erhalten Flachstichverzierung, die Vierecke einen Stern in Durchbrucharbeit.

Nachdem die Fäden dazu aus dem Gewebe entfernt worden

(*) Siehe am Schluss des letzten Kapitels die Tabelle der Nummern und das Farbenverzeichnis der Baumwoll-, Leinen- und Seiden-Artikel, Marke D.M.C.

sind, werden zuerst die Schnittränder kordonniert, Abb. 771, dann die freistehenden Fadenbüschel durch Umwickeln zu Stäbchen gestaltet. Den Mittelpunkt des Sternes ziert eine Spinne im Stopfstich, die daranstossenden 8 leeren Felder erhalten kleine gerade Kreuzchen aus umwickelten Fadenstäbchen.

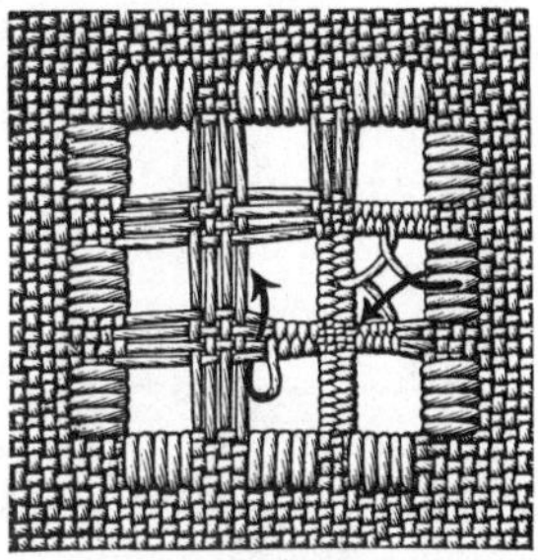

Abb. 782. Ausführung der Durchbrucharbeit zur Bordüre in Abbildung 781.

Als Material dient gedrehter Faden: Leinen-Spitzengarn D.M.C (Lin pour dentelles) für die Durchbrucharbeit; offenes Garn: Spezialgarn D.M.C (Mouliné spécial) für die Flachstickerei; hier ist besonders weisses Garn zu naturfarbenem Stoff zu empfehlen.

Bordüre, norwegischer Durchbruch, « Hardanger Arbeit » (Abb. 781 und 782). — Mit Abbildung 781 geben wir ein Beispiel der norwegischen Hausindustrie, der sogenannten Hardanger Arbeit.

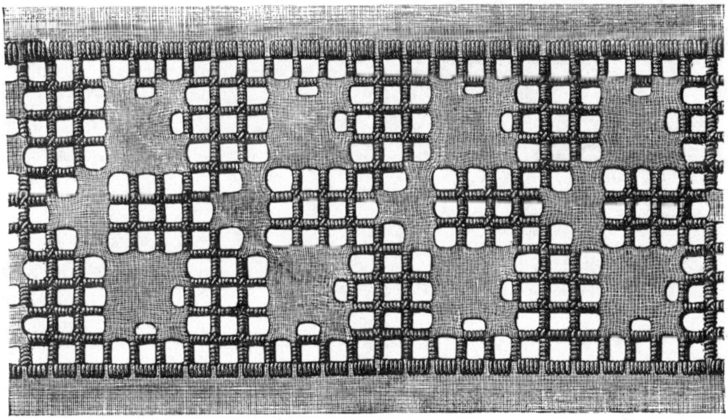

Abb. 783. Einsatz in Doppeldurchbrucharbeit mit eingestopftem Muster.
Fadensorten: Flaches Leinengarn D.M.C, in Bleu-Indigo 334 (*) und Weiss oder Naturfarben.

Naturfarbiges, grobfädiges Leinen dient der wirksamen Bordüre als Grundstoff, Perlgarn D.M.C (Coton perlé) N° 5, in Weiss, ergibt den Arbeitsfaden für die Flachstiche, Leinen-

(*) Diese Nummer bezeichnet eine Farbe aus den Farbenkarten der die Marke D.M.C tragenden Artikel. Diese Farbenkarten liegen in allen Kurzwaren- und Handarbeitsgeschäften auf.

Spitzengarn D.M.C (Lin pour dentelles) N° 25 wird für die Stäbchen und Schlingenstiche verwendet.

Zunächst ist die Einfassung der durchbrochenen Teile im Flachstich über je vier Fäden mit den daranstossenden Zierstichen auszuführen, worauf an den für die Durchbrucharbeit bestimmten Stellen die Webefäden vorsichtig ausgeschnitten werden. Abbildung 782 erklärt die Ausführung der Stäbchen im Stopfstich und die Füllung aus einzelnen Schlingenstichen.

Zur Ausstattung von Ueberhandtüchern, Büffetdecken usw. verwendet, gestattet die reiche Musterung nur einen einfachen Abschluss, wie glatte Hohlsäume, schmale Klöppelspitzen oder einfache, geknüpfte Fransen, da im anderen Falle die Wirkung des Musters beeinträchtigt wird.

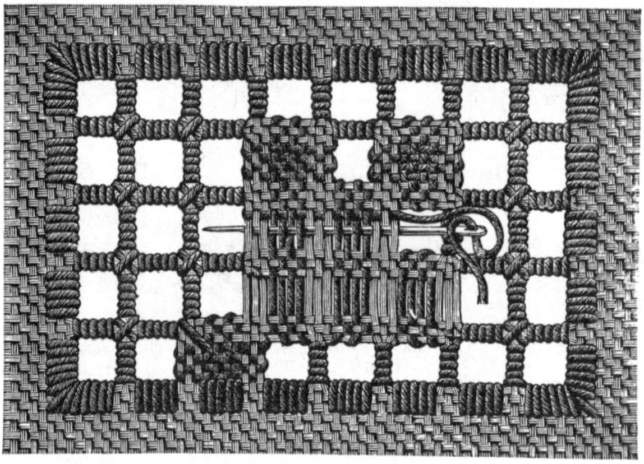

Abb. 784. Das Einstopfen des Musters.
Erklärung zu Abbildung 783.

Einsatz in Doppeldurchbrucharbeit mit eingestopftem Muster (Abb. 783 und 784). — Häufig finden wir an alten, schönen Arbeiten die Zeichnungen ausgespart, das heisst, der Stoff bleibt für dieselben erhalten, während der Grund überarbeitet ist. Nun ist es schwierig, zumal bei kleinen, zarten Figuren, die Fäden ohne Beeinträchtigung des Leinengrundes auszuschneiden; es werden deshalb die Fäden über die ganze Fläche ausgezogen und für die Figur wieder neu eingefüllt. Zur deutlicheren Wiedergabe dieses Verfahrens sind in der Abbildung die ursprünglichen Stoffäden in heller, die wieder eingestopften hingegen in dunklerer Färbung angegeben.

Dieser Einsatz kann in alle Leinenstoffe eingearbeitet und an Handtüchern, Schürzen, Bettwäsche usw. angebracht werden.

Wird er zwischen Kreuzstichborten eingefügt, so sind die Gitterstäbchen farbig, übereinstimmend mit der Stickerei

TAFEL XIV

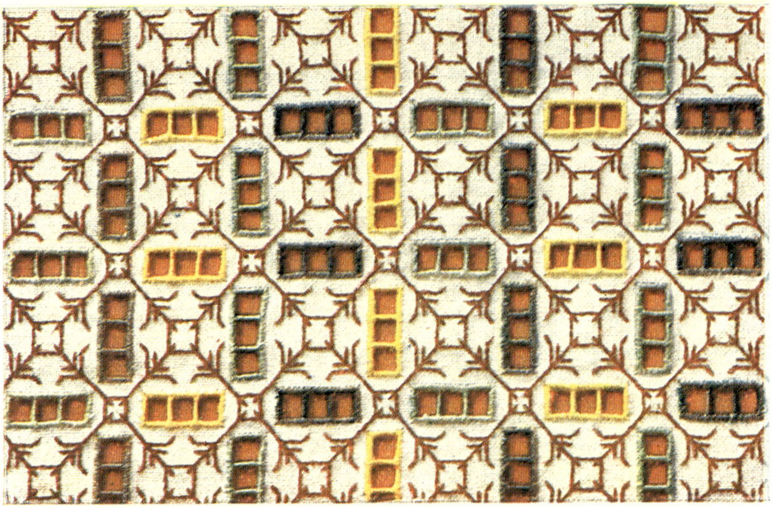

Durchbrucharbeit mit Leinenstickerei
auszuführen mit Stickgarn D.M.C (Coton à broder).

Durchbrucharbeit mit Leinenstickerei
auszuführen mit Stickgarn D.M.C (Coton à broder).

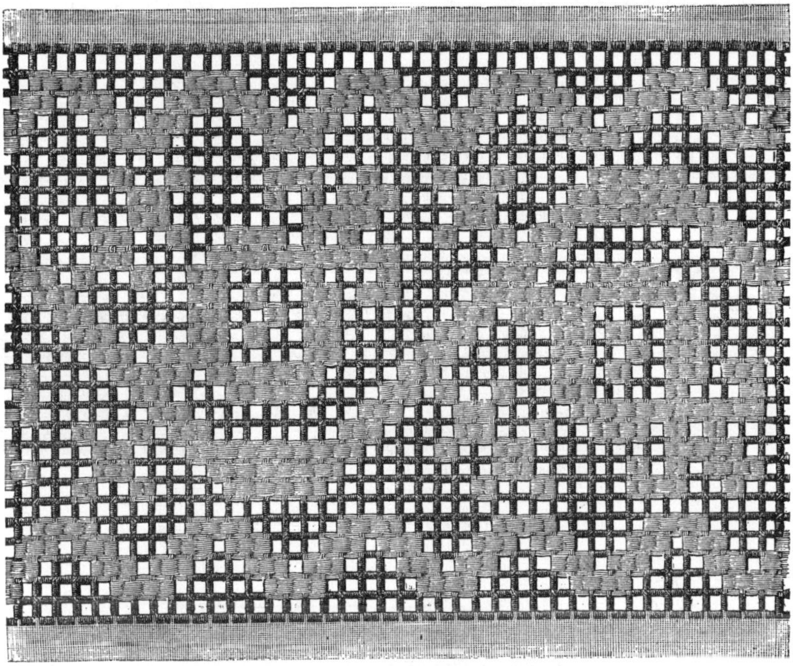

Abb. 785. Breiter Einsatz in Doppeldurchbrucharbeit mit eingezogenem Muster.
Fadensorten: Perlgarn D.M.C N° 5, in Brun-Rouille 3314, und Spezialgarn D.M.C N° 25, in Gris-Bleu 593. (*)

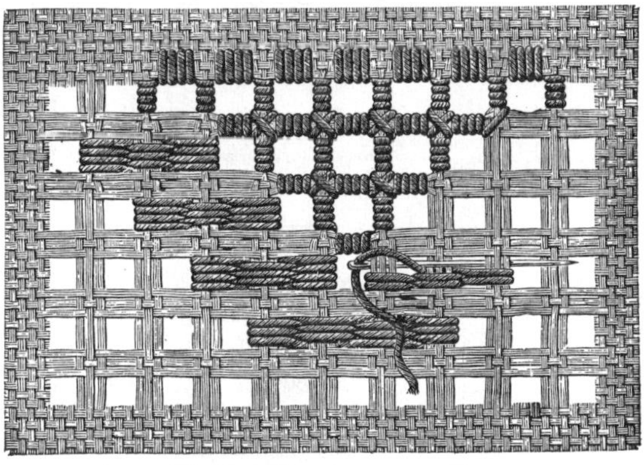

Abb. 786. Das Einziehen des Musters. Erklärung zu Abbildung 785.

zu halten, die eingestopfte Musterung bleibt weiss oder naturfarben, wie der Grundstoff.

Breiter Einsatz in Doppeldurchbrucharbeit mit eingezogenem Muster (Abb. 785 und 786). — Bedeutend fördernder als das Einstopfen der

(*) Siehe am Schluss des letzten Kapitels die Tabelle der Nummern und das Farbenverzeichnis der Baumwoll-, Leinen- und Seiden-Artikel, Marke D.M.C.

Fäden ist das Einziehen derselben, wie es oft bei leichteren Netzarbeiten gebräuchlich ist, siehe auch Abb. 658. Die Abbil-

Abb. 787. Italienisches Doppeldurchbruch-Muster.
Fadensorten: Leinen-Strickgarn D.M.C, Elsässer Strick- und Häkelgarn D.M.C oder Elsässer Nähgarn D.M.C, in Weiss oder Naturfarben.

Abb. 788. Ausführung des Durchbruchmusters in Abbildung 787.

dung 786 erklärt deutlich die zur Ausführung von Abbildung 785 zu befolgende Sticheinteilung. Auch hier sind zuerst die Stäbchen zu vollenden und dann erst das eigentliche Muster einzufüllen.

Als Arbeitsfaden ist für den Stäbchengrund gedrehter Faden, für die eingezogene Musterung offenes Garn zu wählen.

Der Einsatz, welcher je nach dem Grundstoffe, auf dem er ausgearbeitet wird, zur Verzierung der Gardinen, Tischdecken, Bett- und Leibwäsche verwendet werden kann, ist nach der in Abbildung 786 gebrachten Erklärung auszuführen.

Wird er auf weisses Leinen übertragen und zur Ausschmückung weisser Gegenstände benützt, so empfehlen wir, die Gitterstäbchen mit naturfarbenem, gedrehtem Faden, die Musterung selbst in hellweiss gebleichten offenen Garnen auszunähen, damit sie sich vom Grundgewebe deutlicher abhebt.

Italienisches Doppeldurchbruch-Muster (Abb. 787 und 788). — Dieses schon mehr in das Bereich der Spitzenarbeiten gehörige Doppeldurchbruch-Muster findet nicht nur zu Putz-

Abb. 789. Griechisches Doppeldurchbruch-Muster.
Fadensorten: Leinen-Strickgarn D.M.C, Elsässer Strick- und Häkelgarn D.M.C oder Elsässer Nähgarn D.M.C, in Weiss oder Naturfarben. (*)

und Hausgegenständen Verwendung, sondern auch zu allen waschbaren Kirchenparamenten, da es sich nach Belieben breit und schmal anfertigen lässt.

Abbildung 788, die vergrösserte Darstellung des Verlaufes der Arbeit zeigt je 10 Fäden nach der Länge und Breite aus-

(*) Siehe am Schluss des letzten Kapitels die Tabelle der Nummern und das Farbenverzeichnis der Baumwoll-, Leinen- und Seiden-Artikel, Marke D.M.C.

gezogen und 6 bleibende Fäden. Die Fäden der Schnittkanten werden mit Ueberwindlingstichen befestigt, die äussere Stofflage wird mit Hohlsaum, Abb. 736 und 737, begrenzt.

Die Languettenbogen sind über 3 Einlagefäden von der Mitte eines Stäbchens aus auszuführen, die Räder hingegen sind stets von einer Ecke aus zu beginnen und in derselben auch wieder zu vollenden.

Abb. 790. Deckchen in mexikanischer Doppeldurchbrucharbeit.
Fadensorten: Flaches Leinengarn D.M.C N° 30, Elsässer Strick- und Häkelgarn D.M.C N° 30 oder Elsässer Nähgarn D.M.C N° 30, in Weiss. (*)

Griechisches Doppeldurchbruch-Muster (Abb. 789). — Nach den vielen vorhergehenden Erklärungen dürfte es unschwer sein, dieses schöne, uns aus Griechenland zukommende Durchbruchmuster nachzubilden. An unserem, in feinstem Leinen gearbeiteten Originale werden in der Mitte je 48 Fäden nach der Höhe und Breite von einem Stopfstäbchen zum anderen

(*) Siehe am Schluss des letzten Kapitels die Tabelle der Nummern und das Farbenverzeichnis der Baumwoll-, Leinen- und Seiden-Artikel, Marke D.M.C.

ausgezogen, für die untere Einteilung je 21 Fäden nach der Höhe und Breite. Die Stäbchen selbst verlangen je 6 Fäden. Die Schnittkanten von Stäbchen zu Stäbchen sind mit Hohlsaumstichen nach den Abbildungen 736 und 737 eingefasst; zwischen den beiden Hohlsaumreihen bleiben 4 Stoffäden als Zwischenraum.

Die langen Stäbchen mit Pikotverzierung in der zweiten Figur sind nach zwei Seiten umschlungen. (Siehe auch im Kapitel « Die Nadelspitzen » die Abbildungen 869 und 872.)

Deckchen in mexikanischer Doppeldurchbrucharbeit (Abb. 790 und 791). — Mit dem Deckchen, Abb. 790, sind in diesem Lehrbuche die feinen, spitzenartigen amerikanischen Durchbrucharbeiten vertreten, die in Mexiko, Süd- und Zentral-Amerika einen Hauptzweig der nationalen Hausindustrie bilden.

Abb. 791. Ausführung der Durchbrucharbeit zum Deckchen Abbildung 790.

Die Ränder des mittleren durchbrochenen Feldes sind zuerst mit Languettenstichen zu sichern, siehe Abb. 770, sodann entfernt man siebenmal je 20 Stofffäden mit Uebergehung von 12 Fäden, sowohl in wagerechter als senkrechter Richtung, so dass ein Gitter aus Stoffäden entsteht.

Die Stickerei beginnt in der linken unteren Ecke einer durch das Ausziehen der Webefäden entstandenen Lücke. Man sticht in diagonaler Richtung nach rechts aufwärts in die Mitte des stehengebliebenen Stoffquadrates, kehrt sodann zum Ausgangspunkte zurück und spannt den Faden abermals diagonal nach aufwärts. Bei diesem dritten Schrägstiche sind die beiden schon gespannten Stiche in der unteren und in der oberen Ecke mit einem Schlingenstiche zuzuschürzen.

Die zweite Reihe beginnt an der rechten unteren Ecke und ist gleich der vorhergehenden zu arbeiten. Da wo die gespannten Fäden sich kreuzen, sind sie mit einfachen Schlingen aneinander zu knoten. (Siehe die erklärende Darstellung, Abb. 791.)

ABB. 792. DECKCHEN IN DÄNISCHER DOPPELDURCHBRUCHARBEIT « HEDEBO ».
FADENSORTEN : Leinen-Strickgarn D.M C N° 30 oder Elsässer Strick- und Häkelgarn D.M.C N° 40, in Weiss (*)

Ist nun das ganze Stoffgitter kreuzweise überarbeitet, so führt man die durch Stopfstich gebildeten keilförmigen Blättchen aus, für die die Arbeitsfäden auf der Kehrseite unter den festen Stoffvierecken weitergeführt werden.

Nach Vollendung der Stopfstichfiguren sind noch die Räder

(*) Siehe am Schluss des letzten Kapitels die Tabelle der Nummern und das Farbenverzeichnis der Baumwoll-, Leinen- und Seiden-Artikel, Marke D.M.C.

einzunähen, wobei der Arbeitsfaden mittelst Schlingknoten jedes Fadenbüschel und jeden einzelnen Faden umfasst.

Das durchbrochene Mittelfeld umgibt ein circa 5 cm. breiter, mit einer Durchbruchbordüre verzierter Stoffstreifen, der am äusseren Rande mit dem bei Abbildung 730 erklärten Stiche ab-

Abb. 793. Ecke des Deckchens Abbildung 792.
Auf ein Drittel verkleinert.

genäht wird; durch die Entfernung der horizontalen Nebenfäden in der Höhe von 4 cm. bilden sich die äusseren Stoffransen.

Deckchen in dänischer Doppeldurchbrucharbeit « Hedebo » (Abb. 792 und 793). — Die Bezeichnung Hedebo ist schon aus dem Abschnitte « Die Weisstickerei » bekannt, wo wir als Muster der dänischen Nationalstickereien den Einsatz, Abb. 152, brachten. Hier geben wir mit Abbildung 792 ein Beispiel des dänischen Leinen-Durchbruches, eine Decke mit reicher Eckverzierung, nach aussen mit einer Hohlnaht und einer genähten Spitze abgeschlossen.

Für die Ecken sind zwölfmal 28 Stoffäden auszuschneiden, 12 Fäden bleiben als Zwischenraum stehen, worauf die Schnittkanten mit Schlingstichen gesichert werden. Das Fadengitter ist in Stopfstichstäbchen umzugestalten, wobei gleichzeitig die Musterung mit einzuarbeiten ist. Dieselbe besteht aus je drei Hauptsternen, von denen zwei über eine Mitte aus vier Spinnen, letztere aus je acht Dreiecken bestehend, in Stopfstich über einen diagonal zu spannenden Faden auszuführen sind; der Eckstern ist aus vier kleinen Pyramidchen in Knopflochstich und geschlungenen Halbbogen mit Pikotverzierung gebildet. In den übrigen leeren Feldern wechseln kleine Rosetten, Pyramidchen und Kreise in Knopflochstich mit verschieden gestalteten Spinnen aus umwickelten Fadenstäbchen ab.

Für die Hohlnaht sind in entsprechender Entfernung 15 Stoffäden auszuziehen, die freien Stoffäden zu umwickeln und die Fadenbüschel untereinander zu verbinden, wie es die Darstellung Abbildung 793 deutlich zeigt.

Die Spitze wird im Abschnitte « Die Nadelspitzen », siehe die Abb. 958 und 959, eingehend erläutert; wir verweisen hier auf sie, betreffs der Ausführung der bei dieser Durchbrucharbeit vorkommenden Spitzenstiche.

Handarbeitsvorlagen. — Ausser den hier beschriebenen Arbeiten findet man eine grosse Anzahl von Vorlagen für Durchbrucharbeit in folgenden Musterbüchern der Bibliothek D.M.C: *Die Durchbrucharbeit I*, und *Hardanger Arbeiten*. (*)

(*) Siehe am Schluss der Encyklopädie das Verzeichnis der Musterbücher welche die Bibliothek D.M.C bilden.

Streifen in Tüllstickerei. Nachbildung von Brüsseler Spitzen.

Die Spitzenstickereien.

Als Uebergang von der Durchbrucharbeit zu den Nadelspitzen bringen wir unter der Bezeichnung Spitzenstickereien eine Reihe von durchbrochenen, spitzenartig wirkenden Stickereien, Vorlagen für verschiedene Techniken, die, mit Ausnahme der Filigran-Arbeit, alle auf einem gewebten Grundstoffe ausgeführt werden. In erster Linie geben wir Muster für die bekannten Dresdner Spitzen, welche in früherer Zeit auf lose geschlagenem Batist ausgeführt wurden. Als die Uebertragung dieser mühsamen Technik auf grobfädigen Stoff tritt die moderne Colbert-Stickerei auf, die sonst alle charakteristischen Merkmale der Dresdner Spitze beibehalten hat.

Der zweite Teil behandelt die Tüllspitzen, einfache Musterungen aus Durchzug hergestellt, reichere Vorlagen mit verschiedenen Spitzenstichen, sowie auch Aufnäharbeit auf Tüll.

Zum Schlusse folgen noch einige durchbrochene Stickereien mit Metallfäden und bunter Seide, teils mit, teils ohne Leinengrund, die allgemein unter der Bezeichnung spanische Spitzen bekannt sind.

Dresdner Spitzen. — Die Dresdner Spitze, eine durchbrochen wirkende Stickerei auf Batist, wurde in Deutschland im 18. Jahrhundert vielfach gepflegt und fast ausschliesslich zur Ausstattung von Halstüchern und Häubchen verwendet. Die Musterungen derselben zeigen stilisierte Blumengewinde, häufig durch Rokokoarabesken unterbrochen. Hinsichtlich der Art, wie die Zeichnung sich vom Grundstoffe abhebt, lassen sich folgende Variationen unterscheiden: entweder bleibt in den Musterfiguren, die mit Stielstich umrandet werden, der Stoff leer, der Grund wird gitterartig durchbrochen und einzelne etwa vorhandene Innenflächen der Musterfigur mit Damaststichen gefüllt — oder den einzelnen Formen der Figuren wird durch Unternähen mit Kreuznaht ein besonders dichtwirkender Grund geschaffen und die abgeschlossenen Flächen im Innern derselben erhalten Füllungen aus Spitzenstichen; der Grundstoff bleibt leer. Bei einfacheren Spitzen wird die mühsame Kreuznaht-Stickerei durch Languetten- oder Grätenstiche ersetzt.

Als die reichste Art der Dresdner Spitzen sind diejenigen Muster zu betrachten, bei denen Figuren und Grund mit Füllstich bedeckt sind. Für die äusseren Teile der Musterfiguren wählt man dichte Damaststiche, stark durchbrochene, grösser angelegte Musterungen zur Füllung der inneren Felder und wenig durchbrochene, einfache Stiche für die Grundfüllung.

Stoffe. — Die mühsame Ausführung der Batiststickerei ist aber nicht nach Jedermanns Geschmack; auch fehlt heutigestags die Zeit, so langwierige Arbeiten zu unternehmen, daher hat die Industrie, um den modernen Bedürfnissen zu genügen, verschiedenartige feinfädige, lose geschlagene Stoffe angefertigt, auf welchen diese Art Spitzenstickerei sich mühelos ausführen lässt. Selbstverständlich müssen dann auch die einzelnen Musterfiguren etwas vergrössert werden, was aber der Schönheit der Arbeit keinen Abbruch tut. Solche Spitzen auf mittelstarken Geweben finden bei Gardinen und Stores Verwendung; sie eignen sich vorzüglich für Sofaschoner und Schutzdeckchen aller Art. Für Kleidergarnituren, wie Kragen, Manschetten, Passen und dergleichen wählt man feineren Grundstoff. Besonders beliebt sind diese Spitzen zur Ausstattung von kirchlichen Gewändern wie Alben und Rochets, sowie für Altartücher, wo das Muster gleich in den Grundstoff eingearbeitet werden kann.

Auf grobfädigen Congresstoff übertragen, wird diese Technik Colbert-Stickerei genannt. Den bedeutend grösseren Formen entsprechend, ändert sich auch teilweise die Ausführung der

Stickerei. An Stelle des Stielstiches tritt hier die Schnurumrandung ein; auch wird die Stickerei häufig in mehreren Farben ausgeführt und zuweilen durch Gold- und Silberfäden noch reicher gestaltet. Die einzelnen Figuren der Musterung werden mit dichten Damaststichen gefüllt. Der Grund wird durchbrochen gehalten. Colbert-Stickereien werden hauptsächlich für dekorative Zwecke, zur Ausstattung von Kissen und Mappen, sowie für Behänge, Wandteppiche und dergleichen verwendet.

Fadensorten. — Als Stickmaterial für Spitzenstickereien auf Batist dienen die feinen Nummern von Leinen-Spitzengarn D.M.C (Lin pour dentelles) und Flaches Leinengarn D.M.C (Lin floche), in Weiss; für Spitzenstickereien auf feinen Congresstoffen, Häkelgarn D.M.C (Cordonnet 6 fils), Häkelgarn D.M.C, Spezial-Qualität (Cordonnet spécial), und zuweilen auch für den Flachstich, Spezialgarn D.M.C (Mouliné spécial), in Weiss oder Naturfarben. (*)

Für Colbert-Stickereien empfehlen wir als gedrehtes Garn: Perlgarn D.M.C (Coton perlé) und als offenes Stickmaterial: Spezialgarn D.M.C (Mouliné spécial), Persische Stickseide D.M.C (Soie de Perse) oder Flache Stickseide D.M.C (Soie mouliné e); für die Umrandung aus Schnürchen ist Türkische Goldschnur D.M.C (Ganse turque) ganz besonders geeignet; Gold-Chiné D.M.C (Chiné d'or), Echtes Stickgold D.M.C (Or fin) und Echtes Sticksilber D.M.C (Argent fin) werden noch zu einzelnen Zierstichen verwendet.

Füllstiche. — Die Füllstiche, die, in richtiger Verteilung angewendet, die reizendsten Wirkungen in den verschiedenen Stickereien hervorbringen, werden in drei Gruppen eingeteilt:

1) Flachstich- oder Damastmuster;
2) Spitzengrundmuster und
3) Spitzengrundmuster mit Zierfiguren aus Flachstichen.

Um das Einteilen der Füllstiche zu erleichtern, geben wir bei jedem jetzt folgenden Muster die erforderliche Fadenanzahl für je einen Mustersatz an.

(*) Siehe am Schluss des letzten Kapitels die Tabelle der Nummern und das Farbenverzeichnis der Baumwoll-, Leinen- und Seiden-Artikel, Marke D.M.C — Die eingeklammerten französischen Benennungen befinden sich auf den Etiketten der D.M.C-Artikel.

1) **Flachstich- oder Damastmuster.** — Aus einzelnen Stichen bestehend, die entweder einem gemusterten Gewebe gleichen, wie Abb. 794, oder verschiedenartig gestaltete Figuren bilden, bedecken diese Füllmuster, die aus wagerechten, senkrechten und schrägen Flachstichen zusammengestellt sind, fast gänzlich den Grundstoff. Wie aus der Piquéstickerei, Abb. 153, schon zum Teil bekannt, verwendet man diese Füllstiche meist zur Verzierung von Blumen, Blättern oder Arabesken, die aus der Zeichnung besonders hervortreten sollen.

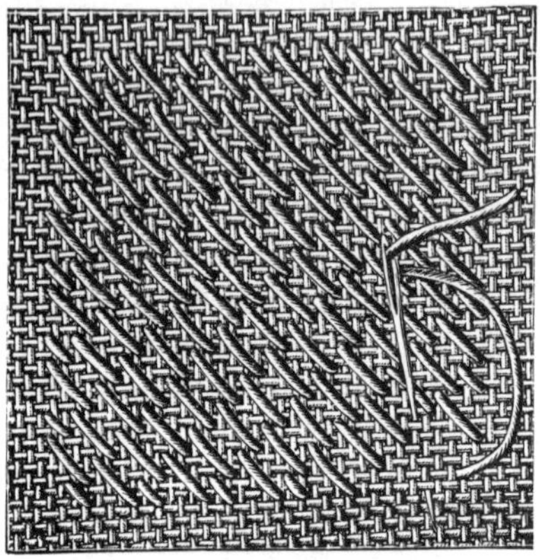

Abb. 794. Erstes Flachstich- oder Damastmuster.

Erstes Flachstich- oder Damastmuster (Abb. 794). — Jeder Mustersatz erfordert 4 Fäden Höhe und Breite.

Diagonale Stichreihen aus schrägen Flachstichen, die versetzt gestellt ineinandergreifen, bilden die Musterung dieses gut deckenden Füllstiches.

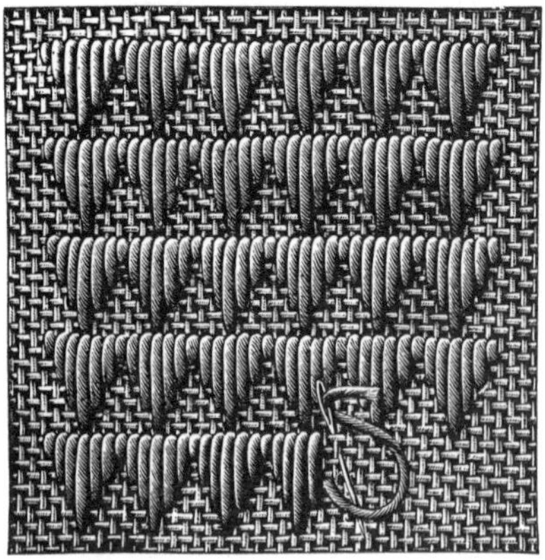

Abb. 795. Zweites Flachstich- oder Damastmuster.

Man führt die Nadel aufwärts von rechts nach links über vier Stoffäden und nach rechts abwärts über sechs Fäden Höhe und zwei Fäden Breite zurück, um sie wieder nach links aufwärts vier Fäden hoch einzuführen. Die zweite Reihe ist gleich der ersten auszuführen; die Stiche sind versetzt zu stellen und greifen zwei Fäden tief in die der ersten Stichreihe zurück.

Zweites Flachstich- oder Damastmuster (Abb. 795). — Jeder Mustersatz erfordert 8 Fäden Höhe und 6 Fäden Breite.

Die Musterung zeigt übereinandergestellte Zäckchenreihen mit abwärts gerichteten Spitzen. Die Zäckchen sind aus senkrechten Flachstichen gebildet. Man beginnt mit einem über zwei Fäden nach aufwärts geführten Stiche, führt die Nadel unter vier Höhefäden und einem Breitefaden nach abwärts, worauf der zweite Stich über vier Fäden nach aufwärts in die Stichlinie des ersten Flachstiches zurückgeführt wird. Der dritte Stich ist in gleicher Weise über sechs Fäden, der vierte über acht Fäden gearbeitet, worauf die Stiche wieder um je zwei Fäden abnehmen, bis der letzte Stich, der zugleich den Anfangsstich des zweiten Zäckchens bildet, über zwei Fäden ausgeführt ist; die übrigen Zäckchen sind in gleicher Weise zu machen.

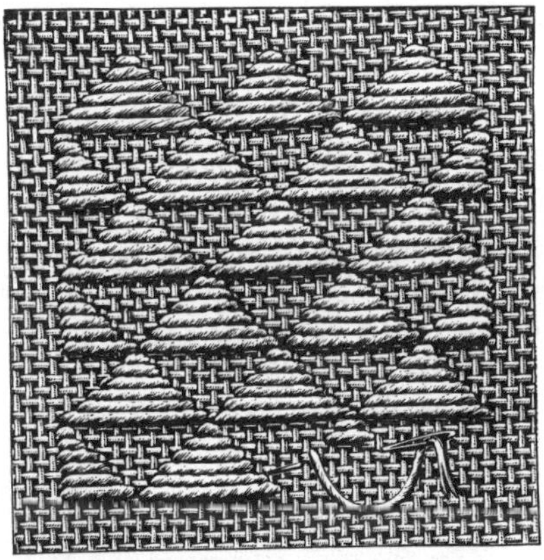

Abb. 796. Drittes Flachstich- oder Damastmuster.

Drittes Flachstich- oder Damastmuster (Abb. 796). — Jeder Mustersatz erfordert 6 Fäden Höhe und 12 Fäden Breite.

Versetzte Flachstichdreiecke in wagerechter Stichlage, jedoch in schrägen Reihen gearbeitet, bilden das Muster.

Die rechtwinkligen Ecken der Dreiecke stehen nach aufwärts und es wird auch bei denselben zu sticken begonnen. Man führt die Nadel in wagerechter Richtung über zwei Fäden von links nach rechts und reiht weitere fünf Stiche dicht darunter, jeden der Stiche links und rechts um je einen Faden verlängernd, so dass der letzte und breiteste Stich über zwölf Fäden reicht. Da die Dreiecke in schrägen Reihen gearbeitet werden, so ergibt sich das Versetzen derselben von selbst.

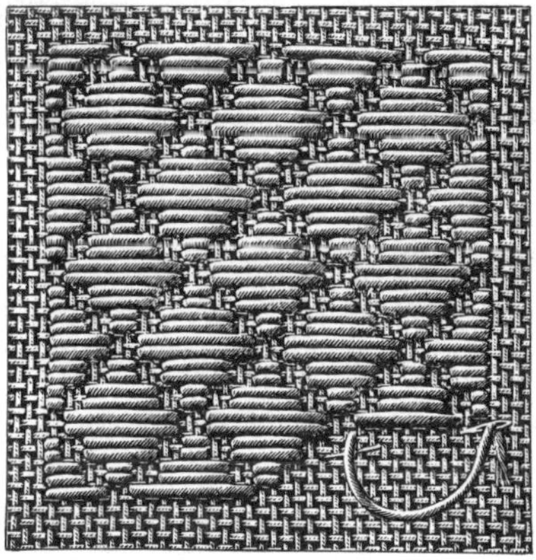

Abb. 797. Viertes Flachstich- oder Damastmuster.

Viertes Flachstich- oder Damastmuster (Abb. 797). — Jeder Mustersatz erfordert 12 Fäden Höhe und Breite.

Die den Grundstoff fast vollständig deckende Musterung entsteht durch versetzte, regelmässige Figuren aus je zehn Flachstichen. In schrägen Reihen arbeitend, beginnt man wie folgt: Man führt die Nadel wagerecht von links nach rechts über zwei Fäden, wiederholt denselben Stich um eine Fadenreihe tiefer, führt die Nadel, links und rechts um je zwei Fäden zunehmend, über sechs Fäden, sodann, nachdem auch dieser Stich um Fadentiefe wiederholt wurde, in gleicher Weise zunehmend über zehn Fäden, worauf nach erfolgter Wiederholung des dritten Stiches auf jeder Seite um zwei Fäden abnehmend die zwei letzten Stiche wieder über zwei Fäden ausgeführt werden.

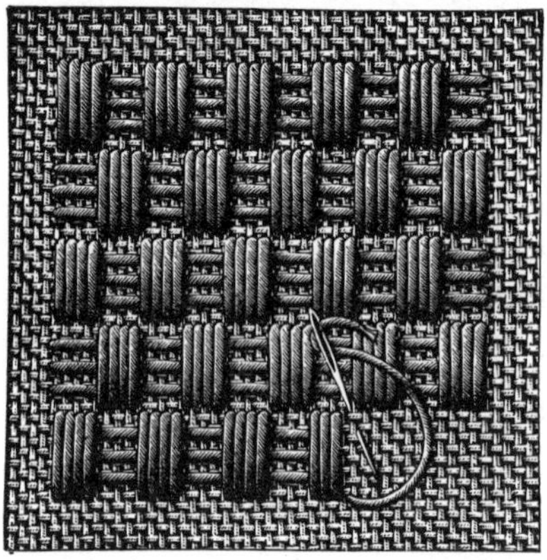

Abb. 798. Fünftes Flachstich- oder Damastmuster.

Fünftes Flachstich- oder Damastmuster (Abb. 798). — Jeder Mustersatz erfordert 8 Fäden Höhe und Breite.

Mit vier Flachstichen über acht Fäden in senkrechter Richtung beginnend, führt man die Nadel in derselben Richtung nach abwärts unter zwei Fäden durch, worauf man drei wagerechte Flachstiche über fünf Fäden, immer von links beginnend ausführt, jedoch zwischen je zwei Stichen zwei Fäden Zwischenraum lässt. Nach Beendigung des dritten wagerechten Flachstiches führt man die Nadel wieder senkrecht unter zwei Fäden nach abwärts, um mit den vier erst beschriebenen senkrechten Stichen das Muster weiter zu arbeiten. Die Ausführung der zweiten Reihe deckt sich mit jener der ersten, nur wechselt man die Anordnung der Stiche so, dass man unter die senkrechten Flachstiche der ersten Reihe die wagerechten Stiche in der zweiten Reihe setzt, während unter den wagerechten Stichen der ersten Reihe die senkrechten Flachstiche in der zweiten Reihe ausgeführt werden.

Sechstes Flachstich- oder Damastmuster (Abb. 799). — Jeder Mustersatz erfordert 2 Fäden Höhe und 10 Fäden Breite.

Die aus senkrechten Streifen gebildete Musterung entsteht durch wechselnde Anwendung von Flachstichreihen und Kreuznähten. Man arbeitet zuerst die Flachstichreihen, indem man wagerechte Flachstiche über vier Fäden dicht aneinander reiht. Der Zwischenraum von einer Flachstichreihe zur andern beträgt sechs Fäden und über dieselben wird die Kreuznaht, Abb. 75, ausgeführt. Es wird zwischen dem vierten und fünften Stofffaden des Zwischenraumes begonnen, indem man die Nadel dort heraufführt, einen schrägen Stich von rechts nach links abwärts über zwei Fäden Höhe und vier Fäden Breite macht. Hierauf sticht man unter zwei Fäden senkrecht nach aufwärts, führt die Nadel von links nach rechts über drei Fäden Höhe und sechs Fäden Breite nach abwärts, wodurch der zweite Stich den ersten kreuzt, sticht wieder unter zwei Fäden in senkrechter Richtung nach aufwärts zurück, kreuzt den zweiten Stich durch den dritten, der von rechts nach links schräg abwärts über zwei Fäden Höhe und sechs Fäden Breite ausgeführt wird usw.

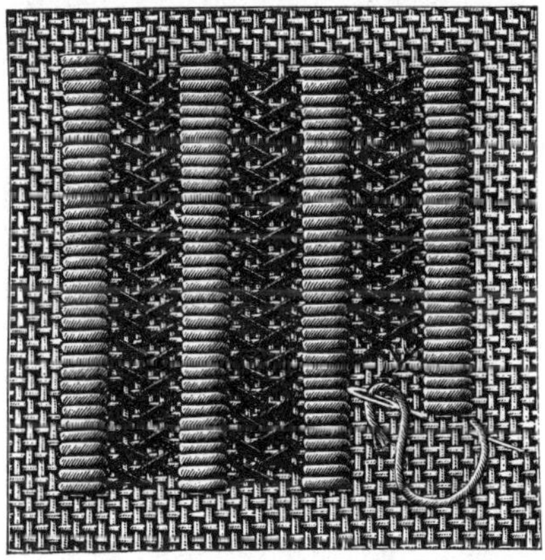

Abb. 799. Sechstes Flachstich- oder Damastmuster.

Siebentes Flachstich- oder Damastmuster (Abb. 800). — Jeder Mustersatz erfordert 12 Fäden Höhe und Breite.

Flachgestickte Quadrate und dazwischen laufende Zickzacklinien bilden die Motive des den Grundstoff völlig deckenden Musters. Die Zackenlinien erfordern fünf schräge Stiche nach der Höhe und Breite über je 4 Fäden mit zwei Stoffäden Zwischenraum. Die Zacken der schräg durch das Muster geführten Stufenlinien sind immer entgegengesetzt zu stellen, so dass quadratische Flächen von acht Fäden gebildet werden, die dann mit sieben schrägen von links nach rechts aufwärts gearbeiteten Flachstichen zu bedecken sind, und zwar geht der erste Stich, der in der Ecke begonnen wird, schräg über zwei Fadenkreuzungen nach aufwärts, der zweite in gleicher Weise über vier, der dritte über sechs und der vierte und längste über acht Fadenkreuzungen, worauf die Fadenzahl wieder bis auf zwei vermindert wird.

Achtes Flachstich- oder Damastmuster (Abb. 801). — Jeder Mustersatz erfordert 8 Fäden Höhe und 6 Fäden Breite.

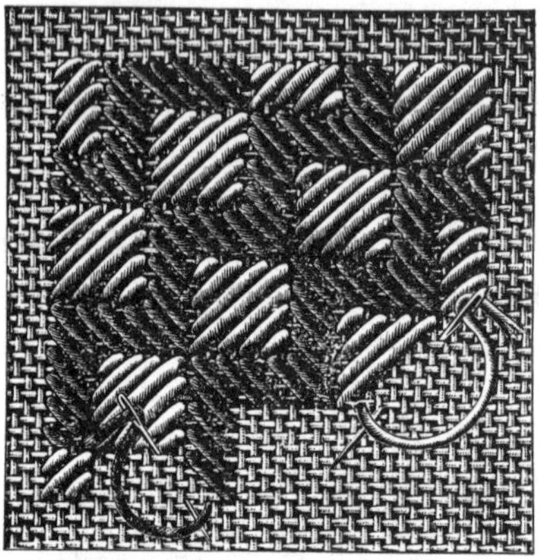

Abb. 800. Siebentes Flachstich- oder Damastmuster.

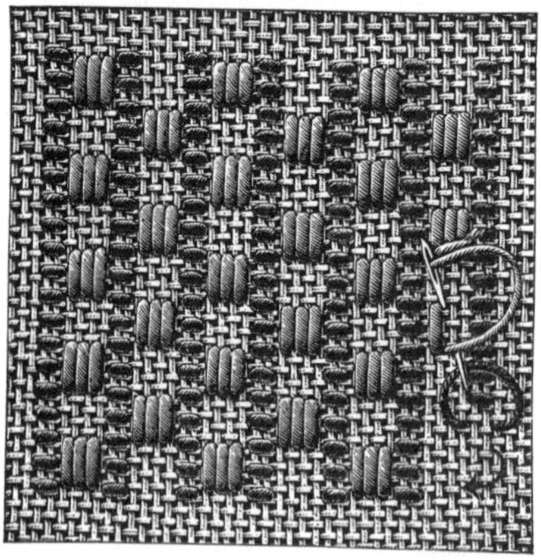

Abb. 801. Achtes Flachstich- oder Damastmuster.

Die senkrechten Linien dieses gestreiften Musters werden gebildet, indem man die Nadel wagerecht über zwei Fäden führt, dann unter zwei Fadenkreuzungen in diagonaler Richtung heraussticht, um wieder den wagerechten Stich über zwei Fäden auszuführen. Der Abstand zwischen den Streifen beträgt vier Fäden, über welche drei Flachstiche von vier Fäden Höhe in senkrechter Richtung ausgeführt werden. Zwischen dem so gebildeten Flachstichquadrat müssen immer vier Fäden frei bleiben, worauf das nächste begonnen werden kann. Im folgenden Zwischenraume werden die drei Flachstiche dorthin gesetzt, wo der Fadenrichtung entlang im ersten Zwischenraume die vier Stoffäden frei bleiben, so dass die gestickten Quadrate versetzt erscheinen.

2) **Spitzengrundmuster.** Durch Zusammenziehen bestimmter Stoffäden entstehen Füllmuster, die eine gitterartige Wirkung ähnlich jener der bereits beschriebenen Leinendurchbruchmuster hervorbringen. Die Spitzengrundmuster, für welche nie Fäden aus dem Grundstoffe entfernt werden,

verlangen einen leicht und lose geschlagenen Grund, während die Leinendurchbruchmuster auf dichtem Leinengrunde ausgeführt werden. Diese Musterungen dienen hauptsächlich als Grundfüllung, wie schon der Name besagt, sie lassen sich wieder in zwei Gruppen gliedern :

a) Muster, bei denen die Stoffäden mit feinem Garne zusammengezogen werden, so dass der Arbeitsfaden verschwindet und die Musterung lediglich aus den verschiedenartig gruppierten Stoffäden entsteht, siehe Abb. 802 bis 806.

b) Muster, bei denen zum Zusammenziehen stärker abstechender Arbeitsfaden genommen wird, welcher den Stoffgrund nicht nur durch Zusammenziehen mustert, sondern der gleichzeitig auf der Arbeitseite eine erhabene Stichverzierung bildet, siehe Abb. 807 bis 811.

Erstes Spitzengrundmuster (Abb. 802). — Jeder Mustersatz erfordert 5 Fäden Höhe und Breite.

Dieses in seiner Ausführung sehr einfache Muster ist in schrägen Reihen zu arbeiten. Man beginnt mit einem senkrechten Stiche über vier Fäden nach aufwärts, führt unter vier Fadenkreuzungen die Nadel von rechts nach links abwärts, gibt einen wagerechten Stich über vier Fäden von links nach rechts, arbeitet abermals unter vier Fadenkreuzungen einen Stich von rechts nach links abwärts, worauf wieder ein senkrechter Stich über vier Fäden nach aufwärts folgt, der mit dem vorherbeschriebenen wagerechten Stiche in ein und dieselbe Lücke trifft. Mit einem schrägen Stiche unter vier Fadenkreuzungen von rechts nach links abwärts wird diese einfache Linienführung fortgesetzt. Reiht man an diese erste Reihe die zweite, so muss man beim Beginne derselben zu jener Lücke, in welcher sich je ein senkrechter und ein wagerechter Stich treffen, eine Fadenkreuzung des Grundstoffes zuschieben und arbeitet dann in angegebener Weise dieselbe Stichart weiter. Der Arbeitsfaden ist stramm anzuziehen, da sich sonst der Durchbruch nicht ergeben würde.

Zweites Spitzengrundmuster (Abb. 803). — Jeder Mustersatz erfordert 6 Fäden Höhe und Breite.

Dieses Spitzengrundmuster wird in senkrechten und wagerechten Reihen gearbeitet, und zwar wird zuerst die ganze

Fläche nach einer Richtung überstickt und dann erst werden die zweiten, die ersten kreuzenden Reihen darüber gearbeitet. Bei einer wagerechten Reihe beginnend, führt man die Nadel in senkrechter Richtung über vier Fäden nach aufwärts und unter vier Fadenkreuzungen von links nach rechts abwärts zurück, dann folgt wieder ein senkrechter Stich über vier Fäden nach aufwärts und auf der Kehrseite ein Diagonalstich über zwei Fäden, worauf mit dem erstbeschriebenen senkrechten Stiche fortgefahren wird. Auf der Arbeitseite zeigen sich daher senkrechte Flachstiche über vier Fäden Höhe mit abwechselnd vier und zwei Stoffäden Zwischenraum. Die zweiten Reihen werden in senkrechter Richtung gearbeitet, verlangen daher wagerechte Stiche, stimmen aber sonst mit der erstbeschriebenen wagerechten Reihe betreffs der Ausführung vollkommen überein.

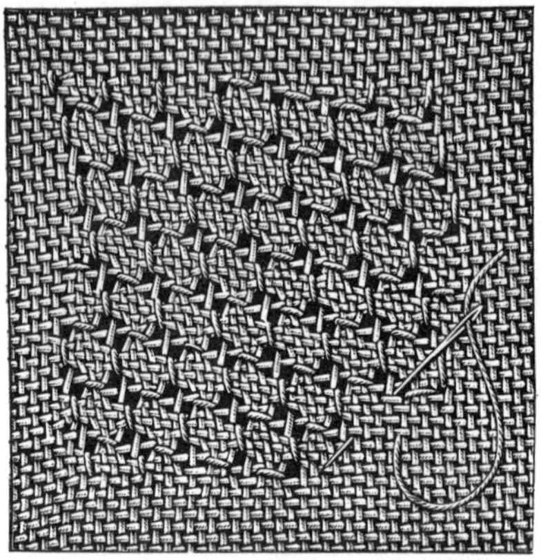

Abb. 802.
Erstes Spitzengrundmuster.

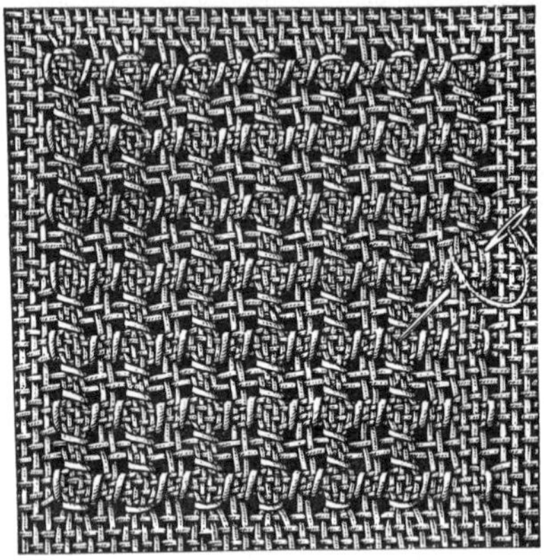

Abb. 803.
Zweites Spitzengrundmuster.

Drittes Spitzengrundmuster (Abb. 804). — Jeder Mustersatz erfordert 6 Fäden Höhe und Breite.

Der Point d'esprit, schon aus der Netzstickerei zur Genüge bekannt, siehe die Abb. 662 und 663, ist auch als durchbrochenes Spitzengrundmuster sehr wirksam. Die Ausführung geschieht in schrägen Reihen. Man zählt vom Ausgangspunkte des Arbeitfadens drei Fadenkreuzungen nach rechts aufwärts, führt dort die Nadel unter drei Fäden senkrecht nach abwärts, lässt jedoch den Arbeitsfaden unter der

Nadel liegen, so dass sich eine Languettenschlinge bildet, führt dieselbe Schlinge über drei Fäden von rechts nach links und über drei Fäden nach abwärts aus, immer wieder zum Mittelpunkte der nunmehr bestehenden vier, ein Kreuz bildenden Stiche zurückkehrend. Man führt die Nadel durch die erstgebildete Schlinge auf die Kehrseite, macht auf derselben einen schrägen Stich von rechts nach links abwärts über drei Fäden Höhe und sechs Fäden Breite, worauf man wieder drei Fadenkreuzungen von links nach rechts aufwärts zählt und dort die Nadel einführend, senkrecht unter drei Fäden nach abwärts stechend, die erste Schlinge der zweiten Figur bildet.

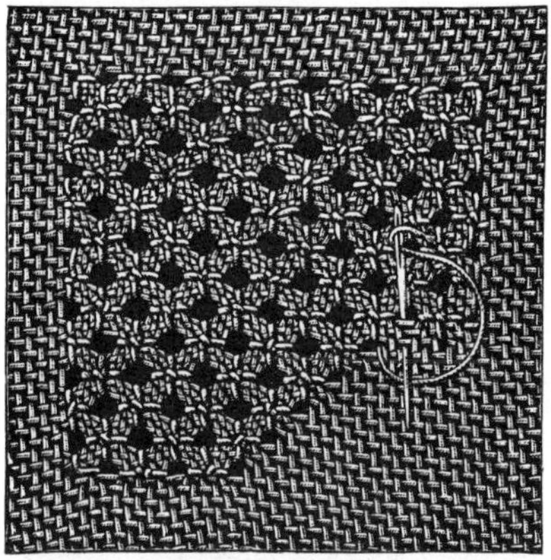

Abb. 804. Drittes Spitzengrundmuster.

Viertes Spitzengrundmuster (Abb. 805 und 806). Jeder Mustersatz erfordert 8 Faden Höhe und Breite.

Dieses Durchbruchmuster erfordert drei Gänge zu seiner Ausführung. Zuerst werden in schrägen Zickzackreihen die Quadrate gearbeitet, und zwar macht man fünf wagerechte Stiche über je vier Stoffäden von links nach rechts mit einem Faden Zwischenraum, darauf führt man die Nadel unter vier Fadenkreuzungen von rechts nach links abwärts, arbeitet fünf senkrechte Stiche über je vier Fäden in einer Linie nebeneinander, von unten nach aufwärts stechend, sodann folgt ein Stich unter vier Fadenkreuzungen von rechts nach links abwärts und abermals fünf wagerechte Stiche. Das mehrfache Aneinandersetzen solcher schräger

Abb. 805. Viertes Spitzengrundmuster. Ausführung der ersten und zweiten Reihe.

Stufenreihen ergibt, wie schon erwähnt, gleichmässige Stoffquadrate, deren Inneres wieder bestickt wird. Man beginnt in der rechten oberen Ecke eines Vierecks und führt den Arbeitsfaden schräg unter die vier freien Fadenkreuzungen, macht einen senkrechten Stich über vier Fäden nach aufwärts, sticht unter vier Stoffäden wagerecht von links nach rechts, arbeitet zurückkehrend von rechts nach links über dieselben vier Fäden einen wagerechten Stich, führt die Nadel unter die erstbeschriebenen, senkrecht überstochenen vier Fäden ebenfalls senkrecht nach abwärts, macht einen schrägen Stich von links nach rechts aufwärts über vier Fadenkreuzungen, worauf man einen langen, diagonalen Stich auf der Kehrseite bis in die linke untere Ecke des schräg anstossenden Quadrates ausführt.

Abb. 806.
Viertes Spitzengrundmuster.
Ausführung der 3. Reihe.

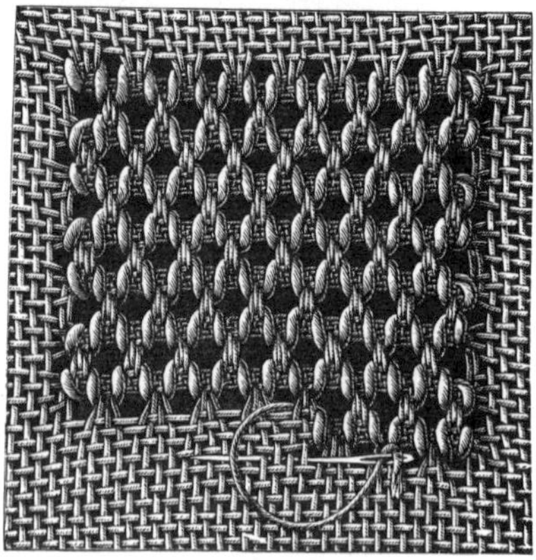

Abb. 807.
Fünftes Spitzengrundmuster.

Hier wiederholt sich der vorherbeschriebene Vorgang, indem man wieder mit jenem senkrechten Stiche über vier Fäden nach aufwärts beginnt. Sind sämtliche Vierecke so überarbeitet, so wird der dritte und letzte Gang, den Abbildung 806 veranschaulicht, in entgegengesetzter Richtung zum vorherigen ausgeführt, ist aber in Betreff der Stichart genau derselbe. Das fertige Muster zeigt in den Vierecken vierseitig umrandete Kreuzchen und das feste Anziehen des Arbeitfadens lässt die gleichmässig gearbeiteten, langen Diagonalstiche der Kehrseite durchscheinen, so dass das Kreuzchen mit diesen zusammen eine sternchenartige Figur bildet.

Fünftes Spitzengrundmuster (Abb. 807). — Der Mustersatz erfordert 4 Fäden Höhe und Breite.

Die gitterartig wirkende Musterung wird in wagerechten Reihen gearbeitet. Mit einem Schrägstiche über vier wagerechte und zwei senkrechte Fäden nach rechts aufwärts beginnend, wird die Nadel unter vier Fäden wagerecht nach links geführt, sodann über vier wagerechte und zwei senkrechte Fäden nach rechts abwärts, abermals unter vier Fäden wagerecht nach links, worauf mit dem erstbeschriebenen Schrägstiche fortgefahren wird.

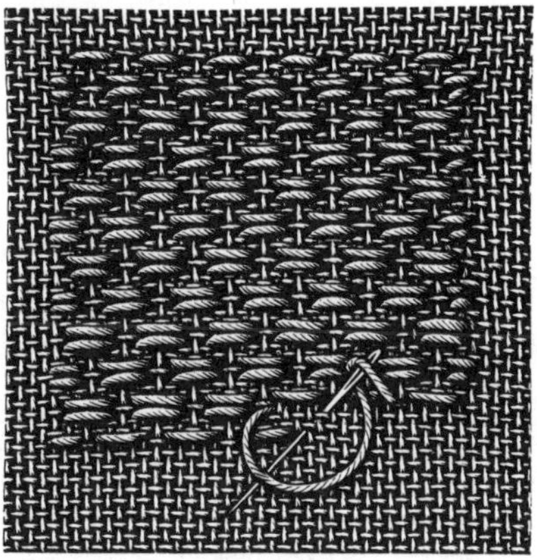

Abb. 808.
Sechstes Spitzengrundmuster.

Die folgenden Reihen sind versetzt zu stellen, so dass stets 4 Schrägstiche in einer Stofflücke zusammenkommen.

Sechstes Spitzengrundmuster (Abb. 808). — Jeder Mustersatz erfordert 6 Fäden Höhe und Breite.

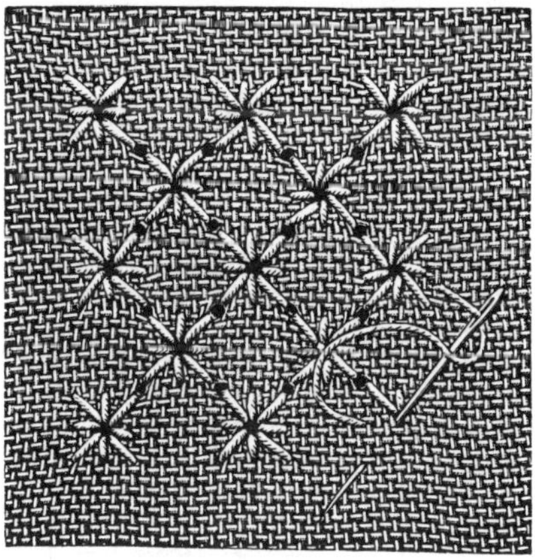

Abb. 809.
Siebentes Spitzengrundmuster.

Die überaus einfache Ausführung dieser Musterung geschieht in zwei wagerechten Reihen. Der erste Stich wird wagerecht über fünf Fäden von links nach rechts gearbeitet; hierauf führt man die Nadel unter zwei Fadenkreuzungen von rechts nach links abwärts, dann über fünf Fäden in wagerechter Richtung von links nach rechts abermals unter zwei Fadenkreuzungen von rechts nach links aufwärts und fährt mit dem erstbeschriebenen wagerechten Stiche über fünf Fäden von links nach rechts fort. Die zweite Stichreihe, deren Ausführung der ersten gleichkommt, wird an die erste

Reihe so angeschlossen, dass ein Stoffaden übergangen wird und erst nach diesem die vorbeschriebene Linienführung in gewechselter Anordnung zur Ausführung kommt.

Siebentes Spitzengrundmuster (Abb. 809). — Jeder Mustersatz verlangt 16 Fäden Höhe und Breite.

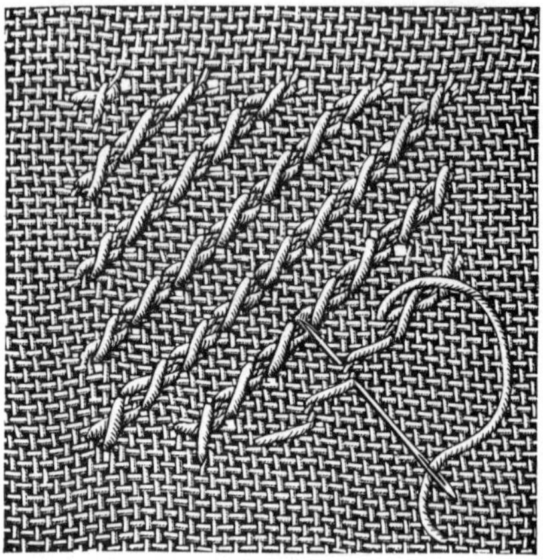

Abb. 810. Achtes Spitzengrundmuster. Ausführung der ersten Kreuzstichreihe.

Abb. 811. Achtes Spitzengrundmuster. Ausführung der zweiten Kreuzstichreihe.

Dieses Muster besteht aus versetzt gestellten einzelnen Sternchenstichen, siehe auch Abb. 344, welche den Grund schachbrettartig mustern. Durch strammes Anziehen des Arbeitfadens entsteht im Mittelpunkte der Figur eine grössere Lücke.

Achtes Spitzengrundmuster (Abb. 810 und 811). Jeder Mustersatz verlangt 8 Fäden Höhe und Breite.

Aus zwei schrägen, entgegengesetzt übereinandergearbeiteten Kreuzstichreihen bestehend, wirkt diese Musterung besonders gut in der Ausführung mit stärkerem Material.

Abbildung 810 veranschaulicht die erste lange Kreuzstichreihe, welche diagonal von links nach rechts aufwärts gearbeitet erscheint. Man beginnt mit einem Schrägstich über sechs senkrechte und zwei wagerechte Stoffäden von links nach rechts aufwärts, führt die Nadel unter zwei Fadenkreuzungen nach links aufwärts weiter und fährt wieder mit einem Schrägstiche fort. Der zurückgehende Gang bildet die länglichen Kreuze. Abbildung 811 zeigt das nochmalige Ueberarbeiten derselben in entgegengesetzter Richtung.

3) **Spitzengrundmuster mit Zierfiguren aus Flachstichen.** Durch Zusammensetzung der beiden ersterwähnten Gruppen entstanden, erscheint diese dritte Art am reichsten und wirkungsvollsten. Wir bringen hier acht solcher Muster; es ist ein Leichtes, aus den beiden vorangegangenen Gruppen stets neue Füllmuster zusammenzusetzen.

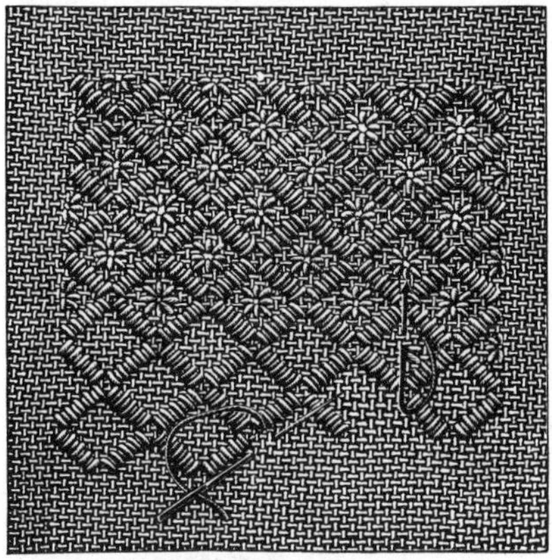

Abb. 812. Erstes Spitzengrundmuster mit Zierfiguren aus Flachstich.

Als Material dient gedrehter Faden für die Spitzenstiche, offenes Garn für die Flachstiche (siehe auch Seite 555).

Erstes Spitzengrundmuster mit Zierfiguren aus Flachstich (Abb. 812). — Jeder Mustersatz erfordert 12 Fäden Höhe und Breite.

Schräge Balken aus kurzen Flachstichen teilen den Stoff in kleine Quadrate ein. Diese Stäbe werden in wagerechten Reihen gearbeitet, wie es die Abbildung deutlich erklärt.

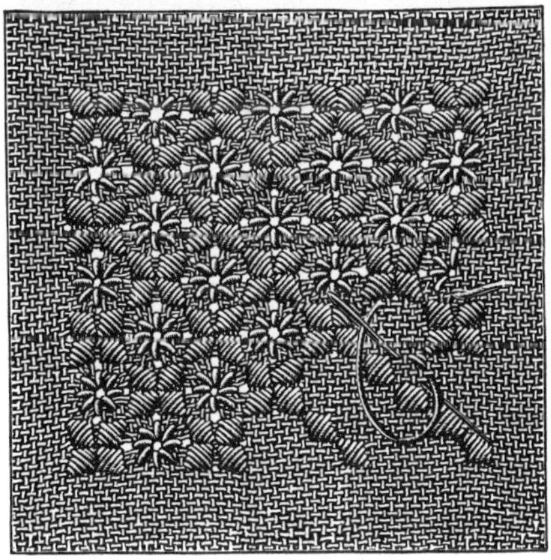

Abb. 813. Zweites Spitzengrundmuster aus Sternchen- und Flachstich.

Man führt die Nadel über zwei Fadenkreuzungen von rechts nach links abwärts, sticht unter zwei senkrechten und einem wagerechten Faden aufwärts zurück, gibt einen schrägen Stich über eine Fadenkreuzung nach links abwärts, sticht abermals unter zwei senkrechten und einem wagerechten Faden nach rechts aufwärts, um wieder einen schrägen Stich über zwei Fadenkreuzungen nach links abwärts auszuführen. Man arbeitet in dieser Art fünf Stiche über zwei Fadenkreuzungen mit je einem kurzen Zwischenstiche über eine Fadenkreuzung. Nach dem fünften langen Diagonalstiche führt man die Nadel auf der Kehrseite in den Ausgangspunkt des letzten Stiches zurück und beginnt den zweiten kurzen Schrägbalken, der dem erstbeschriebenen vollkommen gleicht, nur in entgegengesetzter Richtung gearbeitet erscheint.

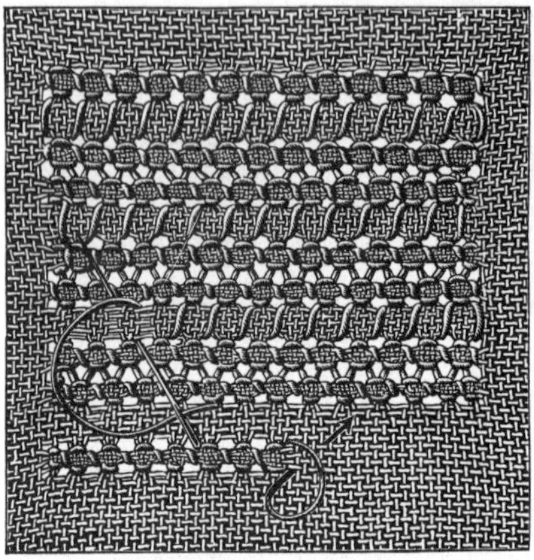

Abb. 814. Drittes Spitzengrundmuster mit Querstreifen aus Flachstich.

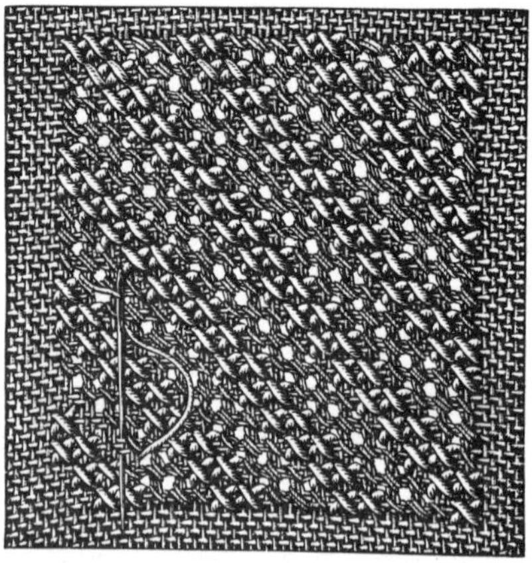

Abb. 815. Viertes Spitzengrundmuster mit Schrägstreifen aus Kreuzstichen.

Die nächst angefügte Reihe schliesst die Stoffvierecke, welche, nach Abb. 812, mit je einem Sternchenstiche ausgestattet sind.

Beim mittleren Diagonalstiche der rechts unten liegenden Balken beginnend, führt man die Nadel von rechts nach links aufwärts über zwei Fadenkreuzungen, macht einen gleichseitigen wagerechten Stich über zwei Fäden, welcher nach rechts weist, sticht unter zwei Fadenkreuzungen von links nach rechts aufwärts, führt den Faden über dieselben Fadenkreuzungen von rechts nach links abwärts usw. Sämtliche Stiche treffen sich in einer Stofflücke, die dadurch erweitert wird und als Durchbruch wirkt.

Zweites Spitzengrundmuster aus Sternchen- und Flachstich (Abb. 813). — Der Mustersatz erfordert 16 Fäden Höhe und Breite.

Die Musterung besteht aus vierteiligen, dichten Flachstich-Würfeln und durchbrochenen Sternfiguren; erstere bestehen aus sieben Schrägstichen, deren erster und letzter je über eine Fadenkreuzung, der vierte und zugleich mittlere Stich über vier Fadenkreuzungen reicht. Die Flachstich-Würfel werden in zwei Diagonalreihen gearbeitet, wie es auf Abbildung 813 deutlich zu ersehen ist. Die Sternfiguren sind aus acht Stichen gebildet, die sämtlich in eine Stofflücke treffen. Die vier Diagonalstiche reichen je über drei Fadenkreuzungen, die wagerechten und senkrechten Stiche je über vier Fäden.

Drittes Spitzengrundmuster mit Querstreifen aus Flachstich (Abb. 814). — Der Mustersatz erfordert 13 Fäden Höhe und 4 Fäden Breite.

Doppelte Kästchenstichreihen in versetzter Anordnung über vier Stoffäden nach den Abbildungen 740 und 741 ausgeführt, ergeben die bereits bei der Durchbrucharbeit beschriebene Zäckchennaht, die in dieser Musterung Anwendung findet. Die fünf freien Stoffäden zwischen den doppelten Kästchenstichreihen werden mit senkrechten Flachstichen bedeckt, und zwar greifen dieselben in die durch die Kästchenstichreihen entstandenen Stofflücken.

Viertes Spitzengrundmuster mit Schrägstreifen aus Kreuzstichen (Abb. 815). — Jeder Mustersatz erfordert 15 Fäden Höhe und 15 Fäden Breite.

Das schräggestreifte Muster wird aus doppelten Kreuzstichreihen mit dazwischen laufenden Lückenstichen gebildet. Die Kreuzchen, je über drei Fäden Höhe und Breite gearbeitet, werden zu zweien nebeneinandergesetzt, so dass die Doppelreihen gleichzeitig gearbeitet werden. Zwischen zwei doppelten Kreuzstichreihen bleiben neun Stoffäden als Zwischenraum, der mit dem Lückenstiche, Abb. 743, verziert wird. Mit einem Schrägstiche über drei Fadenkreuzungen nach links aufwärts beginnend, wird die Nadel unter drei Fäden senkrecht nach abwärts und sodann wieder über drei Fadenkreuzungen nach links aufwärts geführt, nach rechts auf der Kehrseite drei Stoffäden in wagerechter Richtung übergehen, ein Schrägstich nach links usw. Die zweite Reihe wird entgegengesetzt nach abwärts zurückgearbeitet und es entstehen beim Zusammentreffen zweier Schrägstiche Lücken, die in der Musterung als Durchbruch wirken.

Fünftes Spitzengrundmuster mit Zierfiguren aus Kreuz- und Sternchenstichen (Abb. 816). — Jeder Mustersatz erfordert 12 Fäden Höhe und 30 Fäden Breite.

In breiten Streifen angelegt, eignet sich dieses Muster nur zur Füllung grösserer Flächen. Doppelte Kästchenstichreihen, nach Abb. 740, in senkrechter Richtung gearbeitet, deren einzelne Stiche über drei Höhe- und Breitefäden greifen, bilden in Zwischenräumen von 24 Stoffäden die Streifeneinteilung. In die glatten Stoffstreifen werden nun je zwei Zackenlinien aus auf die Spitze gestellten Kreuzstichen in entgegengesetzter Richtung ausgeführt und das Innere der sich so bildenden Vierecke mit je einem Sternchenstiche verziert. An den Rändern werden noch nach Abbildung 816 einzelne gewundene Knötchenstiche eingearbeitet.

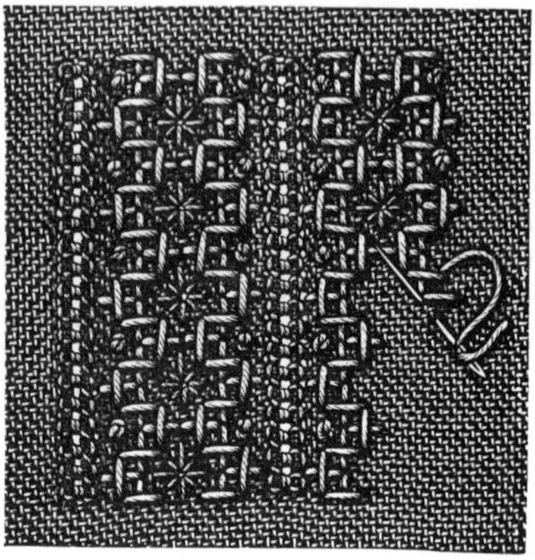

Abb. 816. Fünftes Spitzengrundmuster mit Zierfiguren aus Kreuz- und Sternchenstichen.

Sechstes Spitzengrundmuster mit Zierfiguren aus Kreuz- und Languettenstichen (Abb. 817). — Jeder Mustersatz erfordert 24 Fäden Höhe und Breite.

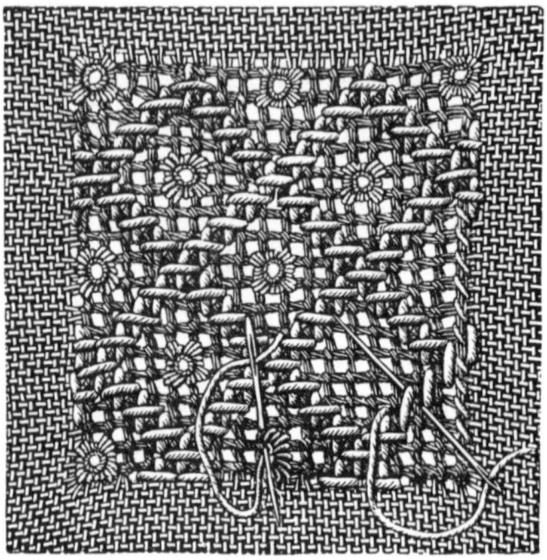

Abb. 817. Sechstes Spitzengrundmuster mit Zierfiguren aus Kreuz- und Languettenstichen.

Da der Arbeitsfaden stramm angezogen werden muss, so ergeben sich deutlich sichtbare Lücken, die mit Kreuzstich in Diagonalreihen überarbeitet werden. Man übersticht senkrecht nach abwärts eine solche Stofflücke, führt die Nadel unter den zusammengezogenen Webefäden schräg von rechts nach links aufwärts in die nebenstehende Lücke, um abermals mit dem senkrechten Stiche zu beginnen. Der zweite Gang ergibt die Kreuzchen, da er zwar in gleicher Weise ausgeführt, jedoch durchweg wagerechte Stiche aufweist, die jene der ersten Reihe kreuzen. Sind die Kreuzstichreihen derart ausgeführt, wie es Abbildung 817 zeigt, so ist die Musterung in gleichmässige, auf der Spitze stehende Vierecke eingeteilt, deren mittlere Lücke mit Languettenstichen ausgeschlungen wird.

Siebentes Spitzengrundmuster mit Zierfiguren aus Flachstich (Abb. 818). — Jeder Mustersatz erfordert 24 Fäden Höhe und Breite.

Die Musterung zeigt vierteilige Würfel aus schrägem Flachstich, welche die Innenflächen des durch doppelte Kästchenstichreihen in Vierecke eingeteilten Stoffes decken. Der Kästchenstich ist nach Abbildung 740 über drei Fäden Höhe und Breite ausgeführt und umschliesst immer Stoffvierecke von je 18 Höhe- und Breitefäden, in welche die Würfel so hineingearbeitet werden, dass die mittleren und breitesten Stiche, die über acht Fadenkreuzungen greifen, im Mittelpunkte der Figur zusammentreffen. Die kleinsten Stiche decken je eine Fadenkreuzung.

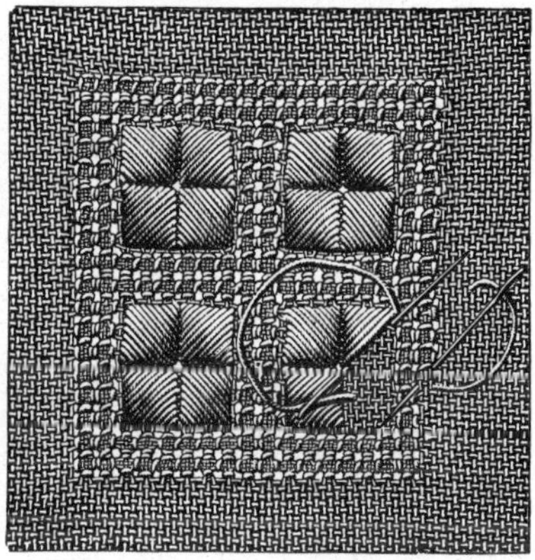

Abb. 818.
Siebentes Spitzengrundmuster mit Zierfiguren aus Flachstich.

Achtes Spitzengrundmuster mit Zierfiguren aus Flachstich und gekreuztem Steppstich (Abb. 819). — Jeder Mustersatz erfordert 28 Fäden Höhe und 26 Fäden Breite.

Auf die Spitze gestellte Vierecke mit Einfassung aus Flachstich und durchbrochener Füllung wechseln mit kleinen, vierteiligen Würfeln mit Kreuznaht-Untergrund. Die in senkrechter Stichlage gehaltenen Vierecke beginnen links mit einem Stiche über zwei Fäden nach abwärts; unter drei wagerechten und einem senkrechten Stoffaden nach aufwärts stechend führt man die Nadel über vier Fäden nach abwärts. Es folgen sodann ein Stich über sechs, einer über acht und einer über zehn Fäden, worauf unter fünf wagerechten und einem senkrechten Faden die Nadel nach aufwärts geführt wird. Nun arbeitet man neun Flachstiche über sechs Fäden, jeden Stich um einen Faden nach aufwärts vorschiebend, so dass eine schräge Flachstichreihe entsteht. Der neunte Stich bildet die obere Spitze des Vierecks; es folgen nun acht Flachstiche über sechs Fäden, je um einen Faden nach abwärts geschoben; sodann arbeitet man einen Flachstich über zehn Fäden, welchem sich vier Stiche von allmählich verminderter Fadenzahl anschliessen. Der letzte Flachstich umfasst nur zwei Stoffäden und bildet zugleich die rechte Ecke des Vierecks. In gleicher Weise wird dann letzteres auch nach unten zu vervollständigt. Der Raum im Innern des Vierecks zeigt eine erhabene Sternfigur aus viermal drei wagerechten Flachstichen über je vier Stoffäden, die aussen von einer gewickelten Stufenlinie über je zwei Stoffäden umgeben erscheint. Die Herstellung der Würfel erfolgt in diagonalen Reihen, wie es Abbildung 819 erklärt.

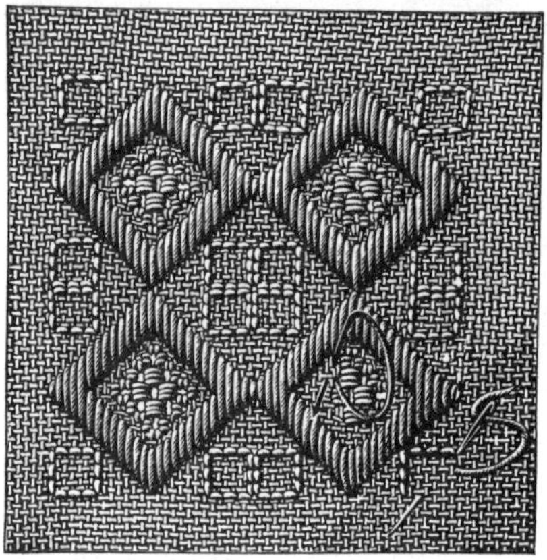

Abb. 819. Achtes Spitzengrundmuster mit Zierfiguren aus Flachstich und gekreuztem Steppstich.

Dresdner Spitze auf Batistgrund (Abb. 820, 821, 822). — Aeusserst zart und fein, jedoch von nicht besonders schwieriger Ausführungsart, zeigt Abbildung 820 eine Dresdner Spitze auf Batist mit feinem Leinengarne gearbeitet.

Hat man auf den in den Rahmen gespannten Batist die Zeichnung übertragen, so füllt man die grösseren Innenflächen der Figuren mit Grundmustern nach Abbildungen 805, 806, 814 und 819. Nach Vollendung der Füllstiche werden die schmalen Formen der Musterzeichnung mit gekreuztem Steppstiche unterarbeitet, wodurch die Zeichnung dicht unterlegt erscheint und entsprechend hervortritt, während die Spitzenstiche in angenehmer Abwechslung die übrigen Flächen durchbrechen. Der Aussenrand der Spitze wird mit Languettenschlingen festonniert und nach jedem vierten Stiche mit einem Pikot verziert. (Siehe « Die Nadelspitzen », Abb. 869.)

Der gekreuzte Steppstich wurde bereits bei der Weisstickerei gelehrt, siehe die Abb. 74 und 75, doch zeigen wir hier abermals seine Ausführungsweise an dem vergrösserten Blättchen, Abb. 821, wo die Nadelstellung auf der rechten Seite deutlich ersichtlich ist, und in Abb. 822, welche die Kehrseite des fertigen Blattes veranschaulicht.

Als Material wird Leinen-Stickgarn D.M.C (Lin à broder) genommen, N° 20 für den gekreuzten Steppstich, N° 50 und 90 für die Füllstiche und den Languettenabschluss.

Nachbildung von Dresdner Spitze auf Congresstoff mit durchbrochenem Grunde. — Abbildung 823 veranschaulicht eine im groben Material auf Congresstoff ausgeführte Nach-

Abb. 820. Dresdner Spitze auf Batistgrund.
Fadensorten : Leinen-Stickgarn D.M.C N° 20, 50 und 90, in Weiss. (*)

bildung einer Dresdner Spitze. Zuerst wird die Mustervorzeichnung auf den Grundstoff übertragen ; sodann beginnt man mit der Ausführung des durchbrochenen Grundes, mit dem Spitzengrundmuster, Abb. 802 ; auch können, an Stelle dieses, Füllstiche laut Abbildungen 803 und 804 angebracht werden. Die Blumen weisen die Musterung Abbildung 812 auf, während die Blätter jene in Abbildung 813 darstellen. Auch diese beiden Musterungen können auf Wunsch durch andere in diesem Abschnitt gelehrte ersetzt werden.

Sind alle Füllungen beendet, so werden die Umrisse im Stielstiche ausgeführt ; durch die so entstandenen erhabenen

(*) Siehe am Schluss des letzten Kapitels die Tabelle der Nummern und das Farbenverzeichnis der Baumwoll-, Leinen- und Seiden-Artikel, Marke D.M.C.

Ränder treten die einzelnen Figuren des Musters, bei denen der Grundstoff des Musters unbestickt blieb, besonders wirkungsvoll hervor und heben sich deutlich von dem durchbrochenen Grunde ab.

Der Aussenrand der Spitze erhält Languettenabschluss. Der äussersten Stielstichreihe entlang werden zwei Reihen Vorstiche gearbeitet, über welche die Languetten ausgeführt werden.

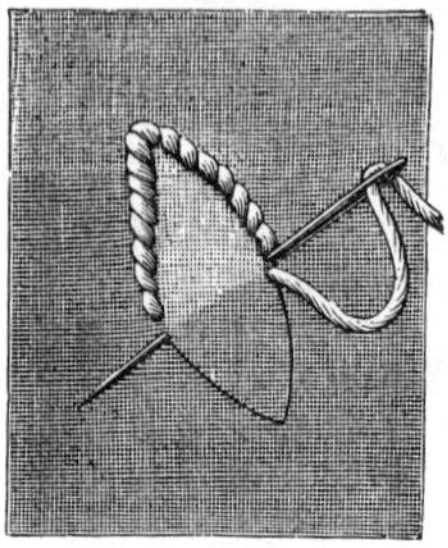

Abb. 821. Ausführung eines Blattes im gekreuzten Steppstich. Rechtseite.

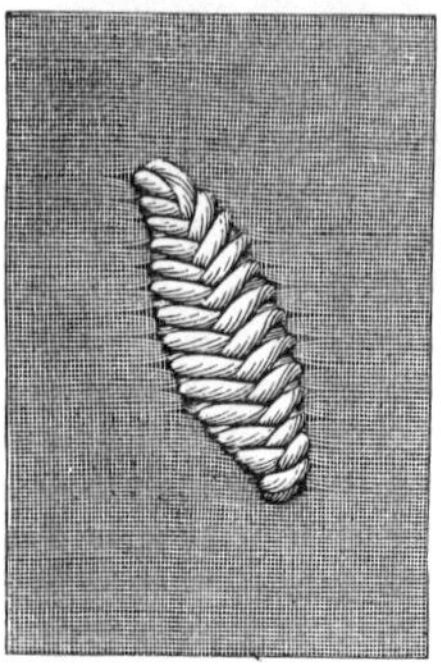

Abb. 822. Ausführung eines Blattes im gekreuzten Steppstich. Kehrseite.

Als Material dient Flaches Leinengarn D.M.C (Lin floche) N° 25 für die Spitzengrundmuster, N° 16 für die Umrandung im Stielstiche.

Kissenvorlage in Colbert-Stickerei (Abb. 824 und 825). — Arabeskenzeichnungen mit Spitzen und Damaststichfüllung und kräftiger Schnurumrandung auf Congresstoffen ausgeführt, nennt man Colbert-Stickereien. Als Beispiel dieser Art bringen wir die Kissenvorlage, Abb. 824.

Auf unserer Darstellung, Abb. 825, lassen sich die einzelnen Füllstiche deutlich erkennen und bedürfen daher keiner weiteren Erklärung. Wir erwähnen nur, dass der feine, die Schnörkel und die Aussenränder der Eckblumen füllende Stich dem ungarischen Stiche, Abb. 340, gleich ist.

Als Grundstoff dient mittelstarker, elfenbeinfarbiger Congresstoff. Die Füllstiche sind mit Persischer Stickseide D.M.C (Soie de Perse), in Jaune-Maïs 1069 und Brun-Rouille 1154 gearbeitet, einzelne Ziersticke mit Stickgold D.M.C (Or fin à broder) N° 30.

Die kleinen Blütenranken erscheinen in schattiertem Plattstiche gestickt. Nach Vollendung der Musterfiguren wird der Grund mit dem Spitzengrundmuster, Abb. 808, mit Häkelgarn D.M.C, Spezial-Qualität (Cordonnet spécial), N° 20, in Jaune-Maïs 579 überarbeitet. Erst nachdem Musterfiguren und Grundfüllung beendet, sind die zur Umrandung dienenden Schnüre den

Umrissen entlang aufzunähen. Man verwendet hierzu für kräftigere Formen Türkische Goldschnur D.M.C (Ganse turque) N° 6, für feinere, Türkische Goldschnur D.M.C (Ganse turque) N° 12. Um die Musterfiguren besser vom Grunde abzuheben, wird den Umrissen entlang eine Stielstichreihe mit brauner Seide angesetzt.

Tüllspitzen. — Bei Tüllspitzen entsteht die Musterung meistens durch Einstopfen; entweder wird das ganze Motiv

Abb. 823. Nachbildung von Dresdner Spitze auf Congresstoff mit durchbrochenem Grunde.

Fadensorten: Flaches Leinengarn D.M.C N° 16 und 25 oder Perlgarn D.M.C N° 5 und 8, in Weiss oder Jaune-Crème 712. (*)

im Stopfstiche ausgeführt, oder auch nur die Umrandung, und die Figuren werden dann durch Ziersticke gefüllt. Es gibt auch Aufnäharbeiten auf Tüll; in diesem Falle bilden languettierte Batiststücke die Musterformen und der Tüll ergibt den Spitzengrund.

Die einfachsten Spitzen sind jene, bei denen die Musterung, die entweder nach gezählten Fäden oder nach Vorzeichnung einzuarbeiten ist, nur durch einen eingezogenen Umrissfaden

(*) Diese Nummer bezeichnet eine Farbe aus den Farbenkarten der die Marke D.M.C tragenden Artikel. Diese Farbenkarten liegen in allen Kurzwaren- und Handarbeitsgeschäften auf.

gebildet wird. Bei Spitzenmustern mit Füllstichen sind letztere nach gezählten Fäden zu arbeiten, die Umrandung ist nach Vorzeichnung einzuziehen und zu übersticken. Diese Musterungen sind Nachbildungen der kostbaren Brüsseler-Brabanter Klöppelarbeiten ; der Tüll ersetzt den Löchergrund (fond réseau), die eingestickten Füllstiche die geklöppelten Ziergrundmuster, die auch hier, genau wie bei der Klöppelspitze, durch starke Umrandung abgeschlossen erscheinen.

Abb. 824. Kissenvorlage in Colbert-Stickerei.

Fadensorten : Persische Stickseide D.M.C, in Jaune-Maïs 1069 und Brun-Rouille 1154, Häkelgarn D.M.C, Spezial-Qualität, N° 20, in Jaune-Maïs 579, Türkische Goldschnur D.M.C N° 6 und 12 und Stickgold D.M.C N° 30. (*)

Fadensorten. — Zum Besticken des Tüllgrundes wähle man nur weichen, glänzenden Faden ; für Stickereien auf feinem weissen oder crème Tüll eignen sich Perlgarn D.M.C (Coton perlé), Spezialgarn D.M.C (Mouliné spécial) oder Persische Stickseide D.M.C (Soie de Perse) ; schwarze Spitzen hingegen werden nur in Seide gearbeitet. Für den modernen,

(*) Siehe am Schluss des letzten Kapitels die Tabelle der Nummern und das Farbenverzeichnis der Baumwoll-, Leinen- und Seiden-Artikel, Marke D.M.C.

groblöcherigen Erbsentüll wird Spezialgarn D.M.C (Mouliné spécial) und Flaches Leinengarn D.M.C (Lin floche) verwendet. Aufnäharbeiten verlangen zur Ausführung der Languettensticheinfassung leicht gedrehtes Garn, wie Stickgarn D.M.C (Coton à broder). Für Spinnen und Stäbchenfüllung nehme man Elsässer Nähgarn D.M.C (Fil d'Alsace) in entsprechender Stärke.

Vorrichten. — Die Mustervorzeichnung für die Stickerei ist auf Baus- oder Wachsleinwand zu übertragen und der Tüll

Abb. 825. Teil der Kissenvorlage in Colbert-Stickerei Abbildung 824.
Zur Hälfte verkleinert.

über diese Unterlage straff zu spannen, da sich der weiche Spitzengrund sonst beim Arbeiten leicht verzieht und die Stickerei dann unansehnlich erscheint.

Bei Muster und Füllstichen sind zuerst die Umrisse mit feinen Garnen vorzustechen, dann erst kann die eigentliche Tüllstickerei begonnen werden.

Tüllstickereien auf der Maschine. — Tüllstickereien im Stopfstich und Aufnäharbeiten auf Tüll eignen sich vortrefflich zur Herstellung auf der Maschine.

Zu Stopfsticharbeiten ist als Ober- und Unterfaden Retors d'Alsace D.M.C in den Nummern 20 bis 100 zu verwenden.

Zum Einsticken der Konturen der Stoffauflagen dient Stickgarn D.M.C (Coton à broder), auf Spulen, in den Nummern 80 bis 120, mit Nähmaschinengarn D.M.C (Fil pour machines) N° 150 als Unterfaden. Die Umrandungsstiche sind über einen Einlagefaden von Häkelgarn D.M.C, Spezial-Qualität (Cordonnet spécial), in den Nummern 5 bis 30 auszuführen.

Tüllmuster. — Wir beginnen mit einer Reihe von Grundmustern und kleinen Einsätzen von sehr leichter Ausführung, die dann bei den darauffolgenden grösseren Spitzenmustern zur Verwendung gelangen.

Erstes Tüllmuster (Abb. 826). — Dieses Gitter besteht aus zwei Stichreihen. In der ersten Reihe laufen die einfachen

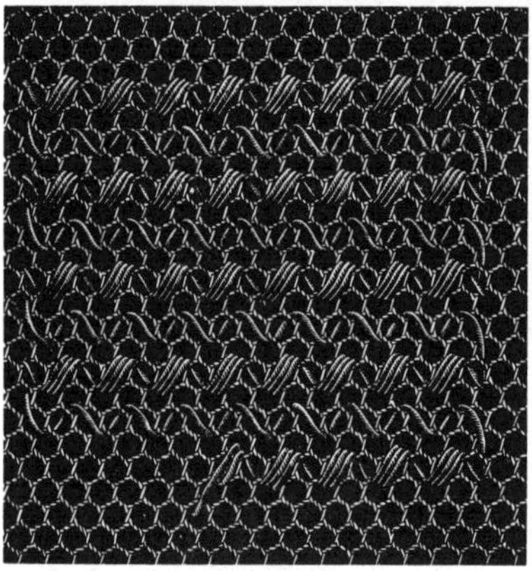

Abb. 826. Erstes Tüllmuster.

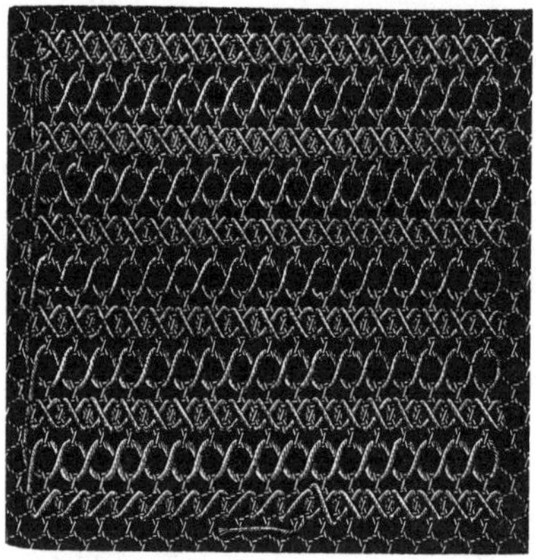

Abb. 827. Zweites Tüllmuster.

Stiche von links nach rechts schräg über und unter einer Tüllrundung; in der zweiten Reihe liegen die dreifachen Stiche, die ebenfalls über eine Tüllrundung auszuführen sind, von rechts nach links.

Zweites Tüllmuster (Abb. 827). — Man beginnt mit einer Doppelreihe, bei der eine senkrechte Löcherreihe des Tüllgrundes umrandet wird; an diese Reihe stösst eine Kreuzstichreihe. Zu diesem Kreuzstiche ist der Faden unter ein gerades Tüllstäbchen und über eine Tüllrundung schräg zu führen. Die zweite zurückgehende gleiche Stichreihe bildet die Kreuzchen.

Drittes Tüllmuster (Abb. 828). — Wenn eine Reihe Kreuzstiche, wie die in Abbildung 827 beschriebene, vollendet ist, schliesst man eine zweite an die erste an, bei welcher der Faden unter das zwischen den ersten Stichen liegende Stäbchen durchgezogen wird, so dass beide Stichreihen nur über drei Fadenreihen laufen. Die dichten Kreuzstichgänge sind durch je eine Reihe Tüllstäbchen getrennt.

Viertes Tüllmuster (Abb. 829). — Man führt oben den Faden unter zwei Stäbchen und einer Tüllrundung durch, dann, zwei Stäbchen und eine Rundung schräg übergehend, ebenso unten durch. In der zweiten Reihe sind die Fäden wie in der ersten einzuziehen, und zwar so, dass stets vier Fäden in eine Tüllrundung laufen und sich zwei nebeneinander unter einer solchen durchziehen.

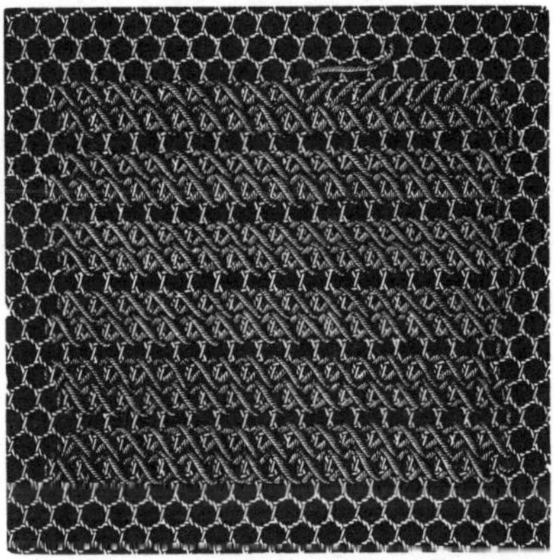

Abb. 828. Drittes Tüllmuster.

Fünftes Tüllmuster (Abb. 830). — Dieses Muster, gleich jenem in der Abbildung 829 gebrachten auszuführen, wird durch dreifache Stiche dichter gestaltet. Nach oben, wo in der vorhergehenden Reihe die Fäden dreifach gelegt wurden, ist der Arbeitsfaden nur einfach durchzuziehen.

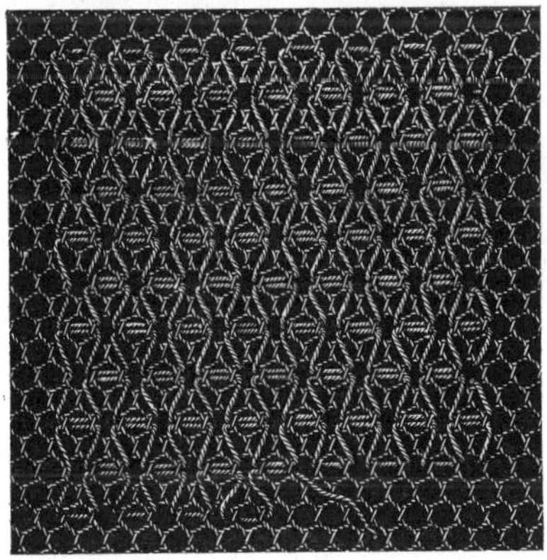

Abb. 829. Viertes Tüllmuster.

Abb. 830. Fünftes Tüllmuster.

Sechstes Tüllmuster (Abb. 831). — In jeder zweiten Löcherreihe wird der Faden nach Stopfart zweimal hin- und zurückgeführt. In den Zwischenreihen werden über eine Rundung und zwei Stäbchen vier Stiche gelegt; nach dem vierten Stiche geht der Faden unter zwei Stäbchen zur nächsten zu überstickenden Füllücke.

Siebentes Tüllmuster (Abb. 832). — Der Faden ist von einer Tüllrundung aus dreimal schräg über drei Stäbchen nach rechts und dann nach links zu legen. Die Stiche der

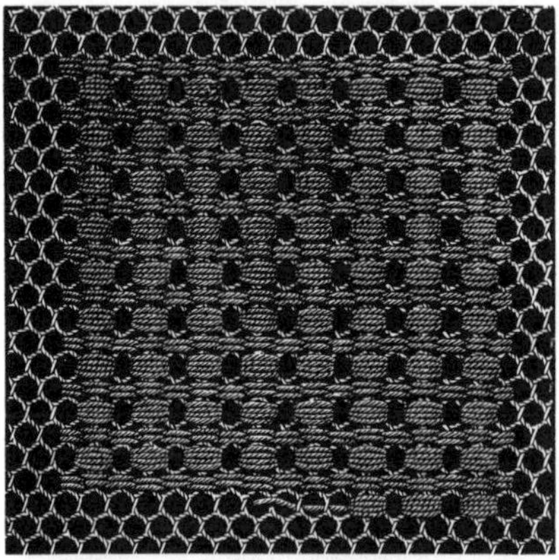

Abb. 831. Sechstes Tüllmuster.

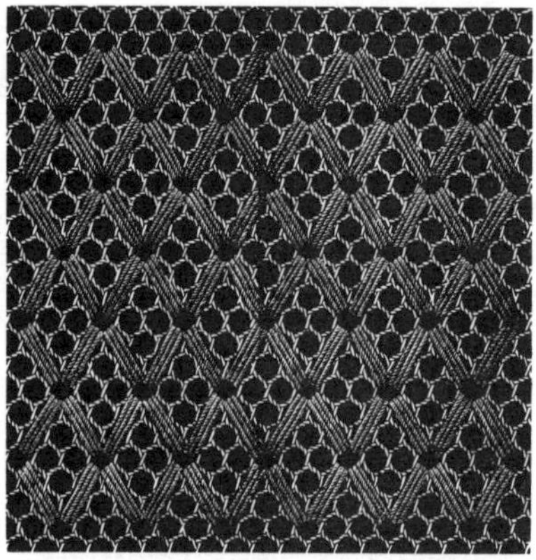

Abb. 832. Siebentes Tüllmuster.

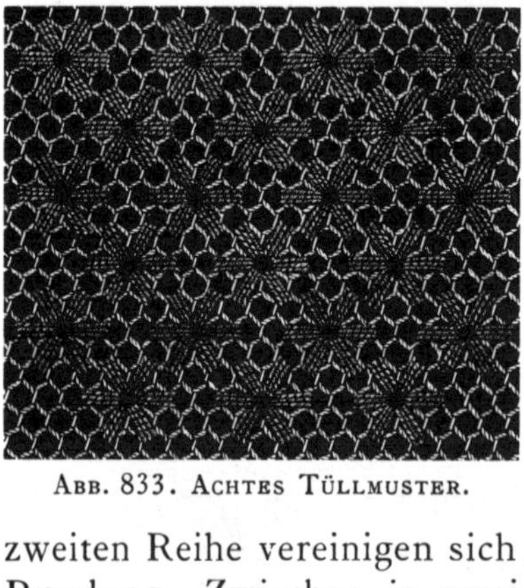

Abb. 833. Achtes Tüllmuster.

Abb. 834. Neuntes Tüllmuster.

zweiten Reihe vereinigen sich mit jenen der ersten in derselben Rundung. Zwischen je zwei Stichreihen bleiben vier Rundungen frei.

Achtes Tüllmuster (Abb. 833). — Diese zarten Figürchen können sowohl als gedrängtes Muster, wie auch als einzelne Streusternchen verwendet werden. Sollen sie stärker hervortreten, so genügt es, die Stichzahl zu vermehren. Der Faden ist von aussen möglichst unsichtbar zur inneren Rundung hin- und nach Vollendung der Stiche wieder nach Aussen zurückzuführen.

Neuntes Tüllmuster (Abb. 834). — Auch diese dichten Blümchen erzielen nicht nur gestreut, sondern auch in zwei bis drei Reihen ausgeführt eine hübsche Wirkung. Sie finden dort überall Verwendung, wo Lücken auszufüllen oder Reihen zu ergänzen sind.

Abb. 835. Zehntes Tüllmuster.

Zehntes Tüllmuster (Abb. 835). — Die sternförmige Figur, deren längster gerader Stich über drei Tüllstäbchen und zwei Rundungen und der kürzeste über drei Querstäbchen und zwei Rundungen gehen, können auch, wie das vorhergehende Muster, dichter aneinander gereiht werden.

Abb. 836. Elftes Tüllmuster.

Elftes Tüllmuster (Abb. 836). — Stopfstiche bilden ebenfalls dieses gewürfelte Muster. Der Faden wird durch jede zweite Löcherreihe geführt. Wenn alle unteren Reihen vollendet sind, dann werden die oberen darüber in gleicher Art gearbeitet. Ganz willkürlich lassen sich auch hier die Stiche spärlich verteilen. Sind aber mehr Reihen zwischen den Fäden, so tritt die Notwendigkeit einer kleinen Ausstattung der leeren Felder ein.

Zwölftes Tüllmuster (Abb. 837). — Versetzt oder aneinander gestellt, ergeben diese Zacken ein sehr hübsches, gefälliges Grundmuster, das trotz leichter Zeichnung, mit kräftigem Faden gearbeitet, von wirklich reicher Wirkung ist, besonders wenn die Sternchen im inneren Felde mit feinem Golde, Stickgold D.M.C (Or fin à broder), eingezogen werden.

Dreizehntes, vierzehntes und fünfzehntes Tüllmuster (Abb. 838, 839, 840). — Diese drei Muster, sowie die noch folgenden, sind ganz besonders zur Verwendung an Einsätzen, Krawattenenden, Wäschegegenständen geeignet, statt gehäkelter, geklöppelter oder sonstiger Spitzen. Die einfache Zeichnung und die Stichart, an den Abbildungen deutlich erkennbar, machen weitere Sticherklärungen überflüssig. Hingegen aber wird empfohlen, alle drei Zeichnungen mit ziemlich kräftigem Faden auszuführen. Ganz besonders kommen sie zur Geltung, wenn Perlgarn D.M.C (Coton perlé), Spezialgarn D.M.C (Mouliné spécial) oder Flaches Leinengarn D.M.C (Lin floche), oder auch Litzen D.M.C, extra feine Qualität (Lacet superfin) N° 1, zum Einziehen verwendet werden.

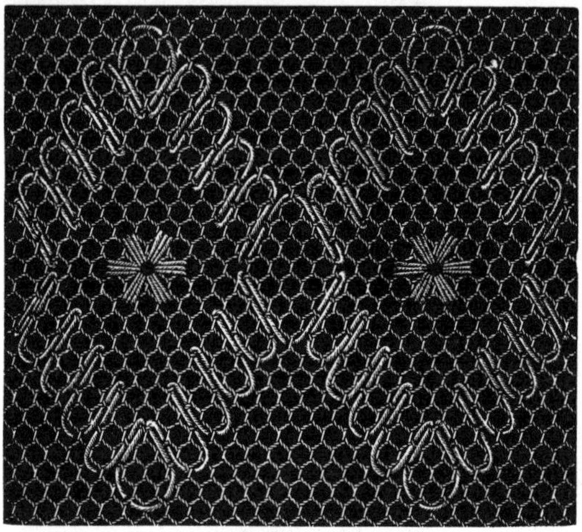

Abb. 837. Zwölftes Tüllmuster.

Sechzehntes Tüllmuster (Abb. 841). — Die Zacken entstehen durch Stopfstiche über vier, drei, zwei und eine Tüllrundung. Der Faden geht dann unten um eine Tüllrundung herum, bevor er zur nächsten Zacke geführt wird. In der zweiten entgegengestellten Zacke wird der Faden nach Schluss der Pyramide um die vorher umwundene Tüllrundung nochmals herum- und dann zur nächsten Figur weitergeführt.

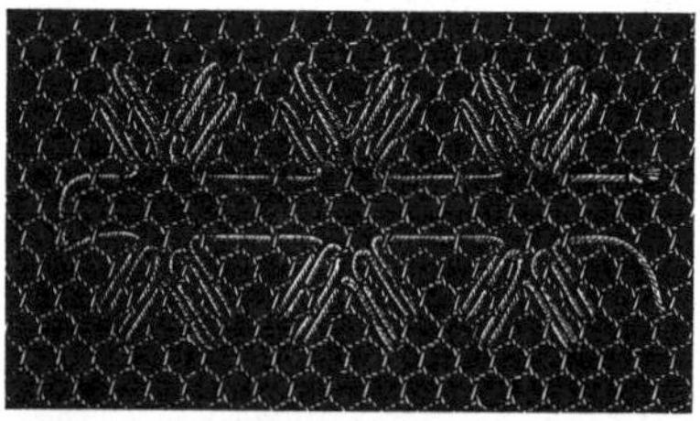

Abb. 838. Dreizehntes Tüllmuster.

Siebzehntes Tüllmuster (Abb. 842). — Die Zacken erscheinen hier nur 4 Stiche hoch. In dem fünf Löcher breiten Zwischenraume ist der Stich, Abb. 829, angebracht. Bei Wiederholungen des Musters ist den Stichen der Zacken eine den ersten entgegengesetzte Richtung zu geben.

Abb. 839. Vierzehntes Tüllmuster.

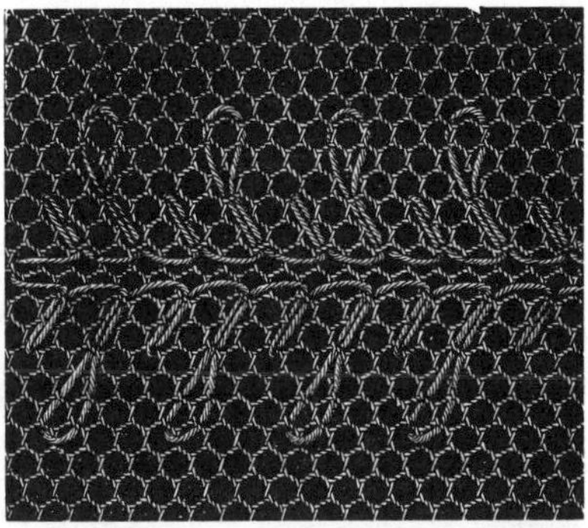

Abb. 840. Fünfzehntes Tüllmuster.

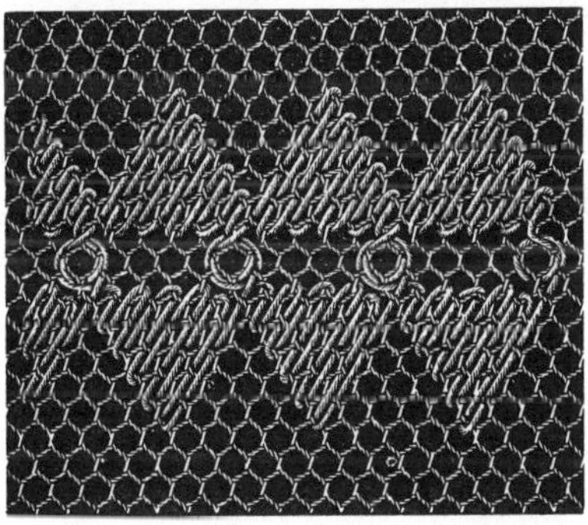

Abb. 841. Sechzehntes Tüllmuster.

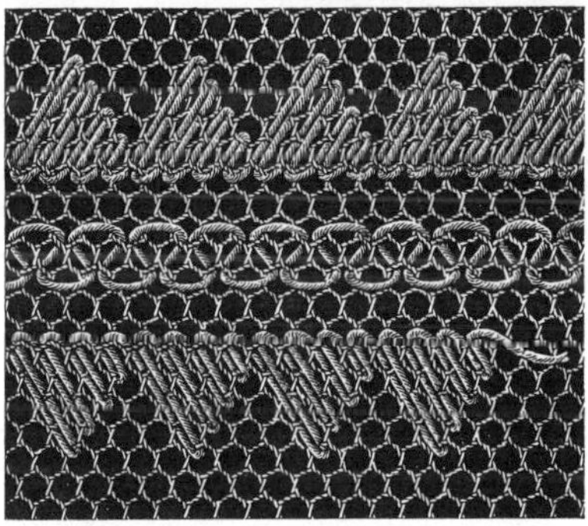

Abb. 842. Siebzehntes Tüllmuster.

Einsatz in Tülldurchzug mit Börtchen (Abb. 843). — Sollen sich Zeichnung und Farben vom Tüllgrunde merklich abheben, so ersetzt man das Garn durch Litzen D.M.C, extra feine Qualität (Lacet superfin), die jedoch beim Verarbeiten nicht verdreht werden dürfen. Um das Ringeln derselben zu verhüten, unterschiebt man dem letzten Stiche eine starke Nadel, über welche sich die schmalen Börtchen flach ziehen lassen.

Das Tüllstopfen (Abb. 844, 845, 846). — Zum Schluss bringen wir noch eine Anleitung zum Stopfen des Tülls, eine Kenntnis, die nicht selten zur Erhaltung so mancher kostbaren Arbeit im Haushalte beitragen kann. Die Ausführung bleibt für grob- und feinfädige Stoffe die gleiche.

Man heftet zunächst den Tüll etwas ausserhalb der schadhaften Stelle auf Wachs- oder Bausleinwand oder auch auf farbiges Papier und schneidet dann die Ränder fadengerade. Der Arbeitsfaden muss in der Stärke genau zu den Webefäden des Tülls stimmen.

Der Grund ist in drei Gängen nachzubilden, deren erster aus den, in Abbildung 844 ersichtlichen, gespannten Querfäden besteht. Hier ist, wie bei jeder Stopfarbeit, der Faden durch

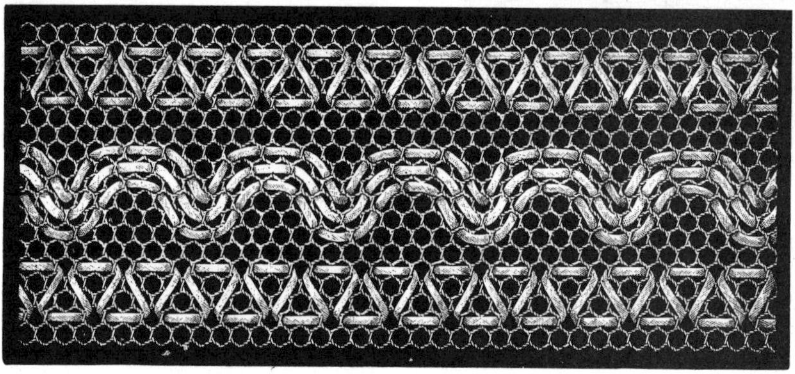

Abb. 843. Einsatz in Tülldurchzug mit Börtchen.
Material: Litzen D.M.C, extra feine Qualität, N° 2. (*)

einige Rundungen des festen Tülls über die Schnittkante hinauszuführen und jede Rundung mit einem Querstiche zu umgeben.

Der zweite Gang, der in einer Ecke zu beginnen ist, zieht sich schräg über die zuerst gespannten Fäden. Die Querfäden des festen Tülls sind mit einem von rechts nach links führenden Stiche zu umnähen; die Nadel ist von da aus sogleich unter das nächste wagerechte Stäbchen zu führen. Mit den gleichen Stichen werden auch die zuerst gelegten Querfäden übernäht. Im dritten Gange kreuzen sich die Fäden mit jenen des zweiten und des ersten Ganges. Man beginnt dabei so weit im festen Tüllgrunde, dass der zweite Fadengang mit überstochen wird, damit auf der Kehrseite keine losen Fäden liegen bleiben können.

(*) Siehe am Schluss des letzten Kapitels die Tabelle der Nummern und das Farbenverzeichnis der Baumwoll-, Leinen- und Seiden-Artikel, Marke D.M.C.

In dieser dritten Reihe ist auf dem festen Tüll, sowie zur Befestigung des Ausschnittes jeder Querfaden mit einem Stiche von unten nach oben zu umfassen; dann, um das Kreuzchen des Gewebes zu bilden, ist der Faden mit einem zweiten Stiche unter dem einfachen wagerechten Faden zum nächsten Quer-

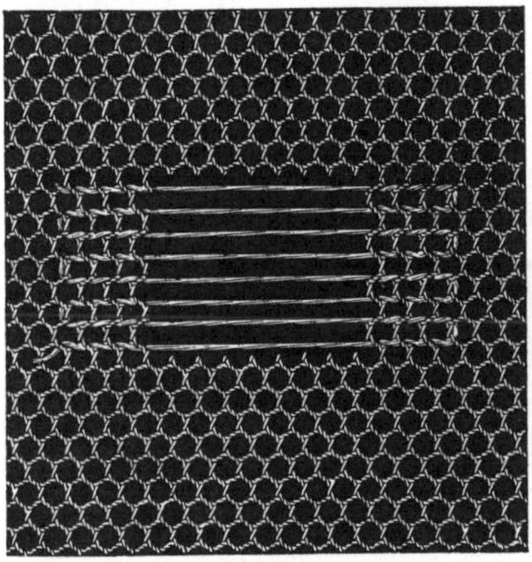

Abb. 844. Das Tüllstopfen.
Erstes Fadenlegen.

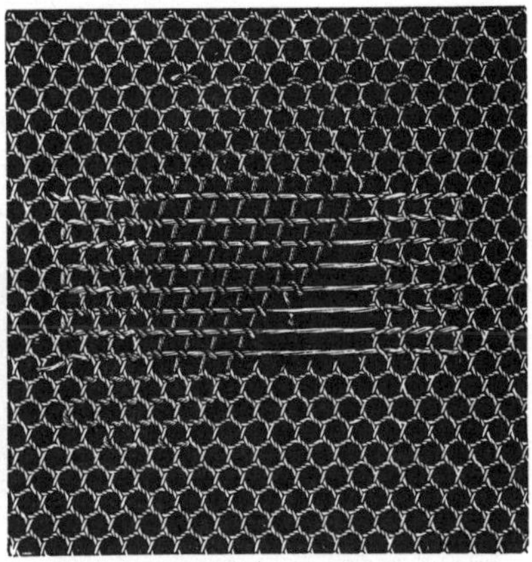

Abb. 845. Das Tüllstopfen.
Zweites Fadenlegen.

faden nach aussen zu führen. Abgenützte Stellen im Tüll werden dadurch verstärkt, dass die Stiche dem Laufe des Gewebes folgen.

Tüllspitze mit Musterung im Stopfstich und Languettenabschluss (Abb. 847). — Die Linienführung der einfachen, wirkungsvollen Spitze wird nach einer, auf Bausleinwand kräftig übertragenen Vorzeichnung, mit flachem Leinengarn D.M.C (Lin floche) N° 25, durch einfaches Durchziehen des Arbeitfadens durch das Tüllgewebe hergestellt. Einzelne Blattformen erscheinen durch nochmaliges Durchleiten des Arbeitfadens im Innern gefüllt.

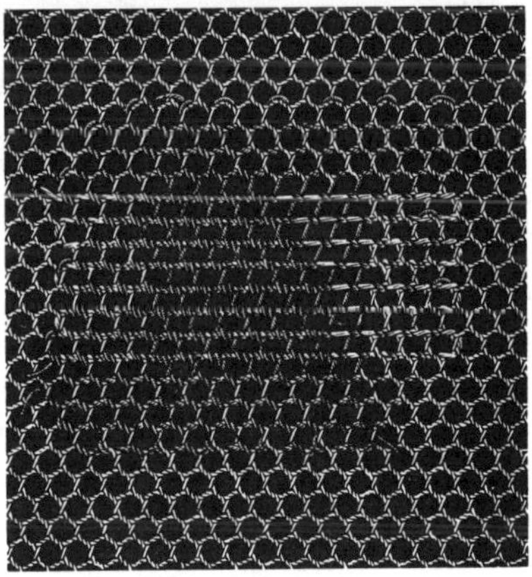

Abb. 846. Das Tüllstopfen.
Drittes Fadenlegen.

Dichte Languetten über zwei Reihen Vorstiche ausgeführt, sichern den in spitze Zacken auslaufenden Rand.

Taschentuchecke. Tüllspitze mit Musterung im umrandeten Stopfstich und Languettenabschluss (Abb. 848). — Reiche Blumenmusterungen, wie solche bei den echten Spitzengattungen zu finden sind, eignen sich am besten für die Ausführung im Stopfstiche mit starker Umrandung.

Feiner weisser Tüll wird über die auf Bausleinwand übertragene Vorzeichnung geheftet und die Umrisse werden zuerst mit feinem Faden, Flaches Leinengarn D.M.C (Lin floche) N° 70, in kleinen Vorstichen vorgezogen. Dann füllt man das Innere der Blätter und Blumen mit Stopfstichen aus, indem

Abb. 847. Tüllspitze mit Musterung im Stopfstich und Languettenabschluss.
Fadensorten: Flaches Leinengarn D.M.C N° 25 oder Spezialgarn D.M.C, in Weiss oder in Jaune-Maïs 579.

man dabei jedes zweite Tüllstäbchen erfasst. Als Arbeitsfaden dient Flaches Leinengarn D.M.C (Lin floche) N° 50. Stärkeres Garn, N° 25, mittelst Vorstichen den Umrissen folgend, gibt eine feste Umrandung sämtlicher Formen.

Den Rand der Spitze bilden Rosenbogen mit Schlingenstichen über eine zweifache Reihe von Vorstichen ausgeführt.

Breite Tüllspitze mit Füllstichen und gehäkelten Konturbändchen (Abb. 849 und 850). — Diese breite, auf Erbsentüll ausgeführte Spitze eignet sich ganz besonders zur Ausstattung von Vorhängen, Stores und sogar von Altardecken. (Raummangels halber mussten wir sie in zwei Teilen geben; die Buchstaben A-A und B-B bezeichnen den Ansatz.)

Man beginnt mit dem Vorziehen der Umrisse, wozu man einen Einzelfaden von Spezialgarn D.M.C (Mouliné spécial)

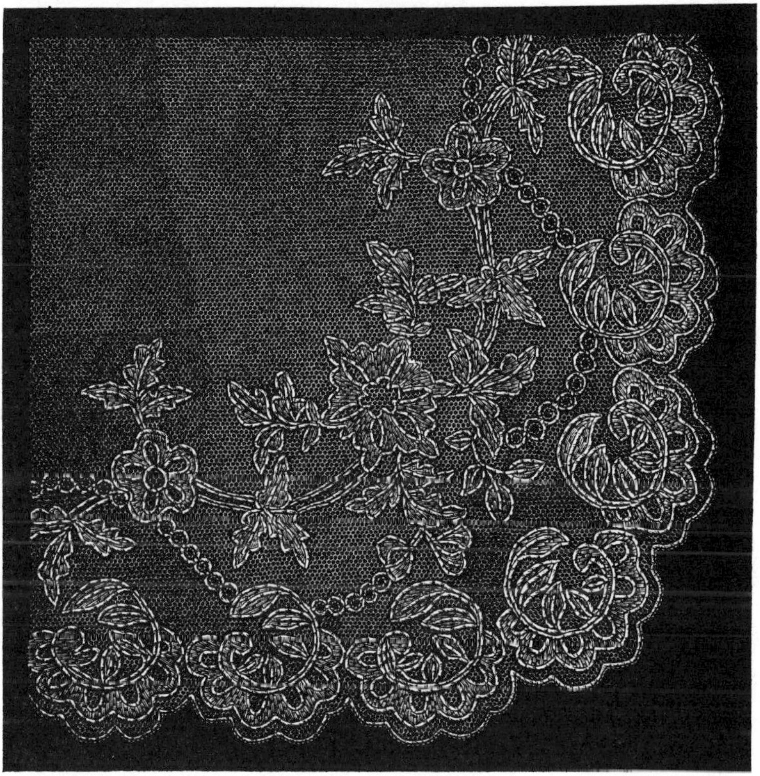

Abb. 848. Taschentuchecke. Tüllspitze mit Musterung im umrandeten Stopfstich und Languettenabschluss.

Fadensorten: Flaches Leinengarn D.M.C N° 25, 50 und 70, in Weiss.

N° 25 verwendet; sodann werden die Füllstiche eingearbeitet mit dem ganzen Faden von Spezialgarn D.M.C (Mouliné spécial) N° 14.

Mit den Abbildungen 826 bis 832 brachten wir eine Anzahl verwendbarer Stiche; die kleingemusterten sind für die Stiele und Blätter, die grösser angelegten, Abb. 834, 835 oder 837, für die grösseren zu füllenden Flächen zu nehmen.

Die Blätter, Stiele und Arabesken umgibt eine gehäkelte

Luftmaschenkette aus Spezialgarn D.M.C (Mouliné spécial) N° 25, während die Ringe aussen mit einer Stäbchenreihe abgeschlossen erscheinen. Das Innere der Blätter und Blüten ziert eine Spinne im Stopfstiche. Der obere gerade Rand beginnt mit einer Kreuznaht, von beiden Seiten von einer Luftmaschenkette begrenzt, der sich nach oben eine durchbrochene und eine feste Stäbchenreihe anschliesst. Den unteren Bogenrand sichert eine Reihe gehäkelter Pikots. Sämtliche gehäkelte

Abb. 849.
Breite Tüllspitze mit Füllstichen und gehäkelten Konturbändchen.
Erster Teil.

Bändchen sind frei in der Hand zu arbeiten und mit feinem Garne, Elsässer Nähgarn D.M.C (Fil d'Alsace) N° 50, dem Tüllgrunde aufzunähen.

Tüllspitze. Nachbildung moderner Nadelspitzen (Abb. 851 und 852). — Mit Abbildung 851 geben wir ein Beispiel zur Nachbildung der modernen Nadelspitzen in Tüllstickerei mit geschlungener Umrandung. Nachdem sämtliche Umrisse vorgezogen sind, füllt man die dichten Musterfiguren mit dem in Abbildung 908 gelehrten Spitzenstiche aus, wobei man aber bei jedem Stiche eine Masche des Tüllgrundes mitzufassen hat. (Siehe auch die erklärende Abbildung). Einfache, leicht ausführbare Muster, die unter den Abbildungen 826 bis 836 zu wählen sind, füllen die übrigen Musterpartien aus.

Nach Vollendung sämtlicher Füllstiche überschlingt man alle Umrisse mittelst dichter Languettenstiche, bei denen vier Fäden unterlegt werden müssen ; sodann wird der Tüllgrund im Innern der Blumen und Kreise fortgeschnitten und durch

A

B

Abb. 850.

Breite Tüllspitze mit Füllstichen und gehäkelten Konturbändchen.

Zweiter Teil.

Fadensorten : Spezialgarn D.M.C, in Jaune-Crème 711 und Elsässer Nähgarn D.M.C N° 50, in Naturfarben. (*)

kleine Spinnen ersetzt. Die Innenfläche der grossen Bogen ziert ein Sternchen im Wickelstiche. Soll die Spitze an Batist oder Leinwand angesetzt werden, so hat dies bei der Ausführung der obersten Languettenstichreihe zu geschehen ; die überstehenden Stoffteile sind nach Vollendung der Reihe sorgfältig wegzuschneiden.

(*) Siehe am Schluss des letzten Kapitels die Tabelle der Nummern und das Farbenverzeichnis der Baumwoll-, Leinen- und Seiden-Artikel, Marke D.M.C.

Als Material dient Flaches Leinengarn D.M.C (Lin floche) N° 60 für die geschlungene Umrandung, N° 100 für die Spitzenstiche.

Abb. 851. Tüllspitze. Nachbildung moderner Nadelspitzen.
Fadensorten: Flaches Leinengarn D.M.C N° 60 und 100, in Weiss.

Taschentuchecke in Aufnäharbeit auf Tüll (Abb. 853). Ganz abweichend von den bisher gegebenen Vorlagen, erscheint die Taschentuchecke, Abb. 853, bei der sämtliche Musterfiguren aus aufgelegtem Batist gebildet sind. Die Mustervorzeichnung ist direkt auf den Batist zu übertragen, dieser ist mit feinem Tüll zu unterlegen, wobei zu beachten ist, dass beide Stofflagen fadengerade übereinander kommen, und sodann ist dieser Doppelstoff auf Wachstuch aufzuspannen. Nun werden sämtliche Umrisse vorgezogen und mit Languettenstichen überstickt, wobei der Tüllgrund mitzufassen ist. Dies vollendet, wird der Batist ausserhalb

Abb. 852.
Ausführung zur Spitze Abbildung 851.

der Umrisslinien sorgfältig ausgeschnitten, so dass als Grund nur der Tüll stehen bleibt. In den vollständig durchbrochenen Teilen, die mit Stäbchen und Spinnen verziert erscheinen, sind beide Stofflagen auszuschneiden.

Als Arbeitsfaden für die Languettenstiche dient weiches Garn, Stickgarn D.M.C (Coton à broder) N° 50, für die Stäbchen und Spinnen Elsässer Nähgarn D.M.C (Fil d'Alsace) N° 70, in Weiss.

Abb. 853. Taschentuchecke. Aufnaharbeit auf Tüll.
Fadensorten: Stickgarn D.M.C oder Flaches Stickgarn D.M.C, Spezial-Qualität, N° 50 und Elsässer Nähgarn D.M.C N° 70, in Weiss. (*)

Spanische Spitzenstickereien. Gestickte Metallspitzen mit bunter Seide. — Die reichste und wirkungsvollste Abart der Spitzenstickereien sind die aus Spanien und Italien stammenden, mit Metallfäden und buntem Garn ausgeführten Arbeiten, die teils mit, teils ohne Grundstoff ausgeführt werden. Wir bringen im Nachfolgenden unseren Leserinnen drei verschiedene Vorlagen dieser Art, und zwar eine einfache spanische

(*) Siehe am Schluss des letzten Kapitels die Tabelle der Nummern und das Farbenverzeichnis der Baumwoll-, Leinen- und Seiden-Artikel, Marke D.M.C.

Spitze auf ungebleichtem Batist mit Gold und grünem Faden gestickt; ferner ein reicher angelegtes, bunt gehaltenes mau-

Abb. 854. Einsatz in spanischer Spitzenstickerei.
Fadensorten: Stickgold D.M.C N° 20 und Alsa D.M.C N° 40, in Vert doré 582 und Jaune d'or 782.

risches Deckchen und zum Schluss eine Filigranspitze in Gold und Silber mit buntem Glanzgarn.

Fadensorten. — Zur Herstellung dieser Spitzen dienen Gold- und Silberschnürchen, Stickgold und Sticksilber D.M.C (Or fin und Argent fin), über welche die Languettenstiche in Alsa D.M.C ausgeführt werden. Flache Stickseide D.M.C (Soie moulinée) oder Persische Stickseide D.M.C (Soie de Perse) können nur für die Plattstichfüllung bei der maurischen Stickerei zur Verwendung kommen.

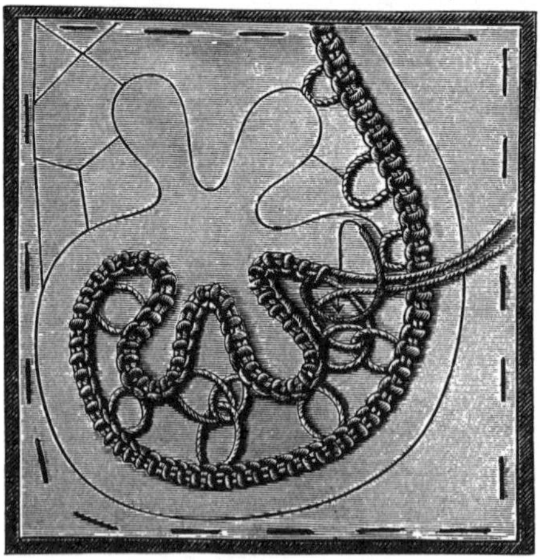

Abb. 855. Blattfigur zum Einsatz in spanischer Spitzenstickerei Abbildung 854.

Einsatz in spanischer Spitzenstickerei (Abb. 854 und 855). — Die auf Leinen- oder Batistgrund auszuführende spanische Spitzenstickerei entsteht durch Schlingenstiche über feinen, zweifachen Gold- oder Silberfaden und einzelnen Zierstichen in Gold, die

TAFEL XV

Plattstichstickerei auf Tuch
auszuführen mit Perlgarn D.M.C (Coton perlé).

in den zwischen den languettierten Rändern frei gebliebenen Stoffteilen ausgeführt werden. Durch ineinander geschlungene Pikots, die aus dem äusseren Metallfaden gebildet werden, erscheinen die einzelnen Musterteile untereinander verbunden.

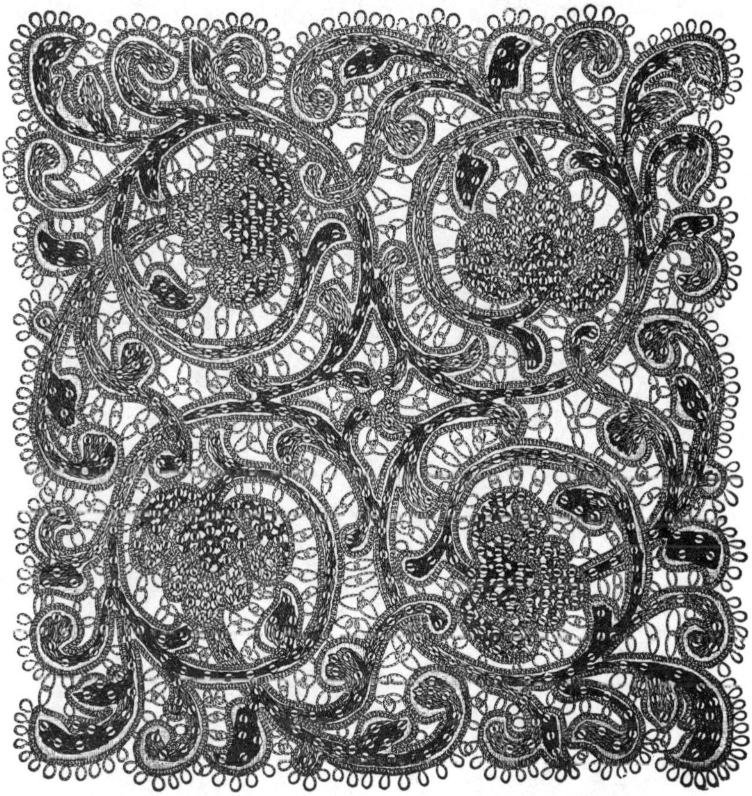

Abb. 856. Deckchen in maurischer Spitzenstickerei.
Fadensorten: Stickgold D.M.C N° 30, Alsa D.M.C N° 40, in Jaune-d'or 782, Persische Stickseide D.M.C, in Bleu-Indigo 1009, 1010, 1011, 1012 und 1013, Vert-Bronze 1092, 1093, 1094, 1095, 1096 und 1097, Vert doré 1142, 1385, 1143, 1144, 1145 und 1146, Rouge-Cuivre 1132, 1227, 1133, 1134 und 1135. (*)

Die Umrisse der Musterfiguren sind durch doppelte Metallfäden umfasst, die mit Languettenstichen befestigt werden. An der Aussenseite dieser Fäden wird, wo ein Pikot in der Zeichnung angegeben ist, eine Schlinge gebildet, die durch

(*) Siehe am Schluss des letzten Kapitels die Tabelle der Nummern und das Farbenverzeichnis der Baumwoll-, Leinen- und Seiden-Artikel, Marke D.M.C.

einen Languettenstich festzuhalten ist. Wo die Schlingen grössere Zwischenräume decken, ist die zweite, dritte oder vierte stets in die zuerst gebildete einzuhängen (siehe die erklärende Ausführung, Abb. 855). Das Innere der Formen ist mit verschiedenen Zierstichen ausgestattet, und zwar schmücken einzelne sechsstrahlige Spinnen den Kernpunkt der Blätter, während zwei Goldfäden, eine schmale Schlingenreihe bildend, die übrigen freien Stoffteile füllen.

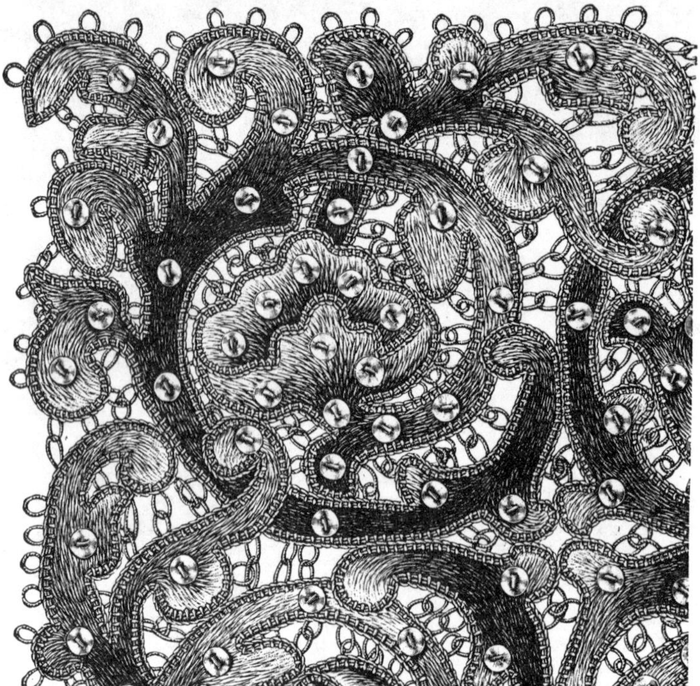

Abb. 857. Vierter Teil des Deckchens Abbildung 856.
In Originalgrösse.

Als Grundstoff ist ungebleichter Batist verwendet ; zur Ausführung der Languettenstiche dient Alsa D.M.C, in Vert doré 582 ; zum Niedernähen der Zierstiche Alsa D.M.C, in Jaune d'or 782.

Ist das Sticken überall beendet, so werden jene Stoffteile, über welche die Pikots liegen, knapp an den Languettenstichen weggeschnitten.

Deckchen in maurischer Spitzenstickerei (Abb. 856 und 857). — Diese Spitzenart verlangt die gleiche Vorarbeit des Ausschlingens der Konturen, wie die spanische Spitzenstickerei, Abb. 854, nur werden hier die einzelnen Musterfiguren statt mit Zierstichen in Metallfäden, mit schattiertem Plattstiche in bunter Seide ausgefüllt und mit verstreut angebrachten Goldflittern teilweise überdeckt.

Als Beispiel dieser Art geben wir ein kleines Deckchen, als

ABB. 858. SPITZE IN FILIGRAN-ARBEIT.

FADENSORTEN : Stickgold D.M.C und Sticksilber D.M.C N° 20, Alsa D.M.C N° 40, in Bleu grand-teint 799, Gris-Fumée 642, Rouge-Cardinal 346, Vert doré 582 und Jaune-Crème 711. (*)

Toilettenkissen oder Sachet-Bezug verwendbar, von welchem Abbildung 857 ein Viertel naturgross veranschaulicht.

Als Stickmaterial dienen Stickgold D.M.C (Or fin) N° 30 und Alsa D.M.C, in Jaune d'or 782, für die Einfassung, Persische Stickseide D.M.C (Soie de Perse), in Bleu-Indigo und Rouge-Cuivre für die Blüten, Vert-Bronze und Vert doré für die Blätter zur Füllung im versetzten Plattstiche.

Spitze in Filigran-Arbeit (Abb. 858, 859, 860, 861). Wohl die Wirkungsvollste und prächtigste Art der buntgestickten Spitzen ist die Filigranspitze, von der wir mit Ab-

(*) Siehe am Schluss des letzten Kapitels die Tabelle der Nummern und das Farbenverzeichnis der Baumwoll-, Leinen- und Seiden-Artikel, Marke D.M.C.

bildung 858 ein Beispiel bringen. Die alte Originalspitze, der unsere Vorlage nachgebildet wurde, schmückt eine gestickte Seidendecke spanischen Ursprungs aus dem 17. Jahrhundert.

Die Ausführung dieser Spitzenart verlangt eine geschickte Hand und ein entschiedenes Formengefühl. Frei nach der Zeichnung gearbeitet, bestehen die einzelnen Musterfiguren aus ineinander greifenden Reihen Schlingenstichen in buntem Faden, welche nur über Metallfäden ohne Grundstoff ausgeführt werden.

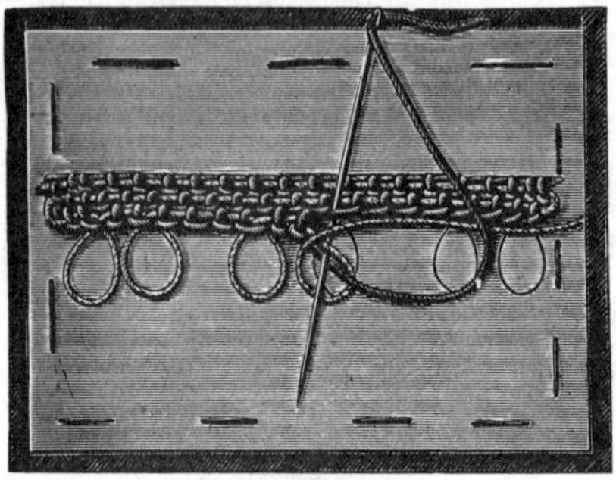

Abb. 859.
Ausführung der kleinen einfachen Schlingenpikots zur Spitze Abbildung 858.

Die Zeichnung wird zuerst auf Bausleinwand übertragen und auf dunkelblaues Wachstuch geheftet. Nun werden erst alle jene Linien, die bei der Ausführung zum Befestigen der ersten Schlingenstichreihen dienen sollen, mit Stielstich, Abb. 72, vorgenäht, wobei die Nadel durch beide Unterlagen zu stechen ist; dann erst kann mit der eigentlichen Ausführung der Spitze begonnen werden.

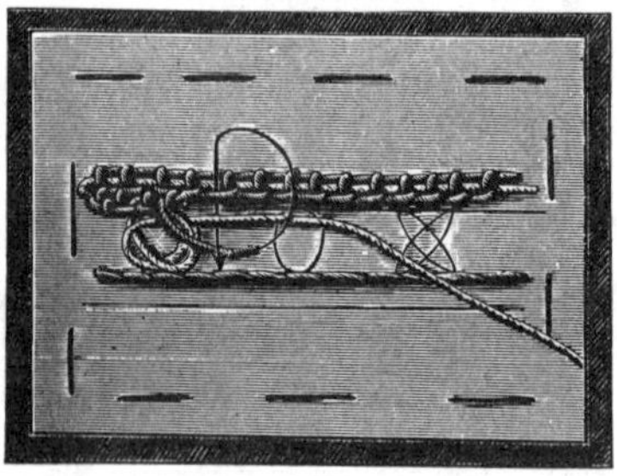

Abb. 860.
Ausführung der verschlungenen Doppelpikots zur Spitze Abbildung 858.

Wie schon erwähnt, entstehen die Formen aus Schlingenstichen, welche über einen Metallfaden, in gleichmässigen Abständen von einander ausgeführt werden und die man in der ersten Reihe an die Stielstichreihen befestigt. Sobald es die Form verlangt, biegt man den Metallfaden um und schlingt darüber, in die Schlingen der ersten Stichreihe stechend, in entgegengesetzter Richtung die zweite Reihe an. So setzt man Reihe auf Reihe, bis die vorgeschriebene Form gefüllt ist. Bei der Ausführung der letzten Reihe werden aus dem Metallfaden Schlingenpikots gebildet, die teils zum Schmucke, teils zur Verbindung der einzelnen

Figuren dienen ; letztere werden dann bei der Ausführung der ersten Reihe der folgenden Form mit angeschlungen.

Beim Erneuern des Arbeitfadens ist das Ende des alten und ein Stück des neuen mit dem Metallfaden zu überschlingen und später knapp abzuschneiden.

An unserer Vorlage, Abb. 858, beginnt man am besten mit dem über Goldfäden nach oben und unten zu geschlungenen Streifen, welcher die Wellenlinie begrenzt. Die oberste Reihe des Streifens ist mit grünem Faden nach oben zu geschlungen, wobei die kleinen Schlingenpikots aus Goldfaden in der nach Abbildung 859 erklärten Weise zu bilden sind. Die zweite nach unten zu geschlungene Reihe ist rot, die dritte hellblau ; in letzterer bildet man wieder die grossen Schlingenpikots, die zur Verbindung der Wellenlinie dienen, die ebenfalls in Blau über Goldfaden gearbeitet wird ; sie befestigt die oberen grossen Pikots und bildet bei der zweiten Reihe die unteren.

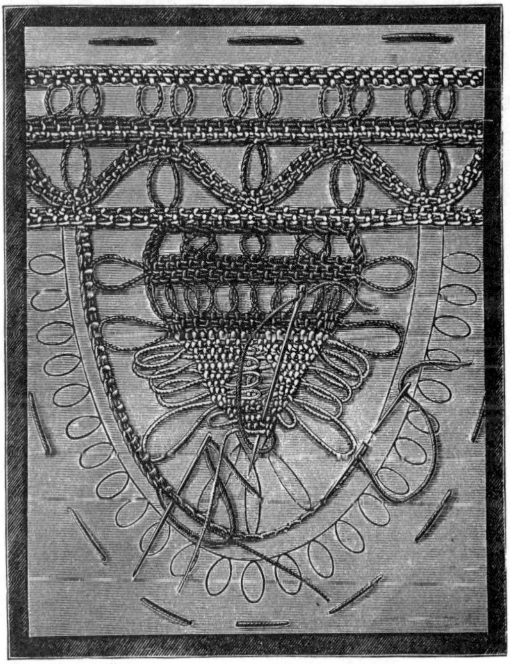

Abb. 861.
Ausführung einer Zacke zur Spitze Abbildung 858.

Nun folgt abermals ein schmaler Goldstreifen mit Blau und Rot, bei welchem die unteren grossen Pikots der Wellenlinie mit angeschlungen werden. Den obersten Rand bilden zwei Reihen Schlingenstiche aus rotem Garn über Goldfaden, welche zugleich die kleinen Pikots mit befestigen.

Bei den Zacken beginnt man mit dem inneren Teile ; die Ausführung der Querbalken mit Pikotverzierung gibt im vergrösserten Masstabe Abbildung 860, welche die Herstellung der verschlungenen Doppelpikots deutlich erklärt. Die weitere Entwickelung der Arbeit ist in Abbildung 861 ersichtlich.

Die Farbenverteilung ist bei je drei Zacken verschieden; Blau und Grün erscheinen stets über Goldfaden, Grau und Rot über Silberfaden gearbeitet. Die erste Zacke schliesst sich mit Blau an die gerade Linie der Bordüre an und bleibt blau bis zu den zwei grauen Pyramiden, die an der Spitze mit einem roten Pyramidchen enden; der grosse Aussenbogen ist grün. Die zweite Zacke erscheint oben crème, enthält zwei grüne und ein blaues Pyramidchen und schliesst mit einem roten Bogen. Bei der dritten Zacke sind die Querbalken grün, die beiden nebeneinander stehenden Pyramidchen rot, das an der Spitze crème und der Bogen blau.

Nach Vollendung der Spitze werden auf der Kehrseite der Wachsleinwand die Stiche der Stielstichreihen aufgeschnitten, die Spitze von der Unterlage losgelöst und alle noch etwa daran haftenden Fädchen sorgfältig entfernt.

Handarbeitsvorlagen. — Ausser den hier beschriebenen Arbeiten findet man eine grosse Anzahl von Vorlagen für Spitzenstickereien in folgenden Musterbüchern der Bibliothek D.M.C: *Die Tüllstickerei I* und *Sammlung verschiedener Handarbeiten.* (*)

(*) Siehe am Schluss der Encyklopädie das Verzeichnis der Musterbücher welche die Bibliothek D.M.C bilden.

Nadelspitze. Venetianer Arbeit aus dem 16. Jahrhundert.

Die Nadelspitzen.

Als vornehmste Handarbeit sind die Nadelspitzen anzusehen, deren Ursprung im Leinendurchbruch zu suchen ist.

Schon der Name verrät, dass diese Spitzen mit der Nadel hergestellt werden ; sie bestehen aus verschiedenen geschürzten Schlingenstichen, die man stets mit nur einem Arbeitsfaden macht.

Die ältesten Spitzen dieser Art sind die sogenannten Reticellaspitzen, deren Musterung vielfach an den Leinendurchbruch erinnert. Dem 17. Jahrhundert verdanken wir die Reliefspitzen mit unregelmässigem Stäbchengrunde, welche unter den Namen « Point de Venise » und « Point de France » bekannt sind. Im 18. Jahrhundert wurden die Spitzen mit Maschengrund und Steggrund bevorzugt, wie « Point d'Alençon », « Point d'Argentan » usw.

Heutigestags sind von den feineren Spitzenarten die belgischen Arbeiten, sowie die aus dem böhmisch-sächsischen Erzgebirge stammenden sehr gesucht. Da deren Herstellung sehr mühsam und zeitraubend ist, so finden sie zum Nacharbeiten wenig Freundinnen ; als Handelsartikel aber werden sie sehr geschätzt.

Die von den Damen am häufigsten gepflegte Spitzenarbeit

ist die sogenannte Irländer Spitze, bei der die Musterung aus Spitzenbändchen gebildet wird, die durch verschiedenartige Stiche verbunden werden, nachdem sie vorher nach einem bestimmten Muster oder Plane aufgeheftet worden sind.

Ausserdem sind noch zu erwähnen : die verschiedenen Arten der orientalischen Knüpfspitzen, die meistens in Seide ausgeführt werden ; die grobfädigen Leinenspitzen Dänemarks und Schwedens, « Hedebo-Spitzen » genannt ; die feinen, an das Gewebe der Spinnen erinnernden spanischen und brasilianischen Spitzen, die « Sols », sowie schliesslich die mustergiltigen altitalienischen Spitzen.

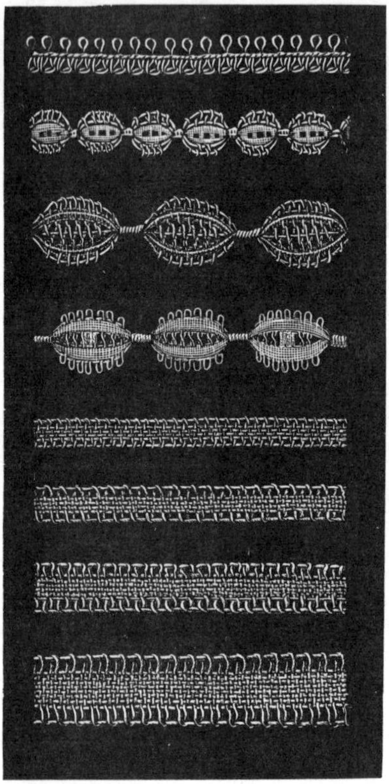

Abb. 862.
Litzen für Irländer Spitzen.

Wir beginnen mit dem Lehrgange der Irländer Spitzen, zeigen die Herstellung der verschiedenen Stäbchen- und Spitzenstiche, welche auch später bei anderen Spitzenarten Verwendung finden, so dass die Anfertigung der Irländer Spitze als eine Art Vorübung für die später folgenden, schwierigen Spitzengattungen gelten kann.

Litzen für Irländer Spitzen (Abb. 862). — Die zu den Irländer Spitzen gehörigen Litzen werden hauptsächlich in England gemacht. Sie sind mannigfaltig gestaltet ; gewöhnlich werden sie naturfarben, weiss, blassgelb und schwarz, schmal und breit, grob- und feinfädig, mit und ohne Durchbruchrand, mit und ohne Pikotrand, in grösseren oder kleineren Blattformen hergestellt.

Abbildung 862 zeigt in Originalgrösse acht der verwendbarsten Litzensorten, darunter auch eine Pikotsorte zur Einfassung der äusseren Kanten.

Fadensorten. — Zur Ausführung der Stiche und Stäbchen nehme man zu allen waschbaren, einfarbigen Spitzenarten Leinen-Spitzengarn D.M.C (Lin pour dentelles), Leinen-Strickgarn D.M.C (Lin à tricoter), Elsässer Strick- und Häkelgarn D.M.C (Alsatia), Häkelgarn D.M.C, Spezial-Qualität (Cordonnet spécial), oder Elsässer Nähgarn D.M.C (Fil d'Alsace) (*), schöne gleichmässige Fäden, die unter den verschiedenen D.M.C Garnsorten am geeignetsten zu solchen Arbeiten sind. Da dieselben auch in mehreren Tönen crème fabriziert werden, so kann man stets genau die zu den Litzen passende Schattierung finden.

Zu den meist mehrfarbigen orientalischen Knüpfspitzen wird Knüpfgarn D.M.C (Fil à pointer) und Perlgarn D.M.C (Coton perlé) bevorzugt.

Das Uebertragen der Zeichnungen. — Die Zeichnungen für diese Arbeit sind am besten mit besonderer Tinte (Tusche) auf englische Bausleinwand zu übertragen. Es ist dabei darauf zu achten, dass die glänzende Seite der Leinwand nach unten, die matte nach oben gekehrt wird, weil letztere die Tinte leichter einsaugt als erstere. Da die Bausleinwand ganz durchsichtig ist, so gestattet sie die unmittelbare Uebertragung der Vorlage. In den meisten Geschäften sind solche Zeichnungen stets in grosser Auswahl vorrätig.

Um das Auge vor Ermüdung zu schützen, wird die Zeichnung während des Arbeitens mit farbigem Papier oder Stoff unterlegt.

Meistens sind die für Irländer Spitzen bestimmten Zeichnungen in doppelten Linien angelegt, zwischen denen die Bändchen mit kleinen Vorstichen aufzuheften sind.

Das Vorheften und Einziehen der Litzen (Abb. 863). — Wir bemerken hier sogleich, dass es zweckmässiger ist, die oben auf dem Bändchen ruhenden Stiche länger, die nach unten gekehrten kürzer, mindestens aber die oberen und unteren gleich lang zu halten. Wo die Linien der Zeichnungen Rundungen aufweisen, müssen die Litzen, wie es in Abbildung 863 dargestellt ist, zum weiteren, äusseren Rande passend gelegt werden, so dass sich nach innen, nach dem engeren Rande,

---

(*) Siehe am Schluss des letzten Kapitels die Tabelle der Nummern und das Farbenverzeichnis der Baumwoll-, Leinen- und Seiden-Artikel, Marke D.M.C — Die eingeklammerten französischen Benennungen befinden sich auf den Etiketten der D.M.C-Artikel.

Fältchen bilden, die wieder nach vollendetem Vorheften durch kleine Ueberwindlingstiche und mit feinem Faden so viel eingezogen werden, dass die Weite der Litze auf das von der Zeichnung beanspruchte Mass verringert wird.

Die Fäden, die zur Herstellung der Stäbchen und Stiche durch den Bändchenrand geführt werden, dürfen nie so stramm angezogen werden, dass die vorgezeichneten Linien eine Einbusse ihrer Reinheit erleiden. Ferner dürfen die Stiche blos auf der Zeichnung ruhen und nie durch dieselbe genäht werden.

Ist die Stickerei vollendet, so dreht man deren Kehrseite nach oben, durchschneidet jeden zweiten oder dritten Heftstich

Abb. 863. Das Vorheften und Einziehen der Litzen.

und zieht dann, immer auf der Kehrseite, alle Fäden behutsam heraus, worauf sich die fertige Arbeit von selbst von der Unterlage trennt.

Ob nun die Stäbchen oder die Stiche zuerst fertigzustellen sind, ist ganz gleichgültig; wir raten zur früheren Ausführung der ersteren, weil dieselben leichter als die Gitterstiche zu machen sind und, wenn vollendet, das Zusammen- und Verziehen der Litzen doch nicht mehr leicht möglich ist.

Nach gänzlicher Vollendung des Gegenstandes wird er auf der Kehrseite befeuchtet und dann erst geglättet. (Siehe das Kapitel « Praktische Angaben » behufs Appretur der Arbeiten.)

Nadeln. — Besondere Nadeln werden zu dieser Arbeit nicht benutzt; gewöhnliche, jedoch lange Nähnadeln werden meistens verwendet.

Die Stiche. — Es folgt nun jene Reihe von Stäbchen und Stichen, die, wenn gut eingeübt, als Vorübung für die feineren Spitzenarten, der « Venetianer Spitzen », angesehen werden können.

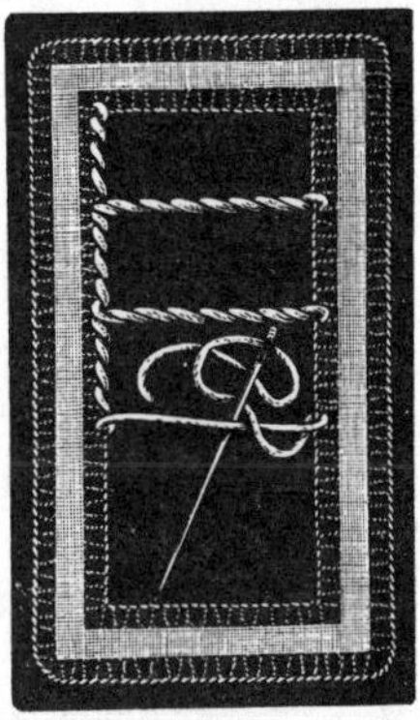

Abb. 864.
Einfaches gedrehtes Stäbchen.

Wir wollen hier nicht behaupten, dass in dieser Reihe alle vorkommenden Sticharten enthalten sind; doch erscheinen sie immerhin in genügender Anzahl, dass es unschwer sein wird, darnach nach eigener Wahl und selbst mit den einfacheren Gittern reich bemusterte Arbeiten anzufertigen.

Was die Benennung der Spitzenstiche betrifft, so fanden wir ein und denselben Stich mit so verschiedenen Namen bezeichnet, dass wir es vorziehen, den hier erklärten Stichen keine Namen, ausser den allbekannten, beizulegen, sondern sie nur mit Ordnungsnummern zu bezeichnen.

Einfaches gedrehtes Stäbchen (Abb. 864). Der Faden wird von einem Litzenrande zum andern gespannt, die Nadel von oben nach unten gebracht, dann so oft unter dem Faden durchgeführt, dass beide Fäden ein Schnürchen bilden. Zu lose geschlungene Fäden lassen die Arbeiten nachlässig, unansehnlich erscheinen.

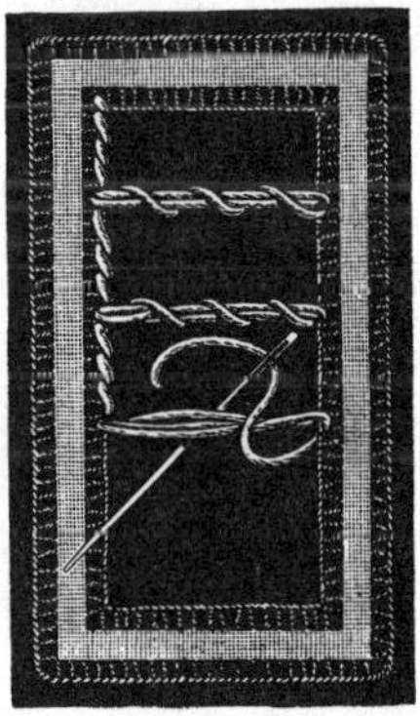

Abb. 865.
Doppeltes gedrehtes Stäbchen.

Der Faden wird von einem Stäbchen zum andern durch kleine Ueberwindlingstiche über den Litzenrand geführt.

Doppeltes gedrehtes Stäbchen (Abb. 865). Es werden drei Einlagefäden über das Feld gespannt, dann einige Ueberstiche darüber gewunden, so dass die Einlagefäden überall sichtbar bleiben.

Glattes geschlungenes Stäbchen (Abb. 866). — Ueber drei gespannte Fäden werden Schlingenstiche von rechts nach links ausgeführt.

Bei diesen und den meisten nun folgenden Mustern raten wir, die Nadel verkehrt zu nehmen, d. h. sie mit dem Oehr voraus unter den Fäden durchzuziehen. Es mag auf den ersten Blick das Umkehren der Nadel sonderbar erscheinen, allein man läuft so weniger Gefahr, die Fäden zu spalten. Der Schlingfaden muss immer um 1 bis 2 Fäden tiefer im Bänd-

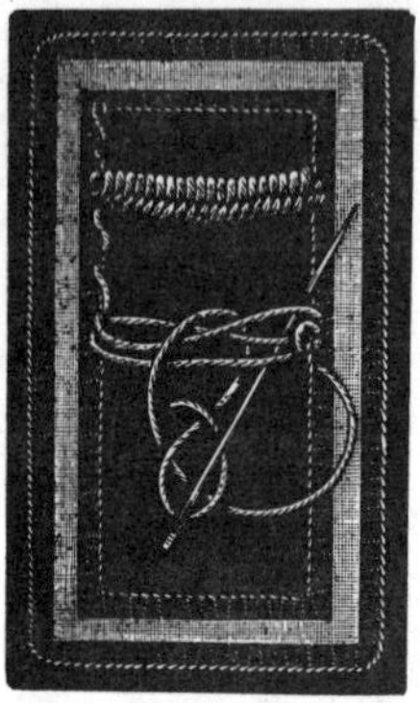

Abb. 866. Glattes geschlungenes Stäbchen.

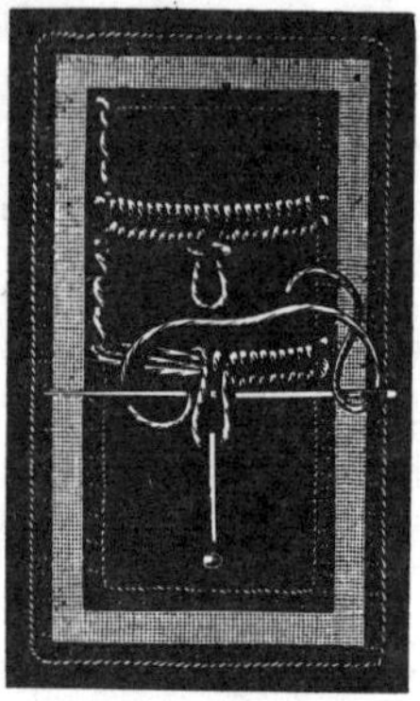

Abb. 867. Geschlungenes Stäbchen mit gestecktem Pikot.

Abb. 868. Geschlungenes Stäbchen mit gestecktem Pikot.

chen herauskommen, als die Einlagefäden, wodurch dem unschönen Verdrehen der Stäbchen abgeholfen ist und dieselben auch durchaus mit gleich breiten Stichen ausgeführt werden können.

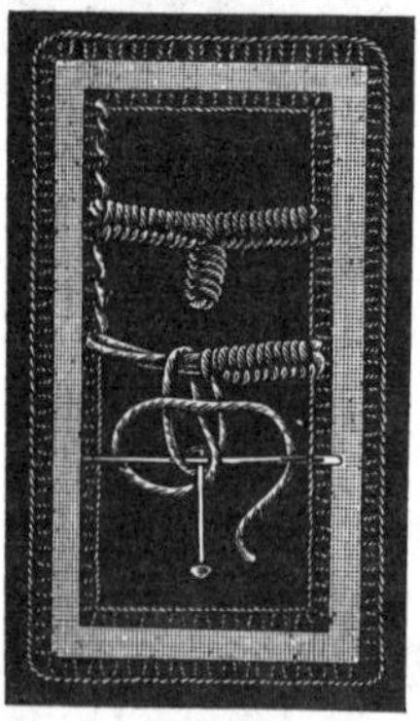

Abb. 869. Geschlungenes Stäbchen mit Spitzenpikot.

Geschlungenes Stäbchen mit gestecktem Pikot (Abb. 867 und 868). — Nachdem die Schlingenstiche bis über ein Drittel oder bis zur Hälfte des Stäbchens vollendet sind, wird der Faden über die Einlage, ohne dass er verschlungen ist, geführt, dann die entstandene Masche mittelst Stecknadel festgehalten, die Nadel von rechts nach links unter alle 3 Fäden geschoben und der Knoten dicht am letzten Schlingenstiche zugeschnürt.

Abbildung 868 lehrt dieselbe Art Pikot mit zwei Schlingenstichen über gesteckte Maschen ausführen.

Geschlungenes Stäbchen mit Spitzenpikot (Abb. 869). Zur Ausführung dieses Pikots wird der Faden durch die Schlinge herausgeführt, die Schlingenstiche, 6 an der Zahl, werden ganz knapp an der Stecknadel begonnen, so dass die Masche unter denselben verschwindet. Die Stecknadel muss vom Stäbchen in einer Entfernung gesteckt werden, die der Breite von 6 Stichen entspricht, welche wieder die Einlagefäden vollständig decken müssen.

Geschlungenes Stäbchen mit Wickelpikot (Abb. 870). In halber Länge eines geschlungenen Stäbchens wird die

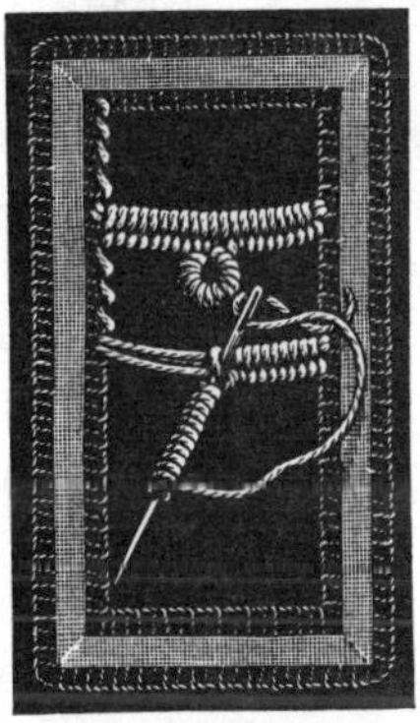

Abb. 870.
Geschlungenes Stäbchen mit Wickelpikot.

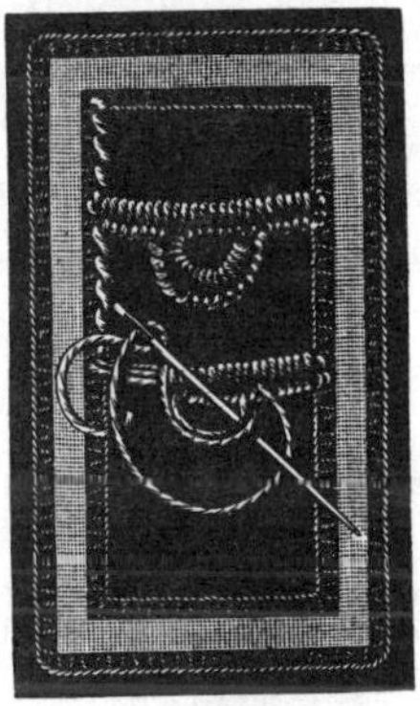

Abb. 871.
Geschlungenes Stäbchen mit Bogenpikot.

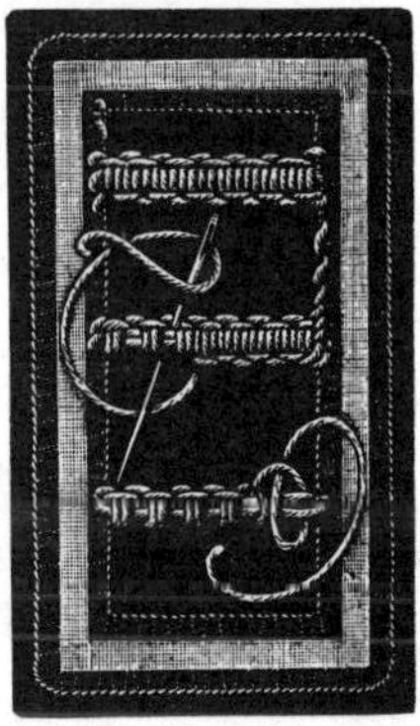

Abb. 872.
Stäbchen mit zwei Schlingenstichreihen.

Nadel zur Hälfte in die letzte Schlinge geschoben, der Faden zehn- bis zwölfmal um die Nadel von links nach rechts gewickelt, diese durchgezogen (siehe auch die Abbildungen 79 und 682), der Faden fest angezogen, so dass die Wickelmaschen einen Halbkreis bilden, und das Stäbchen dann vollendet.

Geschlungenes Stäbchen mit Bogenpikot (Abb. 871). Die Schlingenstiche sind ein wenig über die Mitte des Stäbchens hinaus zu arbeiten, dann der Faden dreimal hin und her in den 8. Schlingenstich zurückzuführen, dieser dreifache Faden, welcher nicht zu lose sein darf, wird überschlungen, dann das Stäbchen wie jedes andere vollendet.

Die Bogenpikots werden gewöhnlich als Abschluss der Spitzen gemacht.

Stäbchen mit zwei Schlingenstichreihen (Abb. 872). Ueber 2 oder 3 Einlagefäden werden doppelte Schlingenstiche so weit von einander entfernt gemacht, dass die beiden Schlingenstiche der nächsten Reihe dazwischen eingeschlungen werden können.

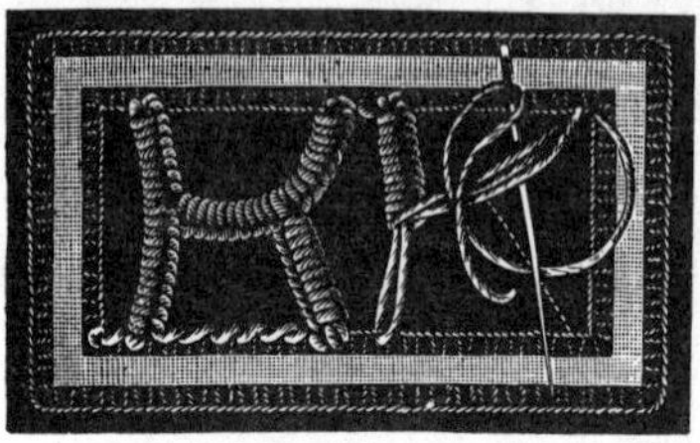

Abb. 873.
Verzweigte Stäbchen.

Diese Schlingenstiche erfordern als ersten einen einfachen, als zweiten einen verkehrten Schlingenstich, d. h. die Nadel ist von unten unter die gespannten Fäden und dann von oben durch die Schlinge zu führen.

Verzweigte Stäbchen (Abb. 873). — Bei grösseren, mit Stäbchen ausgefüllten Flächen, müssen gewöhnlich aus einem derselben andere abgezweigt werden.

In diesem Falle schlingt man bis zur Mitte des ersten Stäbchens, spannt von da aus den Einlagefaden weiter zum nächsten Stäbchen, schlingt wieder bis zur Mitte, bis man zur punktierten Linie kommt, von der aus die letzten Einlagefäden gespannt werden, und überschlingt schliesslich alle halbvollendeten Stäbchen.

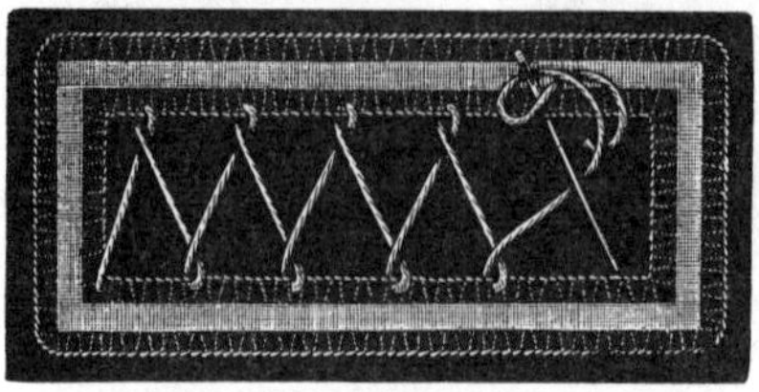

Abb. 874.
Einfacher russischer Stich.

Einfacher russischer Stich (Abb. 874). — Zur Verbindung zweier nahe und in ziemlich gleicher Entfernung laufender Litzen können die verschiedensten Sticharten angewendet werden. Der leichteste ist der russische Stich, der eine grosse Aehnlichkeit mit der Kreuznaht, Abb. 45, und mit dem Kreuzsteppstiche, Abb. 75, hat. Man führt die Nadel von oben nach unten, dann auf der entgegengesetzten Seite von unten nach aufwärts durch den Litzenrand; der Faden muss dabei immer vor der Nadel liegen. Es muss an beiden Rändern die gleiche Zahl Litzenstäbchen

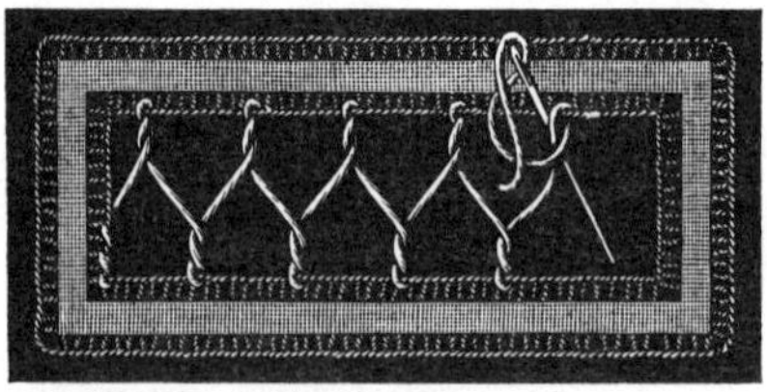

Abb. 875.
Gedrehter russischer Stich.

zwischen den Stichen bleiben ; die letzteren sind stets wieder so zu stellen, dass der untere auf die Mitte des leeren Raumes, der zwischen den oberen Stichen geblieben ist, trifft.

Gedrehter russischer Stich (Abb. 875). — Anstatt hinter dem Faden, wird die Nadel vor dem Faden heraus und um denselben geführt, so dass er zweimal gedreht erscheint.

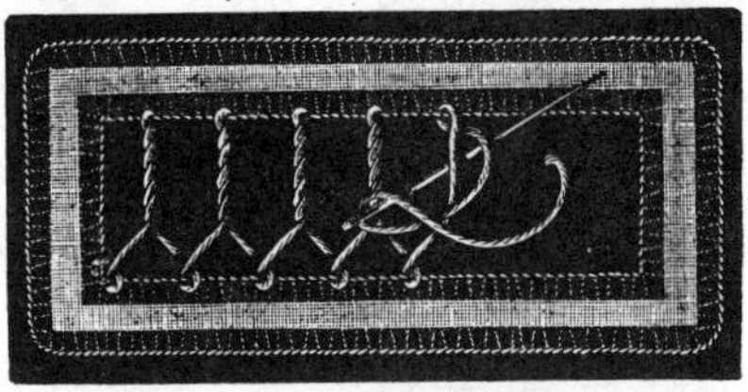

Abb. 876. Säulenstich.

Säulenstich (Abb. 876). — Nach unten wird die Schlinge des russischen Stiches, nach oben der gedrehte Stich von Abbildung 875 gemacht, wobei der Arbeitsfaden dreimal um den gespannten Faden geschlungen wird.

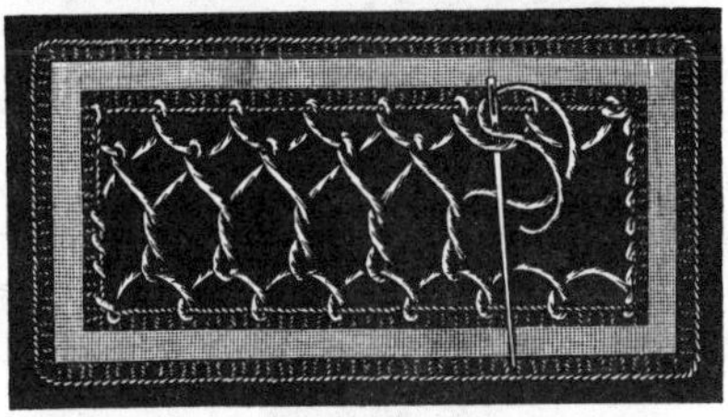

Abb. 877.
Einsatz mit einfachen Schlingen.

Schlingeneinsätze (Abb. 877 und 878). — In zwei Reihen loser Schlingenstiche werden Schlinge und Stich ganz genau gegenübergestellt. Wenn diese Reihen vollendet sind, so wird in jeder oberen Schlinge der Stich von Abbildung 874, in jeder unteren der von Abbildung 875 angebracht.

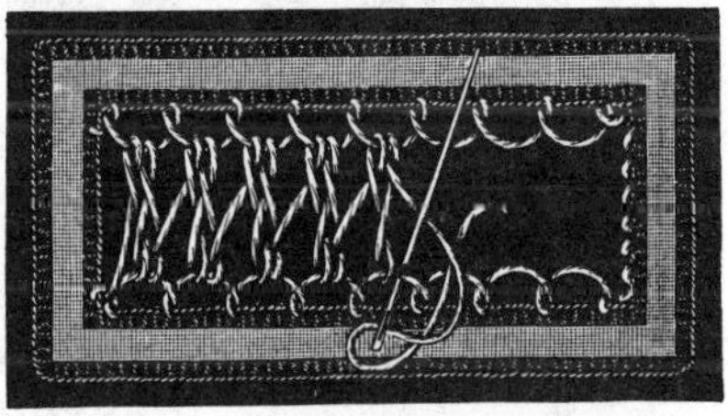

Abb. 878.
Einsatz mit doppelten Schlingen.

Bei Abbildung 878 werden je 2 russische Stiche in jede Schlinge gemacht. Der russische Stich kann hier nach eigenem Gutdünken auch drei- und vierfach in die Schlingen eingearbeitet werden.

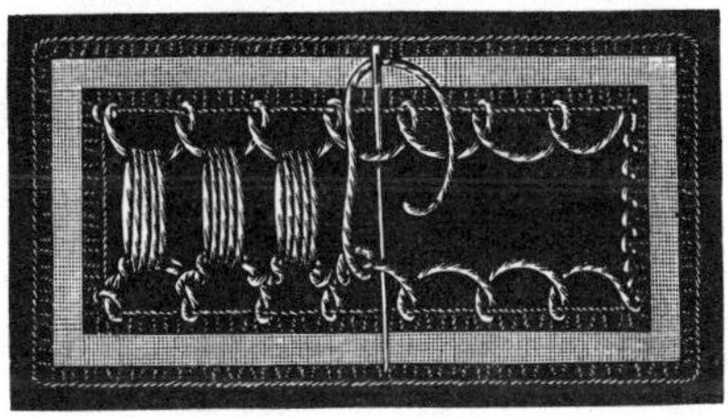

Abb. 879. Perleinsatz.

Perleinsatz (Abb. 879). — Die beiden Schlingenreihen werden durch je 4 Stiche in jeder Schlinge verbunden. Die Fäden müssen flach neben- und nicht übereinander liegen.

Der Arbeitsfaden wird nach dem 4. Stiche um die untere Schlinge gewunden und dann zur nächsten geführt, wo wieder dieselben 4 Stiche wie vorhin gemacht werden.

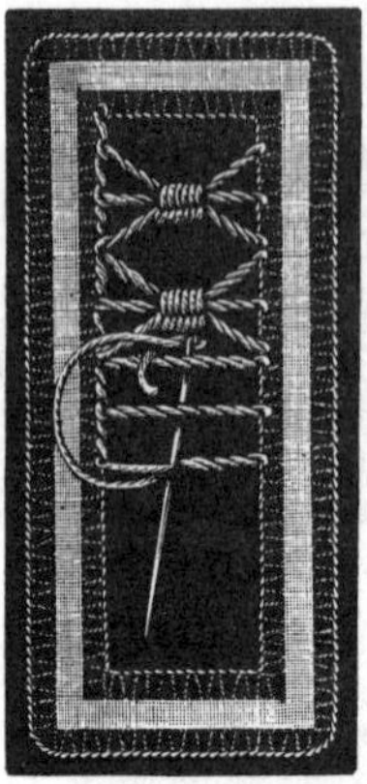

Abb. 880. Büscheleinsatz.

Büscheleinsatz (Abb. 880). — Ueber 2 vollendete und ein halb vollendetes einfaches Stäbchen, nach Abb. 864, die in kleiner Entfernung von einander stehen, werden in deren Mitte 5 bis 6 Schlingenstiche gemacht. Das erste Stäbchen des nächsten Büschels ist dicht am letzten anzusetzen.

Zweigeinsätze (Abb. 881 und 882). — Der Faden wird in der Mitte der Länge nach von einem Ende des freien Feldes zum anderen geführt und am oberen Ende quer unter 2 bis 3 Fäden der Litze durchgeführt, dann ebenso

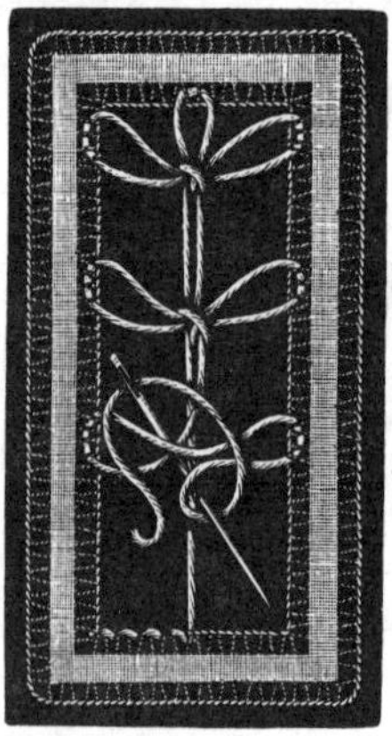

Abb. 881. Zweigeinsatz mit einfachem Knoten.

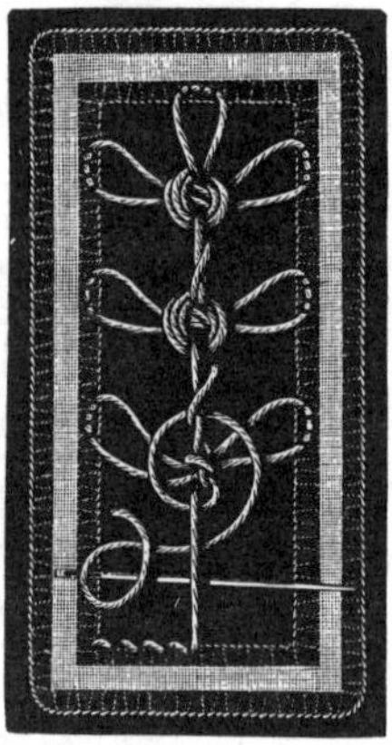

Abb. 882. Zweigeinsatz mit Spinnen.

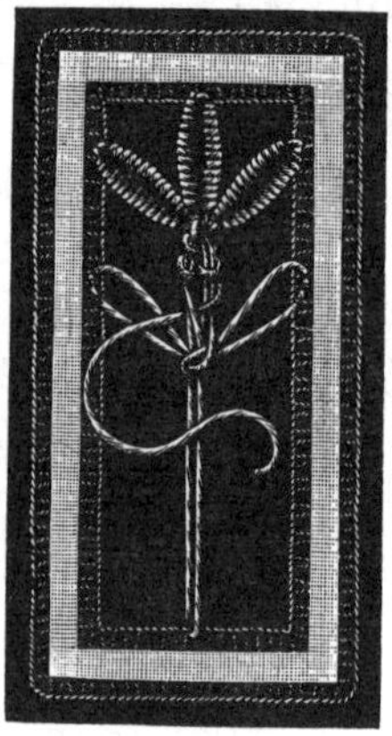

Abb. 883. Zweigeinsatz mit dichten Blättern.

zuerst an der linken Längsseite von unten nach oben, hierauf an der rechten Längsseite von oben nach unten geführt, worauf alle Schlingen durch einen Knoten, wie selbiger in Abbildung 881 deutlich erklärt ist, verbunden werden. Im Verlauf der Arbeit fällt natürlich der obere Querstich fort.

Abbildung 882 lehrt denselben Zweigeinsatz mit Spinnen verziert, welche nach dem Knoten und um denselben ausgeführt werden.

Zweigeinsatz mit dichten Blättern (Abb. 883). — Der Faden ist an der Stelle, die das erste Blatt einnehmen soll, anzuschliessen, dann am entgegengesetzten Ende durchzuziehen und wieder zum Anfang zurückzuführen. Hierauf werden die Fäden zu beiden Seiten, wie bei den Abbildungen 881 und 882, gespannt, durch einen Knoten verbunden, der Faden noch einmal für das mittlere Blatt nach oben geführt, dieses dann von oben herab vollendet, wie bei den Abbildungen 667 und 668 des Kapitels « Die Netzstickerei ».

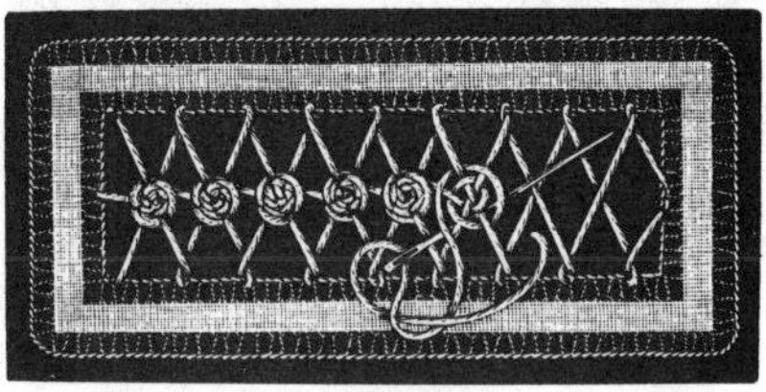

Abb. 884.
Einsatz mit kleinen Spinnen.

Einsatz mit kleinen Spinnen (Abb. 884). — Zwei Reihen russischer Stiche werden gekreuzt, der Faden hierauf bis zu deren halben Breite gebracht und da, wo sich die Stiche kreuzen, eine Spinne über 5 Fäden ausgeführt. Will man die Spinnen grösser machen, so müssen die ersten Stiche auch im Verhältnis weiter gestellt werden. Die Nadel wird unter der Spinne zu den nächsten gekreuzten Fäden weitergeführt.

Abb. 885.
Einsatz mit grossen Spinnen.

Einsatz mit grossen Spinnen (Abb. 885). — Der Faden wird in der Mitte des Zwischenraumes von einem Ende zum anderen, dann mit Ueberwindlingstichen in die Ecke gebracht. Von da wird wieder eine lose Schlinge zur anderen Ecke gemacht, der Faden über 6 bis 8 Bandfäden weitergeführt, die Nadel hinter der ersten Schlinge und unter dem wagerecht gespannten Faden durchgeschoben und auf der anderen Seite der Stich an das Bändchen gemacht. Hierauf wird der Faden genau gegenüber an der anderen Seite befestigt, zurück nach der Mitte gebracht und über 4 Fäden eine grosse Spinne ausgeführt. Der Arbeitsfaden ist dann an dem einfachen gespannten Faden entlang und durch Ueberdrehen desselben bis zum Litzenrande zu führen, von wo aus die nächste Schlinge gemacht wird.

Pyramideneinsätze (Abb. 886 und 887). — Ueber weit abstehende, einfache, russische Stiche werden von der Spitze bis zur halben Breite der Schlingen Stopfstiche über die Fäden hin- und zurückgeführt, wodurch kleine Pyramiden entstehen. (Siehe auch Abb. 669.)

Abb. 886.
Einsatz mit versetzten Pyramiden.

Um zur Spitze der nächsten Pyramide zu gelangen, wird die Nadel mehrere Male um den Faden des nächsten russischen Stiches geführt, oder es werden, wie bei Abbildung 887, über einen doppelten russischen Stich die kleinen Pyramiden so gearbeitet, dass deren Spitzen sich berühren, während deren Breitseite der Litze zugekehrt bleibt.

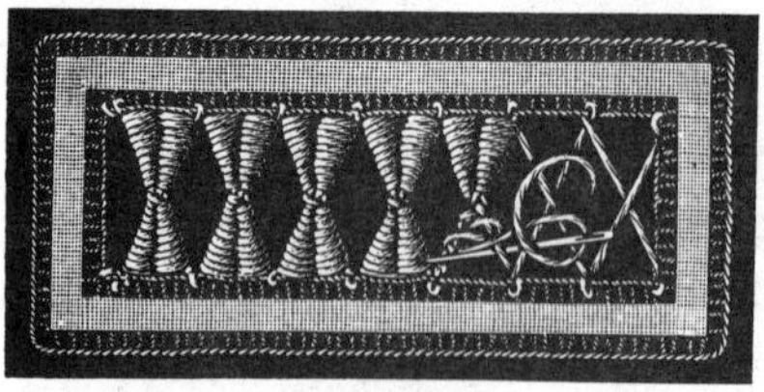

Abb. 887.
Einsatz mit Kopf an Kopf gestellten Pyramiden.

Einsatz mit genähten Vierecken (Abb. 888). — Nachdem an beiden Litzenrändern lose Schlingen, wie bei Abb. 877, 878, 879, vorgearbeitet wurden, fasst man die Schlingen auf einen Faden, in welchen dann der doppelte russische Stich eingearbeitet wird. Die durch die Stiche entstandenen Vierecke werden durch Schlingenstiche, wie bei Abbildung 672 der Venetianer Spitzzäckchen des vorhergehenden Kapitels angegeben, ausgefüllt.

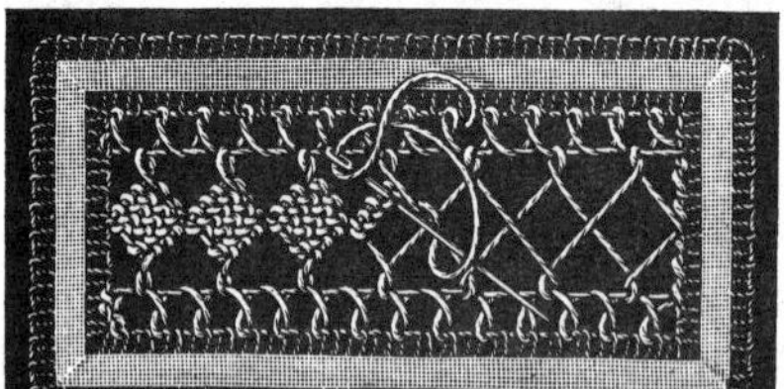

Abb. 888.
Einsatz mit genähten Vierecken.

Schlingenstich-Einsatz (Abb. 889). — Der Faden ist in der halben Breite des Einsatzes herauszuführen, rechts anzuschlingen, darüber sind Schlingenstiche bis in die Mitte des auszufüllenden Raumes zu machen ; dann wird der Faden nach links geführt, etwas tiefer als rechts angeschlungen und wieder wie rechts mit Schlingenstichen bedeckt.

Man kann auch nach einer Seite mehr, nach der anderen

weniger Schlingenstiche machen, wodurch eine sehr hübsche Abart desselben Musters entsteht.

Gewöhnlicher Tüllstich. Erster Spitzenstich (Abb. 890). Schlingenstiche werden in hin- und zurückgehenden Reihen so lose geschlungen, dass sie Maschen bilden, in welche die Schlingen der nächsten Reihe jedesmal eingehängt werden.

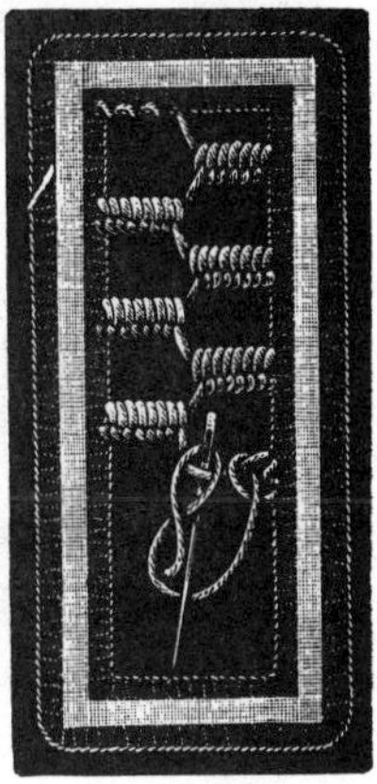

Abb. 889. Schlingenstich-Einsatz.

Spitzenstiche. — Beim Ausfüllen mit Spitzenstichen hat man darauf zu achten, dass die Zahl der Schlingen bei geraden Flächen stets die gleiche bleibt, ferner, wenn am Anfang ein ganzer Stich gemacht wird, in der nächsten Reihe stets ein halber folge, nach diesem wieder ein ganzer.

Verengt oder erweitert sich die Zeichnung, so muss die Zahl der Schlingen entsprechend vermindert oder vermehrt werden, was stets an den Rändern geschieht.

Jede Stichreihe muss nach der Höhe ebenso viele Litzenfäden zählen, als zu Beginn zwischen den Schlingen geblieben sind.

Doppelter Tüllstich. Zweiter Spitzenstich (Abb. 891). Bei diesem Stiche sind in der ersten Stichreihe je 2 Schlingen-

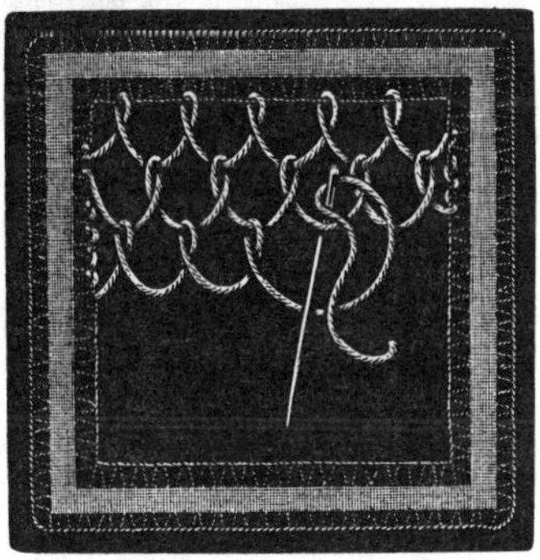

Abb. 890. Gewöhnlicher Tüllstich. Erster Spitzenstich.

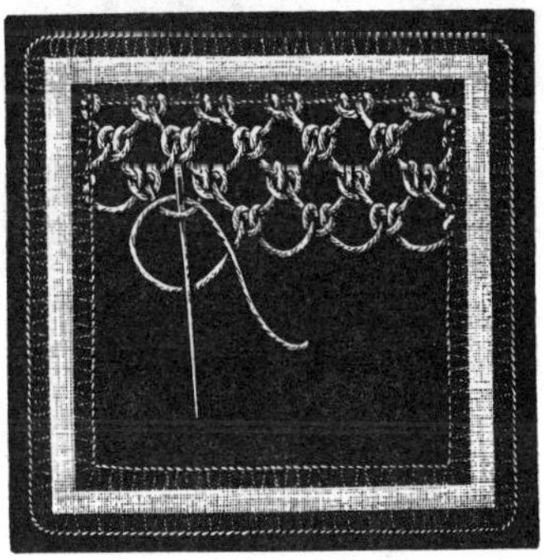

Abb. 891. Doppelter Tüllstich. Zweiter Spitzenstich.

stiche dicht nebeneinander in den Litzenrand auszuführen und später stets in den Zwischenschlingen wieder je 2 Schlingenstiche dicht nebeneinander zu stellen. Die Schlingen lässt man etwas weniger lose als beim vorhergehenden Stiche.

Dritter Spitzenstich (Abb. 892). — Hier werden je 3 Schlingenstiche dicht nebeneinander ausgeführt. Die Zwischen-

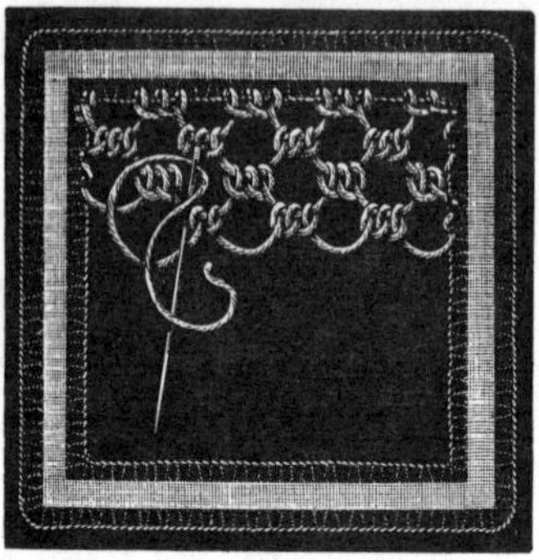

Abb. 892.
Dritter Spitzenstich.

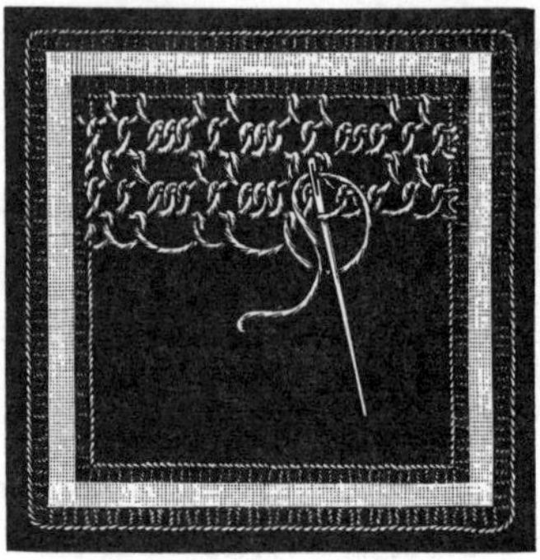

Abb. 893.
Vierter Spitzenstich.

schlinge darf nur so lang sein, dass sie durch die 3 Stiche der nächsten Reihe ganz bedeckt werden kann.

Vierter Spitzenstich (Abb. 893). — Von links nach rechts beginnt man mit 2 nahe gestellten Schlingenstichen und lässt dann die Schlinge bis zu den nächsten beiden Stichen

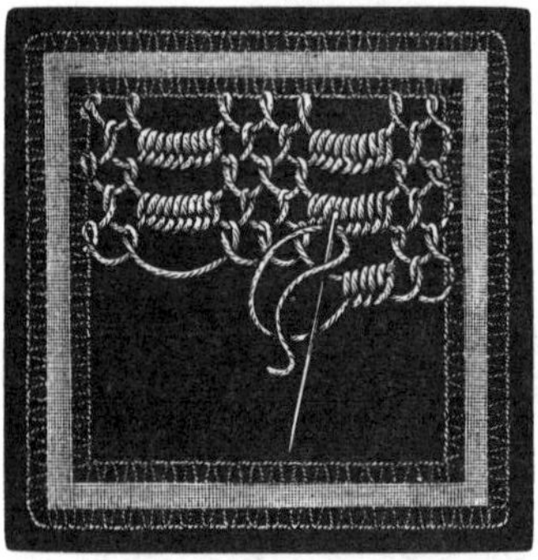

Abb. 894.
Fünfter Spitzenstich.

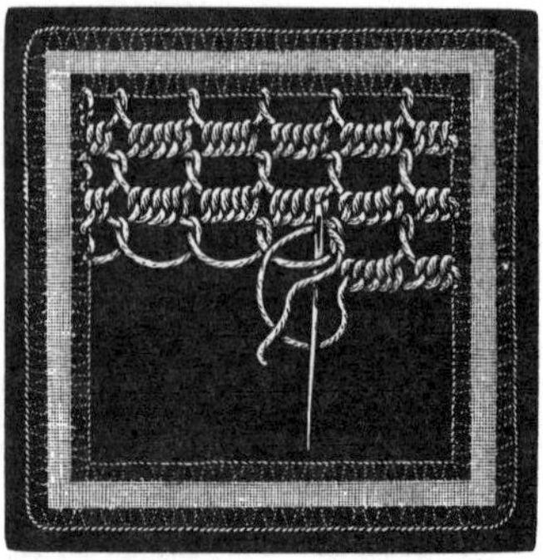

Abb. 895.
Sechster Spitzenstich.

doppelt so lang, als jene zwischen den beiden ersten war.

In der folgenden Reihe, von rechts nach links gehend, sind in die lange Schlinge 3 Schlingenstiche zu arbeiten, während in die kurze Schlinge nur 1 Stich gemacht wird. Das Einschlingen der folgenden Reihe erklärt Abbildung 893.

Fünfter Spitzenstich (Abb. 894). — Wie bei Abbildung 893 ist auch hier die erste Reihe von links nach rechts auszuführen, mit 3 nahe gestellten und einer ebenso langen Zwischenschlinge als die 3 Stiche. In der zweiten Reihe arbeitet man zwischen den 3 nahe gestellten Schlingenstichen je einen Stich, über die lange Schlinge 8 Stiche.

Sechster Spitzenstich (Abb. 895). — Ueber weite, von links nach rechts ausgeführte, etwas fest anzuziehende Schlingen werden in der zweiten Reihe so viele Schlingenstiche gemacht, dass die ersten Schlingen ganz bedeckt sind. In der dritten Reihe ist die Schlinge in die kurze Schlinge zwischen zwei Schlingenstichpartien, also unter jene der ersten Reihe zu stellen.

Siebenter Spitzenstich (Abb. 896). — Von rechts nach links beginnend, werden als erste Reihe nur ganz wenig von

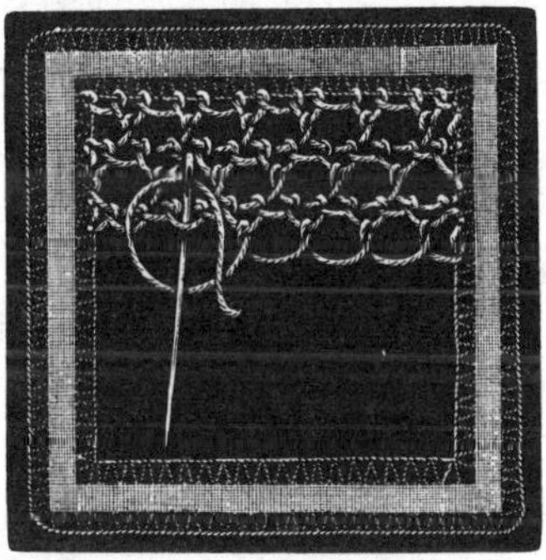

Abb. 896.
Siebenter Spitzenstich.

Abb. 897.
Achter Spitzenstich.

einander getrennte Schlingenpaare gemacht; in der zweiten Reihe kommt nur ein Schlingenstich zwischen die beiden nahen Stiche; in der dritten Reihe kommen wieder 2 Schlingenstiche in jede lange Schlinge usw.

Achter Spitzenstich (Abb. 897). — Dieser Stich wird allgemein « Erbsstich » genannt wegen der runden Lücken, die durch den Stichwechsel entstehen. Die erste Reihe besteht aus dichten und durchaus in gleicher Entfernung gestellten Schlingenstichen. In der zweiten Reihe ist je ein Stich in zwei der ersten Schlingen zu machen, dann sind 2 Schlingen zu übergehen und wieder 2 in jene der oberen Reihe zu machen.

In der 3. Reihe werden wieder 3 Stiche in die lange Schlinge und einer zwischen den beiden Stichen der zweiten Reihe gemacht. In der vierten Reihe sind die Lücken zu versetzen.

Neunter und zehnter Spitzenstich (Abb. 898 und 899). Sowohl der kleine wie der grosse Zackenstich beginnen in der ersten Reihe, ebenso wie der vorhergehende, mit dichten Schlingenstichen. Die kleinen Zacken in Abbildung 898 erfordern 3 Gänge. Im zweiten Gange werden 2 Stiche gemacht und 2 übergangen, im dritten wird nur ein Stich zwischen die beiden Schlingen der unteren Reihe ausgeführt. Die Fortsetzung mit je 3 Stichen über eine Zwischenschlinge erklärt Abbildung 898.

Die grossen Zacken in Abbildung 899 erfordern 5 Gänge.

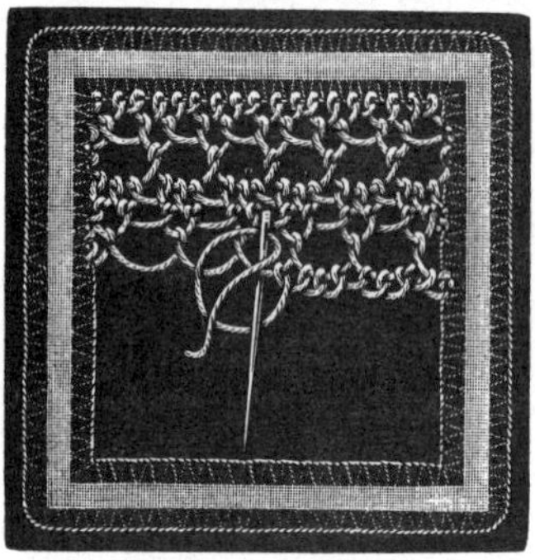

Abb. 898.
Neunter Spitzenstich.

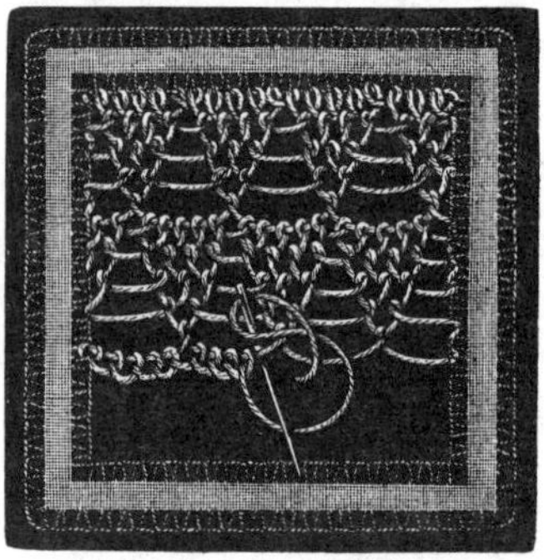

Abb. 899.
Zehnter Spitzenstich.

Die Stiche des ersten Ganges sind möglichst dicht aneinander zu stellen, im zweiten Gange sind 2 Schlingen zu übergehen und 4 in die obere Stichreihe einzuhängen, im dritten Gange sind 3, im vierten 2 Stiche und im fünften Gange nur noch ein Stich zu machen. Die langen Schlingen des letzten Ganges dürfen nicht zu lose gespannt sein, damit die ersten 5 Stiche der nächsten Zacke sie genügend ausfüllen.

Elfter Spitzenstich (Abb. 900). — Einfache Tüllstiche ergeben die erste Reihe; in der zweiten Reihe sind 3 Schlingenstiche in den mittleren Tüllstich einzuhängen, in der dritten Reihe sind 3 Schlingenstiche in die ganzen Schlingen zu beiden Seiten der 3 ersten Schlingenstiche und ein Stich vor und nach denselben zu machen. Die folgende Reihe ist wieder der zweiten gleich. In der fünften Reihe werden die dichten Stiche gewechselt. Die 3 Schlingenstiche sind in der dritten ganzen Schlinge vor und nach jenen der vierten Reihe anzubringen, so dass man zwischen den dreifachen Schlingenstichen 6 einzelne Stiche und 7 Schlingen zählt.

Zwölfter Spitzenstich (Abb. 901). — Der Stickfaden wird ½ cm. tief an der linken Litze herausgeführt, worauf man am oberen Litzenrande 3 ganz nahe Schlingenstiche macht. Die nächsten Schlingen, mit den 3 Stichen über 4 bis 6 Litzenfäden weiter gehend, sind stets so lang zu lassen, dass sie mit der ersten, am Seitenrande beginnenden Schlinge in gleicher Höhe stehen.

In der zweiten Reihe sind 3 Schlingenstiche wieder in die

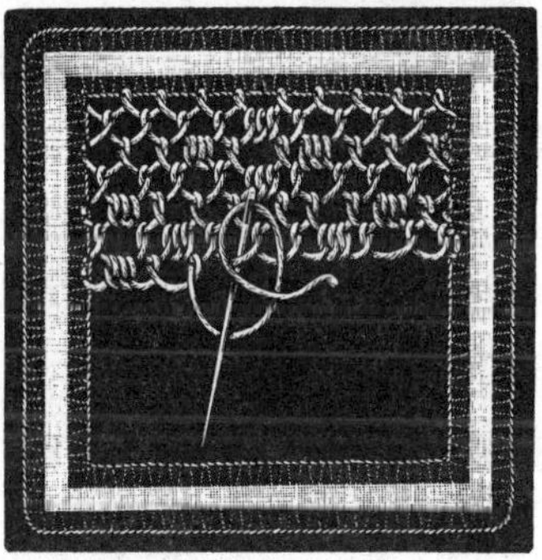

Abb. 900.
Elfter Spitzenstich.

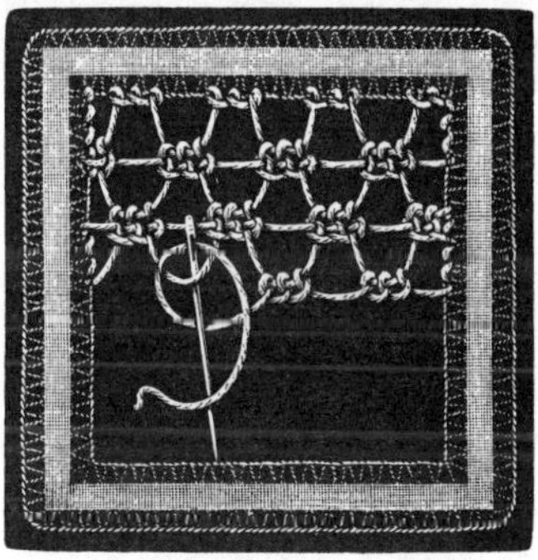

Abb. 901.
Zwölfter Spitzenstich.

langen Schlingen zu bringen, der Zwischenfaden ist jedoch ganz stramm anzuziehen. Die dritte Reihe ist wieder der ersten gleich, doch werden von nun an die 3 Schlingenstiche den 3 Schlingenstichen der vorigen Reihe eingehängt.

Dreizehnter Spitzenstich (Abb. 902). — Der hier abgebildete Spitzenstich und die nächstfolgenden werden von links nach rechts und dann wieder von rechts nach links geschlungen.

Da das Schlingen von links nach rechts seltener gemacht wird, so ist in den Abbildungen die Stellung der Nadel in der entsprechenden Lage dargestellt.

Abbildung 902 erfordert zuerst 2 Schlingenstiche, hierauf einen unter diesen beiden und an dieselben ganz dicht anschliessenden Stich, der über den Schlingenfaden gemacht wird; dieser Verbindungsfaden muss fast wagerecht liegen.

Vierzehnter Spitzenstich (Abb. 903). — Nach den einfachen Tüllstichen der ersten Reihe wird die zweite Reihe mit 2 Schlingenstichen begonnen, unter diesen sind statt einem,

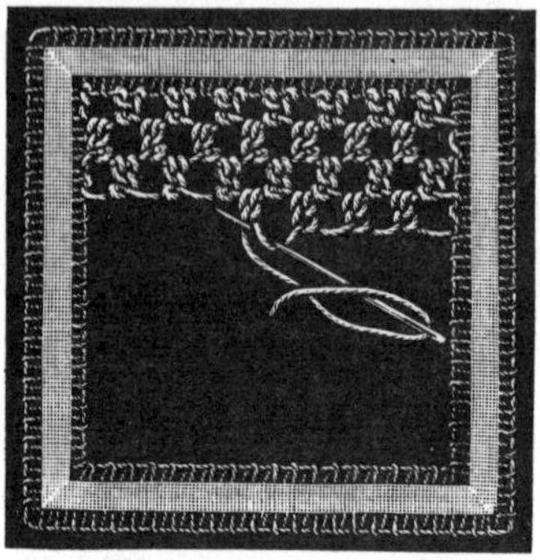

Abb. 902.
Dreizehnter Spitzenstich.

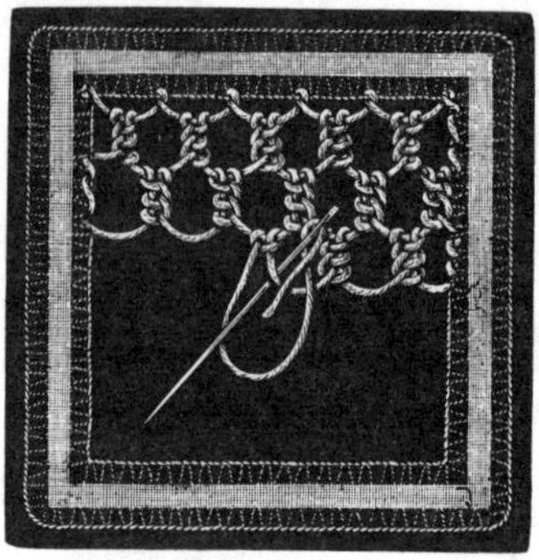

Abb. 903.
Vierzehnter Spitzenstich.

wie bei Abb. 902, 2 Stiche auszuführen, wodurch sich senkrecht stehende Stäbchen bilden.

Fünfzehnter Spitzenstich (Abb. 904). — Dieser Stich ist den zwei vorhergehenden gleich, doch wird er mit 3 Schlin-

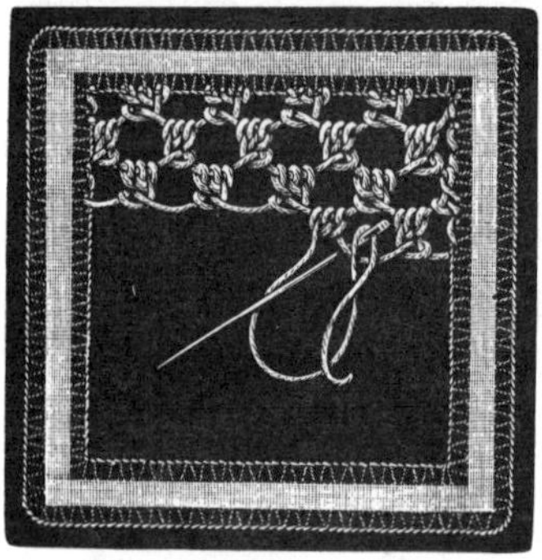

Abb. 904.
Fünfzehnter Spitzenstich.

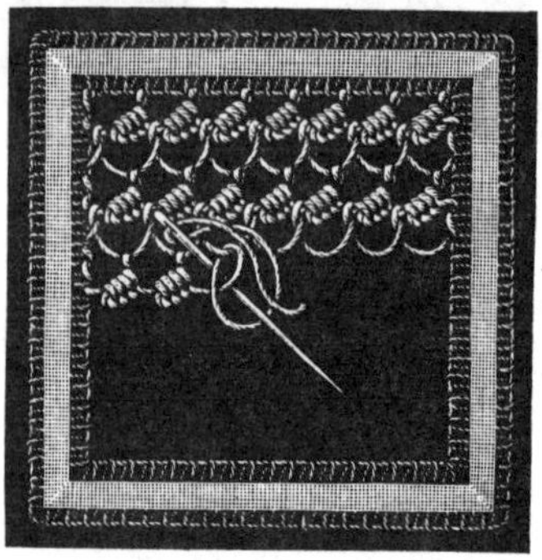

Abb. 905.
Sechzehnter Spitzenstich.

genstichen begonnen, die nur 1 Stich nach unten verbindet.

Sechzehnter Spitzenstich (Abb. 905). — Wird dieses Muster mit einer Tüllstichreihe begonnen, so muss dieselbe von rechts nach links gemacht werden, damit in der rückgehenden Reihe die Stichgruppen sogleich in die richtige Lage gebracht werden können. In der zweiten von links nach rechts gehenden Reihe wird, ähnlich wie beim Pikot, Abb. 869, der erste Stich in die Schlinge gemacht, der zweite über beide Fäden, so weit von der Schlinge entfernt, dass noch 3 andere Stiche anzubringen sind. Der erste der 4 Schlingenstiche der nächsten Stichgruppe muss stets dicht am letzten Stiche der vorhergehenden Gruppe angebracht sein.

Siebzehnter Spitzenstich (Abb. 906). — In dieser Abbildung ist dasselbe Muster wie das vorhergehende ohne Tüllstichreihe dargestellt und zugleich die Faden- und Nadellage in der von rechts nach links geführten Reihe.

Achtzehnter Spitzenstich (Abb. 907). — Mit Abbildung 907 ist eine Reihe Grundmuster eröffnet, welche wir häufig an

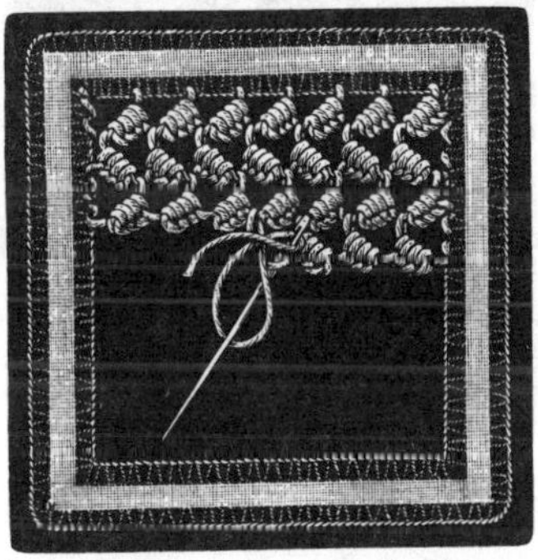

Abb. 906.
Siebzehnter Spitzenstich.

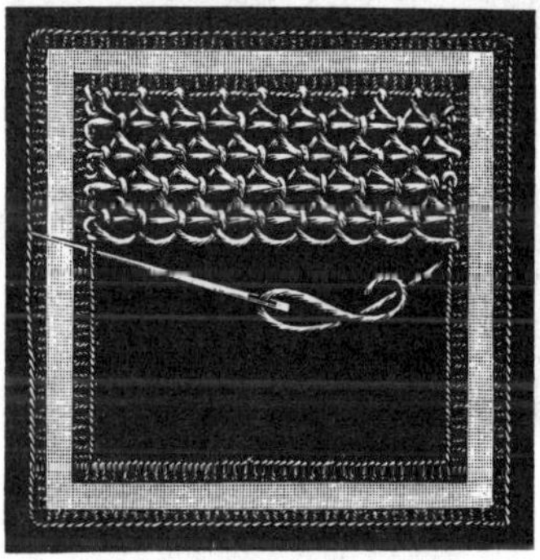

Abb. 907.
Achtzehnter Spitzenstich.

kunstvoll ausgeführten italienischen alten Spitzen angewendet finden, die also mit Recht Venetianer Stiche genannt werden können.

Die Art und Weise, wie die einzelnen Stiche verbunden werden, bewirkt weniger klare durchsichtige Sticharten als die bisher beschriebenen. Bei all diesen Mustern wird mit einer dichten Tüllstichreihe begonnen; dann wird zurückgehend und in gleicher Höhe mit den Schlingen ein Faden gespannt, worauf in der wieder hingehenden Reihe die Nadel zugleich die ersten Schlingen auffasst und unter dem gespannten Faden durchgeführt wird.

In der Abbildung 907 ist das Spannen des zurückgehenden Fadens dargestellt.

Neunzehnter Spitzenstich (Abb. 908). — Häufiger noch als der lose, in Abbildung 907 angegebene Stich findet sich in Venetianer Spitzen der ganz dichte, wie wir ihn hier abgebildet sehen, vor.

Zwanzigster Spitzenstich (Abb. 909). — Wenn einige Schlingen des dichten Grundes übergangen und in der nächsten Stichreihe wieder durch gleich viele ersetzt werden, so entstehen darin kleine Lücken. Wo sich eine Lücke gebildet hat und die übergangenen Schlingen wieder ersetzt werden, ist die Nadel unter 3 Fäden durchzuführen. Durch regelmässiges,

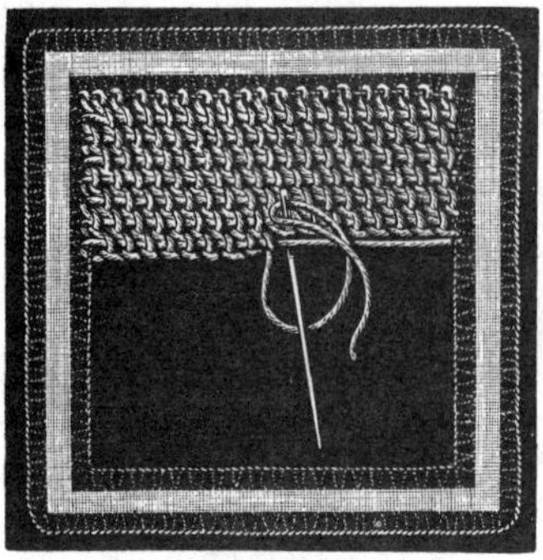

Abb. 908.
Neunzehnter Spitzenstich.

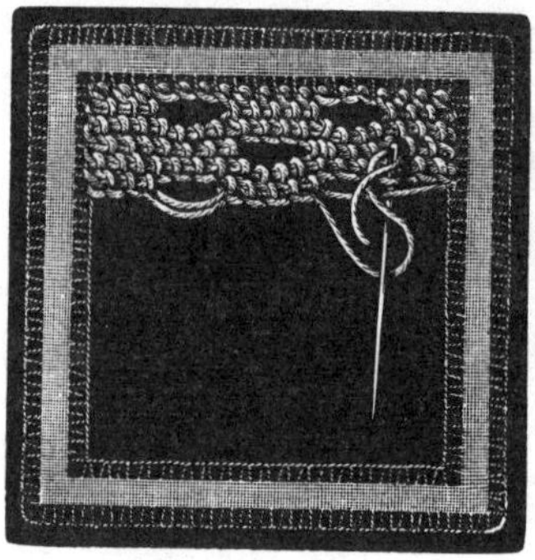

Abb. 909.
Zwanzigster Spitzenstich.

planmässiges Auslassen und Aufnehmen der Stiche können die schönsten Grundmuster erzielt werden.

Einundzwanzigster Spitzenstich (Abb. 910). — Es gibt noch so manche Abwechslung, die in diese dichten Spitzenstiche eingearbeitet werden kann, namentlich durch Uebersticken des Grundes.

In Abbildung 910 sind aufgestickte Muschen zu sehen, für welche ein minder gedrehter Faden zu verwenden ist als jener, der zur Herstellung des Grundes genommen wurde.

Ausser den hier angeführten Muschen kann man noch kleine Ringe mit oder ohne Pikots, kleine Sterne und Blümchen im Wickelstich und anderen Phantasiestichen ausführen.

Zweiundzwanzigster Spitzenstich (Abb. 911). — Nachdem der Arbeitsfaden an der linken Seite der Litze befestigt ist, hält man ihn mit dem Daumen der linken Hand fest, führt die Nadel von oben durch den oberen Litzenrand und hierauf von oben links in die Schlinge ein, wie Abbildung 911 erklärt.

Wenn der Faden herumgelegt worden ist, wird die Nadel durch die Schlinge gezogen; die Stäbchen müssen gerade stehen, damit die Arbeit sauber aussieht.

Im zweiten von rechts nach links gearbeiteten Gange werden die Stäbchen entgegengesetzt ausgeführt; die Nadel ist also von unten durch die Schlingen der ersten Reihe und von unten rechts durch die neu entstandene Schlinge zu führen.

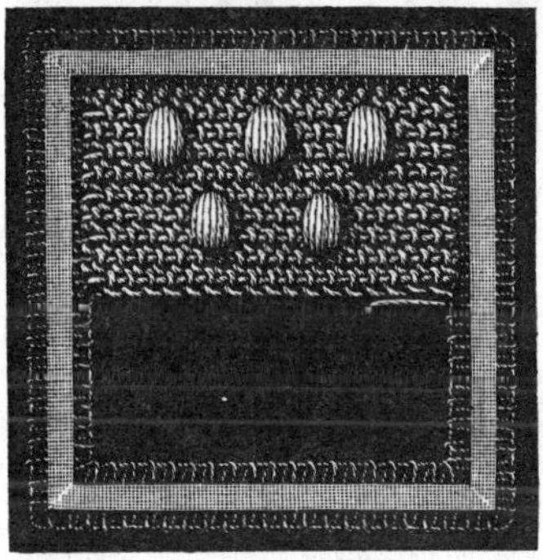

Abb. 910.
Einundzwanzigster Spitzenstich.

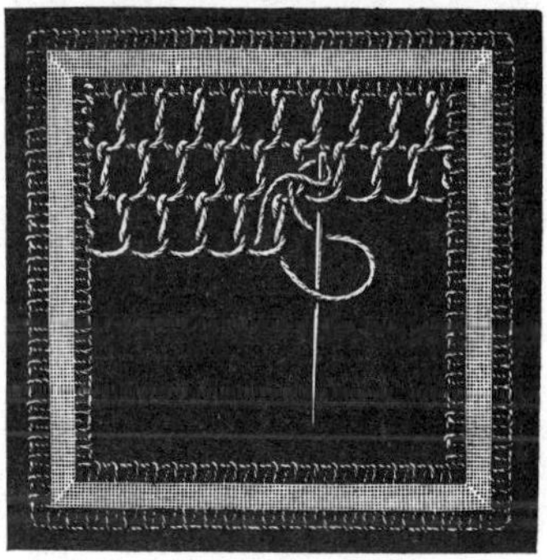

Abb. 911.
Zweiundzwanzigster Spitzenstich.

Dreiundzwanzigster Spitzenstich (Abb. 912). — Der Stich in Abbildung 912 erfordert eine von links nach rechts gehende Reihe der soeben für Abbildung 911 beschriebenen Stiche. Durch sämtliche Schlingen ist in der nächsten Reihe der Faden zu winden und bei jedem Stiche nach Erfordernis fest anzuziehen.

Der Faden muss nach jedem Ueberlegstiche ganz heraus- und angezogen werden; nachträgliches Spannen des Fadens verzieht die Stäbchen.

Vierundzwanzigster Spitzenstich (Abb. 913). — Dieser Stich wird häufig als Sorrento-Stich angeführt.

Je 3 Stichstäbchen werden durch eine längere Schlinge getrennt, die der Länge von zwei kleinen Schlingen entsprechen soll. Bei der rückgehenden Reihe wird der Faden über die kurzen Zwischenschlingen nur einmal, über die langen aber zweimal gewunden.

Bei jeder der folgenden Reihen wird das erste Stäbchen zwischen dem ersten und zweiten, das dritte in die lange

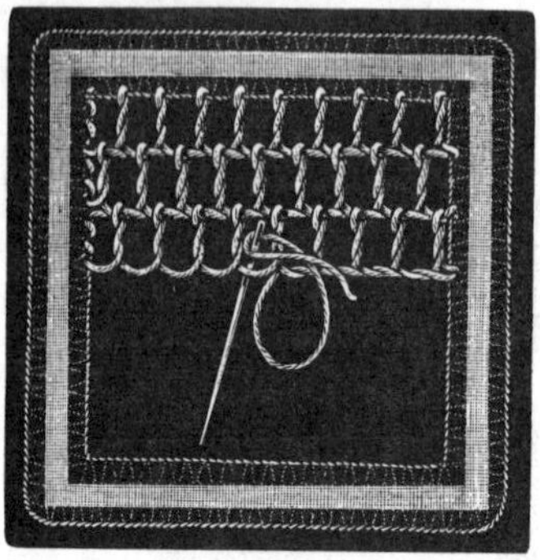

Abb. 912.
Dreiundzwanzigster Spitzenstich.

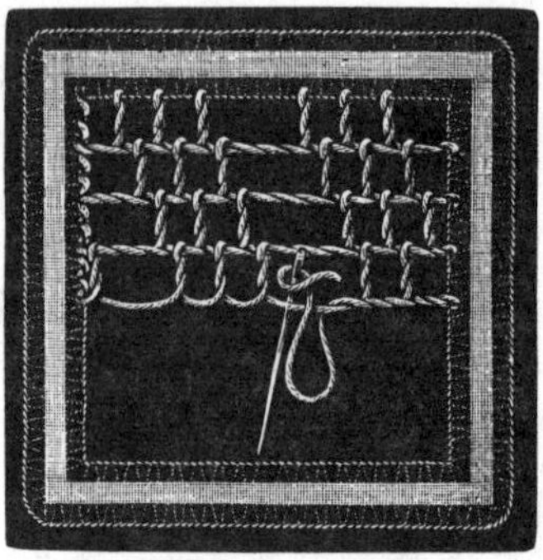

Abb. 913.
Vierundzwanzigster Spitzenstich.

Schlinge der unteren Reihe geführt, so dass sich das Muster stufenförmig in schrägen Reihen fortsetzt.

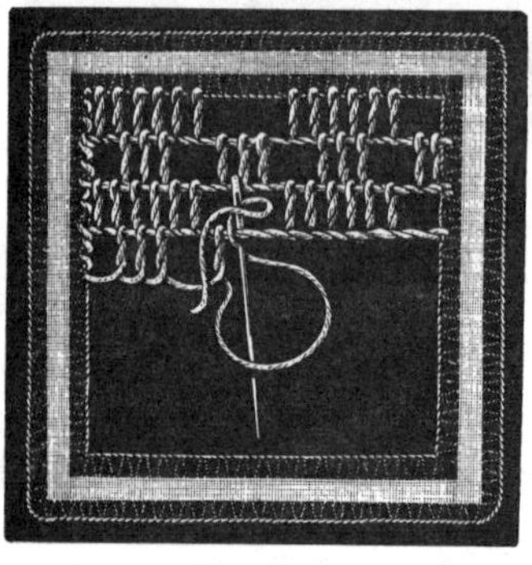

Abb. 914.
Fünfundzwanzigster Spitzenstich.

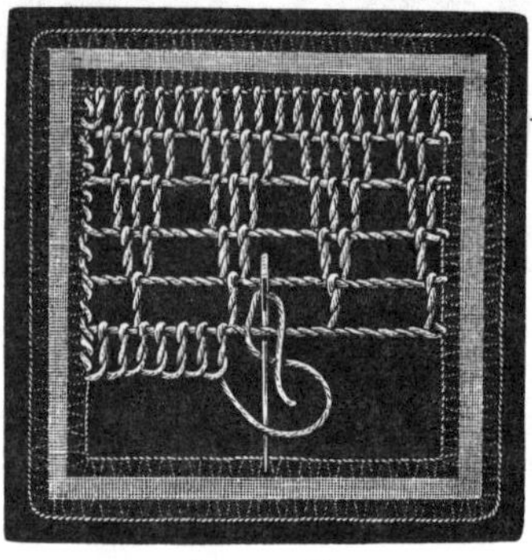

Abb. 915.
Sechsundzwanzigster Spitzenstich.

Fünf- und sechsundzwanzigster Spitzenstich (Abb. 914 und 915). — Durch beide Muster ist das planmässige Versetzen von Stäbchengruppen erklärt.

Die Stäbchen bestehen aus den in Abbildung 912 erklärten Stichen.

Der Faden, der die Gruppen verbindet, ist ziemlich

stramm anzuziehen, damit sich die Stäbchen in regelmässigen Reihen folgen.

Siebenundzwanzigster Spitzenstich (Abb. 916.) — Zwischen je 3 dicht aneinander gestellten Stäbchen, Abb. 912, ist ein diesen gleich breiter Zwischenraum zu lassen. Der Faden wird zurückgeführt, ohne durch die Schlingen zu gehen, wie in den Abbildungen 907, 908 und 910.

In der nächsten Reihe sind in die Schlingen 3 Stäbchen, zwischen die 3 oberen Stäbchen aber zwei solcher zu machen. Die dritte Reihe ist wieder der ersten gleich.

Achtundzwanzigster Spitzenstich (Abb. 917). — Man beginnt mit zwei Reihen Tüllstiche, Abb. 890, zwei dichten Reihen

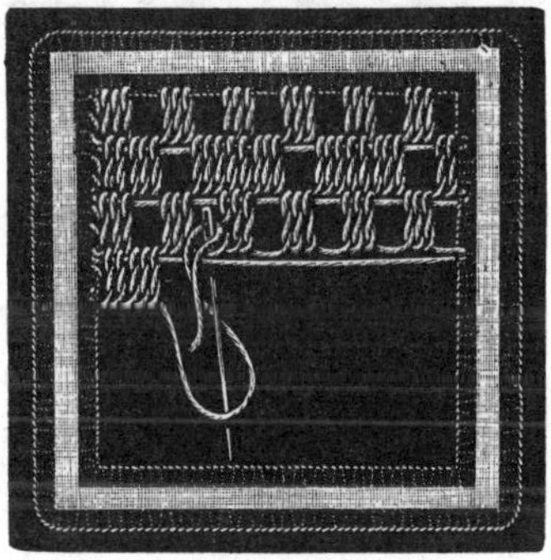

Abb. 916.
Siebenundzwanzigster Spitzenstich.

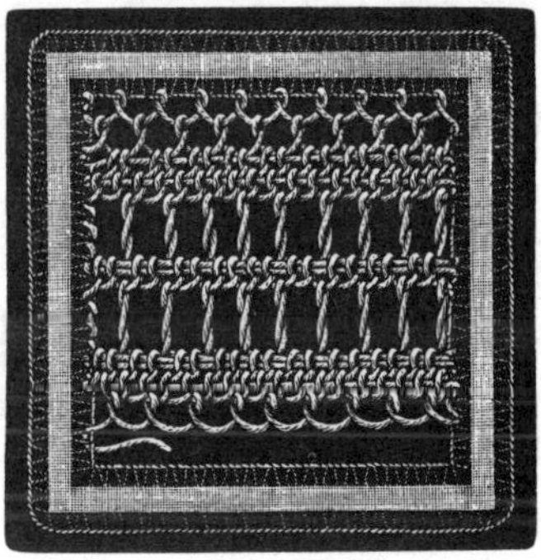

Abb. 917.
Achtundzwanzigster Spitzenstich.

nach Abbildung 908 und einer Reihe nach Abbildung 912 usw.

Will man längere Stäbchenstiche als jene in Abbildung 911 erklärten in das Muster bringen, so hat man den Faden nur um ein- oder zweimal öfter um die Nadel zu legen.

Neunundzwanzigster Spitzenstich (Abb. 918). — Dieses als griechischer Tüllstich bekannte Muster ist zur Füllung grösserer Flächen, statt umwundenem oder geschlungenem Stäbchengrund, Abb. 928 und 929, zu verwenden.

Zwischen entfernteren, von links nach rechts nach Abbildung 911 ausgeführten Stichen sind die Schlingen ziemlich lose zu halten, so dass sie, wenn der zurückgehende Faden zweimal um sie gewunden, noch immer einen schwachen Bogen zeichnen.

Durch das nächste Stäbchen wird dann die Schlinge so weit gehoben, dass die Lücken, wie im griechischen Tüll, Sechsecke bilden.

Wenn grössere Felder oder der ganze Grund einer Spitze mit dem griechischen Tüllstiche ausgefüllt werden, so ist letzterer in der Ecke anzufangen, dann ist allmählich auf- oder abzunehmen, je nachdem es die Zeichnung erfordert.

Dreissigster Spitzenstich (Abb. 919). — Nach einer Reihe knapp aneinander gestellter Schlingenstiche mit langen Zwischenfäden — die Länge der Schlinge muss der Entfernung zwischen je 2 Schlingenstichen entsprechen — ist der Arbeitsfaden in der Höhe der Schlingen zurückzuspannen und über

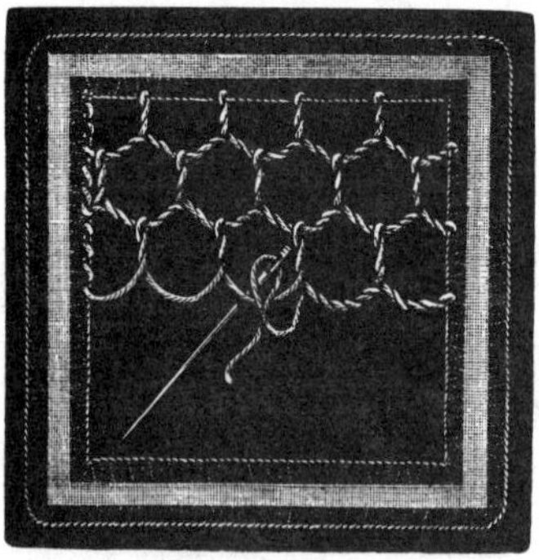

Abb. 918.
Neunundzwanzigster Spitzenstich.

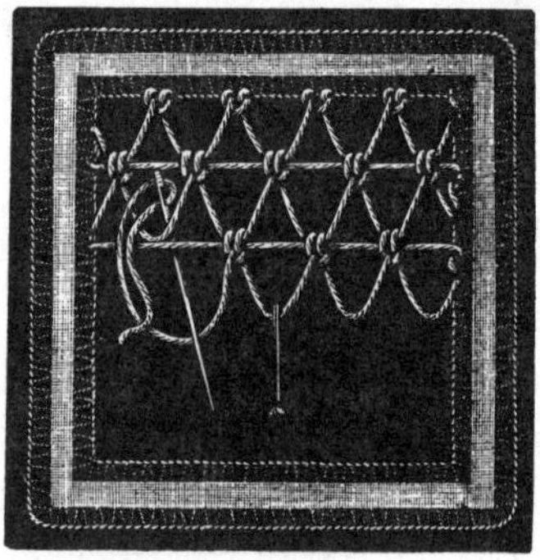

Abb. 919.
Dreissigster Spitzenstich.

diesen werden wieder die Stiche der nächsten Reihe geschürzt.

Um regelmässige Maschen zu erzielen, stellt man Stecknadeln ein und legt den Faden um dieselben, wie es auch die Abbildung zeigt.

Oder man zeichnet die geraden und die schrägen Linien, nach genauer Einteilung mit dem Zirkel und hält die Stichlänge und Entfernung nach diesen Linien pünktlich ein.

Einunddreissigster Spitzenstich (Abb. 920). — Dem Aussehen nach ist diese Stichart dem vorhergehenden Muster sehr ähnlich, sie unterscheidet sich jedoch in der Machweise.

Die Nadel wird unter der Schlinge und dem gespannten Faden durchgeführt; hierauf die Stecknadel für die lange Schlinge in entsprechender Entfernung gestellt, nun der Faden erst über, dann unter die Nähnadel gelegt, wodurch sich nach Durchziehen der Nadel ein Knoten bildet, wie er in der Abbildung dargestellt ist.

Zweiunddreissigster Spitzenstich (Abb. 921). — Um in die genähten Spitzenstiche mehr Abwechslung zu bringen,

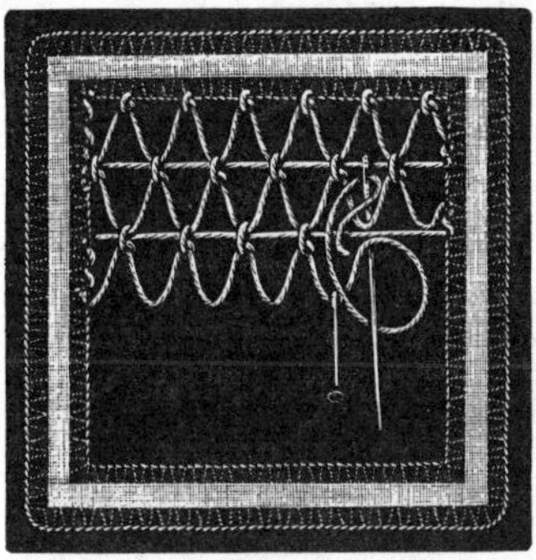

Abb. 920.
Einunddreissigster Spitzenstich.

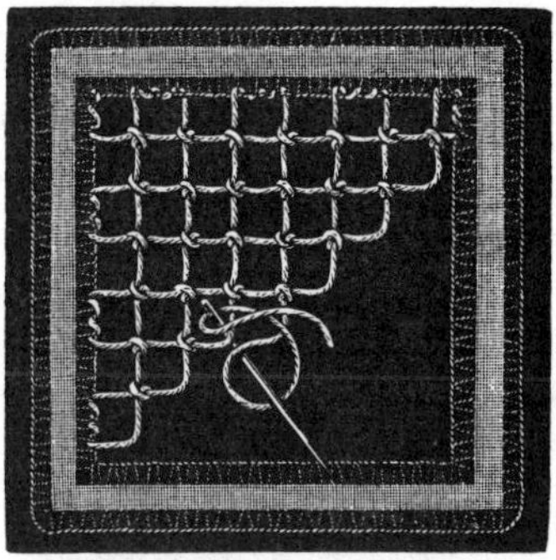

Abb. 921.
Zweiunddreissigster Spitzenstich.

kann man auch das Netz mit der Nadel nachbilden. Man beginnt stets mit einer Schlinge und zwar in der Ecke, um dann in schrägen Reihen weiter zu arbeiten; die Schlingen sind mit demselben Knoten, der in Abbildung 920 erklärt ist,

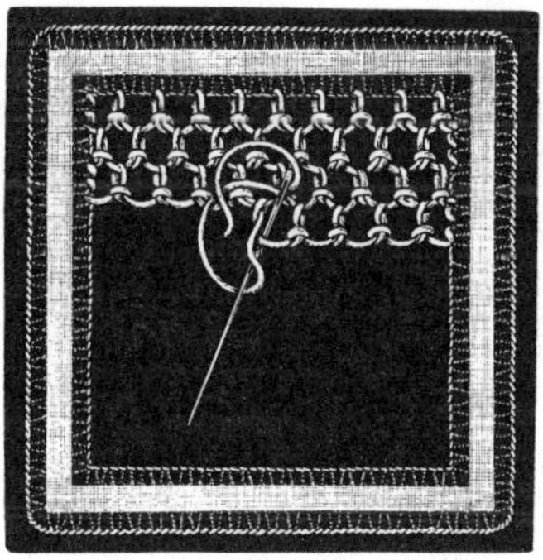

Abb. 922.
Dreiunddreissigster Spitzenstich.

Abb. 923.
Vierunddreissigster Spitzenstich.

gebunden; auch hier ist das Einstellen der Stecknadel zum Gleichen der Stiche unerlässlich.

Die Felder müssen mit grösster Genauigkeit ausgeführt werden; wenn dem so ist, so können sie nachher mit den schönsten und feinsten Stichen des Kapitels « Die Netzarbeit » überstickt werden, und lässt sich dann solcher Spitzengrund selbst in die kleinsten Partien hineinarbeiten.

Dreiunddreissigster Spitzenstich (Abb. 922). — An den älteren Irländer Spitzen, besonders an solchen, wo die Litzen mit Füllstichen anstatt mit Stäbchen verbunden sind, bemerkt man häufig den hier abgebildeten Stich, der bei oberflächlicher Betrachtung nur einem dicht gedrängten Tüllstiche ähnlich ist, sich aber bei genauerer Prüfung als ein in dieser Serie ganz neuer Stich herausstellt.

Der erste Stich ist wie der einfache Tüllstich zu machen,

Abb. 924.
Fünfunddreissigster Spitzenstich.

Abb. 925.
Sechsunddreissigster Spitzenstich.

der zweite besteht aus einem Knoten, der die Schlinge des ersten Stiches bindet.

Solche Füllstiche sind möglichst dicht zu arbeiten, so dass fast keine Zwischenräume zwischen den einzelnen Reihen zu bemerken sind.

Vierunddreissigster Spitzenstich (Abb. 923). — Um eine Fläche mit diesem Spitzenstich, auch Räderstich genannt, auszufüllen, sind zuerst Fäden in regelmässiger Entfernung schräg hin und zurück zu spannen, ohne sie übereinander zu drehen. Hierauf wird über die ersten Fäden, diese kreuzend, wieder ein einzelner Faden gezogen, der nächste zurückgehende Faden wird unter die ersten doppelten und über den letzten einfachen zwei- bis dreimal herumgeschlungen, wodurch die schon im Kapitel « Die Netzarbeit » mit den Abbildungen 673 und 674 erklärten Spinnen entstehen.

Fünfunddreissigster Spitzenstich (Abb. 924). — Zwei Fadenlagen werden zuerst in gerader Richtung zu einem ganz regelmässigen, knotenlosen Netze gespannt. Die dritte Fadenlage, schräg laufend, hat genau über die Kreuzung der ersten Fäden zu kommen. Mit der vierten Fadenlage werden zugleich die Räder über 7 Fäden ausgeführt und dann ist, die Nadel unter der soeben vollendeten Spinne durchführend, zum nächsten Vereinigungspunkt von 6 Fäden weiter zu gehen.

Sechsunddreissigster Spitzenstich (Abb. 925). — Ueber wagerecht gespannte Fäden werden gleich weit entfernte Schlingen eingehängt.

In der zweiten Reihe hat die Nadel unter dem wagerechten

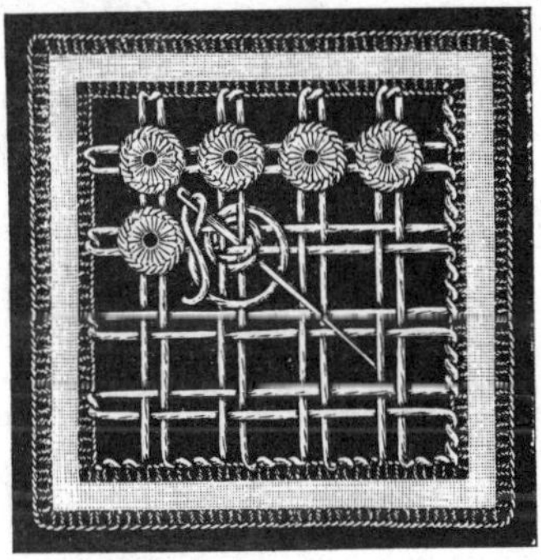

Abb. 926.
Siebenunddreissigster Spitzenstich.

Abb. 927.
Achtunddreissigster Spitzenstich.

und dem Schlingfaden durchzugehen. Wenn dieser Netzgrund vorbereitet ist, wird er mit kleinen Pyramiden im Stopfstiche ausgeführt, die an der Spitze zu beginnen sind. (Siehe auch die Abbildungen 886 und 887.)

Siebenunddreissigster Spitzenstich (Abb. 926). — Zuerst wird die auszufüllende Fläche senkrecht mit je 2 und 2 naheliegenden Fäden, wie es in der Abbildung deutlich erklärt ist, überspannt, dann werden die wagerechten Fäden in denselben Entfernungen wie die ersten gezogen.

Diese zweiten Fäden haben die ersten abwechselnd aufzuheben oder zu übergehen, wie dies auch bei der Leinenstopfe geschieht. Wenn sämtliche Fäden gezogen und richtig aufgehoben und übergangen sind, muss sich ein dem geteilten

Stramin (Penelope-Stramin) vollkommen gleichender Grund ergeben haben.

Dann werden die kleinen Fadenquadrate einige Male umnäht; je öfter dies geschieht, desto schöner gestalten sich die nun über die Fäden auszuführenden, geschlungenen Ringe.

Jeder dieser Ringe muss für sich abgeschlossen werden.

Achtunddreissigster Spitzenstich (Abb. 927). — Da der einfache Tüllstich am schnellsten herzustellen ist, so ist man auch versucht, denselben häufiger als andere Stiche auszuführen. Wo er jedoch zu unbedeutend wäre, kann er noch durch Hinzufügen einzeln gestreuter oder in Gruppen vereinter Ringe belebt werden. Unsere Abbildung zeigt letztere in regelmässiger Versetzung; auch hier ist jeder Ring für sich auszuführen.

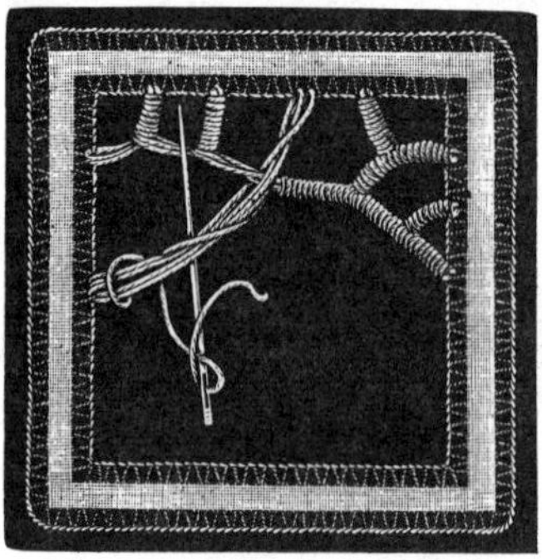

Abb. 928.
Neununddreissigster Spitzenstich.

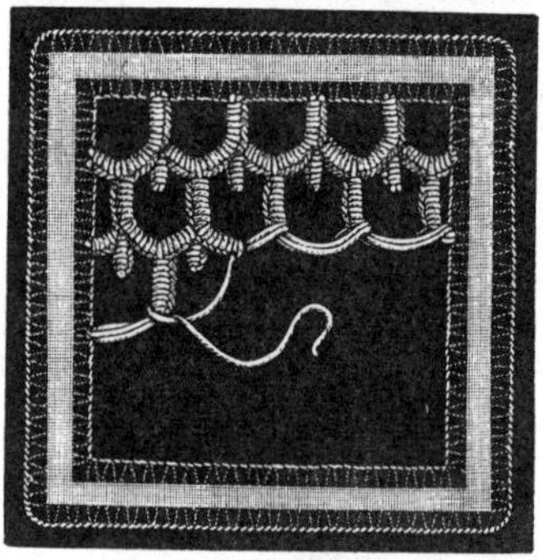

Abb. 929.
Vierzigster Spitzenstich.

Neununddreissigster Spitzenstich (Abb. 928). — Eine Art versetzter, umwundener Stäbchen kann auch als Grundmuster angewendet werden. Es werden je nach der Verteilung der Stäbchen 5 oder 6 Fäden unterlegt; die abzweigenden Einlagefäden dürfen nur bis zum nächsten Stäbchen übernäht werden, von da aus wird wieder vorgelegt, so dass schliesslich häufig 6 bis 8 kurze Fadenstellen zu bedecken sind.

Bei Ausführung dieses Stiches ist die Arbeit zu wenden, da die Stäbchen stets von rechts nach links gearbeitet werden.

Vierzigster Spitzenstich (Abb. 929). — Unter sämtlichen Sticharten dürfte wohl dieser, unsere Musterserie schliessender Stich, am meisten Geduld erfordern. Kostbaren, alten Brabanter Spitzen entnahmen wir den Stich, der daselbst den Grund bildet. Wir stellen ihn in der Abbildung kräftiger dar, als er im Originale erscheint, wo die Schlingenstiche nur über einen Einlagefaden ausgeführt sind.

Bei der Anfangsreihe sind, wenn die 3 üblichen Fäden für den ersten Bogen vorgezogen, die Schlingenstiche vom oberen

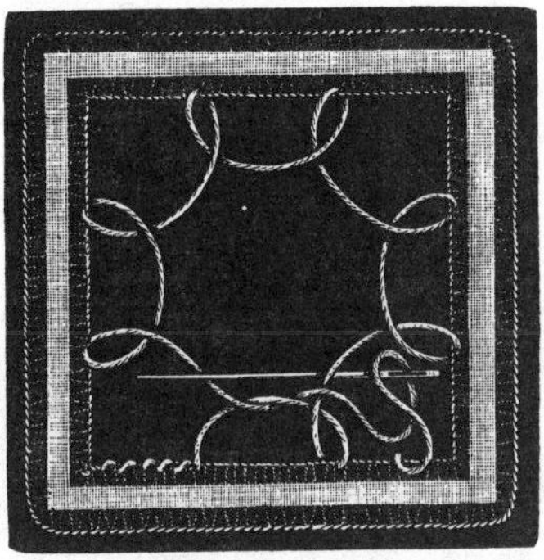

Abb. 930.
Rad aus geschlungenen Stäbchen.
Das Anlegen und Auffassen der Schlingen.

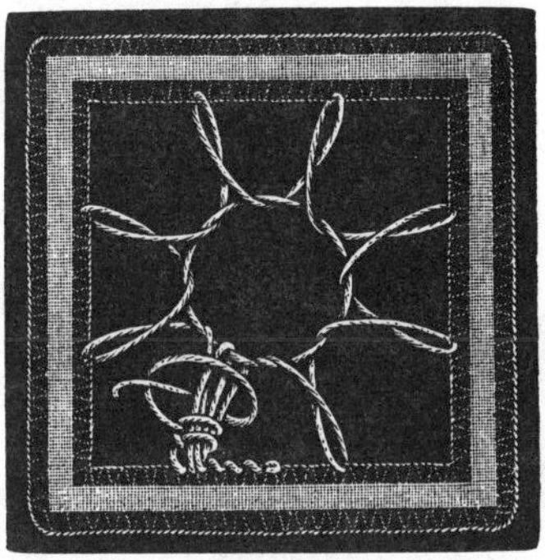

Abb. 931.
Rad aus geschlungenen Stäbchen.
Die aufgefassten Schlingen und der Beginn des Schlingens.

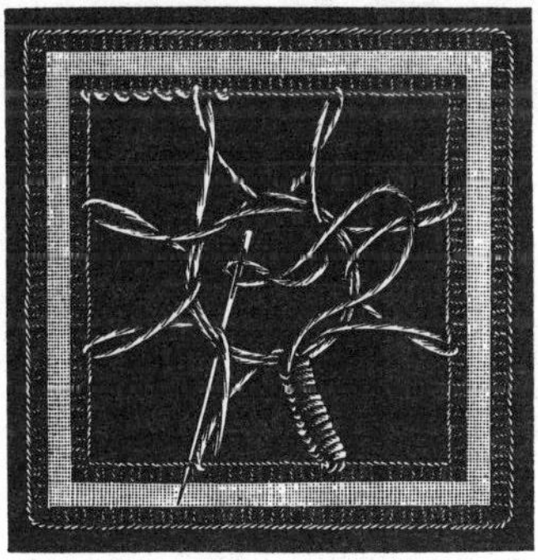

Abb. 932.
Rad aus geschlungenen Stäbchen.
Erstes Stäbchen vollendet und Uebergang zum zweiten.

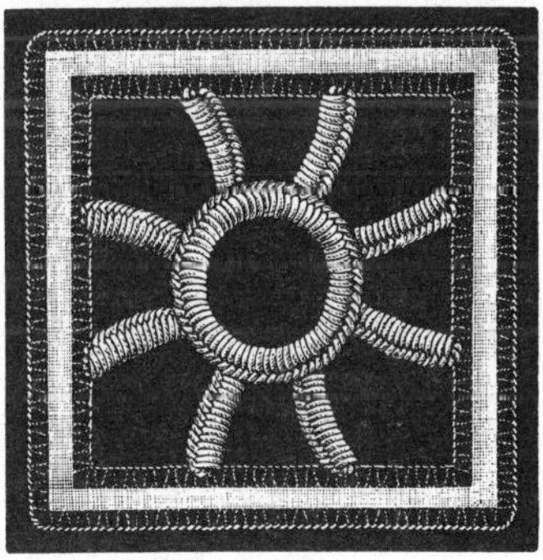

Abb. 933.
Rad aus geschlungenen Stäbchen.
Vollendet.

Rande der Litze nach links abwärts, 8 bis 10 an der Zahl, zu machen. Ebenso viele Stiche sind später für die folgenden wagerechten Stäbchen beizubehalten.

Nach den senkrechten Stichen werden die Fäden für den nächsten Bogen gespannt.

Bei der nun folgenden Reihe sind die ersten Schlingenstiche über die zuerst freigebliebenen Einlagefäden zu führen, dann ist neu zu spannen und von unten nach oben ein senkrechtes Stäbchen zu schürzen; hierauf sind wieder Schlingenstiche über die frei gebliebenen Einlagefäden zu arbeiten usw. Jedem senkrechten Stäbchen ist ein Pikot nach Abbildung 869 aufzusetzen.

Rad aus geschlungenen Stäbchen (Abb. 930, 931, 932, 933). — Nachdem alle Arten Spinnen und Räder schon im Kapitel « Die Netzarbeit » ausführlich behandelt wurden und auch alle sich für die Irländer Spitzenarbeit verwerten lassen,

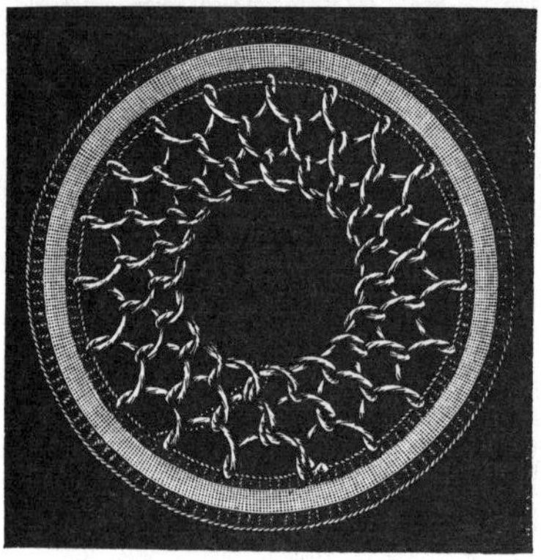

Abb. 934.
Das Ausfüllen der Kreise durch drei Reihen Tüllstiche.

Abb. 935.
Das Ausfüllen der Kreise durch Spinnen.
Erste Spinnenreihe.

bringen die Abbildungen 930 bis 933 die Anleitung zu einem geschlungenen Rade in viereckigem Raume.

Abbildung 930 zeigt das Anlegen von 8 Schlingen als Grundlage für das Rad, Abbildung 931 diese 8 Schlingen, durch einen eingezogenen Faden zu einem Kreise verbunden, nebst dem Anfange des über 4 Fäden geschlungenen Stäbchens. (Die Stäbchen sind stets von der Litze aus zu beginnen.)

Abbildung 932 zeigt das Uebergehen von einem fertigen zum nächsten zu beginnenden Stäbchen, während Abbildung 933 die 8 Stäbchen und den zuletzt zu überschlingenden Kreis fertig veranschaulicht.

Das Ausfüllen der Kreise durch Spitzenstiche (Abb. 934, 935, 936). — Um kreisförmige Flächen auszufüllen, eignen sich ganz vorzüglich jene Stich-arten, die immer dichter werden können, oder solche, wo ein Uebergehen von Stichen der unteren Reihen statthaft ist.

Abb. 936.
Das Ausfüllen der Kreise durch Spinnen.
Zwei vollendete Spinnenreihen.

Kreisförmig aufgeheftete Borten müssen, wie eingangs bei Abbildung 863 erwähnt, vor Beginn der Spitzenstiche am inneren Rande eingezogen werden.

Abbildung 934 weist einen Kreis mit 3 Reihen des einfachen Tüllstiches auf; die punktierte Linie zeigt, wie der Faden nach Vollendung der dritten Stichreihe und Einziehen derselben zum Bändchen zurückgeführt wird.

Abb. 937.
Verbundene Spitzenpikots.

Abbildung 935 lehrt in einem Schlingenkreise Spinnen über 3 Fäden ausführen. In der ersten Reihe wird eine Spinne über jede Schlinge gemacht, in der zweiten Reihe nur über jede zweite Schlinge, den Schluss bilden wieder Schlingenstiche, durch einen Faden zu einem kleinen Kreise zugezogen.

Abb. 938.
Freistehende Spitzenpikots.

Der Arbeitsfaden ist sodann über die Stäbchen zum Litzenrande zurückzuführen und dort zu befestigen.

Abbildung 936 veranschaulicht das vollendete Muster.

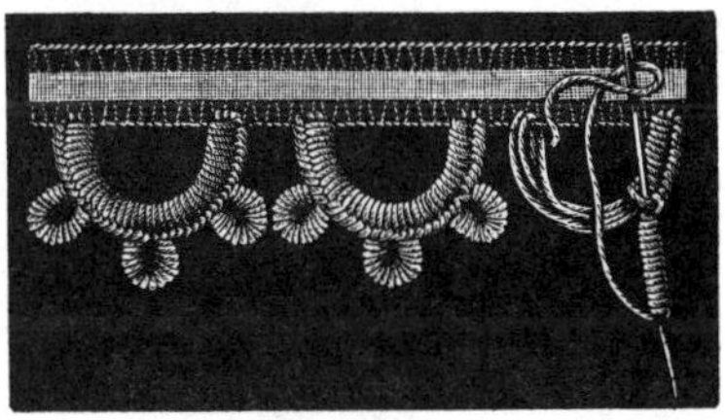

Abb. 939.
Geschlungene Bogen mit Poststichpikots.

Spitzenpikots (Abb. 937, 938, 939). — Als äussere Einfassung der Irländer Spitzenarbeiten werden gewebte Pikotbändchen, wie solche die Abbildung 862 aufweist, verwendet.

Da jedoch dieselben nicht sehr dauerhaft, somit nur für einfachere Arbeiten zu empfehlen sind, raten wir, die Pikots mit eigener Hand anzufertigen.

Die in Abbildung 937 dargestellten verbundenen Pikots erfordern zuerst einen Knoten nach Abbildung 921 und über diesen den deutlich erkennbaren Schlingknoten. Es ist überflüssig, hier noch zu erwähnen, dass alle Pikots genau gleiche Länge aufzuweisen haben und bei allen die gleiche Entfernung einzuhalten ist.

Abbildung 938 lehrt jene Art Pikots, die den gewebten am meisten verwandt sind.

Abb. 939 zeigt hingegen geschlungene Bogen mit Wickel-

Abb. 940. Irländer Spitze mit Stäbchengrund.
Fadensorten: Leinen-Spitzengarn D.M.C N° 50, Flaches Leinengarn D.M.C N° 50 oder Elsässer Strick- und Häkelgarn D.M.C N° 40, in Weiss. (*)

pikots verziert, für welche Abbildung 870 die Erklärung gibt.

Ausser diesen können noch als Abschluss verwendet werden: eine oder auch zwei Reihen von links nach rechts gehender Stiche, nach Abbildung 906, oder geschlungene Bogen, nach Abbildung 871, oder auch die ersten Reihen der Stiche in den Abbildungen 919, 920 und 921.

Irländer Spitze mit Stäbchengrund (Abb. 940). — Die einfachste Art der Irländer Spitzen ist jene, bei welcher die aus verschiedenen Bändchen gebildeten Musterfiguren durch

(*) Siehe am Schluss des letzten Kapitels die Tabelle der Nummern und das Farbenverzeichnis der Baumwoll-, Leinen- und Seiden-Artikel, Marke D.M.C.

gedrehte Stäbchen und Spinnen und durch einen einfachen Zierstich verbunden werden.

Als Beispiel dieser Art bringen wir die Spitze, Abb. 940, bei der sowohl glatte Leinenbändchen, als auch Medaillonbändchen zur Verwendung gelangten.

Die gedrehten Stäbchen sind nach Abbildung 864 herzustellen, der russische Stich nach Abbildung 874, für die Ausführung der Spinnen verweisen wir auf das Kapitel « Die Netzarbeit », Abb. 673 und 674.

Dem unteren Bogenrande ist als Abschluss ein gewebtes Pikotbändchen anzunähen.

Irländer Spitze mit Maschengrund (Abb. 941). — Etwas mühsamer in der Ausführung ist die hier dargestellte Spitze mit Maschengrund.

Nachdem die Bänd-

Abb. 941. Irländer Spitze mit Maschengrund.
Fadensorten — Zum Einziehen der Bändchen: Leinen-Spitzengarn D.M.C N° 70, in Weiss; für die Spitzenstiche: Leinen-Spitzengarn D.M.C N° 45, in Weiss.

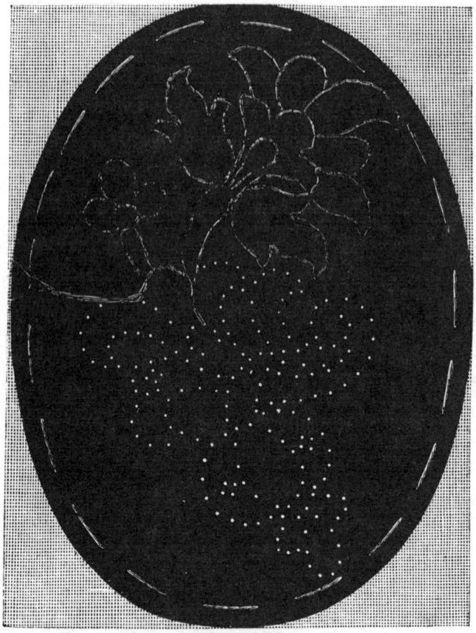

Abb. 942. Das Vorzeichnen der Spitze.

Abb. 943. Vorgeheftete Fäden.

chen aufgeheftet und eingezogen sind, wird die Grundfüllung nach Abbildung 918 vorgenommen. Um dieselbe möglichst genau auszuführen, ist es ratsam, auf dem Bausleinen querlaufende Hilfslinien zu ziehen, nach welchen der Spitzenstich in wagerechten Reihen einzusetzen ist. Erst nachdem der ganze Maschengrund vollendet ist, werden die Musterfiguren mit den in den Abbildungen 892, 905 und 907 erklärten Stichen gefüllt.

Den Aussenrand zieren geschlungene Bogen mit Poststich-Pikots, siehe Abb. 939.

Auch hier wurde feinerer Leinenfaden für das Einziehen der Bändchen und stärkerer für die Spitzenarbeit genommen.

Venetianer Spitzen (Abb. 942, 943, 944, 945, 946, 947, 948). — Unter Venetianer Spitzen versteht man meistens die kostbaren Nadelspitzen mit erhabenen Konturen, auch Reliefspitzen genannt.

Die Zeichnung, nach

welcher die Spitze auszuarbeiten ist, unterlegt man mit schwarzem, glanzlosem Papier und sticht dann mit der Pikiernadel, Abb. 967, in regelmässigen Zwischenräumen von 1 bis 2 mm. kleine Löcher ein.

Ist die Zeichnung auf diese Weise in allen Linien durchstochen, so trennt man sie vom dunklen Papier, auf welchem dann die äusseren Linien der Zeichnung durch die Punktierung erkenntlich sind, und heftet diese schwarze Vorlage auf eine Unterlage aus kräftiger Leinwand, siehe Abb. 942.

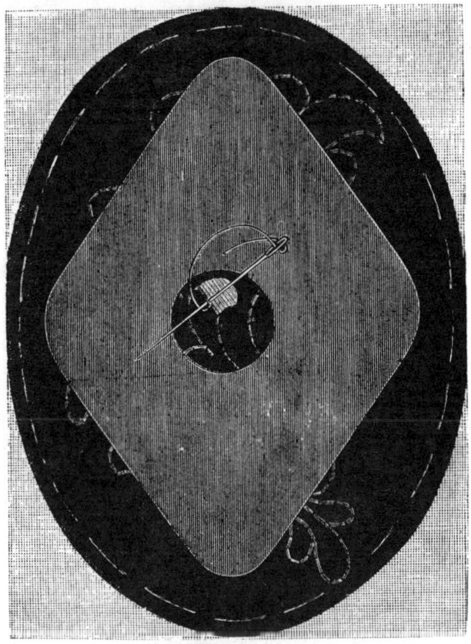

Abb. 944. Das Schützen der Arbeit.

Nun nimmt man einen Einlagefaden, 3 bis 5 Fäden stark, legt ihn auf die vorgestochene Linie, um ihn dann mit einem zweiten feinen Faden durch einen Ueberfangstich bei jedem eingestochenen Punkte festzuhalten.

In Abbildung 942 ist die Figur vorgestochen und das Vorheften begonnen; in Abbildung 943 ist der Einlagefaden ganz vorgearbeitet, selbst für die kleinen Ringe.

Um das nun folgende Einsetzen der Spitzen-

Abb. 945. Das Ausfüllen der Flächen.

Abb. 946. Vollendete Füllstiche.

Abb. 947. Glattes Einschlingen der Figuren.

stiche ganz tadellos herzustellen, bedeckt man die Arbeit durch ein Stück kräftiges, aber nicht abfärbendes, blaues Papier; nur den Teil, der sofort in Angriff genommen wird, lässt man frei. Sodann legt man ein zweites Stück Papier darüber, etwas grösser als der freigelassene Teil der Spitze, in dessen Mitte eine erbsengrosse Oeffnung geschnitten ist.

Diese Oeffnung wird nach Bedarf weiter gerückt, und nur in dem Teile der Spitze, welcher unter dem Ausschnitte sichtbar ist, darf gearbeitet werden, siehe Abb. 944. Auch die fertigen Gitterstiche müssen sofort nach der Vollendung mit Papier übernäht werden, welches erst entfernt werden darf, wenn geschlungene Ränder und Stäbchen oder Gittergrund hinzukommen.

Die vorbereiteten Fäden bilden nun den Anhaltspunkt für die einzusetzenden Spitzenstiche. Beim letzten und ersten Stiche einer jeden Stichreihe wird der Faden um den vorgehefteten Faden geführt.

Wir erinnern hier nochmals daran, dass die Spitzenstiche bei echten Spitzen so auszuführen sind, dass das Nadelöhr gegen den Körper, die Spitze hingegen nach aussen gewendet ist.

Die Figuren werden einzeln mit Spitzenstichen gefüllt, wozu die Abbildungen 890 bis 929 genügende Auswahl liefern, bis alle Flächen, wie es in Abbildung 946 dargestellt ist, ausgefüllt sind.

Die Sticharten sind der Zeichnung möglichst anzupassen; durchbrochene und gegitterte Muster eignen sich besser für Blumen, dichte feste Muster mehr für Blattfiguren.

Abb. 948. Venetianer Spitze. Reliefeinfassung der Figuren.

Fadensorten — Zum Vorziehen und Unterlegen: Flaches Leinengarn D.M.C N° 100. Für die Gitter: Leinen-Spitzengarn D.M.C N° 70. (*)

Sind alle Flächen mit den entsprechenden Füllstichen versehen, so werden alle Randlinien durch Schlingenstiche verstärkt.

Die Figuren der schönen alten Venetianer Spitzen sind meistens durch dichte Schlingenstiche eingerändert, diese sind wieder teilweise erhaben, teilweise durchweg in gleicher Breite ausgeführt. Wo die Spitze nur schnurartig, wie in Abbildung 947, eingefasst wird, legt man einen runden Faden auf die Umrisse, ohne ihn anzunähen, und führt die Stiche über diesen aus; wo hingegen erhabene Schlingenränder, wie solche auch in Abbildung 948 an einzelnen Teilen dargestellt sind, gearbeitet werden sollen, da sind die Ränder noch besonders mit weichem Faden zu unterlegen. (Siehe auch im Abschnitte « Die Weisstickerei », Abb. 150.)

(*) Siehe am Schluss des letzten Kapitels die Tabelle der Nummern und das Farbenverzeichnis der Baumwoll-, Leinen- und Seiden-Artikel, Marke D.M.C.

Abb. 949.
Moderne Nadelspitze. Point a l'aiguille.
Fadensorten: Leinen-Spitzengarn D.M.C N° 70, Flaches Leinengarn D.M.C N° 100, in Weiss. (*)

Moderne Nadelspitze (point à l'aiguille) (Abb. 949). — Bei Musterungen, deren Figuren durch Füllstich oder Stäbchengrund verbunden sind, wie in Abbildung 949, hat man erst nach Vollendung der dichten Musterpartien das Verbindungsnetz herzustellen.

Ist dann auch der Grund aus Füllstichen oder Stäbchen vollendet, so geht man an die Ausführung der geschlungenen Konturen und der äusseren Randbogen.

Diese Spitzen erfordern dieselben Vorarbeiten wie die Venetianer Spitzen, doch weisen sie selten eine grössere Abwechslung der Sticharten auf.

Die in den Abbildungen 908 und 890 dargestellten Sticharten finden wir am häufigsten angebracht.

Reticella-Spitze (Abb. 950 und 951). — In der echten Reticella-Spitze werden die Hauptlinien der Musterung häufig über kräftigere Fäden, welche auf die Linien der

(*) Siehe am Schluss des letzten Kapitels die Tabelle der Nummern und das Farbenverzeichnis der Baumwoll-, Leinen- und Seiden-Artikel, Marke D.M.C.

Zeichnung geheftet werden, gearbeitet. In unserer Vorlage ist dies zum Teil umgangen; gewebte Bändchen ersetzen hier die sonst kräftiger herzustellenden Linien.

Die Bänder, Litzen D.M.C, extra feine Qualität (Lacets superfins), sind mit kurzen Vorstichen auf die auf schwarzem Papier aufgetragene Zeichnung zu heften, dann, mit dem mittleren Kreise beginnend, sind die Stäbchen zu schlingen; diesen wird eine Stichreihe nach Abbildung 922 aufgesetzt, der wieder ein geschlungenes Stäbchen und eine zweite Stichreihe folgen und welche mit Pikots, Abb. 870, abschliessen.

Die Pyramidchen fussen auf Stäbchen mit doppelseitiger Schlingenstichreihe; die Stiche der ersten, nach innen gekehrten

Abb. 950. Reticella-Spitze.

Fadensorten — Für die Spitzenstiche: Elsasser Nahgarn D.M.C N° 30 und 100, in Naturfarben oder Elsässer Strick- und Häkelgarn D.M.C N° 40, in Weiss. Für die Stäbchen: Litzen D.M.C, extra feine Qualität, N° 3 und 8, in Naturfarben oder in Weiss.

Reihe sind nicht allzufest aneinander zu stellen, damit die der zweiten, nach aussen gekehrten Reihe sich dazwischen einfügen lassen. (Siehe auch « Die Netzarbeit », Abb. 684.) Der Stich in Abbildung 672 ist für den Grund der Pyramidchen, jener in Abbildung 869 für die Pikots zu verwenden.

Die leeren Zwischenräume gegen die Randbörtchen sind zu füllen, die Bogen bestehen aus einfachen und doppelten Schlingenstichreihen mit Pikotverzierung.

Abbildung 950, das vollendete Muster darstellend, mit Elsässer Nähgarn D.M.C (Fil d'Alsace) N° 100 ausgeführt, zeigt die Schönheit, die Zartheit der Arbeit, wenn dieselbe mit feinem Faden hergestellt ist, während Abbildung 951 darauf hinweist, dass auch mit kräftigerem Material, wie Elsässer Nähgarn D.M.C (Fil d'Alsace) N° 30 oder mit Elsässer Strick-

Abb. 951. Sticherklärung und Einteilung der Spitze Abbildung 950.

und Häkelgarn D.M.C (Alsatia) N° 40, eine gediegene Wirkung erzielt werden kann.

Zwischensatz, Knüpfspitze (Abb. 952 und 953). — Als orientalische Knüpfspitze findet man häufig diese zweite Art Knotenverschlingung angegeben. Die uns vorliegenden Originale, sowie das Gewebe, welchem sie einverleibt sind, tragen so wenig den Stempel des Morgenlandes, dass wir auch diese Arbeitsart einfach als Knüpfspitze behandeln wollen.

Abb. 952. Zwischensatz, Knüpfspitze.
Fadensorten: Leinen-Spitzengarn D.M.C, in Weiss, Elsässer Nähgarn D.M.C, in Naturfarben. (*)

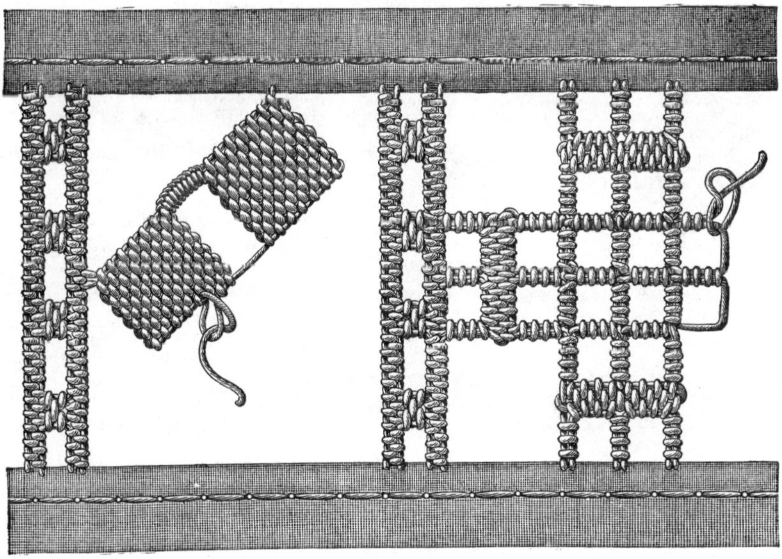

Abb. 953. Sticherklärung zu Abbildung 952.

An dem Viereck der vergrösserten Abbildung ist die Stichlage von links nach rechts, an dem Stäbchen von rechts nach

(*) Siehe am Schluss des letzten Kapitels die Tabelle der Nummern und das Farbenverzeichnis der Baumwoll-, Leinen- und Seiden-Artikel, Marke D.M.C.

Abb. 954. Knüpfspitze.
Fadensorten: Leinen-Spitzengarn D.M.C No 20, in Weiss, und Flaches Leinengarn D.M.C No 25, in Rouge-Maroquin 3329.

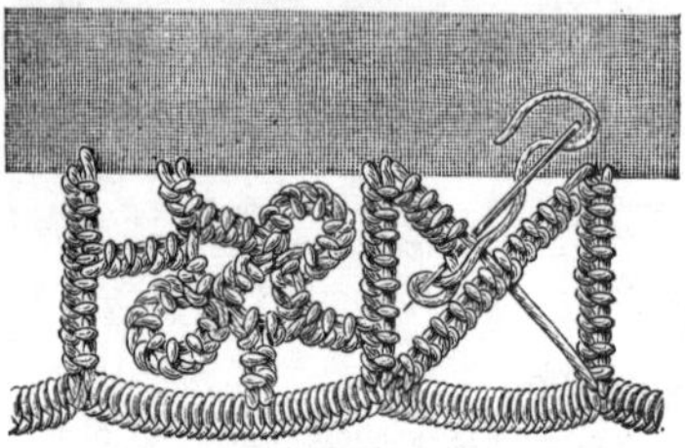

Abb. 955. Sticherklärung zur Spitze Abbildung 954.

links erklärt. Die verschiedene Verschlingung der Fäden gestaltet beide Stichreihen nach beiden Seiten gleich. Für die kleinen Pikots am Schlusse der Stäbchen, siehe Abb. 870.

Knüpfspitze (Abb. 954 und 955). — Einem Kissenbezuge, einstens kirchlichen Zwecken gewidmet, ist das schmale Spitzchen, in der Ausführungsart seinem Vorgänger ähnlich, entnommen.

In Abbildung 955 ist der Verlauf der Arbeit erklärt. Ist diese in Naturfarben oder Weiss vollendet, so windet man einen mattroten Faden, Flaches Leinengarn D.M.C (Lin floche), um ein schräges Stäbchen, lässt ihn einmal um das gerade Zwischenstäbchen gehen, um ihn dann um das nächste Stäbchen zu winden und zwischen den beiden Schlingen durchzuziehen.

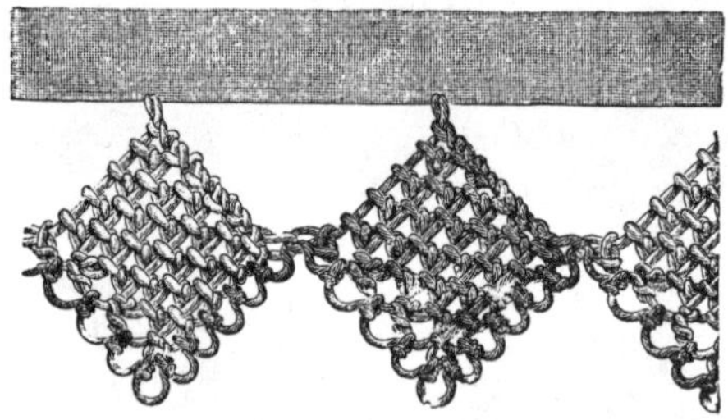

Abb. 956. Armenische Spitze.
Fadensorten: Elsässer Strick- und Häkelgarn D.M.C No 30 oder Perlgarn D.M.C No 3 oder 5, in Naturfarben und Brun-Rouille 3310.

Armenische Spitze (Abb. 956 und 957). — Die Kleider der türkischen Frauen sind häufig mit Blümchen und Blättern aus Nadelarbeit geputzt; auch Hals- und Armschmuck aus Metall ersetzt nicht selten solche zarte Frauenarbeit.

Abb. 957. Sticherklärung zur Spitze Abbildung 956.

Der Geschmacksrichtung der Abendländer entspricht dieser Zierat weniger; da aber die armenische Spitze eine hübsche und auch leicht herstellbare Arbeit ist, so empfehlen wir, sie nicht gleich den Originalen in feiner Seide, sondern in kräftigen, gedrehten Fadensorten, wie die unter der Abbildung angegebenen, auszuführen und damit die verschiedenen, auf waschbaren Stoffen, auf Plüsch und Seide angefertigten Stickereien zu verzieren.

Der Faden wird in den Stoffrand eingezogen, von rechts nach links geführt und die Länge, welche dem Würfel gegeben werden soll, festgestellt. Hierauf arbeitet man auf diesem Faden von links nach rechts so viele Knoten als die Fadenlänge aufnimmt.

Der Knoten selbst ist ähnlich dem in Abbildung 921 ge-

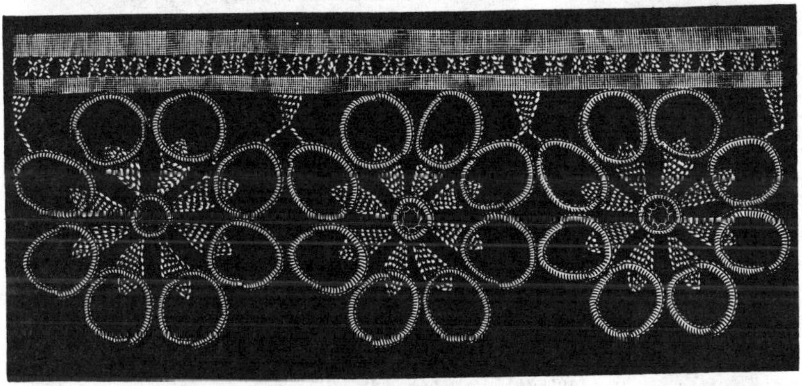

Abb. 958. Dänische Spitze « Hedebo ».

Fadensorten: Leinen-Spitzengarn D.M.C Nº 40, Elsässer Strick- und Häkelgarn D.M.C Nº 40 oder Elsässer Nähgarn D.M.C Nº 50, in Weiss oder Naturfarben. (*)

brachten herzustellen. Man legt den Faden von links nach rechts, dann nach oben eine Schlinge bildend, über den ersten Teil wieder nach links zurück, führt die Nadel unter dem geraden Faden und dem darüberliegenden durch, über den die Schlinge bildenden unteren und unter dem letzten Faden durch.

Ein bis zwei Millimeter Zwischenraum bleibt je nach der Stärke des Fadens zwischen den Knoten.

Nach der vollendeten Knotenreihe führt man den Faden über dieselbe wieder zurück, um in diese Reihe die Nadel

(*) Siehe am Schluss des letzten Kapitels die Tabelle der Nummern und das Farbenverzeichnis der Baumwoll-, Leinen- und Seiden-Artikel, Marke D.M.C.

unter der Schlinge und dem geraden, gespannten Faden durchgehen zu lassen. Dabei ist zu beachten, dass bei allen Reihen die Knotenzahl die gleiche bleibt.

Ist eine Anzahl solcher Vierecke vollendet, so werden sie nach aussen mit einer Schlingenkante verziert, wie es in Abbildung 957 veranschaulicht ist.

Die unter Abbildung 956 angegebene Arbeit erscheint hier in zwei Farbentönen, Rostbraun (Brun-Rouille) und Naturfarben, zusammengestellt. Die Abschlusschlingen sind durchaus gleich dunkel gehalten.

Dänische Spitze « Hedebo » (Abb. 958 und 959). — Diese Spitze, den Leserinnen bereits im Abschnitt « Die Durchbruch-

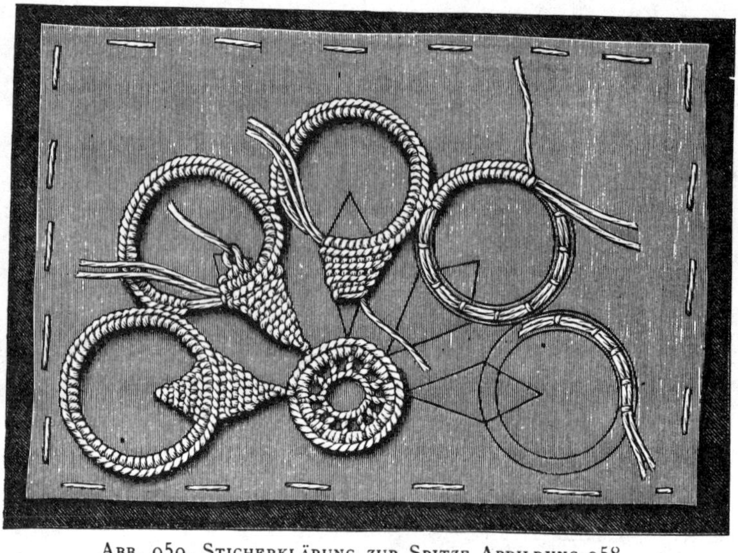

Abb. 959. Sticherklärung zur Spitze Abbildung 958.

arbeit » als Randabschluss des Deckchens Abbildung 792 vorgeführt, erscheint hier an dem Leinensaume eingearbeitet, kann aber auch frei für sich allein hergestellt werden ; sie erhält in diesem Falle als oberen Abschluss eine Reihe Knopflochstiche über Einlagefäden ausgeführt.

Nachdem die Zeichnung auf Bausleinen übertragen und mit Wachsleinen unterheftet worden ist, beginnt man die Arbeit mit dem Vorziehen eines Kreises, indem, wie auf Abbildung 959 ersichtlich, zwei Fäden mit nicht zu engen Ueberfangstichen niedergehalten werden. Sobald der Kreis geschlossen ist, wird das Vorgezogene mit Knopflochstichen überschlungen, wobei die beiden Einlagefäden noch einmal um den Kreis mitzuführen sind. Noch vor Vollendung des Kreises, jedoch an dem schon geschlungenen Teile desselben, arbeitet man die Pyramidchen im Knopflochstich stets nach einer Seite hin, indem man für jede Reihe einen Faden spannt und ihn zurückgehend mit überschlingt. Jede Reihe wird um einen Stich verkleinert. Ist man nun an der Spitze angelangt, so führt man den Faden am Rande der Pyramide mit Ueberwindlingstichen zum Kreise zurück, arbeitet in gleicher Weise an entgegengesetzter Seite die zweite Pyramide, worauf der Kreis zu vollenden und die Fäden zu vernähen sind. Da, wo die einzelnen

Abb. 960. Brasilianische Spitze « Sols ».
Fadensorten: Leinen-Spitzengarn D.M.C N° 50, Elsässer Nähgarn D.M.C N° 70 oder Elsässer Strick- und Häkelgarn D.M.C N° 40, in Weiss. (*)

Kreise zusammenstossen, sind sie mit kleinen Stichen untereinander zu verbinden.

Der innere Kreis, welcher die acht Pyramidchen zusammenfasst, ist im Inneren mit einer Reihe durchbrochener, genähter Stäbchen verziert.

Die Rosetten sind am oberen Rande an einem schmalen, mit Hohlnaht verzierten Leinenstreifen festgenäht; den leeren Raum zwischen Rosetten und Streifen füllen einzelne kleine Pyramiden.

Brasilianische Spitze « Sols » (Abb. 960, 961, 962). — Wir bringen hier ein Beispiel jener eigenartigen, ausserordentlich

(*) Siehe am Schluss des letzten Kapitels die Tabelle der Nummern und das Farbenverzeichnis der Baumwoll-, Leinen- und Seiden-Artikel, Marke D.M.C.

reizvollen Spitzenart, die unter dem Namen « Brasilianische Sols » bekannt und tatsächlich in Brasilien heimisch ist. Die Ausführung dieser Nadelspitze erfordert trotz der Einfachheit der Technik eine geübte Hand, da man meist sehr frei arbeiten muss und ein späteres Ausbessern unmöglich, ein Auftrennen äusserst schwierig ist. Zur Vorbereitung der eigentlichen Arbeit ist es nötig, auf Bausleinwand die einfache, fast nur aus Kreisbogen bestehende Zeichnung zu übertragen. Diese Kreise erleichtern bedeutend die Anordnung der Musterung, wobei man den äussersten Kreisbogen in so viele Teile zu teilen hat, als man später radiale Fäden braucht. In unserem Falle teilt man den Kreis in 48 Teile und trägt 9 gleich grosse Teile auf die kurzen, den Zwischenraum zwischen den Kreisen begrenzenden Bogen auf. Hierauf heftet man die Bausleinwand auf Wachstuch und näht mit Vorstichen, der Einteilung folgend, um die Kreise und die begrenzenden kleinen Bogen, so dass abwechselnd ein Teil mit einem Stiche bedeckt wird und ein Teil leer bleibt. Diese Stiche dienen als einzige Stütze für die Arbeit. Man wickelt nun den Arbeitsfaden auf einen kleinen Schützen von Stahl, befestigt ihn mit einem Knoten an einen der erwähnten Stiche und zieht ihn quer über den Mittelpunkt des Kreises durch den gegenüberliegenden Stich der Einteilung ; hierauf, dicht daran wieder zurückkehrend, durch den nächsten Stich und wieder über den Mittelpunkt durch den gegenüberliegenden Einteilungsstich, siehe Abb. 961. Durch jeden Stich erscheint der Faden zweimal gezogen. Auf diese Weise fährt man fort, den Kreis mit strahlenförmig vom

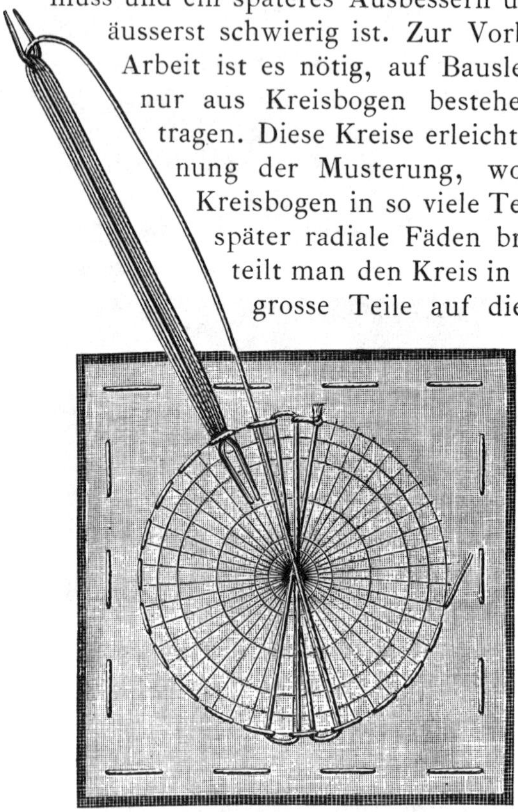

Abb. 961. Das Spannen der Strahlen zur Spitze Abbildung 960.

Mittelpunkte nach aussen gerichteten Fäden zu versehen, bis man schliesslich, nicht mehr zur Peripherie zurückkehrend, den Faden am Mittelpunkte befestigt, indem man die vorher gezogenen Fäden hier zusammenfasst. Es empfiehlt sich, diese Fäden nicht zu stramm anzuspannen. Nun sind aus der Mitte nach aussen zu 47 Fäden; der Raum für den 48. Faden bleibt offen und wird, indem man das Muster aus der Mitte heraus im Kreise um den Mittelpunkt sich bewegend arbeitet, nach und nach ergänzt, und dient so als Verbindung von einer Arbeitsreihe zur anderen. Die Musterung selbst wird mit je einem Knoten, wie solcher bei Durchbrucharbeiten zum Zusammenhalten der Fadenbüschel dient (siehe im Kapitel « Die Durchbrucharbeit » Abbildung 773, und mit Stopfstich siehe im Kapitel « Die Netzarbeit » Abbildungen 667 und 668, und im vorliegenden Kapitel Abbildungen 883, 886 und 887), ausgeführt.

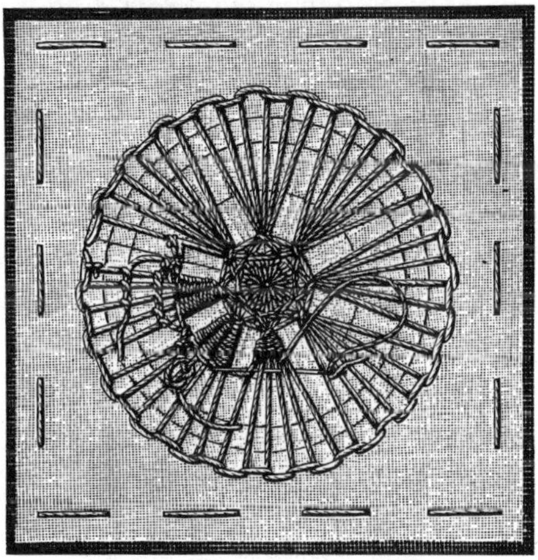

Abb. 962. Das Ausfüllen der Kreise zur Spitze Abbildung 960.

Um den Mittelpunkt führt man einige Reihen Stopfstiche aus; dann fasst man, nachdem der Arbeitsfaden in eine Nadel gefadelt wurde, je sechs Fäden mit dem Knoten zusammen und wiederholt in einer nächsten Reihe dasselbe in versetzter Anordnung. Bis hierher sind die beiden Kreisfiguren gleich. Bei dem einen Kreise folgen nun kleine, mit der Spitze nach innen gerichtete Pyramidchen im Stopfstiche, welche aussen durch gespannte Fäden verbunden sind und stets von innen nach aussen gearbeitet werden. (Siehe die erklärende Darstellung in Abbildung 962.) Bei Beginn dieser, wie überhaupt bei jeder Reihe, führt man den Arbeitsfaden stets entsprechend weit nach aussen und befestigt ihn an dem Nebenfaden mit einem Knoten. Bei Vollendung der Reihe wird mit einem Knoten geschlossen, der an dem aus der Mitte geführten Faden so angebracht sein muss, dass das Muster keine Lücke aufweist und jener vorerwähnte 48. Faden bis an dieser Stelle ersetzt ist. Die weitere Musterung dieses Sternes besteht aus einer bogenförmigen und zwei geraden Knotenreihen. Nach Vollendung derselben wird der Arbeitsfaden am Rande des Kreises vernäht. Der nächste Kreis wird in der beschriebenen Weise begonnen und der 48. Faden dann gleich bis zum Rande gespannt. Die die Zwischenräume füllende Musterung arbeitet man von innen nach aussen im Stopfstich und mit angeknoteten Fäden. Nach Vollendung der Kreise sind auch noch die Zwischenräume in der auf Abbildung 960 ersichtlichen Anordnung auszufüllen. Nachdem alle Kreise und Zwischenräume gearbeitet sind, werden die äusseren Konturen mit Schlingenstichen über eine Einlage von 3 oder 4 Fäden ausgeführt und hierauf die vollendete Spitze von der Unterlage entfernt.

Handarbeitsvorlagen. — Ausser den hier beschriebenen Arbeiten findet man eine grosse Anzahl von Vorlagen für Nadelspitzen in folgenden Musterbüchern der Bibliothek D.M.C : *Die Nadelspitzen I, Die Bändchenspitze, Die Teneriffaspitze* und *Sammlung verschiedener Handarbeiten.* (*)

(*) Siehe am Schluss der Encyklopädie das Verzeichnis der Musterbücher welche die Bibliothek D.M.C bilden.

GEKLÖPPELTE FLECHTSPITZE. FLANDERN 17. JAHRHUNDERT.

Die Klöppelspitzen.

In Italien tauchte die Klöppelspitze schon im Anfang des 16. Jahrhunderts auf und wurde besonders in Genua gepflegt; von dort aus verbreitete sie sich über Spanien nach den Niederlanden, Deutschland und Schweden. In späteren Zeiten erst wurde sie auch bei den slavischen Völkern und in Brasilien eingeführt; den Orientalen blieb sie unbekannt.

Im Gegensatz zu den Nadelspitzen, bei denen die Musterfiguren nur mit einem Arbeitsfaden und mit Hilfe der Nähnadel hergestellt werden, entstehen die Klöppelspitzen durch die Verflechtung von vielen Fäden, welche beim Arbeiten auf kleine Spulen, die sogenannten « Klöppel », gewickelt sind.

Der Rahmen dieses Werkes ist zu beschränkt, um unseren Leserinnen eine eingehende, erschöpfende Anleitung zur Herstellung von sämtlichen Arten der Klöppelspitzen zu geben; wir greifen nur jene heraus, die nach unserem Dafürhalten von jedermann nach der gedruckten Anweisung allein selbständig erlernt werden können.

Geräte. — Die zur Herstellung von Klöppelspitzen erforderlichen Geräte sind: ein Kissen, Klöppel, eine Wickelmaschine, Musterbriefe, Stecknadeln und eine Pikiernadel.

Das Klöppelkissen (Abb. 963). — Die Gestalt des Kissens ist eine andere je nach der Gegend, wo Spitzen erzeugt werden und nach der Art, wie geklöppelt wird.

Abbildung 963 stellt ein Klöppelkissen dar, wie solche im böhmischen und sächsischen Erzgebirge gebräuchlich sind, wo die Spitzenerzeugung zu den Hausindustriezweigen gehört. Diese Kissen kann sich jeder mit einem 60 cm. langen und 50 cm. breiten Stoffstücke anfertigen. Die langen Seiten werden mit dichten Stichen zusammengenäht, die breiten hierauf mit einem schmalen Saume versehen, durch den eine Schnur geführt und die Oeffnung zugezogen wird. Auf die innere Seite des Zuges legt man eine Scheibe aus kräftigem Kartonpapier, füllt dann den Sack so fest als möglich mit Kleie, Sägespänen oder Rosshaaren, legt die zweite Kartonscheibe auf und schliesst die Oeffnung.

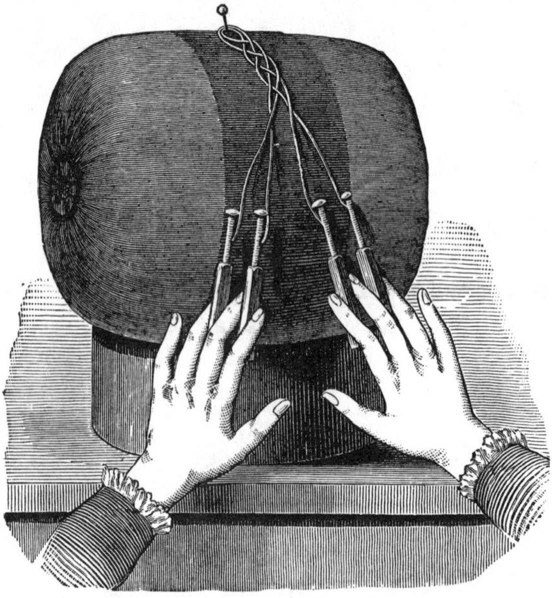

Abb. 963. Sächsisches Klöppelkissen.

Diese Kissen werden dann entweder in Kartonschachteln mit ziemlich hohem Rande oder in passende Körbchen gelegt, deren Boden mit Bleistücken belegt worden ist, damit sie während des Arbeitens feststehen.

Ausserdem gibt es Kissen mit beweglichem Zylinder, auf dem die Spitzen ohne Unterbrechung hergestellt werden können und die entweder auf jeden Tisch gestellt oder aut einem eigens dazu hergerichteten, mit verstellbarem Fusse oder Schemel versehenen Tischchen befestigt werden können.

Das Brett zu solchen Kissen misst ungefähr 50 cm. in der

Länge und 40 cm. in der Breite und ruht auf zwei Leisten, die nach hinten 3 $^1/_2$ und nach vorn 1 cm. hoch sind.

Dieses Brett ist zuerst mit kräftigem Fries und dann mit feinem, dunkelfarbigem Flanell oder Tuch zu überspannen.

Zwischen zwei am hinteren Rande befestigten Holzsäulen ist ein verstellbarer Zylinder angebracht, der aus zwei Holzscheiben, die wieder durch eine 22 cm. lange Stange verbunden sind, besteht. Die Stange ist so weit mit Werg fest zu umwinden, bis letzteres fast bis zum Rande der Scheiben reicht, und dann mit Tuch zu überziehen. An der linkseitigen Scheibe befindet sich ein Zahnrad; eine Metallfeder, die auf dem Brette befestigt ist und die in die Zähne eingreift, verhindert eine zurückgehende Bewegung des Zylinders.

In den Vogesen und in der Normandie benützen die Arbeiterinnen eine Art überpolsterter Schachteln zum Klöppeln. Das Brett ist nach hinten um 3 cm. höher als vorn und hat einen tiefen Einschnitt, in dem ein Zylinder sich bewegt. Dieser Zylinder

Abb. 964. Spitzenklöppel.

überragt nur wenig das Brett; ein zweiter Einschnitt, am hinteren Rande, nimmt die allmählich fertiggestellte Arbeit auf.

Für Valenciennes-Spitzen gibt es wieder Kissen anderer Beschaffenheit. Da wir aber diese feine Spitzensorte in unserem Werke nicht erklären, so schien es uns überflüssig, die Kissen hier abzubilden.

Der Spitzenklöppel (Abb. 964). — Der Spitzenklöppel ist eine Art kleine Spule aus Holz, die an einem Griffe angebracht ist. Es gibt deren verschiedenartig gedrechselte. Die Form des hier in der Abbildung gebrachten Klöppels scheint uns für Anfänger die zweckmässigste zu sein.

Wir können nicht unterlassen, auch hier zu bemerken, dass es ratsam ist, die Sorte und Grösse der Klöppel stets der Garnnummer und der Spitzenart anzupassen.

Die Wickelmaschine (Abb. 965). — Denjenigen unserer Leserinnen, die sich ernstlich mit dem Klöppeln befassen wollen, empfehlen wir die Anschaffung einer Wickelmaschine, wie sie sie hier abgebildet finden.

Um die Maschine in Gebrauch zu setzen, schraubt man sie an die Tischplatte an, legt den Lederriemen über den Klöppel zwischen der Spule und dem dicken Teil der Handhabe und

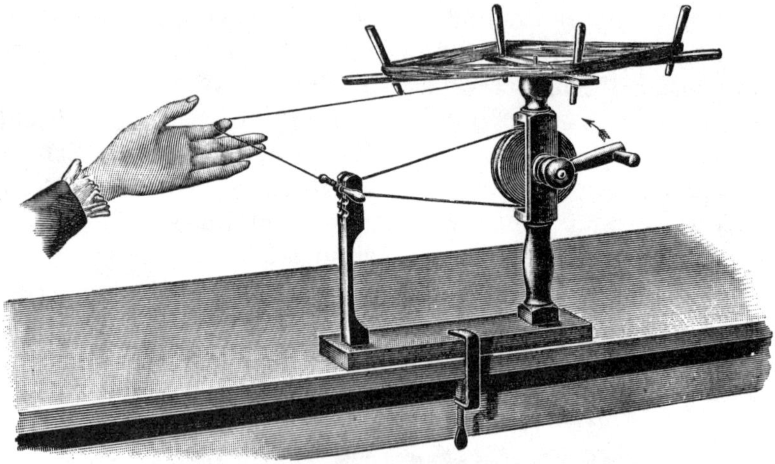

Abb. 965. Die Wickelmaschine.

steckt ihn in einen der Einschnitte des Ständers. Nun bringt man das aufzuspulende Zwirnsträhnchen auf den Haspel, öffnet den Bund und wickelt den Faden über den Klöppel von links nach rechts und dreht dann das Rad mittelst der Handhabe von rechts nach links bis die Spule des Klöppels mässig gefüllt ist.

Abb. 966. Fadenschlinge am Kopfe des Klöppels.

Fadenschlinge am Kopfe des Klöppels (Abb. 966). — Eine Schlinge hält den Faden knapp am Köpfchen des Klöppels, um das zu rasche Abwickeln desselben zu verhindern. Man bildet diese Schlinge, indem man den mit dem Faden versehenen Klöppel in die rechte Hand nimmt, den Faden mit dem vierten und fünften Finger der linken Hand fasst, ihn von vorn nach hinten um den Daumen derselben Hand legt, den unteren Faden mit dem zweiten Finger der linken Hand in die Höhe hebt und den Klöppel von unten nach oben durch die Schlinge auf der linken Hand führt.

Der Klöppelbrief. — Einer der wichtigsten Gegenstände zum Klöppeln ist der Klöppelbrief oder, wie man ihn auch in Sachsen nennt, « Die Aufwinde », eine Mustervorzeichnung auf steifem Papier mit einzelnen durchstochenen Punkten.

Die Zeichnung mus rein und genau sein, um gute Spitzen darnach herstellen zu können. Um die Selbstherstellung dieser Klöppelbriefe zu erleichtern, geben wir zu jedem einzelnen Muster ein kleines Stück genauer Zeichnung, nach welcher der Klöppelbrief in entsprechender Länge nachgezeichnet werden kann. Die auf steifes, zähes Papier, meist von gelber Farbe, übertragene Zeichnung wird mit leichtem Stoffe, Mousseline oder Organdin, unterklebt, um das Einreissen des Briefes zu verhüten.

Die Länge des Klöppelbriefes muss dem Umfange des Kissens entsprechen, da sich die Musterung ununterbrochen fortsetzen muss. Ist der Klöppelbrief zu lang, so wird die überflüssige Zeichnung weggeschnitten ; ist hingegen die Musterung

ABB. 967. DIE PIKIERNADEL.

für den Umfang des Zylinders nicht passend, so sind Flanellstreifen so viele Male um denselben zu winden, bis das Muster sich genau begegnet.

Bevor man mit dem eigentlichen Klöppeln beginnt, sind sämtliche durch Ziffern bezeichnete Punkte zu durchstechen.

Die Pikiernadel (Abb. 967). — Halter zu Pikiernadeln, entweder genau nach unserer Abbildung oder wenigstens dieser sehr ähnlich, sind in jeder Papierhandlung zu haben; sie werden durch Einschrauben einer Nähnadel zu Pikiernadeln vervollständigt. Die im Kartonpapier vorgestochenen Löcher geben die Stellen an, wo die Stecknadeln zu stellen sind, um welche die Fäden geschlungen oder gekreuzt werden, sei es um die hin- und zurückgehenden Schläge zu halten oder um die Pikots zu bilden.

Stecknadeln. — Die Stecknadeln müssen des Rostens halber aus Weissmetall, nicht aus Stahl sein, sollen runde

Köpfe haben und ziemlich lang sein; jene mit Glasköpfen werden von vielen Spitzenklöpplerinnen denen mit Metallköpfen vorgezogen; natürlich werden starke Nadeln zu grobfädigen und feine Nadeln zu feinfädigen Spitzen genommen.

Fadensorten. — Zur Herstellung der Klöppelspitzen dienen Leinen- und Baumwollzwirne und Metallgespinste; lose offene Fäden sind nicht zu nehmen, da sie sich schlecht verarbeiten und die Klarheit der fertigen Spitze leicht beeinträchtigen. Wir empfehlen für weisse oder getönte Spitzen, die dem häufigen Waschen unterworfen sind, Leinen-Spitzengarn D.M.C (Lin

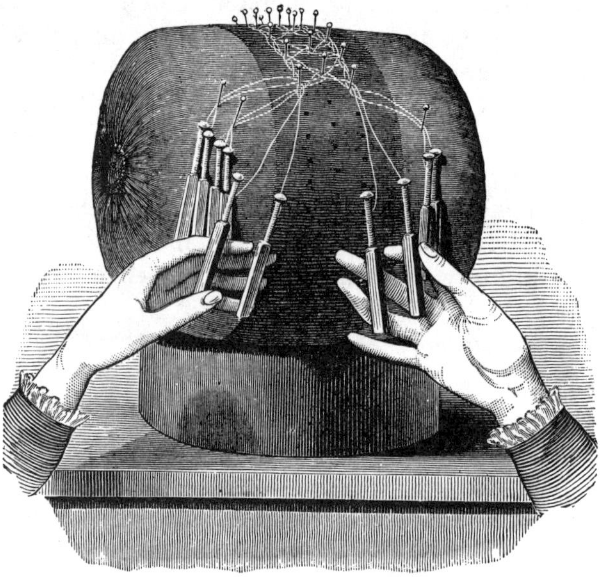

Abb. 968. Stellung der Hände und Bewegungen derselben.

pour dentelles), Leinen-Strick- und Häkelgarn D.M.C (Lin à tricoter et à crocheter), Elsässer Strick- und Häkelgarn D.M.C (Alsatia) und Perlgarn D.M.C (Coton Perlé), (*) in Weiss und Naturfarben. Mehrfarbige Spitzen werden fast ausschliesslich in Seide hergestellt.

An Stelle von Seide treten in letzter Zeit häufig das glän-

(*) Siehe am Schluss des letzten Kapitels die Tabelle der Nummern und das Farbenverzeichnis der Baumwoll-, Leinen- und Seiden-Artikel, Marke D.M.C — Die eingeklammerten französischen Benennungen befinden sich auf den Etiketten der D.M.C-Artikel.

zende Perlgarn D.M.C (Coton perlé), Retors d'Alsace D.M.C oder Flaches Leinengarn D.M.C (Lin floche), die stets in reicher Farbenauswahl vorrätig sind.

Echtes Stickgold D.M.C (Or fin) und Echtes Sticksilber D.M.C (Argent fin), Gold-Chiné D.M.C (Chiné d'or), sowie Gold-Cordonnet D.M.C (Cordonnet d'or) und Türkische Goldschnur D.M.C (Ganse turque) sind das passende Material für Metallspitzen.

Abb. 969. Zwei Klöppelpaare einmal gedreht.

Stellung der Hände und Bewegungen derselben (Abb. 968). — Das Klöppeln wird stets, einzelne besondere Ausnahmefälle nicht gerechnet, mit zwei Paar Klöppeln ausgeführt. Ein Paar kommt in die rechte und ein Paar in die linke Hand zu liegen. Durch das « Drehen » und « Kreuzen » der Fäden entstehen die Schläge.

Die einzelnen Muster werden mit einer grösseren Anzahl Klöppel hergestellt; da aber stets nur mit zwei Paaren gearbeitet wird, so sind die anderen Paare mittelst Stecknadeln, siehe Abb. 968, an dem Kissen zu befestigen, um ein Verwirren der Fäden zu verhüten; auch soll der herabhängende Arbeitsfaden höchstens 12 cm. lang sein.

Drehen (Abb. 969). — Das Drehen vollzieht sich mit den zwei Klöppeln eines Paares, — und nur mit der Hand, in welcher das betreffende Klöppelpaar liegt — indem man den rechts liegenden Klöppel jedes Paares über den links liegenden Klöppel desselben Paares legt.

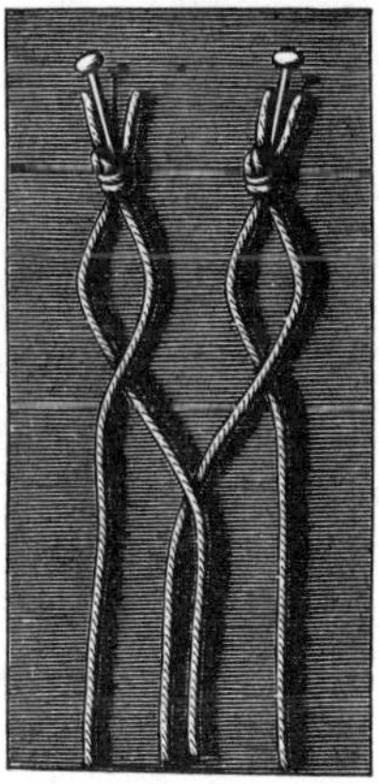

Abb. 970. Zwei Klöppelpaare einmal gedreht und gekreuzt.

Kreuzen (Abb. 970). — Kreuzen wird mit beiden Klöppelpaaren und mit beiden Händen ausgeführt; man legt den inneren Klöppel des linken Paares über den inneren Klöppel des rechten Paares; die äusseren Klöppel bleiben untätig. Nach jedesmaligem Kreuzen sind die Arbeitsfäden leicht anzuziehen, damit sich die etwas losen Schläge schön regelmässig aneinander reihen.

Schläge. — Wird der Vorgang des Drehens und Kreuzens mit den gleichen Klöppeln nur einmal gemacht, so ergibt dies einen « Halbschlag », wird derselbe jedoch noch einmal wiederholt, so entsteht ein « Ganz- » oder « Doppelschlag ».

Der erste Halbschlag ist meist verschieden gestaltet, während der zweite Halbschlag, der « Schlusschlag », sich immer gleich bleibt und aus einmaligem Drehen beider Paare und dem darauffolgenden Kreuzen gebildet wird. Wir haben daher der kürzeren Form halber bei allen Beschreibungen, wo Ganzschläge vorkommen, nur den ersten Halbschlag genau beschrieben, den zweiten Halbschlag jedoch einfach mit « Schlusschlag » bezeichnet.

Abb. 971. Flechtenschlag.

Einzelne Schläge werden mittelst Stecknadeln an bestimmten Punkten des Klöppelbriefes festgehalten. Die Nadeln sind — falls keine besondere Anmerkung in der Beschreibung vorhanden — stets in die Mitte der in Arbeit befindlichen Paare zu stecken; sollen die Stecknadeln jedoch rechts oder links von den arbeitenden Paaren eingesteckt werden, so ist dies stets in der Anleitung deutlich angegeben.

Verschiedene Schläge und Grundmuster. — Die eigentlichen Musterfiguren in den Klöppelspitzen sind stets nur aus dicht geschlagenen Grundmustern gebildet, hauptsächlich aus Netz- und Leinenschlag, Abb. 972 und 974, denen sich als besondere Verzierung noch Formenschlag, Abb. 989 und 991, hinzugesellt. Für die Zwischenfüllung werden durchbrochen wirkende Grundmuster, siehe die Abbildungen 976, 978, 979, 980, 981, 983, sowie Spinnen, Abb. 987, bevorzugt. Im folgenden bringen wir eine Reihe von Grundmustern, die bei den bekanntesten Spitzenarten am häufigsten anzutreffen sind.

Diese kleinen Muster sollen gleichzeitig als Vorübung dienen, um Auge und Hand mit dem Klöppeln allmählich vertraut zu machen. Jedem einzelnen Muster ist die genaue Beschreibung und ein Stück Klöppelbrief beigegeben. Die dabei notwendige Numerierung der Klöppelpaare beginnt stets an der linken Seite, so dass das erste links auf der Aufwinde steckende

Klöppelpaar als das erste Paar der Beschreibung gilt und demgemäss das letzte Paar, welches der höchsten Ordnungsnummer entspricht, als erstes Paar rechts auf den Klöppelbrief kommt.

Flechtenschlag (Abb. 971). — Derselbe verlangt zwei Klöppelpaare. Einmaliges Drehen beider Paare mit darauffolgendem Kreuzen in steter Wiederholung ergibt das Börtchen, das unter dem Namen «Flechtenschlag» bekannt ist.

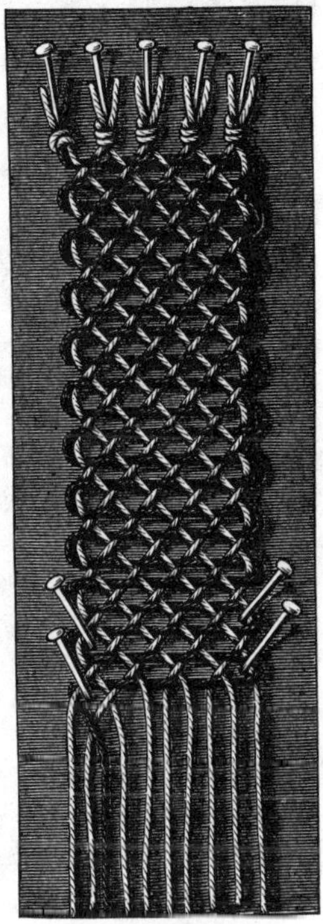

Abb. 972. Netzschlag.

Netzschlag (Abb. 972 und 973). — Auf dem nach Abbildung 973 ausgeführten Klöppelbrief sind auf die Punkte *a, b, c, d* und *e* je 1 Paar Klöppel anzustecken.

Das 1. und 2. Paar einmal drehen und kreuzen = * das 2. und 3. Paar einmal drehen und kreuzen = das 3. und 4. Paar einmal drehen und kreuzen = das 4. und 5. Paar einmal drehen und kreuzen, Stecknadel Punkt 1, das 4. Paar einmal drehen, das 5. Paar zweimal drehen, kreuzen = das 3. und 4. Paar einmal drehen und kreuzen = das 2. und 3. Paar einmal drehen und kreuzen = das 1. und 2. Paar einmal drehen und kreuzen, Stecknadel Punkt 2, das 1. Paar zweimal drehen, das 2. Paar einmal drehen, kreuzen ; von * an wiederholen.

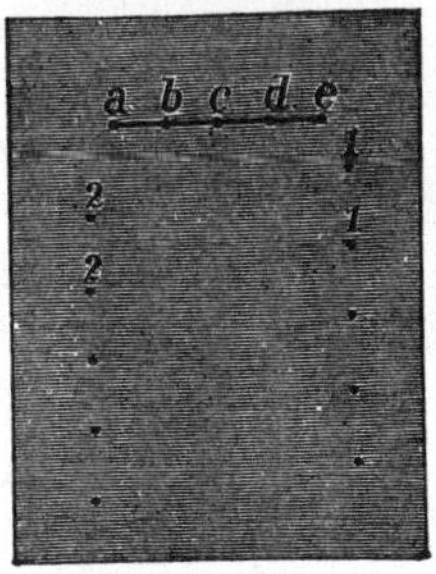

Abb. 973.
Klöppelbrief zum Netzschlag Abbildung 972.

Leinenschlag (Abb. 974 und 975). — Auf dem nach Abbildung 975 ausgeführten Klöppelbrief sind auf die Punkte *a, b* und *c* je 2 Paar Klöppel anzustecken.

Das 1. und 2. Paar kreuzen, Schlussschlag = * das 2. und 3. Paar kreuzen, Schlusschlag = das 3. und 4. Paar kreuzen, Schlusschlag = das 4. und 5. Paar kreuzen, Schlusschlag = das 5. und 6. Paar kreuzen, Schlusschlag, Stecknadel Punkt 1, das 5. Paar nicht drehen, das 6. Paar einmal drehen, kreuzen,

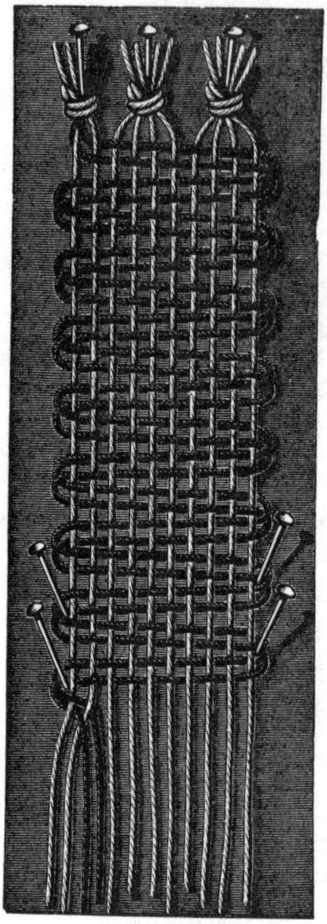

Abb. 974.
Leinenschlag.

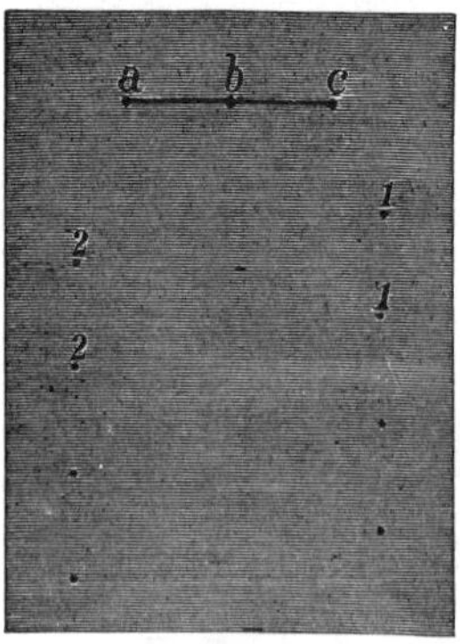

Abb. 975.
Klöppelbrief zum Leinenschlag Abbildung 974.

Schlusschlag = das 4. und 5. Paar kreuzen, Schlusschlag = das 3. und 4. Paar kreuzen, Schlusschlag = das 2. und 3. Paar kreuzen, Schlusschlag = das 1. und 2. Paar kreuzen, Schlusschlag, Stecknadel Punkt 2, das 1. Paar einmal drehen, das 2. Paar nicht drehen, kreuzen, Schlusschlag; von * an wiederholen.

Einfacher Löcherschlag (Abb. 976 und 977). — Auf dem nach Abbildung 977 ausgeführten Klöppelbrief steckt man je 2 Paar Klöppel auf die Punkte *a, b, c, d* und *e.*

Das 2. und 3. Paar einmal drehen und kreuzen, Stecknadel Punkt 1, Schlusschlag = das 1. und 2. Paar einmal drehen und kreuzen, Stecknadel Punkt 2, Schlusschlag = das 4. und 5. Paar einmal drehen und kreuzen, Stecknadel Punkt 3, Schlusschlag = das 3. und 4. Paar einmal drehen und kreuzen, Stecknadel Punkt 4, Schlusschlag = das 2. und 3. Paar einmal drehen und kreuzen, Stecknadel Punkt 5, Schlusschlag = das 1. und 2. Paar einmal drehen und kreuzen, Stecknadel Punkt 6, Schlusschlag = das 6. und 7. Paar einmal drehen und kreuzen, Stecknadel Punkt 7, Schlusschlag = das 5. und 6. Paar einmal drehen und kreuzen, Stecknadel Punkt 8, Schlusschlag = das 4. und 5. Paar einmal drehen und kreuzen, Stecknadel Punkt 9, Schlusschlag = das 3. und 4. Paar einmal drehen und kreuzen, Stecknadel Punkt 10, Schlusschlag = das 2. und 3. Paar einmal drehen und kreuzen, Stecknadel Punkt 11,

TAFEL XVI

Spitze in Tüllstickerei

auszuführen mit flachem Leinengarn D.M.C (Lin floche).

Schlusschlag = das 1. und 2. Paar einmal drehen und kreuzen, Stecknadel Punkt 12, Schlusschlag = das 8. und 9. Paar einmal drehen und kreuzen, Stecknadel Punkt 13, Schlusschlag = das 7. und 8. Paar einmal drehen und kreuzen, Stecknadel Punkt 14, Schlusschlag = das 6. und 7. Paar einmal drehen und kreuzen, Stecknadel Punkt 15, Schlusschlag = das 5. und 6. Paar einmal drehen und kreuzen, Stecknadel Punkt 16, Schlussschlag = das 4. und 5. Paar einmal drehen und kreuzen, Stecknadel Punkt 17, Schlussschlag = das 3. und 4. Paar einmal drehen und kreuzen, Stecknadel Punkt 18, Schlussschlag = das 2. und 3. Paar einmal drehen und kreuzen, Stecknadel Punkt 19, Schlussschlag = das 1. und 2. Paar einmal drehen und kreuzen, Stecknadel Punkt 20, Schlussschlag = * das 9. und 10. Paar einmal drehen und kreuzen, Stecknadel Punkt 21, Schlussschlag = das 8. und 9. Paar einmal drehen und kreuzen, Stecknadel Punkt 22, Schlussschlag = das 7. und 8. Paar einmal drehen und kreuzen, Stecknadel Punkt 23, Schlussschlag = das 6. und 7. Paar einmal drehen und kreuzen, Stecknadel Punkt 24, Schlussschlag = das 5. und 6. Paar einmal drehen und kreuzen, Stecknadel Punkt 25, Schlussschlag = das 4. und 5. Paar einmal drehen und kreuzen, Stecknadel Punkt 26, Schlusschlag = das 3. und 4. Paar einmal drehen und kreuzen, Stecknadel Punkt 27, Schlussschlag = das 2. und 3. Paar einmal drehen und kreuzen, Stecknadel Punkt 28, Schlusschlag = das 1. und 2. Paar einmal

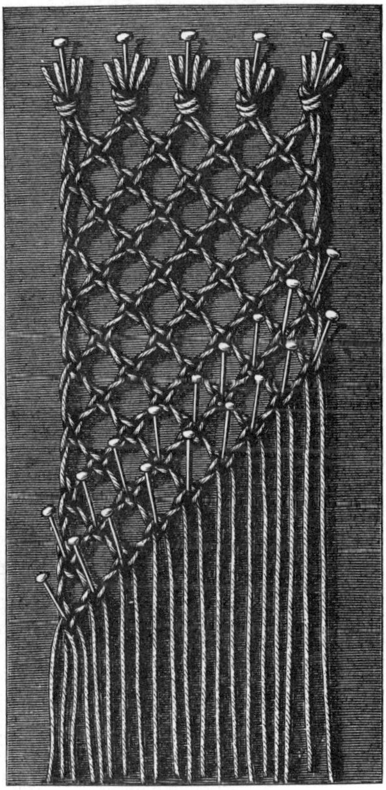

Abb. 976.
Einfacher Löcherschlag.

drehen und kreuzen, Stecknadel Punkt 29, Schlusschlag; von * an wiederholen.

Löcherschlag mit doppelt gedrehten Fäden (Abb. 978 und 977). — Auf dem nach Abbildung 977 ausgeführten Klöppelbriefe steckt man je 2 Paar Klöppel auf die Punkte *a, b, c, d* und *e*.

Das 2. und 3. Paar zweimal drehen und kreuzen, Stecknadel Punkt 1, Schlusschlag = das 1. und 2. Paar zweimal drehen und kreuzen, Stecknadel Punkt 2, Schlusschlag = das 4. und 5. Paar zweimal drehen und kreuzen, Stecknadel Punkt 3, Schlusschlag = das 3. und 4. Paar zweimal drehen und kreuzen, Stecknadel Punkt 4, Schlusschlag = das 2. und 3. Paar zweimal drehen und kreuzen, Stecknadel Punkt 5, Schlusschlag = das 1. und 2. Paar zweimal drehen und kreuzen, Stecknadel Punkt 6, Schlusschlag = das 6. und 7. Paar zweimal drehen und kreuzen, Stecknadel Punkt 7, Schlusschlag = das 5. und 6. Paar zweimal drehen und kreuzen, Stecknadel Punkt 8, Schlusschlag = das 4. und 5. Paar zweimal drehen und kreuzen, Stecknadel Punkt 9, Schlusschlag = das 3. und 4. Paar zweimal drehen und kreuzen, Stecknadel Punkt 10, Schlusschlag = das 2. und 3. Paar zweimal drehen und kreuzen, Stecknadel Punkt 11, Schlusschlag = das 1. und 2. Paar zweimal drehen und kreuzen, Stecknadel Punkt 12, Schlusschlag = das 8. und 9. Paar zweimal drehen und kreuzen, Stecknadel Punkt 13, Schlusschlag = das 7. und 8. Paar zweimal drehen und kreuzen, Stecknadel Punkt 14, Schlusschlag = das 6. und 7. Paar zweimal drehen und kreuzen, Stecknadel Punkt 15, Schlusschlag = das 5. und 6. Paar zweimal drehen und kreuzen, Stecknadel Punkt 16, Schlusschlag = das 4. und 5. Paar zweimal drehen und kreuzen, Stecknadel

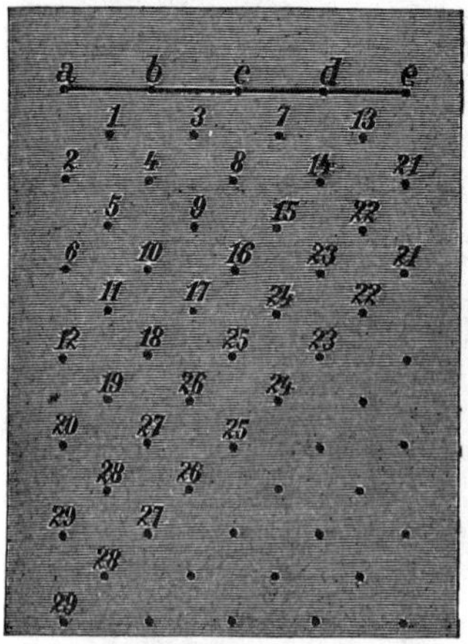

ABB. 977.
KLÖPPELBRIEF ZUM EINFACHEN LÖCHERSCHLAG ABBILDUNG 976, ZUM LÖCHERSCHLAG MIT DOPPELT GEDREHTEN FÄDEN ABBILDUNG 978, ZUM TÜLLGRUND ABBILDUNG 979 UND ZUM BRÜSSELER GRUND ABBILDUNG 980.

Punkt 17, Schlusschlag = das 3. und 4. Paar zweimal drehen und kreuzen, Stecknadel Punkt 18, Schlusschlag = das 2. und 3. Paar zweimal drehen und kreuzen, Stecknadel Punkt 19, Schlusschlag = das 1. und 2. Paar zweimal drehen und kreuzen, Stecknadel Punkt 20, Schlusschlag = * das 9. und 10. Paar zweimal drehen und kreuzen, Stecknadel Punkt 21, Schlussschlag = das 8. und 9. Paar zweimal drehen und kreuzen, Stecknadel Punkt 22, Schlussschlag = das 7. und 8. Paar zweimal drehen und kreuzen, Stecknadel Punkt 23, Schlussschlag = das 6. und 7. Paar zweimal drehen und kreuzen, Stecknadel Punkt 24, Schlussschlag = das 5. und 6. Paar zweimal drehen und kreuzen, Stecknadel Punkt 25, Schlussschlag = das 4. und 5. Paar zweimal drehen und kreuzen, Stecknadel Punkt 26, Schlussschlag = das 3. und 4. Paar zweimal drehen und kreuzen, Stecknadel Punkt 27, Schlussschlag = das 2. und 3. Paar zweimal drehen und kreuzen, Stecknadel Punkt 28, Schlussschlag = das 1. und 2. Paar zweimal drehen und kreuzen, Stecknadel Punkt 29, Schlussschlag; von * an wiederholen.

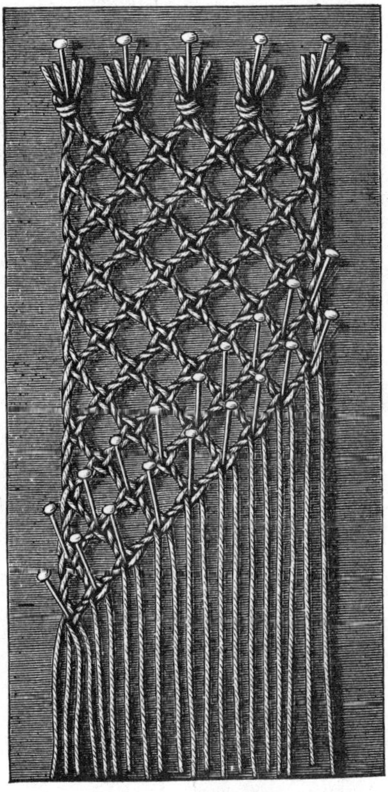

Abb. 978. Löcherschlag mit doppelt gedrehten Fäden.

Tüllgrund (Abb. 979 und 977). — Auf dem nach Abbildung 977 ausgeführten Klöppelbriefe steckt man je 2 Paar Klöppel auf die Punkte *a*, *b*, *c*, *d* und *e*.

Das 2. und 3. Paar dreimal drehen und kreuzen, Stecknadel Punkt 1 = das 1. und 2. Paar dreimal drehen und kreuzen, Stecknadel Punkt 2 = das 4. und 5. Paar dreimal drehen und kreuzen, Stecknadel Punkt 3 = das 3. und 4.

Paar dreimal drehen und kreuzen, Stecknadel Punkt 4 = das 2. und 3. Paar dreimal drehen und kreuzen, Stecknadel Punkt 5 = das 1. und 2. Paar dreimal drehen und kreuzen, Stecknadel Punkt 6 = das 6. und 7. Paar dreimal drehen und kreuzen, Stecknadel Punkt 7 = das 5. und 6. Paar dreimal drehen und kreuzen, Stecknadel Punkt 8 = das 4. und 5. Paar dreimal drehen und kreuzen, Stecknadel Punkt 9 = das 3. und 4. Paar dreimal drehen und kreuzen, Stecknadel Punkt 10 = das 2. und 3. Paar dreimal drehen und kreuzen, Stecknadel Punkt 11 = das 1. und 2. Paar dreimal drehen und kreuzen, Stecknadel Punkt 12 = das 8. und 9. Paar dreimal drehen und kreuzen, Stecknadel Punkt 13 = das 7. und 8. Paar dreimal drehen und kreuzen, Stecknadel Punkt 14 = das 6. und 7. Paar dreimal drehen und kreuzen, Stecknadel Punkt 15 = das 5. und 6. Paar dreimal drehen und kreuzen, Stecknadel Punkt 16 = das 4. und 5. Paar dreimal drehen und kreuzen, Stecknadel Punkt 17 = das 3. und 4. Paar dreimal drehen und kreuzen, Stecknadel Punkt 18 = das 2. und 3. Paar dreimal drehen und kreuzen, Stecknadel Punkt 19 = das 1. und 2. Paar dreimal drehen und kreuzen, Stecknadel Punkt 20 = * das 9. und 10. Paar dreimal drehen und kreuzen, Stecknadel Punkt 21 = das 8. und 9. Paar dreimal drehen und kreuzen, Stecknadel Punkt 22 = das 7. und 8. Paar dreimal drehen und kreuzen, Stecknadel Punkt 23 = das 6. und 7. Paar dreimal drehen und kreuzen, Stecknadel Punkt 24 = das 5. und 6. Paar dreimal drehen und kreuzen, Stecknadel Punkt 25 = das 4. und 5. Paar dreimal drehen und kreuzen, Stecknadel Punkt 26 = das 3. und 4. Paar

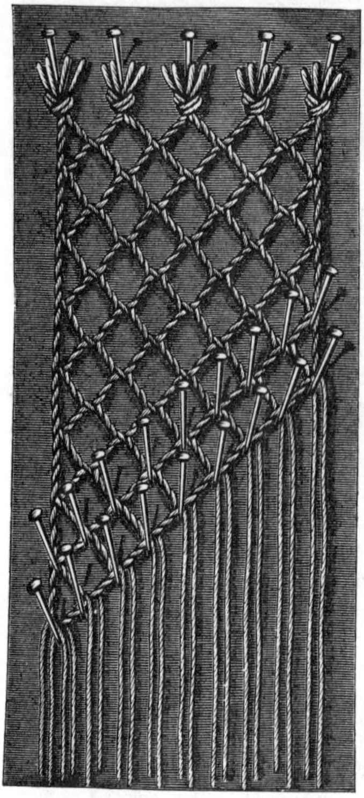

Abb. 979. Tüllgrund.

dreimal drehen und kreuzen, Stecknadel Punkt 27 = das 2. und 3. Paar dreimal drehen und kreuzen, Stecknadel Punkt 28 = das 1. und 2. Paar dreimal drehen und kreuzen, Stecknadel Punkt 29; von * an wiederholen.

Brüsseler Grund (Abb. 980 und 977). — Auf dem nach Abbildung 977 ausgeführten Klöppelbriefe steckt man je 2 Paar Klöppel auf die Punkte *a, b, c, d* und *e*.

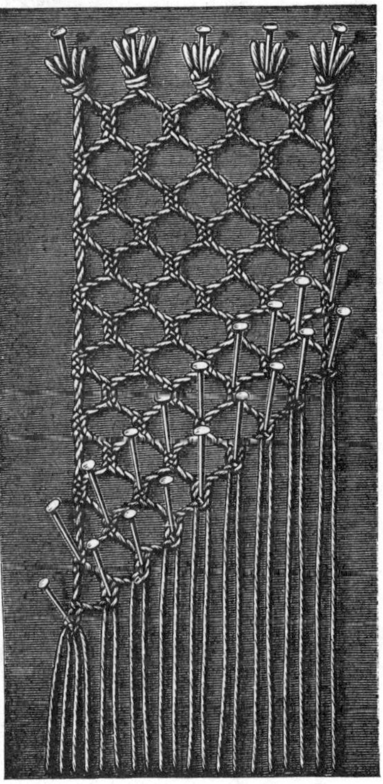

Abb. 980. Brüsseler Grund.

Das 2. und 3. Paar zweimal drehen und kreuzen, Schlussschlag, Stecknadel Punkt 1, einmal drehen und kreuzen, Schlussschlag = das 1. und 2. Paar zweimal drehen und kreuzen, Schlusschlag, Stecknadel Punkt 2, einmal drehen und kreuzen, Schlusschlag = das 4. und 5. Paar zweimal drehen und kreuzen, Schlusschlag, Stecknadel Punkt 3, einmal drehen und kreuzen, Schlusschlag = das 3. und 4. Paar zweimal drehen und kreuzen, Schlusschlag, Stecknadel Punkt 4, einmal drehen und kreuzen, Schlusschlag = das 2. und 3. Paar zweimal drehen und kreuzen, Schlusschlag, Stecknadel Punkt 5, einmal drehen und kreuzen, Schlusschlag = das 1. und 2. Paar zweimal drehen und kreuzen, Schlusschlag, Stecknadel Punkt 6, einmal drehen und kreuzen, Schlusschlag = das 6. und 7. Paar zweimal drehen und kreuzen, Schlusschlag, Stecknadel Punkt 7, einmal drehen und kreuzen, Schlusschlag = das 5. und 6. Paar zweimal drehen und kreuzen, Schlussschlag, Stecknadel Punkt 8, einmal drehen und kreuzen, Schlusschlag = das 4. und 5. Paar zweimal drehen und kreuzen, Schlusschlag, Stecknadel Punkt 9, einmal drehen und kreuzen, Schlusschlag = das 3. und 4. Paar zweimal drehen und kreuzen, Schlusschlag, Stecknadel Punkt 10, einmal drehen und kreuzen, Schlusschlag = das 2. und 3. Paar zweimal drehen und kreuzen, Schlusschlag, Stecknadel Punkt 11, einmal drehen und kreuzen, Schlusschlag = das 1. und 2. Paar zweimal drehen und kreuzen, Schlusschlag, Stecknadel Punkt 12, einmal drehen und kreuzen, Schlusschlag = das 8. und 9. Paar zweimal drehen und kreuzen, Schlusschlag, Stecknadel Punkt 13, einmal drehen und kreuzen, Schlusschlag = das 7. und 8. Paar zweimal drehen und kreuzen, Schlusschlag, Stecknadel Punkt 14, einmal drehen und kreuzen, Schlusschlag = das 6. und 7. Paar zweimal drehen und kreuzen, Schlusschlag, Stecknadel Punkt 15, einmal drehen und kreuzen, Schlusschlag = das 5. und 6. Paar zweimal drehen und kreuzen, Schlusschlag, Stecknadel Punkt 16, einmal drehen und kreuzen, Schlusschlag = das 4. und 5. Paar zweimal drehen und kreuzen, Schlusschlag, Stecknadel Punkt 17, einmal drehen und kreuzen, Schlusschlag = das 3. und 4. Paar zweimal drehen und kreuzen, Schlusschlag, Stecknadel Punkt 18, einmal drehen und kreuzen, Schlusschlag = das 2. und 3. Paar zweimal drehen und kreuzen, Schlusschlag, Stecknadel Punkt 19, einmal drehen und kreuzen, Schlusschlag = das 1. und 2. Paar zweimal drehen und kreuzen, Schlusschlag, Stecknadel Punkt 20, einmal drehen und kreuzen, Schlusschlag = * das 9. und 10. Paar zweimal drehen und kreuzen, Schlusschlag, Stecknadel Punkt 21, einmal drehen und kreuzen, Schlusschlag = das 8. und 9. Paar zweimal drehen und kreuzen, Schlusschlag, Stecknadel Punkt 22, einmal drehen und kreuzen, Schlusschlag = das 7. und 8. Paar zweimal drehen und kreuzen, Schlusschlag, Stecknadel Punkt 23, einmal drehen und kreuzen, Schlusschlag = das 6. und 7. Paar zweimal drehen und kreuzen, Schlusschlag, Stecknadel Punkt 24, einmal drehen und kreuzen, Schlusschlag = das 5. und 6. Paar zweimal drehen und kreuzen, Schlusschlag, Stecknadel Punkt 25, einmal drehen und kreuzen, Schlusschlag = das 4. und 5. Paar zweimal drehen und kreuzen, Schlusschlag, Stecknadel Punkt 26, einmal drehen und kreuzen, Schlusschlag = das 3. und 4. Paar zweimal drehen und kreuzen, Schlusschlag, Stecknadel

Punkt 27, einmal drehen und kreuzen, Schlusschlag = das 2. und 3. Paar zweimal drehen und kreuzen, Schlusschlag, Stecknadel Punkt 28, einmal drehen und kreuzen, Schlusschlag = das 1. und 2. Paar zweimal drehen und kreuzen, Schlusschlag, Stecknadel Punkt 29, einmal drehen und kreuzen, Schlusschlag; von * an wiederholen.

Ziergrund « **Fond à la Vierge** » (Abb. 981 und 982). — Auf dem nach Abbildung 982 ausgeführten Klöppelbriefe steckt man je 2 Paar Klöppel auf die Punkte *a, b, c, d, e* und *f*.

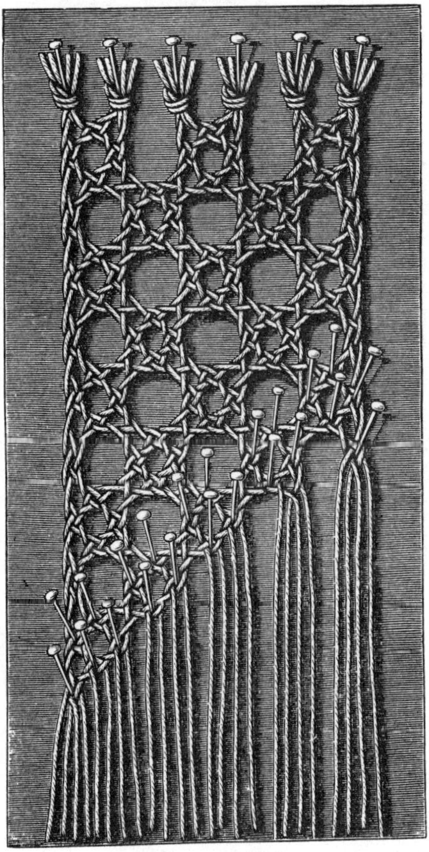

ABB. 981.
ZIERGRUND « FOND A LA VIERGE ».

Das 2. und 3. Paar einmal drehen und kreuzen, Stecknadel Punkt 1, Schlusschlag — das 1. und 2. Paar einmal drehen und kreuzen, Stecknadel Punkt 2, Schlusschlag = das 3. und 4. Paar einmal drehen und kreuzen, Stecknadel Punkt 3, Schlusschlag = das 2. und 3. Paar einmal drehen und kreuzen, Stecknadel Punkt 4, Schlusschlag = das 1. und 2. Paar einmal drehen und kreuzen, Stecknadel Punkt 5, Schlusschlag = das 6. und 7. Paar einmal drehen und kreuzen, Stecknadel Punkt 6, Schlusschlag = das 5. und 6. Paar einmal drehen und kreuzen, Stecknadel Punkt 7, Schlusschlag = das 7. und 8. Paar einmal drehen und kreuzen, Stecknadel Punkt 8, Schlusschlag = das 6. und 7. Paar einmal drehen und kreuzen, Stecknadel Punkt 9, Schlusschlag = das 5. und 6. Paar einmal drehen und kreuzen = das 3.

und 4. Paar einmal drehen und kreuzen = das 4. und 5. Paar einmal drehen und kreuzen, Stecknadel Punkt 10, Schlussschlag = das 3. und 4. Paar einmal drehen und kreuzen, Stecknadel Punkt 11, Schlusschlag = das 5. und 6. Paar einmal drehen und kreuzen, Stecknadel Punkt 12, Schlusschlag = das 4. und 5. Paar einmal drehen und kreuzen, Stecknadel Punkt 13, Schlusschlag = das 3. und 4. Paar einmal drehen und kreuzen = das 2. und 3. Paar einmal drehen und kreuzen, Stecknadel Punkt 14, Schlusschlag = das 1. und 2. Paar einmal drehen und kreuzen, Stecknadel Punkt 15, Schlusschlag = das 3. und 4. Paar einmal drehen und kreuzen, Stecknadel Punkt 16, Schlusschlag = das 2. und 3. Paar einmal drehen und kreuzen, Stecknadel Punkt 17, Schlusschlag = das 1. und 2. Paar einmal drehen und kreuzen, Stecknadel Punkt 18, Schlusschlag = * das 10. und 11. Paar einmal drehen und kreuzen, Stecknadel Punkt 19, Schlusschlag = das 9. und 10. Paar einmal drehen und kreuzen, Stecknadel Punkt 20, Schlusschlag = das 11. und 12. Paar einmal drehen und kreuzen, Stecknadel Punkt 21, Schlusschlag = das 10. und 11. Paar einmal drehen und kreuzen, Stecknadel Punkt 22, Schlusschlag = das 9. und 10. Paar einmal drehen und kreuzen = das 7. und 8. Paar einmal drehen und kreuzen = das 8. und 9. Paar einmal drehen und kreuzen, Stecknadel Punkt 23, Schlusschlag = das 7. und 8. Paar einmal drehen und kreuzen, Stecknadel Punkt 24, Schlusschlag = das 9. und 10. Paar einmal drehen und kreuzen, Stecknadel Punkt 25, Schlusschlag = das 8. und 9. Paar einmal drehen und kreuzen, Stecknadel Punkt 26, Schlussschlag = das 7. und 8. Paar einmal drehen und kreuzen =

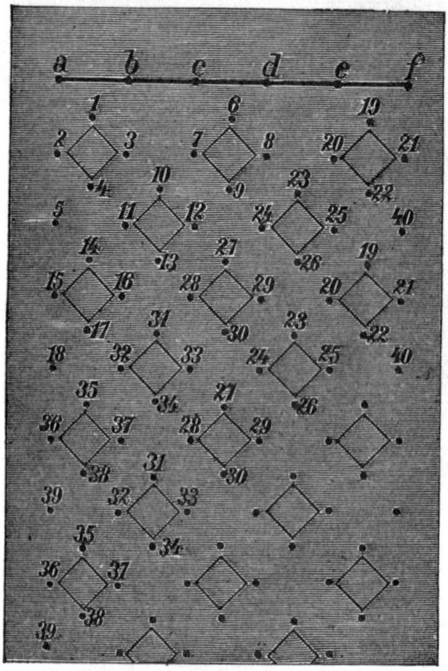

Abb. 982. Klöppelbrief zum Ziergrund Abbildung 981.

das 5. und 6. Paar einmal drehen und kreuzen = das 6. und 7. Paar einmal drehen und kreuzen, Stecknadel Punkt 27, Schlusschlag = das 5. und 6. Paar einmal drehen und kreuzen, Stecknadel Punkt 28, Schlusschlag = das 7. und 8. Paar einmal drehen und kreuzen, Stecknadel Punkt 29, Schlusschlag = das 6. und 7. Paar einmal drehen und kreuzen, Stecknadel Punkt 30, Schlusschlag = das 5. und 6. Paar einmal drehen und kreuzen = das 3. und 4. Paar einmal drehen und kreuzen = das 4. und 5. Paar einmal drehen und kreuzen, Stecknadel Punkt 31, Schlusschlag = das 3. und 4. Paar einmal drehen und kreuzen, Stecknadel Punkt 32, Schlussschlag = das 5. und 6. Paar einmal drehen und kreuzen, Stecknadel Punkt 33, Schlusschlag = das 4. und 5. Paar einmal drehen und kreuzen, Stecknadel Punkt 34, Schlusschlag = das 3. und 4. Paar einmal drehen und kreuzen = das 2. und 3. Paar einmal drehen und kreuzen, Stecknadel Punkt 35, Schlusschlag = das 1. und 2. Paar einmal drehen und kreuzen, Stecknadel Punkt 36, Schlusschlag = das 3. und 4. Paar einmal drehen und kreuzen, Stecknadel Punkt 37, Schlusschlag = das 2. und 3. Paar einmal drehen und kreuzen, Stecknadel Punkt 38, Schlusschlag = das 1. und 2. Paar einmal drehen und kreuzen, Stecknadel Punkt 39, Schlusschlag = das 11. und 12. Paar einmal drehen und kreuzen, Stecknadel Punkt 40, Schlusschlag = das 9. und 10. Paar einmal drehen und kreuzen; von * an wiederholen.

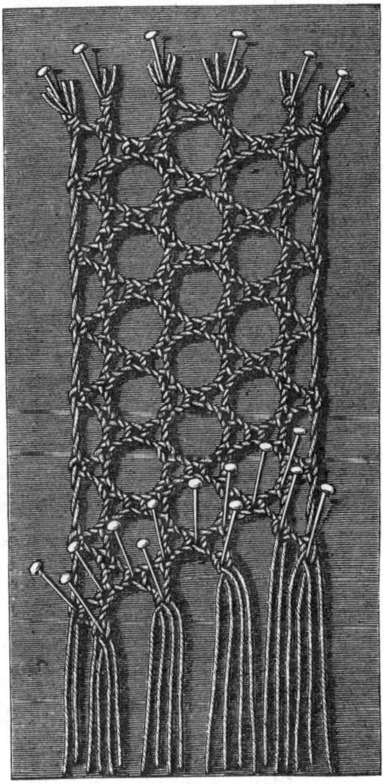

Abb. 983. Rosengrund.

Rosengrund (Abb. 983 und 984). — Auf dem nach Abbildung 984 ausgeführten Klöppelbriefe sind auf die Punkte *a*, *c*, *d* und *f* je 2 Paar Klöppel, auf die Punkte *b* und *e* je 1 Paar Klöppel anzustecken.

Das 2. und 3. Paar zweimal drehen und kreuzen, Stecknadel Punkt 1, zweimal drehen und kreuzen = das 5. und 6. Paar zweimal drehen und kreuzen, Stecknadel Punkt 2, zweimal drehen und kreuzen = das 4. und 5. Paar zweimal drehen und kreuzen, Stecknadel Punkt 3, zweimal drehen und kreuzen = das 3. und 4. Paar zweimal drehen und kreuzen, Stecknadel Punkt 4, zweimal drehen und kreuzen = das 2. und 3. Paar zweimal drehen und kreuzen, Stecknadel Punkt 5, zweimal drehen und kreuzen = das 1. und 2. Paar zweimal drehen und kreuzen, Stecknadel Punkt 6, zweimal drehen und kreuzen = das 2. und 3. Paar zweimal drehen und kreuzen, Stecknadel Punkt 7, zweimal drehen und kreuzen = das 4. und 5. Paar zweimal drehen und kreuzen, Stecknadel Punkt 8, zweimal drehen und kreuzen = das 6. und 7. Paar zweimal drehen und kreuzen, Stecknadel Punkt 9, zweimal drehen und kreuzen = * das 8. und 9. Paar zweimal drehen und kreuzen, Stecknadel Punkt 10, zweimal drehen und kreuzen = das 7. und 8. Paar zweimal drehen und kreuzen, Stecknadel Punkt 11, zweimal drehen und kreuzen = das 6. und 7. Paar zweimal drehen und kreuzen, Stecknadel Punkt 12, zweimal drehen und kreuzen = das 5. und 6. Paar zweimal drehen und kreuzen, Stecknadel Punkt 13, zweimal drehen und kreuzen = das 4. und 5. Paar zweimal drehen und kreuzen, Stecknadel Punkt 14, zweimal drehen und kreuzen = das 3. und 4. Paar zweimal drehen und kreuzen, Stecknadel Punkt 15, zweimal drehen und kreuzen = das 2. und 3. Paar zweimal drehen und kreuzen, Stecknadel Punkt 16, zweimal drehen und kreuzen = das 1. und 2. Paar zweimal drehen und kreuzen, Stecknadel Punkt 17, zweimal drehen und kreuzen = das 2. und 3. Paar zweimal drehen und kreuzen,

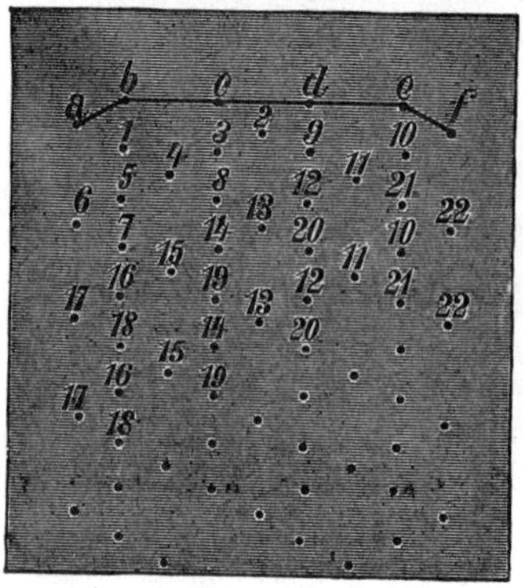

Abb. 984.
Klöppelbrief zum Rosengrund Abbildung 983.

Stecknadel Punkt 18, zweimal drehen und kreuzen = das 4. und 5. Paar zweimal drehen und kreuzen, Stecknadel Punkt 19, zweimal drehen und kreuzen = das 6. und 7. Paar zweimal drehen und kreuzen, Stecknadel Punkt 20, zweimal drehen und kreuzen = das 8. und 9. Paar zweimal drehen und kreuzen, Stecknadel Punkt 21, zweimal drehen und kreuzen = das 9. und 10. Paar zweimal drehen und kreuzen, Stecknadel Punkt 22, zweimal drehen und kreuzen; von * an wiederholen.

Valenciennes-Grund (Abb. 985 und 986). — Der Grund der Valenciennes-Spitzen wird aus Flechten gebildet, zu denen zwei Paar Klöppel verwendet werden.

Auf dem nach Abbildung 986 ausgeführten Klöppelbriefe steckt man 2 Paar Klöppel auf Punkt *a* und je 4 Paar Klöppel auf die Punkte *b* und *c*.

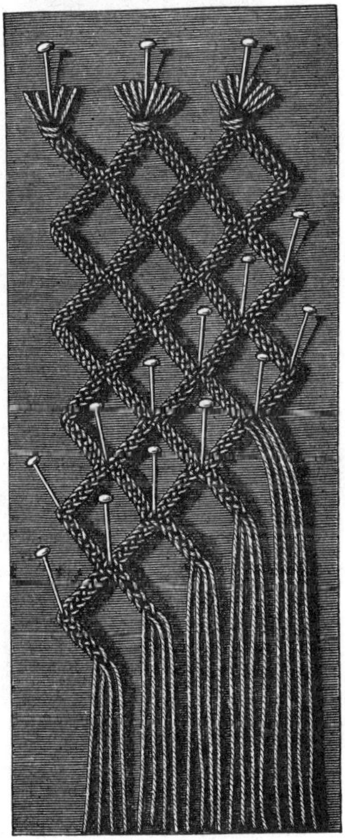

Abb. 985.
Valenciennes-Grund.

Das 1. und 2. Paar einmal drehen und kreuzen, fünfmal Schlusschlag = das 3. und 4. Paar einmal drehen und kreuzen, fünfmal Schlusschlag = das 2. und 3. Paar einmal drehen und kreuzen, Stecknadel Punkt 1, Schlusschlag = das 1. und 2. Paar einmal drehen und kreuzen, fünfmal Schlusschlag, Stecknadel Punkt 2, einmal drehen und kreuzen, fünfmal Schlusschlag = das 3. und 4. Paar einmal drehen und kreuzen, fünfmal Schlusschlag = das 5. und 6. Paar einmal drehen und kreuzen, fünfmal Schlusschlag = das 7. und 8. Paar einmal drehen und kreuzen, fünfmal Schlusschlag = das 6. und 7. Paar einmal drehen und kreuzen, Stecknadel Punkt 3, Schlusschlag = das 5. und 6. Paar einmal drehen und kreuzen, fünfmal Schlusschlag = das 4. und 5. Paar einmal drehen und kreuzen, Stecknadel Punkt 4,

Schlusschlag = das 3. und 4. Paar einmal drehen und kreuzen, fünfmal Schlusschlag = das 2. und 3. Paar einmal drehen und kreuzen, Stecknadel Punkt 5, Schlusschlag = das 1. und 2. Paar einmal drehen und kreuzen, fünfmal Schlusschlag, Stecknadel Punkt 6, einmal drehen und kreuzen, fünfmal Schlusschlag = das 3. und 4. Paar einmal drehen und kreuzen, fünfmal Schlusschlag = das 5. und 6. Paar einmal drehen und kreuzen, fünfmal Schlusschlag = das 7. und 8. Paar einmal drehen und kreuzen, fünfmal Schlusschlag = * das 9. und 10. Paar einmal drehen und kreuzen, fünfmal Schlusschlag, Stecknadel Punkt 7, einmal drehen und kreuzen, fünfmal Schlusschlag = das 8. und 9. Paar einmal drehen und kreuzen, Stecknadel Punkt 8, Schlusschlag = das 7. und 8. Paar einmal drehen und kreuzen, fünfmal Schlusschlag = das 6. und 7. Paar einmal drehen und kreuzen, Stecknadel Punkt 9, Schlusschlag = das 5. und 6. Paar einmal drehen und kreuzen, fünfmal Schlusschlag = das 4. und 5. Paar einmal drehen und kreuzen, Stecknadel Punkt 10, Schlusschlag = das 3. und 4. Paar einmal drehen und kreuzen, fünfmal Schlusschlag = das 2. und 3. Paar einmal drehen und kreuzen, Stecknadel Punkt 11, Schlusschlag = das 1. und 2. Paar einmal drehen und kreuzen, fünfmal Schlusschlag, Stecknadel Punkt 12, einmal drehen und kreuzen, fünfmal Schlusschlag = das 3. und 4. Paar einmal drehen und kreuzen, fünfmal Schlusschlag = das 5. und 6. Paar einmal drehen und kreuzen, fünfmal Schlusschlag = das 7. und 8. Paar einmal drehen und kreuzen, fünfmal Schlusschlag; von * an wiederholen.

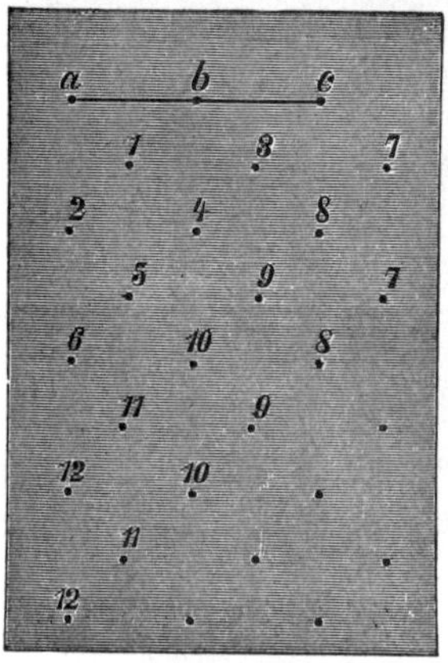

Abb. 986. Klöppelbrief zum Valenciennes-Grund Abbildung 985.

Löcherschlag mit doppelt gedrehten Fäden und kleinen Spinnen (Abb. 987 und 988). — Auf dem nach Abbildung 988 ausgeführten Klöppelbrief steckt man je 2 Paar Klöppel auf die Punkte *a, b, c, d* und *e*.

Das 2. und 3. Paar zweimal drehen und kreuzen, Stecknadel Punkt 1, Schlusschlag = das 1. und 2. Paar zweimal drehen und kreuzen, Stecknadel Punkt 2, Schlusschlag = das 4. und 5. Paar zweimal drehen und kreuzen, Stecknadel Punkt 3, Schlusschlag = das 3. und 4. Paar zweimal drehen und kreuzen, Stecknadel Punkt 4, Schlusschlag = das 2. und 3. Paar zweimal drehen und kreuzen, Stecknadel Punkt 5, Schlusschlag = das 1. und 2. Paar zweimal drehen und kreuzen, Stecknadel Punkt 6, Schlusschlag = das 8. und 9. Paar zweimal drehen und kreuzen, Stecknadel Punkt 7, Schlusschlag = das 9. und 10. Paar zweimal drehen und kreuzen, Stecknadel Punkt 8, Schlusschlag = das 6. und 7. Paar zweimal drehen und kreuzen, Stecknadel Punkt 9, Schlusschlag = das 7. und 8. Paar zweimal drehen und kreuzen, Stecknadel Punkt 10, Schlusschlag = das 8. und 9. Paar zweimal drehen und kreuzen, Stecknadel Punkt 11, Schlusschlag = das 9. und 10. Paar zweimal drehen und kreuzen, Stecknadel Punkt 12, Schlusschlag = * das 5. und 6. Paar zweimal drehen und kreuzen, Stecknadel Punkt 13, Schlussschlag = das 4. und 5. Paar zweimal drehen und kreuzen, Stecknadel Punkt 14, Schlussschlag = das 3. und 4. Paar zweimal drehen und kreuzen, Stecknadel Punkt 15, Schlusschlag = das 2. und 3. Paar zweimal drehen und kreuzen, Stecknadel Punkt 16, Schluss-

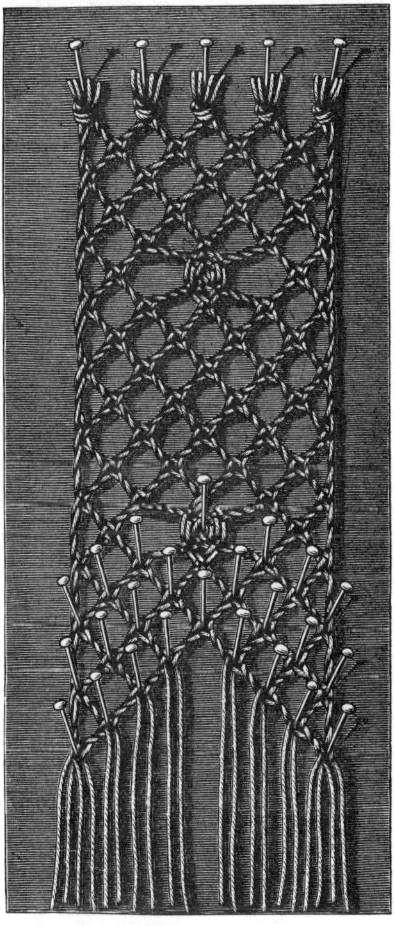

Abb. 987. Löcherschlag mit doppelt gedrehten Fäden und kleinen Spinnen.

schlag = das 1. und 2. Paar zweimal drehen und kreuzen, Stecknadel Punkt 17, Schlusschlag = das 6. und 7. Paar zweimal drehen und kreuzen, Stecknadel Punkt 18, Schlussschlag = das 7. und 8. Paar zweimal drehen und kreuzen, Stecknadel Punkt 19, Schlusschlag = das 8. und 9. Paar zweimal drehen und kreuzen, Stecknadel Punkt 20, Schlussschlag = das 9. und 10. Paar zweimal drehen und kreuzen, Stecknadel Punkt 21, Schlusschlag = das 5. und 6. Paar dreimal drehen und kreuzen, Schlusschlag = das 4. Paar dreimal drehen, das 5. Paar nicht drehen, kreuzen, Schlussschlag = das 6. Paar nicht drehen, das 7. Paar dreimal drehen, kreuzen, Schlusschlag = das 5. und 6. Paar kreuzen, Schlusschlag, Stecknadel Punkt 22, kreuzen und Schlusschlag = das 4. und 5. Paar kreuzen, Schlusschlag = das 3. Paar zweimal drehen, das 4. Paar dreimal drehen, kreuzen, Stecknadel Punkt 23, Schlusschlag = das 2. und 3. Paar zweimal drehen und kreuzen, Stecknadel Punkt 24, Schlusschlag = das 1. und 2. Paar zweimal drehen und kreuzen, Stecknadel Punkt 25, Schlusschlag = das 6. und 7. Paar kreuzen, Schlussschlag = das 7. Paar dreimal drehen, das 8. Paar zweimal drehen und kreuzen, Stecknadel Punkt 26, Schlusschlag = das 8. und 9. Paar zweimal drehen und kreuzen, Stecknadel Punkt 27, Schlusschlag = das 9. und 10. Paar zweimal drehen und kreuzen, Stecknadel Punkt 28, Schlusschlag = das 5. und 6. Paar kreuzen, Schlusschlag = das 4. Paar zweimal drehen, das 5. Paar dreimal drehen, kreuzen, Stecknadel Punkt 29, Schlusschlag = das 3. und 4. Paar zweimal drehen und kreuzen, Stecknadel Punkt 30,

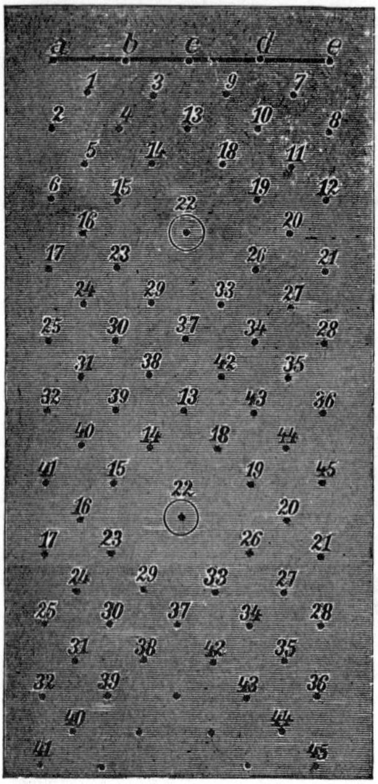

Abb. 988.
Klöppelbrief zum Löcherschlag mit doppelt gedrehten Fäden und Spinnen Abbildung 987.

Schlusschlag = das 2. und 3. Paar zweimal drehen und kreuzen, Stecknadel Punkt 31, Schlusschlag = das 1. und 2. Paar zweimal drehen und kreuzen, Stecknadel Punkt 32, Schlussschlag = das 6. Paar dreimal drehen, das 7. Paar zweimal drehen, kreuzen, Stecknadel Punkt 33, Schlusschlag = das 7. und 8. Paar zweimal drehen und kreuzen, Stecknadel Punkt 34, Schlusschlag = das 8. und 9. Paar zweimal drehen und kreuzen, Stecknadel Punkt 35, Schlusschlag = das 9. und 10. Paar zweimal drehen und kreuzen, Stecknadel Punkt 36, Schlusschlag = das 5. und 6. Paar zweimal drehen und kreuzen, Stecknadel Punkt 37, Schlusschlag = das 4. und 5. Paar zweimal drehen und kreuzen, Stecknadel Punkt 38, Schlussschlag = das 3. und 4. Paar zweimal drehen und kreuzen, Stecknadel Punkt 39, Schlusschlag = das 2. und 3. Paar zweimal drehen und kreuzen, Stecknadel Punkt 40, Schlusschlag = das 1. und 2. Paar zweimal drehen und kreuzen, Stecknadel Punkt 41, Schlusschlag = das 6. und 7. Paar zweimal drehen und kreuzen, Stecknadel Punkt 42, Schlusschlag = das 7. und 8. Paar zweimal drehen und kreuzen, Stecknadel Punkt 43, Schlussschlag = das 8. und 9. Paar zweimal drehen und kreuzen, Stecknadel Punkt 44, Schlusschlag = das 9. und 10. Paar zweimal drehen und kreuzen, Stecknadel Punkt 45, Schlussschlag; von * an wiederholen.

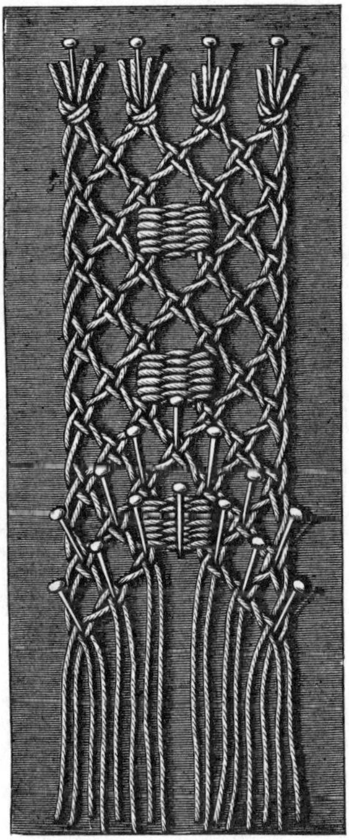

Abb. 989.
Einfacher Löcherschlag mit kleinen Vierecken in Formenschlag.

Einfacher Löcherschlag mit kleinen Vierecken in Formenschlag (Abb. 989 und 990). — Auf dem nach Abbildung 990 ausgeführten Klöppelbriefe steckt man je zwei Klöppelpaare auf die Punkte *a, b, c* und *d.*

Das 2. und 3. Paar einmal drehen und kreuzen, Stecknadel

Punkt 1, Schlusschlag = das 1. und 2. Paar einmal drehen und kreuzen, Stecknadel Punkt 2, Schlusschlag = das 6. und 7. Paar einmal drehen und kreuzen, Stecknadel Punkt 3, Schlusschlag = das 7. und 8. Paar einmal drehen und kreuzen, Stecknadel Punkt 4, Schlusschlag = * das 4. und 5. Paar einmal drehen und kreuzen, Stecknadel Punkt 5, Schlusschlag = das 3. und 4. Paar einmal drehen und kreuzen, Stecknadel Punkt 6, Schlusschlag = das 2. und 3. Paar einmal drehen und kreuzen, Stecknadel Punkt 7, Schlusschlag = das 1. und 2. Paar einmal drehen und kreuzen, Stecknadel Punkt 8, Schlusschlag = das 5. und 6. Paar einmal drehen und kreuzen, Stecknadel Punkt 9, Schlusschlag = das 6. und 7. Paar einmal drehen und kreuzen, Stecknadel Punkt 10, Schlusschlag = das 7. und 8. Paar einmal drehen und kreuzen, Stecknadel Punkt 11, Schlusschlag = das 4. und 5. Paar zweimal drehen und kreuzen, fünfmal Formenschlag, das heisst fünfmal: das 4. Paar zweimal drehen, das 5. Paar nicht drehen, kreuzen und das 4. Paar nicht drehen, das 5. Paar zweimal drehen, kreuzen, wobei alle Schläge gleichmässig anzuziehen sind; Stecknadel Punkt 12 = das 3. Paar einmal drehen, das 4. Paar zweimal drehen und kreuzen, Stecknadel Punkt 13, Schlusschlag = das 2. und 3. Paar einmal drehen und kreuzen, Stecknadel Punkt 14, Schlussschlag = das 1. und 2. Paar einmal drehen und kreuzen, Stecknadel Punkt 15, Schlusschlag = das 5. Paar zweimal drehen, das 6. Paar einmal drehen und kreuzen, Stecknadel Punkt 16, Schlusschlag = das 6. und 7. Paar einmal drehen und kreuzen, Stecknadel Punkt 17, Schlusschlag = das 7. und 8. Paar einmal drehen und kreuzen, Stecknadel Punkt 18, Schlusschlag; von * an wiederholen.

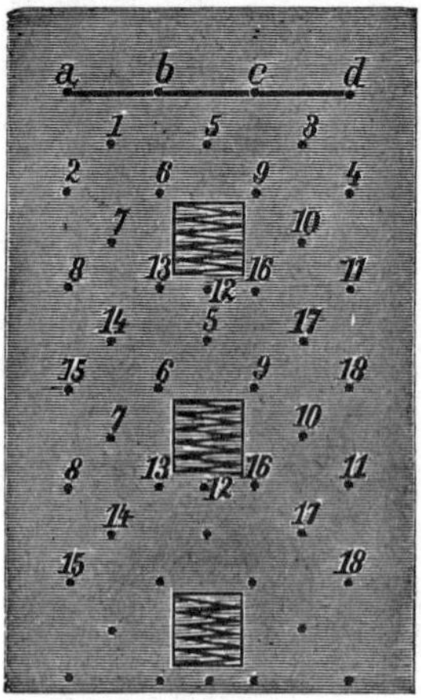

ABB. 990.
KLÖPPELBRIEF ZUM EINFACHEN LÖCHERSCHLAG MIT VIERECKEN IN FORMENSCHLAG ABBILDUNG 989.

Einfacher Löcherschlag mit kleinen Blättchen in Formenschlag (Abb. 991 und 992). — Auf dem nach Abbildung 992 ausgeführten Klöppelbriefe steckt man je 2 Paar Klöppel auf die Punkte *a, b, c* und *d*.

Das 2. und 3. Paar einmal drehen und kreuzen, Stecknadel Punkt 1, Schlusschlag = das 1. und 2. Paar einmal drehen und kreuzen, Stecknadel Punkt 2, Schlusschlag = das 6. und 7. Paar einmal drehen und kreuzen, Stecknadel Punkt 3, Schlusschlag = das 7. und 8. Paar einmal drehen und kreuzen, Stecknadel Punkt 4, Schlussschlag = * das 4. und 5. Paar einmal drehen und kreuzen, Stecknadel Punkt 5, Schlusschlag = das 3. und 4. Paar einmal drehen und kreuzen, Stecknadel Punkt 6, Schlusschlag = das 2. und 3. Paar einmal drehen und kreuzen, Stecknadel Punkt 7, Schlusschlag = das 1. und 2. Paar einmal drehen und kreuzen, Stecknadel Punkt 8, Schlussschlag = das 2. und 3. Paar einmal drehen und kreuzen, Stecknadel Punkt 9, Schlusschlag = das 1. und 2. Paar einmal drehen und kreuzen, Stecknadel Punkt 10, Schlusschlag = das 5. und 6. Paar einmal drehen und kreuzen, Stecknadel Punkt 11, Schlusschlag = das 6. und 7. Paar einmal drehen und kreuzen, Stecknadel Punkt 12, Schlusschlag = das 7. und 8. Paar einmal drehen und kreuzen, Stecknadel Punkt 13, Schlusschlag = das 6. und 7. Paar einmal drehen und kreuzen, Stecknadel Punkt 14, Schlusschlag = das 7. und 8. Paar einmal drehen und kreuzen, Stecknadel Punkt 15, Schlussschlag = das 4. und 5. Paar zweimal drehen und kreuzen, Stecknadel Punkt 16, zehnmal Formenschlag, das heisst zehnmal: das 4. Paar zweimal drehen, das 5. Paar nicht drehen,

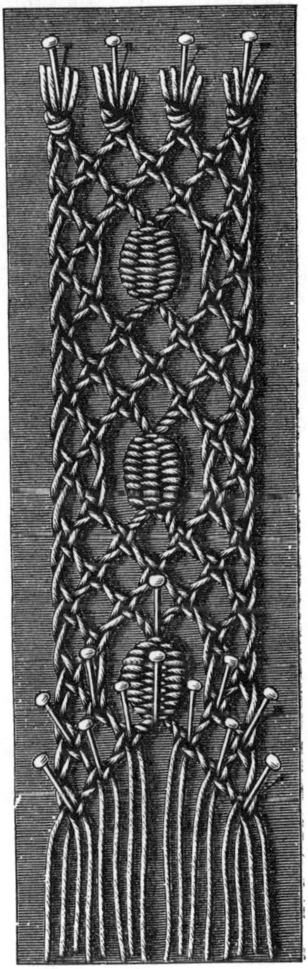

Abb. 991. Einfacher Löcherschlag mit kleinen Blättchen in Formenschlag.

kreuzen und das 4. Paar nicht drehen, das 5. Paar zweimal drehen, kreuzen, wobei die ersten und letzten Schläge fest, die mittleren nur lose anzuziehen sind; Stecknadel Punkt 17 = das 3. Paar einmal drehen, das 4. Paar zweimal drehen und kreuzen, Stecknadel Punkt 18, Schlusschlag = das 2. und 3. Paar einmal drehen und kreuzen, Stecknadel Punkt 19, Schlusschlag = das 1. und 2. Paar einmal drehen und kreuzen, Stecknadel Punkt 20, Schlusschlag = das 5. Paar zweimal drehen, das 6. Paar einmal drehen, kreuzen, Stecknadel Punkt 21, Schlusschlag = das 6. und 7. Paar einmal drehen und kreuzen, Stecknadel Punkt 22, Schlusschlag = das 7. und 8. Paar einmal drehen und kreuzen, Stecknadel Punkt 23, Schlusschlag; von * an wiederholen.

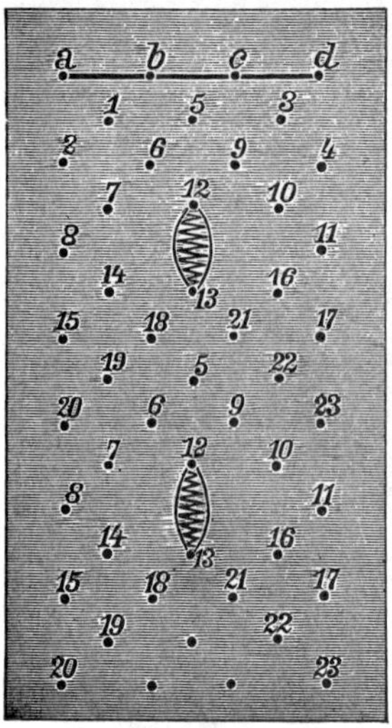

Abb. 992.
Klöppelbrief zum einfachen Löcherschlag mit Blättchen in Formenschlag Abbildung 991.

Eternelle-Spitze mit zwei Musterreihen (Abb. 993 und 994). — Es folgt nun hier eine Reihe Spitzen, die mit der leichtesten Sorte, der sogenannten « Eternelle », beginnt und allmählich zu schwereren Musterungen übergeht.

Eternelle-Spitzen mit nur einer Musterreihe verlangen zur Herstellung 5 Paar Klöppel, für jede weitere Musterreihe sind 2 Paar Klöppel mehr zu richten; bei Einsätzen verlangt der zweite gerade Seitenabschluss noch 1 Paar Klöppel mehr.

Für die Spitze Abbildung 993 sind auf dem Klöppelbriefe Abbildung 994 auf Punkt *a* 3 Paar Klöppel, auf *b* und *c* je 2 Paar Klöppel zu stecken.

* Das 2. und 3. Paar einmal drehen und kreuzen, Schlussschlag = das 3. und 4. Paar einmal drehen und kreuzen, Stecknadel Punkt 1, Schlusschlag = das 4. und 5. Paar einmal drehen und kreuzen, Schlusschlag = das 5. und 6. Paar einmal drehen und kreuzen, Stecknadel Punkt 2, Schlusschlag = das 6. und 7. Paar einmal drehen und kreuzen, Schluss-

schlag, Stecknadel Punkt 3, das 6. Paar einmal drehen, das 7. Paar zweimal drehen, kreuzen, Schlusschlag = das 4. und 5. Paar einmal drehen und kreuzen, Schlusschlag = das 2. und 3. Paar einmal drehen und kreuzen, Schlusschlag = das 1. Paar dreimal drehen, das 2. Paar einmal drehen, kreuzen, Schlussschlag, Stecknadel Punkt 4 (rechts von dem 2. Paar); von * an wiederholen.

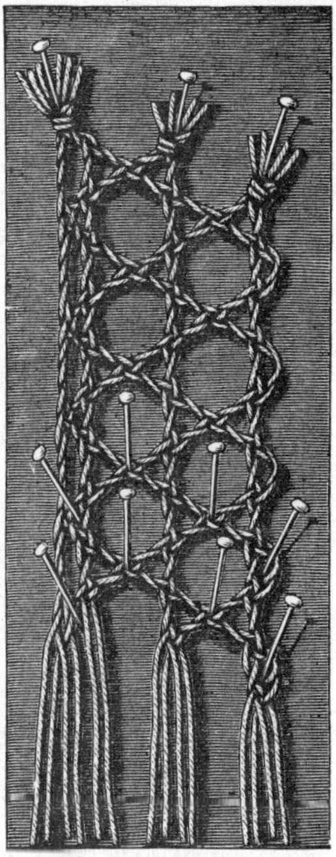

Abb. 993. Eternelle-Spitze mit zwei Musterreihen. Fadensorten: Leinen-Spitzengarn D.M.C Nº 16, Elsässer Strick- und Häkelgarn D.M.C Nº 25 oder Flaches Leinengarn D.M.C Nº 16, in Weiss oder Naturfarben.

Torchon-Spitze (Abb. 995 und 996). Auf dem nach Abbildung 996 ausgeführten Klöppelbriefe sind auf die Punkte *a* und *b* je 3 Paar Klöppel, auf *c* und *d* je 2 Paar Klöppel anzustecken.

Das 3. und 4. Paar einmal drehen und kreuzen, Stecknadel Punkt 1, Schlussschlag = das 4. und 5. Paar einmal drehen und kreuzen = das 5. und 6. Paar einmal drehen und kreuzen = das 6. und 7. Paar einmal drehen und kreuzen = das 7. und 8. Paar einmal drehen und kreuzen = das 8. und 9. Paar einmal drehen und kreuzen — das 9. und 10. Paar einmal drehen und kreuzen, Stecknadel Punkt 2, Schlusschlag = das 8. und 9. Paar einmal drehen und kreuzen = das 7. und 8. Paar einmal drehen und kreuzen = das 6. und 7. Paar einmal drehen und kreuzen = das 5. und 6. Paar einmal drehen und kreuzen = das 4. und 5. Paar einmal drehen und kreuzen, Stecknadel Punkt 3, Schlusschlag = das 5. und 6. Paar einmal drehen und kreuzen = das 6. und 7. Paar einmal drehen und kreuzen = das 7. und 8. Paar einmal drehen und kreuzen = das 8. und 9. Paar einmal drehen und kreuzen

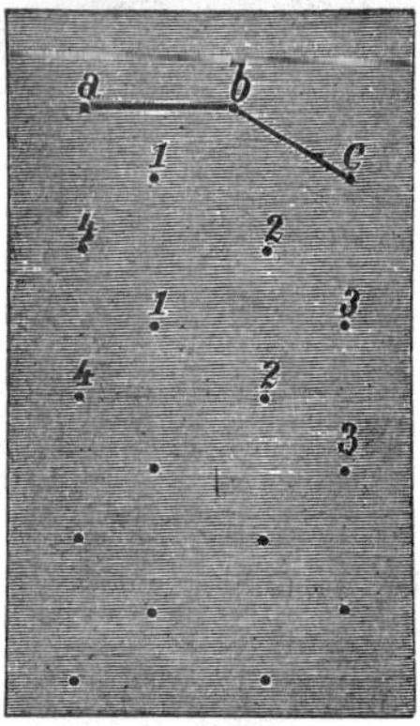

Abb. 994. Klöppelbrief zur Spitze Abbildung 993.

= das 9. und 10. Paar einmal drehen und kreuzen, Stecknadel Punkt 4, Schlusschlag = das 8. und 9. Paar einmal drehen und kreuzen = das 7. und 8. Paar einmal drehen und kreuzen = das 6. und 7. Paar einmal drehen und kreuzen = das 5. und 6. Paar einmal drehen und kreuzen, Stecknadel Punkt 5, Schlusschlag = das 6. und 7. Paar einmal drehen und kreuzen = das 7. und 8. Paar einmal drehen und kreuzen = das 8. und 9. Paar einmal drehen und kreuzen = das 9. und 10. Paar einmal drehen und kreuzen, Stecknadel Punkt 6, Schlusschlag = das 8. und 9. Paar einmal drehen und kreuzen = das 7. und 8. Paar einmal drehen und kreuzen = das 6. und 7. Paar einmal drehen und kreuzen, Stecknadel Punkt 7, Schlusschlag = das 7. und 8. Paar einmal drehen und kreuzen = das 8. und 9. Paar einmal drehen und kreuzen = das 9. und 10. Paar einmal drehen und kreuzen, Stecknadel Punkt 8, Schlussschlag = das 8. und 9. Paar einmal drehen und kreuzen = das 7. und 8. Paar einmal drehen und kreuzen = das 6. und 7. Paar einmal drehen und kreuzen = das 2. und 3. Paar einmal drehen und kreuzen, Schlusschlag = das 1. Paar zweimal drehen, das 2. Paar einmal drehen, kreuzen, Schlusschlag, Stecknadel Punkt 9 (rechts vom 2. Paar einzustecken) = das 2. und 3. Paar einmal drehen und kreuzen, Schlussschlag = das 3. und 4. Paar einmal drehen und kreuzen, Stecknadel Punkt 10, Schlusschlag = das 2. und 3. Paar einmal drehen und kreuzen, Schlusschlag =

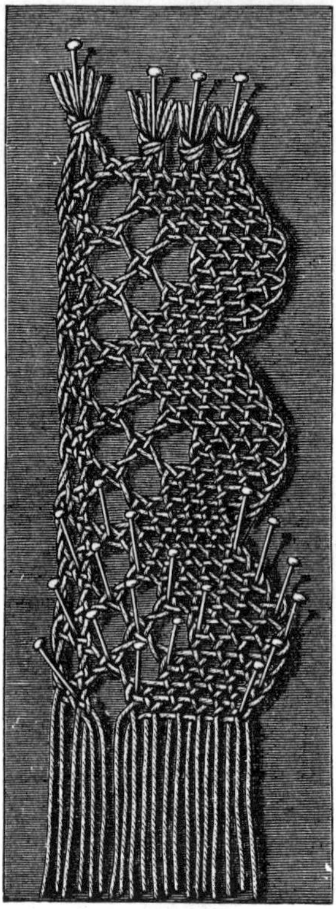

Abb. 995.
Torchon-Spitze.
Fadensorten: Leinen-Spitzengarn D.M.C N° 16, Häkelgarn D.M.C N° 20, Elsässer Strick- und Häkelgarn D.M.C N° 25 oder Perlgarn D.M.C N° 8, in Weiss oder Jaune-Maïs 579. (*)

(*) Diese Nummer bezeichnet eine Farbe aus den Farbenkarten der die Marke D.M.C tragenden Artikel. Diese Farbenkarten liegen in allen Kurzwaren- und Handarbeitsgeschäften auf.

das 1. Paar zweimal drehen, das 2. Paar einmal drehen, kreuzen, Schlusschlag, Stecknadel Punkt 11 (rechts vom 2. Paar einzustecken) = das 2. und 3. Paar einmal drehen und kreuzen, Schlusschlag = das 4. und 5. Paar einmal drehen und kreuzen, Stecknadel Punkt 12, Schlusschlag = das 3. und 4. Paar einmal drehen und kreuzen, Stecknadel Punkt 13, Schlusschlag = das 2. und 3. Paar einmal drehen und kreuzen, Schlusschlag = das 1. Paar zweimal drehen, das 2. Paar einmal drehen, kreuzen, Schlusschlag,

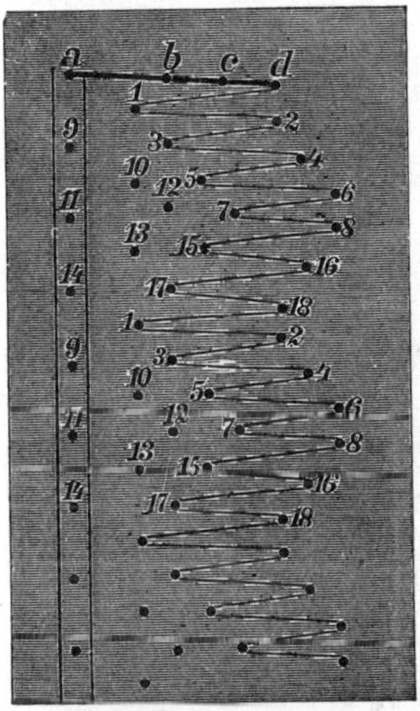

Abb. 996.
Klöppelbrief zur Spitze Abbildung 995.

Abb. 997.
Flechtenschlag mit Pikots.

Stecknadel Punkt 14 (rechts vom 2. Paar einzustecken) = das 2. und 3. Paar einmal drehen und kreuzen, Schlusschlag = das 5. und 6. Paar einmal drehen und kreuzen, Stecknadel Punkt 15, Schlusschlag = das 6. und 7. Paar einmal drehen und kreuzen = das 7. und 8. Paar einmal drehen und kreuzen = das 8. und 9. Paar einmal drehen und kreuzen — das 9. und 10. Paar einmal drehen und kreuzen, Stecknadel Punkt 16, Schlusschlag = das 8. und 9. Paar einmal drehen und kreuzen = das 7. und 8. Paar einmal drehen und kreuzen = das 6. und 7. Paar einmal drehen und kreuzen = das 5. und 6. Paar einmal drehen und kreuzen = das 4. und 5. Paar einmal drehen und kreuzen, Stecknadel Punkt 17, Schlusschlag = das 5. und 6. Paar einmal drehen und kreuzen = das 6. und 7. Paar einmal drehen und kreuzen = das 7. und 8. Paar einmal drehen und kreuzen = das 8. und 9. Paar einmal drehen und kreuzen = das 9. und 10. Paar einmal drehen und kreuzen, Stecknadel Punkt 18, Schlusschlag = das 8. und 9. Paar einmal drehen und kreuzen = das 7. und 8. Paar einmal drehen und kreuzen =

das 6. und 7. Paar einmal drehen und kreuzen = das 5. und 6. Paar einmal drehen und kreuzen = das 4. und 5. Paar einmal drehen und kreuzen.

Vom Anfang an wiederholen.

Pikots (Abb. 997). — Kleine Fadenschleifen, die zur Zierde glatter Ränder dienen, nennt man Pikots. Dieselben sind am häufigsten in Verbindung mit Flechtenschlag anzutreffen und entstehen, indem man einen der äusseren Arbeitsfäden um eine Stecknadel schlingt und diese auf den betreffenden Punkt des Klöppelbriefes feststeckt.

Abbildung 997 lehrt an einem Flechtenschlag-Stäbchen das Bilden der recht- und linkseitigen Pikots.

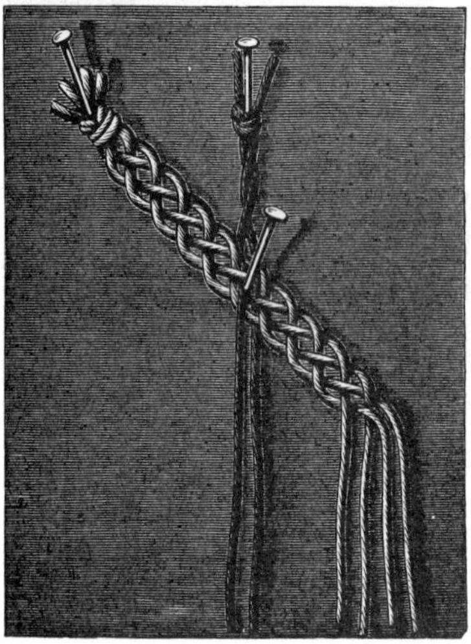

Abb. 998. Flechtenkreuzung mit drei Klöppelpaaren.

Abb. 999. Flechtenkreuzung mit vier Klöppelpaaren.

Flechtenkreuzung (Abb. 998 und 999). — Spitzen, deren Musterung hauptsächlich aus geflochtenen und gedrehten Fadenstäbchen gebildet erscheint, nennt man « Flechtspitzen ».

Abweichend von der bisher gebräuchlichen Arbeitsweise, bei der stets nur mit zwei Paar Klöppeln gearbeitet wurde, werden hier an Stellen, wo sich zwei Stäbchen treffen, die Schläge mit drei oder vier Klöppelpaaren ausgeführt. Die Paare werden dann wie einzelne Fäden gezählt, und das Drehen und Kreuzen vollzieht sich in der bereits bekannten Weise.

Abbildung 998 zeigt eine solche Flechtenkreuzung mit drei, Abbildung 999 eine mit vier Klöppelpaaren, wie solche später bei den Spitzen, Abb. 1000 und 1004, vorkommen werden.

Flechtspitze (Abb. 1000 und 1001). — Auf dem nach Abbildung 1001 ausgeführten Klöppelbriefe 4 Paar Klöppel auf Punkt *a* und 1 Paar Klöppel auf Punkt *b* anstecken.

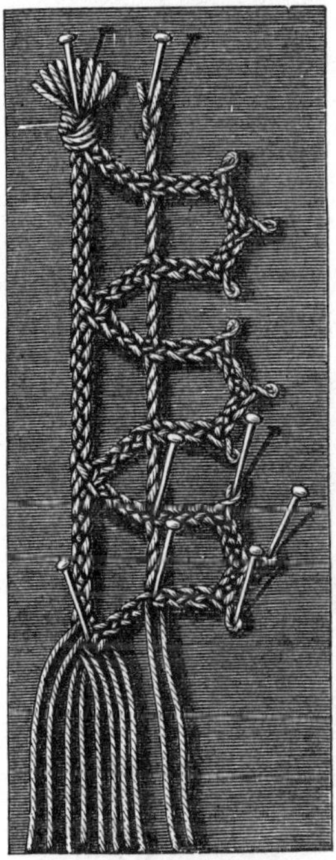

Abb. 1000. Flechtspitze. Fadensorten : Leinen-Spitzengarn D.M.C N° 16, in Weiss. (*)

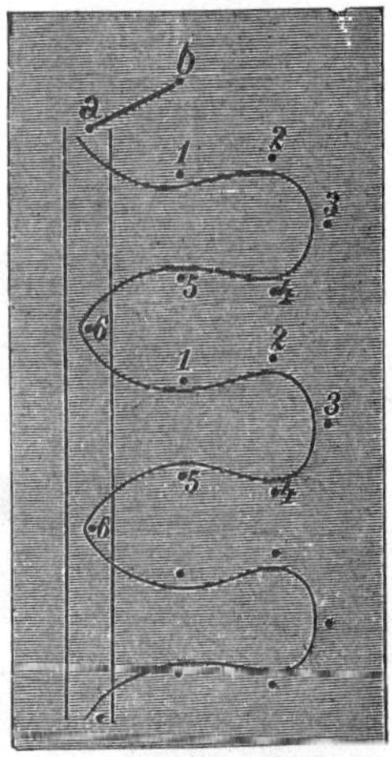

Abb. 1001. Klöppelbrief zur Spitze Abbildung 1000.

Das 1. und 2. Paar einmal drehen und kreuzen, sechsmal Schlusschlag = das 3. und 4. Paar einmal drehen und kreuzen, dreimal Schlussschlag = das 3. und 4. Paar nicht drehen, das 5. Paar dreimal drehen, Flechtenkreuzung nach Abbildung 998, Stecknadel Punkt 1 = das 4. und 5. Paar einmal drehen und kreuzen, dreimal Schlusschlag, Pikot nach rechts auf Stecknadel Punkt 2, dreimal Schlusschlag, Pikot nach rechts auf Stecknadel Punkt 3, dreimal Schlussschlag, Pikot nach rechts auf Stecknadel Punkt 4, viermal Schlusschlag = das 3. Paar dreimal drehen, das 4. und 5. Paar nicht drehen, Flechtenkreuzung nach Abbildung 998, Stecknadel Punkt 5 = das 3. und 4. Paar einmal drehen und kreuzen, dreimal Schlusschlag = mit dem 1., 2., 3. und 4. Paar Flechtenkreuzung nach Abbildung 999, Stecknadel Punkt 6.

Vom Anfang an wiederholen.

Einsatz mit kleinen Vierecken in Formenschlag (Abb. 1002 und 1003). — Auf dem nach Abbildung 1003 ausgeführten

(*) Siehe am Schluss des letzten Kapitels die Tabelle der Nummern und das Farbenverzeichnis der Baumwoll-, Leinen- und Seiden-Artikel, Marke D.M.C.

Klöppelbriefe steckt man je 3 Paar Klöppel auf die Punkte *a* und *f*, 2 Paar auf die Punkte *b* und *e*, 1 Paar auf die Punkte *c* und *d*.

Das 5. und 6. Paar einmal drehen und kreuzen, Schlussschlag, Stecknadel Punkt 1, zweimal Schlusschlag = das 4. und 5. Paar einmal drehen und kreuzen, Schlusschlag = das 3. Paar nicht drehen, das 4. Paar einmal drehen und kreuzen, Schlusschlag, Stecknadel Punkt 2 = das 2. und 3. Paar kreuzen, Schlusschlag = das 3. und 4. Paar kreuzen, Schlussschlag = das 2. und 3. Paar einmal drehen und kreuzen, viermal Schlusschlag, Stecknadel Punkt 3 = das 1. Paar dreimal drehen, das 2. Paar nicht drehen und kreuzen, Schlusschlag = das 2. Paar nicht drehen, das 3. Paar einmal drehen und kreuzen, viermal Schlusschlag = das 4. und 5. Paar einmal drehen und kreuzen, Schlusschlag = das 5. und 6. Paar einmal drehen und kreuzen, Stecknadel Punkt 4, Schlusschlag = das 7. und 8. Paar einmal drehen und kreuzen, Schlussschlag, Stecknadel Punkt 5, zweimal Schlussschlag = das 8. und 9. Paar einmal drehen und kreuzen, Schlusschlag = das 9. Paar einmal drehen, das 10. Paar nicht drehen und kreuzen, Schlusschlag, Stecknadel Punkt 6 = das 10. und 11. Paar kreuzen, Schlusschlag = das 9. und 10. Paar kreuzen, Schlusschlag = das 10. und 11. Paar einmal drehen und kreuzen, viermal Schlusschlag, Stecknadel Punkt 7 = das 11. Paar nicht drehen, das 12. Paar dreimal drehen und kreuzen, Schlusschlag = das 10. Paar

Abb. 1002. Einsatz mit kleinen Vierecken in Formenschlag.

Fadensorten: Perlgarn D.M.C Nº 5 oder 8, oder Flaches Leinengarn D.M.C Nº 8 oder 16, in Weiss oder Jaune-Maïs 579. (*)

(*) Siehe am Schluss des letzten Kapitels die Tabelle der Nummern und das Farbenverzeichnis der Baumwoll-, Leinen- und Seiden-Artikel, Marke D.M.C.

einmal drehen, das 11. Paar nicht drehen und kreuzen, viermal Schlusschlag = das 8. und 9. Paar einmal drehen und kreuzen, Schlusschlag = das 7. und 8. Paar einmal drehen und kreuzen, Stecknadel Punkt 8, Schlusschlag = das 6. und 7. Paar einmal drehen und kreuzen, sechsmal Formenschlag, siehe Abb. 989 = das 5. und 6. Paar einmal drehen und kreuzen, Stecknadel Punkt 9, Schlusschlag = das 4. und 5. Paar einmal drehen und kreuzen, Schlusschlag, Stecknadel Punkt 10, zweimal Schlusschlag = das 7. und 8. Paar einmal drehen und kreuzen, Stecknadel Punkt 11, Schlusschlag = das 8. und 9. Paar einmal drehen und kreuzen, Schlusschlag, Stecknadel Punkt 12, zweimal Schlusschlag.

Vom Anfang an wiederholen.

Flechtspitze (Abb. 1004 und 1005). — Auf dem nach Abbildung 1005 ausgeführten Klöppelbriefe sind 2 Paar Klöppel auf die Punkte *a* und *d*, 4 Paar auf Punkt *b* und 3 Paar auf Punkt *c* zu hängen.

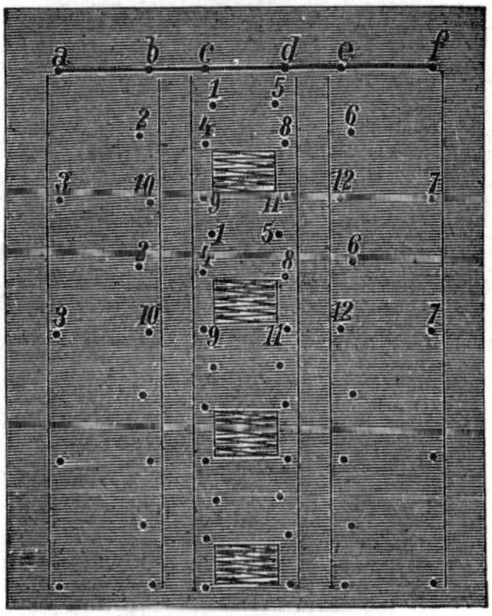

Abb. 1003.
Klöppelbrief zum Einsatz Abbildung 1002.

Das 8. und 9. Paar kreuzen, Schlusschlag = das 7. und 8. Paar kreuzen, Schlusschlag = das 6. und 7. Paar kreuzen, Schlusschlag = das 5. und 6. Paar kreuzen, Schlusschlag = das 4. und 5. Paar kreuzen, Schlusschlag = das 3. und 4. Paar kreuzen, Schlusschlag = das 2. und 3. Paar einmal drehen und kreuzen, Schlusschlag = das 1. und 2. Paar einmal drehen und kreuzen, Schlussschlag, Stecknadel Punkt 1, das 1. Paar zweimal drehen, das 2. Paar einmal drehen und kreuzen, Schlusschlag = das 2. und 3. Paar einmal drehen und kreuzen, Schlusschlag = das 3. Paar einmal drehen, das 4. Paar nicht drehen, kreuzen, Schlusschlag = das 4. und 5. Paar kreuzen, Schlusschlag = das 5. und 6. Paar kreuzen, Schlusschlag = das 6. und 7. Paar kreuzen, Schlusschlag, Stecknadel Punkt 2, kreuzen, Schlusschlag = das 5. und 6. Paar kreuzen, Schlusschlag =

das 4. und 5. Paar kreuzen, Schlusschlag = das 3. und 4. Paar kreuzen, Schlusschlag = das 2. und 3. Paar einmal drehen und kreuzen, Schlusschlag = das 1. und 2. Paar einmal drehen und kreuzen, Schlusschlag, Stecknadel Punkt 3, das 1. Paar zweimal drehen, das 2. Paar einmal drehen und kreuzen, Schlusschlag = das 2. und 3. Paar einmal drehen und kreuzen, Schlusschlag = das 3. und 4. Paar einmal drehen und kreuzen, Schlusschlag, Stecknadel Punkt 4, zweimal Schlusschlag = das 2. und 3. Paar einmal drehen und kreuzen, Schlusschlag = das 1. und 2. Paar einmal drehen und kreuzen, Schlusschlag, Stecknadel Punkt 5, das 1. Paar zweimal drehen, das 2. Paar einmal drehen und

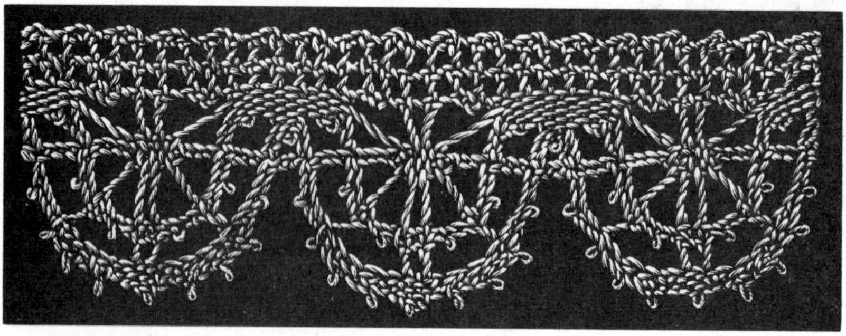

ABB. 1004. FLECHTSPITZE.

FADENSORTEN : Leinen-Spitzengarn D.M.C N° 16, Flaches Leinengarn D.M.C N° 16 oder Perlgarn D.M.C N° 8, in Weiss oder Naturfarben. (*)

kreuzen, Schlusschlag = das 2. und 3. Paar einmal drehen und kreuzen, Schlusschlag = das 3. und 4. Paar einmal drehen und kreuzen, Schlusschlag = das 8. und 9. Paar einmal drehen und kreuzen, Schlusschlag = das 10. und 11. Paar einmal drehen und kreuzen, zweimal Schlusschlag = Flechtenkreuzung nach Abbildung 999 mit dem 8., 9., 10. und 11. Paar, Stecknadel Punkt 6 = das 10. und 11. Paar einmal drehen und kreuzen, zweimal Schlusschlag, das 11. Paar einmal drehen, Pikot auf Punkt 7, das 10. und 11. Paar einmal drehen und kreuzen, zweimal Schlusschlag = das 8. und 9. Paar einmal drehen und kreuzen, zweimal Schluss-

(*) Siehe am Schluss des letzten Kapitels die Tabelle der Nummern und das Farbenverzeichnis der Baumwoll-, Leinen- und Seiden-Artikel, Marke D.M.C.

schlag = das 6. und 7. Paar kreuzen, zweimal Schlusschlag = Flechtenkreuzung mit dem 6., 7., 8. und 9. Paar, Stecknadel Punkt 8 = das 6. und 7. Paar einmal drehen und kreuzen, dreimal Schlusschlag, Stecknadel Punkt 9 = das 5. Paar dreimal drehen, das 6. Paar nicht drehen, kreuzen, Schlusschlag = das 6. und 7. Paar kreuzen, Schlusschlag = das 8. und 9. Paar einmal drehen und kreuzen, zweimal Schlusschlag, das 9. Paar einmal drehen, Pikot auf Punkt 10, das 8. und 9. Paar einmal drehen und kreuzen, Schlusschlag, Stecknadel Punkt 11 = das 7. Paar dreimal drehen, das 8. Paar nicht drehen und kreuzen, Schlusschlag — das 8. und 9. Paar kreuzen, Schlusschlag = das 7. und 8. Paar kreuzen, zweimal Schlusschlag, das 8. Paar einmal drehen, Pikot auf Punkt 12, das 7. und 8. Paar einmal drehen und kreuzen, Schlusschlag = das 4. Paar dreimal drehen, das 5. Paar nicht drehen und kreuzen, Schlusschlag = das 5. und 6. Paar kreuzen, Schlusschlag = das 6. Paar dreimal drehen, das 7. Paar nicht drehen, kreuzen, Schlusschlag, Stecknadel Punkt 13 = das 7. und 8. Paar kreuzen, Schlusschlag = das 9. Paar zweimal drehen, das 10. Paar nicht drehen und kreuzen, Schlusschlag = das 10. und 11. Paar kreuzen, Schlusschlag, das 11. Paar einmal drehen, Pikot auf Punkt 14, das 10. Paar nicht drehen, das 11. Paar einmal drehen

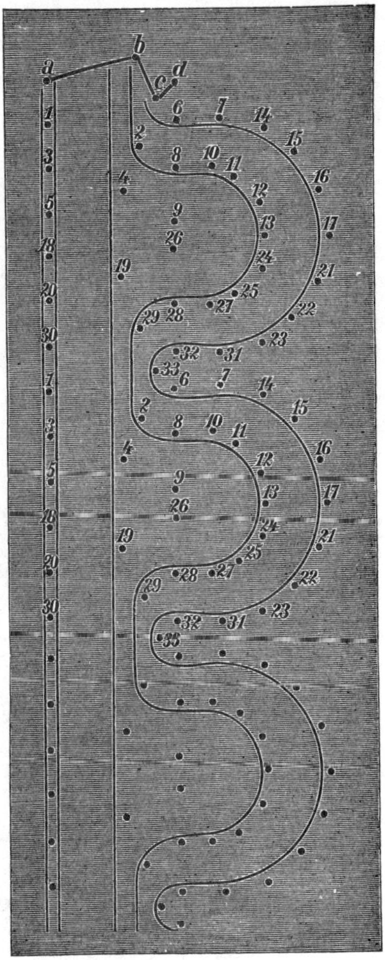

Abb. 1005. Klöppelbrief zur Spitze Abbildung 1004.

und kreuzen, Schlusschlag = das 9. und 10. Paar kreuzen, Schlusschlag = das 10. und 11. Paar kreuzen, Schlusschlag, das 11. Paar einmal drehen, Pikot auf Punkt 15, das 10. Paar nicht drehen, das 11. Paar einmal drehen und kreuzen, Schlusschlag = das 9. und 10. Paar kreuzen, Schlusschlag = das 10. und 11. Paar kreuzen, Schlusschlag, das 11. Paar einmal drehen, Pikot auf Punkt 16, das 10. Paar nicht drehen, das 11. Paar einmal drehen und kreuzen, Schlusschlag = das 9. und 10. Paar kreuzen, Schlusschlag = das 10. und 11. Paar kreuzen, Schlusschlag = das 8. Paar zweimal drehen, das 9. Paar nicht drehen und kreuzen, Schlusschlag = das 9. und 10. Paar kreuzen, Schlusschlag = das 10. und 11. Paar kreuzen, Schlusschlag, Stecknadel Punkt 17, das 10. Paar nicht drehen, das 11. Paar zweimal drehen und kreuzen, Schlusschlag = das 9. und 10. Paar kreuzen, Schlusschlag = das 8. und 9. Paar kreuzen, Schlusschlag = das 7. Paar einmal drehen, das 8. Paar zweimal drehen, kreuzen, Schlusschlag = das 6. Paar einmal drehen, das 7. Paar nicht drehen und kreuzen, Schlusschlag = das 5. Paar nicht drehen, das 6. Paar dreimal drehen und kreuzen, Schlusschlag = das 4. und 5. Paar kreuzen, Schlusschlag = das 3. Paar einmal drehen, das 4. Paar dreimal drehen und kreuzen, Schlusschlag = das 2. und 3. Paar einmal drehen und kreuzen, Schlusschlag = das 1. und 2. Paar einmal drehen und kreuzen, Schlusschlag, Stecknadel Punkt 18, das 1. Paar zweimal drehen, das 2. Paar einmal drehen und kreuzen, Schlusschlag = das 2. und 3. Paar einmal drehen und kreuzen, Schlusschlag = das 3. und 4. Paar einmal drehen und kreuzen, Schlusschlag, Stecknadel Punkt 19, zweimal Schlusschlag = das 2. und 3. Paar einmal drehen und kreuzen, Schlusschlag = das 1. und 2. Paar einmal drehen und kreuzen, Schlusschlag, Stecknadel Punkt 20, das 1. Paar zweimal drehen, das 2. Paar einmal drehen und kreuzen, Schlusschlag = das 2. und 3. Paar einmal drehen und kreuzen, Schlusschlag = das 3. und 4. Paar einmal drehen und kreuzen, Schlusschlag = das 10. und 11. Paar kreuzen, Schlusschlag = das 9. und 10. Paar kreuzen, Schlusschlag = das 10. und 11. Paar kreuzen,

Schlusschlag, das 11. Paar einmal drehen, Pikot auf Punkt 21, das 10. Paar nicht drehen, das 11. Paar einmal drehen und kreuzen, Schlusschlag = das 9. und 10. Paar kreuzen, Schlusschlag = das 10. und 11. Paar kreuzen, Schlussschlag, das 11. Paar einmal drehen, Pikot auf Punkt 22, das 10. Paar nicht drehen, das 11. Paar einmal drehen und kreuzen, Schlusschlag = das 9. und 10. Paar kreuzen, Schlusschlag = das 10. und 11. Paar kreuzen, Schlussschlag, das 11. Paar einmal drehen, Pikot auf Punkt 23, das 10. Paar nicht drehen, das 11. Paar einmal drehen und kreuzen, Schlusschlag = das 9. und 10. Paar kreuzen, Schlusschlag = das 7. und 8. Paar einmal drehen und kreuzen, Schlusschlag, das 8. Paar einmal drehen, Pikot auf Punkt 24, das 7. und 8. Paar einmal drehen und kreuzen, Schlusschlag = das 8. Paar nicht drehen, das 9. Paar zweimal drehen und kreuzen, Schlusschlag, Stecknadel Punkt 25 = das 7. und 8. Paar kreuzen, Schlusschlag = das 6. Paar nicht drehen, das 7. Paar dreimal drehen und kreuzen, Schlusschlag, Stecknadel Punkt 26 = das 5. und 6. Paar kreuzen, Schlusschlag = das 6. und 7. Paar kreuzen, dreimal Schlusschlag = das 8. und 9. Paar kreuzen, zweimal Schlussschlag, das 9. Paar einmal drehen, Pikot auf Punkt 27, das 8. und 9. Paar einmal drehen und kreuzen, Schlusschlag = Flechtenkreuzung mit dem 6., 7., 8. und 9. Paar, Stecknadel Punkt 28 = das 6. und 7. Paar einmal drehen und kreuzen, zweimal Schlusschlag = das 4. Paar nicht drehen, das 5. Paar dreimal drehen und kreuzen, Schlusschlag = das 5. und 6. Paar kreuzen, Schlusschlag = das 6. und 7. Paar kreuzen, Schlusschlag, Stecknadel Punkt 29, kreuzen, Schlusschlag = das 5. und 6. Paar kreuzen, Schlusschlag = das 4. und 5. Paar kreuzen, Schlusschlag = das 3. und 4. Paar kreuzen, Schlusschlag = das 2. und 3. Paar einmal drehen und kreuzen, Schlusschlag = das 1. und 2. Paar einmal drehen und kreuzen, Schlusschlag, Stecknadel Punkt 30, das 1. Paar zweimal drehen, das 2. Paar einmal drehen und kreuzen, Schlusschlag = das 2. und 3. Paar einmal drehen und kreuzen, Schlussschlag = das 3. Paar einmal drehen, das 4. Paar nicht drehen und kreuzen, Schlusschlag = das 4. und 5. Paar kreuzen,

Schlusschlag = das 5. und 6. Paar kreuzen, Schlusschlag = das 6. und 7. Paar kreuzen, Schlusschlag = das 8. und 9. Paar einmal drehen und kreuzen, zweimal Schlusschlag = das 10. und 11. Paar einmal drehen und kreuzen, zweimal Schlusschlag, das 11. Paar einmal drehen, Pikot auf Punkt 31, das 10. und 11. Paar einmal drehen und kreuzen, zweimal Schlusschlag = Flechtenkreuzung mit dem 8., 9., 10. und 11. Paar, Stecknadel Punkt 32 = das 8. und 9. Paar einmal drehen und kreuzen, zweimal Schlusschlag = das 7. und 8.

Abb. 1006. Goldborte mit Formenschlag-Figuren und Umrandung.
Fadensorten: Echtes Stickgold D.M.C mit Gold-Cordonnet D.M.C oder Gold-Chiné D.M.C, Naturfarben und Gold, mit Türkischer Goldschnur D.M.C. (*)

Paar kreuzen, Schlusschlag = das 8. und 9. Paar kreuzen, Schlusschlag, Stecknadel Punkt 33.

Vom Anfang an wiederholen.

Goldborte mit Formenschlag-Figuren und Umrandung (Abb. 1006 und 1007). — Auf dem nach Abbildung 1007 angefertigten Klöppelbriefe sind auf die Punkte *a* und *g* je ein Paar Klöppel, auf die Punkte *b*, *c*, *e* und *f* je zwei Paar Klöppel und auf Punkt *d* vier Konturfäden anzubringen.

Das 3. Paar einmal drehen, das 4. Paar zweimal drehen,

(*) Siehe am Schluss des letzten Kapitels die Tabelle der Nummern und das Farbenverzeichnis der Baumwoll-, Leinen- und Seiden-Artikel, Marke D.M.C.

kreuzen, Schlusschlag, Stecknadel Punkt 1, zweimal Schlussschlag = das 2. und 3. Paar einmal drehen und kreuzen, Stecknadel Punkt 2, Schlusschlag = das 1. und 2. Paar einmal drehen und kreuzen, Schlusschlag, Stecknadel Punkt 3, zweimal Schlussschlag = das 2. und 3. Paar einmal drehen und kreuzen, Stecknadel Punkt 4, Schlusschlag = Konturfäden I und II durch das 5., 4. und 3. vorher einmal gedrehte Paar leiten = das 7. Paar zweimal drehen, das 8. Paar einmal drehen und kreuzen, Schlusschlag, Stecknadel Punkt 5, zweimal Schlusschlag = das 8. und 9. Paar einmal drehen und kreuzen, Stecknadel Punkt 6, Schlussschlag = das 9. und 10. Paar einmal drehen und kreuzen, Schlusschlag, Stecknadel Punkt 7, zweimal Schlusschlag = das 8. und 9. Paar einmal drehen und kreuzen, Stecknadel Punkt 8, Schlusschlag = Konturfäden IV und III durch das 6., 7. und 8. vorher einmal gedrehte Paar leiten = das 5. und 6. Paar einmal drehen und kreuzen, Schlusschlag, Stecknadel Punkt 9, Schlusschlag = das 4. Paar einmal drehen, das 5. Paar zweimal drehen und

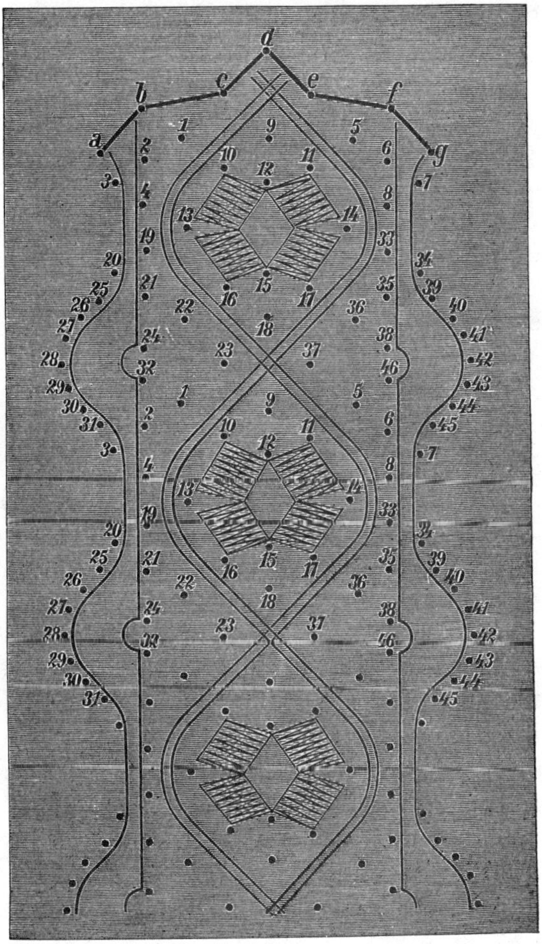

Abb. 1007.
Klöppelbrief zur Borte Abbildung 1006.

kreuzen, Schlusschlag, Stecknadel Punkt 10, Schlusschlag = das 6. Paar zweimal drehen, das 7. Paar einmal drehen und kreuzen, Schlusschlag, Stecknadel Punkt 11, Schlussschlag = das 5. und 6. Paar zweimal drehen und kreuzen, Schlusschlag, Stecknadel Punkt 12, Schlusschlag = achtmal Formenschlag nach Abbildung 989 mit dem 4. und 5. Paar = das 3. und 4. Paar einmal drehen und kreuzen, Schlussschlag, Stecknadel Punkt 13, zweimal Schlusschlag = das 4. Paar einmal drehen, das 5. Paar zweimal drehen und kreuzen, achtmal Formenschlag = achtmal Formenschlag mit dem 6. und 7. Paar = das 7. und 8. Paar einmal drehen und kreuzen, Schlusschlag, Stecknadel Punkt 14, zweimal Schlusschlag = das 6. Paar zweimal drehen, das 7. Paar einmal drehen und kreuzen, achtmal Formenschlag = das 5. und 6. Paar einmal drehen und kreuzen, Schlusschlag, Stecknadel Punkt 15, zweimal Schlusschlag = das 4. Paar einmal drehen, das 5. Paar zweimal drehen und kreuzen, Stecknadel Punkt 16, zweimal Schlusschlag = das 6. Paar zweimal drehen, das 7. Paar einmal drehen und kreuzen, Stecknadel Punkt 17, zweimal Schlusschlag = das 5. und 6. Paar zweimal drehen und kreuzen, Stecknadel Punkt 18, zweimal Schlusschlag = Konturfäden II und I durch das 3., 4. und 5. vorher einmal gedrehte Paar leiten = das 2. und 3. Paar einmal drehen und kreuzen, Stecknadel Punkt 19, Schlusschlag = das 1. Paar zweimal drehen, das 2. Paar einmal drehen und kreuzen, Schlusschlag, Stecknadel Punkt 20, zweimal Schlusschlag = das 2. und 3. Paar einmal drehen und kreuzen, Stecknadel Punkt 21, Schlusschlag = das 3. Paar zweimal drehen, das 4. Paar einmal drehen und kreuzen, Schlusschlag, Stecknadel Punkt 22, zweimal Schlussschlag = das 4. Paar zweimal drehen, das 5. Paar einmal drehen und kreuzen, Schlusschlag, Stecknadel Punkt 23, zweimal Schlusschlag = das 2. und 3. Paar einmal drehen und kreuzen, Stecknadel Punkt 24, Schlusschlag = das 1. und 2. Paar einmal drehen und kreuzen, Stecknadel Punkt 25, das 1. Paar zweimal drehen, das 2. Paar nicht drehen und kreuzen, das 1. Paar einmal drehen, das 2. Paar zweimal drehen und kreuzen, Stecknadel Punkt 26, das 1. Paar zweimal drehen, das 2. Paar nicht drehen und kreuzen, das 1. Paar einmal drehen, das 2. Paar zweimal drehen und kreuzen, Stecknadel Punkt 27, das 1. Paar zweimal drehen, das 2. Paar nicht drehen und kreuzen, das 1. Paar einmal drehen, das 2. Paar zweimal drehen und kreuzen, Stecknadel Punkt 28, das 1. Paar zweimal drehen, das 2. Paar nicht drehen und kreuzen, das 1. Paar einmal drehen, das 2. Paar zweimal drehen und kreuzen, Stecknadel Punkt 29, das 1. Paar zweimal drehen, das 2. Paar nicht drehen und kreuzen, das 1. Paar einmal drehen, das 2. Paar zweimal drehen und kreuzen, Stecknadel Punkt 30, das 1. Paar zweimal drehen, das 2. Paar nicht drehen und kreuzen, das 1. Paar einmal drehen, das 2. Paar zweimal drehen und kreuzen, Stecknadel Punkt 31, das 1. Paar zweimal drehen, das 2. Paar nicht drehen und kreuzen = das 2. und 3. Paar einmal drehen und kreuzen, Stecknadel Punkt 32, Schlusschlag = Konturfäden III und IV durch das 8., 7. und 6. vorher einmal gedrehte Paar leiten = das 8. und 9. Paar einmal drehen und kreuzen, Stecknadel Punkt 33, Schlusschlag = das 9. Paar einmal drehen, das 10. Paar zweimal drehen und kreuzen, Schlusschlag, Stecknadel Punkt 34, zweimal Schlusschlag = das 8. und 9. Paar einmal drehen und kreuzen, Stecknadel Punkt 35, Schlussschlag = das 7. Paar einmal drehen, das 8. Paar zweimal drehen und kreuzen, Schlusschlag, Stecknadel Punkt 36, zweimal Schlusschlag = das 6. Paar einmal drehen, das 7. Paar zweimal drehen und kreuzen, Schlusschlag, Stecknadel Punkt 37, zweimal Schlusschlag = das 8. und 9. Paar einmal drehen und kreuzen, Stecknadel Punkt 38, Schlussschlag = das 9. und 10. Paar einmal drehen und kreuzen, Stecknadel Punkt 39, das 9. Paar nicht drehen, das 10. Paar zweimal drehen und kreuzen, das 9. Paar zweimal drehen, das 10. Paar einmal drehen und kreuzen, Stecknadel Punkt 40, das 9. Paar nicht drehen, das 10. Paar zweimal drehen und kreuzen, das 9. Paar zweimal drehen, das 10. Paar einmal drehen und kreuzen, Stecknadel Punkt 41, das 9. Paar nicht drehen, das 10. Paar zweimal drehen und kreuzen, das 9. Paar zweimal drehen, das 10. Paar einmal drehen und kreuzen, Stecknadel Punkt 42, das 9. Paar nicht drehen, das 10. Paar zweimal drehen und kreuzen, das 9. Paar zweimal drehen, das 10. Paar einmal drehen und kreuzen, Stecknadel Punkt 43, das 9. Paar nicht drehen, das 10. Paar zweimal drehen und kreuzen, das 9. Paar zweimal drehen, das 10. Paar einmal drehen und kreuzen, Stecknadel Punkt 44, das 9. Paar nicht drehen, das 10. Paar zweimal drehen und kreuzen, das 9. Paar zweimal drehen, das 10. Paar einmal drehen und kreuzen, Stecknadel Punkt 45, das 9. Paar nicht drehen, das 10. Paar zweimal drehen und kreuzen = das 8. und 9. Paar einmal drehen und kreuzen, Stecknadel Punkt 46, Schlusschlag = Konturfäden I und II mit den Konturfäden III und IV kreuzen.

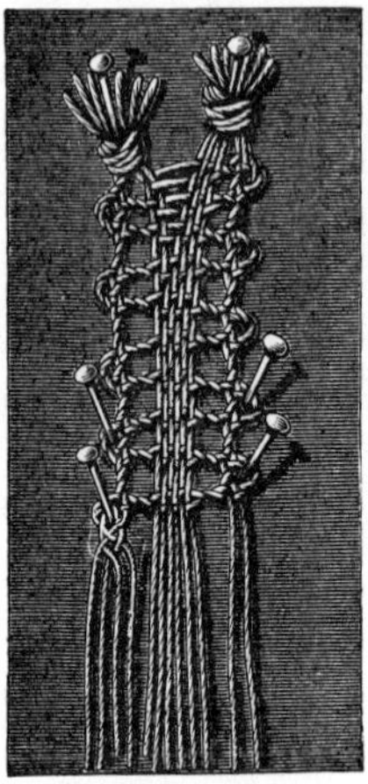

Abb. 1008. Gerades Leinenschlagbändchen.

Vom Anfang an wiederholen.

Geklöppelte Bandstreifen. — Die Bandstreifen, die zur Herstellung der sogenannten « russischen Spitzen », siehe Abb. 1012, dienen, sind entweder ganz glatt aus Leinenschlag gebildet, mit verschiedenen Zierschlägen ausgestattet oder auch bunt gehalten.

Als Beispiel bringen wir mit den Abbildungen 1008 und 1010 ein glattes, einfarbiges Leinenschlagbändchen und lehren es in gerader und in gewundener Linie auszuführen.

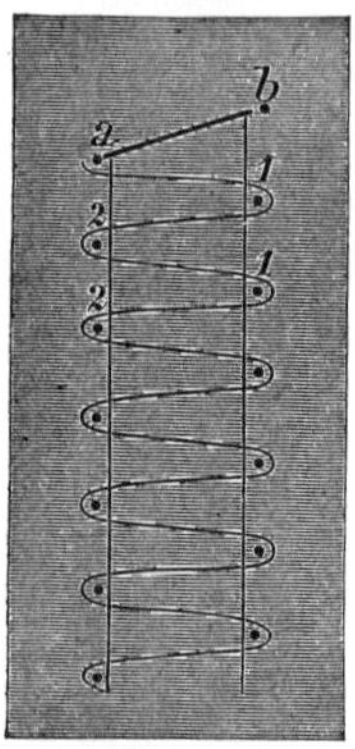

Abb. 1009. Klöppelbrief zum Bändchen Abbildung 1008.

Gerades Leinenschlagbändchen (Abb. 1008 und 1009). — Auf dem nach Abbildung 1009 ausgeführten Klöppelbriefe werden auf die Punkte *a* und *b* je 3 Paar Klöppel angehängt.

Das 2. Paar zweimal drehen, das 3. Paar nicht drehen, kreuzen, Schlusschlag = das 3. und 4. Paar kreuzen, Schlusschlag = das 4. und 5. Paar kreuzen, Schlusschlag = das 5. und 6. Paar zweimal drehen und kreuzen, Schlusschlag, Stecknadel Punkt 1, das 5. Paar einmal drehen, das 6. Paar zweimal drehen und kreuzen, Schlusschlag = das 4. Paar nicht drehen, das

5. Paar zweimal drehen, kreuzen, Schlusschlag = das 3. und 4. Paar kreuzen, Schlusschlag = das 2. und 3. Paar kreuzen, Schlusschlag = das 1. und 2. Paar zweimal drehen und kreuzen, Schlusschlag, Stecknadel Punkt 2, das 1. Paar zweimal drehen, das 2. Paar einmal drehen und kreuzen, Schlusschlag.

Vom Anfang an wiederholen.

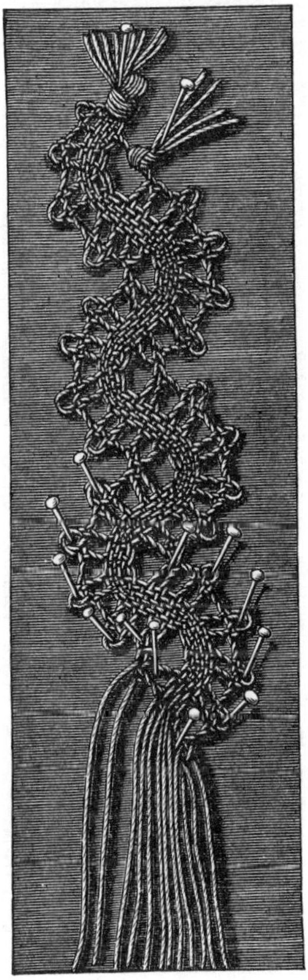

Abb. 1010. Gewundenes Leinenschlagbändchen.

Gewundenes Leinenschlagbändchen (Abb. 1010 und 1011). — Auf dem nach Abbildung 1011 ausgeführten Klöppelbriefe werden auf Punkt *a* 4 Klöppelpaare und auf Punkt *b* 2 Klöppelpaare angehängt.

Das 4. Paar nicht drehen, das 5. Paar zweimal drehen, kreuzen, Schlusschlag = das 3. und 4. Paar kreuzen, Schlusschlag = das 2. und 3. Paar kreuzen, Schlussschlag = das 1. und 2. Paar zweimal drehen und kreuzen, Schlusschlag, Stecknadel Punkt 1, das 1. Paar zweimal drehen, das 2. Paar einmal drehen und kreuzen, Schlusschlag = das 2. Paar zweimal drehen, das 3. Paar nicht drehen, kreuzen, Schlusschlag = das 3. und 4. Paar kreuzen, Schlusschlag = das 4. und 5. Paar kreuzen, Schlusschlag = das 3. und 4. Paar kreuzen, Schlusschlag = das 2. und 3. Paar kreuzen, Schlusschlag = das 1. und 2. Paar zweimal drehen und kreuzen, Schlusschlag, Stecknadel Punkt 2, das 1. Paar zweimal drehen, das 2. Paar einmal drehen und kreuzen, Schlusschlag = das 2. Paar zweimal drehen, das 3. Paar nicht drehen, kreuzen, Schlusschlag = das 3. und 4. Paar kreuzen, Schlusschlag = das 4. und 5. Paar kreuzen, Schlusschlag = das 3. und 4. Paar kreuzen, Schlusschlag = das 2. und 3. Paar kreuzen, Schlusschlag = das 1. und 2. Paar zweimal drehen und kreuzen, Schlusschlag, Stecknadel Punkt 3, das 1. Paar zweimal drehen, das 2. Paar einmal drehen und kreuzen, Schlusschlag = das 2. Paar zweimal drehen, das 3. Paar nicht drehen, kreuzen, Schlusschlag = das 3. und 4. Paar kreuzen, Schlusschlag = das 4. und 5. Paar kreuzen, Schlusschlag = das 3. und 4. Paar kreuzen, Schlusschlag = das 2. und 3. Paar kreuzen, Schlusschlag = das 1. und 2. Paar zweimal drehen und kreuzen, Schlusschlag, Stecknadel Punkt 4, das 1. Paar zweimal drehen, das 2. Paar einmal drehen und kreuzen, Schlusschlag = das 2. Paar zweimal drehen, das 3. Paar nicht drehen, kreuzen, Schlusschlag = das 3. und 4. Paar kreuzen, Schlusschlag = das 4. und 5. Paar kreuzen, Schlusschlag = das 5. Paar zweimal drehen, das 6. Paar nicht drehen, kreuzen, Schlusschlag, Stecknadel Punkt 5 (links neben dem 5. Paar einzustecken) = das 4. Paar nicht drehen, das 5. Paar zweimal drehen, kreuzen, Schlusschlag = das 3. und 4. Paar kreuzen, Schlusschlag = das 2. und 3. Paar kreuzen, Schlusschlag = das 1. und 2. Paar zweimal drehen und kreuzen, Schlusschlag, Stecknadel Punkt 6 (rechts neben dem 2. Paar einzustecken) = das 2. Paar zweimal drehen, das 3. Paar nicht drehen, kreuzen, Schlusschlag = das 3. und 4. Paar kreuzen, Schlusschlag = das 4. und 5. Paar kreuzen, Schlusschlag = das 5. und 6. Paar zweimal drehen und kreuzen, Schlusschlag, Stecknadel Punkt 7, das 5. Paar einmal drehen, das 6. Paar zweimal drehen und kreuzen, Schlusschlag = das 4. Paar nicht drehen, das 5. Paar zweimal drehen, kreuzen, Schlusschlag = das 3. und 4. Paar kreuzen, Schlusschlag, das 2. und 3. Paar kreuzen, Schlusschlag = das 3. und 4. Paar kreuzen, Schlussschlag = das 4. und 5. Paar kreuzen, Schlusschlag = das 5. und 6. Paar zweimal drehen und kreuzen, Schlusschlag, Stecknadel Punkt 8, das 5. Paar einmal drehen, das 6. Paar zwei-

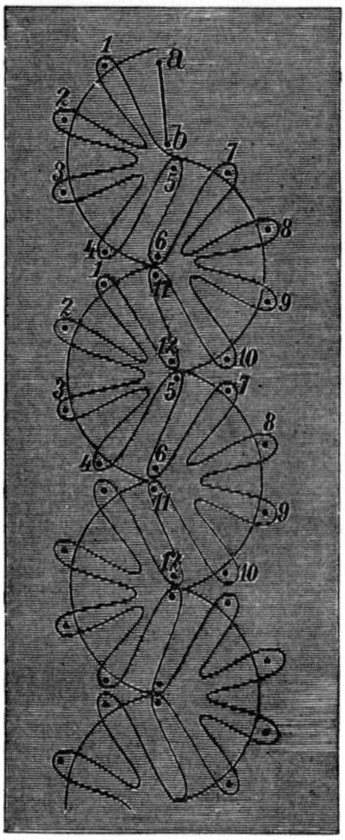

Abb. 1011.
Klöppelbrief zum Bändchen Abbildung 1010.

mal drehen und kreuzen, Schlusschlag = das 4. Paar nicht drehen, das 5. Paar zweimal drehen, kreuzen, Schlussschlag = das 3. und 4. Paar kreuzen, Schlusschlag = das 2. und 3. Paar kreuzen, Schlusschlag = das 3. und 4. Paar kreuzen, Schlussschlag = das 4. und 5. Paar kreuzen, Schlusschlag = das 5. und 6. Paar zweimal drehen und kreuzen, Schlusschlag, Stecknadel Punkt 9, das 5. Paar einmal drehen, das 6. Paar zweimal drehen und kreuzen, Schlussschlag = das 4. Paar nicht drehen, das 5. Paar zweimal drehen, kreuzen, Schlussschlag = das 3. und 4. Paar kreuzen, Schlusschlag = das 2. und 3. Paar kreuzen, Schlusschlag = das 3. und 4. Paar kreuzen, Schlussschlag = das 4. und 5. Paar kreuzen, Schlusschlag = das

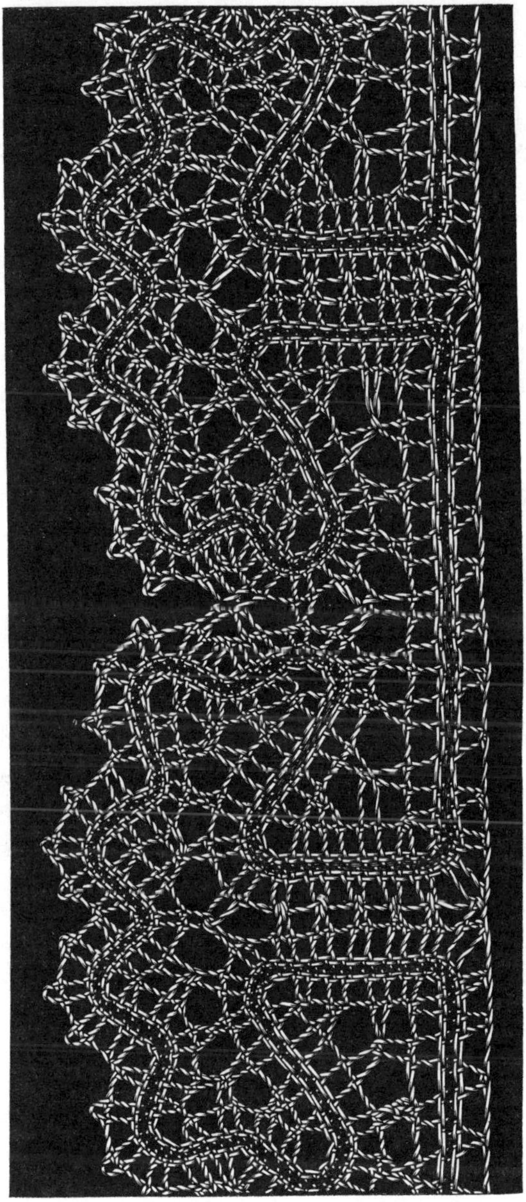

ABB. 1012. SPITZE MIT BANDMUSTERUNG « RUSSISCHE SPITZE ».

FADENSORTEN: Flaches Leinengarn D.M.C No 25, in Weiss und Bleu grand-teint 797.

5. und 6. Paar zweimal drehen und kreuzen, Schlusschlag, Stecknadel Punkt 10, das 5. Paar einmal drehen, das 6. Paar zweimal drehen und kreuzen, Schlusschlag = das 4. Paar nicht drehen, das 5. Paar zweimal drehen, kreuzen, Schlussschlag = das 3. und 4. Paar kreuzen, Schlusschlag = das 2. und 3. Paar kreuzen, Schlusschlag = das 1. Paar nicht drehen, das 2. Paar zweimal drehen, kreuzen, Schlusschlag, Stecknadel Punkt 11 (rechts neben dem 2. Paar einzustecken) = das 2. Paar zweimal drehen, das 3. Paar nicht drehen, kreuzen, Schlusschlag = das 3. und 4. Paar kreuzen, Schlusschlag = das 4. und 5. Paar kreuzen, Schlusschlag = das 5. und 6. Paar zweimal drehen und kreuzen, Schlusschlag, Stecknadel Punkt 12 (links neben dem 5. Paar einzustecken).

Vom Anfang an wiederholen.

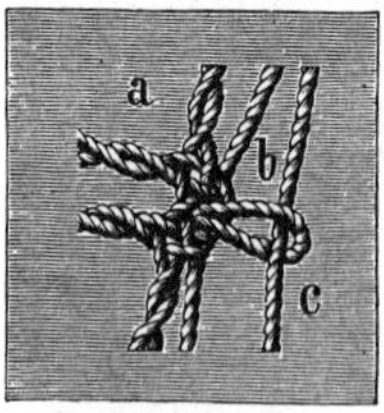

Abb. 1013.
Das Anschlingen « Heften » an ein fertiges Bändchen.

Spitze mit Bandmusterung « **Russische Spitze** » (Abb. 1012, 1013, 1014). — Ganz verschieden von den bis jetzt gelehrten Klöppelarbeiten sind jene Spitzen, bei denen die Musterung aus schmalen Bandstreifen besteht, die unter dem Namen russische Spitzen bekannt sind.

Abbildung 1012 veranschaulicht solch eine Spitze, bei der die Musterung aus nur einem Bandstreifen gebildet wird ; derselbe läuft bald in geraden, bald in gewundenen Linien, und die einzelnen Bogen und Streifen werden durch « Heften » untereinander verbunden.

Des besseren Verständnisses halber gaben wir mit den Abbildungen 1008 bis 1011 ein Stück gerades und ein Stück gewundenes Bändchen nebst Klöppelbrief und Beschreibung, welche wir als Vorübung besonders empfehlen. Will man die Spitze zweifarbig wie die Vorlage, Abb. 1012, ausführen, so ist für das mittlere Klöppelpaar abstechender Faden zu nehmen.

Nachdem man sich mit der Herstellung der Bändchen vertraut gemacht hat, kann man an die Ausführung der Spitze schreiten. Auf dem Klöppelbriefe kann man mit Hilfe der eingezeichneten Schlangenlinien den Uebergang von den glatten zu den gewundenen Bändchen genau verfolgen.

Die Stellen, an denen an der Musterzeichnung kleine Häkchen angebracht sind, bedeuten, dass das in Arbeit begriffene Band an den vollendeten Teil der Arbeit durch Heften zu befestigen ist.

Das Heften geschieht, indem man den zunächst liegenden Klöppel mittelst einer Nadel durch ein vollendetes Pikot des nebenliegenden Bändchens führt und in die Fadenschlinge den zweiten Klöppel des arbeitenden Paares durchführt, worauf die Arbeitsfäden fest angezogen werden und das Heften vollendet ist.

Mit Abbildung 1013 wird der Vorgang des Heftens bildlich erklärt. *a* zeigt ein vollendetes Pikot, *b* die durch das Pi-

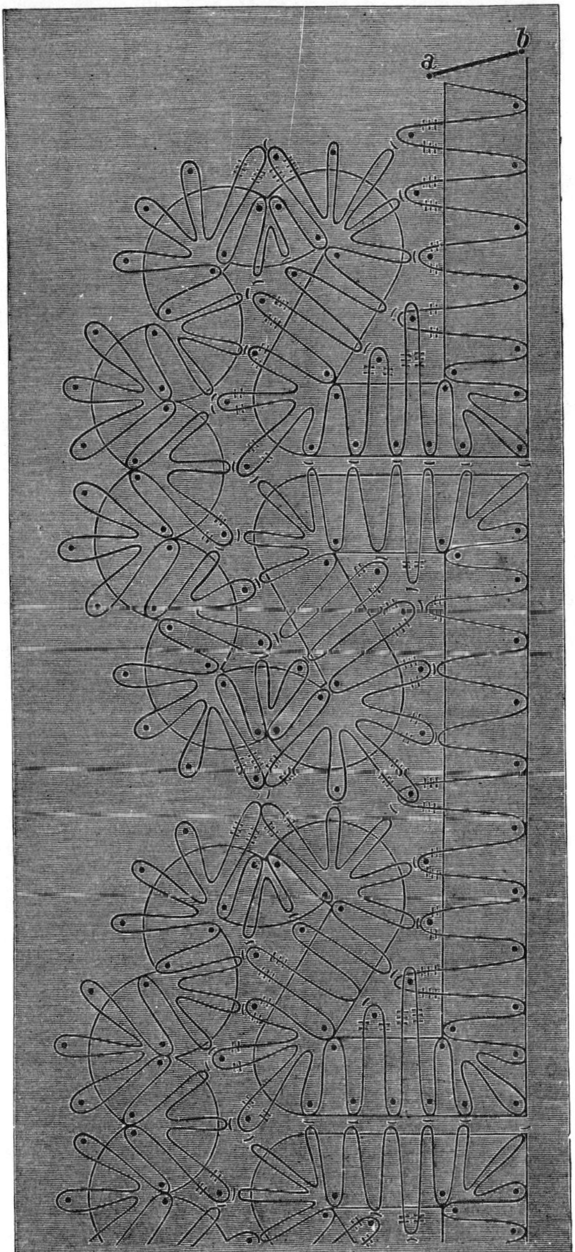

Abb. 1014. Klöppelbrief zur Spitze Abbildung 1012.

kot gezogene Fadenschlinge, *c* den durch die Schlinge geführten zweiten Arbeitsfaden. Auf der Zeichnung des Klöppelbriefes sind bei einzelnen Pikotschlingen an den Rändern kleine Querstriche eingezeichnet. Diese Striche besagen, dass statt der gewöhnlichen Zahl von Drehungen, welche bei den kleinen Bändchenausführungen, Abb. 1008 und 1010, genau angegeben sind, die durch die Striche angezeigte Zahl Drehungen ausgeführt werden soll.

Ist das Pikot wie gewöhnlich herzustellen, so sind am Klöppelbriefe keinerlei Zeichen vorhanden.

Handarbeitsvorlagen. — Ausser den hier beschriebenen Arbeiten findet man eine grosse Anzahl von Vorlagen für Klöppelspitzen im Album : *Die Klöppelspitzen I,* der Bibliothek D.M.C. (*)

(*) Siehe am Schluss der Encyklopädie das Verzeichnis der Musterbücher welche die Bibliothek D.M.C bilden.

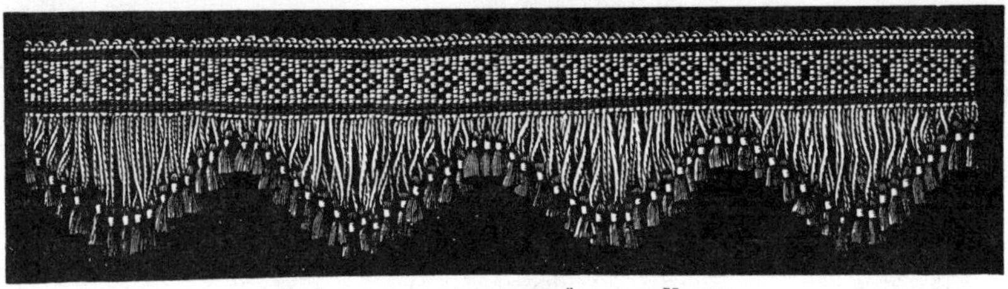

Quästchenfranse mit gehäkeltem Kopfe.

Die Ausstattung der Arbeiten.

Ein grosser Teil der Stickerei-Arbeiten, von denen die wichtigsten Arten in diesem Lehrbuche besprochen worden sind, bedürfen nach ihrer Vollendung noch der Ausstattung. Diese ist von grossem Einflusse auf die Wirkung der Stickerei und darf nicht als Nebensache angesehen werden, weshalb wir ihr hier ein besonderes Kapitel widmen.

Stickereien, die ohne Unterlage verwendet werden können, schliesst man am Aussenrande gewöhnlich durch Säume oder leichte Fransen ab. Gefütterte Stickereien erhalten je nach der Ausführung und Musterung Borten- oder Schnurumrandungen. Besonders reich wirkende Arbeiten werden mit schweren Fransen eingefasst und an den Ecken mit Quasten verziert. Feine Leinenstickereien verlangen einen passenden Spitzenabschluss.

Die Ausstattung der Arbeit darf aber nie zu prunkvoll und zu auffallend sein; sie soll sich vielmehr der Stickerei ungesucht anschliessen und dieselbe mit vornehmer Einfachheit abschliessen.

Saum-Abschluss. — Der Saum-Abschluss bewährt sich besonders bei Arbeiten, die häufiger gewaschen werden. Derselbe kann entweder einfach sein oder mit verschiedenen

Verzierungen bereichert werden; man unterscheidet bei Ziersäumen daher:

1. Hohlsäume;
2. Säume mit eingestickten Zierstichen und
3. Säume mit Pikot-, Zacken- und Bogen-Verzierung.

Der Hohlsaum erfordert das Entfernen mehrerer Stoffäden unterhalb des Saumeinschlages.

Durch die verschiedenartige Uebernähung der freien Stofffäden entstehen die verschiedenen Arten von Hohlsäumen. Siehe das Kapitel: « Die Durchbrucharbeit ».

Abb. 1015.
Das Zusammennähen der Saumkanten.
Innenseite.

Wirkungsvoll gestaltet sich die Bereicherung der Säume durch Zierstiche aus gleichfarbigem oder abstechendem Material, deren mannigfache Art der eigenen Phantasie einen grossen Spielraum bietet. Mühelos ist die Herstellung von Flachstich- und Languettenstich-Kanten; auch das Uebernähen der inneren Saumkanten mit Kreuznaht erscheint sehr vorteilhaft. Ueberhaupt eignen sich alle Zierstiche, die in den Kapiteln « Die Weisstickerei » und « Die Buntstickerei auf Leinen » gelehrt wurden, vorzüglich zur inneren Saumverzierung.

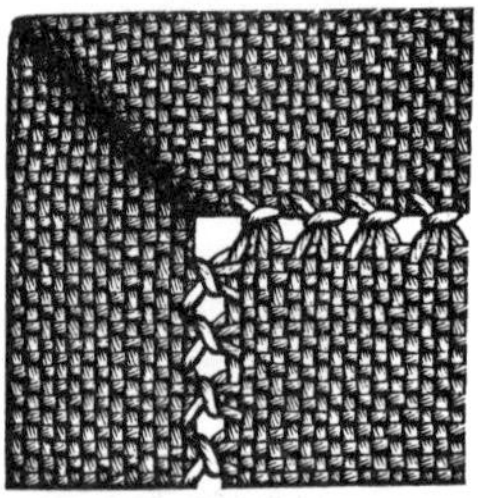

Abb. 1016.
Vollendete Ecke.
Aussenseite.

Reizvoll erscheinen Pikotverzierungen an den äusseren, sehr schmal zu haltenden Saumkanten, die in Häkelarbeit, Frivolitäten, Klöppelarbeit oder auch in Spitzenstichen ausgeführt werden können. Wir verweisen dabei auf die Kapitel, die die betreffenden Techniken behandeln und die auch die Herstellung der erwähnten Verzierungen lehren.

Eckbildung bei Säumen (Abb. 1015 und 1016). — Besonders wichtig für eine schöne Saumbildung ist die tadellose Herstellung der Ecken. Nach Entfernung der Fäden aus dem Gewebe, — falls dies nicht statthaft, ist an der betreffenden

Stelle ein abstechender Faden in den Stoff fadengerade einzuziehen — wird der Stoff auf der Kehrseite in den Ecken scharf zusammengebogen und von der auf diese Weise gebildeten Schrägkante in der Breite des zu arbeitenden Saumes mit Steppstichen so durchnäht, dass Stich und Kante einen rechten Winkel bilden. Wie auf Abbildung 1015 ersichtlich, reichen die Stiche nicht bis an den Aussenrand des Stoffes, sondern sind nur in Saumbreite genäht; $^1/_2$ cm. oberhalb derselben wird die überflüssige Stoffspitze weggeschnitten, der Stoff sodann gewendet, für den Saum eingeschlagen und endlich sorgfältig geheftet, worauf man mit dem Nähen des Saumes beginnen kann. Abbildung 1016 zeigt die äussere Kehrseite der vollendeten Ecke.

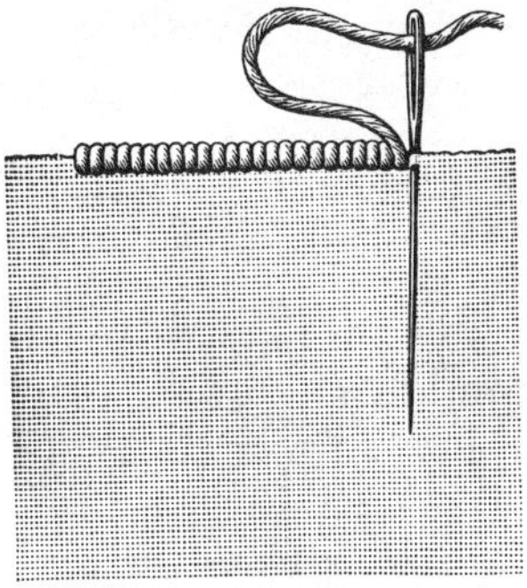

Abb. 1017.
Das Ueberschnüren der Kante.

Saumverzierung aus genähten Pikotzacken (Abb. 1017, 1018, 1019, 1020, 1021). — Der Umbug des Saumes wird der ganzen Länge nach überschnürt, Abb. 1017. Das Pikot selbst wird hierauf über gespannte Fäden und im russischen Stiche gearbeitet. In Abbildung 1018 erscheint ein Faden gelegt — den man nötigenfalls mittelst Stecknadel sichern kann — und neben diesem ein zweiter, der oben eine kleine Schlinge bildet. Auch diese kann bis zur Vollendung der Zacke gesteckt werden.

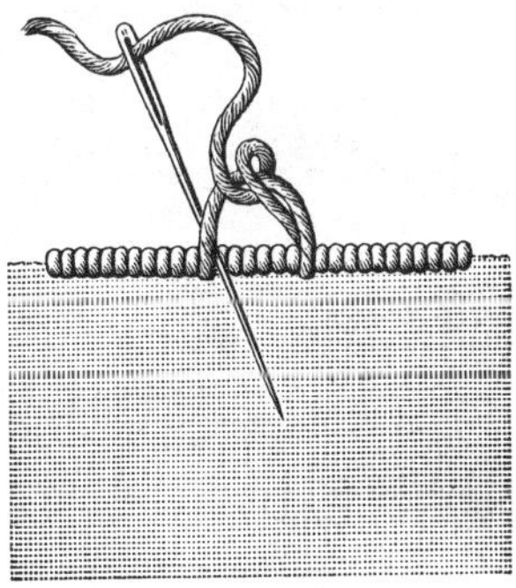

Abb. 1018.
Das Vorrichten des Pikots.

Der Raum zwischen den gespannten Fäden ist mit einigen russischen Stichen auszufüllen, und zwar sind, wie aus Abbildung 1019 zu ersehen ist, die Fäden zu kreuzen.

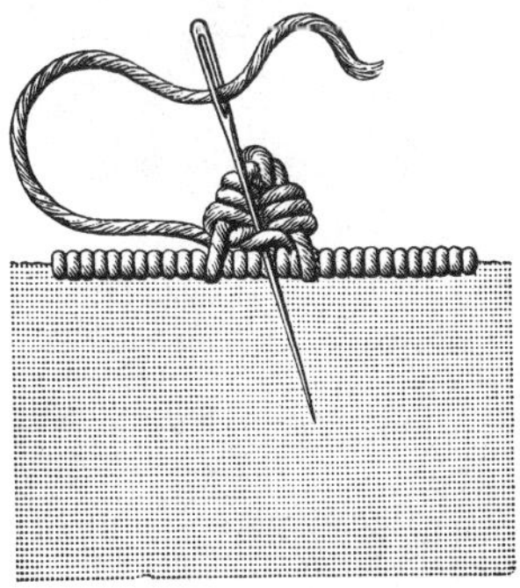

Abb. 1019.
Das Einfüllen der Zacke.

Diese Pikotzäckchen können einige Stiche entfernt von einander gestellt werden; das ist lediglich Sache des Geschmackes und des Fleisses.

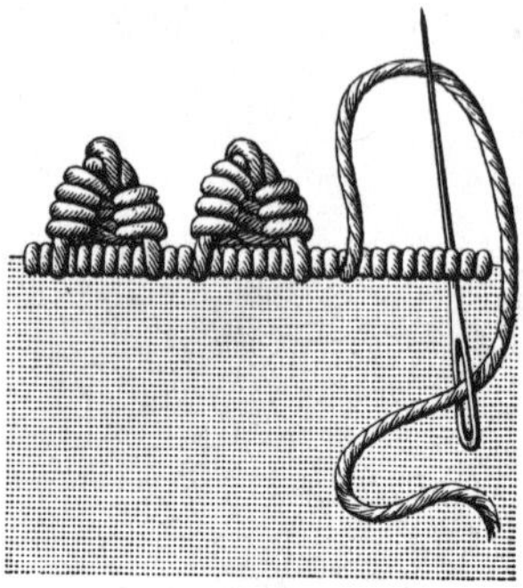

Abb. 1020. Vollendete Pikotzacken.

Als Material dient ein gedrehter Faden, Perlgarn D.M.C (Coton perlé) oder Stickgarn D.M.C (Coton à broder), in Rouge-Cardinal 304.

Saumverzierung aus geschlungenen Bogenzacken (Abb. 1022). — Der Verlauf der Arbeit ist aus der Abbildung zu erkennen.

Zuerst ist der kleine, rechtsliegende Bogen zu arbeiten, der linkseitige sodann nur bis zur Hälfte zu überschlingen, worauf die Fäden für den grossen Mittelbogen zu spannen und dieser, sowie der begonnene linkseitige zu vollenden sind.

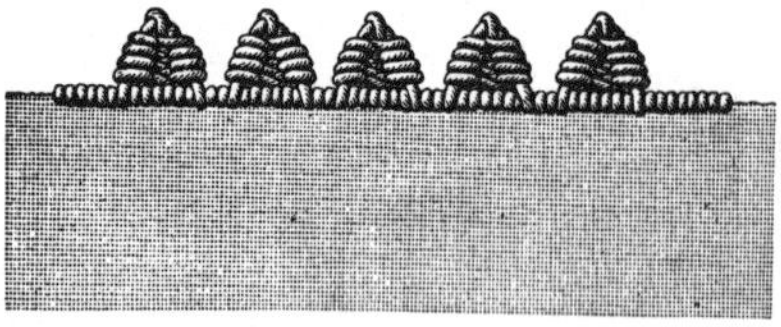

Abb. 1021. Saumverzierung aus genähten Pikotzacken. Originalgrösse.
Fadensorten: Perlgarn D.M.C N° 5, in Rouge-Cardinal 304. (*)

Wir machen darauf aufmerksam, dass die Richtung der Stiche absichtlich von rechts nach links angegeben ist; sie bilden eine schönere Kette als wenn sie, wie gewöhnlich beim Schlingen, von links nach rechts geführt werden. Es können, im Einklange mit der Stickerei, mehrere Farben angebracht werden und zwar jede Bogen-

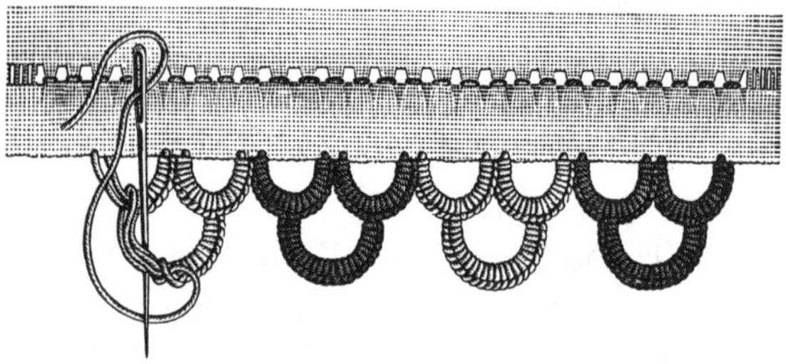

Abb. 1022. Saumverzierung aus geschlungenen Bogenzacken.
Fadensorten: Stickgarn D.M.C, Perlgarn D.M.C oder Elsässer Strick- und Häkelgarn D.M.C, in Bleu-Indigo 322 und Jaune-Mandarine 742. (*)

(*) Diese Nummern bezeichnen Farben aus den Farbenkarten der die Marke D.M.C tragenden Artikel. Diese Farbenkarten liegen in allen Kurzwaren- und Handarbeitsgeschäften auf.

gruppe in einer andern Schattierung. Zum Einlegen und zum Schlingen wird dieselbe Fadensorte genommen.

Als Material empfehlen wir Stickgarn D.M.C (Coton à broder), Perlgarn D.M.C (Coton perlé) oder Elsässer Strick- und Häkelgarn D.M.C (Alsatia).

Saumverzierung aus einzelnen Kreuzstichen und gehäkelten Pikots (Abb. 1023). — Bevor die Stoffkanten zur Saumbildung eingeschlagen werden, ist die wagerechte Reihe einzelner Kreuzstiche einzusticken, dann der Saum selbst zu nähen.

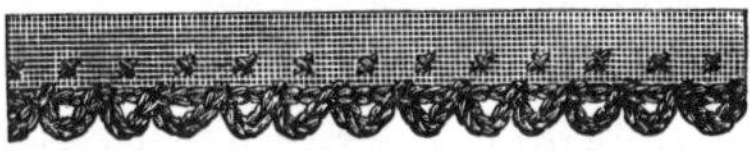

Abb. 1023.
Saumverzierung aus einzelnen Kreuzstichen und gehäkelten Pikots.
Fadensorten: Perlgarn D.M.C N° 5, in Rouge-Grenat 326 oder in Violet-Mauve 316. (*)

Der obere Abschluss besteht in einer Reihe gehäkelter Pikots, die folgendermassen gearbeitet wird: 1 f. M. in den Stoff, 5 Lftm., 1 St. in die 1. Lftm., vom Anfang an wiederholen.

Die Kreuzstiche und die gehäkelten Pikots sind mit Perlgarn D.M.C (Coton perlé) N° 5, in Rouge-Grenat 326 hergestellt.

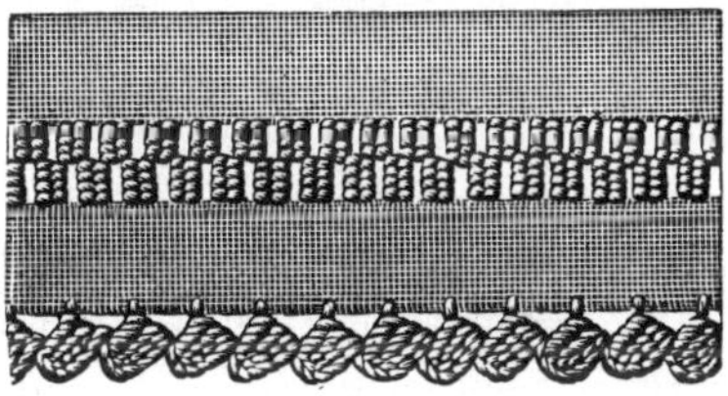

Abb. 1024.
Saumverzierung mit Durchbruchborte und gehäkelten Zäckchen.
Fadensorten: Perlgarn D.M.C N° 8, oder Flaches Leinengarn D.M.C N° 8, in Jaune-Safran 727 oder in Brun-Caroubier 357. (*)

Saumverzierung mit Durchbruchborte und gehäkelten Zäckchen (Abb. 1024). — Die Durchbruchborte mit Perlgarn D.M.C (Coton perlé) N° 8, in Jaune-Safran 727 gearbeitet, besteht aus versetzten Stäbchen in Stopfstich, siehe auch Abb. 748.

Die gehäkelten Zäckchen, aus dem gleichen Material hergestellt, verlangen 1 St. in die Stoffkante, 3 Lftm. und 3 St. über das untere St., 1 St. in die Stoffkante usw.

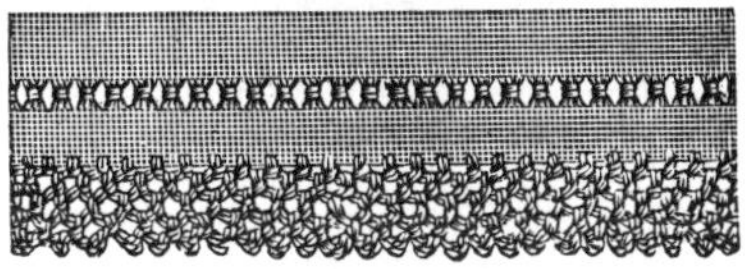

Abb. 1025.
Verzierung eines einfachen Hohlsaumes durch gehäkelte Kante.
Fadensorten: Elsässer Nähgarn D.M.C N° 30 bis 50, in Weiss oder Naturfarben. (*)

Verzierung eines einfachen Hohlsaumes durch gehäkelte Kante (Abb. 1025). — Nachdem

(*) Siehe am Schluss des letzten Kapitels die Tabelle der Nummern und das Farbenverzeichnis der Baumwoll-, Leinen- und Seiden-Artikel, Marke D.M.C.

der Hohlsaum in der nach Abbildungen 730 und 731 gelehrten Weise vollendet worden ist, häkelt man die Kante, welche 4 Touren verlangt.

1. Gang — 1 f. M. in den Stoffrand, 2 Lftm., 1 f. M. in den Stoff, 2 Lftm. usw.

2. Gang — Je 1 f. M. über die 2 Lftm. des 1. Ganges mit 3 Zwischenlftm.

3. Gang — Je 1 f. M. über die 3 Lftm. des 2. Ganges mit 4 Zwischenlftm.

4. Gang — Je 1 f. M. über die 4 Lftm. des 3. Ganges, dazwischen 1 Lftm., 1 Pikot, 1 Lftm.

Als Material dient Elsässer Nähgarn D.M.C (Fil d'Alsace) N° 30 bis 50, oder Leinen-Spitzengarn D.M.C (Lin pour dentelles) N° 20 bis 40, in Weiss oder Naturfarben, je nach dem verwendeten Grundstoffe.

Das Aufziehen von Stickereien. — Das Befestigen von Stickereien auf Gegenstände mit festem Gestell erfordert eine gewisse Gewandtheit und Geschicklichkeit; es ist daher zu empfehlen, dieses Aufziehen in einem der in dieses Fach einschlägigen Geschäfte ausführen zu lassen, da die dilettantenhafte Selbstanfertigung leicht die Wirkung der betreffenden Arbeit beeinträchtigen könnte.

Das Füttern der Stickereien. — Wird hingegen die Rückseite einer Stickerei nur mit Stoffutter bedeckt, so kann diese Arbeit auch von Laien ohne besondere Schwierigkeit ausgeführt werden. Das Aufnähen des Futters erfordert besondere Sorgfalt. Der Futterstoff, der stets weich und am besten in der Farbe des Grundstoffes der Stickerei oder, wenn abstechend, zu letzterem sehr harmonisch zu halten ist, muss fadengerade geschnitten und, mit verstürzt eingebogenen Rändern leicht gespannt, der Stickerei, welche an den Rändern ebenfalls umgeschlagen worden ist, aufgeheftet werden. Kleine Saumstiche verbinden die beiden Stoffteile, die später mit einer entsprechend starken Schnur, mit einer Franse oder Borte, welche zugleich den äusseren Abschluss bildet, zu decken sind.

Schnüre. — Sehr nützlich ist die Selbstherstellung von Schnüren verschiedener Art, da man dazu das gleiche Material verwenden kann, welches auch zur Stickerei diente, und dadurch stets eine gewisse Harmonie mit derselben festhalten kann. Die einfachste Art der Schnuranfertigung ist jene mit dem Schnurrädchen, die wir im folgenden eingehend erklären. Ferner sind auch Schnüre in Häkelarbeit sehr leicht auszuführen, denen sich die geknüpften, sowohl die frei in der Hand herzustellenden, als auch jene, welche auf dem Knüpfkissen gearbeitet werden, anschliessen.

Das Schnurrädchen. — Von grossem Vorteile für den Hausgebrauch erweist sich das Schnurrädchen, mit dem man gedrehte Schnüre verschiedener Art selbst herstellen kann. Das Schnurrädchen ist aus Gusseisen verfertigt und besteht aus einem grösseren und drei kleineren Rädchen, welche mit einem Faden so zusammengehalten werden, wie es die Zeichnung am grösseren Rade ersichtlich macht. An letzterem ist eine Handhabe angebracht, mit der man sämtliche Räder in

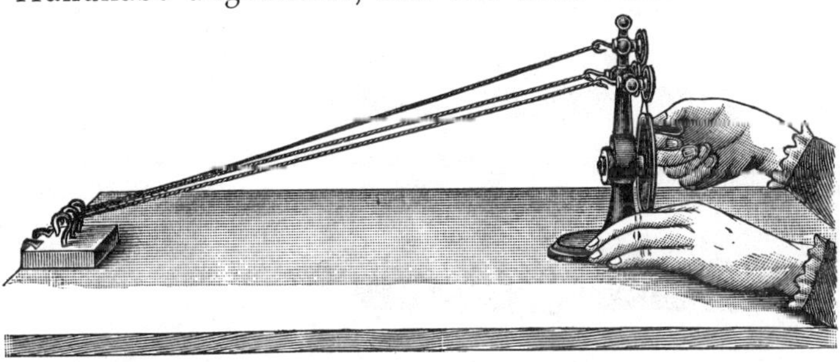

Abb. 1026. Das Drehen der Schnüre mittelst Schnurrädchens.

Bewegung setzt. Der dieselben verbindende Faden muss stramm verknüpft werden, damit ein gleichmässiges Drehen der Räder ermöglicht werden kann. Mit jedem der drei kleinen Rädchen ist je ein Messinghaken in Verbindung, an welche dann die für die zu drehende Schnur nötigen Fäden gehängt werden. Ist man beim Schnurdrehen ohne Beihilfe auf sich selbst angewiesen, so muss man ein dazu gehöriges Brettchen mit drei Messinghaken benützen, welches, an einem Tisch festgeschraubt, die entgegengesetzten Enden der zu drehenden Fäden festhält.

In Abbildung 1026 zeigen wir das in Tätigkeit befindliche Schnurrädchen mit gespannten Fäden.

Das Drehen der Schnüre (Abb. 1026). — Die einfachste Schnur, welche man mit dem Schnurrädchen herstellen kann, besteht aus zwei Fäden. Nachdem man dieselben an den Enden mit Schlingen versehen hat, hängt man sie in zwei Häkchen des Instrumentes und in zwei entgegengesetzte des angeschraubten Brettchens, stellt die Maschine so, dass die zu drehenden Fäden gespannt und in gerader Richtung liegen. Nun dreht man die Rädchen so lange nach links oder rechts — je nach der Drehung des verwendeten Fadens — bis die Fäden sich etwas einringeln. Darauf hängt man die beiden Fäden auf ein Häkchen und dreht sie dann in entgegengesetzter Richtung, bis das Schnürchen eine ziemliche Steife erreicht hat.

ABB. 1027.
ZWEIDRÄHTIGE BAUMWOLLSCHNÜRE.
FADENSORTEN: Perlgarn D.M.C N° 1, in Jaune-vieil-Or 680 und Rouge-Framboise 3685. (*)

Macht man dreidrähtige Schnürchen, so ist das Verfahren genau wie oben beschrieben, nur kommen alle drei Häkchen in Verwendung.

ABB. 1028.
DREIDRÄHTIGE BAUMWOLLSCHNÜRE.
FADENSORTEN: Perlgarn D.M.C N° 1, in Vert-Jaune 733, Rouge-Aurore 360 und Bleu-Indigo 312. (*)

Mit Hilfe von zwei Schnurrädchen kann man nach Bedarf auch vier-, fünf- und sechsdrähtige Schnüre anfertigen.

Die anzuhängenden Fäden können ein-, zwei-, drei-, auch mehrfach genommen werden, wie es die Dicke der zu drehenden Schnur bedingt.

Baumwollschnüre für Posamentier-Arbeiten (Abb. 1027 und 1028). — Als Abschluss für aufgezogene Stickereien bei Möbelgarnituren und Kissen, sowie zum Raffen von Behängen aller Art verwendet man bunte, dicke Baumwollschnüre, wie wir solche mit den Abbildungen 1027 und 1028 unseren Leserinnen vorführen.

Abbildung 1027 veranschaulicht drei zweidrähtige Schnüre

(*) Siehe am Schluss des letzten Kapitels die Tabelle der Nummern und das Farbenverzeichnis der Baumwoll-, Leinen- und Seiden-Artikel, Marke D.M.C.

aus Perlgarn D.M.C (Coton perlé) N° 1 hergestellt. Mit der ersten Drehung von links nach rechts, mit der zweiten von rechts nach links. Zu der dünnen Schnur wurden die Fäden einfach, zu der mittleren zweifach und zu der dicken vierfach genommen.

Die in Abbildung 1028 dargestellten dreidrähtigen Schnüre sind genau nach den oben gemachten Angaben, jedoch stets mit drei Fäden und in drei Farben herzustellen.

Gedrehte Baumwoll- oder Leinen- und Metallschnürchen für Stickereien (Abb. 1029, 1030, 1031). — Bei verschiedenen Arten von Buntstickereien und ganz besonders bei Aufnäharbeiten kommen feine Schnürchen zur Verwendung, die man sich nach den hier gegebenen Erläuterungen und Darstellungen selbst herstellen kann.

Abb. 1029. Zweidrähtige Baumwoll- oder Leinenschnürchen.
Fadensorten: Perlgarn D.M.C N° 8 oder Flaches Leinengarn D.M.C N° 16.

Abbildung 1029 veranschaulicht zwei zweidrähtige, Abbildung 1030 zwei dreidrähtige Schnüre aus einfachen und zweifachen Fäden zusammengesetzt, welche zuerst von links nach rechts und dann von rechts nach links zu drehen sind, während Abbildung 1031 zwei zweidrähtige Metallschnüre aus Gold- und Silberfäden zeigt, bei denen die erste Drehung von rechts nach links und die zweite von links nach rechts auszuführen ist.

Abb. 1030. Dreidrähtige Baumwoll- oder Leinenschnürchen.
Fadensorten: Perlgarn D.M.C N° 8 oder Flaches Leinengarn D.M.C N° 16.

Abb. 1031. Zweidrähtige Metallschnürchen.
Fadensorten: Echtes Stickgold D.M.C und Echtes Sticksilber D.M.C.

Handgeknüpfte Rundschnur (Abb. 1032, 1033, 1034, 1035, 1036). — Diese Schnur ist eine reine Phantasiearbeit, bei welcher die Finger die Häkelnadel ersetzen.

Man bindet zwei Fadenenden zusammen, nimmt den einen Faden in die linke Hand, Abb. 1032, zieht mit dem rechten Zeigefinger eine Schlinge, lang genug, dass der linke Zeigefinger durch dieselbe kommen kann, und hält das Ende des Fadens mit dem kleinen Finger der rechten Hand fest.

Hierauf führt man den linken Zeigefinger von vorn nach rückwärts in die Schlinge ein und zugleich hinter den um die Schlinge liegenden und in der linken Hand ruhenden Faden,

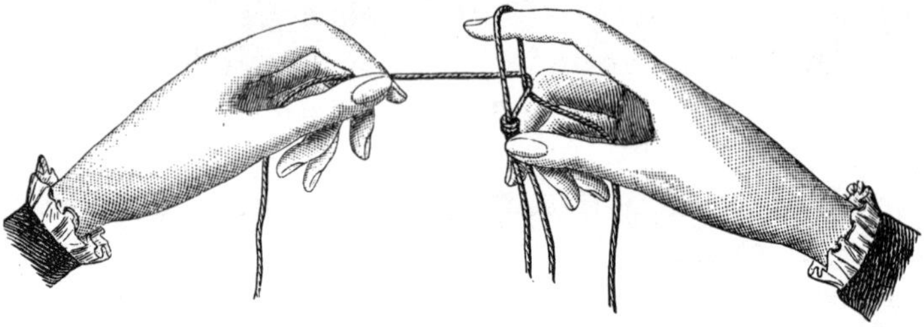

Abb. 1032. Geknüpfte Rundschnur.
Erste Stellung der Hände.

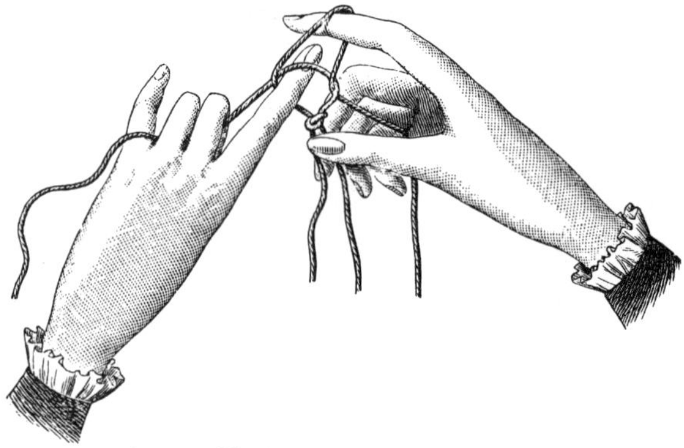

Abb. 1033. Geknüpfte Rundschnur.
Zweite Stellung der Hände.

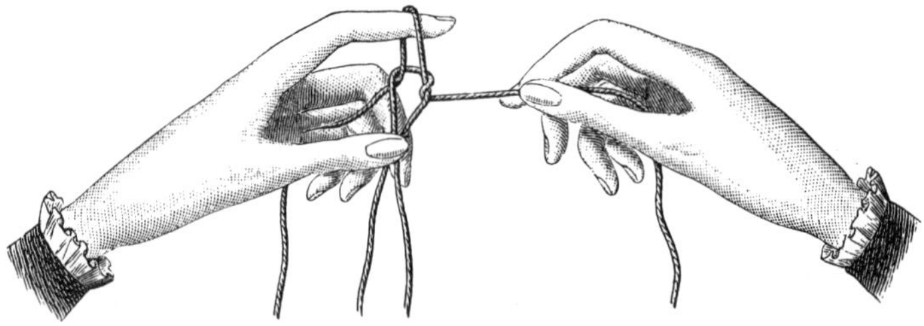

Abb. 1034. Geknüpfte Rundschnur.
Dritte Stellung der Hände.

Abb. 1033. In dem Augenblicke, wo der Faden um den linken Zeigefinger gelegt ist, geht der Knoten nebst den Fadenenden auch in die linke Hand über, die rechte Hand zieht den rechts liegenden Faden an und schürzt die Schlinge zu, siehe Abb. 1034.

In Abbildung 1035 ist die Bewegung der rechten Hand erklärt, in Folge welcher der rechte Faden durch die linkseitige Schlinge gezogen wird. Sobald diese neue Schlinge gebildet ist, geht die Schnur auch auf die rechte Hand über und die linke Hand zieht den Faden wieder fest zu.

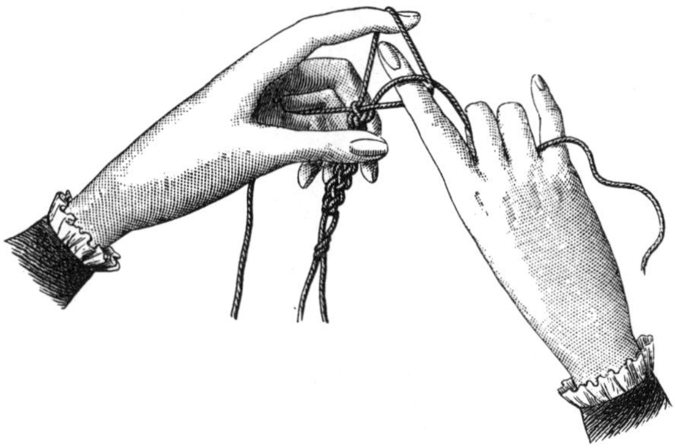

ABB. 1035. GEKNÜPFTE RUNDSCHNUR.
Vierte Stellung der Hände.

ABB. 1036.
GEKNÜPFTE RUNDSCHNUR.
FADENSORTEN: Knüpfgarn D.M.C N° 10 bis 30, Leinen-Strickgarn D.M.C N° 4 bis 20, oder Perlgarn D.M.C N° 1, 3, 5 oder 8. (*)

Diese hübsche Rundschnur entsteht also durch das abwechselnd rechts und links erfolgte Schliessen einer Schlinge.

In Abbildung 1036 ist diese Schnur vergrössert dargestellt. Auf Wunsch können auch zwei Farben zur Verwendung gelangen.

Rundschnur in Knüpfarbeit (Abb. 1037). Unsere mit Abbildung 1037 gegebene Darstellung ist aus Knüpfgarn D.M.C (Fil à pointer) N° 15 gearbeitet; die Länge der Knüpffäden richtet sich nach der Länge der auszuführenden Schnur.

Zum Aufwickeln der überschüssigen Länge sind Knüpfschiffchen, Abb. 613, zu verwenden. Oberhalb des Anschlages bleiben etwa 10 cm. vom Faden stehen, die später in einen Knoten geschlungen und am Knüpfkissen befestigt werden.

Auf den Einlagefaden *a* von links nach rechts ein Anschlag

(*) Siehe am Schluss des letzten Kapitels die Tabelle der Nummern und das Farbenverzeichnis der Baumwoll-, Leinen- und Seiden-Artikel, Marke D.M.C.

von drei hellen Fäden, ein Anschlag von drei dunklen Fäden über den Einlagefaden *b;* mit den neuen Fäden werden über den Einlagefaden *a* an die hellen Knoten drei Doppelknoten mit dunklem Faden angeschlossen.

Drei helle, drei dunkle Fäden über den Einlagefaden *c;* die neu hinzugekommenen Fäden an Einlage *b* und *a* festknüpfen.

Abb. 1037. Rundschnur in Knüpfarbeit.

Die Rundung schliesst, indem über den Faden *c* die zwölf Arbeitsfäden überknüpft werden. Hierauf ist Faden *b* ringsum anzuschliessen und zuletzt Faden *a* usw.

Hierdurch ergibt sich eine hohle Schnur aus fest aneinander gereihten Rippen; der Wechsel der Farben bildet je zwei helle und zwei dunkle Längsstreifen, die die Schnur in schrägen Windungen von rechts nach links umgeben.

Gehäkelte Rundschnur (Abb. 1038 und 1039). Ihrer leichten Ausführung halber sehr zu empfehlen ist die gehäkelte Rundschnur, Abb. 1038, deren Herstellung Abbildung 1039 bildlich erklärt.

Man beginnt mit 4 Lftm., schliesst sie zum Ring und häkelt nun 1 Km. in jede Lftm., sodann 1 Km. in jedes rückwärtige Glied der unteren Km., wobei aber die Häkelei nicht von aussen, sondern von innen heraus zu arbeiten ist.

Borten. — Stickereien, auf festem Gestell aufgezogen, erfordern einen verlaufenden, einfachen Abschluss, der den Uebergang der Arbeit zum Gestell vermittelt. Hierzu eignen sich dicke Schnüre, besser aber noch Borten, die niemals aufdringlich wirken dürfen, sondern mit bescheidener Musterung matte Farbengebung verbinden sollen.

Abb. 1038. Gehäkelte Rundschnur.

Die Herstellung der Borten ist eine sehr mannigfache und zwar unterscheidet man:

1. Gestickte Borten;
2. Gehäkelte Borten;
3. Borten aus Frivolitäten-Arbeit;
4. Geknüpfte Borten;
5. Geklöppelte Borten usw.

1. **Gestickte Borten.** — Für waschbare Gegenstände werden meist die käuflichen, aus Leinen- und Baumwollfäden gewebten Borten verwendet, welche beliebig in den Farben der Hauptstickerei mit Kreuz-, Flach- oder Plattstich zu besticken sind. Diese Borten sind besonders dauerhaft und daher vorzüglich für Gegenstände geeignet, die beim Gebrauche stark abgenützt werden. Passende Musterungen dazu sind im Abschnitt «Die Buntstickerei auf Leinen» zu finden. (*)

2. **Gehäkelte Borten.** — Hauptsächlich aus Kettenmaschen, festen Maschen und Stäbchen-Maschen herzustellen, lässt sich mit Häkelarbeit vorzüglich die Posamenterie nachbilden, die durch die runden und bogenartigen Formen für Borten ganz besonders geeignet erscheint.

Abb. 1039. Ausführung der gehäkelten Rundschnur Abbildung 1038.

Für die gehäkelten Borten empfiehlt sich, stärkeres Material zu verwenden, da dadurch kräftigere Wirkung erzielt wird. (Siehe auch die Fransenköpfe, Abb. 1047, 1049, 1050, sowie die bosnische Häkelei, Seite 308).

3. **Borten aus Frivolitäten-Arbeit.** — Gleich der Häkelarbeit eignet sich auch die Frivolitäten-Arbeit zur Herstellung fester, dabei doch graziös wirkender Borten, die durch Spinnenverzierungen und Füllstiche aus Metallfäden besonderen Reiz gewinnen. Das alleinige Aneinanderreihen kleiner Ringe aus Doppelknoten und Pikots ergibt schon ein sehr gut verwendbares Börtchen, das durch verschiedene Abänderungen entsprechende Wirkung erzielt.

Abb. 1040. Geklöppeltes Pikotbörtchen.

4. **Geknüpfte Borten.** — Besonders geeignet zur Herstellung von Borten erscheint die Knüpfarbeit, die auch eine Eckbildung stets mühelos ermöglicht. Ausser den im Kapitel «Die Knüpfarbeit» gebotenen Bortenmustern lassen sich fast

(*) Siehe am Schluss des Buches das Verzeichnis der Musterbücher der Bibliothek D.M.C, enthaltend zahlreiche Vorlagen für alle Arten von Handarbeiten.

sämtliche dort dargestellten Grund- und Fransenmuster mit wenig Mühe zu Längsborten umgestalten.

5. **Geklöppelte Borten.** — Schon mit 4 und 6 Klöppelpaaren ist es möglich, schmale Abschlussborten zu klöppeln; die Eternelle-Spitze ist hierfür besonders geeignet. Im Kapitel «Die Klöppelspitzen» brachten wir mehrere Grundmuster, die in der fortlaufenden Ausführung einer einzelnen Mustertour, besonders in stark gedrehtem Material, für Borten passend erscheinen.

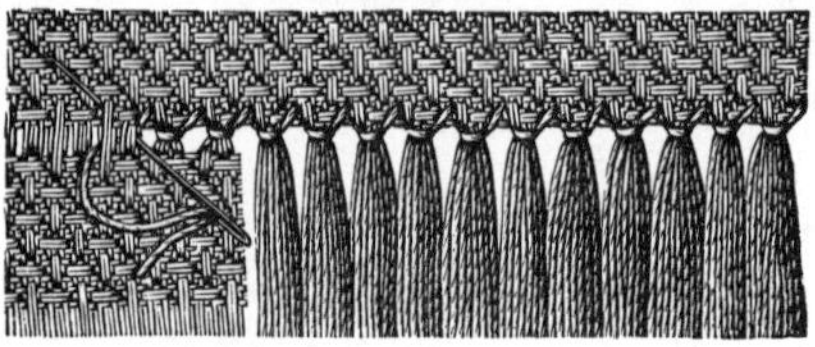

Abb. 1041.
Einfache schmale Stoffranse.

Geklöppeltes Pikotbörtchen (Abb. 1040). — Für zarte Buntstickereien auf Seiden- oder Sammetgrund ist das Pikotbörtchen, Abb. 1040, sehr geeignet; dasselbe besteht aus einer einfachen Flechte, in die abwechselnd nach rechts und links ein Pikot eingeschoben ist. Als Material dient Echtes Stickgold D.M.C (Or fin à broder) N° 20.

Zusammennähen von Borten. — Das Zusammennähen der Borten muss möglichst unsichtbar geschehen. Zeigt die Borte eine figürliche oder ornamentale Musterung, so ist darauf zu achten, dass das Zusammensetzen stets nach Beendigung einer Form geschieht, da das Muster fortlaufend erscheinen muss und nicht unterbrochen werden darf.

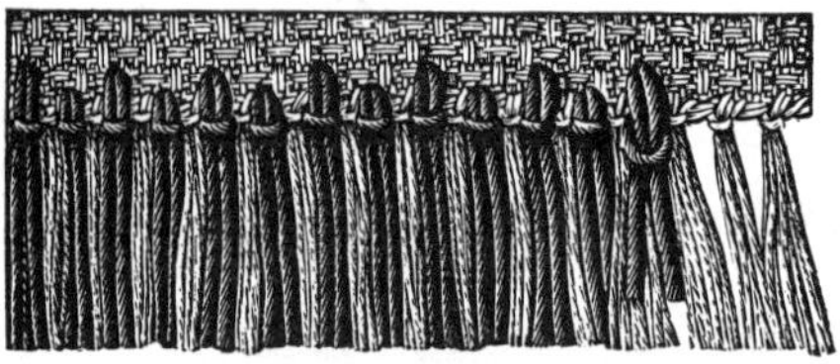

Abb. 1042. Schmale Stoffranse mit eingehängten bunten Fäden.

Eckbildung bei Borten. Je nach der Bildung eines spitzen, rechten oder stumpfen Winkels ist die Borte auf der Kehrseite mit dichten Steppstichen in schräger Richtung zu durchnähen. Nach Vollendung der Naht streift man dieselbe auf der rechten Seite auseinander und entfernt mittelst Scheere die überflüssige Bortenecke auf der Rückseite.

Fransen. — Als natürlichster Abschluss einer auf Stoff ausgeführten Arbeit gilt stets die Franse, die sich in den verschiedensten Arten anfertigen lässt. Die einfachsten Fransen entstehen durch Entfernen der horizontalen Webefäden, nach vorherigem Befestigen des Stoffrandes. Ganz einfache Mittel ermöglichen jedoch die Einfachheit der Ausführungsweise durch kleine Verzierungen zu bereichern und zwar durch Einhängen von einzelnen Fäden oder Quästchen, durch Verknüpfen der herabhängenden Fadenenden usw.

Den Stoffransen reihen sich die verschiedenen Arten der geknüpften Fransen an, (siehe das Kapitel « Die Knüpfarbeit »), die gehäkelten Fransen und die geklöppelten Fransen.

Im nachfolgenden geben wir eine grosse Anzahl der verschiedenartigsten Fransen und beginnen mit der einfachsten Art, den Stoffransen.

Abb. 1043. Schmale Stoffranse mit verknoteten Fadensträhnen.

Schmale Stoffransen in verschiedener Ausstattung (Abb. 1041, 1042, 1043, 1044). Abbildung 1041 zeigt die einfachste Art der Stoffransen, bei denen nur der obere Stoffrand durch Abnähen gesichert wird.

In Abbildung 1042 erscheinen einzelne bunte Fäden in diese Art Stoffranse eingehängt und zwar greifen diese Fäden abwechselnd über ein oder zwei Stoffäden des Randes.

Abb. 1044. Schmale Stoffranse mit eingehängten Quästchen.

Eine Franse mit in zwei Reihen abgeknoteten Fäden ist bei Abbildung 1043 dargestellt. Jeder Knoten muss aus zwei Fadensträhnen gebildet sein. In der zweiten Reihe sind die Fadensträhne vor dem Verknoten zu teilen und so zu verbinden, dass die Knoten versetzt erscheinen.

Abbildung 1044 veranschaulicht eine Franse mit eingehängten Quästchen. Nachdem der Rand durch Abnähen gesichert worden ist, wie bei Abbildung 1041, sind in Entfernung von acht Stoffäden oder vier Fadenbüscheln die buschigen Quästchen einzuhängen. Wie auf der Darstellung zu ersehen, wird ein entsprechend starker Strähn offenes Garn am Stoffrande mittelst Hilfsfaden angeknotet, dann werden beide Teile des Strähnes zurückgebogen und 1 cm. unterhalb des Randes mit abstechender Farbe abgebunden.

Wir brauchen wohl nicht zu erwähnen, dass durch das Verarbeiten die Fäden bald ungleich lang werden. Bezüglich des Ausgleichens der Fransen verweisen wir auf das Kapitel « Die Knüpfarbeit », Seite 404.

Abb. 1045. Albanesische Franse.
Fadensorten: Spezialgarn D.M.C, in Rouge-Turc 321, Rouge-Maroquin 3328 oder Rouge-Grenat 3367. (*)

Albanesische Franse (Abb. 1045). — Der Kopf der Franse, der zugleich die Stoffkante befestigt, besteht aus einer Reihe doppelseitiger Kettenstiche. Ist die Kettenstichreihe vollendet, so sind die wagerechten Stoffäden zu entfernen. Sodann werden die senkrecht herabhängenden Fäden, die ungefähr 15 cm. lang sein sollen, paarweise genommen und zu Schnürchen gedreht, an denen dann die dichten Quastenbüschel eingehängt werden.

Der einfache Knoten, in Abbildung 1045 ersichtlich, genügt,

(*) Siehe am Schluss des letzten Kapitels die Tabelle der Nummern und das Farbenverzeichnis der Baumwoll-, Leinen- und Seiden-Artikel, Marke D.M.C.

um die Fadensträhne zu befestigen. Weicher, offener Faden, wie Spezialgarn D.M.C (Mouliné spécial), ergibt die schönsten, reichsten und buschigsten Quästchen.

Quästchenfranse auf Netzkanavas (Abb. 1046). — Besonders originell erscheint die in Abbildung 1046 dargestellte Abschlussfranse auf Netzkanavas hergestellt. Der in Flachstichen gearbeiteten Randbordüre schliessen sich die umwickelten Stäbchen des Quastenansatzes unmittelbar an.

Es werden die Schussfäden in der erforderlichen Anzahl ausgezogen, wobei wir bemerken, dass, wenn der Stoff nicht

Abb. 1046. Quästchenfranse auf Netzkanavas.
Fadensorten: Spezialgarn D.M.C und Perlgarn D.M.C.

zu knapp bemessen, es ratsam ist, unten einen 2 bis 3 cm. breiten Rand festen Stoffes bestehen zu lassen; es erleichtert bedeutend das Spannen und Ueberschnüren der Kettenfäden.

Ist der Stoff nun vorgerichtet, so werden drei Doppelfäden in der Länge von 2 cm. — erstes Detail links — ganz dicht überschnürt, dann wird der Nähfaden an dem nächsten Büschel hin- und zurückgeführt, unten fest angeschlossen und dieses wieder von oben herab überschnürt.

Im zweiten Stich-Detail sind drei Stäbchen vollendet, das vierte begonnen und die Querverbindung, wie solche vom vierten Stäbchen aus hergestellt wird, angegeben; im dritten Detail sind die vier Stäbchen am unteren Ende fest durch einige Stiche, die einen Abschlussknoten bilden, zusammengefasst. Unter diesen wird nun mit je zwei Stoffäden eine Doppelschlinge gebildet, in welche ein Quästchen eingehängt wird; dasselbe ist zu umnähen und ziemlich kurz abzuschneiden — viertes Detail rechts —.

Als Material für das Quästchen und für die Flachstickerei

Abb. 1047. Zweireihige Quästchenfranse mit schmalem, gehäkeltem Kopfe.
Fadensorten: Perlgarn D.M.C N° 3 und 5 und Spezialgarn D.M.C N° 25, in Brun-Caroubier 759, Bronze-Jaune 768 oder Gris verdâtre 599. (*)

nimmt man Spezialgarn D.M.C (Mouliné spécial), für die Wickelstäbchen Perlgarn D.M.C (Coton perlé).

Eckbildung bei Stoffransen. — Durch das Entfernen der Fäden bei Stoffransen bleiben die Ecken frei, die durch Einhängen fremder Fäden gefüllt werden müssen. Dies geschieht am besten durch Verwendung der ausgezogenen Längsfäden, die man über die Ecke nach dem Einhängen leicht in der Fransenlänge abrundet.

Im übrigen sind die Ecken genau im Einklange mit der Franse auszustatten.

(*) Siehe am Schluss des letzten Kapitels die Tabelle der Nummern und das Farbenverzeichnis der Baumwoll-, Leinen- und Seiden-Artikel, Marke D.M.C.

Zweireihige Quästchenfranse mit schmalem, gehäkeltem Kopfe (Abb. 1047 und 1048). — Perlgarn D.M.C (Coton perlé) N° 3, doppelt genommen, dient als Einlage für den mit Perlgarn D.M.C (Coton perlé) N° 5 in festen Maschen zu häkelnden Kopf und bildet zugleich an der einen Seite die abgestuft langen Schlingensträhne zum Einhängen der Quästchen, für welche Spezialgarn D.M.C (Mouliné spécial) N° 25 genommen wird.

Abbildung 1048 lehrt den Gang der Arbeit von rechts nach links. Ueber den, wie schon erwähnt, doppelt zu nehmenden Einlagefaden zunächst 8 f. M. häkeln = wenden = 3 f. M. in die ersten 3 f. M. (es müssen bei Ausführung dieser sich regelmässig wiederholenden 3 f. M. stets die beiden oberen Maschenglieder erfasst und die beiden Einlagefäden mit überhäkelt werden, was wir ferner nicht mehr erwähnen), 5 f. M. über die Einlagefäden = * wenden = 3 f. M. in die 3 f. M., die Einlagefäden für eine kurze Doppelschlinge über einen 3 cm. breiten Kartonstreifen legen, 1 Lftm. = wenden = 3 f. M. in die 3 f. M., 5 f. M. über die Einlagefäden = wenden = 3 f. M. in die 3 f. M., 5 f. M. über die Einlagefäden = wenden = 3 f. M. in die 3 f. M., 5 f. M. über die Einlagefäden = wenden = 3 f. M. in die 3 f. M., die Einlagefäden für eine lange Schlinge um einen 6 cm. langen Karton legen, 1 Lftm. = wenden = 3 f. M. in die 3 f. M., 5 f. M. über die Einlagefäden = wenden = 3 f. M. in die 3 f. M., 5 f. M. über die Einlagefäden = wenden = 3 f. M. in die 3 f. M., 5 f. M. über die Einlagefäden und von * an wiederholen.

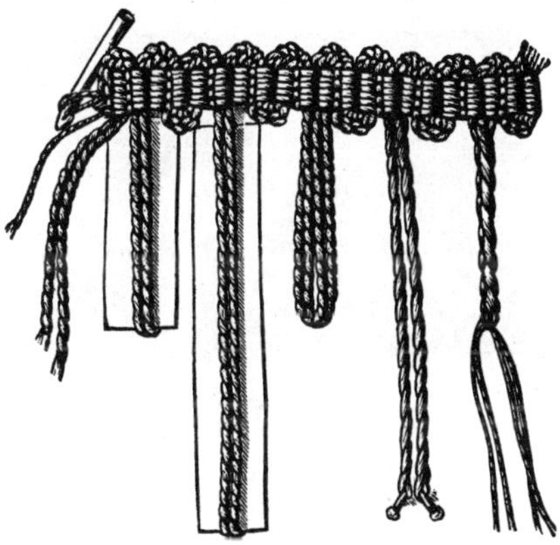

Abb. 1048. Ausführung zur Quästchenfranse Abbildung 1047.

So erhält man an der einen Seite des Fransenkopfes abwechselnd kurze und lange Doppelschlingen.

Wie Abbildung 1048 erklärt, wird jede der beiden Schlingen

zunächst für sich gedreht und dann aus den erhaltenen zwei Schnüren eine starke Schnur gebildet. An diese ist für die kleinen Quästchen mittelst eines eingeknoteten feinen Fadens ein 7 cm. langer und ungefähr 32 Fäden starker Fadensträhn in seiner Mitte zu befestigen, worauf man denselben zur Hälfte zusammenlegt und durch Abbindung eines Kopfes zum Quästchen gestaltet.

Einreihige Quästchenfranse mit breitem, gehäkeltem Kopfe (Abb. 1049). — Diese Franse ist in zwei Farben hergestellt. Als Einlagefaden für den festen Maschenkopf dient Perlgarn D.M.C (Coton perlé) N° 3, in Vert-Mousse 470, zum Häkeln gleichfarbiger Faden in Perlgarn D.M.C (Coton perlé) N° 5, während man für Quästchen und Stichverzierung Spezialgarn D.M.C (Mouliné spécial) N° 14, in Rouge-Grenat 3367, nimmt.

Abb. 1049. Einreihige Quästchenfranse mit breitem, gehäkeltem Kopfe.

Fadensorten: Perlgarn D.M.C N° 3 und 5, in Vert-Mousse 470, und Spezialgarn D.M.C N° 14 und Perlgarn D.M.C N° 5, in Rouge-Grenat 3367. (*)

Ueber den zweifach zu nehmenden Einlagefaden sind in hin- und zurückgehenden Reihen stets 6 f. M. zu häkeln, wobei man beide oberen Maschenglieder erfasst; 1 Lftm. führt von einer Reihe zur nächsten. An beiden Seiten dieses Häkelstreifens bleibt der doppelte Einlagefaden in Schlingen stehen, die am oberen Rande der Franse 1 cm., am unteren Rande 3 cm. Länge haben und über einen entsprechend breiten Karton zu legen sind, damit sie gleichmässig lang ausfallen. Je zwei der kurzen Doppelschlingen fasst man mit rotem Perlgarn D.M.C (Coton perlé) N° 5 mit je 1 f. M. zusammen, zwischen denen 4 Lftm. gehäkelt werden, während in je 2 der längeren unteren Schlingen ein 3 cm. langes, rotes, mit

(*) Siehe am Schluss des letzten Kapitels die Tabelle der Nummern und das Farbenverzeichnis der Baumwoll-, Leinen- und Seiden-Artikel, Marke D.M.C.

grünem Faden angebundenes Quästchen, 25 bis 30 Fäden stark, einzuhängen ist.

Die festen Maschenreihen zieren vier einzelne, muschenartig wirkende Vorstiche in versetzten Reihen.

Bällchenfranse mit breitem, gehäkeltem Kopfe (Abb. 1050). — Für diese Franse ist der Kopf über dreifachem Einlagefaden, Perlgarn D.M.C (Coton perlé) N° 3, in Jaune-Safran 725 mit 7 f. M. in hin- und zurückgehenden Reihen,

Abb. 1050. Bällchenfranse mit breitem, gehäkeltem Kopfe.
Fadensorten: Perlgarn D.M.C N° 5 und Spezialgarn D.M.C N° 25, in Brun-Caroubier 303, und Perlgarn D.M.C N° 3, in Jaune-Safran 725.

Abb. 1051. Geknüpfte Bällchenfranse.
Fadensorten: Stickgarn D.M.C N° 3 oder Perlgarn D.M.C N° 1, in Rouge-Turc 321 und in Noir grand-teint 310, oder in Bleu d'Azur 3325 und in Brun-Caroubier 357.

stets beide oberen Maschenglieder erfassend, zu häkeln; beim Wenden nach jeder Reihe folgt 1 Lftm.

Das zur Häkelarbeit verwendete Garn ist Perlgarn D.M.C (Coton perlé) N° 5, in Brun-Caroubier 303.

An der einen Seite bildet der Einlagefaden gleichmässige 8 mm. lange Schlingen, während an der anderen Seite je 3 kurze mit 3 langen Schlingen (3 und 4 ½ cm. lang) wechseln. Je 3 gleich lange Schlingen sind durch ein Bällchen, siehe Abb. 1069 — aus offenem, braunem Garne, Spezialgarn D.M.C (Mouliné spécial) N° 25 — zu verbinden; die kurzen, oberen Schlingen bleiben frei stehen.

Jede zweite senkrechte Reihe des festen Maschenstreifens zieren 3 Vorstiche aus gelbem Garne, die in wagerechten Reihen einzusticken sind.

Abb. 1052. Ausführung der kleinen Doppelknoten.

Geknüpfte Bällchenfranse (Abb. 1051, 1052, 1053, 1054, 1055). — Ganz eigenartig in der Herstellung, wie auch in der Wirkung, erscheint die Bällchenfranse Abbildung 1051.

Abb. 1053. Ausführung der grossen Doppelknoten.

Die Musterfiguren werden aus geknoteten Fäden gebildet, die, in kleine Stücke zerschnitten, wie Perlen aufgereiht und zu Figuren zusammengefasst werden.

Bei vorliegendem Muster kommen zweierlei Knoten, kleine und grosse Doppelknoten vor.

Abb. 1054. Ausführung der grossen Einzelquasten.

Für die kleinen Doppelknoten werden aus dem Arbeitsfaden dicht aneinandergereihte Schlingknoten gebildet, siehe Abb. 1052. Diese Schlingknoten werden zu zwei und zwei abgeschnitten und bilden je einen kleinen Doppelknoten; das Fadenende zwischen zwei Knoten darf nicht länger sein als die Breite eines Schlingknotens beträgt.

Abb. 1055. Ausführung der kleinen Doppelquästchen.

Die grossen Doppelknoten beginnen mit einem einfachen Schlingknoten, dem sich ein grosser Knoten anschliesst, welcher aus drei Schlingknoten, die ein vierter Schlingknoten zusammenhält, besteht, siehe Abb. 1053, und die mit einem dicht anschliessenden einfachen Schlingknoten wieder abgeschlossen erscheinen. Der zweite, grosse Knoten ist dicht an dem ersten auszuführen und der Faden abzuschneiden, womit der grosse Doppelknoten vollendet ist.

Die schmale Borte, welche den Kopf der Franse bildet, besteht aus flachen Doppelknoten über vier Einlagefäden geschürzt. In diese feste, kantige Schnur werden die Musterfiguren eingefügt.

Nachdem eine entsprechende Anzahl kleiner und grosser Doppelknoten in Schwarz und Rot vorgerichtet sind, beginnt man mit der langen, einfachen Quaste, schürzt mit einem roten Faden einen Schlingknoten, fädelt den Faden in eine starke Sticknadel und fasst 14 kleine, schwarze Doppelknoten auf; diesen reihen sich 8 grosse, rote Doppelknoten an. Nun werden sämtliche Knoten so dicht als möglich nach unten zusammengeschoben und mit einem einfachen Schlingknoten abgeschlossen. In 1 cm. Entfernung ist mit dem Arbeitsfaden abermals ein einfacher Knoten zu schürzen, 6 kleine, rote Doppelknoten aufzufassen, zusammenzuschieben und mit einem einfachen Knoten abzuschliessen, worauf das fertige Quästchen in die obere Querborte so zu befestigen ist, dass noch 1 cm. freies Fadenende sichtbar bleibt.

Die nächste Quaste ist in der Entfernung von 16 flachen Doppelknoten einzuhängen.

Kleine Doppelquästchen bilden die Zwischenfiguren. Mit rotem Faden schürzt man einen grossen, einfachen Knoten, fasst 2 grosse, rote Doppelknoten und 5 kleine, schwarze Doppelknoten auf, schiebt sie zusammen und schliesst sie mit einem einfachen Knoten ab. Ein 1 cm. langes Fadenende bleibt frei, dann folgen 2 einfache, dicht aneinandergereihte Knoten und in 1 cm. Entfernung ein dritter einfacher Knoten. Nun werden 5 kleine, schwarze Doppelknoten und 2 grosse, rote Doppelknoten aufgefasst, zusammengeschoben und mit einem grossen, roten Doppelknoten abgeschlossen und die Fäden abgeschnitten, wodurch die Troddel vollendet ist.

Zum Anhängen an die feste Borte schürzt man mit rotem Faden einen kleinen Knoten, fasst 5 kleine, rote Doppelknoten auf, zieht den Faden zwischen den zwei dicht aneinander geschlossenen, einfachen Knoten des schon vollendeten Anhängsels durch und schliesst mit einem einfachen Knoten ab.

Dieses Doppelquästchen wird zwischen grossen Quästchen eingehängt, wobei wieder ein 1 cm. langes Fadenende oben frei bleiben muss.

Schliesslich werden noch kleine Bällchen aus 8 kleinen, schwarzen Doppelknoten zwischen je zwei Figuren dicht an den Bortenrand eingehängt.

Abb. 1056.
Geklöppelte Stufenfranse.
Fadensorten — Für die Fransenfäden: Spezialgarn D.M.C N° 25, in Vert-Réséda 750; für die Klöppelfäden: Perlgarn D.M.C N° 5, in Jaune-vieil-Or 729 und Rouge-Framboise 3687. (*)

Als Arbeitsfaden eignet sich am besten mässig gedrehtes Garn, wie Perlgarn D.M.C (Coton perlé) N° 1 und 3 und Stickgarn D.M.C (Coton à broder) N° 3.

Geklöppelte Stufenfranse (Abb. 1056 und 1057). — Auf dem nach Abbildung 1057 ausgeführten Klöppelbriefe werden auf Punkt *a* 3 grüne Fransenfäden und auf Punkt *b* 3 Paar Klöppel angehängt. Jedes Paar besteht aus einem gelben und einem rosa Faden.

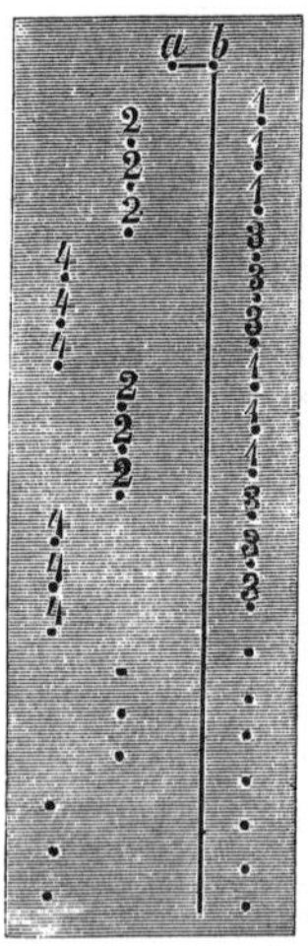

Abb. 1057.
Klöppelbrief zur Franse Abbildung 1056.

* Das 1. Paar einmal von rechts nach links drehen, die grünen Fäden durchführen = das 2. Paar einmal von rechts nach links drehen, die grünen Fäden durchführen = das 3. Paar einmal von rechts nach links drehen, die grünen Fäden durchführen, Stecknadel Punkt 1 = das 3. Paar einmal von rechts nach links drehen, die grünen Fäden durchführen = das 2. Paar einmal von rechts nach links drehen, die grünen Fäden durchführen = das 1. Paar einmal von rechts nach links drehen, die grünen Fäden durchführen, Stecknadel Punkt 2 **; von * zu ** zweimal wiederholen. = *** Das 1. Paar einmal von rechts nach links drehen, die grünen Fäden durchführen = das 2. Paar einmal von rechts nach links drehen, die grünen Fäden durchführen = das 3. Paar einmal von rechts nach links drehen, die grünen Fäden durch-

(*) Siehe am Schluss des letzten Kapitels die Tabelle der Nummern und das Farbenverzeichnis der Baumwoll-, Leinen- und Seiden-Artikel, Marke D.M.C.

TAFEL XVII

Stickerei im Bilderstich auf Leinen
auszuführen mit Perlgarn D.M.C (Coton perlé).

führen, Stecknadel Punkt 3 = das 3. Paar einmal von rechts nach links drehen, die grünen Fäden durchführen = das 2. Paar einmal von rechts nach links drehen, die grünen Fäden durchführen = das 1. Paar einmal von rechts nach links drehen, die grünen Fäden durchführen, Stecknadel Punkt 4 ****; von *** zu **** zweimal wiederholen und vom Anfang an fortsetzen.

Abb. 1058.
Geklöppelte, einreihige Zackenfranse.
Fadensorten — Für die Fransenfäden: Spezialgarn D.M.C N° 25, in Jaune-Safran 726 und Vert doré 581; für die Klöppelfäden: Perlgarn D.M.C N° 5, in Jaune-Safran 726 und Violet-Scabieuse 394.

Geklöppelte, einreihige Zackenfranse (Abb. 1058 und 1059). — Auf dem nach Abbildung 1059 ausgeführten Klöppelbriefe sind auf Punkt *a* 2 gelbe Fransenfäden, auf Punkt *b* 2 Klöppelpaare (mit je einem gelben und einem violetten Faden) anzuhängen.

* Das 1. Paar von links nach rechts drehen, die gelben Fäden durchführen = das 2. Paar von rechts nach links drehen, die gelben Fäden durchführen, Stecknadel Punkt 1 = das 2. Paar von rechts nach links drehen, die gelben Fäden durchführen = das 1. Paar von links nach rechts drehen, die gelben Fäden durchführen, Stecknadel Punkt 2 **; von * bis ** sechsmal wiederholen = auf Punkt *c* 2 grüne Fransenfäden anhängen = das 1. Paar von links nach rechts drehen, die 2 gelben und die 2 grünen Fäden durchführen = das 2. Paar von rechts nach links drehen, die 2 gelben und die 2 grünen Fäden durchführen, Stecknadel Punkt 3 = das 2. Paar von rechts nach links drehen, die 2 gelben und die 2 grünen Fäden durchführen = das 1. Paar von links nach rechts drehen, die 2 gelben und die 2 grünen Fäden durchführen, Stecknadel Punkt 2 = die gelben Fäden seitwärts befestigen; von * bis ** sechsmal wiederholen = die gelben Fäden zunehmen = das 1. Paar von links nach rechts drehen,

Abb. 1059.
Klöppelbrief zur Franse Abbildung 1058.

die 2 grünen und die 2 gelben Fäden durchführen = das 2. Paar von rechts nach links drehen, die 2 grünen und die 2 gelben Fäden durchführen, Stecknadel Punkt 3 = das 2. Paar von rechts nach links drehen, die 2 grünen und die 2 gelben Fäden durchführen = das 1. Paar von links nach rechts drehen, die 2 grünen und die 2 gelben Fäden durchführen, Stecknadel Punkt 2 = die grünen Fäden seitwärts befestigen und die Zacken mit den gelben Fäden fortsetzen.

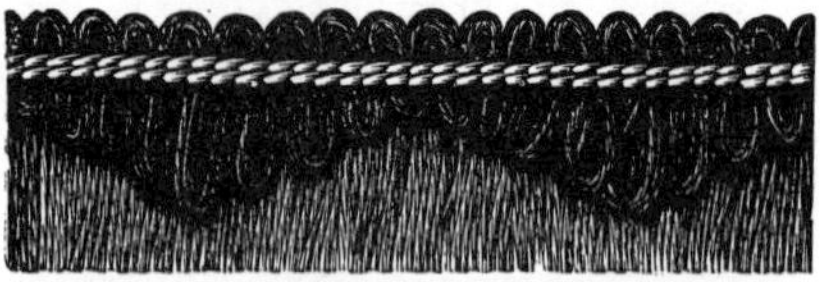

Abb. 1060. Geklöppelte, zweireihige Zackenfranse.

Fadensorten — Für die Fransenfäden: Spezialgarn D.M.C N° 14, in Jaune-vieil-Or 679 und Rouge-Cardinal 347; für die Klöppelfäden: Perlgarn D.M.C N° 5, in Jaune-vieil-Or 729.

Nach Vollendung der Franse sind die abstehenden Verbindungsfäden dicht an den Zacken wegzuschneiden.

Geklöppelte, zweireihige Zackenfranse (Abb. 1060 und 1061). — Auf dem nach Abbildung 1061 ausgeführten Klöppelbriefe befestigt man auf Punkt *a* 1 dunkelgelben Fransenfaden, auf Punkt *b* 2 rote Fransenfäden, auf Punkt *c* 2 Klöppelpaare mit hellgelbem Faden.

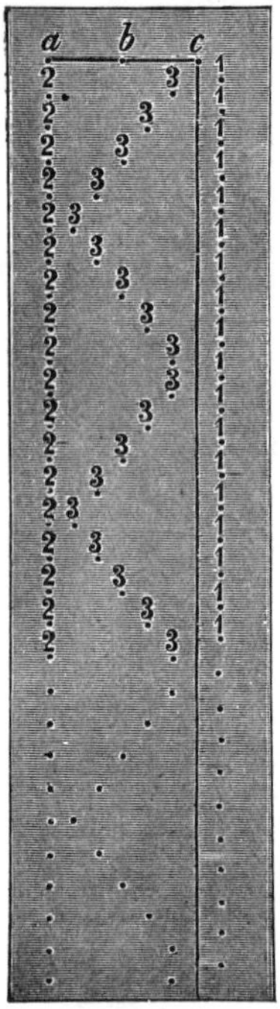

Abb. 1061. Klöppelbrief zur Franse Abbildung 1060.

* Das 1. Paar von links nach rechts drehen, den gelben und die roten Fäden durchführen = das 2. Paar von links nach rechts drehen, den gelben und die roten Fäden durchführen, Stecknadel Punkt 1 = das 2. Paar von links nach rechts drehen, den gelben und die roten Fäden durchführen = das 1. Paar von links nach rechts drehen, den gelben und die roten Fäden durchführen, den gelben Faden auf Punkt 2, die roten Fäden auf Punkt 3 feststecken = von * an achtmal wiederholen, und die Franse so fortsetzen.

Ist die Franse vom Kissen herabgenommen, so werden alle gelben Fadenschlingen an den langen, herabhängenden Enden durchgeschnitten.

Geklöppelte Doppelfranse (Abb. 1062 und 1063). — Auf dem nach Abbildung 1063 ausgeführten Klöppelbriefe sind auf Punkt *a* 4 hellviolette Fransenfäden und auf Punkt *b* 6 Paar Klöppel (davon das 1., 2., 5. und 6. Paar mit hellen, das 3. und 4. Paar mit dunkelgelben Fäden) einzuhängen.

Abb. 1062.
Geklöppelte Doppelfranse.
Fadensorten — Für die Fransenfäden: Spezialgarn D.M.C N° 14, in Violet ancien 3545; für die Klöppelfäden: Perlgarn D.M.C N° 5, in Jaune-Mandarine 746 und 741. (*)

Das 1. Paar von rechts nach links drehen, die violetten Fäden durchführen = das 2. Paar von rechts nach links drehen, die violetten Fäden durchführen = das 3. Paar von rechts nach links drehen, die violetten Fäden durchführen = das 4. Paar von links nach rechts drehen, die violetten Fäden durchführen = das 5. Paar von links nach rechts drehen, die violetten Fäden durchführen = das 6. Paar von links nach rechts drehen, die violetten Fäden durchführen, Stecknadel Punkt 1 = das 6. Paar von links nach rechts drehen, die violetten Fäden durchführen = das 5. Paar von links nach rechts drehen, die violetten Fäden durchführen = das 4. Paar von links nach rechts drehen, die violetten Fäden durchführen = das 3. Paar von rechts nach links drehen, die violetten Fäden durchführen = das 2. Paar von rechts nach links drehen, die violetten Fäden durchführen = das 1. Paar von rechts nach links drehen, die violetten Fäden durchführen, zwei violette Fäden auf Punkt 2 und zwei violette Fäden auf Punkt 3 mit Stecknadeln feststecken.

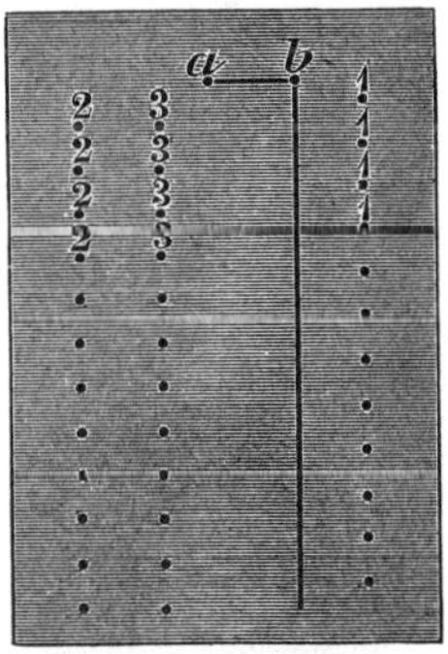

Abb. 1063.
Klöppelbrief zur Franse Abbildung 1062.

Vom Anfang an wiederholen.

Bällchen für Posamenterien (Abb. 1064, 1065, 1066, 1067, 1068, 1069). — Die Bällchen erfordern eine ganz unter-

(*) Siehe am Schluss des letzten Kapitels die Tabelle der Nummern und das Farbenverzeichnis der Baumwoll-, Leinen- und Seiden-Artikel, Marke D.M.C.

haltende Vorarbeit; es sind nämlich doppelt so viele Scheiben oder Kreise aus Karton, mit einem Loch im Zentrum, Abb. 1064, auszuschneiden, als Bällchen angefertigt werden sollen.

Abb. 1064.
Bällchen für Posamenterien.
Vorbereitete Kartonscheiben.

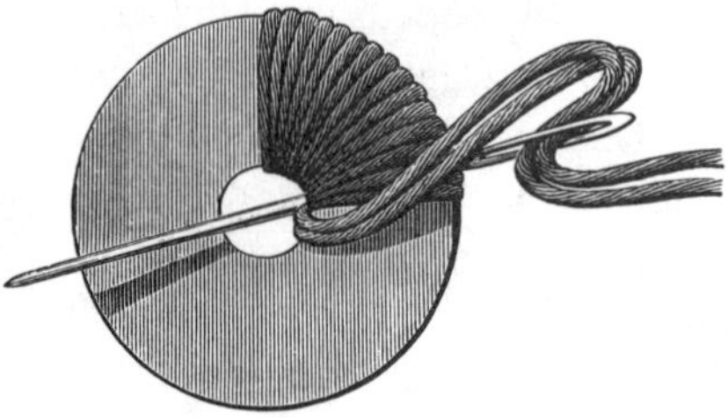

Abb. 1065.
Bällchen für Posamenterien.
Das Uebernähen der Kartonscheiben.

Abb. 1066.
Bällchen für Posamenterien.
Das Aufschneiden der übernähten Fäden.

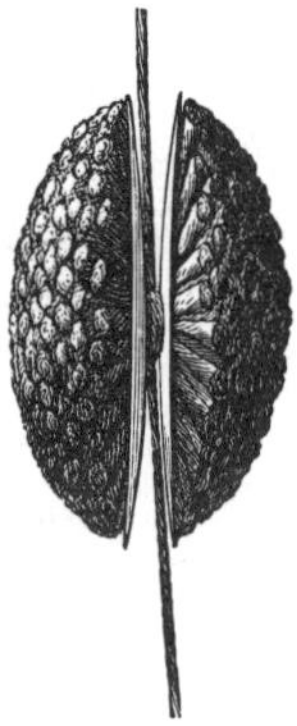

Abb. 1067.
Bällchen für Posamenterien
Das Vorrichten der Schlinge.

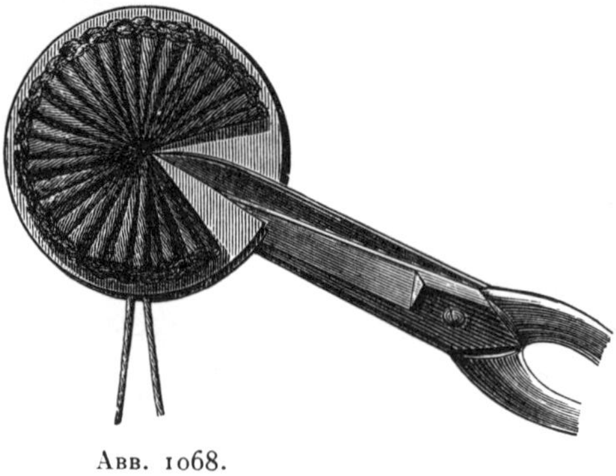

Abb. 1068.
Bällchen für Posamenterien.
Das Einschneiden und Entfernen der Kartonscheiben.

Abb. 1069. Vollendetes Bällchen mit Schlinge.

Von diesen Scheiben werden je zwei zusammengenommen und mit dichten Stichen, Abb. 1065, überdeckt, zu welchen Spezialgarn D.M.C (Mouliné spécial) oder Flaches Leinengarn D.M.C (Lin floche) genommen wird.

Sobald die Scheibe ganz übernäht ist, wird die Scheere zwischen die beiden Kartonblätter eingeführt und werden alle Fäden ringsherum eingeschnitten, Abb. 1066, dann wird ein Faden ebenfalls zwischen die beiden Blätter eingeführt, die Fäden, die im kleinen Loch zusammenlaufen, fest mit dem Faden umwunden, Abb. 1067, dieser dann geknüpft; die Fadenenden bleiben in genügender Länge hängen, um das Bilden einer Schlinge zu gestatten, durch welche das Bällchen dann wieder befestigt werden kann.

Sobald nun die Fäden fest zusammengehalten sind, wird in den Karton ein Einschnitt gemacht, Abb. 1068, das Bällchen von den Kartons losgelöst, womit es auch vollendet ist, siehe Abb. 1069.

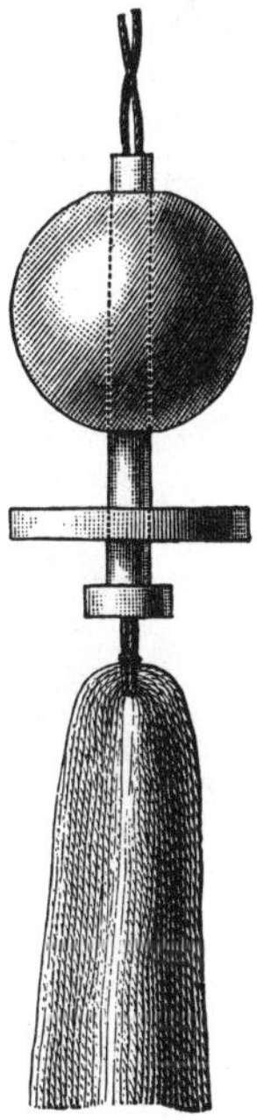

Abb. 1070. Holzform für Quasten.

Quasten. — Gewisse Gegenstände verlangen in den Ecken oft Quastenverzierung. Diese Quasten können ganz einfach, nur aus Fadensträhnen gebildet sein, oder auch mit reicher Verzierung ausgestattet werden, sollen aber immer zur Hauptarbeit und deren Ausstattung passend gewählt sein.

Kleine Quasten werden frei in der Hand nur aus Garn hergestellt, grössere Quasten werden über Holzformen gearbeitet.

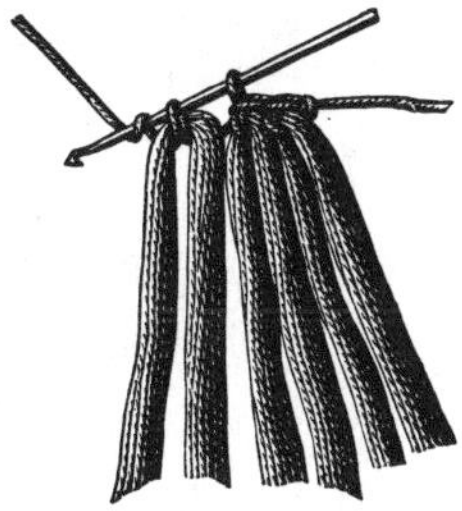

Abb. 1071. Das Zusammenhäkeln der Fadensträhne.

Im nachstehenden folgen einige Beispiele von einfachen und reicheren Quasten.

Einfache Fadenquaste (Abb. 1070, 1071, 1072, 1073). — Zur Herstellung der Quaste Abbildung 1073 bedient man sich einer Holzform, über welche man Fadensträhne hängt, die dann durch Abbinden zu einer Quaste gestaltet werden. Diese Holzform besteht aus 3 Teilen, aus einer Kugel, einem runden Blättchen und einer kleinen Stange, alle durchlocht. An

Abb. 1072.
Das Abbinden der Fadensträhne.

Abb. 1073. Vollendete Quaste.

die Stange wird unten ein dicker Fadensträhn gehängt, mittelst einer Schnur, welche durch die Holzstange durchgeführt wird, siehe Abb. 1070; hierauf werden Blättchen und Kugel auf die Stange geschoben. Nun wird diese Holzform mit Fadensträhnen ganz bedeckt; dieselben sind in entsprechender Länge vorzubereiten, in der Mitte zusammenzulegen, mittelst fester Maschen zusammenzufassen, siehe Abb. 1071, und am Quastenkopfe zu befestigen. Nun verteilt man sie regelmässig um die Holzkugel und bindet sie unterhalb derselben ab, Abb. 1072. Die Fadenbüschel sind noch auf gleicher Länge auszugleichen, dann ist die Quaste vollendet, Abb. 1073.

Zum Anhängen der Quaste setzt man noch eine beliebige Schnur am Kopfe an.

Für die Fadensträhne ist offenes Garn, Spezialgarn D.M.C (Mouliné spécial) oder Flaches Leinengarn D.M.C (Lin floche) zu nehmen; zum Abbinden, Zusammenhäkeln und für die Schnur, gedrehtes Garn, Perlgarn D.M.C (Coton perlé) oder Elsässer Strick- und Häkelgarn D.M.C (Alsatia), meist in abstechender Farbe.

Quaste mit gehäkelter Bekleidung (Abb. 1074, 1075, 1076, 1077). Der Quastenkörper ist aus hellgrauem Spezialgarn D.M.C (Mouliné spécial) N° 25 über einer Holzform hergestellt.

Der feste Bund, das Netz über den Quastenkopf und die herabhängende Troddel zeigen Häkelarbeit mit Silberfaden, Echtes Sticksilber D.M.C (Argent fin) N° 20.

Die Häkelarbeit beginnt mit dem mittleren Streifen aus festen Maschen, welcher das Abbinden der Quaste deckt. Auf 9 Lftm. Anschlag für die Höhe häkelt man 18 hin- und 17 zurückgehende Reihen f. M., wobei das rückwärtige, obere Maschenglied zu erfassen ist. Dieser Streifen wird über dem Quastenbunde mit kleinen Stichen zusammengenäht. Der durchbrochene Fransenkopf besteht aus 10 Reihen Schleifenluftmaschen. Die Herstellung dieser Maschen wird mit den Abbildungen 1075 bis 1077 bildlich erklärt. Die Schleifenluftmasche, siehe Abb. 1075, besteht aus einer langgezogenen gewöhnlichen Luftmasche, über deren unteren, einzelnen Faden eine f. M. gehäkelt wird; je 2 solcher Schleifenluftmaschen bilden einen der kleinen Bogen, die in der ersten Reihe durch 2 dicht nebeneinander

Abb. 1074. Quaste mit gehäkelter Bekleidung.

Fadensorten — Für den Quastenkörper: Spezialgarn D.M.C N° 25, in Gris-Cendre 762; für die Häkelarbeit: Echtes Sticksilber D.M.C N° 20. (*)

Abb. 1075. Ausführung der Schleifenluftmaschen zur Quaste Abbildung 1074.

Abb. 1076. Ausführung der ersten Bogenreihe aus Schleifenluftmaschen zur Quaste Abbildung 1074.

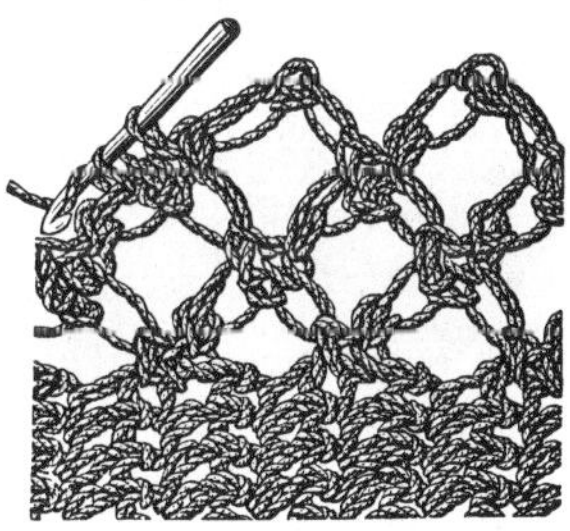

Abb. 1077. Ausführung der folgenden Bogenreihen aus Schleifenluftmaschen zur Quaste Abbildung 1074.

(*) Siehe am Schluss des letzten Kapitels die Tabelle der Nummern und das Farbenverzeichnis der Baumwoll-, Leinen- und Seiden-Artikel, Marke D.M.C.

Abb. 1078.
Quaste in Knüpfarbeit.
Fadensorten: Echtes Stickgold D.M.C N° 20 und Spezialgarn D.M.C N° 25, in Jaune-vieil-Or 729.

ausgeführte f. M. dem oberen Längsrande des festen Häkelstreifens angeschlossen werden, siehe Abb. 1076. Man beginnt jede aus 9 Bogen bestehende Reihe auch mit 2 f. M. und schliesst sie mit 1 Km. in die 1. der ersten beiden f. M. In den übrigen 9 Reihen sind die beiden f. M. zum Anschluss je über die beiden Schleifenlftm. auszuführen, siehe Abb. 1077.

Den oberen Abschluss dieses Gitters bildet eine Reihe f. M., je über eine Schleifenlftm. ausgeführt, also sind im ganzen 18 f. M. zu häkeln.

Dem unteren Rande des festen Häkelstreifens schliessen sich 3 Reihen Schleifenlftm. an, jede Reihe aus 10 Bogen bestehend. In der 3. Reihe ist jedem Bogen nach der f. M. der 1. Schleifenlftm. ein Gehänge anzuhäkeln: 1 Lftm., 1 Pkt., 3 Lftm., 1 Pkt., 3 Lftm., 1 Pkt., 3 Lftm., 1 Pkt., 3 Lftm., 1 Pkt., 3 Lftm., 1 Pkt., 3 Lftm., 1 Pkt., 1 Lftm., 1 Doppelst. in die 2. der vorhergehenden 3 Lftm., 1 Lftm., 1 Pkt., 1 Lftm., 1 St. in die 2. der folgenden 3 Lftm., dann fünfmal je 1 Lftm., 1 Pkt., 1 Lftm. und 1 f. M. in die 2. der folgenden 3 Lftm., beim 5. Mal statt der 1 f. M. aber 1 Km. in die f. M., welche die 1. Schleifenlftm. schliesst. Dann mit der 2. Schleifenlftm. die Reihe fortsetzen.

Abb. 1079.
Ausführung zur Quaste Abbildung 1078.

Quaste in Knüpfarbeit (Abb. 1078 und 1079). — Der mit Goldfäden aus flachen Doppelknoten und Knotenrippen gebildete Quastenkopf wird an den Ausläufern begonnen. Je fünf längere und fünf kürzere derselben ergeben die untere Quastenverzierung, während der Kopf aus einem Netz versetzter, flacher Doppelknoten gebildet wird.

Für die längeren Teile beträgt die Fadenlänge, für Echtes Stickgold D.M.C (Or fin à broder) N° 20: 150 cm., für die kürzeren: 125 cm.

Man beginnt mit der aus je 5 Doppelknoten bestehenden mittleren Doppelrippe der halbkreisförmigen Endfigur eines Ausläufers, indem man den Einlagefaden mittelst Stecknadel am Knüpfkissen feststeckt. Sodann knüpft man die übrigen vier Doppelrippen, man überschürzt je eine Hälfte des Einlagefadens nach links und rechts und fügt erst die vier inneren Fäden mit zwei flachen Doppelknoten und dann sämtliche zehn Fäden mittelst vier flachen Doppelknoten zusammen; nach dem zweiten Knoten ist zu beiden Seiten je ein Schlingenpikot auszuführen, siehe Abb. 1079.

Abb. 1080. Zweireihige Büschelquaste.
Fadensorten: Perlgarn D M.C N° 5, in Gris-Bleu 591 oder in Rouge-Cardinal 347, und Spezialgarn D.M.C N° 14, in Vert-Fauve 692 und Gris-Bleu 591 oder in Jaune-vieil-Or 729 und Rouge-Cardinal 347. (*)

Nun teilt man die Arbeitsfäden in zwei gleiche Teile und knüpft mit jedem Teile einen flachen Doppelknoten. Vier strahlenförmige Doppelrippen bilden wie beim Beginn der Arbeit eine kreisförmige Figur, nach deren Vollendung abermals jeder Teil mit einem flachen Doppelknoten geschürzt wird.

(*) Siehe am Schluss des letzten Kapitels die Tabelle der Nummern und das Farbenverzeichnis der Baumwoll-, Leinen- und Seiden-Artikel, Marke D.M.C.

Nun schlingt man sämtliche Fäden zu flachen Doppelknoten, die beiden äussersten Fäden als Arbeits-, die übrigen als Einlagefäden benutzend; je vier Schlingenpikots zieren zu beiden Seiten die glatte Knotenreihe, und zwar sind nach dem 2., 5., 8. und 11. Doppelknoten je zwei Pikots auszuführen. Im Verlauf der Arbeit vermindert man die Zahl der Einlagefäden durch Ausschneiden derselben, so dass schliesslich die Fadenzahl nur sechs beträgt.

Für die fünf kurzen Ausläufer wird die sternförmige Figur in der Mitte nicht ausgeführt und im ganzen nur 10 Doppelknoten mit je zwei Pikots zu beiden Seiten geschürzt.

Nach Vollendung sämtlicher Ausläufer steckt man im gleichmässigen Wechsel je einen langen und einen kurzen in etwa 1 1/2 cm. Entfernung auf das Kissen und knüpft in der Runde nach der Form der über einer Holzkugel aus Spezialgarn D.M.C (Mouliné spécial) N° 25 (*), in Jaune-vieil-Or 729 gebildeten, unabgebundenen Quaste das Netz aus zehn Reihen versetzter flacher Doppelknoten; diesen fügen sich noch zwei, jedoch nicht versetzt gearbeitete Reihen an.

Abb. 1081. Das Einhängen der Fadensträhne zur Bildung der Quästchen zur Büschelquaste Abbildung 1080.

Zum Schlusse ist am Kopfe der Quaste mit vier Arbeitsfäden eine Schnur aus Wellenknoten, Abb. 562, zu knüpfen.

Zweireihige Büschelquaste (Abb. 1080 und 1081). — Als passenden Abschluss zu den Quästchenfransen, Abb. 1047 und 1049, bringen wir mit Abbildung 1080 eine reich angelegte, zweireihige Büschelquaste, die über einem birnförmigen Holzkörper gearbeitet wird.

Zuerst ist für die Holzform ein aus festen Maschen gehäkelter Ueberzug mit Perlgarn D.M.C (Coton perlé) N° 5, in

(*) Siehe am Schluss des letzten Kapitels die Tabelle der Nummern und das Farbenverzeichnis der Baumwoll-, Leinen- und Seiden-Artikel, Marke D.M.C — Die eingeklammerten französischen Benennungen befinden sich auf den Etiketten der D.M.C-Artikel.

Gris-Bleu 591 herzustellen. Man beginnt denselben bei dem untersten Teile der Quastenform mit einem Ringe aus 5 Lftm., in welche 10 f. M. einzuhäkeln sind.

Bei den folgenden Reihen ist nun — der zu bedeckenden Form entsprechend — auf- oder abzunehmen, wobei die f. M. immer in die beiden wagerechten Maschenglieder der vorhergehenden Reihe zu stellen sind.

Nach oben zu verengert sich die Form immer mehr und mehr, bis schliesslich der gehäkelte Bezug in eine Rundschnur — aus 6 f. M. bestehend — ausläuft.

Zum Befestigen der kleinen Quästchen dienen gehäkelte Schnürchen aus Luftmaschen und Kettenmaschen.

Nachdem der Arbeitsfaden auf dem gehäkelten Bezuge an der für die obere Quästchenreihe bestimmten Stelle befestigt worden ist, häkelt man 12 Lftm., legt ein circa 20 Fäden starkes Büschel Spezialgarn D.M.C (Mouliné spécial) N° 14, in Vert-Fauve 692, über die letzten 5 Lftm., übergeht dieselben und häkelt 6 Km. in die 2. bis 7. der 12 Lftm., so dass das gelbe Büschel durch die Luftmaschenschlinge eingeschlossen, an der aus Km. gebildeten Schnur herabhängt, Abb. 1081. Hierauf häkelt man noch 1 Lftm. und 1 f. M. in die zweitfolgende f. M. der Quastenbekleidung.

Dieser Vorgang wird rings um die Quaste wiederholt; an unserer Originalvorlage zählen wir 12 Quästchen in der oberen und 25 in der unteren Reihe.

Die untere Reihe hat auch längere Schlingen aufzuweisen; dieselben verlangen 18 Lftm. und dementsprechend 12 Km.; die einzuhängenden Fadenbüschel sind hier blau.

Nachdem die beiden Schlingenreihen vollendet und somit alle Fadenbüschel eingehängt sind, werden letztere an beiden Seiten zurückgeschlagen, zusammengefasst und zu Quästchen abgebunden.

Dieses Abbinden geschieht stets mit abstechender Farbe, bei den gelben Quästchen mit Blau, bei den blauen mit Gelb.

Zum Schluss fertigt man noch ein der Quästchenform entsprechend grosses, gelbes Bällchen, Abb. 1069, aus Spezialgarn D.M.C (Mouliné spécial) N° 14 an, welches am unteren Teile der Quaste, bei dem zu Beginn gehäkelten Ringe aus 5 Lftm.

zu befestigen ist. Dasselbe dient als Stütze den herabhängenden, kleinen Quästchen und verbreitert dadurch nach unten zu die ganze Form der Quaste.

Spitzen-Garnituren. — Stickereien auf Leinen- oder Batistgrund erscheinen am vorteilhaftesten mit Spitzen garniert. Die Spitzen können, je nach ihrer Ausführungsart, glatt oder eingereiht angenäht werden. Spitzenstickereien und Spitzen mit Bändchenabschluss werden stets mit Ueberwindlingstichen an der betreffenden Arbeit befestigt. Bei Maschenspitzen ist Masche für Masche zu erfassen und so anzunähen.

Eckbildung bei Spitzen. — Bei Spitzen in Häkel- oder Strickarbeit, sowie bei echten Nadelspitzen, ist es oft der Fall, dass die Eckbildung gleich eingearbeitet wird. Ist diese jedoch nicht vorhanden, so sind die Spitzen in den Ecken so weit einzuziehen und zu krausen, dass sie am Aussenrande eine hübsche runde Ecke bilden.

Kopfleiste nach Holbein.

Praktische Angaben.

Mit der Beschreibung der hauptsächlichsten Arten von Handarbeiten und der Erklärung ihrer Herstellungsweise sind wir zu Ende. Es erübrigt uns noch einige Winke über das Abnehmen, das Einrichten und das Verstellen der Zeichnungen, das Uebertragen derselben auf Stoff, sowie über manches beim Arbeiten zu beobachtende Verfahren beizufügen. Denn nicht immer sind es die Stiche allein, die zum Gelingen eines Nadelwerkes beitragen; es hängt auch häufig von der richtigen Behandlung der Zeichnung ab. Bei Spitzenarbeiten ist es auch nützlich, wenn man zu erkennen weiss ob sie, wenn vollendet, einer Appretur bedürfen, und im Fall sie diese Appretur verloren haben, wie ihnen dieselbe wieder zu geben ist; ferner ist es unerlässlich, die nötigen Ingredienzen zum Steifen von Buntstickereien und Auflegearbeiten selbst zubereiten zu können.

Das Kopieren der Musterungen durch eine Glastafel. Zum Nachzeichnen einer gezeichneten oder gedruckten Musterung legt man dünnes Bauspapier darüber, das mit Stecknadeln festgeheftet wird, und zieht alle Linien derselben einfach mit Bleistift oder Pinsel nach. Das Feststecken geschieht bei grösseren Gegenständen aus Vorsicht, damit die Linien nirgends von einander abweichen können.

Ist kein Bauspapier vorhanden, so genügt gewöhnliches weisses Papier; die Zeichnung ist sodann gegen das Fenster zu halten und durchzubausen.

Um eine Stickerei oder Spitzenarbeit nachzuzeichnen, spannt man dieselbe regelrecht auf ein Brett — bei durchbrochenen Musterungen wählt man eine abstechende Unterlage — legt eine Glastafel oder ein Stück Gelatinpapier darüber, damit durch das Nachzeichnen die Arbeit nicht beschädigt werden kann, deckt dünnes Bauspapier darüber und zeichnet sodann mit Bleistift sämtliche Umrisse der Musterung nach.

Auf diese Art kann die Arbeit niemals verletzt werden.

Das Kopieren durch Abreiben. — Wenn es gilt, rasch die unmittelbare Kopie einer Stickerei oder Spitze auf Papier zu erhalten, so ist letztere flach auf ein Brett zu legen und mit feinem, weissen Papier zu bedecken.

Das Papier muss von mittlerer Stärke sein; in zu grobes prägt sich die Zeichnung zu wenig ein, zu feines hingegen würde zu leicht aufgerissen werden.

Wenn nun das Original flach liegt und das Papier seine richtige Lage bekommen hat, wird beides mit Heftnägeln befestigt und die Zeichnung mit Zeichenwachs abgerieben. In Ermangelung solchen Wachses nimmt man einen Bleilöffel, einen Silberlöffel oder auch eine grössere Silbermünze. Bei allen diesen verschiedenen Arten des Abreibens werden die Umrisse jedoch nicht genau auf das Papier übertragen; es ist immer noch das Nachbessern mit dem Stift erforderlich.

Dieses Abreiben geht sehr rasch vor sich, ist aber für die Stickerei sehr nachteilig, weil man einen Druck auf das Original auszuüben gezwungen ist, und so das Relief der Arbeit beeinträchtigt.

Die erhaltene Zeichnung kann sofort, nachdem sie ins Reine gebracht ist, benützt werden.

Das Uebertragen der Muster auf Stoff. — Bei einem das Durchzeichnen noch einigermassen zulassenden Stoffe genügt es, die Linien der Zeichnung auf Papier sehr breit und deutlich mit Tinte nachzuziehen und wenn sie trocken geworden sind, die Papiervorlage mit grossen Stichen auf die Kehrseite des Stoffes zu heften und beide auf ein Brett zu spannen. Dunkelblauer, aufgelöster Indigo, dem eine ganz geringe Menge Zucker und pulverisiertes Gummi arabicum beigemengt wurde, wird zum Nachzeichnen verwendet. Die Farbe ist mit Pinsel oder Feder nur leicht aufzutragen, damit sie den Stoff nicht verklebt und sich auch nicht zu viel einsaugen kann, denn in beiden Fällen hält die Farbe beim Auswaschen ziemlich hartnäckig.

Das Kopieren mit Oelpapier. — Ein anderes Mittel zur schnellen Uebertragung der Zeichnungen auf helle, glatte Stoffe ist die Anwendung des Kopierpapieres.

Es ist nahezu in allen Papierhandlungen erhältlich und ist mit einer farbigen, fetten Substanz imprägniert. Dieses Papier wird auf den fadengerade befestigten Stoff gelegt, dann kommt die Zeichnung darüber. Nachdem nun beide Papiere ebenfalls lagerecht befestigt sind, werden die Linien der Vorlage mit einem spitzen Bleistifte oder der Spitze einer Beinhäkelnadel oder auch mit der Kante eines Falzbeines nachgezogen; auf das Gerät darf nur ein mässiger Druck ausgeübt werden.

Durch den Druck wird die fette Farbe auf den Stoff übertragen und alle nachgezogenen Striche werden darauf sichtbar sein, sobald die beiden Papiere entfernt sind.

Dieses Kopierverfahren ist aber nur bei Gegenständen aus hellen Stoffen anwendbar, die gewaschen werden können; für Seidenstoffe, Sammet und Tuch ist es untauglich, da trotz aller Vorsicht leicht Flecken auf dem Stoffe sichtbar werden.

Das Bausen der Zeichnungen auf Stoffe. — Die bisher beschriebenen Kopiermethoden sind jedoch nicht ohne Unterschied bei jedem Stoffe anwendbar; sie taugen nicht für Tuch, Sammet, Plüsch; auf diese müssen die Zeichnungen unbedingt aufgebaust werden.

Man unterlegt zu diesem Behufe das Papier mit Tuch oder Filz und pikiert alle Linien der Zeichnung mit einer Pikiernadel, siehe auch Abb. 967, die einzelnen Punkte in regelmässigen Entfernungen folgen lassend. Ist das Papier fein genug, so können mehrere Bausen gleichzeitig pikiert werden;

auch kann man eine symmetrische Zeichnung auf ein Viertteil zusammenlegen und so mit einem Male das Ganze durchstechen. Bei gross und breit angelegten Mustern können die Löcher weiter auseinander gestellt und mit einer gröberen Nadel pikiert werden; je feiner und gedrängter das Muster ist, desto feiner und gedrängter sind aber die Stiche zu machen. Allen Linien muss auf das Sorgfältigste nachgegangen werden.

Wenn nun die Zeichnung in der erforderlichen Grösse pikiert ist, so wird dieselbe auf der Seite, an welcher die trichterförmigen Oeffnungen sind, mit Glaspapier so lange abgerieben, bis das Papier wieder ganz glatt ist.

Papier und Stoff müssen nun mittelst Heftnägel festgespannt werden, so dass keines von beiden während des Bausens sich bewegen kann; im gegenteiligen Falle zeigen sich die Linien gerne doppelt auf dem Stoffe, was beim späteren Nachzeichnen derselben sehr störend wirkt.

Zum Bausen nimmt man Bauspulver oder in Ermangelung desselben entweder pulverisierte Kreide oder Kohle, worin man einen Reibschwamm leicht eintaucht, bläst den Ueberfluss des Pulvers ab und reibt dann behutsam, das Pulver gleichmässig verteilend, alle pikierten Teile der Zeichnung ein. Durch das Reiben fällt das in das Tuch eingedrungene Pulver durch die kleinen Löcher auf den Stoff und gibt mit grösster Treue die Zeichnung wieder. Die Bause wird erst nach vollendetem Bausen entfernt; sind Wiederholungen notwendig, so muss die Bause eben genau an den Rapport (Wiederholung der Zeichnung) angelegt werden.

Hierauf wird das eigentliche Zeichnen oder vielmehr Malen des Musters mit Wasserfarbe begonnen.

Je nach der Farbe des Stoffes, auf den die Zeichnung gebaust wurde, nimmt man Blau, Schwarz, Gelb oder Weiss.

Zum Zeichnen auf glatten Stoffen lässt sich ebenfalls eine Feder verwenden; wir bevorzugen jedoch für alle Stoffe ohne Unterschied einen feinen Pinsel aus Biberhaaren. Je rauher und haariger das Gewebe, desto feiner muss der Pinsel sein, damit die Farbe zwischen den Fasern eindringen kann.

Bevor das Zeichnen begonnen wird, wird der Ueberfluss des durch das Bausen eingedrungenen Pulvers abgeblasen.

Das Zurichten der Stoffe und Verteilen der Zeichnungen. Während unserer vieljährigen Praxis hatten wir oft mit Industriezeichnern zu verkehren und zwar mit wirklichen Künstlern in ihrem Fache. So lange es sich bei ihnen darum handelte, ihre Fähigkeiten nur auf dem Papier zur Geltung zu bringen, kamen sie nie in Verlegenheit; sollten sie aber ihre Muster auf Stoff übertragen, so standen sie vor unüberwindlichen Schwierigkeiten.

In nachstehendem geben wir darum unseren Leserinnen die verschiedensten Anweisungen, wie sie auf sichere und vorteilhafte Weise die Uebertragung der Zeichnungen usw. ausführen können.

Wir beginnen mit einem der ersteren Verfahren, dem Pikieren. Beim Vorrichten des Bauspapieres muss dafür gesorgt werden, dass ausserhalb der Zeichnung ein 4 bis 5 cm. breiter Rand bleibe, damit das Pulver während des Aufreibens nirgends ausser durch die kleinen Löcher in den Stoff dringen kann. Ist eine Zeichnung einfach aus vier gleichen Motiven zusammengestellt, so kann sie in ebensoviele Teile zusammengelegt und alle Teile können gleichzeitig gestochen werden; ist dagegen die Zeichnung in allen Teilen verschieden, so ist man gezwungen, jedes Motiv oder auch die ganze Zeichnung nach den einzelnen Umrissen zu stechen.

Bei der Uebertragung der Zeichnungen auf Stoff darf auf diesen nirgends eine Einteilung mit Blei, Kohle oder Kreide vorgenommen werden, da es nur selten gelingt, solche Striche, die überdies häufig störend wirken, von den Stoffen ganz zu entfernen.

Bevor man nun zum eigentlichen Zeichnen übergeht, ist der Stoff genau in vier Teile zu teilen; dann bestimmt man wieder genau die Breite des nach aussen frei bleibenden Randes; ausnahmsweise nur wird eine Musterung bis an die äusserste Stoffkante gerückt.

Stoffe, die einen Bug annehmen, wie Leinwand und Baumwollengewebe, kann man, gleich dem Papier, auf vier Teile zusammenlegen und den Bug durch Streifen fest markieren, damit er sich bis nach Vollendung der Zeichnung erkennen lässt. Dieser Einteilung hat eine zweite, nicht minder wichtige zu folgen, nämlich das Markieren der diagonalen Linien, die zum richtigen Einstellen der Eckfiguren unumgänglich notwendig sind.

Die meisten unserer Leserinnen werden die Diagonale mit Blei und Lineal auf dem Papier, die wenigsten jedoch in Stoff zu bestimmen wissen, obwohl die Sache sehr einfach ist. Es genügt eben, die Ecke des Stoffstückes so umzulegen, dass der äusserste Faden der Webe- oder Schnittkante parallel mit der Schusskante läuft, bei welcher der Umbug gemacht wurde.

Durch dieses zweimalige Legen und Streifen ist der Stickgrund in acht gleiche Teile eingeteilt. Die Einrichtung des Aussenrandes ist leicht herzustellen, wenn Stickereiart und Stoff das Ausziehen eines Fadens gestatten; die durch das Entfernen des Fadens entstandene Rinne gilt als Richtschnur zum Ansetzen der Zeichnung. Will oder kann man nicht vor dem Zeichnen einen Faden ausziehen, so hat man den Grund durch Vorziehen abzugrenzen, siehe auch Abb. 154.

Auf Tuch, Seidenstoffe und Plüsch kann die Geviert-einteilung nicht wie auf waschbaren Stoffen durch einen einfachen Bug angedeutet werden; der erste Stoff nimmt keinen Bug an, die anderen würden dadurch verdorben werden.

Praktisch ist es, sämtliche zuletzt angeführte Stoffarten in den Rahmen zu spannen, dann die Einteilung auf folgende Art zu treffen: Man nimmt einen ziemlich kräftigen Faden, versieht ihn an einem Ende mit einer Schlinge, in die, bevor sie zugeschürzt ist, eine Stecknadel gelegt wird. Hierauf stellt man in vertikaler Richtung mit dem Zirkel die Mitte des Stoffes fest; wo sie sich ergibt, wird die mit dem Faden versehene Stecknadel eingestellt; dasselbe wiederholt man auf der entgegengesetzten Seite, wo dann eine zweite Nadel, mit welcher der Faden angespannt wird, eingestellt wird; dann werden Fäden noch in horizontaler Richtung und im schiefen Winkel gespannt.

Diese Grundlinien verhelfen zu einer genauen Verteilung der Musterung, beschädigen den Stickgrund niemals und können sofort nach dem Bausen entfernt werden.

Bevor eine Zeichnung endgültig gebaust wird, hat man sich

noch vorher zu vergewissern, ob sie auch in der Grösse genau dem verfügbaren Raume, dem vorhandenen Stoffe oder dem Zwecke der Arbeit entspricht. Angenommen, man will einen Streifen mit Eckenbildung auf Stoff zeichnen, so ist zuerst genau zu berechnen, ob und wo die Rapporte zusammenstossen; diese Punkte können auf dem Stoffe ganz leicht durch feines Bausen bezeichnet werden.

Bleibt nun eine Lücke offen zwischen den Rapporten, oder sind sie zu lang, um in den gegebenen Raum eingefügt zu

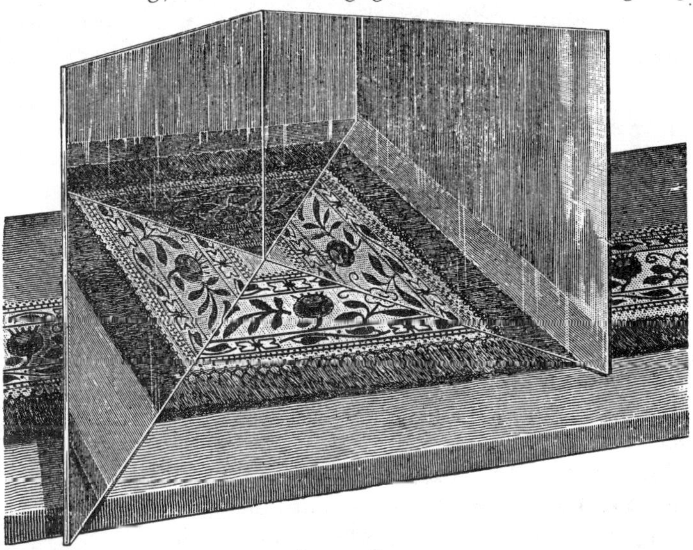

Abb. 1082.
Das Umstellen und Verdoppeln der Zeichnungen mittelst Spiegel.

werden, und ist das Missverhältnis nicht bedeutend, so kann durch Hinausrücken der Zeichnung gegen den freien Rand zu abgeholfen werden. Ist hingegen der Unterschied ein merklicher, so muss die Zeichnung passend umgestaltet werden. Das gleiche tritt ein, wenn die Zeichnung zu verkürzen ist.

Das Umstellen und Verdoppeln der Zeichnungen mittelst Spiegel (Abb. 1082). — Wir haben soeben die Zweckmässigkeit und auch die Notwendigkeit betont, die Zeichnungen den Verhältnissen anzupassen. Um sich nun selbst mühelos alle Musterungen ohne Beistand des Zeichners nach dem gegebenen Masse zurecht zu richten, nimmt man zwei Spiegelteile ohne Einfassung (Penelope-Spiegel), deren Verwendung aus den folgenden Erklärungen hervorgeht. Will man aus einer geraden Bortenzeichnung nur einen kürzeren Teil verwenden oder nach deren mehrfacher Wiederholung eine Ecke bilden, so stellt man den Spiegel im ersten Falle geradlinig, wo die Borte unterbrochen werden soll, im zweiten Falle von der äusseren Stichreihe aus genau in diagonaler Richtung nach innen; die Eckbildung ist hierauf im Spiegel ersichtlich.

Um aus einer Borte Vierecke zu bilden, nimmt man zwei Spiegel, rückt sie dort, wo beide diagonalen Linien zusammentreffen, aneinander, und die Zeichnung erscheint darin, wie es in der Abbildung 1082 ersichtlich, als ganzes Viereck.

So leicht nun die Eckenbildung oder Verdoppelung der Muster mit Hilfe der Spiegel auch herzustellen ist, so ist es doch notwendig, vor Beginn einer grösseren Arbeit genaue Berechnung anzustellen, welche Teile der Zeichnung die Mitte des Stoffes einnehmen und welche zur Eckenbildung bestimmt sind. Denn nicht jeder Punkt eines Ornamentes eignet sich zur Wiederholung. Man versuche daher die günstigste Stelle, an der sich die Figuren am gefügigsten zeigen, zu treffen, um den geraden Lauf der Zeichnung über eine Ecke zu führen oder um ein Viereck daraus zu bilden.

Verändern der Grössenverhältnisse einer Zeichnung durch Quadrieren des Grundes (Abb. 1083 und 1084). — So praktisch auch die Spiegel sich bei Eckenlösungen und beim Bilden von Mittelfiguren erweisen mögen, so ist dieses Aushilfemittel in Fällen, die eine gründliche Umgestaltung einer Zeichnung fordern, nicht ausreichend.

Gesetzt den Fall, ein ziemlich gross angelegtes, fortlaufendes Muster soll auf einen Stoff übertragen werden, auf dem es, weil das Stück zu klein, nicht gut anbringlich ist oder in der Wirkung verlieren würde; oder ein kleines, zarter eingeteiltes Dessin soll auf eine grosse Stofffläche gezeichnet werden, auf der sich das Ganze wieder als zu unbedeutend oder vielmehr als zu eng entworfen herausstellt, so wird man unbedingt versucht sein, die Hilfe eines Zeichners in Anspruch zu nehmen oder der scheinbar Schwierigkeiten verursachenden Arbeit ganz zu entsagen. Weder das eine noch das andere ist notwendig, wenn man die hier folgenden Angaben sich zu Nutze machen will.

Man nimmt gross quadriertes Papier, stellt es sich im Notfalle selbst her und kopiert das Muster darauf. Auch kann man die Quadrierung direkt auf der Zeichnung vornehmen, Abb. 1083. Auf einem zweiten Bogen Papier werden ebenfalls Quadrate gezeichnet, um den vierten, dritten Teil oder um die Hälfte kleiner als jene des ersten Bogens. Beträgt nun die

Abb. 1083. Das Quadrieren des Grundes vor dem Abzeichnen.

Länge der Seitenlinie eines Quadrates 18 mm. und das Muster soll um ein Drittel eingezogen werden, so dürfen die neuen Quadrate nur 12 mm. messen, siehe auch Abb. 1084.

Der umgekehrte Fall tritt ein, wenn die Zeichnung um ein Drittel gedehnt werden soll, dann sind 24 anstatt 18 mm. per Quadrat zu rechnen. Nach der Einteilung ist es dann ein Leichtes, der Zeichnung streng zu folgen, sie zu vergrössern oder zu verkleinern.

Hat man dagegen ein Muster nicht nach Papiervorlage, sondern nach einer vollendeten Arbeit abzunehmen, und will man gleichzeitig die Verhältnisse der Grösse auf die oben angeführte Weise verändern, so hat folgendes zu geschehen:

Man spannt die Stickerei gleichmässig auf ein Brett, misst mit dem Zentimetermass die Länge, dividiert die Zentimeter durch die Einheiten, welche dem Verhältnis der vorzunehmenden Kopie entsprechen. Bleiben Bruchteile von Zentimetern, so verteilt man sie in Millimeter, wenn erforderlich in halbe Millimeter, um die gleiche Quadrierung herauszu-

Abb. 1084. Die eingezogene Zeichnung durch Kleinquadrieren des Grundes.

finden. Hierauf richtet man den Zirkel genau auf die berechnete Weite und teilt mit demselben die Felder aus. Wo der Zirkel trifft, stellt man eine mit einem angeknüpften Faden versehene Stecknadel ein — wenn möglich in den Rand ausserhalb der Stickerei, um dieselbe nicht zu beschädigen — so dass so viele Fäden gesteckt werden müssen, als sich Quadrate ergeben. Auf der zweiten Seite genügt es dann, die auf der ersten gerichteten Fäden lotrecht herunterzuspannen. Die Querfäden sind auf die gleiche Weise anzubringen.

Dass eine bereits aufgezogene Stickerei nicht wie eine flache auf ein Brett gespannt werden kann, ist selbstverständlich; mit einigem praktischen Sinn wird man immer Mittel und Wege finden, um die Quadrierung so vorzunehmen, dass dem Gegenstande selbst keine Beschädigung zugefügt wird.

Umgestaltung einer Zeichnung nach der Breite unter Belassung der ursprünglichen Höhe (Abb. 1085, 1086, 1087).

ABB. 1085. MUSTER FÜR LITZENARBEIT ALS VORLAGE.

ABB. 1086. DAS MUSTER IN ABBILDUNG 1085 IN DIE BREITE GEZOGEN.

ABB. 1087. DAS MUSTER IN ABBILDUNG 1085 ENGER GESTALTET.

Zuweilen ist man auch gezwungen, eine Musterung nur nach einer Richtung abzuändern, so dass sie in der Originalhöhe unverändert bleibt. In diesem Falle wird die Zeichnung in Rechtecke eingeteilt. In Abbildung 1085 ist eine Litzenarbeit dargestellt und in Quadrate eingerichtet, in Abbildung 1086 ist die wagerechte Linie des Viereckes dagegen um die Hälfte länger gezogen als im Original, so dass die Musterung bedeutend gedehnter erscheint, während in Abbildung 1087 die senkrechten Striche um ein Dritteil aneinander gerückt sind, wodurch das Muster gedrängt wird.

Diese Einteilungsmethode einer Zeichnung erleichtert ausserordentlich die sich als notwendig erweisenden Umgestaltungen einer Zeichnung, und die im Zeichnen auch noch so wenig geübte Hand wird es doch noch zu Wege bringen, den Inhalt eines Quadrates wiederzugeben.

Das Zubereiten des Kleisters zum Steifen von Stickereien und für Aufnäharbeiten. — Es mag allerdings befremden, dass wir einer anscheinend so einfachen Sache einen eigenen Artikel widmen; sie ist aber trotzdem von grosser Wichtigkeit, da durch schlecht zubereiteten Kleister oft die kostspieligsten Stickereien oder Zutaten verdorben werden können.

Man tut Weizenstärke — nicht Reisstärke — in ein Gefäss mit rundhohlem Boden, giesst nur soviel Wasser darauf, als unumgänglich notwendig ist, um die Stärke aufzulösen und verrührt die Mischung mit einem Holzlöffel so lange, bis keine Körnchen mehr zu fühlen sind. Während dessen wird reines Wasser auf das Feuer gesetzt; wenn es kocht, kommt ein wenig pulverisiertes Pech oder Tischlerleim (für 1/8 Liter Wasser ungefähr so viel wie eine Erbse) dazu, dann lässt man die aufgelöste Stärke unter beständigem Rühren in das kochende Wasser einlaufen. Nachdem die Mischung noch einige Male aufgewallt hat, zieht man sie vom Feuer zurück und rührt fort, bis der Kleister erkaltet. Wird das Rühren vor dem Erkalten der Masse ausgesetzt, so bilden sich Knöllchen, die wie es schon im vorhergehenden Kapitel betont wurde, sich niemals zwischen Papier und Stoff einschleichen dürfen.

Dieser Kleister verursacht keine Flecken, selbst nicht auf der zartesten Farbe, weil er keine Säure enthält. Im Winter kann man ihn länger gebrauchen als im Sommer, wo er schneller zu gähren beginnt.

Wir raten entschieden von der Verwendung von Gummi

arabicum ab; man läuft stets Gefahr, dass der im Gummi enthaltene Zuckerstoff in den Geweben hässliche Spuren nach dem Trocknen zurücklässt.

Das Steifen neuer Arbeiten. — Auf Seite 602 des Kapitels der Nadelspitzen wurde angemerkt, dass derlei neue Arbeiten zu glätten sind; dies hat auf folgende Art zu geschehen: Wenn die Spitzenarbeit von der Vorlage getrennt ist, so legt man sie auf eine weisse, feine Flanellunterlage mit der Kehrseite nach oben; hierauf taucht man ein Stück neuen, sehr steifen Organdin in Wasser, zieht es rasch wieder heraus und windet es mässig aus. Man betupft mit dem feuchten Stoffe die Kehrseite der flach aufliegenden Spitze und glättet dann mit heissem Eisen, das man nur langsam vorwärts bewegt, damit die durch den Organdin mitgeteilte Feuchtigkeit wieder vollständig verdunsten kann. Erst wenn man sich überzeugt hat, dass die Spitze wieder ganz trocken geworden ist, entfernt man sie vom Brette.

Wir kennen kein besseres Mittel, um derlei Arbeiten die gewisse Appretur zu verleihen, die das Kennzeichen des Neuen ist. Klares Wasser allein steift nicht genügend, und bei Stärke trifft man nicht immer den richtigen Grad, während man mit Organdin immer das Richtige treffen wird.

Dieselbe Art des Steifens ist auch auf Netzstickereien anwendbar; man befeuchtet sie auf der Kehrseite, während sie noch im Rahmen sind, und lässt sie darin vollständig trocknen.

Durchbrochene Häkel- und Strickmuster sind stark zu befeuchten, auf ein Brett stramm zu spannen und ebenfalls mit Organdin zu steifen.

Auch Leinenarbeiten können so appretiert werden; wenn jedoch der Leinenstoff stark verknittert ist und viele harte Brüche zeigt, so deckt man ein feuchtes Tuch über den ganzen Gegenstand, glättet über beide, zieht dann das feuchte Tuch wieder weg, um die Stickerei dann noch mit dem Eisen ganz zu trocknen.

Das Waschen der gewöhnlichen Spitzen. — Die Spitzen werden über eine gleich weite Flasche gewunden und dann mit Musselin ganz bedeckt; einige Stiche über die Endkante befestigen ihn an die Spitzen. Hierauf füllt man die Flasche zur Hälfte mit Sand, damit sie im kochenden Wasser nicht zu heftig geschüttelt wird. Man giesst so viel kaltes Wasser in den Topf, als notwendig ist, um die Spitze reichlich zu bedecken, fügt ein ungefähr nussgrosses Stück Seife bei und, wenn die Spitzen sehr schmutzig sind, eine Messerspitze Soda, stellt die Flasche in das Wasser und lässt es ungefähr eine Stunde sieden.

Wird das Wasser schmutzig, so erneuert man es so oft, bis es rein bleibt. Dann ist auch der Schmutz aus der Spitze vollständig herausgekocht, und man kann sie, immer noch auf der Flasche, in kaltem Wasser ausschwenken, bis die Seife ganz weggespült ist, und dann trocknen lassen.

Das Waschen der echten Spitzen. — Der Vorgang ist derselbe wie bei den gewöhnlichen Spitzen; da dieselben aber in der Regel selten geputzt werden, so sind sie meistens mehr mitgenommen, gelber, und wenn einmal schlecht und verkehrt behandelt worden, auch schwieriger zu putzen als andere.

Weisen die Spitzen nun Schmutz- oder Fettflecken auf, so legt man sie einige Stunden oder auch einige Tage in feines Olivenöl. Das Lagern im Oel gibt dem durch Waschen oder Liegen mürbe gewordenen Zwirn seine ursprüngliche Elastizität wieder. Die weitere Behandlung der Spitzen ist nach den obigen Angaben vorzunehmen.

Das Steifen der Spitzen. — Die getrockneten Spitzen werden in dünne Stärke eingetaucht. Man nimmt dazu feine Weizenstärke, teilt die mutmasslich erforderliche Menge in zwei Teile und löst beide Teile mit kaltem Wasser auf; den einen kocht man dann auf die vorhin erwähnte Weise. Ist die gekochte Stärke so weit erkaltet, dass kein Dampf mehr entweicht, so wird die kalte Stärke noch hineingerührt; sind beide Teile gut vermengt, dann werden sie mit kaltem Wasser so weit verdünnt, dass sie ungefähr im Gehalt guter Sahne gleichkommen.

Wünscht man die Spitzen leicht getönt, so giesst man noch einige Tropfen schwarzen Kaffee dazu oder nimmt statt reinen Wassers helles China- oder Eibischteewasser. Die erste Beimischung tönt die Spitzen dunkelcrèmefarbig, die beiden anderen tönen sie heller und mehr ins Grünliche spielend.

Die Spitzen werden in die hergerichtete Masse getaucht; dann giesst man behutsam das Uebermass der Stärke aus, ohne jedoch die Spitzen zu winden, legt sie flach auf die linke Hand und klopft mit der rechten während einiger Minuten darauf, damit die Appreturmasse gut eindringt; man wiederholt noch zweimal dasselbe Verfahren, wickelt die Spitzen in feines Leinen und lässt sie ruhen, bis man sie glätten oder nadeln kann.

Das Glätten der Spitzen. — Nachdem die gestärkten Spitzen ein bis zwei Stunden im Tuch gelegen haben, glättet man sie, wenn es Maschinenspitzen, und nadelt sie aus, wenn es Filet-Guipure- oder echte Nadelspitzen sind.

Bevor man zu glätten anfängt, nimmt man die Spitze, die Kante nach oben gekehrt, in die linke Hand und zieht mit der rechten alle Pikots gleichmässig auf. Ist dies nach der ganzen Länge der Spitze geschehen, so legt man sie flach auf ein mit Flanell überspanntes Brett und glättet sie mit mässig heissem Eisen. Man lässt das Eisen so lange über die Spitze hin- und hergleiten, bis dieselbe vollkommen ausgetrocknet ist.

Wenn sich falsche Büge ergeben haben, so nimmt man einen feuchten Schwamm — es ist ratsam einige Tropfen der Stärke dem Wasser beizumengen — betupft leicht damit den Bug und glättet dann wieder darüber.

Sobald die Spitze nach der ganzen Länge geglättet ist, zieht man sie schräg von links nach rechts, dann von rechts nach links aus und fährt noch einmal mit dem Eisen darüber. Auf diese Weise erhalten die Spitzen jene natürliche Weichheit, die wir an neuen so sehr schätzen.

Das Nadeln der Spitzen. — Um Spitzen gut nadeln zu können, ist die Anschaffung einer Trommel, 30 cm. breit, mit einem Durchmesser von 50 bis 60 cm. notwendig. Die äussere Seite wird flach gepolstert und mit Drillich oder Inletstoff überzogen. Die Stecknadeln müssen in der Stärke der Grösse der Pikots entsprechen; Stahlnadeln sind des Rostes halber unbrauchbar, daher nimmt man Weissblechnadeln. Die Trommel ist mit blauem Papier zu überlegen, dann wird von der Spitze nur so viel aus dem Tuch genommen, als man auf einmal nadeln kann, das übrige bleibt im Tuch eingeschlagen.

Man beginnt das Nadeln beim Fuss der Spitze, indem man ihn geradlinig spannt und in kleinen, regelmässigen Zwischenpausen die Stecknadeln einstellt. Dann wird an der Kante jedes Pikot einzeln genadelt; sie dürfen nicht aufgedreht, und wenn sie es schon sind, so müssen sie wieder zugedreht werden.

Wenn das Nadeln mühsam ist und die Spitze eher trocknet, als die Nadeln gesteckt sind, befeuchtet man partienweise die Pikots mit einem Schwamme und nadelt die feuchte Stelle. Ganz trockene Spitzen dürfen niemals genadelt werden, die Fäden der Pikots brechen zu leicht, und eine Spitze mit durchgerissenen Pikots wird wertlos, und wäre sie sonst noch so schön.

Reliefspitzen müssen ausserdem mit der Spitzenahle ausgeprägt werden. Manche Putzerinnen benützen die Ahle auch zu Valenciennes-Spitzen; nachdem dieselben aber als neue Arbeit ganz flach sind, möchten wir davon abraten, die kleinen Figuren derselben auszubeinen.

Die genadelten Teile bleiben auf dem Zylinder bis sie ganz trocken sind; sind die Spitzen meterweise zu nadeln, so kann man sie auch einige Male um die Trommel laufen lassen. Die fertig genadelten Spitzen sind sorgfältig in Papier einzuschlagen; der zuerst genadelte Teil muss zum Schluss ebenso rein sein als der letzte.

Schliesslich wollen wir noch empfehlen, das Putzen der Spitzen nur zu einer Zeit in Angriff zu nehmen, wo man sicher vor Unterbrechungen und Störung ist; besonders das Nadeln soll ohne Aufenthalt durchgeführt werden können.

Das Waschen von farbigen Stickereien. — Man verwende nur vollständig neutrale Seife, am besten weisse Marseiller Seife, erster Qualität. Soda, Waschpulver und Chlor sind besonders zu vermeiden.

In kochendem Wasser löse man eine genügende Menge Seife auf, um eine recht schäumende Lauge herzustellen, die man dann durch Zugiessen von kaltem Wasser auf eine mittlere Temperatur bringt.

Darin wasche man die Stickerei schnell durch, ohne sie zu sehr zu reiben, und spüle sie sodann, zuerst in lauwarmem;

dann in wiederholt erneuertem kalten Wasser aus, bis die Seife gänzlich verschwunden ist.

Nun drücke man die Stickerei, ohne sie zu ringen, mit der Hand aus, wickle sie in ein weiches, trockenes Handtuch und trockne sie darauf schnell an der Luft.

Auch kann man sie durch Bügeln trocknen; in diesem Falle breite man die Stickerei zwischen zwei Tücher aus, die Kehrseite nach oben, und bügle sie mit einem nicht zu heissen Eisen. Es ist jedoch besser sich zum Glätten einer Mangel zu bedienen.

Man lasse nie die nassen Stickereien zusammengelegt liegen; auch benutze man nie beim Bügeln ein zu heisses Eisen, weil dadurch ein Abbleichen gewisser Farben herbeigeführt würde.

Die Zutaten. — Wir erwähnten in der Vorrede, dass die Wahl der Farben und Zutaten den Damen durch die die Vorlagen begleitenden Angaben bedeutend erleichtert werde. Wir haben, so weit es anging, diese Angaben gemacht und ergänzen dieses Werk durch eine Reihe von vergleichenden Tabellen, welche die Stärke und Farben-Nummern der verschiedenen Fabrikate angeben, die unter der Marke D.M.C verkauft werden. Diese Tabellen ermöglichen es, das Material in passender Stärke und passenden Farben zu wählen, ohne direkte Proben davon vor Augen zu haben.

Die Striche, die auf den Tabellen neben jeder Nummer stehen, geben genau die Stärke des betreffenden Fadens an. Um nun, bei etwaigen Bestellungen, die Nummer einer Garnsorte genau bezeichnen zu können, nimmt man einen Musterfaden, spannt ihn leicht an und vergleicht ihn mit den verschiedenen Strichen, bis man auf den mit dem Muster genau übereinstimmenden trifft.

Was die Farben anbelangt, so sind die Benennungen möglichst treffend gewählt und die Schattierungen mit besonderer Sorgfalt zusammengestellt worden; aus der grossen, uns zur Verfügung stehenden Farbenauswahl haben wir für unsere Vorlagen stets die gefälligsten zusammengestellt.

Wir glauben darauf hinweisen zu müssen, dass, wenn wir die Marke D.M.C vor jeder anderen empfehlen, es aus dem Grunde geschieht, weil uns eine vieljährige Erfahrung gelehrt hat, dass die Fabrikate, welche diese Marke tragen, von ganz besonderer Güte sind und eine ungewöhnlich grosse Auswahl in Stärkenummern und Farben aufweisen, ohne die es unmöglich ist, wirklich kunstvolle Arbeiten auszuführen.

Wir schliessen mit dem nicht unwichtigen, wohlgemeinten Rate, sich vor Beginn einer grösseren Arbeit mit mehr Garn, als bei genauer Berechnung voraussichtlich verbraucht wird, zu versehen, um nicht in die peinliche Lage zu kommen, einen begonnenen Gegenstand unfertig bei Seite legen oder gar mit ungleichem Faden vollenden zu müssen; denn es besteht oft eine kleine Abweichung im Tone zwischen den zu verschiedenen Zeiten gekauften Garnen.

Nähere Auskünfte über Ausführungsarten, Zutaten und so weiter, werden bereitwilligst erteilt durch die Firma

TH. DE DILLMONT, in MÜLHAUSEN (Elsass).

INHALTS-VERZEICHNIS

INHALTS-VERZEICHNIS

INHALTS-VERZEICHNIS

INHALTS-VERZEICHNIS

Zur Beachtung.

Die im vorliegenden Werk angeführten D·M·C-Erzeugnisse werden nunmehr mit Bezeichnungen in deutscher Sprache in den Handel gebracht. Die hier folgenden Angaben werden bei der nächsten Auflage entsprechend abgeändert werden.

DIE AKTIENGESELLSCHAFT

DOLLFUS-MIEG & Cie, Mülhausen-Belfort-Paris,

verfertigt und verkauft unter der Marke

D·M·C

folgende Spezial-Artikel aus

BAUMWOLLE, LEINEN und SEIDE,

die zum Sticken, Nähen, Stricken, Häkeln und im allgemeinen zu allen weiblichen Handarbeiten verwendet werden können:

BAUMWOLLE: Fils d'Alsace. — Fil à dentelle (Spitzenzwirn). — Demi-Alsace. — Tiers-Alsace. — Fil à la cloche (Glockenfaden). — Cotons à broder (Stickgarne). — Cotons à broder qualité spéciale (Stickgarne, Spezial-Qualität). — Cotons perlés (Perlgarn, Flammperlgarn, Meliertes Garn). — Mouliné spécial (Spezialgarn). — Cordonnet 6 fils (Häkelgarn 6 fach). — Cordonnet qualité spéciale (Häkelgarn, Spezial-Qualität). — Cordonnet à la cloche (Glockenhäkelgarn). — Coton pour crochet (Häkelgarn 4 fach). — Crochet floche (Offenes Häkelgarn). — Cotons à tricoter (Strickgarne). — Coton cannelé (Geripptes Garn). — Coton pour bonneterie (Wirkgarn). — Coton à feutrer (Beistrickgarn). — Mouliné 8 fils. — Cotons à repriser (Stopfgarne) — Cotons à repriser qualité spéciale (Stopfgarne, Spezial-Qualität). — Cotons à coudre, qualité supérieure et bonne qualité (Nähgarne). — Cotons à coudre et à bâtir à la cloche (Heftgarne mit Glockenmarke). — Fils spéciaux pour machines à coudre (Spezielle Garne für Nähmaschinen). — Alsa (Nähgarn). — Cotons à marquer (Zeichengarne). — Cotons à marquer qualité spéciale (Zeichengarne, Spezial-Qualität). — Fil à pointer (Knüpfgarn). — Câblé d'Alsace. — Retors pour mercerie (Glockenstrickgarn). — Retors spécial pour mercerie (Glockenstrickgarn, Spezial-Qualität). — Alsatia (Elsässer Strick- und Häkelgarn). — Retors d'Alsace qualité spéciale (Elsässer Baumwollzwirn, Spezial-Qualität). — Lacets superfins d'Alsace et Lacets Ire qualité (Litzen, extra feine und prima Qualität).

LEINEN: Lin à broder (Leinen-Stickgarn). — Lin floche (Flaches Leinengarn). — Lin mouliné (Leinen-Mouliné). — Lin à tricoter et à crocheter (Leinen-Strick- und Häkelgarn). — Lin pour dentelles (Leinen-Spitzengarn).

SEIDE: Soie de Perse (Persische Seide). — Soie moulinée (Flache Stickseide).

GOLD UND SILBER: Or et Argent fins pour la broderie (Echte Gold- und Silbergespinste für Stickerei).

Diese Artikel werden in allen Stärken in Écru (ungebleicht), in Weiss, in Schwarz und in allen Farben geliefert; sie sind durch die Kurzwaren- und Stickereigeschäfte zu beziehen.

Die Mannigfaltigkeit der unter der Marke D.M.C verkauften Erzeugnisse ist jedoch eine so grosse, dass es auch den bestassortierten Geschäften unmöglich ist, sie alle auf Lager zu halten. Da nun aber die Aktiengesellschaft Dollfus-Mieg & Cie, welche die Artikel D.M.C verfertigt, den mit ihr und ihren Niederlagen in Verbindung stehenden Geschäften die Möglichkeit bietet, auch kleine Waren-Posten von ihr zu beziehen, so wird es den Konsumenten immer ein Leichtes sein, durch Vermittlung dieser Geschäfte, sich jeden Artikel, dessen sie bedürfen, kommen zu lassen.

Die umstehenden Tabellen geben die Nummern und die Stärken obiger Artikel an; die neben den Nummern stehenden Striche bezeichnen die Dicke des Fadens.

Verzeichnis der Namen und der Nummern, welche die Farbenkarte bilden zum Färben der **Flammperlgarne** und der **Melierten Garne**, Marke D·M·C

Flammperlgarne	Nummern	Flammperlgarne	Nummern
Blau	50	Hellgelb	66
Blau und Altgold	72	Hellgrün	63
Blau, Gelb und Grün	74	Hellrosa	62
Blau und Gelb	71	Hellrot	64
Blau und Grün	84	Hellviolett	65
Blau und Rosa	70	Himbeerrot	99
Blau und Weiss	78	Malvenviolett	95
Braun	61	Mandarinengelb	90
Braun und Rot	75	Mittelblau	91
Bräunlichgrün	94	Orange	51
Dunkelblau, Gelb und Grün	81	Rosa	89
Dunkelblau und Grün	86	Rosa und Grün	79
Echtblau	93	Rostbraun	100
Geranienrot	96	Rot	57
Goldgelb	98	Rotbraun	69
Grau	53	Schottisch	77
Grau und Gelb	54	Schottisch	82
Grau und Grün	80	Skarabäengrün	92
Grau und Rosa	73	Schwarz und Gelb	83
Grün	60	Schwarz und Rot	87
Grün und Gelb	76	Schwarz und Weiss	88
Grün und Rosa	59	Silbergrau	97
Grün und Rot	56	Violett	52
Grün und Schwarz	85	Violett und Gelb	55
Grün und Violett	58		
Hellblau	67		
Hellbraun	68		

Melierte Garne	Nummern	Melierte Garne	Nummern
Braun und Weiss	18	Rot und Hellblau	15
Dunkelblau und Gelb	12	Rot und Weiss	14
Dunkelblau und Weiss	13	Schwarz und Gelb	19
Gelb und Weiss	10	Schwarz und Rosa	21
Hellblau und Weiss	17	Schwarz und Rot	23
Rot und Dunkelblau	22	Schwarz und Weiss	20
Rot und Grün	16	Violett und Weiss	11

Verzeichnis der Namen und der Nummern, welche die Farbenkar

Farben	Ultra dunkel	Sehr dunkel	Dunkel	Mittelton	Hell	Sehr hell	Ultra hel
BLEU ancien		929	930	931	932	933	
Bleu d'Azur					3325	775	
Bleu-Bluet		791	792	793	794	795	
Bleu-Campanule	859	860	861	862—863	864		
Bleu-Canard		3305	3306	3307	3308	3309	
Bleu cendré				448			
Bleu de Ciel		847—515	516	517	518	519	747—84
Bleu-Fayence		481	482	483	484	485	
Bleu de France		337	338	339	340	341	
Bleu-Gentiane		476	477	478	479	480	
Bleu grand-teint	849—850	820—796	797	798	799	800	821
Bleu-Gris			870	871	872	873	
Bleu gros (Gros-bleu)		3665					
Bleu-Indigo	823	336	311	312	322	334	
Bleu-Lapis		342	333	343	344	345	
Bleu-Marin		505	506	507	508	509	
Bleu-Marine	885	886	887				
Bleu-Outremer			682	683			
Bleu pâle					668		
Bleu-Paon		805	806	807	808	809	
Bleu-Pervenche		3355	3356	3357	3358	3359	
Bleu solide		824	825	826	813	827	828
Bleu tendre						709	
Bleu vert		525	526	527	528	529	
BRONZE doré		585	586	587	588	589	
Bronze-Jaune		764	765	766	767	768	769
BRUN-Acajou		300	400	301	401	402—771	772
Brun ancien		3674	3675	3451	3452	3453	
Brun-Cachou		433	434	435	436	437—738	739
Brun-Cannelle		660	661	662	663	664	
Brun-Caroubier		354	355	303	356	357—758	759
Brun-Chamois		416	417	324	418	419	
Brun-Chaudron		880—881	882	883	884		
Brun-Cuir		430	431	302	432	325	
Brun-Fauve				3440		3442	
Brun-Feuille-morte		615	616	617	618	619	
Brun grand-teint		3371					
Brun-Gris		837	838	839	840—841	842	
Brun-Havane		454	455	456	457	458	
Brun-Loutre		438	439	440	441	442	
Brun-Marron	852	403	404	405	406	407	
Brun-Myrthe				463			
Brun-Puce		459					
Brun-Rouge		918	919	920	921	922—923	
Brun-Rouille		3310	3311	3312	3313	3314	
Brun Tête de nègre	898	801					
Brun-Violet	888						
GRIS-Acier		3650	3651	3652	3653	3654	
Gris-Amadou		329	383	384	385	386	
Gris-Bleu		590	591	592	593	594	757
Gris-Bois	874—875	610	611	612	613	614	
Gris-Brun	865—866	408—867	409	410	411	412	804—85
Gris-Castor	843—844	645	646	647	648	649	
Gris-Cendre	853	413	317	414	318	415	762
Gris-Coutil		387	388	323	389	390	
Gris-Crème				810	811	812	
Gris-Deuil		655	656	657	658	659	
Gris de Fer		3600	3601	3602	3603	3604	
Gris-Feutre		635	636	637	638	639	
Gris-Ficelle			460	461	462		
Gris-Foin		520	521	522	523	524	
Gris-Fumée	878—879	640	641	642	643	644	822
Gris-Lilas		3332	3333	3334	3335	3336	
Gris-Lin				716	717		
Gris neutre		620	621	622	623	624	
Gris-Noisette	868	869—420	421	422	423	424	
Gris-Perle		625	626	627	628	629	
Gris de Plomb	876	877—378	379	380	381	382	
Gris-Poussière		3630	3631	3632	3633	3634	
Gris-Réséda		924	925	926	927	928	
Gris-Souris		425	426	427	428	429	
Gris-Tilleul		391	392	393	330	331	
Gris-Tourterelle		3368	3369	3330	3331	3370	
Gris verdâtre		595	596	597	598	599	

Um Irrtümern vorzubeugen wird dringend gebeten, die Far

lden zum Färben der Baumwoll- und Leinen-Garne, Marke D.M.C

Farben	Ultra dunkel	Sehr dunkel	Dunkel	Mittelton	Hell	Sehr hell	Ultra hell
AUNE-Citron			307	445	446		
aune-Crème				711	712		
aune-Cuir			720	721	722		
aune-Maïs		575	576	577	578	579	
aune-Mandarine		740	741	742—743	744	745	746
aune d'Ocre					676	677	777
aune d'Or		779	780—781	782	783		
aune-Orange		443	444				
aune-Rouille		363	364	308	365	366	
aune-Safran			725	726	727	748	749
aune-vieil-Or		728—678	679	680	729		
ILAS gris		313	398	314	328	399	753
OIR grand-teint	310						
oir-Jais		681					
oir vert		473					
OSE ancien		3704	3705	3706	3707	3708	
ose-Eglantine		570	571	572	573	574	
ose-Géranium			891	892	893	894	
ose grand-teint		3350	3351	3352	3353	3354—903	3372
ose tendre					899	3326—776	818—819
ose vif		565	566	567	568	569	784
OUGE-Aurore	835	836—360	306	361	332	362	763
ouge-Bordeaux	845	846—496					
ouge-Cardinal		346	347	304	305	348	
ouge-Cerise		3315	3316	3317	3318	3319	
ouge-Cornouille			449	450			
ouge-Ecarlate	902—814	815—816	498	464			
ouge étrusque		3337	3338	3339	3340	3341	
ouge-Framboise		3684	3685	3686	3687	3688	3689
ouge-Géranium		817—349	350	351	352	353	754
ouge-Grenat		358	359—3367	326	309	335	
ouge-Groseille		3605	3606	3607	3608	3609	
ouge-Mandarine			3342	3343	3344		
ouge-Maroquin				3327	3328	3329—760	761—896
ouge-Orange			900				
ouge-Turc				321			
ouge-Vermillon				666			
ERT-Bouteille		491	492	493	494	495	
ert-Bronze		669	670	671	672	673	
ert-Canard		545	546	547	548	549	
ert-Cuivre		829	830	831	832	833—834	
ert doré	901	580	581	582	583	584	774
ert d'Eau				713	714	715	
ert-de-gris			474	475			
ert-Emeraude		555	556	557	558	559	
ert-Fauve		689	690	691	692	693	
ert-Jaune		730—731	732	733	734	735—736	737
ert-Lierre		500	501	502	503	504	
ert-Malachite		560	561	562	563	564	
ert mat		3362	3363	3364	3365	3366	
ert métallique		465	466	467			
ert-Mousse	802—856	803—468	469	470	471	472	773
ert-Myrthe		535	536	537	538	539	
ert-Olive		510	511	512	513	514	
ert-Perroquet		694	695	696	697	698	
ert-Perruche		904	905	906	907	908	
ert-Pistache	890	319	367	320	368	369	770
ert-Pré	857	858—699	700	701	702	703—854	855
ert-Réséda				750	751	752	
ert russe			499				
ert-Scarabée	895	3345	3346	3347	3348	3349	3373
ert tendre						710	
ert vif		897—785	786	787	788	789	790
IOLET-Améthyste		3320	3321	3322	3323	3324	
iolet ancien		3540	3541	3542	3543	3544	3545
iolet-Evêque		914	915	916	917		
iolet-Lie-de-Vin		370	371	372	373	374	
iolet-Mauve		375	315	376	316	377	778
iolet-Pensée		530	531	532	533	534	
iolet-Pourpre		723	724				
iolet-Prune		550	551	552	553	554	755
iolet-Scabieuse		394	327	395	396	397	756
iolet-Violette		889					

ıer mit ihren Nummern und nie mit ihren Namen zu bezeichnen.

Alphabetisches Verzeichnis der Namen sowie auch d
der **WASCHECHTE**

Farben	Ultra dunkel	Sehr dunkel	Dunkel	Mittelton	Hell	Sehr hell	Ultra hell
Blanc azuré							1186
Blanc-Crème						1308	1220
Blanc-Neige							1219
Bleu-Acier		1107	1106	1105	1104	1103	
Bleu de Ciel	1212	1102	1395–1101	1100–1394	1099–1393	1098	1392–1256
Bleu de Delft	1246	1245	1244	1243	1242	1241	
Bleu-Indigo	1013	1012	1307	1011–1306	1010	1305	1009
Bleu-Marine	1240	1239	1238	1237	1236	1235–1413	
Bleu-Outremer	1381–1294	1293	1058–1057	1056–1055	1380–1054	1379–1053	1378–1052
Bleu-Paon	1221–1194	1193	1192	1191	1190	1189	1431–1188
Brun-Amadou			1051	1050	1049	1048	
Brun-Cachou	1017	1016	1015	1014	1205	1432–1292	1291
Brun-Cannelle			1153	1152	1215	1151	
Brun-Fauve		1446–1124	1123	1122	1121	1270	1120
Brun-Havane	1304	1303	1085	1084–1083	1082	1081	1211
Brun-Loutre	1047	1046	1045	1044	1043	1042–1209	1441–1440
Brun-Rouille		1158	1157	1156	1155	1229	1154–1401
Gris-Bleu		1216	1167	1166	1165	1164	1299
Gris-Noisette		1358	1357	1356	1355	1354	
Gris-Perle		1208	1034	1033	1310	1032	1309
Gris verdâtre			1180	1179	1178	1177	
Jaune-Brun	1367	1366	1365	1364–1363	1362–1361	1360	1359
Jaune-Maïs	1075	1074	1073	1072–1389	1071	1388–1070	1387–1069
Jaune d'Or	1031	1030	1029	1318–1412	1317	1316	1315–1411
Jaune-Orange	1119	1118–1117	1116–1115	1114	1113–1112	1111	1260–1391
Jaune-Paille	1298	1297–1296	1269–1268	1267–1266	1265–1264	1263	1262
Jaune-vieil-Or	1170	1169	1168	1217	1259	1258	1257
Lilas ancien		1080	1079	1078	1225	1077	1076

ZUR BEACHTUNG.

Das vorliegende Verzeichnis enthält ausschliesslich waschechte Farben; es konnte demselben bis dahin eine grössere Ausdehnung nicht gegeben werden, weil eben die Zahl der waschechten Farben eine beschränkte ist.

Da die Herstellung solcher Farben mit bedeutenden Schwierigkeiten verbunden ist, so kann eine vollkommene Uebereinstimmung der Schattierungen, von einer Lieferung zur andern, nicht verbürgt werden; man wird daher gut tun, bei Inangriffnahme grösserer Arbeiten, sich stets im voraus mit der zur Durchführung derselben erforderlichen Menge Seide zu versehen.

Sämtliche die Marke D.M.C tragenden Seidenartikel werden am Meter verkauft und zwar ohne Farb-Beschwerung, wodurch ihnen die grösstmögliche Dauerhaftigkeit gesichert wird (*).

Um Irrtümern vorzubeugen wird dringend gebeten, die Far

Nummern, welche die Farbenkarte bilden zum Färben
SEIDEN-ARTIKEL, Marke D·M·C.

Farben	Ultra dunkel	Sehr dunkel	Dunkel	Mittelton	Hell	Sehr hell	Ultra hell
Noir	1187						
Rose ancien	1008	1007	1006	1005–1004	1003	1002	1001
Rose tendre	1320	1319	1400–1234	1233–1399	1283	1232	1231–1398
Rose vif	1335	1334	1333	1332	1407–1331	1330–1406	1329–1405
Rouge ancien	1041	1040–1039	1038–1037	1383–1036	1382–1255	1035–1254	1253
Rouge-Cerise	1063	1062	1321	1061–1439	1210	1060	1059
Rouge-Cramoisi			1185				
Rouge-Cuivre		1135	1134	1444	1133–1443	1227–1442	1132
Rouge-Framboise		1150	1149	1148–1438	1147–1437	1214	1436–1435
Rouge-Géranium	1328	1327	1326	1325	1419–1324	1323	1322–1418
Rouge-Groseille	1091	1090	1089	1088	1087	1086	1417
Rouge-Ponceau			1110	1108			
Rouge vif					1368		
Vert-Bouteille	1390	1341	1340	1339	1338	1337	1336
Vert-Bronze	1097	1096	1095	1094	1093	1092	1445
Vert-Chasseur	1290	1289	1288	1287	1430–1286	1285	1429
Vert doré	1302	1301–1146	1145–1144	1386–1143	1385–1261	1142	1300–1384
Vert-Jaune	1280	1279	1278–1277	1404–1276	1403–1275	1402–1274	1273
Vert-Lierre	1184	1183	1182	1181	1416–1314	1415–1313	1312–1414
Vert-Mousse		1131	1130	1129	1128	1213	
Vert-Myrthe	1141	1140	1139	1220	1295	1138	1137
Vert-Olive		1198	1197	1196	1195–1284	1434	1222–1433
Vert-Perruche	1377	1376	1375–1374	1373–1372	1371–1370	1309	
Vert-Pré		1347	1346	1345–1344	1343	1421–1342	1420
Vert-Réséda	1025	1024–1023	1022–1021	1020	1019–1018	1425–1207	1206
Vert-Scarabée		1223	1200	1397	1199	1396	1311
Violet-Héliotrope	1163	1282	1281	1424–1162	1423–1161	1422	1160
Violet-Pensée		1353	1352	1351–1428	1350–1427	1349	1426–1348
Violet-Scabieuse			1203	1202	1230	1201	
Violet-Violette	1252	1251	1250	1249	1410–1248	1409–1247	1408

Geliefert werden nur die in der D.M.C Farbenkarte für Seiden enthaltenen Schattierungen ; Bestellungen nach Muster können nicht berücksichtigt werden.

(*) Im allgemeinen wird Seide nach dem Gewicht verkauft, denn es kann, je nach dem angewandten Färbe-Verfahren, das Gewicht der gefärbten Seide bedeutend vermehrt werden, ohne dass dabei deren Aussehen irgendwie beeinträchtigt wäre. Es wird daher, bei Einkäufen nach dem Gewicht, sehr oft, zum ohnehin schon hohen Seidenpreis, ein erheblicher Bruchteil Chemikalien bezahlt, welch' letztere nicht nur unnötig für den Färbeprozess selbst sind, sondern auch noch schädlich auf die Qualität einwirken : die beschwerte Seide verliert nämlich ihren Glanz und wird brüchig, Mängel die jedoch erst beim Gebrauch zu Tage treten.

Bei den Seiden der Marke D.M.C, welche am Meter verkauft werden, sind diese Mängel vollständig ausgeschlossen.

mmer mit ihren Nummern und nie mit ihren Namen zu bezeichnen.

Gold- und Silberdruck auf stahlblauem Papier

FIL D'ALSACE, DEMI-ALSACE et TIERS-ALSACE FIL A LA CLOCHE

(Elsässer Nähgarne u. Glockenfaden)

Dunkelgrüner Druck auf gelbem Papier

FIL POUR MACHINES

(Maschinengarn)

Stärkenummern für: Fil d'Alsace, Demi-Alsace, Tiers-Alsace, Fil à la cloche.	Stärkenummern für: Fil pour machines.
30	10
36	12
40	16
	20
50	24
	30
60	36
	40
70	50
80	60
90	70
100	80
110	90
120	100
130	120
140	150
150	180
160	
180	200
200	
250	
300	
400	
500	
600	
700	

Silberdruck auf stahlblauem Papier

COTON PERLÉ

(Perlgarn)

1, 3, 5, 8, 12

Silberdruck auf stahlblauem Papier

COTON MOULINÉ SPÉCIAL

(Spezialgarn)

14, 25

Silberdruck auf ultramarinblauem Papier

CROCHET FLOCHE

(Offenes Häkelgarn)

25

Golddruck auf weissem Papier

ALSA

40

Golddruck auf stahlblauem Papier

COTON A BRODER et COTON POUR BONNETERIE

(Stickgarn und Wirkgarn)

3, 4, 5, 6, 8, 10, 12, 14, 16, 18, 20, 22, 25, 30, 35, 40, 45, 50, 60, 70, 80, 90, 100, 120, 150, 180, 200

Golddruck auf stahlblauem Papier

COTON A FEUTRER

(Beistrickgarn)

25

Silberdruck auf braunem Glanzpapier

COTON FLOCHE A BRODER
Qual^té spéciale
DMC
25
40 mètres
DOLLFUS-MIEG & Cie
Mulhouse-Belfort-Paris

COTON FLOCHE A BRODER

(Qualité spéciale)

Flaches Stickgarn

(Spezial-Qualität)

6
8
10
12
14
16
18
20
25
30
35
40
50
60
70
80
90
100
110
120

GANSE TURQUE

(Türkische Goldschnur)

Écru und Gold

6
12

CHINÉ D'OR

(Gold-Chiné)

in Rot, Blau, Grün, Schwarz und Écru

30

Golddruck auf stahlblauem Papier

DOLLFUS-MIEG & Cie
REPRISER SPÉCIAL
DMC
25
10 GRAMMES
MULHOUSE-BELFORT-PARIS

REPRISER SPÉCIAL

Stopfgarn (Spezial-Qualität)

8
12
16
20
25
30
35
40
50
60
70
80
100

Roter Druck auf weissem Papier

OR FIN A BRODER
25 Mètres N° 30

OR ET ARGENT FINS POUR LA BRODERIE

(Echte Gold- und Silbergespinste für Stickerei)

20
30
40

CORDONNET D'OR

(Gold-Cordonnet)

6

Golddruck auf stahlblauem Papier

DOLLFUS-MIEG & Cie
CORDONNET SPÉCIAL
DMC
20
20 GRAMMES
MULHOUSE-BELFORT-PARIS

CORDONNET SPÉCIAL et CORDONNET A LA CLOCHE

Häkelgarn (Spezial-Qualität) und Glockenhäkelgarn

1
2
3
5
10
15
20
30
40
50
60
70
80
100
150

Silberdruck auf stahlblauem Papier

DOLLFUS-MIEG & Cie
ALSATIA
N° DMC 25
50 GRAMMES
MULHOUSE-BELFORT-PARIS

ALSATIA

(Elsässer Strick- und Häkelgarn)

15
20
25
30
40

an hüte sich vor Nachahmungen und Fälschungen.

Verzeichnis der Fadenstärken und Nummern der Produk
sowie der Breiten d

Silberdruck auf stahlblauem Papier — Golddruck auf stahlblauem Papier

COTON A MARQUER
(Zeichengarn)

5, 6, 8, 10, 12, 16, 20, 24, 30, 35, 40, 45, 50, 60, 70, 80, 90, 100, 120, 150, 200

Schwarzer Druck auf grauem Papier

FIL A POINTER
(Knüpfgarn)

10, 15, 20, 30

Golddruck auf stahlblauem Papier

COTON A TRICOTER
(Strickgarn)

6, 8, 10, 12, 14, 16, 18, 20, 25, 30, 35, 40, 50

Golddruck auf stahlblauem Papier

RETORS POUR MERCERIE
(Glockenstrickgarn)

6, 10, 12, 15, 20, 25, 30, 35, 40, 50

Silberdruck auf stahlblauem Papier

RETORS SPÉCIAL POUR MERCERIE
Glockenstrickgarn

(Spezial-Qualität)

10, 12, 15, 20, 25, 30, 35, 50

Golddruck auf stahlblauem Papier

RETORS D'ALSACE

5, 8, 10, 12, 16, 20, 30, 40, 50, 60, 80, 100

Baumwolle, Leinen und Seide, Marke D·M·C
:tra feinen Litzen.

Silberdruck auf stahlblauem Papier

LIN POUR DENTELLES
DMC
30
DOLLFUS-MIEG & Cie
Mulhouse-Belfort-Paris

LIN POUR DENTELLES

(Leinen-Spitzengarn)

6
12
16
20
25
30
35
40
45
50
60
70

Golddruck auf stahlblauem Papier

LIN
FLOCHE
DMC
50
40 mètres
DOLLFUS-MIEG & Cie
Mulhouse-Belfort-Paris

LIN FLOCHE

(Flaches Leinengarn)

3
5
6
8
10
12
16
20
25
30
35
40
50
60
70
100
150

Golddruck auf stahlblauem Papier

DOLLFUS-MIEG & Cie
LIN A TRICOTER
DMC
40
50 GRAMMES
MULHOUSE-BELFORT-PARIS

LIN A TRICOTER
et A CROCHETER

(Leinen-Strick- u. Häkelgarn)

3
4
6
8
10
12
14
16
20
25
30
35
40
45
50
60
70

Golddruck auf stahlblauem Papier

LIN
MOULINÉ
DMC
8 mètres
DOLLFUS-MIEG & Cie
Mulhouse-Belfort-Paris

LIN MOULINÉ

(Leinen-Mouliné)

COTON A BRODER MADEIRA

(Madeira Stickgarn)

Dieser Artikel wird in den Stärken des Coton à broder (Nº 16 bis 200) geliefert.

Golddruck auf grauem Papier

SOIE DE PERSE
DMC
5 mètres
DOLLFUS-MIEG & Cie
Mulhouse-Belfort-Paris

SOIE DE PERSE

(Persische Stickseide)

Golddruck auf stahlblauem Papier

SOIE
MOULINÉE
DMC
5 mètres
DOLLFUS-MIEG & Cie
Mulhouse-Belfort-Paris

SOIE MOULINÉE

(Flache Stickseide)

Golddruck auf stahlblauem Papier

LACET SUPERFIN
10 mèt.
DMC
12
DOLLFUS-MIEG & Cie

LACETS SUPERFINS D'ALSACE

(Litzen, extra feine)

Nrn	Breite	Breite in Millim.
1		1
1½		1¼
2		1½
3		2
4		2½
5		3
6		3½
7		4
8		4½
9		5½
10		6
12		7
14		9
16		10
18		11
20		13
24		15
28		19
32		22

ı hüte sich vor Nachahmungen und Fälschungen.